U0613446

革命文献与民国时期文献
保护计划

成 果

国家图书馆 编

民国时期图书总目

工业技术

国家图书馆出版社

图书在版编目（CIP）数据

民国时期图书总目．工业技术 / 国家图书馆编．—北京：国家图书馆出版社，2023.9
ISBN 978-7-5013-7839-5

Ⅰ．①民…　Ⅱ．①国…　Ⅲ．①工业技术—图书目录—中国—民国　Ⅳ．① Z812.6

中国国家版本馆 CIP 数据核字 (2023) 第 139346 号

书　　名　民国时期图书总目 · 工业技术
著　　者　国家图书馆　编
责任编辑　王　雷
封面设计　陆智昌

出版发行　国家图书馆出版社（北京市西城区文津街7号　100034）
（原书目文献出版社　北京图书馆出版社）
010-66114536　63802249　nlcpress@nlc. cn（邮购）
网　　址　http://www. nlcpress. com
排　　版　京荷（北京）科技有限公司
印　　装　河北三河弘翰印务有限公司
版次印次　2023年9月第1版　2023年9月第1次印刷

开　　本　787×1092　1/16
印　　张　46.25
字　　数　1200千字
书　　号　ISBN 978-7-5013-7839-5
定　　价　380.00元

《民国时期图书总目》编委会

本卷编委会

出版说明

《民国时期图书总目》主要收录1911年1月—1949年9月我国出版的中文图书，酌情收录这段时间内国外出版的中文图书，是一部大型的回溯性书目。

基于目前普查情况统计，在这段时期里，我国出版的中文图书约20余万种。20世纪80—90年代，北京图书馆（今国家图书馆）曾编过一套《民国时期总书目》，主要收录了北京图书馆、上海图书馆和重庆图书馆收藏的中文图书，并补充了一些其他图书馆的藏书，基本上反映了这段时期中文图书的出版概貌。《民国时期总书目》由原北京图书馆参考研究部自1961年开始组织编纂，编委和顾问主要成员包括田大畏、王润华、邱崇丙、朱光暄等，1985年开始分卷册陆续出版，为民国时期的书目存录、学术研究和文献保护提供了便利。前辈专家学者严谨求实的工作作风，他们为民国时期文献整理和保护事业做出的卓越贡献，值得我们永远铭记。感念于斯，我们深知责任重大，只有砥砺前行，在前辈专家学者工作的基础上不断充实和完善其内容，争取为广大读者提供一部可供参考利用的书目。

《民国时期图书总目》是在参与民国时期文献普查的各个机构的大力支持下，依托"民国时期文献联合目录"，并吸收了全国图书馆联合编目中心各省级成员馆、"大学数字图书馆国际合作计划"(China Academic Digital Associative Library, CADAL)的主要高校成员馆以及一些专业图书馆等民国时期文献主要收藏机构的书目数据基础上编纂而成。在收书范围、书目分类、著录方式及编纂体例上，大体延续了《民国时期总书目》的做法，同时根据目前书目数据的实际情况进行了一些调整。从书目的完整性、藏书机构的代表性等各方面都较《民国时期总书目》有了显著的提高。此外，本书目一大特色是待陆续出版完成后将实现与"民国时期文献联合目录"线上数据联动，以满足在数字时代大背景下读者对于民国时期文献数据的实时便捷查找、识别、选择和获取。

本书目基本依据《中国图书馆分类法》（第四版）体系，按学科分为哲学，宗教，社会科学总论，政治，法律，军事，经济，文化、科学、教育、体育，语言文字，文学理论、世界文学、外国文学，中国文学，艺术，历史、地理，自然科学（基础科学），医药卫生，农业科学，工业技术、交通运输、航空航天、环境科学，综合性图书18卷，将分卷陆续出版。

随着时代的发展和技术的进步，图书馆编目工作发生了巨大变化，编目方式由卡片目录发展为机读目录，各藏书机构间的书目交流也日趋频繁和便捷。如何以海量的机读格式书目数据为基础，编纂一部大型的印刷本回溯性书目，对于编纂人员来说充满挑战，实施过程复杂且动态，不易掌控，而且这部书目涉及的藏书机构多、书目数据量大、图书版本情况复杂、涉及学科范围广，并且有一些图书破损严重，著录信息无从查起，需要编纂人员考证或推测，加之编纂人员水平有限，一定会有错误或不当之处，敬请读者批评指正。

本书编委会

2018年4月

前　言

民国时期是中国历史上一个短暂但又十分重要的时期。这一时期，社会变化剧烈，学术思想活跃，留下了大量文献，包括图书、期刊、报纸、档案、日记、手稿、票据、传单、海报、图片及声像资料等。这些文献是反映民国时期政治、经济、社会、文化、军事等方面情况的重要资料。但是，由于种种原因，民国时期文献老化、损毁现象严重，亟待抢救与保护。自 20 世纪 80 年代以来，民国时期文献日益受到关注，抢救、保护与开发利用工作逐步展开，并取得了阶段性成果。

为了进一步促进民国时期文献的保护和利用，2011 年，国家图书馆联合国内部分文献收藏单位策划了“民国时期文献保护计划”，希望通过文献普查、海内外文献征集与整理出版、文献保护技术研究等工作的开展，加强民国时期文献的原生性和再生性保护。这一计划，得到了文化部（今文化和旅游部）、财政部的大力支持，并于 2012 年正式启动。

项目开展以来，在各收藏单位以及相关专家学者的大力支持下，各方面工作均取得了重要成果。在文献普查方面，建成“民国时期文献联合目录”系统，收录国家图书馆等 22 家大型文献收藏机构的书目数据 30 余万条，馆藏数据 60 余万条。在此基础上，2015 年 2 月，《民国时期图书总目》编纂工作正式启动，力争全面揭示普查成果，提供社会各界使用。为了做好这项工作，我们制订了《〈民国时期图书总目〉实施方案》，确定了客观著录图书信息的原则，界定了文献收录时间，规范了编纂体例与工作细则等。

《民国时期图书总目》是一部收集、整理民国时期图书的大型工具书，收录 1911 年 1 月—1949 年 9 月除线装古籍以外在我国出版的中文图书，并酌情收录这段时间内国外出版的中文图书。

北京图书馆（今国家图书馆）曾于 20 世纪 80 年代中期陆续整理出版了一套联合目录性质的《民国时期总书目》，被学者广泛使用。为使书目更加丰富完整、资料来源更加可靠、著录更加详细准确、分类更加合理，我们在充分吸收《民国时期总书目》成果的基础上，对书目及著录内容进行了大量的补充和校订，收藏单位数量也大大增加。

《民国时期图书总目》按学科分卷出版，同时还将发行《民国时期图书总目》数据库版，并随时补充、订正，以方便读者查检使用。

陈力

2018 年 4 月

凡　例

一、收录范围

1. 本书目主要收录 1911 年 1 月至 1949 年 9 月我国出版的中文图书，酌情收录这段时间内国外出版的中文图书。

2. 连续出版的丛书、多卷书涉及 1911 年前或 1949 年 10 月后的卷次，酌情收录；同一著作，1911 年前的版本不予收录。

3. 期刊、报纸、少数民族文字图书及线装书等不在本书目收录范围。

二、著录项目

1. 著录内容：顺序号、题名、责任说明、版本、出版发行、形态细节、丛书、提要及附加说明、馆藏标记，共 9 个项目。

（1）顺序号：每个条目有 5 位数字序号，各卷依条目顺序单独编号。

（2）题名：包括正题名、副题名、分辑题名、交替题名、外文题名等。正题名、外文题名单独著录，其他题名信息一律置于正题名后的圆括号内，之间按性质用空格隔开（交替题名单独列出）。三种及以下的合订书，依次著录各题名，其间用中圆点隔开。三种以上的合订书，正题名著录第一种，其他题名在附注中说明。

（3）责任说明：包括责任者名称和责任方式。责任方式包括著、译、编等。责任说明之间以空格隔开，不同责任者的合订书，责任说明之间用中圆点隔开。

（4）版本：包括版次、版本的附加说明等。“初版”不予著录。

（5）出版发行：包括出版地（或发行地、经售地点）、出版者（或发行者、印刷者、经售者）、出版时间（或发行时间、印刷时间）等。发行者为个人的，在发行者个人名称后著录 [发行者]。

（6）形态细节：包括册数、页数、开本、装帧等。图书中分段表示的页码，用加号相连。开本依据普查数据著录的载体尺寸和民国时期的通用纸型标准转换，并参照《民国时期总书目》进行整理。特殊尺寸以厘米（cm）为单位著录，个别数据缺失尺寸信息。普通平装本不著录装帧形式。

（7）丛书：包括丛书名、丛书编号等，丛书责任者不予著录。丛书项置于出版发行项后的圆括号内，有多个丛书名时，分别置于各自的圆括号内。

（8）提要及附加说明：包括图书的内容提要、适用范围、题名及责任者的补充说明以及其他著录内容的补充说明。同一条目内容相同的，只保留一个提要及附加说明。根据普查数据的实际情况，有部分书目提要及附加说明原缺。

（9）馆藏标记：按条目著录提供馆藏数据的收藏单位简称，以汉语拼音排序。此外，本书还收录了部分来自《民国时期总书目》和其他来源的书目信息，因为无对应普查馆，所以无馆藏标记。

2. 著录标准：依照中文图书著录规则，以题名页、版权页为主要信息源，同时参考其他信息源。以客观著录为基本原则，对相关内容进行必要的规范化处理。原书著录项目缺漏，经编者考证后酌情补充，加方括号以示区别。未能详考补充者，以缺省方式处理。

三、分类与编排

1. 本书目按学科分卷，分册编辑出版。按照书目数量的多寡一个学科编成一册或多册；或由若干学科合成一册。

2. 本书目分类和类目设置主要依据《中国图书馆分类法》（第四版），并结合各卷收录图书的具体情况进行调整。

3. 本书目类目不作交替和互见。凡属学科界限不清或有争议者，一般归入上一级类目或按照主要内容归类。

4. 本书目把《四部丛刊》《丛书集成》和《四部备要》三套丛书统一放在“综合性图书”卷。

5. 本书目各卷在划分类目的基础上，依次按照题名、责任者和出版者三个项目汉语拼音音序编排。三个项目完全相同的，原则上合并为一个条目，计为一种；三个项目相同但内容差异较大的，可析为单独条目。

6. 同一条目下的不同版本，按出版时间先后排序，同时兼顾版次顺序。出版发行信息不全的版本，放在最后。

7. 在编排上，为集中同一责任者的同一作品，凡使用不同笔名和署名，以及有不同中译名的外国原著者，一般选用当时较常见的署名，不拘于本名和标准译名，必要时在附注中说明。

四、索引及用字

1. 本书目各卷都附有汉语拼音为序的题名索引以及题名首字汉语拼音检索表。

2. 本书目使用的汉字除了按规定必须使用的繁体字和异体字外，均以现行的简化字为标准。

本卷编制说明

一、本卷主要收录 1911 年 1 月—1949 年 9 月我国出版的有关工业技术方面的中文图书，并酌情收录这段时间国外出版的此类中文图书，共计 5732 种。

二、本卷所收图书范围包括《中国图书馆分类法》（第四版）中 T、U、V、X 四个大类，即工业技术，交通运输，航空、航天，环境科学、安全科学。在四大类下，分为工业技术理论，工业技术机构、团体、会议，工业技术教育与普及，工业技术论文集，工业技术参考工具书，一般工业技术，矿业工程，石油、天然气工业，冶金工业，金属学与金属工艺，机械、仪表工业，武器工业，能源与动力工程，原子能技术，电工技术，无线电电子学、电信技术，化学工业，轻工业、手工业，建筑科学，水利工程，铁路运输，公路运输，水路运输，航空，航天（宇宙航行）25 个二级类。二级类下根据需求分出三级类，最低五级类。各级类名与《中国图书馆分类法》（第四版）相关类名基本一致，少量类名因为客观原因有类名合并或修改情况。

三、本卷收录的图书主要依据《中国图书馆分类法》（第四版）分类规则入类，并酌情考虑民国时期图书的时代特征。

四、科技期刊抽印本予以收录。

五、本卷根据题名、责任者、出版者相同的原则划分条目，每一条目计为一种。

六、各类图书的排序，以正题名汉语拼音为序。同一条目下的不同版本，按版次排序。

七、内容提要及附注主要揭示图书的内容、适用范围，题名、责任者、出版等方面的补充说明。

八、图书著录以客观著录为基本原则。《民国时期图书总目》是书本式图书目录，为了给读者提供更多有用信息，民国图书规定信息源上没有的重要信息，能够考证到的，都予以补充，比如：外国责任者的国别、原名等。对于同一人在不同民国图书中使用不同名称进行规范化统一著录，同时在相关内容提要说明。

九、少量民国图书无题名页、版权页等规定信息源，或破损严重，因此某些著录项目存在空缺。编者推测考证后的信息均加方括号注明。

本卷收藏单位简称表

收藏单位简称	收藏单位全称
安徽馆	安徽省图书馆
北大馆	北京大学图书馆
北师大馆	北京师范大学图书馆
长春馆	长春市图书馆
重庆馆	重庆图书馆
大理馆	大理白族自治州图书馆
大连馆	大连图书馆
大庆馆	大庆市图书馆
东北师大馆	东北师范大学图书馆
福建馆	福建省图书馆
复旦馆	复旦大学图书馆
甘肃馆	甘肃省图书馆
广东馆	广东省立中山图书馆
广西馆	广西壮族自治区图书馆
贵州馆	贵州省图书馆
桂林馆	广西壮族自治区桂林图书馆
国家馆	国家图书馆
河南馆	河南省图书馆
黑龙江馆	黑龙江省图书馆
湖北馆	湖北省图书馆
湖南馆	湖南图书馆
华东师大馆	华东师范大学图书馆
惠州馆	惠州慈云图书馆
吉大馆	吉林大学图书馆
吉林馆	吉林省图书馆（吉林省少年儿童图书馆）
江西馆	江西省图书馆
近代史所	中国社会科学院近代史研究所
辽大馆	辽宁大学图书馆
辽东学院馆	辽东学院图书馆

续表

收藏单位简称	收藏单位全称
辽宁馆	辽宁省图书馆
辽师大馆	辽宁师范大学图书馆
柳州馆	柳州市图书馆
南大馆	南京大学图书馆
南京馆	南京图书馆
内蒙古馆	内蒙古自治区图书馆
宁夏馆	宁夏回族自治区图书馆
农大馆	中国农业大学图书馆
青海馆	青海省图书馆
清华馆	清华大学图书馆
人大馆	中国人民大学图书馆
山东馆	山东省图书馆
山西馆	山西省图书馆
陕西馆	陕西省图书馆
上海馆	上海图书馆（上海科学技术情报研究所）
绍兴馆	绍兴市图书馆
首都馆	首都图书馆
四川馆	四川省图书馆
天津馆	天津图书馆
武大馆	武汉大学图书馆
西交大馆	西安交通大学图书馆
西南大学馆	西南大学图书馆
云南馆	云南省图书馆
浙江馆	浙江图书馆
中科图	中国科学院文献情报中心

说明：

1. 本表按收藏单位简称音序排序。

2. 简称规则：公共图书馆一般以行政区划名称加“馆”字简称，如吉林省图书馆简称为“吉林馆”；高校图书馆以高校简称加“馆”字简称，如北京大学图书馆简称为“北大馆”；其他类型图书馆以常用简称为准，如中国科学院文献情报中心简称为“中科图”。

3. 本书目中所收录的首都图书馆的部分馆藏，来源于“北京市公共图书馆联合目录”。

目　录

本卷编制说明 …… 1
本卷收藏单位简称表 …… 1

工业技术 …… 1
工业技术理论 …… 1
工业技术机构、团体、会议 …… 3
工业技术教育与普及 …… 12
工业技术论文集 …… 18
工业技术参考工具书 …… 19
一般工业技术 …… 23
工程基础科学 …… 24
工程设计与测绘 …… 25
工程材料学 …… 27
工业通用技术与设备 …… 32
声学工程 …… 36
制冷工程 …… 36
摄影技术 …… 36
计量学 …… 42
矿业工程 …… 54
石油、天然气工业 …… 59
冶金工业 …… 62
金属学与金属工艺 …… 65
金属学与热处理 …… 66
铸　造 …… 69
金属压力加工 …… 70
焊接、金属切割及金属粘接 …… 70
金属切削加工及机床 …… 71
刀具、磨料、磨具、夹具、模具和手工具 …… 72
公差与技术测量及机械量仪 …… 73
钳工工艺与装配工艺 …… 73
机械、仪表工业 …… 74
机械学（机械设计基础理论）…… 77
机械设计、计算与制图 …… 80
机械零件及传动装置 …… 84
机械制造用材料 …… 85
机械制造工艺 …… 85
机械运行与维修 …… 86
机械工厂（车间）…… 86
起重机械与运输机械 …… 86
泵 …… 86
专用机械与设备 …… 87
仪器、仪表 …… 87
武器工业 …… 93
枪　械 …… 94
火　炮 …… 94
弹药、引信、火工品 …… 95
爆破器材、烟火器材、火炸药 …… 95
水中兵器 …… 96
战车、战舰、战机、航天武器 …… 96
核武器与其他特种武器及其防护设备 …… 96
能源与动力工程 …… 99
动力机械 …… 100
热力工程、热机 …… 101
蒸汽动力工程 …… 102

内燃机 ……………………………105
水能、水力机械 ……………………107
原子能技术 ……………………………108
电工技术 ………………………………109
电工基础理论 ………………………112
电工材料 ……………………………116
电　机 ………………………………116
变压器、变流器及电抗器 …………122
电　器 ………………………………123
发电、发电厂 ………………………124
输配电工程、电力网及电力系统 …124
独立电源技术（直接发电）…………125
电气化、电能应用 …………………128
电气测量技术及仪器 ………………132
无线电电子学、电信技术 …………133
无线电技术 …………………………134
真空电子技术 ………………………144
基本电子电路 ………………………144
无线电设备、电信设备 ……………145
通　信 ………………………………155
无线通信 ……………………………166
广播、电视 …………………………167
雷　达 ………………………………168
化学工业 ………………………………169
化工实验与研究 ……………………172
化工生产过程 ………………………177
基本无机化学工业 …………………181
非金属元素及其无机化合物 ………184
化学工业 ……………………………184
金属元素的无机化合物化学工业 …186
电化学工业 …………………………187
硅酸盐工业 …………………………189
基本有机化学工业 …………………192
合成树脂与塑料工业 ………………194
橡胶工业 ……………………………194
化学纤维工业 ………………………195
纤维素质的化学加工工业 …………197
试剂与纯化学品的生产 ……………198
胶粘剂工业 …………………………199
化学肥料工业 ………………………200
农药工业 ……………………………201
制药化学工业 ………………………202
燃料化学工业 ………………………204
炼焦化学工业 ………………………205
煤化学及煤的加工利用 ……………207
煤炭气化工业 ………………………208
燃料照明工业 ………………………208
爆炸物工业、火柴工业 ……………209
感光材料工业、磁性记录 …………212
材料工业 ……………………………212
染料及中间体工业 …………………212
颜料工业 ……………………………213
涂料工业 ……………………………215
油脂和蜡的化学加工工业、肥皂工业 ……………………………217
香料及化妆品工业 …………………222
发酵工业 ……………………………224
轻工业、手工业 ………………………225
生产工艺 ……………………………227
纺织工业、染整工业 ………………229
毛纺织 ………………………………246
针　织 ………………………………248
食品工业 ……………………………253
制盐工业 ……………………………274
烟草工业 ……………………………279
皮革工业 ……………………………280
木材加工工业、家具制造工业 ……282
造纸工业 ……………………………284
印刷工业 ……………………………289
五金制品工业 ………………………295
工艺美术制品工业 …………………296
服装工业、制鞋工业 ………………300

其他轻工业、手工业 ……………302
生活服务技术 ……………………308
建筑科学 ……………………………336
建筑理论 ……………………………340
建筑机构、团体、会议 …………345
建筑艺术 ……………………………346
建筑物理学 …………………………347
建筑设计 ……………………………347
建筑结构 ……………………………358
土力学、地基基础工程 …………360
建筑材料 ……………………………361
建筑施工机械和设备 ……………365
建筑施工 ……………………………365
房屋建筑设备 ………………………368
地下建筑、高层建筑 ……………369
区域规划、城乡规划 ……………370
市政工程 ……………………………389
水利工程 ……………………………401
中国水利史 …………………………405
水利机构、团体、会议 …………420
水利工程基础科学 ………………421
水资源调查与水利规划 …………425
水工勘测、水工设计 ……………430
水工结构、水利工程施工 ………431
水利枢纽、水工建筑物 …………432
水能利用、水电站工程 …………436
治河工程与防洪工程 ……………437
交通运输……………………………479
铁路运输 ……………………………480
铁路运输史 …………………………483
铁路运输教育组织、学校 ………485
铁路运输参考工具书 ……………495
铁路线路工程 ………………………496
电气化铁路、特种铁路 …………507
机车工程 ……………………………507
车辆工程 ……………………………512
铁路通信、信号 ……………………514
铁路运输管理工程 …………………515
公路运输 ……………………………521
道路工程 ……………………………522
桥涵工程 ……………………………535
桥梁施工 ……………………………537
隧道工程 ……………………………542
汽车工程 ……………………………543
其他道路运输工具 …………………557
交通工程与公路运输技术管理 …558
水路运输 ……………………………560
航道工程 ……………………………560
通航建筑物与助航设备 …………566
港口工程 ……………………………570
船舶工程 ……………………………573
水路运输技术管理 …………………580
航空、航天…………………………581
航　空 ………………………………582
航空史 ………………………………585
航空普及读物 ………………………586
航空词典 ……………………………587
基础理论及试验 ……………………588
飞机构造与设计 ……………………590
航空发动机（推进系统）…………591
航空仪表、航空设备、飞行控制与导航 ……………………………592
航空用材料 …………………………594
航空制造工艺 ………………………595
各类型航空器 ………………………596
航空飞行术 …………………………601
航空港（站）、机场及其技术管理…608
航天（宇宙航行）…………………608
环境科学、安全科学………………608

题名首字汉语拼音检索表…………615
题名索引……………………………635

工业技术

00001
工程与工程师 赵曾珏著
南京：中华书局，1937.10，208页，23开
南京：中华书局，1939.10，再版，208页，23开
重庆：中华书局，1941.4，3版，208页，23开
重庆：中华书局，1944.4，渝重排初版，90页，32开

本书为大学用书。介绍工程的定义、简史、发展趋势、学术领域，世界著名工程和我国重要工程，工程师的使命、条件、类别等。

收藏单位：安徽馆、重庆馆、广东馆、广西馆、贵州馆、国家馆、江西馆、南京馆、内蒙古馆、上海馆、天津馆、浙江馆

00002
工商部重庆工业试验所三十七年度工作概况 工商部重庆工业试验所编
重庆：工商部重庆工业试验所，[1948]，11叶，22开，环筒页装

本书介绍重庆工业试验所三十七年度的沿革、任务、组织、各试验室的工作、各实验工厂的工作、技术咨询、工业资源之调查、技术资料的收集出版等。附录：现有职员名册。

收藏单位：重庆馆

00003
实业浅说（炼桐油新法） 广西实业院编
[柳州]：广西实业院，1928.9，再版，石印本，3页，32开（广西实业院印刷物）

收藏单位：国家馆

00004
实业浅说（养卵用鸡之利益） 广西实业院编
[柳州]：广西实业院，1928.4，石印本，6页，32开（广西实业院印刷物）

本书浅谈产蛋鸡的品种、饲养收益。

收藏单位：国家馆

00005
实业浅说（有加利树之栽培及蒸油法） 广西实业院编
[柳州]：广西实业院，1928.4，石印本，6页，32开（广西实业院印刷物）

本书浅谈有加利树（大叶桉）的栽培及蒸油法。

收藏单位：国家馆

工业技术理论

00006
工程概说 严家骧等编著
重庆：正中书局，1943.7，232页，25开
上海：正中书局，1948，沪1版，232页，25开

本书共9章，内容包括：土木工程、水利工程、建筑工程、机械工程、电机工程、航空工程、化学工程等。附录：我国工程院校科系调查表等。

收藏单位：重庆馆、广东馆、广西馆、国家馆、辽宁馆、南京馆、上海馆

00007
旧职业与新知识 （英）布拉格（W. H. Bragg）著 林光澂译
外文题名：Old trades and new knowledge
上海：商务印书馆，1936.9，3册（249页），32开（万有文库 第2集 382）（汉译世界名著）
上海：商务印书馆，1937.3，249页，32开，精装（汉译世界名著）

本书共6讲，论述航海、冶工、织工、染工、陶工、矿工等传统行业与新知识的关系。

收藏单位：重庆馆、大连馆、大庆馆、东

北师大馆、广东馆、广西馆、贵州馆、国家馆、湖南馆、江西馆、辽宁馆、南京馆、内蒙古馆、清华馆、上海馆、首都馆、天津馆、西南大学馆、浙江馆

00008

抗战六年来我国工业技术之进步 经济部编

[重庆]：经济部，1943.10，238 页，16 开，环筒页装

本书共 4 部分：前言、仿造及代用品、发明及创作、结论。附录：经济部核准专利案件分类统计表、经济部核准专利案件目录等。

收藏单位：重庆馆、东北师大馆、国家馆、湖南馆、吉林馆、南京馆、上海馆

00009

抗战六年来我国工业技术之进步 中国工业经济研究所编

中国工业经济研究所，1943.12，11 页，18 开（工业经济参考资料 2）

本书共 3 部分：仿造及代用品、发明及创作、结论。

收藏单位：重庆馆、国家馆、吉林馆、上海馆

00010

三十年来之中国工程（中国工程师学会三十周年纪念刊） 吴承洛总编 中国工程师学会编辑

南京：京华印书馆南京厂，1946.8，1131 页，18 开

南京：京华印书馆南京厂，1948.1，再版，1131 页，18 开

本书共 4 部分：工程之部、事业之部、行政之部、技术之部。内收论文和报告 60 余篇，由萨福均、杨承训、陈立夫、赵祖康、茅以升、刘仙洲等数十人撰写。

收藏单位：安徽馆、长春馆、重庆馆、广东馆、贵州馆、国家馆、河南馆、黑龙江馆、湖南馆、近代史所、辽大馆、辽宁馆、南京馆、内蒙古馆、宁夏馆、山西馆、首都馆、天津馆、浙江馆、中科图

00011

现代工业丛谭 （英）几卜生（C. R. Gibson）著 李世琼译

外文题名：The romance of modern manufacture

上海：商务印书馆，1926.6，221 页，32 开（百科常识丛书）

本书讲述纺纱机、织布机、缝纫机、纸、印刷、铁道、船舶等现代工业技术的发明过程。

收藏单位：重庆馆、广东馆、国家馆、河南馆、湖南馆、江西馆、辽宁馆、首都馆、天津馆、浙江馆

00012

中国工程师学会征集工程史料缘起范围与项目 中国史料编纂委员会编

中国史料编纂委员会，1943.9，38 页，22 开（工程史料编纂委员会丛刊 1）

本书征集上古至现代有关矿冶、土木、水利、电机、化工、纺织、建筑等方面的工程史料。

收藏单位：广东馆、国家馆、南京馆

00013

中国工业标准化之回顾及今后应采途径之拟议 吴承洛著

[全国度量衡局]，[1940]，20 页，16 开

本书共 17 部分，内容包括：工业标准化与实业合理化运动、标准之固有意义与中国文化上之标准化时期、总理实业计划与工业标准化等。

收藏单位：重庆馆、国家馆

00014

中国工艺沿革史略 许衍灼编译

上海：商务印书馆，1917.12，134 页，32 开

上海：商务印书馆，1918.9，再版，134 页，32 开

本书介绍太古至清末我国工艺发展简史。

收藏单位：重庆馆、广东馆、国家馆、湖南馆、近代史所、南京馆、首都馆

工业技术机构、团体、会议

00015
出席中国工程师学会第十五届年会并参观台湾建设报告书 冯云［著］
出版者不详，1948，7页，16开
收藏单位：广西馆

00016
大会提案中国全国工业协会提案
出版者不详，1册，16开
收藏单位：南京馆

00017
第三战区经济委员会工业技术会议纪录 第三战区经济委员会编
第三战区经济委员会，1941.10，112页，32开
本书内收1941年10月召开的工业技术会议第一、二次会议记录、提案，共79种。
收藏单位：安徽馆、国家馆

00018
福建省研究院工业研究所概况片段 ［福建省研究院］编
［福建］：［福建省研究院］，1册，22开
收藏单位：福建馆

00019
高等考试工业技师考试声请检核须知 考试院考选委员会编
考试院考选委员会，1943，6页，32开
本书内容包括：工业技师考试与分科、工业技师检核、应检核资格、资格之证明、声请检核手续等。
收藏单位：重庆馆

00020
工程标准协进会成立大会记 ［中国工程师学会编］
中国工程师学会，1943.1，28页，24开（中国工程标准协进会丛刊3）
本书介绍民国三十一年八月六日中国工程标准协进会成立大会的经过、参加协进会机构分类表、参加协进会基本会员统计表、各专门工程团体暨其他有关机构报告等。
收藏单位：重庆馆、广东馆、国家馆、南京馆

00021
工程年会特刊 中国工程师学会衡阳分会编
衡阳：中国工程师学会衡阳分会，1948.6，114页，16开
本书附中国工程师学会历届年会地点、时间。

00022
工程师的教育和工作 （美）萨凯忒（Robert Lemuel Sackett）著 陈章译
外文题名：Engineer, his work and his education
上海：商务印书馆，1934.9，177页，32开，精装
上海：商务印书馆，1935.2，再版，177页，32开，精装
本书介绍各种技术工作的内容、工作者所应接受的教育。
收藏单位：重庆馆、广东馆、贵州馆、国家馆、黑龙江馆、湖南馆、江西馆、辽大馆、辽宁馆、南京馆、内蒙古馆、浙江馆

00023
工程师节纪念特刊 吴承洛编
重庆：中国工程师学会，1941.6，70页，16开
本书内收陈立夫、吴敬恒、于右任、陈果夫、翁文灏等所写关于工程师节的论文33篇，并有舆论、报告、新闻、附录等。
收藏单位：重庆馆、国家馆、南京馆

00024
工程团体联合会员录（民国25—26年度）
［工程团体联合会］编
［工程团体联合会］，1937.4，149页，16开

本书所述联合会包括：中国工程师学会、中国矿冶工程学会、中国化学工程学会、中国水利工程学会、中国电机工程师学会、中国自动机工程学会、中国机械工程学会、中国土木工程师学会 8 个团体。

收藏单位：重庆馆、国家馆、上海馆、天津馆、浙江馆

00025

工商部北平工业试验所三十七年度年刊 工商部北平工业试验所编

北平：工商部北平工业试验所，1948.12，68 页，16 开

本书内容包括：发刊词、本所概况、专著、报告、本所大事记等。

收藏单位：国家馆

00026

工业试验所报告类刊 赵廷柄等编

农商部工业试验所，[1923.4]，1 册，16 开

本书内容包括：分析试验股报告、应用化学试验股报告、窑业试验股报告等。逐页题名：工业试验所报告。

收藏单位：国家馆

00027

工展手册 大连工业展览会编

大连：大连工业展览会，[1949]，86 页，32 开

本书内容包括：大连工业展览会全景、旅大概况、旅大区产业建设图、大连市街图、关于一九四九年大连工业展览会的决定等。

收藏单位：重庆馆、国家馆

00028

广东建设厅工业试验所年刊（[1930 年]） 广东建设厅工业试验所编

广东建设厅工业试验所，1930.8，319 页，16 开

本书介绍广东建设厅工业试验所成立一年来之概况、计划、报告、规章等。

收藏单位：国家馆

00029

广东建设厅工业试验所年刊（[1933 年]） 广东建设厅工业试验所编

广东建设厅工业试验所，1933.12，[774] 页，16 开

本书收录工业试验论文 8 篇，并有统计、计划、工作报告、法规等。

收藏单位：广西馆、国家馆、近代史所

00030

广东专门技术人员调查表 广东省建设厅编辑股编

广州：广东省建设厅，1933.7，[576] 页，32 开

本书调查对象为：在国内外大学或高等专门学校学习技术学科并有毕业文凭，或具有同等学历者。分土木工程、机械工程、电学工程、矿业工程、造船工程等 12 类专业。

收藏单位：国家馆

00031

国立中央研究院工程研究所民国三十一年度工作概要

[重庆]：国立中央研究院工程研究所，[1942]，油印本，7 叶，16 开，环筒页装

收藏单位：国家馆

00032

河北省工程师协会会务总报告 河北省工程师学会编

河北省工程师学会，1934.9，11 页，32 开

收藏单位：国家馆

00033

河北省工业试验所第一次报告书 河北省工业试验所编

天津：河北省工业试验所，[1929]，1 册，16 开

本书内容包括：影画、题词、纪事、分析课报告、化学工业课报告、窑业课报告、章则、职员录等。

收藏单位：国家馆、河南馆、近代史所、首都馆

00034
河北省工业试验所第二次报告书 河北省工业试验所编
天津：河北省工业试验所，1930，1 册，16 开
本书内容包括：题词、弁言、纪事、化学工业课报告、窑业课报告、调查报告、章则、职员录等。
收藏单位：国家馆、河南馆、上海馆、首都馆

00035
河北省工业试验所第一、二次报告书 河北省工业试验所编
天津：河北省工业试验所，1929.7—1930.12，146+180 页，16 开
本书内容包括：纪事、化学工业课报告、窑业课报告、调查报告、章则、职员录等。
收藏单位：天津馆

00036
河北省工业试验所第一～四次报告书 ［河北省工业试验所］编
天津：河北省工业试验所，1 册，16 开
本书内容包括：第一、二次报告书的题词、弁言、纪事、化学工业课报告、窑业课报告、调查报告、章则、职员录等；第三、四次报告书的纪事、分析课报告、化学工业课报告、窑业课报告、机械课报告、参观报告等。
收藏单位：国家馆

00037
河北省工业试验所第三、四次报告书 河北省工业试验所编
天津：河北省工业试验所，[1932.12]，1 册，16 开
本书内容包括：影画、纪事、化学工业课报告、窑业课报告、机械课报告、章则、职员录等。
收藏单位：重庆馆、国家馆、河南馆、南京馆、上海馆

00038
河北省工业试验所概况 河北省工业试验所编
［天津］：河北省工业试验所，[1932.10]，62 页，16 开
本书介绍河北省工业试验所沿革、组织、土地房屋、经费、试验设备、工作计划、有关规章等。书末附职员、指导员一览表。
收藏单位：国家馆、南京馆、上海馆、天津馆

00039
会务纪录（民国十年起至民国十三年止） 中华工程师学会编辑部编
中华工程师学会编辑部，[1924.12]，[280] 页，18 开，精装
本书逐页题名：中华工程师学会会报。
收藏单位：国家馆

00040
会员录
出版者不详，[1938.12]，32 页，16 开
收藏单位：上海馆

00041
江西省工业实验处创设之经过 江西省工业实验处编
赣县：江西省工业实验处，1941.12，64 页，22 开
本书内容包括：筹办情形、组织、设备概况、三十年度工作计划等。附录：各种章则等。
收藏单位：国家馆、首都馆

00042
经济部重庆工业试验所概况
［重庆］：经济部，[1939]，9 叶，16 开，环筒页装
收藏单位：国家馆、中科图

00043
经济部中央工业试验所八年来概况 经济部中央工业试验所编
经济部中央工业试验所，1945，77 叶，16 开，环筒页装

本书内容包括：沿革与组织、技术方针之演变、战时工业技术之研究与改进、战时工业技术之发明、战时工业技术之实验、复员工作之准备等。

收藏单位：重庆馆

00044
经济部中央工业试验所“工业中心”总目录 设计科编
出版者不详，[1948]，油印本，1 册，16 开，环筒页装

收藏单位：国家馆

00045
经济部中央工业试验所工作概况 顾毓瑔著
经济部中央工业试验所，1942.8，15 页，16 开

本书内容包括：经济部中央工业试验所工作概况、机械制造实验工厂、纯粹化学药品制造实验工厂、脂油实验工厂、制革鞣料示范实验工厂、窑业原料示范实验工厂、淀粉及酿造实验工厂、盐碱实验工厂、电气仪器修造工厂、纺织实验工厂等。附录：实验工厂出品一览。

收藏单位：国家馆、首都馆

00046
经济部中央工业试验所工作概要 经济部中央工业试验所编
经济部中央工业试验所，1943.7，18 页，16 开

本书内容包括：该所工作目标、工作步骤、工作机构等。大部分内容以图表说明。

收藏单位：国家馆、南京馆

00047
经济部中央工业试验所协助甘宁青三省建设轻工业工厂简报 顾毓瑔等著
经济部中央工业试验所，1943，油印本，7 叶，32 开，环筒页装

本书共 3 部分：引言、简表、结论。

收藏单位：重庆馆

00048
经济部中央工业试验所一览 经济部中央工业试验所编
经济部中央工业试验所，1941.2，20 页，16 开

本书概述经济部中央工业试验所沿革、工作范围、组织、各部分主要工作项目等。

收藏单位：重庆馆、国家馆

00049
抗战以来中央工业试验所工作报告 顾毓瑔著
经济部中央工业试验所，1939.5，23 页，16 开

本书为 1937 年至 1939 年中央工业试验所工作报告。共 4 部分：引言、一般工作概要、离京前之工作概况、西迁后之工作概况。

收藏单位：广东馆、国家馆、南京馆

00050
七工程学术团体联合年会通告书 七学术团体联合年会筹委会编
太原：七学术团体联合年会筹委会，1937，22 页，32 开

收藏单位：南京馆、首都馆

00051
迁川工厂出品展览纪念册 迁川工厂联合会编
迁川工厂联合会，[1942]，112 页，16 开

本书内容包括：展览会开幕献辞、题词一览、参加展览会员一览、论著、各厂简史、各报评论、迁川史略、迁川工厂联合会历年工作纪要、迁川工厂联合会全体会员名录、出品展览会会计报告等。逐页题名：迁川工厂联合会出品展览会纪念册。

收藏单位：重庆馆

00052
山东工业试验所第一次报告书 山东工业试验所编
济南：山东工业试验所，1921.1，280 页，16 开

本书内容包括：沿革小史、职员表、化学科报告、染织科报告、机械土木科报告、窑业科报告等。

收藏单位：国家馆、近代史所、南京馆

00053

山东工业试验所第二次报告书 山东工业试验所编

济南：山东工业试验所，1922.12，1 册，16 开

本书内容包括：记事、职员表、化学、染织、机械土木等科报告书、本所章程等。目次页题名：山东省立工业试验所第二次报告书。逐页题名：山东省立工业试验所报告书。

收藏单位：国家馆、近代史所

00054

山东工业试验所第三次报告书 山东工业试验所编

济南：山东工业试验所，1925.1，1 册，16 开

本书共 5 章：化学、染织、机械土木、窑业各科报告、职员表。

收藏单位：国家馆

00055

山东工业试验所第一次工作报告书 山东工业试验所编

济南：山东工业试验所，1930.6，1 册，16 开

本书内容包括：记事、分析科报告、工程科报告、计划书、章则等。

收藏单位：国家馆

00056

山西工业试验所报告书（中华民国六年至十七年第一次） 山西工业试验所编

山西工业试验所，[1928.6]，348 页，16 开

本书共 16 部分，内容包括：绪言、本所沿革概要、本所纪事摘要、分析部设备及化验报告、艺徒养成所经过概略等。

收藏单位：重庆馆、国家馆

00057

陕西省建设厅中国工业合作协会合办工业试验所工作报告 工业试验所编

[宝鸡]：中国工业合作协会西北区办事处，[1939—1949]，98 页，16 开，环筒页装（西北工合丛刊 14）

本书内容包括：普通化验事项、工商品检验事项、甘肃和宁夏各种矿产检验等。

收藏单位：国家馆

00058

上海市社会局工业物品试验所特刊 上海市社会局工业物品试验所编

上海：上海市社会局工业物品试验所，1931.10，1 册，16 开

本书内容包括：本所概况、报告、译著、章则、职员录等。

收藏单位：国家馆、近代史所

00059

十年来之工业试验 顾毓瑔著

[上海]：中华书局，[1949]，102 页，32 开（经济部成立十周年纪念丛刊）

本书介绍 1938 年至 1948 年经济部中央工业试验所工作概况。

收藏单位：国家馆

00060

五工程学术团体联合年会纪念刊 五工程学术团体联合会筹备委员会编

杭州：五工程学术团体联合会筹备委员会，1936.8，[259] 页，16 开

本书介绍五个工程学术团体联合举行年会的会议经过。其中有中国工程师学会第六届年会、中国电机工程师学会第二届年会、中华化学工业会第十一届年会、中国自动机工程学会第二届年会、中国化学工程学会第四届年会。该会于 1936 年 5 月在杭州举行。

收藏单位：广东馆、国家馆、近代史所、南京馆、首都馆、天津馆、中科图

00061

一年半以来之中央工业试验所 顾毓瑔著

实业部中央工业试验所，1936.1，50 页，16 开

本书内容包括：该所工作方针、一般工作和试验工作概况等。

收藏单位：国家馆、陕西馆、上海馆

00062
直隶工业试验所第一次报告书 直隶省工业试验所编
天津：直隶省工业试验所，1915.4，1 册，23 开，环筒页装

本书内容包括：事务概略、本所记事、矿业科报告、化学工业科报告、窑业科报告、染织科报告、调查报告等。

00063
直隶工业试验所第二次报告书 直隶省工业试验所编
天津：直隶省工业试验所，1917.12，1 册，23 开，环筒页装

本书内容包括：本所记事、分析科报告、化学工业科报告、窑业科报告、染织科报告、调查报告、本所规则等。

收藏单位：重庆馆

00064
直隶工业试验所第三次报告书 直隶省工业试验所编
天津：直隶省工业试验所，1918.3，[138] 页，18 开，环筒页装

本书内容包括：本所记事、矿业科报告、分析科报告、窑业科报告、染织科报告、本所规则等。

收藏单位：首都馆

00065
直隶工业试验所第四次报告书 直隶省工业试验所编
天津：直隶省工业试验所，1918.12，[138] 页，23 开，环筒页装

本书内容包括：本所记事、矿业科报告、分析科报告、本所规则等。

收藏单位：国家馆、天津馆

00066
直隶工业试验所第五次报告书 直隶省工业试验所编
天津：直隶省工业试验所，1921.6，[140] 页，22 开，环筒页装

本书内容包括：本所记事、矿业科报告、分析科报告、本所规则等。

收藏单位：国家馆

00067
直隶工业试验所第六次报告书 直隶省工业试验所编
天津：直隶省工业试验所，1921.6，1 册，22 开，环筒页装

本书内容包括：本所记事、分析科报告、化学工业科报告、窑业科报告等。

收藏单位：国家馆、近代史所

00068
直隶工业试验所第七次报告书 直隶省工业试验所编
天津：直隶省工业试验所，1921.6，[126] 页，18 开，环筒页装

本书内容包括：本所记事、分析科报告、化学工业科报告、窑业科报告、职员等。

收藏单位：国家馆、南京馆

00069
直隶工业试验所第八次报告书 直隶省工业试验所编
天津：直隶省工业试验所，1922.6，[120] 页，18 开，环筒页装

本书内容包括：本所记事、分析科报告、化学工业科报告、窑业科报告、职员等。

收藏单位：国家馆

00070
直隶工业试验所第九次报告书 直隶省工业试验所编
天津：直隶省工业试验所，1923.9，138 页，18 开，环筒页装

本书内容包括：本所记事、分析科报告、化学工业科报告、窑业科报告、试验所章程、检定章程、职员录等。

收藏单位：国家馆

00071
直隶工业试验所第十次报告书 直隶省工业试验所编
天津：直隶省工业试验所，1924.6，[162] 页，18 开，环筒页装
本书内容包括：本所平面图、本所记事、分析科报告、化学工业科报告、窑业科报告等。
收藏单位：国家馆、南京馆

00072
直隶工业试验所第十一次报告书 直隶省工业试验所编
天津：直隶省工业试验所，1925.6，[152] 页，18 开，环筒页装
本书内容包括：本所记事、分析科报告、化学工业科报告、窑业科报告、职员等。
收藏单位：国家馆

00073
中国工程人名录（第一回） 资源委员会编
长沙：商务印书馆，1941.10，467+82+[10] 页，32 开，精装
本书共 7 章，内容包括：中国工程师学会、中国工程师信条、中国工程人名录等。附录：国内各工程专科以上学校毕业生名单、国外各工程专科以上学校名单及简称索引等。
收藏单位：广东馆、广西馆、吉林馆、辽师大馆、内蒙古馆、山西馆、上海馆、中科图

00074
中国工程师联合年会出席会员名册
兰州：出版者不详，1942.8，[30] 页，16 开
收藏单位：国家馆

00075
中国工程师学会重庆分会会员通讯录 中国工程师学会重庆分会编制
重庆：中国工程师学会重庆分会，1941，油印本，41 叶，16 开，环筒页装
本书内容包括：重庆分会职员、重庆分会分区集会各区负责人、重庆分会各研究委员会主任委员副主任委员、重庆分会会员通讯录等。含：姓名、别号、年龄、籍贯、专门学科、会员等级、服务机关、通讯处所。
收藏单位：重庆馆

00076
中国工程师学会第八届年会指南 中国工程师学会编
昆明：中国工程师学会筹备处，1939.12，30 页，36 开
收藏单位：国家馆

00077
中国工程师学会第九届年会指南
成都：第九届年会筹备委员会，1940.12，1 册，36 开
收藏单位：南京馆

00078
中国工程师学会第十届年会指南
贵阳：第十届年会筹备委员会，1941.12，24 页，50 开
收藏单位：南京馆

00079
中国工程师学会第十二届年会指南暨各专门工程学会联合年会 中国工程师学会编
桂林：年会筹备委员会，1943.10，21 页，36 开
收藏单位：国家馆、南京馆

00080
中国工程师学会第十三届年会暨各专门学会联合年会大会指南
重庆：出版者不详，1945.6，24 页，32 开
收藏单位：南京馆

00081
中国工程师学会第十五届年会暨各专门工程学会联合年会手册 年会筹备委员会编
台湾：年会筹备委员会，1948.10，71 页，64 开
收藏单位：湖南馆、南京馆

00082

中国工程师学会概况　中国工程师学会编

中国工程师学会，[1924—1949]，14 页，16 开

收藏单位：国家馆

00083

中国工程师学会工程标准协进会筹备经过

中国工程师学会编

中国工程师学会，1942.6，26 页，22 开（中国工程标准协进会丛刊 2）

收藏单位：国家馆、南京馆

00084

中国工程师学会会员录续编　中国工程师学会编

中国工程师学会，1941.9，130 页，16 开

本书收录中国土木工程师学会、中国水利工程学会、中国机构工程学会、中国矿冶工程学会、中国纺织工程学会、中国自动机工程学会、中国电机工程学会、中国化学工程学会八大工程学会职员录。

收藏单位：重庆馆

00085

中国工程师学会会员通信录（[1932 年]）　中国工程师学会编

上海：中国工程师学会，1932.12，94 页，16 开

本书内容包括：中国工程师学会职员录、中国工程师学会会员通讯录等。书前有姓氏索引。逐页题名：中国工程师学会会员通讯录。

收藏单位：浙江馆

00086

中国工程师学会会员通信录（[1934 年]）　中国工程师学会编

上海：中国工程师学会，1934.1，104 页，16 开

本书内容包括：中国工程师学会职员录、中国工程师学会会员通讯录等。书前有姓氏索引。逐页题名：中国工程师学会会员通讯录。

收藏单位：广西馆、国家馆、上海馆

00087

中国工程师学会会员通信录（[1935 年]）　中国工程师学会编

上海：中国工程师学会，1935.2，129 页，16 开

本书内容包括：中国工程师学会职员录、中国工程师学会会员通讯录等。书前有姓氏索引。逐页题名：中国工程师学会会员通讯录。

收藏单位：上海馆

00088

中国工程师学会会员通信录（[1936 年]）　中国工程师学会编

上海：中国工程师学会，1936.1，139 页，16 开

本书内容包括：中国工程师学会职员录、中国工程师学会会员通讯录等。书前有姓氏索引。逐页题名：中国工程师学会会员通讯录。

收藏单位：广西馆、南京馆、上海馆、天津馆

00089

中国工程师学会兰州分会会所落成纪念册

中国工程师学会兰州分会编

[兰州]：中国工程师学会兰州分会，1944.6，石印本，[14] 页，32 开，环筒页装

本书内容包括：缘起、筹备经过、施工经过等。

收藏单位：国家馆

00090

中国工程师学会临时大会指南

重庆：明达制版印刷公司，1938，28 页，42 开

收藏单位：南京馆

00091

中国工程师学会年刊（第 15 届年会）　中国

工程师学会青岛分会编
青岛：中国工程师学会青岛分会，1948.10，60页，16开
本书内收短文20余篇，介绍青岛工业生产情况及该会青岛分会一年内的大事等。
收藏单位：山西馆

00092
中国工程师学会三十年度会务报告 中国工程师学会编
重庆：中国工程师学会，[1941.10]，20页，16开
收藏单位：贵州馆、国家馆、天津馆

00093
中国工程师学会三十一年度会务报告 中国工程师学会编
中国工程师学会，[1942.8]，28页，16开
收藏单位：国家馆、天津馆

00094
中国工程师学会三十二年度会务报告 中国工程师学会编
中国工程师学会，[1943.10]，68页，16开
本书内容包括：职员名录、决议案执行情形、年会得奖论文、收发文统计、各地分会报告等。
收藏单位：广东馆、国家馆、南京馆、天津馆

00095
中国工程师学会三十三、三十四年度会务报告 中国工程师学会编
中国工程师学会，[1945.6]，97页，16开
收藏单位：重庆馆、广东馆、国家馆、南京馆

00096
中国工程师学会三十五、三十六年度会务报告 中国工程师学会编
中国工程师学会，1947.10，62页，16开
收藏单位：国家馆、南京馆、上海馆

00097
中国工程师学会三十七年度会务报告 中国工程师学会编
中国工程师学会，1948.10，48页，18开
收藏单位：国家馆、上海馆

00098
中国工程师学会上海分会会员录 中国工程师学会上海分会编
上海：中国工程师学会上海分会，1948，59页，16开（中国工程师学会上海分会会刊1）
本书附该会章程、沿革等。

00099
中国工程师学会上海分会三十五年年会专刊 中国工程师学会上海分会编
[上海]：中国工程师学会上海分会，1947.2，80页，32开

00100
中国工程师学会现行章程 中国工程师学会编
南宁：中国工程师学会，[1935.8]，[4]页，16开
本书正文页前题：民国二十四年八月十五日南宁年会修正。
收藏单位：国家馆

00101
中国工程师学会修改章程草案 中国工程师学会编
中国工程师学会，[1941.9]，[4]册，16开
本书正文页前题：民国三十年九月修改章程审查委员会草拟。
收藏单位：国家馆

00102
中国工程师学会一览 中国工程师学会编
重庆：中国工程师学会，1941.10，72页，16开
本书附录：本会大事记、本会出版书籍总目、各专门工程学会成立时期汇志等。
收藏单位：广东馆、贵州馆、国家馆、南京馆

00103
中国工程师学会章程 中国工程师学会编
南京：中国工程师学会，1931.8，4 页，16 开
南京：中国工程师学会，1941.10，4 页，16 开
收藏单位：国家馆

00104
中国工程学会第十三届年会通告
出版者不详，14 页，32 开
收藏单位：南京馆

00105
中国工程学会会员通讯录（第 7 编） 中国工程学会编
上海：中国工程学会，1929.3 重印，45 页，18 开
本书按姓氏笔画索引，记录总会与分会会员地址、专长、级位。

00106
中国工程学会会员通讯录（第 8 编） 中国工程学会编
上海：中国工程学会，1930.6，60 页，16 开
本书内容包括：职员名单，全国各省、香港、新加坡、瑞士、德国、英国、美国等地会员名单，分列姓名、通信处、专长、级位等。
收藏单位：国家馆、上海馆

00107
中国工程学会十九年度会务总报告 中国工程学会编
中国工程学会，1931.8，70 页，16 开
收藏单位：广东馆

00108
中国技术协会概况 中国技术协会编
中国技术协会，1948.1，14 页，16 开
本书内容包括：简史、技术一瞥、经常工作等。
收藏单位：国家馆、南京馆、上海馆

00109
中国科学社工程学会联合年会纪事录 吴承洛述
中国科学社工程学会联合年会，1919.9，68 页，32 开
本书内容包括：驻美中国科学社事务会纪录书记报告、驻美会计报告、在美劝募基金捐成绩报告等。
收藏单位：国家馆

00110
中华工程师学会会员录 中华工程师学会编
中华工程师学会，1924.12，54 页，18 开
收藏单位：国家馆

00111
中华工程师学会章程 中华工程师学会编
中华工程师学会，[1923.10]，8 页，21 开
收藏单位：国家馆

00112
中华工程协进社概况 中华工程协进社编
南京：中华工程协进会，[1935]，26 页，22 开
本书共 7 部分，内容包括：创立缘起、筹备会议经过、成立会经过、本社近息等。
收藏单位：国家馆

00113
中央工业试验所筹备之经过 工商部中央工业试验所编
南京：工商部中央工业试验所，1930.11，60 页，16 开
本书共 8 部分，概述中央工业试验所筹备工作、章则之拟订与定期成立、第一期工作计划等。附录：筹备人员一览表、现任人员一览表。
收藏单位：国家馆

工业技术教育与普及

00114
安徽省立安庆高级工业职业学校校友通讯录

（第 1 期） 安徽省立安庆高级工业职业学校校友会编
安庆：安徽省立安庆高级工业职业学校校友会，1942.11，34 页，32 开
本书内容包括：通讯录、校友会会章等。
收藏单位：国家馆

00115
高级工业职业学校机械科、土木科、电机科、电讯科暂行课程及设备标准 教育部编
重庆：教育部中等教育司，1942，91 页，32 开（工业职业学校课程标准 1）
收藏单位：南京馆

00116
高级工业职业学校建筑科、测量科、市政工程科课程及设备标准 教育部编
重庆：教育部中等教育司，1942，113 页，32 开（工业职业学校课程标准 3）
收藏单位：南京馆

00117
工业常识 （日）中村康之助著　白鹏飞译述
上海：科学会编译部，1913.12，182+30 页，22 开
上海：科学会编译部，1917.12，再版，182+30 页，22 开
上海：科学会编译部，1918.8，3 版，182+30 页，22 开
上海：科学会编译部，1923.10，6 版，182+30 页，22 开
上海：科学会编译部，1925.1，7 版，182+30 页，22 开
上海：科学会编译部，1927，8 版，182+30 页，22 开
上海：科学会编译部，1931.5，9 版，182+30 页，22 开
上海：科学会编译部，1933，国难后 1 版，182+30 页，22 开
本书介绍动力、水力电气、电信、建筑、印刷等 35 种工业知识。附录：关于电气之实用单位等。
收藏单位：重庆馆、广西馆、贵州馆、桂林馆、国家馆、河南馆、湖南馆、内蒙古馆、首都馆、浙江馆

00118
工业常识
出版者不详，1948.8，294 页，32 开，精装
本书内容包括：工业计算法、机械设计、公式、图解、齿轮画法、各种表格等。
收藏单位：国家馆

00119
工业常识（浙江省警官学校讲义 第 1 期） 韩祖望编
浙江：浙江省警官学校，1930，112+12 页，22 开
本书内容包括：工业及其发达、工业之分类等。
收藏单位：浙江馆

00120
工业教育 杨鄂联著
上海：商务印书馆，1929.10，25 页，32 开（万有文库第 1 集 0312）（师范小丛书）
上海：商务印书馆，1931.7，25 页，32 开（师范小丛书）
上海：商务印书馆，1933，国难后 1 版，25 页，32 开（师范小丛书）
上海：商务印书馆，1934，再版，25 页，32 开（万有文库 第 1 集 0312）（师范小丛书）
长沙：商务印书馆，1938.7，25 页，32 开（师范小丛书）
本书介绍工业教育的起源、意义，各国工业教育的发展，中国工业教育的发展，工业教育的设施及重要问题等。
收藏单位：安徽馆、重庆馆、大理馆、大连馆、东北师大馆、广西馆、贵州馆、国家馆、河南馆、黑龙江馆、湖南馆、吉林馆、江西馆、辽大馆、辽师大馆、南京馆、内蒙古馆、宁夏馆、陕西馆、上海馆、首都馆、天津馆、西南大学馆、浙江馆

00121
工业教育（第 1 种） 韩剑琴编著

更始艺术学社，1947.4，34页，32开

收藏单位：南京馆

00122

工业课本 计志中编

上海：商务印书馆，1930，22页，32开

收藏单位：广东馆

00123

工业课本教授法 计志中著

上海：商务印书馆，1930，92页，32开

收藏单位：广东馆

00124

广东省立工专校刊 广东省立工专编

广东省立工专，[1933.7]，194页，16开

本书内容包括：一年来校务概览、科学论著、行政规章、师生一览等。

收藏单位：国家馆

00125

国立北京工业大学教职员录 [国立北京工业大学编]

北京：[国立北京工业大学]，1925，油印本，4叶，16开，环筒页装

收藏单位：国家馆

00126

国立北京工业大学扩充计划书 国立北京工业大学编

北京：国立北京工业大学，油印本，16叶，16开，环筒页装

本书内容包括：机械科、电气机械科、机织科的计划及预算等。

收藏单位：重庆馆

00127

国立北京工业专门学校同学录 北京工业专门学校编

北京：[北京工业专门学校]，[1919]，1册，22开

北京：[北京工业专门学校]，1923，1册，22开

收藏单位：国家馆、近代史所

00128

国立中央工校校友会上海分会通讯录 国立中央工校校友会上海分会编

上海：国立中央工校校友会上海分会，1947，1册，16开

本书内容包括：本届干事会人选名单、第一次会员大会通过会章、会务动态、校友通讯录等。

收藏单位：重庆馆

00129

国立中央工校组织大纲办事总则暨各处室科办事细则 国立中央工业职业学校编

重庆：国立中央工校，油印本，37叶，16开，环筒页装

本书内收国立中央工业专科职业学校组织大纲二十五条、办事总则四十一条、办事细则、各项规则等。

收藏单位：重庆馆

00130

国立中央工业职业学校筹备委员会建筑说明书 国立中央工业职业学校筹备委员会编

出版者不详，19页，25开

本书共3部分：工程范围、普通规约、施工细则。

收藏单位：重庆馆

00131

国立中央工业职业学校组织大纲、办事总细则、各项规则、各项简则 国立中央工业职业学校编

万县（重庆）：华盛印务公司，1938.6，1册，32开

本书内收国立中央工业职业学校组织大纲二十条，办事总则十三条，办事细则、各项规则、各项简则共一百多条。附机械工厂各项规则。

收藏单位：重庆馆、国家馆

00132

国立中央工业职业学校组织大纲及各项规则 国立中央工业职业学校编

重庆：国立中央工业职业学校，油印本，1册，16开，环筒页装

本书内收国立中央工业职业学校组织大纲二十条，办事总则十三条，办事细则、各项规则、各项简则共一百多条。

收藏单位：重庆馆

00133

国立中央工业专科学校、国立中央工业职业学校校友录 国立中央工校校友总会编

重庆：国立中央工校校友总会，1946.2，62页，16开

本书内容包括：校歌、校史、现任教职员录、校外同学录、在校同学录等。

收藏单位：重庆馆、国家馆

00134

国立中央工业专科职业学校一览 国立中央工业专科职业学校出版委员会编

重庆：国立中央工业专科职业学校出版委员会，1941.1，102页，22开

本书内容包括：校史、学则纲要、师生名录等。

收藏单位：重庆馆、广东馆、广西馆、国家馆、吉林馆、南京馆

00135

河北省立石门工业职业实验学校计划大纲

河北省立石门工业职业实验学校编

出版者不详，油印本，1册，16开，环筒页装

收藏单位：重庆馆

00136

湖南公立工业专门学校章程 湖南公立工业专门学校编

湖南：湖南公立工业专门学校，1914，32页，22开

收藏单位：广东馆

00137

湖南省立高级工科职业学校规程 湖南省立高级工科职业学校编

湖南：湖南省立高级工科职业学校，1932.8，98页，32开，环筒页装

本书内容包括：组织规程、校务会议议事规程、教务部办事规程、训育部办事规程、图书室办事规程、学生集会规则、学生请假规则等。附录：教育法规。

收藏单位：重庆馆

00138

建设总署委托北京市市立高级工业职业学校特设土木工程同学录 殷同编

北京：高级工业职业学校特设土木工程班，1939，[76]页，横32开，精装

收藏单位：国家馆

00139

江苏省立第一工业学校一览

无锡：翻成印刷公司，1922.4，34页，大32开

收藏单位：安徽馆、南京馆

00140

江西省立工业专科学校同学录 江西省立工业专科学校编

南昌：江西省立工业专科学校，1933.10，118页，16开

本书介绍江西省立工业专科学校沿革、师生一览表等。

收藏单位：国家馆

00141

江西省立工业专科学校学则 江西省立工业专科学校编

南昌：江西省立工业专科学校，1932，58页，22开

本书共21章，内容包括：总则、学科规程、学年及假期、入学、纳费、注册等。

收藏单位：国家馆

00142

江西省立工业专科学校一览　江西省立工业专科学校编

南昌：江西省立工业专科学校，1935.8，198页，16开

南昌：江西省立工业专科学校，1936.6，198页，16开

本书内容包括：沿革、法规、设备概况、师生一览表等。

收藏单位：国家馆、上海馆

00143

江西省立工业专科学校章程　江西省立工业专科学校编

南昌：江西省立工业专科学校，1932，30页，25开

本书共4部分：组织大纲、规程、各处办事细则、条例规则。

收藏单位：国家馆、南京馆

00144

三十六年度国立北平高级工业职业学校概况

[北平]：出版者不详，[1947]，16页，32开

收藏单位：南京馆

00145

山西省立工业专科学校一览　山西省立工业专科学校编

[太原]：山西省立工业专科学校，1933.4，[334]页，16开

本书内容包括：该校沿革、规程、教材纲要、职教员学生表、统计表、实验室和实习工厂设备情况等。

收藏单位：国家馆、近代史所

00146

上海工业专科学校第一届毕业纪念刊　上海工业专科学校编

上海：上海工业专科学校，[1946]，87页，16开

00147

上海市立工专毕业纪念刊（纺织科）　上海市立工业专科学校编

上海：上海市立工业专科学校，1947，[100]页，16开，精装

本书为上海市立工业专科学校民三六级毕业纪念刊。

00148

实用工艺制造新书　奚楚明编

上海：中国实业研究会，1924，2册，25开

本书介绍教育用品类、油漆类、漂白粉等的制造方法，及电镀术方法。

收藏单位：重庆馆

00149

数年来的贡献（国立清华大学机械工程系）　庄前鼎辑

北平：国立清华大学，1936.4，16页，16开

本书介绍国立清华大学机械工程系几年来的成绩。

00150

私立勤工初级工业职业学校一览

[福州]：出版者不详，1937.5，80页，32开

本书共17部分，内容包括：校史、大事记、组织大纲、办事细则、学则、教职员一览表等。

收藏单位：南京馆

00151

私立勤工职业学校四周年纪念刊　勤工职业学校编

[福州]：勤工职业学校，1939.5，154页，32开

收藏单位：南京馆

00152

四川省立重庆高级工业职业学校一览　四川省立重庆高级工业职业学校编

重庆：四川省立重庆高级工业职业学校，1936.6，[252]页，16开

本书内容包括：校史，教务处、机械科、土木科等概况，各种章则，师生一览表等。

收藏单位：重庆馆、国家馆

00153
苏工
苏州：江苏省立苏州工业学校，1933.3，152页，32开
收藏单位：南京馆

00154
苏工机械学会年刊暨民三十级毕业纪念特辑 苏州工业学校机械科编
苏州：苏州工业学校机械科，1941，[66]页，16开，精装

00155
苏工校友录 苏州工业专门学校编
苏州：苏州工业专门学校，1947，176页，32开
收藏单位：上海馆

00156
苏州工专复校纪念册 苏州工专上海同学会编
苏州：苏州工专上海同学会，1947.1，[280]页，16开
本书内容包括：言论、学术、调查、特载、消息、会务等。
收藏单位：东北师大馆、广东馆、国家馆、近代史所、上海馆、中科图

00157
小本工艺制造新术 林克标著
上海：博文书店，1946，161页，32开
本书共6章，内容包括：化妆品、日用品、饮食品、医药品等。
收藏单位：重庆馆

00158
浙江公立工业专门学校同学录（民国十四年十月） 浙江公立工业专门学校编
浙江：浙江公立工业专门学校，1925，116页，横27开
收藏单位：浙江馆

00159
浙江公立工业专门学校一览 浙江公立工业专门学校编
浙江公立工业专门学校，1921，92页，16开
本书介绍校内设施、学校全景照片等。
收藏单位：浙江馆

00160
中法国立工业专门学校简章 中法国立工业专门学校编
上海：中法国立工业专门学校，1926.3，20页，24开

00161
中工概况 李巍编
中工生活周报社，1949，油印本，61叶，25开，环筒页装
本书共14部分，内容包括：本校简史、校舍环境、本校行政组织简表及各负责人、各部科系介绍、各部科系课程、图书馆与物理试验室、教授阵容、生活概况等。附录：国立专科以上学校学生公费奖学金申请办法等3种。
收藏单位：重庆馆

00162
中工指南 国立中央工校基督教青年会编
重庆：国立中央工校基督教青年会，1946，27页，36开
本书共3部分：中央工校概况、投考中央工校择科指南、本校最近两届之招生试题及题解。
收藏单位：重庆馆

00163
中央工专概况 张达尊 李巍编
重庆：国立中央工业专科学校同学会，1948，28页，32开
本书介绍中央工专的创校简史、校舍环境、班级学样、各科课程、教授阵容等。
收藏单位：重庆馆

工业技术论文集

00164
工程师节特刊 ［中国工程师学会广州分会］编
广州：中国工程师学会广州分会，1946，124页，16开
本书内收张发奎、李卓、吴敬寰等二十几人的论文。
收藏单位：国家馆

00165
工程特刊（中国工程师学会第十四届年会） 凌鸿勋等著 陈宗南总编
广州：中国工程师学会广州分会，1946.10，156页，16开
本书内容包括：论著、论文、专载等。目录页题名：中国工程师学会广州分会第十四届年会特刊。
收藏单位：国家馆

00166
国立贵州大学工学院工程特刊庆祝工程师节专号 国立贵州大学工程学会主编
贵阳：国立贵州大学工程学会，1947.6，29页，16开
收藏单位：国家馆

00167
国立武汉大学工科年刊（第1卷） 国立武汉大学工科年刊委员会编
武昌：国立武汉大学出版部，1936.12，322页，16开
本书内收论文14篇，内容包括：《勿来门氏公式之图解法及其理论》（陆凤书）、《钢筋混凝土材料截面计划法》（方墉）、《印度灌溉工程视察记》（邢维堂）等。其中英文论文一篇。
收藏单位：国家馆

00168
年会手册（中国工程师学会第十届年会） 中国工程师学会编
中国工程师学会，[1941.10]，[70]页，32开
本书为中国工程师学会第十届年会论文目录提要。该年会于1941年10月在贵阳召开。
收藏单位：贵州馆

00169
庆祝工程节专号 竺良甫等著
国立贵州大学工程学会，1947.6，29页，16开（工程专刊）

00170
应用科学 孙印之等著
河北省立工业学院，1937，208+27页，16开（工业学院学报3）
本书内收论文18篇，内容包括：《由玉蜀黍穗轴提取胶质、木糖及葡萄糖之试验》（孙印之、李祖培）、《回转轮之应用》（马芭汀）、《中国古代的玻璃》（森汉）等。另有专载和杂俎。
收藏单位：国家馆

00171
应用科学（第1期 工作效率专辑） 应用科学编译社编
重庆：尚鋕，1943.9，132页，32开
本书内收《效率观念与心理资源》（朱泰信）、《美国造船效率之打破记录者》（李中孚）、《苏联提高生产效率运动概述》（刘曙光）等文章。
收藏单位：国家馆

00172
中国工程师学会大渡口分会工程讨论（第1集） 杨君毅 翁耀民著
［重庆］：钢铁厂迁建委员会，1942.3，[12]页，16开，环筒页装
本书内收讲演稿2篇：《中国重工业的展望》（杨君毅）、《漫谈川省炼钢炼铁问题》（翁耀民）。

00173
中国工程师学会大渡口分会工程讨论（第2

集） 杨继曾等著
[重庆]：钢铁厂迁建委员会，1944，43页，16开

本书内收《如何踏上工业化的途程》(杨继曾)、《分光光度计之应用》(李祖承)、《皮济昂氏矽铁制镁法》、《炼铁炉操作上之新发展》(李镜村译)、《玻璃代钢制造精密样板》等文章。不定期出版。

收藏单位：重庆馆

00174
中国工程师学会第十四届年会青岛分会年会纪念刊　中国工程师学会青岛分会编
青岛：中国工程师学会青岛分会，[1947]，36页，16开

本书内收机电、土木、化工、矿产、冶金、纺织等方面论文17篇，大都与山东地方有关。作者有黄义贤、胡汉文、马师伊等。

收藏单位：国家馆

00175
中国工程师学会第十五届年会论文摘要
出版者不详，48页，18开

本书共8部分，内容包括：土木及土壤工程组、水力工程组、市政工程组、电机工程组、化学工程组等。内收论文158篇，其中有些论文只列题目而无内容摘要。

00176
中国工程师学会上海分会三十五年年会专题讨论集　中国工程师学会上海分会编
上海：中国工程师学会上海分会，1947.6，42页，16开

本书内收市政、交通、纺织等方面论文7篇，附论文题目18个。

收藏单位：国家馆、上海馆

工业技术参考工具书

00177
标准化　向贤德著　行政院新闻局编
[南京]：行政院新闻局，1947.10，22页，32开

本书介绍什么是标准，标准化的起源、范围，各国施行标准化的收益，我国施行标准化的理由，办理标准化工作经过与现状等。附录：标准法、我国已公布之标准目录、国家标准产生程序图、中央标准局收到各国标准数统计。

收藏单位：安徽馆、重庆馆、大庆馆、广东馆、广西馆、桂林馆、国家馆、湖南馆、江西馆、近代史所、辽宁馆、南京馆、内蒙古馆、宁夏馆、上海馆、首都馆、西南大学馆

00178
标准化之意义及其重要并实施方法　实业部全国度量衡局编
南京：实业部全国度量衡局，1934.9，84页，16开

本书收录文章6篇，内容包括：《世界各国实业合理化考察报告》(程振钧)、《标准化运动之过程及其对于工业革命经济统制与科学化运动之影响》(吴承洛)、《世界各国工业标准化之概况》(实业部全国度量衡局)、《论中国近代工业制造品之急须标准化》(安诺特著，民族杂志社译)等。

收藏单位：东北师大馆、广东馆、国家馆、吉林馆、南京馆、上海馆、浙江馆、中科图

00179
出席国际标准协会成立大会及欧洲各国标准考察纪实　向贤德著
出版者不详，10页，16开

00180
甘肃省第一次生产展览会生产品目录　甘肃省第一次生产展览会编
甘肃：出版者不详，[1937—1945]，36页，36开，环筒页装

本书介绍甘肃省各县的土特产品等。

收藏单位：重庆馆

00181
工程人员手册 杨家瑜著
重庆：青年出版社，1944.5，202 页，32 开（五项建设手册 5）
重庆：青年出版社，1946，2 版，202 页，32 开（五项建设手册 5）
南京：青年出版社，1946.8，宁再版，202 页，32 开（五项建设手册 5）

本书共 8 章：总论、土木、机械、电机、水利、纺织、矿冶、化工。分别介绍各部门的工作业务、人才和物资的配合规定等。

收藏单位：重庆馆、广东馆、国家馆、湖南馆、南京馆、内蒙古馆、山西馆、上海馆

00182
工程实习指导书 杨隽时著
上海：世界书局，1931.4，171 页，32 开
上海：世界书局，1932.11，3 版，171 页，32 开

本书共 8 章，内容包括：总论、工程师的资格、监工实习须知、工程制度的研究、工程契约等。

收藏单位：重庆馆、广东馆、广西馆、国家馆、湖南馆、江西馆、南京馆、首都馆、浙江馆

00183
工程实习指导书 [杨隽时]著
成都：中央军校成都分校土木工程训练班，1930，172 页，32 开

本书共 8 章，内容包括：总论、工程师的资格、监工实习须知、工程制度的研究、工程契约等。

收藏单位：重庆馆

00184
工程应用法规 邹瑛选辑
广东省地方行政干部训练团，1942.1，84 页，32 开（工程类 1）

本书共 9 部分，内容包括：广东省公路处订定全省公路建筑法规、广东省建设厅公路处暂行养路简则、广东全省陆上交通管理规则、汽车管理规则等。

收藏单位：重庆馆

00185
工程专册 唐凌阁编
长沙：商务印书馆，1938.4，2 册（1042+14+29 页），32 开，精装
长沙：商务印书馆，1938.11，再版，2 册（1042+14+29 页），32 开，精装

本书上册内容包括：数学、力学、应用流体力学、热学、电磁学、数理表格等；下册内容包括：工程记录、工程法规摘要等。

收藏单位：重庆馆、广东馆、贵州馆、国家馆、湖南馆、辽宁馆、南京馆、绍兴馆、中科图

00186
工学便览 李荣伦编纂
太原：文萃堂书局，1936.9，10+435 页，42 开，精装

本书共 9 章，内容包括：度量衡、数学公式、重量表、应用力学、材料及燃料等。

收藏单位：国家馆

00187
工业标准概要 湖南省地方行政干部训练团编
湖南省地方行政干部训练团，1942.2，72 页，32 开

本书共两部分。第一部分介绍工业标准的定义、性质，各国实行工业标准化所取得的成果，我国工业标准化问题；第二部分介绍美、德、英、法、苏、日工业标准化的概况。附录：工业标准委员会组织成立经过。

收藏单位：重庆馆

00188
工业标准辑要 中国长春铁路管理局企划处编译
长春：中国长春铁路管理局企划处，[1948]，5 册，16 开（铁路资料汇编 4）

本书共 5 部分：工程单位、工业品规范（路线）、工业品规范（水管、气管）、工业品规范（石料、砖）、工业品规范（矿物性油及

其试验法)。

收藏单位：国家馆

00189

工业标准与度量衡(中华民国二十九年元月至卅年十二月) 经济部全国度量衡局编

重庆：经济部全国度量衡局，1942.6，石印本，48页，16开，环筒页装

本书内收技术论文及译述论文各1篇，另有度量衡法规和工业标准法规、度政工作和标准工作报告(二十八至三十年度)、统计表等。末附该局郑局长呈经济部报告视察川省度政情形原文。目次页题名：工业标准与度量衡第七八卷(二十九年元月至卅年十二月)合刊。

收藏单位：国家馆

00190

工业标准专刊 经济部工业标准委员会全国度量衡局编

巴县：经济部工业标准委员会全国度量衡局，1册，16开

本书内容包括：各国及国际间关于标准化工作之现况、工业标准之意义与价值等。

收藏单位：广东馆

00191

后方民营工厂产品一览表 经济部工矿调整处编

经济部工矿调整处，1941，修正本，油印本，51叶，18开，环筒页装

本书共8部分：冶炼工业、机械工业、电器制造工业、化学工业、纺织工业、饮食品工业、教育用具工业、其他工业。

收藏单位：国家馆

00192

技术工作者手册 太行实业公司主编 杨娱天编译

[涉县]：华北新华书店，1948.3，192页，42开，精装(太行工业丛书4)

[涉县]：华北新华书店，1948.11，再版，192页，42开，精装(太行工业丛书4)

本书共8部分：求积法、几何画、数表、工业上的一般知识、机械、电气、材料、度量衡。

收藏单位：国家馆

00193

实用工程法大全 蔡正粹主编

上海：四方图书社，1936.8—1937.1，4册，32开，精装

本书共28章。第1册建屋工程，内容包括屋顶设计、桥梁设计等；第2册内容包括铁道工程、长途隧道与架空线等；第3册自来水厂工程；第4册内容包括钢铁厂机械、微积分学等。

收藏单位：广东馆、国家馆、河南馆、湖南馆、南京馆、宁夏馆、上海馆、浙江馆

00194

实用工程手册 李伯宁编

上海：开明书店，1948.10，[224页]，48开

北京：开明书店，1949.4，2版，[224页]，48开

本书介绍换算表、材料、混凝土、房屋、土石方等。附录：建筑材料市价记录表、铁道普通工事备查表、请照手续(上海市政府规定)。

收藏单位：国家馆、天津馆、浙江馆

00195

现代实用化学工艺制造大全(工艺导师) 张叶舟 钱一鸣编著

上海：国光书店，98+135+110页，32开

本书内容包括：玻璃、五彩珐琅、五彩磁、照相材料、合金属配合、化妆品、食物防腐及贮藏等。

收藏单位：重庆馆、上海馆、首都馆、天津馆

00196

新编华英工学字汇 中华工程师会编

上海：中华工程师会，1914，292页，23开，精装

上海：中华工程师会，1915.3，292页，23开，

精装

本书按英文字母次序排列，英文列左，中文列右，收录工业技术类词汇。

收藏单位：国家馆、湖南馆、上海馆、首都馆、云南馆、浙江馆

00197

一年来之中国工程标准（上）

出版者不详，1943，18 页，25 开（中国工程标准协进会丛刊 4）

收藏单位：广东馆、南京馆

00198

中国工程纪数录 张延祥编辑

外文题名：Chinese engineering data

上海：中国工程师学会，1937，200 页，16 开

本书为当时国内各项已成工程的纪数录。共 12 部分，内容包括：铁道、公路、水利、电力、电信、机械等。

收藏单位：广东馆、国家馆、上海馆、天津馆

00199

中国工程师手册 汪胡桢主编

上海：厚生出版社，1944.10，3 册（1078+1936+826 页），36 开，精装

本书共 3 册：基本手册、土木手册、水利手册。基本手册 12 章，内容包括：算表、算学、高等算学、物理丛表、化学等；土木手册 19 章，内容包括：工程材料、材料试验、结构力学、土力学、混凝土等；水利手册 10 章，内容包括：水文、闸坝工程、灌溉工程、排水工程、河工学等。

收藏单位：重庆馆、贵州馆、国家馆、南京馆、上海馆、中科图

00200

中国工程师手册 汪胡桢主编

上海：商务印书馆，1947.12，3 册，25 开，精装

上海：商务印书馆，1949.2，2 版，3 册，25 开，精装

本书共 3 册：基本手册、土木手册、水利手册。基本手册 12 章，内容包括：算表、算学、高等算学、物理丛表、化学等；土木手册 19 章，内容包括：工程材料、材料试验、结构力学、土力学、混凝土等；水利手册 10 章，内容包括：水文、闸坝工程、灌溉工程、排水工程、河工学等。

收藏单位：长春馆、重庆馆、广东馆、湖南馆、南京馆、内蒙古馆、首都馆、天津馆、浙江馆

00201

中国工程师学会推行工业标准化运动旨趣书 中国工程师学会编

中国工程师学会，1942.3，14 页，25 开（中国工程标准协进会丛刊 1）

本书内容包括：工业标准化在国策上之根据、各国工业标准化之开始、我国工业标准化工作之尝试等。

收藏单位：国家馆、南京馆、天津馆

00202

中国工业标准（工业制图） 经济部工业标准委员会编

重庆：经济部工业标准委员会，[1944.6]，石印本，[48] 页，16 开，环筒页装

[南京]：经济部工业标准委员会，1946，3 版，石印本，1 册，10 开

本书标准于 1944 年 6 月 6 日由经济部以第 6249 号部令公布。

收藏单位：重庆馆、国家馆、南京馆

00203

中国工业标准（公差 ISA 制） 经济部工业标准委员会编

重庆：经济部工业标准委员会，1944.9，石印本，1 册，10 开

本书标准由经济部工业标准委员会审定，民国三十三年 9 月公布。

收藏单位：国家馆

00204

中国工业标准草案 工业标准委员会编

南京：工业标准委员会，1936，241 叶，12 开

本书内容包括：符号草案、分类草案、包装用数量草案、中文用格式纸草案、工业制图草案、水泥标准草案、石棉板标准草案等。题名自拟。

收藏单位：重庆馆

00205

中国工业标准草案分类目录 经济部全国度量衡局编

重庆：经济部全国度量衡局，1940，石印本，14页，16开，环筒页装

本书共7部分：土木建筑工业、机械工业、铁工业、非铁金属业、化学工业、窑业、普通及杂工业。

收藏单位：重庆馆

00206

中华职业学校实习工场出品样本

上海：出版者不详，[1930—1939]，1册，横27开，精装

收藏单位：国家馆

00207

中西工艺制造百科全书 梁百范编辑

上海：新华书局，1925.10，再版，3册，32开

上海：新华书局，1929.10，4版，3册，32开

本书共12编，内容包括：工业、农业、食品、饮料、化妆品、服装、西药、文具、畜养、园艺等。

收藏单位：上海馆、绍兴馆

一般工业技术

00208

工程名词草案（英汉对照 电机工程） 尤佳章编订 杨锡镠校

上海：中国工程学会，[1929.12]，56页，18开

本书内收电机工程名词2500余条，按英文字母排列。

收藏单位：国家馆、辽宁馆、上海馆

00209

工程名词草案（英汉对照 航空工程） 程瀛章 钱昌祚编订 袁丕烈校

上海：中国工程学会，[1929.1]，20页，16开

本书内收航空工程名词1200余条，按英文字母排列。

收藏单位：国家馆

00210

工程名词草案（英汉对照 化学工程） 张辅良编订 袁丕烈校

上海：中国工程学会，[1929.7]，22页，16开

本书内收燃料与燃烧、酸硷、电化工业等化学工程名词960余条，按英文字母排列。

收藏单位：国家馆、辽宁馆、上海馆

00211

工程名词草案（英汉对照 机械工程） 程瀛章 张济翔编订 黄炎校

上海：中国工程学会，[1928.8]，38页，16开

本书内收机械工程名词2000余条，按英文字母排列。

收藏单位：国家馆

00212

工程名词草案（英汉对照 汽车工程） 柴志明编订 杨锡镠校

上海：中国工程学会，[1930.5]，13页，16开

本书内收汽车工程名词700余条，按英文字母排列。

收藏单位：国家馆

00213

工程名词草案（英汉对照 染织工程） 陶平叔 张元培 倪维熊编订 袁丕烈校

上海：中国工程学会，[1929.6]，20页，16开

本书内收染织工程名词1300余条，按英文字母排列。

收藏单位：国家馆、上海馆

00214

工程名词草案（英汉对照 土木工程） 程瀛章 张济翔编订 黄炎校

上海：中国工程学会，[1928.8]，32 页，16 开

本书内收土木工程名词 1800 余条，按英文字母排列。

收藏单位：重庆馆、国家馆、上海馆

00215

工程名词草案（英汉对照 无线电工程） 倪尚达　恽震　陈章编订　袁丕烈校

上海：中国工程学会，[1929.5]，10 页，16 开

本书内收无线电工程名词 500 余条，按英文字母排列。

收藏单位：国家馆

00216

工科略读 杨梦生编

重庆：兵工署第二十一工厂技工学校，[1935]，3 册，24 开，环筒页装

本书共 3 卷：泛论、史实、附录。内容包括：《学术与建国》（陶孟和）、《美国战时大学与学术研究》（张其昀）、《苏联工业化之道路》（中苏文化协会辑，余长河译）、《美国工业动员的方法》（吴景超）、《研究工程学之基本方法》（赵曾钰）、《机械工程学》（刘仙洲）等。

收藏单位：重庆馆

工程基础科学

00217

不连续性之连续梁之力矩分布解法 王德荣著

清华大学工学院，1946.4，9 页，16 开（清华大学工学院研究丛刊）

收藏单位：天津馆

00218

工程构造原理（第 1 册） 方棣棠编著

广州：国立中山大学出版部，1936.9，586 页，16 开

本书内容包括：普通基础、材料强度学、静力学公式能定梁、构架梁等。

收藏单位：国家馆、浙江馆

00219

工程构造原理（第 2 册） 方棣棠编著

广州：国立中山大学出版部，1937.4，580 页，16 开

本书共 10 部分，内容包括：一端装固一端置于简单支点梁、两端装固梁、连续梁解析法、连续梁之图解法等。

收藏单位：国家馆

00220

工程讲义 福建省县政人员训练所编

出版者不详，1935，1 册，16 开

收藏单位：广东馆

00221

工程力学 陆志鸿编

上海：商务印书馆，1937.6，2 册（362+321 页），32 开（大学丛书 教本）

长沙：商务印书馆，1938.8，再版，2 册（362+321 页），32 开（大学丛书 教本）

长沙：商务印书馆，1940.5，3 版，2 册（362+321 页），32 开（大学丛书 教本）

成都：商务印书馆，1944，2 册（362+321 页），32 开（大学丛书 教本）

成都：商务印书馆，1945.6，蓉 2 版，2 册（362+321 页），32 开（大学丛书 教本）

上海：商务印书馆，1949.8，沪 3 版，2 册（362+321 页），32 开（大学丛书 教本）

本书共 3 篇：静力学、运动学、动力学。

收藏单位：重庆馆、东北师大馆、广东馆、贵州馆、国家馆、黑龙江馆、湖南馆、江西馆、南京馆、内蒙古馆、首都馆

00222

工程力学提纲 东北农学院翻译室译

机械化农学院教务室，[1949]，6 叶，18 开

收藏单位：国家馆

00223

工程数学 （美）鲁特（Ralph E. Root）著　伊伯平　伊仲容译

外文题名：The mathematics of engineering

长沙：商务印书馆，1941.2，550+13 页，25 开

（大学丛书 教本）

上海：商务印书馆，1946.8，沪再版，550+13页，25开（大学丛书 教本）

上海：商务印书馆，1948.1，3版，550+13页，25开（大学丛书 教本）

本书共18章，内容包括：函数及其记法、函数之图形、极限与连续性、函数之导微函数、函数之积分、方程式之解法、积分运算法等。附录：中英文名词索引。

收藏单位：重庆馆、东北师大馆、广东馆、国家馆、河南馆、江西馆、辽宁馆、南京馆、内蒙古馆、西南大学馆、浙江馆

00224

工程学教科书（第1册） 华南圭 周秉清编辑

上海：商务印书馆，146页，22开

收藏单位：首都馆

00225

工学教程 沙启霖编

出版者不详，1935，414页

收藏单位：南京馆

00226

工业数学 龚敏达编 李家驷校

上海：世界出版合作社，1932.12，425页，25开

上海：世界出版合作社，1934，再版，425页，25开

本书为职业学校教科书。共9编，内容包括：算术复习、木工及建筑数学、金工数学、地轴皮带轮及齿轮等。附录：米突制、图表、公式等6种。

收藏单位：重庆馆、广东馆、国家馆、湖南馆、山西馆

00227

工艺数学 王世模编

技工训练处，1944.2，2册（215+162+[110]页），32开（技工丛书）

收藏单位：重庆馆、南京馆

00228

算表 汪胡桢主编

上海：厚生出版社，144页，36开（中国工程师手册 基本手册1）

本书共10表，内容包括：六位对数表、六位三角函数对数表、七位三角函数对数表、倒数表等。

收藏单位：上海馆

00229

物理工程方面的基本算学 徐燮均编

长沙：商务印书馆，1939.1，658页，23开（大学丛书 教本）

长沙：商务印书馆，1940.8，2册（658页），23开（大学丛书 教本）

本书内容包括：三角学、代数学、解析几何学、向置代数学、微分法、微分方程等。

收藏单位：重庆馆、广东馆、贵州馆、国家馆、黑龙江馆、湖南馆、江西馆、辽宁馆、南京馆、上海馆

工程设计与测绘

00230

测量术 冯雄著

上海：商务印书馆，1933.12，156页，32开（万有文库 第1集0410）（工学小丛书）

上海：商务印书馆，1934.2，156页，32开（工学小丛书）

上海：商务印书馆，1935，3版，156页，32开（工学小丛书）

上海：商务印书馆，1937.3，4版，156页，32开（工学小丛书）

长沙：商务印书馆，1940，5版，156页，32开（工学小丛书）

上海：商务印书馆，1947.2，6版，156页，32开（工学小丛书）（新中学文库）

本书共12章，内容包括：绪论、外业、计算、制图、误差、量距离法、量高度差法等。

收藏单位：安徽馆、长春馆、重庆馆、大理馆、大连馆、东北师大馆、广东馆、广西

馆、贵州馆、国家馆、河南馆、黑龙江馆、湖南馆、江西馆、辽大馆、辽东学院馆、辽师大馆、柳州馆、南京馆、内蒙古馆、宁夏馆、山西馆、陕西馆、上海馆、首都馆、天津馆、西南大学馆、浙江馆

00231

工程画 （美）夫楞赤（Thomas E. French）著 叶庆桐译

外文题名：A manual of engineering drawing for students and draftsmen

上海：龙门联合书局，1949.2，696页，22开

本书为大学用书。共30章，内容包括：引言、仪器之选择、仪器之用法、字法、应用几何、投影图之原理、正投影等。据原书增订7版译出。

收藏单位：国家馆、吉林馆、上海馆

00232

工程图学 徐去非编

上海：徐去非[发行者]，1931，再版，290页，16开，精装

本书共20章，内容包括：总说，器具与用料，作图的手法，写字，应用几何画，透视图、直视图、平行透视图概说等。附录：各种材料的标记、对照表、计算图等。

收藏单位：安徽馆、广东馆、广西馆、国家馆、上海馆、西交大馆

00233

工业制图（中国工业标准） 经济部中央标准局编

经济部中央标准局，1948，4版，1册，16开

收藏单位：重庆馆

00234

工业制图标准草案 经济部全国度量衡局编

重庆：经济部全国度量衡局，1941，油印本，46页，18开，环筒页装

收藏单位：重庆馆

00235

绘图常识

航空委员会军政厅，1942，28+7页，22开

收藏单位：广东馆

00236

透视图绘法 丁肃 陈正祥编

外文题名：Block diagrams

重庆：国立中央大学出版社，1943.4，石印本，51页，8开，环筒页装

本书介绍透视图绘法的相关知识，附各种图示。

收藏单位：重庆馆、东北师大馆、国家馆

00237

图学讲义

重庆：出版者不详，1947，油印本，68叶，32开

本书为陆军工兵学校图学教材。

收藏单位：广东馆

00238

图学教科书

出版者不详，68页，22开

收藏单位：广东馆

00239

制图常识 朱西编

上海：中华书局，1930.10，21页，36开（民众工业丛书）

上海：中华书局，1932.8，再版，21页，36开（民众工业丛书）

本书介绍各种图形的制作方法、制图所用器具等。

收藏单位：重庆馆、黑龙江馆、江西馆、上海馆、首都馆、天津馆

00240

制图学 中央陆军军官学校成都分校土木工程训练班编

成都：中央陆军军官学校成都分校土木工程训练班，1936，[190]页，25开

本书卷端题名：制图学讲义。

收藏单位：重庆馆

工程材料学

00241
1947 最新工业原料模型机器指南 徐鹏编
上海：中国工业研究社，1947.7，24 页，25 开
收藏单位：南京馆、上海馆

00242
材料力学 丁燮和著
长沙：商务印书馆，1939.5，497 页，25 开（国立武汉大学丛书）
上海：商务印书馆，1947，3 版，497 页，25 开（国立武汉大学丛书）
上海：商务印书馆，1948.1，4 版，497 页，25 开（国立武汉大学丛书）
本书共 14 章，内容包括：应力与变形、应力之组合、梁之弯曲、梁中应力等。附录：中英文译名对照表。
收藏单位：重庆馆、东北师大馆、广东馆、国家馆、江西馆、辽宁馆、内蒙古馆、山西馆、首都馆

00243
材料力学 金一新 任开钧编著
上海：龙门联合书局，1949.6，178 页，32 开（职业学校丛书）
本书共 11 部分，内容包括：总论、引张及压缩、剪割、弯曲、柱、扭转、合应力等。
收藏单位：重庆馆、广东馆、广西馆、国家馆、湖北馆、南京馆、首都馆

00244
材料力学 马天宾著
上海：厚生出版社，86 页，36 开（中国工程师手册 基本手册 7）
收藏单位：重庆馆、国家馆、南京馆、内蒙古馆、上海馆

00245
材料力学 沈正功编
江北县：兵工署第二十一工厂技工学校，1944.5，1 册，18 开，环筒页装
本书共 22 章，内容包括：应力与应变、平面图形的几何学的性质、梁、由弯曲所生的应力、梁的应剪力等。附录：英汉名词对照表等。
收藏单位：重庆馆、国家馆、湖南馆

00246
材料力学 石志清编著
重庆：正中书局，1944.4，2 册（579 页），25 开（大学丛书）
上海：正中书局，1945，沪 1 版，2 册（579 页），25 开（大学丛书）
上海：正中书局，1947.7，沪 3 版，2 册（579 页），25 开（大学丛书）
本书为大学用书。内容包括：简单之拉力与压力、薄筒及铆钉、单纯扭力、平衡不能解析之梁、扭与弯混合等。
收藏单位：重庆馆、东北师大馆、广东馆、国家馆、南京馆、内蒙古馆、上海馆、浙江馆

00247
材料力学 （美）铁木生可（Stephen Prokofievitch Timoshenko）著 季文美译
外文题名：Strength of materials
上海：龙门联合书局，1947.9，11+260+[18] 页，22 开
本书为大学教本。共 10 章，内容包括：在弹性极限内之拉伸与压缩、应力与应变之分析、剪力与弯矩、承受横向载荷时梁内应力等。
收藏单位：广东馆、国家馆、内蒙古馆、浙江馆

00248
材料力学 （美）铁木生可（Stephen Prokofievitch Timoshenko）（美）麦克可洛（G. H. MacCullough）著 王德荣译
外文题名：Elements strength of materials
上海：国立编译馆，1946.12，400 页，25 开
上海：国立编译馆，1947，4 版，400 页，25 开

本书为部定大学用书。共13章，内容包括：张力及压力、合成应力、扭转、切力及弯矩、梁内应力等。

收藏单位：重庆馆、广东馆、国家馆、河南馆、辽大馆、辽宁馆、南京馆、上海馆、西南大学馆

00249
材料力学 阴士懋著
上海：新科学书店，1949.3，126页，32开

本书共10章，内容包括：牵应力与压缩应力、剪应力与剪应变、梁之剪力及弯曲矩、平面形心及转动惯量等。附习题答案。

收藏单位：国家馆、辽宁馆、上海馆

00250
材料力学（汉译增补本）（美）普尔曼（Alfred P. Poorman）原著 薛鸿达编译
外文题名：Strength of materials
上海：中国科学图书仪器公司，1948.6，530页，25开

本书为大学用书。共15章，内容包括：牵引与压缩上的应力及应变、剪应力与剪应变、铆接与焊接、轴的扭转等。据原书第4版译出。

收藏单位：重庆馆、东北师大馆、国家馆、辽宁馆

00251
材料目录（第2册 机械篇） 东北人民政府工业部编
沈阳：东北人民政府工业部，1949，1册，9开

收藏单位：国家馆

00252
材料目录（第4册 工具篇，仪器篇） 东北人民政府工业部编
沈阳：东北人民政府工业部，1949，1册，9开

收藏单位：国家馆

00253
材料目录（第5册 矿产窑业篇，纤维篇，水道暖气篇，杂品篇） 东北人民政府工业部编
沈阳：东北人民政府工业部，1949，1册，9开

收藏单位：国家馆

00254
材料耐力学 朱兆雪编
北京：国立北京大学工学院，1939.9，218页，16开

收藏单位：国家馆

00255
材料强度学 陆志鸿著
上海：商务印书馆，1933.12，2册（474页），32开（万有文库 第1集0558）（工学小丛书）
上海：商务印书馆，1934.1，2册（474页），32开（工学小丛书）
上海：商务印书馆，1934.10，3版，2册（474页），32开（工学小丛书）
长沙：商务印书馆，1938.11，7版，2册（474页），32开（工学小丛书）
长沙：商务印书馆，1939.12，2册（474页），32开（万有文库 第1、2集简编500种214）（工学小丛书）
上海：商务印书馆，1947.1，10版，2册（474页），32开（新中学文库）（工学小丛书）

本书共15章，内容包括：绪论、拉及压、剪、梁、柱、扭及轴、螺旋弹条、圆筒及管、铆钉接缝等。

收藏单位：安徽馆、长春馆、重庆馆、大理馆、大连馆、东北师大馆、广东馆、广西馆、贵州馆、国家馆、黑龙江馆、湖南馆、惠州馆、江西馆、辽大馆、辽东学院馆、辽师大馆、南京馆、内蒙古馆、宁夏馆、山西馆、上海馆、绍兴馆、首都馆、天津馆、浙江馆、中科图

00256
材料强弱论 杨德隅著
重庆：正中书局，1936.8，254页，32开
重庆：正中书局，1940.5，5版，254页，32开

本书为教科书。内容包括：拉及压、剪、梁、柱、扭及轴、螺旋弹条、铆钉接缝、联合内力等。

收藏单位：重庆馆

00257

材料强弱学　王寿宝编

上海：商务印书馆，1936.8，260页，32开

长沙：商务印书馆，1938.10，3版，260页，32开

长沙：商务印书馆，1940.5，5版，260页，32开

上海：商务印书馆，1946，6版，260页，32开

上海：商务印书馆，1948.8，9版，260页，32开

本书为高级工业职业学校教科书。共6章：绪论、拉及压、剪、挠曲、压折、材料受各种外力作用。

收藏单位：安徽馆、长春馆、重庆馆、贵州馆、国家馆、黑龙江馆、湖南馆、南京馆、内蒙古馆、山西馆、上海馆、天津馆、浙江馆

00258

材料强弱学　徐守桢编纂

上海：商务印书馆，1925.5，96页，32开

上海：商务印书馆，1927.7，再版，96页，32开

上海：商务印书馆，1932.6，国难后1版，96页，32开

上海：商务印书馆，1932.10，国难后2版，96页，32开

上海：商务印书馆，1933.6，国难后3版，96页，32开

本书为新学制高级工业学校教科书。共7章：应力、初几及复几、梁、柱、轴、铆钉接榫、钢骨混凝土。附录：建筑材料。

收藏单位：重庆馆、国家馆、湖南馆、江西馆、浙江馆

00259

材料强弱学　杨德隅编著

上海：正中书局，1947.11，114页，32开

上海：正中书局，1948，2版，114页，32开

本书为高级工业职业学校用书。内容包括：拉及压、剪、梁、柱、扭及轴、螺旋弹条、铆钉接缝、联合内力等。

收藏单位：重庆馆、国家馆、辽宁馆、南京馆、西南大学馆

00260

材料强弱学　张禄康编著

江北县：兵工署第十一技工学校，1943.1，86页，22开

本书共6章：应力、能率（力矩）、梁、柱、轴、铆钉接榫。附录：弹性界限、弹性系数、破坏应力等9种。

收藏单位：重庆馆、国家馆

00261

材料强弱学

出版者不详，石印本，1册，18开

本书内容包括：绪论、伸张压缩及剪断、梁、梁之几力及惯性力矩、梁之极大力矩及危险断面等。

收藏单位：湖南馆、浙江馆

00262

材料强弱学概要　薛祉镐编著

长沙：商务印书馆，1940.4，154页，32开

长沙：商务印书馆，1941.3，再版，154页，32开

上海：商务印书馆，1947.3，沪4版，154页，32开

本书为职业学校教科书。共10章，内容包括：总论、拉及压、剪、弯、压折、扭转、内力之混合作用等。附录：华德名词对照表、德华名词对照表。

收藏单位：重庆馆、广东馆、广西馆、国家馆、江西馆、辽大馆、辽宁馆、南京馆、上海馆

00263

材料试验　周文德著

上海：厚生出版社，94页，36开（中国工程

师手册 土木手册 2）

本书共 10 章，内容包括：概论、试验机械及伸缩计、金属试验、木材试验、石料试验、粘土品试验、水泥试验等。

收藏单位：重庆馆、国家馆、上海馆

00264

材料试验法暂定标准草案　国立中央大学材料实验室拟订

南京：国立中央大学出版组，1934.11，50 页，16 开（国立中央大学工学院专篇 3）

收藏单位：国家馆、上海馆

00265

材料学　唐坚编著

重庆：军政部兵工署第二十一兵工厂技工训练处，1942.10，93 页，18 开（技工丛书）

收藏单位：重庆馆、国家馆、湖南馆、南京馆、内蒙古馆

00266

材料学

出版者不详，1 册，18 开

本书内容包括：生石灰、朴德伦水泥、混凝土、铣铁、铸铁、熟铁、钢等。

收藏单位：浙江馆

00267

材料学讲义　相钩之编

重庆：[陆军工兵学校]，1946，28 页，32 开

收藏单位：广东馆

00268

材料专刊（第 1 卷 第 1 期）　经济部中央工业试验所材料试验室主编

上海：经济部中央工业试验所材料试验室，1948.5，64 页，16 开

本书内容包括：专论、工程材料、材料试验等。

收藏单位：国家馆

00269

德国之新材料　陶伦著

出版者不详，23 页，32 开（德国经济丛书）

收藏单位：广东馆

00270

防水防火物料制造法　（日）藤田龙藏著　蔡弃民译

长沙：商务印书馆，1938.7，293 页，32 开（实用工艺丛书 第 1 集）

长沙：商务印书馆，1940.1，2 版，293 页，32 开（实用工艺丛书 第 1 集）

本书共 15 章，内容包括：防水用材料的性质、防水织物制造法、防水纸类制造法、防火剂原料的性质、防火涂料、木材防火处理法等。

收藏单位：重庆馆、广东馆、贵州馆、国家馆、辽大馆、南京馆、天津馆、浙江馆

00271

非金属材料　冯雄著

上海：商务印书馆，1933.12，193 页，32 开（万有文库 第 1 集 0560）（工学小丛书）

上海：商务印书馆，1934.2，193 页，32 开（工学小丛书）

上海：商务印书馆，1934.7，2 版，193 页，32 开（工学小丛书）

长沙：商务印书馆，1939.12，193 页，32 开（万有文库 第 1、2 集简编 500 种 212）（工学小丛书）

重庆：商务印书馆，1945.4，渝 1 版，193 页，32 开（工学小丛书）

上海：商务印书馆，1947.7，6 版，193 页，32 开（工学小丛书）

本书共 9 章，内容包括：纯净水泥、沙、粗粒料、水泥胶沙、三和土、建筑用粘土制品、建筑用石等。附录：标准正名表、中外度量衡基本单位折合简表。

收藏单位：安徽馆、长春馆、重庆馆、大理馆、大连馆、东北师大馆、广东馆、广西馆、贵州馆、国家馆、黑龙江馆、湖南馆、惠州馆、江西馆、辽大馆、辽师大馆、南京馆、内蒙古馆、宁夏馆、上海馆、首都馆、天津馆、西南大学馆、浙江馆

00272
工程材料 杨臣勋著
上海：厚生出版社，118 页，36 开（中国工程师手册 土木手册 1）
收藏单位：国家馆、上海馆

00273
工程材料试验 吴柳生编著
重庆：国立编译馆，1945.8，432 页，25 开
上海：国立编译馆，1946.9，沪 1 版，432 页，25 开
上海：国立编译馆，1948.4，沪 2 版，432 页，25 开
本书为部定大学用书。共 17 章，内容包括：通论、材料之性质及其抗力、全能机、变形测量器、拉力试验、压力试验等。附录：硬度值表、度量衡表等。
收藏单位：重庆馆、东北师大馆、国家馆、湖南馆、江西馆、辽宁馆、南京馆、内蒙古馆、上海馆、首都馆、天津馆、浙江馆、中科图

00274
工程材料学 陈德恩撰
上海：商务印书馆，1949.2，144 页，36 开
收藏单位：广西馆、国家馆、辽大馆

00275
工程材料学 李直钧编
北京：北京直钧科学实验社，1941.4，210 页，25 开
本书共 16 章，内容包括：石膏石灰及石灰泥、洋灰、洋灰沙泥、沙及碎石、混凝土、砖瓦及陶器、建筑石、木材、纯金属、铁与钢等。
收藏单位：国家馆、辽宁馆

00276
工业标准与材料标准（材料管理手册） 资源委员会材料处编
上海：商务印书馆，1945，[110] 页，16 开
收藏单位：首都馆

00277
工艺材料 李洁冰编译 喻飞生校
长沙：商务印书馆，1938.3，184 页，32 开（工学小丛书）
长沙：商务印书馆，1940.2，再版，184 页，32 开（工学小丛书）
本书共 8 章，内容包括：工艺材料的沿革、玻璃工艺材料、金属工艺材料、木竹工艺材料、石材工艺材料等。
收藏单位：重庆馆、东北师大馆、国家馆、南京馆、内蒙古馆、上海馆、首都馆、西南大学馆

00278
构造材料（第 2 卷）
出版者不详，油印本，1 册，16 开，环筒页装
本书第 2 卷金属材料，内容包括：构造材料甲、构造材料乙。
收藏单位：国家馆

00279
结构材料 严家骧著
城塞训练班，石印本，148 叶，22 开（城塞丛书）
收藏单位：广东馆

00280
人造工业原料 （德）陶恩著 徐学文编译
上海：国民图书编译出版社，[1939]，40 页，36 开
本书讲述人造丝、纤维棉、轻金属及其合金等的范围、应用及特性等。
收藏单位：国家馆、吉林馆、南京馆、首都馆、浙江馆

00281
实用材料强弱学 徐守桢编著
上海：商务印书馆，1925.5，133 页，32 开
上海：商务印书馆，1937.11，国难后改订 1 版，133 页，32 开
长沙：商务印书馆，1938.10，国难后改订 2 版，133 页，32 开

上海：商务印书馆，1946.8，改订5版，133页，32开
上海：商务印书馆，1947.8，改订6版，133页，32开

本书为职业学校教科书。共7章：应力、铆钉接榫、初矩及复矩、梁、柱、轴、钢骨混凝土。附录：建筑材料。

收藏单位：重庆馆、广东馆、广西馆、贵州馆、国家馆、江西馆、辽大馆、南京馆、内蒙古馆、上海馆、绍兴馆

00282
实用材料学
出版者不详，[1942—1949]，98页，22开

收藏单位：江西馆

00283
原料配合及耗用标准（暂定） 关东实业公司企划部编
关东实业公司企划部，1949.3，90页，50开，精装

本书介绍机械、织染、化学、油脂工业等需用的原料及其配合率。

00284
主要原材料质量标准（暂定） 关东实业公司企划部编
关东实业公司企划部，1949.5，82页，横32开，精装

本书共10部分，内容包括：机械工业、纺织工业、漂染工业、化学工业、油脂工业等。

00285
转动惯量之理论（材料力学）
出版者不详，油印本，8+113叶，18开，环筒页装

收藏单位：重庆馆

00286
最新实用工业原料总汇　徐鹏编
上海：中国工业研究社，1948，16页，32开

本书介绍各种工业原料的名称、形态、英文名称、主要用途等。

收藏单位：上海馆

工业通用技术与设备

00287
北平市第一期工厂检查报告书　北平市政府社会局编
北平：北平市政府社会局，1936.7，98页，16开

本书内容包括：北平市实施工厂检查第一期计划、北平市第一期工厂检查报告书、工厂检查实施程序、工厂检查员执行检查步骤等。附录：北平市实施工厂检查第二期计划、工厂举办事项说明、工厂法解释提要、工厂简易急救设备等。

收藏单位：广东馆、国家馆

00288
工厂安全及卫生检查细则（英汉对照） 顾炳元译述
外文题名：Factory safety and health inspection regulations
上海：商务印书馆，1936.3，30页，32开

本书内收1935年10月14日实业部公布施行的工厂安全及卫生检查细则，共73条，规定工厂所必需的措施和设备。

收藏单位：国家馆、湖南馆、辽宁馆、首都馆、浙江馆

00289
工厂安全设备须知　上海特别市农工商局编印
上海：上海特别市农工商局，[1928.1]，22页，32开（上海特别市农工商局丛书 工业类2）

00290
工厂安全与卫生　国民政府财政部驻沪调查货价处编
上海：国民政府财政部驻沪调查货价处，1927.10，60页，32开（劳工问题丛书13）

本书内容包括：关于遇险、职业病的报告，对童工、女工工种的限制，工、矿、运输行业的管理等。

收藏单位：重庆馆、国家馆、河南馆、南京馆

00291

工厂地址选择问题之研究 钟伟尊著

蕉岭：东壁印务局，1944.1，74 页，32 开

本书共 15 章，内容包括：绪言、接近原料、接近市场、接近其他工厂、劳工供给、动力之供给、资本之供给、水之供给、早日工业发达之影响等。

收藏单位：重庆馆、国家馆

00292

工厂检查员须知 实业部中央工厂检查处编

实业部中央工厂检查处，1934，20 页，32 开

本书须知于民国二十三年九月实业部核定。

收藏单位：国家馆、南京馆

00293

工厂设备（一名，工厂保安及卫生设备法）

（日）胜田一著 方汉城译

上海：商务印书馆，1924.8，159 页，25 开

上海：商务印书馆，1928.2，2 版，159 页，25 开

上海：商务印书馆，1932.10，国难后 1 版，159 页，25 开

本书为新学制高级工业学校教科书。介绍工厂灾害的原因及预防法，锅炉破裂的原因及预防法，工厂的采光及照明、换气、卫生设备等。

收藏单位：重庆馆、东北师大馆、广东馆、广西馆、贵州馆、国家馆、湖南馆、江西馆、辽大馆、南京馆、浙江馆

00294

工厂设计 凌鸿勋著

上海：商务印书馆，1933.12，140 页，32 开（万有文库 第 1 集）（工学小丛书）

上海：商务印书馆，1934.1，140 页，32 开（工学小丛书）

上海：商务印书馆，1934.2，再版，140 页，32 开（工学小丛书）

上海：商务印书馆，1934.7，3 版，140 页，32 开（工学小丛书）

长沙：商务印书馆，1938.9，5 版，140 页，32 开（工学小丛书）

本书共 16 章，内容包括：厂屋与制造之关系、工厂图样之绘制及建筑之包工、工厂地点之选择、工厂设计之经济学、厂屋式样之选择、木架建筑、钢架建筑、三和土建筑等。附录：标准制正名表、中外度量衡基本单位折合简表。

收藏单位：安徽馆、重庆馆、大理馆、大连馆、东北师大馆、广东馆、广西馆、贵州馆、国家馆、河南馆、湖南馆、江西馆、辽大馆、辽宁馆、辽师大馆、柳州馆、南京馆、内蒙古馆、宁夏馆、陕西馆、上海馆、首都馆、西南大学馆、浙江馆

00295

工人意外遭遇统计法 国际劳工局著 丁同力译

外文题名：Methods of statistics of industrial accidents

上海：商务印书馆，1931.5，120 页，32 开（上海市政府社会局丛书 劳工类 4）

上海：商务印书馆，1933.9，国难后 1 版，120 页，32 开（上海市政府社会局丛书 劳工类 4）

本书附录：工人意外遭遇统计与法律之关系、分类标准。

收藏单位：重庆馆、广东馆、广西馆、国家馆、河南馆、湖北馆、吉林馆、近代史所、南京馆、宁夏馆

00296

工业安全与管理 程守中编著

上海：机联会，[1933.8]，117 页，23 开（上海机联会丛刊 2）

本书共 3 编：工业安全与工业生产、工业安全与管理上应负之责任、机联会对于会员工厂安全计划。

收藏单位：南京馆、浙江馆

00297

工业生产实验指导 洪子良编述

上海：广益书局，1937.2，302页，32开

上海：广益书局，1941.6，再版，302页，32开

上海：广益书局，1947.5，新1版，302页，32开

本书介绍轻工、食品、化工等产品生产法，有500多种技术法门。

收藏单位：重庆馆、广东馆、国家馆、河南馆、湖南馆、江西馆、南京馆、山东馆、上海馆、天津馆、西南大学馆

00298

工业实验笔记（卷3）

广东工业研究会，104页，23开

本书内容包括：布制石板制造法、黑石铅笔制造法、石灰酸化镁天然墨制造法、铜板刻花法、石膏造牙粉法、洗镀首饰法、铁器镀锡法等。

收藏单位：重庆馆

00299

工业制造成功百法 冼荣熙编著

上海：世界书局，1931.3，220页，32开

上海：世界书局，1931.7，重排版，220页，32开

上海：世界书局，1933，再版，220页，32开

上海：世界书局，1933.3，3版，220页，32开

世界书局，1943.11，湘1版，198页，32开

上海：世界书局，1947.5，新3版，198页，32开

本书共21部分，介绍雕刻、镀锌、冻凉、溶液、仿制等200多种技术方法。

收藏单位：重庆馆、广东馆、国家馆、河南馆、湖南馆、江西馆、辽宁馆、南京馆、宁夏馆、上海馆、首都馆、西南大学馆、浙江馆

00300

工艺制造法 奚楚明编

上海：商务印书馆，1918.7，496页，32开，精装

上海：商务印书馆，1918.10，再版，496页，32开，精装

上海：商务印书馆，1919.11，4版，496页，32开，精装

上海：商务印书馆，1923，6版，496页，32开，精装

上海：商务印书馆，1927.5，8版，496页，32开，精装

上海：商务印书馆，1931.4，9版，496页，32开，精装

上海：商务印书馆，1933.9，国难后1版，496页，32开，精装

上海：商务印书馆，1934.3，国难后2版，496页，32开，精装

上海：商务印书馆，1935.5，国难后3版，496页，32开，精装

长沙：商务印书馆，1938.6，国难后4版，496页，32开，精装

本书共14卷，内容包括：颜料制造法、涂油制造法、假漆制造法、各种造纸法、漂白术、酒类制造法等。

收藏单位：重庆馆、国家馆、湖南馆、江西馆、上海馆、绍兴馆、首都馆、浙江馆

00301

杭州工会组织统一委员会工作汇刊 杭州工会组织统一委员会工作汇刊编

杭州：杭州工会组织统一委员会工作汇刊，1927.7，1册，18开

收藏单位：浙江馆

00302

化学工艺宝鉴 杜亚泉编

上海：商务印书馆，1917.3，398页，32开，精装

上海：商务印书馆，1917.5，再版，398页，32开，精装

上海：商务印书馆，1917，3版，398页，32开，精装

上海：商务印书馆，1924.2，6版，398页，32开，精装

上海：商务印书馆，1925，7版，398页，32开，

精装
上海：商务印书馆，1926.10，8版，398页，32开，精装
上海：商务印书馆，1929.12，9版，398页，32开，精装
上海：商务印书馆，1932.9，国难后1版，398页，32开，精装
上海：商务印书馆，1933.6，国难后2版，398页，32开，精装
上海：商务印书馆，1934.9，国难后3版，398页，32开，精装

本书共32部分，内容包括：合金、金属着色法、镀金术、冶金法、玻璃、带色玻璃、水玻璃、珐琅、人造宝石、陶器用着色料等。附录：米突长度表等5种。

收藏单位：重庆馆、广东馆、国家馆、江西馆、宁夏馆、上海馆、绍兴馆、首都馆、天津馆、浙江馆

00303

化学工艺宝鉴全编　周仲祺编译
上海：新学会社，1916，1册，22开，精装

本书介绍合金、金属着色法、镀金术、冶金法、玻璃、颜色玻璃、水玻璃、珐琅、人造宝石、陶器用具等。

收藏单位：首都馆

00304

金木工及玻璃细工　陈文编纂
科学会编译部，1917.12，56页，32开（职业教育丛书 第1编 工业之部1）
科学会编译部，1918.8，再版，56页，32开（职业教育丛书 第1编 工业之部1）
科学会编译部，1922，3版，56页，32开（职业教育丛书 第1编 工业之部1）
科学会编译部，1926.4，4版，56页，32开（职业教育丛书 第1编 工业之部1）

本书共5部分，内容包括：用大力钳之金工、用工作台之木工、玻璃细工等。

收藏单位：重庆馆、国家馆、河南馆、江西馆、南京馆、首都馆、浙江馆

00305

青岛工业安全卫生观摩团报告　李士魁编纂　茅宗俊校阅
青岛：青岛市社会局，1936.8，145页，16开，环筒页装

本书介绍该团组织经过、工作日志、观摩记录等。附录：组织工业安全卫生观摩团办法、观摩团工作计划纲要、观摩团团员一览表、青岛市工业安全卫生委员会章程等7种。

收藏单位：浙江馆

00306

青岛市第一期工厂检查报告书　青岛市社会局编
青岛：青岛市社会局，1935.10，74页，16开

本书内收报告书及各种统计资料。附录：青岛市工厂检查第一期实施计划、青岛市工厂检查第二期实施计划等4种。目录页题名：青岛市第一期工厂检查工作报告。

收藏单位：国家馆

00307

生产技术集成　董镇南　徐蠡侠编
上海：经纬书局，1944，1册，32开

本书内容包括：实用工艺品制造法、实用文具制造法、日用化妆品制造法、西式食品制造法、实用无线电收音机自制法等。

收藏单位：河南馆、中科图

00308

实用工业制造法　张梦禅编著
环球化学制药公司，1935.3，再版，2册（302+75页），32开

本书共7编：香妆品科讲义、文房用品科讲义、肥皂科讲义、洋烛科制造讲义、工用药物学述要、冰淇淋的制造法、几种特殊肥皂的制造法。

收藏单位：重庆馆、国家馆、湖南馆

00309

实用工业知识　孔庆莱　韩守藩译辑
上海：公民书局，1921.7，2册，32开（工商

丛书 2）

本书介绍各种工业品的制造知识。内容包括：金属、窑业、颜料、合金制造法等。

收藏单位：重庆馆、内蒙古馆

00310

危险品名录（汉英对照） 银行学会银行实务研究会编译

上海：银行学会，1948.7，8 页，25 开

本书为当时公用局通知禁止在仓库堆放的危险品目录。

收藏单位：上海馆

00311

小本工艺制造术 林克标编

群学书店，1947.1，161 页，32 开

收藏单位：南京馆

00312

新工人须知 美国共和钢铁公司编 社会部工矿检查处译

社会部工矿检查处，13 页，64 开

本书介绍工人在工业生产中的安全教育问题。

收藏单位：广东馆、国家馆、南京馆

00313

英国工厂检查 美国劳工部劳工标准司编 社会部工矿检查处译

美国劳工部劳工标准司，[1936—1949]，40 页，32 开

本书共 6 章，介绍英国初期工厂检查制度对美国的影响、现行工厂法案、工厂检查制度、检查人员的职责等。

收藏单位：重庆馆、广东馆、国家馆、吉林馆、南京馆

00314

最新工艺制造全书 中国工艺社编

上海：大华书局，1927，350 页，32 开，精装

本书共 23 编，介绍各物品制造方法、原料配合、工场设备等。

收藏单位：重庆馆、浙江馆

声学工程

00315

防潜仪的基本原理 [海军总司令部] 编

[海军总司令部]，[1946.10]，16 页，32 开

收藏单位：国家馆

制冷工程

00316

人造冰 徐宝升著 殷祖澜校订

北平：中国科学化运动协会北平分会，[1937.1]，24 页，50 开（通俗科学小丛书 乙类 4）

本书共 5 章，内容包括：造冰原理浅释、制冷剂与制冷方法、制冷剂的性质等。

收藏单位：国家馆

摄影技术

00317

矮克发显影药典

出版者不详，53 页，25 开

本书内容包括：显影时之化学变化、显影液之组成、显影剂、显影液之附加药品等。

收藏单位：国家馆、首都馆、浙江馆

00318

白朗尼照相镜用法 商务印书馆编译所译述

上海：商务印书馆，1921.4，24 页，64 开

收藏单位：国家馆

00319

达齐摄影书信（写给初习摄影的朋友）

上海：益昌照相材料行，1946.12，再版，64 页，32 开（长虹摄影丛书 1）

本书介绍摄影的原理和方法。

收藏单位：重庆馆、广东馆、南京馆、内蒙古馆

00320
浮卡特 K–4 空中照相机说明书 中央航空学校教育处编
中央航空学校教育处，1934.3，50 页，32 开
本书共 12 节，内容包括：照相机身、镜头筒、时间间隔计、照相机架等。
收藏单位：国家馆、浙江馆

00321
航空摄影之判读 蒋公权译述
出版者不详，1933.6，54 页，22 开
本书共 14 章，内容包括：判读之准备、判读之实施、地形之判读、阵地之判读、后方设备等。
收藏单位：贵州馆、国家馆

00322
航空摄影之判读 吴棹著
吴棹 [发行者]，[1938.2]，184 页，18 开
本书共 15 章，讲述航空拍摄景物的判断、真假辨别。
收藏单位：重庆馆、国家馆、南京馆

00323
红外线摄影 （英）劳林（S. O. Rawling）著 佘小宋译
外文题名：Infra-red photography
上海：商务印书馆，1937.1，96 页，32 开（工学小丛书）
本书共 5 章，介绍红外线光的原理和性质、红外线摄影的方法及应用等。
收藏单位：重庆馆、广东馆、国家馆、湖南馆、江西馆、南京馆、陕西馆、浙江馆

00324
简易摄影学 许镗臣编
上海：群英书社，1920.8，36 页，32 开
本书为文言体，旧式标点。附录：中西药名对照表、中外度量衡对照表。

00325
今日的摄影术 彭瑞良编译
长沙：商务印书馆，1938.4，346 页，32 开
长沙：商务印书馆，1939.9，346 页，32 开（万有文库第 1、2 集简编 500 种）（百科小丛书）
长沙：商务印书馆，1940，4 版，346 页，32 开
本书共 21 章，内容包括：透镜、镜箱及其附属品、感光片、摄影的实施、人像摄影、感色性材料的摄影、暗室等。
收藏单位：长春馆、重庆馆、东北师大馆、广东馆、贵州馆、国家馆、华东师大馆、上海馆、首都馆、浙江馆

00326
镜头论
外文题名：About lenses
上海：柯达公司，28 页，32 开
收藏单位：南京馆

00327
康泰时
出版者不详，63 页，32 开
收藏单位：上海馆

00328
柯达镜箱及照相材料 柯达公司编
上海：柯达公司，1926，82 页，32 开
收藏单位：重庆馆

00329
柯达克摄影术 沈夏云编译 杜就田校订
外文题名：How to use the Kodak
上海：商务印书馆，1923.11，265+10 页，32 开，精装
上海：商务印书馆，1924.3，再版，265+10 页，32 开，精装
上海：商务印书馆，1925.3，3 版，265+10 页，32 开，精装
上海：商务印书馆，1926.6，4 版，265+10 页，32 开，精装
上海：商务印书馆，1927.9，5 版，265+10 页，32 开，精装
上海：商务印书馆，1929.10，6 版，265+10 页，32 开，精装
上海：商务印书馆，1930.2，7 版，265+10 页，

32 开，精装

本书共 5 章：摄影器及曝光、摄影、显影法、晒像法、放大法。附录：黑像摄影、屋内摄影、屋内摄影曝光时间表等 10 种。

收藏单位：重庆馆、广东馆、国家馆、内蒙古馆、上海馆、绍兴馆、首都馆、天津馆、浙江馆、中科图

00330

柯达配方书 柯达公司编纂

外文题名：Kodak formula book

上海：柯达公司，1934.1，104 页，32 开，精装

上海：柯达公司，1935.11，增订再版，110 页，32 开

上海：柯达公司，1937.4，3 版，110 页，32 开

上海：柯达公司，1949，32 页，25 开

本书介绍显影液配方、干片软片显影液配方、电影软片显影液配方等。

收藏单位：安徽馆、广东馆、国家馆、上海馆、首都馆

00331

柯达配方书（中英文本） 柯达公司编

上海：柯达公司，[44] 页，50 开

本书介绍显影液配方、干片软片显影液配方、电影软片显影液配方等。

00332

柯达摄影术（日常摄影必备之参考书） 柯达公司编

上海：柯达公司，224 页，25 开，精装

本书介绍现代摄影术、拍照时镜箱之作用、选择镜箱等。

收藏单位：上海馆、首都馆

00333

柯达摄影术（业余摄影者之完善参考手册） 柯达公司编

香港：柯达公司，156 页，25 开，精装

收藏单位：国家馆、上海馆、绍兴馆、首都馆

00334

柯达照相业照相器具材料绘图目录

上海：柯达公司，1934，62 页，25 开

本书内容包括：镜箱及放大机类、印像器及冲洗箱类、镜头类、镜箱架及印像架类等。封面题名：柯达照相业用具材料绘图目录。

收藏单位：浙江馆

00335

热带显影法

外文题名：Tropical development

上海：柯达公司，1925，1 册，50 开

本书介绍热带显影法所需材料及操作方法。

收藏单位：国家馆

00336

摄学测光捷径 陈公哲著

上海：精武会，1917.7，70 页，36 开，精装

上海：精武会，1926.2，再版，70 页，36 开，精装

本书介绍摄影测光技术。文言体，旧式标点。

收藏单位：广西馆

00337

摄影发明史（新光摄影技术讲座 第 1 讲） 高维祥讲

[上海]：新光摄影函授学校，50 页，23 开

本书为职业摄影科课本。著者赠书日期为 1933 年 7 月。

00338

摄影化学 姚昌学著

北平：中国科学化运动协会北平分会，[1936]，30 页，50 开（通俗科学小丛书 乙类 1）

本书封底印有“二十六年一月十四赠送”字样。

收藏单位：国家馆、首都馆

00339

摄影化学初步 沈昌培编译 王焕照校订

上海：柯达公司，1929.4，88 页，27 开

上海：柯达公司，1930.9，再版，88 页，27 开

本书共 10 章，内容包括：初等化学大意、摄影材料之化学、显影之化学、定影之化学、调色之化学、减薄及加厚之化学、冲洗之化学、配方等。附录：化学品溶解度表。

收藏单位：广西馆、上海馆、浙江馆

00340

摄影讲话 景康著

大连：光华书店，1948.8，[120] 页，32 开

本书共 2 部分：摄影的定义及作用、摄影的过程。附录：照片在印放或冲晒时失败的原因、衡量表等。

收藏单位：国家馆、天津馆

00341

摄影术 曹元宇著

上海：商务印书馆，1930.4，142 页，32 开（万有文库第 1 集 733）（百科小丛书）

上海：商务印书馆，1931.8，142 页，32 开（百科小丛书）

上海：商务印书馆，1933.4，国难后 1 版，142 页，32 开（百科小丛书）

上海：商务印书馆，1934.7，再版，142 页，32 开（万有文库 第 1 集 733）（百科小丛书）

上海：商务印书馆，1934.9，国难后 2 版，142 页，32 开（百科小丛书）

上海：商务印书馆，1935.5，国难后 3 版，142 页，32 开（百科小丛书）

本书共 3 章：摄影机、阴画法、阳画法。

收藏单位：安徽馆、重庆馆、大理馆、大庆馆、东北师大馆、广东馆、广西馆、贵州馆、国家馆、黑龙江馆、湖南馆、江西馆、辽大馆、辽师大馆、南京馆、内蒙古馆、宁夏馆、上海馆、浙江馆、中科图

00342

摄影术 徐应昶编纂

上海：商务印书馆，1923.2，22 页，32 开（儿童理科丛书 16）

上海：商务印书馆，1924.4，再版，22 页，32 开（儿童理科丛书 16）

本书介绍摄影术的需要、最初照相器、暗箱、照相器的改良、相片的发明等。

收藏单位：国家馆、首都馆

00343

摄影术纲要 米克纳著 周淡译 柯达公司编

外文题名：The fundamentals of photography

上海：柯达公司，1925.3，108 页，32 开，精装

上海：柯达公司，1925.11，再版，108 页，32 开，精装

本书共 12 章，内容包括：摄影术起源、光及视力、镜头、摄影感光物、银影之构造、感光、显影等。

收藏单位：国家馆、南京馆、上海馆、浙江馆

00344

摄影术顾问 杜就田编

上海：商务印书馆，1935.5，149 页，32 开

本书讲述有关摄影方面的问题，共 137 则。

收藏单位：重庆馆、广东馆、国家馆、黑龙江馆、湖南馆、江西馆、辽大馆、内蒙古馆、首都馆、西南大学馆、浙江馆

00345

摄影药方 （德）纳格鲍尔著 魏大鸣译

重庆：司令部第四厅，1943，102 页，32 开

收藏单位：广东馆、南京馆

00346

摄影药液之配制 高维祥主编

上海：新光摄影技术社，1933.4，140 页，32 开（新光摄影文献 1）

本书共 2 编：摄影药液之配制、工业用水之化学的分析。

收藏单位：绍兴馆、浙江馆

00347

摄影应用阳像原板制版法（平凹板与原板制版） 张必先著

南京：南京参谋本部陆地测量总局，1936，61

页，18 开

本书内容包括：完成平凹版制版法之经过及其原理、平凹版制版法等。

收藏单位：南京馆、首都馆、浙江馆

00348

摄影用干片速度之变迁及其与显影液关系之研究 王季点著

[北平]：[北平光社]，[1928]，32 页，18 开

本书共 8 节，内容包括：论干片速度、干片保存中速度之变迁、论暴露与显影、显影液之成分及性质等。《光社年鉴》第 2 集《摄影论文别刊》单行本。

收藏单位：国家馆、首都馆

00349

摄影正误 W. H. Doring 著 钱唐侯译

上海：中国图书服务社，1939.1，84 页，32 开

本书介绍摄影技术。

收藏单位：上海馆

00350

摄影之原理与技术 徐景宗编译

上海：中华书局，1935.7，20+234+12 页，32 开

上海：中华书局，1937.3，2 版，20+234+12 页，32 开

昆明：中华书局，1939.8，3 版，20+234+12 页，32 开

上海：中华书局，1947，4 版，20+234+12 页，32 开

本书共 20 章，内容包括：摄影器具及其应用，摄影之程序，暗室之布置，显影、定影、冲洗与凉干等。附录：摄影上应用术语及化学名词中德英文对照表。

收藏单位：重庆馆、广东馆、国家馆、黑龙江馆、江西馆、南京馆、内蒙古馆、首都馆、天津馆、浙江馆

00351

摄影指导 摄影研究社编纂

上海：春明书店，1937.5，87 页，32 开（科学小丛书）

上海：春明书店，1941，2 版，87 页，32 开（科学小丛书）

本书共 8 部分，内容包括：入门指导、摄取指导、洗片指导等。

收藏单位：首都馆

00352

摄影指南 欧阳慧锵著

上海：宝记照相馆，1923.4，120 页，25 开，精装

上海：宝记照相馆，1923.6，再版，120 页，25 开，精装

上海：宝记照相馆，1926.9，3 版，120 页，25 开，精装

上海：宝记照相馆，1928.6，4 版，120 页，25 开，精装

本书介绍摄影技术。内容包括：手提镜箱重要部分之用途、装硬片及单页软片、摄影手续次序等。文言体，旧式标点。

收藏单位：国家馆、首都馆、天津馆

00353

实用摄影术 曹元宇著

上海：大东书局，[1925]，168 页，32 开，精装

上海：大东书局，1931.7，再版，168 页，32 开，精装

本书共 12 章，内容包括：摄影机的大要、瞳孔和暴露时间、干片和软片等。

收藏单位：国家馆、湖南馆、江西馆、绍兴馆、天津馆、浙江馆

00354

实用微粒子显像法（摄影新技术） 张必先编译

长沙：湘鄂印刷公司，1938.4，[10]+146 页，32 开

本书共 6 章，内容包括：卡普林微粒子显像液第十五处方、卡普林第十五处方应用药品之说明、卡普林第十五方各药品之作用与研究等。附录：摄影要诀、感光度对照表、显像药剂特性比较表等 6 种。目录页题名：卡普林氏实用微粒子显像法。

收藏单位：贵州馆、国家馆、首都馆

00355
私立新光摄影技术社事业一览（1932 年度第 1 卷第 1、2 期合刊） 新光摄影技术社编
上海：新光摄影技术社，1932，100 页，23 开
本书内容包括：教职员名录、经费预算、摄影讲义提要等。
收藏单位：上海馆

00356
天然色摄影原色法 杜就田编
上海：商务印书馆，1931.2，36 页，32 开
本书内容包括：原色法所用的色障和安全光，原色干片的装纳法、曝光法、显影法及原色干片的反转和第二次显影，原色像片的加厚及减薄，原色像片的保存，原色干片的失败及其原因等。
收藏单位：广东馆、广西馆、河南馆、湖南馆、江西馆

00357
新编摄影术 杜就田编译
上海：商务印书馆，1913.1，188 页，32 开
上海：商务印书馆，1913.10，再版，188 页，32 开
上海：商务印书馆，1915.11，5 版，188 页，32 开
上海：商务印书馆，1916，6 版，188 页，32 开
上海：商务印书馆，1918.12，8 版，188 页，32 开
上海：商务印书馆，1919，9 版，188 页，32 开
上海：商务印书馆，1920.5，10 版，188 页，32 开
上海：商务印书馆，1921，11 版，188 页，32 开
上海：商务印书馆，1924，13 版，188 页，32 开
上海：商务印书馆，1926.6，15 版，188 页，32 开
上海：商务印书馆，1928.4，16 版，188 页，32 开
上海：商务印书馆，1932.12，国难后 1 版，188 页，32 开
上海：商务印书馆，1935，国难后 2 版，188 页，32 开
本书共 3 编：技术、溯原、摄影术应用药品之功用略解。附录：摄影用药名英华对照表、前记药品之性质、中西度量衡对照之简表。文言体。
收藏单位：重庆馆、广东馆、广西馆、国家馆、河南馆、湖南馆、山西馆、上海馆、绍兴馆、首都馆、天津馆、浙江馆

00358
照相化学 （日）铃木庸生著　高铦译　朱仁宝校
上海：商务印书馆，1936.3，2 册（304 页），32 开（万有文库 第 2 集 398）（自然科学小丛书）
上海：商务印书馆，1936.8，2 册（304 页），32 开（自然科学小丛书）
长沙：商务印书馆，1939.4，再版，2 册（304 页），32 开（自然科学小丛书）
本书介绍照相化学的基础知识与理论。内容包括：照相乳剂的制备、潜影理论、显影理论等。
收藏单位：安徽馆、重庆馆、大理馆、大连馆、东北师大馆、广东馆、国家馆、河南馆、黑龙江馆、湖南馆、江西馆、辽师大馆、南京馆、内蒙古馆、宁夏馆、绍兴馆、首都馆、天津馆、浙江馆

00359
照相天幕说明书
出版者不详，24 页，18 开
本书共 5 章：总说、照像天幕之构造、照像天幕设备法、捆包积载区分、关于使用照像天幕上之诸注意。
收藏单位：国家馆、上海馆

00360
照相调制理论讲义 单德森讲述
中央航空学校，1935.2，202 页，32 开
本书讲述照相化学及冲洗技术。共 2 编：

照相化学、照相调制。

收藏单位：国家馆、浙江馆

00361

照相学 陈思义编

外文题名：Photography

上海：商务印书馆，1926.5，234页，22开，精装

上海：商务印书馆，1926.12，再版，234页，22开，精装

本书共7编：照相术发达略史、照相化学、光学、应用品之说明及选择、技术、活动影片、原色照相。附录：照相常用化学药品表、照相常用化学药品性质略解。

收藏单位：重庆馆、广东馆、国家馆、湖南馆、南京馆、绍兴馆、浙江馆

00362

照相学教程 （日）小野门之助著 王中玉译

出版者不详，[1929]，44页，18开

本书讲述航空照相的沿革，航空照相机的构造、机器性能及使用，感光资料等。

收藏单位：国家馆

00363

照相学教程

出版者不详，2册（110+120页），16开

本书内容包括：摄影、照相调制法、航空照相学等。

收藏单位：国家馆

00364

最新实用摄影化学 陈两宜编译

[上海]：世界书局，1940.3，[13]+194页，32开

[上海]：世界书局，1943.9，再版，[13]+194页，32开

[上海]：世界书局，1947.9，3版，[13]+194页，32开

[上海]：世界书局，1948.10，4版，[13]+194页，32开

本书共10章，内容包括：感光片之制造、显影之化学理论、定影之化学理论等。附录：度量衡表、国际通制与英制对照表、摄影术上应用化学品之性状及溶解度表等5种。

收藏单位：重庆馆、广东馆、广西馆、国家馆、江西馆、南京馆、浙江馆

计量学

00365

北平市度量衡检定所三周年纪念特刊 北平市度量衡检定所编

北平：北平市度量衡检定所，[1934.7]，[40]页，16开

本书附录：中华民国权度标准方案（十七年七月十八日国府明令公布）、度量衡法（十八年二月十六日国府明令公布）、修正度量衡法施行细则（二十年十二月五日国府明令公布）等6种。

收藏单位：国家馆

00366

察南度量衡换算率 王禹邦编辑 张秉衡校正

张家口：察南政厅资料科，1942.7，24+11页，50开

本书内容包括：新旧制度量衡常用各单位换算表、标准制与市用制换算表、新旧制度量衡币一览表等。

收藏单位：国家馆

00367

大数小数命名标准研究意见书 实业部全国度量衡局编

南京：实业部全国度量衡局，1934.7，90页，16开

收藏单位：国家馆、上海馆、浙江馆

00368

大数小数命名标准研究意见书补充意见及新勘误表 实业部全国度量衡局编

南京：实业部全国度量衡局，1935.3，38页，18开

收藏单位：广东馆、国家馆、南京馆

00369

第三届全国度量衡行政会议欢迎出席代表茶话会

中国度量衡学会，手写本，[12 页]，13 开，环筒页装

收藏单位：国家馆

00370

电磁学新单位 （美）乔瑟（G. E. M. Jauncey）（美）兰司道夫（A. S. Langsdorf）原著 张钟俊编译

上海：东亚书社，1948.2，49 页，25 开（应用科学丛书）

本书共 6 章，内容包括：单位与因次概说，第四基本单位，重力、电力、磁力，其他单位制等。

收藏单位：国家馆、江西馆、辽宁馆、山西馆、西南大学馆、浙江馆

00371

订正中外度量衡币比较表 赵秉良等编辑

上海：商务印书馆，1911.3，6 版，139+40 页，横 27 开

上海：商务印书馆，1924.6，7 版，139+40 页，横 27 开

本书内容包括：中国度量衡币表、外国度量衡币表、中外度量衡币比较摘要等。

收藏单位：广东馆、上海馆、浙江馆

00372

度量衡标准制法定名称之解释及其在科学上之应用 实业部全国度量衡局编

南京：实业部全国度量衡局，1934，14 页，16 开

南京：实业部全国度量衡局，1934.12，再版，14 页，16 开

本书内容包括：标准制法定名称之系统、订定之经过、推行全国之情形、标准制法定名称之优点等。

收藏单位：广东馆、浙江馆

00373

度量衡常识讲义 广东省地方行政干部训练团编

广东省地方行政干部训练团，1942.3，22 页，32 开（粮政类 4）

收藏单位：重庆馆

00374

度量衡丛刊 江西省地方行政人员训练所度量衡检定员班编

出版者不详，1933，130 页，16 开

收藏单位：广东馆、南京馆

00375

度量衡换算法

出版者不详，油印本，1 册，16 开，环筒页装

本书共 11 章：总论、标准制与市用制之规定、标准制度量衡折合表、市用制度量衡折合表、标准制与市用制相互比较表、旧制（旧营造库平制）度量折合表、新旧制度量衡之比较、全国各地旧用度量衡与新制比较表、英美日俄度量衡名称及定位表、英美日俄度量衡折合表、中国新旧制与英美日俄度量衡比较表。

收藏单位：重庆馆

00376

度量衡检查常识 湖南省地方行政干部训练团编

湖南省地方行政干部训练团，1942.2，345 页，32 开（湖南省地方行政干部训练团度政组专业训练讲义 4）

本书介绍度量衡检查之意义、方法、执行、处理等检查常识。

收藏单位：重庆馆

00377

度量衡检查法

出版者不详，油印本，1 册，13 开

收藏单位：国家馆

00378

度量衡检查要义

四川省度量衡检定所，1936.11，18 页，16 开

收藏单位：南京馆

00379

度量衡检定法

出版者不详，油印本，1册，16开，环筒页装

本书共8章，内容包括：检定总纲、度器检定法、量器检定法、衡器检定法、检定用器制作法、检定用表格等。

收藏单位：重庆馆

00380

度量衡检定人员养成所毕业同学录 实业部全国度量衡局编

南京：实业部全国度量衡局，1936.5，83页，18开

收藏单位：重庆馆、国家馆、上海馆、浙江馆

00381

度量衡检定人员养成所三周年纪念刊 实业部全国度量衡局编

南京：实业部全国度量衡局，1933，20页，16开

收藏单位：南京馆

00382

度量衡简易换算表

中国度量衡学会，油印本，7叶，13开，环筒页装

收藏单位：国家馆

00383

度量衡器检定法 江西省训练团编

江西：江西省训练团，1946.9，22页，25开

收藏单位：江西馆

00384

度量衡浅说 广西度量衡检定所编

广西度量衡检定所，1935.4，34页，32开（度量衡丛书1）

本书共8部分，内容包括：度量衡的释义和重要、中国度量衡的旧状、度量衡紊乱的弊害、新制度量衡是什么等。

收藏单位：广西馆、桂林馆、国家馆

00385

度量衡浅说 河南省度量衡检定所编

河南省度量衡检定所，1932.4，40页，36开（度量衡丛书1）

00386

度量衡浅说 山东省度量衡检定所编

山东省度量衡检定所，[1928.7]，8页，18开

本书内容包括：度量衡的意义、中国度量衡标准的由来、中国采用万国公制的沿革等。

收藏单位：国家馆

00387

度量衡浅说 上海市度量衡检定所编

上海：上海市度量衡检定所，1930.10，32页，32开（度量衡丛书1）

本书共6部分，内容包括：度量衡的界说及其重要性、万国公制的采用、采用万国公制的原因等。

收藏单位：国家馆、内蒙古馆、上海馆

00388

度量衡手册 柳培潜编 万龙山校

台湾省标准度量衡推行委员会，1947.5，89页，32开

收藏单位：南京馆

00389

度量衡问题 周昌寿等编

[上海]：[东方杂志社]，[1935.1]，[43]页，16开

本书内收吴承洛、徐善祥、严济慈等人文章6篇，内容包括：《度量衡标准制法定名称之科学的系统》《国际权度制述略》《改订度量衡名称与定义之商榷》等。《东方杂志》第32卷第3号抽印本。

收藏单位：国家馆、南京馆

00390

度量衡须知 河北省度量衡检定所编

河北省度量衡检定所，1931.11，52页，32开

本书内容包括：中国度量衡的起源、度量衡新制是什么、度量衡新制的器具等。

收藏单位：国家馆

00391

度量衡宣传资料　湖南省地方行政干部训练团编

湖南省地方行政干部训练团，1942.2，272页，32开（湖南省地方行政干部训练团度政组专业训练讲义7）

收藏单位：重庆馆

00392

度量衡折算一览　上海市度量衡检定所编

上海：上海市度量衡检定所，1930.12，31页，16开（度量衡丛书2）

本书共2编：新旧度量衡换算表、物价折合表。

收藏单位：辽宁馆、上海馆

00393

度量精义　庐祖诒　昝宝澄编

天津：南开大学理学院电工系，1934.3，73页，32开

收藏单位：南京馆

00394

度政（建设概要）　江西省地方政治讲习院编

江西太和：江西省地方政治讲习院，1940.3，30页，32开（分组训练教材24）

本书附录：修正度量衡器具检查执行规则等6种。

收藏单位：重庆馆、江西馆

00395

儿童的度量衡　何日平撰述

上海：儿童书局，1931.12，2册（20+26页），25开（儿童科学丛书）

收藏单位：江西馆

00396

儿童的度量衡　陶知行编

上海：儿童书局，1933，3版，2册（21+26页），32开（儿童科学丛书）

本书内容包括：衡、秤、天平秤、两个铜板的等秤、小磅秤等。

收藏单位：广西馆、贵州馆、首都馆

00397

儿童的度量衡（下）　陶知行编

上海：儿童书局，1932.6，再版，26页，32开（儿童科学丛书）

本书内容包括：衡、秤、天平秤、小磅秤等。

收藏单位：国家馆

00398

法定度量衡标准制单位定义与名称确立之缘由

成都：四川省度量衡检定所，1935翻印，24页，16开

本书共3节：法定标准制单位定义之意义、法定标准制单位名称之意义、结论。附录：度量衡标准制市用制折合简表。

收藏单位：重庆馆、南京馆

00399

各国权度　黄孝先著

上海：商务印书馆，1930.10，138页，32开（万有文库第1集0362）（商学小丛书）

上海：商务印书馆，1934.3，138页，32开（商学小丛书）

上海：商务印书馆，1934.6，再版，138页，32开（商学小丛书）

上海：商务印书馆，1947.2，3版，138页，32开（新中学文库）（商学小丛书）

本书共8章，内容包括：绪言、我国之权度、法国权度、英国权度、日本权度等。附录：中华民国度量衡法。

收藏单位：安徽馆、长春馆、重庆馆、大理馆、大连馆、东北师大馆、甘肃馆、广东馆、广西馆、贵州馆、国家馆、河南馆、黑龙江馆、湖南馆、惠州馆、吉大馆、江西馆、辽大馆、辽东学院馆、辽师大馆、柳州馆、南京馆、内蒙古馆、宁夏馆、陕西馆、上海

馆、绍兴馆、首都馆、天津馆、西南大学馆、浙江馆、中科图

00400
各省市度量衡局度量衡检定人员训练班同学录　实业部全国度量衡局编
南京：实业部全国度量衡局，1937，226页，16开
　　本书同学录收录时间截止于1936年7月，计有16省2市1992人。书前有该班毕业照。版权页题名：实业部全国度量衡局度量衡检定人员养成所毕业同学录。

00401
工商部度量衡推行委员会会议汇编　工商部工业司平准科编
南京：工商部总务司编辑科，1929.11，98页，16开
　　本书附录：度量衡新制标准及实施办法、度量衡推行方案。
　　收藏单位：广东馆、国家馆、湖南馆、辽宁馆、南京馆

00402
工商部度量衡新制说明书（附推行法）　工商部工务司编
[北京]：工商部工务司，1913.5，38页，18开
　　本书共8部分，内容包括：释义、旧制之沿革、旧制之宜废、各国度量衡之比较等。
　　收藏单位：国家馆、南京馆

00403
工商部全国度量衡会议汇编　实业部工业司编
南京：实业部总务司编辑科，1931.5，1册，16开
　　本书共9部分，内容包括：图画、法规、统计、日程、会议纪录等。
　　收藏单位：广东馆、国家馆、辽宁馆、南京馆、上海馆、西南大学馆、浙江馆、中科图

00404
工商部全国度量衡局度量衡检定人员养成所第一次报告书　工商部工业司平准科编
南京：工商部总务司编辑科，1930.11，1册，16开
　　本书内容包括：院令、部令、规章、公牍、演讲、毕业典礼统计等。附本所大事记。
　　收藏单位：广东馆、国家馆、辽宁馆、上海馆、浙江馆

00405
官用权度器具颁发条例
[北京]：京华印书局，[1915.2]，4页，21开，环筒页装

00406
惯用单位　朱彦眺编
上海：中华书局，1948.7，30页，32开（中华文库 民众教育 第1集）
　　本书介绍社会上习惯用的单位，如：打、箩、石、担、疋、刀等。
　　收藏单位：重庆馆、国家馆、上海馆

00407
广西度量衡检定概况　广西工商局编
出版者不详，79页（广西工商丛书4）
　　收藏单位：南京馆

00408
国际单位刍议　刘晋钰著
中国科学社，1926.5，10页，16开
　　本书为《科学》第11卷第5期抽印本。

00409
汉口市划一度量衡宣传大纲　汉口市度量衡检定所编
汉口：汉口市度量衡检定所，1931.1，24页，32开
　　收藏单位：国家馆、南京馆

00410
湖南度政三年　湖南省度量衡检定所编
湖南省度量衡检定所，1943.12，152页，16

开

收藏单位：重庆馆、国家馆

00411

划一全国度量衡标准研究书 实业部工业司编

南京：实业部总务司编辑科，1928，124页，16开

南京：实业部总务司编辑科，1931.3，再版，124页，16开

本书共3章：划一度量衡标准之纲要、本部提议划一权度标准案之经过、附录。

收藏单位：重庆馆、广东馆、国家馆、河南馆、辽宁馆、南京馆、上海馆、浙江馆

00412

划一全国度量衡宣传大纲 中国国民党中央执行委员会宣传部编

中国国民党中央执行委员会宣传部，1929.12，48页，32开

中国国民党中央执行委员会宣传部，1931.2，48页，32开

本书内容包括：度量衡是什么、中国度量衡标准之过去、划一度量衡新制之采用、划一度量衡新制之推行等。

收藏单位：重庆馆、广东馆、湖南馆、辽宁馆、南京馆、内蒙古馆、浙江馆

00413

划一中国度量衡标准研究书 国民政府工商部编

国民政府工商部，1928.6，32页，25开（工商特刊1）

收藏单位：安徽馆、江西馆

00414

华北度量衡调查 华北合作事业总会调查科编

华北合作事业总会调查科，1944.2，98页，25开（调查资料 乙3辑）

本书为日伪出版物，中日文本。

收藏单位：国家馆

00415

江西省度量衡鉴定人员训练班讲义 [江西省度量衡鉴定人员训练班]编

[江西省度量衡鉴定人员训练班]，[1926—1949]，1册，25开

收藏单位：江西馆

00416

科学单位 张济翔著

上海：商务印书馆，1926.7，87页，32开（百科小丛书）

上海：商务印书馆，1930.4，87页，32开（万有文库 第1集0396）（百科小丛书）

上海：商务印书馆，1933，国难后1版，87页，32开（百科小丛书）

上海：商务印书馆，1934.7，再版，87页，32开（万有文库 第1集0396）（百科小丛书）

上海：商务印书馆，1935.2，国难后2版，87页，32开（百科小丛书）

长沙：商务印书馆，1939.12，87页，32开（万有文库 第1、2集简编500种126）（百科小丛书）（新中学文库）

上海：商务印书馆，1947.3，4版，87页，32开（百科小丛书）（新中学文库）

本书为计量单位工具书。介绍基本单位（长度、重量、时间），几何、力学、热学、电磁、光学等学科计量单位，米制与英制单位简史。

收藏单位：安徽馆、长春馆、重庆馆、大理馆、大连馆、东北师大馆、复旦馆、广东馆、广西馆、贵州馆、国家馆、河南馆、黑龙江馆、湖南馆、惠州馆、江西馆、辽大馆、辽东学院馆、辽宁馆、辽师大馆、柳州馆、南京馆、内蒙古馆、宁夏馆、山东馆、上海馆、绍兴馆、首都馆、天津馆、武大馆、西南大学馆、浙江馆、中科图

00417

量度之精密及图解法概论 （美）鼓德温（H. M. Goodwin）著 吴荫圃 吕大元译 萨本栋 张绍忠校

外文题名：Elements of the precision of measurements and graphical methods

南京：国立编译馆，1934.11，157 页，22 开

本书论述物理学中的量度问题。附录：数学常数表等 5 种。

收藏单位：安徽馆、重庆馆、广东馆、贵州馆、国家馆、江西馆、南京馆、山西馆、上海馆、浙江馆

00418

满洲国度量衡关系资料 总计处资源科产业股编

总计处资源科产业股，1941.4，1 册，16 开

收藏单位：国家馆

00419

满洲国新制度量衡要义 权度局 [编]

出版者不详，1934，25 页，22 开

收藏单位：辽宁馆

00420

全国度量衡初步划一之回顾与前瞻 吴承洛著

出版者不详，30 页，16 开

收藏单位：南京馆

00421

全国度量衡划一程序图 工商部制

工商部，[1] 页，1 开

收藏单位：天津馆

00422

全国度量衡划一概况 实业部全国度量衡局编

南京：实业部全国度量衡局，1933.12，216 页，16 开

本书附录：中国各地废尺附古尺及各国尺度每尺折合新制市尺数、中国各地废量器附古量器及各国量器每升或斗折合新制市升或斗即或公升或公斗数、中国各地废秤附古秤及各国衡器每升或每两折合新制市斤或市两数。

收藏单位：广东馆、国家馆、南京馆、上海馆、浙江馆、中科图

00423

全国各省市三十年度推行度量衡各项统计表册

中国度量衡学会，[1941]，手写本，7 页，13 开，环筒页装

本书共 4 部分，内容包括：各省市公营度量衡器制造厂三十年度出品颁发统计表、各省市三十年度检定度量衡器数额统计表等。

收藏单位：国家馆

00424

全国及各省市度量衡划一程序汇刊（第 1 集） 工商部工业司平准科编

工商部工业司平准科，1930.11，48 页，16 开

收藏单位：国家馆

00425

三十年来国人对于度量衡标准制单位名称意见分岐之情形及法定名称历次确定之经过与今后问题之焦点 实业部全国度量衡局编

[南京]：出版者不详，1935.3，18 页，16 开

收藏单位：重庆馆、南京馆

00426

山东省度量衡检定所职员录

[济南]：[山东省度量衡检定所]，[1930]，手写本，2 页，16 开，环筒页装

收藏单位：国家馆

00427

实业部全国度量衡局度量衡检定人员养成所第二次报告书 实业部全国度量衡局总务科编

南京：实业部全国度量衡局总务科，1931.12，260 页，16 开

本书共 7 部分，内容包括：绪言、工商部及实业部命令、规章、公牍、讲演等。

收藏单位：广东馆、国家馆、南京馆、浙江馆

00428

实业部全国度量衡局改正海关度量衡问题 实业部全国度量衡局编

南京：实业部全国度量衡局，1933.8，62 页，

16开

本书共7章，内容包括：海关应改用新制度量衡之迫切、海关度量衡与不平等条约之关系、海关度量衡本无标准之申述、海关度量衡应采用标准制之理由等。附全国度量衡局呈实业部文。

收藏单位：国家馆、近代史所、南京馆、上海馆、浙江馆

00429

四川省第一期各县旧制度器调查折合表

出版者不详，油印本，1册，16开，环筒页装

收藏单位：重庆馆

00430

四川省第一期各县旧制衡器调查折合表

出版者不详，油印本，1册，16开，环筒页装

收藏单位：重庆馆

00431

四川省第一期各县旧制量器调查折合表

出版者不详，油印本，1册，16开，环筒页装

收藏单位：重庆馆

00432

四川省度量衡检定所第一周年纪念刊　四川省度量衡检定所编

[成都]：四川省度量衡检定所，1936.10，[81]页，16开

本书内容包括：训练班第一期开学摄影、名人题词、行政概要、训练经过、二十六年度计划大纲等。

收藏单位：国家馆

00433

四川省度政季刊　[四川省度量衡检定所]编

[成都]：四川省度量衡检定所，1938.10，[68]页，12开

本书共14部分，内容包括：题词、弁言、论著、法令、本所及各区市县办理度政概况、本所及各市县制造新器概况、已划一各市县焚毁旧器改换用新器统计表等。

收藏单位：国家馆

00434

四川省各市县新旧度量衡折合表　四川省度量衡检定所编

[成都]：四川省度量衡检定所，油印本，1册，22开，环筒页装

本书为四川省各市县新旧度量衡单位对照表。

收藏单位：国家馆

00435

四川省各市县新旧度器折合表　四川省度量衡检定所编

[成都]：四川省度量衡检定所，油印本，1册，18开，环筒页装

本书为四川省各市县新旧长度单位换算表。

收藏单位：国家馆、南京馆

00436

四川省各市县新旧衡器折合表

[成都]：[四川省度量衡检定所]，油印本，1册，18开，环筒页装

本书为四川省各市县新旧重量单位换算表。

收藏单位：国家馆

00437

四川省各市县新旧量器折合表　四川省度量衡检定所编

[成都]：四川省度量衡检定所，油印本，1册，18开，环筒页装

本书为四川省各市县新旧容量单位换算表。

收藏单位：国家馆

00438

四川省各县量器折合表　四川省度量衡检定所编

[成都]：[四川省度量衡检定所]，1939.5，

油印本，2 册，16 开

收藏单位：南京馆

00439

隋书律历志十五等尺　马衡著

北平：出版者不详，[1932]，16+16 页，32 开

本书介绍度量衡史上重要的十五等尺：周尺、晋田父玉尺、梁表尺、汉官尺、魏尺、晋后尺、后魏前尺、中尺、后尺、东后魏尺、蔡邕铜籥尺、宋氏尺、开皇十年宝常所造律吕水尺、杂尺、梁朝俗间尺。中英文本。

收藏单位：国家馆

00440

天津市度量衡检定所规程审查案　沈家彝　张孝栘 [起草]

[天津]：[天津特别市政府]，[1930]，油印本，2 叶，13 开，环筒页装

收藏单位：国家馆

00441

天津市度量衡检定所规程通过案

[天津]：[天津市政府]，[1936]，油印本，2 叶，13 开，环筒页装

收藏单位：国家馆

00442

天津市度量衡检定所组织规则

天津：天津市度量衡检定所，[1930]，油印本，[2 叶]，13 开，环筒页装

收藏单位：国家馆

00443

为什么要划一权度　贺之贤著

工商部，1928.12，10 页，32 开（工商浅说 1）

本书论述度量衡统一问题。

收藏单位：广东馆

00444

温度的测量　李宗法编

长沙：商务印书馆，1941，38 页，32 开（儿童理科丛书）

收藏单位：国家馆

00445

新订市尺木码之原理及其应用　实业部全国度量衡局编

南京：实业部全国度量衡局，1934.4，46 页，16 开

本书内容包括：木码之原理、木码之源流、各省市对于新订市尺木码单之意见、市尺木马单之应用等。

收藏单位：国家馆、上海馆、浙江馆、中科图

00446

新度量衡概要　黄光明编著

上海：中华书局，1935.12，[12]+256 页，22 开

本书内容包括：法规、组织、训练、推行、制造、营业、检定、换算等。附录：参考书籍、标准制正名表。

收藏单位：安徽馆、重庆馆、东北师大馆、贵州馆、国家馆、河南馆、湖南馆、江西馆、辽大馆、南京馆、内蒙古馆、上海馆、中科图

00447

新度量衡换算表　张鹏飞编

上海：中华书局，1935.2，24 页，32 开（初中学生文库）

上海：中华书局，1941.1，3 版，24 页，32 开（初中学生文库）

上海：中华书局，1947.12，22 页，32 开（中华文库）（初中学生文库）

本书介绍计量学换算图表。

收藏单位：重庆馆、大庆馆、广东馆、桂林馆、国家馆、黑龙江馆、湖南馆、江西馆、南京馆、内蒙古馆、上海馆、首都馆、浙江馆

00448

新度量衡换算表（袖珍本）　张鹏飞编

上海：中华书局，1935.5，24 页，50 开

本书共 5 部分：新制的推行、新制关系表、新旧度量衡制换算表、我国和英美度量衡制换算表、我国和日本度量衡制换算表。

收藏单位：国家馆、江西馆、辽大馆

00449

新度量衡图表（四种） 工商部制定

上海：中华书局，[1933]，1 册，25 开（初中学生文库）

上海：中华书局，[1936]，1 册，25 开（初中学生文库）

本书内收图 4 幅：民用度量衡标本器图、度量衡标准制与市用制比较图、度量衡标准器实用图、全国度量衡划一程序图。

收藏单位：重庆馆、大庆馆、广西馆、国家馆、黑龙江馆、江西馆、辽大馆、辽宁馆、南京馆、内蒙古馆、上海馆、首都馆、天津馆

00450

新制度量衡 西康省地方行政干部训练团编

西康省地方行政干部训练团，1942，100 页，32 开

本书内容包括：新制度量衡的标准、新制度量衡的内容、新制度量衡的推行、西康省新制度量衡的概况、度量衡的法规等。

收藏单位：重庆馆

00451

新制度量衡教材 浙江省教育厅编

浙江省教育厅，1934，42 页，32 开（小学教育丛书 第 2 类 19）

本书共 5 部分，内容包括：度量衡不统一的弊病、度量衡新制的办法、计算的方法等。

收藏单位：国家馆、上海馆、首都馆、浙江馆

00452

新制度量衡手册 柳培潜主编 中国度量衡学会江西分会编

新中国图书公司，[1944.5]，216 页，25 开

本书共 4 章：法规、折合、公差、附录。

收藏单位：国家馆

00453

政府机关学术机关学术团体对于修改度量衡标准制单位名称与定义等之意见

出版者不详，[1935]，油印本，1 册，13 开

收藏单位：国家馆

00454

中国度量衡 林光澂 陈捷编

上海：商务印书馆，1930.4，201 页，32 开（万有文库第 1 集 0363）（商学小丛书）

上海：商务印书馆，1934.3，201 页，32 开（商学小丛书）

上海：商务印书馆，1934.6，再版，201 页，32 开（商学小丛书）

本书共 7 章，介绍中国度量衡的历史、概况、改革、比较等。附录：标准制正名表、中外度量衡基本单位折合简表、各国度量衡译名表。

收藏单位：安徽馆、重庆馆、大理馆、大连馆、东北师大馆、广东馆、广西馆、国家馆、黑龙江馆、湖南馆、惠州馆、江西馆、辽大馆、辽师大馆、南京馆、内蒙古馆、宁夏馆、陕西馆、上海馆、天津馆、西南大学馆、浙江馆

00455

中国度量衡行政（第 3 编）

出版者不详，油印本，1 册，16 开，环筒页装

本书共 7 章：清代以前之度量衡行政、民国以来之度量衡行政、京师推行权度法之经过、山西试行划一权度之经过、云南试行划一权度之过去、各省试行推行权度之过去、国民政府之度量衡行政。

收藏单位：重庆馆、国家馆

00456

中国度量衡史 吴承洛著

上海：商务印书馆，1937.2，21+392 页，32 开，精装（中国文化史丛书 1）

上海：商务印书馆，1937.3，再版，21+392 页，32 开，精装（中国文化史丛书 1）

上海：商务印书馆，1937，3版，21+392页，32开，精装（中国文化史丛书1）

本书共2编：中国历代度量衡、现代度量衡。

收藏单位：安徽馆、长春馆、重庆馆、大庆馆、东北师大馆、广东馆、广西馆、贵州馆、国家馆、黑龙江馆、湖南馆、江西馆、辽大馆、南京馆、内蒙古馆、宁夏馆、山西馆、上海馆、首都馆、天津馆、西南大学馆、浙江馆、中科图

00457

中国度量衡学会对于度量衡标准制法定名称之意见 中国度量衡学会编

中国度量衡学会，[1930—1939]，24页，16开

本书内容包括：度量衡标准制法定名称之解释及其在科学上之应用、度量衡标准制法定名称与其他不合法名称之优劣论。

收藏单位：国家馆、河南馆、南京馆、浙江馆

00458

中国度量衡学会会员录（度量衡同志特刊） 中国度量衡学会编

中国度量衡学会，[1933.1]，26页，18开

收藏单位：国家馆

00459

中国度量衡学会章程 中国度量衡学会编

中国度量衡学会，16页，64开

本书正文页题：民国十九年七月十四日成立大会通过，民国三十年四月十四日第八届年会修正通过。

收藏单位：国家馆

00460

中国度量衡制度

出版者不详，[1911—1919]，油印本，93叶，16开

收藏单位：重庆馆、国家馆

00461

中国度量衡制度之研究 孙文郁著

[南京]：[金陵大学]，1927.12，30页，22开（金陵大学农林科农林丛刊40）

本书共10部分，内容包括：考查度量衡之方法、度量衡调查之计算法、度量衡制度之起源及历史、部定权度法之大概、最近度量衡调查之一斑等。《科学》杂志第11卷第7期抽印本。

收藏单位：广东馆、国家馆

00462

中国度量衡制简表 统计研究室编

上海：东亚同文书院支那研究部，1940.4，21页，32开

收藏单位：南京馆

00463

中国物理学会为请求改订度量衡标准制单位名称与定义事上行政院及教育部书 中国物理学会编

中国物理学会，1934.10，15页，32开

本书内容包括：度量衡法规定义之不准确及条文之疏误、度量衡法规所定各单位名称之不妥等。

收藏单位：国家馆、河南馆、南京馆、上海馆

00464

中外度量衡币比较表 赵秉良等编辑

上海：商务印书馆，1911，6版，139页，横27开，精装

上海：商务印书馆，1924.6，7版，139页，横27开，精装

本书介绍中国度量衡币比较表、外国度量衡币略说、中外度量衡币比较摘要等。

收藏单位：国家馆、首都馆

00465

中外度量衡币通考 曾厚章编

北京：京华印书局，1926.7，增订本，128页，22开

本书考证中国及各国度量衡制和币值。

附录：中国权度法。

收藏单位：东北师大馆、国家馆、近代史所、南京馆、绍兴馆、首都馆、浙江馆、中科图

00466

中外度量衡表 福建省政府统计处编

福建省政府统计处，1941.7，10 页，50 开

收藏单位：国家馆

00467

中外度量衡表（中英对照） 周锡三编

外文题名：Standards of weights and measures

上海：商务印书馆，1935.2，91 页，横 22 开，精装

上海：商务印书馆，1935.5，再版，91 页，横 22 开，精装

上海：商务印书馆，1937.4，3 版，91 页，横 22 开，精装

本书共 4 章：各国度量衡制度、比较表、换算表、各种换算表及附录。

收藏单位：重庆馆、东北师大馆、广东馆、国家馆、河南馆、南京馆、内蒙古馆、山西馆、陕西馆、上海馆、首都馆、天津馆、浙江馆、中科图

00468

中外度量衡换算表 湖南省地方行政干部训练团编

湖南省地方行政干部训练团，1942.2，1 册，32 开（度政组专业训练讲义 6）

收藏单位：南京馆

00469

中外度量衡换算表 经济部度量衡局编

重庆：经济部度量衡局，1940.8，16 页，16 开

重庆：经济部度量衡局，1941.1，再版，16 页，16 开

收藏单位：重庆馆、国家馆、南京馆

00470

中外度量衡换算表 实业部工业司度量衡检定人员养成所编

南京：实业部总务司编辑科，1931.3，64 页，16 开

本书共 9 章，内容包括：中外度量衡概说、中国度量衡新制之规定、中国度量衡新制名称及定位表等。

收藏单位：广东馆、国家馆、河南馆、辽宁馆、南京馆、内蒙古馆、上海馆、浙江馆

00471

中外度量衡换算表 实业部全国度量衡局编

南京：实业部全国度量衡局，1935.4，2 版，64 页，16 开

本书内容包括：中外度量衡概说，中国度量衡新制之规定、名称及定位表，中国标准制与市用制相互比较表等。

收藏单位：上海馆

00472

中外度量衡换算表

出版者不详，1947.9，再版，[8] 页，横 12 开

00473

中外度量衡折合表册 实业部全国度量衡局制

中国国民党浙江省党部，1934.9，44 页，32 开

本书内容包括：标准度制正名表、进度表，标准度制与市用度制折合表，中外度制简便折合表等。

收藏单位：浙江馆

00474

中外权度比较表 农商部编

农商部，44+24 页，22 开

收藏单位：国家馆、上海馆、首都馆

00475

中央标准局度量衡制造所出品目录

出版者不详，1 册，16 开

收藏单位：南京馆

矿业工程

00476
采金述要 经济部采金局编
[重庆]：经济部采金局，[1942.12]，82+10页，16开（金矿丛刊）
本书介绍采金地质理论、采冶方法、开采金矿应遵守的法令等。附录：经济部采金局大事记。
收藏单位：重庆馆、广东馆、国家馆、辽宁馆、南京馆、上海馆

00477
采矿常识 董纶编
南京：董纶[发行者]，1930.8，221页，25开
本书共9编，内容包括：地质及矿床、探矿及深凿法、岩石开掘、矿床之采掘等。
收藏单位：国家馆、江西馆、南京馆、上海馆、浙江馆

00478
采矿工程 胡荣铨著
上海：商务印书馆，1933.12，151页，32开（万有文库 第1集0581）（工学小丛书）
上海：商务印书馆，1934.2，151页，32开（工学小丛书）
上海：商务印书馆，1934.7，再版，151页，32开（工学小丛书）
上海：商务印书馆，1935.4，3版，151页，32开（工学小丛书）
长沙：商务印书馆，1939.5，4版，151页，32开（工学小丛书）
长沙：商务印书馆，1939.12，151页，32开（万有文库 第1、2集简编500种225）（工学小丛书）
重庆：商务印书馆，1945.2，渝1版，116页，36开（百科小丛书）
本书共10章，内容包括：绪论、金属矿开采法金属矿地下开采法、金属矿露天开采法、煤矿开采法、搬运及卷扬等。
收藏单位：安徽馆、长春馆、重庆馆、大理馆、大连馆、东北师大馆、广西馆、贵州馆、国家馆、黑龙江馆、湖南馆、惠州馆、江西馆、辽大馆、辽师大馆、南京馆、内蒙古馆、宁夏馆、上海馆、天津馆、西南大学馆、浙江馆

00479
采矿工程概论 （日）宫崎虎一著 郝新吾译
上海：商务印书馆，1936，2册（590页），32开（工学小丛书）
长沙：商务印书馆，1939，再版，2册（590页），32开（工学小丛书）
收藏单位：重庆馆、国家馆

00480
采矿学 天僇氏编辑
上海：商务印书馆，1913，134+29页，22开，精装
收藏单位：首都馆

00481
采矿学（上卷） 李翼纯编著
外文题名：Mining methods. Volume I
广州：国立中山大学出版部，1932，258页，22开（国立中山大学理工学院丛书）
广州：国立中山大学出版部，1935，再版，258页，22开（国立中山大学理工学院丛书）
本书共5章，内容包括：寻觅矿产、探险矿床、采取矿石等。
收藏单位：国家馆

00482
采矿学（下卷） 李翼纯编著
外文题名：Mining methods. Volume Ⅱ
广州：国立中山大学出版部，1933，348页，22开（国立中山大学理工学院丛书）
本书共5章，内容包括：矿场设备、矿口支柱、地底测量等。
收藏单位：国家馆、南京馆

00483
采矿冶金学指南 孙午莲编辑

大连：孙午莲[发行者]，1935，344页，32开，精装

收藏单位：国家馆、中科图

00484

采煤技术入门——献给工人同志（日）伊藤古文著 张斗南译

抚顺：抚顺矿务局秘书处资料科，1949.3，95页，32开（抚顺小丛书）

本书介绍采煤技术。内容包括：棚棚子、充填、通风等。

收藏单位：长春馆、重庆馆、广东馆、内蒙古馆、上海馆、天津馆

00485

采冶工程概论（日）宫崎虎一著 郝新吾译

上海：商务印书馆，1936.2，590页，32开（工学小丛书）

本书共6章：总论、采矿冶金之概念、金属矿业、铁与钢、石炭、石油。

收藏单位：重庆馆、广东馆、国家馆、湖南馆、南京馆、上海馆、首都馆、浙江馆、中科图

00486

参观手册 抚顺矿务局编辑

抚顺：抚顺矿务局，1949，52页，50开

收藏单位：国家馆

00487

德国巴门中国天津吉昌公司 吉昌公司编

[天津]：吉昌公司，[1930]，34页，大16开

本书介绍该公司生产的各种煤矿井上及井下应用机件。内容包括：锅炉原动机、储煤房、运煤机、探矿机、小煤车、煤车轮等。中德文对照。

收藏单位：国家馆

00488

福中矿务大学一览（民国十四年至十六年） 福中矿务大学编

焦作：福中矿务大学，1926.2，72页，22开

本书内容包括：校历、组织、设备、经费、入学考试、课程等。

收藏单位：国家馆

00489

国立北平研究院民国二十二年地质矿产研究奖金论文 王子祐 马希璘著

北平：国立北平研究院出版部，1934.9，38页，16开

本书内收论文两篇：《冀北金矿创设六十吨工厂计划之选冶试验报告》（王子祐）、《铁之镀铜氧化物之渗炭防止能之研究》（马希璘）。书脊题名：北平研究院地质矿产研究奖金论文。

收藏单位：国家馆

00490

国立北洋大学采冶年刊（创刊号 施勃理教授纪念册） 国立北洋大学采冶学会编

天津：国立北洋大学采冶学会，1932.8，[200页]，18开

本书内收论文11篇，内容包括：《纯钨冶炼术》（王季点）、《宣龙赤铁矿鲕状构造及贤状构造之成因》（冯景兰）、《矿山机械设备问题之探讨》（王子祐）等。

收藏单位：国家馆

00491

湖南桂阳虎形山地质报告、湘乡梓门桥煤田地质之研究、湘乡鸦头山铅锌矿报告、临武癞子岭钨矿报告 刘基磐等著

湖南建设厅地质调查研究所，1932.5，40+21页，16开（经济地质志10）

00492

技术文选 抚顺矿务局编译委员会编

抚顺：抚顺矿务局编译委员会，1949.5，29页，32开（抚矿小丛书2）

本书内收论文5篇，内容包括：《煤的生成及其种类》《瓦斯中毒救急及预防》《怎样防止伤害》等。

收藏单位：国家馆、辽宁馆

00493
冀北金矿创设六十顿工厂计划之选冶试验报告（撰应中国工程学会念二年年会征文） 王子祐著
天津：北洋大学，1933.4，20 页，16 开
收藏单位：南京馆

00494
金矿开采及选冶学 李丙壄著
长沙：商务印书馆，1939.5，184 页，32 开（工学小丛书）
收藏单位：重庆馆、广东馆、贵州馆、国家馆、上海馆、首都馆、浙江馆

00495
金属的话 樊养源著
上海：文化生活出版社，1941.3，182 页，32 开（少年科学丛书）
本书介绍金属及其开采、冶炼等。
收藏单位：重庆馆、广东馆、贵州馆、桂林馆、国家馆、湖南馆、辽宁馆、内蒙古馆、陕西馆

00496
经济部矿冶研究所工作概况 经济部矿冶研究所编
[重庆]：经济部矿冶研究所，1939.3，13 页，16 开
本书介绍经济部矿冶研究所成立至 1939 年 3 月工作状况，以及此后工作计划。
收藏单位：国家馆、南京馆

00497
经济部矿冶研究所燃料汇报（第 1 号 四川专号） 经济部矿冶研究所 [编]
重庆：经济部矿冶研究所，1939.10，1 册，16 开
本书收录文章 7 篇，内容包括：《四川煤焦供求问题之研究》《嘉陵江下游煤田调查报告》《南桐煤洗炼试验报告》等。
收藏单位：重庆馆、国家馆

00498
经济部矿冶研究所四年来之工作概况 经济部矿冶研究所编
[重庆]：经济部矿冶研究所，1942.3，18 页，16 开
本书介绍经济部矿冶研究所 1938 年 3 月成立以来的组织沿革、组织条例、办事细则、规章制度、业务工作概况等。
收藏单位：国家馆

00499
井下保安 熊谷耕平著 方碑译 抚顺矿务局编译委员会编
抚顺：抚顺矿务局编译委员会，1949，66 页，32 开（抚矿小丛书 7）
本书共 8 部分，内容包括：保安工作的重要性、简单的通气理论、井内瓦斯、煤尘、放炮等。
收藏单位：国家馆、江西馆

00500
开矿 朱周牧编
上海：中华书局，1948.7，33 页，32 开（中华文库 民众教育 第 1 集）
收藏单位：国家馆、上海馆

00501
矿山变灾 东北行政委员会工业部煤矿管理局资料室编
沈阳：东北书店，1949.5，61 页，32 开
本书附各国矿山变灾死亡率统计表。
收藏单位：长春馆、国家馆、山东馆

00502
矿山机械设备问题之探讨 王子祐编著
[国立北洋大学采冶学会]，1932，14 页，16 开
本书为国立北洋大学采冶学会《采冶年刊》创刊号（民国二十一年）抽印本。
收藏单位：国家馆

00503
矿山卫生 东北行政委员会工业部煤矿管理

局资料室编
[沈阳]：东北书店，1949，26页，32开
收藏单位：安徽馆、山东馆、山西馆

00504
矿冶文编 虞和寅著
[中国矿冶工程学会]，[200]页，16开
本书收录论文9篇。中国矿冶工程学会《矿冶会志》抽印本。

00505
矿业工程学 朱华绶著
上海：商务印书馆，1936.6，18+839+40页，25开，精装（大学丛书 教本）
上海：商务印书馆，1937.5，再版，18+839+40页，25开，精装（大学丛书 教本）
长沙：商务印书馆，1939.2，3册（18+839+40页），25开（大学丛书 教本）
本书介绍探矿、钻眼、支柱、各种采取法、运输及提升、通风、排水等。附录：华法英权度转换表、华法英矿业词汇。
收藏单位：安徽馆、重庆馆、东北师大馆、广东馆、广西馆、贵州馆、国家馆、黑龙江馆、湖南馆、江西馆、辽宁馆、南京馆、内蒙古馆、山西馆、上海馆、首都馆

00506
矿业施工计划书式样、矿业工程报告书式样 江西省政府建设厅编
江西省政府建设厅，1940，44页，21开
收藏单位：重庆馆

00507
矿业施工计划书式样、矿业工程报告书式样
实业部，1937.7，10+38页，13开
本书内容包括：关于采矿事项、关于选矿及制炼事项、关于工作上预防危险事项、采矿工程、选炼工程、使用原动力机械及材料等。
收藏单位：国家馆

00508
六河沟煤矿一年工程进行报告 王正黼编
出版者不详，1934，12页，18开
收藏单位：首都馆

00509
煤矿安全守则 社会部工矿检查处编译
南京：社会部工矿检查处，1947.10，66页，64开（工矿安全卫生福利小丛书 安全类4）
本书共23部分，内容包括：一般守则、矿工守则、炮手守则、载人列车守则、路工守则、救生须知等。版权页题名：煤矿安全守则。版权页题：李岳编译。
收藏单位：国家馆、南京馆

00510
人和铁 宋宜著
大连：光华书店，1948.5，58页，32开
哈尔滨：光华书店，1948.10，再版，58页，32开（少年文库）
本书共5章，以故事的形式介绍铁的用途、采掘、冶炼等。1948年5月版著者原题：虹霓。
收藏单位：东北师大馆、广东馆、国家馆、南京馆、宁夏馆、山东馆、天津馆

00511
实用开矿全书 余怀清著
上海：伊文思图书公司，1920.8，454页，18开，精装
本书共13编，内容包括：矿物编、岩石编、矿床编、矿业条例解释编、采矿法编等。
收藏单位：安徽馆、国家馆、辽大馆、上海馆、首都馆、浙江馆

00512
台湾省营企业公司产品目录 台湾省工矿器材有限公司编
[台北]：[台湾省工矿器材有限公司]，1946.12，1册，16开
收藏单位：南京馆

00513
汤山采石（浙江富阳县境） 席与铮等撰
席与铮[发行者]，[1946.11]，8页，16开

本书介绍在汤山开采钱江大桥及河工用石的工作情况。

收藏单位：国家馆

00514

淘金学　李建德著　吴仰曾校阅

京华印刷局，1914.10，102 页，21 开

收藏单位：国家馆、首都馆

00515

铁　彭维基著

外文题名：Iron

上海：商务印书馆，1926.1，145 页，32 开（百科小丛书 100）

上海：商务印书馆，1930.10，145 页，32 开（万有文库第 1 集 0228）（工学小丛书）

上海：商务印书馆，1934.5，国难后 1 版，145 页，32 开（工学小丛书）

上海：商务印书馆，1935.5，国难后 2 版，145 页，32 开（工学小丛书）

长沙：商务印书馆，1940.2，国难后 3 版，145 页，32 开（工学小丛书）

上海：商务印书馆，1947.5，4 版，145 页，32 开（工学小丛书）（新中学文库）

本书共 10 章，内容包括：铁矿床、铁矿之探采、铁矿石、制铁用杂项材料、生铁之制造法、钢之制造法、铁之性质、中国铁业等。

收藏单位：安徽馆、长春馆、重庆馆、大理馆、大连馆、东北师大馆、广东馆、广西馆、贵州馆、桂林馆、国家馆、河南馆、黑龙江馆、湖南馆、吉大馆、江西馆、辽大馆、辽东学院馆、辽师大馆、柳州馆、南京馆、内蒙古馆、宁夏馆、山东馆、山西馆、陕西馆、上海馆、首都馆、天津馆、西南大学馆、浙江馆

00516

铁世界　郑宝善著　张景光校

北京：文明书局，1914.3，124 页，25 开

本书共 15 章，概述钢铁的沿革、进化、种类、采矿、选矿、冶炼等。

收藏单位：国家馆

00517

铁政真诠　郭炳汤　郭炳燊著　郭铭三校订

粤东：维新印务局，1915.10，152 页，23 开，精装

本书讲述铁矿的开采、冶炼、配料、原理，钢件的制造等。

收藏单位：广东馆、国家馆

00518

维多利亚采探金矿指南　严开元编译

[太原]：[太原绥靖公署]，[1936]，138 页，16 开，环筒页装

收藏单位：国家馆

00519

中国矿冶工程学会第三届年会手册　中国矿冶工程学会编

北平：中国矿冶工程学会，1933.4，77 页，32 开

收藏单位：南京馆

00520

中国矿冶工程学会第一届会务报告（十六年至十七年）　中国矿冶工程学会编

北平：中国矿冶工程学会，[1929.4]，202 页，16 开

本书内容包括：中国矿冶工程学会职员录、中国矿冶工程学会缘起、南京年会、各种报告、会员录等。

收藏单位：广东馆、国家馆、上海馆、天津馆、中科图

00521

中国矿冶工程学会手册　[中国矿冶工程学会] 编

南京：[中国矿冶工程学会]，1934.6，119 页，32 开

本书共 7 章，内容包括：本会、矿冶业简明统计表、国内主要矿厂述略、附录等。

收藏单位：国家馆、南京馆、上海馆

00522

中国矿冶工程学会章程　中国矿冶工程学会

编
中国矿冶工程学会，12页，50开
收藏单位：国家馆

石油、天然气工业

00523
本所北平油气厂一年来制气报告 杨珠瀚著
实业部地质调查所，1936.10，[7+7]页，16开（实业部地质调查所沁园燃料研究室燃料研究专报18）
本书为《地质汇报》第28号抽印本。中英文本。
收藏单位：国家馆

00524
采油工程中英名词 中国石油公司采油室编
中国石油公司采油室，1948.1，24页，16开
收藏单位：国家馆

00525
柴油用途之试验 荣甫 董新堂著
[北平]：国立北平研究院总办事处出版课，1936.7，4页，16开
本书为《国立北平研究院院务汇报》第7卷第4期抽印本。
收藏单位：国家馆

00526
国外工业（英帝国化学工业公司人造汽油之成功及其制造概况）
出版者不详，1936.3，12页，16开
本书介绍由煤炭加氢制造人造汽油的发明历史、大规模工厂的进展概况等。《中国化学工程杂志》第3卷第1期抽印本。

00527
过热汽缸油（高温度汽缸油） 王善政著
经济部中央工业试验所，1943.10，10页，16开（经济部中央工业试验所研究专报145）
收藏单位：重庆馆、国家馆

00528
航空汽油
空军总指挥部航政处第八科，1949.8，9页，32开（油料丛书14）
收藏单位：南京馆

00529
火井 洪中著
[参谋本部国防设计委员会]，72页，16开（中国工程师学会四川考察团报告13）
本书介绍火井史略、天然气用途、报告纲要、结论等。附录：天然气检查法。
收藏单位：上海馆

00530
开发四川石油之研究 陈敦俊著
[成都]：出版者不详，[1935]，[40]页，16开，环筒页装
收藏单位：国家馆

00531
汽油保管法 [福建保安处]编
福建保安处总务股，[1939]，石印本，1册，25开
本书共10部分，内容包括：汽油之识别、保管方面之放置、保管方面之保护、保管方面之检查等。目录页题名：福建省保安处汽油管理法。
收藏单位：福建馆

00532
润滑剂之制造与应用 赵则优著
重庆：商务印书馆，1945.1，241页，32开
上海：商务印书馆，1947.8，沪1版，241页，32开
本书概述润滑剂的物理性质、化学成分、制造、应用等。附录：通用单位变换式等4种。
收藏单位：重庆馆、广东馆、国家馆、辽宁馆、内蒙古馆

00533
润滑油 倪钟焕编著

资源委员会电业处，1944.7，33 页，32 开，环筒页装

本书介绍润滑油的分类、特性、选择等。

收藏单位：上海馆

00534

刹车油之制造 沈譔 祝总骧著

资源委员会中国石油有限公司新竹研究所，1947.8，10 页，22 开（资源委员会中国石油有限公司新竹研究所试验报告 1）

本书介绍用蓖麻油做刹车油的试验。

收藏单位：国家馆、南京馆

00535

石油 陈岳生编

上海：商务印书馆，1936.3，53 页，32 开

收藏单位：重庆馆、宁夏馆

00536

石油 世界科学社研究部编

北平：世界科学社发行组，1947.9，70 页，32 开（世界科学社丛书 10）

本书概述石油的起源、产地、制造、种类等。

收藏单位：国家馆、首都馆、武大馆

00537

石油 谢家荣著

上海：商务印书馆，1929.3，158 页，46 开（百科小丛书 161）

上海：商务印书馆，1930.4，132 页，32 开（万有文库第 1 集 0225）（工学小丛书）

上海：商务印书馆，1934，国难后 1 版，132 页，32 开（工学小丛书）

上海：商务印书馆，1935，国难后 2 版，132 页，32 开（工学小丛书）

上海：商务印书馆，1947.2，4 版，132 页，32 开（工学小丛书）（新中学文库）

本书共 11 章，内容包括：石油之性质、石油之成因、石油之积聚、油田之构造、油田之测验、油田之分布、石油矿业、世界石油矿业概况、中国之石油及求供状况等。

收藏单位：安徽馆、长春馆、重庆馆、大理馆、大连馆、大庆馆、东北师大馆、广东馆、广西馆、贵州馆、国家馆、河南馆、黑龙江馆、湖南馆、江西馆、辽大馆、辽东学院馆、辽宁馆、辽师大馆、柳州馆、南京馆、内蒙古馆、宁夏馆、山东馆、陕西馆、上海馆、绍兴馆、首都馆、天津馆、武大馆、西南大学馆、浙江馆

00538

石油分馏之研究 许永绥编著

［福州］：福建省企业公司，1946，63 页，25 开

收藏单位：福建馆

00539

石油概论 张丙昌著

北京：财政部印刷局，1919.2，100 页，18 开

本书共 12 章，内容包括：各国石油的历史、油田地质、凿井、采油方法等。附录：石油概论正误表。

收藏单位：国家馆、首都馆

00540

石油工业 军政部兵工专门学校编

［重庆］：军政部兵工专门学校，［1939］，178 页，18 开

收藏单位：广东馆

00541

石油库工程师和技术员手册 （苏）格·阿·撇克切米洛夫著 国家科学技术出版局译

北京：国家科学技术出版局，1948，2 册（459 页），32 开

本书为石油和矿产燃料参考书。

收藏单位：国家馆

00542

石油论 （日）近藤会次郎编 筹办全国煤油事宜处译

［北京］：筹办全国煤油事宜处，1915，324 页，18 开

本书论述石油业的历史，石油的性质、采收、制造及制品用途等。

收藏单位：国家馆、湖南馆、南京馆、首都馆

00543
石油与石炭　中华学艺社编
上海：中华学艺社，1928.8，179页，32开（学艺丛刊19）
上海：中华学艺社，1933.3，国难后1版，179页，32开（学艺丛刊19）

本书内收张资平等6人论文8篇，内容包括：《石油问题》《石油》《石油页岩工业》《石油在国防上及产业上之真价值》《石炭之低温干馏》等。

收藏单位：重庆馆、广东馆、贵州馆、国家馆、河南馆、湖南馆、江西馆、辽宁馆、南京馆、宁夏馆、上海馆、天津馆、浙江馆

00544
松木干馏制造代用柴油汽油报告书
[福州]：福建省研究院工业研究所液体燃料试验室，1941.10，手写本，1册，16开

收藏单位：南京馆

00545
瓦斯及石油机关取扱法　（日）清水增太郎编纂
东京：建筑书院，1912，6版，151页，32开

收藏单位：重庆馆

00546
新疆省独山子油矿视察报告（第柒号）　龚学遂编
出版者不详，1942.7，7页，16开

收藏单位：上海馆

00547
新疆油田地质调查报告　黄汲清等编
南京：经济部中央地质调查所，1947.2，1册，16开（经济部中央地质调查所地质专报 甲种21）

本书内容包括：新疆地质鸟瞰、新疆之交通、乌苏独山子油田、库车铜厂油田、温宿塔克拉克油田、新疆石油地质概要等。

收藏单位：贵州馆、宁夏馆、浙江馆

00548
言油（甲、乙册）　戴济著
[北京]：[国立北京工业专门学校]，1919，2册，32开

本书共3册，丙册未见。论述动植物油、挥发油、石油、黑油等。

收藏单位：国家馆

00549
一氧化碳及氢合成汽油及润滑油之方法　F. Fischer著　罗庆隆译
实业部中央工业试验所，1936.9，15页，16开

00550
英国航空汽油
空军总指挥部航政处第八科，1941.12，22页，32开（油料丛书20）

收藏单位：南京馆

00551
用折光率测定汽油内芳香族烃之含量　刘言明著
重庆：工商部重庆工业试验所，1948.5，17页，23开（工商部重庆工业试验所研究专报8）

收藏单位：南京馆

00552
中国石油成份之研究　金开英著
南京：中国科学社，1932.7，1册，16开

本书为《科学》第16卷第7期抽印本。

收藏单位：南京馆

00553
中国石油之成分　金开英著
北平：实业部地质调查所，1932.6，[13+8]页，16开（沁园燃料研究室燃料研究专报5）

本书为《地质汇报》第19号抽印本。

收藏单位：广东馆、贵州馆、国家馆

00554

中华国瑞天然瓦斯详细说明书　罗国瑞编

上海：中华国瑞瓦斯总行，[1935]，42 页，42 开

本书内容包括：天然瓦斯缘起、天然瓦斯化验、天然瓦斯发生原料、天然瓦斯问答等。

收藏单位：国家馆

冶金工业

00555

电解法制纯铝初步试验　周瑞著

四川五通桥：黄海化学工业研究社，1935.3，24 页，16 开（黄海化学工业研究社调查研究报告 16）

上海：黄海化学工业研究社，1949.9 重印，24 页，16 开（黄海化学工业研究社调查研究报告 16）

本书共 8 部分，内容包括：设备、电炉之构造、冰晶石、氧化铝、电解手续等。

收藏单位：国家馆、南京馆、上海馆

00556

电热炼钢学　王怀琛编译　王守则校

上海：商务印书馆，1935.4，381 页，22 开，精装（大学丛书 教本）

本书共 15 编，内容包括：电热炼钢之沿革、电炉炼钢之原料、弧热电炉、废钢冷装熔炼法、热装熔炼法等。据美国雪斯古《电热炼钢学》编译。

收藏单位：安徽馆、重庆馆、广东馆、广西馆、贵州馆、国家馆、黑龙江馆、湖南馆、江西馆、辽宁馆、南京馆、内蒙古馆、山西馆、上海馆、首都馆、西南大学馆、浙江馆

00557

东亚钢器厂东亚钢具样本　东亚钢器公司编

上海：东亚钢器公司，1 册，16 开

本书为东亚钢器厂东亚钢具样本图，内附照片。

收藏单位：浙江馆

00558

钢铁　胡庶华编

青年出版社，[1943]，104 页，32 开（国防科学小丛书）

本书讲述生铁制炼、锻造、炼钢法等。

收藏单位：重庆馆、国家馆

00559

钢之科学的试验法　黄昌穀 [著]

上海：大同学院科学社，1920.10，1 册，16 开

本书为《科学》第 5 卷第 8 期抽印本。

收藏单位：国家馆

00560

国产铋砂熔炼试验　赵博泉著

四川五通桥：黄海化学工业研究社，1942.8，17 页，16 开（黄海化学工业研究社调查研究报告 25）

上海：黄海化学工业研究社，1949.9 重印，17 页，16 开（黄海化学工业研究社调查研究报告 27）

本书内容包括：金属铋之性状及其冶炼历史、江西铋砂之性状及化学成分、试验等。黄海化学工业研究社成立廿周年纪念印行。

收藏单位：国家馆、辽宁馆、上海馆

00561

国立中央研究院工程研究所钢铁试验场其目的工作及服务社会情形　国立中央研究院工程研究所钢铁试验场编

上海：国立中央研究院工程研究所钢铁试验场，7+5 页，22 开

收藏单位：国家馆

00562

国立中央研究院工程研究所钢铁试验场一览及出品概要　国立中央研究院工程研究所钢铁试验场编

上海：国立中央研究院工程研究所钢铁试验场，1935.11，61 页，23 开

本书共 15 章，介绍工程研究所钢铁试验场设备之摄影、出口种类、锰钢、不锈钢等。

收藏单位：上海馆、中科图

00563
火花实验鉴别钢料成分法　高则同著
军政部兵工署第十一技工学校，16 页，25 开
本书共 10 节，内容包括：绪论、火花产生之原理、火花各部分之名词、钢铁及硬质金属之火炬、火炬之检验法、火花实验之样件及人员等。
收藏单位：重庆馆

00564
经济部矿冶研究所附设试验厂工作概况　经济部矿冶研究所编
经济部矿冶研究所，1940.12，16 页，12 开
本书共 3 章：试验炼铁厂、试验洗煤炼焦厂、试验矿厂。
收藏单位：国家馆

00565
炼铝专刊　朱玉崙等著
重庆：经济部矿冶研究所，1944.12，94 页，16 开
本书内收论文 9 篇，内容包括：《经济部矿冶研究所炼铝试验始末》《铝与航空工业及其一般用途》《中外铝矿分布情形》等。
收藏单位：重庆馆、广东馆、国家馆、南京馆

00566
宁夏省炼铁炉设计书　李仲模拟
[宁夏省政府建设厅]，1945.10，石印本，46 页，32 开，环筒页装
本书共 10 部分，内容包括：调查经过、厂址之选择、设计概要、工作计划等。目录页题名：拟宁夏省筹设小型新式炼铁炉调查设计报告书。
收藏单位：国家馆、南京馆

00567
潘林炼钢法　B. Yaneske 著　陈岳祥译
外文题名：The manufacture of steel by the perrin process
钢铁厂迁建委员会，1943，50 页，16 开
本书介绍一种含磷较高的炼钢法，适合于酸性裴姆炉冶炼。
收藏单位：重庆馆

00568
普通冶金学　蒋导江著
重庆：商务印书馆，1945.10，237 页，25 开（大学丛书）
重庆：商务印书馆，1946，2 版，237 页，25 开（大学丛书）
上海：商务印书馆，1947.7，沪初版，237 页，25 开（大学丛书）
上海：商务印书馆，1949.8，沪再版，237 页，25 开（大学丛书）
本书共 15 章，内容包括：金属与合金之性质、矿石及其处理、冶金之重要原则、冶金炉等。附录：常用度量衡制简明对照表。
收藏单位：重庆馆、东北师大馆、广东馆、国家馆、湖南馆、辽宁馆、南京馆、宁夏馆、山西馆、浙江馆

00569
山西土法炼铁及其改良工作
华北工业改进社，1934.12，58 页，大 32 开
本书内容包括：山西铁业史略、山西土法炼铁的情况等。
收藏单位：南京馆

00570
孙炉图说　孙海环著
奉化：出版者不详，1920，22+8 页，18 开
本书讲述铜矿的冶炼方法。
收藏单位：浙江馆

00571
铁冶金学　胡庶华编
上海：中华学艺社，1926.5，189 页，32 开，精装（学艺丛书 8）
上海：中华学艺社，1927.5，再版，189 页，32 开，精装（学艺丛书 8）
上海：中华学艺社，1932.11，国难后 1 版，189 页，32 开，精装（学艺丛书 8）

本书共8章，内容包括：制铁之原料、生铁制炼法、锻铁制造法等。附录：各国对于制铁事业之保护、世界铁业之近况、索引、译名对照表。

收藏单位：重庆馆、大庆馆、广东馆、贵州馆、国家馆、湖南馆、江西馆、南京馆、上海馆、首都馆

00572
铜之研究 郭绍宗著
沈阳：冯庸大学编辑委员会，1931.6，344页，22开（冯庸大学丛书2）

本书讲述铜的分类、性质、组成，铜矿石，冶金法等。共3编：铜、青铜、黄铜。

收藏单位：国家馆、河南馆

00573
钨钼镍钴四金属概要 徐英明编译
上海：商务印书馆，1947.12，126页，32开（工学小丛书）

本书讲述四金属的历史及存在、提取办法、性质、功用、化合物等。

收藏单位：重庆馆、广东馆、国家馆、辽大馆、辽宁馆、浙江馆

00574
冶金工程 胡庶华著
上海：商务印书馆，1933.12，124页，32开（万有文库 第1集）（工学小丛书）
上海：商务印书馆，1934.2，124页，32开（新中学文库）（工学小丛书）
上海：商务印书馆，1934.7，再版，124页，32开（新中学文库）（工学小丛书）
长沙：商务印书馆，1939.12，124页，32开（万有文库 第1、2集简编500种268）（工学小丛书）
上海：商务印书馆，1947.2，4版，124页，32开（新中学文库）（工学小丛书）

本书介绍燃烧及热、耐火材料、炼炉、矿砂、冶练之方法等。附录：标准制正名表等。

收藏单位：安徽馆、长春馆、重庆馆、大理馆、大连馆、东北师大馆、广东馆、广西馆、贵州馆、国家馆、黑龙江馆、湖南馆、江西馆、辽大馆、辽东学院馆、辽宁馆、辽师大馆、柳州馆、南京馆、内蒙古馆、宁夏馆、上海馆、首都馆、天津馆、西南大学馆、浙江馆、中科图

00575
冶金学 李翼纯编著
外文题名：Ore dressing and metallurgy
广州：国立中山大学出版部，1931—1932，2册（330+308页），22开（国立中山大学理科丛书）
广州：国立中山大学出版部，1933—1934，再版，2册（330+308页），22开（国立中山大学理科丛书）

本书共14章，内容包括：土质矿床之选矿、石质矿床之选矿、特别选矿方法等。

收藏单位：国家馆、南京馆、浙江馆

00576
冶金学 陆志鸿编
兵工学校印刷社，[1935]，259页，16开

收藏单位：国家馆

00577
冶金学 丘玉池编
军政部兵工学校，1943，油印本，168页，16开

收藏单位：广东馆

00578
冶金学 王本治编纂
上海：商务印书馆，1927.3，12+551页，25开，精装
上海：商务印书馆，1931.3，再版，12+551页，25开，精装
上海：商务印书馆，1933.7，国难后1版，12+551页，25开，精装
长沙：商务印书馆，1940.2，国难后2版，12+551页，25开，精装

本书共24篇，内容包括：金属之物理性质、燃烧及热力、燃料、耐火材料、炼炉、矿砂等。有实习题79个。附录：索引、英汉

译名对照表。

收藏单位：安徽馆、重庆馆、广东馆、国家馆、湖南馆、江西馆、山西馆、上海馆、首都馆、浙江馆

00579

冶锑学 唐启虞 皮名振编

中国矿学研究会，1917，164页，18开

收藏单位：广东馆、湖南馆

00580

冶铁学 军政部兵工署第十一技工学校编

军政部兵工署第十一技工学校，179页，18开，环筒页装

收藏单位：重庆馆、国家馆

00581

冶铁学 唐吉杰著

上海：商务印书馆，1927.7，211页，32开

上海：商务印书馆，1931.1，再版，211页，32开

上海：商务印书馆，1933.11，国难后1版，211页，32开

上海：商务印书馆，1936.11，国难后2版，211页，32开

长沙：商务印书馆，1938.8，国难后3版，211页，32开

长沙：商务印书馆，1940.6，国难后4版，211页，32开

上海：商务印书馆，1946.10，5版，211页，32开

本书为新学制高级工业学校教科书。共11章，内容包括：铣铁制炼法、熟铁熟钢及渗碳钢制炼法、坩埚炼钢法、柏塞麦炼钢法等。附录：中外度量衡比较表。

收藏单位：长春馆、重庆馆、广东馆、贵州馆、国家馆、湖南馆、江西馆、辽大馆、南京馆、内蒙古馆、上海馆、首都馆、浙江馆

00582

冶铁学纲要（上册） 徐驰编译

华东工矿部第二局，1949.8，石印本，230页，22开

本书共9章：绪论、冶铁作业之基本原料、高炉的建筑、高炉之鼓风设备、热风炉、加料装置、高炉煤气、高炉中之化学物理及热的变化过程、高炉作业。据B. Osann所著《冶铁学》上册生铁部分编译。

收藏单位：国家馆、内蒙古馆、山东馆

00583

制铜工业 郭绍宗编著

上海：商务印书馆，1937.3，297页，32开（工学小丛书）

长沙：商务印书馆，1940.4，再版，297页，32开（工学小丛书）

本书讲述铜的分类、性质、组成，铜矿石，冶金法等。共3编：铜、青铜、黄铜。

收藏单位：重庆馆、东北师大馆、贵州馆、国家馆、宁夏馆

00584

最新电气炼钢法 刘逸民译

建新公司钢铁厂，[1949]，油印本，229页，16开，环筒页装

本书共20章，内容包括：电气炼钢法的发达、电气工学的基础概念、电气炼钢炉各论、熔材作业法、特殊钢制造法等。

收藏单位：国家馆

金属学与金属工艺

00585

金属片制物展开法

航空机械学校，1938.3，30页，22开

收藏单位：广东馆、江西馆

00586

铁工工作法

出版者不详，156页，36开

收藏单位：广东馆

金属学与热处理

00587
钢铁金图学提要 黄昌谷著
中国科学社，1921.1，1册，16开
本书为《科学》第6卷第1期抽印本。
收藏单位：国家馆

00588
钢铁金相学 黄昌谷著
广州：国立中山大学出版部，1936.11，58页，16开
本书附录：金相学名词英汉对照表。书前有金相照片。
收藏单位：国家馆

00589
钢铁热处理学初步 吴世泽编著
江北县：土继公学代办部，1944.5，162页，16开
收藏单位：重庆馆、湖南馆

00590
钢与铁 徐应昶编纂
上海：商务印书馆，1928，再版，18页，32开（儿童理科丛书28）
收藏单位：首都馆

00591
钢之热处理 简卓坚著
军政部兵工学校，1946，油印本，218页，16开
收藏单位：广东馆

00592
钢之热处理
出版者不详，[170]页，16开
本书内容包括：碳钢之热处理、合金钢之热处理等。
收藏单位：国家馆

00593
高速度钢 刘逸民编译
大连：建新工业公司，1949，2版，264页，22开，精装（建新工业丛书2）
收藏单位：国家馆、中科图

00594
工程金属材料学 徐恺廷编纂
上海：商务印书馆，1935.10，13+208页，32开（工学小丛书）
上海：商务印书馆，1936，再版，13+208页，32开（工学小丛书）
长沙：商务印书馆，1938，3版，13+208页，32开（工学小丛书）
上海：商务印书馆，1947.7，5版，13+208页，32开（工学小丛书）
本书共8章，内容包括：纯金属、铁与钢、铸铁与铸钢、白合金、轻合金等。附录：汽车引擎材料概述。
收藏单位：重庆馆、东北师大馆、广东馆、国家馆、湖南馆、吉林馆、江西馆、辽宁馆、上海馆、首都馆、浙江馆

00595
关于热学中之金属热处理
德国多护力淬火炉厂股份有限公司，1938.9，32页，16开（多护力消息No5/6）
本书为中英文本。

00596
检验规格 总工程师办公处编
钢铁厂迁建委员会，1943，18页，16开
本书内容包括：钢、铁、燃料原料及油料各种产品的检验规格，在检验各种钢料成品以及各种半成品时应注意的问题等。
收藏单位：重庆馆

00597
金属 恽福森编
上海：中华书局，1948.7，18页，32开（中华文库 民众教育 第1集）
收藏单位：上海馆

00598
金属材料 胶东军区后勤部兵工总厂研究室编
胶东军区后勤部兵工总厂研究室，1946.8，影印本，20页，32开
本书共4章：特别钢、黄铜、青铜、特别青铜及黄铜。
收藏单位：国家馆、山东馆

00599
金属材料 胶东后勤兵工总厂研究室编
胶东后勤兵工总厂研究室，[1940—1949]，油印本，99页，32开
本书内容包括：一般热处理之概念、铁类金属等。
收藏单位：国家馆

00600
金属材料 李待琛著
上海：商务印书馆，1929.10，56页，32开（万有文库第1集0561）（工学小丛书）
上海：商务印书馆，1933.5，56页，32开（工学小丛书）
上海：商务印书馆，1933.11，再版，56页，32开（工学小丛书）
上海：商务印书馆，1934，再版，56页，32开（万有文库 第1集0561）（工学小丛书）
上海：商务印书馆，1934.1，3版，56页，32开（工学小丛书）
上海：商务印书馆，1935.1，4版，56页，32开（工学小丛书）
长沙：商务印书馆，1939，6版，56页，32开（工学小丛书）
长沙：商务印书馆，1939.12，56页，32开（万有文库 第1、2集简编500种213）（工学小丛书）
重庆：商务印书馆，1944，渝1版，56页，32开（工学小丛书）
重庆：商务印书馆，1945，渝2版，56页，32开（工学小丛书）
上海：商务印书馆，1947，7版，56页，32开（工学小丛书）
本书共24章，介绍铁、铜、锌、铅、锡、铝、镍、锑、锰、铬、钨、钼、钒等各种金属的基本知识。
收藏单位：安徽馆、长春馆、重庆馆、大理馆、东北师大馆、广东馆、广西馆、贵州馆、国家馆、黑龙江馆、湖南馆、惠州馆、江西馆、辽大馆、辽宁馆、辽师大馆、柳州馆、南京馆、内蒙古馆、宁夏馆、上海馆、绍兴馆、首都馆、天津馆、浙江馆

00601
金属材料 沈正功编著
重庆：兵工署第二十一工厂技工学校，[1942.2]，100页，25开
本书共21部分，内容包括：金属材料、金属材料研究的梗概、合金状态及其构造、机械的诸性质、铁与钢的诸性质等。
收藏单位：重庆馆、湖南馆

00602
金属材料学 陆志鸿编
军政部兵工学校，1944，208+11+[37]页，16开
本书共11篇，内容包括：金属及合金总论、铜及铜合金、镍合金、金属之防蚀法等。附录：兵工署对于兵工常用金属材料之暂行规格节录。
收藏单位：广东馆、国家馆、西交大馆

00603
金属学 李挺芬编著 国立编译馆主编
上海：正中书局，1948.5，271页，32开
本书为高级工业职业学校用书。共7章，内容包括：熟铁、钢、非铁金属、重要之非铁合金、特殊合金钢等。附录：西中文名词对照表。
收藏单位：重庆馆、广东馆、贵州馆、国家馆、南京馆、上海馆、西交大馆

00604
金属学 陆志鸿编
军政部兵工学校，1944，318页，18开
收藏单位：国家馆

00605

金属学 骆桢著

上海：商务印书馆，1930.4，191页，32开（万有文库 第1集0465）（工学小丛书）

上海：商务印书馆，1932.11，191页，32开（工学小丛书）

上海：商务印书馆，1934.1，再版，191页，32开（工学小丛书）

本书共18章，内容包括：金、银、汞、铝、镁、钾及钠、砷等。

收藏单位：安徽馆、重庆馆、大理馆、大连馆、东北师大馆、广东馆、广西馆、贵州馆、桂林馆、国家馆、河南馆、黑龙江馆、湖南馆、江西馆、辽大馆、辽师大馆、南京馆、内蒙古馆、宁夏馆、上海馆、绍兴馆、天津馆、浙江馆

00606

可锻铸铁之一般研究 舒光冀著

兵工署第二十一工厂，62页，16开

本书共5章：可锻铸铁之金相研究、白生铁的熔炼、热处理填料问题、热处理温度与时间之商榷、制造可锻铸之后顾与前瞻。

收藏单位：重庆馆

00607

镍钴合金单结晶之各向异磁性 施汝为著

上海：国立中央研究院物理研究所，1936.10，8页，16开（国立中央研究院物理研究所集刊 第2卷1）

00608

普达制钢厂出品说明书

华东工矿部第二军工局化学总厂试验室，1948.11，油印本，75页，32开，环筒页装

本书内容包括：普达高速度钢、普达和金属类工具钢等。

收藏单位：国家馆、山东馆

00609

试金术 姚挹之 冯翰飞著

上海：商务印书馆，1931.4，111页，32开（万有文库 第1集0688）（工学小丛书）

上海：商务印书馆，1933.11，111页，32开（工学小丛书）

上海：商务印书馆，1934.2，再版，111页，32开（工学小丛书）

长沙：商务印书馆，1939.5，4版，111页，32开（工学小丛书）

长沙：商务印书馆，1940.6，5版，111页，32开（工学小丛书）

本书讲述金属的定量化学分析方法。共9章，内容包括：取样、熔炉及熔炉工具、天平及砝码等。

收藏单位：安徽馆、重庆馆、大理馆、大连馆、东北师大馆、广东馆、广西馆、贵州馆、国家馆、黑龙江馆、湖南馆、江西馆、辽大馆、辽宁馆、辽师大馆、南京馆、内蒙古馆、宁夏馆、上海馆、首都馆、天津馆、武大馆、西南大学馆、浙江馆

00610

铁和钢 徐应昶著

上海：商务印书馆，1933.10，31页，32开（小学生文库 第1集 矿物类）

本书内容包括：用铁的历史、铁和钢的用处、铁是一种原质、世界产铁的地方等。

收藏单位：重庆馆、东北师大馆、吉林馆、宁夏馆、上海馆、首都馆

00611

铁与钢 徐应昶编纂

外文题名：Iron and steel

上海：商务印书馆，1925.6，18页，32开（儿童理科丛书28）

本书为儿童读物。介绍铁器历史及铁器的相关知识。

收藏单位：国家馆

00612

[锡业管理处选炼厂轴承合金说明书]

出版者不详，1944.1，2版，6页，32开

收藏单位：南京馆

00613

轴承合金 倪钟焕编著

资源委员会电业处，[1944.6]，25 页，32 开，环筒页装

本书介绍轴承合金的分类、特性、选择标准等。

铸　造

00614

改造汉厂一号二号化铁炉报告书　（日）大岛著

[汉阳]：汉阳大冶钢铁厂，1919.5，30 页，16 开

收藏单位：国家馆

00615

国外铸造（国外铸造生产动态）　沈阳铸造研究所技术情报科编辑

沈阳：沈阳铸造研究所技术情报科，1931，油印本，31 页，16 开

收藏单位：国家馆

00616

熔铁炉设计及工作法　杨金章编

[重庆]：兵工署第十一技工学校，1942.12，110 页，21 开

收藏单位：重庆馆、国家馆、湖南馆

00617

铸钢学　（美）哈尔（J. H. Hall）著　王怀琛译

外文题名：The steel foundry

上海：商务印书馆，1934.11，465 页，22 开（大学丛书 教本）

上海：商务印书馆，1935.6，再版，465 页，22 开（大学丛书 教本）

长沙：商务印书馆，1938.11，465 页，22 开（大学丛书 教本）

本书共 12 章：铸钢熔炼方法选择施用之审慎、坩锅熔炼法（即罐钢法）、裴色姆炉熔炼法（即转炉）、平炉熔炼法（即马丁炉）、电炉熔炼法、特种还元剂盛钢筒、铸模及倾铸与出砂、钢质之加热精制与还火、铸品之修理平正与焊接工作等。

收藏单位：长春馆、重庆馆、东北师大馆、广东馆、广西馆、贵州馆、国家馆、湖南馆、江西馆、辽宁馆、内蒙古馆、陕西馆、上海馆、绍兴馆、首都馆、西南大学馆

00618

铸工　冯雄编译

外文题名：Foundry work

上海：商务印书馆，1931.2，195 页，32 开

上海：商务印书馆，1932.6，国难后 1 版，195 页，32 开

上海：商务印书馆，1933，国难后 2 版，195 页，32 开

上海：商务印书馆，[1937]，195 页，32 开

长沙：商务印书馆，1939.8，国难后 5 版，195 页，32 开

长沙：商务印书馆，1940.7，国难后 6 版，195 页，32 开

上海：商务印书馆，1946，8 版，195 页，32 开

上海：商务印书馆，1947.5，9 版，195 页，32 开

上海：商务印书馆，1949.8，10 版，195 页，32 开

本书为职业学校教科书。共 4 编：铸工原理，镕化及混和金属，各种制型法及制干沙型心法、铸工厂管理问题，非铁质金属之铸工、铸工名词汇解。

收藏单位：重庆馆、东北师大馆、广东馆、国家馆、湖南馆、江西馆、辽大馆、南京馆、山西馆、上海馆、首都馆、天津馆

00619

铸工（机械科用 二十八年度）

出版者不详，[1939]，油印本，3 册（102 叶），16 开，环筒页装

本书为机械类技工学校用书。

收藏单位：重庆馆

00620

铸铁铸钢之研究与试验　周仁主编　国立中央研究院工程研究所编

国立中央研究院工程研究所，1936，[37] 页，

16 开

本书为工程研究所 1931 年至 1936 年研究试制铸铁、铸钢报告。中国工程师学会第六届年会第三名得奖论文。杂志抽印本。

00621

铸型工作法 杨金章编著

江北县：土继公学代办部，1944.1，197 页，16 开

收藏单位：重庆馆、湖南馆

00622

铸型开孔法 杨金章编译

重庆：兵工署第十一技工学校，1943，54 页，16 开

本书介绍 32 种主要开孔法。

收藏单位：重庆馆

00623

铸造法概要 晋绥边区行政公署建设处编

兴县（山西）：晋绥边区行政公署建设处，1945.2，油印本，35 页，32 开

本书共 7 部分，内容包括：铸造原料及其性质、坩埚的控制、熔化炉及熔化操作法、翻砂法等。

收藏单位：山西馆

金属压力加工

00624

锻工 傅礼幹编著

重庆：兵工署第二十一工厂技工学校，1942，60 页，16 开

本书共 5 章：锻工用机械及工具、锻造法、工作实例、热处理法、诸算出法。

收藏单位：重庆馆

00625

锻造 李祚儒编译

重庆：兵工署第十一技工学校，[1943.1]，428 页，16 开

本书共 7 编，内容包括：锻工厂设备、手工锻造、工具制造、机械锻造、特种锻造等。

收藏单位：重庆馆、湖南馆

00626

锻造制模工艺学（上册） 尤乙照 邓继禹编

[北京]：国立北京大学工学院，1940.9，256 页，16 开

本书共两编：锻造工艺学、制模工艺学。版权页题名：工艺学。

收藏单位：国家馆

焊接、金属切割及金属粘接

00627

处理气焊用气气焊用工具压缩空气机与贮气桶安全手册 社会部工矿检查处译

社会部工矿检查处，[1941]，40 页，64 开

本书共 2 编：贮藏运用生产及使用气体液体与处理烧灼烧焊烧割等设备之安全守则、空气压缩机与贮气桶之操作与安全守则。

收藏单位：重庆馆、广东馆、国家馆、南京馆、上海馆

00628

电弧焊接危险之防护 巴锡骥编译

社会部工矿检查处，1948.7，34 页，64 开（工矿检查丛书 安全类 2）

本书共 4 节，内容包括：电气危险之防护、其他危险之防护等。

收藏单位：重庆馆、国家馆、南京馆

00629

焊接接合及其应力分析（土四结构论文） 华有恒编

出版者不详，手写本，1 册，16 开

收藏单位：上海馆

00630

浦兖段管理处浦镇机厂电焊训练班焊工讲义 钮渥尔讲授 孙有义译述

交通部津浦区铁路管理局，油印本，16 叶，16 开，环筒页装

本书共21课，介绍焊工常用之名词、电焊用具及焊法、金属之焊接法、焊工常用术语、焊法等。

收藏单位：重庆馆

00631

气焊工艺学及设备　南昌航空工业学校编

南昌：南昌航空工业学校，1936，175页

收藏单位：山西馆

00632

锡业管理处选炼厂焊锡说明书

出版者不详，1944.1，2版，8页，32开

收藏单位：南京馆

金属切削加工及机床

00633

车床　阮渊澄编

上海：中华书局，1948.7，20页，36开（中华文库 民众教育 第1集）

本书介绍车床的构造、种类、使用等。

收藏单位：国家馆、上海馆

00634

车床工作法　李挺芬编

上海：龙门联合书局，1949.2，208页，25开（职业学校丛书）

收藏单位：安徽馆、国家馆、黑龙江馆、内蒙古馆

00635

车床工作法　刘时藩编

江北县：兵工署第十一技工学校总务组印刷所，1945.5，340页，18开，环筒页装

本书共11章，内容包括：车床及车床的构造、车刀、量具、夹具、定中心、一般工作程序和工作种类等。

收藏单位：重庆馆、国家馆、清华馆

00636

工艺学　技工训练处编

技工训练处，1944.3，2册（94+128页），32开（技工丛书）

本书为技工教科书。共6编，内容包括：制造材料与工艺材料、手工具及其使用、工具机及其用途、小型机件之装配工作图等。

收藏单位：重庆馆、国家馆、南京馆

00637

工艺学讲义附图　技工训练处编制

技工训练处，晒印本，89页，16开

收藏单位：重庆馆

00638

工作工教范（旋盘）（日）养成第二编辑

华北交通株式会社，1944.3，251+83页，32开

本书为工作工教科书。内容包括：直立钻床、钻床之保养、普通旋床之机能、送刀之变换装置等。目录页题名：工作工教范（旋盘篇）。

收藏单位：国家馆

00639

机械工作法　邓敬寰编

出版者不详，1944，[84]页，18开

收藏单位：广东馆

00640

机械工作法　东北政委会工业部　吉林工业专门学校编审委员会编

吉林书店，1948.12，208页，16开

本书共6章，内容包括：锻工、锅炉及管工、铸工、机械工等。封面题名：机械工作法讲义。逐页题名：实用机械制造工作法。

收藏单位：东北师大馆、国家馆、辽大馆、辽宁馆

00641

金属工艺　张晋唐编

上海：[中华书局]，1947.12，100页，32开（中华文库 初中 第1集）

本书共5章：金属工艺之打样及取材法、主要金属材料、工具及其使用技术、锻冶设

备及其工作技术、工具及工作物之保全法。

收藏单位：广东馆、桂林馆、黑龙江馆、湖南馆、惠州馆、江西馆、辽大馆、南京馆、内蒙古馆、上海馆

00642
螺机车图 （清）苏凤文撰
[出版者不详]，影抄本，1 册

本书据光绪年间刻本影抄。

收藏单位：国家馆

00643
铁工机艺学 黄远荣著
上海：作者书社，1934.12，112 页，32 开
上海：作者书社，1936，2 版，112 页，32 开
上海：作者书社，1946.8，增订 5 版，112 页，32 开

本书适用机匠及工科学生。共 7 部分，介绍钻床、钳床、刨床、车床、铣床等的性能和操作法，机艺应用数学等。附录：螺丝牙表说明、插孔表说明。

收藏单位：国家馆、南京馆、浙江馆

00644
铣工生产实习教学法指导 （苏）А. И. 谢尔格耶夫 А. И. 列文著 陈之航 熊经明译
北京：机械工业出版社，1937，209 页

收藏单位：山西馆

00645
钻床 沈正功 李挺芳著
重庆：兵工署第十一技工学校，1942.8，98 页，25 开

收藏单位：重庆馆

刀具、磨料、磨具、夹具、模具和手工具

00646
工具机 技工训练处编
技工训练处，1944.3，2 册（94+138 页），36 开（技工丛书）

本书为技工教科书。附工具及工作法。

收藏单位：重庆馆、广东馆、国家馆、南京馆

00647
工具机检验手册 经济部中央工业试验所编译
中国机械工程学会，1944.3，63 页，18 开，精装

本书据德国舒莱辛格（Schlesinger）原著编译。大部分为机械图形。附录：中德英译名对照表。

收藏单位：重庆馆、国家馆、上海馆

00648
工具机学 王泽隆编译
长沙：商务印书馆，1939.1，327 页，24 开（大学丛书 教本）
长沙：商务印书馆，1940.6，再版，327 页，24 开（大学丛书 教本）
上海：商务印书馆，1948，4 版，327 页，24 开（大学丛书 教本）
上海：商务印书馆，1948，5 版，327 页，24 开（大学丛书 教本）
上海：商务印书馆，1949.1，6 版，327 页，24 开（大学丛书 教本）

本书共 6 编，内容包括：工具机概论、传动、重要工具机之构造、配合及公差等。附录：德英华名词对照表、度量衡新旧名称对照表。据 W. Hülle 所著 *Die Werkzeugmaschinen* 一书编译。

收藏单位：重庆馆、广东馆、贵州馆、国家馆、山西馆

00649
工具学
出版者不详，62 页，32 开

本书介绍金属加工类各种钳工工具的使用。

收藏单位：重庆馆

00650
亚斯盘锉刀 英国式非尔亚斯盘有限公司喀利达钢厂编
上海：英国式非尔亚斯盘有限公司喀利达钢厂上海分公司，24页，24开

公差与技术测量及机械量仪

00651
度数表
出版者不详，晒印本，1册，横22开
本书为0—400度角度表格。
收藏单位：国家馆

00652
中国工业标准公差（ISA制） 经济部工业标准委员会编
北碚：经济部工业标准委员会，1944，油印本，1册，16开，环筒页装
经济部工业标准委员会，1947，2版，石印本，1册，12开
本书标准于1944年9月22日由经济部以第6402号部令公布，并呈奉行政院以义叁字第21271号指令核准备案。
收藏单位：重庆馆、南京馆

钳工工艺与装配工艺

00653
画线及钳工工作法图解 毛达庸编著 冉保霖 黄远顺摹绘
重庆：出版者不详，1943，74页，16开（艺徒教育丛书）
本书内容包括：基础事项、画线法、画线实习课题、钳工实习课题、工作机之磨装配等。
收藏单位：重庆馆

00654
金工 冯雄著
上海：商务印书馆，1933.12，79页，32开（万有文库 第1集0698）（工学小丛书）
上海：商务印书馆，1934.1，79页，32开（工学小丛书）
上海：商务印书馆，1934.4，再版，79页，32开（工学小丛书）
上海：商务印书馆，1935.5，3版，79页，32开（工学小丛书）
长沙：商务印书馆，1939.4，5版，79页，32开（工学小丛书）
长沙：商务印书馆，1939.12，79页，32开（万有文库 第1、2集简编500种269）（工学小丛书）
上海：商务印书馆，1947.3，6版，79页，32开（工学小丛书）（新中学文库）
上海：商务印书馆，1948，7版，79页，32开（工学小丛书）
本书共15章，内容包括：锉法、刮法、虎头钳、简单镟机、刀刻螺丝法等。
收藏单位：安徽馆、长春馆、重庆馆、大理馆、大连馆、东北师大馆、广东馆、广西馆、贵州馆、国家馆、河南馆、黑龙江馆、湖南馆、惠州馆、江西馆、辽大馆、辽东学院馆、辽宁馆、辽师大馆、柳州馆、南京馆、内蒙古馆、宁夏馆、上海馆、绍兴馆、首都馆、天津馆、西南大学馆、浙江馆

00655
金工 潘锡纯著
上海：商务印书馆，1933.12，59页，32开（小学生文库 第1集 劳作类）
本书内容包括：衣架和衣钩的做法、弹簧笔架、简易的帐钩、经济的烘架等。
收藏单位：广西馆、湖南馆、上海馆、首都馆

00656
金工法 夏鳌编
空军机械学校，1939，[72]页，22开
收藏单位：广东馆

00657
金工工作法 兵工署第十一技工学校编
兵工署第十一技工学校，196+30页，25开

本书共5编，内容包括：木工、铸工、锻工等。附录：晒图法等。

收藏单位：重庆馆、湖南馆

00658

金工工作法 王时杰编著

上海：世界书局，1934.4，242+[30]页，25开

上海：世界书局，1934.9，再版，242+[30]页，25开

上海：世界书局，1937，4版，242+[30]页，25开

上海：世界书局，1941.8，新1版，258页，25开

上海：世界书局，1946.11，新3版，258页，25开

上海：世界书局，1947.1，新4版，258页，25开

上海：世界书局，1949.8，新6版，258页，25开

本书为职业学校教科书。共5编：木工、铸工、锻工、钳工、机械工作。附录：晒图法、关于金工工作各种重要图表。

收藏单位：重庆馆、国家馆、辽宁馆、南京馆、绍兴馆、天津馆

00659

金工工作法讲义 陈向新编

中华职业学校失学同学救济会，1944，63页，32开

00660

钳工 兵工署第二十一工厂技工学校编

兵工署第二十一工厂技工学校，1册，8开

收藏单位：重庆馆

00661

元车工作法 毛达庸编著

昆明：兵工署第二十一工厂，1940，100页，32开（兵工署第二十一工厂工业职业教育丛书）

本书为中级专科职业技工学校用书。

收藏单位：重庆馆

机械、仪表工业

00662

第一区机器工业同业公会会员工厂出品一览 第一区机器工业同业公会编

第一区机器工业同业公会，1944.12，152页，16开

本书以厂名首字笔画排序。

收藏单位：重庆馆、国家馆

00663

工程名词——机械工程（英汉对照） 刘仙洲编订

中国工程师学会，1928.8，168页，16开

中国工程师学会，[1934.7]，再版，168页，16开

本书内收机械工程名词11000余个，按英文字母排列。

收藏单位：国家馆、南京馆、上海馆

00664

国立山东大学工学院机械工程系学程指导书 国立山东大学工学院机械工程系编

国立山东大学工学院机械工程系，1934，20页，16开

本书共5部分：学则、学程一览、学程分配表、专门选修课程、学程说明。

收藏单位：国家馆

00665

国立上海高级机械职业学校概况

出版者不详，16页，16开

收藏单位：南京馆

00666

国立上海高级机械职业学校教职员学生通讯录 国立上海高级机械职业学校编

上海：国立上海高级机械职业学校，1949.1，28页，16开

00667
华英机器技师字汇 黄宝财编译
上海：瑞文印刷所，1929，438 页，25 开，精装

00668
华英机械字汇编 傅退庵编
上海：公益机器厂，1917.10，427 页，27 开，精装
收藏单位：上海馆

00669
机电大意讲义 建设总署土木工程专科学校编
建设总署土木工程专科学校，[1930—1939]，42 页，18 开
本书逐页题名：机电大意补充讲义。
收藏单位：国家馆

00670
机械工程（一年来各项工程之进展） 中国机械工程学会主稿 中国工程师学会主编
中国工程师学会，1943.10，4 页，16 开
本书扼要介绍抗战后机械工程技术的进步。
收藏单位：国家馆

00671
机械工程概论 钮因梁著
上海：商务印书馆，1933.12，114 页，32 开（万有文库第 1 集 0563）（工学小丛书）
上海：商务印书馆，1934.1，114 页，32 开（工学小丛书）
上海：商务印书馆，1935.1，3 版，114 页，32 开（工学小丛书）
长沙：商务印书馆，1938.11，5 版，114 页，32 开（工学小丛书）
长沙：商务印书馆，1939.9，114 页，32 开（万有文库第 1、2 集简编 500 种）（工学小丛书）
重庆：商务印书馆，1945.3，渝 1 版，114 页，32 开（工学小丛书）
本书共 10 章，内容包括：机械工程之基本科学、原动力工程、机械传动、机械运输工程、水力机械工程、气压机械、暖气及换气、机械造冷等。
收藏单位：安徽馆、重庆馆、大理馆、大连馆、东北师大馆、广东馆、广西馆、贵州馆、国家馆、黑龙江馆、湖南馆、江西馆、辽大馆、辽师大馆、南京馆、内蒙古馆、宁夏馆、上海馆、首都馆、天津馆、西南大学馆、浙江馆

00672
机械工程工作法（第 1 编 材料） 中华职业学校编
上海：龙门联合书局，1935.8，72 页，32 开（职业学校丛书）
本书为职业学校用书。
收藏单位：重庆馆、国家馆

00673
机械工程工作法（第 2 编 木工） 中华职业学校编
中华职业学校，1936.8，58 页，32 开
本书为职业学校用书。共 2 章：总论、木模。
收藏单位：重庆馆、国家馆

00674
机械工程名词——普通部（初审本） 国立编译馆编
出版者不详，1940，油印本，573 叶，27×48cm
收藏单位：国家馆、南京馆

00675
机械工程名词——普通部（[中英文对照]） 国立编译馆编订
重庆：正中书局，1946.9，170 页，16 开
上海：正中书局，1947.6，沪 3 版，170 页，16 开
上海：正中书局，1947.10，沪 6 版，170 页，16 开
本书为机械工程名词之普通名词部分。中华民国三十年十一月教育部公布。
收藏单位：长春馆、重庆馆、东北师大

馆、广东馆、国家馆、湖南馆、江西馆、辽大馆、内蒙古馆、上海馆、首都馆、西南大学馆、浙江馆、中科图

00676
机械工程手册 夏廷幹编
沈阳：东北书店，1949.1，376页，36开
本书内容包括：度量衡、实用单位、数学、计算表、力学、运动学、材料强弱学等。附录：各种物体之比重表等。
收藏单位：东北师大馆、国家馆、内蒙古馆、绍兴馆、天津馆

00677
机械工程手册 夏廷幹编
昆明：中华书局，1941.6，376页，36开，精装
上海：中华书局，1947.8，再版，376页，36开，精装
本书内容包括：度量衡、实用单位、数学、计算表、力学、运动学、材料强弱学等。附录：各种物体之比重表等。
收藏单位：重庆馆、广东馆、江西馆、上海馆、首都馆

00678
机械工程术语字典（英汉对照） 关东工业专门学校工业丛书编辑委员会编
大连：关东工业专门学校，1948.12，471页，32开
本书据1947年上海出版、中国机械工程学会主编的《机械工程名词》翻印。
收藏单位：国家馆

00679
机械装置及管理法 黄恢权编
上海：中华学艺社，1933.3，212页，32开（学艺汇刊41）
上海：中华学艺社，1933.9，再版，212页，32开（学艺汇刊41）
上海：中华学艺社，1935，3版，212页，32开（学艺汇刊41）
本书共11章，内容包括：工厂的建筑、原动机的选择、原动机的配置法、机械的配置法、装置机械的工具、装置机械的基础、机体装置法等。
收藏单位：重庆馆、甘肃馆、广东馆、贵州馆、国家馆、湖南馆、江西馆、南京馆、清华馆、上海馆

00680
西北实业公司机器各厂出品样本 西北实业公司编
太原：西北实业公司，1935.12，1册，16开，活页装
本书为样品照片及规格说明。
收藏单位：国家馆

00681
乡村工业示范处技术工作简报 乡村工业示范处编
乡村工业示范处，1949.3，13页，16开（乡工报告1）
本书介绍织布机、纺织机、榨糖机、打浆机、煤气发生炉等，说明设计、构造、试验及推广情况。
收藏单位：重庆馆、国家馆、南京馆、上海馆

00682
新机械的惊人工作 俞遥编
上海：言行社，1941.6，103页，36开（科学知识丛书）
本书漫谈各种机械常识。共19篇，内容包括：现代面粉制造奇观、用热制冰的奇迹、美国飞机的大量制造、伟大的天然水力等。
收藏单位：长春馆、重庆馆、广东馆、陕西馆、上海馆、首都馆、天津馆

00683
续得中国机械工程史料十二则 刘仙洲著
北平：国立清华大学，1948.6，[4]页，16开
本书为国立清华大学《工程学报》第3卷第2期抽印本。
收藏单位：国家馆

00684
英汉对照机械工程名词　刘仙洲编订　中国机械工程学会主编
上海：商务印书馆，1947.10，471 页，32 开
上海：商务印书馆，1948.7，[再版]，471 页，32 开
上海：商务印书馆，1949.4，3 版，471 页，32 开
　　收藏单位：重庆馆、东北师大馆、国家馆、上海馆

00685
英汉对照机械工程名词　刘仙洲编订
中国机械工程学会，1936.10，301 页，16 开
　　收藏单位：重庆馆、广东馆、贵州馆、国家馆、上海馆、中科图

00686
中等机械电机技术科课程纲要　教育部编
教育部，1942.7，150 页，32 开
　　本书共 4 部分：教学科目及每周教学时数表、共同学科课程纲要、机械科课程纲要、电机科课程纲要。
　　收藏单位：重庆馆、国家馆、南京馆、浙江馆

00687
中国机械工程史料　刘仙洲编
北平：国立清华大学出版事务所，1935.10，84 页，16 开
　　本书共 13 部分，内容包括：普通用具、车、船、农业机械、灌溉机械等，记述其发明、使用的历史。
　　收藏单位：国家馆、中科图

00688
诸机械制作　平尾铁工所编
大连：平尾铁工所，[1914]，39 页，横 22 开
　　本书介绍平尾铁工所产品。中日英文合编。
　　收藏单位：国家馆

机械学（机械设计基础理论）

00689
动力学　张瑞森编
重庆：[陆军工兵学校]，1947，50 页，32 开
　　本书为陆军工兵学校机械教材。
　　收藏单位：广东馆

00690
机动计划　国立清华大学机械工程系编
北平：国立清华大学机械工程系，[1935]，100 页，16 开
　　本书讲述机械运动理论。附晒蓝图 30 页。
　　收藏单位：国家馆、浙江馆

00691
机构学　范庆涵编著
北京大学工学院，1941.9，232 页，16 开
　　本书共 11 章，内容包括：机械运动之图解、柔软中间连接物之传动装置、滚动接触之传动装置等。
　　收藏单位：国家馆

00692
机构学　冯雄著
上海：商务印书馆，1933.12，219 页，32 开（万有文库 第 1 集 0565）（工学小丛书）
上海：商务印书馆，1934.1，219 页，32 开（工学小丛书）
上海：商务印书馆，1935，4 版，219 页，32 开（工学小丛书）
长沙：商务印书馆，1939.4，7 版，219 页，32 开（工学小丛书）
上海：商务印书馆，1947.2，9 版，219 页，32 开（工学小丛书）
　　本书共 11 章，内容包括：运动及速度、瞬时中心点及运动链、速度图、联动机构、引带引绳引链等。
　　收藏单位：安徽馆、长春馆、重庆馆、大

理馆、大连馆、东北师大馆、广东馆、广西馆、贵州馆、国家馆、河南馆、黑龙江馆、湖南馆、江西馆、辽大馆、辽东学院馆、辽宁馆、辽师大馆、柳州馆、南京馆、内蒙古馆、宁夏馆、上海馆、绍兴馆、首都馆、天津馆、西南大学馆、浙江馆、中科图

00693
机构学 彭作楷编
[南京]：军政部兵工专门学校，1937.2，增订本，244页，16开
收藏单位：南京馆

00694
机构学 （美）普雷渠门（Irving Henry Prageman）著 曹鹤荪译
外文题名：Mechanism
上海：中国科学图书仪器公司，1948.1，300页，25开，精装
本书为大学用书。共12章，内容包括：连动装置与位移、机械部分之速度、机械部分之静力、机械部分之加速度、轮系等。附录：科赖奥来定律等。
收藏单位：国家馆、上海馆

00695
机构学原理 兵工署第十一技工学校编译
兵工署第十一技工学校，178+10页，22开
本书共9章，内容包括：旋转体及振动体、齿轮及轮齿、凸轮、轮列等。据W. H. James所著《机构学原理》编译。
收藏单位：重庆馆、国家馆、湖南馆

00696
机构学原理 龚洪年编译
长沙：商务印书馆，1939.6，246+12页，32开，精装
长沙：商务印书馆，1940，再版，246+12页，32开，精装
上海：商务印书馆，1947.3，4版，246+12页，32开，精装
上海：商务印书馆，1948.8，5版，246+12页，32开，精装
本书为职业学校教科书。内容包括：旋转体及振动体、齿轮及轮齿、带圈绳圈及炼圈、凸轮、轮列、连节与联动系等。
收藏单位：安徽馆、长春馆、重庆馆、贵州馆、国家馆、辽大馆、辽宁馆、内蒙古馆、山西馆、天津馆、浙江馆

00697
机械常识 施穆编
上海：中华书局，1930.10，19页，36开（民众工业丛书）
上海：中华书局，1932.8，再版，19页，36开（民众工业丛书）
本书内容包括：绪言、蒸汽锅、蒸汽机关、蒸汽透平机等。
收藏单位：重庆馆、广东馆、国家馆、江西馆、内蒙古馆、上海馆、天津馆

00698
机械构造概要 王济仁编著
上海：中华书局，1940.1，170页，32开（科学丛书）
上海：中华书局，1941.6，3版，170页，32开（科学常识丛书）
本书共23章，内容包括：机械之各部及单纯机械、四关节链锁、活塞曲柄机构、平行曲柄、直交滑动对曲柄机构等。据日本浅川权八所著《机械之素》一书编著。
收藏单位：重庆馆、广东馆、国家馆、宁夏馆、上海馆、天津馆

00699
机械学 陈泰楷编
空军通信学校，1944，66页，22开
收藏单位：广东馆

00700
机械学 冯雄编纂
上海：商务印书馆，1933.12，219页，22开（万有文库 第1集）
收藏单位：重庆馆

00701
机械学　刘仙洲编
上海：商务印书馆，1921.9，210页，32开
上海：商务印书馆，1924，3版，210页，32开
上海：商务印书馆，1927.1，5版，210页，32开
上海：商务印书馆，1930.5，6版，210页，32开
上海：商务印书馆，1932.10，国难后1版，210页，32开
上海：商务印书馆，1933，国难后2版，210页，32开
上海：商务印书馆，1935.6，国难后3版，215页，32开
上海：商务印书馆，1936，国难后5版，215页，32开
长沙：商务印书馆，1938.5，国难后6版，215页，32开
长沙：商务印书馆，1938.10，国难后7版，215页，32开
长沙：商务印书馆，1939.8，国难后8版，215页，32开
长沙：商务印书馆，1940，国难后9版，215页，32开
成都：商务印书馆，1943，蓉增订版，215页，32开
成都：商务印书馆，1945，蓉增订2版，215页，32开
上海：商务印书馆，1947.2，增订13版，215页，32开
上海：商务印书馆，1948.8，增订15版，215页，32开

本书为职业学校教科书。共10章，内容包括：简单机械、皮带与皮带轮、绳轮与链轮、摩擦轮与齿轮等。刘仙洲一名：刘振华。

收藏单位：安徽馆、重庆馆、东北师大馆、广东馆、贵州馆、国家馆、湖南馆、吉林馆、江西馆、辽大馆、南京馆、宁夏馆、山西馆、上海馆、绍兴馆、首都馆、天津馆、西南大学馆

00702
机械学
吉林书店，1948.12，144页，16开

本书为东北政委会工业部吉林工业专门学校用书。共9章，内容包括：旋转体及振动体、齿轮及轮齿、凸轮、轮列等。

收藏单位：重庆馆、国家馆、辽宁馆、山东馆、天津馆

00703
机械学大意　陈其文著
上海：商务印书馆，1922.3，57页，25开
上海：商务印书馆，1923，再版，57页，25开
上海：商务印书馆，1930.5，3版，57页，25开
上海：商务印书馆，1933.3，国难后1版，57页，32开
上海：商务印书馆，1934.10，国难后2版，57页，32开
上海：商务印书馆，1935.7，国难后3版，57页，32开
长沙：商务印书馆，1939.6，国难后6版，57页，32开

本书内容包括：无齿轮、齿轮、传动子、带轮、连环运动、车床、刨床等。

收藏单位：广东馆、国家馆、湖南馆、江西馆、南京馆、上海馆、首都馆、天津馆

00704
机械学大意　陆军机械化学校编
陆军机械化学校，1944，17页，32开

收藏单位：广东馆

00705
机械学讲义
南京：陆军炮兵学校，1936，122页，大32开

收藏单位：南京馆

00706
机械学教程　[中央陆军军训学校编]
南京：武学书局，1944，改订本，3册，22开

收藏单位：广东馆

00707

机械学浅说 王济仁编

上海：中华书局，1939.4，288+[24] 页，32 开（中华百科丛书）

上海：中华书局，1940，再版，288+[24] 页，32 开（中华百科丛书）

上海：中华书局，1941.2，3 版，288+[24] 页，32 开（中华百科丛书）

上海：中华书局，1947.8，4 版，288+[24] 页，32 开（中华百科丛书）

本书共 6 章：绪论、机械之构造、机械材料之强弱、机械制作法、原动机、普通应用机械。

收藏单位：重庆馆、广东馆、国家馆、南京馆、内蒙古馆、宁夏馆、首都馆

00708

机械学习题解答 刘仙洲编

上海：商务印书馆，1934，国难后 1 版，48 页，32 开

长沙：商务印书馆，1938.10，国难后 2 版，48 页，32 开

收藏单位：重庆馆、广东馆、国家馆、湖南馆、内蒙古馆、上海馆

00709

机械原理 刘仙洲著

上海：商务印书馆，1935.5，2 册（541 页），25 开（大学丛书 教本）（国立清华大学丛书 3）

长沙：商务印书馆，1940，7 版，2 册（541 页），25 开（大学丛书 教本）（国立清华大学丛书 3）

成都：商务印书馆，1943，2 册（541 页），25 开（大学丛书 教本）（国立清华大学丛书 3）

重庆：商务印书馆，1945，2 册（541 页），25 开（大学丛书 教本）（国立清华大学丛书 3）

上海：商务印书馆，1946.6，9 版，2 册（541 页），25 开（大学丛书 教本）（国立清华大学丛书 3）

上海：商务印书馆，1948.3，12 版，2 册（541 页），25 开（大学丛书 教本）（国立清华大学丛书 3）

上海：商务印书馆，1948.8，13 版，2 册（541 页），25 开（大学丛书 教本）（国立清华大学丛书 3）

上海：商务印书馆，1949.8，14 版，2 册（541 页），25 开（大学丛书 教本）（国立清华大学丛书 3）

本书为部定大学用书。内容包括：螺旋、皮带与皮带轮、绳与绳轮、凸轮、摩擦轮、齿轮、轮系等。

收藏单位：安徽馆、重庆馆、东北师大馆、广东馆、广西馆、贵州馆、国家馆、黑龙江馆、湖南馆、江西馆、南京馆、内蒙古馆、上海馆、首都馆、西南大学馆、浙江馆

00710

机械原理（上学期用） 刘仙洲著

国立中央工业专科职业学校，1942，油印本，119 叶，16 开，环筒页装

本书为国立中央工业专科职业学校讲义。内容包括：螺旋、皮带与皮带轮、绳与绳轮、凸轮、摩擦轮等。

收藏单位：重庆馆

00711

机械运动学 华文广编著

上海：商务印书馆，1946.10，343 页，25 开

本书共 17 章，内容包括：运动、运动之传达、加速度、偏轮、齿轮总论、正齿轮、轮系等。

收藏单位：重庆馆、国家馆、吉林馆、辽宁馆、内蒙古馆、浙江馆

机械设计、计算与制图

00712

机工算术 （美）考尔文著 徐关源译

技工训练处，1944.3，52 页，32 开（技工丛书）

收藏单位：重庆馆、辽宁馆、南京馆

00713

机械工师袖珍 陆守忠著

浙江印刷公司，1916，546页，42开（技工丛书）

收藏单位：首都馆

00714

机械画　冯騑编

上海：商务印书馆，[1923.9]，15页，横16开

上海：商务印书馆，1933.2，国难后1版，15页，横16开

上海：商务印书馆，1934，国难后2版，15页，横16开

本书为应用用器画教科书。

收藏单位：广东馆、广西馆、湖南馆、江西馆、南京馆

00715

机械画　徐学澥著

广州：国立中山大学出版部，198页，16开

本书为国立中山大学讲义。附录：图面之记事方法、缩写字之惯用记号、电机之惯用记号等。

收藏单位：国家馆

00716

机械画讲义　航空机械学校编

航空机械学校，1941，54+18页，25开

收藏单位：广东馆

00717

机械绘图学　陆军工兵学校编

重庆：陆军工兵学校，1947，1册，32开

收藏单位：广东馆

00718

机械绘图学　朱奎元著

蚌埠：工兵学校，1948.7，14页，32开

本书为工兵学校初级班第1期教材。内容包括：格式、尺寸比例、线类之应用范围、线之颜色、图位之配置、切面等。

收藏单位：浙江馆

00719

机械设计　冯雄著

上海：商务印书馆，1933.12，280页，32开（万有文库 第1集0562）（工学小丛书）

上海：商务印书馆，1934.1，280页，32开（工学小丛书）

上海：商务印书馆，1934.9，3版，280页，32开（工学小丛书）

上海：商务印书馆，1935.4，4版，280页，32开（工学小丛书）

上海：商务印书馆，1937.4，6版，280页，32开（工学小丛书）

长沙：商务印书馆，1938.12，7版，280页，32开（工学小丛书）

长沙：商务印书馆，1939.12，280页，32开（万有文库 第1、2集简编500种）（工学小丛书）

本书共17章，内容包括：圆筒及铆钉系件、轴间之传力法、轮齿之轮廓、筒面齿轮、锥面齿轮、旋转物等。

收藏单位：安徽馆、长春馆、重庆馆、大理馆、大连馆、东北师大馆、广西馆、贵州馆、国家馆、河南馆、黑龙江馆、湖南馆、惠州馆、江西馆、辽大馆、辽师大馆、南京馆、内蒙古馆、宁夏馆、上海馆、天津馆、西南大学馆、浙江馆

00720

机械设计　沈正功编著

重庆：兵工署第二十一工厂技工学校，[1943.11]，348页，25开

本书为教科书。附录：英汉名词对照表、索引。

收藏单位：重庆馆、国家馆、湖南馆

00721

机械设计习题　李酉山编著

[重庆]：李酉山[发行者]，1943.11，52+36页，16开

本书附应用图表及华英术语对照。

收藏单位：重庆馆、国家馆

00722

机械设计学　青岛海军学校编

青岛：青岛海军学校，油印本，1册，16开，

环筒页装

本书为青岛海军学校讲义。

收藏单位：重庆馆

00723

机械图画法 庄启编

上海：商务印书馆，1919.9，34页，横16开

上海：商务印书馆，1920，再版，34页，横16开

上海：商务印书馆，1924，4版，34页，横16开

上海：商务印书馆，1925.12，5版，34页，横16开

上海：商务印书馆，1931.6，6版，34页，横16开

上海：商务印书馆，1933.7，国难后1版，34页，横16开

上海：商务印书馆，1935.4，国难后2版，34页，横16开

本书内容包括：置放机械及显视内外部之法、剖面、图用比例、记数法、作图顺序等。

收藏单位：广东馆、广西馆、国家馆、河南馆、江西馆、南京馆、宁夏馆、首都馆、浙江馆

00724

机械制图 李挺芬编

重庆：兵工署第十一技工学校，1942，2册，16开

本书为中等专科学校用书。

收藏单位：重庆馆、广东馆、湖南馆

00725

机械制图 沈正功编著

江北县：兵工署第二十一工厂技工学校，[1941.12]，2册（794页），25开

江北县：兵工署第二十一工厂技工学校，1943，再版，2册（794页），25开

本书内容包括：制图用具及其使用法、应用几何画法、正投影、副投影、剖面法及习惯画法等。

收藏单位：重庆馆、南京馆

00726

机械制图（第1册 平面几何画法） 王品端编

长沙：商务印书馆，[1938]，93页，16开

长沙：商务印书馆，1939.5，再版，93页，16开

长沙：商务印书馆，1940.5，3版，93页，16开

重庆：商务印书馆，1946，8版，93页，16开

上海：商务印书馆，1946.12，9版，93页，16开

上海：商务印书馆，1947.6，10版，93页，16开

本书为职业学校教科书。共两编：平面几何画法、曲线。内容包括：制图器具名称用法和检定、写字法、图形定义、点和直线的画法等。

收藏单位：重庆馆、国家馆、辽宁馆、南京馆、宁夏馆、首都馆

00727

机械制图（第2册 投影画法） 王品端编

长沙：商务印书馆，1939.3，104页，16开

长沙：商务印书馆，1939.8，再版，104页，16开

长沙：商务印书馆，1940.2，3版，104页，16开

长沙：商务印书馆，1940.5，4版，104页，16开

重庆：商务印书馆，1946.4，7版，104页，16开

上海：商务印书馆，1947.2，8版，104页，16开

上海：商务印书馆，1948.1，10版，104页，16开

本书为职业学校教科书。共2编：投影画法、阴影透视画均角投影。内容包括：点的投影、直线的投影、平面的投影、侧面图的画法、平面变位置的画法等。

收藏单位：重庆馆、国家馆、南京馆、宁夏馆、山西馆、上海馆、绍兴馆、首都馆

00728

机械制图（第3册 机械画法） 王品端编

长沙：商务印书馆，1938.3，144 页，16 开
长沙：商务印书馆，1938.10，再版，144 页，16 开
长沙：商务印书馆，1940.10，3 版，144 页，16 开
重庆：商务印书馆，1946，7 版，144 页，16 开
上海：商务印书馆，1948.8，10 版，144 页，16 开

本书为职业学校教科书。共两编：机械制图法、原件计算制图。内容包括：机械图的投影、记尺寸法、阴阳线和着色机械图画法等。

收藏单位：重庆馆、广东馆、国家馆、湖南馆、南京馆、内蒙古馆、首都馆

00729
机械制图（简编） 沈正功编
上海：龙门联合书局，1948.3，275 页，22 开（职业学校丛书）
上海：龙门联合书局，1948.8，再版，275 页，22 开（职业学校丛书）
上海：龙门联合书局，1949.7，3 版，275 页，22 开（职业学校丛书）

本书共 15 章，内容包括：制图用具及其使用法、应用几何画法、正投影、副投影、剖面法及习惯画法、凸轮等。

收藏单位：重庆馆、国家馆、上海馆、首都馆

00730
机械制图讲义 陆军交辎学校编
陆军交辎学校，1937，172 页，32 开

本书为中等专科学校用书。

收藏单位：重庆馆

00731
机械制图教程（第 1 册） 重庆煤矿学校画法几何与机械制图教研组编
重庆：重庆煤矿学校，石印本，86 页，16 开

收藏单位：重庆馆

00732
机械制图设计法 大连机械工厂设计室编
大连：机械工厂合作社，1949，影印本，82 页，32 开

收藏单位：国家馆

00733
机械制图学 莫善祥编著
国立浙江大学工学院，1932.1，2 版，1 册，16 开

收藏单位：南京馆

00734
基本图学讲义 陆军军官学校教育处工兵科编
陆军军官学校教育处工兵科，1946，石印本，80 页，25 开

收藏单位：广东馆

00735
经验计划 蒋智周编译
重庆：兵工署第十一技工学校代办部，1945，368 页，16 开，环筒页装

收藏单位：重庆馆、湖南馆

00736
经验计划 刘仙洲编译
上海：商务印书馆，1935.8，181 页，25 开（大学丛书 教本）（国立清华大学丛书 4）
上海：商务印书馆，1937.4，再版，181 页，25 开（大学丛书 教本）（国立清华大学丛书 4）
长沙：商务印书馆，1938.9，3 版，181 页，25 开（大学丛书 教本）（国立清华大学丛书 4）
长沙：商务印书馆，1939，4 版，181 页，25 开（大学丛书 教本）（国立清华大学丛书 4）
上海：商务印书馆，1948.4，5 版，181 页，25 开（大学丛书 教本）（国立清华大学丛书 4）
上海：商务印书馆，1949.3，6 版，181 页，25 开（大学丛书 教本）（国立清华大学丛书 4）

本书论述机械各部的形状、大小、所用材料、各部相互关系等。据 L. D. Hayes 所著 *Empirical design* 一书编译。

收藏单位：重庆馆、东北师大馆、广东馆、广西馆、贵州馆、国家馆、黑龙江馆、

湖南馆、江西馆、辽宁馆、南京馆、内蒙古馆、清华馆、首都馆、天津馆、西南大学馆、浙江馆

00737
精密机械
出版者不详，[1937]，362 页，18 开
收藏单位：广东馆

00738
日用机械图说 陆军机械化学校工程学院编
陆军机械化学校工程学院，1943.1，355 页，25 开
本书内收常用机件图约 3000 种，分门别类，并加简要说明。
收藏单位：国家馆

00739
实用机械制图学 柳克聪编
上海：中华书局，1934.10，84 页，16 开
上海：中华书局，1935.9，再版，84 页，16 开
上海：中华书局，1936.8，3 版，84 页，16 开
上海：中华书局，1946.5，5 版，84 页，16 开
上海：中华书局，1949，7 版，84 页，16 开
本书共 4 章：图则、常用曲线之画法、商铁及钢皮、机器之零件。
收藏单位：重庆馆、国家馆、湖南馆、江西馆、辽宁馆、南京馆、内蒙古馆、首都馆、浙江馆

00740
新中标准 新中工程公司设计室编订
祁阳：新中工程公司，1943.10，影印本，[282]页，14 开
本书介绍新中工程公司的机件与配合、螺丝与铆钉、齿轮、小工具、原动机等制作标准。
收藏单位：重庆馆、南京馆

00741
自修展开画法 李修仁编辑
沈阳：萃文书店，1942，164 页，32 开
收藏单位：首都馆

机械零件及传动装置

00742
古德立满而载三角橡皮绳计算法 孙约安编译
上海：礼和洋行，[1936.10]，12 页，16 开
本书介绍机械绳的长度、速度，计算方法。

00743
机件设计参考表 中兴煤矿机务处编绘
[枣庄]：中兴煤矿机务处，1935，晒印本，20 叶，25×31cm
收藏单位：国家馆

00744
机件学讲义 航空机械学校编
航空机械学校，1938，66 页，22 开
收藏单位：广东馆

00745
机械零件课程设计参考资料（第 2 部分 零件图） 东北工学院机械原理及零件教研组编
东北工学院机械原理及零件教研组，36 页，16 开
收藏单位：国家馆

00746
机械原件 李建人编
技工训练处，1943，266 页，32 开（技工丛书）
技工训练处，1943.2，再版，266 页，32 开（技工丛书）
本书为技工教科书。共 4 篇：机械原件之接合，转动之机械原件，曲柄联动机构之原件，管、管路及管路停流机关。
收藏单位：重庆馆、国家馆、南京馆、内蒙古馆、山西馆

00747
机械原件 刘仙洲著

重庆：[陆军工兵学校]，1947，44 页，32 开

本书为陆军工兵学校机械教材。

收藏单位：广东馆

00748

机械原件讲义　陆军工兵学校 [编]

陆军工兵学校，油印本，46 叶，16 开

收藏单位：广东馆

00749

机械原件学　王传羲等编译

同济工学会，1920，2 册（63+67 页），22 开

收藏单位：广东馆、首都馆、西交大馆

00750

机械原件学　萧冠英　萧菊魂编译

广州：国立中山大学出版部，1933.9，214+38 页，16 开

收藏单位：国家馆、河南馆、上海馆

00751

机械原件学图　同济工学会编译

中华职业教育社，1 册，22 开

收藏单位：首都馆

00752

螺纹标准草案说明书　经济部全国度量衡局编

[重庆]：经济部全国度量衡局，1944.7，43 页，32 开，环筒页装（标准手册 1）

本书共 6 部分，内容包括：螺纹标准史略、螺纹、螺纹标准草案等。

收藏单位：重庆馆、国家馆、西交大馆

00753

皮带与转轴　实业部中央工厂检查处编

南京：实业部中央工厂检查处，1935，80 页，32 开（工厂检查丛书 201）

本书附录：日本皮革带标准、日本橡皮带标准、摘录日本工场危害预防及卫生规则。

收藏单位：重庆馆、贵州馆、国家馆、南京馆

00754

三角皮带　沈光皓著

上海：光皓技术书社，1948.11，24 页，32 开（工程器材研究丛书）

本书介绍三角皮带的兴革、运行原理、构造、功能、应用范围等。

00755

玩齿轮　吕镜楼编

上海：儿童书局，1932.3，28 页，32 开（儿童科学丛书）

上海：儿童书局，1933，再版，28 页，32 开（儿童科学丛书）

本书共 5 部分，内容包括：什么叫做齿轮、二个齿轮的研究、齿轮的用途等。

收藏单位：广西馆、国家馆、首都馆

00756

轴承及其加油法　光裕机器油行编

上海：光裕机器油行，26 页，14 开

本书共 8 章，内容包括：轴承之种类、滑润油膜之原理、滑润油膜之结合及保存、滑润油之特性、滑润油之选择、轴承加油之特例等。

收藏单位：重庆馆

机械制造用材料

00757

机械工程材料学　李定焕编

北京：国立北京大学工学院，1940.10，227 页，16 开

本书共 2 卷：金属材料、非金属材料。

收藏单位：国家馆

机械制造工艺

00758

机器制造业大要　陈文编

上海：科学会编辑部，1918.11，49 页，32 开（职业教育丛书 第 1 集 工业之部 3）

上海：科学会编辑部，1922，3版，49页，32开（职业教育丛书 第1集 工业之部3）

上海：科学会编辑部，1931.6，6版，49页，32开（职业教育丛书 第1集 工业之部3）

本书为铁工科用书。共10部分，内容包括：制造机器之次序、制图场、制造机器所用之材料、木工场等。附录：机器制造厂之职工。

收藏单位：重庆馆、广东馆、国家馆、江西馆、南京馆、首都馆、浙江馆

00759

机械工艺 科学画报编辑部编

中国科学图书仪器公司，1949.2，127页，32开（中国科学社科学画报小丛书 实用小工艺8）

收藏单位：安徽馆、东北师大馆、国家馆、南京馆

00760

机械制造法（木工与金工） 徐学瀣编著

广州：国立中山大学出版部，232页，16开

本书为国立中山大学讲义。共15章，内容包括：木型之种类、木型之用材、木工机械、木型制作、金工具、车床、研磨机等。附录：参观工作机械工厂须注意之事项。

收藏单位：国家馆

00761

机械制造学

上海：交通大学教材供应科，[1944]，578页，16开

本书封面题名：机械制造工学；逐页题名：机械制造工艺学。

00762

机械制造之划线工作法 李廷芬编译

重庆：兵工署第十一技工学校，1943.4，36页，16开

收藏单位：重庆馆

机械运行与维修

00763

机械保养表

蚌埠：工兵学校，1948.7，8页，32开

本书为工兵学校初级班第1期教材。内容包括：Novo抽水滑润机表、Jaeser抽水机润表、推土机各时期润滑表、吨吊架润滑表等。

收藏单位：浙江馆

机械工厂（车间）

00764

汉口吕方记机械厂图样说明书 吕方记机械厂编

汉口：吕方记机械厂，[1922]，22页，23开

起重机械与运输机械

00765

玩滑车 吕镜楼编述

上海：儿童书局，1932.6，再版，31页，32开（儿童科学丛书）

上海：儿童书局，1933.2，3版，31页，32开（儿童科学丛书）

收藏单位：重庆馆、广西馆、贵州馆、国家馆、江西馆、首都馆

泵

00766

杠杆式畜力双缸吸水机说明书 河南省农工机器制造厂编

河南省农工机器制造厂，1936.9，30页，32开

收藏单位：国家馆、浙江馆

00767
苏尔寿穿孔式离心力抽水机 （瑞士）苏尔寿兄弟编
上海：苏尔寿兄弟机器公司，1929，[23] 页，16 开
本书介绍苏尔寿穿孔式离心力抽水机的样式及技术数据。
收藏单位：国家馆

00768
苏尔寿离心力抽水机 （瑞士）苏尔寿兄弟编
上海：苏尔寿兄弟机器公司，[1935]，42 页，16 开
本书介绍低压、中压、高压离心力抽水机及其他各种抽水机的样式、用途等。
收藏单位：国家馆

专用机械与设备

00769
爱美亚木炭机说明书
出版者不详，63 页，25 开
收藏单位：重庆馆、广东馆、湖南馆

仪器、仪表

00770
基本机具常识 张作鑫编
军政部陆军铁道人员训练所，1946，108 页，36 开
收藏单位：广东馆

00771
中国仪器厂出品说明书 中国仪器厂编
上海：中国仪器厂，1935—1939，[406] 页，23 开，精装
本书为合订本。共有实验器械说明书 50 余份，分别记述其原理、构造及使用方法，均附图样。
收藏单位：东北师大馆

计量仪器

00772
玻璃量器之检定标准 中国度量衡学会编
中国度量衡学会，手写本，1 册，13 开
本书为研究报告。共 8 部分，内容包括：容量标准、常温标准、玻璃量器之检定、玻璃量器涨缩之纠正等。
收藏单位：国家馆

00773
调查四川垫江南充两县征购实物用量衡器发生争执情形报告书
[南京]：中国度量衡学会，[1930]，手写本，[7 页]，13 开，环筒页装
本书共两部分：调查四川垫江县征实量衡器发生差异案、调查四川南充县征实量器发生争执案。
收藏单位：国家馆

00774
度量衡器、计量器型式 经济部权度检定所编
经济部权度检定所，1939.5，56 页，22 开
收藏单位：国家馆

00775
度量衡器具制造法及改造法 工商部工业司编
南京：工商部总务司编辑科，1930.5，26 页，16 开，精装（工商丛刊 工业类）
南京：工商部总务司编辑科，1930.7，再版，26 页，16 开，精装（工商丛刊 工业类）
本书介绍计量仪器制造概况。
收藏单位：广东馆、国家馆、南京馆、浙江馆

00776
度量衡制造法
出版者不详，[1911—1919]，油印本，97 叶，

16 开

本书共 5 章：总论、标准器、度器、量器、衡器。

收藏单位：重庆馆、桂林馆、国家馆

00777

度量衡制造法（度政组讲义） 湖南省地方行政干部训练团编

湖南省地方行政干部训练团，1941，油印本，26 叶，32 开，环筒页装

本书内容包括：度器、量器、衡器等。

收藏单位：重庆馆

00778

公用民用度量衡器具检定方法 工商部工业司平准科编

南京：工商部总务司编辑科，1930.11，28 页，16 开

本书共 5 章：总则、度器、量器、衡器、附则。附录：度量衡各种检定用器制作法及图样。

收藏单位：广东馆、国家馆、河南馆、湖南馆、南京馆、上海馆、浙江馆

00779

检定玻璃量器暂行办法 实业部全国度量衡局编订

南京：实业部全国度量衡局，[1933.4]，16 页，长 23 开

本书共 7 章，内容包括：种类及形式、构造之检验、容量之检定、检定费等。

收藏单位：广东馆、国家馆、南京馆

00780

千分螺旋测径器使用法 王毓麟等编制

中国工业合作协会技术研究所，1945.9，90 页，横 18 开（工合仪器小丛书 1）

收藏单位：贵州馆、国家馆

00781

全国度量衡标准器号数表 工商部编

南京：工商部，1930.9，62 页，16 开

本书为工商部制发全国各级政府机关度量衡标准器的清册，列有标准器号数及领用机关名称。

收藏单位：广东馆、国家馆、南京馆、上海馆

00782

时计学讲义（第一学期） 中国时计研究学会编

上海：中国时计研究学会，1943.12，206 页，32 开

本书共 10 章，介绍钟表构造原理及修理法。据日本水谷博《时计学》一书编译。

收藏单位：南京馆

00783

时计学讲义（第二学期） 中国时计研究学会编

上海：中国时计研究学会，1944.6，1 册，32 开

收藏单位：南京馆

00784

实业部全国度量衡局度量衡制造所出品说明书 实业部全国度量衡局编

南京：实业部全国度量衡局，1933.8，54 页，16 开

本书共 17 部分，内容包括：成份器具、普通用度器、绘图用度器、特种用度器、科学仪器等。

收藏单位：重庆馆、国家馆、上海馆、浙江馆、中科图

00785

四川省旧制量器标准之检讨

中国度量衡学会，手写本，[4] 页，13 开

本书研讨四川省旧制量器标准不统一问题。

收藏单位：国家馆

00786

油酒液体量器制造法 实业部全国度量衡局编

南京：实业部全国度量衡局，1935.3，16 页，

16开

本书内容包括：引言、本案之经过、器量之规定、器式之规定、制造之方法等。

收藏单位：广东馆、南京馆、浙江馆

00787
中国仪器厂天平目录 中国仪器厂编
中国仪器厂，36页，长30开

00788
钟 黎锦耀 许达年编
上海：中华书局，1931.10，48页，32开（儿童常识丛书7）
上海：中华书局，1934.3，再版，48页，32开（儿童常识丛书7）

本书内容包括：看钟的方法、行车时刻表、海关上的大钟、八音钟、闹钟等。

收藏单位：国家馆、黑龙江馆、吉林馆、内蒙古馆、上海馆、首都馆

00789
钟 徐应昶编纂
上海：商务印书馆，1922，再版，36页，32开（儿童理科丛书4）
上海：商务印书馆，1924.8，3版，36页，32开（儿童理科丛书4）

收藏单位：重庆馆、国家馆、首都馆

00790
钟摆的原理及造法 吕镜楼编
上海：儿童书局，1932，30页，32开（儿童科学丛书）
上海：儿童书局，1933，3版，30页，32开（儿童科学丛书）

本书介绍钟摆的意义、构造、制造方法等。

收藏单位：重庆馆、广西馆、贵州馆、江西馆、首都馆

00791
钟表 殷大敏编
上海：中华书局，1948，22页，36开（中华文库 民众教育 第1集）

收藏单位：广东馆

00792
钟表修理法（上册 钟之部） 金羊著
飞霞公司钟表部，1942，1册

收藏单位：山西馆

00793
钟表装拆法及其原理 董纯才编
上海：儿童书局，1932.11，34+34页，32开（儿童科学丛书）

本书为上下册合订本。内容包括：工具、拆法、观察发条的装置、简单的修理法等。

收藏单位：广西馆、国家馆、首都馆

00794
钟表装拆法及其原理（上） 董纯才编
上海：儿童书局，1933，再版，34页，32开（儿童科学丛书）

本书内容包括：工具、拆法、观察发条的装置等。

收藏单位：首都馆

物理学与力学一般仪器

00795
化学玻璃仪器（第2期） 中国科学图书仪器公司编
上海：中国科学图书仪器公司，1947，12页，32开（中国科学图书仪器公司供应科学仪器化学药品）

收藏单位：国家馆

00796
夹持及通用仪器 中国科学图书仪器公司编
上海：中国科学图书仪器公司，1947.6，3版，8页，32开（中国科学图书仪器公司供应科学仪器化学药品）

收藏单位：国家馆

00797
科学实验器械说明书（标准物理仪器）

上海：[中国仪器厂]，[1935]，43 页，22 开

收藏单位：国家馆、南京馆

00798

上海科学仪器馆物理仪器目录 上海科学仪器馆编

上海：上海科学仪器馆，[1936]，69 页，24 开

本书为物理器械产品目录，每种货品均列中西名称及简单说明。封面题名：物理仪器目录。

收藏单位：重庆馆、南京馆

00799

物理器械实验法及其原理 王晚梅编纂

上海：科学仪器馆，1933.2—1934.6，3 册（207+302+308 页），22 开

上海：科学仪器馆，1935.4—1937.4，再版，3 册（207+302+308 页），22 开

本书原名：物理器械说明书。内容包括：一般供测定用器械、固体重学及其性质、液体重学及其性质、气体重学及其性质、热学、声学、光学等。

收藏单位：安徽馆、北师大馆、重庆馆、广西馆、桂林馆、国家馆、河南馆、江西馆、南京馆

00800

物理器械实验法及其原理（第 1 卷） 王晚梅编纂

上海：科学仪器馆，1937.4，3 版，207 页，22 开

本书原名：物理器械说明书。共 4 编：一般供测定用器械、固体重学及其性质、液体重学及其性质、气体重学及其性质。

收藏单位：重庆馆

00801

物理学仪器（第 1 期） 中国科学图书仪器公司 [编]

上海：中国科学图书仪器公司，1947，24 页，32 开（中国科学图书仪器公司供应科学仪器化学药品）

收藏单位：国家馆

光学仪器

00802

蔡司测量仪器

出版者不详，[18] 页，16 开

本书封面题有“驻华总经理德商礼和洋行”字样。

00803

蔡司工业用精测仪器

上海：礼和洋行，129 页，24 开，精装

00804

蔡司光学测量仪器总目

上海：礼和洋行，38 页，32 开，精装

收藏单位：南京馆

00805

蔡司显微镜使用及整理法 W. Marquette 著

礼和洋行光学部，47 页，18 开

本书为蔡司显微镜商品说明书。封面题名：蔡司显微镜使用法。

收藏单位：国家馆、上海馆

00806

剪形镜说明书 军政部军用光学器材工厂编

军政部军用光学器材工厂，1937，12 页，42 开

收藏单位：广东馆

00807

望远镜 白桃编

上海：儿童书局，1932.4，28 页，32 开（儿童科学丛书）

上海：儿童书局，1933，3 版，28 页，32 开（儿童科学丛书）

本书共 8 部分，内容包括：两片透镜的游戏、两片透镜做成的千里镜、望远镜的道理、反射望远镜等。

收藏单位：重庆馆、广西馆、贵州馆、国家馆、首都馆

00808
望远镜 徐应昶编纂
上海：商务印书馆，1923，18 页，32 开（儿童理科丛书 15）
上海：商务印书馆，1924，再版，18 页，32 开（儿童理科丛书 15）
上海：商务印书馆，1928，3 版，18 页，32 开（儿童理科丛书 15）

本书内容包括：望远镜的用途、望远镜的发明史、望远镜的原理、伽利略的望远镜、反射望远镜等。

收藏单位：重庆馆、首都馆

00809
望远镜和显微镜 宗亮晨编
教育部民众读物编审委员会，[1930—1949]，22 页，大 64 开（民众文库）

收藏单位：国家馆

00810
显微镜 白桃编
上海：儿童书局，1932.3，35 页，32 开（儿童科学丛书）
上海：儿童书局，1933.4，[再版]，35 页，32 开（儿童科学丛书）
上海：儿童书局，1933，3 版，35 页，32 开（儿童科学丛书）

本书共 5 部分：两片透镜、造一简单的复显微镜、显微镜的道理、普通显微镜的构造、显微镜的施用法。

收藏单位：广西馆、贵州馆、国家馆、首都馆

00811
显微镜 费鸿年著
上海：商务印书馆，1929.10，74 页，32 开（万有文库 第 1 集 0452）（百科小丛书）
上海：商务印书馆，1933.4，74 页，32 开（百科小丛书）
上海：商务印书馆，1933.10，再版，74 页，32 开（百科小丛书）
上海：商务印书馆，1934，再版，74 页，32 开（万有文库 第 1 集 0452）（百科小丛书）

本书介绍显微镜的原理、构造、使用方法，以及在各方面的应用等。

收藏单位：安徽馆、重庆馆、大连馆、大庆馆、东北师大馆、广东馆、广西馆、国家馆、河南馆、黑龙江馆、湖南馆、江西馆、辽大馆、辽师大馆、南京馆、内蒙古馆、宁夏馆、陕西馆、上海馆、绍兴馆、首都馆、天津馆、西南大学馆、浙江馆

00812
显微镜 徐应昶编
上海：商务印书馆，1923.1，22 页，32 开（儿童理科丛书 14）
上海：商务印书馆，1924.5，再版，22 页，32 开（儿童理科丛书 14）
上海：商务印书馆，1928，3 版，22 页，32 开（儿童理科丛书 14）
上海：商务印书馆，1933，22 页，32 开（小学生文库 第 1 集 物理类）

本书介绍显微镜的历史、功能等。

收藏单位：东北师大馆、国家馆、湖南馆、吉林馆、上海馆、首都馆

00813
显微镜玻片标本目录 杜其垚编辑 中华教育用具制造厂制作
上海：中华书局，1935.9，90 页，横 16 开

本书内收显微镜玻版标本几百种。

收藏单位：浙江馆

00814
显微镜术与人生 尼尔（R. M. Neill）著 费鸿年摘译
外文题名：Microscopy in the service of man
上海：商务印书馆，1936.6，136 页，32 开（中学生自然研究丛书）
上海：商务印书馆，1936.8，再版，136 页，32 开（中学生自然研究丛书）
上海：商务印书馆，1937.3，3 版，136 页，32 开（中学生自然研究丛书）
上海：商务印书馆，1947.1，4 版，136 页，32 开（中学生自然研究丛书）（新中学文库）

本书叙述显微镜技术进步史略及其用途

等。共9章：近代显微镜及其用途、显微镜术、公共卫生与个人卫生、地球的地壳、显微镜与工业、知识的增进、生命的本质、显微镜术的史略、显微镜术的进步。

收藏单位：安徽馆、长春馆、重庆馆、广东馆、广西馆、贵州馆、国家馆、河南馆、湖南馆、江西馆、辽大馆、辽东学院馆、辽宁馆、柳州馆、南京馆、内蒙古馆、宁夏馆、绍兴馆、首都馆、天津馆、浙江馆

00815

周视望远镜IIC说明书 军政部军用光学器材工厂编

军政部军用光学器材工厂，1937，6页，42开

收藏单位：广东馆

地球科学仪器

00816

汉张衡候风地动仪造法之推测 王振铎著

北平：燕京大学哈佛燕京学社，1936.12，[9]页，16开

本书用近代地震仪原理对张衡地动仪进行分析说明。《燕京学报》第20期抽印本。

收藏单位：国家馆

00817

霓式地震仪原理及设计制造经过 李善邦著

[重庆]：经济部中央地质调查所，1945.2，影印本，27页，16开（地球物理专刊3）

收藏单位：国家馆

00818

耶那蔡司航空测量仪器有限公司摄影测量仪器总目 礼和洋行编

[上海]：礼和洋行，51页，16开

收藏单位：上海馆

00819

一公尺倒象测距仪书 军政部军用光学器材工厂编

军政部军用光学器材工厂，1937，20页，42开

收藏单位：广东馆

医药卫生器械

00820

X光线引阶 苏达三 傅维德编

上海：中华医学会，1933，80页，23开，精装

本书共10章，内容包括：X光线之发生、X光线管、X光之附属器械、X光线照相法、骨件之检查、消化道之检查、肺心胆尿生殖道之检查、异物之位置测定法等。

收藏单位：重庆馆、广东馆

00821

军政部军医署陆军卫生用具制造厂出品目录 军政部军医署陆军卫生用具制造厂编

重庆：军政部军医署陆军卫生用具制造厂，[1943]，18页，16开

本书内容包括：外科器械、肠胃泌尿科器械、五官口齿科器械、妇产科器械、义肢矫形器械、医院设备用具等。

收藏单位：重庆馆

00822

通明电疗机说明书 郑通明著

南京：通明电疗研究所，[1935]，37页，32开

本书介绍通明电疗机效用、制造动机、使用法等。附录：电疗机价目表。

收藏单位：国家馆

00823

卫生材料制造法及其代用品述要 中国红十字会总救护总部队材料总库编

中国红十字会总救护总部队材料总库，1940.1，13页，32开

收藏单位：南京馆

00824

紫光美容治疗机说明书（治病美容电气新医

术） 上海康元华行　绍敦电气公司编
上海：上海康元华行、绍敦电气公司，30 页，40 开

热工量的测量仪表

00825
玻璃温度计
上海：星星工业社，1940.10，28 页，18 开
本书为星星工业社产品说明书。
收藏单位：陕西馆

00826
温度计与高热计　谢宠泽著
上海：商务印书馆，1930.4，129 页，32 开（万有文库 第 1 集 0453）（百科小丛书）
上海：商务印书馆，1931.8，129 页，32 开（百科小丛书）
上海：商务印书馆，1933.4，国难后 1 版，129 页，32 开（百科小丛书）
上海：商务印书馆，1935，国难后 2 版，129 页，32 开（百科小丛书）
本书介绍各种温度计的原理与作用。附录：低温度发明人及年代表、各种极普通极重要的温度、在不同压力下的水沸点等。
收藏单位：安徽馆、重庆馆、大理馆、大连馆、大庆馆、东北师大馆、广东馆、广西馆、贵州馆、国家馆、河南馆、黑龙江馆、湖南馆、江西馆、辽大馆、辽师大馆、南京馆、内蒙古馆、宁夏馆、陕西馆、上海馆、首都馆、天津馆、西南大学馆、浙江馆

力学量测量仪表

00827
量具　苏谔编著　马长康　吴有麟摹绘
重庆：兵工署第二十一工厂，30 页，25 开（艺徒教育丛书）
本书共 2 章：活动量具、固定量具（样板）。
收藏单位：重庆馆、广东馆

材料试验机与试验仪器

00828
简便拉压力试验机说明
出版者不详，1 册，16 开
收藏单位：南京馆

武器工业

00829
军事工艺　陆军炮兵学校编
陆军炮兵学校，1942.8，油印本，176+62 页，22 开
本书共 2 编：兵器用材料、兵器制造之维修。附录：检验暂行规格摘要、兵工常用金属材料、火药及制药原料暂行规格等。目录页题名：军事工艺学教程。
收藏单位：贵州馆

00830
军械制造　李待琛著
东北军区军工部，1948.10 翻印，164 页，32 开
本书共 6 章：火药制造、火炮制造、炮弹制造、步枪制造、枪弹制造、炸弹制造。
收藏单位：国家馆、人大馆、山西馆

00831
军械制造　李待琛著
上海：商务印书馆，1933.12，213 页，36 开（万有文库 第 1 集 0582）（工学小丛书）
上海：商务印书馆，1934.1，213 页，36 开（工学小丛书）
上海：商务印书馆，1934.7，再版，213 页，36 开（工学小丛书）
上海：商务印书馆，1935，3 版，213 页，36 开（工学小丛书）
长沙：商务印书馆，1938.2，5 版，213 页，36 开（工学小丛书）
长沙：商务印书馆，1939.9，213 页，36 开（万

有文库 第1、2集简编500种227）（工学小丛书）

本书共6章：火药制造、火炮制造、炮弹制造、步枪制造、枪弹制造、炸弹制造。

收藏单位：安徽馆、长春馆、重庆馆、大理馆、大连馆、东北师大馆、广东馆、广西馆、贵州馆、国家馆、河南馆、黑龙江馆、湖南馆、惠州馆、江西馆、辽大馆、辽师大馆、内蒙古馆、宁夏馆、上海馆、首都馆、天津馆、浙江馆

00832
炮内弹道概要 钟毓灵著
军工部兵工署，[1933]，14页，25开

收藏单位：国家馆

00833
炮内弹道学 符其琏编
陆军炮兵学校，1941，284页，22开

收藏单位：广东馆

00834
炮内弹道学 严演存编
出版者不详，1946.10，294+[30]页，16开

本书书眉题名：炮内弹道学讲义。

收藏单位：国家馆、南京馆

00835
炮外弹道学 陆军炮兵学校著
陆军炮兵学校，1941.1，120页，22开

收藏单位：广东馆、国家馆

00836
真空弹道学 唐君铂编
陆军总监部总务厅，1936，98页，32开

收藏单位：广东馆

枪 械

00837
步枪轻机关枪及手榴弹之构造及性能 训练总监部国民军事教育处编
南京：训练总监部，1935，28页，32开
南京：训练总监部，1936，28页，32开
南京：训练总监部，1937，28页，32开
南京：训练总监部，1938.4，28页，32开
南京：训练总监部，1938.6，28页，32开

本书共3篇：步枪、轻机关枪、手榴弹。

收藏单位：安徽馆、重庆馆、广东馆、国家馆、湖南馆、江西馆、南京馆、内蒙古馆、天津馆

00838
哈乞开斯轻机关枪基本教练 王涤陈拟定
北平：兵学书店，1935，92+22页，64开

本书介绍操作哈乞开斯轻机关枪基本动作的要领。

收藏单位：重庆馆

00839
枪炮构造及理论 高庆春编
兵工学校印刷所，2册（676页），16开

本书内容包括：炮之沿革、世界火炮之现状、炮身之构造、膛内压力等。附录：非闭锁式枪闩之运动。

收藏单位：国家馆

00840
枪炮构造及理论 李待琛编
重庆：兵工专门学校，1938.1，2册（478+[47]+800页），16开

本书为军政部兵工专门学校讲义。内容包括：炮之沿革、世界火炮之现状、炮用材料、炮身之构造、炮身制造等。

收藏单位：重庆馆

00841
枪炮构造及理论 李待琛编
沈阳：沈阳军工部沈阳兵工厂，1949，2册（1190页），18开，精装

收藏单位：国家馆、南京馆、山西馆

火 炮

00842
炮架构造及理论 欧阳焕 王家俊编

出版者不详，1933，油印本，60 页，13 开

本书为军政部兵工专门学校讲义。

收藏单位：贵州馆

00843

炮架之理论及设计 吕则仁编

兵工学校印刷所，[1930—1939]，75 页，16 开

本书共 7 章，内容包括：射击时作用于炮架之外力、驻退力及后退力之计算、复进器、驻退机、缓进机等。

收藏单位：广东馆、国家馆

00844

日本六年式山炮说明书

合肥：安徽陆军炮兵学校，1921，油印本，78 叶，16 开，环筒页装

本书共 2 部分，介绍日本六年式山炮的结构机能、用途及取扱法。封面题名：六年式山炮说明书。

收藏单位：国家馆

00845

移动炮架 高庆春编

军政部兵工学校，1941，258 页，16 开

收藏单位：广东馆

弹药、引信、火工品

00846

弹（新发明之九） 邢墨卿编

上海：新生命书局，1934.8，70 页，32 开（新生命大众文库）

本书共 10 节，内容包括：大炸弹、弹之最初的发明、从弓箭到火药、火药的性质与种类、激射的工具、弹的分类、手榴弹与投下炸弹等。

收藏单位：重庆馆、广东馆、国家馆、江西馆、辽师大馆、南京馆

00847

弹药

胶东工叶研究室，1946，油印本，24 页，25 开，环筒页装

收藏单位：国家馆

00848

炮弹会议汇刊 ［东北军区军工部］编

东北军区军工部，1948.5，10+114 页，32 开

本书内容包括：讲话、发言、汇报、会议决议等。

收藏单位：国家馆、黑龙江馆、山西馆

00849

枪炮弹丸制造法 王惠编

军政部兵工学校，1940，314 页，18 开

收藏单位：广东馆

00850

铸造半钢弹之理论与实际 舒光冀著

［重庆］：兵工署，[1947]，213 页，16 开

本书介绍炮弹铸造与翻砂等。

收藏单位：重庆馆

00851

子弹制造法

胶东军区军工部研究室，1947.8 翻印，97 页，32 开

本书共 8 章，内容包括：法来福特兵工厂制造弹壳之工作法、制造子弹用模子之制作、司必塞子弹头之制造、子弹之装配等。

收藏单位：国家馆、山东馆

爆破器材、烟火器材、火炸药

00852

爆破实施讲义

陆军机械化学校，1947，1 册，32 开

收藏单位：广东馆

00853

爆破室内作业

出版者不详，油印本，1 册，16 开

收藏单位：广东馆

00854
木柄手榴弹学 岑士麟编译
岑士麟 [发行者]，1936，50 页，32 开

本书介绍手榴弹的制造和投掷方法。附录：最新式手榴弹实弹投掷规定等。

水中兵器

00855
电汽鱼雷说明书 西门子电机厂著
出版者不详，1914，14 页，22 开

收藏单位：首都馆

00856
水雷 钟毓灵著
广州：时敏书局，1936.7，90 页，16 开

本书共 5 章，介绍水雷的种类、性能、装置等。

收藏单位：首都馆

战车、战舰、战机、航天武器

00857
甲车构造学 吴荫棠 赵干臣编译
奉天：陆军甲车队，1928.3，170 页，32 开

本书共 20 课，内容包括：乐鳌式甲车一般之性能、构造概要、车壳之详细构造、甲车之悬架及运转机关等。据法文本编译。

收藏单位：国家馆

00858
军用汽车构造概要 陆军辎重兵汽车第二十一团编
台北：陆军辎重兵汽车第二十一团，1946.12，115 页，64 开（技术教育丛书 第 1 辑）

本书共 12 章，内容包括：发动机之构造、四行程发动机工作说明、多缸发动机之发火次序、润滑装置、冷却装置、传动机关等。目录页题名：军用汽车构造概论讲义。

收藏单位：国家馆

00859
军用汽车学 防空学校编
防空学校，1935.8，266 页，22 开

本书共 27 章，内容包括：军用汽车的演进、汽车之组成、内燃引擎之发动原理、内燃引擎之组成各部、汽门盖之启闭及混合物之燃烧时间、引擎平衡与发火次序等。

收藏单位：贵州馆

00860
日本装甲车辆之识别 军政部兵工署技术司编译
出版者不详，1944，油印本，1 册，横 13 开

收藏单位：广东馆

00861
特种车辆 张述祖编
出版者不详，1946，128 页，16 开

收藏单位：广东馆

00862
战车构造讲义 陆军机械化学校编
陆军机械化学校，1947，58+39 页，32 开

收藏单位：广东馆

核武器与其他特种武器及其防护设备

00863
毒气化学 （意）Mario Sartori 著 刘泰庠译
南京：正中书局，1937.7，257 页，25 开
重庆：正中书局，1940.4，再版，257 页，25 开
重庆：正中书局，1942，5 版，257 页，25 开
上海：正中书局，1947.2，沪 1 版，257 页，25 开
上海：正中书局，1947，沪 3 版，257 页，25 开

本书由总论各论组成。总论共 3 章：军用毒剂之重要性质、化学构造与毒害作用之关系、军用毒剂之分类；各论共 11 章，内容包括：卤素、光气、含卤醚、有机酸之含卤酯、

芳香属酯、丙烯醛等。附录：气体计算表等。据德文本转译。

收藏单位：长春馆、重庆馆、东北师大馆、广东馆、贵州馆、国家馆、湖南馆、江西馆、辽大馆、内蒙古馆、宁夏馆、上海馆、西南大学馆、浙江馆、中科图

00864
毒气侦检 英国保安部防空署著 军政部兵工署应用化学研究所译
外文题名：The detection and identification of war gases
军政部兵工署应用化学研究所，1940，66页，32开
军政部兵工署应用化学研究所，1942，66页，32开

本书为侦毒员应用手册。共5章：毒气绪言、毒气之物理的与化学的性质、侦毒之原理与方法、侦毒员之职责、毒气之化学鉴定法。

收藏单位：重庆馆、广东馆、国家馆

00865
毒气侦检大纲 （瑞士）司徒定格（J. Studinger）著 韩祖康译
长沙：商务印书馆，1938.1，53页，22开

本书内容包括：含卤素之毒气、含氯与硫之毒气、含氯与氮之毒气、含金属之毒气等。附录：毒气之臭气及刺激性。中英文本。

收藏单位：重庆馆、广东馆、贵州馆、国家馆、辽宁馆、山西馆、首都馆

00866
毒气制备实验法 （德）Hugo Stoltzenberg著 张郁岚译
南京：国立编译馆，1934.8，99页，22开
南京：国立编译馆，1935.3，再版，99页，22开
南京：国立编译馆，1935，3版，99页，22开
南京：国立编译馆，1937，4版，99页，22开
南京：国立编译馆，1937.11，5版，99页，22开

本书共5章：催泪毒气、喷嚏毒气、窒息毒气、糜烂毒气、毒血与毒神经毒气。

收藏单位：重庆馆、广东馆、广西馆、贵州馆、国家馆、河南馆、湖南馆、江西馆、南京馆、内蒙古馆、天津馆、浙江馆

00867
毒气制造
出版者不详，油印本，1册，16开

收藏单位：南京馆

00868
防毒木门制造图 韩倬儒设计
重庆：防空司令部第四处，[1937—1945]，石印本，1册，18开

收藏单位：国家馆、首都馆

00869
防毒木门制造图·重庆防空洞防毒门幕检验纪要 韩倬儒设计·航空委员会防空总监部编
航空委员会防空总监部，1943，38页，18开

收藏单位：首都馆

00870
军用原子能（美国政府主办原子炸弹发展之正式报告1940—1945年）（美）史密斯（Henry D. Smith）著 章康直译
外文题名：Atomic energy for military purposes
上海：中国科学图书仪器公司，1946.8，254页，32开
上海：中国科学图书仪器公司，1947.4，再版，254页，32开

本书共13章，内容包括：问题之叙述、至1941年12月行政方面之经过、至1940年12月止之进展、1942至1945年行政方面之经过等。附英国及加拿大政府报告。著者原题：史麦斯。《原子能之军事用途》一书的不同译本。

收藏单位：安徽馆、重庆馆、东北师大馆、广东馆、广西馆、国家馆、河南馆、湖南馆、吉林馆、江西馆、辽大馆、内蒙古馆、上海馆、绍兴馆、首都馆、浙江馆

00871
神秘的原子炸弹 陈汉光著

台南：台南书局出版部，1945，68 页，32 开

本书介绍原子炸弹（原子弹）的原理、制造和使用，以及产生的影响等。

00872

太平洋原子弹试验报告书 侯腾著

[南京]：出版者不详，[1946]，54+[19] 页，16 开

本书共 6 节：原子弹简史及原子分裂原理、毕几尼原子弹试验目的、试验部队及准备情形、目标区部署及其试验结果、意见、附录。附录：此次被邀参观国家及代表、太平洋形势概说等 4 种。

收藏单位：重庆馆、广东馆、国家馆、南京馆、西南大学馆

00873

原子弹 王中一著

大连：光华书店，1948.4，48 页，36 开（少年文库）

本书介绍原子弹的构造、应用、价值、前途等。

收藏单位：长春馆、东北师大馆、广东馆、国家馆、山东馆、首都馆、天津馆

00874

原子弹 徐绍清编

军事委员会政治部，1945.8，50 页，32 开

本书共 6 节，介绍原子弹的理论、发明、将来等。附录：万国原子量及其发见时间人物表。

收藏单位：国家馆、吉林馆、南京馆

00875

原子弹 姚启铎著

上海：中华书局，1948.6，26 页，32 开（中华文库 小学第 1 集 高级自然类）

收藏单位：广东馆、上海馆、天津馆

00876

原子弹讲话 莫一庸著

桂林：迈进出版合作社，1946，40 页，32 开（迈进丛书 2）

收藏单位：广东馆、广西馆、桂林馆

00877

原子弹与雷达 滕砥平编译

重庆：居然出版社，1946.3，154 页，32 开

重庆：居然出版社，1946，再版，154 页，32 开

本书共 3 编：雷达与电子、原子弹、原子时代的展望。

收藏单位：重庆馆、国家馆、吉大馆、南京馆、上海馆

00878

原子轰击与原子弹 （加）罗伯逊（John K. Robertson）著 文圣常译

[上海]：世界书局，1947.6，145 页，32 开

本书共 14 章，内容包括：物质是微粒组成的、发射带电的质点、宇宙线、制造轰击原子的巨炮、原子核的构造、核分裂与连锁反应、原子弹等。

收藏单位：重庆馆、广东馆、国家馆、黑龙江馆、湖南馆、南京馆、上海馆

00879

原子能之军事用途 （美）史密斯（Henry D. Smith）著 方光圻译

外文题名：Atomic energy for military purposes

重庆：军政部兵工学校，1946.5，[12]+270 页，32 开

本书为美国政府关于原子弹发展的官方报告（1940—1945 年）。共 13 章，介绍美国原子弹发展的行政经过及生产经过等。附录：原子核变化中高速质点之观测方法等。《军用原子能》一书的不同译本。

收藏单位：安徽馆、重庆馆、广东馆、国家馆、近代史所、南京馆、西南大学馆

00880

原子炮术及原子弹 （加）罗伯逊（John K. Robertson）著 张理京译

外文题名：Atomic artillery and the atomic bomb

上海：商务印书馆，1948.7，164 页，32 开

本书共 14 章，内容包括：物质是微粒组

成的、发射带电的质点、宇宙线、制造轰击原子的巨炮、原子核的构造、核分裂与连锁反应、原子弹等。

收藏单位：重庆馆、东北师大馆、广东馆、广西馆、国家馆、江西馆、辽宁馆、内蒙古馆、上海馆、首都馆、天津馆、浙江馆

00881
原子炸弹 陈泽凤著
杭州：浙江广播电台，1946.6，70页，32开

本书内容包括：原子核改组和原子能、原子能的取给、连环反应问题、原子连环反应成功了、镤的制造、原子炸弹和原子弹试验等。

收藏单位：重庆馆、国家馆、江西馆、南京馆、上海馆、浙江馆

00882
原子炸弹 冯石竹编
上海：经纬书局，1946.4，38页，32开（世界小文库）
上海：经纬书局，1947.4，6版，38页，32开（世界小文库）

本书共10节，内容包括：黩武者给武力屈服了、从基本知识说起、艰难的缔造历程、原料（铀235）是怎样提炼的、神话一样的威力、臆测中的原子炸弹、向科学的新世纪迈进等。

收藏单位：重庆馆、广西馆、国家馆

00883
原子炸弹 科学出版社编
北平：科学出版社，35页，32开（科学知识丛书）

本书介绍原子弹的基本原理，广岛、长崎原子弹爆炸情形，受伤人员的治疗经过等。

收藏单位：桂林馆、上海馆、天津馆

00884
原子炸弹 联合出版社编辑
联合出版社，1946，64页，32开

收藏单位：长春馆、黑龙江馆、首都馆

00885
原子炸弹 王味辛等编校
上海：大东书局，1947.1，22页，36开（新儿童基本文库 高年级自然故事）

本书以故事体裁叙述原子弹的有关知识。17页后为《种树的利益和方法》。

00886
原子炸弹（第1集 天下珍闻） 天下珍闻编辑部编
上海：天下珍闻社，14页，32开

本书共3节：科学珍闻、少见少闻、奇事。科学珍闻内收《原子炸弹》（王辅世）、《原子弹余波》（1946年4月26日《中央日报》）、《原子弹问世之年》等。

00887
原子炸弹（谜样的新武器） 高君毅编著
上海：九星出版社，1945.9，36页，32开
上海：九星出版社，1946，再版，36页，32开

本书共5章，介绍原子弹的原理、威力、发明、制造、应用的过程等。

收藏单位：安徽馆、重庆馆、广东馆、河南馆、南京馆、上海馆、西交大馆

00888
原子炸弹特辑 黎明编辑部编
上海：黎明出版社，44页，36开

本书介绍原子弹的构造、发明史、威力等。

收藏单位：广东馆

00889
原子炸弹之秘密 迁山编辑
上海：科学趣味社，[1945—1949]，13页，25开

收藏单位：江西馆

能源与动力工程

00890
动的力 江苏省立教育学院研究实验部编
无锡：江苏省立教育学院，1931.6，10页，32

开（民众科学问答丛书 26）

收藏单位：江西馆

动力机械

00891

M-85.86.87-A 型发动机使用须知

出版者不详，86 页，25 开

收藏单位：江西馆

00892

爱立生发动机手册 爱立生著 吴雨苍译

南京：空军机械学校，1944，182 页，50 开，精装

收藏单位：广东馆

00893

初级发动机教程 航空委员会编译

空军机械学校教育处，1946，再版，332 页，22 开

收藏单位：广东馆

00894

动力机 技工训练处编著

技工训练处，1944.3，130 页，36 开（技工丛书）

本书为技工教科书。共 3 编：动力机、起重机、唧筒。内容包括：汽锅、蒸汽机、水力机、风力机、内燃机等。

收藏单位：重庆馆、国家馆、南京馆

00895

动力机大意 吕持平著

兵工署第十一技工学校，112+34 页，25 开

本书共 3 编：动力机、起重机、唧筒。附录：德华名词对照。

收藏单位：重庆馆

00896

发动机 周缉庵编著

长沙：商务印书馆，1940.4，2 册（565+14 页），32 开

上海：商务印书馆，1946.9，4 版，2 册（565+14 页），32 开

上海：商务印书馆，1948.8—1949.4，6 版，2 册（565+14 页），32 开

本书为职业学校教科书。共 23 章，内容包括：复式蒸汽机、机车、蒸汽涡轮机、涡轮机之汽流、蒸汽机、汽锅之试验等。据英国邓肯所著 *Steam and other engines* 一书编著。

收藏单位：安徽馆、国家馆、江西馆、内蒙古馆、山西馆

00897

发动机

吉林：吉林书店，1948.12—1949.2，2 册（180+175+14 页），16 开

本书为东北政委会工业部吉林工业专门学校选用。解放区出版物。附录：英汉名词对照表。

收藏单位：长春馆、东北师大馆、广东馆、国家馆、湖北馆、辽宁馆、上海馆、天津馆

00898

发动机（上册） 周缉庵编著

上海：商务印书馆，1947.6，5 版，288 页，32 开

本书为职业学校教科书。共 23 章，内容包括：复式蒸汽机、机车、蒸汽涡轮机、涡轮机之汽流、蒸汽机、汽锅之试验等。据英国邓肯所著 *Steam and other engines* 一书编著。

收藏单位：江西馆

00899

发动机（下册） 周缉庵编著

长沙：商务印书馆，1940.12，再版，290-565+14 页，32 开

本书为职业学校教科书。共 23 章，内容包括：复式蒸汽机、机车、蒸汽涡轮机、涡轮机之汽流、蒸汽机、汽锅之试验等。据英国邓肯所著 *Steam and other engines* 一书编著。

收藏单位：贵州馆、国家馆

00900
发动机动力学 梁守槃编著
上海：商务印书馆，1948.11，124页，25开（大学丛书）

本书共10章，内容包括：惰性力之分析、直线发动机之均衡、不平行汽缸之发动机、不平衡力对外部之影响等。

收藏单位：国家馆、辽宁馆、内蒙古馆、上海馆

00901
发动机机工教程 军政部航空署选编
军政部航空署，1932.8，126页，32开

本书共5篇，内容包括：材料、发动机之处置、发动机保存法等。

收藏单位：贵州馆、国家馆

00902
原动机（上卷） 徐学澥编著
广州：国立中山大学出版部，[1935]，238页，16开

本书为国立中山大学讲义。内容包括：汽锅、蒸汽机关、蒸汽涡轮机等。

收藏单位：国家馆

00903
原动机及电机概论 （日）内田浩 （日）东条喜一著 范致远 郝新吾译
上海：商务印书馆，1936.2，381页，32开（工学小丛书）
长沙：商务印书馆，1938.12，3版，381页，32开（工学小丛书）

本书共5章：总论、热机关、电力机械及其应用、机械材料、燃料。

收藏单位：广东馆、国家馆、湖南馆、辽宁馆、南京馆、上海馆、首都馆

00904
原动机及锅炉（上册）
出版者不详，油印本，80叶，16开，环筒页装

本书封面题名：原动机。

收藏单位：国家馆

热力工程、热机

00905
工程热力学 戈本捷编著
重庆：正中书局，1944.1，352+[20]页，25开
上海：正中书局，1946，沪1版，352+[20]页，25开
上海：正中书局，1947.7，沪4版，352+[20]页，25开

本书为大学用书。共18章，内容包括：可逆性、气体之性质、气体之热力过程、气体循环、蒸汽之性质、蒸汽之热力过程等。

收藏单位：安徽馆、长春馆、重庆馆、东北师大馆、广东馆、国家馆、江西馆、南京馆、内蒙古馆、上海馆、西南大学馆、浙江馆、中科图

00906
热工学（1） 刘仙洲编著
上海：国立编译馆，1948.6，451页，25开

本书为部定大学用书。系统介绍工程热力学的科学原理。共14章，内容包括：能及能之变化、能量方程式、气体之性质等。

收藏单位：重庆馆、东北师大馆、国家馆、辽宁馆、南京馆、上海馆、浙江馆、中科图

00907
热机学 国立中央工业专科职业学校编
国立中央工业专科职业学校，[1942]，油印本，1册，16开，环筒页装
国立中央工业专科职业学校，[1943]，油印本，1册，16开，环筒页装

本书为国立中央工业专科职业学校讲义，专科职业学校用书。

收藏单位：重庆馆

00908
热机学 刘仙洲著
上海：商务印书馆，1936.11，2册（640页），

25 开（大学丛书 教本）
长沙：商务印书馆，1941.4，3 版，2 册（640 页），25 开（大学丛书 教本）
上海：商务印书馆，1946.7，5 版，2 册（640 页），25 开（大学丛书 教本）
上海：商务印书馆，1948.2，8 版，2 册（640 页），25 开（大学丛书 教本）
上海：商务印书馆，1949.4，10 版，2 册（640 页），25 开（大学丛书 教本）

本书共 21 章，内容包括：热力学概论、蒸汽之性质、蒸汽中所含水分之测定、锅炉、蒸汽机、内燃机、内燃机各部构造概要、内燃机实例等。

收藏单位：重庆馆、东北师大馆、广东馆、国家馆、湖南馆、辽大馆、辽宁馆、南京馆、内蒙古馆、首都馆、天津馆、浙江馆、中科图

00909
热机学（蒸汽机 1）
出版者不详，[1939]，油印本，[106] 叶，16 开，环筒页装

本书为专科职业学校用书。

收藏单位：重庆馆

00910
热机学题解 曹国惠编
长沙：商务印书馆，1939.4，229 页，25 开
上海：商务印书馆，1949，4 版，229 页，25 开

收藏单位：广东馆、贵州馆、国家馆、湖南馆、江西馆、辽宁馆

00911
蒸汽表与莫理耳图 基南（Joseph H. Keenan）著 刘仙洲译
外文题名：Steam tables and Mollier diagram
上海：商务印书馆，1937.3，63 页，22 开，精装（大学丛书 教本）
上海：商务印书馆，1937，3 版，63 页，22 开，精装（大学丛书 教本）

本书介绍温度表、压力表、过热蒸汽、换算表等。

收藏单位：甘肃馆、贵州馆、国家馆、湖南馆、辽宁馆、南京馆、内蒙古馆、宁夏馆、首都馆、浙江馆

蒸汽动力工程

00912
北京义合盛汽炉厂 北京义合盛汽炉厂编
北京：北京义合盛汽炉厂，1 册，32 开

本书用图册形式介绍该厂产品。

收藏单位：国家馆

00913
采暖（生产用的巨型锅炉装置图集）（苏）晓哥列夫（M. M. Щеголев）著 哈尔滨大学土木系供热煤气与通风教研室译
哈尔滨：哈尔滨大学土木系供热煤气与通风教研室，1940，124 叶

收藏单位：山西馆

00914
参考文献汇集 栗田工业株式会社东京支店编
栗田工业株式会社东京支店，64 页，25 开

收藏单位：国家馆

00915
公制莫理耳图
上海：龙门联合书局，[1] 页

本书作为度量标准之用。图一张。

收藏单位：南京馆

00916
关于锅垢的危害性
栗田工业株式会社，8 页，18 开

收藏单位：上海馆

00917
锅炉安全使用法 工业安全协会编
上海：天厨味精厂出版部，1934.11，104 页，16 开（工业安全丛书）

本书内容包括：蒸汽锅炉之安全使用法、法国之锅炉条例等。

收藏单位：国家馆、宁夏馆、上海馆、浙江馆

00918
锅炉学 海军学校编
[海军学校]，1939，油印本，95叶，16开，环筒页装
收藏单位：重庆馆

00919
陆用蒸汽透平机及其加油法 光裕机器油行编
光裕机器油行，36页，16开
本书为该产品使用说明书。
收藏单位：重庆馆

00920
煤水概论 姜国瑶编
上海：新世界杂志社，1933.6，38页，32开（电气文库1）
本书论述利用煤和水产生蒸汽开辟动力资源问题。
收藏单位：国家馆、浙江馆

00921
派生氏公司 信昌机器工程有限公司编
上海：信昌机器工程有限公司，[1926]，13页，16开
本书介绍派生氏公司蒸汽透平机、透平发电机等产品。
收藏单位：国家馆

00922
汽机发达简明史 孔祥鹅著
上海：商务印书馆，1923.4，66页，36开（百科小丛书23）
上海：商务印书馆，1923.10，再版，66页，36开（百科小丛书23）
上海：商务印书馆，1926，3版，66页，36开（百科小丛书23）
本书从汽机的萌芽时代、发育时代、成熟时代、应用时代四个阶段，介绍汽机发展史。附录：最初英国专利年谱、汽机的分类。
收藏单位：安徽馆、重庆馆、广东馆、广西馆、贵州馆、国家馆、河南馆、湖南馆、江西馆、南京馆、山东馆、上海馆、首都馆、天津馆、西南大学馆

00923
汽机发达小史 孔祥鹅著
上海：商务印书馆，1930.10，57页，32开（百科小丛书）（万有文库 第1集0566）
上海：商务印书馆，1933.11，国难后1版，57页，32开（百科小丛书）
上海：商务印书馆，1935，国难后2版，57页，32开（百科小丛书）
长沙：商务印书馆，1939.12，57页，32开（万有文库 第1、2集简编500种216）（百科小丛书）
本书从汽机的萌芽时代、发育时代、成熟时代、应用时代四个阶段，介绍汽机发展史。附录：最初英国专利年谱、汽机的分类。
收藏单位：安徽馆、长春馆、重庆馆、大理馆、大连馆、东北师大馆、广西馆、贵州馆、国家馆、河南馆、黑龙江馆、湖北馆、湖南馆、惠州馆、江西馆、辽大馆、辽师大馆、柳州馆、南京馆、内蒙古馆、宁夏馆、上海馆、天津馆、西南大学馆、浙江馆

00924
汽机设计
出版者不详，油印本，1册，16开
收藏单位：广东馆

00925
汽力厂 郑廷硃著
上海：商务印书馆，1930.10，192页，32开（万有文库 第1集0722）（工学小丛书）
上海：商务印书馆，1934.2，192页，32开（工学小丛书）
上海：商务印书馆，1935.4，再版，192页，32开（工学小丛书）
本书介绍汽力厂的机械设备、运转原理等。
收藏单位：安徽馆、重庆馆、大理馆、大连馆、东北师大馆、广东馆、广西馆、贵州

馆、国家馆、黑龙江馆、湖南馆、江西馆、辽大馆、辽宁馆、辽师大馆、柳州馆、南京馆、内蒙古馆、宁夏馆、上海馆、首都馆、天津馆、西南大学馆、浙江馆

00926
汽轮机学 李挺芬编著
国立编译馆，1949.3，423页，25开

本书为部定大学用书。共21章，内容包括：蒸汽之性质、熵图、汽轮之循环、蒸汽在喷嘴中之流动、蒸汽在车叶间之流动等。

收藏单位：辽宁馆、上海馆、中科图

00927
实验汽锅管理法 姚幼蕃编著
上海：商务印书馆，1936.4，393页，32开（工学小丛书）
上海：商务印书馆，1937.2，再版，393页，32开（工学小丛书）
长沙：商务印书馆，1940，3版，393页，32开（工学小丛书）

本书共5章：燃料、燃烧、热量之吸收、汽锅之考察法、汽锅管理。

收藏单位：重庆馆、广东馆、贵州馆、国家馆、湖南馆、江西馆、辽宁馆、内蒙古馆、上海馆、首都馆、浙江馆

00928
实用蒸汽机学 姚幼蕃编著 王永榜校
长沙：商务印书馆，1939.1，430页，36开
长沙：商务印书馆，1939.8，再版，430页，36开
长沙：商务印书馆，1940.5，3版，430页，36开
上海：商务印书馆，1947.3，沪6版，430页，36开

本书为职业学校教科书。共15节，内容包括：蒸汽机之原则及其功用、蒸汽机之机构、滑动活门及其装置等。附录：饱和蒸汽表、过热蒸汽表、中英文名词对照。

收藏单位：安徽馆、广东馆、贵州馆、国家馆、首都馆

00929
手工制造锅炉 顾毓瑔等编著
外文题名：Handicraft manufacturing of builers
经济部中央工业试验所，1941.10，38页，16开（经济部中央工业试验所研究专报123）

本书共8章，内容包括：手工制造锅炉情况、工具、使用方法等。逐页题名：手工制造锅炉之研究。

收藏单位：国家馆、湖南馆、南京馆

00930
蒸汽机 李宗法编著
上海：商务印书馆，1936，45页，32开（小学生分年补充读本 五年级自然科）

收藏单位：广西馆、河南馆

00931
蒸汽机 刘仙洲著
上海：中华学艺社，1926.6，217页，32开，精装（学艺丛书5）
上海：中华学艺社，1930，3版，217页，32开，精装（学艺丛书5）
上海：中华学艺社，1933.4，国难后1版，217页，32开，精装（学艺丛书5）
上海：中华学艺社，1935.3，国难后2版，217页，32开，精装（学艺丛书5）
上海：中华学艺社，1937.2，国难后4版，217页，32开，精装（学艺丛书5）
长沙：中华学艺社，1938.3，国难后5版，217页，32开，精装（学艺丛书5）

本书内容包括：热与量热法、气体之性质、蒸气之性质、单式蒸汽机、功图、马力计算法等。附录：管理蒸汽机与锅炉应注意之点、索引、译名对照表。著者亦名：刘振华。

收藏单位：安徽馆、重庆馆、大庆馆、广东馆、国家馆、江西馆、南京馆、绍兴馆、首都馆、浙江馆

00932
蒸汽机 徐应昶编纂
上海：商务印书馆，1922，21页，32开（儿童理科丛书5）
上海：商务印书馆，1925，3版，21页，32

开（儿童理科丛书 5）
　　收藏单位：国家馆、首都馆

00933
蒸汽及煤气动力工程　（美）波特（A. A. Potter）（美）考得武德（J. P. Calderwood）著　冯雄译
外文题名：Elements of steam and gas power engineering
长沙：商务印书馆，1938.4，378 页，22 开
长沙：商务印书馆，1940.11，3 版，378 页，22 开
　　本书附录：英汉对照表。
　　收藏单位：重庆馆、广东馆、国家馆、辽宁馆、南京馆、首都馆

00934
蒸汽莫理耳图解　金锡如绘制
外文题名：The mollier chart for steam
重庆：[国立重庆大学机械系]，1944，7 页，16 开
　　本书为大学用书。
　　收藏单位：重庆馆

内燃机

00935
柴油机引擎讲义
出版者不详，油印本，1 册，16 开
　　收藏单位：广东馆

00936
狄赛尔循环之热效率　董树屏著
北京：清华大学工学院，1946.4，10 页，16 开（清华大学工学院研究丛刊）
　　收藏单位：国家馆

00937
地实尔引擎加油法　光裕机器油行编
上海：光裕机器油行，33 页，10 开
　　本书为该产品说明书。
　　收藏单位：国家馆

00938
活塞环　张登义著
出版者不详，1944.3，30 页，32 开
　　本书介绍活塞环的性能、演变、装置、制造方法等。
　　收藏单位：重庆馆、国家馆、南京馆

00939
内冷内燃机研究及初步实验　王景斯著
[重庆]：王景斯[发行者]，[1943.8]，27 页，32 开
　　本书为中国工程师学会第 12 届年会论文。内容包括：什么是内冷内燃机、热效率增高原因、水及滑油分离器等。
　　收藏单位：重庆馆、国家馆、南京馆

00940
内燃发动机　郭力三编述
北京：永明印刷局，1924，296 页，25 开，精装
　　收藏单位：贵州馆、国家馆、湖南馆、辽宁馆

00941
内燃发动机讲义　陆军交辎学校编
陆军交辎学校，1937，22+492 页，32 开
　　本书共 13 章，内容包括：内燃机之构造与发动原理、主要循环、燃料与燃烧、着火装置、调速装置、润滑装置等。
　　收藏单位：重庆馆、国家馆

00942
内燃发动机讲义
出版者不详，122 页，25 开
　　收藏单位：重庆馆

00943
内燃机　陈天锡编
中央陆军军官学校第二分校，1938.9，60 页，32 开
　　本书介绍内燃机的构造、原理、化油作用、燃料喷射法等。
　　收藏单位：重庆馆

00944

内燃机　刘仙洲著

上海：商务印书馆，1933.12，[14]+125页，32开（万有文库 第1集0564）（工学小丛书）

上海：商务印书馆，1934.1，[14]+125页，32开（工学小丛书）

上海：商务印书馆，1935.2，3版，[14]+125页，32开（工学小丛书）

长沙：商务印书馆，1939.12，[14]+125页，32开（万有文库 第1、2集简编500种）

长沙：商务印书馆，1942.3，10版，[14]+125页，32开（工学小丛书）

上海：商务印书馆，1947.2，11版，[14]+125页，32开（工学小丛书）（新中学文库）

上海：商务印书馆，1948，12版，[14]+125页，32开（工学小丛书）

上海：商务印书馆，1949，13版，[14]+125页，32开（工学小丛书）

本书共9章，内容包括：内燃机之定义与其发展之略史、内燃机之主要循环、内燃机各部构造之概况、燃料与燃烧、化油装置、点火装置等。著者亦名：刘振华。

收藏单位：安徽馆、长春馆、重庆馆、大理馆、大连馆、东北师大馆、广东馆、广西馆、贵州馆、国家馆、河南馆、黑龙江馆、湖北馆、湖南馆、惠州馆、吉大馆、江西馆、辽大馆、辽东学院馆、辽师大馆、柳州馆、南京馆、内蒙古馆、宁夏馆、上海馆、首都馆、天津馆、西南大学馆、浙江馆

00945

内燃机概要　空军通信学校编

空军通信学校，1944，228页，22开

收藏单位：广东馆

00946

内燃机构造概论　陆军工兵学校编

重庆：陆军工兵学校，1947，94页，32开

本书为陆军工兵学校教材。

收藏单位：广东馆

00947

内燃机关　刘仙洲著

上海：中华学艺社，1924.7，56页，32开（学艺汇刊5）

上海：中华学艺社，1927，3版，56页，32开（学艺汇刊5）

上海：中华学艺社，1930.5，4版，56页，32开（学艺汇刊5）

上海：中华学艺社，1933.2，国难后1版，56页，32开（学艺汇刊5）

上海：中华学艺社，1934.10，国难后4版，56页，32开（学艺汇刊5）

长沙：中华学艺社，1938.9，国难后5版，56页，32开（学艺汇刊5）

[长沙]：中华学艺社，1941，56页，32开（学艺汇刊5）

本书共4章：总论、煤气机关、油机关、煤气概论。著者亦名：刘振华。

收藏单位：重庆馆、广东馆、贵州馆、国家馆、江西馆、辽宁馆、上海馆、西交大馆、浙江馆

00948

内燃机讲义

[陆军工兵学校]，油印本，91页，16开

收藏单位：广东馆

00949

内燃机浅说　裘颖芗著

浙江省抗日自卫委员会战时教育文化事业委员会，1939.4，44页，25开（应用科学小丛书）

收藏单位：江西馆

00950

内燃机实际能率之分析　李登科著

外文题名：The analyses of the actual performance of petrol engines

天津：国立北洋工学院出版组，1936.5，28页，16开（工科研究所研究丛刊2）

本书内容包括：汽油发动机的效率、总能量每立方英尺的燃料空气混合物、容积效率的汽油发动机等。

收藏单位：浙江馆

00951
内燃机学 曹希珍编
空军通信学校，1945.10，323页，22开
本书共11章，内容包括：燃料系、汽化系、冷却系、润滑系、传动系、马力计算等。
收藏单位：重庆馆、广东馆、国家馆、湖南馆

00952
内燃机原理（汽车训练用） 空军机械学校教育处编
空军机械学校教育处，1946，再版，40+22页，22开
收藏单位：广东馆、首都馆

00953
奇固提士引擎（构造、装拆、使用、管理） 中华铁工厂股份有限公司编
中华铁工厂股份有限公司，74页，22开
本书内容包括：奇固提士引擎构造概说、四行程循环制、完全冷拼开车、无空气注射式、循环油润制等。
收藏单位：国家馆、浙江馆

00954
汽油发动机构造纲要 （法）巴丁（Bardin）著 何乃民编译 王柏龄主编
南京：正中书局，1934.11，[13]+158页，32开
南京：正中书局，1939.3，再版，[13]+158页，32开
南京：正中书局，1940，6版，[13]+158页，32开
重庆：正中书局，1942.8，8版，[13]+158页，32开
本书内容包括：普通定义及注解、总论、发动机之马力、发动机之特性、汽缸等。附录：英美制及公尺制单位对照表、法英中译名对照表。
收藏单位：重庆馆、贵州馆、国家馆、湖南馆、江西馆、辽宁馆、南京馆、宁夏馆、上海馆、浙江馆

00955
燃气轮及其新发展 刘仙洲著
上海：商务印书馆，1947.2，63页，32开
本书讲述燃气轮在热机中的地位、发展史略、理论和应用、新发展与新应用、与蒸汽轮机的比较等。
收藏单位：重庆馆、国家馆、湖南馆、辽宁馆、上海馆、浙江馆、中科图

00956
苏尔寿狄瑞尔引擎 （瑞士）苏尔寿兄弟编
上海：苏尔寿兄弟机器公司，1935，37页，16开
本书共3部分：狄瑞尔引擎之燃料、各该油料优点、苏尔寿狄瑞尔引擎之品质与优点。
收藏单位：国家馆

00957
武氏内燃机差压引火方法之研究 武霈著
重庆：重庆南岸恒顺机器厂，1941，晒印本，26页，18开
收藏单位：重庆馆、国家馆

00958
新式煤油发动机管理及修理法 大隆铁厂编
上海：大隆铁厂，1929.12，72页，23开
本书介绍大隆牌煤油发动机的底脚及主要寸法、各种重要条款、各部概要等。
收藏单位：浙江馆

水能、水力机械

00959
水力机 蔡昌年编著
上海：商务印书馆，1933.12，81页，32开（万有文库 第1集0568）（工学小丛书）
上海：商务印书馆，1934.2，81页，32开（工学小丛书）（新中学文库）
长沙：商务印书馆，1939.12，81页，32开（万有文库 第1、2集简编）（工学小丛书）
长沙：商务印书馆，1940.5，5版，81页，32开（工学小丛书）

[南昌]：商务印书馆，1944.5，赣初版，81页，32开（工学小丛书）
上海：商务印书馆，1947.2，6版，81页，32开（工学小丛书）（新中学文库）
上海：商务印书馆，1948.6，7版，81页，32开（工学小丛书）

本书共6章，内容包括：水轮及水涡轮、冲击式涡轮、反动式涡轮、水力机之理论等。

收藏单位：安徽馆、长春馆、重庆馆、大理馆、大连馆、东北师大馆、广西馆、贵州馆、国家馆、河南馆、黑龙江馆、湖南馆、惠州馆、江西馆、辽大馆、辽东学院馆、辽宁馆、辽师大馆、柳州馆、南京馆、内蒙古馆、宁夏馆、上海馆、首都馆、天津馆、西南大学馆、浙江馆

00960
液体制动器
联合勤务总司令部，1948，64页，32开
收藏单位：广东馆

原子能技术

00961
科学技术方面的原子能管制 国防部第六厅编译
国防部第六厅，[1946]，62页，32开

本书讲述原子燃料制造、利用，原子能的应用及在管制上的关系，秘密活动等。正文页题：1946年纽约联合国新闻处张亮编译。

收藏单位：广东馆、上海馆

00962
未来的原子能 （美）迪茨（D. Dietz）著 顾振军译
外文题名：Atomic energy in the coming age
上海：中国文化服务社，1946.9，146页，32开（青年文库）

本书共15章，内容包括：原子能时代、原子学说之发生、原子之结构、能之意义、原子冲击、原子弹之应用等。

收藏单位：长春馆、重庆馆、大庆馆、广东馆、国家馆、辽大馆、辽宁馆、山西馆

00963
原子能研究 维格纳等著 贺光中等译
南京：新中国出版社，1948.1，132页，32开
收藏单位：国家馆

00964
原子能与原子弹 （加）罗伯逊（John Kellock Robertson）著 张其耀译
上海：正中书局，1948.2，145页，25开

本书共14章，讲述近代物理学中原子核研究的进展状况、原子能学说的一些概念等。

收藏单位：安徽馆、重庆馆、广东馆、国家馆、首都馆、浙江馆

00965
原子能与原子弹（第1集） 世界科学社研究部编辑
北平：世界科学社，1946.8，184页，32开（世界科学社丛书）

本书内收论文16篇，内容包括：《韩安教授与原子能之发现》（王普）、《劳伦斯与其磁电谐速器》（美国N. Carlise著，王普译）、《原子弹秘史一页》（美国Howerd Whitman著，朱吉启译）、《谁拥有原子力》（美国F. G. Brownell著，王普译）、《原子能之经济价值》（赵曾钰）、《铀镭与国防》（王普）等。目录页题名：原子能论文选（第1集）。

收藏单位：东北师大馆、国家馆、首都馆

00966
原子能与原子弹（核物理学发凡） 陈岳生编
上海：开明书店，1948.8，147页，32开（开明青年丛书）
上海：开明书店，1949.3，再版，147页，32开（开明青年丛书）

本书介绍物质的结构：分子和原子；原子的结构：质子、电子以及中子；核的结构：聚变与裂变、核转变等。附录：各种单位转换互换算表。

收藏单位：重庆馆、大庆馆、广东馆、广

西馆、贵州馆、国家馆、湖南馆、吉林馆、辽宁馆、内蒙古馆、宁夏馆、上海馆、绍兴馆、首都馆、天津馆、西南大学馆、浙江馆、中科图

00967
在日内瓦召开的和平利用原子能会议（卫生学教授 Ф. Г. Кротков 报告） Ф. Г. Кротков 著
出版者不详，5 页，18 开
收藏单位：上海馆

电工技术

00968
电 （英）布拉格（W. L. Bragg）著 杨孝述译
上海：中国科学图书仪器公司，1936.12，64 页，32 开（中国科学社科学画报小丛书）
上海：中国科学图书仪器公司，1941，[再版]，64 页，32 开（中国科学社科学画报小丛书）
桂林：中国科学图书仪器公司，1942.5，桂 1 版，64 页，32 开（中国科学社科学画报小丛书）
上海：中国科学图书仪器公司，1949，3 版，64 页，32 开（中国科学社科学画报小丛书）
本书共 6 讲：电是什么、电怎样流动、电动机和发电机、电的供给、电报和电话、振动电路。
收藏单位：重庆馆、广东馆、贵州馆、国家馆、辽宁馆、南京馆、上海馆、天津馆、浙江馆

00969
电磁电机无线电 郑贞文等编
上海：商务印书馆，1925.10，32 页，32 开（少年自然科学丛书 25）
重庆：商务印书馆，1943.12，渝 1 版，32 页，32 开（少年自然科学丛书 25）
本书共 4 部分：电流和磁石、电动机和发电机、电灯、无线电。
收藏单位：广东馆、国家馆、南京馆、上海馆

00970
电工 舒重则编著
上海：商务印书馆，1949，3 版，217 页，32 开
本书为职业学校教科书。

00971
电工常识
出版者不详，98 页，36 开
本书共 8 章：电磁概念、电池、发电机与电动机、电灯与电铃、电话、电报、无线电、线条及线路。
收藏单位：重庆馆

00972
电工概要 姚乐编
空军通信学校，1944，44 页，22 开
收藏单位：广东馆

00973
电工实习讲义 皮立勋编
空军机械学校教育处，1947，74 页，16 开
收藏单位：首都馆

00974
电气常识 施穆编
上海：中华书局，1930.10，20 页，36 开（民众工业丛书）
上海：中华书局，1932.7，再版，20 页，36 开（民众工业丛书）
上海：中华书局，1934.5，3 版，20 页，36 开（民众工业丛书）
本书共 7 部分：理论、电机、输送及配电、电池及电镀、电灯、电车、电报。
收藏单位：重庆馆、国家馆、黑龙江馆、江西馆、上海馆、首都馆、天津馆

00975
电气建国 赵松森编
南京：[电话总局]，1928，42 页，25 开

本书介绍电气建国的计划。其他题名：电气建国计划书。

收藏单位：重庆馆

00976

电气名词汇编 交通部电气技术委员会编

北京：[交通部电气技术委员会]，1920，113页，32开

收藏单位：南京馆

00977

电气事业报告（电机工程师学会小组会议） 单基乾等[编] 中国工程师学会主稿 中国电机工程师学会主编

中国电机工程师学会，1943.10，54页，16开

本书封面题名：一年来各项工程之进展“电机工程”。

收藏单位：国家馆

00978

电气事业电压周率标准规则 建设委员会编

南京：建设委员会，1930.9，48页，16开（建设委员会法规 电政类9）

本书附电气事业电压周率标准规则编订之经过。

收藏单位：国家馆、南京馆、首都馆

00979

电气心得 满洲电业股份有限公司编

[长春]：满洲电业股份有限公司，[1940—1949]，22页，32开

本书共6部分，内容包括：照明的基础常识、便利而且合理的电气使用法、电热之经济的使用法等。

收藏单位：国家馆

00980

电气学大意

出版者不详，晒图本，1册，16开

收藏单位：南京馆

00981

电气学理 顾毓琇著

庐山：庐山署期训练团，1937.7，30页，64开

收藏单位：南京馆

00982

电气游戏 陈泽凤编

南京：正中书局，1935.7，[10]+108页，32开

本书介绍电气方面的知识。内容包括：电阻、保险丝、弧光灯、电冶炉、电磁、电铃和电蜂等。

收藏单位：重庆馆、国家馆、湖南馆、江西馆、山西馆

00983

电气装置规则 国民政府建设委员会制定 徐培生校

上海：商务印书馆，1934.10，15+178+[34]页，32开

上海：商务印书馆，1935.3，再版，15+178+[34]页，32开

上海：商务印书馆，1935.5，3版，15+178+[34]页，32开

长沙：商务印书馆，1939.5，5版，15+178+[34]页，32开

本书共3篇：屋内电灯线装置规则、屋外供电线路装置规则、电力装置规则。附录：本规则专门名词中英文对照表。

收藏单位：重庆馆、广东馆、国家馆、湖南馆、江西馆、辽宁馆、南京馆

00984

电气字典（第1集） 邓子安电气工程师事务所电界编辑部编

邓子安电气工程师事务所电界编辑部，1919，58页，大64开，精装

收藏单位：首都馆

00985

电器承装人登记章程拟例、考验电匠章程拟例 建设委员会全国电气事业指导委员会拟订

南京：建设委员会全国电气事业指导委员会，1936.1，13页，16开

00986
电学应用基础（简明工务手册） 旅大行政公署工业厅计划处编
[大连]：旅大行政公署工业厅计划处，1949.9，69页，横36开
本书附录：各种瓦特小时计、单相瓦特小时接线法、积算瓦特小时计表等11种。
收藏单位：国家馆

00987
港粤沪华美电器行沪行电器图说 登善庭主干 苏桂樵编 梁子萍编绘
上海：港粤沪华美电器行沪行，1936.10，128页，16开
本书封面题名：港粤沪华美电器行电器图说。

00988
家庭电学常识 俞公乾编译
南京：正中书局，1937.6，83页，32开
重庆：正中书局，1942.2，再版，83页，32开
重庆：正中书局，1942.12，3版，83页，32开
上海：正中书局，1947.2，沪1版，83页，32开
本书共8章，内容包括：能功和热、电及电路、电流如何可以传能、怎样从电路上取得电能和利用它、怎样节制变更电流等。据C. F. Smith所著 *A guide to electricity for home and school* 一书编译。
收藏单位：重庆馆、广东馆、国家馆、湖南馆、南京馆、上海馆、浙江馆

00989
警察应用电气 赵佩珩编著
出版者不详，18+20页，36开
本书为中央警官学校第二分校讲义摘要。
收藏单位：广东馆

00990
警察应用电气学 赵佩珩编
中央警官学校，[58]页，32开
本书共7章，内容包括：电气理论、应用上之重要器材、警察应用之重要机械、触电之急救法等。
收藏单位：安徽馆、国家馆、南京馆

00991
日常电气生活 周毓莘编著
上海：世界书局，1930.4，127页，32开（生活丛书）
上海：世界书局，1931，再版，127页，32开（生活丛书）
上海：世界书局，1933.5，3版，127页，32开（生活丛书）
上海：世界书局，1935，4版，127页，32开（生活丛书）
本书共10章，介绍电、雷电、磁、电流、电池等。
收藏单位：重庆馆、广东馆、国家馆、河南馆、湖南馆、江西馆、南京馆、上海馆、首都馆、浙江馆

00992
日常电气应用手册 盛树枬编
上海：世界书局，1943.10，121页，32开
上海：世界书局，1947.5，再版，121页，32开
上海：世界书局，1948，3版，121页，32开
上海：世界书局，1949.4，4版，121页，32开
本书共12部分，内容包括：电的发生、电的传导和开闭器、电的检验和储藏、电光、电热、电动机及其应用、电磁效应等。
收藏单位：国家馆、江西馆

00993
少年电器制作法及电之用途 杨孝述 王常编
上海：中国科学图书仪器公司，1938.6，296页，32开（中国科学社科学画报小丛书）
上海：中国科学图书仪器公司，1939.5，3版，296页，32开（中国科学社科学画报小丛书）
上海：中国科学图书仪器公司，1941.7，5版，296页，32开（中国科学社科学画报小丛书）
桂林：中国科学图书仪器公司，1941.11，桂1版，296页，32开（中国科学社科学画报小丛书）
桂林：中国科学图书仪器公司，1942.6，桂2

版，296 页，32 开（中国科学社科学画报小丛书）

上海：中国科学图书仪器公司，1947.1，7 版，296 页，32 开（中国科学社科学画报小丛书）

上海：中国科学图书仪器公司，1948.10，8 版，296 页，32 开（中国科学社科学画报小丛书）

本书共 15 章，内容包括：电池和电池组、按钮和电键、电磁铁和感应卷、示号器和电铃、电流检验器和电流计等。封面题名：少年电器制作法附电之用途；版权页题名：少年电器制作法及电之用途。

收藏单位：重庆馆、广东馆、贵州馆、桂林馆、国家馆、湖南馆、辽大馆、南京馆、上海馆、首都馆、浙江馆

00994

实用电的常识 林履彬编

上海：华通书局，1930.3，218 页，23 开

上海：华通书局，1931.6，再版，218 页，23 开

上海：华通书局，1932.6，3 版，218 页，23 开

上海：华通书局，1933.9，4 版，218 页，23 开

本书共 10 章，内容包括：电的发生，电的光、热、力及种种效用，辐射电及电子的应用，蓄电池，电器的选择及修理等。附录：上海特别市电气用户屋内装线规则、英汉名词对照表。

收藏单位：重庆馆、广东馆、国家馆、南京馆、首都馆、浙江馆

00995

实用电气工学概论 姜国琉编

上海：新电界杂志社，1934.1，392 页，25 开

收藏单位：江西馆

00996

松花江第一发电所工事写真帖（第 1 辑） 满洲国水力电气建设局编

满洲电气协会，1940.1，1 册，32 开

本书通过 40 多张照片介绍日本占领东北时期建设的丰满水电站。

收藏单位：首都馆

00997

为防范电气危险告全国电气事业人书（总 101） 建设委员会编

建设委员会，1934.9，10 页，16 开

收藏单位：国家馆

00998

应用电气概论 钱仲超编

上海：中华书局，1936.3—1937.6，2 册（388 页），32 开（中华百科丛书）

上海：中华书局，1939，2 版，2 册（388 页），32 开（中华百科丛书）

上海：中华书局，1947.5，3 版，2 册（388 页），32 开（中华百科丛书）

本书内容包括：电之现象、磁气与电气之关系、电铃及电铃线路、化学作用所生之电气、直流电及其测定、交流电等。

收藏单位：重庆馆、广东馆、国家馆、河南馆、湖南馆、吉林馆、江西馆、南京馆、内蒙古馆、宁夏馆、山西馆、绍兴馆、首都馆、浙江馆、中科图

00999

中国电机工程师学会第九届年会手册 中国工程师学会编

中国工程师学会，[1946]，[42] 页，32 开

本书内容包括：讨论、论文摘要、提案、会员录等。

收藏单位：上海馆

电工基础理论

01000

初等电工学 （美）库克（Arthur L. Cook）著 梁引年译

外文题名：Elements of electrical engineering: a textbook of principles and practice

北平：京城印书局，1940.9，554 页，16 开

本书共 4 编：电路及磁路、直流机械学、交流学、交流机械学。

收藏单位：国家馆

01001
电工学 （德）科萨克（E. Kosack）著　杜若城译
外文题名：Elektrische Starkstromanlagen
上海：励志书局，1934.1，322页，23开
上海：励志书局，1934.7，再版，322页，23开
上海：励志书局，1935.8，3版，322页，23开
上海：励志书局，1936.12，4版，322页，23开
上海：励志书局，1940.6，5版，322页，23开
本书共15章，内容包括：电流之发生方法、定律及效应，测电器具及测电方法，直流发电机，直流电动机等。
收藏单位：重庆馆、国家馆、江西馆、南京馆、浙江馆

01002
电工学　舒重则编著
上海：商务印书馆，1948.8，217页，32开
上海：商务印书馆，1949.6，3版，217页，32开
本书为职业学校教科书。共5编，内容包括：电学原理、发电输电及配电、电讯等。
收藏单位：安徽馆、国家馆、江西馆、辽宁馆

01003
电工学 （美）陶威斯（Chester L. Dawes）著　毛启爽　王天一译
上海：中国科学图书仪器公司，1944.7，2册（672+624页），长25开，精装
上海：中国科学图书仪器公司，1946.6，再版，2册（672+624页），长25开，精装
上海：中国科学图书仪器公司，1947.3，3版，2册（672+624页），长25开，精装
本书内容包括：交流及交变电压、交流电路、复数量、交流仪器及量法等。
收藏单位：广东馆、国家馆、湖南馆、江西馆、辽大馆、上海馆、首都馆、浙江馆

01004
电工学　中央训练团重庆分团交通管理人员训练班编
重庆：中央训练团重庆分团交通管理人员训练班，1946，98页，32开
收藏单位：重庆馆

01005
电工学（强电工学概要 第1册 物理学原理）（德）赫尔曼（J. Hermann）著　杨伯乔译
南京：正中书局，1936，130页，32开
收藏单位：重庆馆、贵州馆

01006
电工学（探照灯）
陆军炮兵学校，1936，158页，25开
本书共4章：探照灯之远隔电力管制仪及比较仪、M-VI型防空探照灯、旧式防空探照灯、海防探照灯。
收藏单位：重庆馆

01007
电工学讲义　东北政委会工业部吉林工业专门学校编
吉林：吉林书店，1949.4，76页，大32开
收藏单位：南京馆

01008
电工学讲义（直流电之部）［军政部要塞炮兵干部训练班］编
军政部要塞炮兵干部训练班，80页，32开
本书共7章：一般要领、直流电机之原理及构造、磁化曲线及发电子反动、直流发电机之特性、直流电动机之使用特性、电工率品牌输送、分布干电池与蓄电池。
收藏单位：重庆馆

01009
电工学题解 （德）菲威格尔（H. Vieweger）（德）菲威格尔（W. Vieweger）著　杜若城译
外文题名：Aufgaben und losungen aus der gleich und wechselstromtechnik
上海：励志书局，1935.1，434页，32开
本书附录：重要权度、余弦及正切表、磁

化曲线图。

收藏单位：重庆馆、国家馆、湖南馆

01010

电工原理 （美）布什（V. Bush）（美）丁弼（W. H. Timbie）著 顾毓琇译

外文题名：Principles of electrical engineering

上海：商务印书馆，1937.3，521页，23开（大学丛书 教本）（中国电机工程学会丛书2）

[长沙]：商务印书馆，1938，再版，521页，23开（大学丛书 教本）（中国电机工程学会丛书2）

成都：商务印书馆，1944.10，蓉1版，521页，23开（大学丛书 教本）（中国电机工程学会丛书2）

上海：商务印书馆，1947，6版，521页，23开（大学丛书 教本）（中国电机工程学会丛书2）

上海：商务印书馆，1949，7版，521页，23开（大学丛书 教本）（中国电机工程学会丛书2）

本书附录：电阻系数与温度系数等5种。据原著1930年再版译。著者布什原题：白煦。

收藏单位：重庆馆、东北师大馆、广东馆、贵州馆、国家馆、湖南馆、辽宁馆、南京馆、上海馆、首都馆、西南大学馆

01011

电工原理 国立中央工业专科职业学校编

国立中央工业专科职业学校，1942，油印本，27叶，16开，环筒页装

收藏单位：重庆馆

01012

电工原理及实用 （美）格雷（A. Gray）（美）华莱士（G. A. Wallace）著 孙朝洲等译

外文题名：Principles and practice of electrical engineering

重庆：正中书局，1943.12—1944.7，2册（599页），25开

上海：正中书局，1946.9，沪1版，2册（599页），25开

上海：正中书局，1947.12，沪7版，2册（599页），25开

本书为大学用书。内容包括：物质与电、磁铁及磁性、电流之磁性、电势、电路及电阻等。

收藏单位：重庆馆、广东馆、国家馆、河南馆、黑龙江馆、辽大馆、辽宁馆、南京馆、宁夏馆、上海馆、天津馆、浙江馆

01013

电工原理及实用（下册）（美）格雷（A. Gray）（美）华莱士（G. A. Wallace）著 孙朝洲等译

外文题名：Principles and practice of electrical engineering

上海：正中书局，1947.6，沪4版，258-599页，25开

本书为大学用书。内容包括：物质与电、磁铁及磁性、电流之磁性、电势、电路及电阻等。

收藏单位：国家馆

01014

电路工学 （德）E. Kosack著 杜若城译

上海：励志书局，1935，217页，22开

上海：励志书局，1936，再版，217页，22开

本书内容包括：开关及保护设备、灯之连结法、计器之连结法、直流电场等。

收藏单位：国家馆、首都馆

01015

电气及其应用 许达年译

上海：中华书局，1935.10，176页，32开（初中学生文库）

上海：中华书局，1936.10，再版，176页，32开（初中学生文库）

昆明：中华书局，1941.1，昆明4版，176页，32开（初中学生文库）

上海：中华书局，1947.12，176页，32开（中华文库 初中第1集）

本书内容包括：电流与电池、磁石、电动机、蓄电池、变压和送电、电车等。

收藏单位：重庆馆、广东馆、桂林馆、国

家馆、河南馆、黑龙江馆、湖南馆、江西馆、辽大馆、南京馆、内蒙古馆、上海馆、西南大学馆

01016
关于分解电网络之新方法 王季同著
上海：工程研究所，1934.4，12页，16开（国立中央研究院工程研究所集刊2）
本书用英文写作，有中文摘要。

01017
航空电工学（第1册）
空军机械学校，154页，22开，环筒页装
收藏单位：重庆馆、广东馆、南京馆、首都馆

01018
交流电路 萨本栋著
上海：国立编译馆，1948.3，345页，25开
上海：国立编译馆，1948.8，2版，345页，25开
本书为部定大学用书。共10章，内容包括：复数、正弦电势与电流、电阻电抗与阻抗——相角差、电功率、多相制等。
收藏单位：重庆馆、广东馆、国家馆、湖南馆、辽宁馆、内蒙古馆、上海馆、浙江馆

01019
交流理论
出版者不详，油印本，1册，13开
收藏单位：广东馆

01020
交直流电难题详解（第1集） 范凤源著
上海：范凤源[发行者]，1948，53页，36开
收藏单位：国家馆、辽宁馆、南京馆、天津馆、浙江馆

01021
实用电学 国立中央工业专科职业学校编
[重庆]：国立中央工业专科职业学校，1942，油印本，13叶，16开，环筒页装
收藏单位：重庆馆

01022
实用电学 沈良能编
上海：土山湾印书馆，1935，6册（566页），22开
本书共22章，论述电机、电器及电讯的基础原理等。
收藏单位：国家馆

01023
应用电学 邓焕华编
[广州]：国立中山大学，238页，18开
收藏单位：国家馆

01024
应用电学 刘均衡编
[广州]：国立中山大学，1932，438页，18开
收藏单位：国家馆

01025
应用电学讲义 中央陆军军官学校教育处通信兵科编著
中央陆军军官学校教育处，1941.7，214页，32开
本书共16章，内容包括：电磁学概要、电池、电线、电灯、发电机及电动机、有线电报、无线电概要、天线与地线、真空管、收音机与扩音机、无线电定向与指向等。
收藏单位：重庆馆、国家馆

01026
直流电工实习讲义 林立仁主编
空军通信学校实习工厂，1946，1册，18开
收藏单位：首都馆

01027
直流电路 姚肇亭 金福田编著
上海：应用无线电社，1948.7，54页，32开（应用无线电丛书）（无线电应用数学 第1辑）
本书共4部分：电之单位及欧姆定律、电路之结构、电路之计算、计算实例。
收藏单位：广东馆

01028
最新电工学大纲 张鸿溟编
北平：大成书局，1936.1，12+85 页，22 开
收藏单位：重庆馆、国家馆

01029
最新实用电学 沈良能编
万国印书局，1922，664 页，24 开，精装
本书为文言体。
收藏单位：广东馆、南京馆

电工材料

01030
磁铁与电磁铁的设计 丁舜年编译
上海：电工图书出版社，1945.4，102 页，32 开（中国科学社工程丛书 电工技术丛书）
上海：电工图书出版社，1947.4，再版，102 页，32 开（中国科学社工程丛书 电工技术丛书）
本书内容包括：电学与磁学、交流电学、直流电动机与发电机等。据 W. J. Benjamin 所著 *Design of magnets and electromagnets* 一书编译。
收藏单位：北师大馆、重庆馆、广东馆、辽宁馆、内蒙古馆、上海馆、天津馆、浙江馆

01031
电木粉制造初步总结 王钟智 周峄 姜炳权整理
华东工矿部第二军工局化学总厂实验室，1949，油印本，48 页，32 开
本书共 8 部分，内容包括：大豆蛋白的制造、石炭酸树脂、成型等。
收藏单位：国家馆、山东馆

01032
电线
资源委员会中央电工器材厂，1945.6，12 页，32 开
收藏单位：南京馆

01033
雷电牌电瓷出品目录第四号 中央电瓷制造厂编
出版者不详
收藏单位：南京馆

01034
铅佐训练班讲义 交通部上海电信局编
上海：交通部上海电信局，1947.6，57 页，32 开
本书内容包括：电缆概说，种类、心线、外皮，安全法，急救法等。

电 机

01035
电动机 黄幼雄著
上海：开明书店，1947.11，116 页，32 开
上海：开明书店，1948.3，2 版，116 页，32 开
上海：开明书店，1949.1，3 版，116 页，32 开
本书共 3 编：电动机之制作、变压器之制作、电动机之应用。附录：电机常用名词。
收藏单位：重庆馆、国家馆、江西馆、辽宁馆、南京馆、宁夏馆、天津馆、浙江馆、中科图

01036
电动机 姜毓麟 姜寒编
兵工署第十一技工学校，62 页，32 开，环筒页装（电工常识手册 2）
本书介绍电动机的优点、种类、用法及损坏的原因等。附录：本厂电动机一览、马达电流表、温度改算表、常用单位改算表等。
收藏单位：重庆馆

01037
电动机 沈惠龙编
上海：中华书局，1948.6，26 页，32 开（中华文库 民众教育 第 1 集）
本书共 5 部分：怎样开动机器、电动机的原动力、电动机的种类、电动机的原理、电动机的构造和应用。

收藏单位：广东馆

01038
电动机采用及装接准则、使用须知合订本　电气股份公司总厂编
杭州：电气股份公司总厂，1936.12，23页，32开
收藏单位：国家馆

01039
电动机原理　杨耀德著
上海：全国民营电业联合会，1934.10，290页，22开，精装（全国民营电业联合会电业丛书1）
本书内容包括：电动机之基本原理、直流电动机、直流电动机电枢及磁场线卷、同期电动机等。
收藏单位：国家馆、内蒙古馆、浙江馆

01040
电机概要　李湘编辑
无锡：业余工作社，1936，110页，32开
本书内容包括：能力功率及效率、电路、磁路、直流发电机、直流发电机之特性、直流电动机、直流电动机之特性、分激电动机之速度控制法等。
收藏单位：重庆馆、广东馆、湖南馆、浙江馆

01041
电机工程　军训部通信兵监编
重庆：军训部通信兵监，1942，158页，32开
收藏单位：广东馆、南京馆

01042
电机工程　（德）托美伦（A. Thomalen）著　杜若城译
外文题名：Kurzes lehrbuch der elektrotechnik
上海：励志书局，1937.1，471页，18开
本书为大学教本。据原著第10版译。
收藏单位：国家馆、上海馆

01043
电机工程概论　陈章著
上海：商务印书馆，1933.12，187页，32开（万有文库 第1集0570）（工学小丛书）
上海：商务印书馆，1934.1，187页，32开（工学小丛书）
上海：商务印书馆，1935.5，4版，187页，32开（工学小丛书）
长沙：商务印书馆，1938.11，8版，187页，32开（工学小丛书）
长沙：商务印书馆，1939.9，187页，32开（万有文库 第1、2集简编500种218）（工学小丛书）
长沙：商务印书馆，1940.9，9版，187页，32开（工学小丛书）
上海：商务印书馆，1947.1，10版，187页，32开（工学小丛书）（新中学文库）
本书共12章，内容包括：发电机、电动机、变压器、发电厂、输电、电光等。
收藏单位：安徽馆、长春馆、重庆馆、大理馆、大连馆、东北师大馆、广东馆、广西馆、贵州馆、国家馆、黑龙江馆、湖南馆、惠州馆、江西馆、辽大馆、辽东学院馆、辽宁馆、辽师大馆、南京馆、内蒙古馆、宁夏馆、上海馆、首都馆、天津馆、西南大学馆、浙江馆

01044
电机工程简易手册　李湘编
无锡：业余工作社，1932.7，30+86+79页，32开
无锡：业余工作社，1935.3，增订2版，30+162+98页，32开
本书共3篇：电气机器大意、行政及技术法规、电机工程实用图表。
收藏单位：国家馆、南京馆、浙江馆

01045
电机工程名词（电工名词之普通部 中国工程师学会）　陈可忠编订
[上海]：商务印书馆，1937.6，127页，16开
本书内收电机工程电工名词六千余个。
收藏单位：国家馆

01046
电机工程名词（电化） 国立编译馆编订
国立编译馆，1935，打印本，1 册，10 开

本书内收英、法、德三国语本电机工程电化常用名词词汇。第一次送审本。

收藏单位：重庆馆

01047
电机工程名词（电力 上册） 国立编译馆编订
国立编译馆，1935，打印本，1 册，10 开

本书内收英、法、德三国语本电机工程电力常用名词词汇。第一次送审本。

收藏单位：重庆馆

01048
电机工程名词（电讯） 国立编译馆编订
国立编译馆，1935，打印本，1 册，10 开

本书内收英、法、德三国语本电机工程电讯常用名词词汇。第一次送审本。

收藏单位：重庆馆、南京馆

01049
电机工程名词（普通） 国立编译馆编订
国立编译馆，1935，打印本，1 册，10 开

本书内收英、法、德三国语本电机工程常用名词词汇。第一次送审本。

收藏单位：重庆馆、南京馆

01050
电机工程名词（电化部） 国立编译馆编订
重庆：正中书局，1945.7，39 页，16 开
上海：正中书局，1946.9，沪 1 版，39 页，16 开
上海：正中书局，1948.11，沪 3 版，39 页，16 开

本书内收电机工程电化常用名词词汇。英汉对照。中华民国三十三年二月教育部公布。

收藏单位：长春馆、重庆馆、国家馆、江西馆、南京馆、内蒙古馆、宁夏馆、山西馆、上海馆、浙江馆

01051
电机工程名词（电力部） 国立编译馆编订
重庆：正中书局，1945.12，59 页，16 开
上海：正中书局，1946.9，沪 1 版，59 页，16 开
上海：正中书局，1947.6，沪 4 版，59 页，16 开
上海：正中书局，1947.10，沪 7 版，59 页，16 开

本书内收电机工程电力常用名词词汇。英汉对照。中华民国三十年十一月教育部公布。

收藏单位：安徽馆、重庆馆、广东馆、广西馆、贵州馆、国家馆、江西馆、辽大馆、辽宁馆、南京馆、山西馆、首都馆、浙江馆

01052
电机工程名词（电讯部） 国立编译馆编订
重庆：正中书局，1945.12，73 页，16 开
上海：正中书局，1946.9，沪 1 版，73 页，16 开
上海：正中书局，1947.7，沪 4 版，73 页，16 开

本书内收电机工程电讯常用名词词汇。英汉对照。中华民国三十四年一月教育部公布。

收藏单位：重庆馆、东北师大馆、广东馆、贵州馆、国家馆、江西馆、辽大馆、辽宁馆、山西馆、浙江馆

01053
电机工程名词（普通部） 国立编译馆编订
长沙：商务印书馆，1939.8，223 页，16 开
长沙：商务印书馆，1940.11，再版，223 页，16 开

本书内收电机工程常用名词词汇。英汉对照。中华民国二十六年三月教育部公布。

收藏单位：重庆馆、广东馆、贵州馆、国家馆、江西馆、南京馆、上海馆

01054
电机工程名词 顾毓琇编订
北京：中国工程师学会，1934.4，增订再版，

75 页，16 开

本书内收电机工程名词五千余个。英汉对照。封面题名：工程名词——电机工程。

收藏单位：国家馆

01055

电机工艺　科学画报编辑部编

上海：中国科学图书仪器公司，1948.9，167 页，32 开（中国科学社科学画报小丛书 实用小工艺 7）

上海：中国科学图书仪器公司，1949.3，再版，167 页，32 开（中国科学社科学画报小丛书 实用小工艺 7）

本书内容包括：电磁、电化学、电热、照明、光电学等。

收藏单位：重庆馆、东北师大馆、国家馆、辽宁馆、南京馆、山东馆、上海馆

01056

电机讲义　郑尔章编

重庆：陆军工兵学校，1947，32 页，32 开

本书为陆军工兵学校电机教材。

收藏单位：广东馆

01057

电机浅说　军事委员会军训部编

中西印书馆，1940.1，80 页，32 开

本书为通信军士用书。内容包括：基本原理、发电机大要、电动机大要、充电机等。

收藏单位：重庆馆、南京馆

01058

电机设计　尤佳章著

上海：商务印书馆，1933.12，224 页，32 开（万有文库 第 1 集 0569）（工学小丛书）

上海：商务印书馆，1934.2，224 页，32 开（工学小丛书）

上海：商务印书馆，1934.7，再版，224 页，32 开（工学小丛书）

上海：商务印书馆，1934.11，3 版，224 页，32 开（工学小丛书）

上海：商务印书馆，1937，5 版，224 页，32 开（工学小丛书）

本书共 4 编：直流电机、交流电机、感应电动机、变压器。

收藏单位：安徽馆、重庆馆、大理馆、大连馆、东北师大馆、广东馆、广西馆、贵州馆、国家馆、河南馆、黑龙江馆、湖南馆、江西馆、辽大馆、辽师大馆、南京馆、内蒙古馆、宁夏馆、上海馆、绍兴馆、天津馆、西南大学馆、浙江馆

01059

电机修理概论　王季梅编译　何金茂校对

上海：美安电机图书出版社，1949，95 页，36 开

本书共 10 章，内容包括：电机之基本原理、轴承、换向器、直流发电机、直流电动机等。

收藏单位：重庆馆

01060

电机学教程　中央陆军军官学校编

南京：武学书局发行所，1942.4，38 页，22 开

本书共 2 篇：直流发电机、交流发电机。

收藏单位：国家馆、南京馆

01061

儿童的电机工程学　丁柱中编

上海：儿童书局，1932—1933，再版，4 册，32 开（儿童科学丛书）

本书内容包括：简单电瓶制造法、优良电瓶制造法等。

收藏单位：重庆馆、广西馆、国家馆、江西馆、首都馆

01062

发电机　江芷千编著

上海：正中书局，1948.4，22 页，32 开（儿童科学丛书）

本书用故事叙述发电机的简单原理、构造及应用等。

收藏单位：广东馆、国家馆、湖南馆、陕西馆

01063
发电机电动机构造法 （英）阿味莱（A. H. Avery）著 马绍良译
外文题名：Dynamo and electric-motor building
上海：商务印书馆，1923.9，151页，32开（工学小丛书）
上海：商务印书馆，1925，再版，151页，32开（工学小丛书）
上海：商务印书馆，1926.7，151页，32开（工学小丛书）
上海：商务印书馆，1929，5版，151页，32开（工学小丛书）
上海：商务印书馆，1933.5，国难后1版，151页，32开（工学小丛书）
上海：商务印书馆，1934，国难后2版，151页，32开（工学小丛书）
上海：商务印书馆，1937.3，国难后4版，151页，32开（工学小丛书）
长沙：商务印书馆，1939.8，国难后5版，151页，32开（工学小丛书）
上海：商务印书馆，1947.8，7版，151页，32开（工学小丛书）

本书共12章，内容包括：叙论：发电机电流、反向作用、母磁铁之形式、发电子、电刷及电刷连带器等。

收藏单位：重庆馆、东北师大馆、广东馆、国家馆、湖南馆、江西馆、内蒙古馆、上海馆、首都馆、天津馆、浙江馆

01064
交流电机 萨本栋撰
上海：商务印书馆，1949.3，564页，25开
上海：商务印书馆，1949.8，再版，564页，25开

本书内容包括：变压器之构造及运用、变压器之电压调整率及效率、特别变压器及其应用、变压器接联法等。

收藏单位：重庆馆、国家馆、江西馆、天津馆

01065
交流电机 尤佳章著
上海：商务印书馆，1930.10，146页，32开（万有文库 第1集0572）（工学小丛书）
上海：商务印书馆，1934.3，146页，32开（工学小丛书）
上海：商务印书馆，1934.7，再版，146页，32开（工学小丛书）
上海：商务印书馆，1934.10，3版，146页，32开（工学小丛书）
上海：商务印书馆，1935.5，4版，146页，32开（工学小丛书）
长沙：商务印书馆，1939.12，146页，32开（万有文库 第1、2集简编500种219）（工学小丛书）
长沙：商务印书馆，1939，7版，146页，32开（工学小丛书）
上海：商务印书馆，1947，11版，146页，32开（工学小丛书）

本书共9章，内容包括：基本概念及定律、交流电路、变压器、感应电动机、交流发电机、变流机等。

收藏单位：安徽馆、重庆馆、大理馆、东北师大馆、广东馆、广西馆、贵州馆、国家馆、河南馆、黑龙江馆、湖南馆、惠州馆、江西馆、辽大馆、辽师大馆、南京馆、内蒙古馆、宁夏馆、上海馆、绍兴馆、首都馆、天津馆、西南大学馆、浙江馆

01066
交流发电机及电动机 丁舜年编译
上海：电工图书出版社，1947.3，237页，32开（中国科学社工程丛书 电工技术丛书）
上海：电工图书出版社，1948.7，再版，237页，32开（中国科学社工程丛书 电工技术丛书）

本书共2编：交流发电机、交流电动机。附录：英汉名词对照索引。据L. S. Bourst和W. H. Tseene所著*Alternators and A.C. motors*一书编译。

收藏单位：重庆馆、东北师大馆、国家馆、江西馆、辽宁馆、天津馆、浙江馆

01067
少年电机工程师 （苏）布拉托夫（N. Bulatov）（苏）波士尼可夫（S. Posneekov）

著　符其珣编译
重庆：开明书店，1939.11，169 页，32 开（苏联少年科学丛书）（开明少年丛书）
重庆：开明书店，1940.4，再版，169 页，32 开（苏联少年科学丛书）（开明少年丛书）
重庆：开明书店，1941.4，3 版，169 页，32 开（苏联少年科学丛书）（开明少年丛书）
上海：开明书店，1943.5，沪 3 版，169 页，32 开（苏联少年科学丛书）（开明少年丛书）
上海：开明书店，1947.3，沪 8 版，169 页，32 开（苏联少年科学丛书）（开明少年丛书）
上海：开明书店，1948.4，沪 9 版，169 页，32 开（苏联少年科学丛书）（开明少年丛书）
上海：开明书店，1948，沪 10 版，169 页，32 开（苏联少年科学丛书）（开明少年丛书）
上海：开明书店，1949.4，沪 11 版，169 页，32 开（苏联少年科学丛书）（开明少年丛书）

本书介绍电的概念、电灯线路的修理、电信号、电热器、电的化学效应、电动机等。

收藏单位：重庆馆、东北师大馆、甘肃馆、广东馆、广西馆、贵州馆、国家馆、河南馆、湖南馆、江西馆、南京馆、内蒙古馆、山西馆、陕西馆、上海馆、浙江馆

01068
实用电机试验法　过文瀓著
无锡：业余工作社，1934.6，244 页，32 开（电机丛书 3）

收藏单位：广东馆、国家馆、浙江馆

01069
世界电机工程学校　世界电机工程学校编
香港：世界电机工程学校，[1940]，[40] 页，24 开

本书为世界电机工程学校 1940 年招生简章。

01070
一年来各项工程之进展（电机工程）　单基乾等 [撰]　中国电机工程师学会主稿　中国工程师学会主编
出版者不详，1943.10，54 页，16 开

本书为电机工程师学会小组会议电气事业报告。共 6 部分：抗战时期发展情形、对于一般工业之贡献、现在电气事业困难问题、战后计划、人才训练、电气标准。

收藏单位：重庆馆、广东馆

01071
直流电动机与发电机　毛启爽编译
上海：电工图书出版社，1945.12，177 页，32 开（中国科学社工程丛书 电工技术丛书）
上海：电工图书出版社，1946.12，再版，177 页，32 开（中国科学社工程丛书 电工技术丛书）
上海：电工图书出版社，1948.8，3 版，177 页，32 开（中国科学社工程丛书 电工技术丛书）

本书附录：英汉名词对照索引。据韩可克（Scott Hancock）所著 *D.C. Generators and motors* 一书编译。

收藏单位：重庆馆、东北师大馆、广东馆、国家馆、南京馆、上海馆、浙江馆

01072
直流电机　刘肇龙著
上海：中华书局，1937.9，260 页，22 开
昆明：中华书局，1939.10，2 版，260 页，22 开
上海：中华书局，1947.3，3 版，260 页，22 开
上海：中华书局，1947.9，4 版，260 页，22 开

本书为大学用书。共 13 章，介绍直流电机的构造和使用方法等。每章末附例题及练习题。

收藏单位：重庆馆、东北师大馆、广东馆、国家馆、河南馆、黑龙江馆、江西馆、辽大馆、辽宁馆、上海馆、首都馆、西南大学馆、浙江馆

01073
直流电机　尤佳章著
上海：商务印书馆，1930，143 页，32 开（万有文库 第 1 集 0573）（工学小丛书）
上海：商务印书馆，1932.11，143 页，32 开

（工学小丛书）
上海：商务印书馆，1933，再版，143 页，32 开（工学小丛书）
上海：商务印书馆，1935，6 版，143 页，32 开（工学小丛书）
长沙：商务印书馆，1939.12，143 页，32 开（万有文库 第1、2 集简编 500 种）（工学小丛书）
长沙：商务印书馆，1940.12，12 版，143 页，32 开（工学小丛书）
上海：商务印书馆，1947.6，14 版，143 页，32 开（工学小丛书）

本书内容包括：基本观念及定律、直流电机之构造、发电子线卷、磁化作用等。

收藏单位：安徽馆、长春馆、重庆馆、大理馆、东北师大馆、广东馆、广西馆、贵州馆、国家馆、河南馆、黑龙江馆、湖北馆、湖南馆、惠州馆、江西馆、辽大馆、辽师大馆、南京馆、内蒙古馆、宁夏馆、上海馆、绍兴馆、首都馆、天津馆、西南大学馆、浙江馆

01074
直流电机
兵工署第十一技工学校，91 页，23 开，环筒页装

收藏单位：重庆馆、广东馆

01075
直流电机实验　汪树模编
北京：国立北京大学工学院，1940.7，77 页，16 开

收藏单位：国家馆

01076
直流电机原理　顾毓琇编
[北平]：[国立清华大学]，[1934]，364 页，25 开

收藏单位：广东馆

01077
直流电机原理（美）兰斯道尔夫（A. S. Langsdorf）著　顾毓琇译
外文题名：Principles of direct current machines
上海：商务印书馆，1937.4，554 页，32 开（大学丛书 教本）（中国电机工程师学会丛书）
长沙：商务印书馆，1938，再版，554 页，32 开（大学丛书 教本）（中国电机工程师学会丛书）
成都：商务印书馆，1944.11，蓉 1 版，554 页，32 开（大学丛书 教本）（中国电机工程师学会丛书）
上海：商务印书馆，1949.8，3 版，554 页，32 开（大学丛书 教本）（中国电机工程师学会丛书）

本书内容包括：定律及定义、电机、电枢线卷、场卷及枢卷之磁化效应等。据原著 1931 年 4 版译。著者原题：兰司独夫。

收藏单位：重庆馆、东北师大馆、贵州馆、国家馆、湖南馆、江西馆、南京馆、内蒙古馆、宁夏馆、天津馆、浙江馆

01078
直流电机之整流极限　钱钟韩著
[昆明]：清华大学工学院，1946.4，1 册，16 开（研究丛刊）

收藏单位：中科图

01079
中建电机制造厂重庆分厂电气器材出品一览表　中建电机制造厂重庆分厂订
重庆：中建电机制造厂重庆分厂，1941，[12 页]，32 开

本书内容包括：马达起动器、油开关、低压刀开关等。

收藏单位：重庆馆

变压器、变流器及电抗器

01080
电压调整器　寿俊良编译
[上海]：电工图书出版社，1946.8，97 页，32 开（中国科学社工程丛书 电工技术丛书）
[上海]：电工图书出版社，1947.4，再版，97 页，32 开（中国科学社工程丛书 电工技术丛书）

本书共 7 章，内容包括：电压调整、直流发电机调整器、蓄电池组和直流馈电线的电压控制、交流发电机调整器等。据 Fred Von Heimburg 所著 *Voltage regulation* 一书编译。

收藏单位：重庆馆、东北师大馆、广东馆、国家馆、辽宁馆、南京馆、宁夏馆、首都馆、天津馆

01081

做方棚 朱文元编

中华书局，21 页，36 开

收藏单位：上海馆

电 器

01082

保护替续器及其应用 丁舜年编译

上海：电工图书出版社，1945.4，107 页，32 开（中国科学社工程丛书 电工技术丛书）

上海：电工图书出版社，1947.3，再版，107 页，32 开（中国科学社工程丛书 电工技术丛书）

本书共 10 章，内容包括：过量电流替续器、欠量电流替续器、电压替续器、功率替续器、温度替续器等。据美国国际函授学校教材 *Protective relays and their applications* 编译。

收藏单位：长春馆、重庆馆、东北师大馆、广东馆、国家馆、辽宁馆、南京馆、宁夏馆、天津馆

01083

电化电容器 倪尚达等著

中国科学社，1934.8，9 页，16 开

本书介绍电化电容器制造法。

01084

电信总局工业管理处中央电工器材制造厂制造些什么? 中央电器公司天津分公司编

天津：中央电器公司天津分公司，1949，42 页，25 开

本书介绍中央电工器材制造厂生产的三相交流感应电动机、配电变压器、电流互感器等产品。

收藏单位：国家馆

01085

克利特继电器与振动继电器（克利特公司第 27 号式与第 27 号 V 式） 交通部电政司译

南京：交通部电政司，1934.8，[20] 页，32 开

本书介绍该继电器的构造、效能等。中英文本。

收藏单位：浙江馆

01086

少年电器实验 吴嘉城著 潘人庸校订

上海：新华无线电社，1948.6，55 页，25 开

本书为少年读物。介绍电器实验的方法。

收藏单位：重庆馆、国家馆、吉林馆、辽宁馆、内蒙古馆、山东馆

01087

司路机键 寿俊良编译

上海：电工图书出版社，1946.6，99 页，32 开（中国科学社工程丛书 电工技术丛书）

上海：电工图书出版社，1947.4，再版，99 页，32 开（中国科学社工程丛书 电工技术丛书）

本书共 6 章，内容包括：断路器械与电网络保护器、避雷器、限流器等。附录：英汉名词对照索引等。据美国 E. F. Bracken 所著 *Switchgear* 一书编译。

收藏单位：重庆馆、广东馆、江西馆、辽宁馆、南京馆、内蒙古馆、天津馆、浙江馆

01088

线圈之实用设计 魏心苏编著 苏祖国增订

上海：亚美股份有限公司，1935.7，61 页，16 开

上海：亚美股份有限公司，1938，增订 2 版，61 页，16 开

上海：亚美股份有限公司，1941，增订 6 版，61 页，16 开

上海：亚美股份有限公司，1947.8，增订 9 版，61 页，16 开

本书介绍线圈的原理和应用。内容包括：计算的方法、求诱导率的方法、真空管内部储电量、英制美制线号表等。据 E. M. Shiepe 所著 *The inductance authority* 一书编著。

收藏单位：重庆馆、广东馆、国家馆、上海馆、浙江馆

发电、发电厂

01089
电厂工程师省煤实用方法
出版者不详，34 页，32 开

本书共 8 部分，内容包括：引论、初步注意及着手之点、试验之范围及其运用等。

收藏单位：国家馆

01090
电力厂 李熙谋主编
世界书局，[1946—1949]，20 页，25 开（少年应用科学丛刊）

收藏单位：贵州馆、江西馆

01091
发电厂热力工作者手册 （苏）郭马洛夫（苏）鲁克尼次基著 电业管总局东北设计分局译
国营动力，1949，修订 2 版，481 页

本书内容包括：锅炉设备、蒸汽透平机、发电厂热力设备系统、发电厂运转的技术经济指标等。

收藏单位：山西馆

01092
发电厂与配电站 毛启爽 吴玉麟编译
上海：电工图书出版社，1946.1，142 页，32 开（中国科学社工程丛书 电工技术丛书）
上海：电工图书出版社，1947.4，再版，142 页，32 开（中国科学社工程丛书 电工技术丛书）

本书附录：英汉名词对照索引。据 E. F. Braken 所著 *Electric stations and substations* 一书编译。

收藏单位：重庆馆、东北师大馆、广东馆、国家馆、绍兴馆、浙江馆

01093
发电所电气设备
出版者不详，油印本，1 册，16 开

收藏单位：广东馆

01094
华北电业唐山发电厂员工运行维护须知 华北电业唐山发电厂编
唐山：华北电业唐山发电厂，1949，69 页，32 开，精装

收藏单位：国家馆

01095
闸北水电公司发电厂之概观 刘晋钰 沈铭盘编
上海：震旦大学理工学院出版部，23 页，16 开

收藏单位：南京馆、首都馆

01096
蒸汽涡轮发电厂之新计划 朱瑞节著
出版者不详，28 页，16 开

收藏单位：南京馆

输配电工程、电力网及电力系统

01097
电力传输原理 L. F. Woodruff 著 张钟俊 阮善先译
外文题名：Principles of electric power transmission
上海：龙门联合书局，1949，211 页，22 开

本书为大学教本。内容包括：电感与电抗、集肤作用、介质电路及电容、稳定状态下输电线之电流及电压等。

收藏单位：河南馆

01098
电力分布学 Harry Barnes Gear 著 曾昭权译
[长沙]：湖南大学，146 页，16 开

收藏单位：国家馆、湖南馆

01099
电力装置规则 建设委员会编
南京：建设委员会图书馆，[1934.1]，67 页，16 开
本书附录：中英文名词对照表、规线表等。中华民国二十二年六月十六日建设委员会公布，二十三年一月一日起施行。
收藏单位：重庆馆、国家馆、南京馆

01100
电线经过铁路装置规则
建设委员会全国电气事业委员会，[1936]，8 页，16 开
本书规则于中华民国二十五年三月铁道部公布。
收藏单位：国家馆

01101
电线装置 实业部中央工厂检查处编
实业部中央工厂检查处，1936.11，60 页，32 开（工厂检查丛书 203）
本书附录：电伤及急救。
收藏单位：国家馆

01102
济、博、泰、新送电网设计书
出版者不详，[1945]，油印本，144 页，18 开
收藏单位：国家馆

01103
实用电工敷线法 庄标文编译
上海：电工图书出版社，1945.10，312 页，32 开（中国科学社工程丛书 电工技术丛书）
上海：电工图书出版社，1947.3，再版，312 页，32 开（中国科学社工程丛书 电工技术丛书）
本书共 2 编 25 章，介绍敷线通论、各式敷线制及其应用等。附录：英汉名词对照索引等。据美国国际函授学校教材 *Practical electrical wiring* 编译。
收藏单位：重庆馆、国家馆、湖南馆、辽宁馆、宁夏馆、上海馆、绍兴馆

01104
送电及配电
华北电业电工养成所，1944，85 页，25 开
收藏单位：首都馆

01105
外线基本实习指导书 藤叙汉编译
大连：中苏远东电业技工学校，1948，油印本，48 页，16 开
收藏单位：重庆馆

01106
线路工程手册（前集） 李湘编
无锡：业余工作社，1933.8，[106] 页，32 开（电机丛书）
本书共 8 篇，内容包括：电气原理大意、电气系统、配电线路、线路材料、线路用具等。
收藏单位：重庆馆、国家馆、浙江馆

01107
线路工程手册（后集） 李湘编
无锡：业余工作社，1935.11，[208] 页，32 开（电机丛书）
本书内容包括：架空线路之设施、变压器之装置、钢塔线路工作、非绝电式听筒法、绝电式听筒法等。
收藏单位：重庆馆、广东馆、国家馆

独立电源技术（直接发电）

01108
电池常识 张江树编
上海：南京书店，1932.10，54 页，32 开，精装
本书介绍充电时各部接法及整流器。附录：充电时各部接法之一种、整流器之介绍。
收藏单位：国家馆、湖南馆、江西馆、上海馆、首都馆、浙江馆

01109
电源设备　通信学校编
通信学校，1948，66 页，32 开
　　收藏单位：广东馆

01110
动力电池
出版者不详，油印本，1 册，16 开
　　收藏单位：南京馆

01111
干电池暂行标准及试验方法　施汝砺著
经济部中央工业试验所，1942.5，4 页，16 开（经济部中央工业试验所研究专刊 135）
　　收藏单位：国家馆

01112
干电池制造法　刘独义　骆凤峤编
上海：商务印书馆，1936.7，53 页，32 开（工学小丛书）
上海：商务印书馆，1937.2，再版，53 页，32 开（工学小丛书）
长沙：商务印书馆，1938，3 版，53 页，32 开（工学小丛书）
长沙：商务印书馆，1940.6，6 版，53 页，32 开（工学小丛书）
上海：商务印书馆，1947.7，8 版，53 页，32 开（工学小丛书）
　　本书介绍电池的定义、电池的种类、干电池的来历、干电池的种类、干电池各部的名称等。
　　收藏单位：重庆馆、广东馆、贵州馆、国家馆、河南馆、湖南馆、辽宁馆、南京馆、上海馆、首都馆、天津馆

01113
干电秘诀（特性与实验）　胡润桐编
南京：久华电池厂传习部，1931.9，65 页，22 开，精装
　　收藏单位：国家馆、南京馆

01114
干电试验规程摘要　实业部中央工业试验所编
[南京]：实业部中央工业试验所，1931.9，10 页，32 开
　　收藏单位：国家馆、南京馆

01115
干电制造　范凤源著
上海：范凤源电化实验室，1947，69 页，32 开
　　本书书前有干电制造过程的图照 14 幅。
　　收藏单位：重庆馆、吉林馆、辽宁馆、山西馆、上海馆

01116
光电池及其应用　杨一依编著
长沙：商务印书馆，1941.11，178 页，25 开（应用科学丛书）
长沙：商务印书馆，1942，再版，178 页，25 开（应用科学丛书）
重庆：商务印书馆，1943，3 版，178 页，25 开（应用科学丛书）
　　本书介绍光电池的种类、制造及应用。
　　收藏单位：重庆馆

01117
光电池及其应用　杨一依编著
重庆：正中书局，1941，178 页，25 开（应用科学丛书）
重庆：正中书局，1943.9，3 版，178 页，25 开（应用科学丛书）
上海：正中书局，1946.9，沪 1 版，178 页，25 开（应用科学丛书）
　　本书介绍光电池的种类、制造及应用。
　　收藏单位：重庆馆、东北师大馆、国家馆、河南馆、江西馆、辽宁馆、南京馆、内蒙古馆、山西馆、上海馆

01118
简易电瓶电池制作法　陈岳生著
上海：商务印书馆，1933.12，38 页，32 开（小学生文库 第 1 集 劳作类）
上海：商务印书馆，1934.3，再版，38 页，32 开（小学生文库 第 1 集 劳作类）

本书内容包括：简单湿电瓶、活板电池、蓄电池、干电瓶与干电池等。

收藏单位：东北师大馆、湖南馆、上海馆、首都馆

01119

经济电池配制图解（电池式无线电收音机唯一电源） 胡润桐 苏祖圭著

上海：亚美股份有限公司，1937.8，68页，32开

上海：亚美股份有限公司，1940.5，再版，68页，32开

本书内容包括：矿石收音机、交流电源收音机、交直流电源收音机、电池式收音机、经济电池之作用等。

收藏单位：重庆馆、国家馆、南京馆、上海馆

01120

克罗来特普兰脱式蓄电池 交通部电政司译

南京：交通部电政司，1934.8，[70]页，32开

本书为该蓄电池产品说明书。中英文本。

收藏单位：重庆馆、浙江馆

01121

美国最近颁行之干电池规范 施汝砺著

经济部中央工业试验所，1939.12，10页，18开（经济部中央工业试验所研究报告）

01122

实验干电池制造法 范凤源编著

上海：范凤源电化实验室，1933.3，74页，32开

上海：范凤源电化实验室，1934.6，再版，74页，32开

上海：范凤源电化实验室，1935.4，增订3版，74页，32开

上海：范凤源电化实验室，1936.6，增订4版，74页，32开

本书共20章，内容包括：电力的发生、电池的发明史、电池各部分的名称、电池内的化学作用、电池的归极作用、归极作用的害处等。

收藏单位：重庆馆、贵州馆、国家馆、湖南馆、绍兴馆、浙江馆

01123

实验干电池制造讲座 范凤源著 何才校阅

上海：范凤源电化实验室，1936.2，111页，24开，精装

本书内容包括：电力的发生、电池的发明史、电池各部分的名称、电池内的化学作用、电池的归极作用、归极作用的害处等。

收藏单位：国家馆、江西馆、南京馆、上海馆

01124

手电筒干电池试验报告 经济部中央工业试验所编

外文题名：Report on testing of unit dry cells

经济部中央工业试验所，1941.10，10页，18开（经济部中央工业试验所研究专报124）

本书共4部分：试验目的、方法、结果、结论。

收藏单位：重庆馆、国家馆

01125

蓄电池 林家棻编

空军通信学校，1944，58页，22开

收藏单位：广东馆

01126

蓄电池 毛启爽编译

上海：电工图书出版社，1945.9，132页，32开（中国科学社工程丛书 电工技术丛书）

上海：电工图书出版社，1947.2，再版，132页，32开（中国科学社工程丛书 电工技术丛书）

上海：电工图书出版社，1949，3版，132页，32开（中国科学社工程丛书 电工技术丛书）

本书共2编：蓄电池之原理构造及特性、蓄电池之装置维护及修理。据美国立特尔（R. W. Ritter）、亚楞（E. W. Allen）所著 *Storage batteries* 一书编译。

收藏单位：重庆馆、广东馆、国家馆、辽宁馆、内蒙古馆、上海馆、首都馆、浙江馆

01127
蓄电池保养须知　陆军机械化学校编
陆军机械化学校，1942.7，30页，36开

01128
蓄电池概论　姜筠译著　胡国光校阅
上海：大东书局，1933.8，203页，22开
上海：大东书局，1935.5，增订再版，262页，22开
上海：大东书局，1937.1，增订3版，262页，22开
　　本书共11章，内容包括：蓄电池之电学、铅板蓄电池、爱迪生蓄电池、蓄电池之化学、蓄电池之特性等。
　　收藏单位：东北师大馆、广东馆、国家馆、内蒙古馆、上海馆、天津馆、浙江馆

01129
蓄电池概论　姜筠译著　胡国光校阅
上海：作者书社，1947.6，增订4版，191页，25开
　　本书共11章，内容包括：蓄电池之电学、铅板蓄电池、爱迪生蓄电池、蓄电池之化学、蓄电池之特性等。
　　收藏单位：内蒙古馆

01130
蓄电池干电池及充电器　邱越凡　赖其都著
上海：建华公司编辑部，[1933.4]，59页，22开（建华无线电丛书）
　　本书共4章：铅制蓄电池、安迪生蓄电池、充电器、干电池。附录：中西名词对照表。
　　收藏单位：重庆馆、广东馆、国家馆、江西馆、南京馆

01131
蓄电池用硫酸　经济部中央工业试验所编
经济部中央工业试验所，1941.2，18页，32开（工业推广丛刊）
　　收藏单位：重庆馆、南京馆

01132
蓄电池用配电板及分电板　交通部电政司编
南京：交通部电政司，1934.8，24页，32开
　　本书共2编：配电板、分电板。
　　收藏单位：重庆馆

01133
蓄电池摘要
出版者不详，油印本，1册，13开
　　收藏单位：广东馆

01134
蓄电池制造法与充电法　范凤源等著
上海：范凤源电化实验室，59页，32开
　　本书内容包括：铅制蓄电池、安迪生蓄电池、充电器、干电池。附录：中西名词对照表。
　　收藏单位：国家馆、江西馆、浙江馆

电气化、电能应用

01135
灯　徐应昶编纂
上海：商务印书馆，1922，再版，22页，32开（儿童理科丛书3）
上海：商务印书馆，1924，3版，22页，32开（儿童理科丛书3）
上海：商务印书馆，1931，5版，22页，32开（儿童理科丛书3）
　　收藏单位：广东馆、国家馆、湖南馆、首都馆

01136
电灯　江苏省立教育学院研究实验部编辑
无锡：江苏省立教育学院，1931，6页，32开（民众科学问答丛书15）
　　收藏单位：国家馆、江西馆、南京馆

01137
电灯　李熙谋　卢钺章主编
上海：世界书局，[1946—1949]，13页，25开（少年应用科学丛书）

收藏单位：江西馆

01138
电灯　莫如孝编
上海：中华书局，1936.1，46 页，32 开
收藏单位：重庆馆、贵州馆、内蒙古馆

01139
电灯　张延祥　余昌菊著
上海：商务印书馆，1933.12，131 页，32 开（万有文库 第 1 集 0571）（工学小丛书）
上海：商务印书馆，1934.1，131 页，32 开（工学小丛书）
上海：商务印书馆，1934.7，再版，131 页，32 开（工学小丛书）
上海：商务印书馆，1935.4，3 版，131 页，32 开（工学小丛书）
上海：商务印书馆，1936.2，4 版，131 页，32 开（工学小丛书）
上海：商务印书馆，1937，5 版，131 页，32 开（工学小丛书）
上海：商务印书馆，1947.2，6 版，131 页，32 开（工学小丛书）（新中学文库）
上海：商务印书馆，1948.8，7 版，131 页，32 开（工学小丛书）（新中学文库）

本书共 17 章，内容包括：光学概论、电光学名辞、电线、电灯、电灯罩、装线法、电表、电光计划大概等。附录：标准制正名表、中外度量衡基本单位折合简表。

收藏单位：安徽馆、长春馆、重庆馆、大理馆、大连馆、东北师大馆、广东馆、广西馆、贵州馆、国家馆、河南馆、黑龙江馆、湖南馆、江西馆、辽大馆、辽东学院馆、辽宁馆、辽师大馆、柳州馆、南京馆、内蒙古馆、宁夏馆、上海馆、首都馆、天津馆、西南大学馆、浙江馆、中科图

01140
电灯泡（第 1 册 电气常识）　冯家铮等著
上海：中国亚浦耳电器厂，1935.10，30+16 页，32 开

本书内容包括：灯泡之种类、灯泡之选择、灯泡之经济等。附录：烛光与瓦特之关系、交通大学研究所对于本厂灯泡之试验报告、触电急救——人工呼吸法。

收藏单位：重庆馆、国家馆、浙江馆

01141
电灯装置法　董元芳编
上海：商务印书馆，1931，22 页，32 开
收藏单位：广东馆

01142
电力与人工之比较　浙江省电气局编
浙江省电气局，6 页，32 开

本书介绍电力的简便与经济，列举机织厂、米厂及豆腐铺等利用电力装置的好处。

01143
电气与人力　美电洋行编
上海：美电洋行，32 页，23 开

本书为美电洋行广告宣传品，介绍电的功用。

01144
电器常识　陈耿民　苏桂樵编辑
香港：港粤沪华美电器行，1932.11，85 页，16 开
收藏单位：上海馆

01145
电热　赵富鑫编译
上海：电工图书出版社，1945.8，203 页，32 开（中国科学社工程丛书 电工技术丛书）
上海：电工图书出版社，1947.4，再版，203 页，32 开（中国科学社工程丛书 电工技术丛书）

本书共 10 章，内容包括：热之基本计量、热之传播、电热器用材料、电热器的概论等。据 J. C. Woodson 所著 *Electric heating* 一书编译。

收藏单位：重庆馆、东北师大馆、广东馆、国家馆、河南馆、江西馆、辽宁馆、南京馆、上海馆、浙江馆

01146
电热器 江芷千编著
上海：正中书局，1948.4，16 页，32 开（儿童科学丛书）

本书介绍电热器发热原理和电熨斗、两种电暖炉等。

收藏单位：国家馆、陕西馆

01147
电照学 赵富鑫编译
上海：电工图书出版社，1946.2，138 页，32 开（中国科学社工程丛书 电工技术丛书）
上海：电工图书出版社，1947.2，再版，138 页，32 开（中国科学社工程丛书 电工技术丛书）

本书共 6 章，内容包括：光照的浅近原理、白炽电灯、他种光源、光照测定等。据 C. E. Weitz 所著 *Electric illumination* 一书编译。

收藏单位：重庆馆、广东馆、国家馆、河南馆、江西馆、辽宁馆、上海馆、天津馆、浙江馆

01148
多极灯原理 王子香著
王子香 [发行者]，1943.7，128+16 页，16 开

收藏单位：重庆馆、国家馆

01149
发光工程入门 （德）弗格（W. Voege）著 孟希译
外文题名：Leitfaden der Lichttechnik
上海：励志书局，1935.7，89 页，25 开

本书介绍光和照度的量法、发光工程在物理学上的基础、光源、屋内照明和户外照明等。

收藏单位：重庆馆、广东馆、国家馆、上海馆、浙江馆

01150
防止窃电之研究 建设委员会 [编]
建设委员会，1935，28 页，16 开

收藏单位：广东馆

01151
工厂用电经济问题 房耀文编
太原：电气学社，1935.11，10 页，25 开

本书内容包括：工厂发电与购电之经济比较、减少需要费或马力基本电费、改正负荷电力因数、免除不正当之电能消耗等。

收藏单位：山西馆

01152
家庭电器 黄幼雄著
上海：开明书店，1949.1，66 页，32 开
上海：开明书店，1949，2 版，66 页，32 开

本书介绍电的常识及各种家用电器。

收藏单位：东北师大馆、广东馆、贵州馆、国家馆、黑龙江馆、南京馆、绍兴馆、天津馆

01153
家用电器 李熙谋 卢钺章主编
上海：世界书局，[1946—1949]，14 页，25 开（少年应用科学丛书）

收藏单位：重庆馆、江西馆

01154
建设委员会屋内电灯线装置规则 北平华商电灯股份有限公司编校
北平：北平华商电灯股份有限公司，[1930.6]，49 页，25 开

本书共 8 章，内容包括：总则、屋内线路、开关及保险丝、接地法等。附录：美规线表、英规线表、本规则专门名词中英文对照表等 7 种。

收藏单位：国家馆

01155
近代的灯 徐天游编
上海：中华书局，1948.2，58 页，32 开（中华文库 初中第 1 集）

本书共 8 章，内容包括：石油灯、白炽电灯、弧光灯、探照灯等。

收藏单位：重庆馆、东北师大馆、广东馆、桂林馆、国家馆、黑龙江馆、湖南馆、惠州馆、江西馆、辽大馆、南京馆、内蒙古

馆、上海馆、西南大学馆

01156
利用电气预防危险 福州电气公司编
福州：福州电气公司，1938，52页，32开
收藏单位：福建馆

01157
氖灯工业 朱积煊 高维礽编
上海：商务印书馆，1936.8，207页，32开（工学小丛书）
长沙：商务印书馆，1939，再版，207页，32开（工学小丛书）
本书介绍氖灯发展史略、功效、构成、所用材料、设计及种类等。
收藏单位：重庆馆、甘肃馆、广东馆、贵州馆、国家馆、河南馆、江西馆、上海馆、浙江馆

01158
霓虹广告术 （德）哥尔德（S. Gold）著 陈岳生译
上海：商务印书馆，1936.11，258页，32开（工学小丛书）
上海：商务印书馆，1948.2，3版，258页，32开（工学小丛书）
本书介绍霓虹灯的制法、安装与保养。
收藏单位：重庆馆、广东馆、国家馆、湖南馆、江西馆、辽宁馆、南京馆、宁夏馆、上海馆、首都馆

01159
日光灯实用手册 陆鹤寿 陆益寿编
上海：国民文化出版社，1948.6，77页，32开
本书共6章，介绍日光灯的结构、附件、工作特性、安装、修理等。附录：中英文名词对照表。
收藏单位：长春馆、重庆馆、广东馆、国家馆、辽宁馆、浙江馆

01160
荧光灯 仇欣之编
上海：中国技术协会，1948.8，55页，32开（技术小丛书1）
本书共5部分：用荧光灯来照明黑暗的世界、荧光是什么、荧光灯的构造和附属装置、荧光灯的工作特性、荧光灯的装置和修理。附录：专门名词浅释。
收藏单位：广东馆、国家馆、辽宁馆、南京馆、上海馆

01161
萤光灯讲义 杨树芬编译
亚达无线电公司，1941，油印本，[21叶]，16开
本书介绍萤光灯的构造条件、萤光灯能量分布分析、萤光灯的化学成分、萤光灯与附件的装接法等。
收藏单位：重庆馆

01162
用电必读 建设委员会电气处编
南京：建设委员会图书馆，50页，16开（建设委员会丛刊）
本书共5章：电气浅说、家庭用电、工业用电、农业用电、用电安全须知。附录：家庭电灯装置应用谈。
收藏单位：重庆馆、国家馆、南京馆、绍兴馆、西交大馆

01163
用电常识 陈章著
[重庆]：中国文化服务社，1945.1，54页，32开（国民文库）
[重庆]：中国文化服务社，1945.4，再版，54页，32开（国民文库）
收藏单位：重庆馆、国家馆、首都馆

01164
用电常识
出版者不详，[1930—1949]，188页，25开
收藏单位：江西馆

01165
用电浅说 戴绍曾著

浙江省抗日自卫委员会战时教育文化事业委员会，1939.4，72页，32开（应用科学小丛书）

本书共6章：电之基本认识、电之效应、电之发生及输送、重要电具、用电线路、用电常识。

收藏单位：重庆馆、江西馆、浙江馆

01166
用电须知　杭州电气股份有限公司总厂编
杭州：杭州电气股份有限公司总厂，1935.1，77页，32开

本书介绍电的知识、各种电具使用法，并有该厂对电气用户的各种规章制度。

收藏单位：浙江馆

01167
用电指南　翁为编
上海：商务印书馆，1929.1，54页，32开
上海：商务印书馆，1931.12，国难后1版，54页，32开
上海：商务印书馆，1934，国难后增订2版，194页，32开（全国民营电业联合会技术委员会丛刊）
上海：商务印书馆，1935，国难后增订3版，194页，32开（全国民营电业联合会技术委员会丛刊）
长沙：商务印书馆，1939，国难后增订4版，194页，32开（全国民营电业联合会技术委员会丛刊）

本书共18章，内容包括：说电、发电、送电、进线、皮线、开关等。

收藏单位：重庆馆、广东馆、国家馆、河南馆、湖南馆、南京馆、内蒙古馆、上海馆、绍兴馆、首都馆

01168
最进步的灯　康朴编
上海：中华书局，1948.2，50页，32开（中华文库 小学第1集 高级自然类）

本书介绍电和光的知识、爱迪生和白炽灯、霓虹灯、荧光灯，以及各种特用的灯。

收藏单位：重庆馆、广西馆、国家馆

电气测量技术及仪器

01169
查表员应须之电气知识
［北京］：华北电业股份有限公司营业部，1941.10，油印本，44页，18开

收藏单位：国家馆

01170
电工仪器及量度　杨寄凡编译
上海：电工图书出版社，1945.4，178页，32开（中国科学社工程丛书 电工技术丛书）
上海：电工图书出版社，1947.3，再版，178页，32开（中国科学社工程丛书 电工技术丛书）

本书内容包括：电学与磁学、交流电学、直流电动机与发电机、交流电动机与发电机、电动机运用、电机试验等。据（美）Paul MacGahan、（美）D. A. Young所著*Electrical measuring instruments and practical electrical measurements*一书编译。

收藏单位：重庆馆、广东馆、国家馆、江西馆、南京馆、内蒙古馆、宁夏馆、上海馆、绍兴馆、浙江馆

01171
电力量法　（德）阿隆（C. Aron）著　孟希译
上海：励志书局，1935.6，128页，32开（励志工学丛书）

本书内容包括：电量及其单位、量法、计器、电功计、演习等。附德汉、英汉、法汉索引。

收藏单位：国家馆、江西馆、辽宁馆、浙江馆

01172
电阻标准精确测量法　施汝砺著
经济部中央工业试验所，1942.11，31页，16开（经济部中央工业试验所研究专报137）

收藏单位：国家馆

01173
复用电计 陈恭浩编著
上海：电世界社，1949.8，88 页，32 开（电世界社丛书 3）
本书介绍万用电表原理、作用、设计等。
收藏单位：天津馆

01174
湖南电灯公司较表设备及较验方法说明书 易鼎新编著
湖南电灯公司，[1935]，24 页，32 开
收藏单位：国家馆

01175
瓦特小时计 庄标文 杨肇燫编译
上海：电工图书出版社，1946.1，123 页，32 开（中国科学社工程丛书 电工技术丛书）
上海：电工图书出版社，1947，再版，123 页，32 开（中国科学社工程丛书 电工技术丛书）
本书附录：英汉名词对照索引等。据（美）O. J. Bush 所著 *Watthour meters* 一书编译。
收藏单位：长春馆、重庆馆、国家馆、辽宁馆、南京馆、首都馆、天津馆

01176
无线电测量术 姚肇亭编著 梁毅坚校订
上海：大东书局，1946.11，146 页，36 开
上海：大东书局，1947.3，再版，146 页，36 开
上海：大东书局，1947.10，3 版，146 页，36 开
本书共 17 部分，内容包括：直流电流表、直流电压表、交流电表、电位器、电工率之测量等。
收藏单位：重庆馆、吉林馆、南京馆、首都馆

01177
无线电测量术 姚肇亭编著 梁毅坚校订
上海，应用无线电社，1939.2，158 页，32 开
上海：应用无线电社，1946.7，3 版，158 页，32 开
本书共 17 部分，内容包括：直流电流表、直流电压表、交流电表、电位器、电工率之测量等。
收藏单位：国家馆

01178
旋转标准电度表及精确式电度表选购须知 建设委员会编
南京：建设委员会图书馆，1935.10，8 页，16 开

无线电电子学、电信技术

01179
少年无线电实验 吴嘉城编著 潘人庸校
上海：新华无线电社，1946.12，57 页，24 开
上海：新华无线电社，1948，2 版，57 页，24 开
本书共 77 节，从电池的原理讲起，介绍无线电实验的方法。
收藏单位：重庆馆、广东馆、内蒙古馆、天津馆

01180
无线电的话 张左企编
上海：小朋友书局，1934，23 页，36 开（小学中级常识丛书）
收藏单位：重庆馆

01181
无线电发明及发展史 曹仲渊编
上海：青年印刷所，[1935]，54 页，32 开
收藏单位：广东馆、国家馆、上海馆

01182
无线电技术工程教育
出版者不详，1938，21 页，24 开
本书主要介绍上海中国无线电工程学校概况。

01183
无线电袖珍字典　范凤源　陈毓武编辑
上海：范凤源电化实验室，1939.8，2版，342页，50开
本书书脊题名：无线电袖珍辞典。
收藏单位：上海馆

01184
无线电学初阶　魏心苏编著
上海：亚美股份有限公司，1935.12，253页，36开
上海：亚美股份有限公司，1937，重订版，253页，36开
上海：亚美股份有限公司，1939，增订版，253页，36开
上海：亚美股份有限公司，1940.6，4版，253页，36开
上海：亚美股份有限公司，1941.6，5版，253页，36开
上海：亚美股份有限公司，1944.1，增订6版，216页，32开
上海：亚美股份有限公司，1949.3，增订8版，216页，32开
本书共32章，内容包括：调节线圈、可变储电器、天线如何接收无线电波、矿石检波器、真空管、变压器、同轴储电器、五极真空管、无线电唱片两用机、交流收音机、短波无线电等。
收藏单位：长春馆、重庆馆、广东馆、国家馆、江西馆、南京馆、内蒙古馆、上海馆、首都馆、西南大学馆、浙江馆

01185
无线电学概要
出版者不详，16页，25开
本书共4节：无线电发展历史以及将来推进趋向、中国无线电事业现状、无线电原理略述、无线电报机之分析。
收藏单位：重庆馆

01186
应用无线电技术手册（第1辑 电阻器及容电器色漆之认识）　姚肇亭　张英松编
上海：应用无线电社，1948.9，11+10+5页，32开（应用无线电丛书）
本书为上海祥记无线电行发行。
收藏单位：国家馆、辽宁馆

01187
中国无线电工程学校章程　中国无线电工程学校编
上海：中国无线电工程学校，1933，16页，25开
收藏单位：国家馆

01188
中国业余无线电协会天津市分会参与天津市工程学术团体年会特刊　中国业余无线电协会天津市分会编
天津：中国业余无线电协会天津市分会，1948.10，13页，32开
本书介绍该会概况，英、美的业余无线电活动等。
收藏单位：国家馆

无线电技术

01189
曹仲渊博士演讲无线电教育　曹维廉笔记
出版者不详，44页，32开
本书记述曹仲渊关于无线电的演讲。
收藏单位：浙江馆

01190
基本图解无线电学　范凤源编著　萨本栋等校
上海：科学书报社，1948.3，2册（42+246页），32开（大学丛书）
上海：科学书报社，1948.5，再版，2册（42+246页），32开（大学丛书）
本书共20章，内容包括：无线电波与声波、电阻、电容、电感、耦合、检波器、放大器等。封面题名：范氏基本无线电学；版权页题名：范氏基本图解无线电学。
收藏单位：长春馆、重庆馆、国家馆、南

京馆、首都馆

01191
简明无线电修理法（原名，无线电常识及理修简法） 吴观周著
上海：开文书局，1940.3，78页，36开
本书共8部分：序言、修理常识的重要、拆穿西洋镜、看字识图、几种重要零件的说明、单位述略、使用装置及修理、附录。
收藏单位：贵州馆

01192
近世实用无线电学 何治垓 陈景涵编著
南京：共和书局，1934.4，540页，23开
南京：共和书局，1934.11，再版，540页，23开
南京：共和书局，1936.7，3版，540页，23开
本书共27章，内容包括：电子说及静电、直流电路、电池学、磁与电磁等。
收藏单位：重庆馆、广东馆、国家馆、湖南馆、首都馆、浙江馆

01193
近世实用无线电学 何治垓 陈景涵编著
桂林：新知书店，1939.3，4版，540页，23开
桂林：新知书店，1940.6，5版，540页，23开
本书共27章，内容包括：电子说及静电、直流电路、电池学、磁与电磁等。
收藏单位：南京馆

01194
近世无线电修理手册 钱若锦编著
上海：作者书社，1949.1，190页，32开
本书内容包括：收音机的障碍检查、简易测验及修理法等。
收藏单位：黑龙江馆、辽宁馆、山西馆

01195
马可尼无线电进化史 曾宗巩编译
[上海]：海军部海军编译处，1936.4，152页，22开
本书共11章，内容包括：海洋无线电成功之历史、无线电与船舶运输之连带关系、海上人民生命财产与比较三十年前更为安稳等。
收藏单位：浙江馆

01196
倪尚达氏无线电学习题详解 范凤源著
上海：中国无线电工程学校，1933，114页，22开
上海：中国无线电工程学校，1934.3，114页，22开
上海：中国无线电工程学校，1937.4，9版，114页，22开
本书共12章，内容包括：直流电习题、交流电路习题、无线电路习题、天线习题等。
收藏单位：贵州馆、国家馆、南京馆、内蒙古馆、浙江馆

01197
实验无线电集粹 沈沛恩著 范凤源校
上海：生活书店，1936.2，426页，32开
上海：生活书店，1936.5，再版，426页，32开
重庆：生活书店，1940.4，426页，32开
本书共13章，内容包括：无线电学大意、天线及地线、矿石机实验之部、单管机实验之部、二管机实验之部、三管机实验之部、四管机实验之部等。附录：波长的计算、自己诱导力的计算、欧姆氏法则等10种。
收藏单位：重庆馆、广东馆、贵州馆、国家馆、上海馆、首都馆、天津馆、西南大学馆、浙江馆

01198
实用无线电初级读本 苏淆编著
上海：海光无线电学社，1936，2册（90+110页），32开（海光无线电基本丛书）
本书共20课，讲述磁与电、线路与零件等。附课文摘要。
收藏单位：国家馆、浙江馆

01199
实用无线电读本 潘人庸著

上海：新华无线电社，1939.9，401页，24开
上海：新华无线电社，1940.5，再版，401页，24开
上海：新华无线电社，1941.3，3版，401页，24开
上海：新华无线电社，1942.9，4版，401页，24开
上海：新华无线电社，1946.3，5版，401页，24开
上海：新华无线电社，1946.9，6版，401页，24开
上海：新华无线电社，1948.4，8版，401页，24开

本书内容包括：电的基本知识、无线电讯的收发、真空管的应用、真空管特性表、收音机的设计和构造、高等外差式收报机等。

收藏单位：国家馆、河南馆、南京馆、首都馆

01200
实用无线电浅说 张敏成著
上海：中华学艺社，1931.4，79页，32开（学艺汇刊30）
上海：中华学艺社，1932.10，国难后1版，79页，32开（学艺汇刊30）
上海：中华学艺社，1934.4，国难后2版，79页，32开（学艺汇刊30）

本书共7章：应用各种零件、矿石收音机、真空管收音机、天地线之装置、电池、无线电报收发法、常识问答。附录：作图符号。

收藏单位：广东馆、国家馆、江西馆、南京馆、上海馆、浙江馆

01201
实用无线电手册 张天君编著
上海：上海沪江无线电研究社，1940.3，112页，32开

本书共10编，内容包括：矿石机之制造及使用法、一灯直流收音机之制造及使用法、三灯直流收音机装置及使用法等。

收藏单位：浙江馆

01202
实用无线电修理诀要 苏祖圭 胡润桐编著
上海：亚美股份有限公司，1937.7，268页，18开
上海：亚美股份有限公司，1940.4，增订版，268页，18开

本书介绍线路系统、直流电源电压供给之分配等无线电修理知识。

收藏单位：重庆馆

01203
实用无线电修理术 萧微尘编著
上海：萧微尘纪念委员会，1937.7，282页，25开
上海：萧微尘纪念委员会，1946.10，5版，282页，25开

本书共16章，内容包括：电流表与电压表、电阻测量及欧姆表、储电器试验及储电量表、输出电表与真空管电压表等。附录：收音机障碍病因检查表等。1946年5版为纪念版。

收藏单位：辽宁馆、浙江馆

01204
实用无线电学 杨树芬编 徐志方校
上海：亚达无线电公司，1939.3，256页，25开
上海：亚达无线电公司，1941.7，增订版，292页，25开

本书共15章，内容包括：电学、磁和电磁、交流电路、无线电路等。附无线电各种符号。增订版增加3章：超短波、电视、电表。

收藏单位：国家馆

01205
无线电 李熙谋 卢钺章主编
上海：世界书局，[1946—1949]，28页，25开（少年应用科学丛书）

收藏单位：贵州馆、江西馆

01206
无线电 微明编著

上海：新生命书局，1933，71 页，32 开（新生命大众文库 新发明 2）

本书介绍无线电的发明和实验经过。

收藏单位：重庆馆、辽师大馆、南京馆、陕西馆、浙江馆

01207

无线电 祝苏如编辑

世界书局，1942.12，赣 1 版，34 页，32 开

收藏单位：重庆馆、国家馆

01208

无线电（第 1 集 职业概况）

出版者不详，44 页，32 开（职业指导丛刊）

本书讲述无线电职业特性、发展趋势、工作范围、从业条件及技术条件等。

收藏单位：广东馆、国家馆、南京馆

01209

无线电（第 2 类 技术指导） 陆鹤寿编

出版者不详，1943.5，50 页，32 开（职业指导丛刊）

本书内容包括：职业概况、技术分析、优良技术之标准、设备及其维护等。

收藏单位：广东馆、国家馆、湖南馆、南京馆

01210

无线电常识 曹仲渊著

上海：民智书局，1926.4，104 页，50 开

本书内容包括：马可尼何以称为无线电报之发明家、马可尼之传略、何谓以太、想像中之以太浪、以太之定例等。

收藏单位：国家馆、河南馆、南京馆、上海馆、首都馆、浙江馆

01211

无线电初步 （美）E. E. Burns 著 孙克铭译 杨孝述校

外文题名：Radio: a study of first principles

上海：中国科学图书仪器公司，1944.9，258 页，32 开（中国科学社科学画报丛书）

上海：中国科学图书仪器公司，1946.4，再版，258 页，32 开（中国科学社科学画报丛书）

本书附录：容电器方程式、无线电用器符号、电码、英汉名词索引。

收藏单位：重庆馆、国家馆、河南馆、江西馆、南京馆、内蒙古馆、上海馆、首都馆、天津馆、浙江馆

01212

无线电初步 梁继明著

中美无线电社，1946.9，216 页，32 开

收藏单位：国家馆、山西馆、首都馆

01213

无线电初步 俞子夷编

上海：中华书局，1934.12，164+10 页，32 开（中华百科丛书）

上海：中华书局，1936.3，再版，164+10 页，32 开（中华百科丛书）

上海：中华书局，1939，3 版，164+10 页，32 开（中华百科丛书）

上海：中华书局，1940.8，4 版，164+10 页，32 开（中华百科丛书）

上海：中华书局，1947.5，5 版，164+10 页，32 开（中华百科丛书）

本书共 10 章，内容包括：声音是什么、电是什么、播音台的概观、收音的基本原理等。附录：中文名词索引、中英文名词对照表。

收藏单位：重庆馆、广东馆、国家馆、河南馆、湖南馆、江西馆、南京馆、宁夏馆、上海馆、首都馆、天津馆、浙江馆

01214

无线电读本 黄鉴村著

上海：申报馆，1934.1，102 页，32 开（申报丛书 19）

本书内容包括：无线电的原理启蒙、收音机的一般制造、矿石收音机、真空管、真空管收音机、收音机制造等。附录：制造收音机应用各机件的图样符号之解释。

收藏单位：湖南馆、江西馆、上海馆、浙江馆

01215

无线电工程（第1—3册） 陆鹤寿编著

重庆：陆鹤寿[发行者]，1944—1945，3册（534页），22开

本书为大学用书。内容包括：无线电波、电阻及电容、真空管电路的分析基础、振荡器、无线电接收机、无线电发射机、电波传播等。全4册，第4册未见。

收藏单位：国家馆

01216

无线电工程（第1—3册） 陆鹤寿编著

上海：中华书局，1948.4，3册（534页），22开

本书为大学用书。内容包括：无线电波、电阻及电容、真空管电路的分析基础、振荡器、无线电接收机、无线电发射机、电波传播等。全4册，第4册未见。

收藏单位：安徽馆、重庆馆、国家馆、山西馆、上海馆、首都馆

01217

无线电工程（上册）（美）忒孟著　陈章译

上海：商务印书馆，1946.2，274页，25开（大学丛书）（中国电机工程师学会丛书3）

上海：商务印书馆，1949，再版，274页，25开（大学丛书）（中国电机工程师学会丛书3）

本书全3册，中、下册在1949年后出版。附录：本书专门名词英汉对照表。

收藏单位：重庆馆、东北师大馆、国家馆、江西馆、上海馆、天津馆

01218

无线电工程概要　陈章编

上海：商务印书馆，1928.6，177页，32开

上海：商务印书馆，1929.5，再版，177页，32开

上海：商务印书馆，1932.6，国难后1版，177页，32开

上海：商务印书馆，1932.10，国难后2版，177页，32开

本书为新学制高级工业学校教科书。内容包括：无线电工程大意、电学基本原理浅释、传受线及地线、听筒与晶体收受器、三极真空管、成音周率放大收受法、射电周率放大收受法、无线电报与电话之发送、无线电之将来等。

收藏单位：重庆馆、广东馆、国家馆、江西馆、上海馆、首都馆、天津馆、浙江馆

01219

无线电工程学　陈章编著

上海：商务印书馆，1934.1，533页，32开，精装

上海：商务印书馆，1934.9，3版，533页，32开，精装

上海：商务印书馆，1936.8，增订4版，533页，32开，精装

上海：商务印书馆，1937，增订5版，533页，32开，精装

长沙：商务印书馆，1939.2，增订7版，533页，32开，精装

长沙：商务印书馆，1939.5，增订8版，533页，32开，精装

上海：商务印书馆，1946.12，增订11版，533页，32开，精装

上海：商务印书馆，1949.6，增订13版，533页，32开，精装

本书为职业学校教科书。共14章，内容包括：电学基本原理概要、无线电交通大意、减幅波无线电报、等幅波无线电报、电能发射与天线等。附录：习题、无线电发达史年鉴、国际协定无线电报号码等9种。

收藏单位：重庆馆、广东馆、广西馆、贵州馆、国家馆、湖南馆、江西馆、南京馆、内蒙古馆、宁夏馆、上海馆、首都馆、浙江馆

01220

无线电工程学

中央陆军军官学校教授部编译处印刷所，158页，25开

收藏单位：重庆馆

01221

无线电机检修法　军训部通信兵监编

重庆：军学编译社，1944.2，106 页，32 开

本书共 5 章：检查工具及参考图表、各种零件检修法、电源部分之检修法、收报机检修法、发报机检修法。

收藏单位：重庆馆

01222

无线电机修理法（附调准法） 周荫阿编

上海：龙门联合书局，1948.7，118 页，36 开

本书共 4 编：接收机之修理法、接收机之调准法、发送机之修理法、附录。

收藏单位：重庆馆、广东馆、南京馆

01223

无线电计算题解 （英）维特斯（A. T. Witts）著 郭寿铎译

外文题名：Worked radio calculations

上海：商务印书馆，1947.12，176 页，32 开

上海，商务印书馆，1948.8，再版，176 页，32 开

本书共 8 章，内容包括：电池组、容电器及电容、交流及交流功率等。附录：中西文名词对照表、索引。

收藏单位：重庆馆、国家馆、辽宁馆、上海馆、首都馆、四川馆、浙江馆

01224

无线电技术手册（无线电应用手册） 刘同康著

上海：无线电科学社，1947.12，216 页，42 开

上海：无线电科学社，1948.3，3 版，216 页，42 开

上海：无线电科学社，1948.11，4 版，216 页，42 开

本书介绍接收机、发送机、对讲机等的装置方法，电阻器电阻、线圈电感等的计算和常识。

收藏单位：重庆馆、国家馆、上海馆

01225

无线电讲话 （苏）艾思博（E. Aisberg）著 于道源译

上海：商务印书馆，1937.10，218 页，32 开

长沙：商务印书馆，1938.6，再版，218 页，32 开

长沙：商务印书馆，1939.6，3 版，218 页，32 开

上海：商务印书馆，1947.2，4 版，218 页，32 开

本书译自世界语。共 16 篇，用漫谈方式为少年儿童介绍无线电基本知识。著者原题：爱斯柏格。

收藏单位：安徽馆、重庆馆、广东馆、贵州馆、国家馆、南京馆、上海馆、首都馆

01226

无线电讲义 方立庆编译 刘同康修订

上海：开明书店，1938.11，133 页，32 开

上海：开明书店，1940.10，2 版，133 页，32 开

南昌：开明书店，1941.10，赣 1 版，133 页，32 开

上海：开明书店，1947.2，3 版，133 页，32 开

上海：开明书店，1949.1，5 版，133 页，32 开

本书共 7 讲，内容包括：电流、电路、电功，磁与电磁，电容量与感应量，交流电等。版权页题名：无线电讲义（修订本）。

收藏单位：重庆馆、东北师大馆、广东馆、国家馆、河南馆、黑龙江馆、南京馆、内蒙古馆、山西馆、首都馆

01227

无线电交通工程学 萧微尘编著

上海：合众无线电工程社，[1942]，323 页，23 开

本书共 17 章，内容包括：电、电路、电磁、真空管、收音机、发射机、无线电波、电视等。

收藏单位：安徽馆、上海馆

01228

无线电考试问题解答 孙克铭编译 萧明襄校阅

上海：孙克铭[发行者]，1936.9，290+137

页，32 开

收藏单位：国家馆、绍兴馆

01229

无线电考试问题解答（改正与补充）［孙克铭］编译 ［萧明襄］校阅

上海：生美印刷公司，1937.3，[46] 页，32 开

收藏单位：国家馆

01230

无线电浅说 （英）赫卿荪（R. W. Hutchinson）著 俞忽译

北京：京华印书局，1928.7，278 页，23 开

本书共 7 章，内容包括：无线电收音机里面用的几种零件、无线电浪的发生传送和接收、结晶石和电扉、天线和地线、结晶石收音电流圈和电扉收音电流圈等。

收藏单位：国家馆

01231

无线电浅说 （英）赫卿荪（R. W. Hutchinson）著 俞忽译

河北丰台：俞子慎［发行者］，1929.8，再版，376 页，23 开

本书共 7 章，内容包括：无线电收音机里面用的几种零件、无线电浪的发生传送和接收、结晶石和电扉、天线和地线、结晶石收音电流圈和电扉收音电流圈等。

收藏单位：黑龙江馆

01232

无线电浅说 （英）赫卿荪（R. W. Hutchinson）著 俞忽译

汉口：华中日报社印刷部，1935.9，3 版，344 页，23 开

本书共 7 章，内容包括：无线电收音机里面用的几种零件、无线电浪的发生传送和接收、结晶石和电扉、天线和地线、结晶石收音电流圈和电扉收音电流圈等。

收藏单位：广东馆、国家馆、黑龙江馆

01233

无线电浅说 华汝成编

上海：中华书局，1935.10，144 页，32 开（初中学生文库）

上海：中华书局，1936，再版，144 页，32 开（初中学生文库）

上海：中华书局，1941，4 版，144 页，32 开（初中学生文库）

上海：中华书局，1947.12，144 页，32 开（中华文库 初中 第 1 集）

本书内容包括：无线电的沿革及原理、无线电话的收音、无线电话的播送。附录：符号汇录、直流收音机线路摘记等。

收藏单位：重庆馆、广东馆、桂林馆、国家馆、黑龙江馆、江西馆、辽大馆、南京馆、内蒙古馆、陕西馆、上海馆、首都馆、西南大学馆、浙江馆

01234

无线电入门 苏祖圭 胡润桐编著

上海：亚美股份有限公司，1949.1，44 页，32 开（苏氏丛书 1）

收藏单位：上海馆、云南馆

01235

无线电入门 苏祖国著

上海：苏氏兄弟公司，1927.4，68 页，32 开（科学丛书 1）

上海：苏氏兄弟公司，1928.5，增订版，68 页，32 开（科学丛书 1）

上海：苏氏兄弟公司，1929.10，再版，68 页，32 开（科学丛书 1）

上海：苏氏兄弟公司，1934.8，增订 2 版，68 页，32 开（科学丛书 1）

本书内容包括：附件原理、诱导率、储电率、传播之理、受信之理、调节用具等。

收藏单位：重庆馆、国家馆、湖南馆、浙江馆

01236

无线电入门 姚卓文编著 金惠民校订

浙江省教育厅，1937.7，82 页，25 开（民众教育辅导丛书）

本书介绍无线电基础知识。

收藏单位：贵州馆、湖南馆、江西馆、南

京馆、首都馆、浙江馆

01237
无线电入门　俞子夷编
上海：中华书局，[1931—1940]，6 册
本书内容包括：轻巧灵便的收音机造法、各式各样的线圈做法、现成的矿石收音机等。
收藏单位：广西馆、湖南馆、南京馆、浙江馆

01238
无线电设计　陆鹤寿编
重庆：国立造纸印刷厂，1943.6，194 页，32 开
本书为《无线电设计大全》缩写本。共 14 章，内容包括：周率标准、辐射及天线设计、传递线之设计、真空管之选用法、音周放大电路之设计、调波及检波电路之设计等。
收藏单位：重庆馆

01239
无线电实验　周梦麃编译
上海：龙门联合书局，1949，136 页
收藏单位：山西馆

01240
无线电实验　周荫阿著
上海：商务印书馆，1935.12，16+158+13 页，22 开，精装（大学丛书 教本）
上海：商务印书馆，1936.4，再版，16+158+13 页，22 开，精装（大学丛书 教本）
上海：商务印书馆，1936，3 版，16+158+13 页，22 开，精装（大学丛书 教本）
长沙：商务印书馆，1940.5，16+158+13 页，22 开（大学丛书 教本）
重庆：商务印书馆，1945，16+158+13 页，22 开（大学丛书 教本）
本书共 23 章，内容包括：阻力、自然及互感、蓄电器、交流电之普通定律、电池及蓄电池、有线电话、高周率交流电等。附录：中外名词对照表、中文名词索引。
收藏单位：重庆馆、广东馆、广西馆、贵州馆、国家馆、湖南馆、南京馆、内蒙古馆、宁夏馆、山西馆、上海馆、首都馆

01241
无线电实用修理术　盛树楠著
上海：国风书店，1941，115 页，32 开（现代应用技术丛书）
收藏单位：广东馆、广西馆、贵州馆

01242
无线电信及赫氏电浪　薄登著　聂其杰译
出版者不详，86 页，22 开
本书共 4 章：纲领、历史、赫氏电浪、制造详解。
收藏单位：浙江馆

01243
无线电学　陈仁慕　游善良编著
自然科学书店，1941.10，2 册（356 页），32 开
本书上下册，仅见下册。

01244
无线电学　倪尚达编著
南京：钟山书局，1929.2，272 页，22 开
南京：钟山书局，1930.6，增订 2 版，320 页，22 开
南京：钟山书局，1932.12，增订 3 版，320 页，22 开
南京：钟山书局，1935，增订 4 版，320 页，22 开
本书共 14 章，内容包括：概论、直流电路、交流电路、无线电路、无线电波、天线等。
收藏单位：广东馆、国家馆、江西馆、南京馆、上海馆、首都馆、浙江馆

01245
无线电学　谭玉田著
谭玉田 [发行者]，1938.7，90 页，32 开
本书内容包括：无线电沿革史、电波之发生及其性质、部分品解说、电路之分析等。
收藏单位：重庆馆

01246
无线电学 王锡恩 刘永恩编译 宋逵升校阅
上海：商务印书馆，1916.7，[20]+158 页，23 开，精装
上海：商务印书馆，1918，再版，[20]+158 页，23 开，精装
上海：商务印书馆，1925.4，3 版，[20]+158 页，23 开，精装
上海：商务印书馆，1926.6，4 版，[20]+158 页，23 开，精装
上海：商务印书馆，1928.2，5 版，[20]+158 页，23 开，精装
上海：商务印书馆，1930，6 版，[20]+158 页，23 开，精装
本书共 3 部分：无线电报、无线得律风、飞行机上之无线电报。附录：证电浪之公式。
收藏单位：广东馆、国家馆、江西馆、南京馆、首都馆、天津馆

01247
无线电学（基本原理与实践）（美）阿姆斯泰德（F. E. Almstead）等著 周梦麐译
外文题名：Radio: fundamental principles and practices
上海：龙门联合书局，1949.8，215 页，32 开（职业学校丛书）
本书内容包括：电子论、直流、交流、能与功率、真空管、直流电针与交流电针、电感、电容、电能供给、声音及其在无线电方面之应应、接收机电路、发送机、电波传播、天线、传递线路等。
收藏单位：东北师大馆、广东馆、国家馆、天津馆

01248
无线电学讲义 周洪涛著
中央航空学校教育处教授科，1936.3，56 页，22 开
本书共 4 章：航空无线电之过去现在及将来、无线电之基本知识、真空管、无线电报与无线电话。
收藏单位：南京馆、浙江馆

01249
无线电研究 钱凤章讲
中央训练团党政训练班，1942.7，10 页，32 开
本书共 6 部分：无线电通讯大意、无线电波传送概况、发报机、收讯机、广播无线电、使用收音机注意事项。
收藏单位：贵州馆

01250
无线电研究（第 1 集） 申报无线电周刊社编
上海：申报馆，1935.12，334 页，32 开
上海：申报馆，1936.10，3 版，334 页，32 开
上海：申报馆，1937.5，4 版，334 页，32 开
本书内收申报无线电周刊中有关无线电工程技术短文 200 余篇，内容包括：总论、原理与设计、矿石收音机、真空管机、选择性与音量音调、检查与修理等。
收藏单位：黑龙江馆、首都馆

01251
无线电原理 王锡恩著
上海：商务印书馆，1925.7，128 页，32 开（百科小丛书）
上海：商务印书馆，1926.12，再版，128 页，32 开（百科小丛书）
上海：商务印书馆，1931.4，125 页，32 开（万有文库 第 1 集 0577）（百科小丛书）
上海：商务印书馆，1933.1，国难后 1 版，125 页，32 开（百科小丛书）
上海：商务印书馆，1935.4，国难后 2 版，125 页，32 开（百科小丛书）
本书共 19 章，内容包括：电气振动、论电波、协振、现波器、发波器等。
收藏单位：安徽馆、重庆馆、大连馆、大庆馆、东北师大馆、广东馆、广西馆、贵州馆、国家馆、河南馆、黑龙江馆、湖北馆、湖南馆、江西馆、辽大馆、辽师大馆、南京馆、内蒙古馆、宁夏馆、上海馆、绍兴馆、首都馆、天津馆、西南大学馆、浙江馆

01252
无线电原理及应用（英）赫卿荪（R. W. Hutchinson）著 丁曦译

外文题名：Wireless: its principles and practice
上海：开明书店，1936.3，334 页，32 开
上海：开明书店，1936.6，再版，334 页，32 开
上海：开明书店，1938.11，3 版，334 页，32 开
上海：开明书店，1939.6，4 版，334 页，32 开
上海：开明书店，1939.12，5 版，334 页，32 开
上海，开明书店，1940，6 版，334 页，32 开
上海：开明书店，1947.2，7 版，334 页，32 开
上海：开明书店，1948，9 版，334 页，32 开
上海：开明书店，1949.1，10 版，334 页，32 开
上海：开明书店，1949.6，11 版，334 页，32 开

本书内容包括：电磁学上的几个必需观念、几个电学上的基本学理及单位、干电池及蓄电池、无线电报、无线电话、广播事业等。附录：中西文名词对照表。

收藏单位：重庆馆、广东馆、贵州馆、国家馆、河南馆、黑龙江馆、南京馆、上海馆、首都馆、天津馆、浙江馆

01253
无线电周刊汇编（第 1—5 集） 苏祖国主编 殷翼有助理 苏租圭校
上海：无线电周刊编辑部，1934—1937，5 册，32 开

本书内容包括：电之单位、实用收音机、修理、天地线、听筒及附件、线圈、电池及充电、真空管机等。

收藏单位：重庆馆、广东馆、国家馆、宁夏馆、首都馆、浙江馆

01254
业余无线电 刘公穆著
上海：新亚书店，1934.1，140 页，32 开
上海：新亚书店，1936.8，再版，140 页，32 开
重庆：新亚书店，1940.1，渝增订 4 版，140 页，32 开

本书内容包括：电能之放射与接收、真空管之功用、偶合与放大之作用、各项零件及天线、各种电路之比较、电力的供给、收音机之设计、发报机之设计、广播机之设计等。附录：公约缩语及缩字、译名对照表。

收藏单位：重庆馆、国家馆、江西馆、南京馆、内蒙古馆、浙江馆

01255
业余无线电精华 田浩泉 吴抡元编译
上海：亚美股份有限公司，1935.6，301 页，18 开
上海：亚美股份有限公司，1937，3 版，301 页，18 开
上海：亚美股份有限公司，1940，增订版，398 页，18 开

本书为无线电常识手册，内有大量插图。书前有朱家骅等人题字。

收藏单位：重庆馆、国家馆、上海馆、天津馆、浙江馆

01256
英华无线电辞典 范凤源 陈毓信编
上海：范凤源电化实验室，1941.1，3 版，491 页，32 开

收藏单位：国家馆

01257
英华无线电大辞典 范凤源主编 尹仲容等校
上海：亚美公司，1947.5，[20]+483 页，32 开
上海：亚美公司，1948.5，[20]+483 页，32 开

本书内收无线电常用名词 300 多个，以字母顺序排序。

收藏单位：长春馆、重庆馆、广东馆、国家馆、黑龙江馆、湖南馆、浙江馆

01258
应用无线电集 张英松 姚肇亭编著 范凤源等校订
上海：应用无线电社，1948.10，32 页，32 开

01259
中国业余无线电协会主办无线电函授学校初级班用讲义 中国业余无线电协会编
中国业余无线电协会，1944.5，88 页，25 开
收藏单位：国家馆、南京馆

真空电子技术

01260
实用真空管 高崇龄编著
上海：大华无线电研究社，1938.8，235 页，32 开（大华无线电研究社丛书）
上海：大华无线电研究社，1946，3 版，235 页，32 开（大华无线电研究社丛书）
上海：大华无线电研究社，1947.3，4 版，235 页，32 开（大华无线电研究社丛书）

本书共 6 章，内容包括：真空管通论、二极管、三极管、特种电子管等。附录：真空管应用电路、无线电专门名词英汉对照表。

收藏单位：国家馆、黑龙江馆、南京馆、内蒙古馆、首都馆

01261
世界真空管大全（世界真空管特性表） 刘同康编
上海：无线电科学社，1947.3，239 页，64 开

本书共 9 表，内容包括：常用真空管特性表、可替换真空管对照表、真空管管座接续图等。

收藏单位：重庆馆、国家馆、辽宁馆、南京馆

01262
无线电真空管与电子管的种类及其工作性能 苏祖圭 胡一中编撰
上海：亚美股份有限公司，1949.8，35 页，32 开（苏氏丛书）
收藏单位：国家馆、上海馆

01263
真空管手册（美国式真空管之特性装置与应用） 方立庆编译
上海：大方无线电研究社，1936，3 册（64+79+68 页），32 开

本书介绍放大管、强力放大三极管、强力放大五级管等各种真空管的特性、装置及应用。

收藏单位：国家馆

01264
真空管之特性 中国无线电编辑部编
上海：亚美股份有限公司，1933.5，44 页，16 开（中国无线电丛书）

本书共 19 章，内容包括：真空管的特性、测量静止特性曲线的仪器、真空管上所用的符号、真空管回路简单的解释、真空管的核对等。

收藏单位：重庆馆、国家馆、上海馆、浙江馆

基本电子电路

01265
储电器在无线电线路中的作用 苏祖圭 胡淑媛著 严昀 瞿建成校阅
上海：亚美股份有限公司，1949.4，38 页，32 开（苏氏丛书）
收藏单位：国家馆、辽宁馆、上海馆

01266
单个较差脉压所发之脉流 陈茂康著
［上海］：［物理研究所］，1936.4，33 页，16 开（国立中央研究院物理研究所集刊 第 1 卷 10）

本书研究脉冲电压及电流，提出计算公式。英文本。《中国物理学报》第 2 卷第 1 期抽印本。

01267
扩大机参考线路图（第 1 集） 亚美公司编辑部绘制
上海：亚美股份有限公司，1939，100 页，18 开
上海：亚美股份有限公司，1947，5 版，100

页，18 开

本书内收 100 种国外扩大机线路图。

收藏单位：重庆馆、广东馆、南京馆

01268

综合无线电线路集 何瑞荷编集

上海：电声无线电研究社，[36] 页，横 36 开

本书内容包括：装配收音机应注意各点、本线路集内真空管灯座接脚排列图、矿石机线路、六灯独立振荡式线路等。

无线电设备、电信设备

01269

Model RA-365/375 交流五灯超外差式收音机使用说明书 中央广播器材修造所制

上海：中央广播器材修造所，[1949]，油印本，1 册，16 开，环筒页装

收藏单位：国家馆

01270

舶来品收音机线路图 亚美股份有限公司编辑部编

上海：亚美股份有限公司，1935.12—1939.5，4 册（400 页），18 开

本书为舶来品收音机维修示意图。

收藏单位：重庆馆、浙江馆

01271

超等外差式接收机 潘人庸 吴嘉城编著

上海：新华无线电社，1948.6，122 页，22 开

本书内容包括：超等外差式接收机诸问题、混周管、中间周率放大回路、自动音量控制、自动周率控制等。封面题名：超等外差接收机。

收藏单位：广东馆、国家馆、辽宁馆、南京馆、首都馆

01272

超等外差收音机之研究 胡润桐 苏祖国著

上海：亚美股份有限公司，1938.5，396 页，18 开

本书内容包括：原理研究、线路分析、制造实验、故障检查等。

收藏单位：重庆馆、广东馆

01273

超外差式收音机 程权编

上海：业余无线电研究社，1936.11，[500] 页，32 开，精装（业余无线电研究丛书 2）

本书分上中下 3 集，介绍原理、制造、装置与较验等。附录：收音机线路图、美国真空管之命名、全国电台一览表等。封面题名：实验超外差式收音机。

收藏单位：国家馆

01274

超外差式收音机的精义（原理及特性） 陆鹤寿编著

重庆：侨光印书馆，1943.11，164 页，32 开

本书内容包括：无线电收发的基本原理、超外差式收音机的基本原理、射电周率放大器、变波器、振荡器等。附录：各种收音机电路常数表、参考资料录、中西文名词对照表。

收藏单位：重庆馆、国家馆、黑龙江馆、南京馆

01275

超外差式收音机的精义（原理及特性） 陆鹤寿编著

上海：中华书局，1948.4，164 页，32 开

上海：中华书局，1949，再版，164 页，32 开

本书内容包括：无线电收发的基本原理、超外差式收音机的基本原理、射电周率放大器、变波器、振荡器等。附录：各种收音机电路常数表、参考资料录、中西文名词对照表。

收藏单位：重庆馆、广东馆、国家馆、河南馆、黑龙江馆、辽宁馆、南京馆、宁夏馆、上海馆、首都馆、天津馆、西交大馆

01276

初级电池超外差式收音机 程权编著

上海：业余无线电研究社，1949，增订 4 版，193 页，32 开（业余无线电装修丛书 4）

本书介绍该机的装置、检查与修理。

收藏单位：重庆馆

01277
单管收音机 程权编著
上海：业余无线电研究社，1947.4，100页，32开（业余无线电装修丛书2）
上海：业余无线电研究社，1948.10，4版，100页，32开（业余无线电装修丛书2）
上海：业余无线电研究社，1949，5版，100页，32开（业余无线电装修丛书2）
上海：业余无线电研究社，1949.9，增订6版，100页，32开（业余无线电装修丛书2）

本书介绍天地线、零件、电路设计、装置与使用、故障与修理等。

收藏单位：江西馆、南京馆、上海馆、首都馆

01278
电池式收音机线路集 程权编著
上海：业余无线电研究社，1936.1，211页，32开（业余无线电研究丛书 实验1）
上海：业余无线电研究社，1937.4，再版，211页，32开（业余无线电研究丛书 实验1）

收藏单位：广东馆、国家馆、上海馆

01279
短波收音机的做法 俞子夷编
上海：中华书局，1932.7，78页，32开（业余丛书 无线电入门5）
上海：中华书局，1933.5，3版，78页，32开（业余丛书 无线电入门5）
上海：中华书局，1933.10，4版，78页，32开（业余丛书 无线电入门5）
上海：中华书局，1934.8，5版，78页，32开（业余丛书 无线电入门5）
上海：中华书局，1935，7版，78页，32开（业余丛书 无线电入门5）
上海：中华书局，1937，8版，78页，32开（业余丛书 无线电入门5）
上海：中华书局，1940.5，10版，78页，32开（业余丛书 无线电入门5）

本书共10章，内容包括：一灯短波收音机、交换线圈的方法、插入式的交换线圈、波长变换机等。

收藏单位：重庆馆、国家馆、河南馆、黑龙江馆、湖南馆、江西馆、内蒙古馆、上海馆、绍兴馆、首都馆、天津馆

01280
短波无线电报发射机原理及制造 潘煜先编著 刘桐校订
上海：中雍无线电机厂，1939，277页，32开

收藏单位：首都馆

01281
二重探波收音机设计及制作法 谭玉田编著
南京：京华印书馆，1936.8印，130页，32开

本书封面题名：二重探波收音机设计及制作。

收藏单位：广东馆、上海馆

01282
二个以上真空管的收音机 俞子夷编
上海：中华书局，1931.6，78页，32开（业余丛书 无线电入门4）
上海：中华书局，1932，3版，78页，32开（业余丛书 无线电入门4）
上海：中华书局，1933.5，4版，78页，32开（业余丛书 无线电入门4）
上海：中华书局，1934.5，6版，78页，32开（业余丛书 无线电入门4）
上海：中华书局，1934.8，7版，78页，32开（业余丛书 无线电入门4）
上海：中华书局，1935.6，8版，78页，32开（业余丛书 无线电入门4）
上海：中华书局，1936.8，9版，78页，32开（业余丛书 无线电入门4）
上海：中华书局，1937.3，10版，78页，32开（业余丛书 无线电入门4）
上海：中华书局，1938.10，11版，78页，32开（业余丛书 无线电入门4）
上海：中华书局，1940.5，12版，78页，32开（业余丛书 无线电入门4）

本书介绍一灯收音机到四灯收音机的构造原理及制作方法。

收藏单位：重庆馆、广东馆、广西馆、国

家馆、河南馆、黑龙江馆、江西馆、内蒙古馆、山西馆、上海馆、首都馆

01283
二用及三用式收音机 程权编著
上海：业余无线电研究社，1949，再版，144页，32开（业余无线电装修丛书7）
收藏单位：广东馆

01284
简易电池式收音机 程权编著
上海：业余无线电研究社，1948.6，再版，124页，32开（业余无线电装修丛书3）
上海：业余无线电研究社，1948.10，3版，124页，32开（业余无线电装修丛书3）
上海：业余无线电研究社，1949.1，4版，124页，32开（业余无线电装修丛书3）
本书介绍简易电池式收音机的装置、检查与修理。
收藏单位：重庆馆、江西馆、内蒙古馆、清华馆

01285
简易交流式收音机 程权编著
上海：业余无线电研究社，1948.11，169页，25开（业余无线电装修丛书6）
本书内容包括：交流收音机的电路设计、电源变压器的绕制、另件研究、简易交流收音机的装置等。
收藏单位：江西馆

01286
简易实验无线电收音机 刘同康编
世界书局，1940.10，121页，32开
世界书局，1942，2版，121页，32开
本书内容包括：收音天线与地线、零件、矿石收音机、单管收音机、二管收音机等。
收藏单位：安徽馆、广东馆、南京馆、首都馆

01287
交流超外差式收音机 程权编著
上海：业余无线电研究社，1948.6，4版，197页，32开（业余无线电装修丛书7）
上海：业余无线电研究社，1948.9，5版，197页，32开（业余无线电装修丛书7）
上海：业余无线电研究社，1949.6，增订9版，197页，32开（业余无线电装修丛书7）
本书共3章，超外差式收音机原理简述、实验交流超外差式收音机装置法、超外差式收音机之装置较验与修理。
收藏单位：江西馆、南京馆

01288
交流及直流收音机线路图集（上卷） 谭玉田著
南京：京华印书馆，1935.6，141页，32开
南京：京华印书馆，1935.12，再版，141页，32开
收藏单位：绍兴馆、首都馆、浙江馆

01289
交流收音机设计法及制作法 谭玉田著
南京：京华印书馆，1935.1，252页，32开
南京：京华印书馆，1935.3，再版，252页，32开
本书共5章：交流收音机与直流收音机的区别、交流真空管、交流收音机用的ABC电源、交流收音机设计法、交流收音机设计例。
收藏单位：重庆馆、国家馆、湖南馆、首都馆、浙江馆

01290
交流收音机线路图集 俞子夷编
上海：中华书局，1935.7，81页，32开（业余丛书 无线电入门7）
上海：中华书局，1936.4，再版，81页，32开（业余丛书 无线电入门7）
上海：中华书局，1938，5版，81页，32开（业余丛书 无线电入门7）
上海：中华书局，1940.5，6版，81页，32开（业余丛书 无线电入门7）
上海：中华书局，1948.4，7版，81页，32开（业余丛书 无线电入门7）
本书内容包括：交流真空管、一管收音机、复合式一管机、交流收音机的电源等。

收藏单位：安徽馆、长春馆、重庆馆、广东馆、国家馆、黑龙江馆、江西馆、首都馆

01291
交直流收音机修理法及测算法 谭玉田著
南京：京华印书馆，1934.3，3版，232页，32开

收藏单位：南京馆

01292
晶体收音机与单座真空管收音机 倪尚达 王佐清编著
南京：钟山书局，1933.3，95页，32开（无线电收音机入门1）

本书介绍电路、天地线、障碍修理、真空管及全机装配等。

收藏单位：广西馆、国家馆、首都馆、浙江馆

01293
矿石收音机 程权编著 王再白绘图
上海：业余无线电研究社，1946.9，113页，32开（业余无线电装修丛书1）
上海：业余无线电研究社，1947.9，再版，113页，32开（业余无线电装修丛书1）
上海：业余无线电研究社，1949.1，增订4版，113页，32开（业余无线电装修丛书1）

本书介绍矿石收音机的装置、检查与修理。

收藏单位：南京馆、上海馆

01294
矿石收音机的制造和原理 谭日晃著
济南：北洋印刷公司，1935.1，41页，18开

本书共3章：矿石收音机的制造、矿石收音机收音的过程、矿石收音机的原理。

收藏单位：清华馆、浙江馆

01295
矿石收音机造法 俞子夷编
上海：中华书局，1931.2，72页，32开（业余丛书 无线电入门1）
上海：中华书局，1933.1，4版，72页，32开（业余丛书 无线电入门1）
上海：中华书局，1934，7版，72页，32开（业余丛书 无线电入门1）
上海：中华书局，1935.8，9版，72页，32开（业余丛书 无线电入门1）
上海：中华书局，1936，10版，72页，32开（业余丛书 无线电入门1）
上海：中华书局，1938.10，12版，72页，32开（业余丛书 无线电入门1）
上海：中华书局，1940.5，13版，72页，32开（业余丛书 无线电入门1）
上海：中华书局，1946.9，14版，72页，32开（业余丛书 无线电入门1）

本书共5章：第一步的尝试、轻巧灵便的收音机造法、各式各样的线圈做法、各种符号、现成的矿石收音机。

收藏单位：重庆馆、广东馆、广西馆、河南馆、黑龙江馆、吉林馆、江西馆、内蒙古馆、山西馆、首都馆、天津馆

01296
矿石收音机制造法 苏祖国著
上海：苏氏兄弟公司，1928.6，53页，32开（科学丛书4）
上海：苏氏兄弟公司，1929.10，再版，53页，32开（科学丛书4）
上海：苏氏兄弟公司，1934.8，增订版，59页，32开（科学丛书4）

本书介绍矿石收音机的配制方法，对各附件及各部之装置等也详细解说，并有简明图表。

收藏单位：重庆馆、广东馆、国家馆、湖南馆、上海馆

01297
来复式收音机 苏祖国编
[上海]：苏氏兄弟公司，1932.4，48页，32开（科学丛书6）

本书列出该机的线路图及装配法，供业余爱好者参阅。

收藏单位：重庆馆、广东馆、国家馆、西交大馆

01298

人为无线电播收机浅解 姚希贤著

杭州：中国人为无线电研究会，1934，16页，36开，精装

本书为讲解无线电播收机常识的科普图书。

收藏单位：重庆馆、浙江馆

01299

陕西省之电讯建设

[陕西]：出版者不详，1942，油印本，6叶，16开，环筒页装

本书共4章：概况、本省电讯进展过程、电讯器材之储备、今后进展计划。

收藏单位：重庆馆

01300

省电真空管收音机线路图集 俞子夷编

上海：中华书局，1940.7，86页，32开（业余丛书 无线电入门8）

上海：中华书局，1946.9，再版，86页，32开（业余丛书 无线电入门8）

本书内容包括：省电真空管、一管收音机、二管收音机、三管收音机等。

收藏单位：长春馆、重庆馆、广东馆、江西馆、内蒙古馆、上海馆

01301

实验电池式收音机线路集 程权编著

上海：业余无线电研究社，1936.1，68+207页，32开（业余无线电研究丛书1）

上海：业余无线电研究社，1937.4，再版，68+207页，32开（业余无线电研究丛书1）

本书共2集，上集内容包括：天地线，电池，线圈绕制法等；下集内容包括：单管机线路集等。附录：全国电台一览表、问答印花等。

收藏单位：国家馆、浙江馆

01302

实验矿石机制造法 海峰著

北平：仁和书店，1936，114页，32开

本书附录：参考书目，我国各地广播电台的电力、呼号、波长、周率、所在地及电话表，我国各地无线电台广播时间及节目表。

收藏单位：国家馆、首都馆

01303

实验无线电收音机修理法 范凤源 李子介著

上海：范凤源电化实验室，[1939.10]，再版，[31]+145页，16开

上海：范凤源电化实验室，1942，3版，[31]+145页，16开

上海：范凤源电化实验室，1946.12，增订4版，[31]+145页，16开

本书书前有专门名词注释。版权页题名：实验收音机修理法。

收藏单位：重庆馆、广东馆、国家馆、江西馆、南京馆、山西馆

01304

实验无线电收音机装置法 舒泽宁编

上海：中华书局，1948.2，66页，32开（中华文库 初中第1集）

上海：中华书局，1949.4，再版，66页，32开（中华文库 初中第1集）

本书共9章，内容包括：无线电发展简史、常用工具和零件、天线和地线、矿石机装置法、电源供给的设计和实习等。附录：电阻器颜色的标识、真空管电压电流一览表、真空管座图。

收藏单位：重庆馆、广东馆、桂林馆、国家馆、湖南馆、江西馆、辽大馆、南京馆、内蒙古馆、上海馆、绍兴馆、天津馆

01305

实验无线电真空管收音机制造法 苏祖圭著

上海：苏氏兄弟公司，1930.6，49页，32开（科学丛书2）

本书共20部分，内容包括：图说、制造收音机应用之工具材料及附属品、各种绝缘线表、天线装置等。

收藏单位：国家馆、湖南馆、内蒙古馆

01306

实用收音机自制法 南京美声无线电研究社编

南京：美声无线电研究社，1933，24 页，32 开（无线电实验丛书 1）

本书讲述无线电收音机的自制方法。

收藏单位：浙江馆

01307

实用无线电图表 潘人庸编译

上海：新华无线电社，1941.10，83 页，16 开

上海：新华无线电社，1947.10，4 版，83 页，16 开

本书共 40 表，内容包括：波长、周率、铜线直流电阻等。据英国 R. T. Beatty 所著 *Radio data charts* 一书编译。

收藏单位：重庆馆、国家馆、辽宁馆、上海馆

01308

收音机标准试验法 美国无线电工程师学会编订 陆鹤寿译

上海：中华书局，1948.3，64 页，32 开

本书共 3 编：基本试验规范、特性的试验、杂声及干扰的试验。附录：专门名词中英文对照表。

收藏单位：长春馆、重庆馆、广东馆、国家馆、江西馆、辽宁馆、南京馆、陕西馆、上海馆

01309

收音机标准试验法（普及本） 美国无线电工程师学会编订 陆鹤寿译

重庆：陆鹤寿 [发行者]，1944.2，64 页，32 开

本书共 3 编：基本试验规范、特性的试验、杂声及干扰的试验。附录：专门名词中英文对照表。

收藏单位：国家馆

01310

收音机汇编 赵陈风等编 赵曾珏审定

上海：先声电信图书馆，1932.7，49 页，32 开（电信丛书 1）

本书介绍二十八号收音机、十六号收音机、毕罗式收音机、十八号收音机的构造、检验及维修方法等。

收藏单位：国家馆、西交大馆、浙江馆

01311

收音机线路图（第 3 期）

出版者不详，油印本，129 页，16 开，环筒页装

收藏单位：重庆馆

01312

收音机用户手册 陆鹤寿编

上海：国民文化出版社，1948.11，106 页，36 开

本书共 5 章，内容包括：收音机的原理、选购收音机的注意事项、收音机的使用及维护等。

收藏单位：重庆馆、广东馆、国家馆、辽宁馆、青海馆、上海馆

01313

收音机原理与制造 潘煜先编著

上海：中雍无线电机厂，1938.8，191 页，32 开（实用无线电丛书 1）

本书共 3 部分：收音机原理概说、收音机制造法、收音机用真空管之特性及其应用。附录：真空管特性及应用法。

收藏单位：国家馆

01314

收音讲演两用六伏脱电播教学机实验记 中华电化教具制造厂编

[上海]：中华电化教具制造厂，104 页，32 开

收藏单位：国家馆、南京馆、山西馆

01315

收音员训练班讲义汇编 浙江省广播无线电台编

浙江省广播无线电台，86 页，22 开

本书内容包括：二十八号收音机之说明、

二十八号收音机电路图、十六号收音机之说明、十六号收音机电路图、蓄电池讲义、毕罗收音机之说明等。

收藏单位：浙江馆

01316

天线与地线之作法 天秤译

上海：新电界杂志社电气书籍编译部，1933.7，46页，32开（电气文库2）

本书共4部分，介绍天线的动作、天线与地线的作法等。附录：辐射阻力、天线之静电容量等4种。

收藏单位：国家馆、浙江馆

01317

无线电公式图表揽要 苏肇仁等编

上海：亚美股份有限公司，1947.5，67页，32开（苏氏丛书）

收藏单位：国家馆、南京馆、内蒙古馆、上海馆

01318

无线电机学

出版者不详，158页，36开

本书为职业专科学校用书。

收藏单位：重庆馆

01319

无线电机之各种电源 张中智编著 罗根源制图 王钟灵校

[江西]：剑声印书馆，1942.6，98页，25开

本书共3编：发电机、电池、整流。

收藏单位：重庆馆、国家馆、江西馆

01320

无线电交流收音机概要 范凤源主述 孙震一编

上海：范凤源电化实验室，1936.5，190页，22开

本书内容包括：检波器、射电周率放大器、成音周率放大器、收音机线路图及说明、汽车及飞机上的收音机等。附录：金属真空管特性表、玻璃真空管特性表、真空管底座详图。范凤源一九三六年四月三十日在暨南大学理学院演讲底稿。

收藏单位：重庆馆、国家馆、浙江馆

01321

无线电交直流收音机修理法及测算法 谭玉田著

南京：京华印书馆，1933.8，312页，32开

南京：京华印书馆，1933.10，再版，312页，32开

南京：京华印书馆，1934.7，4版，312页，32开

本书共8章：修理上一般的注意、试验器的用途及制法、部分品修理法、收音机修理法、障碍的原因及试验法、测验法、计算法、高级试验器设计法。

收藏单位：重庆馆、广东馆、宁夏馆、上海馆、首都馆、浙江馆

01322

无线电收音机保管法 葛正心 顾大义著

上海：综合无线电出版社，1948.4，52页，32开

本书书脊题名：收音机保管法。

收藏单位：广东馆、辽宁馆、上海馆

01323

无线电收音机的制造 柳映堤编

上海：中华书局，1936.6，314页，32开

上海：中华书局，1941，314页，32开

上海：中华书局，1948.4，5版，314页，32开

本书共6章：概论、另件、线路的设计、电源、附属设备、实用线路及装机须知。

收藏单位：国家馆、南京馆、上海馆、首都馆、西南大学馆、浙江馆

01324

无线电收音机管理法 孙国梁编著 赵曾珏校订

浙江省教育厅，1940.10，38页，36开（战时民众教育丛书6）

本书介绍收音机的选购、装置、日常管理及修理等。

收藏单位：国家馆、浙江馆

01325
无线电收音机之理论 赵振德 陈临渊编著
上海：标准无线电机厂学术部，1943，146页，23开
本书共7章：无线电收音机之基本概念、调节组织、检波、成音周率放大、射电周率放大、周率变换、收音机之附属装置。
收藏单位：重庆馆

01326
无线电收音机之原理及制法 王鹣雏著
上海：商务印书馆，1935.4，286页，32开（工学小丛书）
上海：商务印书馆，1937.2，增订5版，362页，32开（工学小丛书）
长沙：商务印书馆，1939.12，增订9版，362页，32开（工学小丛书）
上海：商务印书馆，1947.8，增订10版，362页，32开（工学小丛书）
本书共17章，内容包括：电流、电波、天线和地线、感应线圈、蓄电器、真空管、电池、矿石收音机等。附录：本书所用各单位表、各式真空管管座形状及其内部接线图等。
收藏单位：重庆馆、国家馆、湖南馆、江西馆、辽宁馆、南京馆、上海馆、首都馆

01327
无线电收音机自制法 武同庆编
上海：经纬书局，1936.10，再版，62页，32开
收藏单位：广东馆

01328
无线电收音实践 张天君编
上海：大公书店，1933.1，112页，32开
收藏单位：国家馆、河南馆、湖南馆

01329
无线电收音须知 胡润桐 苏祖国编
苏氏兄弟公司，1929.10，再版，51页，32开（科学丛书3）
本书介绍无线电收音机的选择、天线装置、地线装置、收音机接线法、收音机使用法、广播无线电之情形、用收音机者应有之常识等。书后附图说。
收藏单位：重庆馆、国家馆、湖南馆

01330
无线电修理原理 吴迪顺 董锦垣编译
上海：商务印书馆，1947.12，93页，32开
上海：商务印书馆，1948.6，再版，93页，32开
上海：商务印书馆，1949，3版，93页，32开
本书介绍检查故障的各种方法，包括故障检查程序，以及各种无线电修理法。附录：名词对照表、电路符号说明、电阻器颜色表示法、容电器颜色表示法、电阻器之选择图表等7种。
收藏单位：重庆馆、国家馆、辽宁馆、首都馆、天津馆

01331
无线电原理及直流收音机制作法 谭玉田著
南京：京华印书馆，1932.12，再版，192页，32开
南京：京华印书馆，1933.8，4版，192页，32开
南京：京华印书馆，1934.1，5版，192页，32开
南京：京华印书馆，1934.7，6版，192页，32开
南京：京华印书馆，1935.3，7版，192页，32开
南京：京华印书馆，1937.3，9版，192页，32开
本书共4章：原理、部份品说明及制法、收音机制作法、修理法。
收藏单位：广东馆、国家馆、湖南馆、南京馆、首都馆、天津馆

01332
无线电原理及直流收音机制作法 俞子明著
上海：光明无线电公司，1932，192页，32开
上海：光明无线电公司，1946，192页，32开
本书附修理法。
收藏单位：宁夏馆、山西馆、首都馆

01333
无线电真空管收音机合组线路图 苏祖圭编制
上海：苏氏兄弟公司，1928.6，16+35 页，32 开（科学丛书 5）
上海：苏氏兄弟公司，1931.3，再版，16+35 页，32 开（科学丛书 5）
收藏单位：重庆馆、广东馆、国家馆、上海馆

01334
西洋收音机线路图（第 1 册） 张仲言测量记录 张佩英等绘图
北京：中原服务社，1947.3，影印本，[50] 页，25 开
本书线路图以华北习见之收音机为入选目标。仅见 1 册。
收藏单位：国家馆

01335
新式两管交直流收音机 环球无线电研究社编
上海：环球无线电研究社，[1936.3]，[1] 页，32 开（环球无线电研究社出版线路 3）
本书为该机安装线路图及说明书。折页 1 大张。
收藏单位：国家馆

01336
新式收音机线路详解 邱越凡编
上海：邱越凡 [发行者]，1935.10，234 页，22 开
上海：邱越凡 [发行者]，1939.1，再版，234 页，22 开
本书附录：本书所用各单位之译名及符号、美制真空管之命名、美制真空管之插足等。
收藏单位：国家馆

01337
新译无线电说明书
出版者不详，[98] 页，长 20 开，环筒页装
本书为德国某公司广告宣传品。

01338
修理用参考线路图 亚美股份有限公司编辑部编制
上海：亚美股份有限公司，1935.12—1944.1，8 册（790 页），18 开
本书为舶来品收音机维修示意图。原名：舶来品收音机线路图。
收藏单位：长春馆、重庆馆、国家馆、天津馆

01339
修理用参考线路图（第 2、4 集） 亚美股份有限公司编辑部编制
上海：亚美股份有限公司，1941.9，3 版，[99]+[99] 页，18 开
本书为舶来品收音机维修示意图。原名：舶来品收音机线路图。
收藏单位：重庆馆

01340
修理用参考线路图（第 2、5、6、8 集） 亚美股份有限公司编辑部编制
上海：亚美股份有限公司，1941—1948.5，4 版，4 册，18 开
本书为舶来品收音机维修示意图。原名：舶来品收音机线路图。
收藏单位：重庆馆、辽宁馆、南京馆

01341
修理用参考线路图（第 1、2、3、6 集） 亚美股份有限公司编辑部编制
上海：亚美股份有限公司，1941.10—1949，5 版，4 册，18 开
本书为舶来品收音机维修示意图。原名：舶来品收音机线路图。
收藏单位：重庆馆、国家馆

01342
修理用参考线路图（第 1、4、5、7 集） 亚美股份有限公司编辑部编制
上海：亚美股份有限公司，1948—1949，6 版，4 册，18 开
本书为舶来品收音机维修示意图。原名：

舶来品收音机线路图。

收藏单位：重庆馆、广东馆、贵州馆、国家馆、辽宁馆

01343

修理用参考线路图（第 1、7 集） 亚美股份有限公司编辑部编制

上海：亚美股份有限公司，1949，7 版，2 册（[100]+[99] 页），18 开

本书为舶来品收音机维修示意图。原名：舶来品收音机线路图。

收藏单位：长春馆、广东馆、国家馆

01344

修理用参考线路图（第 3 集） 亚美股份有限公司编辑部编制

上海：亚美股份有限公司，1949，8 版，[99] 页，18 开

本书为舶来品收音机维修示意图。原名：舶来品收音机线路图。

收藏单位：广东馆、国家馆、天津馆

01345

阴极调幅发射机实验装置法 姚肇亨等编著 范凤源等校阅

上海：应用无线电社，1947.9，41 页，32 开（应用无线电丛书）

收藏单位：广东馆、国家馆、上海馆

01346

浙江省广播无线电台一年来工作汇报 浙江省广播无线电台编

浙江：浙江省广播无线电台，1930，28 页，22 开

本书介绍浙江省广播无线电台 1930 年的工作概况。

收藏单位：浙江馆

01347

真空管收音机的放大法 俞子夷编

上海：中华书局，1931.3，66 页，32 开（业余丛书 无线电入门 3）

上海：中华书局，1931.10，再版，66 页，32 开（业余丛书 无线电入门 3）

上海：中华书局，1933.1，4 版，66 页，32 开（业余丛书 无线电入门 3）

上海：中华书局，1933.5，5 版，66 页，32 开（业余丛书 无线电入门 3）

上海：中华书局，1934，7 版，66 页，32 开（业余丛书 无线电入门 3）

上海：中华书局，1935.6，8 版，66 页，32 开（业余丛书 无线电入门 3）

上海：中华书局，1936，9 版，66 页，32 开（业余丛书 无线电入门 3）

上海：中华书局，1940.5，12 版，66 页，32 开（业余丛书 无线电入门 3）

上海：中华书局，1948.4，13 版，66 页，32 开（业余丛书 无线电入门 3）

本书内容包括：真空管的放大作用、放大的装法、不用变压器的放大法、助力式收音机装法、检波前的放大等。

收藏单位：重庆馆、广东馆、广西馆、国家馆、河南馆、江西馆、内蒙古馆、山西馆、首都馆、天津馆

01348

真空管收音机造法 俞子夷编

上海：中华书局，1931.3，74 页，32 开（业余丛书 无线电入门 2）

上海：中华书局，1933.1，4 版，74 页，32 开（业余丛书 无线电入门 2）

上海：中华书局，1933.5，5 版，74 页，32 开（业余丛书 无线电入门 2）

上海：中华书局，1933.10，6 版，74 页，32 开（业余丛书 无线电入门 2）

上海：中华书局，1934，7 版，74 页，32 开（业余丛书 无线电入门 2）

上海：中华书局，1935.4，8 版，74 页，32 开（业余丛书 无线电入门 2）

上海：中华书局，1935，9 版，74 页，32 开（业余丛书 无线电入门 2）

上海：中华书局，1937，10 版，74 页，32 开（业余丛书 无线电入门 2）

上海：中华书局，1937，11 版，74 页，32 开（业余丛书 无线电入门 2）

上海：中华书局，1940.5，12 版，74 页，32

开（业余丛书 无线电入门 2）
上海：中华书局，1946.9，14 版，74 页，32 开（业余丛书 无线电入门 2）

本书内容包括：真空管的作用、选买真空管、电池、别的零件、收音机的装置法、再生式收音机。

收藏单位：长春馆、重庆馆、广东馆、国家馆、河南馆、吉林馆、江西馆、南京馆、内蒙古馆、山西馆、绍兴馆、首都馆、天津馆

01349
中央无线电器材厂产品目录　中央无线电器材厂编
中央无线电器材厂，[1944.1]，78 页，13 开

本书内容包括：电报机、电话机、广播机、电表等。

收藏单位：国家馆、湖南馆

通　信

01350
电信　孙毓修编
上海：商务印书馆，1918.10，32 页，21 开（常识谈话 9）
上海：商务印书馆，1922.6，3 版，32 页，21 开（常识谈话 9）

本书介绍电信常识及发明史，供儿童阅读。

收藏单位：上海馆

01351
电信交通之进步　邓宗尧著
上海：商务印书馆，1926.10，31 页，16 开

本书介绍电话、电报发展简史及三极真空管之使用等。为南洋大学三十周年纪念刊物。

收藏单位：上海馆

01352
电讯交通浅说　童子铿著
丽水：浙江省抗日自卫委员会战时教育文化事业委员会，1939.12，101 页，32 开（应用科学小丛书）

本书内容包括：电讯交通的种类、无线电报、有线电话、电图及电视、军事通讯要点等。

收藏单位：重庆馆、江西馆、浙江馆

01353
孩子们的电报电话　白桃编
上海：中华书局，1935，76 页，32 开（小朋友文库 第 1 辑 高级 自然类 153）
上海：中华书局，1936.11，76 页，32 开（中华文库 小学第 1 辑 高级 自然类）
上海：中华书局，1948.8，再版，76 页，32 开（中华文库 小学第 1 辑 高级 自然类）

本书内容包括：电磁石吸铁的把戏、自己装电铃、真的电报、继电器等。

收藏单位：重庆馆、国家馆、上海馆

01354
交通部电信学校五十周年纪念特刊　交通部电信学校编
上海：交通部电信学校，1929.6，144 页，25 开

本书有该校章则，教职员学生名录等。

收藏单位：国家馆

01355
交通知新小录　侯毅著
北京：交通部编译处，1921.4，[100] 页，长 18 开（交通部编译处丛书）

本书内容包括：无线电之新发明、复式电话、记录电话、最小之无线电话机等。

收藏单位：重庆馆、国家馆、首都馆

01356
进步的电信　交通部电信总局编
南京：交通部电信总局，1947，5 页，25 开

本书介绍电信业务的 10 种新设备。

收藏单位：重庆馆、国家馆、首都馆

01357
通讯（建设概要）　江西省地方政治讲习院编

南昌：江西省地方政治讲习院，1940.3，8页，32开（分组训练教材23）

本书内容包括：邮政、电报、电话、无线电等。

收藏单位：重庆馆

01358

通讯手册（第1册 无线电报） 张仲智编著 许熙文校阅

南昌：电讯出版社，1949.4，再版，52页，25开（电讯丛书）

收藏单位：江西馆

有线通信、通信线路工程

01359

电信线路工程概要 汪启堃节译

交通部电信总局，1941.6，130页，24开（电信技术参考丛书 第1集 线路1）

本书据日本安藤惠重所著《电信电话线路建筑》第1卷节译。

01360

电信线路之土木工程 汪启堃节译

交通部电信总局，1947.6，76页，24开（电信技术参考丛书 第1集 线路4）

本书据日本递信省工务局《电信技术教科书》节译。

收藏单位：广东馆

01361

简单的无线电线路和测电计 苏祖圭 胡一中编著

上海：亚美股份有限公司，1949.3，54页，32开（苏氏丛书A—013）

收藏单位：重庆馆、国家馆、上海馆

01362

水线之设置及维持 美国军部编 汪启堃译

外文题名：Submarine cable, installation and maintenance

[南京]：交通部电信总局，1947.12，88页，24开（电信技术参考丛书 第1集 线路5）

本书共5章，内容包括：水线之种类、水线船及水线驳船、打捞修理水线之计划及准备等。书末另附图32页。

收藏单位：广东馆

01363

有线电常识 张云初编

空军通信学校，1944，26+2页，22开

收藏单位：广东馆

01364

有线电讲义

出版者不详，1册，16开

收藏单位：南京馆

01365

有线电器材 通信学校编

通信学校，1948，82+2页，32开

收藏单位：广东馆

01366

有线电器材学 军事委员会军训部通信兵监编

中央陆军军官学校教育处图书馆，1942，207+22页，32开

收藏单位：广东馆

01367

有线电器材学 陆军通信学校编

陆军通信学校，1941，148页，18开

收藏单位：广东馆

01368

有线电线路障碍修理实习 空军通信学校编

空军通信学校，34页，22开

收藏单位：广东馆

电 话

01369

SOB1单路载波电话终端机及帮电机简图

交通部长安区长途电话干线维护工务处编
北京：交通部长安区长途干线维护工务处，1942，1册
收藏单位：山西馆

01370
长途电话机械附图 空军通信学校有线电组编
空军通信学校有线电组，[1944—1949]，108页，25×35cm
收藏单位：国家馆

01371
长途电话机械图说 交通部电政司编
交通部电政司，4册，16开，精装
本书共4编：长途交换机、帮电机及其附属设备电路、长途电话机件装置方法、长途电话机件维持方法。
收藏单位：国家馆、南京馆、上海馆

01372
长途电话线路图 交通部电政司绘制
出版者不详，1936，16页，横8开
收藏单位：广东馆

01373
长途电缆及载波交叉 汪启堃编译
交通部电信总局，1947.9，166页，24开（电信技术参考丛书 第1集 线路3）
本收据日本及美国书刊编译，介绍长途电话及电报线路工程技术。
收藏单位：广东馆

01374
电报电话机料程式单 交通部电政司编
外文题名：Specification for material and instruments telegraphs and telephones
交通部电政司，1册，16开
收藏单位：国家馆

01375
电话 江苏省立教育学院研究实验部编
无锡：江苏省教育学院，1931，6页，32开（民众科学问答丛书17）
收藏单位：江西馆

01376
电话 王世琯著
上海：汉文正楷印书局，1933.12，38页，32开
本书介绍电话的发明、原理、构造及种类等。
收藏单位：国家馆、南京馆、浙江馆

01377
电话 徐应昶著
上海：商务印书馆，1922.10，35页，32开（儿童理科丛书10）
上海：商务印书馆，1927.1，4版，35页，32开（儿童理科丛书10）
上海：商务印书馆，1933.11，国难后1版，35页，32开（儿童理科丛书10）
本书内容包括：倍尔发明电话的故事，倍尔电话的作用、种类，我国设立电话的历史等。
收藏单位：广西馆、国家馆、宁夏馆、首都馆

01378
电话报线路建筑学
出版者不详，1册，16开
收藏单位：南京馆

01379
电话工程学 张季龙著
上海：启智书局，1930.5，224+33页，22开
上海：启智书局，1935.6，再版，224+33页，22开
本书内容包括：架空线路工程所用之材料、扁担及隔电子、线条、工程器具及其使用之方法等。附录：电话工程学名词中英对照。
收藏单位：安徽馆、重庆馆、广东馆、国家馆、黑龙江馆、江西馆

01380
电话回线之通话标准 汪启堃节译
交通部电信总局，1947，44页，24开（电信技术参考丛书 第2集 电话4）
本书据日本递信省工务局《电信电话技术心得》第16号“电话回线之通话标准”节译。

01381
电话讲义 浙江省电话局工务科编
浙江：浙江省电话局工务科，1933.12，36页，16开
本书讲述电话的发明过程、原理及用处。
收藏单位：浙江馆

01382
电话交换 汪启堃编译
交通部电信总局，1947，38页，24开（电信技术参考丛书 第2集 电话5）
本书据日本电气通信学会所编《通信工学》一书编译。

01383
电话交换 浙江省电话局业务科编
浙江：浙江省电话局业务科，1940，154页，32开（浙江省电话局训练丛刊）
本书共14章，内容包括：概论、电话交换、市内电话交换手续、长途话务人员之基本知识等。
收藏单位：浙江馆

01384
电话教学材料 冀晋军区司令部[编]
冀晋军区司令部，1946，1册，32开
收藏单位：国家馆

01385
电话学 陈湖 王天一编著
上海：中国科学图书仪器公司，1948.6，328页，27开
上海：中国科学图书仪器公司，1948.10，再版，328页，27开
本书为大学用书。内容包括：声学、发话器及收话器、信号设备、杂项设备、用户话机、独用线与合用线等。
收藏单位：东北师大馆、辽宁馆、内蒙古馆、上海馆、天津馆

01386
电话学 军事委员会军训部通信兵监编
军事委员会军训部通信兵监，1942，126页，32开
收藏单位：广东馆

01387
电话学 张星[著]
出版者不详，影印本，40+46叶，16开，环筒页装
收藏单位：国家馆

01388
电话学 郑玉良 沈庆增编
通信学校，1948，94+5页，32开
收藏单位：广东馆

01389
电话学
陆军通信兵学校，1941，88页，18开
收藏单位：广东馆

01390
电话学大纲 防空学校编
防空学校，1939.12，86页，32开
本书内容包括：电话之原理及种类、电话机之零件、电话机之电路动作、交换机之电路动作等。
收藏单位：贵州馆

01391
电话学讲义 北平电话局话务员训练班编
北平：北平电话局，106页，16开
收藏单位：国家馆

01392
电话用户宅内机线装设规则
[交通部]，[1930—1939]，9页，横36开

本书附用户机线装设规则图 28 幅。中华民国二十四年十二月七日交通部第二六七号令公布。

01393

国立北平大学工学院电话讲义（自动电键计算法） 钱凤章讲

北平：国立北平大学工学院，1937，32 页，16 开

收藏单位：国家馆

01394

国内长途电话值机规则检要

出版者不详，1946，油印本，1 册，大 16 开

收藏单位：广东馆

01395

国内长途电话值机规则实例

出版者不详，48 页，32 开

本书内容包括：发话局长途、受话局长途、转话局长途等。

收藏单位：浙江馆

01396

交通部重庆电信局电话图书汇编（西门子五字步进制 F 式自动电话线路图解） 交通部重庆电信局工务处编

重庆：交通部重庆电信局工务处，1946，1 册，14 开

收藏单位：重庆馆

01397

交通部架空长途电话线路建筑规则

交通部，[1935]，35 页，横 42 开

收藏单位：重庆馆、国家馆、湖南馆、上海馆

01398

交通部架空长途电话线路建筑图式 交通部公布

交通部，[1935]，[47] 页，16 开

收藏单位：广东馆、国家馆、湖南馆、江西馆、南京馆、上海馆

01399

交通部青岛电话局史端乔式自动电话电路图（自动交换机及其人工台电路） 交通部青岛电话局工务课编订

青岛：交通部青岛电话局工务课，1932，晒印本，1 册，横 13 开

收藏单位：国家馆

01400

交通部武汉电话局电话图书汇编（第 1 集） 交通部武汉电话局工务课编译

武汉：交通部武汉电话局工务课，1934.9，[123] 页，10 开

收藏单位：国家馆

01401

青岛电话局自动机器之装置布线及配线 汪启堃著述　黄曾铭校订

青岛：青岛电话局，[1932]，70 页，16 开

收藏单位：国家馆

01402

实验无线电话收音机制造法 林履彬编　尤佳章校订

上海：商务印书馆，1927.10，96 页，32 开（百科小丛书）

上海：商务印书馆，1932.11，国难后 1 版，96 页，32 开（百科小丛书）

上海：商务印书馆，1933.10，国难后 2 版，96 页，32 开（百科小丛书）

上海：商务印书馆，1934.10，国难后 3 版，96 页，32 开（百科小丛书）

上海：商务印书馆，1935.6，国难后 5 版，96 页，32 开（百科小丛书）

上海：商务印书馆，1937.4，国难后 7 版，96 页，32 开（百科小丛书）

本书共 3 章，介绍简易无线电话及收音机的制造、装置等。

收藏单位：安徽馆、重庆馆、大庆馆、广东馆、国家馆、江西馆、南京馆、宁夏馆、上海馆、首都馆、天津馆、浙江馆

01403

实用无线电话收音学 何才编著

上海：无线电研究学社，1926，49 页，32 开

收藏单位：绍兴馆

01404

市内电话地下线路建筑规则

[交通部]，[1935]，41+152 页，横 36 开

本书为中华民国二十四年十一月十四日交通部公布的第二二四号部令。附录：电缆接续须知。

01405

市内电话架空线路建筑图式 [交通部] 公布

交通部，[1935]，91 页，16 开

本书为电话架空线路建筑图式，共 91 幅。民国二十四年七月二十九日公布。原载《交通公报》第 687—688 号。

收藏单位：广东馆、国家馆、江西馆、南京馆、上海馆

01406

市内电话线路工程 汪启堃节译

[南京]：交通部电信总局，1947.9，268 页，24 开（电信技术参考丛书 第 1 集 线路 2）

本书据日本《电气通信技术》教科书"市内电话线路"部分节译。

收藏单位：广东馆、上海馆

01407

无线电话收音机管理法 叶吉裳编著

上海：世界书局，1931.10，69 页，32 开

上海：世界书局，1933.10，再版，69 页，32 开

上海：世界书局，1934.10，3 版，69 页，32 开

上海：世界书局，1935，4 版，69 页，32 开

上海：世界书局，1948.8，新 3 版，69 页，32 开

本书共 21 部分，内容包括：绪论、天线、引进线、地线、避电器、蓄电池等。

收藏单位：重庆馆、国家馆、河南馆、湖南馆、上海馆、首都馆、浙江馆

01408

无线电话收音术 黄幼雄著

上海：开明书店，1934.9，256 页，32 开

上海：开明书店，1935.1，2 版，256 页，32 开

上海：开明书店，1935，3 版，256 页，32 开

上海：开明书店，1936.6，4 版，256 页，32 开

上海：开明书店，1939.9，增订 1 版，308 页，32 开

上海：开明书店，1940.1，增订 2 版，308 页，32 开

上海：开明书店，1941.11，增订 3 版，308 页，32 开

本书内容包括：无线电所必需之电学知识、无线电之原理、天地线之架设与安全装置等。

收藏单位：重庆馆、广东馆、贵州馆、国家馆、湖南馆、南京馆、内蒙古馆、上海馆、首都馆、云南馆、浙江馆

01409

无线电话原理 （美）累马丁（H. Ray Martin）（美）恳普裴特（W. Kaempffert）著 嵇观译

外文题名：The A.B.C.of radio

上海：商务印书馆，1924.5，52 页，36 开（百科小丛书 56）

上海：商务印书馆，1926.4，再版，52 页，36 开（百科小丛书 56）

本书共 7 章：电波与能媒之关系、波长与调整、波之发生、天线与环状天线、电磁波之检定方法、电、无线电通信之未来观。

收藏单位：重庆馆、广西馆、国家馆、河南馆、湖南馆、江西馆、南京馆、山东馆、上海馆、首都馆、天津馆、西南大学馆、浙江馆

01410

无线电信电话 陆军大学校编

北平：陆军大学校，1931，40 页，22 开

本书共 14 部分，讲述无线电信电话的由来、电波、受信法、通信力等。

收藏单位：国家馆

01411
修机学
[广西]：出版者不详，油印本，[144]页，16开
收藏单位：桂林馆

01412
有线电话 汤荷骧 易鼎新著
上海：商务印书馆，1933.12，111页，32开（万有文库 第1集0576）（工学小丛书）
上海：商务印书馆，1934.2，111页，32开（工学小丛书）
上海：商务印书馆，1934.7，再版，111页，32开（工学小丛书）
上海：商务印书馆，1935.2，3版，111页，32开（工学小丛书）
长沙：商务印书馆，1938.10，6版，111页，32开（工学小丛书）
长沙：商务印书馆，1940，7版，111页，32开（工学小丛书）
上海：商务印书馆，1947.2，9版，111页，32开（新中学文库）（工学小丛书）
本书共8章，内容包括：电磁学概要、电话学概论、电话局之设备、自动电话概要等。附录：英文电话参考书目。
收藏单位：安徽馆、长春馆、重庆馆、大理馆、大连馆、东北师大馆、广东馆、广西馆、贵州馆、国家馆、黑龙江馆、湖南馆、吉大馆、江西馆、辽大馆、辽师大馆、柳州馆、南京馆、内蒙古馆、宁夏馆、上海馆、首都馆、天津馆、浙江馆、中科图

01413
有线电话架设小动作详解
出版者不详，12+182+56页，大64开
本书共2篇：被覆线之部、裸线之部。
收藏单位：江西馆

01414
有线电话浅说 技术合作委员会上海分会电气组编
上海：技术合作委员会上海分会电气组，1932，16页，32开（军用电气小丛书1）
收藏单位：广东馆、南京馆

01415
有线电话使用及修理 黄剑峰编
陆军炮兵学校，1941，34页，22开
收藏单位：广东馆

01416
自动交换机保养方法 交通部青岛电话局工务课编订
青岛：交通部青岛电话局工务课，1932.8，40页，32开（史端乔氏自动电话图说3）
收藏单位：国家馆

01417
自动交换机定期检验方法 交通部青岛电话局工务课编订
青岛：交通部青岛电话局工务课，1932.9，42页，32开（史端乔氏自动电话图说4）
收藏单位：国家馆

01418
自动交换机及其人工台电路说明 交通部青岛电话局工务课编订
青岛：交通部青岛电话局工务课，1932.6，96页，32开（史端乔氏自动电话图说1）
收藏单位：国家馆

01419
自动交换机重要障碍查修方法 交通部青岛电话局工务课编订
青岛：交通部青岛电话局工务课，1932.6，23页，32开（史端乔氏自动电话图说2）
收藏单位：国家馆

电报、传真

01420
常用短句汇编 资源委员会秘书处编
资源委员会秘书处，1938，[22页]，23开，

环筒页装

本书汇编本会及附属机关翻译收发密电短句。

收藏单位：重庆馆

01421

初级电报学 方伯麟编

方伯麟 [发行者]，1924.1，22 页，22 开

收藏单位：国家馆

01422

传递图像的电报 （法）白兰（M. E. Edouard）讲 李书华译

《中法教育界》月刊，1926.12，16+19 页，16 开

收藏单位：国家馆

01423

打字电报机——管理法与校正法（克利特公司 7–A 及 8–A 式） 交通部电政司译

南京：交通部电政司，1934.8，105+31 页，32 开

本书为克利特打字电报机的使用与校正说明书。附英文说明书。版权页题名：克利特打字电报机。

收藏单位：浙江馆

01424

电报 徐应昶编纂

上海：商务印书馆，1922，28 页，32 开（儿童理科丛书 9）

上海：商务印书馆，1923.3，再版，28 页，32 开（儿童理科丛书 9）

上海：商务印书馆，1925.4，3 版，28 页，32 开（儿童理科丛书 9）

上海：商务印书馆，1927，4 版，28 页，32 开（儿童理科丛书 9）

收藏单位：国家馆、江西馆、首都馆

01425

电报常识 华北电信电话股份有限公司编

华北电信电话股份有限公司，[1939—1945]，50 页，32 开

本书为日伪机关出版物。

收藏单位：国家馆

01426

电报常识 张家钰编著 李桐校阅

上海：生活书店，1936.10，518 页，32 开

本书共 5 部分，内容包括：电报规则、日本电报规则辑要、无线电规则辑要等。

收藏单位：国家馆

01427

电报机器装置图说

出版者不详，217 页，横 36 开

收藏单位：广东馆

01428

电报线路测验规则 交通部编

交通部，1919.9，1 册，16 开，环筒页装

收藏单位：国家馆

01429

电报学

陆军通信兵学校，1941，101 页，18 开

收藏单位：广东馆

01430

电报与电话 顾均正著

上海：新生命书局，1933.8，64 页，32 开（新生命大众文库 新发明 6）

收藏单位：重庆馆、广东馆、国家馆、江西馆、辽师大馆、南京馆、内蒙古馆、浙江馆

01431

短波发报机 邱越凡 夏承糯编著

上海：建华公司编辑部，266 页，16 开（建华无线电丛书）

本书共 6 章：总论、自振荡式发报机、主振荡式发报机、短波发报天线、超短波发报机、检音器及测周器。附录：中西名词对照表等。

收藏单位：重庆馆、湖南馆、西交大馆

01432
二·五暨五瓦短波收发报机说明书 刘晋暄著
出版者不详，1936，1册，横72开
收藏单位：重庆馆

01433
发报机及播音机的造法 俞子夷编
上海：中华书局，1933.10，186页，32开（业余丛书 无线电入门6）
上海：中华书局，1934.8，再版，186页，32开（业余丛书 无线电入门6）
上海：中华书局，1934，3版，186页，32开（业余丛书 无线电入门6）
上海：中华书局，1935.6，4版，186页，32开（业余丛书 无线电入门6）
上海：中华书局，1936，5版，186页，32开（业余丛书 无线电入门6）
上海：中华书局，1937，6版，186页，32开（业余丛书 无线电入门6）
上海：中华书局，1938.10，7版，186页，32开（业余丛书 无线电入门6）
上海：中华书局，1940.5，8版，186页，32开（业余丛书 无线电入门6）
上海：中华书局，1948.3，9版，186页，32开（业余丛书 无线电入门6）
本书共10章，内容包括：试验室里的发报机及播音机、轻而易举的短波发报机、电报符号的练习法等。附录：各国呼号、Q信号、公定信号、业余者常用的简语。
收藏单位：重庆馆、广东馆、国家馆、黑龙江馆、吉林馆、江西馆、内蒙古馆、上海馆、绍兴馆、首都馆

01434
国音电报词典 应昌期著
台湾银行，1947.9，149页，16开
收藏单位：上海馆

01435
聚兴诚银行自制电报简码 聚兴诚银行编
聚兴诚银行，231页，16开，精装
收藏单位：重庆馆

01436
克利特—莫尔斯电码、键盘凿孔机（克利特公司第九号式） 交通部电政司译
南京：交通部电政司，1934.7，[70]页，32开
本书为该机说明书。
收藏单位：重庆馆、浙江馆

01437
克利特莫尔斯发报机（克利特公司第十一式） 交通部电政司译
南京：交通部电政司，1934.7，[30]页，32开
本书共7章：概述、发报、拆机、装机、校正、维持、油润。附录：英文原文、机械图、零件名称表。
收藏单位：浙江馆

01438
克利特莫尔斯印字机 交通部电政司译
南京：交通部电政司，1934.8，1册，25开
本书介绍I-T号纸条式印字机与I-P号纸页式印字机。共7章，内容包括：概述、动作、拆机、装机等。附录：英文原文、机械图、零件名称表。
收藏单位：浙江馆

01439
联合国报务规程及通报简语
陆军通信兵学校，1946，[163]页，32开
收藏单位：广东馆

01440
联合国通报简语（CCBP2-2） 军事委员会军训部通信兵监编译
中央训练团无线电报务师资训练班，1946.1，137页，32开
收藏单位：国家馆

01441
联合国通信无线电报务规程 军事委员会军训部通信兵监编译
中央训练团无线电报务师资训练班，1946.1，油印本，82页，32开
收藏单位：安徽馆、国家馆、江西馆

01442

莫尔斯收报复凿机——忽斯登电码（克利特公司 7-W 式） 交通部电政司译

南京：交通部电政司，1934.7，[60] 页，32 开

本书共 5 章：概述、动作、拆机、装机、调整。

收藏单位：重庆馆、浙江馆

01443

实验电报学 曾清鉴编译

上海：商务印书馆，1920.3，76 页，32 开

上海：商务印书馆，1925.3，76 页，32 开

上海：商务印书馆，1932.6，国难后 1 版，83 页，32 开

长沙：商务印书馆，1938.9，国难后 4 版，83 页，32 开

长沙：商务印书馆，1939.2，国难后 5 版，83 页，32 开

长沙：商务印书馆，1941.6，国难后 7 版，83 页，32 开

上海：商务印书馆，1947.10，9 版，83 页，32 开

本书为职业学校教科书。共 8 章，内容包括：发电之理、磁气述略、通电报之器、电报工程要略等。附录：正切表、物料中西名目表等。

收藏单位：重庆馆、广东馆、国家馆、湖南馆、江西馆、南京馆、内蒙古馆、上海馆、首都馆、天津馆、浙江馆

01444

无线电报 徐应昶编纂

上海：商务印书馆，1922，22 页，32 开（儿童理科丛书 11）

上海：商务印书馆，1925.4，3 版，22 页，32 开（儿童理科丛书 11）

上海：商务印书馆，1927，4 版，22 页，32 开（儿童理科丛书 11）

本书介绍无线电报相关知识。

收藏单位：重庆馆、国家馆、首都馆

01445

无线电报及无线电话 朱其清著

上海：商务印书馆，1933.12，144 页，32 开（万有文库 第 1 集 0578）（工学小丛书）

上海：商务印书馆，1934.1，144 页，32 开（工学小丛书）

上海：商务印书馆，1934.4，再版，144 页，32 开（工学小丛书）

上海：商务印书馆，1934.10，4 版，144 页，32 开（工学小丛书）

上海：商务印书馆，1935.4，5 版，144 页，32 开（工学小丛书）

长沙：商务印书馆，1939.2，8 版，144 页，32 开（工学小丛书）

上海：商务印书馆，1947.3，9 版，144 页，32 开（新中学文库）（工学小丛书）

本书共 4 章：无线电学概要、电子管、传受线、无线电话学。

收藏单位：安徽馆、长春馆、重庆馆、大连馆、东北师大馆、广东馆、广西馆、贵州馆、国家馆、黑龙江馆、湖南馆、惠州馆、江西馆、辽大馆、辽东学院馆、辽师大馆、南京馆、内蒙古馆、宁夏馆、山西馆、上海馆、首都馆、天津馆、西南大学馆、浙江馆、中科图

01446

无线电器材概说 军事委员会军训部编

军事委员会军训部，1940.5，48 页，32 开

本书内容包括：零件及测电仪器、收发报机、电源机件、工具等。书前有华振麟序。

收藏单位：重庆馆、国家馆、南京馆

01447

无线电器材概说 军训部通信兵监编

[军训部通信兵监]，1942，93+4 页，32 开

收藏单位：广东馆

01448

无线电器材学

中央陆军军官学校，1942，106 页，22 开

收藏单位：广东馆、内蒙古馆

01449

无线电收发报机修理学 张仲智编著

[江西省电讯大队]，[1942.5]，146 页，22 开

本书共 4 章：无线电收发报机零件之认识、无线电发报机、无线电收受机、无线电收发报机检查与修理。

收藏单位：重庆馆、国家馆、江西馆

01450

有线电报 徐应昶编

上海：商务印书馆，1934.3，再版，41 页，32 开（小学生文库 第 1 集 物理类）

收藏单位：河南馆、湖南馆、宁夏馆、首都馆

01451

有线电报 易鼎新著

上海：商务印书馆，1933.12，126 页，32 开（万有文库 第 1 集 0575）（工学小丛书）

上海：商务印书馆，1934.2，126 页，32 开（工学小丛书）

上海：商务印书馆，1934.7，再版，126 页，32 开（工学小丛书）

上海：商务印书馆，1935.6，3 版，126 页，32 开（工学小丛书）

长沙：商务印书馆，1939.3，4 版，126 页，32 开（工学小丛书）

上海：商务印书馆，1947.3，6 版，126 页，32 开（新中学文库）（工学小丛书）

上海：商务印书馆，1948.8，7 版，126 页，32 开（新中学文库）（工学小丛书）

本书共 8 章，内容包括：电磁基本原理、电源、模斯制电报、双工电报、四工电报等。附录：西文电报参考书目。

收藏单位：安徽馆、长春馆、重庆馆、大理馆、大连馆、东北师大馆、广东馆、广西馆、贵州馆、国家馆、黑龙江馆、湖南馆、江西馆、辽大馆、辽东学院馆、辽宁馆、辽师大馆、南京馆、内蒙古馆、宁夏馆、上海馆、绍兴馆、首都馆、天津馆、西南大学馆、浙江馆、中科图

01452

有线无线电报汇览 世界书局编

上海：世界书局，1933.6，再版，91 页，64 开

上海：世界书局，1938.3，新 2 版，91 页，64 开

上海：世界书局，1939.7，新 5 版，91 页，64 开

本书内容包括：中国电报价目、外国电报价目、电报挂号办法、无线电报收发规则、商用无线电报价目表、无线电报挂号办法等。

收藏单位：广东馆、湖南馆、江西馆、南京馆

01453

中国电报局实用电报机器装置图说 交通部电政司考工科线路课编

北京：交通部电政司考工科线路课，1920.1，99+21 页，横 36 开，精装

本书内容包括：继电器、显电表、电键、抵抗器、凝电器、直接印字机、单工莫尔斯机等。

收藏单位：上海馆

01454

中美无线电通报规则 · 无线电报生手册

出版者不详，81 页，横 50 开

收藏单位：广东馆

通信保密与通信安全

01455

复兴 外交部总务司电报科编

出版者不详，1939，138 页，32 开

本书为伪装书目，实系密电码。

收藏单位：南京馆

01456

密码学概论 徐鸿涛讲

[中央训练团党政训练班]，1944.4，12 页，32 开

收藏单位：重庆馆、国家馆、浙江馆

01457

应用密码学讲义

陆军大学，1944，31 页，25 开

收藏单位：广东馆

01458

应用密码学讲义

出版者不详，[1920—1949]，油印本，1 册，16 开，环筒页装

收藏单位：国家馆

无线通信

01459

船舶无线电台台名录 交通部国际电信局编

交通部国际电信局，1933.7，22 页，16 开，精装

收藏单位：国家馆

01460

近世无线电浅释（自然科学之部） 弹子强著

上海：神州国光社，1932.1，58 页，36 开

收藏单位：河南馆、上海馆

01461

军用短波无线电通信教范草案

出版者不详，[144] 页，大 64 开

收藏单位：江西馆、内蒙古馆

01462

实用无线电通讯手册 王憩新编著 邱祖绶校 华辅根 康际旺绘图

上海：新华无线电社，1947.9，107 页，32 开

上海：新华无线电社，1948.9，再版，107 页，32 开

本书共 10 章，内容包括：无线电码收发总论、电报组织程式、电报的种类及传递次序、电台的类别与呼号、无线电通讯常识等。附录：二管半交流收讯机线路等 10 项。

收藏单位：长春馆、重庆馆、广东馆、国家馆、辽宁馆、南京馆

01463

实用无线电信 班冀超编著

重庆：天行电信丛书社，1945.10，220 页，36 开（天行电信丛书）

北平：天行电信丛书社，1947.9，2 版，220 页，36 开（天行电信丛书）

北平：天行电信丛书社，1948.12，增订 3 版，228 页，36 开（天行电信丛书）

本书为职业学校教本。共 7 章，内容包括：直流电流、交流电路、真空管、发送机、接收机等。附录：真空管表、电力线电流载重等 4 项。

收藏单位：国家馆

01464

实用无线电信概要 国音电信促进社编

昆明：国音电信促进社，1938，2 版，122 页，32 开

收藏单位：广东馆

01465

无线电通信教范讲义 陆军第二十军干部训练班第五期编

陆军第二十军干部训练班第五期，油印本，10 叶，36 开，环筒页装

本书共 2 章，介绍通信业务、五瓦特机操作法及使用法。

收藏单位：重庆馆

01466

无线电通信术 张家钰编著

上海：电信常识丛书出版社，1946.2，增订 1 版，194 页，32 开（电信常识丛书 2）

上海：电信常识丛书出版社，1946.5，增订 2 版，194 页，32 开（电信常识丛书 2）

上海：电信常识丛书出版社，1947.3，增订 3 版，194 页，32 开（电信常识丛书 2）

上海：电信常识丛书出版社，1947.12，增订 4 版，194 页，32 开（电信常识丛书 2）

上海：电信常识丛书出版社，1948，增订 5 版，194 页，32 开（电信常识丛书 2）

本书为 1941 年 12 月成都开明书店出版的《无线电通信学》增订本，内容较原书增加了移动业务 2 章、特种业务 1 章、业余电台 1 章。附录有增加，另有补编：大西洋城国

际电信会议改订呼号分配表。

收藏单位：国家馆、辽宁馆、南京馆、上海馆、首都馆

01467

无线电通信学（上卷） 张家钰编著

成都：开明书店，1941.12，124 页，32 开

本书共 7 章，内容包括：电台之类别及呼号、电报之结构、固定业务、高速度自动制通信等。附录：电报符号、业务缩语、常用缩写字等。

收藏单位：重庆馆、国家馆、南京馆

01468

无线电通讯概要 张仲智编著

[南昌]：江西省建设事业工作人员训练所教导组，1940.1，160 页，22 开

本书共 10 章，内容包括：信号、术语、电报结构、通报手续等。书前有编著者绪言。

收藏单位：重庆馆、国家馆、江西馆

01469

无线电通讯教程 张家钰 蔡作骧编

上海：电信界月刊社，1939.7，196 页，32 开（电信常识丛书 2）

本书附录：业务缩语、机务常识、日本电报规则摘要等。

01470

无线电信 曾继仪著

北京：共和印刷公司，1914，188 页，22 开，精装

收藏单位：首都馆、中科图

广播、电视

01471

波的奇迹——电视 （德）雷因（Edward Rhoin）著 宋慕法译

上海：开明书店，1948.10，113 页，32 开（开明青年丛书）

上海：开明书店，1949.3，2 版，113 页，32 开（开明青年丛书）

本书介绍电视的发明、发展及原理等。

收藏单位：长春馆、重庆馆、大庆馆、东北师大馆、国家馆、南京馆

01472

电视浅说 张左企编

上海：中华书局，1933.4，87 页，25 开（电学丛书 1）

上海：中华书局，1935，再版，87 页，25 开（电学丛书 1）

上海：中华书局，1936，3 版，87 页，25 开（电学丛书 1）

昆明：中华书局，1939.6，昆明 4 版，87 页，25 开（电学丛书 1）

本书共 13 章，内容包括：绪言、电视的要素、电视发明史、分像法、感光电池等。

收藏单位：重庆馆、国家馆、河南馆、黑龙江馆、湖南馆、江西馆、辽宁馆、南京馆、内蒙古馆、上海馆、首都馆、浙江馆

01473

电视学浅说 （英）赫卿荪（R. W. Hutchinson）著 陈岳生译

外文题名：Easy lessons in television

上海：商务印书馆，1935.5，252 页，32 开（百科小丛书）

本书著者原题：胡磐生。

收藏单位：大庆馆、贵州馆、国家馆、河南馆、湖南馆、江西馆、南京馆、宁夏馆、首都馆

01474

无线电播音 徐卓呆编著

上海：商务印书馆，1937.6，41 页，32 开（社会教育小丛书）

本书共 10 节，内容包括：无线电播音之特长、无线电播音之利用、现在无线电播音之状态、听众心理、何者为不良材料、如何淘汰不良播音等。

收藏单位：长春馆、重庆馆、广东馆、贵州馆、国家馆、湖南馆、吉大馆、辽大馆、辽宁馆、南京馆、内蒙古馆、天津馆、西南

大学馆、浙江馆

01475
无线电传影术 （美）卓伯尔（H. T. B. Chanpple）著 吴廉方 刘同康译
上海：世界书局，1939.8，75页，32开
上海：世界书局，1945.5，再版，75页，32开
上海：世界书局，1947.7，3版，75页，32开

本书讲述电视的发明、发展、原理、程序及用途等。

收藏单位：重庆馆、广东馆、广西馆、贵州馆、国家馆、江西馆、辽宁馆、南京馆、内蒙古馆、上海馆、天津馆

01476
中央广播无线电台播音机件工作系统说明 中央广播无线电台管理处编
出版者不详，8页，16开

收藏单位：广东馆

雷 达

01477
近世雷达 周肇西编
北平：周肇西[发行者]，1948，60页，16开

收藏单位：国家馆

01478
雷达 （美）邓拉普（Orrin E. Dunlap）撰 陈忠杰 舒重则译
外文题名：Radar
上海：商务印书馆，1947.5，215页，32开（新中学文库）
上海：商务印书馆，1948.1，再版，215页，32开（新中学文库）
上海：商务印书馆，1949，3版，215页，32开（新中学文库）

本书共6章，内容包括：雷达的创始、雷达的运用、谁发明雷达、雷达的和平用途等。附录：雷达术语。

收藏单位：安徽馆、长春馆、重庆馆、东北师大馆、广东馆、广西馆、国家馆、河南馆、黑龙江馆、湖南馆、江西馆、辽大馆、辽东学院馆、南京馆、内蒙古馆、山西馆、上海馆、首都馆、武大馆、中科图

01479
雷达 黄玉珩编著
上海：正中书局，1948.6，213页，25开

本书共10章，内容包括：绪论、电磁波、输电线与导波管、发射机、接收机等。

收藏单位：重庆馆、广东馆、国家馆、黑龙江馆、上海馆、武大馆、浙江馆

01480
雷达 龙文澄编
上海：世界书局，28页，32开（少年应用科学丛书）

收藏单位：南京馆

01481
雷达报告 刘光青等编译
[南京]：空军司令部，1947，76页，16开

收藏单位：广东馆

01482
雷达概述 [陆军大学]编
[陆军大学]，1946，24页，22开

收藏单位：广东馆、国家馆

01483
雷达概说 （美）J. F. Rider （美）G. C. B. Rowe著 陆鹤寿译
上海：国民文化出版社，1948.2，124页，32开

本书共7章，内容包括：雷达基本原理的喻解、雷达基本机件组织、天线及指示器、地面部队运用雷达的种种、雷达在海洋上的应用等。

收藏单位：重庆馆、东北师大馆、广东馆、贵州馆、上海馆、首都馆

01484
雷达浅说 （美）J. F. Rider （美）G. C. B. Rowe著 张钟俊 卞祖芬编译

上海：东亚书社，1948.2，120页，25开（应用科学丛书）

本书共8章，内容包括：雷达之基本原理、雷达之基本机构、各种天线和指示器、地面部队用的雷达、海军雷达、空军如何运用雷达等。

收藏单位：广东馆、国家馆、江西馆、辽宁馆、上海馆、西南大学馆

01485

雷达与防空

防空学校，1946，37页，22开

收藏单位：广东馆

01486

无线电测定方位（简称雷达） 海军司令部编

南京：海军司令部，1946.10，1册，32开

收藏单位：国家馆、南京馆

化学工业

01487

附录东游考察记 赵世晋编

出版者不详，1918，70页，18开

收藏单位：国家馆、绍兴馆

01488

工商部重庆工业试验所研究专报（[合订本]） 工商部重庆工业试验所[编]

重庆：工商部重庆工业试验所，1948，17+10页，22开

本书内容包括：《用折光滤测定汽油内芳香族烃之含量》（刘言明）、《分子之形态与行为 二 水分子之聚合》（彭光钦、张而慈）、《分子之形态与行为 三 盐类分子离子在任何浓度溶液中之显示容积》（彭光钦，张尔慈）。该专报第8、9、11号合订本。

收藏单位：国家馆

01489

化工论文摘要（中国工程师学会第十三届年会） 黎任等著

中国工程师学会，1945.6，石印本，[44]页，16开，环筒页装

本书内收论文27篇，内容包括：《八角茴香油用途之研究》（黎任）、《木材干馏设备之改进》（钱宝均）、《建设战后火药工业方案》（严演存）、《台湾糖业概况》（张力回）等，并有67条论文题目。

01490

化工职业概况 顾毓珍著

出版者不详，[1944.11]，68页，32开

本书共4章：化学工程概说、化学工业概述、化工职业现况、我国化工事业展望及人才之需要。

收藏单位：广东馆、贵州馆、国家馆、湖南馆、南京馆

01491

化学 潘承圻 陈同素编

上海：厚生出版社，62页，42开（中国工程师手册 基本手册5）

本书共10章，内容包括：锅炉用水、燃料、耐火材料、非铁金属、钢铁、腐蚀等。书前有中国工程师手册总目。

收藏单位：国家馆、上海馆

01492

化学工程名词 大连新华书店辑

大连：大连新华书店，1949.9，467页，32开

收藏单位：长春馆、广西馆、国家馆、江西馆、辽宁馆、天津馆、中科图

01493

化学工程名词 国立编译馆编订

重庆：正中书局，1946.1，162页，16开

上海：正中书局，1946.9，沪1版，162页，16开

上海：正中书局，1947，沪5版，162页，16开

上海：正中书局，1948，沪7版，162页，16开

本书按英文字母顺序排列，共收词汇

一万余条。中华民国三十年十一月教育部公布。

收藏单位：长春馆、重庆馆、东北师大馆、广东馆、国家馆、黑龙江馆、江西馆、辽大馆、南京馆、上海馆、首都馆、西南大学馆、浙江馆、中科图

01494
化学工程名词　化学工程名词审查委员会编审
出版者不详，油印本，4+2+5 页，12 开

收藏单位：南京馆

01495
化学工程名词（后五部 初审本）　国立编译馆编订
国立编译馆，1939，油印本，152 页，25×28cm

本书按英文字母顺序排列，共收化学工程词汇一万余条。

收藏单位：国家馆、南京馆

01496
化学工程名词（前十部 二审本）　国立编译馆编订
国立编译馆，1939，石印本，152 页，27×28cm

本书按英文字母顺序排列，共收化学工程词汇一万余条。

收藏单位：国家馆、南京馆

01497
化学工业
国防研究院，1944，26 页，32 开

收藏单位：广东馆

01498
化学工业之进步　许达年　许斌华译
上海：中华书局，1936.6，154 页，32 开（初中学生文库）
上海：中华书局，1936.11，再版，154 页，32 开（初中学生文库）
上海：中华书局，1941.1，4 版，154 页，32 开（初中学生文库）
上海：中华书局，1947.12，154 页，32 开（初中学生文库）（中华文库）

本书共 14 章，内容包括：纤维工业、燃料工业、饮食物工业、橡皮与香料工业、照相与制版、金属与冶金、颜料与染料、皮革等。

收藏单位：重庆馆、东北师大馆、广东馆、桂林馆、黑龙江馆、湖南馆、江西馆、辽大馆、辽宁馆、南京馆、内蒙古馆、上海馆、西南大学馆

01499
化学与工业　（德）龚推布盖著　孟心如编译
上海：中国科学图书仪器公司，1934，228 页，32 开

本书介绍化学工业之基础、冶金、水、燃料及爆发物等。

收藏单位：浙江馆

01500
化学与工业　何厄著　郭钟福等译
上海：商务印书馆，1937.3，4 册，32 开（万有文库 第 2 集 243）（自然科学小丛书）

本书共 41 部分，内容包括：化学工业之基础、磨擦剂、溶剂、棉与棉之产物、电化学与日常生活等。

收藏单位：安徽馆、大理馆、大连馆、大庆馆、国家馆、黑龙江馆、湖南馆、辽大馆、辽师大馆、内蒙古馆、宁夏馆

01501
黄海化学工业研究社概况及章程　黄海化学工业研究社编
黄海化学工业研究社，1931.7，[18] 页，22 开

收藏单位：国家馆、首都馆

01502
黄海化学工业研究社工作概况报告　黄海化学工业研究社编
上海：黄海化学工业研究社，1934.3，7 页，16 开

本书为农业化学和工业化学的研究调查报告。

收藏单位：国家馆、浙江馆

01503
黄海化学工业研究社廿周年纪念册　黄海化学工业研究社编
四川五通桥：黄海化学工业研究社，1942.8，47 页，18 开
四川五通桥：黄海化学工业研究社，1949.8，沪重版，40 页，32 开

本书共 7 部分：黄海二十周年纪念词、我之黄海观、二十年试验室、沿革、工作述要、工作报告、附录。

收藏单位：重庆馆、国家馆、南京馆、上海馆、浙江馆

01504
黄海化学工业研究社入川后的工作报告　黄海化学工业研究社编
四川五通桥：黄海化学工业研究社，1939.6，6 页，16 开，环筒页装

收藏单位：国家馆、南京馆

01505
黄海化学工业研究社章程　黄海化学工业研究社编
[塘沽]：黄海化学工业研究社，[1934.8]，10 页，18 开

收藏单位：国家馆、上海馆、首都馆、浙江馆

01506
普通应用化学　王义珏编　许炳熙校订
外文题名：Elementary applied chemistry
苏州：小说林书社，1930.10，286+6 页，25 开

本书内容包括：空气、水，实用金属及合金，颜料、墨水、假漆、鞋油，食物化学等。

收藏单位：浙江馆

01507
日用品的制造　凌昌焕著
上海：新中国书局，1935.5，2 册（63+70 页），32 开

收藏单位：重庆馆、广东馆、湖南馆、南京馆、首都馆

01508
陕西省建设厅临时化验所工作概况（[1935 年]）　陕西省建设厅临时化验所编
[西安]：陕西省建设厅临时化验所，1937.7，54 页，16 开

本书为该所 1935 年度工作报告，内容包括：利用植物油试制汽油之研究、农产品之分析、代理外界化验的结果和数据等。

收藏单位：重庆馆

01509
陕西省建设厅临时化验所工作概况（[1936 年]）　陕西省建设厅临时化验所编
[西安]：陕西省建设厅临时化验所，1937.7，68 页，16 开

本书为该所 1936 年度工作报告，内容包括：矿物的化验分析、工商品的化验分析等。封面题名：陕西省化验所二十五年度工作概况。

收藏单位：重庆馆

01510
酸枣仁之化学研究等　汤腾汉等著
出版者不详，354 页，16 开

本书内收论文 9 篇，内容包括：《蛇床》《酸枣仁之化学研究》《改良博山瓷器》《各种碳素吸着作用》《改良博山玻璃》等。

01511
小工业制造法
工艺研究社，1947，153 页，32 开

收藏单位：广东馆

01512
一个说明：何谓重化学工业　永利化学工业公司编辑部编
永利化学工业公司编辑部，1944.12，11 页，22 开
永利化学工业公司编辑部，1947，再版，11

页，22 开

本书概述酸、碱、化肥、炼焦及钢铁等工业间的关系。

收藏单位：重庆馆、国家馆、南京馆、首都馆

01513

应用化学 鲁葆如编译

上海：中华书局，1940.8，376+15 页，22 开，精装

上海：中华书局，1941.7，再版，376+15 页，22 开，精装

本书为大学用书。共 16 章，内容包括：绪论、酵素与微生物、可食的蛋白质、食品之制备及成分、清洁剂与化妆品等。附录：练习与实验、索引。

收藏单位：重庆馆、广西馆、国家馆、辽宁馆、内蒙古馆、上海馆、首都馆

01514

应用化学概论 （日）阿藤质著 薛逢元译

南京：正中书局，1937.4，13+301 页，25 开（实用自然科学丛书）

重庆：正中书局，1941.5，4 版，13+301 页，25 开（实用自然科学丛书）

上海：正中书局，1947.7，13+301 页，25 开

本书共 13 篇，内容包括：水、酸碱工业、肥料工业、矽酸盐工业、金属之冶金工业等。

收藏单位：重庆馆、东北师大馆、广东馆、国家馆、辽宁馆、南京馆、宁夏馆、上海馆、浙江馆

01515

制造化学 （日）水津嘉一郎著 孔庆莱译

上海：商务印书馆，1929.8，18+437+[16] 页，23 开（化学集成 第 5 编）

上海：商务印书馆，1931.9，再版，18+437+[16] 页，23 开（化学集成 第 5 编）

上海：商务印书馆，1933.1，国难后 1 版，18+437+[16] 页，23 开（化学集成 第 5 编）

上海：商务印书馆，1933.7，国难后 2 版，18+437+[16] 页，23 开（化学集成 第 5 编）

本书共 21 章，内容包括：无机化学工业、有机物质制造品等。

收藏单位：重庆馆、广东馆、广西馆、国家馆、河南馆、湖南馆、江西馆、辽宁馆、南京馆、内蒙古馆、山西馆、上海馆、首都馆、西南大学馆

01516

中国工程师学会第十三届年会化工论文摘要

出版者不详，1945，油印本，22 叶，16 开，环筒页装

收藏单位：国家馆

01517

最新化学工业大全 （日）田中芳雄等原著 聂汤谷等译述

商务印书馆，1935.11—1939，15 册，22 开

本书内容包括：制糖工业、天然及人造纤维工业、火药工业、热力学等。本书原名：最新化学工业大系。

收藏单位：安徽馆、重庆馆、甘肃馆、广东馆、广西馆、贵州馆、国家馆、河南馆、黑龙江馆、湖南馆、江西馆、辽大馆、辽宁馆、南京馆、内蒙古馆、宁夏馆、山西馆、上海馆、绍兴馆、首都馆、浙江馆、中科图

化工实验与研究

01518

本所化学分析暂行标准分析方法 经济部中央工业试验所编

经济部中央工业试验所，1941，20 页，16 开（经济部中央工业试验所研究专报 127）

本书内容包括：瓷土、高岭土及耐火土等分析方法，石墨分析方法，石棉分析方法，铜矿分析方法等。

收藏单位：重庆馆、南京馆

01519

发明蒸溜器说明书 孟亚兴 [著]

孟亚兴 [发行者]，[1921—1929]，1 册，25 开

本书共 3 部分：蒸溜器缘起、蒸溜器原

理、蒸溜器制造。

收藏单位：国家馆

01520

工业分析 格利芬（R. S. Griffin）编著 程瀛章 宋廷恺译

上海：中国科学图书仪器公司，1941.5，2 册（1147 页），25 开

上海：中国科学图书仪器公司，1947.4，2 版，2 册（1147 页），25 开

本书内容包括：有机分析，无机分析，金属、燃料、油漆等分析。附录：分析计算表。

收藏单位：重庆馆、广东馆、国家馆、辽宁馆、内蒙古馆、首都馆、天津馆

01521

工业分析 黄开绳著

上海：商务印书馆，1933.6，174 页，32 开（工学小丛书）

上海：商务印书馆，1933.9，2 版，174 页，32 开（工学小丛书）

上海：商务印书馆，1933.12，174 页，32 开（万有文库 第 1 集 0557）（工学小丛书）

上海：商务印书馆，1934.6，3 版，174 页，32 开（工学小丛书）

上海：商务印书馆，1935.6，4 版，174 页，32 开（工学小丛书）

长沙：商务印书馆，1938.7，6 版，174 页，32 开（工学小丛书）

长沙：商务印书馆，1939.3，7 版，174 页，32 开（工学小丛书）

长沙：商务印书馆，1939.12，174 页，32 开（工学小丛书）（万有文库 第 1、2 集简编 500 种）

本书共 18 章，内容包括：常备试药规定液及指示药类、试料采集法、水、煤、烟囱气体与煤气、工业用无机酸类及其原料等。附录：兰格氏测定硝酸硫酸比重表等。

收藏单位：安徽馆、长春馆、重庆馆、大理馆、大连馆、东北师大馆、广东馆、广西馆、贵州馆、国家馆、河南馆、黑龙江馆、湖南馆、惠州馆、江西馆、辽大馆、辽师大馆、南京馆、内蒙古馆、宁夏馆、陕西馆、上海馆、首都馆、天津馆、浙江馆

01522

工业分析 余兰园讲

北平：国立北平大学工学院，1934—1935，126 页，16 开

本书为该校化学系讲义。

01523

工业分析（国立北平大学工学院机系三年级） 辛裕贞讲

北平：国立北平大学工学院，1934.12，39 叶，18 开

本书讲述煤、汽罐用水、钢铁等的分析。

收藏单位：国家馆

01524

工业化学分析 陶延桥著 张叔介校

上海：商务印书馆，1936.8，14+323 页，23 开，精装

上海：商务印书馆，1937.6，再版，14+323 页，23 开，精装

长沙：商务印书馆，1939，3 版，14+323 页，23 开，精装

本书共 18 章，内容包括：煤、水、肥料、牛乳及其制品、牛油（奶油）、碳酸钠及其他无机工业品、水泥、植物鞣料等。

收藏单位：重庆馆、东北师大馆、广东馆、贵州馆、国家馆、湖南馆、首都馆、浙江馆、中科图

01525

工业化学分析法（上册） 曾瑞显编著

长沙：商务印书馆，1940.3，415 页，32 开

本书共 12 章，内容包括：肥皂之分析、水之分析、植物油之分析、煤之工业分析、人造肥料之分析、气体燃料之分析、钢铁之分析等。

收藏单位：重庆馆、国家馆、辽宁馆

01526

工业化学机械 （美）哈忒（E. Hart）著 韩组康译

外文题名：A text book of chemical engineering
上海：商务印书馆，1926.4，389+19 页，21 开，精装
上海：商务印书馆，1928.12，2 版，389+19 页，21 开，精装
上海：商务印书馆，1933.9，国难后 1 版，389+19 页，21 开，精装

本书共 24 章，内容包括：材料、腐蚀、工厂之建筑、工厂管理法、汽锅、原动机、管件等。

收藏单位：安徽馆、广东馆、贵州馆、国家馆、湖南馆、江西馆、辽大馆、南京馆、首都馆、浙江馆

01527
工业化学实验法 （美）罗哲斯（A11en Rogers）著 韩组康译
外文题名：Laboratory manual of industrial chemistry
上海：商务印书馆，1924.10，556 页，22 开，精装
上海：商务印书馆，1927.9，再版，556 页，22 开，精装
上海：商务印书馆，1930，3 版，556 页，22 开，精装
上海：商务印书馆，1933，国难后 1 版，556 页，22 开，精装
上海：商务印书馆，1935.5，556 页，22 开，精装（大学丛书 教本）
[长沙]：商务印书馆，1941.3，556 页，22 开，精装（大学丛书 教本）
重庆：商务印书馆，1945，556 页，22 开，精装（大学丛书 教本）

本书共 11 章，内容包括：无机物之制造、有机物之制造、假漆之制造、肥皂之制造、制革、制纸等。

收藏单位：重庆馆、广东馆、国家馆、河南馆、湖南馆、江西馆、辽宁馆、南京馆、首都馆、天津馆、中科图

01528
化工计算法 林纪方编著
上海：正中书局，1947.10，190 页，25 开

本书为大学用书。共 10 章，内容包括：重量及组成、化学量之计算、燃料与燃烧、发生炉煤气等。附录：单位换算表、水蒸汽压力表、气体比热表、热量传导率等。

收藏单位：重庆馆、广东馆、国家馆、河南馆、江西馆、辽宁馆、辽师大馆、南京馆、上海馆、浙江馆、中科图

01529
化工原理 严演存编
兵工学校印刷所，324 页，16 开

收藏单位：广东馆、国家馆

01530
化工原料学 何庆云编
上海：黎明书局，1937.1，138 页，32 开（黎明工业丛书）

本书共 6 章，内容包括：农产品之原料、林产品之原料、畜产品之原料、水产品之原料等。

收藏单位：国家馆、南京馆、上海馆、首都馆、浙江馆

01531
化学工程 吴承洛著
北京：北京工业大学，[1926]，254 页，16 开（北工工业化学丛书）

本书共 4 编：化学工程应用材料、物料之细分、固体与固体之分离、液体与固体之分离。

收藏单位：国家馆、天津馆

01532
化学工程机械 张洪元 谢明山编
上海：国立编译馆，1936.11，442 页，25 开
成都：国立编译馆，1945.6，蓉 1 版，442 页，25 开
上海：国立编译馆，1948，3 版，442 页，25 开
上海：国立编译馆，1949.9，4 版，442 页，25 开

本书共 17 章，内容包括：流体之输送、固体之输送、物质之衡量、热之流动、混和、

结晶、过滤等。附录：化工器具构造材料、饱和蒸汽性质、译名对照表等。

收藏单位：重庆馆、广东馆、广西馆、国家馆、湖南馆、江西馆、南京馆、上海馆、浙江馆

01533

化学工程及制造概论 徐守桢著

上海：商务印书馆，1933.12，87页，32开（万有文库 第1集0555）（工学小丛书）

上海：商务印书馆，1934.1，87页，32开（工学小丛书）

上海：商务印书馆，1934.4，国难后1版，87页，32开（工学小丛书）

上海：商务印书馆，1935.3，3版，87页，32开（工学小丛书）

长沙：商务印书馆，1939.9，87页，32开（工学小丛书）（万有文库 第1、2集简编500种）

重庆：商务印书馆，1945，渝1版，87页，32开（工学小丛书）

上海：商务印书馆，1947.7，5版，87页，32开（工学小丛书）

本书共10章，内容包括：轧碎与研磨、渗滤、蒸发、工厂设计等。

收藏单位：安徽馆、长春馆、重庆馆、大理馆、大连馆、东北师大馆、广东馆、广西馆、贵州馆、国家馆、河南馆、黑龙江馆、湖南馆、惠州馆、江西馆、辽大馆、辽宁馆、辽师大馆、柳州馆、南京馆、内蒙古馆、宁夏馆、山西馆、上海馆、首都馆、天津馆、西南大学馆、浙江馆

01534

化学工业用材料 张震旦编著

北平：正中书局，1948.1，206页，32开

本书以德国佛来塔格（Freytag）所著《化学器械之构成材料》（*Die Werkstoff der Chemischen Apparate*）为底本编写。共2篇：无机工业药品、有机工业药品，讲述器械、设备及所需要的材料等。附录：本书引用材料译名对照表、索引等。

收藏单位：重庆馆、广东馆、国家馆、辽宁馆、南京馆、上海馆

01535

化学工业用机械 （日）友田宜孝著 吴坚译 郑光昭校

上海：商务印书馆，1935.5，267页，32开（工学小丛书）

本书共7章，内容包括：化学工业用材料、粉碎、分离、滤过、蒸发等。

收藏单位：重庆馆、广东馆、贵州馆、国家馆、湖南馆、江西馆、南京馆、上海馆、首都馆

01536

化学工业之测定及计算 陈华洲编

兵工专门学校，1937，310页，16开

收藏单位：广东馆

01537

化学工艺 科学画报编辑部编

上海：中国科学图书仪器公司，1947.12，125页，32开（实用小工艺4）（中国科学社科学画报小丛书）

上海：中国科学图书仪器公司，1948.11，再版，125页，32开（实用小工艺4）（中国科学社科学画报小丛书）

本书共9部分，内容包括：玻璃、金属、纸墨类、药物、烟火等。介绍一百多种化学产品的制法。

收藏单位：广东馆、国家馆、南京馆、内蒙古馆

01538

化学工艺 周仲祺译

上海：新学会社，1923.7，再版，5册，22开

本书第1册：合金、金属著色法、镀金术、冶金法；第2册：玻璃、颜色玻璃、水玻璃、法瑯、人造宝石、陶器用具的制造方法；第3册：火药及爆烈剂、烟火、火柴、色料、品脱；第4册：华尼司、工场用水及饮料、纤维精练及漂白法、染色法、洗濯及去污粘法；第5册：防腐及贮藏法、烟草、酒、冰果、糖浆。

收藏单位：浙江馆

01539
化学工艺（第1—7编） 周仲祺原译　新学会社重编
上海：新学会社，1916，56页，22开
本书第1编：金属类；第2编：玻璃及瓷石类；第3编：火药及颜料类；第4编：漆染类；第5编：食品类；第6编：日用类；第7编：用器及药物类。
收藏单位：首都馆

01540
化学原料及各种货品名目表
上海：英商卜内门洋碱有限公司，[18]页，23开

01541
火的故事　方白著
上海：文通书局，1948.4，25页，32开（文通少年丛书）
收藏单位：广东馆、国家馆、绍兴馆

01542
火的故事　倪锡英编
上海：大众书局，[1946]，16页，36开（儿童知识文库）
收藏单位：国家馆

01543
火的自述
上海：大众书局，16页，32开（儿童知识文库 中级之部）
收藏单位：首都馆

01544
火和燃料　唐廷仁编著
上海：正中书局，1948.8，16页，32开（儿童科学丛书）
收藏单位：国家馆

01545
企业部化工研究所实验报告（第1部） 企业部化工研究所编
北京：企业部化工研究所，1949，122页，16开
收藏单位：国家馆

01546
企业部化工研究所实验报告（第3部） 企业部化工研究所编
北京：企业部化工研究所，1949，201页，16开
本书内收报告文章6篇，内容包括:《火药之规格及一般硝化原理》《稳定剂和不冻炸药的概述》《半微量无机定性分析》等。附录：发射药规格补充、混合火药重要原料规格。
收藏单位：国家馆

01547
企业部化工研究所实验报告选辑　化学工业出版社编辑
北京：化学工业出版社，[1940—1949]，47页，32开
收藏单位：国家馆

01548
燃料概说　王星拱著
出版者不详，20页，25开（学术讲演会讲演录）
收藏单位：重庆馆

01549
燃料·食料　郑贞文编纂
上海：商务印书馆，1928.5，155页，32开（少年自然科学丛书10）
上海：商务印书馆，1931.3，再版，155页，32开（少年自然科学丛书10）
上海：商务印书馆，1933.1，国难后1版，155页，32开（少年自然科学丛书10）
上海：商务印书馆，1933.6，国难后2版，155页，32开（少年自然科学丛书10）
本书共8部分：燃烧、养气、碳素、炭酸气、碳氢化物、糖类和淀粉、酒精、脂肪蛋白质及其他的食品。
收藏单位：安徽馆、重庆馆、广东馆、广西馆、国家馆、河南馆、黑龙江馆、湖南馆、

江西馆、辽宁馆、内蒙古馆、上海馆、首都馆、天津馆、浙江馆

01550
实业部中央工业试验所化学试验规则（附收费表） 实业部中央工业试验所编
[南京]：实业部中央工业试验所，[1935]，66 页，16 开
本书内容包括：实业部中央工业试验所化学试验规则 22 条、化学试验收费表等。民国二十四年十二月公布施行。
收藏单位：国家馆、南京馆

01551
液体对流浸取固体中可溶物图解法之注释 曹友德著
出版者不详，1937.6，5 页，16 开
本书为《中国化学工程杂志》第 4 卷第 2 期抽印本。

01552
一年来化学工程之进展 张洪元著　中国化学工程学会主稿　中国工程师学会主编
中国工程师学会，1943.10，14 页，16 开
本书共 15 部分，内容包括：酸、碱、盐，电化工业，液体燃料等。封面题名：一年来各项工程之进展“化学工程”。
收藏单位：国家馆、中科图

01553
蒸馏塔塔面积计算公式之拟定及蒸馏塔内计算蒸气速度之修正 黄彬文著
重庆：经济部重庆工业试验所，1948.2，20 页，23 开（经济部重庆工业试验所研究专报 4）
收藏单位：南京馆

01554
蒸馏之理论与实施 严演存著　中国工程师学会总编辑
重庆：中国工程师学会，1945.3，198+69 页，18 开（工程丛书）
收藏单位：重庆馆、国家馆、南京馆

01555
最新化学工艺 叶洪桂编
上海：新学会社，1924.8，1 册，22 开
本书内容包括：金属篇、建筑材料篇、燃料篇、人造物篇、杂用篇等。
收藏单位：国家馆

01556
最新实验化学工艺指导 刘镇定编著　范凤源校阅
上海：东方文学社，1933.10，240 页，32 开
上海：东方文学社，1936.1，再版，240 页，32 开
本书共 22 编，内容包括：碱化脂肪类、化妆品类、油漆类、油脂类、接合类等。
收藏单位：国家馆、南京馆、绍兴馆、天津馆

化工生产过程

01557
兵工材料化学检验法 [军政部兵工署]编
军政部兵工署，1935，1 册，12 开，精装
本书内容包括：火药原料及成品暂行规格、取样法、钢铁、铁合金、非铁金属、非金属固体等。
收藏单位：重庆馆、广东馆

01558
舶来品制造大全续集（化学工艺品制造新法） 殷鉴编译　沈济川校阅
上海：中西书局，1922，44+444+130 页，32 开，精装
上海：中西书局，1933.7，44+444+130 页，32 开，精装
本书共 16 章，内容包括：金属篇、建筑材料篇、皮革篇、织物材料篇、染织及一般染色法等。附录：工商业药品中西名词字汇。版权页题名：化学工艺舶来品制造大全续集。
收藏单位：国家馆、首都馆

01559
东西洋化学商品制造法 殷鉴编译
上海：中西书局，1934，316 页，32 开，精装
本书封面题名：中西东西洋化学商品制造法。
收藏单位：国家馆

01560
各种原料成品半成品的检查法
出版者不详，1948，油印本，53 页，32 开
本书介绍酒精、丙酮、硫酸、混酸、信号弹、硝酸铔等产品的检查方法。
收藏单位：国家馆

01561
各种原料成品半成品规格
出版者不详，1948，油印本，12 页，32 开
本书介绍酒精、丙酮、硫酸、混酸、信号弹、硝酸铔等产品的规格。
收藏单位：国家馆

01562
工业品制造新书（化学应用） 胡超然编
上海：文汇图书局，1913.5，324+28 页，24 开，精装
上海：文汇图书局，1919.7，再版，324+28 页，24 开，精装
本书共 13 章，介绍香妆品、颜料及合金等工业产品制法。
收藏单位：湖南馆、上海馆、浙江馆

01563
工艺集成 张德懋著
上海：时学群艺社，1938，2 版，210 页，32 开
上海：时学群艺社，1940，3 版，210 页，32 开
本书内容包括：肥皂制造法、化妆品制造法、干电池制造法、改良无泥皮蛋制造法、洋烛制造法等。
收藏单位：首都馆

01564
工艺全书 曹轶飞编著
上海：职工合作商店，1923.4，350 页，32 开
上海：职工合作商店，1923.7，350 页，32 开
本书共 23 编，介绍各种化学品的制造、原料配合、工厂设备、重要原料及器械等，供工厂和商业采购人员参考。
收藏单位：陕西馆、绍兴馆

01565
化学工业之设计 高铦著
上海：商务印书馆，1936.8，76 页，32 开（工学小丛书）
上海：商务印书馆，1947.7，3 版，76 页，32 开（工学小丛书）
本书共 4 章，内容包括：化学工业之企业、化学工业之设计等。
收藏单位：重庆馆、东北师大馆、广东馆、贵州馆、国家馆、湖南馆、惠州馆、江西馆、辽宁馆、上海馆、首都馆、西南大学馆、浙江馆

01566
化学工业制造顾问 胡超然编
出版者不详，1921.1，[370] 页，32 开，精装
本书介绍各种化学工业品的制造方法。

01567
化学工艺制造 周伯衡编
上海：东南图书社，1933，127 页，32 开
收藏单位：广东馆

01568
化学工艺制造大全（现代实用 工艺导师） 张叶舟 钱一鸣编著
上海：国光书店，[343] 页，32 开
上海：国光书店，1947.4，再版，[343] 页，32 开
本书内容包括：玻璃、五彩珐琅、五彩磁釉、照相材料、合金属配合、化妆品、食物防腐及贮藏等。卷端题名：最新实验工艺制造成功全书。
收藏单位：江西馆

01569
化学工艺制造秘典 Gardner D. Hiscox 原著 T. O'Conor Sloane 增订 高铦译
重庆：商务印书馆，1944.8，1140+225 页，32 开，精装
上海：商务印书馆，1947.7，再版，1140+225 页，32 开，精装
上海：商务印书馆，1948，3 版，1140+225 页，32 开，精装
上海：商务印书馆，1949.5，4 版，1140+225 页，32 开，精装

本书按笔画收录化学工艺制造相关知识，内容包括：乙炔发生器中之防冻法、人造宝石、人造革、凡士林防冻膏、不锈钢等。

收藏单位：安徽馆、长春馆、重庆馆、国家馆、湖南馆、江西馆、山西馆、上海馆、天津馆、西南大学馆、中科图

01570
化学工艺制造新术（小本创业致富捷径） 黄芦木编著
上海：激流书店，1940，189 页，32 开
上海：激流书店，1941，189 页，32 开
上海：激流书店，1941.8，189 页，32 开
上海：激流书店，1946.8，189 页，32 开
上海：激流书店，1947.11，189 页，32 开
上海：激流书店，[1948]，189 页，32 开

本书共 5 章：化妆品、日用品、饮食品、医药品、教育用品。

收藏单位：重庆馆、国家馆、吉林馆、南京馆、上海馆、首都馆、浙江馆

01571
化学小工艺 谭勤余编
上海：商务印书馆，1935.9，43 页，50 开（民众基本丛书 第 1 集 20 实业类）
上海：商务印书馆，1935.11，3 版，43 页，50 开（民众基本丛书 第 1 集 20 实业类）

本书浅述鞋油、墨水、颜料、胶水、浆糊等 20 种产品的制造法。

收藏单位：重庆馆、广东馆、宁夏馆

01572
化学小工艺制造法 赵廷君著
桂林：文林书店，1943.3，153 页，32 开

本书共 5 部分：日用品、教育用品、化妆品、医药用品、饮食品。

收藏单位：重庆馆、广东馆、桂林馆、国家馆、河南馆、南京馆、绍兴馆

01573
化学小工艺制造术 李达编著
桂林：华光书店，1943，189 页，32 开

本书共 5 章：化妆品、日用品、饮食品、医药品、教育用品。

收藏单位：重庆馆

01574
化学小工艺制造术 李达编著
重庆：陪都书店，1944.12，189 页，32 开

本书共 5 章：化妆品、日用品、饮食品、医药品、教育用品。

收藏单位：重庆馆、国家馆、南京馆

01575
甲班本科讲义全书 李鹏翰编辑
天津：化学工艺实授学校，1934.5，3 版，2 册（144+140 页），32 开

本书封面题名：化学工艺本科讲义教授全书。

收藏单位：首都馆

01576
简易化学工艺制造法 林履彬编 徐应昶校
上海：商务印书馆，1934.2，51 页，32 开（小学生文库 第 1 集 工业类）
上海：商务印书馆，1934.4，3 版，51 页，32 开（小学生文库 第 1 集 工业类）

本书共 22 部分，内容包括：透明人造象牙制造法、两种皮鞋油、保护皮肤的雪花膏、清洁头发的经济剂等。

收藏单位：广西馆、贵州馆、河南馆、湖南馆、首都馆

01577
实验工艺化学　李仲笺编著
北平：北平文化学社，1935.7，406 页，25 开
本书介绍各种日用品的化学制法。共 10 编，内容包括：敷擦剂、毛发剂、日用药剂、文具等。
收藏单位：国家馆

01578
实验小工艺　奚楚明编译
上海：泰东图书局，1919.6，3 册（114+114+114 页），32 开
本书共 10 部分，内容包括：玻璃制造法、五彩珐琅制造法、五彩瓷釉制造法、照相材料制造法、五金配件制造法、化妆品制造法、牙粉牙膏制造法等。
收藏单位：河南馆、湖南馆、首都馆

01579
实验小工艺（4）
出版者不详，136 页，32 开
本书共 4 册，其他册未见。本册讲述照相材料制法。

01580
实验小工艺制造　俞天民编
[上海]：世界书局，1943.2，122 页，32 开
[上海]：世界书局，1944.5，122 页，32 开
[上海]：世界书局，1947.10，3 版，122 页，32 开
本书介绍粉笔、墨水、洋浆糊、干电池、雪花膏等制造法。
收藏单位：长春馆、国家馆、江西馆、辽宁馆、南京馆、内蒙古馆、首都馆、浙江馆

01581
实验应用化学工艺品制造新法　殷鉴编译
上海：中西书局，1932.10，528 页，32 开，精装
上海：中西书局，1933.6，528 页，32 开，精装
本书共 20 章，内容包括：金属篇、建筑材料篇、皮革篇、织物材料篇、油漆篇、洋墨水篇、燃料及火柴篇、照相及其材料、炸药及烟火药剂篇、酿造篇、制糖篇、肥料篇等。附录：各类补遗、本书所用英法量衡单位表。逐页题名：化学工艺品制造新法。封面、书脊题名：化学工艺制造新法舶来品制造大全。
收藏单位：重庆馆、国家馆、上海馆

01582
实业新技术　张云鹏著
北平：家庭化学工艺社，1935.9，252 页，32 开
本书介绍刷牙水、爽身粉等各种日用品制造技术。
收藏单位：首都馆

01583
实用工艺品制造法　董镇南　徐鑫侠编
上海：经纬书局，121 页，32 开（生产技术丛书 1）
本书共 16 章，介绍皂碱、颜料、染色、珐琅、油漆等制作工艺。
收藏单位：国家馆

01584
小本经营化学工业　高铦著　朱仁宝校
上海：商务印书馆，1936.3，[24]+469+71 页，32 开（工学小丛书）
上海：商务印书馆，1936.7，再版，[24]+469+71 页，32 开（工学小丛书）
上海：商务印书馆，1937.8，3 版，[24]+469+71 页，32 开（工学小丛书）
上海：商务印书馆，1946.6，6 版，[24]+469+71 页，32 开（工学小丛书）
上海：商务印书馆，1947.2，7 版，[24]+469+71 页，32 开（新中学文库）（工学小丛书）
上海：商务印书馆，1948.6，8 版，[24]+469+71 页，32 开（工学小丛书）
本书分上中下篇，上篇着重讲述原理、重要工程及装置等；中篇介绍各种成品，如铅笔、墨水、文具、肥皂等制造法；下篇介绍各种原料等。
收藏单位：安徽馆、长春馆、重庆馆、广

东馆、贵州馆、国家馆、河南馆、黑龙江馆、湖南馆、江西馆、辽大馆、辽东学院馆、辽宁馆、南京馆、内蒙古馆、上海馆、绍兴馆、首都馆、天津馆

01585
小工艺化学方剂 科学画报编辑部编
上海：中国科学图书仪器公司，1947.3，110页，32开（中国科学社科学画报小丛书 实用小工艺 3）
上海：中国科学图书仪器公司，1948.5，再版，110页，32开（中国科学社科学画报小丛书 实用小工艺 3）
上海：中国科学图书仪器公司，1949.9，3版，110页，32开（中国科学社科学画报小丛书 实用小工艺 3）

本书据《科学画报》1—9卷编辑而成。共14部分，内容包括：美容品、清洁用品、文具用品等，介绍其成分和制法。

收藏单位：重庆馆、广东馆、辽宁馆、南京馆、陕西馆

01586
新著工艺化学制造合编
上海：创作社，30+32页，32开（生利指南丛书）

收藏单位：广东馆

01587
最新化学工艺品制造集成 卢烈编著
上海：经纬书局，1947.11，10版，666页，32开

收藏单位：首都馆

01588
最新化学工艺品制造全书 李浩编辑
上海：大方书局，1940，240页，32开
上海：大方书局，1945.10，240页，32开
上海：大方书局，1946.10，再版，240页，32开

本书讲解化妆品、肥皂、颜料、纸、饮食品等制造方法。

收藏单位：江西馆、南京馆、首都馆、浙江馆

01589
最新实验工艺制造成功全书 工艺研究社编译
上海：志成书局，1册，32开

本书内容包括：玻璃制造法、五彩法琅制造法、五彩磁釉制造法、照像材料制造法、合金属配合制造法、化妆品制造法、各种卫生牙粉牙膏制造法、浆糊制造法、糖浆类食物制造法、食物防腐及贮藏法等。

收藏单位：贵州馆

基本无机化学工业

01590
氨氧化法·从氨制造硝酸·氮的化合物
出版者不详，油印本，38+20+16页，32开，环筒页装

收藏单位：国家馆

01591
处理酸碱工作人员防护规则 巴锡骥著
社会部工矿检查处，18页，64开（工矿检查丛书 安全类 1）

收藏单位：南京馆

01592
氮的工业 戴凯编
上海：中华书局，1945.10，2版，72页，32开（化学工业丛书 8）

收藏单位：南京馆

01593
氮的工业 朱积煊 高维礽著
广州：中华书局，1938.10，108页，32开（化学工业小丛书 4）
昆明：中华书局，1939.12，2版，108页，32开（化学工业小丛书 4）
上海：中华书局，1949.5，3版，108页，32开（化学工业小丛书 4）

本书共9章，讲述氮的来源、制法及世

界各国氮气工业概况等。

收藏单位：长春馆、重庆馆、东北师大馆、广东馆、国家馆、江西馆、辽宁馆、南京馆、上海馆、天津馆

01594

氮和硝酸 郑尚熊编

上海：商务印书馆，1934，44 页，32 开（小学生文库 第 1 集 工业类）

本书内容包括：氮和我们的关系、氮和一切生物的关系、取氮的方法、纯氮的功用、氮的氧化物等。

收藏单位：广西馆、吉林馆、上海馆、首都馆

01595

氮气与硝酸 陶宏编

上海：儿童书局，1933，3 版，2 册（33+30 页），32 开（儿童科学丛书）

收藏单位：广西馆、首都馆

01596

氮素固定工业概论 蒋拱辰编译

上海：商务印书馆，1935.6，65 页，32 开（工学小丛书）

上海：商务印书馆，1936.2，再版，65 页，32 开（工学小丛书）

本书共 5 章，叙述近代氮素固定工业，以氨合成法为主，兼述石灰氮素法及电弧法。

收藏单位：重庆馆、广东馆、贵州馆、国家馆、河南馆、湖南馆、江西馆、辽宁馆、南京馆、上海馆、首都馆、浙江馆

01597

工商部重庆工业试验所研究专报第十二号桐碱制纯碱之研究 彭光钦 李培坤著

重庆：工商部重庆工业试验所，1948，20 面

收藏单位：南京馆

01598

工业化

出版者不详，172 页，16 开

收藏单位：广东馆

01599

碱 高铦著

上海：商务印书馆，1933.12，108 页，32 开（万有文库 第 1 集 0675）（工学小丛书）

上海：商务印书馆，1934.2，108 页，32 开（工学小丛书）

上海：商务印书馆，1934.7，再版，108 页，32 开（万有文库 第 1 集 0675）（工学小丛书）

上海：商务印书馆，1935.5，3 版，108 页，32 开（工学小丛书）

上海：商务印书馆，1947.2，5 版，108 页，32 开（新中学文库）（工学小丛书）

本书共 7 章，内容包括：炭酸钠、氢氧化钠、钾碱、石灰、氢氧化铔等。

收藏单位：安徽馆、长春馆、重庆馆、大理馆、大连馆、东北师大馆、广东馆、广西馆、贵州馆、国家馆、黑龙江馆、湖南馆、吉大馆、江西馆、辽大馆、辽东学院馆、辽师大馆、南京馆、内蒙古馆、宁夏馆、陕西馆、上海馆、首都馆、天津馆、西南大学馆、浙江馆

01600

碱工业 李敦化著

出版者不详，1935，330 页，22 开

收藏单位：广东馆

01601

碱及碱的用途 永利制碱公司编

天津：永利制碱公司，1931.9，57 页，21 开

天津：永利制碱公司，1949，3 版，57 页，21 开

本书介绍什么是纯碱，以及纯碱、烧碱、洁碱的用途。

收藏单位：重庆馆、国家馆、上海馆

01602

开成造酸公司硫酸说明书 开成造酸公司编

上海：汉文正楷印书局，1934.3，18 页，32 开

收藏单位：国家馆

01603
块碱制造法
上海：英商卜内门洋碱有限公司，[8] 页，23 开（工业小册 3）

01604
硫酸渡化法 龙解（G. Lunge）著 冯家乐译
外文题名：The manufacture of sulphuric acid by contact processes
重庆：永年电池厂，1931.6，169 页，23 开
本书介绍接触法制取硫酸。
收藏单位：南京馆、上海馆、浙江馆、中科图

01605
硫酸制造法 李敦化著
广州：国立中山大学，1933.11，416 页，22 开，精装
广州：国立中山大学，1935，416 页，22 开，精装
本书内容包括：原料及二氧化硫气之制造、铅室硫酸制造法、硫酸浓缩法、接触式硫酸制造法等。
收藏单位：国家馆

01606
硫酸制造法 李敦化著
上海：商务印书馆，1937.1，2 册（[20]+520 页），22 开（大学丛书 教本）
本书内容包括：原料及二氧化硫气之制造、铅室硫酸制造法、硫酸浓缩法、接触式硫酸制造法等。
收藏单位：重庆馆、东北师大馆、甘肃馆、贵州馆、国家馆、黑龙江馆、湖南馆、江西馆、南京馆、内蒙古馆、宁夏馆、山西馆、首都馆、武大馆、浙江馆、中科图

01607
氯和盐酸 郑尚熊编
上海：商务印书馆，1934，31 页，32 开（小学生文库 第 1 集 工业类）
本书内容包括：食盐里的氯、怎样取氯、氯的性质、氯的用途、氯的化合物等。
收藏单位：东北师大馆、上海馆、首都馆

01608
氢气 陶宏编
上海：儿童书局，1932，27 页，32 开（儿童科学丛书）
上海：儿童书局，1933，再版，27 页，32 开（儿童科学丛书）
收藏单位：广西馆、首都馆

01609
酸 高铦著
上海：商务印书馆，1931.4，111 页，32 开（万有文库 第 1 集 0674）（工学小丛书）
上海：商务印书馆，1934.2，111 页，32 开（工学小丛书）
上海：商务印书馆，1934.7，2 版，111 页，32 开（工学小丛书）
上海：商务印书馆，1947.2，5 版，111 页，32 开（新中学文库）（工学小丛书）
本书共 5 章，介绍硫酸、硝酸、盐酸的历史、性质和制造等。
收藏单位：安徽馆、长春馆、重庆馆、大理馆、大连馆、东北师大馆、广西馆、贵州馆、国家馆、黑龙江馆、湖南馆、惠州馆、吉大馆、江西馆、辽大馆、辽东学院馆、辽宁馆、辽师大馆、柳州馆、南京馆、内蒙古馆、宁夏馆、陕西馆、上海馆、绍兴馆、首都馆、天津馆、浙江馆

01610
酸·碱·盐 恽福森编
上海：中华书局，1948.7，24 页，32 开（中华文库 民众教育 第 1 集）
收藏单位：上海馆

01611
无机工业化学 张克忠 苏元复编
上海：国立编译馆，1936.1，403 页，23 开，精装
上海：国立编译馆，1936.5，再版，403 页，23 开，精装
成都：国立编译馆，1945.5，蓉 1 版，403 页，

23 开，精装
上海，国立编译馆，1949.9，4 版，403 页，23 开，精装

本书共 19 章，内容包括：热之发生、人工冷却、工业用水、硫酸、硝酸、肥料、玻璃等。

收藏单位：安徽馆、重庆馆、广东馆、国家馆、湖南馆、江西馆、上海馆、首都馆、天津馆、西南大学馆、浙江馆、中科图

01612
无机工业药品 朱积煊编著 王永榜校
长沙：商务印书馆，1939.5，149 页，32 开（工学小丛书）
上海：商务印书馆，1947.3，再版，149 页，32 开（工学小丛书）（新中学文库）

本书共 10 章，内容包括：酸碱、人造肥料、火柴、制干电池用之原料、玻璃与宝石等。

收藏单位：安徽馆、长春馆、重庆馆、广东馆、广西馆、国家馆、黑龙江馆、湖南馆、江西馆、辽大馆、辽东学院馆、辽宁馆、柳州馆、南京馆、内蒙古馆、上海馆、首都馆、天津馆、浙江馆

01613
无机化学工业 程瀛章 李续祖著
上海：商务印书馆，1925.12，640 页，22 开，精装（大学丛书）
上海：商务印书馆，1927.9，再版，640 页，22 开，精装（大学丛书）
上海：商务印书馆，1931.3，3 版，640 页，22 开，精装（大学丛书）
上海：商务印书馆，1933.11，国难后 1 版，2 册（640 页），22 开（大学丛书）
上海：商务印书馆，1935.4，国难后 2 版，2 册（640 页），22 开（大学丛书）
重庆：商务印书馆，1944.6，2 册（640 页），22 开（大学丛书）

本书共 32 章，内容包括：工业用水、燃料概论、玻璃、珐琅、瓷及粘土、砖、陶器等。附录：国际原子量表、普通无机化学药品名称对照表、元素熔点表等 14 种。

收藏单位：重庆馆、东北师大馆、广东馆、广西馆、贵州馆、国家馆、湖南馆、江西馆、南京馆、宁夏馆、首都馆、西南大学馆、浙江馆

01614
无机化学工业
出版者不详，339—366 页，22 开

收藏单位：江西馆

01615
无机化学工业原料 龚昂云编著
上海：世界书局，[1947]，180 页，32 开
上海：世界书局，1947.5，再版，180 页，32 开

本书共 4 章：总论、空气及水、非金属元素及其化合物、金属元素及其化合物。

收藏单位：重庆馆、国家馆、辽宁馆、上海馆、浙江馆

01616
硝酸制造法 李敦化著
广州：国立中山大学出版部，1935.2，130 页，22 开

本书介绍硝酸制造原料及制造方法。

收藏单位：广东馆、上海馆、浙江馆

01617
氧气之使用与保管 杜清宇编著 陈潜校正
空军总司令部修护处，1947.5，38 页，16 开

收藏单位：国家馆

非金属元素及其无机化合物化学工业

01618
熬硝的方法 陕甘宁边区建设厅编
[延安]：陕甘宁边区新华书店，1948，12 页，64 开

01619
佛尔德曼氏硫酸盐的制备法及其成分之研究　冯式权　李寿龄著
北平：中法大学，1942.9，15页，16开（北平中法大学理学院特刊18）
收藏单位：国家馆

01620
硫磺和硫酸　邹尚熊编
上海：商务印书馆，1934，34页，32开（小学生文库 第1集 工业类）
本书内容包括：硫磺的重要、硫磺的来源、制硫的方法、硫磺的几种不同形态等。
收藏单位：广西馆、湖南馆、吉林馆、宁夏馆、上海馆、首都馆

01621
硫及其重要化合物　许雪樵编　林仁之校
上海：商务印书馆，1935.6，76页，32开（工学小丛书）
上海：商务印书馆，1935.9，再版，76页，32开（工学小丛书）
上海：商务印书馆，1947.2，3版，76页，32开（新中学文库）（工学小丛书）
本书共13章，内容包括：硫黄概论、二氧化硫与亚硫酸、硫化物及硫黄之氯化物、硫酸钠等。
收藏单位：安徽馆、长春馆、重庆馆、东北师大馆、广东馆、贵州馆、国家馆、河南馆、黑龙江馆、湖南馆、江西馆、辽大馆、辽东学院馆、南京馆、内蒙古馆、陕西馆、绍兴馆、首都馆、天津馆、浙江馆

01622
硫酸钾及硫酸铵混合盐之分离试验　刘福远著
上海：黄海化学工业研究社，1937.3，4页，16开（黄海化学工业研究社调查研究报告20）
上海：黄海化学工业研究社，1949.9重印，4页，16开（黄海化学工业研究社调查研究报告20）
本书为《中国化学工程杂志》第4卷第1期抽印本。
收藏单位：国家馆、上海馆

01623
氯的工业　戴凯编
上海：中华书局，1938.10，72页，32开（化学工业小丛书8）
上海：中华书局，1945.10，2版，72页，32开（化学工业小丛书8）
本书内容包括：氯的性质、制氯原料、氯制取盐酸分解法、电解法、液化氯与氯的重要化合物、氯与国防、原料及产品分析等。
收藏单位：重庆馆、国家馆、江西馆、上海馆

01624
芒硝之分析与提纯　彭光钦　李培坤著
重庆：经济部重庆工业试验所，1948.1，14页，21开（经济部重庆工业试验所研究专报3）
收藏单位：重庆馆、南京馆

01625
炭化物工具
兵工署二十一工厂，42页，25开
本书共4节，介绍炭化物工具的沿革、制造、性质、应用。
收藏单位：重庆馆

01626
硝磺概要　郑祖亚著
出版者不详，1943.6，42页，32开
本书内容包括：硝磺及硝磺品类之界说及其功用、管理硝磺及硝磺品类之意义、管理硝磺之历史、硝磺划归本局兼管之沿革等。
收藏单位：重庆馆

01627
由芒硝水溶液电解用单一程序制造烧碱与硫酸之研究——芒硝水溶液之电解　彭光钦　张尔慈著
重庆：经济部重庆工业试验所，1947.12，9页，32开

金属元素的无机化合物化学工业

01628
铵及硫酸处理明矾石试验　孙继商著
上海：黄海化学工业研究社，1935.12，[11]页，16开（黄海化学工业研究社调查研究报告19）
上海：黄海化学工业研究社，1949.9重印，[11]页，16开（黄海化学工业研究社调查研究报告19）
本书为《化工杂志》第2卷第2期抽印本。
收藏单位：国家馆、上海馆

01629
铵及亚硫酸处理明矾石试验　周瑞著
上海：黄海化学工业研究社，1937.3，3页，16开（黄海化学工业研究社调查研究报告21）
上海：黄海化学工业研究社，1949.9重印，3页，16开（黄海化学工业研究社调查研究报告21）
本书为《化工杂志》第4卷第1期抽印本。
收藏单位：国家馆、上海馆

01630
博山铝石页岩硷灰法提制铝氧进一步试验　张承隆　周瑞著
上海：黄海化学工业研究社，1934.11，11页，16开（黄海化学工业研究社调查研究报告14）
上海：黄海化学工业研究社，1949.9重印，11页，16开（黄海化学工业研究社调查研究报告14）
本书为《化工杂志》第2卷第2期抽印本。附录：煅烧温度再定试验等。
收藏单位：国家馆、上海馆、天津馆

01631
博山铝石页岩提制铝氧初步试验　张承隆　谢光蘧著
上海：黄海化学工业研究社，1933.3，[20]页，16开（黄海化学工业研究社调查研究报告4）
上海：黄海化学工业研究社，1935.7，再版，[20]页，16开（黄海化学工业研究社调查研究报告4）
上海：黄海化学工业研究社，1949.9重印，[20]页，16开（黄海化学工业研究社调查研究报告4）
收藏单位：国家馆、天津馆

01632
矾石煅烧分解速率试验　章涛著
上海：黄海化学工业研究社，1934.12，[13]页，16开（黄海化学工业研究社调查研究报告13）
上海：黄海化学工业研究社，1949重印，[13]页，16开（黄海化学工业研究社调查研究报告13）
本书为《化工杂志》第2卷第2期抽印本。
收藏单位：国家馆、上海馆、浙江馆

01633
明矾石以高温法提制硫钾铝试验　周瑞　刘福远著
上海：黄海化学工业研究社，1937.6，6页，16开（黄海化学工业研究社调查研究报告25）
上海：黄海化学工业研究社，1949.9重印，6页，16开（黄海化学工业研究社调查研究报告25）
本书为《中国化学工程杂志》第4卷第2期抽印本。
收藏单位：国家馆、上海馆

01634
明矾石以碳酸钾提制钾硫试验　周瑞等著
上海：黄海化学工业研究社，1937.6，6页，16开（黄海化学工业研究社调查研究报告

24）
上海：黄海化学工业研究社，1949.9 重印，6 页，16 开（黄海化学工业研究社调查研究报告 24）

本书为《中国化学工程杂志》第 2 卷第 2 期抽印本。

收藏单位：国家馆、上海馆

01635
明矾石用硫酸法提制铝钾氧盐试验　章涛著
上海：黄海化学工业研究社，1935.6，8 页，16 开（黄海化学工业研究社调查研究报告 17）
上海：黄海化学工业研究社，1949.9 重印，8 页，16 开（黄海化学工业研究社调查研究报告 17）

本书为《化工杂志》第 2 卷第 1 期抽印本。

收藏单位：国家馆、上海馆

01636
拟在四川创设苛性钠漂白粉工厂计划书　徐善祥拟
徐善祥 [发行者]，油印本，11 页，13 开

收藏单位：国家馆

01637
平阳矾石之初步试验　张承隆　谢光蘧著
上海：黄海化学工业研究社，1934.6，19 页，16 开（黄海化学工业研究社调查研究报告 10）
上海：黄海化学工业研究社，1949.9 重印，19 页，16 开（黄海化学工业研究社调查研究报告 10）

本书介绍矾石提取试验的方法和结果。《化工杂志》第 2 卷第 2 期抽印本。

收藏单位：广东馆、国家馆、南京馆、浙江馆

01638
平阳矾石之加热试验　金开英　萧之谦著
实业部地质调查所，1933.12，1 册，16 开

本书介绍矾石煅烧试验，用于制造明矾。《地质汇报》第 23 号抽印本。

收藏单位：广东馆、国家馆

01639
色素汞制造法　李超著
上海：新生印刷公司，1938.5，34 页，16 开，精装

收藏单位：重庆馆、内蒙古馆

01640
石灰处理明矾石试验　刘福远著
上海：黄海化学工业研究社，1937.3，6 页，16 开（黄海化学工业研究社调查研究报告 22）
上海：黄海化学工业研究社，1949.9 重印，6 页，16 开（黄海化学工业研究社调查研究报告 22）

本书为石灰处理明矾石试验研究报告，内容包括：试验过程、化学分析及结论等。《化学工程杂志》第 4 卷第 1 期抽印本。

收藏单位：国家馆

01641
石灰及亚硫酸处理明矾石试验　周瑞著
上海：黄海化学工业研究社，1937.3，8 页，16 开（黄海化学工业研究社调查研究报告 23）
上海：黄海化学工业研究社，1949.9 重印，8 页，16 开（黄海化学工业研究社调查研究报告 23）

本书为《中国化学工程杂志》第 4 卷第 1 期抽印本。

收藏单位：国家馆

电化学工业

01642
电镀学　赵曾珏　茅家玉著
上海：中华书局，1938.10，92 页，32 开（化学工业丛书 13）
上海：中华书局，1940.4，再版，92 页，32 开（化学工业丛书 13）

重庆：中华书局，1945.3，92页，32开（化学工业丛书13）
上海：中华书局，1949.4，3版，92页，32开（化学工业丛书13）

本书共12章，内容包括：电镀原理、电源、电镀工场、电镀溶液之性质、机械清洁、化学清洁等。

收藏单位：重庆馆、广东馆、国家馆、辽大馆、内蒙古馆、上海馆、天津馆、西南大学馆、浙江馆

01643
电化学工业 马绍援编
上海：商务印书馆，1933.2，126页，32开（工学小丛书）
上海：商务印书馆，1933.5，再版，126页，32开（工学小丛书）
上海：商务印书馆，1933.12，126页，32开（工学小丛书）（万有文库第1集0672）
上海：商务印书馆，1935.4，4版，126页，32开（工学小丛书）
长沙：商务印书馆，1939.12，126页，32开（工学小丛书）（万有文库 第1、2集简编500种259）

本书共10章，内容包括：电镀及电型、金属之电解提取及其精炼、电解氧化及还原等。

收藏单位：安徽馆、重庆馆、大理馆、大连馆、东北师大馆、甘肃馆、广东馆、广西馆、贵州馆、国家馆、黑龙江馆、湖南馆、惠州馆、江西馆、辽大馆、辽师大馆、柳州馆、南京馆、内蒙古馆、宁夏馆、上海馆、首都馆、天津馆、浙江馆

01644
电石工业 姚文林 宋广弼著
上海：商务印书馆，1935.1，67页，32开（工学小丛书）
上海：商务印书馆，1935.3，再版，67页，32开（工学小丛书）
上海：商务印书馆，1937.3，3版，67页，32开（工学小丛书）

本书共11章，讲述电石生成的理论、原料、能力、制造方法、用途，以及制造电石的成本等。

收藏单位：重庆馆、广东馆、贵州馆、国家馆、河南馆、湖南馆、江西馆、南京馆、上海馆、首都馆、西交大馆、浙江馆

01645
镀镍法 丁壮猷编
上海：商务印书馆，1934.4，42页，32开（工学小丛书）
上海：商务印书馆，1935.3，再版，42页，32开（工学小丛书）
长沙：商务印书馆，1940.6，4版，42页，32开（工学小丛书）

本书共15章，介绍镀镍的特点及其应用。

收藏单位：重庆馆、贵州馆、国家馆、河南馆、湖南馆、华东师大馆、江西馆、南京馆、上海馆、西南大学馆、浙江馆

01646
简易的电镀 林履彬编 周建人校
上海：商务印书馆，1934.2，42页，32开（小学生文库 第1集 劳作类）
上海：商务印书馆，1934.10，再版，42页，32开（小学生文库 第1集 劳作类）

本书共13部分，内容包括：电镀的原理、电、电池的种类、电压与电流、电阻、电镀使用的器具等。

收藏单位：重庆馆、广西馆、湖南馆、吉林馆、上海馆、绍兴馆、首都馆

01647
金属着色法及电镀法 （日）福井幸雄著 蔡弃民译
长沙：商务印书馆，1938.7，260页，32开（实用工艺丛书1）
长沙：商务印书馆，1939.5，再版，260页，32开（实用工艺丛书1）
长沙：商务印书馆，1940.8，3版，260页，32开（实用工艺丛书1）

本书共2编：金属着色法、电镀法。

收藏单位：广东馆、国家馆、辽宁馆、南

京馆

01648
炭化钙工业概论　孙师白著
上海：永祥印书馆，1946.7，90页，32开
本书概述电气化学工业范畴，电化工业与国家经济及资源的关系，我国碳化钙生产状况、未来需量估计与计划等。附录：华中石灰工业概况、本书所引化学化合物中英文学名表。
收藏单位：重庆馆、东北师大馆、广东馆、国家馆、辽宁馆、上海馆、浙江馆

01649
天原电化厂股份有限公司（中国唯一氯气工厂制造化学上等工业原料）　天原电化厂股份有限公司编
上海：天原电化厂股份有限公司，[1935]，17页，25开
本书为该厂广告宣传品。介绍该厂产品盐酸、烧碱及漂白粉等。
收藏单位：国家馆

01650
天原电化厂制造工作程序概要（工业制造程序之一）　工业安全协会编
上海：天厨味精厂出版部，1934.8，9页，16开
上海：天厨味精厂出版部，1935.7，再版，9页，16开。
本书介绍该厂简史，产品烧碱、盐酸、漂白粉、氯化物、硫酸钡的简单生产程序。《工业安全月刊》第2卷第1、2期抽印本。
收藏单位：国家馆

01651
应用电气化学　吴承洛著
北京：华北图书馆，[1924.1]，[17]+231+[66]页，16开，精装（北工工业化学丛书）
本书内容包括：电解、电池、电镀、冶炼、电热、电灯等各种电化学工业。附录：原子量及电化等量表、电化英汉名词对照索引。逐页题名：电化工业。
收藏单位：国家馆

硅酸盐工业

01652
玻璃　徐应昶著
上海：商务印书馆，1928，33页，32开（儿童理科丛书）
上海：商务印书馆，1933.10，33页，32开（小学生文库 第1集 工业类177）
上海：商务印书馆，1933.11，国难后1版，33页，32开（儿童理科丛书）
上海：商务印书馆，1935，3版，33页，32开（小学生文库 第1集 工业类177）
本书内容包括：玻璃的用途、发现玻璃的历史、玻璃的原料、制造玻璃器的工具、窗用玻璃的制造等。
收藏单位：重庆馆、国家馆、湖南馆、南京馆、宁夏馆、上海馆、首都馆

01653
玻璃仪器吹制法　（美）夫拉累（F. C. Frary）等著　张德琇译　张泽垚校
外文题名：Laboratory glass blowing
上海：商务印书馆，1947.12，104页，32开
本书共6章，内容包括：玻璃及其工作时之特性、一般手续、基本练习、高级练习等。
收藏单位：重庆馆、广东馆、国家馆、江西馆、辽宁馆、清华馆、山西馆

01654
玻璃制造法　（英）玛省著　李仁堪译
上海：世界书局，1943.10，再版，120页，32开
本书内容包括：玻璃工业之沿革、玻璃制造之化学性质及所用之材料、玻璃之化学的及物理的特性、各种不同的玻璃组织等。
收藏单位：广东馆、辽宁馆、南京馆、宁夏馆

01655
不碎玻璃及其他金属代添品

出版者不详，15 页，横 36 开

本书为德国“泼勒克西”不碎玻璃的产品广告。

01656
珐琅器制造法　王言纶译述
上海：商务印书馆，1920.11，89 页，25 开
上海：商务印书馆，1921.4，再版，89 页，25 开
上海：商务印书馆，1927.1，4 版，89 页，25 开
上海：商务印书馆，1931.11，5 版，89 页，25 开

本书共 13 章，内容包括：珐琅之起源及效用、珐琅之原料、珐琅之成分、珐琅用颜料、珐琅质之磨碎、珐琅质之涂附等。附录：景泰蓝器制造法。

收藏单位：重庆馆、国家馆、河南馆、湖南馆、首都馆

01657
灰土代水泥报告
出版者不详，1941.10，1 册，16 开

收藏单位：南京馆

01658
绘瓷学　吴仁敬编著
长沙：商务印书馆，1939.10，241 页，32 开
长沙：商务印书馆，1940.5，再版，241 页，32 开

本书为职业学校教科书。共 9 章：总说、绘瓷之用具及材料、绘瓷之种类及方法、瓷器上面之花纹装饰、瓷器上面之文字装饰、瓷板绘像、瓷上其他彩饰法、釉上彩绘烧成、关于釉上绘画之铅毒问题。

收藏单位：重庆馆、贵州馆、国家馆、辽大馆、南大馆、南京馆、首都馆、西南大学馆

01659
江苏省立宿迁玻璃科职业学校现行章则一览
［江苏省立宿迁玻璃科职业学校］编
出版者不详，1936，92 页，32 开

本书共 51 部分，内容包括：组织大纲、校务会议规程、教导会议规程、事务会议规程、教员服务规程、教员请假规程、学生请假规程、宿舍规则、教室规则等。

收藏单位：重庆馆

01660
景德镇制瓷原料概况　江西陶业管理局调查
江西陶业管理局，[1935]，36 页，32 开

本书概述制瓷原料的种类、产地、采取方法、粉碎与制造法等。

收藏单位：国家馆

01661
黏土工与制陶　李洁冰编译　徐鼎铭校
上海：商务印书馆，1936.11，232 页，32 开（中学劳作丛书）

收藏单位：重庆馆、广东馆、贵州馆、国家馆、湖南馆、山西馆、首都馆、浙江馆

01662
三宝牌石膏粉
应城石膏物品制造厂，[1936]，54 页，25 开

收藏单位：江西馆

01663
十年来之陶业研究与试验　赖其芳等著
外文题名：The study of pottery products in the last ten years
经济部中央工业试验所，1942.11，34 页，16 开（经济部中央工业试验所研究专报 123）

本书共 5 部分，内容包括：陶业原料之化学分析与物理检验、陶业成品之配合与检验、陶业特种专门研究等。

收藏单位：国家馆

01664
实验玻璃制造法　范凤源著
上海：范凤源电化实验室，[1937.6]，206 页，32 开

本书内容包括：怎样制造玻璃、玻璃成分表、制造玻璃之要诀等。

收藏单位：国家馆、吉林馆、上海馆、天

津馆、浙江馆

01665
实验玻璃制造法 范凤源编著
上海：科学书报社，200页，32开
收藏单位：国家馆、天津馆

01666
水玻璃工业化试验总结
华东财办工矿部第二军工局化学总厂试验室，1949，油印本，5页，36开
收藏单位：国家馆

01667
水泥学 张宝华 杨埙编
上海：张宝华[发行者]，1920.5，92页，32开
收藏单位：上海馆

01668
塔牌水泥说明书
外文题名：The "Pagoda" portland cement
大冶：华记湖北水泥厂，[1934]，34页，横16开
收藏单位：国家馆

01669
陶瓷工艺 马育麟编
上海：中华书局，1948.2，90页，32开（中华文库 初中 第1集）
本书共14节，介绍陶瓷业的历史、概况，陶瓷的原料、制法及分类等。
收藏单位：安徽馆、重庆馆、广东馆、桂林馆、国家馆、黑龙江馆、湖南馆、惠州馆、江西馆、南京馆、内蒙古馆、上海馆

01670
陶瓷学 何应枢著
上海：商务印书馆，1924.2，149页，25开
上海：商务印书馆，1928.3，3版，149页，25开
本书为新学制高级工业学校教科书。共11章，内容包括：素地之原料、素地原料之试验、素地原料之精制法、成坏法、釉药、烧成法及烧成时之现象等。
收藏单位：广东馆、国家馆、湖南馆、江西馆、宁夏馆、浙江馆

01671
陶器与瓷器 徐应昶编纂
上海：商务印书馆，1928，21页，32开（儿童理科丛书37）
收藏单位：首都馆

01672
陶陶业务概况
出版者不详，[1941—1949]，46页，25开
收藏单位：江西馆

01673
窑业计算习题详解 张泽垚著
上海：国立编译馆，1947.5，133页，25开
本书共5章，内容包括：物理性质之计算、泥浆计算法、分析与原料配合量之关系等。附录：窑业原料常见各原子之原子量，普通窑业原料之名称、分子式、分子量与当量。
收藏单位：重庆馆、广东馆、贵州馆、国家馆、湖南馆、江西馆、辽宁馆、浙江馆

01674
窑业检验与计算法 安德庐（A. I. Andrews）著 张泽垚 林维杰译
外文题名：Ceramic tests and calculations
长沙：商务印书馆，1940.8，167页，32开
上海：商务印书馆，1947.6，沪再版，167页，32开
本书为职业学校教科书。共13章，内容包括：实验结果及计算之精度与错误、烧成收缩与烧成性状、机械强度等。附录：原子量表、三角锥之软化点及其温度距离、对数表等11种。
收藏单位：安徽馆、重庆馆、广东馆、贵州馆、国家馆、江西馆、辽大馆、辽宁馆、上海馆、浙江馆

01675
窑业原料试验法　何鼎编　林仁之校
长沙：商务印书馆，1939.3，112+10 页，32 开（工学小丛书）
本书介绍硼酸、芒硝、长石、冰晶石等窑业原料，包括判别、分析、试验等。附录：原料试验用试药、译名对照表。
收藏单位：贵州馆、国家馆、辽宁馆、南京馆、上海馆、浙江馆

01676
宜兴陶业之初步化学观察　王琎　柳大纲著
南京：化学研究所，1931.7，44 页，16 开（国立中央研究院化学研究所集刊 7）
本书共 3 节：宜兴陶业概况、陶料之化学成分、讨论。
收藏单位：国家馆、南京馆、浙江馆

01677
用华北燧石状火土制造耐火砖之研究　陈岱著
[北京]：[燕京大学研究院]，1941.5，45 页，14 开
本书为燕京大学研究院理科研究所化学部硕士论文。
收藏单位：上海馆

01678
釉　林梦彰著
外文题名：Glaze
经济部中央工业试验所，1942.11，7 页，16 开（经济部中央工业试验所研究专报 136）
收藏单位：国家馆

01679
制玻璃法
上海：英商卜内门洋碱有限公司，12 页，23 开（工业小册 9）

01680
制造代水泥概说
出版者不详，1 册，16 开
收藏单位：南京馆

01681
中国陶瓷史　吴仁敬　辛安潮著
上海：商务印书馆，1936.12，128 页，32 开，精装（中国文化史丛书 1）
上海：商务印书馆，1937.1，再版，128 页，32 开，精装（中国文化史丛书 1）
上海：商务印书馆，1937.3，3 版，128 页，32 开，精装（中国文化史丛书 1）
上海：商务印书馆，1937.4，4 版，128 页，32 开，精装（中国文化史丛书 1）
本书共 13 章，叙述原始社会至民国各历史时代的陶瓷史。书中有插图 96 幅。
收藏单位：安徽馆、重庆馆、大庆馆、东北师大馆、广东馆、广西馆、贵州馆、国家馆、黑龙江馆、辽大馆、辽宁馆、南京馆、内蒙古馆、宁夏馆、山西馆、上海馆、首都馆、天津馆、西南大学馆、浙江馆

01682
中央陶瓷试验场工作报告（第 1 期）　中央研究院工程研究所编
南京：中央研究院工程研究所，1930，43 页，16 开（国立中央研究院工程研究所专刊 1）
收藏单位：广东馆、国家馆、首都馆、浙江馆

基本有机化学工业

01683
百种有机化合物之制法　余兰园　张国维编译
北平：余兰园[发行者]，1931，124 页，23 开
北平：余兰园[发行者]，1933，再版，124 页，23 开
北平：余兰园[发行者]，1935，3 版，124 页，23 开
本书据德国裴雪（E. Fischer）和海费立（B. Helferich）所著编译。
收藏单位：国家馆、上海馆

01684
醋石加工 沈增祚 薛葆鼎著
外文题名：Refining of acetate of lime
经济部中央工业试验所，1943.10，22页，16开（经济部中央工业试验所研究专报154）
收藏单位：国家馆

01685
代用品工业 龚昂云编著
上海：世界书局，1943.2，142页，32开
上海：世界书局，1944.5，再版，142页，32开
上海：世界书局，1948.10，3版，142页，32开
本书共7节：绪言、饮食品（人造肉等）、日用品（人造棉、人造丝、人造毛等）、工业原料（人造橡胶等）、人造香料、人造染料、合成医药品。
收藏单位：广东馆、广西馆、国家馆、江西馆、辽宁馆、南京馆、宁夏馆、上海馆、浙江馆

01686
酒精制造说明书
台湾：台湾糖业有限公司，1947.10，5页，16开
收藏单位：南京馆

01687
由农村副产物制造糠醛产量之比较试验 彭光钦 温天时著
重庆：工商部重庆工业试验所，1948.6，6页，22开（工商部重庆工业试验所研究专报10）
收藏单位：国家馆、南京馆

01688
油业论 何巴氏原著
上海：新学会社，1917.11，143页，25开（商业丛书7）
本书共3章：定脂油及蜡、精油、矿油。
收藏单位：安徽馆、江西馆

01689
有机工业化学 张克忠 赵镛声编
上海：国立编译馆，1936.11，11+435页，23开，精装
上海：国立编译馆，1949.9，3版，11+435页，23开，精装
本书共20章，内容包括：油、脂及蜡、油脂工业、香精油、制糖工业、发酵工业、造纸、橡皮等。
收藏单位：安徽馆、东北师大馆、贵州馆、国家馆、江西馆、南京馆、上海馆、浙江馆

01690
有机化学工业（上册） 李乔苹著
上海：商务印书馆，1929.9，417页，22开，精装
本书共7编，内容包括：油、脂肪、蜡，肥皂，脂酸、蜡烛及甘油，磺酸油及加硫油等。
收藏单位：国家馆、南京馆、中科图

01691
有机化学工业 李乔苹著
上海：商务印书馆，1934.12—1935.7，国难后1版，2册（417+881页），22开，精装（大学丛书 教本）
本书共30编，内容包括：油、脂肪、蜡，肥皂，脂酸、蜡烛及甘油，磺酸油及加硫油，制革，糖及制法，淀粉可溶性及糊精，纤维素总论等。
收藏单位：重庆馆、广东馆、贵州馆、国家馆、河南馆、湖南馆、江西馆、上海馆、首都馆、西南大学馆、浙江馆

01692
有机化学工业原料 龚昂云编著
［上海］：世界书局，1943.2，184页，32开
［上海］：世界书局，1947.5，再版，184页，32开
本书专论有机化学工业之原料，各种原料依本书体例及实际需要，简要叙述其性状、制法及用途。附录：毒物及解毒法等。

收藏单位：重庆馆、国家馆、辽宁馆、上海馆、首都馆

合成树脂与塑料工业

01693
电木与电玉 郑粟铭编著
南京：正中书局，1936.10，154页，25开（应用科学丛书）
重庆：正中书局，1943.4，4版，154页，25开（应用科学丛书）
上海：正中书局，1947.5，沪1版，154页，25开（应用科学丛书）

本书共11章，内容包括：总论、人造树脂、酚醛树脂、醛类树脂、多元醇树脂、脂化树脂、电木制品检验法等。书前有中国科学化运动协会总序。

收藏单位：重庆馆、广东馆、贵州馆、国家馆、浙江馆

01694
电木与电玉 朱积煊 高维礽著
上海：中华书局，1936.2，166页，32开（化学工业小丛书5）
上海：中华书局，1939.5，再版，166页，32开（化学工业小丛书5）

本书共25章，内容包括：电木和电压的原料、压制法、工艺设备、用途及检验等。

收藏单位：重庆馆、广东馆、国家馆、黑龙江馆、江西馆、南京馆、内蒙古馆、上海馆、浙江馆

01695
明日之可塑物 （美）雷森（Burr W. leyson）著 周绿云译
外文题名：Plastics in the world of tomorrow
上海：商务印书馆，1947.5，94页，32开

本书共5篇，内容包括：可塑物工业概说、主要可塑物的性质和用途、可塑物和航空工业等。

收藏单位：安徽馆、长春馆、重庆馆、广东馆、贵州馆、国家馆、黑龙江馆、湖南馆、江西馆、辽大馆、辽东学院馆、南京馆、内蒙古馆、宁夏馆、上海馆、绍兴馆、首都馆、中科图

01696
赛璐珞工 傅伯良编
上海：中华艺术公司，1936.9，56页，32开（劳作教材丛书）

本书介绍赛璐珞及其制品制造法。

01697
塑胶浅说 恽福森编
上海：中华书局，1948.2，56页，32开（中华文库 初中 第1集）

本书共6章，内容包括：纤维素塑胶、热坚性人造树脂、热柔性人造树脂、蛋白质塑胶等。

收藏单位：重庆馆、东北师大馆、广东馆、贵州馆、桂林馆、国家馆、黑龙江馆、湖南馆、惠州馆、江西馆、辽大馆、南京馆、内蒙古馆、上海馆、天津馆

01698
用没食子酸甘油制可型体试验报告 杜春晏 陈建候著
外文题名：Experiments of syuthetic resin from gallic acrd ane glycerine
经济部中央工业试验所，1943.10，6页，16开（经济部中央工业试验所研究专报151）

本书介绍用没食子酸代替石碳酸与甘油合成树脂材料的试验情况。

收藏单位：国家馆

橡胶工业

01699
树胶业论（一名，橡皮业） 余秦杜编译 江起鲲校订
上海：新学会社，1918.3，80页，27开（商业丛书8）

本书共2编：原料、制造。

收藏单位：上海馆

01700
橡胶化学与物理 （苏）多加德金著
出版者不详，1945，油印本，1 册，16 开
收藏单位：国家馆

01701
橡皮 方汉城著
上海：商务印书馆，1924.7，58 页，36 开（百科小丛书 55）
上海：商务印书馆，1926.11，再版，58 页，36 开（百科小丛书 55）
上海：商务印书馆，1930.4，64 页，32 开（万有文库 第 1 集 0696）（工学小丛书）
上海：商务印书馆，1934.5，国难后 1 版，64 页，32 开（工学小丛书）
上海：商务印书馆，1935，国难后 2 版，64 页，32 开（工学小丛书）
本书介绍橡胶的原料、初步处理法、橡胶再制、橡胶代用品等。
收藏单位：安徽馆、重庆馆、大理馆、大庆馆、东北师大馆、广西馆、贵州馆、国家馆、河南馆、黑龙江馆、湖南馆、江西馆、辽大馆、辽师大馆、柳州馆、南京馆、内蒙古馆、宁夏馆、上海馆、首都馆、天津馆、西南大学馆、浙江馆

01702
橡皮制造法
上海：英商卜内门洋碱有限公司，24 页，23 开（工业小册 8）
本书卷首题名：卜内门公司之橡胶工业原料。
收藏单位：上海馆

化学纤维工业

01703
黏胶人造丝制造法 D. L. Pellatt 著 许宝骏译
外文题名：Viscose ragon production
上海：商务印书馆，1947.8，291 页，32 开
本书内容包括：创设人造丝工厂之各种问题、适用于黏胶人造丝之厂屋式样、原料、黏胶之制备等。
收藏单位：辽大馆、上海馆

01704
人造丝 高维礽 朱积煊编
上海：商务印书馆，1935.6，161 页，32 开（工学小丛书）
上海：商务印书馆，1935.11，再版，161 页，32 开（工学小丛书）
上海：商务印书馆，1937.2，3 版，161 页，32 开（工学小丛书）
本书共 18 章，概述人造丝的发明史略及制造法等。
收藏单位：重庆馆、东北师大馆、广东馆、国家馆、黑龙江馆、湖南馆、辽大馆、辽宁馆、南京馆、上海馆、首都馆、西南大学馆、浙江馆

01705
人造丝的统计与制法研究 张时雨著
上海：广益书局，1932.1，214 页，23 开
本书共 7 章，介绍世界各国及我国人造丝发展情况及制法。书口题名：人造丝制法研究。
收藏单位：重庆馆、黑龙江馆、湖南馆、上海馆

01706
人造丝和人造革 王汤诰著
上海：商务印书馆，1936.3，45 页，32 开（小学生文库）
收藏单位：重庆馆

01707
人造丝及其他人造纤维 （美）达尔苾（W. D. Darby）著 张泽垚译
上海：中国科学图书仪器公司，1936.8，63 页，32 开
上海：中国科学图书仪器公司，1939.12，再版，63 页，32 开
本书共 7 章，介绍人造丝的发展概况及其用途、制法。有译者序及著者原序。书名

页题下有“亦名练绒”字样。

收藏单位：重庆馆、广东馆、国家馆、黑龙江馆、南京馆、内蒙古馆、天津馆、西南大学馆、浙江馆

01708

人造丝问题 程振钧著

杭州：浙江建设厅第七科编辑股，[1930]，14页，16开（建设丛刊2）

本书内容包括：人造丝的制法、制造之烦难与秘密、人造丝的效用等。

收藏单位：南京馆、浙江馆

01709

人造丝制造法 （英）惠勒（E. Wheeler）著 张泽垚 童永庆译

外文题名：The manufacture of artificial silk

上海：商务印书馆，1937.2，[15]+212页，23开

本书共14章，内容包括：人造丝制造之化学、粘液法、铜氨法、硝酸法等其他方法、人造丝之性质等。附录：粘液丝制造厂管理适用之试验法、人造丝物理试验法等。

收藏单位：甘肃馆、广东馆、贵州馆、国家馆、湖南馆、山西馆、西南大学馆、浙江馆

01710

人造丝制造法 赵良璧著

上海：新学会社，1935.4，92页，32开

本书附录：《人造丝之勃兴对于各种纤维工业之影响》（冯景秋）。

收藏单位：国家馆、南京馆

01711

人造丝制造法概论 潘晓春编译

上海：上海纺织印染厂股份有限公司出版部，1933.12，86页，32开

本书共6章，介绍谢同讷式等5种造丝法及人造丝的性质。

收藏单位：国家馆、黑龙江馆、上海馆、浙江馆

01712

人造纤维 丁宪祜 王世椿编著

上海：纤维工业出版社，1948.4，140页，25开（纺织染丛书）

本书详述大豆纤维等各类人造纤维知识。

收藏单位：安徽馆、国家馆、辽宁馆、上海馆、绍兴馆、首都馆

01713

十年来之纤维研究与试验 张永惠著

经济部中央工业试验所，1942.5，6页，16开（经济部中央工业试验所研究专报131）

本书共6部分，内容包括：研究工作、调查工作、推广工作、本所纤维实验室设备等。附录：本所关于纤维工业研究试验文献一览表。

收藏单位：重庆馆、国家馆

01714

纤维棉——维丝脱拉 徐学文译述

上海：五洲书报社，1944.8，98页，32开

本书介绍第二次世界大战前德国人造纤维“维丝脱拉（Vistra）”的发明、制造及推销情况。

01715

黏胶人造丝制造法 培拉脱（D. L. Pellatt）著 许宝骏译 王永榜校

外文题名：Viscose ragon production

长沙：商务印书馆，1940.2，291页，32开

本书为职业学校教科书。内容包括：创设人造丝工厂之各种问题、适用于黏胶人造丝之厂屋式样、原料、黏胶之制备等。

收藏单位：重庆馆、广东馆、国家馆、湖南馆、江西馆、辽宁馆、天津馆、西南大学馆

01716

最新人造丝毛工业 关实之著

上海：中华化学工业会，1933.3，166页，22开

本书概述人造丝毛工业的状况、理论及产品制法等。

收藏单位：国家馆、上海馆、浙江馆

纤维素质的化学加工工业

01717

关于“二次乙二氧化物”之分解云杉材与天然木素组成之研究 梁希摘录

中华农学会报，[1932—1939]，4页，22开

本书为《中华农学会报》第158期抽印本。据德国 N. I. Nikitin 和 I. M. Orlowa 著文摘录。

收藏单位：国家馆

01718

木材干馏浅释 中国木材干馏厂编

上海：中国木材干馏厂，1944.1，18页，28开

收藏单位：国家馆、上海馆

01719

木材干馏试验报告 鲁昭祎等著

四川省农业改进所，1941.1，42页，21开

本书共12部分，内容包括：木材干馏初步处理、干馏液分溜及粗木精制造、灰色醋酸石灰之制造、粗醋酮之制造等。

收藏单位：重庆馆、浙江馆、中科图

01720

木材与化学工业 高维礽编著

上海：中华书局，1939.2，98页，32开（化学工业小丛书11）

上海：中华书局，1949.2，3版，98页，32开（化学工业小丛书11）

本书共8章，内容包括：木浆与纸、软木蒸馏、枫树糖浆与糖、鞣料、染料、橡胶等。

收藏单位：重庆馆、国家馆、河南馆、江西馆、辽宁馆、内蒙古馆、上海馆、西南大学馆

01721

木炭爆炸之研究 安事农著

南京：农矿部林政司，1929.10，10页，22开（森林丛刊3）

收藏单位：国家馆、南京馆

01722

收集副产品炭窑之试验报告 李尔康等著

经济部中央工业试验所，1942.6，12页，27开（经济部中央工业试验所研究专报141）

本书推广新式木炭窑，以收集丙酮、乙酸及其盐类等副产品。有英文提要。著者还有：沈增祚、郭益达。

01723

松木汽馏与干馏 许永绥著

赣县：江西省工业实验处，1943.3，14页，16开（工业丛刊9）

本书共14部分，内容包括：松木的种类、赤松的通性、松木的化学成分等。

收藏单位：国家馆

01724

松脂采集及松节油制造试验报告 鲁昭祎等著

[成都]：四川省农业改造所，1940.11，28页，16开

本书共8部分，内容包括：介绍川农式改良采脂法、松树直径与松脂产量之关系等。著者还有：程崇德、曾吉祥。

收藏单位：重庆馆、国家馆、浙江馆

01725

纤维素化学工业 余飒声编

上海：中华书局，1936，12+228页，32开（中华百科丛书）

上海：中华书局，1940.8，2版，12+228页，32开（中华百科丛书）

上海：中华书局，1941.6，3版，12+228页，32开（中华百科丛书）

上海：中华书局，1947.5，13版，12+228页，32开（中华百科丛书）

本书共4编：纤维素化学、人造丝、纤维

素之受范性物质、木浆及纸。

收藏单位：重庆馆、广东馆、贵州馆、国家馆、河南馆、黑龙江馆、湖南馆、江西馆、辽宁馆、南京馆、内蒙古馆、宁夏馆、上海馆、首都馆、浙江馆

试剂与纯化学品的生产

01726

波密纳尔（一名，湿透剂）

上海：英商卜内门洋碱有限公司，[24] 页，23 开

本书介绍用于纺织工业的乳化剂，为该公司的产品。

01727

纺织工业用磺酸化油之制法及其乳化液之润湿度和表面张力测定试验报告　傅六乔　陈建侯著

外文题名：The manufacture of sulfonated oil and the determination of the wetting power and the surface tension of its emulsions

北平：工商部北平工业试验所，1948.8，9 页，16 开（工商部北平工业试验所研究报告 1）

收藏单位：国家馆

01728

工业药品　高铦著

上海：商务印书馆，1929.10，92 页，32 开（万有文库 第 1 集 0683）（工学小丛书）

上海：商务印书馆，1933.3，92 页，32 开（工学小丛书）

上海：商务印书馆，1933，再版，92 页，32 开（工学小丛书）

上海：商务印书馆，1934，再版，92 页，32 开（万有文库 第 1 集 0683）（工学小丛书）

上海：商务印书馆，1934.5，3 版，92 页，32 开（工学小丛书）

上海：商务印书馆，1935.5，4 版，92 页，32 开（工学小丛书）

长沙：商务印书馆，1939.12，92 页，32 开（万有文库 第 1、2 集简编 500 种）（工学小丛书）

成都：商务印书馆，1944.9，蓉 1 版，92 页，32 开（工学小丛书）

本书共 5 章：原质（即元素）、非金属化合物、金属化合物、金属之碳化物及氰化物、有机物，介绍化学工业所需各种原料的产源、性质、制造方法等。

收藏单位：安徽馆、长春馆、重庆馆、大理馆、大连馆、东北师大馆、广东馆、广西馆、贵州馆、国家馆、河南馆、黑龙江馆、湖南馆、惠州馆、江西馆、辽大馆、辽师大馆、南京馆、内蒙古馆、宁夏馆、山东馆、上海馆、首都馆、天津馆、西南大学馆、浙江馆

01729

工业药品大全　胡超然编

外文题名：A thesaurus of industrial chemicals

上海：商务印书馆，1915.12，[600] 页，25 开，精装

上海：商务印书馆，1917.7，再版，[600] 页，25 开，精装

上海：商务印书馆，1923.11，5 版，[600] 页，25 开，精装

上海：商务印书馆，1927.1，7 版，[600] 页，25 开，精装

上海：商务印书馆，1930.11，8 版，[600] 页，25 开，精装

上海：商务印书馆，1932.12，国难后 1 版，[600] 页，25 开，精装

上海：商务印书馆，1933.9，国难后 2 版，[600] 页，25 开，精装

上海：商务印书馆，1934.6，国难后 3 版，[600] 页，25 开，精装

本书介绍有机、无机化工试剂的名称（通名、异名、英文名）、制造、形性、应用及化学方程式等。

收藏单位：安徽馆、重庆馆、广东馆、广西馆、贵州馆、国家馆、河南馆、湖南馆、江西馆、南京馆、首都馆、浙江馆

01730

工业药品制造法　顾毓珍　吴守忠编著

重庆：正中书局，1937.5，221页，25开（应用科学丛书）
重庆：正中书局，1940.5，5版，221页，25开（应用科学丛书）
重庆：正中书局，1942，7版，221页，25开（应用科学丛书）
上海：正中书局，1947.4，沪1版，221页，25开（应用科学丛书）

本书介绍化工试剂的制造。附录：中英法度量衡核算表、波美比重推算式、华氏摄氏温度推算式、索引等。

收藏单位：重庆馆、广东馆、贵州馆、国家馆、河南馆、湖南馆、江西馆、辽宁馆、南京馆、内蒙古馆、西南大学馆、浙江馆

01731
国产植物油制磺酸化油试验报告 杜春晏 黎煜明编著
经济部中央工业试验所，1941.10，10页，16开（经济部中央工业试验所研究专报125）

本书为土耳其红油（磺酸化蓖麻子油）的合成试验报告。

收藏单位：国家馆

01732
化学药品制造法（利用国产原料） 许永绥著
福建省企业特种股份有限公司，1945.12，212页，18开（工业丛书）

本书介绍硫酸等化学试剂的生产制造。

01733
三年来之纯粹化学药品研究与试验 李尔康 沈增作著
经济部中央工业试验所，1942.9，9页，16开（经济部中央工业试验所研究专报121）

本书研究的化学药品为该所试验工厂产品，内容包括：无机酸、有机甲合物、砒及盐类等。

收藏单位：国家馆

01734
无机试剂标准（第1、2册） 中央人民政府重工业部编
北京：国家标准出版局，1949，2册，大16开

本书为内部资料，国定全苏标准。封面题名：无机试剂。

收藏单位：天津馆

01735
有机工业药品 朱积煊编著
上海：商务印书馆，1937.7，123页，32开（工学小丛书）
长沙：商务印书馆，1938.8，再版，123页，32开（工学小丛书）
上海：商务印书馆，1947.2，3版，123页，32开（工学小丛书）（新中学文库）

本书共10章，内容包括：溶剂及液体燃料、炸药及毒气、合成药与保藏剂、冷冻剂及抗冻剂、调味品、合成香料与染料等。

收藏单位：安徽馆、长春馆、重庆馆、广东馆、国家馆、黑龙江馆、湖南馆、江西馆、辽大馆、辽东学院馆、辽宁馆、柳州馆、南京馆、内蒙古馆、陕西馆、首都馆、天津馆

01736
有机试剂（试验金属及酸根用） [英国]威廉公司撰 丁绪贤译
上海：中国科学图书仪器公司，1949，202页，25开

收藏单位：重庆馆、东北师大馆、广东馆、国家馆、辽宁馆、云南馆、中科图

01737
指示剂与试纸 沙玉彦编译
上海：商务印书馆，1927.10，24页，50开

收藏单位：南京馆

胶粘剂工业

01738
虫胶 戴凯编
长沙：商务印书馆，1938.6，94页，32开（工学小丛书）

本书介绍虫胶历史、产区、用途、成分

及品质检定等。虫胶俗名洋干漆。

收藏单位：贵州馆、国家馆、湖南馆、农大馆、上海馆

01739
胶的标准检验法 谷斯奇编著
炽昌新制胶厂化验室，1932.11，18页，25开

01740
胶接剂制造法 （日）古桥进三郎著 沐箕香译 谭勤余校订
长沙：商务印书馆，1940.6，169页，32开（实用工艺丛书第1集）
长沙：商务印书馆，1941.2，再版，169页，32开（实用工艺丛书 第1集）

本书介绍动物性植物性胶接剂、甘油、水玻璃等的制法。

收藏单位：广东馆、贵州馆、国家馆、辽宁馆、浙江馆

01741
全力丁（上册） 蒋国楷著 吴纯熙校订
成都：生产界出版社，1945.1，41页，25开

本书介绍全力丁制法、原料、包装与贮藏等。全力丁即动物胶。

01742
制胶 孙垚著 陈静衡校
上海：商务印书馆，1936.4，54页，32开（工学小丛书）
上海：商务印书馆，1936.9，再版，54页，32开（工学小丛书）
上海：商务印书馆，1947.2，3版，54页，32开（新中学文库）（工学小丛书）

本书共6章：绪言、制胶史略、原料、制造、胶之性质及成分、胶之用途。附录：标准制正名表、中外度量衡基本单位折合简表。

收藏单位：安徽馆、长春馆、重庆馆、东北师大馆、广东馆、国家馆、黑龙江馆、湖南馆、江西馆、辽东学院馆、辽宁馆、柳州馆、南京馆、内蒙古馆、陕西馆、上海馆、绍兴馆、首都馆、西南大学馆、中科图

化学肥料工业

01743
化学肥料“硫酸铔” 徐正铿著
中国肥料普及会，1944.1，66页，23开

本书介绍硫酸铔的性状、效用、制造、施用及中国的行销状况等。硫酸铔即硫酸铵。

收藏单位：国家馆、南京馆

01744
钾肥 驻华钾质肥料公司编
驻华钾质肥料公司，86+36页，23开，精装

本书为德、法两国钾质肥料联合公司的宣传品。介绍该公司的情况，钾肥的开采、制造、性能，以及在我国各地对多种植物试验取得的成绩等。中英文合编。

收藏单位：国家馆、上海馆

01745
考察日本肥料报告
出版者不详，[1935]，油印本，180叶，16开，环筒页装

收藏单位：国家馆

01746
硫酸铔（即肥田粉）简要说明 永利化学工业公司编
永利化学工业公司，1947.10，7页，25开

本书简介该公司化肥产品肥田粉。

收藏单位：国家馆、南京馆

01747
四川省农业改进所农业化学组二十七年度工作报告 四川省农业改进所农业化学组[编]
[成都]：四川省农业改进所，1938，油印本，1册，18开，环筒页装

本书共14部分，内容包括：元平菌种之制造、速成堆肥推广、苕子推广等。附录：本组二十八年度工作计划及经费预算。

收藏单位：国家馆

农药工业

01748
DDT　周泗著
上海：生活·读书·新知上海联合发行所，1949，70 页，36 开（新中国百科小丛书）
本书共 6 部分，内容包括：DDT 的历史、DDT 的使用方法、DDT 的毒性和生理作用等。
收藏单位：重庆馆、国家馆、辽宁馆、南京馆、内蒙古馆、山西馆、天津馆

01749
豆薯（Pachyrhizus erosus urban）种子之化学研究　黄瑞纶著
出版者不详，1941.8，[12] 页，16 开
本书为《广西农业》第 2 卷第 4 期抽印本。研究豆薯种子的一般成分、杀虫有效成分的 Gross-smith 值、种子油的杀虫成分及对人畜的毒害问题等。

01750
豆薯（Pachyrhizus erosus urban）种子之化学研究（二）　黄瑞纶著
[桂林]：广西农事试验场，[6] 页，18 开
本书为《广西农业》第 3 卷第 4 期抽印本。介绍豆薯中提取鱼藤酮的方法、Gross-smith 的杀虫价值、各地栽豆薯的结果、豆薯采收期与 Gross-smith 值的关系等。

01751
豆薯（Pachyrhizus erosus urban）种子之杀虫研究　柳支英　徐玉芬著
出版者不详，1941.2，43 页，16 开
本书为《广西农业》第 2 卷第 1—2 期抽印本。附英文摘要。
收藏单位：广东馆

01752
毒鱼藤　黄瑞纶著
[桂林]：[广西农事试验场]，[24] 页，16 开
本书为《广西农业》第 2 卷第 3 期抽印本。研究毒鱼藤的栽培、产销、化学、对动物的生理作用等。

01753
二二三（D.D.T.）　周泗　汪德晋编著
上海：正中书局，1948.10，147 页，32 开
本书介绍杀虫剂滴滴涕的制备、物理化学性质、毒性及生理作用，以及在农业上的应用等。
收藏单位：重庆馆、国家馆、辽宁馆

01754
发明敌敌脱（DDT）之忠实　瑞士嘉基颜料厂编
外文题名：The story of DDT
瑞士嘉基洋行有限公司中国分行，16 页，32 开
本书介绍杀虫剂滴滴涕的发明经过。
收藏单位：上海馆

01755
硫酸铜　胶东工业研究室编
胶东工业研究室，[1940—1949]，油印本，34 页，25 开，环筒页装
收藏单位：国家馆、山东馆

01756
乳剂浅说　孙云沛著
南京：全国经济委员会、棉业统制委员会、中央棉产改进所，1936.6，13 页，23 开（中央棉产改进所浅说 11）
本书讲述治虫用乳剂的种类、原料、制法及使用法等。
收藏单位：国家馆、上海馆

01757
我国西南各省杀虫植物毒力试验　赵善欢等著
外文题名：Toxicity studies of insecticidal plants in south-western China
广州：国立中山大学农学院，1944.7，54 页，

16开

本书试验的杀虫植物包括：厚果鸡血藤、绉果雷公藤、黄杜鹃等。

收藏单位：国家馆、浙江馆

01758

中国土产杀虫植物汇录 汪仲毅著

上海：中国科学社，1940，1册，16开

本书介绍各地采用、农民普遍认为杀虫有效的杀虫植物。

收藏单位：浙江馆

01759

重要防除病害药剂的制造法

青岛：市农林事务所冬期农事讲演会，1932.12，6页，大32开

收藏单位：南京馆

01760

最新杀虫剂 D.D.T. 爱伦药厂研究部编

北平：爱伦药厂，16页，32开

本书为爱伦药厂 D.D.T. 产品说明书。

收藏单位：国家馆

01761

醉鱼草毒性之试测 马骏超 马昂千编著

永安：福建省农林处，1942.10，23页，16开（福建省农林处研究报告6）

本书内容包括：醉鱼草茎、叶、花、实的毒性比较，与他种土产杀虫剂的毒性比较，粉剂的浓度与毒力，粗剂的浓度与毒力，原液之浸渍时间等。醉鱼草属马钱科，为我国中部及南部常见灌木、野生旺盛。

收藏单位：国家馆

制药化学工业

01762

安瓿制造法 刘步清编译

上海：厚德堂，1935.7，1册，32开，精装

本书据日本松本孝一《药品灭菌法》、日本小山氏《锭剂及安普列制造法》两书编译。

收藏单位：国家馆、浙江馆

01763

常用药品制造法 陆士英编

上海：西南医学社，1944.3，65页，32开

本书介绍日常常用药品制造方法。

收藏单位：浙江馆

01764

工商部青岛商品检验局血清制造所概况 工商部青岛商品检验局血清制造所编

青岛：工商部青岛商品检验局血清制造所，1930.7，1册，50开

收藏单位：国家馆

01765

家用药品制造 汪向荣编著

上海：世界书局，1939.2，[153]页，32开（生产建设协会生产教育丛书 第1辑5）

上海：世界书局，1940.8，再版，[153]页，32开（生产建设协会生产教育丛书 第1辑5）

上海：世界书局，1942.11，3版，[153]页，32开（生产建设协会生产教育丛书 第1辑5）

世界书局，1944.2，湘1版，[153]页，32开（生产建设协会生产教育丛书 第1辑5）

上海：世界书局，1946.2，4版，[153]页，32开（生产建设协会生产教育丛书 第1辑5）

本书介绍橡皮膏、药棉、各种外用药膏、眼药水、疟疾丸等常用药品的简单制造方法、功用、用法，并述及时令病的简易防治法。

收藏单位：长春馆、重庆馆、广东馆、国家馆、湖南馆、南京馆、内蒙古馆、农大馆、上海馆、首都馆

01766

实业部中央农业实验所、上海商品检验局合办上海血清制造所工作报告 实业部上海血清制造所编

[上海]：实业部上海血清制造所，[1933.12]，64页，18开

本书介绍各种血清、菌苗的试验制造及用法、兽疫调查及预防、兽病诊治及毙体解剖等。附统计图。

收藏单位：重庆馆、国家馆、上海馆

01767
兽用生物药品制造法　江萼霖撰
现代书店，1949.1，50页，32开
本书共7章，介绍牛、羊、猪等瘟病、炭疽病及狂犬病疫苗制造法。附录：牛痘苗之制造法。
收藏单位：桂林馆、国家馆

01768
西法制药大全　汪洋编
上海：中西医院，1924，2版，58页，32开
收藏单位：广东馆、江西馆

01769
药品灭菌及安瓿制造法　易绳初编译
南宁：广西军医院健社出版部，1935.7，236页，32开
本书共8章：灭菌之意义、灭菌法之种类、灭菌器、容器（栓）及其他之调剂器具、药品灭菌、安瓿、绷带品之灭菌、药品及绷带品之灭菌实验。
收藏单位：桂林馆

01770
药物制造　沈恩祉编
中国工程师学会，115页，16开（中国工程师学会四川考察团报告9）
本书为中药制造业现状考察报告。共8章，内容包括：重庆药材业及现在药材市场之概况、大宗药材出产地、大宗药材出口数量价值及市价比较、药材市场衰落之原因、大宗药材等。附药物标本照片20幅。
收藏单位：重庆馆、南京馆、上海馆

01771
制药化学　于达望编著
杭州：新医书局，1948.5，增订2版，778页，25开，精装
本书讲述制药化学的定义、操作、试验法、计算法，各种化学药品的性状、鉴别、检查、含量测定、用途及贮藏等。
收藏单位：广东馆、国家馆、首都馆、中科图

01772
制药化学　于达望编著
杭州：中华民国药学会，1935.9，588页，23开，精装
本书讲述制药化学的定义、操作、试验法、计算法，各种化学药品的性状、鉴别、检查、含量测定、用途及贮藏等。
收藏单位：贵州馆、上海馆、浙江馆、中科图

01773
制药学　朱介飞编译
上海：商务印书馆，1947.5，[20]+400页，25开
上海：商务印书馆，1949，3版，[20]+400页，25开
本书共15章，内容包括：合剂、乳剂、散剂、面囊剂和胶囊剂、丸剂、片剂、软膏与糊剂等。附录：药之衡量、处方中常见之拉丁字、百分溶液等。
收藏单位：重庆馆、广西馆、国家馆、黑龙江馆、内蒙古馆、首都馆、四川馆、天津馆

01774
制药学要领　米玉士编
中国博医会，1930.8，115页，22开，精装
收藏单位：广东馆

01775
制造兽疫血清和预防液普告农商书　工商部青岛商品检验局编
[青岛]：工商部青岛商品检验局，1931，9页，32开（工商部青岛商品检验局检验丛刊5）
收藏单位：国家馆

01776
灼烧法制造咖啡碱　王泽农著
崇安：财政部贸易委员会，1943.1，13页，16

开（财政部贸易委员会茶叶研究所丛刊 1）
收藏单位：国家馆、南京馆、浙江馆

燃料化学工业

01777
福建省研究院工业研究所液体燃料试验室概况 福建省研究院编
[永安]：福建省研究院，1941.9，20 页，16 开
收藏单位：重庆馆、福建馆、国家馆、南京馆

01778
燃料 （日）大岛义清 （日）香坂要三郎著 黄开绳译
长沙：商务印书馆，1940.11，312 页，32 开（自然科学小丛书）
本书内容包括：燃料及效率、天然燃料、煤之加工工业、劣质燃料使用法、石油工业、液体燃料问题等。
收藏单位：重庆馆、国家馆、湖南馆、江西馆、上海馆

01779
燃料工业
重庆：国防研究院，1943.7，44 页，32 开
收藏单位：南京馆

01780
燃料和食物 郑贞文等编辑
重庆：商务印书馆，1943.12，渝 1 版，44 页，32 开（少年自然科学丛书 30）
本书共 4 部分：燃料、糖类和淀粉、酒精、脂肪蛋白质及其他的食品。
收藏单位：重庆馆、国家馆、南京馆、上海馆

01781
燃料及测热学 陈文祥编
上海：商务印书馆，1931.2，196 页，32 开
上海：商务印书馆，1932.6，国难后 1 版，196 页，32 开
上海：商务印书馆，1932.12，国难后 2 版，196 页，32 开
本书为新学制高级工业学校教科书。共 3 章：热论、测热法、燃料。
收藏单位：重庆馆、东北师大馆、广东馆、国家馆、湖北馆、辽大馆、辽宁馆、南京馆、内蒙古馆、上海馆、首都馆、浙江馆

01782
燃料问题 吴应图编
上海：中华书局，1925.12，129 页，36 开（常识丛书 12）
上海：中华书局，1928，再版，129 页，36 开（常识丛书 12）
上海：中华书局，1933.5，3 版，129 页，36 开（常识丛书 12）
本书共 3 章：固体燃料、液体燃料、气体燃料。
收藏单位：重庆馆、广东馆、国家馆、黑龙江馆、江西馆、辽大馆、南京馆、上海馆、天津馆、浙江馆

01783
燃料学 葛毓桂编著
重庆：独立出版社，1944.11，262 页，22 开
本书共 26 章，内容包括：燃料原理、煤之生成、煤的化学成分、煤的分类、液体燃料总论、石油等。
收藏单位：重庆馆、国家馆、南京馆、西交大馆、浙江馆

01784
燃料专刊 朱玉崙等编著
北碚：经济部矿冶研究所，1946.7，105 页，16 开
本刊内收论文 9 篇，内容包括：《中国煤矿之过去现在与将来》《陕南陇南开发煤铁矿及发展冶铁事业之刍议》《试验洗焦厂瑞氏洗漕洗煤方法》等。
收藏单位：国家馆

01785
液体燃料　顾毓珍编著
重庆：正中书局，1939.1，183页，25开（抗战建国中工业问题丛书）
重庆：正中书局，1943，3版，183页，25开（抗战建国中工业问题丛书）
上海：正中书局，1948.6，沪1版，183页，25开（抗战建国中工业问题丛书）

本书共4编：概论、酒精代替汽油问题、植物油代用品问题、油页岩之蒸馏。附录：德国之液体燃料问题。

收藏单位：安徽馆、重庆馆、广东馆、国家馆、南京馆、宁夏馆、上海馆、首都馆、浙江馆、中科图

01786
战时的燃料　王恩浩编著
长沙：中华平民教育促进会，1938.6，31页，50开（农民抗战丛书）

本书主要论述战时煤、木炭、石油、天然气等燃料的使用以及怎样节约等问题。

收藏单位：重庆馆、国家馆

01787
战时几种液体燃料代用品　张泽垚编著
赣县：江西省工业实验处，1941，30页，25开（工业丛刊2）

本书介绍酒精代汽油，植物油代柴油的混用法、单用法和换用法等。

收藏单位：重庆馆、江西馆

01788
战时液体燃料问题　许永绥著
江西：出版者不详，42页，16开

本书讲述抗战时期用木炭、酒精代替汽油等燃料问题。

01789
浙江金华兰溪谷战时燃料调查　国民经济研究所编
出版者不详，打字本，7页，12开

收藏单位：南京馆

炼焦化学工业

01790
安徽舜耕山烟煤炼焦之试验　金开英著
北平：实业部地质调查所，1933.3，12+12页，16开（沁园燃料研究室燃料研究专报8）

本书为《地质汇报》第20号摘印本。

收藏单位：国家馆

01791
川煤低温蒸馏试验　李乐元著
中国西部科学院理化研究所，1939.12，[10+5]页，18开（中国西部科学院理化研究所丛刊5）

本书为《中国化学工程杂志》第6卷第2期抽印本。

收藏单位：国家馆

01792
低温炼焦之研究及计划　陈大受编著
浙江省矿产调查所，1929，38页，16开

本书共5章，内容包括：各种低温炼焦法、英美德各式低温炼焦厂之分述、筹设低温炼焦厂之计划等。

收藏单位：国家馆、南京馆、内蒙古馆、中科图

01793
河北井陉矿务局炼焦厂产品说略　[河北井陉矿务局炼焦厂编]
井陉：河北井陉矿务局炼焦厂，6页，16开

收藏单位：国家馆

01794
华北煤炭低温蒸馏之研究　汤腾汉　罗瑞麟著
天津：北洋工学院出版组，1936.7，9页，16开（国立北洋工学院工科研究所研究丛刊4）

01795
焦炭 李英标编
南京：金陵印书馆，1934.10，22页，16开
本书概述焦炭的制造、副产品的提取、焦炉的建筑等。
收藏单位：国家馆、江西馆、南京馆

01796
井矿炼焦特刊（第1期） 河北省农矿厅编
河北省农矿厅，1929，50页，18开
本书共6部分，内容包括：井陉矿务局炼焦缘起、炼焦部、副产物之捕集法等。
收藏单位：国家馆

01797
煤膏 张辅良著
上海：商务印书馆，1927.8，94页，32开（百科小丛书143）
上海：商务印书馆，1929.10，90页，32开（万有文库 第1集0687）（工学小丛书）
上海：商务印书馆，1934.4，国难后1版，90页，32开（工学小丛书）
上海：商务印书馆，1934，再版，90页，32开（万有文库 第1集0687）（工学小丛书）
本书共11章，内容包括：煤膏之来源、煤膏之成分、煤膏之直接用途、煤膏之分解蒸馏等。
收藏单位：安徽馆、重庆馆、大理馆、大连馆、东北师大馆、广东馆、广西馆、贵州馆、国家馆、河南馆、黑龙江馆、湖南馆、江西馆、辽大馆、辽宁馆、辽师大馆、南京馆、内蒙古馆、宁夏馆、上海馆、天津馆、武大馆、西南大学馆、浙江馆

01798
煤焦标准草案（中国工业标准） 经济部全国度量衡局编
北碚：经济部全国度量衡局，1943.8，[49]页，18开
本书内容包括：煤样采取法草案、焦样采取法草案、煤焦检定法标准草案等。附有详图。
收藏单位：重庆馆、国家馆

01799
煤焦标准及其检定法标准草案（附说明书） 经济部全国度量衡局编
重庆：经济部全国度量衡局，1941，油印本，40+17页，16开，环筒页装
本书共8部分，内容包括：煤样采取法草案、焦样采取法草案、煤焦检定法标准草案、煤之特种检定法标准草案等。
收藏单位：重庆馆

01800
煤造汽油法 徐宝鼎编 喻飞生校
长沙：商务印书馆，1938.2，45页，32开（工学小丛书）
长沙：商务印书馆，1939.6，再版，45页，32开（工学小丛书）
本书内容包括：燃料通论、汽油概论、用氢化煤炭法制造汽油、欧洲各国用氢化煤炭法制造汽油发展近况等。
收藏单位：重庆馆、贵州馆、国家馆、上海馆

01801
人造汽油
出版者不详，16页，横36开
本书介绍德国褐煤的采掘，以及从中提炼人造汽油及副产品的情况。
收藏单位：国家馆

01802
日本由炭取油之概况及其工业 索文编著
太原：太原绥靖公署主任办公处，1936.8，40页，23开
本书为作者赴日考察炼油工业及其炉式的报告。讲述用石炭（煤）低温干馏生产石油的概况。
收藏单位：国家馆

01803
山东博山烟煤炼焦研究 王竹泉著
北平：实业部地质调查所，1932.2，15+5页，16开（沁园燃料研究室燃料研究专报3）
本书为研究报告，内容包括：地质系统、

地质构造、煤层、储量、炼焦研究、矿业、运输等。《地质汇报》第18号抽印本，有英文提要。

收藏单位：国家馆

01804

天津南开大学煤油热化装置述要 邱宗岳 张志基著

天津：南开大学化学系，[1934]，5页，16开

本书为《中国化学工程杂志》第1卷第2期第172—176页抽印本。

收藏单位：国家馆

01805

中国烟煤低温蒸馏之试验 萧之谦著

外文题名：Low temperature carbonization assay of some Chinese bituminous coals

北平：实业部地质调查所，1933.7，20+44页，16开（沁园燃料研究室燃料研究专报9）

本书为《地质汇报》第21号抽印本。中英文对照。

收藏单位：国家馆、上海馆

煤化学及煤的加工利用

01806

测定石碳发热量之新建议 金开英 夏武肇著

北平：实业部地质调查所，1936.10，[13]+13页，16开（沁园燃料研究室燃料研究专报19）

本书为《地质汇报》第28号抽印本。中英文对照。

收藏单位：广东馆、国家馆

01807

磁县烟煤显微镜下之结构及其与焦性之关系 王竹泉著

北平：实业部地质调查所，1933.7，[20]页，16开（沁园燃料研究室燃料研究专报11）

本书为《中国地质学会志》第12卷第3期抽印本。正文为英文。

01808

华煤中硫质种类之分析 杨珠瀚著

北平：实业部地质调查所，1933.12，[14+12]页，16开

本书为《地质汇报》第23号抽印本。中英文对照。

收藏单位：国家馆

01809

煤的新用途 麦赛修司著 汪吉人译

上海：国民图书编译社，[1938—1949]，54页，36开

本书共7章，介绍德国煤炭工业情况和煤的用途。

收藏单位：广东馆、国家馆、上海馆

01810

煤与有机化学工业 威星革（Robert Wizinger）著 李泽彦 李泽彧译

重庆：商务印书馆，1944.9，79页，32开

本书介绍煤的加工处理、煤焦油的应用、煤的加压氢化等。

收藏单位：重庆馆、桂林馆、国家馆、内蒙古馆、上海馆

01811

四川煤炭化验第一次报告 李乐元 徐崇林编

[重庆]：中国西部科学院理化研究所，1934.7，32页，16开（中国西部科学院理化研究所丛刊1）

本书内容包括：检样法及匀分法、化验室煤样制法、实用分析法、定水份法、定灰份法、定挥发物法等。

收藏单位：重庆馆、国家馆、浙江馆

01812

中国各省煤质分析 金开英 洪曾荃著

北京：实业部地质调查所，1933.7，161页，16开（沁园燃料研究室燃料研究专报13）

本书内容包括：检验及匀分法、空气干燥法、定水份法、定挥发物法、定灰份法等。《地质汇报》第21号抽印本。

收藏单位：安徽馆、广东馆、国家馆

01813
中国无烟煤之显微镜研究 谢家荣著
北平：实业部地质调查所，1933.3，[27] 页，16 开（沁园燃料研究室燃料研究专报 6）
本书为《中国地质学会志》第 12 卷第 2 期抽印本。正文为英文。

01814
中国烟煤之溶剂试验 宾果著
北平：实业部地质调查所，1933.12，[8+10] 页，16 开（沁园燃料研究室燃料研究专报 16）
本书内容包括：煤样、各煤之焦性、实验方法、加水燃率与丙化合物 γ 之关系等。《地质汇报》第 23 号抽印本。中英文对照。
收藏单位：上海馆

01815
中国烟煤之粘性程试验 宾果著
北平：实业部地质调查所，1933.7，[6+12] 页，16 开（沁园燃料研究室燃料研究专报 10）
本书为《地质汇报》第 21 号抽印本。中英文对照。

01816
自实用分析计算中国煤之热价 张克忠 谢明山编著
天津：南开大学应用化学研究所，[1935]，[9] 页，16 开
本书为《中国化学工程杂志》第 1 卷第 2 期抽印本。
收藏单位：国家馆

煤炭气化工业

01817
重庆煤气制造厂计划 罗冕设计
中国工矿建设公司，1946，6+4 页，16 开
本书为中国工矿建设公司 1946 年 8 月编写的重庆煤气制造厂计划。共 11 节，内容包括：煤料与位置、工厂规模、煤气制造说明、煤气厂设备、预垫款项等。附录：重庆煤气厂计划补充说明书、重庆煤气厂水陆交通图。
收藏单位：重庆馆

01818
煤气 李熙谋主编
世界书局，[1946—1949]，16 页，25 开（少年应用科学丛刊）
收藏单位：江西馆

01819
煤气发生器与煤气车 顾毓泉著
上海：中华书局，1949.7，299 页，25 开
本书共 10 章，内容包括：发生炉发生煤气之原理、煤气发生炉、滤清器除灰器及冷却器等。
收藏单位：广东馆、国家馆、上海馆

燃料照明工业

01820
蜡烛工业 王都编著
[重庆]：正中书局，1941.8，116 页，25 开（抗战建国中工业问题丛书）
[重庆]：正中书局，1942，2 版，116 页，25 开（抗战建国中工业问题丛书）
[重庆]：正中书局，1942.12，3 版，116 页，25 开（抗战建国中工业问题丛书）
上海：正中书局，1946.1，沪 1 版，116 页，25 开（抗战建国中工业问题丛书）
本书共 3 章：引言、蜡烛之种类及其原料、烛之制造。
收藏单位：重庆馆、东北师大馆、国家馆、黑龙江馆、江西馆、辽宁馆、南京馆、内蒙古馆、宁夏馆、首都馆、中科图

01821
最新实验洋烛制造法 利华工艺研究社编
上海：利华工艺研究社，1935.10，28 页，32 开（小本生利标准工艺丛书 1）
收藏单位：国家馆

爆炸物工业、火柴工业

01822
爆裂物的制造及其使用法 （英）法尔麦（R. C. Farmer）著 黄祥译述
外文题名：Manufacutre and uses of explosive
南京：拔提书店，1935.11，154 页，36 开
本书著者原题：法谟。
收藏单位：国家馆、浙江馆

01823
爆药及信管制造法 土水工程训练班第三队 [编]
[土水工程训练班第三队]，44 页，32 开
收藏单位：广东馆

01824
读西洋的几篇火药火器文后 冯家昇著
中国科学院，[1946]，[14] 页，16 开
本书为《史学集刊》第 7 期第 1、2 分合刊。
收藏单位：国家馆

01825
火柴 徐应昶编纂
上海：商务印书馆，1922，再版，20 页，32 开（儿童理科丛书 1）
上海：商务印书馆，1924，3 版，20 页，32 开（儿童理科丛书 1）
上海：商务印书馆，1933，国难后 1 版，20 页，32 开（儿童理科丛书 1）
本书内容包括：火对于人生的关系、自然界把火供给人类、人类最初生火的方法、一个进步的取火方法等。
收藏单位：广东馆、国家馆、宁夏馆、首都馆

01826
火柴的研究 彭惠秀编
上海：中华书局，1936.6，44 页，25 开（小学高年级国语副课本）
收藏单位：重庆馆、贵州馆

01827
火柴和火药 唐廷仁编著
上海：正中书局，1948.4，24 页，32 开（儿童科学丛书）
上海：正中书局，1948.6，2 版，24 页，32 开（儿童科学丛书）
收藏单位：广东馆、贵州馆、国家馆、陕西馆、上海馆

01828
火柴制造程序 徐劭文编著
南昌：大纬出版公司，1947.8，20 页，大 64 开
收藏单位：江西馆

01829
火药 戴介民编著 应成一校订
南京：正中书局，1936.5，60 页，32 开（中国历代发明或发见故事集 5）
金华：正中书局，1943，4 版，60 页，32 开（中国历代发明或发见故事集 5）
上海：正中书局，1948.6，沪 1 版，60 页，32 开（中国历代发明或发见故事集 5）
本书共 6 部分，内容包括：爆仗和烟火、火器、火药的种类及其制法等。
收藏单位：安徽馆、重庆馆、广东馆、广西馆、贵州馆、国家馆、湖南馆、江西馆、天津馆

01830
火药 （日）西松唯一著 郝新吾译
上海：商务印书馆，1937，2 册（199 页），32 开（万有文库 第 2 集 383）（自然科学小丛书）
收藏单位：重庆馆、大连馆、大庆馆、东北师大馆、国家馆、湖南馆、内蒙古馆

01831
火药 徐守桢著
上海：商务印书馆，1933.12，64 页，32 开（万有文库 第 1 集 0676）（工学小丛书）

上海：商务印书馆，1934.1，64页，32开（工学小丛书）
上海：商务印书馆，1934，2版，64页，32开（工学小丛书）
上海：商务印书馆，1935，3版，64页，32开（工学小丛书）
上海：商务印书馆，1937.4，4版，64页，32开（工学小丛书）
上海：商务印书馆，1937.11，5版，64页，32开（工学小丛书）
长沙：商务印书馆，1939.9，64页，32开（工学小丛书）（万有文库 第1、2集简编500种）
长沙：商务印书馆，1939，6版，64页，32开（工学小丛书）

本书共8章，内容包括：制造火药之原料、爆炸合剂、硝酸盐、芳族硝基炸药、火药之存储等。

收藏单位：安徽馆、长春馆、重庆馆、大理馆、大连馆、东北师大馆、广东馆、广西馆、贵州馆、国家馆、黑龙江馆、湖南馆、江西馆、辽大馆、辽师大馆、南京馆、内蒙古馆、宁夏馆、山西馆、上海馆、首都馆、天津馆、西南大学馆、浙江馆

01832
火药 徐应昶著
上海：商务印书馆，1935.11，29页，32开

本书内容包括：火药的历史、火药是什么东西制成的、制造木炭火药的方法、自制火药、无烟火药、猛炸药等。

收藏单位：重庆馆、河南馆

01833
火药 严演存著
重庆：商务印书馆，1944.1，130页，36开（国防科学丛书）
重庆：商务印书馆，1945.5，再版，130页，36开（国防科学丛书）

收藏单位：长春馆、重庆馆、广东馆、国家馆、南京馆、上海馆

01834
火药的发现及其传布 冯家升撰
北京：国立北平研究院史学研究所，1947，1册

收藏单位：国家馆、中科图

01835
火药概论 中国火药学会编译
外文题名：Manufacture and uses of explosive
上海：中华书局，1937.2，138页，32开
上海：中华书局，1949，再版，138页，32开

本书共13章，讲述各种火药的制法、性质、检验及用途等。根据（英）法尔麦（R. C. Farmer）所著 *Manufacuture and uses of explosive* 一书编译。

收藏单位：重庆馆、东北师大馆、广东馆、贵州馆、国家馆、湖南馆、江西馆、辽大馆、辽宁馆、南京馆、内蒙古馆、陕西馆、上海馆、浙江馆、中科图

01836
火药火具之处理
土木工程训练班，64页，64开（工兵基本作业参考丛书7）

收藏单位：广东馆

01837
火药检验 李润田编
兵工学校印刷所，258页，16开

本书共3部分：火药制备实验、火药性质试验（火药检验）、火药成分分析。

收藏单位：广东馆、国家馆

01838
火药学 （英）巴乃忒（E. de Barry Barnett）著 李润田译
外文题名：Explosives
金华：正中书局，1942.6，314页，25开（自然科学丛书）
上海：正中书局，1948.6，沪1版，314页，25开（自然科学丛书）

本书共12章，内容包括：火药理论、黑药、化合火药、无烟药、爆破药、煤矿安全爆药等。附录：火药译名。书前附文献及化合物等英文缩写字。

收藏单位：重庆馆、广东馆、国家馆、辽大馆、辽宁馆、南京馆、上海馆、中科图

01839
火药学 训练总监部译
南京：军用图书社，1934.10，200 页，22 开
南京：军用图书社，1937.4，2 版，200 页，22 开
本书共 15 章，内容包括：总论、黑色火药、硝酸纤维素、硝化甘油、硝基化合物、起爆药、炸药等。版权页题：训练总监部军学编译处译印。
收藏单位：重庆馆、国家馆、南京馆、浙江馆

01840
火药学 严演存著
兵工学校印刷所，378+18 页，16 开
本书附录：有关火药之热化学数值。
收藏单位：国家馆

01841
火药学 严演存编
军政部兵工学校，1945—1946，2 册（612 页），16 开
收藏单位：广东馆

01842
火药学
陆军炮兵学校，1940，254+[11] 页，23 开
本书共 10 篇，内容包括：火药的沿革与分类、黑色火药、硝化纤维、硝化淀粉炸药、硝化甘油等。
收藏单位：重庆馆、广东馆、湖南馆

01843
火药学粹 戴密著
北京：武学书局，1920.3，120 页，32 开
本书共两编。第 1 编 3 章：总论、爆药之一般效力、主要爆药及其制法；第 2 编为军用火药及军用爆药，3 章：总论、主要军用火药及其制法、军用爆药。
收藏单位：国家馆

01844
火药学讲义 军政部兵工专门学校编
军政部兵工专门学校，1936，油印本，344 页，16 开，环筒页装
收藏单位：重庆馆

01845
火药学讲义 王道周编
出版者不详，1934，油印本，2 册（182+328 页），16 开，环筒页装
收藏单位：重庆馆

01846
火药学教程
陆军炮兵学校，1939.10，56 页，23 开
本书共 2 章：概论、爆发药。
收藏单位：重庆馆

01847
火药学实验法 高义编译
上海：正中书局，1935.12，96 页，22 开
本书共 5 章，内容包括：安定度试验法、感度试验、威力试验等。
收藏单位：重庆馆、国家馆、湖南馆、江西馆、浙江馆

01848
火药原料成品检验及分析附录
出版者不详，13 页，18 开
收藏单位：国家馆

01849
火药制造总论（第 1 册） 王道周著
军政部兵工学校，1943.1，225 页，16 开
本书卷端题名：火药学。

01850
三硫化四磷之研究 黄继祺著 张泽垚校阅
南京：工商部中央工业试验所，1930.10，28 页，18 开（工商部中央工业试验所工业丛刊 1）
收藏单位：国家馆、南京馆

01851
无烟火药贮存法
出版者不详，[1931]，20页，64开
本书共3部分：总说、无烟火药库之条规及库内堆置法、无烟火药检查法。
收藏单位：国家馆

01852
无烟药 胡宁生著
胶东军区军工部化学总厂研究室，1948.6，80页，32开（化工活页参考材料1）
本书采自大学丛书军用炸药。共7部分，内容包括：硝化理论、无烟药之制造、无烟药之收藏、无烟药之利弊等。
收藏单位：国家馆、山东馆

01853
烟幕发火剂及爆炸实验 韩组康著 吴沆校阅
上海：国立编译馆，1934.3，49页，22开
上海：国立编译馆，1935.4，3版，49页，22开
长沙：国立编译馆，1938.7，6版，49页，22开
本书共3章：烟幕、发火器、爆炸试验。
收藏单位：重庆馆、广东馆、贵州馆、国家馆、河南馆、黑龙江馆、湖南馆、江西馆、宁夏馆、陕西馆、绍兴馆、天津馆、浙江馆

01854
炸药制备实验法 曾昭抡著
上海：国立编译馆，1934.3，64页，22开
上海：国立编译馆，1934.6，再版，64页，22开
上海：国立编译馆，1935.3，3版，64页，22开
本书内收9个炸药制备法实验。
收藏单位：广东馆、贵州馆、国家馆、湖南馆、江西馆、南京馆、宁夏馆、陕西馆、上海馆、天津馆、浙江馆

01855
制造火柴洋烛浅说 姜乙祺 刘骥才著
丽水：浙江省抗日自卫委员会战时教育文化事业委员会，1939.4，38页，32开（应用科学小丛书）
本书共2编。上编：火柴制造之历史、火柴原料、火柴制造法、火柴品质之检定；下编：洋烛原料、制烛设备、洋烛制造法、制烛注意事项。
收藏单位：安徽馆、重庆馆、江西馆、浙江馆

感光材料工业、磁性记录材料工业

01856
磁性材料 戴礼智著
上海：商务印书馆，1948.10，113页，32开（工学小丛书）
本书共9章，内容包括：耐久磁钢、物质之磁性铁磁性、顺磁性与反磁性、纯金属与合金等。
收藏单位：长春馆、重庆馆、国家馆、湖南馆、江西馆、辽宁馆、首都馆、浙江馆

01857
照相乳胶 佘小宋编
长沙：商务印书馆，1938.10，224页，32开（工学小丛书）
长沙：商务印书馆，1939.4，再版，224页，32开（工学小丛书）
本书共13章，内容包括：调制剂的设备、所用材料的性质、乳胶混合法、各种感光片与印像纸乳胶的配合法、各种乳胶调制法等。附录：感光片背面之涂剂、重要参考书。
收藏单位：重庆馆、广东馆、贵州馆、国家馆、辽宁馆、南京馆、上海馆、天津馆

染料及中间体工业

01858
蒽醌还原染料（阴丹士林染料） 陈彬 王世

椿著

上海：中国科学图书仪器公司，1947.8，155页，32开

上海：中国科学图书仪器公司，1948.1，再版，155页，32开

本书介绍蒽醌还原染料的分类、合成法等。

收藏单位：东北师大馆、广东馆、国家馆、南京馆、清华馆、上海馆、浙江馆、中科图

01859

复兴国产蓝靛刍言 刘栋业著

出版者不详，[1939—1949]，6页，22开

收藏单位：江西馆

01860

满洲产天然蓝之研究 （日）佐藤新次郎编 黄越川译

南满洲铁道株式会社，25页，22开（汉译调查资料5）

收藏单位：广东馆

01861

媒介性颜料与坚固酸性颜料染在呢绒上 大英颜料公司编

大英颜料公司，1册，25开，精装

收藏单位：重庆馆

01862

染料概论 谭勤余编译 徐培生校

上海：商务印书馆，1935.11，88页，32开（工学小丛书）

上海：商务印书馆，1937.2，再版，88页，32开（工学小丛书）

本书共10节，内容包括：染料之二大类、天然染料、人造染料、从煤到染料、染料工业之发达史等。

收藏单位：重庆馆、广东馆、贵州馆、国家馆、湖南馆、江西馆、辽宁馆、南京馆、上海馆、绍兴馆、首都馆、浙江馆

01863

染料及其半制品之制造 J. C. Cain J. F. Thorpe著 朱积煊 高维礽译

外文题名：Synthetic dyestuffs and intermediate products

上海：中华书局，1935.9，148页，32开（化学工业小丛书1）

上海：中华书局，1948.8，8版，148页，32开（化学工业小丛书1）

本书共7章，内容包括：染料概论、人造染料之史略、实验之准备、半制品之制取——苯基族等。

收藏单位：广东馆、贵州馆、国家馆、河南馆、黑龙江馆、湖南馆、江西馆、南京馆、内蒙古馆、陕西馆、上海馆、西南大学馆、浙江馆

01864

人造染料 朱积煊编

上海：商务印书馆，1935.9，145页，32开（工学小丛书）

长沙：商务印书馆，1940.2，3版，145页，36开（工学小丛书）

本书内容包括：人造染料之重要性、煤胶之产源及其纯洁法、人造染料之构成及其分类等。附录：染料索引表。

收藏单位：重庆馆、广东馆、国家馆、南京馆、上海馆、首都馆、浙江馆

01865

有机染料学 张乃燕编著

北京：北京大学新知书社，1921.12，384+18页，18开（高等有机化学）

本书为北京大学化学系三年级讲义。共4部分：绪论、天然染料、人工染料、附录。

收藏单位：重庆馆、国家馆

颜料工业

01866

拜耳颜料厂 拜耳颜料厂编

上海：拜耳颜料厂，[11]页，18开

本书为德国拜耳颜料厂的染色样本。

01867
绘画颜料蜡笔墨汁制造法 （日）渡边忠一著 蔡弃民译
长沙：商务印书馆，1938.7，254 页，32 开（实用工艺丛书 第 1 集）
长沙：商务印书馆，1939，再版，254 页，32 开（实用工艺丛书 第 1 集）
长沙：商务印书馆，1940，3 版，254 页，32 开（实用工艺丛书 第 1 集）
本书内容包括：绘画颜料的制法、蜡笔的制法、墨法制造法等。
收藏单位：重庆馆、广东馆、贵州馆、国家馆、南京馆、山西馆、首都馆、浙江馆

01868
矿物颜料 万希章编
上海：中华学艺社，1935.11，173 页，32 开（学艺汇刊 37）
本书共 10 章，内容包括：绪论、赤色颜料、青色颜料、黄色颜料、绿色颜料、褐色颜料等。
收藏单位：重庆馆、广东馆、贵州馆、国家馆、湖北馆、湖南馆、辽宁馆、山西馆、上海馆、首都馆、浙江馆

01869
硫化性颜料染在纱上之样本 大英颜料公司编
大英颜料公司，[12] 页，25 开，精装
收藏单位：重庆馆

01870
人造颜料法（偏苏里造阿里尼尼法）
出版者不详，1917，油印本，1 册，16 开
收藏单位：国家馆

01871
颜料 戴济著
北京：国立北京工业专门学校，1922，32 页，16 开（国立北京工业专门学校工业化学丛书）
本书介绍天然颜料和人工颜料的制作、应用等。
收藏单位：重庆馆、国家馆、河南馆

01872
颜料 周建人编
上海：商务印书馆，1934.2，32 页，32 开（小学生文库 第 1 集 工业类）
本书共 10 部分：颜料是什么、红色颜料、黄色颜料、青色颜料、绿色颜料、褐色颜料、白色颜料、黑色颜料、金色颜料、颜料的各种用途。
收藏单位：广东馆、广西馆、湖南馆、宁夏馆、上海馆、首都馆

01873
颜料及涂料 戴济著
上海：商务印书馆，1930.4，108 页，32 开（万有文库 第 1 集 0684）（工学小丛书）
上海：商务印书馆，1933.3，108 页，32 开（工学小丛书）
上海：商务印书馆，1933.11，再版，108 页，32 开（工学小丛书）
上海：商务印书馆，1934.7，再版，108 页，32 开（万有文库 第 1 集 0684）（工学小丛书）
上海：商务印书馆，1934，3 版，108 页，32 开（工学小丛书）
上海：商务印书馆，1934.9，4 版，108 页，32 开（工学小丛书）
上海：商务印书馆，1935.5，5 版，108 页，32 开（工学小丛书）
长沙：商务印书馆，1939.12，108 页，32 开（万有文库 第 1、2 集简编 500 种 266）（工学小丛书）
上海：商务印书馆，1947.3，7 版，108 页，32 开（工学小丛书）（新中学文库）
本书共 7 章：颜料总论、天然颜料、干法人工颜料、湿法人工颜料、染法人工颜料、涂料制法、涂料用法。附录：重要颜料之比重及吸油量表。
收藏单位：安徽馆、长春馆、重庆馆、大理馆、大连馆、东北师大馆、广东馆、广西馆、贵州馆、国家馆、河南馆、黑龙江馆、湖南馆、惠州馆、江西馆、辽大馆、辽东学

院馆、辽师大馆、柳州馆、南京馆、内蒙古馆、宁夏馆、陕西馆、上海馆、绍兴馆、首都馆、天津馆、西南大学馆、浙江馆、中科图

01874
颜料样本　美商恒信洋行编
上海：美商恒信洋行，46 页，32 开，精装
本书为纺织品染色剪贴样本。

01875
做各种颜料　陈孟闲著
[上海]：中华书局，31 页，40 开（工业生产技术知识便览 技术工业部）
本书介绍普通颜料制造法，内容包括：天然颜料、干法人工颜料、湿法人工颜料、染法人工颜料等。
收藏单位：重庆馆、广东馆、南京馆

涂料工业

01876
飞龙牌油漆常识　天津中国油漆公司编
天津：天津中国油漆公司，[1930—1939]，油印本，12 叶，大 16 开，环筒页装
收藏单位：国家馆

01877
国立北平大学工学院化系四年级油漆　周维垚讲
北平：国立北平大学工学院化系，1934，251 叶，18 开
本书封面题名：油漆。
收藏单位：国家馆

01878
实用擦亮药品制备法　谢息南编纂　孙垚校订
上海：商务印书馆，1935.9，131 页，32 开（工学小丛书）
长沙：商务印书馆，1939.1，3 版，131 页，32 开（工学小丛书）
长沙：商务印书馆，1940.9，4 版，131 页，32 开（工学小丛书）
本书共 8 部分，内容包括：用具擦亮药之制法、地板擦亮药之制法、皮件擦亮药之制法、金属擦亮药之制法、火炉擦亮药之制法等。
收藏单位：重庆馆、国家馆、湖南馆、江西馆、南京馆、上海馆、首都馆、浙江馆

01879
硝化纤维素喷漆之研究　张永惠　李鸣皋著
外文题名：A study of the manufacture of nitro-cellulase dopeand lacque
经济部中央工业试验所，1943.10，6 页，16 开（经济部中央工业试验所研究专报 152）
收藏单位：国家馆

01880
油墨及墨水制造法　（日）黑泷慎三郎著　李克农译
长沙：商务印书馆，1939.1，301 页，32 开（实用工艺丛书 1）
长沙：商务印书馆，1940.1，再版，301 页，32 开（实用工艺丛书 1）
本书共 2 编：印刷油墨、笔记墨水。
收藏单位：广东馆、贵州馆、国家馆、江西馆、辽宁馆、山西馆、天津馆

01881
油漆　戴济著
北京：国立北京工业专门学校，1922，36 页，22 开（国立北京工业专门学校丛书）
收藏单位：重庆馆、国家馆、河南馆

01882
油漆　李熙谋主编
上海：世界书局，[1946—1949]，24 页，25 开（少年应用科学丛刊）
收藏单位：贵州馆、江西馆

01883
油漆　刘相荣著
中国工程师学会，27 页，16 开（中国工程师

学会四川考察团报告 18）

本书共 6 部分，内容包括：榨坊、炼厂、熬炼、松脂之提炼等。介绍四川土制油漆的原料、制法和利用等。

收藏单位：国家馆

01884

油漆 周维垚编

北平：国立北平大学工学院，[1937]，251 页，18 开

本书为国立北平大学工学院化学系四年级讲义。

收藏单位：国家馆、浙江馆

01885

油漆 朱少垣编纂 徐应昶校订

上海：商务印书馆，1934.2，26 页，32 开（小学生文库 第 1 集 工业类）

上海：商务印书馆，1934.10，再版，26 页，32 开（小学生文库 第 1 集 工业类）

本书内容包括：使用油漆的目的、制油漆的原料、制熟油的方法、油漆的调制法、几种特制的油漆等。

收藏单位：广西馆、贵州馆、宁夏馆、上海馆、首都馆

01886

油漆概论 刘相荣著

北平：北平特别市市立职业学校图书馆，1930.9—1934.7，2 册（67+42 页），18 开

本书共 4 章：油漆之固体部分、油漆之液体部分、油漆之固体部分与液体部分之合并、油漆之应用。上编 1930 年 9 月出版，下编 1934 年 7 月出版。

收藏单位：国家馆、浙江馆

01887

油漆工 蔡耀煌著

上海：商务印书馆，1936.2，74 页，32 开（工学小丛书）

上海，商务印书馆，1936.10，再版，74 页，32 开（工学小丛书）

上海：商务印书馆，1947.3，4 版，74 页，32 开（工学小丛书）（新中学文库）

本书共 4 章：总论、原料与用具、各种油漆调制法、各种油漆工作法。

收藏单位：安徽馆、长春馆、重庆馆、东北师大馆、广东馆、国家馆、黑龙江馆、湖南馆、江西馆、辽东学院馆、辽宁馆、南京馆、内蒙古馆、陕西馆、上海馆、绍兴馆、首都馆、天津馆

01888

油漆化学 贝尔特著 陆增祺译

外文题名：The chemistry of paints, pigments and varnishes

出版者不详，198 页，16 开

本书为北宁《铁路月刊》抽印本。

01889

油漆试验报告（[1934 年]） 国立交通大学研究所化学组编

上海：国立交通大学研究所化学组，1934，53 页，16 开（国立交通大学研究所化学组专刊 化学类 1）

本书内收徐名材、沈慈辉、王祖舜等人所写文章 10 篇，有附录。

收藏单位：重庆馆、国家馆

01890

油漆试验报告（[1935 年]） 国立交通大学研究所化学组编

上海：国立交通大学研究所化学组，1935，184 页，16 开（国立交通大学研究所化学组专刊 化学类 2）

本书内收徐名材等人文章 15 篇，其中 7 篇为英文。附录：一年来英国政府核准之油漆专利案、油漆工业杂志录要、油漆著作目录汇编等。

收藏单位：广东馆、贵州馆、国家馆、上海馆

01891

油漆试验报告（[1936 年]） 国立交通大学研究所化学组编

上海：国立交通大学研究所化学组，1936，

158页，16开（国立交通大学研究所化学组专刊 化学类3）

本书内收徐名材等人文章16篇，有附录。

收藏单位：贵州馆、国家馆

01892
油漆须知 永明漆厂编
天津：永明漆厂服务部，15页，32开

01893
油漆制造法 沈慈辉编
上海：中国科学图书仪器公司，1939.10，156页，32开
上海：中国科学图书仪器公司，1941.10，再版，156页，32开
桂林：中国科学图书仪器公司，1942.5，桂1版，156页，32开

本书内容包括：颜料及填料之配制及分类、红颜料、黄颜料、蓝颜料、绿颜料等。附实验题。

收藏单位：重庆馆、桂林馆、国家馆、湖南馆、上海馆

01894
油漆制造概论 （英）斯密司（J. C. Smith）著 陈学澂译
外文题名：The manufacture of paint: a practical handbook
上海：商务印书馆，1935.4，375页，32开

收藏单位：重庆馆、贵州馆、国家馆、湖南馆、江西馆、辽宁馆、南京馆、上海馆、首都馆、西南大学馆、浙江馆

01895
油漆制造及使用法 （日）酒见恒太郎著 李克农译
长沙：商务印书馆，1938.7，242页，32开（实用工艺丛书 第1集）
长沙：商务印书馆，1939.4，再版，242页，32开（实用工艺丛书 第1集）

本书内容包括：颜料、油及干燥剂、油漆、假漆及木柸涂剂、特殊涂料、洋漆等。

收藏单位：重庆馆、广东馆、国家馆、辽宁馆、南京馆、陕西馆、首都馆

01896
油业概论（上编） 戴济讲演
北京：学术讲演会，12页，22开

收藏单位：首都馆

01897
总论 胡庶华著
[中国工程师学会]，1册，22开

收藏单位：重庆馆

油脂和蜡的化学加工工业、肥皂工业

01898
德国油脂工业标准试验法 实业部青岛商品检验局编
青岛：实业部青岛商品检验局，1931.6，10+和88页，22开（检验丛刊7）（油脂类丛刊2）

收藏单位：国家馆、上海馆、浙江馆

01899
肥皂 范毓宣著
辅华印书局，1942.5，300页，22开（化学工业丛书）

本书共两篇：原料篇、合成篇，有27章。附录：氢氧化钠的比重和硷的含量表等。

收藏单位：国家馆

01900
肥皂 李熙谋主编
世界书局，[1946—1949]，23页，25开（少年应用科学丛刊）

收藏单位：重庆馆、贵州馆、江西馆

01901
肥皂工业 （英）哈尔司特（G. H. Hurst）著 万德固译

外文题名：Soap
上海：商务印书馆，1935.10，24+418+[55] 页，23 开，精装（大学丛书 教本）
上海：商务印书馆，1936.1，24+418+[55] 页，23 开（大学丛书 教本）
上海：商务印书馆，1936.10，再版，24+418+[55] 页，23 开，精装（大学丛书 教本）
上海：商务印书馆，1946，3 版，24+418+[55] 页，23 开，精装（大学丛书 教本）
上海：商务印书馆，1947.6，6 版，24+418+[55] 页，23 开（大学丛书 教本）
上海：商务印书馆，1949，7 版，24+418+[55] 页，23 开（大学丛书 教本）

本书共 10 章，内容包括：制肥皂之硷、制肥皂用之油类、香料、肥皂用之水、肥皂用机械等。

收藏单位：长春馆、重庆馆、东北师大馆、广东馆、贵州馆、国家馆、湖南馆、江西馆、辽大馆、南京馆、内蒙古馆、上海馆、绍兴馆、首都馆、中科图

01902
肥皂制造法　（日）川合诚治著　曹沉思译
长沙：商务印书馆，1940.3，170 页，36 开（实用工艺丛书 第 1 集）
长沙：商务印书馆，1940.12，3 版，170 页，36 开（实用工艺丛书 第 1 集）

本书共 6 章，内容包括：肥皂的起源和历史、肥皂的原料、肥皂制造法、从肥皂废液收回甘油等。

收藏单位：重庆馆、贵州馆、国家馆、上海馆、浙江馆

01903
肥皂制造法　英商卜内门洋碱有限公司编
外文题名：Soap manufacture
上海：英商卜内门洋碱有限公司，[1928]，[12] 页，22 开（工业小册 1）

收藏单位：国家馆

01904
甘油工业　高维祁　朱积煊编著
长沙：商务印书馆，1938.7，89 页，32 开（工学小丛书）

本书共 9 章，内容包括：绪论、甘油之采取法、由肥皂废液以制粗制甘油、由甜水以制粗制甘油等。

收藏单位：国家馆、江西馆、辽宁馆、上海馆

01905
光桐品系之初步研究　叶培忠等编著
财政部贸易委员会外销物资增产推销委员会桐油研究所，1944.7，17 页，16 开

本书为《桐油研究所专刊》抽印本。正文英文，附中文摘要。

收藏单位：重庆馆、国家馆

01906
国产制皂油脂之标准及其实用试验法　余雪杨著
中国工程学会，1930.10，14 页，16 开

本书为五洲固本厂制皂油脂试验结果，汇录常数。中国工程学会《工程季刊》第 5 卷 4 号抽印本。

01907
连续式最新家用肥皂制造法　范凤源著述　陈聘承等校
外文题名：Continuous process in soap manufacture
上海：科学书报社，70 页，32 开

收藏单位：重庆馆、国家馆、辽宁馆、天津馆

01908
日用肥皂工业　孟心如　赵则优编著
重庆：正中书局，1939.8，142 页，25 开（抗战建国中工业问题丛书）
重庆：正中书局，1939，再版，142 页，25 开（抗战建国中工业问题丛书）
重庆：正中书局，1942.1，再版图纸版，142 页，25 开（抗战建国中工业问题丛书）
重庆：正中书局，1943，7 版，142 页，25 开（抗战建国中工业问题丛书）
上海：正中书局，1946.2，沪 1 版，142 页，

25 开（抗战建国中工业问题丛书）
上海：正中书局，1947.10，沪 3 版，142 页，25 开（抗战建国中工业问题丛书）

本书共 8 编，内容包括：我国之肥皂工业、肥皂之定义性状及洗净作用、制皂原料、制皂之设备、皂基之制造等。附录：中英法度量衡核算表等。

收藏单位：长春馆、重庆馆、东北师大馆、贵州馆、国家馆、湖南馆、江西馆、辽大馆、辽宁馆、南京馆、内蒙古馆、首都馆、浙江馆

01909
如何改进土法榨油 经济部中央工业试验所编
经济部中央工业试验所，[1930]，28 页，32 开（工业推广丛刊）

本书通过科学分析往年数据，阐述改进土法榨油的方法。

收藏单位：南京馆

01910
实验制造黄色洗衣肥皂讲义 郑静安著
上海：静安工艺社，1935.3，132 页，32 开，精装（标准家庭工业丛书）

本书内容包括：江浙与各县之皂业概况、各种制皂原料之形性产地及其对于制皂之功用、适于制造洗衣肥皂用之各种香料等。

收藏单位：上海馆、浙江馆

01911
桐油标准及其检定法标准草案 经济部全国度量衡局编
北碚：经济部全国度量衡局，1940，18 页，16 开

收藏单位：重庆馆

01912
桐油抽提试验（2 抽提装置与抽提手续） 梁希 周慧明著
[重庆]：中央大学农学院，1944.6，20 页，25 开

本书为《中华农学会会报》第 177 期抽印本。

01913
五洲固本皂药厂研究部管理分析报告 五洲固本皂药厂编
五洲固本皂药厂，18 页，32 开

本书摘录该厂生产固本皂的化验报告单，并与市上类似外货的化验分析比较，以示该厂产品质量优良。

01914
现代肥皂制造法 刘崇祜编译
外文题名：Modern soap making
上海：中国科学图书仪器公司，1942.11，408 页，27 开，精装
上海：中国科学图书仪器公司，1948.6，再版，408 页，27 开，精装

本书共 12 章，内容包括：油脂原料、其他原料、原料之鉴定、制皂之理论与实际、制皂之机械及其设计、沸煮制皂之程序、一般制皂之方法、化妆皂与药皂等。据美国 1937 年出版的 *Modern soap making* 一书编译。

收藏单位：重庆馆、东北师大馆、辽宁馆、上海馆、绍兴馆、首都馆、天津馆

01915
以乙醇为溶剂测定植物油裂化产品碘价试验 彭光钦 温天时著
重庆：经济部重庆工业试验所，1947.12，6 页，21 开（经济部重庆工业试验所研究专报 2）

收藏单位：南京馆

01916
油类学 田殿元编著
长沙：商务印书馆，1939.5，118 页，32 开
上海：商务印书馆，1947.1，3 版，118 页，32 开
上海：商务印书馆，1949，4 版，118 页，32 开

本书为职业学校教科书。共 10 章，内容包括：动物油脂提炼法、植物油压榨法所用之机器、用压机压榨油脂法、用溶剂浸出油脂法、油脂之精制法、硬化油脂法、油脂及蜡、

油脂之分析等。

收藏单位：安徽馆、重庆馆、国家馆、河南馆、辽大馆、南京馆、内蒙古馆、首都馆、天津馆

01917
油料通论　航空委员会编
航空委员会，1942，86页，22开

收藏单位：广东馆

01918
油脂　张辅良著
上海：商务印书馆，1929.10，119页，32开（万有文库 第1集 0681）（工学小丛书）
上海：商务印书馆，1933.6，119页，32开（工学小丛书）
上海：商务印书馆，1934，再版，119页，32开（万有文库 第1集 0681）（工学小丛书）
上海：商务印书馆，1937.3，4版，119页，32开（工学小丛书）
长沙：商务印书馆，1939.10，5版，119页，32开（工学小丛书）
上海：商务印书馆，1947.3，6版，119页，32开（工学小丛书）（新中学文库）

本书共6章：油脂之提取与精制、油脂之成分与性质、油脂之分析、植物油脂各论、动物油脂各论、油脂工业。

收藏单位：安徽馆、长春馆、重庆馆、大理馆、东北师大馆、广东馆、广西馆、贵州馆、国家馆、河南馆、黑龙江馆、湖南馆、江西馆、辽大馆、辽东学院馆、辽宁馆、辽师大馆、柳州馆、南京馆、内蒙古馆、宁夏馆、上海馆、绍兴馆、首都馆、天津馆、西南大学馆、浙江馆、中科图

01919
油脂工业　朱积煊著
广州：中华书局，1938.10，194页，32开（化学工业小丛书12）
上海：中华书局，1940.4，再版，194页，32开（化学工业小丛书12）
上海：中华书局，1949，3版，194页，32开（化学工业小丛书12）

本书介绍油脂的成分、性状、分类、采制、用途及检验等。

收藏单位：长春馆、重庆馆、东北师大馆、广东馆、国家馆、辽大馆、辽宁馆、南京馆、上海馆、西南大学馆、浙江馆、中科图

01920
油脂讲义
出版者不详，119页，18开

本书内容包括：油脂概论、油脂检查法、油脂各论、油脂采制、油脂精制工业等。

收藏单位：浙江馆

01921
怎样制肥皂　杜文思著
东北：生活书店，1949.4，94页，32开

本书为中等学校劳作教材。介绍制皂的原料、制皂的器械以及肥皂的制法。

收藏单位：长春馆、重庆馆、广东馆、国家馆、南京馆

01922
怎样制肥皂　杜文思著
桂林：学艺出版社，1942.12，94页，32开
桂林：学艺出版社，1944，再版，94页，32开

本书为中等学校劳作教材。介绍制皂的原料、制皂的器械以及肥皂的制法。

收藏单位：重庆馆、广东馆、桂林馆、国家馆

01923
榨炼植物油浅说　林大骥著
浙江省抗日自卫委员会战时教育文化事业委员会，[1939.4]，22页，32开（应用科学小丛书）

收藏单位：安徽馆、重庆馆、江西馆

01924
植物油类研究汇编　江少怀编辑
上海：中国农业书局，1936.9，173页，25开

本书内收文章9篇，内容包括：《桐油讲话》（孙逢吉）、《桐油树的变异》（孙逢吉

译)、《我国桐油业概况》(上海大公报)、《山东之落花生》(尹喆鼎)等。

收藏单位：长春馆、重庆馆、国家馆、辽宁馆、内蒙古馆、上海馆

01925

制皂 朱积煊著

上海：商务印书馆，1933.12，197页，32开(万有文库 第1集 0682)(工学小丛书)

上海：商务印书馆，1934.2，197页，32开(工学小丛书)

上海：商务印书馆，1934，再版，197页，32开(工学小丛书)

上海：商务印书馆，1935，3版，197页，32开(工学小丛书)

上海：商务印书馆，1937.3，5版，197页，32开(工学小丛书)

上海：商务印书馆，1947.2，7版，197页，32开(工学小丛书)(新中学文库)

上海：商务印书馆，1949，8版，197页，32开(工学小丛书)

本书共9章，介绍制皂用碱、油脂、香料、制皂用器、工业制皂、脂密之收回、皂厂设计、肥皂之检验等。

收藏单位：安徽馆、长春馆、重庆馆、大理馆、大连馆、东北师大馆、广东馆、广西馆、贵州馆、国家馆、黑龙江馆、湖南馆、江西馆、辽大馆、辽东学院馆、辽师大馆、柳州馆、南京馆、内蒙古馆、宁夏馆、山西馆、上海馆、首都馆、天津馆、西南大学馆、浙江馆、中科图

01926

制皂工业 朱积煊著

广州：中华书局，1938.10，74页，32开(化学工业丛书9)

上海：中华书局，1939.10，再版，74页，32开(化学工业丛书9)

上海：中华书局，1948.8，4版，74页，32开(化学工业丛书9)

本书为中华化学工业会《化学工业》第6卷第2期抽印本。共10章，介绍各种肥皂的制法、制皂工业的新发展等。附表：鲍美比重计之度数与比重之相当表、摄氏温度与华氏温度之相当表。

收藏单位：长春馆、重庆馆、广东馆、国家馆、江西馆、上海馆、西南大学馆

01927

制皂学 田殿元编著

长沙：商务印书馆，1940.3，250页，32开

上海：商务印书馆，1946，4版，250页，32开

上海：商务印书馆，1947.6，5版，250页，32开

上海：商务印书馆，1949.9，6版，250页，32开

本书为职业学校教科书。共15章，内容包括：制肥皂之有机物原料、制肥皂之无机物原料、脂肪酸制肥皂法等。

收藏单位：重庆馆、国家馆、辽宁馆、南京馆、绍兴馆、首都馆、西南大学馆

01928

中国松香用作观察及保存基质 刘发煊著

中国植物学会，1935.5，2页，16开

本书介绍松香的产地、松香作用以及保存方法。

收藏单位：浙江馆

01929

中国植物油脂 贺闿编著

上海：乡村工业示范处，1949.5，191页，16开(乡村工业丛书1)

本书共15章，内容包括：大豆油、亚麻子油、芝麻油、茶油、花生油等。

收藏单位：广东馆、国家馆、黑龙江馆、南京馆、中科图

01930

最新理论实验肥皂学 水枬著 水天同校

兰州：新民公司，1931.10，[24]+268页，32开

本书共8编，内容包括：总论、肥皂制造法、化妆肥皂、甘油等。

收藏单位：国家馆

01931
最新实验肥皂制造法大全 王天祥著
上海：东方科学社，1930.3，59页，32开，精装
本书附录：洋烛制造法。

01932
最新实验优良肥皂制造法详图秘讲 李律非著
上海：致用工业技术研究所，1934.6，144+46页，32开，精装（李氏工业丛书5）
上海：致用工业技术研究所，1937.3，再版，144+46页，32开，精装（李氏工业丛书5）
本书版权页题名：李氏优良肥皂制造法详图秘讲。
收藏单位：上海馆

香料及化妆品工业

01933
化妆品及香料制造法 屠祥麟 车志义编著
上海：正中书局，1937.6，314页，25开（应用科学丛书）
上海：正中书局，1947.12，沪1版，314页，25开（应用科学丛书）
本书共16章，内容包括：香料、香料固定剂、香精类、香水类、美颜用品类、香粉类等。
收藏单位：重庆馆、贵州馆、国家馆、湖南馆、南京馆、浙江馆、中科图

01934
化妆品制造 汪向荣编著
上海：世界书局，1939，121+25页，32开（生产建设协会生产教育丛书 第1辑1）
上海：世界书局，1940.8，再版，121+25页，32开（生产建设协会生产教育丛书 第1辑1）
上海：世界书局，1942.5，3版，125+25页，32开（生产建设协会生产教育丛书 第1辑1）
长沙：世界书局，1944.2，湘1版，121+25页，32开（生产建设协会生产教育丛书 第1辑1）
上海：世界书局，1946，4版，121+25页，32开（生产建设协会生产教育丛书 第1辑1）
本书内容包括：颜面化妆品、毛发化妆品、口齿化妆品、手用化妆品等。
收藏单位：重庆馆、贵州馆、国家馆、河南馆、黑龙江馆、江西馆、辽宁馆、南京馆、内蒙古馆、上海馆、首都馆、天津馆

01935
人造香料 朱积煊编译
上海：商务印书馆，1935.7，81页，32开（工学小丛书）
上海：商务印书馆，1935.9，再版，81页，32开（工学小丛书）
上海：商务印书馆，1937.2，3版，81页，32开（工学小丛书）
本书共10章，介绍碳化氢、醇类等人造香料的制法。
收藏单位：重庆馆、广东馆、贵州馆、国家馆、河南馆、湖南馆、江西馆、南京馆、陕西馆、上海馆、首都馆、浙江馆

01936
实用化妆品制造法 卢烈编著
上海：经纬书局，1948.10，4版，81页，36开
本书内容包括：膏脂、香精、香皂、古方化妆术等。目录页题：董镇南、徐蠡侠编。
收藏单位：重庆馆

01937
天然香料与人造香料 钱若锦著
上海：世界书局，1940.4，156页，32开
上海：世界书局，1943.4，再版，156页，32开
上海：世界书局，1948.4，3版，156页，32开
本书共2编：天然香料、人造香料。介绍香料科属、产地、制法、性状、用途及主要成分等。
收藏单位：重庆馆、广东馆、广西馆、河南馆、江西馆、南京馆、内蒙古馆、山西馆、上海馆、绍兴馆、首都馆、浙江馆

01938
香料及化妆品　郑尊法著
上海：商务印书馆，1931.4，132 页，32 开（万有文库 第 1 集 0686）（工学小丛书）
上海：商务印书馆，1934.6，132 页，32 开（工学小丛书）
上海：商务印书馆，1934，再版，132 页，32 开（工学小丛书）
上海：商务印书馆，1935.3，3 版，132 页，32 开（工学小丛书）
上海：商务印书馆，1935，4 版，132 页，32 开（工学小丛书）
长沙：商务印书馆，1939.5，6 版，132 页，32 开（工学小丛书）
上海：商务印书馆，1947.2，7 版，132 页，32 开（新中学文库）（工学小丛书）

本书共 12 章，介绍香料及化妆品的原料、制法等。

收藏单位：安徽馆、长春馆、重庆馆、大连馆、东北师大馆、广东馆、广西馆、贵州馆、国家馆、黑龙江馆、湖南馆、江西馆、辽大馆、辽东学院馆、辽师大馆、柳州馆、南京馆、内蒙古馆、宁夏馆、山西馆、陕西馆、上海馆、首都馆、天津馆、西南大学馆、浙江馆、中科图

01939
香料及化妆品制造法　（日）大槻广著　曹沉思译　谭勤余校
长沙：商务印书馆，1939.5，265 页，32 开（实用工艺丛书 第 1 集）
长沙：商务印书馆，1940.10，2 版，265 页，32 开（实用工艺丛书 第 1 集）

本书共 2 部分：香料之知识、化妆品制造法。

收藏单位：安徽馆、广东馆、国家馆、山西馆、上海馆、首都馆、天津馆

01940
香料、香油精、混合香精历史及名典　法国罗榜香料厂编
法国罗榜香料厂，[1934]，202 页，32 开

本书为该厂广告宣传品。

01941
香妆品化学制造法　陈积裳编著
浙江印刷公司，1918.5，144 页，22 开

本书共 8 章，内容包括：芳香油之特性、用于香妆品调制之化学制品、香料、香妆品所使用之色素、香料采取法、使用于香妆品制造之香精液等。附录：专治有碍香妆疾之经验良方。

收藏单位：浙江馆

01942
香妆品制造大全　恽福森编著
上海：商务印书馆，1924.5，445 页，22 开，精装（理科丛刊 2）
上海：商务印书馆，1927.7，3 版，445 页，22 开，精装（理科丛刊 2）
上海：商务印书馆，1930.9，4 版，445 页，22 开，精装（理科丛刊 2）
上海：商务印书馆，1933，国难后 1 版，445 页，22 开，精装（理科丛刊 2）
上海：商务印书馆，1935.5，国难后 2 版，536 页，32 开
长沙：商务印书馆，1938，国难后 3 版，536 页，32 开

本书共 25 章，内容包括：香料通论、植物香油之提制法、香料各论、制造香妆品需用之化学料、制造香妆品所用之香精、香水类、肥皂类等。恽福森，又名恽季英。

收藏单位：重庆馆、广东馆、广西馆、贵州馆、国家馆、湖南馆、江西馆、绍兴馆、西南大学馆、浙江馆

01943
雪花膏之理论及其制法　王镜璘著
上海：中华书局，1935.6，54 页，32 开（化学工业小丛书 2）
上海，中华书局，1936.5，再版，54 页，32 开（化学工业小丛书 2）
上海：中华书局，1937.1，3 版，54 页，32 开（化学工业小丛书 2）
上海：中华书局，1939，4 版，54 页，32 开（化学工业小丛书 2）
上海：中华书局，1946.5，5 版，54 页，32 开

(化学工业小丛书 2)
上海：中华书局，1949，6 版，54 页，32 开(化学工业小丛书 2)

本书内容包括：制造雪花膏之原料、制造之方法、雪花膏之种类等。

收藏单位：长春馆、重庆馆、广东馆、贵州馆、国家馆、黑龙江馆、江西馆、辽宁馆、南京馆、上海馆、天津馆、西南大学馆

01944
牙粉牙膏制造法 吴兰言编
上海：有正书局，1919.11，52 页，32 开(日用工业丛书 1)

本书共 4 部分：牙粉、牙膏、漱水、洗牙香水。附录：药品译名。

收藏单位：国家馆

01945
牙粉与牙膏 朱王镜璘著
上海：中华书局，1935.10，80 页，32 开(化学工业小丛书 3)
上海：中华书局，1936.8，再版，80 页，32 开(化学工业小丛书 3)
上海：中华书局，1939.10，3 版，80 页，32 开(化学工业小丛书 3)
上海：中华书局，1949.2，4 版，80 页，32 开(化学工业小丛书 3)

本书介绍牙粉、牙膏的制法等。著者通称：王镜璘。

收藏单位：长春馆、重庆馆、广东馆、国家馆、河南馆、黑龙江馆、湖南馆、江西馆、辽宁馆、南京馆、内蒙古馆、陕西馆、上海馆、西南大学馆、浙江馆、中科图

01946
最新化妆品制造法 郭本澜编译
上海：商务印书馆，1921.7，203 页，32 开
上海：商务印书馆，1922.8，再版，203 页，32 开
上海：商务印书馆，1923，3 版，203 页，32 开
上海：商务印书馆，1924，4 版，203 页，32 开
上海：商务印书馆，1925.10，5 版，203 页，32 开
上海：商务印书馆，1929.10，8 版，203 页，32 开
上海：商务印书馆，1932.12，国难后 1 版，203 页，32 开
上海：商务印书馆，1933，国难后 2 版，203 页，32 开
上海：商务印书馆，1935.5，国难后 3 版，203 页，32 开
上海：商务印书馆，1937.4，国难后 4 版，203 页，32 开
长沙：商务印书馆，1940.9，国难后 7 版，203 页，32 开
重庆：商务印书馆，1941，国难后 8 版，203 页，32 开

本书内容包括：香料、香水、香粉、香脂、毛发剂、口齿剂、肥皂等。

收藏单位：重庆馆、广东馆、国家馆、湖南馆、江西馆、南京馆、宁夏馆、绍兴馆、首都馆、浙江馆

发酵工业

01947
楕酸衍生物之研究(五倍子问题研究之十四) 魏文德著
上海：黄海化学工业研究社，1942.8，24 页，16 开(黄海化学工业研究社调查研究报告 27)
上海：黄海化学工业研究社，1949.9 重印，24 页，16 开(黄海化学工业研究社调查研究报告 27)

收藏单位：国家馆、南京馆、上海馆

01948
本所历年分离鉴定及贮养之各种发酸微生物 金培松著
经济部中央工业试验所，1941.9，15 页，16 开(经济部中央工业试验所研究专报 126)

收藏单位：国家馆、南京馆

01949
发酵的生理学 （法）巴士特（L. Pasteur）著 沈昭文译
外文题名：The physiological theory of fermentation
上海：商务印书馆，1930.10，122页，32开（万有文库 第1集0521）（汉译世界名著）
上海：商务印书馆，1934.12，122页，32开（汉译世界名著）
长沙：商务印书馆，1939.12，122页，32开（万有文库 第1、2集简编500种162）（汉译世界名著）

本书内容包括：酵母和氧的关系、浸入碳酸气的甜果之发酵、答复德国博物学家白雷弗和德劳贝二氏的批评、右旋酒石酸钙的发酵等。著者通译：巴斯德。

收藏单位：安徽馆、长春馆、重庆馆、大连馆、东北师大馆、广东馆、广西馆、贵州馆、国家馆、河南馆、黑龙江馆、湖南馆、惠州馆、江西馆、辽大馆、辽宁馆、辽师大馆、柳州馆、南京馆、内蒙古馆、宁夏馆、上海馆、绍兴馆、首都馆、天津馆、西南大学馆、浙江馆、中科图

01950
发酵工业 陈驹声编
上海：中华书局，1935.2，14+208页，32开（中华百科丛书）
上海：中华书局，1936，再版，14+208页，32开（中华百科丛书）
上海：中华书局，1939，3版，14+208页，32开（中华百科丛书）
上海：中华书局，1947.8，4版，14+208页，32开（中华百科丛书）

本书共12章，介绍发酵菌类及酒、酱油、豆腐乳、醋等的制造法。

收藏单位：重庆馆、广东馆、贵州馆、国家馆、江西馆、辽宁馆、南京馆、内蒙古馆、上海馆、首都馆、西南大学馆、浙江馆

01951
发酵微生物之概要与应用 续光清著
上海：实业部国际贸易局，1册，16开

收藏单位：南京馆

01952
发酵学 郭质良编著
重庆：正中书局，1943.2，274页，25开（应用科学丛书）
上海：正中书局，1946，沪1版，274页，25开（应用科学丛书）
上海：正中书局，1947.7，沪2版，274页，25开（应用科学丛书）

本书内容包括：发酵概论、酵素、发酵菌类等。

收藏单位：安徽馆、重庆馆、东北师大馆、广东馆、国家馆、湖南馆、辽宁馆、南京馆、内蒙古馆、陕西馆、西南大学馆、浙江馆、中科图

01953
干燥酵母说明书 台湾糖业有限公司[编]
台湾：[台湾糖业有限公司]，1947，6面，16开

收藏单位：南京馆

轻工业、手工业

01954
工艺 薛朋剑授
出版者不详，1933.12，1册，16开

收藏单位：南京馆

01955
国立西北技艺专科学校概览 国立西北技艺专科学校编
兰州：国立西北技艺专科学校，1940.7，148页，16开，环筒页装

本书内有概况及名录。

收藏单位：重庆馆、广东馆、国家馆、辽大馆

01956
国立西北技艺专科学校各科学生毕业纪念册

国立西北技艺专科学校编
兰州：国立西北技艺专科学校，1944，[42]页，18开
本书内有校史及名录。
收藏单位：贵州馆、国家馆

01957
国立西康技艺专科学校各科必修课目一览
国立西康技艺专科学校编
西康：国立西康技艺专科学校，[1940]，油印本，1册，13开
收藏单位：国家馆

01958
国立西康技艺专科学校教职员录 国立西康技艺专科学校编
西康：国立西康技艺专科学校，1940.6，29页，32开（康专概况1）
收藏单位：国家馆

01959
国立西康技艺专科学校添设师范科初步计划书
出版者不详，油印本，8页，16开
收藏单位：南京馆

01960
国立西康技艺专科学校现任教职员资历表
国立西康技艺专科学校编
西康：国立西康技艺专科学校，[1940]，油印本，1册，13开
收藏单位：国家馆

01961
国立西康技艺专科学校要览
西康：国立西康技艺专科学校，1940，油印本，11叶，大16开，环筒页装
收藏单位：国家馆

01962
国立西康技艺专科学校之创设与进展 国立西康技艺专科学校编
西康：国立西康技艺专科学校，1940.12，18页，32开
本书介绍该校的起源、筹备经过、教学情况等。
收藏单位：重庆馆、国家馆

01963
国立中央技艺专科学校概况 国立中央技艺专科学校编
乐山：国立中央技艺专科学校，1947.4，79页，22开
收藏单位：国家馆

01964
国立中央技艺专科学校一览 国立中央技艺专科学校教务处出版组编
乐山：国立中央技艺专科学校教务处出版组，1945.6，44页，18开，环筒页装
收藏单位：国家馆

01965
国民经济建设运动中之手工业改良问题 顾毓瑔著
实业部中央工业试验所，1936，8页，16开
收藏单位：重庆馆、南京馆

01966
我国之手工业及其现代化问题 庐山暑期训练团军训组编
庐山[江西]：庐山暑期训练团军训组，1937.7，56页，36开
本书内容包括：手工业之意义、手工业在现代社会中所处之地位、今后之中国手工业、手工业现代化之要点等。
收藏单位：重庆馆、广东馆

01967
战时劳作 李宗安编辑
出版者不详，1943.8，116页，25开
收藏单位：江西馆

生产工艺

01968
工艺品制造全书 郭殿贞著
上海：中华书局，121 页，32 开
本书共 4 章：化学药品、工业品、日用品、化妆品。
收藏单位：湖南馆、首都馆

01969
工艺制造指导 上虞县立中山民众教育馆编辑
上虞：上虞县立中山民众教育馆，1933，40 页，32 开（生计教育丛书）
本书介绍化妆品、肥皂、颜料、纸、饮食品等制造方法。
收藏单位：浙江馆

01970
工艺制造指导 魏德铭编
上海：南星书店，1931.5，196 页，32 开
上海：南星书店，1931.8，再版，196 页，32 开
上海：南星书店，1936.3，5 版，196 页，32 开
本书共 10 篇，内容包括：化妆品、肥皂、颜料、纸、饮食品等。
收藏单位：河南馆、湖南馆、江西馆、上海馆、绍兴馆、浙江馆

01971
家庭工业讲义（第 1 集 谋生捷径 家庭宝鉴） 白铎然著
北京：白铎然 [发行者]，1939，增修 3 版，44 叶，横 18 开
收藏单位：国家馆、首都馆

01972
家庭工业品制造法 李瀛洲编著
北京：民生月刊社，1921.6，74 页，32 开
本书共 4 篇：教育、日用、化妆、医药。
收藏单位：国家馆

01973
家庭应用工艺大全（致富新书六百种） 中华图书集成编辑所编
上海：中华图书集成公司，1919.10，4 册，32 开
本书共 21 部分，内容包括：化妆、珍饰、花卉、蔬果、洗染、织造、禽畜、虫鱼、玻璃灯镜、金木、饮食、衣服、烟草、火柴等。
收藏单位：重庆馆、国家馆、河南馆、首都馆

01974
简易实用一〇一小本工艺制造法 张剑青编著
外文题名：101 practical formulas of chemical industries
上海：中华民国药学会，1937.6，263 页，32 开，精装
上海：中华民国药学会，[1938.12]，再版，263 页，32 开，精装
上海：中华民国药学会，1939.1，改订再版，263 页，32 开，精装
本书介绍 101 种小本经营的产品制造法。逐页题名：一〇一小本工艺制造法。
收藏单位：上海馆

01975
简易制造法 熊卿云编
上海：商务印书馆，1924，20 页，50 开（平民小丛书 第 31 种 实业类）
收藏单位：首都馆

01976
科学工艺讲义 刘建纲著
醴陵：民生科学工艺研究社，1938.4，107 页，32 开
本书共 7 篇，介绍肥皂、化妆品、特种工艺品、文房用品、药品等制造法。
收藏单位：重庆馆

01977
科学工艺品实验制造法大全 洪子良编述
上海：民生工业社，1934.4，316页，32开，精装
本书共32部分，内容包括：五金、皮革、棉纱、麻丝、漂染等。
收藏单位：国家馆

01978
器用杂物 杨荫深编著
上海：世界书局，1946.9，79页，32开（日常事物掌故丛书）
本书介绍文具、妆具、缝具、食具、家具等历史知识。附录：笔、墨、纸、砚等14种。
收藏单位：重庆馆、广西馆、国家馆、江西馆、辽大馆、南京馆、上海馆、浙江馆

01979
日用工艺品制造法 毛福全编
上海：商务印书馆，1917.2，165页，32开
上海：商务印书馆，1918.4，3版，165页，32开
上海：商务印书馆，1921，6版，165页，32开
上海：商务印书馆，1924，8版，165页，32开
上海：商务印书馆，1928.6，11版，165页，32开
上海：商务印书馆，1930.12，12版，165页，32开
上海：商务印书馆，1933.6，国难后1版，165页，32开
上海：商务印书馆，1934.9，国难后2版，165页，32开
上海：商务印书馆，1935.7，国难后3版，165页，32开
长沙：商务印书馆，1940.6，国难后6版，165页，32开
本书共3编：农业技术、工业技术、医药技术。
收藏单位：重庆馆、广东馆、国家馆、江西馆、南京馆、绍兴馆、首都馆

01980
日用品制造 汪向荣编著
上海：世界书局，1940.8，再版，124+25页，32开（生产建设协会生产教育丛书 第1辑2）
上海：世界书局，1942.11，3版，124+25页，32开（生产建设协会生产教育丛书 第1辑2）
世界书局，1944.2，湘1版，124+25页，32开（生产建设协会生产教育丛书 第1辑2）
上海：世界书局，1944.3，4版，124+25页，32开（生产建设协会生产教育丛书 第1辑2）
本书介绍日用品制造化学上的一般处理方法，以及日用品的包装、配方、制造等常识。附录：重要度量衡表、各种比重计度数比等。
收藏单位：长春馆、重庆馆、贵州馆、国家馆、南京馆、上海馆、天津馆、浙江馆

01981
日用品制造法 博朴民编
上海：中华书局，1920.12，[182]页，32开
上海：中华书局，1922.3，4版，[182]页，32开
上海：中华书局，1931.5，13版，[182]页，32开
本书介绍教育用品、工业原料、化妆品、饮食品等160余种产品制造法。
收藏单位：安徽馆、广东馆、国家馆、湖南馆、江西馆、上海馆、天津馆

01982
日用品制造法 程吉农编
上海：家庭工艺研究社，1936，59页，50开（家庭工艺制造丛书）
本书共10部分，内容包括：化妆品制造法、日用品制造法、饮食品制造法、药丸品制造法等。
收藏单位：国家馆

01983
实验家庭工业制造讲义汇编 郑静安编
上海：[静安工艺社]，[1926.7]，[60]页，25开
本书共3篇：食物、日用品、化妆品。第3篇残缺。
收藏单位：河南馆

01984
实用小工艺品制法　景飞凤编　周萃机　俞玉树校
上海：小工艺半月刊社，1939.8，157页，32开（全国小工艺专家经验创作汇集）
本书内容包括：日用品类、食用品类、医药品类、糖果品类、教育品类等。附录：度量衡折算表。
收藏单位：重庆馆、广东馆

01985
实用小工艺制造法　周萃机编
[上海]：开源出版社，1941.9，157页，32开（全国小工艺专家经验创作汇集）
本书内容包括：日用品类、食用品类、医药品类、糖果品类、教育品类等。附录：度量衡折算表。
收藏单位：山西馆

01986
小工艺制造法　刘骥才著
杭州：正中书局，1940.12，196页，32开
杭州：正中书局，1941.8，再版，196页，32开
本书共9章，内容包括：食品、日用品、文具、化妆品等。
收藏单位：黑龙江馆、内蒙古馆、上海馆、浙江馆

01987
衣食住行工艺概要　薛明剑编
上海：中华书局，1934—1935，4册，32开（初中学生文库）
上海：中华书局，1941，4版，4册，32开（初中学生文库）
本书共4编：衣、食、住、行。
收藏单位：重庆馆、大庆馆、东北师大馆、广东馆、国家馆、黑龙江馆、湖南馆、惠州馆、江西馆、辽大馆、辽宁馆、南京馆、内蒙古馆、上海馆、首都馆、天津馆、浙江馆

01988
衣食住行工艺概要（第1、3、4册）　薛明剑编
上海：中华书局，1935.10—1936.10，再版，3册，32开（初中学生文库）
本书共3编：衣、住、行。
收藏单位：重庆馆、广东馆、黑龙江馆、辽宁馆、南京馆、内蒙古馆

01989
衣食住行工艺概要（第1、2册）　薛明剑编
上海：中华书局，1940，3版，2册（216+148页），32开（初中学生文库）
本书共2编：衣、食。
收藏单位：广东馆

01990
中西汇编工艺制造法　实业研究社编译
实业研究社，1932，2版，240页，25开
收藏单位：广东馆

01991
中西制造丛书　家庭化物制造厂编
上海：中西书局，1932，7版，264页，32开，环筒页装
上海：中西书局，1933.10，8版，264页，32开，环筒页装
本书介绍工业品、化妆品、药品、食品、玩具等制造方法。
收藏单位：国家馆、江西馆

01992
最新实验工业制造法　吴美让编辑
出版者不详，1923.3，石印本，101叶，32开
本书共16篇，内容包括：粉笔制造法、罐头制造法、饼干制造法、胰皂制造法、火漆之制造法等。
收藏单位：国家馆

纺织工业、染整工业

01993
毕业纪念册（中国纺织建设公司技术人员训练班印染系）　中国纺织建设公司编

上海：中国纺织建设公司，1948.7，108页，16开，精装

本书内有学生照片、印染专业论文、通讯录、广告等。

收藏单位：上海馆

01994

纺织概论 谭勤余编译

上海：商务印书馆，1935.11，160页，32开（工学小丛书）

上海：商务印书馆，1937.2，再版，160页，32开（工学小丛书）

本书共3章：纺织染用纤维、由纤维到纱线、从纱线到织物。

收藏单位：重庆馆、广东馆、贵州馆、国家馆、湖南馆、江西馆、陕西馆、上海馆、首都馆、浙江馆

01995

纺织工业 陶平叔编

上海：中华书局，1936，164页，32开（中华百科丛书）

本书共6章：绪说、染织工业原料、精练漂白法、上丝光法、染色法、机织法。

收藏单位：国家馆

01996

纺织工业大要 陈文编

上海：科学会编辑部，1918.11，66页，32开（职业教育丛书）

上海：科学会编辑部，1919.9，再版，66页，32开（职业教育丛书）

上海：科学会编辑部，1922，3版，66页，32开（职业教育丛书）

上海：科学会编辑部，1924.2，4版，66页，32开（职业教育丛书）

上海：科学会编辑部，1928.9，5版，66页，32开（职业教育丛书）

本书为纺织工业基本知识读物。共4部分：织物原料、纱之制造法、纱之种类、机织。

收藏单位：重庆馆、广东馆、辽宁馆、山西馆、首都馆、天津馆、浙江馆

01997

纺织合理化工作法 朱升芹著 邱耀校订

上海：华商纱厂联合会，1932.3，302+22页，36开，精装（中国纺织学会丛刊）

本书内容包括：清棉部、开棉机、弹花机工作法、加油工作法、装机工作法等。

收藏单位：上海馆

01998

纺织技师手册 恒丰纺织新局编

上海：恒丰纺织新局，1919.8，287页，42开，精装

本书内收纺织厂动力机械及纺织工程技术等资料。

收藏单位：广东馆、上海馆

01999

纺织论丛 染织周刊社编辑

上海：商报社，1935，124页，32开（染织周刊社染织丛书）

收藏单位：国家馆

02000

纺织浅说 陈庆堂著

丽水：抗日自卫委员会战时教育文化事业委员会，1939.4，32页，32开（应用科学小丛书）

本书共5章，内容包括：棉、棉纺、棉织等。

收藏单位：重庆馆、国家馆、湖南馆、江西馆、浙江馆

02001

纺织染工程手册 蒋乃镛编

重庆：大东书局，1944.5，2册（302页），32开

重庆：大东书局，1948.8，3版，2册（302页），32开

本书共5篇，内容包括：纺、织、染等。

收藏单位：重庆馆、国家馆、南京馆、宁夏馆

02002

纺织日用手册 陆绍云著

上海：中国纺织染工程研究所，1945.1，237

页，50 开，精装

收藏单位：国家馆

02003

改良纺织工务方略 朱升芹著

上海：华商纱厂联合会，1932.2，128 页，36 开，精装（中国纺织学会丛刊）

本书介绍纺织业技术和管理。

收藏单位：上海馆

02004

高初级工业职业学校棉织科、漂染科、陶瓷科、制图科课程及设备标准 教育部编

重庆：教育部，1942.10，138 页，32 开

收藏单位：南京馆

02005

工合技术特刊 中国工业合作协会成都事务所编

成都：中国工业合作协会成都事务所，1940.7，[96] 页，16 开

本书探讨纺织工业的技术改良，侧重于军毯的织造问题。

收藏单位：广东馆、国家馆

02006

江西留通纺织同学会会刊（创刊号） 江西留通纺织同学会编

南通：纺织大学江西留通纺织同学会，1928.5，110 页，16 开

本书内有棉厂计划、实习论文。

02007

毛麻绢纺织、针织之部 中国纺织建设股份有限公司编

北京：中国纺织建设股份有限公司，1949，1 册，16 开，精装

收藏单位：天津馆

02008

南通私立纺织专门学校学则 南通私立纺织专门学校编

南通：南通私立纺织专门学校，1925，30 页，22 开

收藏单位：国家馆、浙江馆

02009

青纺技进班第一届结业纪念刊 中国纺织建设股份有限公司青岛分公司编

青岛：中国纺织建设股份有限公司青岛分公司，[1948.4]，168 页，25 开

本书内容包括：题词、照片、专载、技术研究、通信录等。

收藏单位：国家馆、天津馆

02010

染织工业 舒新城编

上海：中华书局，1933，164 页，32 开（中华百科丛书）

收藏单位：广东馆

02011

染织工业 陶平叔编

上海：中华书局，1936.10，12+164 页，32 开（中华百科丛书）

上海：中华书局，1940.8，3 版，12+164 页，32 开（中华百科丛书）

上海：中华书局，1941.2，4 版，12+164 页，32 开（中华百科丛书）

上海：中华书局，1947.5，再版，12+164 页，32 开（中华百科丛书）

本书共 6 章：绪说、染织工业之原料、精练漂白法、上丝光法、染色法、机织法。附录：参考书、中文名词索引、西文名词索引。

收藏单位：安徽馆、长春馆、重庆馆、贵州馆、国家馆、黑龙江馆、湖南馆、江西馆、南京馆、内蒙古馆、宁夏馆、陕西馆、上海馆、绍兴馆、首都馆、西南大学馆、浙江馆

02012

染织论丛 染织周刊社编辑

上海：商报社，1935，124 页，32 开（染织周刊社染织丛书）

本书内容包括：布匹上浆与退浆问题之研究、布匹精练及漂白常犯之错误及其纠正之讨论等。版权页题：上海市机器染织业同业公

会出版。

收藏单位：浙江馆

02013

色布制造简法 浙江省染织厂编辑

[云和]：浙江省染织厂，1941，石印本，6 页，25 开（浙江省染织厂刊物 4）

本书介绍机械染色布、手工染色布的方法，以及相同点与不同点。

收藏单位：浙江馆

02014

上海恒丰纺织新局附设纺织学校民一八级纪念刊 上海恒丰纺织新局附设纺织学校编

上海：上海恒丰纺织新局附设纺织学校，1935，[79] 页，16 开，精装

收藏单位：天津馆

02015

私立上海纺织工业专科学校第二、三、四届毕业纪念刊 上海纺织工业专科学校编

上海：上海纺织工业专科学校，1948，200 页，16 开，精装

本书内有校史、校景、通讯录等。

02016

私立上海纺织工业专科学校一览

[上海]：[上海纺织工业专科学校]，1948.1，152 页，25 开

本书为该校建筑及名人影集。

收藏单位：上海馆

02017

纤维工业 瞿炳晋等编著

上海：中国纺织染工程研究所，1945.8，986 页，25 开，精装

本书介绍纺织工业技术。共 10 编，内容包括：纺织原料、纺绩工程、机织与针织、练漂染色等。

收藏单位：国家馆、上海馆

02018

纤维工业辞典 黄希阁 姜长英编著

上海：中国纺织染工程研究所，1945.8，163 页，27 开，精装（纤维工业丛书）

上海：中国纺织染工程研究所，1947.4，再版，163 页，27 开，精装（纤维工业丛书）

本书中英文名词并列，按英文字序排列，中文解释。

收藏单位：安徽馆、广东馆、国家馆、湖北馆、湖南馆、江西馆、辽宁馆、内蒙古馆、上海馆、浙江馆、中科图

02019

英华纺织染辞典（初稿） 蒋乃镛编著

外文题名：Anglo-Chinese dictionary of textile terms

重庆：中国纺织学会，1943.1，228 页，32 开

本书共 5 部分：教育部长陈立夫序、编著者自序、编辑大意、本辞典所用略字表、辞典内容。

收藏单位：重庆馆、国家馆、西南大学馆

02020

英华纺织染辞典（英中对照之部） 蒋乃镛编著

外文题名：Anglo-Chinese dictionary of textile terms

上海：世界书局，1947.11，增订再版，168 页，18 开（中国纺织学会丛书）

本书为《世界学典》（中文版）中的《纺织染学典》。共 6 部分：教育部长陈立夫序、编著者自序、再版自序、编辑大意、本辞典所用略字表、辞典内容。

收藏单位：国家馆、南京馆、上海馆

02021

织物解剖学

出版者不详，1 册，18 开

本书内容包括：绪论、织物解剖之顺序、原料、纱之燃度、组织、特殊织物用线等。

收藏单位：浙江馆

02022

中国纺织工学院毕业纪念刊（专科第三届）

中国纺织工学院编

上海：中国纺织工学院，1947，[26] 页，16 开，精装

02023
中国纺织学会第四届年会论文集 中国纺织学会编
上海：中国纺织学会，1934.5，24 页，16 开
本书内收论文 6 篇。
收藏单位：上海馆

02024
中国纺织学会年刊（第十二届年会青岛分会第一届年会纪念） 范澄川等著 中国纺织学会青岛分会编
青岛：中国纺织学会青岛分会，1947.7，111 页，18 开
本书内容包括：论说、技术、译载、介绍、统计等。
收藏单位：国家馆、南京馆、浙江馆

纺织纤维（纺织原材料）

02025
澳洲羊毛 顾宗沂编著
上海：毛业研究会，1944.12，164 页，32 开（毛业研究丛书）
本书介绍澳洲羊毛的历史，国际、国内地位，产毛量，剪毛作业等。
收藏单位：国家馆、上海馆

02026
蚕丝 于起风编著 应成一校订
南京：正中书局，1936.5，68 页，32 开（正中少年故事集第 5 集）（中国发明或发见故事集 3）
金华：正中书局，1943.3，4 版，68 页，32 开（正中少年故事集 第 5 集）（中国发明或发见故事集 3）
上海：正中书局，1948.6，沪 1 版，68 页，32 开（中国发明或发见故事集 3）
本书介绍我国发现蚕丝的历史和故事，以及蚕丝事业的沿革、传播和古代制丝法。
收藏单位：安徽馆、重庆馆、东北师大馆、广东馆、广西馆、贵州馆、国家馆、湖南馆、江西馆、南京馆、首都馆

02027
蚕丝概论 （美）胡泊尔（L. Hooper）著 钱江春 侯绍裘译述
外文题名：Silk
上海：商务印书馆，1924.1，122 页，32 开（商业丛书 8）
本书共 18 章，内容包括：丝的价值和供应的来源、蚕、各种产丝蛾类、丝及蚕业之历史、养蚕、缫丝、绞丝等。
收藏单位：重庆馆、广东馆、广西馆、国家馆、内蒙古馆、清华馆、上海馆、浙江馆

02028
蚕丝学概论 贺康著
上海：商务印书馆，1931.9，166 页，32 开
本书共 8 章，内容包括：蚕茧、烘茧及藏茧、蚕茧纤维、缫丝工程、缫丝之用水、缫丝厂运展上之大概等。
收藏单位：国家馆、浙江馆、中科图

02029
纺织计算学 瞿炳晋编著
上海：纤维工业出版社，1948.9，再版，132 页，25 开（纺织染丛书）
本书共 3 章：基本计算、纺织机械之传动、应用计算。
收藏单位：安徽馆、辽宁馆、上海馆

02030
纺织力学 何达著
中国纤维工业研究所，1947.3，252 页，25 开（中国纤维工业研究所丛书）
收藏单位：重庆馆、广东馆、国家馆、湖南馆、辽宁馆、内蒙古馆

02031
纺织原料 赵光宸编
天津：天津工商学院，1934，64 页，16 开（天津工商学院丛书）
天津：天津工商学院，[1935.8]，248 页，16

开（天津工商学院丛书）

本书共4编，介绍纺织原料的种类、培养方法、产率、产区、特性及功用，以及棉花、蚕丝、羊毛等原料的商业、市场情形等。1934年版为该校讲义，仅收前两编（64页）。

收藏单位：国家馆、天津馆

02032

纺织原料与试验 黄希阁编著

上海：中国纺织染工程研究所，1945.8，156页，25开，精装（纤维工业丛书）

上海：中国纺织染工程研究所，1946.5，再版，156页，25开，精装（纤维工业丛书）

本书共2部分：纺织原料、纺织试验。

收藏单位：重庆馆、国家馆、江西馆、上海馆

02033

国产棉纤维脂蜡之近似分量及其与纤维品质之关涉 程养和著

中央棉产改进所棉花分级室，1935.7，10页，16开，精装（中央棉产改进所投稿选印本1）

02034

棉花纤维 吴季诚著

上海：商务印书馆，1924.10，60页，32开（百科小丛书）

上海：商务印书馆，1930.4，60页，32开（万有文库 第1集0609）（百科小丛书）

上海：商务印书馆，1933.9，国难后1版，60页，32开（百科小丛书）

上海：商务印书馆，1935.7，国难后2版，60页，32开（百科小丛书）

本书共7章，内容包括：纤维之起原及发育、标准纤维及其构造、纤维之分类、纤维之理学性等。

收藏单位：安徽馆、重庆馆、大理馆、大连馆、大庆馆、东北师大馆、广西馆、贵州馆、国家馆、河南馆、黑龙江馆、湖南馆、江西馆、辽大馆、辽宁馆、辽师大馆、内蒙古馆、宁夏馆、上海馆、天津馆、西南大学馆、浙江馆

02035

棉花纤维学 吴季诚编

外文题名：The cotton fiber

上海：商务印书馆，1924.10，68页，36开（百科小丛书63）

上海：商务印书馆，1926.11，再版，68页，36开（百科小丛书63）

本书共6章，内容包括：纤维之起原及发育、标准纤维及其构造、纤维之分类、纤维之化学成分等。

收藏单位：重庆馆、复旦馆、广东馆、广西馆、国家馆、河南馆、湖南馆、江西馆、南京馆、内蒙古馆、山东馆、上海馆、首都馆、天津馆、武大馆、西南大学馆、浙江馆

02036

生丝原料学 张绍武编

长沙：商务印书馆，1938.7，257页，32开，精装

长沙：商务印书馆，1939，再版，257页，32开，精装

本书为职业学校教科书。共17章，内容包括：茧之形态与实质、原料茧之真价与其改良、茧之买卖等。

收藏单位：安徽馆、重庆馆、广东馆、贵州馆、国家馆、辽大馆、首都馆、西南大学馆

02037

丝业论 （英）何巴著 余秦杜编译

上海：新学会社，1917.9，116页，25开（商业丛书6）

本书内容包括：丝之价值及其来源、蚕、产丝蛾之种类、丝及养蚕之生产、养蚕之实行等。

收藏单位：安徽馆、西南大学馆、浙江馆

02038

丝业论

出版者不详，110页，25开

收藏单位：江西馆

02039

天蚕丝制造法 江西省工商管理处编

[南昌]：江西省工商管理处，[1940]，14页，25开

本书介绍天蚕丝的制造方法。

收藏单位：浙江馆

02040

纤维学　陈文沛著

上海：文沛纺织化学工程所，1947.8，183页，32开

收藏单位：国家馆、黑龙江馆、辽宁馆、上海馆、绍兴馆、首都馆

02041

羊毛业论　胡大望译著　江起鲲校订

上海：新学会社，1915，110页，25开（商业丛书3）

本书内容包括：羊毛与绵羊、羊毛业、羊毛及其买卖、梳纺、梳刷及精纺、织造呢绒、织物试验所及学校等。

收藏单位：湖南馆、南京馆、首都馆、浙江馆

02042

衣服原料　王遵武等著　姚庭驹　吕宪章校阅

上海：新亚书店，4册，32开（儿童基本科学丛书）

本书共4册：棉、麻、蚕丝、羊毛。

收藏单位：国家馆、首都馆

02043

中国蚕丝　乐嗣炳编　胡山源校订

上海：世界书局，1935.8，443页，25开

收藏单位：重庆馆、东北师大馆、贵州馆、国家馆、河南馆、湖南馆、近代史所、辽大馆、南京馆、上海馆、首都馆、天津馆、浙江馆

02044

中国蚕丝　谭熙鸿等著

谭熙鸿[发行者]，1935，197页，16开（全国经济委员会蚕丝改良委员会制丝专号3—4）

本书内收文章17篇，内容包括：《近年新品种茧质及其检查》（朱新予）、《原料茧之保全》（王左泉）、《干燥机械》（夏道湘）等。附录：缫丝术语之解说、缫丝一般应用之表格。

02045

中国羊毛品质之研究　李秉权著

北平：京城印书局，1931.3，再版，48+34页，20开

02046

中国羊毛品质之研究　李秉权著

上海：商务印书馆，1934.5，54页，20开（百科小丛书）

收藏单位：国家馆、绍兴馆

02047

中国羊毛之品质　李秉权编著

上海：商务印书馆，1934.5，54页，32开（百科小丛书）

上海：商务印书馆，1934，再版，54页，32开（百科小丛书）

本书共6章，内容包括：绪言、研究材料、羊毛之肉眼的研究、羊毛之显微镜的研究等。附录：山西改良羊种毛质之梗概。

收藏单位：重庆馆、贵州馆、国家馆、黑龙江馆、吉林馆、辽大馆、内蒙古馆、宁夏馆、山西馆、上海馆、首都馆、浙江馆

纺织工业机械与设备

02048

纺织机　何汉三讲述

外文题名：Spinning and wearing machine

出版者不详，石印本，90页，16开

本书内容包括：概论、棉纺之目的及工程、发棉机、打棉机、梳棉机等。

收藏单位：浙江馆

02049

纺织机构学　诚孚公司设计室编

上海：诚孚公司设计室，1944.6，90页，25开（纺织丛书）

收藏单位：重庆馆、山西馆

02050
纺织机械 黄希阁 姜长英编著
上海：中国纺织染工程研究所，1940.2，176页，25开，精装（纤维工业丛书）
上海：中国纺织染工程研究所，1946.8，再版，176页，25开，精装（纤维工业丛书）

本书共19章，内容包括：绪论、动之传递、机械之平衡、开口运动、投梭运动、纺织机械传动法等。据英国汉顿（W. A. Hamton）所著 *Mechanics of textile machinery* 一书编著。

收藏单位：安徽馆、重庆馆、国家馆、南京馆、上海馆、绍兴馆

02051
汗绒布二用织机 上海求兴机器厂编
上海：上海求兴机器厂，[22]页，16开

本书为汗绒布二用织机说明书。

02052
换纬式自动织机手册 黄金声著
上海：中国纺织染工程研究所，1943.1，212页，46开，精装
上海：中国纺织染工程研究所，1945，212页，46开，精装

收藏单位：重庆馆、国家馆

02053
基本总论力织机构学（增补理论实用力织机学上册） 蒋乃镛编著
上海：华商纱厂联合会，1933.8，337页，24开
上海：华商纱厂联合会，1937.2，增补再版，337页，24开

本书原名：（理论实用）力织机学。下册书名改为：分类专论力织机构学，未见书。

收藏单位：上海馆

02054
加萨卜兰客氏棉纱绩大牵伸机
上海：平和洋行，17页，大32开

收藏单位：南京馆

02055
嘉氏提花机及综线穿吊法 王芸轩编译
上海：商务印书馆，1935.6，219页，32开（工学小丛书）
上海：商务印书馆，1936.1，再版，219页，32开（工学小丛书）
长沙：商务印书馆，1939.9，3版，219页，32开（工学小丛书）

本书共3编：单动式嘉氏提花机、复动式嘉氏提花机、综线穿吊法。

收藏单位：重庆馆、广东馆、贵州馆、国家馆、湖南馆、江西馆、辽宁馆、南京馆、山西馆、上海馆、首都馆、浙江馆

02056
简捷手织机说明书（第1辑） 李志清著
上海：新法编织研究会，1926.12，22页，25开
上海：新法编织研究会，1931，6版，22页，25开
上海：新法编织研究会，1933.11，8版，22页，25开
上海：新法编织研究会，1935.5，9版，22页，25开

本书共9部分，内容包括：普通编法、菱形花纹、人字形花纹、花柳条形、折线编法等。

收藏单位：广东馆、国家馆

02057
精纺部机械运转工作标准 中国纺织建设股份有限公司工务处棉纺织技术促进组精纺股编辑
上海：中国纺织建设股份有限公司，1949.8，98页，25开（纺织染丛书11）

本书内容包括：精纺机运转工作、精纺机运转部应用人数标准、并筒洋线摇纱运转工作法、筒子绞纱检验方法及等级评定标准等。

收藏单位：重庆馆、首都馆、天津馆

02058
精纺机装置及保全标准 中国纺织建设公司纺织染技术研究班精纺组著

上海：纺织建设月刊社，1948.8，92 页，23 开（纺织染丛书 第 5 辑）
上海：纺织建设月刊社，1949，再版，92 页，23 开（纺织染丛书 第 5 辑）

本书内容包括：机身部份、罗拉部份、成形装置部份、平装后应有之检查、精纺机各种保全工作之范围及周期表等。

收藏单位：重庆馆、广东馆、首都馆

02059
雷炳林氏弹簧大牵伸与双喇叭 雷炳林等著
上海：[大利铁厂]，[1948.12]，[23] 页，32 开

本书介绍新发明的纺织机械零件。内收文章 6 篇，内容包括：《细纺机发明弹簧大牵伸之目的与特点》（雷炳林）、《论雷氏式大牵伸》（欧阳威廉）、《雷氏大牵伸之效用》（吴光焘）等。

收藏单位：国家馆

02060
理论实用力织机学 蒋乃镛编 徐缄三校
上海：南通学院纺织科学友会，[1933.8]，2 册（268+285 页），22 开（南通学院纺织科学友会丛书 2）

本书内容包括：平斜纹力织机学、多臂力织机、珠罗纱力织机、升降梭箱力织机等。

收藏单位：国家馆、浙江馆

02061
力织机构学 （日）大住吾八著 曹骥才译
上海：商务印书馆，1936.2，12+338 页，23 开，精装
长沙：商务印书馆，1939.5，再版，12+338 页，23 开，精装
长沙：商务印书馆，1940.10，4 版，12+338 页，23 开，精装
上海：商务印书馆，1946.10，5 版，12+338 页，23 开，精装
上海：商务印书馆，1947.10，6 版，12+338 页，23 开，精装

本书介绍纺织机械的构造、原理、性能及使用等。

收藏单位：安徽馆、重庆馆、贵州馆、国家馆、湖南馆、江西馆、辽宁馆、南京馆、绍兴馆、首都馆、浙江馆、中科图

02062
力织机构学 雷锡璋著
上海：中国纺织染工程研究所，1948.1，195 页，25 开（纤维工业丛书）

本书共 5 编，内容包括：概论、力织机主运动、力织机副运动等。

收藏单位：国家馆、湖南馆、江西馆、上海馆

02063
力织机构造学 李崇典著
上海：大公报代办部，1937.1，153 页，25 开

本书介绍纺织机的构造原理和使用方法。

收藏单位：国家馆

02064
力织机使用法 李崇典编著 陈敬衡校
上海：商务印书馆，1937.3，62 页，32 开
长沙：商务印书馆，1938.10，再版，62 页，32 开
上海：商务印书馆，1946，4 版，62 页，32 开
上海：商务印书馆，1947.3，5 版，62 页，32 开

本书为职业学校教科书。共 14 章，内容包括：开口运动、投梭运动、打纬运动、经线送出运动、卷取运动等。

收藏单位：重庆馆、广东馆、国家馆、河南馆、湖南馆、江西馆、辽大馆、辽宁馆、上海馆、天津馆、浙江馆

02065
美国维定厂制纺纱机器图说 海京洋行编
上海：海京洋行，1924.12，92 页，22 开

本书为纺织机产品说明书。

收藏单位：国家馆

02066
皮棍工程学 吴支峰著
重庆：申新第四纺织厂，1942，110 页，32 开

（云峰纺织丛书）

本书共5章：概述、机械、工作法、皮棍之保全、附编。封面题名：皮辊工程学。

收藏单位：重庆馆

02067

皮圈式大牵伸 （英）诺该拉著 何达译

上海：中国纤维工业研究所，1947，122页，24开

本书共13章，内容包括：棉纺之牵伸、大牵伸装置之各种形式、单程粗纺机、特种混棉之处理、粗纺机卡氏两组大牵伸装置等。

收藏单位：重庆馆、广东馆、上海馆

02068

七七纺纱机之制造及使用 李荣耀著

出版者不详，16页，13开（建设丛书）

本书共3章：纺纱概要、手纺工程、纺机使用。

收藏单位：重庆馆、国家馆

02069

上海中央机器制造厂高速度绕纱机样本 上海中央机器制造厂编

上海：上海中央机器制造厂，10页，14开

02070

省立汲县职校提花机

[汲县]：出版者不详，[1930—1939]，石印本，141叶，16开，环筒页装

本书共9章，内容包括：总论、提花机之构造、二重纹织物之制织法等。

收藏单位：国家馆

02071

实用纺织机械学（前篇） 姚兆康编著

南通：南通大学纺织科学友会，1935.12，192页，25开

本书内容包括：绪言、力速度和加速度、传动法、力矩和罗拉加重、机械平衡、偏心轮等。

收藏单位：浙江馆

02072

弹簧大牵伸与双喇叭 雷炳林氏编

出版者不详，1948.10，1册，32开

收藏单位：上海馆

02073

兴国立锭纺纱机说明书 徐志远著

西安：兴国立锭纺纱机制造厂，[1941.7]，29页，32开

本书为该纺纱机产品说明书。

收藏单位：国家馆

02074

织布部机械运转工作标准 中国纺织建设股份有限公司工务处棉纺织技术促进组织造股编

上海：中国纺织建设股份有限公司，1949，154页，24开（纺织染丛书13）

本书附录：整理部机械保全运转工作标准。

收藏单位：上海馆、首都馆

02075

织布机装置及保全标准 中国纺织建设股份有限公司工务处棉纺织技术促进组织造股编辑

上海：中国纺织建设股份有限公司，1948.12，207页，22开（纺织染丛书7）

本书共8章，内容包括：地基构造及排车弹线、大平车之周期及方法、织机装竣后之检查等。

收藏单位：上海馆

02076

准备部机械运转工作标准 中国纺织建设股份有限公司编

上海：中国纺织建设股份有限公司董事会纺织建设月刊社，1948.11，72页，22开（纺织染丛书12）

本书共3章：络纱机之部、整经机之部、浆纱机之部。

收藏单位：上海馆、首都馆

02077
准备机械装置及保全标准 中国纺织建设股份有限公司工务处棉纺织技术促进组准备股编辑
上海：中国纺织建设股份有限公司，1949，370页，22开（纺织染丛书6）
本书内容包括：络纱机总论、各种络纱机之保全法、整经机总论、浆纱机总论、通经工程等。
收藏单位：重庆馆、首都馆

02078
自动织机工作与管理 黄金声 张燦著
上海：纤维工业出版社，1947.10，296页，25开（纺织染丛书）
上海：纤维工业出版社，1949.7，再版，296页，25开（纺织染丛书）
本书内容包括：梭子及纬管、换梭诱导装置、换梭装置、布边毛纱剪断装置、经纱断头停止装置等。
收藏单位：国家馆、上海馆、浙江馆

02079
最近棉纺织厂精纺机实用皮圈式大牵伸装置 全国经济委员会棉业统制委员会编
出版者不详，1936.6，37页，16开（全国经济委员会棉业统制委员会专刊4）
收藏单位：上海馆

纺纱理论与纺纱工艺

02080
大牵伸之理论与实际 （日）喜多卯吉郎著 何达译
上海：华商纱厂联合会，1936.5，84页，22开（华商纱厂联合会发行书籍9）
本书内容包括：理论的关系、实用的要素、大牵伸之目的、大牵伸装置之实际的试验等。
收藏单位：国家馆、上海馆

02081
纺绩工程学 黄希阁著
上海：中国纺织染工程研究所，1945.8，236页，25开，精装（纤维工业丛书）
上海：中国纺织染工程研究所，1946.5，再版，236页，25开，精装（纤维工业丛书）
本书共3章：纺绩之意义、手工纺绩法、机械纺绩法。
收藏单位：重庆馆、广东馆、国家馆、黑龙江馆、江西馆、上海馆、浙江馆

02082
纺纱 王凤瑞编
上海：中华书局，1948.7，36页，36开（中华文库 民众教育 第1集）
收藏单位：东北师大馆、国家馆、上海馆

02083
纺纱常识 李禹门编
壁山县：壁山县民教馆，[1939.3]，石印本，13页，32开，环筒页装
收藏单位：重庆馆

02084
纺纱学 成希文编著
长沙：商务印书馆，1938.6，393页，32开
长沙：商务印书馆，1938.10，再版，393页，32开
长沙：商务印书馆，1941.6，3版，393页，32开
重庆：商务印书馆，1943.12，渝1版，2册（393页），32开
上海：商务印书馆，1946.12，5版，393页，32开
上海：商务印书馆，1948，6版，393页，32开
本书为职业学校教科书。内容包括：各国纺织业概况、棉花之包装、和花之要点等。
收藏单位：重庆馆、甘肃馆、贵州馆、国家馆、湖南馆、江西馆、宁夏馆、山西馆、陕西馆、上海馆、首都馆

02085
理论实用纺绩学 朱升芹编
外文题名：Theories and practices of cotton spinning
上海：华商纱厂联合会，1920—1930，3 册（245+230+258 页），23 开

本书共 12 章，内容包括：木棉、棉之物理学、化学的性质、纺绩工程顺序及其大意、轧花机、松花机等。前编 1920 年出版，中编 1929 年出版，后编 1930 年出版。

收藏单位：安徽馆、重庆馆、国家馆、江西馆、南京馆、山西馆、上海馆、浙江馆

02086
理论实用纺绩学（前编） 朱升芹编
外文题名：Theories and practices of cotton spinning
上海：华商纱厂联合会，1933.9，增补再版，263 页，23 开

本书共 12 章，内容包括：木棉、棉之物理学、化学的性质、纺绩工程顺序及其大意、轧花机、松花机等。

收藏单位：江西馆

02087
四年级纺系精纺工程 张汉文讲
北平：国立北平大学工学院，[1935.10—1936.2]，122 页，长 18 开
北平：国立北平大学工学院，[1936.3—1936.5]，57 叶，长 18 开

本书介绍精纺的目的、毛线构成的原理、各种卷线机关的原理等。

收藏单位：国家馆

02088
最新纺纱计算学 何达编著
上海：中国纤维工业研究所，1944.6—1946.1，2 册（290+353 页），27 开
上海：中国纤维工业研究所，1946，再版，2 册（290+353 页），27 开
上海：中国纤维工业研究所，1947.5，3 版，2 册（290+353 页），27 开

本书内容包括：粗纺机、环锭精纺机、走锭精纺机、卷筒机及摇纱机等。据（日）森山弘助所著《纺绩计算》一书编著。

收藏单位：重庆馆、广东馆、上海馆、首都馆、浙江馆

机织（织造工艺）

02089
纺织厂 广东纺织厂编
广州：广东纺织厂，1936.6，[30]+63 页，16 开（广东工业建设概况 3）

收藏单位：首都馆

02090
机织初步、机织改良合编 苏雄亚编
上海：新学会社，1918，26+82 页，25 开

本书介绍机织的基本原理及改良方法。

收藏单位：重庆馆

02091
机织法 张炳炘著 张元一校
上海：商务印书馆，1947.9，267 页，32 开
上海：商务印书馆，1949，再版，267 页，32 开

本书为职业学校教科书。共 6 编，内容包括：手织机、织物之原组织、织物之计算及设计、脚踏机等。

收藏单位：重庆馆、东北师大馆、广东馆、国家馆、辽大馆、辽宁馆、山西馆、绍兴馆

02092
机织法（下编）
出版者不详，石印本，[103] 叶，22 开，环筒页装

本书介绍重织、纱罗织、绒织、纹织等织法。

收藏单位：桂林馆

02093
机织工程学 黄希阁著

上海：中国纺织染工程研究所，1941.4，333页，25开（纤维工业丛书）
上海：中国纺织染工程研究所，1945.8，再版，333页，25开（纤维工业丛书）
上海：中国纺织染工程研究所，1947.12，4版，333页，25开（纤维工业丛书）

本书内容包括：织机准备工程、动力机织工程、机织及准备工程计算、机织工程杂录等。

收藏单位：重庆馆、国家馆、南京馆

02094
机织学 詹启芳著
南昌：江西省立南昌女职，[1924—1949]，134页，25开

收藏单位：江西馆

02095
简易手织厂经营法 葛鸣松著
重庆：农产促进委员会，1939.3，40页，36开

本书内容包括：机械选择、原纱、络经、织布、经营浅说等。

收藏单位：重庆馆、国家馆、南京馆

02096
浆纱学 杨樾林编著
青岛：中国纺织学会青岛分会，1948.2，354+10页，22开（中国纺织学会青岛分会丛书1）

本书据日本町田镰《经纱上浆》一书编著。

收藏单位：重庆馆、国家馆、湖南馆、辽宁馆、南京馆、宁夏馆、上海馆、绍兴馆

02097
实用机织法 黄浩然编
上海：学海书局，1922，202页，23开

本书内容包括：织物之组织、织物原料、织物设计及织法之注意、变化组织等。

收藏单位：浙江馆

02098
实用机织学 傅道伸著
上海：中国纺织染工程研究所，1934.1，[571]页，32开（纤维工业丛书）
上海：中国纺织染工程研究所，1937.6，再版，[571]页，32开（纤维工业丛书）
上海：中国纺织染工程研究所，1947.9，修增再版，[571]页，32开（纤维工业丛书）

本书为前中后编3册合订本。前编：机织准备机；中编：力织机；后编：力织机之管理法。附录：英汉名词对照表等。前编及中编另有单行本。

收藏单位：国家馆、江西馆、辽宁馆、绍兴馆、浙江馆

02099
实用机织学 陶平叔著
上海：中华书局，1937.9，258页，23开
昆明：中华书局，1941.9，3版，258页，23开
上海：中华书局，1947.4，4版，258页，23开
上海：中华书局，1949.7，5版，258页，23开

本书为大学用书。共15章，内容包括：原组织、综絖开口装置、穿综穿扣及织法图、变化组织、特殊组织等。

收藏单位：重庆馆、广东馆、国家馆、辽宁馆、南京馆、内蒙古馆、山西馆、上海馆、浙江馆、中科图

02100
实用织物组合学 蒋乃镛著
上海：商务印书馆，1937.2，355页，23开
长沙：商务印书馆，1939.9，再版，355页，23开
上海：商务印书馆，1947.7，增订1版，355页，23开

本书为部定大学用书。共11篇，内容包括：织物组合之基础、配色花纹、平纹变化之各组织等。附录：中外长度折合表、中外重量折合表、实用织物组合学参考书表、中外译名对照表。1947年版题名改为：织纹组合学。

收藏单位：安徽馆、重庆馆、广东馆、贵州馆、国家馆、湖南馆、江西馆、南京馆、山西馆、陕西馆、上海馆、西南大学馆

02101
纹织机及意匠法 （日）横井寅雄原著　周南藩编译
南京：周南藩 [发行者]，1933.1，71 页，18 开
收藏单位：安徽馆、江西馆

02102
织物分解 周南藩编著
上海：商务印书馆，1946.9，60 页，32 开
上海：商务印书馆，1947.6，再版，60 页，32 开
本书为职业学校教科书。
收藏单位：重庆馆、广东馆、国家馆、湖北馆、辽大馆、辽宁馆、内蒙古馆、天津馆、西南大学馆

02103
织物构造学 应寿纪著
上海：世界书局，1947，99 页，25 开
收藏单位：长春馆、国家馆、南京馆

02104
织物解析 国立北平大学工学院纺织系编
北平：国立北平大学工学院纺织系，1936.8，53 页，16 开
本书讲述织物制造的条件及方法等。
收藏单位：国家馆

02105
织物组合与分解 黄希阁　瞿炳晋著
上海：中国纺织染工程研究所，1945.8，284 页，25 开，精装（纤维工业丛书）
收藏单位：重庆馆、国家馆、辽宁馆

02106
最新机织法 黄腾浦编著
上海：中国工商学会，1917.6，204 页，32 开
收藏单位：陕西馆

棉纺织

02107
并条粗纺机械装置及保全标准 中国纺织建设股份有限公司工务处棉纺织技术促进组粗纺股编
上海：中国纺织建设股份有限公司，1949.8，324 页，24 开
本书内容包括：装机前之准备、并条机之装置程序及方法、粗纺机之装置程序及方法、并条粗纺机械之保全等。
收藏单位：重庆馆、辽宁馆、绍兴馆、首都馆

02108
布厂 （英）柯克著　陆咏笙译
外文题名：A Visit to a cotton mill
[上海]：英国牛津图书公司，1916，66 页，32 开（牛津大学实业丛书 5）
收藏单位：国家馆、南京馆、首都馆

02109
纺织 朱升芹著
上海：商务印书馆，1933.12，2 册（316+24 页），32 开（万有文库 第 1 集 0694）（工学小丛书）
上海：商务印书馆，1934.2，2 册（316+24 页），32 开（工学小丛书）
上海：商务印书馆，1934.7，再版，2 册（316+24 页），32 开（工学小丛书）
上海：商务印书馆，1947.1，5 版，2 册（316+24 页），32 开（工学小丛书）（新中学文库）
上海：商务印书馆，1948.2，6 版，2 册（316+24 页），32 开（工学小丛书）
上海：商务印书馆，1948，7 版，2 册（316+24 页），32 开（工学小丛书）
本书共 6 编：概论、棉、棉纺、棉织、棉布之整理、纺织试验。
收藏单位：安徽馆、长春馆、重庆馆、大理馆、大连馆、东北师大馆、广东馆、广西

馆、贵州馆、国家馆、黑龙江馆、湖南馆、江西馆、辽大馆、辽东学院馆、辽宁馆、辽师大馆、柳州馆、南京馆、内蒙古馆、宁夏馆、上海馆、首都馆、浙江馆、中科图

02110
纺织 宗亮晨编 宗亮寰校
上海：商务印书馆，1933，66页，32开（小学生文库 第1集 工程类）
收藏单位：湖南馆、吉林馆、上海馆、首都馆

02111
改良七七棉纺机简易说明书 穆藕初著
重庆：农产促进委员会，[1939]，6页，32开
本书为该棉纺机产品说明书。
收藏单位：重庆馆、国家馆、南京馆

02112
混棉学 中国纺织建设股份有限公司原棉研究班全体著
上海：中国纺织建设股份有限公司，1949.2，221页，22开（纺织染丛书1）
本书共9章，内容包括：总论、棉作、原棉分级、原棉检验法、混棉法等。
收藏单位：国家馆、上海馆、首都馆

02113
机动辊轴轧花机之使用与管理 赵伯基著
[南京]：农林部棉业出版社，1948，17页，25开（棉业丛刊1）
收藏单位：黑龙江馆、南京馆

02114
棉纺工场工作法 谈祖彦编著
上海：中华书局，1948.4，72页，32开
本书共3章：保全、运转、杂录。
收藏单位：长春馆、重庆馆、国家馆、吉大馆、江西馆、辽宁馆、陕西馆、浙江馆

02115
棉纺工程 吕德宽编著
上海：纤维工业出版社，1947.3，2册（379页），25开
上海：纤维工业出版社，1949，再版，2册（379页），25开
本书内容包括：概说、原棉、清棉部各项工程、梳棉工程、并条工程、粗纺工程、细纺工程、摇纱和成包工程等。
收藏单位：重庆馆、国家馆、湖南馆、辽大馆、辽宁馆、南京馆、内蒙古馆、首都馆、西南大学馆、浙江馆

02116
棉纺合理化工作法 薛韶笙著 汪孚礼校
上海：中国纺织染工业补习学校，1940.2，161页，32开，精装（中国纺织染工业补习学校丛书3）
上海：中国纺织染工业补习学校，1946，再版，161页，32开，精装（中国纺织染工业补习学校丛书3）
上海：中国纺织染工业补习学校，1949，3版，161页，32开，精装（中国纺织染工业补习学校丛书3）
本书内容包括：清花部、梳棉部、粗纺部、精纺部、摇纱部、成包部等。
收藏单位：安徽馆、重庆馆、广东馆、国家馆、内蒙古馆

02117
棉纺机械调查记分标准 棉纺织技术促进组编
出版者不详，1948，2册，16开，环筒页装
收藏单位：国家馆

02118
棉纺机械计算法 郭辉南编著
上海：中华书局，1948.7，152页，32开
本书共7章，内容包括：绪论、清花室之各种机器、钢丝机、并条牵伸机等。
收藏单位：长春馆、重庆馆、国家馆、江西馆、辽宁馆、陕西馆、上海馆、西南大学馆、浙江馆

02119
棉纺机械算法 （英）太葛氏（W. S. Taggast）

著　樊鼎新译
济南：鲁丰纺织公司，1922.10，280 页，32 开
　　收藏单位：重庆馆

02120
棉纺检验方法及等级评定标准　经济部纺织事业管理委员会编
经济部纺织事业管理委员会，1 册，16 开
　　收藏单位：国家馆

02121
棉纺学　石志学编著
西安：大华纱厂，1942.12，2 册（303+368 页），18 开，精装
　　本书内容包括：环锭式精纺机、环锭式精纺机新进步、走锭式精纺机等。
　　收藏单位：重庆馆、南京馆

02122
棉纺学（棉纤维 梳棉工程）　钱彬编译
上海：商务印书馆，1937.1，325+11+14 页，32 开
长沙：商务印书馆，1938.6，再版，325+11+14 页，32 开
长沙：商务印书馆，1941.3，3 版，325+11+14 页，32 开
上海：商务印书馆，1946，4 版，325+11+14 页，32 开
上海：商务印书馆，1947，5 版，325+11+14 页，32 开
上海：商务印书馆，1949.9，6 版，325+11+14 页，32 开
　　本书为职业学校教科书。共 6 章，内容包括：棉纤维、轧棉工程——轧棉机、解包机——清棉工程之一、混棉工程——清棉工程之二等。据 William Scott-Taggart 所著 *Cotton spinning* 一书编译。
　　收藏单位：重庆馆、广西馆、贵州馆、国家馆、湖南馆、江西馆、辽大馆、南京馆、内蒙古馆、浙江馆

02123
棉纺要览　诚孚公司设计室编
上海：诚孚公司，1943.1，153 页，32 开（纺织丛书）
　　收藏单位：重庆馆、内蒙古馆

02124
棉纺用皮辊　诚孚公司设计室编
上海：诚孚公司，1943.1，181 页，25 开（纺织丛书）
　　本书介绍皮辊制法、漆皮辊方法、接合剂与漆皮辊药品配制法等。
　　收藏单位：重庆馆

02125
棉纺织工场之设计与管理　张方佐著
上海：作者书社，1945.1，441 页，22 开，精装
上海：作者书社，1947.8，再版，441 页，22 开，精装
上海：作者书社，1948，3 版，441 页，22 开，精装
　　本书共 5 部分：总论、设计、设备、管理、补录。附录：日本纺织业成本计算准则、各种换算率表、美机改进概况及关于大牵伸之述略、各式纺织厂平面图示例、广告。
　　收藏单位：安徽馆、重庆馆、国家馆、上海馆、浙江馆

02126
棉纺织工程研究论文专辑　方柏荣等编校
上海：纺织建设月刊社，1949.2，264 页，16 开
　　本书内收论文 95 篇，内容包括：《棉卷粘连病之处理》《梳棉机滚筒之均衡法》《锡林及道夫针布伸度与张力之检讨》《论梳棉机之除尘力》《墙板花之形成原因及消除方法之研究》等。
　　收藏单位：重庆馆、广东馆、国家馆、上海馆

02127
棉纺织工业基本工人副工长及保全工基本技

术教育提纲 苏联纺织工业部著 黄克复译
纺织工业出版社，1946.3，185 页，22 开
本书内容包括：基本工人的基本技术教育提纲、副工长的基本技术教育提纲、保全工的基本技术教育提纲等。
收藏单位：江西馆

02128
棉纺织工作管理法（前编） 朱希文著
上海：华商纱厂联合会，1933.1，352 页，16 开（华商纱厂联合会发行书籍 7）
本书讲述清花、梳棉、并条、精纺、双线、摇纱等工序的管理。
收藏单位：重庆馆

02129
棉纺织试验法 诚孚公司设计室编
上海：诚孚公司，1943.1，84 页，24 开，精装
本书内容包括：试验规程、试验仪器及使用法、试验结果之表现与分析等。
收藏单位：上海馆

02130
棉纺织运转工作法 诚孚公司设计室编
上海：诚孚公司，1944.4，154 页，25 开（纺织丛书）
收藏单位：重庆馆

02131
棉纱并线学 （英）威克飞尔德（S. Wakefield）著 唐仁杰译 王煊蕃校
外文题名：Cotton doubling and twisting
长沙：商务印书馆，1938.7，2 册（617 页），25 开（大学丛书 教本）
本书内容包括：棉纱试验、并纱、缠绕式并线机、摇线整理及装线、纱线与制造等。
收藏单位：重庆馆、贵州馆、国家馆、南京馆、内蒙古馆、上海馆、武大馆、西南大学馆

02132
民众工艺实习 西康省地方行政干部训练团编
西康省地方行政干部训练团，1941，34 页，32 开
本书介绍七七棉纺机使用法、简单纺毛线机使用法、弹棉及弹毛机使用法、纺线机使用法、棉纱漂白法等。
收藏单位：重庆馆

02133
清棉部机械运转工作标准 中国纺织建设股份有限公司清棉组著
上海：中国纺织建设股份有限公司董事会，1949.2，73 页，24 开（纺织染丛书 8）
收藏单位：重庆馆、首都馆

02134
清棉机械装置及保全标准 中国纺织建设股份有限公司专门技术研究班清棉组著
上海：中国纺织建设股份有限公司董事会纺织建设月刊社，1948.12，373 页，24 开（纺织染丛书 2）
收藏单位：辽宁馆、首都馆

02135
纱厂机械算法 （美）派扣著 杨思源译
外文题名：Cotton mill machinery calculation
上海：出版者不详，1929，3 版，90 页，16 开
收藏单位：上海馆

02136
手工纺纱 贵州省手工纺织推广委员会编
[贵阳]：贵州省手工纺织推广委员会，1940.11，70 页，42 开
本书共 12 章，内容包括：纱厂、棉花、纺纱、摇纱、织布等。附录：贵州省政府建设厅手工纺织推广委员会贷款办法等 8 种。
收藏单位：重庆馆、贵州馆、国家馆

02137
梳棉机械装置及保全标准 中国纺织建设股份有限公司工务处棉纺织技术促进组梳棉股编
上海：中国纺织建设股份有限公司，1949.9，242 页，25 开（纺织染丛书 3）

本书介绍梳棉机械装置的构造、原理及保全标准等。

收藏单位：重庆馆、首都馆

02138
现代棉纺织图说　何达编著
上海：中国科学图书仪器公司，1940.10，94页，32开（中国科学社科学画报丛书）
上海：中国科学图书仪器公司，1946.4，再版，94页，32开（中国科学社科学画报丛书）

本书共4章：原料——棉花、八十年前的纺织机器、现代棉纺织机器、人造棉花和人造羊毛。附录：棉纱支数法。

收藏单位：重庆馆、辽宁馆、内蒙古馆、上海馆

02139
织布　张柱惠编
上海：中华书店，1948.7，32页，32开（中华文库 民众教育第1集）

收藏单位：国家馆、辽宁馆、上海馆

02140
织布计算法　（日）森山弘助著　仲统甡译
关东实业公司企划部，1949，247页，横64开

收藏单位：国家馆、天津馆

02141
制造棉布概论　赵习恒著
出版者不详，24页，16开

收藏单位：南京馆

02142
中国纺织建设股份有限公司专门技术研究班棉纺织工程结业论文专辑　中国纺织建设股份有限公司专门技术研究班著　中国纺织建设股份有限公司工务处棉纺织技术促进组编校
上海：中国纺织建设股份有限公司，1949.9，304页，16开

本书内收清棉、梳棉、粗纺、精纺及织造等方面论文52篇。

收藏单位：重庆馆、辽宁馆、上海馆、首都馆

02143
钟渊纺纱公司图说样本
出版者不详，[200]页，8开

本书内容包括：公司沿革、机器设备、出口样品图说等。

02144
最新棉纺学　何达著
上海：中国纤维工业研究所，1946.8，4版，495页，32开（中国纤维工业研究所丛书）

本书内容包括：混棉、清棉、梳棉、精梳棉、粗纺、精纺、棉纱之加工等。

收藏单位：重庆馆、广西馆、辽大馆、内蒙古馆、上海馆、首都馆、浙江馆、中科图

毛纺织

02145
机织学系毛纺学机械图　国立北平大学工学院编
北平：国立北平大学工学院，1931.8，69页，18开

本书全册为图，有英文说明。

收藏单位：国家馆

02146
精梳毛线纺绩学　张汉文讲
北平：国立北平大学工学院，[1934.9—1935.6]，201页，18开
北平：国立北平大学工学院，[1935.10—1936.2]，122页，18开

本书为国立北平大学工学院四年级纺织工程系讲义。1935.10—1936.2版本为残本。

收藏单位：国家馆

02147
毛纺学　张汉文编
北平：国立北平大学工学院，1936.5，158叶，

18开，精装

本书逐页题名：国立北平大学工学院一年级纺织工程系毛纺学；书脊题名：毛纺学（预备工程）。

收藏单位：国家馆、辽大馆

02148

毛织物整理　陈载阳编

出版者不详，石印本，95页，16开

本书介绍毛织物整理方法。

收藏单位：浙江馆

02149

呢布厂　（英）柯克著　陆咏笙译　（美）潘慎文鉴定

外文题名：Visit to a woollen mill

上海：英国牛津图书公司，1916，64页，32开（牛津大学实业丛书4）

本书共11章，内容包括：羊毛、杂料、扯毛机、梳毛机之工作、纺纱等。

收藏单位：国家馆、首都馆

02150

梳毛纺绩学　孙文胜　竺开伦编著

上海：纤维工业出版社，1948.10，177页，27开（纺织染丛书）

本书介绍纺织工艺、机器构造及原理等。

收藏单位：安徽馆、上海馆、首都馆

丝纺织

02151

江苏省立蚕丝专科学校十周年纪念刊　蚕专风光社编

[南京]：蚕专风光社，1945，69页，18开

本书内容包括：校史、论著、研究、校友介绍等。

收藏单位：重庆馆、国家馆

02152

缫丝学概论　贺康著作　徐培生校

上海：商务印书馆，1931.9，194页，32开（工学小丛书）

上海：商务印书馆，1934.3，国难后1版，194页，32开（工学小丛书）

上海：商务印书馆，1935.5，国难后2版，194页，32开（工学小丛书）

本书共8章，内容包括：蚕茧、烘茧及藏茧、蚕茧纤维、缫丝工程等。

收藏单位：重庆馆、国家馆、南京馆、宁夏馆、上海馆、首都馆、西南大学馆、浙江馆

02153

生丝整理检查学　戴元亨著

南京：中央技专出版组，1942.10，油印本，1册，16开

收藏单位：南京馆

02154

实用柞茧缫丝学　任醇修编

南召：河南省柞蚕改良场，1943.5，36页，36开（河南省柞蚕改良场丛书2）

本书共7章，内容包括：柞蚕丝之贸易、藏茧、蚕茧纤维等。

收藏单位：国家馆、河南馆

02155

丝厂管车须知　张娴著

上海：开明书店，1931.7，143页，25开

本书介绍原料茧的形质、选茧、煮茧、丝量增进法、制丝能率增进法、纤度整齐法等。

收藏单位：重庆馆、国家馆、湖北馆、南京馆、浙江馆

02156

私立岭南大学蚕丝学院（民国十七至十八年）

[广州]：[私立岭南大学蚕丝学院]，[1929]，14页，25开

本书介绍该院成立史，并有蚕丝生产设备的照片等。

收藏单位：上海馆

02157
屑茧纺丝论　林在南著
上海：新学会社，1923，4版，36页，25开（蚕业丛书4）
本书介绍屑茧纺丝所需的原料、器械以及练煮、纺制、整理、漂白等法。
收藏单位：重庆馆

02158
制丝法讲义
出版者不详，134页，22开
本书内容包括：总论、生丝之原料、制丝用水、机械、缫丝、整丝等。
收藏单位：浙江馆

02159
制丝教科书　郑辟疆编　万国鼎校订
上海：商务印书馆，1915.12，116页，32开
上海：商务印书馆，1918，3版，116页，32开
上海：商务印书馆，1919.9，4版，116页，32开
上海：商务印书馆，1926.2，修订10版，116页，32开
上海：商务印书馆，1930.7，修订11版，116页，32开
上海：商务印书馆，1933.2，国难后1版，116页，32开
本书为蚕业学校教材。共14章，内容包括：总论、原料、杀蛹干茧及贮茧、机械、用水、缫丝、转缫及改缫等。
收藏单位：安徽馆、重庆馆、东北师大馆、广西馆、国家馆、湖南馆、辽大馆、南京馆、首都馆、西南大学馆、浙江馆

02160
制丝浅说　戴官勋编
山东省立蚕业试验场，1933.4，石印本，[32]页，18开，环筒页装
收藏单位：国家馆

02161
制丝新论　赖昌编　庄景仲校
上海：新学会社，1917.4，4版，74页，22开（蚕业丛书10）
本书共2篇：缫丝、杀蛹干茧。
收藏单位：湖南馆、江西馆、浙江馆

02162
制丝学　张娴著
上海：中华书局，1935.8，20+228+10页，32开（农业丛书）
上海：中华书局，1937.3，再版，20+228+10页，32开（农业丛书）
上海：中华书局，1940.9，5版，20+228+10页，32开（农业丛书）
本书内容包括：制丝学原料保全法、丝之贸易、丝厂管理法等。
收藏单位：安徽馆、重庆馆、甘肃馆、广东馆、广西馆、贵州馆、国家馆、黑龙江馆、湖南馆、江西馆、南京馆、浙江馆

02163
煮茧学　戴元亨著
中央技专，1942.3，油印本，57叶，18开，环筒页装
本书共8章，内容包括：绪论、煮茧用水、煮茧作用、煮茧方法、煮茧机械及煮茧用具等。
收藏单位：国家馆

针　织

02164
电气针织图说　海京洋行编
上海：海京洋行，1922.3，45页，22开
上海：海京洋行，1924.7，再版，45页，22开
上海：海京洋行，1930.3，3版，45页，22开
本书为该行各种绕纱机产品样本。
收藏单位：国家馆

02165
毛巾织物机织法　王芸轩编
上海：商务印书馆，1935.10，11+196页，32开（工学小丛书）

长沙：商务印书馆，1939.9，再版，11+196页，32开（工学小丛书）

本书内容包括：毛巾之组织、起毛运动、素毛巾之织法、起花单面毛巾之织法、起花双面毛巾之织法等。

收藏单位：重庆馆、广东馆、贵州馆、国家馆、湖南馆、江西馆、上海馆、首都馆、浙江馆

染整工业

02166

国产植物染料染色法 杜燕孙著

长沙：商务印书馆，1938.10，261页，32开（工学小丛书）

长沙：商务印书馆，1939.2，再版，261页，32开（工学小丛书）

上海：商务印书馆，1948.2，3版，261页，32开（工学小丛书）

本书内容包括：植物染料应用之沿革、国产植物染料之种类、主要植物染料之概况、国产植物染料已知色素一览等。

收藏单位：重庆馆、贵州馆、国家馆、辽宁馆、南京馆、上海馆、首都馆、浙江馆

02167

槐花染色试验报告 王林 杜干辉著

[阜平]：晋察冀边区财经办事处，1947.11，6页，32开

收藏单位：国家馆

02168

浸染学 李文编著

长沙：商务印书馆，1940.2，293+10页，32开

长沙：商务印书馆，1940.12，再版，293+10页，32开

成都：商务印书馆，1944.6，蓉1版，293+10页，32开

上海：商务印书馆，1947.2，4版，293+10页，32开

上海：商务印书馆，1949.6，6版，293+10页，32开

本书为职业学校教科书。内容包括：染料之符号、直接木棉染料与其浸染法、直接染料之金属盐后处理法等。附录：染用药品、索引。

收藏单位：安徽馆、重庆馆、国家馆、湖南馆、江西馆、辽大馆、辽宁馆、南京馆、内蒙古馆、上海馆、首都馆、天津馆

02169

棉类漂白法 英商卜内门洋碱有限公司编

上海：英商卜内门洋碱有限公司，20页，24开（工业小册6）

本书为该公司“精碱”用途说明书。

收藏单位：上海馆

02170

棉练漂学 杜燕孙编著

上海：纤维工业出版社，1947.7—1948.1，482页，25开（纺织染丛书）

上海：纤维工业出版社，1948.12，再版，482页，25开（纺织染丛书）

本书共42章，内容包括：原棉、纤维素及其衍生物、棉纤之特性、练漂用水、净水工程、练棉通论等。

收藏单位：安徽馆、重庆馆、国家馆、辽宁馆、上海馆、天津馆、浙江馆

02171

棉纱羊毛蚕丝及人造丝染色学大纲 （德）德孚洋行编

德孚洋行，34页，18开

本书共8节，内容包括：染色用水、人造有机染料、人造染料浸染法、羊毛之染法、人造丝染色法、真丝与人造丝交织物之染色法等。

收藏单位：重庆馆

02172

纳富妥颜料染棉纱法 德国大德颜料厂编

德国大德颜料厂，132页，12开

本书为染色纱线样本及颜料使用说明书。

02173
漂棉学 张迭生著
上海：华商纱厂联合会，1924.2，110 页，长 21 开，精装（华商纱厂联合会出版书籍 9）
本书内容包括：水、棉、漂白上所用各种药品、煮棉、漂白、棉花漂白、纱线漂白、布疋漂白等。
收藏单位：重庆馆

02174
漂染概论 谭勤余编译
上海：商务印书馆，1936.1，228 页，32 开（工学小丛书）
长沙：商务印书馆，1939.6，3 版，228 页，32 开（工学小丛书）
本书共 4 章：精练漂白、浸染、印染、染织物之整理工程。
收藏单位：重庆馆、广东馆、贵州馆、国家馆、河南馆、湖南馆、南京馆、陕西馆、绍兴馆、首都馆、浙江馆

02175
漂染印花整理学 中国纺织染工程研究所编
上海：中国纺织染工程研究所，[1945.8]，146 页，27 开，精装（纤维工业丛书）
上海：中国纺织染工程研究所，1946.6，再版，146 页，27 开，精装（纤维工业丛书）
本书内容包括：漂染用剂、棉练漂概要、棉练漂通论、羊毛之练漂、染色法概要、各类染料染色法、印花概论、印花用色浆、印花用器具及机械、棉织物之直接印花法、棉织物之直接印花法、毛织物之直接印花法、丝织物之直接印花法、麻织物及人纤织物之印花法等。
收藏单位：重庆馆、南京馆

02176
漂洗和染色 顾元培编著
上海：中华书局，1936.6，40 页，32 开（小学中年级自然副科本）
收藏单位：重庆馆

02177
染色浅说 罗时察著
杭州：浙江省抗日自卫委员会战时教育文化事业委员会，1939.4，48 页，25 开（应用科学小丛书）
本书共 7 章：绪言、染色用水、染色用药品、染料分类及其通性、棉织物之煮染法、毛织物之煮染法、丝织物之煮染法。
收藏单位：江西馆、浙江馆

02178
染色实验法 吴与言编著
长沙：商务印书馆，1939.5，87 页，32 开，精装
长沙：商务印书馆，1941，3 版，87 页，32 开，精装
上海：商务印书馆，1947.5，沪 5 版，87 页，32 开，精装
本书为职业学校教科书。共 45 部分，内容包括：棉之精练漂白、毛之精练漂白、丝之精练漂白、直接染料染棉、直接染料染毛、直接染料染丝等。
收藏单位：广东馆、国家馆、江西馆、辽大馆、辽宁馆、南京馆、首都馆、浙江馆

02179
染色试验法 张迭生著
上海：华商纱厂联合会，1924.12，100 页，23 开
本书内容包括：颜料之分类、颜料之审定、考究颜料之种类、考究布上染得之颜色、考究颜料之纯杂等。
收藏单位：重庆馆

02180
染色术 孟心如著
上海：商务印书馆，1930.4，94 页，32 开（万有文库 第 1 集 0683）（工学小丛书）
上海：商务印书馆，1933.5，94 页，32 开（工学小丛书）
上海：商务印书馆，1934.6，3 版，94 页，32 开（工学小丛书）
上海：商务印书馆，1934.7，再版，94 页，32

开（万有文库第1集0683）（工学小丛书）
上海：商务印书馆，1935，4版，94页，32开（工学小丛书）
长沙：商务印书馆，1939.12，6版，94页，32开（工学小丛书）
上海：商务印书馆，1947.3，7版，94页，32开（新中学文库）（工学小丛书）

本书共17章，内容包括：染色术历史、染色学说、媒染、受染色之纤维、纤维染色前之预备处理等。

收藏单位：安徽馆、长春馆、重庆馆、大理馆、大连馆、大庆馆、东北师大馆、广东馆、广西馆、贵州馆、国家馆、黑龙江馆、湖南馆、江西馆、辽大馆、辽东学院馆、辽宁馆、辽师大馆、柳州馆、南京馆、内蒙古馆、宁夏馆、陕西馆、上海馆、首都馆、天津馆、西南大学馆、浙江馆、中科图

02181
染色术 徐传文编著
[南昌]：江西省实施百业教育委员会，1937.4，68页，32开

本书为南昌市染色业补习班讲义。内容包括：染色学说、纤维之分类、纤维染色前之预备处理等。

收藏单位：江西馆

02182
染色学 沈觐寅编
上海：商务印书馆，1927.10，321+10页，25开，精装
上海：商务印书馆，1933.7，国难后1版，321+10页，25开，精装

本书共4编：水及染色应用之化学药品、植物纤维染色、动物纤维之漂洗染色、人造染料。

收藏单位：贵州馆、国家馆、河南馆、江西馆、辽宁馆、浙江馆、中科图

02183
染色学 张迭生著
上海：光中染织厂，1929.6，694页，22开，精装（华商纱厂联合会出版书籍8）

本书为5种染色工业著作合订本。内容包括：染色学、漂棉学、染色试验法、颜料业与染业、工厂杂录。5种书均另有单行本。

收藏单位：南京馆、上海馆

02184
染色学 张迭生著
上海：华商纱厂联合会，1922.10，279页，22开，精装（华商纱厂联合会出版书籍8）

本书共18章，内容包括：导言、制丝光法、漂白、直接颜料、硫化颜料、盐基颜料等。

收藏单位：重庆馆、国家馆、上海馆

02185
染色学纲要 （日）中岛武太郎 （日）老田他鹿铁著 李文译
上海：商务印书馆，1927.6，147页，21开
上海：商务印书馆，1929，再版，147页，21开
上海：商务印书馆，1930，3版，147页，21开
长沙：商务印书馆，1940.6，改订1版，182页，32开
上海：商务印书馆，1947.3，改订2版，182页，32开
上海：商务印书馆，1948.5，改订3版，182页，32开
上海：商务印书馆，1949.7，改订4版，182页，32开

本书为职业学校教科书。共6章，内容包括：染用织维、染色用水与染用药剂、精练与漂白、浸染法等。附录：尺度比较表、容积比较表、重置比较表等。

收藏单位：重庆馆、东北师大馆、广东馆、国家馆、湖南馆、江西馆、辽大馆、辽宁馆、南京馆、内蒙古馆、首都馆、天津馆、浙江馆

02186
染色用药品 周南藩编著
上海：商务印书馆，1947.9，100页，32开
上海：商务印书馆，1948.4，再版，100页，32开

本书为职业学校教科书。共 8 章，内容包括：染用药剂之分类、酸类、油及脂肪类、肥皂类、显色剂等。

收藏单位：长春馆、重庆馆、广东馆、国家馆、河南馆、西南大学馆

02187

染织品整理学 诸楚卿著

上海：染织纺周刊社，1936.12，371 页，25 开

本书共 31 章，内容包括：绪论、染织整理品与整理工程之分类、整理之目的、棉织品之整理、棉布整理与染色工程之顺序等。

收藏单位：上海馆

02188

实用染色法 陶平叔编

上海：有正书局，1920.9，92 页，32 开（日用工业丛书 2）

本书共 8 部分，内容包括：直接染料染色法、硫化染料染色法等。

收藏单位：国家馆

02189

实用染色学 陈骅声编 严楹书校阅

上海：新学会社，1926.7，280 页，23 开

本书有附录。书前有马君武“实用染色学序”。版权页题：陈华声编译。

收藏单位：国家馆、南京馆、浙江馆

02190

实用染色学 徐传文著

南昌：徐传文 [发行者]，1936，2 册（338+310 页），25 开

收藏单位：湖南馆、江西馆

02191

实用印花学 （日）西田博太郎著 季子译 张迭生校

上海：振记印务局，1936.8，552 页，22 开，精装

本书介绍各种织物上的印花技术及印染用具、机械等。

收藏单位：浙江馆

02192

现代染色概要 （英）徐维理（W. G. Sewell）著

成都：中国工业合作研究所，1941.9，23 页，32 开（工业常识丛刊 1）

本书共 6 章：引言及染料的性质、纺织纤维、染色理论、染料的种类、染房管理、结论。

收藏单位：国家馆

02193

新编染色术 杨时中编 杜就田校订

上海：商务印书馆，1923.1，63 页，32 开

上海：商务印书馆，1923.6，再版，63 页，32 开

上海：商务印书馆，1924.5，3 版，63 页，32 开

上海：商务印书馆，1926.1，4 版，63 页，32 开

本书内容包括：染色术之分类、改变染料之性质、色素种类及变化、染色之温度等。

收藏单位：广东馆、国家馆、陕西馆、首都馆、浙江馆

02194

阴丹士林染棉法 周天民编

长沙：商务印书馆，1940.8，139 页，32 开（工学小丛书）

本书共 12 章：导言、阴丹士林之制造、阴丹士林之性状、染色用水、应用药剂、阴丹士林染棉试色法、染前之准备及染时之注意、阴丹士林染棉之程序、应用染锅染色法、应用机械染色法、阴丹士林染棉之坚牢度、阴丹士林染色失败之原因。附录：染用药剂各种名称对照表等。

收藏单位：重庆馆、国家馆、江西馆、辽宁馆、上海馆、天津馆

02195

阴丹士林颜料棉纱染法说明书 德孚洋行编

德孚洋行，[1940—1949]，39 页，22 开

本书为该产品使用说明书。

收藏单位：国家馆

02196
印染工厂工作法（机械篇） 中国纺织建设股份有限公司编辑
上海：中国纺织建设股份有限公司，1949.9，336+[12] 页，22 开（纺织染丛书 18）

本书共 45 章，内容包括：缝布机、气体烧毛机、热饭烧毛机、退浆机、立式绳状煮布机、卷轴平幅煮布机、卧式煮布锅、绳状洗布机、漂白机、酸洗机、开幅机、轧水机、平幅洗布机、连续漂洗机、烘筒干燥机、交滚卷染机、精元染色机、连续染色机、印花调浆机、热风干燥机、印花布前准备机、印花机、蒸化机、各种机械通用机件等。

收藏单位：重庆馆、辽大馆、首都馆

02197
印染学　李文编著
长沙：商务印书馆，1940.3，221 页，32 开
上海：商务印书馆，1946.7，3 版，221 页，32 开
上海：商务印书馆，1947.2，4 版，221 页，32 开

本书为职业学校教科书。共 14 章，内容包括：绪论、印染用糊料、印染用器具与机械、棉布印染法、人造丝之印染等。

收藏单位：重庆馆、广东馆、国家馆、黑龙江馆、湖南馆、辽大馆、辽宁馆、南京馆、内蒙古馆、山西馆、上海馆、首都馆、天津馆、浙江馆

02198
着色法　张朵山　曹克良编
北平：国立北平大学工学院，[1935]，晒图本，1 册，23×26cm，精装

收藏单位：国家馆

02199
整理机器专号　诸楚卿编
上海：染织周刊社，1935.7，51 页，32 开（染织周刊社丛书 2 纺织机械）

本书内容包括：绪言、上浆机、布疋整理用轧光机概说等。

收藏单位：国家馆、浙江馆

02200
织物整理学　周南藩编著
长沙：商务印书馆，1940.5，96 页，32 开
长沙：商务印书馆，1940，再版，96 页，32 开
上海：商务印书馆，1947，5 版，96 页，32 开

收藏单位：重庆馆、广东馆、国家馆、江西馆、辽大馆

02201
制丝光法
外文题名：Mercerising
上海：英商卜内门洋碱有限公司，1 册，22 开（工业小册 9）

收藏单位：上海馆

02202
中国蚕丝公司染色样本（实物样本） 中国蚕丝公司编
上海：中国蚕丝公司，12 页，32 开

02203
中国染化工程学会成立纪念刊　中国染化工程学会编辑
上海：中国染化工程学会，1940.2，132 页，16 开

本书内容包括：题词、摄影、发刊词、论文、组织、会议录、工作计划等。

收藏单位：广东馆、国家馆

02204
种蓝——打靛——染布　太行行署编
出版者不详，1946，24 页，64 开（农业技术文件 2）

收藏单位：国家馆

食品工业

02205
化学食物　李熙谋主编
世界书局，[1946—1949]，24 页，25 开（少年应用科学丛刊）

收藏单位：贵州馆、江西馆、南京馆

02206

江西省农产物检验概况 江西省政府建设厅编

[江西]：江西省政府建设厅，1941.7，67页，25开（经建丛书1）

收藏单位：广东馆、江西馆

02207

食品工业 金培松编著

重庆：正中书局，1940.5，109页，25开（抗战建国中工业问题丛书）

重庆：正中书局，1942.5，4版，109页，25开（抗战建国中工业问题丛书）

重庆：正中书局，1943.9，7版，109页，25开（抗战建国中工业问题丛书）

上海：正中书局，1946.3，沪1版，109页，25开（抗战建国中工业问题丛书）

上海：正中书局，1947.12，沪4版，109页，25开（抗战建国中工业问题丛书）

本书共7章，内容包括：淀粉制造食品、大豆制造食品、酿造食品、罐头食品等。

收藏单位：重庆馆、东北师大馆、广东馆、国家馆、河南馆、湖南馆、江西馆、辽宁馆、南京馆、内蒙古馆、山西馆、上海馆、西南大学馆、浙江馆

02208

食品化学 刘纶编 郑尊法校

上海：商务印书馆，1927.1，230页，23开，精装

上海：商务印书馆，1931，再版，230页，23开，精装

上海：商务印书馆，1933.4，国难后1版，230页，23开，精装

上海：商务印书馆，1935.1，国难后2版，230页，23开，精装

本书共20章，讲述各种营养素及食品的种类、名称、成分、性质等。

收藏单位：安徽馆、重庆馆、广东馆、贵州馆、国家馆、河南馆、湖南馆、江西馆、辽大馆、南京馆、内蒙古馆、山西馆、上海馆、首都馆

02209

食品检验及分析法 李颖川编著 曹惠群校订

上海：化工丛书出版社，1946.6，23+545页，25开，精装

本书共11编，内容包括：乳及乳制品、肉类食品、油类及脂肪等。附录：商品检验法、肉类检验施行细则等。

收藏单位：北师大馆、重庆馆、河南馆、辽大馆、南京馆、上海馆、中科图

02210

食品微生物学 陈同白编

上海：商务印书馆，1933.10，96+10页，32开（百科小丛书）

上海：商务印书馆，1935.4，再版，96+10页，32开（百科小丛书）

本书共22章，内容包括：绪言、食品之化学成分、细菌、酵母、微生物之生理、微生物之产物等。附录：译名表。

收藏单位：安徽馆、重庆馆、广东馆、国家馆、河南馆、南京馆、内蒙古馆、宁夏馆、山西馆、首都馆、西南大学馆、浙江馆

02211

食品制造法 时亚飞编著

上海：世界书局，1932.12，97页，32开

上海：世界书局，1934.11，再版，97页，32开

本书共7章，内容包括：食品制造的必要、怎样改良食品的制造、五大类主要食品等。

收藏单位：重庆馆、国家馆、江西馆、南京馆、浙江馆

02212

食物的来源 瞿志远编

世界书局，1941，新1版，21页，32开（小学自然教材8）

本书内容包括：空气的压力、我们的消化器官等。

收藏单位：重庆馆

02213
食物的来源 上海工部局小学教师编辑
江西：世界书局，1942，21页，32开（小学自然教材1）
收藏单位：重庆馆

食品加工与保藏

02214
初等农产制造教科书 日本农业教育协会著 黄毅编译
上海：新学会社，1912，48页，22开，精装
收藏单位：首都馆

02215
南满洲铁路公司中央试验所业绩大要 南满洲铁路股份有限公司庶务部调查课编
南满洲铁路股份有限公司庶务部调查课，1921.6，41页，23开（汉译调查资料2）
南满洲铁路股份有限公司庶务部调查课，1922.3，增订再版，41页，23开（汉译调查资料2）
本书介绍玉蜀黍、高粱、大豆及其加工品的制造方法。
收藏单位：上海馆

02216
农产工业品制造法 陈隆璋编
重庆：陪都书店，1945.6，183页，32开
本书内容包括：植物油、淀粉、酒类、糖类、小麦类食品、干果实、果子酱、果汁、纤维质、肉品食物、牛乳类产品、卵品食物、蔬菜、茶叶等。
收藏单位：重庆馆、贵州馆

02217
农产加工宝典（通俗科学） 农业进步社编
农业进步社，378页，32开
本书内容包括：农产加工的必要性、农产加工的基础知识、普通食料品类加工、蔬菜类的加工、果实类之加工等。
收藏单位：国家馆

02218
农产加工论文 余蔚英等著
出版者不详，[1935]，68页，22开
本书内收论文12篇，内容包括：《调味料谷罗他命酸钠盐制法》（余蔚英）、《酿造大麦之栽培》（周新华）、《最有利之副业食用菌人工栽培法（续）》（刘启明）、《四川省农村之衰落状况》（莫培琚）等。题名自拟。
收藏单位：国家馆

02219
农产制造 陈驹声著
上海：中华书局，1935.11，[26]+286+[17]页，32开（农业丛书）
昆明：中华书局，1941.1，4版，[26]+286+[17]页，32开（农业丛书）
上海：中华书局，1948.3，5版，[26]+286+[17]页，32开（农业丛书）
本书共3编：总论、植产制造篇、畜产制造篇。附录：中西文名词索引。
收藏单位：重庆馆、贵州馆、国家馆、河南馆、黑龙江馆、湖南馆、江西馆、辽宁馆、南京馆、内蒙古馆、首都馆、浙江馆、中科图

02220
农产制造的常识 葛允怡 庞茗编
上海：中华书局，1948.2，90页，32开（中华文库 初中 第1集）
本书共12章，内容包括：发酵、调味品制造、酒精及酒、淀粉及其加工品、糖类制造、大豆食品制造等。
收藏单位：长春馆、重庆馆、东北师大馆、广东馆、桂林馆、河南馆、黑龙江馆、湖南馆、惠州馆、江西馆、辽大馆、辽宁馆、南京馆、内蒙古馆、上海馆

02221
农产制造实验法 何庆云编
上海：黎明书局，1935.11，122页，32开（黎明农业丛书）
上海：黎明书局，1937.4，2版，122页，32开（黎明农业丛书）

本书共21章，内容包括：基本方法、调味品制造、酒精性饮料制造、淀粉及其加工品、大豆制造之食品、茶的制造、干果品制造等。

收藏单位：安徽馆、广东馆、国家馆、河南馆、南京馆、内蒙古馆、上海馆、天津馆、浙江馆

02222
农产制造学　黄毅编译
上海：新学会社，1912.10，再版，210页，22开
上海：新学会社，1917.3，4版，210页，22开
上海：新学会社，1927，5版，210页，22开
上海：新学会社，1932.10，6版，210页，22开
上海：新学会社，1933，210页，22开

本书共4篇：日用食品制造法、嗜好品制造法、工艺品制造法、畜产品制造法。

收藏单位：长春馆、重庆馆、国家馆、河南馆、南京馆、浙江馆

02223
农产制造学　李乃垚　韦镜权著
上海：商务印书馆，1931.4，176页，32开（万有文库 第1集0596）（农学小丛书）
上海：商务印书馆，1934.3，176页，32开（农学小丛书）
上海：商务印书馆，1935.4，3版，176页，32开（农学小丛书）
长沙：商务印书馆，1938，4版，176页，32开（农学小丛书）
长沙：商务印书馆，1939.12，176页，32开（万有文库 第1、2集简编500种）（农学小丛书）

本书内容包括：总论、发酵、防腐、啤酒、酒精、绍酒、油脂、淀粉、糖类等。

收藏单位：安徽馆、重庆馆、大连馆、东北师大馆、广西馆、贵州馆、国家馆、河南馆、黑龙江馆、湖南馆、惠州馆、江西馆、辽大馆、辽师大馆、南京馆、内蒙古馆、宁夏馆、上海馆、首都馆、天津馆、西南大学馆、浙江馆

02224
农产制造学　邹德谨编
上海：商务印书馆，1917，106页，25开
上海：商务印书馆，1920，再版，106页，25开
上海：商务印书馆，1921，3版，106页，25开

本书为职业学校教科书。内容包括：农产制造之意义、发酵腐败与防腐、日用食用品制造等。

收藏单位：重庆馆、国家馆、河南馆、内蒙古馆、首都馆、天津馆

02225
农产制造学　邹德谨编　龚厥民增订
上海：商务印书馆，1926.7，106页，32开
上海：商务印书馆，1929.3，再版，106页，32开
上海：商务印书馆，1932.12，国难后1版，106页，32开
上海：商务印书馆，1935.7，国难后3版，106页，32开
长沙：商务印书馆，1939.8，国难后6版，106页，32开
长沙：商务印书馆，1939，国难后7版，106页，32开
上海：商务印书馆，1946.9，10版，106页，32开
上海：商务印书馆，1948.1，11版，106页，32开

本书为新学制初级农业学校教科书。内容包括：农产制造之意义、发酵腐败与防腐、日用食用品制造等。

收藏单位：重庆馆、东北师大馆、贵州馆、国家馆、河南馆、湖南馆、江西馆、辽大馆、南京馆、内蒙古馆、西南大学馆、浙江馆

02226
农业农产制造学　许世铮编著
中国科学研究会，1943.8，102页，32开

本书内容包括：发酵与防腐、酱类制造、酒类制造、豆类制造、肉类制造等。

收藏单位：浙江馆

02227
实验农产制造新编　顾鸣盛编译　张际春订正
上海：科学书局，1911.7，109页，23开（农学丛书）
上海：科学书局，1916.7，3版，109页，23开（农学丛书）
本书共13章，内容包括：砂糖制造法、淀粉制造法、酒精制造法、麦酒酿造法、葡萄酒酿造法、酱油制造法、茶叶制造法等。据日本农科大学课本编译。
收藏单位：广东馆、国家馆、首都馆、浙江馆

02228
实用农产制造学　何庆云编
上海：黎明书局，1935.10，354页，25开（黎明农业丛书）
上海：黎明书局，1937.4，再版，354页，25开（黎明农业丛书）
本书内容包括：酸酵总论、酱油、果酒、蜜蜂酒、绍兴酒、烧酒、醋、面粉、人工甘味料、蛋制品、制茶等。
收藏单位：重庆馆、国家馆、湖南馆、南京馆、首都馆、浙江馆、中科图

02229
食品化学工业制造法　徐彬如编
上海：世界书局，1941，341页，32开
上海：世界书局，1948.10，5版，341页，32开
本书共24章，介绍酱、酒、醋、糖、面包、化学酱油、糖果等食品的制造法。
收藏单位：长春馆、广东馆、湖南馆、辽宁馆、南京馆、陕西馆、上海馆

02230
食用品制造　汪向荣编著
上海：世界书局，1940.8，2版，122+25页，32开（生产建设协会生产教育丛书 第1辑4）
[长沙]：世界书局，1944.2，湘1版，122+25页，32开（生产建设协会生产教育丛书 第1辑4）
上海：世界书局，1944.4，4版，122+25页，32开（生产建设协会生产教育丛书 第1辑4）
上海：世界书局，1948.3，5版，122+25页，32开（生产建设协会生产教育丛书 第1辑4）
本书介绍果子露、汽水、果酱、人造香精、咖哩粉、糖类、酒类等食品的制造方法。附录：重要度量衡表等。
收藏单位：重庆馆、广东馆、贵州馆、国家馆、河南馆、辽宁馆、南京馆、上海馆、西南大学馆

02231
乙种农产制造教科书　日本农业教育协会著　黄毅编译
上海：新学会社，1917，3版，48页，22开
收藏单位：首都馆

02232
饮料食品　杨荫深编著
上海：世界书局，1946.1，78页，32开（日常事物掌故丛书）
上海：世界书局，1947.10，2版，78页，32开（日常事物掌故丛书）
本书介绍茶、酒、饭、粥、油、盐、糖、肉等20种饮料食品的产生、制造、使用、变迁等。
收藏单位：重庆馆、广西馆、国家馆、南京馆、上海馆

02233
中等农产制造学　包容编　陆费执校
上海：中华书局，1927.12，128页，32开
上海：中华书局，1932，4版，128页，32开
上海：中华书局，1937.5，6版，128页，32开
昆明：中华书局，1939.4，10版，128页，32开
本书为新学制农业教科书。讲述发酵防腐理论，淀粉、糖、酒、茶、烟的制造等。
收藏单位：安徽馆、重庆馆、国家馆、河南馆、湖南馆、江西馆、内蒙古馆、西南大学馆

02234
最新农产工业品制造法 陈博编著
桂林：美美书店，1944.3，183 页，32 开
本书内容包括：植物油之制造法、淀粉之制造法、酒类的制造法、糖类之制造法、小麦类食品之制造法、干果实之制造法、果子酱之制造法、果汁之制造法、纤维质原料之制造法、肉品食物之制造法、牛乳类产品之制造法、卵品食物之制造法、茶叶之制造法等。
收藏单位：重庆馆、国家馆

02235
最新农产工业品制造集成 张宗载编著
上海：经纬书局，1940.11，507 页，25 开，精装
收藏单位：江西馆、首都馆、中科图

02236
最新农产工艺品制造集成 戴宗道著
上海：经纬书局，1947，再版，507 页，32 开
收藏单位：首都馆

粮食加工工业

02237
饼干、面包、西饼、雪糕制造法
出版者不详，油印本，1 册，16 开
收藏单位：广东馆

02238
筹设面粉工厂简易指南 允利实业公司技管研究室编
重庆：允利实业公司技管研究室，1943，12 页，36 开
本书内容包括：我国采用机械磨粉之略史、本公司辅助后方面粉工业之经过、设立面粉厂之基本条件等。
收藏单位：重庆馆、南京馆

02239
大豆 李煜瀛著
北平：国立北平研究院，1930，34 页，18 开
收藏单位：国家馆、农大馆、上海馆

02240
大豆工艺为中国制造之特长 李煜瀛著
出版者不详，24 页，22 开
收藏单位：国家馆

02241
豆腐为二十世纪全世界之大工艺 李煜瀛著
出版者不详，16 页，22 开
本书介绍豆腐的作用，豆腐制造法的改良。
收藏单位：上海馆

02242
豆腐制作术 江西省实施百业教育委员会编
南昌：江西省实施百业教育委员会，[1928—1949]，18 页，25 开（百业教育实施教材 5）
收藏单位：江西馆

02243
杭州市食米品质之研究报告 莫定森 王正朝著
杭州：浙江省农业改良总场稻麦场，1934，1 册，16 开（浙江省农业改良总场稻麦场专门报告 12）
本书为浙江省二十三年度米品质调查报告。
收藏单位：浙江馆

02244
黄豆食品之制造及烹调法 联合勤务总司令部编
[国立中央大学农学院]，1947.3，[2] 页，横 36 开
收藏单位：广东馆、国家馆

02245
吉士林点心浅说 [吉士林] 编
北平：[吉士林点心店]，1937.2，11 页，64 开
收藏单位：国家馆

02246
粮食水分检验器说明书　中国电工企业公司中工精密机械厂编
中国电工企业公司中工精密机械厂，[1930—1949]，4页，25开
本书为该仪器使用说明书。
收藏单位：国家馆

02247
面筋内氨基酸之分析　王之瑜著
出版者不详，[20]页，16开
本书为《暨南学报》第1卷第2期抽印本。

02248
欧美饼干面包全书　黄轸章编
香港：英美源，1939.5，2版，124页，25开，精装
收藏单位：广东馆

02249
乳腐毛霉之研究　魏岩寿　祝汝佐著
[国立中央大学农学院]，1928.12，12页，23开（国立中央大学农学院研究报告4）
本书为文言体。

02250
小型面粉机与小型面粉厂　徐培英著
丽水：浙江省手工业指导所，1940.12，52页，32开（工业小丛书1）
本书介绍小型面粉机、厂房的设计、面粉制造程序等。
收藏单位：广东馆、江西馆、浙江馆

02251
制面机器一览　（日）真崎铁工场编
九州：真崎铁工场，28页，22开
本书介绍制面机器。
收藏单位：浙江馆

食用油脂加工工业

02252
大豆工业　赵耀中编著
重庆：正中书局，1944.7，95页，25开（抗战建国中工业问题丛书）
上海：正中书局，1946.4，沪1版，95页，25开（抗战建国中工业问题丛书）
本书共5章，介绍大豆营养价值、榨油工业、豆油及豆饼用途等。
收藏单位：长春馆、重庆馆、东北师大馆、广东馆、国家馆、河南馆、黑龙江馆、湖南馆、江西馆、辽大馆、辽宁馆、南京馆、内蒙古馆、上海馆、浙江馆

02253
豆油贮藏之研究　中东路局地亩处编
中东路局地亩处，1930，27页，32开（中东路局地亩处出版品3）
本书共5部分，内容包括：豆油之变色、豆油发酸性、豆油之气味变易等。
收藏单位：国家馆

02254
关于大豆油之试验　（日）中尾万三　（日）池边重炽[著]
大连：南满洲铁道株式会社庶部调查课，1924，97页，22开（汉译调查资料4）
收藏单位：国家馆

02255
国产食物油之分析及其方法之研究、数种著名国产陶料之分析　唐焘源　柳大纲著
国立中央研究院化学研究所，1930.12，45页，16开（国立中央研究院化学研究所集刊2）
收藏单位：广东馆、国家馆

02256
花生油之热解试验　宾果著

实业部地质调查所，1936.10，10 页，16 开（沁园燃料研究室燃料研究专报 22）

本书为《化学工程》第 3 卷第 3 号抽印本，正文为英文。

收藏单位：国家馆

02257

棉子工业概论 赵习恒著

四川省棉作试验场，[1938.4]，15 页，18 开

本书内容包括：我国棉子工业之概况、棉子各部之含量产量及其成分、棉子工业之概述等。

收藏单位：重庆馆、国家馆

02258

十年来之油脂研究与试验 顾毓珍著

经济部中央工业试验所，1942，13 页，16 开（经济部中央工业试验所研究专报 119）

本书内容包括：十年来油脂样品之检验、植物油榨制之研究、改良土法榨油之研究、植物油利用之研究等。

收藏单位：重庆馆、南京馆

淀粉工业

02259

绿豆粉条制造之研究 区嘉炜 吴炳炎著

[上海]：黄海化学工业研究社，1935.3，56 页，16 开（黄海化学工业研究社调查研究报告 15）

上海：黄海化学工业研究社，1949.9 重印，56 页，16 开（黄海化学工业研究社调查研究报告 15）

本书共 10 章，内容包括：原料、粉房之设备、酸浆、粉条之产量、绿豆粉之其他制造等。

收藏单位：国家馆、上海馆、武大馆

02260

制饴法之实验 李守青著

上海：黄海化学工业研究社，1934.3，74 页，16 开（黄海化学工业研究社调查研究报告 9）

上海：黄海化学工业研究社，1949.9 重印，74 页，16 开（黄海化学工业研究社调查研究报告 9）

本书介绍制饴的原料、设备、方法。

收藏单位：重庆馆、广东馆、国家馆、上海馆、浙江馆

制糖工业

02261

甘蔗糖 陆宝愈著

出版者不详，手抄本，1 册，16 开，环筒页装

本书介绍甘蔗糖生产方法。

收藏单位：重庆馆

02262

高级西洋糖果制造法 张德懋著

上海：实学群艺社，1940.4，306 页，36 开

收藏单位：上海馆

02263

欧美糖果书

出版者不详，油印本，1 册，16 开

收藏单位：广东馆

02264

欧美新式糖果制造学 张连生编著

上海：兄弟糖果社，1939，142 页，32 开

本书介绍家庭手工煮制糖果法，约百余种。

收藏单位：重庆馆

02265

砂糖及副产品之制法与说明 台湾糖业公司技术室编

台湾：台湾糖业公司技术室，1937，14 页

收藏单位：山西馆

02266

四川的糖 徐允昭编

成都：四川省立成都实验小学合作社，1939.3，

石印本，27 页，32 开（四川地方性教材小学高级自然读物）

本书共 3 部分：研究问题、作业要项、参考资料。

收藏单位：国家馆

02267

四川土法制糖 张力田著

外文题名：Native method of sugar manufacturing in Szechuan

经济部中央工业试验所，1941.5，14 页，16 开（经济部中央工业试验所研究专报 282）

本书共 5 部分：前言、甘蔗之压榨、红糖之制造、白糖之制造、冰糖之制造。

收藏单位：国家馆

02268

台糖制造之程序 台湾糖业公司屏东分公司编

屏东市：台湾糖业公司屏东分公司，1947.10，13 页，16 开

本书共 3 章：绪言、制造方法、图解。介绍制糖方法。

收藏单位：国家馆

02269

台湾省糖业试验所要览 卢守耕编

[台南]：台湾省糖业试验所，1947.1，13+30 页，22 开

本书共 7 部分：沿革、组织规程、办事细则、设备概况、研究成绩述要、三十六年度工作纲要、职员。

收藏单位：国家馆、南京馆、上海馆、浙江馆

02270

糖 郑尊法著

上海：商务印书馆，1927.8，80 页，长 48 开（百科小丛书 142）

上海：商务印书馆，1930.4，85 页，32 开（万有文库 第 1 集 0278）（工学小丛书）

上海：商务印书馆，1933.11，国难后 1 版，85 页，32 开（工学小丛书）

上海：商务印书馆，1934.2，国难后 2 版，85 页，32 开（工学小丛书）

上海：商务印书馆，1934.7，再版，85 页，32 开（万有文库 第 1 集 0278）（工学小丛书）

上海：商务印书馆，1934.7，国难后 3 版，85 页，32 开（工学小丛书）

上海：商务印书馆，1935.5，国难后 4 版，85 页，32 开（工学小丛书）

上海：商务印书馆，1947.2，6 版，85 页，32 开（新中学文库）（工学小丛书）

上海：商务印书馆，1948.2，7 版，85 页，32 开（新中学文库）（工学小丛书）

本书共 6 章，内容包括：糖之性状、糖之制造原料、糖之制造法、我国制糖业概况等。

收藏单位：安徽馆、长春馆、重庆馆、大理馆、大连馆、东北师大馆、广东馆、广西馆、贵州馆、国家馆、河南馆、黑龙江馆、湖南馆、江西馆、辽大馆、辽东学院馆、辽宁馆、辽师大馆、柳州馆、南京馆、内蒙古馆、宁夏馆、陕西馆、上海馆、绍兴馆、首都馆、天津馆、西南大学馆、浙江馆、中科图

02271

糖的自述

上海：大众书局，[1946]，16 页，32 开（儿童知识文库 中级之部）

收藏单位：广东馆

02272

糖果的制作 叶晋亮编

上海：中华书局，1945.4，42 页，32 开（化学工业丛书 16）

上海：中华书局，1948.8，再版，42 页，32 开（化学工业丛书 16）

本书介绍 30 种西式糖果制法。

收藏单位：长春馆、重庆馆、广东馆、江西馆、辽宁馆、内蒙古馆、上海馆、天津馆、西南大学馆、浙江馆

02273

西点糖果制造法 魏丕基编

上海：大通图书社，1936，50 页，32 开

收藏单位：国家馆

02274
小规模甜菜制糖试验 许继儒著
兰州：国立甘肃科学教育馆，1946.12，14 页，18 开（国立甘肃科学教育馆专刊 1）
收藏单位：国家馆

02275
盐和糖 汪畏之编
上海：中华书局，1936.8，54 页，32 开（小朋友文库）
上海：中华书局，1948.1，54 页，32 开（中华文库 小学第 1 集）
本书共 12 部分：盐和糖原来都是调味用的、盐和糖原来还有这许多种类、盐原来是这样制造的、糖原来是这样制造的、糖的产地也知道了、买来吃的甘蔗也可以制糖、甘蔗也是由人种出来的、制糖的主要原料不单是甘蔗、制盐方法的小实验、制糖方法的小实验、盐和糖的其他功用、结束他们的小试验。
收藏单位：重庆馆、广西馆、国家馆、南京馆

02276
一年来之制糖研究与试验 李尔康 张力田著
经济部中央工业试验所，1942.5，4 页，16 开（经济部中央工业试验所研究专报 122）
收藏单位：重庆馆、国家馆

02277
制糖工业及糖品分析法 陈驹声著
长沙：商务印书馆，1938.7，2 册（316+372 页），22 开（大学丛书 教本）
收藏单位：重庆馆、贵州馆、国家馆、吉林馆、辽宁馆、南京馆、浙江馆

02278
制糖浅说 袁吉著
丽江：浙江省抗日自卫委员会战时教育文化事业委员会，[1939]，32 页，32 开（应用科学小丛书）
本书共 4 章：概说、原料、制造、结论。讲述糖的起源和其发展概况、糖对于人体的需要、糖业和发展农村经济的关系、国糖事业发展概况、糖的分类和性质等。
收藏单位：重庆馆、湖南馆、江西馆、浙江馆

02279
制糖新法及糖业 吴卓著 徐培生校
上海：商务印书馆，1934.5，175 页，22 开（实业丛书）
上海：商务印书馆，1934，2 版，175 页，22 开（实业丛书）
上海：商务印书馆，1935，3 版，175 页，22 开（实业丛书）
本书共 9 章，内容包括：甜菜糖业、甘蔗糖业、制造之管理、中国糖市场之贸易情形、各国及中国之糖品关税等。
收藏单位：安徽馆、重庆馆、广东馆、贵州馆、国家馆、黑龙江馆、湖南馆、江西馆、南京馆、陕西馆、西南大学馆

02280
种植萝卜制糖新法 上海科学书局编译
上海：科学书局，1914，50 页，22 开
本书内容包括：植棉制糖牧羊奖励条例、欧洲种植制糖萝卜新法等。
收藏单位：首都馆、浙江馆

02281
最新实验甘蔗制糖新编 严传椝编
上海：科学书局，1916.2，274 页，23 开（农学丛书）
本书内容包括：制糖原料、制糖法、制糖工场中所应用之化学药品等。
收藏单位：首都馆、浙江馆

屠宰及肉类加工工业

02282
北平市政府财政局屠宰场场务规则 [北平市政府财政局屠宰场编]

北平：北平市政府财政局屠宰场，7 页，32 开
收藏单位：国家馆

02283
江西省东北及中部各县猪鬃调查报告
出版者不详，[1943]，手写本，1 册，13 开，环筒页装
本书共 13 部分：引言、调查路线、产鬃区域之划分、自然环境概况、产量估计、农民畜猪调查、收购概况、拣制概况、鬃商概况、猪鬃市场、储运概况、捐税、走私概况。介绍 1940 年至 1942 年间江西省东北部及中部各县猪鬃市场情况。
收藏单位：国家馆

02284
宰畜制肉指南 罗飞云撰
广州：岭南农科大学，1922，45 页，25 开
收藏单位：国家馆

乳品加工工业

02285
牛乳及其制品 吴信法编著
南京：正中书局，1937.3，241 页，25 开（应用科学丛书）
上海：正中书局，1947.5，沪 1 版，241 页，25 开（应用科学丛书）
本书内容包括：牛乳之成份、影响牛乳成份之因子、牛乳之性质、牛乳及其制品之食用功效、牛乳中之微生物、市乳、牛酪之制造等。
收藏单位：重庆馆、东北师大馆、广东馆、贵州馆、国家馆、辽宁馆、南京馆、内蒙古馆、山西馆、陕西馆、上海馆、西南大学馆、浙江馆

02286
牛乳及其制品之研究 金嗣说编
上海：商务印书馆，1936.9，173 页，32 开（百科小丛书）
本书共 16 章，内容包括：乳之生成、乳之成分、初乳、牛乳之微生物及其变异、牛乳检查法等。附录：人乳、羊乳、山羊乳、其他各种动物之乳。
收藏单位：安徽馆、重庆馆、大庆馆、广东馆、贵州馆、国家馆、湖南馆、江西馆、辽宁馆、南京馆、内蒙古馆、宁夏馆、山西馆、上海馆、首都馆、浙江馆

02287
牛乳研究 许复七著
上海：民智书局，1929.11，108 页，32 开
本书介绍奶牛的种类，牛奶的成分，罐头、奶粉、酸奶、奶制品的营养等。
收藏单位：广东馆、国家馆、江西馆、首都馆

02288
乳品学 谢家驹著
江阴：谢家驹 [发行者]，1948.5，370 页，25 开
北京：谢家驹 [发行者]，1948，修正版，370 页，25 开
本书共 3 编：乳品总论、乳品检验、乳品制造。附录：外文乳品学名著目录、乳品检验报告单、主要术语译名对照索引等。
收藏单位：重庆馆、国家馆、南京馆、浙江馆

水产加工工业

02289
水产物的利用 阎月麟编 张崧冠校
天津：河北省立水产专科学校出版委员会，1935.5，30 页，32 开（水产通俗小丛书 3）
收藏单位：广西馆、国家馆、湖南馆、首都馆

水果、蔬菜、坚果加工工业

02290
柑橘贮藏与加工计划 经济部中央工业试验

所编
经济部中央工业试验所，1938.12，9页，32开（小规模工业计划丛刊）

本书介绍柑橘的制造方法、资本与设备、成本计算等。

收藏单位：重庆馆、国家馆

02291
果品处理 谭其猛著
上海：园艺事业改进协会出版委员会，1947.5，41页，32开（上海园艺事业改进协会丛刊10）

本书内容包括：前言、采收、检别、洗果、涂蜡、催熟、着色、分级等。

收藏单位：重庆馆、国家馆、南京馆、上海馆、浙江馆

02292
果蔬制汁之理论与技术 李毓茂著
上海：园艺事业改进协会，1947，32页，32开（上海园艺事业改进协会丛刊16）

本书内容包括：果汁的认识、果汁工业之技术问题及其解决途径、果汁品质之保存技术等。

收藏单位：重庆馆、国家馆、南京馆、首都馆、浙江馆

02293
闽北种制香菇之调查研究 谢循贯著
出版者不详，1940，40页，32开

本书收录闽北种制香菇事业的两次调查报告，介绍该区香菇的种、制、运、藏情况及改良计划等。

收藏单位：福建馆、国家馆

02294
实用蔬菜加工法 刘同圻著
上海：园艺事业改进协会出版委员会，1947.4，36页，32开（上海园艺事业改进协会丛刊2）

本书共8部分，内容包括：蔬菜加工之理由、蔬菜加工品之种类、罐头蔬菜等。

收藏单位：重庆馆、国家馆、上海馆、浙江馆

酿造工业

02295
醋及调味料制造法 （日）铃木彰著 蔡弃民译
长沙：商务印书馆，1938.7，188页，32开（实用工艺丛书1）
长沙：商务印书馆，1940，3版，188页，32开（实用工艺丛书1）
上海：商务印书馆，1947.3，5版，188页，32开（实用工艺丛书1）
上海：商务印书馆，1949.9，6版，188页，32开（实用工艺丛书1）

本书共3编：味觉与调味料、酸味料、调味料。

收藏单位：安徽馆、长春馆、重庆馆、东北师大馆、广东馆、贵州馆、国家馆、河南馆、湖南馆、江西馆、辽大馆、辽东学院馆、辽宁馆、柳州馆、内蒙古馆、山西馆、上海馆、绍兴馆、首都馆、天津馆、西南大学馆、中科图

02296
第一年酒精原料供给计划书 陆年贵著
[遵义]：[资源委员会遵义酒精厂]，1941，油印本，108页，16开，环筒页装

本书共7章：原料供给之重要及其目标、农业特质与原料供给之关系、原料产销之现况、原料约限及其应行采取之原则、原料供给施业计划方案、试言成败、第二年原料供给施业计划之准备。

收藏单位：重庆馆、浙江馆

02297
汾酒酿造情形报告 方心芳编
上海：黄海化学工业研究社，1934，14页，16开（黄海化学工业研究社研究报告7）
[上海]：黄海化学工业研究社，1949重印，14页，16开（黄海化学工业研究社研究报告7）

收藏单位：国家馆、上海馆、浙江馆

02298
汾酒用水及其发酵秕之分析　孙颖川　方心芳著
[上海]：黄海化学工业研究社，1934.2，13页，16开（黄海化学工业研究社研究报告8）
[上海]：黄海化学工业研究社，1949重印，13页，16开（黄海化学工业研究社研究报告8）

收藏单位：重庆馆、广东馆、贵州馆、国家馆、上海馆

02299
福建省食粮酿酒概况　福建省政府秘书处统计室编
福建省政府秘书处统计室，1938，油印本，23页，16开，环筒页装（非常时期统计资料丛刊9）

收藏单位：国家馆

02300
高粱酒　魏喦寿　何正礼编
上海：商务印书馆，1935.5，10+150页，32开（工学小丛书）
上海：商务印书馆，1935.7，2版，10+150页，32开（工学小丛书）

本书共2篇：绪论、国内高粱酒之酿造实施。

收藏单位：重庆馆、贵州馆、国家馆、黑龙江馆、湖南馆、江西馆、南京馆、农大馆、陕西馆、上海馆、首都馆、浙江馆

02301
高粱酒之研究　方心芳等著
[上海]：黄海化学工业研究社，1932.6，158页，16开（黄海化学工业研究社研究报告3）
[上海]：黄海化学工业研究社，1935.4，再版，158页，16开（黄海化学工业研究社研究报告3）
[上海]：黄海化学工业研究社，1949.9重印，再版，158页，16开（黄海化学工业研究社研究报告3）

本书内收论文5篇，内容包括：《唐山高粱酒之酿造法》（方心芳、金培松）、《华北酒曲中微生物之初步分离与观察》（金培松）、《改良高粱酒酿造之初步试验》（孙学悟、方心芳）等。

收藏单位：重庆馆、广东馆、国家馆、河南馆、黑龙江馆、农大馆、上海馆、首都馆、浙江馆、中科图

02302
酱油酵母说明书　实业部中央工业试验所编
南京：实业部中央工业试验所，1932.4，8页，32开
南京：实业部中央工业试验所，1935，8页，32开

本书共3部分：酱油酵母菌之培养法、使用酱油酵母菌之优点、酱油酵母菌之使用法。

收藏单位：重庆馆、国家馆

02303
酱油酿造法　（日）植村定治郎著　蔡弃民译
长沙：商务印书馆，1939.4，179页，32开（实用工艺丛书第1集）
长沙：商务印书馆，1941.1，3版，179页，32开（实用工艺丛书第1集）
上海：商务印书馆，1947.1，5版，179页，32开（新中学文库）（实用工艺丛书第1集）
上海：商务印书馆，1947.3，179页，32开（新中学文库）

本书内容包括：普通酱油制造法、特殊酱油制造法、溜酱油制造法、特殊制曲法、酱油速酿法等。

收藏单位：安徽馆、长春馆、重庆馆、广东馆、贵州馆、国家馆、河南馆、黑龙江馆、湖南馆、江西馆、辽东学院馆、辽宁馆、柳州馆、南京馆、内蒙古馆、首都馆、天津馆、西交大馆、西南大学馆

02304
酱油酿造概要　廖皓龄编
江西：省实施百业教育委员会，1938.10，60页，32开（百业教育丛刊7）

收藏单位：南京馆

02305
酱油酿造简说 [经济部中央工业试验所] 编
[经济部中央工业试验所]，9 页，32 开（工业推广丛刊）
本书内容包括：引言、原料、制法等。
收藏单位：重庆馆

02306
酱油种麴说明书 实业部中央工业试验所编
南京：实业部中央工业试验所，1931.4，8 页，32 开
本书介绍酱油种麴。
收藏单位：国家馆

02307
"酒花" 测验烧酒浓度法 孙颖川 方心芳著
[上海]：黄海化学工业研究社，1933.12，4 页，16 开（黄海化学工业研究社研究报告 6）
[上海]：黄海化学工业研究社，1949.9，再版，4 页，16 开（黄海化学工业研究社研究报告 6）
收藏单位：重庆馆、国家馆、上海馆

02308
酒精 陈驹声著
上海：商务印书馆，1935.4，310 页，32 开（工学小丛书）
长沙：商务印书馆，1940，3 版，310 页，32 开（工学小丛书）
本书介绍酒精制造的各种方法、用途，工厂管理等。附录：勃立克司浓度在不同温度时之改正表等。
收藏单位：广东馆、国家馆、湖南馆、江西馆、辽宁馆、南京馆、山西馆、上海馆、首都馆、浙江馆

02309
酒精原料推广手册
出版者不详，1 册，18 开
本书内收酒精原料推广提要、合作提要等。
收藏单位：浙江馆

02310
酒精制造学 方乘著
北平：商业印刷局，1933.6，182+30 页，16 开，精装
本书介绍发酵法制造酒精理论、原料、方法及用途等。附录：北大工学院酿造研究会所采用的发酵新法在学理上及工业上的价值和贡献、酿造研究会暑期工作报告缘起、酒精比重与百分比含量对照表等。
收藏单位：国家馆、中科图

02311
科学方法酱油制造法 苏顽夫编著
上海：世界书局，1940，52 页，32 开
上海：世界书局，1943.3，再版，52 页，32 开
上海：世界书局，1944，3 版，52 页，32 开
上海：世界书局，1947.10，4 版，52 页，32 开
本书共 9 部分，内容包括：氨基酸的种类、氨基酸的一般性状、制造氨基酸的原料、制造氨基酸的设备、酱油制造法举例等。
收藏单位：广东馆、江西馆、南京馆、山西馆、西南大学馆

02312
酿醋简说 [经济部中央工业试验所] 编
[经济部中央工业试验所]，8 页，32 开（工业推广丛刊）
本书内容包括：引言、改良米醋、麸醋、粕醋、醋之成分等。
收藏单位：重庆馆、南京馆

02313
酿造 吴承洛著
上海：商务印书馆，1930.10，87 页，32 开（万有文库 第 1 集 0677）（工学小丛书）
上海：商务印书馆，1933.11，87 页，32 开（工学小丛书）
上海：商务印书馆，1934.1，再版，87 页，32 开（工学小丛书）
上海：商务印书馆，1934.7，再版，87 页，32 开（万有文库 第 1 集 0677）（工学小丛书）

上海：商务印书馆，1935.1，3 版，87 页，32 开（工学小丛书）
上海：商务印书馆，1935，4 版，87 页，32 开（工学小丛书）
长沙：商务印书馆，1939.12，87 页，32 开（万有文库 第 1、2 集简编 500 种 263）（工学小丛书）
上海：商务印书馆，1947.2，7 版，87 页，32 开（新中学文库）（工学小丛书）

本书共 8 章：酵母、果酒、麦酒、米酒、高粱酒、酒精、醋、乳酸及酪酸。

收藏单位：安徽馆、长春馆、重庆馆、大理馆、大连馆、东北师大馆、福建馆、广东馆、广西馆、贵州馆、国家馆、黑龙江馆、湖南馆、惠州馆、江西馆、辽大馆、辽东学院馆、辽宁馆、辽师大馆、柳州馆、南京馆、内蒙古馆、宁夏馆、山西馆、上海馆、绍兴馆、首都馆、天津馆、西南大学馆、浙江馆、中科图

02314
酿造工业 金培松编著
南京：正中书局，1936.12，224 页，25 开（应用科学丛书）
重庆：正中书局，1939.4，3 版，224 页，25 开（应用科学丛书）
重庆：正中书局，1943.5，6 版，224 页，25 开（应用科学丛书）
重庆：正中书局，1944.2，10 版，224 页，25 开（应用科学丛书）
上海：正中书局，1947.4，沪 1 版，224 页，25 开（应用科学丛书）

本书共 11 章，内容包括：微生物之发见与发酵学说、发酵微生物、酵素、压榨酵母、啤酒、葡萄酒、酱油、醋等。

收藏单位：安徽馆、重庆馆、广西馆、贵州馆、国家馆、河南馆、湖南馆、辽大馆、辽宁馆、南京馆、内蒙古馆、宁夏馆、山西馆、上海馆、绍兴馆、西南大学馆、浙江馆

02315
酿造技术指导 龙桑编
龙桑 [发行者]，1943.7，26 页，32 开

本书共 2 部分：酱油、酒精。

收藏单位：广东馆、贵州馆、国家馆、湖南馆、南京馆

02316
酿造酱油之理论与技术 秦含章著
上海：商务印书馆，1947.1，152 页，32 开
上海：商务印书馆，1949.3，再版，152 页，32 开

本书介绍酱油的历史、酱油的制造过程和制造技术与方法、酱油工厂的设计等。

收藏单位：重庆馆、广东馆、国家馆、河南馆、黑龙江馆、湖北馆、辽宁馆、内蒙古馆、山西馆、陕西馆

02317
酿造学补充 方乘讲 国立北平大学工学院化学系编
北平：国立北平大学工学院化学系，1934.12，[60] 页，16 开

本书为国立北平大学工学院化学系三年级酿造学补充讲义。

收藏单位：国家馆

02318
酿造学分论 陈驹声著
长沙：商务印书馆，1941.1，2 册（722 页），25 开（大学丛书）
上海：商务印书馆，1949，再版，2 册（722 页），25 开（大学丛书）

本书共 12 章，内容包括：酒精、麦酒、葡萄酒、绍兴酒、高粱酒、蒸馏酒等。附录：酿造工业最近研究成绩摘要、参考书。

收藏单位：东北师大馆、广东馆、国家馆、辽宁馆、南京馆、西南大学馆

02319
酿造学总论 陈驹声著
长沙：商务印书馆，1940.9，2 册（660 页），25 开（大学丛书）
上海：商务印书馆，1949，再版，2 册（660 页），25 开（大学丛书）

本书共 8 编，内容包括：酿造工业与发酵

微生物之关系、发酵微生物之形态构造及繁殖方法、发酵微生物之分类及其检索、发酵微生物之生理、发酵微生物检查法等。附录：参考资料及微生物收集机关、菌名索引。

收藏单位：重庆馆、广东馆、广西馆、国家馆、南京馆、西南大学馆

02320
酿造研究（一） 实业部中央工业试验所编纂
上海：商务印书馆，1937.5，361页，23开，精装（实业部中央工业试验所丛书）
长沙：商务印书馆，1940，再版，361页，23开，精装（实业部中央工业试验所丛书）

本书共4编：发酵微生物、酱油酿造、酒精制造、酒类。

收藏单位：重庆馆、广东馆、贵州馆、国家馆、河南馆、湖南馆、江西馆、南京馆、上海馆、西南大学馆、浙江馆、中科图

02321
农产酿造 方乘著
上海：中华书局，1940.3，651+28页，22开，精装
上海：中华书局，1948.8，3版，651+28页，22开，精装

本书为大学用书。共6编，内容包括：发酵微生物学、发酵化学、酒类、酒精工业等。

收藏单位：安徽馆、重庆馆、国家馆、湖南馆、吉林馆、辽宁馆、内蒙古馆、山西馆、上海馆、首都馆

02322
农村自家用日本酱油酿造法 大村收著
哈尔滨：国立哈尔滨农事试验场，1938，再版，18页，32开（哈农事资料 第2辑）

收藏单位：黑龙江馆

02323
葡萄酒及果酒酿造法 （日）下濑川一郎著 曹沉思译
长沙：商务印书馆，1939.4，170页，32开（实用工艺丛书 第1集）

本书共14章，内容包括：葡萄酒及果酒之意义、葡萄酒及果酒之成分、酿造工程概要、葡萄酒酿造法、红葡萄酒酿造法等。

收藏单位：重庆馆、广东馆、国家馆、江西馆、上海馆、首都馆

02324
山西醋 孙颖川 方心芳著
上海：黄海化学工业研究社，1934.6，8页，16开（黄海化学工业研究社调查研究报告11）
上海：黄海化学工业研究社，1949重印，8页，16开（黄海化学工业研究社调查研究报告11）

本书介绍山西醋的原料、酿造方法、成份等。

收藏单位：重庆馆、贵州馆、国家馆、上海馆

02325
绍兴酒酿造法之调查及卫生化学的研究（十八年自一月至三月工作报告） 赵燏黄著
出版者不详，[1929]，48页，16开

本书共5章：概论、绍兴酒酿造方法之调查、绍兴酒之性状及成分、本研究采用之试验方法、结论。

收藏单位：重庆馆、浙江馆

02326
绍兴酒酿造法之研究 周清编著
上海：新学会社，1928.8，62页，32开

本书共6章，内容包括：绍兴酒成分及优点、绍兴酒原料、绍兴酒酿造法、绍兴酒之副产物等。附录：成本预算表、原料配合表等。

收藏单位：广东馆、国家馆、南京馆、上海馆、绍兴馆、浙江馆

02327
十年来之酿造试验与研究 金培松著
外文题名：The study of fermentation industry during the ten years
经济部中央工业试验所，1941.10，28页，16开（经济部中央工业试验所研究专报115）

本书共7部分，内容包括：发酵菌之研究，酱油酿造，酒精制造，酒类、醋及腐乳，十年来之酿造研究、试验、调查报告汇集表等。

收藏单位：重庆馆、国家馆、南京馆

02328
实验味之素制造法 范凤源著
上海：范凤源电化实验室，[1935]，47页，32开

本书内容包括：味的问题、味之素之历史、味之素原料等。

收藏单位：重庆馆、浙江馆

02329
天厨味精厂制造各种出品工作程序概况 俞伯康著
上海：天厨味精厂出版部，1934.6，14页，16开

本书为《工业安全月刊》第2卷第3期抽印本。

收藏单位：国家馆

02330
鲜质与味之素之研究 沈恩祉著
北京：北京大学，19页，16开

收藏单位：国家馆

02331
新编实用酿造微生物学大纲 何庆云编
上海：黎明书局，1936.10，94页，32开（黎明工业丛书）

本书内容包括：酿造微生物学之意义及范围、细菌、酵母等。

收藏单位：重庆馆、国家馆、湖南馆、江西馆、南京馆、上海馆、浙江馆

02332
以豆饼为原料之鲜味汁制造法（一名，鲜酱油制造法） 谢去病著
上海：大明工业研究社，1939.1，47页，32开（实验小资本工业丛书1）

本书内容包括：绪言、历史、理论、原料、设备、制造法、豆饼制鲜味精法、鲜味精残液制鲜味汁法等。

收藏单位：河南馆

02333
造酱 吴芝茂编
[重庆]：教育部民众读物编审委员会，14页，64开（民众文库）

收藏单位：南京馆

02334
造酱油 吴芝茂著
[浙江]：浙江省教育厅，14页，64开（民众文库）

本书介绍造酱油的原料等。

收藏单位：浙江馆

饮料冷食制造工业

02335
安化黑茶 彭先泽著
安化：湖南修业高级农业职业学校，1940.9，64页，16开

本书共15章，内容包括：产地、种类、品质、栽培、采摘、初制等。

收藏单位：国家馆、湖南馆

02336
扁茶及珠茶 [湖南茶事试验场]编
长沙：[湖南茶事试验场]，1935.1，18页，32开（湖南茶事试验场刊物7）

本书介绍两种茶的制法。

收藏单位：湖南馆

02337
冰淇淋 吴信法著
上海：康健世界社，1936.7，62页，32开（康健世界社丛书1）

本书介绍冰淇淋的历史、营养价值、主要特性及制造方法等。

收藏单位：内蒙古馆、上海馆、浙江馆

02338
茶业论　胡大望译著
上海：新学会社，1915.10，78 页，25 开（商业丛书）
本书共 9 章，概述中国、日本、斯里兰卡、印度等国茶的种植、制造、鉴别、包装、贮藏等。
收藏单位：广西馆、国家馆、南京馆、农大馆、首都馆、浙江馆

02339
茶叶检验　江西省农产物检验所编
江西：江西省农产物检验所，1940.10，44 页，50 开
本书介绍茶叶检验标准与程序、检验方法等。
收藏单位：浙江馆

02340
茶叶检验　庄晚芳编
福建：福建省政府建设厅茶叶管理局，1939.12，55 页，22 开（福建茶叶丛书 2）
本书共 6 部分，内容包括：茶叶检验规程细则和标准、茶叶检验之先决问题、茶叶检验之手续等。
收藏单位：黑龙江馆、浙江馆

02341
茶叶制造过程中之发酵作用　庄任译　许裕圻译
崇安：福建省财政部贸易委员会，1943.4，43 页，16 开（财政部贸易委员会茶叶研究所丛刊 5）
收藏单位：南京馆

02342
茶叶制造学　陈椽著
上海：新农出版社，1949，2 册（394 页），22 开（新农丛书）
收藏单位：广东馆

02343
茶叶专卖实施刍议　芳莽著
中国茶叶公司推广部，1 册，大 16 开
本书介绍茶叶之生产、调整运输、统治销售等。
收藏单位：浙江馆

02344
茶之化学　（日）泽村真著　郭寿铎译
重庆：商务印书馆，1943.12，127 页，32 开
本书共 8 章，介绍茶的成分、代用品、类似品、分析检查方法、制茶、烹茶等。附录：茶之分析表、参考书目、中文索引。
收藏单位：重庆馆、国家馆、中科图

02345
茶之色香味化学　徐方干著
出版者不详，13 页，18 开
本书内容包括：茶之色素、茶之香气、茶之滋味等。
收藏单位：浙江馆

02346
炒青茶制造法　[湖南茶事试验场] 编
长沙：[湖南茶事试验场]，1935.1，12 页，32 开（湖南茶事试验场刊物 6）

02347
创制绿茶着色用无毒黄色色料报告书　周振钧编著
上海：实业部上海商品检验局农作物检验组，1934.1，10 页，16 开（农字单印本 7）
收藏单位：国家馆、上海馆

02348
东北印度红茶制焙学　P. H. Carpenter　C. J. Harrison 著　范和钧译
外文题名：The manufacture of tea in north-east India
安徽省祁门茶业改良场，1936.12，36 页，16 开（安徽省祁门茶业改良场丛书 10）
本书介绍印度东北茶区范围、土质、气候、茶叶品质、鲜叶处置及焙制要点等。

收藏单位：广东馆

02349
东北印度红茶制焙学　P. H. Carpenter　C. J. Harrison 著　范和钧译
外文题名：The manufacture of tea in north-east India
福建省政府建设厅茶叶管理局，1939.12，51页，25开（福建茶叶丛书 7）
本书介绍印度东北茶区范围、土质、气候、茶叶品质、鲜叶处置及焙制要点等。
收藏单位：福建馆、浙江馆

02350
东北印度红茶制造与细菌之关系（锡兰茶叶研究协会报告）　卡彭特著　甘元焕译
出版者不详，手抄本，1 册，16 开，环筒页装
收藏单位：重庆馆

02351
改进湘红之初步　湖南第三农事试验场编
安化：湖南第三农事试验场，1936.7，20 页，32 开（湖南第三农事试验场刊物 13）
本书介绍湖南红茶改良制法（仿祁门红茶制法）。

02352
红茶发酵的初步研究　范樱编
上海：大文印刷所，22 页，16 开（祁门茶业改良场丛刊 8）
收藏单位：重庆馆

02353
红茶水色与发酵之关系
出版者不详，26 页，13 开
本书内容包括：茶之概论、国内茶叶贸易程序、红茶与发酵的关系等。
收藏单位：浙江馆

02354
红茶怎样制造　财政部贸易委员会编
财政部贸易委员会，1939，30 页，32 开（茶农指导丛刊）

02355
红茶制造法　浙江省农业改进所嵊县农业推广区编
［浙江］：浙江省农业改进所嵊县农业推广区，12 页，32 开（茶业浅说 1）

02356
红茶制造法（手制）　湖南茶事试验场编
长沙：湖南茶事试验场，1935.1，12 页，32 开（湖南茶事试验场刊物 3）

02357
江西省农业院附设修水茶场制茶试验报告
江西省农业院附设修水茶场编
南昌：江西省农业院附设修水茶场，1935.8，34 页，23 开（江西省农业院专刊 2）
本书共 2 部分：红茶制造试验、绿茶制造试验。正文页题名：江西省农业院附设修水茶场二十三年度制茶试验报告书。
收藏单位：国家馆、南京馆

02358
两湖茶产制指南　财政部贸易委员会编
财政部贸易委员会，1939.2，22 页，32 开（茶商指导丛刊）
本书共 3 部分：栽培与管理方面、关于制造方面、包装。
收藏单位：贵州馆、国家馆

02359
毛茶怎样制造　财政部贸易委员会编
财政部贸易委员会，1939.2，30 页，32 开（茶农指导丛刊）
本书共 6 部分：前言、红茶的制造、绿茶的制造、圆茶的制造、乌龙茶的制造、制茶的注意点。
收藏单位：贵州馆、国家馆、南京馆、浙江馆

02360
闽东闽北红茶产制指南　财政部贸易委员会

编
福建省茶叶管理处，1939.2，24页，32开（茶商指导丛刊）

本书共7部分，内容包括：前言、茶园之管理、茶叶之采摘、茶农之初制毛茶等。

收藏单位：国家馆

02361
南路边茶之分析 王一桂 王永孝著
[金陵大学农学院]，1941，10页，18开（林产利用丛著）

本书分析之目的，在将南路边茶之各主要成分，取而相互比较，以决定其孰优孰劣用供改南路边茶制造之参考。

收藏单位：重庆馆

02362
平水茶产制指南 财政部贸易委员会编
财政部贸易委员会，1939.2，28页，32开（茶商指导丛刊）

本书共6部分：栽培、采摘、初制、精制、着色、结语。

收藏单位：国家馆、上海馆

02363
祁红的毛茶怎样复制 胡浩川著
祁门：胡浩川[发行者]，1937.3，46页，32开（祁门茶业改良场茶业浅说1）

收藏单位：安徽馆、内蒙古馆

02364
祁红毛茶怎样做法 潘中义著
祁门：祁门茶业改良场，1937.4，12页，32开（祁门茶业改良场茶业浅说6）

收藏单位：安徽馆

02365
祁宁红茶产制指南 财政部贸易委员会编
财政部贸易委员会，1939.2，20页，32开（茶商指导丛刊）

本书共7部分：前言、栽培问题、采摘问题、初制问题、复制问题、包装问题、尾语。

收藏单位：安徽馆、国家馆

02366
清凉饮剂制造法 （日）川崎近雄著 赤土山人译
上海：商务印书馆，1923.2，45页，32开

本书介绍柠檬露、汽水、冰乳酪等数十种饮料的简易制造法。

收藏单位：重庆馆、国家馆、江西馆、首都馆、天津馆

02367
清凉饮剂制造法 魏新农编
上海：大通图书社，1936.6，42页，32开

本书介绍嗬囒水、冰淇淋、果子露等的制法。

收藏单位：国家馆、河南馆

02368
清凉饮料 龚昂云编著
上海：世界书局，1940.7，107页，32开
上海：世界书局，1943.4，再版，107页，32开
上海：世界书局，1947.10，3版，107页，32开

本书介绍清凉饮料的原料，汽水、果汁、果子露等的制法。

收藏单位：贵州馆、河南馆、南京馆、山西馆、上海馆、绍兴馆、首都馆、西南大学馆

02369
清凉饮料制造法 （日）安乐冈清造著 曹沉思译
长沙：商务印书馆，1938.7，203页，32开（实用工艺丛书 第1集）
长沙：商务印书馆，1939.5，再版，203页，32开（实用工艺丛书 第1集）

本书介绍汽水、碳酸水、人造矿泉水的制造方法。附录：碳酸气量表等。

收藏单位：广东馆、国家馆、南京馆

02370
清凉饮料制造法 周萃机编
上海：中华书局，1940.11，138页，32开（化

学工业丛书 14）
上海：中华书局，1948.8，3 版，138 页，32 开（化学工业丛书 14）

本书介绍冰淇淋、冰淇淋汽水、冰冻牛乳之混合物、各种冷饮品、热的饮料品、清凉散、清凉锭等制造法。

收藏单位：长春馆、重庆馆、东北师大馆、广东馆、国家馆、河南馆、黑龙江馆、江西馆、辽大馆、辽宁馆、南京馆、上海馆、中科图

02371
屯溪茶产制指南 财政部贸易委员会编
财政部贸易委员会，1939.2，32 页，32 开（茶商指导丛刊）

本书共 4 部分：关于栽培与采摘、关于粗制与精制、毛茶之贮藏、对本年屯绿茶之期望。

收藏单位：安徽馆、国家馆、南京馆

02372
锡兰红茶制法及其理论 （锡兰）摩彼德（H. J. Mopyett）著 范樱译
外文题名：Tea manufacture: its theory and practice in Ceylon
上海：大文印刷所，1934.6，42 页，18 开（农字单行本 16）

本书介绍锡兰红茶制造方法。逐页题名：锡兰红茶制造法及其理论。

收藏单位：重庆馆、广东馆、国家馆、南京馆、上海馆、浙江馆

02373
锡兰红茶制造法及其理论 （锡兰）摩彼德（H. J. Mopyett）著 范樱译
外文题名：Tea manufacture: its theory and practice in Ceylon
福建：福建省政府建设厅茶叶管理局，1939.12，80 页，25 开（福建茶叶丛书 8）

本书介绍锡兰红茶制造方法。

收藏单位：浙江馆

02374
箱茶包装须知 财政部贸易委员会编
财政部贸易委员会，1939.12，再版，14 页，32 开（茶商指导丛刊）

本书共 5 部分：木箱、铅罐、包扎、标记、结论。

收藏单位：贵州馆

02375
箱茶包装指南 财政部贸易委员会编
财政部贸易委员会，1939.2，14 页，32 开（茶商指导丛刊）

本书共 6 部分，内容包括：包装之重要、锡罐、木箱等。

收藏单位：广西馆、贵州馆、国家馆、浙江馆

02376
制茶学 戚世光著
北京：戚世光[发行者]，1934，128 页，22 开

收藏单位：国家馆

罐头工业

02377
罐头及食品制造法 （日）星忠太郎著 舒贻上译
长沙：商务印书馆，1938.7，283 页，32 开（实用工艺丛书 第 1 集）
长沙：商务印书馆，1941.4，3 版，283 页，32 开（实用工艺丛书 第 1 集）

本书共 6 章：罐头工场应用机械、果实之糖汁浸渍、蔬菜类之加工、肉类之加工、容器、各种加工食品。

收藏单位：安徽馆、重庆馆、广东馆、贵州馆、国家馆、江西馆、辽宁馆、南京馆、西南大学馆、浙江馆

02378
罐头食品制造法 周萃机编
昆明：中华书局，1941.1，170 页，32 开（化

学工业丛书 15）
上海：中华书局，1947.10，再版，170 页，32 开（化学工业丛书 15）

本书内容包括：食品装罐法、制造要项、总论、各种罐头制造法各论等。

收藏单位：长春馆、重庆馆、国家馆、江西馆、辽宁馆、内蒙古馆、上海馆、首都馆、浙江馆

02379
罐头食物制造法 张泽尧编著
南京：正中书局，1937.6，177 页，25 开（应用科学丛书）

本书介绍罐头制造发展史、各种罐头食物的制造方法等。

收藏单位：重庆馆、国家馆、湖南馆、上海馆

02380
罐头制造法 国立中山大学农学院推广部编
广州：国立中山大学出版部，1934.10，5 版，6 页，25 开（农林浅说农产制造类 1）

收藏单位：国家馆

02381
实验罐藏食物制造法 （日）猪股德吉郎著 盛国城译 庄景仲校阅
上海：新学会社，1912.10，订正再版，102 页，23 开
上海：新学会社，1917，订正 3 版，102 页，23 开

本书版权页译者题：张国城。1909 年 8 月初版。

收藏单位：广东馆、国家馆、首都馆

02382
实用罐头食物制造法 祝味生编
上海：中西书局，1934.8，130 页，32 开

本书版权页题名：最新罐头食物制造法。

收藏单位：国家馆、河南馆、南京馆、山西馆

制盐工业

02383
电力提卤之设计与应用 刘学义著
四川五通桥：黄海化学工业研究社，1943.3，6 页，18 开（黄海化学工业研究社研究报告 37）
上海：黄海化学工业研究社，1949 重印，6 页，18 开（黄海化学工业研究社研究报告 39）

本书研究制盐机械。1949 年重印本改为研究报告第 39 号。

收藏单位：国家馆、辽宁馆、南京馆

02384
调查冀鲁豫土产盐类报告
出版者不详，1936.8，油印本，1 册，16 开，环筒页装

本书共 3 章：总述、冀鲁豫硝业一瞥、土盐处理问题。附录：冀省土盐产地产量图等。封面题名：冀鲁豫土产盐类调查报告。

收藏单位：国家馆

02385
改善自流井炭花盐灶之研究 戈福祥著
[经济部中央工业试验所]，1943.10，8 页，18 开（经济部中央工业试验所研究专报 147）

收藏单位：国家馆

02386
国民政府财政部盐务学校一九三四班同学录 盐务学校一九三四年毕业同学会编
北平：盐务学校一九三四年毕业同学会，1934.7，1 册，横 16 开，精装

收藏单位：国家馆

02387
海陆丰场视察报告书 段继典编
出版者不详，1940.11，复写本，1 册，18 开，环筒页装

收藏单位：国家馆

02388
经济部中央工业实验所一年来在自流井之工作 戈福祥著
经济部中央工业试验所，1942.11，3 页，18 开（经济部中央工业试验所研究专报 134）
本书介绍该所一年来工作情况，内容包括：完成汲卤用锅炉、改良淡卤炭花盐灶试验、完成手电两用式盐砖机的设计及制造等。
收藏单位：国家馆

02389
李文焕高仲和创造了打盐奇迹 中共西北中央局调查研究室编
[延安]：中共西北中央局调查研究室，1944.4，13 页，64 开
收藏单位：山西馆

02390
美国晒盐区与华北盐区气象比较研究 郑厚平编
出版者不详，13 页，16 开
收藏单位：南京馆

02391
美国制盐工业 （美）W. C. Phalen 著 黄铭彝译
中国盐业股份公司，1948.11，168 页，25 开，精装（盐业丛书 2）
本书介绍美国岩盐的蕴藏、分布、性质、食盐制法、溴及氯化钙的提取、制盐在商业中所占的地位等。
收藏单位：国家馆、南京馆

02392
民国三十四年台湾区盐场气象概况 财政部台湾盐务管理局编
出版者不详，1948.2，19 页，16 开
收藏单位：南京馆

02393
民国三十五年台湾区盐场气象概况 财政部台湾盐务管理局编
出版者不详，1948.2，13 页，16 开
收藏单位：南京馆

02394
民国三十六年台湾区盐场气象概况 财政部台湾盐务管理局编
出版者不详，1948.2，21 页，16 开
收藏单位：南京馆

02395
奇妙的盐 李润海著
李润海[发行者]，1948，手写本，1 册，16 开，环筒页装
收藏单位：国家馆

02396
晒盐概况 谭世镕编
出版者不详，1949，油印本，66 页，16 开
收藏单位：广东馆

02397
食盐 教育部社会教育司编
出版者不详，4 页，32 开（教育部教育影片说明书 13）
收藏单位：南京馆

02398
食盐 徐应昶编纂
上海：商务印书馆，1927，16 页，32 开（儿童理科丛书 35）
收藏单位：重庆馆、首都馆

02399
食盐检定法 盐务学校著
盐务学校，[34] 页，16 开，环筒页装
本书简述食盐检测具体方法，包括所需试剂、化学成分等。附计算表。
收藏单位：国家馆

02400
食盐检定法
财政部盐政总局，150 页，32 开，精装

收藏单位：南京馆

02401

视察榆亚乌石业务报告书 马应明著

出版者不详，手抄本，1册，10开，环筒页装

收藏单位：国家馆

02402

四川的盐 徐允昭编著

成都：四川省立成都实验小学，1941.12，再版，16页，32开

本书为四川地方性小学教材。讲述四川井盐制造方法等。

02403

我国盐业所用钢绳及试造之研究 吴有荣著

外文题名：The study of the steel wire ropes for our solt administration and its manufacturing

经济部中央工业试验所，1943，16页，16开（经济部中央工业试验所研究专报150）

本书内容包括：钢绳使用特性之研究、现今我国盐业钢绳之概况、钢绳代替品之检讨、试造钢绳之论述等。

收藏单位：重庆馆

02404

盐 郑尊法著

上海：商务印书馆，1926.1，125页，36开（百科小丛书99）

上海：商务印书馆，1929.10，106页，32开（万有文库 第1集0680）（工学小丛书）

上海：商务印书馆，1933.12，国难后1版，106页，32开（工学小丛书）

上海：商务印书馆，1934.1，国难后2版，106页，32开（工学小丛书）

上海：商务印书馆，1935.2，国难后3版，106页，32开（工学小丛书）

上海：商务印书馆，1947.3，4版，106页，32开（新中学文库）（工学小丛书）

本书概述盐的性质、制法、工业上的应用，以及我国盐业情况等。

收藏单位：安徽馆、长春馆、重庆馆、大理馆、大连馆、东北师大馆、广东馆、广西馆、贵州馆、国家馆、河南馆、黑龙江馆、湖南馆、江西馆、辽大馆、辽师大馆、柳州馆、南京馆、内蒙古馆、宁夏馆、上海馆、绍兴馆、首都馆、天津馆、西南大学馆、浙江馆、中科图

02405

盐的化学 郑祖亚编

财政部财务人员训练所盐务人员训练班，1943.3，42页，32开（盐训丛书9）

本书共8部分，内容包括：序言、盐之定义、盐之性质、盐在生理上之作用、目下盐务方面对于化学及其他技术改进情形等。

收藏单位：国家馆、南京馆

02406

盐工常识盐工四字经 竺墨林编著

重庆：盐工之友社，1944.3，101页，32开

本书内容包括：人人吃盐、处处用盐、盐业政策、盐工重要、从头说盐、因地名盐、因形名盐、著名盐场、四川盐井、分工制盐等。

收藏单位：重庆馆、国家馆、南京馆

02407

盐碱试验室概况 戈福祥著

重庆：经济部中央工业实验室，1942.2，6页，16开（经济部中央工业实验所研究专报138）

本书简要介绍盐碱试验室。该室筹设于1938年2月，同年10月受川康盐务管理局委托，对川省富荣区盐业之设备、燃料、产量等情况，进行考察和研究，并提出改进技术、推广应用等意见。

收藏单位：重庆馆、国家馆

02408

盐务学校一九三三级毕业纪念册 盐务学校编

盐务学校，1933，1册，横16开

本书介绍1929年9月1日入校，1933年5月30日毕业这一级同学的个人简历以及该级的级史。附1924级至1932级毕业同学名

籍表。

收藏单位：重庆馆

02409

盐务学校章程（民国二十一年三月修正） 盐务学校编

北京：盐务学校，1932.3，26 页，22 开，环筒页装

收藏单位：国家馆

02410

盐务学校之沿革

[北京]：[盐务学校]，[1932]，手写本，3 叶，16 开，环筒页装

收藏单位：国家馆

02411

盐之化学 程日光编著

财政部全国财务人员训练所川康区盐务人员训练班，1943.3，石印本，43 叶，32 开，环筒页装（财政部全国财务人员训练所川康区盐务人员训练班训练教材 12）

本书共 4 章：常识、盐之生产、盐之用途、改进盐质减低成本。

收藏单位：国家馆、南京馆

02412

盐质检定之检讨 余本年等著

出版者不详，[1946.8]，[14]+13 页，16 开

本书内收文章 3 篇：《盐质检定之检讨》《战时及复员后之自贡盐场》《美国晒盐区与华北盐区气象比较研究》。

收藏单位：国家馆

02413

运城盐池最近情况·闻喜官庄村民生火碱工厂调查

出版者不详，1947，油印本，1 册，32 开

收藏单位：山西馆

02414

枝筱架之性能及盐卤浓缩试验（改订稿） 鲁波 刘嘉树著

[四川五通桥]：黄海化学工业研究社，1943.3，24 页，16 开（黄海化学工业研究社研究报告 28）

[上海]：黄海化学工业研究社，1949.9 重印，24 页，16 开（黄海化学工业研究社研究报告 30）

本书研究井盐生产设备。1949 年重印本改为研究报告第 30 号。《盐专号》第 1 期抽印本，内容有增加。

收藏单位：国家馆、上海馆

02415

制盐方法

[北京]：国立北京大学，2 页，16 开

本书书眉题：国立北京大学中国经济。

收藏单位：国家馆

02416

制盐工程学 王善政编著

[重庆]：正中书局，1941.10，99 页，32 开（应用科学丛书）

重庆：正中书局，1943，3 版，99 页，32 开（应用科学丛书）

上海：正中书局，1946.5，沪 1 版，99 页，32 开（应用科学丛书）

本书共 10 章，内容包括：盐水之来源生成及其寻获、盐与盐水之性质及其分析、盐水之取得输送及储存、盐之用途与世界各国盐业概况等。

收藏单位：安徽馆、重庆馆、广东馆、贵州馆、国家馆、江西馆、辽大馆、辽宁馆、南京馆、上海馆、浙江馆、中科图

02417

制盐手册 瑞顿（J. J. Ratton）原著 黄铭彝译

中国盐业股份有限公司，1948.8，13+203 页，25 开（盐业丛书 1）

收藏单位：重庆馆、广东馆、国家馆、浙江馆

02418

制盐手册（节译本） 瑞顿（J. J. Ratton）原

著 黄铭彝译
中国盐业股份有限公司，1948，66 页，25 开，精装
收藏单位：国家馆

02419
中国的盐和石油 王冰著
上海：交通书局，1948，24 页，32 开（文通少年丛书）
收藏单位：国家馆

盐业副产品加工及利用

02420
钡盐研究汇报 黄海化学工业研究社编
四川五通桥：黄海化学工业研究社，1943.3，32 页，16 开（黄海化学工业研究社研究报告 30—33）
本书内收研究报告 4 篇：《氯化钡与食盐之分离》（赵博泉）、《钡盐之容量分析》（郭浩清）、《犍乐盐场食盐除钡工作概述》（赵博泉）、《卤水加石膏除钡初步试验》（谷惠轩）。每篇附参考书目。
收藏单位：国家馆、首都馆

02421
钡盐之容量分析 郭浩清著
四川五通桥：黄海化学工业研究社，1943.3，14 页，16 开（黄海化学工业研究社调查研究报告 33）
上海：黄海化学工业研究社，1949.9 重印，14 页，16 开（黄海化学工业研究社调查研究报告 33）
收藏单位：国家馆、上海馆

02422
财政部盐务署氯酸钾制造研究委员会第一次报告 盐务署编
盐务署，1935，16 页，16 开

02423
犍乐盐场鹼水内溴素之提制 孙继商著
四川五通桥：黄海化学工业研究社，1943.3，11 页，16 开（黄海化学工业研究社调查研究报告 37）
上海：黄海化学工业研究社，1949.9 重印，11 页，16 开（黄海化学工业研究社调查研究报告 37）
本书附溴素染料试验。
收藏单位：国家馆、上海馆

02424
犍乐盐场食盐除钡工作概述 赵博泉著
四川五通桥：黄海化学工业研究社，1943.3，25 页，16 开（黄海化学工业研究社调查研究报告 34）
上海：黄海化学工业研究社，1949.9 重印，25 页，16 开（黄海化学工业研究社调查研究报告 34）
收藏单位：国家馆、上海馆

02425
卤水加石膏除钡初步试验 谷惠轩编
四川五通桥：黄海化学工业研究社，1943.3，7 页，16 开（黄海化学工业研究社调查研究报告 35）
上海：黄海化学工业研究社，1949.9 重印，7 页，16 开（黄海化学工业研究社调查研究报告 35）
收藏单位：国家馆、上海馆

02426
氯化钡与食盐之分离 赵博泉著
四川五通桥：黄海化学工业研究社，1943.3，8 页，16 开（黄海化学工业研究社调查研究报告 32）
上海：黄海化学工业研究社，1949.9 重印，8 页，16 开（黄海化学工业研究社调查研究报告 32）
收藏单位：国家馆、上海馆

02427
氯酸钾制造研究委员会第一次报告 盐务署编
盐务署，1935.12，16 页，16 开

收藏单位：首都馆

02428
四川黑卤研究初步报告　郭浩清著
四川五通桥：黄海化学工业研究社，1943.3，32页，16开（黄海化学工业研究社研究报告29）
上海：黄海化学工业研究社，1949.9重印，32页，16开（黄海化学工业研究社研究报告31）
本书介绍黑卤水的化学分析及相关试验等。附录：参考文献。1949年重印本改为研究报告第31号。
收藏单位：国家馆、上海馆

02429
糖的由来　蒋卓慕主编
上海：中华书局，1935.10，38页，32开（小朋友文库 第1集）
收藏单位：重庆馆、内蒙古馆

02430
盐的由来　蒋卓慕主编
上海：中华书局，1936.6，38页，32开（小朋友文库 第1集）
收藏单位：重庆馆

02431
由鹼水及钾碱制取溴化钾初步试验　蔡子定著
四川五通桥：黄海化学工业研究社，1943.3，4页，16开（黄海化学工业研究社调查研究报告38）
上海：黄海化学工业研究社，1949.9重印，4页，16开（黄海化学工业研究社调查研究报告38）
收藏单位：国家馆、上海馆

02432
由鹼水与钾碱制造氯化钾试验　郭浩清著
四川五通桥：黄海化学工业研究社，1943.3，6页，16开（黄海化学工业研究社调查研究报告36）
上海：黄海化学工业研究社，1949.9重印，6页，16开（黄海化学工业研究社调查研究报告36）
收藏单位：国家馆

02433
由黄卤鹼水提制药品之试验汇报　郭浩清等著
四川五通桥：黄海化学工业研究社，1943.3，15页，16开（黄海化学工业研究社研究报告34—36）
上海：黄海化学工业研究社，1949.9重印，15页，16开（黄海化学工业研究社研究报告34—36）
本书内收研究论文3篇：《由鹼水与钾碱制造氯化钾试验》（郭浩清）、《犍乐盐场鹼水内溴素之提制（附溴素染料试验）》（孙继高）、《由鹼水及钾碱制取溴化钾初步试验》（蔡子定）。
收藏单位：国家馆

烟草工业

02434
国货卷烟机样本　新中国铁工厂编
上海：新中国铁工厂，[66]页，横16开
本书内收机件图及名称。

02435
美种烟叶熏烤及分级包装浅说　财政部四川烟叶示范场编
财政部四川烟叶示范场，1942，石印本，11叶，40开
本书内容包括：烤房建筑、熏烤方法、返潮及贮藏发酵、美烟叶分级包装办法等。
收藏单位：重庆馆

02436
美种烟叶熏烤浅说　财政部四川烟叶示范场编
财政部四川烟叶示范场，1939，石印本，[18页]，32开

本书内容包括：烤房的建筑、熏烤方法、返潮及贮藏发酵等。

收藏单位：重庆馆、贵州馆

02437

烟业论 胡大望译著 江起鲲校

上海：新学会社，1918.3，120页，25开（商业丛书1）

收藏单位：湖南馆、江西馆

02438

烟叶贮藏浅说 财政部四川烟叶示范场编

财政部四川烟叶示范场，1942，石印本，7叶，25开

本书内容包括：烟叶贮藏应注意事项、贮藏室之构造、烟叶包装方法、贮藏管理等。

收藏单位：重庆馆

皮革工业

02439

本所制革工业之研究与试验 杜春晏著

经济部中央工业试验所，1942.2，10页，16开（经济部中央工业试验所研究专报137）

本书共4部分：导言、调查工作、研究试验、结论。

收藏单位：国家馆

02440

毛皮鞣染法 沈增祚编著

北平：国立北平大学工学院，1931.4，132页，32开

本书共15章，内容包括：毛皮概说、毛皮构造及其反应、毛皮鞣制及其预备工作、施鞣工作、矿物染料染色等。

收藏单位：重庆馆、国家馆、农大馆、首都馆

02441

牛皮做法浅说 实业部上海商品检验局编

上海：实业部上海商品检验局，4页，32开

收藏单位：贵州馆、上海馆

02442

皮革 林继庸著

上海：商务印书馆，1933.12，104页，32开（万有文库 第1集0692）（工学小丛书）

上海：商务印书馆，1934.1，104页，32开（工学小丛书）

上海：商务印书馆，1935，3版，104页，32开（工学小丛书）

长沙：商务印书馆，1939.12，104页，32开（万有文库 第1、2集简编500种270）（工学小丛书）

上海：商务印书馆，1947.3，5版，104页，32开（新中学文库）（工学小丛书）

本书讲述制革的历史大要及各种制法。附录：标准制正名表等。

收藏单位：安徽馆、长春馆、重庆馆、大理馆、大连馆、东北师大馆、广东馆、广西馆、贵州馆、国家馆、黑龙江馆、湖南馆、江西馆、辽大馆、辽东学院馆、辽宁馆、辽师大馆、柳州馆、南京馆、内蒙古馆、宁夏馆、上海馆、首都馆、天津馆、浙江馆、中科图

02443

如何改良皮革原料 经济部中央工业试验所编

经济部中央工业试验所，1938.10，32页，32开（小规模工业计划丛刊）

本书介绍生皮的种类、整理、贮藏方法。附录：经济部商品检验局牛羊皮检验施行细则及分级检验标准。

收藏单位：重庆馆、国家馆、南京馆

02444

实用制革学（三十二年度） [王象夷著]

[三台]：[三台东北大学]，1943，油印本，46叶，16开，环筒页装

本书共9编，内容包括：准备工程、鞣革工程、涂色革之整理等。

收藏单位：国家馆

02445

兽皮之制造

上海：良友图书公司，1937.5，1册，32开（万有画库42）

本书为兽皮制造过程及成品的图影集。

收藏单位：宁夏馆、上海馆

02446

铁盐鞣革初步研究报告 杜春晏 黎煜明著

外文题名：Priliminary study on iron tanuage

经济部中央工业试验所，1941.10，4页，16开（经济部中央工业试验所研究专报113）

本书为铁盐作为鞣革原料的研究报告。

收藏单位：重庆馆、国家馆、南京馆

02447

羊皮改进计划草案 农林部编

农林部，1948.1，11页，32开

02448

由上海汉口出口产自长江一带的羊皮做法概论 勃立门（J. J. Brenneman）著 吴德铭译

上海：实业部上海商品检验局，1933.6，36页，32开

本书为中英文本。

收藏单位：重庆馆、国家馆

02449

制革 孟心如编

上海：中国科学图书仪器公司，1942.3，141页，32开

上海：中国科学图书仪器公司，1947.3，再版，141页，32开

本书共7章，内容包括：历史概要、鞣皮之原理、制革之原料、鞣制及调理、革之保藏等。附录：德英汉名词对照及索引。

收藏单位：重庆馆、东北师大馆、广东馆、国家馆、江西馆、南京馆、宁夏馆、上海馆、绍兴馆、首都馆、天津馆、西南大学馆、中科图

02450

制革 朱少垣编纂

上海：商务印书馆，1934.2，37页，32开（小学生文库 第1集 工业类）

上海：商务印书馆，1934.10，再版，37页，32开（小学生文库 第1集 工业类）

本书内容包括：革的用途、革是什么东西、革的种类等。

收藏单位：广西馆、贵州馆、湖南馆、宁夏馆、上海馆、首都馆

02451

制革法 张正成编

北京：京华教育用品公司，1922.6，304页，22开

收藏单位：国家馆、首都馆

02452

制革法

外文题名：Manufacture of leather

上海：英商卜内门洋碱有限公司，304页，22开（工业小册5）

本书附录：摄氏及华氏寒暖计对照表、中外权度表等4种。

收藏单位：上海馆

02453

制革工业 朱积煊编

上海：中华书局，1936.8，60页，32开（化学工业小丛书6）

上海：中华书局，1940.6，再版，60页，32开（化学工业小丛书6）

上海：中华书局，1949.2，3版，60页，32开（化学工业小丛书6）

本书讲述制革顺序、种类、鞣料、技术等。例言后附参考书目。

收藏单位：重庆馆、广东馆、国家馆、黑龙江馆、江西馆、辽宁馆、南京馆、内蒙古馆、山西馆、陕西馆、上海馆、天津馆、西南大学馆、中科图

02454

制革新法 曾广植著

天津：光华印刷公司，1922.2，229页，22开，精装

本书附录：中英法三国度量衡对照表、原名译名对照索引等4种。

收藏单位：国家馆、上海馆

02455
制革新法（样本） 曾广植著
天津：光华印刷公司，[1921]，16 页，22 开
收藏单位：国家馆

02456
制革学 陶延桥著
上海：国立编译馆，1936.2，452 页，23 开，精装
上海：国立编译馆，1936.10，再版，452 页，23 开，精装
本书共 18 章，内容包括：制革之由来、制革工程之概要、水、皮之结构、皮之品种及用途、保全生皮之方法等。
收藏单位：安徽馆、重庆馆、广东馆、贵州馆、国家馆、湖南馆、江西馆、南京馆、山西馆、上海馆、首都馆、浙江馆

02457
最新实用制革学 李仙舟著
北平：京城印书局，1931.3，358 页，22 开
本书共 33 章，内容包括：制革史、皮之组织及其性质、发酵作用之研究等。附录：各种溶液比重表、各种颜料名称表、英汉名词对照表等 5 种。
收藏单位：国家馆、首都馆

02458
最新实用制革学 李仙舟著
上海：商务印书馆，1935.4，19+350+[22] 页，22 开（大学丛书 教本）
上海：商务印书馆，1935，再版，19+350+[22] 页，22 开（大学丛书 教本）
上海：商务印书馆，1937.4，3 版，19+350+[22] 页，22 开（大学丛书 教本）
本书共 33 章，内容包括：制革史、皮之组织及其性质、发酵作用之研究等。附录：各种溶液比重表、各种颜料名称表、英汉名词对照表等 5 种。
收藏单位：重庆馆、甘肃馆、广西馆、贵州馆、国家馆、湖南馆、江西馆、南京馆、内蒙古馆、宁夏馆、上海馆、首都馆、浙江馆

02459
最新实用制革学 李仙舟著
出版者不详，1934，287 页，18 开，精装
本书为国立北平大学工学院化学系三年级制革学讲义。
收藏单位：国家馆

02460
最新实用制革学 王象夷著
上海：中国文化服务社，1947.10，213 页，32 开（青年文库）
本书共 4 编：准备工程、鞣革工程、整理工程、毛皮鞣制及毛皮重硝。
收藏单位：重庆馆、大庆馆、国家馆、南京馆

木材加工工业、家具制造工业

02461
车床木工 （美）哥尔德（Michael Joseph Golden）著 郭元梁译
外文题名：A laboratory course in wood turning
上海：商务印书馆，1924.1，55 页，32 开
上海：商务印书馆，1932.11，国难后 1 版，55 页，32 开
上海：商务印书馆，1934.7，2 版，55 页，32 开
本书为新学制高级工业学校教科书。
收藏单位：安徽馆、广东馆、国家馆、湖南馆、江西馆、南京馆、人大馆、天津馆、浙江馆

02462
初步木工学 庄泽宣编译
上海：中华职业教育社，1918，24 页，22 开
收藏单位：广东馆

02463
工作法教程 航空委员会编

航空委员会，1943.6，163 页，22 开

本书共 2 编：木工工作法、金工工作法。

收藏单位：重庆馆、江西馆

02464

家具制作图解 （日）筑岛栋吉著

东京：洪兴社，1941.5，5 版，50 页，16 开

收藏单位：南京馆

02465

交通部沈阳制材厂锯制枕木时动测验 陈云岫编

交通部东北运输总局，[1948.6]，12 页，32 开（交通部东北运输总局科学管理实施报告 3）

本书共 3 部分：引言、测验内容、评语。

收藏单位：国家馆

02466

林产制造学 马元恺编 严涵青校

上海：新学会社，1922.10，198 页，25 开

上海：新学会社，1926.8，3 版，198 页，25 开

上海：新学会社，1934.10，增订 4 版，198 页，25 开

本书共 5 章，内容包括：总论、由热之作用化森林主副产物为化学工艺品之法、由药品之作用化森林主副产物为化学工艺品之法等。

收藏单位：长春馆、国家馆、河南馆、湖南馆、南京馆、上海馆

02467

木工 高良润编著

上海：国立编译馆，1948.11，166 页，25 开

本书为部定大学用书。附录：英华译名对照表索引。

收藏单位：国家馆、湖北馆、南京馆、内蒙古馆、上海馆、中科图

02468

木工 李洁冰编 郑光昭校

上海：商务印书馆，1937.3，137 页，横 16 开

本书介绍木工基本知识和技巧。

收藏单位：广东馆、国家馆、陕西馆、上海馆、西南大学馆、浙江馆

02469

木工 潘锡纯著 宗亮寰校

上海：商务印书馆，1933，63 页，32 开（小学生文库 第 1 集 劳作类）

收藏单位：重庆馆、广西馆、湖南馆、绍兴馆、首都馆

02470

木工 土木工程训练班编

出版者不详，86 页，64 开（工兵基本作业参考书 2）

收藏单位：广东馆

02471

木工 杨文渊著

长沙：商务印书馆，1939，94 页，32 开

02472

木工工作法 朱允松 赵立民编

上海：大东书局，1935，130 页，36 开

本书为新生活劳作教本。书前有引言及编辑大意。

收藏单位：国家馆

02473

木工学 叶馥编著

空军机械学校，1940，122 页，25 开

收藏单位：广东馆

02474

木模工作法 竺德沛编著

重庆：军政部兵工署第十一技工学校，1944.3，276 页，22 开

本书附录：木模构造图、汉英名词对照表等 7 项。

收藏单位：重庆馆

02475

木模工作图解 竺德沛编著

重庆：军政部兵工署第十一技工学校，

1944.1，124 页，36 开

本书书前有例言。

收藏单位：重庆馆

02476

实用木工学

出版者不详，[1918—1949]，282 页，18 开

收藏单位：河南馆、江西馆、首都馆

02477

小件木器工作图 唐英编

上海：科学会编译部，1918.10，40 页，32 开

上海：科学会编译部，1919，再版，40 页，32 开

上海：科学会编译部，1925，3 版，40 页，32 开

本书为《小件木器工作图及制造法（手工科用）》附图，单独做记录。

收藏单位：重庆馆、首都馆

02478

小件木器工作图及制造法（手工科用） 唐英编

上海：科学会编译部，1918.10，53 页，32 开（职业教育丛书 工业之部）

上海：科学会编译部，1919，再版，53 页，32 开（职业教育丛书 工业之部）

上海：科学会编译部，1925，3 版，53 页，32 开（职业教育丛书 工业之部）

本书附图 1 册《小件木器工作图》，附图单独做记录。

收藏单位：重庆馆、国家馆、南京馆、首都馆、浙江馆

02479

中国林产实验馆计划书草案 唐燿编著

经济部中央工业试验所木材试验室，1940.4，13 页，16 开（经济部中央工业试验所木材试验室特刊 4）

本书共 5 部分：绪言、组织大纲、研究部之主要工作、经费、结论。

收藏单位：国家馆

02480

中央工业试验所木材试验室计划纲要 唐燿编著

经济部中央工业试验所木材试验室，1940.3，8 页，16 开（经济部中央工业试验所木材试验室特刊 3）

收藏单位：国家馆

02481

梓人遗制（永乐大典本）（元）薛景石著 朱启钤校注 刘郭桢图释

北平：中国营造学社，1933.2，影印本，42 页，16 开

本书共 7 部分，内容包括：五明坐车子、华机子、泛床子、小布卧机子等。记述古代匠工所制器械。据《永乐大典》第一万八千二百四十五卷影印。

收藏单位：广东馆、国家馆、南京馆、首都馆、西南大学馆

造纸工业

02482

草之漂白与染色 英商卜内门洋碱有限公司编

上海：英商卜内门洋碱有限公司，[8] 页，23 开（工业小册 2）

02483

稻草制纸法 黄熙著

海口：华文书局，1934，27 页，32 开

收藏单位：国家馆

02484

高初级工业职业学校造纸、印刷科课程及设备标准 教育部编

教育部，1942.10，152 页，32 开

本书内收高初级职业学校造纸与印刷课程及设备标准。

收藏单位：广东馆、国家馆、湖南馆、南京馆

02485
各种造纸法概论 湖南省立第四职业学校编
[湖南]：湖南省立第四职业学校，[石印本]，1册，16开
收藏单位：广东馆

02486
国产造纸纤维之显微化学分析 张永惠 李鸣皋编著
经济部中央工业试验所，1941.10，13页，16开（经济部中央工业试验所研究专报111）（中国造纸原料之研究2）
本书共6部分，内容包括：引言、试验材料、各种纤维之染色试验、各种纤维之量度等。
收藏单位：国家馆

02487
国立四川造纸印刷科职业学校三年来之概况 国立四川造纸印刷科职业学校编
重庆：国立四川造纸印刷科职业学校，1943.4，54页，32开
本书共6部分，内容包括：本校史略、造纸实习工厂概况、印刷工厂概况等。
收藏单位：重庆馆、国家馆、南京馆

02488
加工纸及赛璐珞制造法 （日）黑川美雄著 黄沉思译 徐寿龄校
长沙：商务印书馆，1939.5，217页，32开（实用工艺丛书 第1集）
长沙：商务印书馆，1940.7，再版，217页，32开（实用工艺丛书 第1集）
本书共两篇：加工纸、赛璐珞。
收藏单位：重庆馆、贵州馆、国家馆、辽宁馆、宁夏馆、上海馆、浙江馆

02489
利用农村副产——稻草——以制优良纸浆法 许永绥著
赣县：江西省工业实验处，1941，22页，23开（工业丛刊1）
本书内容包括：造纸工业简史、以稻草为造纸原料、中国稻草之成分、商业上所用之化学方法、实验法手续、各种蒸煮解法之讨论等。
收藏单位：重庆馆、江西馆

02490
马尾松材之木浆制造研究 薛承健 洪溪明著
外文题名：Studies on the pulping of Chinese pine
台北：台湾省林业试验所，1947.3，24页，16开（台湾省林业试验所报告1）
本书共10部分，内容包括：绪言、前人研究、材料与方法、木浆制造之试验等。
收藏单位：国家馆、黑龙江馆、上海馆

02491
美国弗勒谦纸厂实习报告 王百雷著
出版者不详，[1914]，34页，23开
收藏单位：国家馆

02492
木材草类碱法蒸煮及漂白之研究 张永惠 洪盈编著
经济部中央工业试验所，1943.10，14页，16开（经济部中央工业试验所研究专报153）（中国造纸原料之研究4）
本书共6部分，内容包括：引言、试验材料、蒸煮试验、分级蒸煮试验等。
收藏单位：国家馆

02493
木材造纸浅说 姚传法著
南京：农矿部林政司，1930.5，22页，22开（农矿部林政司森林丛刊6）
本书共2章：纸料制造简法、木质纸料制纸浅说。
收藏单位：国家馆、浙江馆

02494
农村副产，稻草，造纸技术化 许永绥著
江西：江西省工业实验处，1941.5，16页，25开（通俗工业指导丛刊1）
收藏单位：江西馆

02495
杉木柏木碱法蒸煮之研究 张永惠等编著
外文题名：Soda and sulphate pulping of Chinese fire and cedar
经济部中央工业试验所，1941.10，9页，16开（经济部中央工业试验所研究专报112）（中国造纸原料之研究3）
本书共10部分，内容包括：引言、试验材料、蒸煮器、蒸煮液之浓度、蒸煮之条件等。中国工程师学会第十届年会（三十年度）宣读论文之一。
收藏单位：国家馆

02496
实验日本造纸新法 姚明德编辑
上海：中国图书公司，1915，再版，70页，22开
上海：中国图书公司，1917.8，3版，70页，22开
本书内容包括：人力造纸器具图说、漂白槽图说、打棒图说、配合槽图说等。
收藏单位：南京馆、首都馆、浙江馆

02497
实用造纸学 欧阳毅编著
洪江（湖南）：湖南省造纸厂，1941，166页，32开
本书共15章，内容包括：原料、准备工程、蒸煮工程、调和工程、整顿工程、手工抄造、加工工程等。
收藏单位：重庆馆

02498
实用造纸学 欧阳毅编
欧阳毅[发行者]，[1940-1949]，油印本，80叶，18开，环筒页装
本书共15章，内容包括：原料、准备工程、蒸煮工程、调和工程、整顿工程、手工抄造、加工工程等。
收藏单位：国家馆

02499
书报废纸重制新纸法 许永绥著
赣县：许永绥[发行者]，1941.3，21页，21开（江西省工业实验处工业丛刊3）
本书共10部分，内容包括：书报废纸为纸浆原料之价值、处理书报废纸之方法、脱墨原理之讨论等。
收藏单位：国家馆、江西馆

02500
苏联制浆造纸工业设备技术使用规程（第一版） 苏联林业人民委员会 苏联制浆造纸工业科学工程技术协会编
列宁格勒：[苏联]国家林业技术出版社，1938，115页，25开
本书内收制浆造纸机械设备技术规程14个。
收藏单位：国家馆

02501
文字的传达 祝苏如编
上海：世界书局，1942.12，赣1版，39页，32开（小学自然故事 第三组30）
本书用故事形式介绍造纸和印刷术等知识。
收藏单位：国家馆

02502
亚硫酸盐纸料制造法 （美）John Sen著 钱声锡译
赣县：江西省立造纸科实用造纸学校，1942，70页，16开（造纸丛刊1）
收藏单位：南京馆

02503
用纸问题之研究（第1种） 唐凌阁著
商务印书馆理化试验室，22页，23开

02504
造纸 方汉城著
上海：商务印书馆，1924.10，67页，32开（工学小丛书）
上海：商务印书馆，1929.10，67页，32开（万有文库 第1集0693）（工学小丛书）
上海：商务印书馆，1933.4，国难后1版，67

页，32 开（工学小丛书）
上海：商务印书馆，1934，国难后 2 版，67 页，32 开（工学小丛书）
上海：商务印书馆，1934.12，国难后 3 版，67 页，32 开（工学小丛书）
上海：商务印书馆，1935.7，国难后 4 版，67 页，32 开（工学小丛书）
长沙：商务印书馆，1939，国难后 6 版，67 页，32 开（工学小丛书）
长沙：商务印书馆，1939.12，67 页，32 开（万有文库 第 1、2 集简编 500 种 271）（工学小丛书）
上海：商务印书馆，1947.3，7 版，67 页，32 开（新中学文库）（工学小丛书）

本书内容包括：纸之略史、造纸原料、原料之准备、原料之蒸煮等。

收藏单位：安徽馆、长春馆、重庆馆、大理馆、东北师大馆、广东馆、广西馆、贵州馆、国家馆、黑龙江馆、湖南馆、惠州馆、江西馆、辽大馆、辽东学院馆、辽师大馆、柳州馆、南京馆、内蒙古馆、宁夏馆、上海馆、绍兴馆、首都馆、天津馆、西南大学馆、浙江馆

02505
造纸 刘咸编
上海：中国科学社，1941.7，194 页，32 开（科学文库 第 9 集 1）

本书共 14 部分，内容包括：纸自中国传入欧洲考略、中国制纸法、陕南纸业、欧美之纸业等。

收藏单位：安徽馆、国家馆、上海馆、首都馆

02506
造纸 刘咸编
桂林：中国科学图书仪器公司，1943.7，158 页，32 开（科学文库 第 9 集 1）

本书共 14 部分，内容包括：纸自中国传入欧洲考略、中国制纸法、陕南纸业、欧美之纸业等。

收藏单位：重庆馆、广东馆、国家馆、湖南馆

02507
造纸
外文题名：Paper in the making
出版者不详，手写本，1 册，16 开

收藏单位：广东馆、上海馆

02508
造纸概论 方汉城著
上海：商务印书馆，1924.10，70 页，长 48 开（百科小丛书 62）
上海：商务印书馆，1926.11，再版，70 页，长 48 开（百科小丛书 62）

本书共 12 章，内容包括：纸之略史、制纸原料、原料之准备、原料之蒸煮等。

收藏单位：安徽馆、重庆馆、广东馆、广西馆、国家馆、湖南馆、江西馆、内蒙古馆、山东馆、陕西馆、上海馆、首都馆、天津馆、西南大学馆、浙江馆

02509
浙江省手工造纸纸样标本说明表 浙江省政府设计会编纂
[浙江]：[浙江省政府设计会]，手抄本，1 册，13 开，精装

本书介绍纸的类别、产地、原料、全年产量、定价、刀数、张数等。

收藏单位：浙江馆

02510
蔗渣造纸之研究 许永绥著
赣县：许永绥[发行者]，1940，22 页，21 开（江西省工业实验处工业丛刊 5）
赣县：许永绥[发行者]，1942.2，22 页，21 开（江西省工业实验处工业丛刊 5）

本书书前有英文摘要，书末附参考文献。

收藏单位：广东馆、国家馆、江西馆

02511
纸 徐应昶著
上海：商务印书馆，1933.10，31 页，32 开（小学生文库 第 1 集 工业类）
上海：商务印书馆，1934，再版，31 页，32 开（小学生文库 第 1 集 工业类）

上海：商务印书馆，1935，4 版，31 页，32 开（小学生文库 第 1 集 工业类）

本书内容包括：造纸的原料、纸料的制法等。

收藏单位：重庆馆、广东馆、宁夏馆、上海馆、首都馆

02512
纸工
出版者不详，70 页，25 开

收藏单位：江西馆

02513
纸和笔 苏易筑编著
南京：正中书局，1936.5，44 页，32 开（中国发明发见故事集）
重庆：正中书局，1943，4 版，44 页，32 开（中国发明发见故事集）
上海：正中书局，1948.6，沪 1 版，44 页，32 开（中国发明发见故事集）

本书共 5 部分：引言、纸的发明与制造、纸的类别与产地、笔的发明与制造、笔的类别与产地。

收藏单位：重庆馆、广东馆、贵州馆、国家馆、湖南馆、江西馆、浙江馆

02514
纸浆工程之演进及其新趋势 荣元恺著
上海：中国纸业月刊社，1948.4，1 册，32 开（中国纸业丛书）

本书附录：回忆纸国安东。

收藏单位：南京馆

02515
纸业须知 现代经济研究所编
上海：中华书局，1948.6，98 页，长 48 开（现代经济研究所商品丛书 10）

本书介绍纸的种类、纸浆及纸张的制法、纸商业的经营等。

收藏单位：长春馆、重庆馆、广西馆、辽宁馆、内蒙古馆、上海馆、浙江馆

02516
纸张标准 常存真 沈耀奎编
[南昌]：江西省政府建设厅，[1942]，78 页，25 开

本书汇集统一江西省手工纸生产尺度办法及通用纸张、标准刊物、普通教科书、普通书学生用笔记本及练习簿、地图用纸、乐谱用纸等各类纸张标准。

收藏单位：重庆馆、广东馆、国家馆、江西馆、南京馆、上海馆

02517
纸张尺度标准 经济部工业标准委员会编
重庆：经济部工业标准委员会，1944，36 页，16 开（经济部工业标准委员会丛书 1）
[重庆]：经济部工业标准委员会，1945，36 页，16 开（经济部工业标准委员会丛书 1）

本书内容包括：各国纸张尺度标准、国际标准协会对纸张尺度标准问题之意见、我国纸张尺度标准之研究、厘定纸张尺度标准之经过等。

收藏单位：重庆馆、国家馆、南京馆、上海馆

02518
制纸工业 朱积煊著
广州：中华书局，1938.10，86 页，32 开（化学工业小丛书）
广州：中华书局，1939，再版，86 页，32 开（化学工业小丛书）
广州：中华书局，1949.2，3 版，86 页，32 开（化学工业小丛书）

本书共 14 章，内容包括：纸质与纤维素之关系、原料、准备工程、纸浆之制法、破布与废纸之纸浆、竹之纸浆等。

收藏单位：长春馆、东北师大馆、广东馆、黑龙江馆、江西馆、辽大馆、南京馆、内蒙古馆、山西馆、上海馆、首都馆、天津馆、浙江馆

02519
制纸机
出版者不详，油印本，1 册，16 开

收藏单位：广东馆

02520
制纸术
北京：北京慈祥工厂，1926，72页，18开
本书为香山慈幼院应用化学科讲义。
收藏单位：国家馆

02521
中国造纸术输入欧洲考　姚士鳌著
北京：辅仁大学辅仁学志编辑会，1928.12，86页，16开
收藏单位：国家馆、内蒙古馆、首都馆

02522
中国造纸原料之研究（一　国产造纸原料之化学组成）　张永惠著
经济部中央工业试验所，1941，再版，11页，16开（经济部中央工业试验所研究专报280）
本书共5部分：引言、原料、分析方法、分析结果、结论。
收藏单位：重庆馆、南京馆

02523
中国造纸原料之研究（四　木材草类碱法蒸煮及漂白之研究）　张永惠　洪盈著
经济部中央工业试验所，1943，14页，16开（经济部中央工业试验所研究专报153）
本书共6部分：引言、试验材料、蒸煮试验、苏打法及硫酸盐法织维料之漂白、分级蒸煮试验、结论。
收藏单位：重庆馆

02524
中国竹纸料之蒸解及其韧力之研究　唐焘源著
[南京]：国立中央研究院化学研究所，1932.10，34页，16开（国立中央研究院化学研究所集刊9）
收藏单位：国家馆、上海馆

02525
种竹制纸之研究　廖定渠编著　张泽垚　杜鞠人校订
南京：京华印书馆，1934.1，26页，16开
本书共6章，内容包括：种竹制纸之趋势、竹类繁殖法、竹料制纸法等。
收藏单位：国家馆、南京馆

02526
竹类造纸学　罗济著
罗济[发行者]，1935，130页，18开
收藏单位：国家馆、湖南馆、江西馆、上海馆、浙江馆

印刷工业

02527
凹版印刷术　苏士清编译
沈阳：东北银行工业处研究室，1949.1，128页，32开（印刷丛书1）
收藏单位：长春馆、国家馆

02528
报纸印刷术　章光梅编
申报新闻函授学校，[1940.10]，243页，36开（申报新闻函授学校讲义8）
本书共31章，内容包括：印刷术概观、报纸印刷术概论、汉字问题、印刷厂之组织、铸字科、排字科等。
收藏单位：重庆馆、黑龙江馆、上海馆、浙江馆

02529
北京印刷局概况　北京印刷局编纂会编
北京：北京印刷局，1944，1册，16开
本书共6部分：绪言、沿革、组织、设备、出品、计划。
收藏单位：国家馆

02530
北平声声学校英文打字讲义（卷1）　声声学校打字部编纂　李文齐校　翟文厚　孙维义修订
北平：声声打字学校，1937.1，45页，横32

开

北平：声声打字学校，1946.1，再版，19页，横32开

本书例言称全书共3卷，卷2卷3未见。

收藏单位：国家馆

02531

电华打字机检字指南 高仲芹著

中国国际商业机器公司，1946.1，177页，22开

本书共5部分：中文技术数字索引说明、中文技术数字索引、部首索引、同义字索引、特种字索引。供打字机等检字用。封面题名：中文技术数字索引用为电华打字机检字指南。

收藏单位：国家馆、南京馆、上海馆

02532

电华打字机施用法讲义 高仲芹著

中国国际商业机器公司，1946.1，146页，22开

本书共4节：电华中文打字机构造说明、字面排列法、常用一千字练习课程、全部选字练习课程。目录页题名：电华中文打字机施用法讲义。

收藏单位：国家馆、南京馆、上海馆

02533

雕刻凹版之历史 （奥）安敦赖黑鲁著 华北政务委员会印刷局技术官室译

出版者不详，34页，18开

收藏单位：东北师大馆、国家馆、中科图

02534

范氏万能式中文打字机实习范本 范继舲著

上海：范氏研究所，1949.8，62页，16开

02535

防弊利器

上海：启文机器厂，44页，32开

收藏单位：首都馆

02536

各种中文铭字样本 华丰印刷铸字所编

[上海]：华丰印刷铸字所，1935，1册，16开

本书介绍各种字体样本，华文排字架之发明及其改革，华丰印刷铸字所的改良与创造工作、史略、内部组织等。

收藏单位：重庆馆

02537

国产摄影制版用胶炼制法 张必先著

南京：军事委员会军令部陆地测量总局，1939.7，99页，32开

本书共4章，内容包括：试制国产摄影制版用胶之动机及其经过、国产摄影制版用饴胶之炼制法等。

收藏单位：贵州馆

02538

国立高级印刷职业学校概况 国立高级印刷职业学校编

南京：国立高级印刷职业学校，1948.9，8页，32开

本书介绍国立高级印刷职业学校沿革、行政、教务、训导、实习等。

收藏单位：国家馆、吉林馆、南京馆

02539

汉译印刷术总论及机械篇 （日）矢野道也著 参谋本部陆地测量总局译

参谋本部陆地测量总局，1931，174页，25开，精装

本书共4章：绪论、印刷术之历史、凸版用印刷机第一、凸版用机械第二。

收藏单位：重庆馆

02540

花边铅字样本 财政部印刷局编

[北京]：财政部印刷局，1923，[116]页，21开

收藏单位：国家馆

02541

华文打字法 周玉崐编著

周玉崐[发行者]，1934.12，18+38+44页，

32 开

本书附录：练习打字课程、一位华文打字员学习报告及服务经过。

收藏单位：广东馆、国家馆、上海馆、浙江馆

02542
华文打字机教科书
东京：大谷仁兵卫，1917，56 页，横 16 开

收藏单位：国家馆

02543
华文打字机使用法
出版者不详，[100] 页，16 开

本书共 36 课，内容为打字练习。

02544
华文打字术略说（袖珍本） 关茂甫编著
出版者不详，1938，74 页，大 64 开，精装

收藏单位：首都馆

02545
活版印刷术 （日）俊山幸男编辑 苏士清译
重庆：国立四川造纸印刷科职业学校出版部，1942.9，430 页，22 开
重庆：国立四川造纸印刷科职业学校出版部，1945.5，再版，430 页，22 开

本书共 5 编，内容包括：铅字总论、铅字制造法及字模制造法，日文排字机，活版印刷法等。1945 年再版书编辑题：郡山幸男。

收藏单位：重庆馆、广东馆、国家馆、南京馆、中科图

02546
近代印刷术 贺圣鼐 赖彦于著
上海：商务印书馆，1933.12，104 页，32 开（万有文库 第 1 集 0652）（百科小丛书）
上海：商务印书馆，1934.3，104 页，32 开（百科小丛书）
上海：商务印书馆，1934.7，再版，104 页，32 开（万有文库 第 1 集 0652）（百科小丛书）
上海：商务印书馆，1935，再版，104 页，32 开（百科小丛书）
长沙：商务印书馆，1939.12，104 页，32 开（万有文库 第 1、2 集简编 500 种 249）（百科小丛书）
长沙：商务印书馆，1940.2，3 版，104 页，32 开（百科小丛书）
上海：商务印书馆，1947.2，4 版，104 页，32 开（新中学文库）（百科小丛书）

本书共 2 篇：中国、欧美。介绍中国和欧美各国的印刷术及发展史。

收藏单位：安徽馆、长春馆、重庆馆、大理馆、大连馆、大庆馆、东北师大馆、福建馆、广东馆、广西馆、贵州馆、国家馆、河南馆、黑龙江馆、湖南馆、惠州馆、江西馆、近代史所、辽大馆、辽东学院馆、辽宁馆、辽师大馆、柳州馆、南京馆、内蒙古馆、宁夏馆、山西馆、陕西馆、上海馆、首都馆、天津馆、西交大馆、西南大学馆、浙江馆、中科图

02547
堀井誊写版 印刷样本 堀井誊写堂编
东京：堀井誊写堂，1 册，22 开

收藏单位：广东馆

02548
明体集成铜模样本 大普公司编
上海：大普公司，52 页，16 开

02549
平版印刷术 马克清编著
重庆：国立四川造纸印刷科职业学校，1941.10，249 页，32 开
重庆：国立四川造纸印刷科职业学校，1942.5，再版，249 页，32 开
重庆：国立四川造纸印刷科职业学校，1943.12，3 版，249 页，32 开

本书共 4 篇：石版术、金属平板、照像应用平版术、平版之印刷方法。逐页题名：平版术。

收藏单位：重庆馆、广东馆、国家馆、南京馆、上海馆、中科图

02550
铅字花边样本（洪武正楷）
上海：汉云铸字印刷所，1 册，大 32 开
收藏单位：南京馆

02551
实用珂罗版制法 （美）威尔逊（T. A. Wilson）著 佘小宋译
外文题名：The practice of collotype
长沙：商务印书馆，1938.5，82 页，32 开（工学小丛书）
长沙：商务印书馆，1938.8，再版，82 页，32 开（工学小丛书）
本书共 7 章，内容包括：制版应有设备、印刷用感光版之制造、感光片曝光等。
收藏单位：广东馆、贵州馆、国家馆、上海馆

02552
书记服务必备（一名，华文打字文书要诀）
甘纯权 徐怡芝编
上海：上海职业指导所，1935.3，60 页，32 开
本书共 14 部分，内容包括：公文之种类、公文之传递、华文打字机之便利、文件之发递等。
收藏单位：国家馆、上海馆

02553
宋朝体铅字
天德信商店，42 页，32 开
本书介绍宋体铅字的大小规格。
收藏单位：首都馆

02554
宋孝宗时代刻书述略 张秀民著
出版者不详，[1941—1949]，12 页，16 开
本书共 5 部分：士大夫刻书之盛、国子监及书坊刻书、刻书地域之分布、刻工与装背匠、工料及书价。《书学季刊》10 卷 3 期抽印本。
收藏单位：国家馆

02555
凸版印刷制版术 关汉勋编著
上海：商务印书馆，1948.8，116 页，32 开
本书为职业学校教科书。共 5 章，内容包括：印刷术概论、铅印制版术、锌凸版制版术等。
收藏单位：广东馆、国家馆、黑龙江馆、湖北馆、上海馆

02556
西文打字法实习 翁仲枚著
上海，商务印书馆，1931.11，80 页，16 开
上海：商务印书馆，1933.4，国难后 1 版，80 页，16 开
上海：商务印书馆，1934，国难后 2 版，80 页，16 开
长沙：商务印书馆，1940.6，国难后 7 版，80 页，16 开
上海：商务印书馆，1946.10，9 版，80 页，16 开
上海：商务印书馆，1948.8，11 版，80 页，16 开
收藏单位：重庆馆、国家馆、江西馆、南京馆、上海馆

02557
现代制版术
出版者不详，83 页，32 开（银线画报丛书）
本书共 16 章，内容包括：照像制版术之历史、制版之基本原理、制版之主要程序、照像之原理、镜头与光线等。附录：制版药品之配合公式。
收藏单位：国家馆

02558
新式华文打字机简易检字表
上海：商务印书馆，1926，12 页，32 开
收藏单位：国家馆

02559
新式华文打字机练习课程 宋明德编辑
上海：商务印书馆，1934.9，1 册，横 16 开
本书内容包括：字表、检字柄、打字柄、

色带等。

收藏单位：贵州馆、浙江馆

02560

印刷的故事 沈子复著

上海：永祥印书馆，1945.8，65页，36开（青年知识文库 第1辑 10）

上海：永祥印书馆，1947.8，再版，65页，36开（青年知识文库 第1辑 10）

本书共6章，内容包括：没有印刷以前、印刷的老家——中国、欧洲的印刷、近代印刷的趋向等。

收藏单位：重庆馆、东北师大馆、广西馆、国家馆、辽宁馆、南京馆、上海馆、浙江馆

02561

印刷概况 俞复述

中华书局，16页，32开

本书介绍中华书局印刷部门工作概况。

收藏单位：国家馆

02562

印刷技术手册 华北新华书店第一印刷厂厂务委员会编

华北新华书店第一印刷厂厂务委员会，1948.6，133页，32开（华北新华书店第一印刷厂厂务委员会工厂业务研究2）

本书内容包括：中文活字、印刷历史及其发展，中文活字种类及其应用，特种印刷术等。

收藏单位：国家馆

02563

印刷界之光（样本） [陈寅生编]

上海：致祥铜模铸字所，1935，16页，32开

本书内容包括：头号、二号、三号、四号、五号老宋铅字样本，新五号、六号老宋铅字样本，各种注音铅字，外埠购货章程，致祥花边样本等。

收藏单位：国家馆

02564

印刷墨 陆鼎藩编

长沙：商务印书馆，1938.5，95页，32开（工学小丛书）

长沙：商务印书馆，1938.8，再版，95页，32开（工学小丛书）

本书介绍印刷墨的种类、特性、原料及制造等。据日本《印刷术讲座》中关于印刷墨部分译编。

收藏单位：重庆馆、甘肃馆、贵州馆、国家馆、河南馆、江西馆、辽大馆、上海馆、首都馆

02565

印刷术 金溟若编著 应成一校订

南京：正中书局，1936.5，68页，32开（中国发明发见故事集）

南京：正中书局，1943.3，4版，68页，32开（中国发明发见故事集）

上海：正中书局，1948.6，沪1版，68页，32开（中国发明发见故事集）

本书简述中国印刷术的发明、发展史。

收藏单位：安徽馆、重庆馆、广东馆、广西馆、贵州馆、国家馆、湖南馆、江西馆、南京馆、首都馆、浙江馆

02566

印刷术概论 姚竹天编

上海：竹天新宋铜模铸字所，18页，16开

本书介绍平版、凸版、凹版、照相制版等印刷术。附录：各体铜模样张价目。

收藏单位：南京馆

02567

印刷样本 上海中华书局印刷所编

上海：上海中华书局印刷所，[1931]，[60]页，8开

02568

印刷艺术（第1集） 八路军印刷厂编

[延安]：八路军印刷厂，[1942]，140页，32开

本书内收文章30余篇，内容包括：《中文

字架部位记》(石士虬)、《西文排字之研究》(施友诚)、《排字与印书两部的合作问题》(马颂德)、《对于洗胶的几点意见》(唐宗杰)等。

02569

英文打字 闻亦有主编 吴德培 王一影编著

上海:正中书局,1948.5,116页,32开

本书为高级商业职业学校教材。共2篇:概论、练习课程。遵照部颁课程标准编著。

收藏单位:国家馆、江西馆

02570

影写版 唐之雄编著

上海:中华印刷厂出版部,1935.1,[16+103]页,32开(百科丛书 印刷工业类)

本书共3部分:照相、制版、印刷。书前有于佑任题词、著者"写在前面",书末有附图一览表、唐之雄启事。

收藏单位:国家馆

02571

照相制版术 沈达编

太原:山西工业专门学校,1930.9,石印本,73叶,18开,环筒页装

收藏单位:国家馆

02572

中国雕板源流考 孙毓修编纂

上海:商务印书馆,1918.5,68页,32开(文艺丛刻 乙集)

上海:商务印书馆,1918.5,68页,32开(国学小丛书)

上海:商务印书馆,1921.11,3版,68页,32开(文艺丛刻 乙集)

上海:商务印书馆,1924.8,4版,68页,32开(文艺丛刻 乙集)

上海:商务印书馆,1926,5版,68页,32开(文艺丛刻 乙集)

上海:商务印书馆,1930.4,68页,32开(万有文库 第1集651)(国学小丛书)

上海:商务印书馆,1931,6版,68页,32开(文艺丛刻 乙集)

上海:商务印书馆,1933.4,国难后1版,68页,32开(国学小丛书)

上海:商务印书馆,1934.2,国难后2版,68页,32开(国学小丛书)

长沙:商务印书馆,1939.9,68页,32开(万有文库 第1、2集简编500种250)(国学小丛书)

本书叙述中国雕版印刷术的发展史。孙毓修号留菴。初版、5版、6版,责任者题:留菴编纂。版权页题名:中国雕版源流考。

收藏单位:安徽馆、长春馆、重庆馆、大理馆、大连馆、大庆馆、东北师大馆、广东馆、广西馆、贵州馆、国家馆、黑龙江馆、湖南馆、吉林馆、江西馆、辽大馆、辽师大馆、南京馆、内蒙古馆、宁夏馆、山东馆、上海馆、绍兴馆、首都馆、西南大学馆、浙江馆、中科图

02573

中国印刷术源流史 (美)卡德(Thomas Francis Carter)著 刘麟生译

外文题名:The invention of printing in China and its spread westward

长沙:商务印书馆,1938.10,202页,32开(汉译世界名著)

本书共4编:中国印刷术之背景、中国之雕版印刷、中国雕版印刷术之西渐、论活字印刷。

收藏单位:重庆馆、广东馆、国家馆、江西馆、近代史所、南京馆、山西馆、上海馆、西南大学馆、中科图

02574

注音符号印刷体式 教育部国语统一筹备委员会草拟

[南京]:教育部,1935.4,8页,32开

本书共5部分,内容包括:制定经过、汉字旁注之注音符号印刷体式办法、独立用之注音符号印刷体式办法等。1935年4月教育部审定公布。

收藏单位:贵州馆、国家馆、南京馆

02575
最新照像制版术 （日）镰田弥寿次著 马克清译
重庆：国立四川造纸印刷科职业学校，1945.4，15+318 页，22 开
本书共 12 章，内容包括：制版用照像术、照像石版、照像金属平版、橡皮机印刷、三色版等。
收藏单位：重庆馆、国家馆

五金制品工业

02576
二九年式改良炉灶图说 许蟠云 唐德风著
浙江省动员委员会，29 页，24×26cm
本书从节约柴草和实用方面介绍炉灶的改良方法。
收藏单位：南京馆、浙江馆

02577
公勤（网篱样本） ［公勤铁厂股份有限公司］编
上海：公勤铁厂股份有限公司，40 页，16 开
本书介绍该厂出品的铁丝网制篱笆、篱门等。

02578
公勤样本汇编 公勤铁厂股份有限公司编
上海：公勤铁厂股份有限公司，[1937.6]，[180] 页，16 开，精装
本书为广告宣传品。介绍该厂生产的洋钉、铁丝等样品。

02579
煤灶之改良 福建省立科学馆编
福建：出版者不详，[1938-1940]，8 页，22 开
收藏单位：福建馆、江西馆

02580
五金备要 李君英编
香港：合众出版社，1941.1，208 页，64 开
收藏单位：南京馆

02581
五金手册 戴沅陵 叶仲南编
上海：南衡出版社，1939.7，再版，139 页，64 开
本书内容包括：管子另件先令表、锉刀先令表、火炉螺丝先令表、马车螺丝先令表、铜肖子先令表、白铁黄铜窗钩先令表、五金原质重量比较表、竹节铜规定重量表、光地轴重量表、黄铜条重量表、铁板每块重量表等。
收藏单位：南京馆

02582
五金手册 ［叶仲戴 泰衡编辑］
上海：南衡出版社，1939，32 版，345 页，90 开
收藏单位：国家馆

02583
五金要览 史式 杜煦编纂 白生良主编
重庆：中国文化建设公司出版部，1948，204 页，36 开，精装
重庆：中国文化建设公司出版部，1949.2，再版，204 页，36 开，精装
本书共 7 章：五金货名录、五金现货尺码举例、各种先令表、各种重量表、各种对照表、中外度量衡核算表、附录。
收藏单位：重庆馆、国家馆

02584
制钉拉丝计划书 黄介甫拟
上海：公勤铁厂股份有限公司，1930.10，[17]+[8] 页，16 开
本书附该厂生产的造钉机、拉丝机等照片十余幅。
收藏单位：国家馆

02585
中林经济灶 农林部中央林业实验所编
农林部中央林业实验所，1945.3，8 页，16 开
（农林部中央林业实验所推广专刊 1）
本书介绍新式灶具的发明、制造、应用及节煤特点等。

收藏单位：国家馆、南京馆

工艺美术制品工业

02586
编结和刺绣 潘澹明编
上海：中华书局，1948.2，92页，32开
本书介绍毛线编结及丝线、棉线刺绣的一般知识。
收藏单位：重庆馆、广东馆、湖南馆、江西馆、南京馆、内蒙古馆、上海馆、绍兴馆

02587
编物大全 缪凤华编著
上海：商务印书馆，1935.12，28+345页，32开
上海：商务印书馆，1946.9，8版，28+345页，32开
上海：商务印书馆，1947，9版，28+345页，32开
上海：商务印书馆，1948.8，10版，28+345页，32开
本书为职业学校教科书。共5章：用具及材料、基础编、花样编、绒线编物常识、实物编。
收藏单位：安徽馆、重庆馆、广东馆、国家馆、湖南馆、辽大馆、南京馆、首都馆、天津馆、西南大学馆

02588
编物图案集成 曾毓瑞著
曾毓瑞[发行者]，1920.2，38页，16开，精装
收藏单位：国家馆、天津馆

02589
编物图说 张叔平编辑
上海：商务印书馆，1917.11，55页，32开（手工丛书）
上海：商务印书馆，1923，4版，55页，32开（手工丛书）
上海：商务印书馆，1927.9，6版，55页，32开（手工丛书）
上海：商务印书馆，1931，7版，55页，32开（手工丛书）
本书介绍棉、毛、麻、丝等编织物，如花边、表链、线袋、花篮等。
收藏单位：重庆馆、广东馆、国家馆、绍兴馆、首都馆、天津馆、浙江馆

02590
编织大全 赵剑霜著
华文书局，1940，增订版，180页，32开
收藏单位：首都馆

02591
编织术初步 吴印咸编著
上海：编织术研究社，1929.11，151页，32开
收藏单位：南京馆

02592
初学绒线编织法 密丰绒线厂编
上海：密丰绒线厂，146页，16开

02593
刺绣教本（劳作科 上册） 田云青编绘
上海：新亚书店，1938.8，5版，32页，横32开

02594
刺绣教本（劳作科 中、下册） 田云青编绘
上海：新亚书店，1941.1，7版，2册（32+32页），横32开
收藏单位：上海馆

02595
刺绣术 张华琏 李许频韵编纂
长沙：商务印书馆，1938.12，改订1版，76页，32开，精装
长沙：商务印书馆，1939.12，改订2版，76页，32开，精装
本书为职业学校教科书。共4章：概论、法式、旧绣法之分类、新绣法之分类。
收藏单位：重庆馆、广东馆、贵州馆、国

家馆、江西馆、首都馆

02596
大家来编结 黄培英主编
上海：上海毛绒纺织厂，1949，2册（16+24页），36开
收藏单位：广东馆、国家馆

02597
翡翠轩玉话 上海翡翠轩编
[上海]：上海翡翠轩，1925.10，54页，32开
本书共35节，介绍各种钻石、玉石的种类、产地、品色、制作方法、史籍记载等。附宝石歌。

02598
果实模造法 沈静子编译
上海：大东书局，1925，再版，40页，32开
收藏单位：重庆馆、河南馆

02599
鸡血石之研究 陈灵生撰
浙江：出版者不详，18页，32开
本书介绍鸡血石的特征和鉴别方式。
收藏单位：浙江馆

02600
假果制造法 杨彬如编纂
上海：商务印书馆，1924，23页，32开（儿童工艺丛书2）
收藏单位：首都馆

02601
假果制作法 杨彬如著
上海：商务印书馆，1933.10，20页，32开（小学生文库 第1集 劳作类）
本书共3部分：一件礼物、做假果的材料和工具、做假果的实验。
收藏单位：重庆馆、东北师大馆、湖南馆、宁夏馆、首都馆

02602
简易的绒线编织和刺绣 姚家栋 许剑龠编
南京：正中书局，1937.2，19页，32开（儿童劳作小丛书20）
上海：正中书局，1947.1，沪1版，19页，32开（儿童劳作小丛书20）
本书介绍绒线编织的基本方法和一些缝花、绣花的方法。
收藏单位：北师大馆、重庆馆、国家馆

02603
蜡果制造法 倪祝华编纂
上海：商务印书馆，1925，23页，32开（儿童工艺丛书3）
收藏单位：首都馆

02604
麦秆辫图说 汪祖源编
上海：商务印书馆，1917.12，84页，32开（手工丛书）
上海：商务印书馆，1922.9，3版，84页，32开（手工丛书）
上海：商务印书馆，1934.4，国难后1版，72页，32开（手工丛书）
本书共7章：绪言、麦秆辫业与社会经济、麦秆辫原料之选制、麦秆辫原料之整理、麦秆辫之编制、麦秆辫之修整及检查、附述。
收藏单位：重庆馆、广东馆、国家馆、南京馆、绍兴馆、首都馆、浙江馆

02605
麦秆工图说 桂绍烈编
上海：商务印书馆，1917.11，65页，32开（手工丛书）
上海：商务印书馆，1923.9，3版，65页，32开（手工丛书）
上海：商务印书馆，1931，4版，65页，32开（手工丛书）
本书介绍玩具、模造品、草帽辫制法，材料的采集、漂白、染色，设备及使用法等。
收藏单位：广东馆、广西馆、国家馆、河南馆、江西馆、南京馆、山西馆、浙江馆

02606
毛绒线手工编结法（初集） 鲍国芳编著
上海：国芳编结社，1934.10，43 页，32 开
上海：国芳编结社，1939.10，再版，43 页，32 开
本书为照片及图，加文字说明。
收藏单位：上海馆

02607
毛绒线手工编结法（4 集） 鲍国芳编著
上海：国芳编结社，1936.11，30 页，32 开

02608
毛绒线手工编结法（第 6 集） 鲍国芳编著
上海：国芳编结社，1940.11，52 页，32 开

02609
毛线结物图解 孙一青编
北平：北平著者书店，1934.9，石印本，66 页，32 开（豫庐丛著）
本书著者通称：孙均。
收藏单位：国家馆、首都馆、浙江馆

02610
培英毛线编结法 黄培英编
上海：国华煤球厂事务所，1946.11，5 版，66 页，32 开
收藏单位：南京馆

02611
培英毛线编结法 黄培英编
上海：培英编结公司，1947.6，56 页，32 开
收藏单位：湖南馆、南京馆、首都馆

02612
培英丝毛线编结法 黄培英编
上海：培英编结传习所，1939.11，132 页，16 开，精装
本书版权页题名：培英毛丝线编结法。
收藏单位：国家馆

02613
七巧图辑解 方王以雪编 方惠群解图
重庆：华西三育研究社，1947，83 页，32 开
收藏单位：重庆馆

02614
秋萍毛线刺绣编结法 冯秋萍编著
上海：良友绒线公司，1946.12，107 页，25 开，精装
本书介绍大衣、背心、童装、外衣、旅行装、春装等的编织。封面有“13、14、15、16 最新出版合订本”字样。
收藏单位：国家馆

02615
秋萍毛线刺绣编结法 冯秋萍编著
出版者不详，158 页，25 开
本书共 3 部分：钩针编结法、毛线刺绣法、棒针编结法。
收藏单位：首都馆

02616
秋萍毛线刺绣编结法 冯秋萍编著 梦瘦结校
上海：良友编结社，1939.9，120 页，25 开，精装
上海：良友编结社，1941.1，再版，120 页，25 开，精装
本书介绍各种毛衣外套、童装、花边、帽子及靠垫等的编结法，每种均有照片及说明。
收藏单位：国家馆、南京馆

02617
秋萍毛线刺绣编结法（第 1 部 棒针、钩针、刺绣） 冯秋萍编著 梦瘦结校 周一飞设计
上海：良友编结社，1938.10，再版，25 页，32 开
本书共 3 部分：钩针编结法、毛线刺绣法、棒针编结法。
收藏单位：国家馆

02618
秋萍毛线刺绣编结法（第 2 部 棒针、钩针、刺绣） 冯秋萍编著

上海：良友编结社，1938.10，再版，42页，32开

本书内容包括：钩针编结法、毛线刺绣法、棒针编结法、菊花针编结法等，均有照片及说明。

收藏单位：国家馆

02619

秋萍毛线刺绣编结法（第3部 棒针、钩针、刺绣） 冯秋萍编著

上海：良友编结社，1938.10，再版，41页，32开

本书介绍各种大衣披肩、春季童装、帽子等的花样编结法。

收藏单位：国家馆

02620

秋萍毛线刺绣编结法（第4部 服式、刺绣、钩针、棒针） 冯秋萍编著 梦瘦结校

上海：良友编结社，1939.7，再版，51页，32开

收藏单位：国家馆

02621

绒线编结法 冯秋萍主编

上海：裕民毛绒线厂，1947.3，48页，32开

本书介绍运用秋萍毛线刺绣编织法制作各种衣物的方法。

收藏单位：广东馆、江西馆、南京馆

02622

绒线刺绣编结法 冯秋萍主编

上海：良友绒线公司，1948.11，48页，32开

本书介绍各种时新衣装的编织方法。封面题："1949，No.20"。

02623

绒线手工编结法（初集） 黄嘉瑛著

上海：黄嘉瑛[发行者]，1935.11，41页，32开

本书介绍各种绒线样式的编织方法。

收藏单位：广东馆

02624

赛绣工工作法 金启静编

商务印书馆，54页，32开

收藏单位：上海馆

02625

石膏像制作法 林履彬编 宗亮寰校

上海：商务印书馆，1934.2，47页，32开（小学生文库 第1集 劳作类）

本书介绍制作石膏像所需的原料、技巧等。

收藏单位：广西馆、湖南馆、吉林馆、宁夏馆、上海馆、首都馆

02626

首饰箱 杨孝述 胡珍元编

上海：中国科学图书仪器公司，[65]页，32开（家常科学丛书1）

本书介绍金银、珍珠、宝石、戒指及钱币等的历史知识。

收藏单位：广东馆、南京馆

02627

挑花谱

合川：中华书局，石印本，1册，横18开

本书内收各式单面挑花图谱。

收藏单位：重庆馆

02628

纸绳刺绣及造花法 何明斋编纂 袁秉美校

长沙：商务印书馆，1938.7，50页，32开（中学劳作丛书）

收藏单位：广东馆、国家馆、辽宁馆

02629

中等造花课本 阮达人编著

上海：中华书局，1928，34+64页，27开

收藏单位：重庆馆、广西馆、河南馆、南京馆、宁夏馆

02630

珠钻指南 屠蒹荪著

上海：中原书局，1926.7，126页，32开

本书为文言体。附翡翠宝石玉器。

02631
最新毛绒线手工编结法　强恕编著
上海：家事研究社，1936.9，109页，23开，精装
上海：家事研究社，1936.12，再版，109页，23开，精装
本书附64种编结法式样图照。
收藏单位：上海馆、浙江馆

服装工业、制鞋工业

02632
裁缝大要　何元编
上海：中华书局，1936.6，82页，32开（初中学生文库）
上海：中华书局，1936.11，再版，82页，32开（初中学生文库）
上海：中华书局，1941.1，4版，82页，32开（初中学生文库）
本书共17部分，内容包括：裁缝应用的工具、裁缝的材料、基础缝法、领的裁缝法、袖的裁缝法、纽扣的裁缝法等。
收藏单位：重庆馆、贵州馆、国家馆、江西馆、南京馆、内蒙古馆、上海馆、天津馆

02633
裁缝课本　何明斋　徐瑞秋编
上海：商务印书馆，1936.7，121页，32开
长沙：商务印书馆，1938.7，3版，121页，32开
本书为职业学校教科书。共20部分，内容包括：裁缝的用具、裁缝的材料、书包的裁缝、孩帽的裁缝、童帽的裁缝、男帽的裁缝、女帽的裁缝、鞋子的裁缝等。
收藏单位：重庆馆、广东馆、上海馆

02634
裁剪大全　卜珍著
广州：岭东科学裁剪学院，1947.8，5版，109页，16开
广州：岭东科学裁剪学院，1948，6版，109页，16开
本书介绍各种西式服装剪裁法。
收藏单位：国家馆、上海馆

02635
裁剪缝绣学入门　王圭璋著
上海：景华函授学院，1949，1册，32开
本书共3部分：缝纫学、裁剪学、机绣学。
收藏单位：广东馆、国家馆

02636
防护服装　张天开著
社会部工矿检查处，37页，64开（工矿检查丛书 福利类1）
收藏单位：南京馆

02637
缝纫方法　姚家栋　许剑盦编
北京：正中书局，1937.2，18页，32开（儿童劳作小丛书19）
上海：正中书局，1947.1，沪1版，18页，32开（儿童劳作小丛书19）
本书介绍帽子、鞋子、枕套、学生装等缝制的用具和针法。
收藏单位：重庆馆、东北师大馆、贵州馆、国家馆

02638
缝纫教本（简明）　仇良辅著
上海：世界书局，1926.10，2册（78+92页），32开
上海：世界书局，1930.4，2册（78+92页），32开
本书介绍做衣服的方法以及各种技巧。
收藏单位：广东馆、国家馆、南京馆、浙江馆

02639
缝纫术　江西省实施百业教育委员会编
南昌：江西省实施百业教育委员会，[1938—1949]，56页，25开（百业教育实施教材3）

收藏单位：江西馆

02640
缝纫知识 舒宽鑫编
南昌：江西省实施百业教育委员会，1939.1，46页，25开（百业教育实施教材4）
收藏单位：江西馆

02641
缝衣室 杨孝述 胡珍元编
上海：中国科学图书仪器公司，[125]页，32开（家常科学丛书8）
本书介绍棉、麻、丝、毛、针线、纽扣、剪刀等的科学常识。
收藏单位：重庆馆、广东馆、南京馆、上海馆

02642
服装心理学 （德）福格尔（J. C. Flugel）著 孙贵定 刘季伯译
上海：商务印书馆，[1936.10]，310页，32开
本书从心理学角度讨论服装对人类的意义、目的和作用。共15章，内容包括：根本的动机、羞涩、保护作用、个性的差异、两性的差异、服装底形态、时髦底势力、服装底演进、服装底前途等。
收藏单位：广东馆、广西馆、国家馆、湖南馆、辽大馆、南京馆、上海馆、首都馆、天津馆

02643
革履模型裁法指南 马之先编著
上海：慈幼印书馆，1947.3，64页，32开
本书为职业学校教科书。内收皮鞋裁剪图样及说明。
收藏单位：国家馆

02644
领结卅一种 田济川编著
上海：二二五童子军书报用品社，1935.6，33页，32开
上海：二二五童子军书报用品社，1936，3版，33页，32开
重庆：二二五童子军书报用品社，1943，33页，32开
本书介绍31种领结系法并配图说明。
收藏单位：重庆馆、江西馆

02645
男女洋服裁缝法 蒋乃镛编 宗亮寰校
长沙：商务印书馆，1940.8，246页，横16开
本书附录：毛织物整理法、清除污渍法等。
收藏单位：首都馆

02646
女子职业学校裁缝课本 何明斋 徐瑞秋编
上海：商务印书馆，1936.7，121页，32开
长沙：商务印书馆，1938，3版，121页，32开
收藏单位：东北师大馆、江西馆、辽宁馆、浙江馆

02647
人类的生活——衣 朱尧铭编
上海：新中国书局，1932.7，34页，32开
上海：新中国书局，1933，再版，34页，32开
收藏单位：重庆馆、河南馆、江西馆、首都馆、浙江馆

02648
西服裁法讲义 孔自元编
长沙：自治女校，1937，再版，石印本，240页，25开
收藏单位：重庆馆

02649
修正服制条例草案
出版者不详，[1931—1939]，石印本，1册，16开，环筒页装
收藏单位：国家馆

02650
衣（人生四大要素之一） 陈文沛著
上海：文沛纺织化学工程所，1947.8，14+120页，32开

收藏单位：国家馆

02651
衣的科学化 张敬伯编著 冯明权检阅
上海：信行社科学洗染部，1935.10，28页，32开
收藏单位：国家馆

02652
衣服故事 倪锡英编
上海：大众书局，[1946]，16页，36开（儿童知识文库）
收藏单位：国家馆

02653
衣服论 邹德谨 蒋正陆编译
上海：商务印书馆，1916.12，73页，36开（通俗教育丛书）
上海：商务印书馆，1917.7，再版，73页，36开（通俗教育丛书）
上海：商务印书馆，1921.11，3版，73页，36开（通俗教育丛书）
上海：商务印书馆，1923，4版，73页，36开（通俗教育丛书）
上海：商务印书馆，1931.5，5版，73页，36开（通俗教育丛书）
上海：商务印书馆，1933.3，国难后1版，73页，36开（通俗教育丛书）
本书共15章，内容包括：衣服之功用、衣服之材料、衣服之保温作用、衣服之通气、衣服之吸收温热、衣服之染色、衣服之吸收气体、衣服与病毒、衣服与毒物、衣服之附属品、被褥等。
收藏单位：重庆馆、广东馆、国家馆、河南馆、湖南馆、江西馆、南京馆、陕西馆、首都馆、浙江馆

02654
中华服制考略（绘画本）
北京：中华画会，1册，精装
收藏单位：国家馆

其他轻工业、手工业

02655
废物利用全书 新华编辑社编
上海：新华书局，1929.10，2版，72页，32开
收藏单位：南京馆

02656
风琴使用及修理法 俞寄凡著
上海：商务印书馆，1931.7，40页，25开
上海：商务印书馆，1933.4，国难后1版，40页，25开
本书共4章：风琴之使用法、风琴之构造法、风琴之分解法、风琴之修理法。
收藏单位：广东馆、广西馆、河南馆、江西馆、辽大馆、宁夏馆、上海馆、西南大学馆

02657
工艺常识 陆静山 强济昌编
上海：乐华图书公司，1935，84页，36开（新儿童生活丛书）
本书介绍木工、金工、纸工、竹工、藤工等工艺常识。
收藏单位：重庆馆、江西馆

02658
工艺常识指南·商人须知
上海：明雅书店，110+27页，32开（民众常识丛书）
本书为《工艺常识指南》《商人须知》合订本。
收藏单位：重庆馆

02659
家庭工业概述 白铎然著
北平：出版者不详，1947，油印本，5叶，16开，环筒页装
收藏单位：国家馆

02660
劳作教材
出版者不详，150 页，25 开
本书共 9 章，内容包括：纸工、土工、竹工、木板工、玩具制造、农产制造、废物利用等。
收藏单位：江西馆

02661
劳作教材（纸工 3）　熊仁安编
重庆：重庆市立师范学校，1949，196 页，32 开
收藏单位：重庆馆

02662
日用工艺生利法　奚楚明编
上海：中国实业研究会，1926.1，182 页，25 开
上海：中国实业研究会，1930.5，修正 3 版，182 页，25 开
本书共 8 编，内容包括：洋烛制造法、洋火制造法、肥皂制造法、化妆品类制造法、牙粉牙膏类制造法等。
收藏单位：江西馆

02663
生利法（小本工艺）　步飞编辑　实业研究学社校
上海：国光书店，[1936.5]，198 页，25 开
本书介绍各种日用品、食品等的制作方法。
收藏单位：江西馆

02664
石膏工　李颂尧编
上海：商务印书馆，1926.11，65 页，32 开（手工丛书）
上海：商务印书馆，1931.3，再版，65 页，32 开（手工丛书）
上海：商务印书馆，1933.9，国难后 1 版，65 页，32 开（手工丛书）
上海：商务印书馆，1934，国难后 2 版，65 页，32 开（手工丛书）
本书共 7 章：总论、工具、材料、制粉法、制模型法与调泥法、造型教材举例、石膏雕刻。
收藏单位：重庆馆、广东馆、广西馆、国家馆、河南馆、湖南馆、南京馆、山西馆、上海馆、浙江馆

02665
实用教科书手工（第 2 册）　孙捷著
上海：商务印书馆，1915.12，114 页，25 开
上海：商务印书馆，1921，再版，114 页，25 开
本书共 4 册，第 2 册为第 2 章：木工。
收藏单位：广东馆

02666
小本工艺生利法　步飞编　实业研究学社校阅
上海：国光书店，1947.3，再版，198 页，25 开（实业致富新书）
本书内容包括：西洋香粉制造法、爽身粉制造法、玫瑰胭脂水制造法、胭脂膏制造法、生发水制造法、蔷薇香水制造法、玫瑰香油制造法、光发油制造法、光发腊制造法、牙粉制造法、火柴制造法、牙签制造法、砂皮制造法、橡皮制造法、蜡烛制造法、蚊烟香制造法、软肥皂制造法等。
收藏单位：江西馆

02667
眼镜　（日）山田幸五郎著　程思进译
上海：商务印书馆，1937.1，187 页，32 开（百科小丛书）
本书介绍各类眼镜的发明、原理、研磨、保护及视力检查法等。
收藏单位：重庆馆、东北师大馆、广东馆、贵州馆、国家馆、河南馆、湖南馆、江西馆、南京馆、宁夏馆、上海馆、首都馆、西南大学馆、浙江馆

02668
油灯说明　中国油灯股份有限公司编
上海：中国油灯股份有限公司，[1937]，18

页，20 开

02669
最新工艺常识　陆静山著
大方书局，1941，84 页，32 开
　　收藏单位：东北师大馆、广东馆

文教用品制造工业

02670
德国孟德复印器说明书
上海：鼎新教育用品社，12 页，32 开
　　收藏单位：南京馆

02671
范氏中文打字机文字索引　范氏研究所编
[范氏研究所]，1947，1 册，大 64 开
　　收藏单位：南京馆

02672
华文打字机
外文题名：Chinese typewriter
东京：日本制造打字机有限公司，1918，1 册，25 开
　　收藏单位：国家馆

02673
华文打字机解说　株式会社编辑部 [编]
东京：大谷仁兵卫，1917，36 页，32 开
　　收藏单位：国家馆

02674
教育用品制造　汪向荣编著
上海：世界书局，1939.2，137+25 页，32 开（生产建设协会生产教育丛书 第 1 辑 3）
上海：世界书局，1940.8，再版，137+25 页，32 开（生产建设协会生产教育丛书 第 1 辑 3）
上海：世界书局，1943.8，4 版，137+25 页，32 开（生产建设协会生产教育丛书 第 1 辑 3）
长沙：世界书局，1944.2，湘 1 版，137+25 页，32 开（生产建设协会生产教育丛书 第 1 辑 3）
上海：世界书局，1947.5，137+25 页，32 开（生产建设协会生产教育丛书 第 1 辑 3）
　　本书内容包括：粉笔、浆糊、胶水、复写纸、石板等。附录：重要度量衡表、原子量及原子价表、摄氏华氏温度比较表等。
　　收藏单位：长春馆、重庆馆、广东馆、贵州馆、国家馆、南京馆、内蒙古馆、山西馆、上海馆、首都馆、天津馆

02675
毛笔研究　江西梦生笔店著
南昌：出版者不详，1934.1，4 版，58 页，25 开
南昌：出版者不详，1935.1，5 版，58 页，25 开
　　收藏单位：江西馆、南京馆、上海馆、首都馆

02676
墨及墨汁墨水制造法　龚昂云编著
上海：世界书局，1943.2，74 页，32 开（化学工业丛刊 8）
上海：世界书局，1944，再版，74 页，32 开（化学工业丛刊 8）
　　本书共 2 编：墨及墨汁、墨水。
　　收藏单位：广东馆、国家馆、南京馆、上海馆

02677
墨水之制造　谢明山著
中华自然科学社，1933.11，108 页，32 开
　　本书共 5 章，内容包括：蓝黑墨水、颜色墨水、特种墨水等。
　　收藏单位：国家馆

02678
墨之物理的研究——故寺田博士遗业（日）中谷宇吉郎著
出版者不详，10 页，22 开（北京近代科学图书馆丛刊 4）
　　收藏单位：国家馆、黑龙江馆、首都馆

02679
书桌上的文具 姚家栋 许剑龕编
上海：正中书局，1947，沪1版，20页，32开（儿童劳作小丛书）
本书为儿童手工读物。共12部分，介绍书篋、写字垫、笔架等的手工制作方法。
收藏单位：北师大馆、国家馆

02680
酸性浓度与墨水性质之关系 谢明山著 [中国化学工业学会编]
[中国化学工业学会]，19页，24开
本书为 *Chemical Industry* 第8卷第1号抽印本。

02681
算盘新论 周梦云编著
上海：华美广播电台，1936.7，37页，32开
上海：华美广播电台，1936.8，2版，37页，32开
收藏单位：上海馆

02682
文具工业 吴瑞书著
上海：大达图书供应社，1935.4，再版，152页，32开（生产丛书）（小资本工业丛书 第1编）
本书介绍文具用品的制造方法。
收藏单位：江西馆、首都馆、西南大学馆

02683
文具工业 吴瑞书著
上海：新民书局，1935.1，152页，32开（生产丛书）（小资本工业丛书 第1编）
本书介绍文具用品的制造方法。
收藏单位：重庆馆、广东馆、湖南馆、江西馆、陕西馆、首都馆、浙江馆

02684
新式华文打字机（说明书）
出版者不详，22页，横32开
本书封面题“商务印书馆创制”字样。

02685
油墨制造法 马克清编著
重庆：国立四川造纸印刷科职业学校，1943.7，152页，32开
本书内容包括：绪论、凡立油等。封面题签：陈立夫。
收藏单位：重庆馆、贵州馆

02686
珠盘探讨集 周梦云编
上海：华美广播电台，1936.8，3版，22页，32开
本书探讨算盘的发生、发展、发明人。

02687
珠盘探讨集 周梦云编
上海：周梦云[发行者]，1935.6，20页，32开
本书探讨算盘的发生、发展、发明人。
收藏单位：国家馆、上海馆

放音器、录音片

02688
留声机 江苏省立教育学院研究实验部编
无锡：江苏省立教育学院，1931.4，6页，32开（民众科学问答丛书 18）
收藏单位：国家馆、江西馆

02689
留声机 江铁著
上海：商务印书馆，1930.4，101页，32开（万有文库 第1集 0451）（百科小丛书）
上海：商务印书馆，1931.8，101页，32开（百科小丛书）
上海：商务印书馆，1932.2，国难后1版，101页，32开（百科小丛书）
上海：商务印书馆，1934，再版，101页，32开（万有文库 第1集 0451）（百科小丛书）
本书介绍留声机的发明、原理及使用法等。
收藏单位：安徽馆、重庆馆、大理馆、大

连馆、大庆馆、东北师大馆、广东馆、广西馆、国家馆、河南馆、黑龙江馆、湖南馆、惠州馆、江西馆、辽大馆、辽师大馆、南京馆、内蒙古馆、宁夏馆、上海馆、天津馆、西南大学馆、浙江馆

02690
留声机　徐应昶著
上海：商务印书馆，1923，17页，32开（儿童理科丛书17）
上海：商务印书馆，1924，再版，17页，32开（儿童理科丛书17）
上海：商务印书馆，1933.10，25页，32开（小学生文库 第1集 物理类）
上海：商务印书馆，1935.1，3版，25页，32开（小学生文库 第1集 物理类）

本书共7部分，内容包括：留声机的需要、留声机能收音和发音的原理、最初的一部留声机、发明留声机的历史等。

收藏单位：东北师大馆、国家馆、河南馆、湖南馆、吉林馆、首都馆

02691
留声机　钟敬之编著
上海：新生命书局，1934.4，66页，32开（新生命大众文库 第5辑 新发明8）

本书介绍手摇留声机的构造及原理等。

收藏单位：重庆馆、河南馆、江西馆、辽师大馆、南京馆、浙江馆

玩具制造工业

02692
电气玩具制作法　陈泽凤著
上海：商务印书馆，1934，3版，2册，32开（小学生文库 第1集 劳作类）

收藏单位：重庆馆、东北师大馆、湖南馆、绍兴馆、首都馆

02693
儿童科学玩具　白桃编
上海：儿童书局，1932.12，134页，36开
上海：儿童书局，1933.4，再版，134页，36开
上海：儿童书局，1946，新10版，134页，36开
上海：儿童书局，1948.8，新11版，134页，36开

本书介绍小照相机、烟轮箱、简单的电话机、潜望镜、幻灯等25种儿童玩具的制作法、玩法及原理等。

收藏单位：重庆馆、国家馆、南京馆、浙江馆

02694
儿童科学玩具　吴鼎编辑
南京：正中书局，1935，146页，32开

本书共50部分，内容包括：做一个电池、做磁铁、矿石收音机、折光镜、七色板、有趣的陀螺等。

收藏单位：国家馆、湖南馆、首都馆

02695
儿童科学玩具　杨春绿编　陈鹤琴校
上海：华华书店，1947.6，46页，32开

本书共20部分，内容包括：竹蜻蜓、降落伞、小汽船、小潜艇、不倒翁、小鹦哥、大力士等。

收藏单位：河南馆

02696
儿童玩具丛书　陆崧安编
上海：儿童书局，1册，32开

本书内容包括：儿童纸工玩具、儿童泥工玩具、儿童木工玩具、儿童竹工玩具、儿童金工玩具等。

收藏单位：首都馆

02697
科学的玩具制作法　徐啸涛编著
上海：儿童书局，1935，再版，67页，32开

收藏单位：广东馆、南京馆

02698
科学玩具制作法　（日）渡边军治著　缪超群

译
上海：新亚书店，1933.11，[22]+294页，32开

本书共3编：利用化学的玩具、利用机械的玩具、利用电磁的玩具。

收藏单位：广西馆、国家馆、江西馆、辽大馆、南京馆、绍兴馆、首都馆、浙江馆

02699
实验儿童玩具制作法 叶公复著
上海：中国书局，1921.7，48页，32开

本书介绍四十余种简便儿童玩具的制作，大部分为纸工。

02700
托儿所玩具用具图样 黄翠梅等编
上海：上海儿童福利促进会，1948.6，92页，16开

02701
玩具制造 科学画报编辑部编辑
上海：中国科学图书仪器公司，1942.8，127页，32开（中国科学社科学画报小丛书 实用小工艺2）
上海：中国科学图书仪器公司，1947.8，再版，127页，32开（中国科学社科学画报小丛书 实用小工艺2）

本书介绍60种儿童玩具制造方法。

收藏单位：重庆馆、国家馆、黑龙江馆、辽宁馆、上海馆

02702
小朋友玩具（上） 徐文远著
上海，北新书局，1931.1，79页，32开（小朋友丛书7）
上海：北新书局，1932.9，再版，79页，32开（小朋友丛书7）

本书介绍四十余种儿童玩具的制造。

收藏单位：河南馆、内蒙古馆、上海馆

02703
植物小玩具 宗亮晨编译
上海：商务印书馆，1937.1，110页，32开
上海：商务印书馆，1937.8，2版，110页，32开

本书介绍利用杨柳条、筍壳、蚕豆荚及麦杆等植物制造七十余种小玩具的方法。

收藏单位：广东馆、国家馆、湖南馆、江西馆、辽宁馆、南京馆、上海馆

竹、藤、棕、草等加工及制品

02704
稻藁细工图说 郭义泉编
上海：商务印书馆，1922.5，99页，32开（手工丛书）
上海：商务印书馆，1924.11，再版，99页，32开（手工丛书）

本书共3部分：绪言、稻草、制作法。附录：藁细工品参考图。

收藏单位：广东馆、广西馆、国家馆、首都馆、浙江馆

02705
江西省立民众教育馆藤器补习班（藤器作品竞赛会作品一览） 江西省立民众教育馆编
[江西]：江西省立民众教育馆，1937.4，[6]页，27开，环筒页装

收藏单位：上海馆

02706
藤工教材 熊翥高编
上海：商务印书馆，1925.3，83页，32开（手工丛书）

本书介绍以藤和竹为原料的藤工工艺28种。书前有南京东南大学附属小学藤工作业照片2幅。

收藏单位：西南大学馆

02707
藤业常识 江西省立民众教育馆编
[南昌]：江西省实施百业教育委员会，1937.4，34页，32开

本书为南昌市藤器业补习班讲义。共7章，内容包括：藤器的理论、藤器的漆饰法、

藤材的漂白法及染色法、藤器的必要工具、藤器编组法等。

收藏单位：上海馆

02708

藤竹工工作法 朱允松 赵立民编著

上海：大东书局，1938.6，100页，32开

收藏单位：南京馆

02709

籐工 潘锡纯著 宗亮寰校

上海：商务印书馆，1934.2，47页，32开（小学生文库 第1集 劳作类）

本书共21部分，内容包括：藤的来历、藤料的选择方法、藤器的优劣、藤工和竹工的关系、藤工的工具、衣架等。

收藏单位：首都馆

02710

纸绳编篮法 何明斋编

上海：商务出版社，1936，2册（138页）（中学劳作丛书）

本书内容包括：绉纸绳编织法、材料和工具、一般注意点、初学者简易制篮法、花篮制法、花瓶制法等。

收藏单位：山西馆

生活服务技术

02711

工商浅说（第2期 家庭工艺 下） 孙引源编

工商部，1929.1，30页，32开

收藏单位：南京馆

02712

家庭常识指南·家庭装饰指南 岳俊士编

上海：明雅书店，1933，38+10页，32开（民众常识丛书）

本书为妇女常识读物，介绍治家、烹饪、教养、装饰等常识。

收藏单位：重庆馆

02713

家用物供给法 朱公振编著

上海：世界书局，1932.12，91页，32开

本书共8部分，内容包括：何谓家用物、家用物的改进、饮水供给法、灯光供给法、燃料供给法等。

收藏单位：国家馆、河南馆、江西馆、南京馆、浙江馆

02714

劳作（家事） 陈意编

上海：商务印书馆，1937.6，3册（411页），25开

上海：商务印书馆，1948.2，再版，3册（411页），25开

收藏单位：重庆馆、山东馆

02715

煤柴间洗衣处 杨孝述 胡珍元编辑

上海：中国科学图书仪器公司，[54]页，32开（家常科学丛书4）

本书介绍煤、石油、肥皂等生活用品知识。

收藏单位：广东馆、南京馆、内蒙古馆、上海馆

02716

人类生活的衣和食 郑贞文等编

上海：商务印书馆，1925.10，43页，32开（少年自然科学丛书31）

重庆：商务印书馆，1943.12，渝1版，43页，32开（少年自然科学丛书31）

本书共3部分：人类的生活、衣、食。

收藏单位：广东馆、国家馆、南京馆、上海馆

02717

人类生活的住和行 郑贞文等编

上海：商务印书馆，1925.10，40页，32开（少年自然科学丛书32）

重庆：商务印书馆，1943.12，渝1版，40页，32开（少年自然科学丛书32）

本书共2部分：住、行。

收藏单位：广东馆、国家馆、南京馆、上海馆

02718
日常生活 仲郎编
镇江：江苏省立镇江民众教育馆编辑部，1931.1，62页，小32开（民众小丛书 甲种2）
收藏单位：南京馆

02719
日常生活必携 黄励农编译
上海：生活研究社，1920.3，74叶，22开，环筒页装（实用丛书 1）
本书共8编，介绍衣、食、住、器具、园艺等生活常识。
收藏单位：国家馆、首都馆

02720
日常生活科学丛谈 （日）阪部熊吉著 汪轶群译
上海：商务印书馆，1930.12，158页，32开（新知识丛书）（家庭丛书）
上海：商务印书馆，1933.5，国难后1版，158页，32开（新知识丛书）（家庭丛书）
上海：商务印书馆，1935.3，国难后2版，158页，32开（新知识丛书）（家庭丛书）
上海：商务印书馆，1935.7，国难后3版，158页，32开（新知识丛书）（家庭丛书）
本书共9章，内容包括：食物及消化、食品及调味料、嗜好品、家庭的燃料、家庭的卫生等。
收藏单位：重庆馆、广东馆、广西馆、贵州馆、国家馆、湖南馆、江西馆、南京馆、内蒙古馆、天津馆、西南大学馆、浙江馆

02721
日常生活之科学 （日）竹内时男著 管怀琮译
长沙：商务印书馆，1939.8，40+486+18页，32开
本书共6篇：空气和他的利用、水和他的利用、食物、自然的威力、住居及衣服、自然力的利用。原名：新的日常科学。
收藏单位：重庆馆、广东馆、国家馆、江西馆、天津馆

02722
日用常识便览
上海：有正书局，[1936]，104页，32开
本书内容包括：有正书局目录、重要时令病一览表、上海交通指南、起居常识等。
收藏单位：重庆馆、国家馆、江西馆、南京馆、内蒙古馆、中科图

02723
生活常识集成 朱翊新编
上海：世界书局，1944.12，1004页，42开，精装
上海：世界书局，1948.4，再版，1004页，42开，精装
本书共6篇：衣的常识、食的常识、住的常识、行的常识、育的常识、乐的常识。书末附参考书目。
收藏单位：安徽馆、重庆馆、广东馆、广西馆、桂林馆

02724
生活知识教程 杨晋豪著
上海：北新书局，1938，2册（458页），36开（青年新知识丛书 第1辑 3）
本书上册为生活知识总论；下册为生活知识分论。
收藏单位：广东馆、广西馆、贵州馆

02725
书室 杨孝述 胡珍元编
上海：中国科学图书仪器公司，1912，58页，32开（家常科学丛书 1）
收藏单位：广东馆、南京馆、上海馆

02726
我们的日常科学 （日）石原纯著 黄铭译
上海：东方文化编译馆，1945.1，219页，32开（自然科学丛书）
本书介绍与生活有关的一些科学常识。

收藏单位：南京馆、内蒙古馆、上海馆

02727
现代日常科学　（日）竹内时男著　朱建霞译
上海：世界书局，1939.10，307页，32开
上海：世界书局，1943.10，再版，307页，32开
上海：世界书局，1947.7，3版，307页，32开

本书共6篇：空气和他的利用、水和他的利用、食物、自然的威力、住居及衣服、自然力的利用。

收藏单位：重庆馆、广东馆、贵州馆、桂林馆、国家馆、河南馆、黑龙江馆、湖南馆、江西馆、南京馆、上海馆、首都馆、浙江馆

02728
香艳丛谈　中华图书集成公司编辑
上海：中华图书集成公司，1919，77页，32开（世界游戏场3）

收藏单位：首都馆

02729
新新日用酬世快览　无袈和尚编辑　蒋仰韩校阅
上海：大中华书局，1934.6，9版，416页，32开
上海：大中华书局，1936.3，11版，416页，32开

本书共40编，内容包括：革命、民众、最新礼制、普通文字、整理家务、各类戏曲、养禽畜兽等。封面题名：民众必备新新日用酬世快览。

收藏单位：国家馆

02730
衣食住　江红蕉编
上海：商务印书馆，1925，19页，42开（平民小丛书 第四十一种 卫生类）
上海：商务印书馆，1935.9，29页，50开（民众基本丛书 第1集 卫生类11）
上海：商务印书馆，1935.10，再版，29页，50开（民众基本丛书 第1集 卫生类11）
上海：商务印书馆，1935.11，3版，29页，50开（民众基本丛书 第1集 卫生类11）

收藏单位：安徽馆、重庆馆、南京馆、上海馆、首都馆

02731
衣食住　邱子澄著
上海：亚细亚书局，1935.7，176页，32开（基本知识丛书1）
上海：亚细亚书局，1936.4，再版，176页，32开（基本知识丛书1）

收藏单位：安徽馆、重庆馆、广东馆、国家馆、南京馆、宁夏馆、上海馆、浙江馆

02732
衣食住　沈德鸿编纂
上海：商务印书馆，1918.4，3册（194+253+200页），32开（新知识丛书）
上海：商务印书馆，1918.8，再版，3册（194+253+200页），32开（新知识丛书）
上海：商务印书馆，1920，3版，3册（194+253+200页），32开（新知识丛书）
上海：商务印书馆，1922.3，4版，3册（194+253+200页），32开（新知识丛书）
上海：商务印书馆，1924，5版，3册（194+253+200页），32开（新知识丛书）
上海：商务印书馆，1926.4，6版，3册（194+253+200页），32开（新知识丛书）
上海：商务印书馆，1928.2，7版，3册（194+253+200页），32开（新知识丛书）

本书第1册共44章，内容包括：服装之进化、棉布之制造、世界牧羊场中所见、制履厂中之所见、呢帽制造之法、鸵鸟及鸵鸟羽、珍宝、红宝石蓝玉及绿玉等；第2册共48章，内容包括：人类养命之源、世界一岁所产之麦、玉蜀黍、世界至大之宰牲场、牛乳之工业、水族概论、百果与工商之关系、菠萝香蕉、咖啡等；第3册共40章，内容包括：未开化人之居室、东方人之居室、东方之木业、世界著名之古迹、美国之造砖厂、纸之历史、世上最高之屋、瓦斯之造法、家具及陈设等。

收藏单位：重庆馆、贵州馆、国家馆、河

南馆、湖南馆、南京馆、内蒙古馆、宁夏馆、首都馆、浙江馆

02733
衣、食、住、行 郑贞文 于树樟编
上海，商务印书馆，1926.6，155 页，32 开（少年自然科学丛书 12）
上海：商务印书馆，1930，再版，155 页，32 开（少年自然科学丛书 12）
上海：商务印书馆，1933.1，国难后 1 版，155 页，32 开（少年自然科学丛书 12）
上海：商务印书馆，1933.6，国难后 2 版，155 页，32 开（少年自然科学丛书 12）

本书共 5 部分：人类的生活、衣、食、住、行。据日本吉田弘等著《自然界之话》改编。

收藏单位：重庆馆、广东馆、广西馆、贵州馆、国家馆、黑龙江馆、内蒙古馆、上海馆、首都馆、浙江馆

02734
枕中秘（修容秘法）
出版者不详，54 页，32 开

本书共 4 部分：选姿、修容、治服、习技。

02735
知识宝库 余笑吾编纂
上海：建新书局，1936，54 页，32 开

收藏单位：首都馆

02736
坐室 杨孝述 胡珍元编辑
上海：中国科学图书仪器公司，63 页，32 开（家常科学丛书 7）

收藏单位：广东馆、南京馆、上海馆

美食学

02737
茶 徐应昶编纂
上海：商务印书馆，1926.5，17 页，32 开（儿童理科丛书 31）

收藏单位：国家馆、河南馆

02738
人类的食 张伯伦（J. F. Chamberlain）著 何其宽译
外文题名：How we are fed
上海：商务印书馆，1928.6，150 页，32 开（儿童史地丛书）
上海：商务印书馆，1933.7，2 版，150 页，32 开（儿童史地丛书）

本书共 29 章，内容包括：过去与现在的生活、面包的历史、砂糖的制法、中国的茶叶等。

收藏单位：重庆馆、广东馆、国家馆、河南馆、湖南馆、江西馆、南京馆、西南大学馆

02739
食品大观 严毅编辑
上海：中国出版社，1936.3，151 页，25 开

本书为有关饮食的杂文集。内容包括：食品的营养分析，如何选择食物，南北各地有名的食品与做法，糖果、调味品等。

收藏单位：国家馆、上海馆

02740
宋代茶法研究资料 （日）佐伯富编
[京都]：东方文化研究所，1941.10，312+901 页，16 开，精装

本书共 22 章，内容包括：茶法总序及北宋太祖时代至南宋怀宗时代历代茶法研究。

收藏单位：国家馆

02741
素食论 何僩文著
[重庆]：出版者不详，16 页，36 开

本书提倡素食，说明五荤的害处。附录：日常食物营养表。

收藏单位：重庆馆

02742
武夷山的茶与风景 陈舜年[等]著 财政部

贸易委员会茶业研究所编
福建崇安：财政部贸易委员会茶业研究所，1944，84页，32开
收藏单位：安徽馆、福建馆、国家馆

02743
武夷岩茶 廖存仁著
福建崇安：财政部贸易委员会茶业研究所，1943.4，15页，18开（财政部贸易委员会茶业研究所丛刊3）
本书介绍岩茶历史，岩茶生产概况、栽培、制造、运销等。
收藏单位：南京馆、浙江馆

02744
饮食学讲义
出版者不详，14+192页，25开
收藏单位：江西馆

02745
饮食指南 G. H. Ingram C. A. Felt 编
外文题名：The guide cook book
北京：[联合书局]，1923，再版，117页，长21开，精装
北京：[联合书局]，1939.6，增订3版，117页，长21开，精装
本书为中英文本。介绍中西式菜点烹饪法。
收藏单位：上海馆、首都馆

02746
饮食指南 秦伯未编
上海：中医书局，1930.10，34页，32开（家庭医药常识丛刊第5集）
本书共3部分：饮料指南、食料指南、杂食指南。
收藏单位：陕西馆

02747
中国茶叶问题 吴觉农 范和钧著
上海：商务印书馆，1937.6，302页，32开（现代问题丛书）
本书共7章，内容包括：茶政沿革、茶园经营问题、茶叶制造问题、茶叶对外贸易问题等。
收藏单位：安徽馆、大理馆、大连馆、大庆馆、广东馆、国家馆、辽大馆、辽师大馆、内蒙古馆、宁夏馆、山西馆、西南大学馆

02748
中国茶叶问题 赵烈编著
上海：大东书局，1931.8，226页，32开
本书共12章，内容包括：茶之种类、茶之品质、茶之栽培要素及方法、茶之制造、我国茶之产地及其产额等。
收藏单位：南京馆、绍兴馆

02749
中国茶叶之研究 赵竞南编著
北京：银行月刊社，1926.8，114页，16开
本书共3编16章，介绍中国茶业衰退的态势、原因、对策，茶叶的产地、加工、贸易等。
收藏单位：国家馆、南京馆

饮食调制技术及设备

02750
菜肴的烹饪 姚家栋 许剑盦编
南京：正中书局，1937.2，22页，32开（儿童劳作小丛书17）
上海：正中书局，1947.1，沪1版，22页，32开（儿童劳作小丛书17）
本书共8部分，内容包括：五种用蔬菜做主料的饭菜、五种用蛋做主料的饭菜、五种用肉做主料的饭菜等。
收藏单位：北师大馆、重庆馆、国家馆、南京馆

02751
厨房 杨孝述 胡珍元编
上海：中国科学图书仪器公司，[68]页，32开（家常科学丛书3）
本书介绍厨房炊具等科学常识。
收藏单位：广东馆、辽宁馆、南京馆、上

海馆

02752
炊爨方法 军政部军需署编
军政部军需署，1942，16 页，32 开
收藏单位：重庆馆

02753
电气烹饪法 上海电力公司编
上海：上海电力公司，[50] 页，18 开
本书为该公司广告宣传品，中英文本。内收电灶使用说明及食品制作法。

02754
番菜烹调法
上海：泰东书局，118 页，32 开
本书介绍西餐 19 种食物制作方法。封面题名：西餐指南番菜烹调法。
收藏单位：安徽馆、浙江馆

02755
各种烹调料的研究 张昌权著
上海：商务印书馆，1936.3，48 页，32 开（小学生文库）
收藏单位：重庆馆

02756
荤素食谱大全 方笛舫编
成都：经纬书局，蓉 1 版，116 页，36 开
本书共 5 部分：冷品、炒类、汤羹、糕点、日常蔬菜。目录页题名：二百种素食烹调法。
收藏单位：贵州馆

02757
家常菜肴烹调法 程冰心著
重庆：中国文化服务社，1945.4，78 页，32 开（国民文库）
重庆：中国文化服务社，1945.6，再版，78 页，32 开（国民文库）
上海：中国文化服务社，1946.5，沪 1 版，78 页，32 开（国民文库）
上海：中国文化服务社，1946.9，沪 2 版，78 页，32 开（国民文库）
上海：中国文化服务社，1947.3，沪 3 版，78 页，32 开（国民文库）
本书共 2 编：概论、食物的烹调。1945 年 6 月再版书题名误题：家庭菜肴烹调法。
收藏单位：重庆馆、广东馆、国家馆、南京馆、上海馆、首都馆

02758
家常卫生烹调指南 胡华封编著
上海：商务印书馆，1932.12，235 页，32 开（家庭丛书）
上海：商务印书馆，1933.7，再版，235 页，32 开（家庭丛书）
上海：商务印书馆，1935.2，3 版，235 页，32 开（家庭丛书）
长沙：商务印书馆，1938，7 版，235 页，32 开（家庭丛书）
本书介绍三百余种烹调食品。说明料物置备、应用器具、法则，以及食品原料的产地、形状、性质、生产时间等。书中以中餐品为主，附西餐食品简介。
收藏单位：安徽馆、广东馆、贵州馆、国家馆、湖南馆、上海馆、绍兴馆、首都馆、浙江馆

02759
家庭食谱 李公耳著
上海：中华书局，1917.3，[16]+190 页，32 开
上海：中华书局，1921，[16]+190 页，32 开
上海：中华书局，1924.4，5 版，[16]+190 页，32 开
上海：中华书局，1926.11，6 版，[16]+190 页，32 开
上海：中华书局，1928.3，7 版，[16]+190 页，32 开
上海：中华书局，1929，8 版，[16]+190 页，32 开
上海：中华书局，1931.12，10 版，[16]+190 页，32 开
上海：中华书局，1935.5，11 版，[16]+190 页，32 开
上海：中华书局，1936.3，12 版，[16]+190

页，32 开
上海：中华书局，1941.5，14 版，[16]+190 页，32 开

本书讲述家庭食用荤菜、素菜、零星食物等的制法。

收藏单位：安徽馆、重庆馆、国家馆、黑龙江馆、江西馆、辽宁馆、南京馆、内蒙古馆、山西馆、上海馆、绍兴馆、首都馆、浙江馆

02760
家庭食谱（第 1 编） 时希圣编
上海：中华书局，1917.3，189 页，32 开
上海：中华书局，1932.11，10 版，189 页，32 开

本书全 4 编，介绍家庭自做中式食物的方法，内容包括：点心、荤菜、素菜、酒、果等。

收藏单位：国家馆、上海馆、浙江馆

02761
家庭食谱（第 2 编） 时希圣编
上海：中华书局，1924.2，164 页，32 开
上海：中华书局，1932.12，6 版，164 页，32 开
上海：中华书局，1936，7 版，164 页，32 开
上海：中华书局，1941.6，8 版，164 页，32 开

本书全 4 编，介绍家庭自做中式食物的方法，内容包括：点心、荤菜、素菜、酒、果等。

收藏单位：重庆馆、国家馆、上海馆

02762
家庭食谱（第 3 编） 时希圣编
上海：中华书局，1925.9，214 页，32 开
上海：中华书局，1927.1，再版，214 页，32 开
上海：中华书局，1928.3，3 版，214 页，32 开
上海：中华书局，1928，4 版，214 页，32 开
上海：中华书局，1931.8，5 版，214 页，32 开
上海：中华书局，1934，6 版，214 页，32 开
上海：中华书局，1936.5，7 版，214 页，32 开
上海：中华书局，1941，8 版，214 页，32 开

本书全 4 编，介绍家庭自做中式食物的方法，内容包括：点心、荤菜、素菜、酒、果等。

收藏单位：重庆馆、国家馆、黑龙江馆、湖南馆、江西馆、辽大馆、辽宁馆、南京馆、上海馆、首都馆、浙江馆

02763
家庭食谱（第 4 编） 时希圣编
上海：中华书局，1926.10，344 页，32 开
上海：中华书局，1929.10，3 版，344 页，32 开
上海：中华书局，1933.10，4 版，344 页，32 开
上海：中华书局，1936，5 版，344 页，32 开
上海：中华书局，1941.5，6 版，344 页，32 开

本书全 4 编，介绍家庭自做中式食物的方法，内容包括：点心、荤菜、素菜、酒、果等。

收藏单位：重庆馆、国家馆、黑龙江馆、江西馆、上海馆、首都馆、浙江馆

02764
家庭食谱大全（上册）
上海：新华书局，162 页，32 开

本书全两册，下册未见。介绍中西菜点制法，共 8 编，内容包括：炒法、熏法等。

收藏单位：江西馆

02765
家庭食谱续编 时希圣编
上海：中华书局，1924.2，164 页，32 开
上海：中华书局，1925.10，再版，164 页，32 开
上海：中华书局，1928.4，4 版，164 页，32 开
上海：中华书局，1929.10，5 版，164 页，32 开

上海：中华书局，1932.12，6版，164页，32开
上海：中华书局，1941.6，8版，164页，32开

本书共10章：点心、荤菜、素菜、盐货、糟货、酱货、熏货、糖货、酒、果。讲述家庭食用荤菜、素菜、零星食物等的制法。

收藏单位：安徽馆、重庆馆、国家馆、江西馆、辽宁馆、内蒙古馆、山西馆、上海馆、首都馆、天津馆、浙江馆

02766
家庭新食谱（四季烹调）　时希圣著
上海：中央书店，1935.1，再版，10+228页，32开
上海：中央书店，1940，新1版，10+228页，32开

本书共4部分：春令食谱、夏令食谱、秋令食谱、冬令食谱。每部分有点心、荤盆、热炒、大菜4项，介绍各省名菜的选料、烹调方法和吃法等。

收藏单位：国家馆、江西馆、南京馆、绍兴馆、首都馆

02767
戒杀素食卫生图说
出版者不详，109页，25开

收藏单位：广东馆

02768
美味求真　广州厨师会编
广州：兴记书庄，1949，增版，37页，36开

收藏单位：广东馆、南京馆

02769
秘传食谱
上海：马启新书局，1936.6，3版，2册（424页），32开

本书为食谱，介绍几十种菜的做法。

收藏单位：绍兴馆、浙江馆

02770
女子烹饪教科书　萧闲叟编辑
上海：商务印书馆，1934.5，国难后1版，127页，25开
上海：商务印书馆，1935.6，国难后2版，127页，25开

收藏单位：重庆馆、黑龙江馆、江西馆

02771
烹饪法　萧闲叟编
上海：商务印书馆，[1934.3]，[12]+131页，32开
长沙：商务印书馆，1938，3版，[12]+131页，32开
长沙：商务印书馆，1940.5，5版，[12]+131页，32开
长沙：商务印书馆，1941，6版，[12]+131页，32开
上海：商务印书馆，1948.8，7版，[12]+131页，32开

本书为职业学校教科书。共18章，内容包括：食物与人生、烹饪与火候、烹饪与厨房、猪肉烹饪法、羊肉烹饪法等。

收藏单位：重庆馆、广东馆、国家馆、南京馆、上海馆、首都馆

02772
烹饪教科书　萧闲叟编
上海：商务印书馆，1915.12，127页，24开
上海：商务印书馆，1916.9，127页，24开
上海：商务印书馆，1919.10，4版，127页，24开

本书为女子中学校师范学校用书。介绍八十种家常菜的做法。

收藏单位：首都馆、天津馆、浙江馆

02773
烹饪新术　许敦和编著
上海：博文书店，1941.7，140页，36开
上海：博文书店，1946.11，140页，36开

本书共10章，内容包括：消化和营养的原理、饮食的常识、烹调法的要纲、家庭的烹饪法、西餐的烹饪法等。

收藏单位：国家馆、湖南馆、内蒙古馆、天津馆、浙江馆

02774
烹饪新术 许敦和编著
上海：群学书店，1947，140 页，32 开
收藏单位：首都馆

02775
烹饪一斑 卢寿篯编
上海：中华书局，1917.4，55 页，22 开（女学丛书）
上海：中华书局，1922，5 版，55 页，22 开（女学丛书）
上海：中华书局，1927，8 版，55 页，22 开（女学丛书）
上海：中华书局，1928.5，9 版，55 页，22 开（女学丛书）
上海：中华书局，1930.5，10 版，55 页，22 开（女学丛书）
上海：中华书局，1933.10，12 版，55 页，22 开（女学丛书）
上海：中华书局，1935.6，62 页，32 开（初中学生文库）
上海：中华书局，1936，再版，62 页，32 开（初中学生文库）
昆明：中华书局，1941，4 版，62 页，32 开（初中学生文库）
本书共 8 部分，内容包括：普通蔬菜果实之精制法、芳香食品之调制法、各种海味烹调法、各种食品实验烹调法等。
收藏单位：安徽馆、重庆馆、大庆馆、广西馆、贵州馆、国家馆、黑龙江馆、吉林馆、江西馆、南京馆、内蒙古馆、陕西馆、上海馆、首都馆、浙江馆

02776
普通食物的蒸煮 姚家栋 许剑盦编
南京：正中书局，1937.2，18 页，32 开（儿童劳作小丛书 16）
上海：正中书局，1947.1，沪 1 版，18 页，32 开（儿童劳作小丛书 16）
本书共 10 部分，内容包括：饭和粥、面、馄饨、汤圆、粽子等。
收藏单位：北师大馆、国家馆

02777
设计炊爨车之动机及其经过 苏尚毅设计
苏尚毅 [发行者]，1947，[6] 页，32 开
本书介绍设计炊爨车的动机及经过，内容包括：溯制模型、实际制造等。有折页晒蓝图 4 页。
收藏单位：国家馆

02778
射热烹饪法
出版者不详，[1927.10]，314 页，18 开，精装
本书为"新世界"煤气灶的推广宣传品。介绍西菜、西点的烹饪及制法等。初版年月根据序言为 1927 年 10 月，此版为第 12 版，出版日期不详。中英文本。

02779
食品烹制全书 潘衎编
上海：中华新教育社，1928.3，4 版，178 页，32 开
上海：中华新教育社，1932，5 版，178 页，32 开
本书内容包括：酱豉品醃制法、酒曲品酿制法、蔬食品醃制法、肉食品醃制法等。
收藏单位：广东馆、南京馆、浙江馆

02780
食谱大全 许啸天 高剑华编著
上海：国光书店，1947.5，177 页，32 开
本书共 10 部分，内容包括：消化与营养的原理、饮食常识、烹调法大纲等。
收藏单位：重庆馆、广东馆、首都馆

02781
食谱大全（美味烹调秘诀） 李公耳编
上海：世界书局，1921.5.10，[544] 页，32 开
上海：世界书局，1924.7，4 版，[544] 页，32 开
上海：世界书局，1925.11，5 版，[544] 页，32 开
上海：世界书局，1929.7，6 版，[544] 页，32 开

上海：世界书局，1933.6，8版，[544]页，32开

本书共12编，内容包括：炒、蒸、熏、炸、煨等。介绍各种烹调器具、材料准备及具体作法。

收藏单位：重庆馆、国家馆、湖南馆、山西馆、上海馆、首都馆

02782

食谱秘典 李克明编

上海：大方书局，1946.10，118页，32开

上海：大方书局，1948.2，再版，118页，32开

本书共11章，介绍炒、蒸、熥、煨、炖、煮、煲、酱的各种食物做法。

收藏单位：首都馆、浙江馆

02783

寿康食谱（初集） 默雷居士编

上海：佛学书局，1932.10，36页，32开

上海：佛学书局，1932.11，再版，36页，32开

本书共10部分，内容包括：点心类、冷盆类、热炒类等佛教素食谱。

收藏单位：广东馆、国家馆、河南馆、江西馆、南京馆、内蒙古馆、首都馆、浙江馆

02784

素食谱 李公耳著

上海：中华书局，1918.6，2版，190页，32开

收藏单位：南京馆

02785

素食谱 时希圣编

上海：中华书局，1925.8，254页，32开

上海：中华书局，1927，再版，254页，32开

上海：中华书局，1928，3版，254页，32开

上海：中华书局，1930.3，4版，254页，32开

上海：中华书局，1933.10，5版，254页，32开

上海：中华书局，1936.9，6版，254页，32开

昆明：中华书局，1941.7，7版，254页，32开

本书共5辑：冷盆类、热炒类、小汤类、大汤类、点心类。每辑介绍素食50种，说明作料、用具、方法等。

收藏单位：重庆馆、广东馆、广西馆、国家馆、湖南馆、南京馆、内蒙古馆、上海馆、首都馆、浙江馆

02786

素食谱 蒈自耕编

成都：经纬书局，1946.12，109页，32开

收藏单位：南京馆

02787

随园食单（新式标点）（清）袁枚编撰 曹鹄雏标点

[上海]：东方文学社，1935.11，38页，32开

本书为文言体，新式标点符号。介绍各种菜肴作法及注意事项等。

收藏单位：国家馆

02788

汤与饮料 方文渊 张秀蓉编著

上海：家杂志社，1949.3，74页，32开

本书介绍各种汤和饮料的制法，内容包括：清汤、浓汤等。

收藏单位：广东馆、辽宁馆、内蒙古馆、上海馆、首都馆

02789

陶母烹饪法 陶小桃编著

上海：商务印书馆，1936.1，142页，32开（家庭丛书）

上海：商务印书馆，1936.5，再版，142页，32开（家庭丛书）

本书共3篇：饮食的卫生、每个烹饪的人应该有的知识、陶母的烹饪法。介绍饮食卫生和中餐主副食烹调方法。

收藏单位：重庆馆、广东馆、广西馆、国家馆、陕西馆、首都馆

02790
五百种食品烹制法 吴楚明编著
上海：经纬书局，1946.12，116页，32开
上海：经纬书局，1948，116页，32开
本书共7编，介绍饮食基本常识及各种食品烹制法。
收藏单位：重庆馆、湖南馆、首都馆

02791
五百种食品烹煮法 方秩音编
上海：经纬书局，1936.5，118页，50开（经纬百科丛书）
本书版权页编者题：方秧英。

02792
西餐烹饪秘诀 李公耳编
上海：世界书局，1921，[124]页，32开
上海：世界书局，1922.6，2版，[124]页，32开
上海：世界书局，1923.9，3版，[124]页，32开
上海：世界书局，1925，4版，[124]页，32开
本书内容包括：汤煮法、油煎法、烤烘法、烧煮法、冷冻法、糕饼法等。版权页题名：美味烹饪西餐秘诀。
收藏单位：国家馆、河南馆、南京馆、浙江馆

02793
西餐烹饪实习 陈德广口述 俞祖鑫笔记
直隶：商品陈列所刊，1918，80页，22开
收藏单位：首都馆

02794
西餐烹制全书 魏禧译述
上海：中华新教育社，1926.7，80页，32开
上海：中华新教育社，1933.3，再版，80页，32开
本书介绍西餐烹制的方法，内容包括：肉类烹制法、茶酒类调制法等。
收藏单位：广东馆、浙江馆

02795
西式食品制造法 卢烈编著
上海：经纬书局，1948，92页，32开
收藏单位：首都馆

02796
小厨子 白动生著
上海：儿童书局，1937，再版，16页，32开（低级儿童常识丛书）
收藏单位：广东馆

02797
小朋友食谱 李流芳著
上海，北新书局，1933.6，150页，32开（小朋友丛书）
上海：北新书局，1933.11，2版，150页，32开（小朋友丛书）
本书介绍羹汤、果品、糖食等80余种食品制法，以及做饭、粥、菜等基本知识。
收藏单位：重庆馆、南京馆、上海馆

02798
新食谱 任邦哲 林园镐编
重庆：行政院营养改进运动，1941，2册（8+22页），18开（行政院营养改进运动刊物3、4）
本书第1册为重庆日常膳食种类数量成分表，第2册为普通食物成分表。封面题签：孔祥熙。
收藏单位：重庆馆、国家馆、南京馆

02799
宴客食谱 金陵女子文理学院家制政学系编
南京：金陵女子文理学院家制政学系，[1943.12]，30页，32开
本书介绍28种中西菜及茶点的制作方法，内容包括：序言、份量、食谱。
收藏单位：重庆馆、国家馆

02800
饮食物保存法 张辅忠编译
张辅忠[发行者]，1936.2，[35]+180页，18开

本书共16章，内容包括：食物之类别、制造及精制之食物、食物腐败之原因、食物保存法等。

收藏单位：国家馆、南京馆、上海馆、浙江馆

02801

英华烹饪学全书（华英文合璧 第2册 华文） 马可德 柏来安编 张籥云译

外文题名：The Anglo-Chinese cook book

出版者不详，[1916]，294页，23开，精装

本书介绍烹饪学和烹饪法则，涉及中西菜肴烹饪、汤类、饼类、冷布丁、蜜饯类，另有育儿烹饪法及病人食品。书脊题名：英华烹饪学。

收藏单位：广东馆、国家馆、上海馆、首都馆、天津馆

02802

营养烹调一百种（附营养干粮制作二十种） 陈秀芳编著

重庆：青年月刊社，1943.11，80页，32开（家事实习教材）

本书共7部分：谷类、麦类、肉类、鱼类、蛋类、豆类、蔬菜类。

收藏单位：重庆馆、国家馆

02803

俞氏空中烹饪 俞士蓝著

上海：俞氏空中烹饪班，3册，32开（俞氏烹饪法丛书）

本书内容包括：白帽蛋糕、千层糕、猪油汤圆、花生松饼、猪油夹沙八宝饭、杏酪羹、苹果批、果酥、水果蛋糕、早茶饼干、栗子蛋糕、西米布丁等。

收藏单位：南京馆、首都馆

02804

俞氏空中烹饪教授班（第2期）

出版者不详，36页，32开，环筒页装

本书为烹饪班教材，中菜组。共收白汁桂鱼、香酥鸭、炸排骨、肉松、回锅肉、风鸡等30个菜谱。

收藏单位：重庆馆、内蒙古馆

02805

粤菜食谱 广州厨师会编

广州：兴亚印刷公司，1949，增版，37页，36开

收藏单位：广东馆

02806

增订发明中西文厨书宝鉴 （法）泽曼（H. Ziemann）等著 梁瑞图 梁铁椎译

上海：商务印书馆，1929.10，增订4版，[1060]页，22开，精装

本书为中英文本，著者原译名：晓咕思文。

收藏单位：国家馆

02807

中西餐烹制法 潘衍著

广州：广州厨师会，1934，134页，25开

本书封面题名：中餐烹制法。

收藏单位：广东馆

02808

中西精美食谱 时希圣编著

上海：广益书局，1932.7，320页，32开

上海：广益书局，1932，2版，320页，32开

本书共4部分：总说、饮食新论、烹法、附录。

收藏单位：国家馆、湖南馆、山西馆、首都馆

02809

中西食谱大全 祝味生编

上海：大通图书社，1935.3，2册（289+126页），32开

上海：大通图书社，1937.5，2册（289+126页），32开

本书上册为中国食品，下册为西洋食品。

收藏单位：国家馆、上海馆、首都馆

洗染、缝补

02810
洗洗化学　（英）哈维（A. Harvey）著　顾远芗译
外文题名：Laundry chemistry
长沙：商务印书馆，1938.8，131 页，32 开（家庭丛书）

本书共 12 章，内容包括：水、油类与脂肪类、肥皂类、氯漂白剂、过氧化物等。《洗濯化学》的另一译本。

收藏单位：广东馆、贵州馆、国家馆、江西馆、南京馆、山西馆

02811
家常巧作　科学画报编辑部编
上海：中国科学图书仪器公司，1948.1，172 页，36 开（中国科学社科学画报小丛书）（实用小工艺 5）
上海：中国科学图书仪器公司，1949.1，再版，172 页，36 开（中国科学社科学画报小丛书）（实用小工艺 5）

本书列举家常物件 300 余种，图解制法。

收藏单位：国家馆、黑龙江馆、辽宁馆、宁夏馆、绍兴馆、首都馆、浙江馆

02812
洗濯化学　（英）哈维（A. Harvey）著　郭仲熙译
外文题名：Laundry chemistry
上海：中国科学图书仪器公司，1937.2，125 页，32 开
上海：中国科学图书仪器公司，1940.7，再版，125 页，32 开
上海：中国科学图书仪器公司，1947.9，3 版，125 页，32 开

本书共 12 章，内容包括：水、油与脂、皂、氯漂白剂、过氧化物等。

收藏单位：重庆馆、广西馆、贵州馆、国家馆、内蒙古馆、浙江馆

02813
衣服的洗涤法　姚家栋　许剑盦编
南京：正中书局，1937.2，20 页，32 开（儿童劳作小丛书 18）
上海：正中书局，1947.1，沪 1 版，20 页，32 开（儿童劳作小丛书 18）

本书介绍普通衣服、特种衣服及颜色油迹等的洗涤方法。

收藏单位：北师大馆、重庆馆、国家馆、首都馆

美容、沐浴、清洁

02814
理发术　舒宽鑫编辑
南昌：江西省实施百业教育委员会，1938.10，118 页，22 开（百业教育实施教材）

收藏单位：江西馆

02815
理发知识　舒宽鑫编辑
南昌：江西省实施百业教育委员会，1938.12，98 页，22 开（百业教育实施教材）

收藏单位：江西馆

02816
美的经验（一名，美容驻颜术）（美）E. W. Hopper 著　黄邦俊　叶新华译
上海：女子书店，1932.12，142 页，36 开
上海：女子书店，1933.3，再版，142 页，36 开

本书介绍女子健美与美容知识。

收藏单位：国家馆、上海馆

02817
美容新法　魏国基编辑　金茂之校阅
大通图书社，1939.3，91 页，32 开

本书逐页题名：男女美容新法。

收藏单位：上海馆

02818
美容新术　（美）蜜丝佛陀（M. Factor）著

上海：华丽公司，1940，28页，50开

02819
美容驻颜秘术　黄邦俊编译
上海：女子书店，1935.2，88页，32开（女子文库）（女子卫生丛书）
收藏单位：国家馆、天津馆、浙江馆

02820
美之创造（美容与时装）　妇人画报社编
上海：良友图书公司，1935，147页，36开（妇人丛书）
本书内收张丽兰、张心漪、陈紫娟等24人撰写的有关妇女美容、化妆、服饰知识的短文39篇。
收藏单位：国家馆、上海馆

02821
摩登妇女美妆术　史岩著
上海：大公书店，1934.2，302页，32开
本书内容包括：颜面之美、眉目之美、耳鼻之美、体格之美、运动之美等。
收藏单位：安徽馆、广东馆、国家馆、浙江馆

02822
摩登女学生
出版者不详，[1920—1949]，97页，32开
本书共14部分，内容包括：标准美人究竟怎样造成、颜面怎么能够永久美丽、研究美眉美眼的秘术、研究口耳美的秘术、研究手足美的秘术等。
收藏单位：国家馆、江西馆

02823
女性美容法
出版者不详，64页，25开
收藏单位：重庆馆

02824
浴室和饭堂　杨孝述　胡珍元编
上海：中国科学图书仪器公司，[64]页，32开（家常科学丛书5、6）
本书介绍浴室及饭堂用具的科学知识。
收藏单位：广东馆、黑龙江馆、南京馆、上海馆

02825
装束美　秋草　雪鸪编绘
上海：白鹅画会装饰画研究部，1926.10，1册，16开
收藏单位：安徽馆、江西馆

居住管理

02826
家庭布置及管理　钱用和编
南京：教育部社会教育司，1937，41页，32开（教育部教育播音小丛书）
收藏单位：重庆馆、南京馆

02827
一家言居室器玩部　（清）李渔著
[北平]：中国营造学社，[1931]，84页，18开
本书介绍家庭陈设、布置。共2部分：居室、器玩。居室部分包括：房舍、墙壁、联匾等；器玩部分包括：制度、位置。封面题名：一家言中之居室器玩。
收藏单位：国家馆、上海馆、首都馆

02828
住　李自珍编著
上海：商务印书馆，1948，修订版，18页，32开（修订幼童文库）
收藏单位：重庆馆、广东馆

家庭管理、家庭生活、家庭服务

02829
不可不知录　有正书局编译
上海：有正书局，1917.10—1919.5，3册（112+122+84页），32开
本书介绍服用、饮食、居住、医治及旅

行等日用生活常识。

收藏单位：国家馆、天津馆

02830
夫妻手册　易惜时编著
上海：远东印书馆，1947，69 页，32 开

收藏单位：广东馆

02831
夫妻手册
上海：华光书局，70 页，42 开

收藏单位：重庆馆

02832
妇女宝鉴（家庭日用）　中华书局编
上海：中华书局，1920.10，[1400] 页，32 开，精装

本书共 20 篇：立行、持家、理财、育儿、交际、修容、衣服、饮食、居住、生理、卫生、医药、看护、文艺、美术、手工、运动、游戏、园艺、豢养。有 3000 余幅插图。

收藏单位：国家馆、南京馆、上海馆、首都馆、天津馆、浙江馆

02833
改良家政小史　（美）亮乐月（Laura M. White）著　袁玉英译
外文题名：The home makers
上海：广学会，1914，66 页，22 开
上海：广学会，1918，66 页，22 开

本书介绍治家妇道等。

收藏单位：国家馆、江西馆、首都馆

02834
家常科学　杨孝述　胡珍元编
上海：中国科学图书仪器公司，1937.8，562 页，32 开
上海：中国科学图书仪器公司，1939.12，再版，562 页，32 开
上海：中国科学图书仪器公司，1941.12，3 版，562 页，32 开

本书介绍日常生活的各种科学知识。共 10 编，内容包括：书室、家屋、厨房、浴室等。

收藏单位：安徽馆、重庆馆、广东馆、广西馆、桂林馆、国家馆、内蒙古馆、上海馆、首都馆

02835
家事　何静安编
上海：商务印书馆，1937.11，175 页，32 开
长沙：商务印书馆，1941.3，175 页，32 开
上海：商务印书馆，1947.12，5 版，175 页，32 开

本书为简易师范学校教科书。内容包括：衣服、饮食、家庭管理、儿童教养、住所等。长沙版版权页题有“国民政府教育部审定”字样。

收藏单位：重庆馆、广东馆、国家馆、江西馆、辽宁馆、首都馆、西南大学馆

02836
家事　黄季马编著
上海：教育编译馆，1935.8，268 页，32 开
上海：教育编译馆，1935.9，再版，268 页，32 开
上海：教育编译馆，1937，4 版，268 页，32 开

本书为新课程女子师范及中学教科书。共 5 篇：衣服、饮食、家庭管理、儿童教养、住所。

收藏单位：重庆馆、贵州馆、黑龙江馆、华东师大馆、江西馆、南京馆、首都馆、浙江馆

02837
家事　吴琬编
南京：正中书局，1935.9，204 页，32 开
南京：正中书局，1936.8，5 版，204 页，32 开
南京：正中书局，1936，8 版，204 页，32 开
南京：正中书局，1937.7，9 版，204 页，32 开

本书共 5 章：衣服、饮食、家庭的管理、儿童的教养、住所。据教育部《简易师范学校劳作课程标准》编辑。

收藏单位：重庆馆、国家馆、河南馆、湖南馆、江西馆

02838

家事常识参考教材 崔纫秋编纂

中国国民党中央执行委员会妇女运动委员会，1946.12，34页，32开

中国国民党中央执行委员会妇女运动委员会，1948.4，再版，34页，32开

本书为教师用书。内容包括：礼貌、怎样走路、怎样说话、饮食的卫生、住宅的卫生等。

收藏单位：广东馆、国家馆、江西馆、南京馆、内蒙古馆

02839

家事教科书 王程之 张世杓编

上海：商务印书馆，1915.1，178页，32开

上海：商务印书馆，1915.8，再版，178页，32开

上海：商务印书馆，1916，178页，32开

上海：商务印书馆，1920.7，6版，178页，32开

上海：商务印书馆，1926.2，11版，178页，32开

上海：商务印书馆，1928.9，13版，178页，32开

上海：商务印书馆，1929，14版，178页，32开

上海：商务印书馆，1931.3，15版，178页，32开

上海：商务印书馆，1933.3，国难后1版，178页，32开

上海：商务印书馆，1935.5，国难后3版，178页，32开

长沙：商务印书馆，1939.4，国难后4版，178页，32开

本书为女子中学校及师范学校用书。介绍家务、卫生、饮食、护理、育儿、家庭经济等知识。

收藏单位：重庆馆、广东馆、贵州馆、湖南馆、江西馆、南京馆、首都馆、浙江馆

02840

家事实习宝鉴 王言纶编

上海：商务印书馆，1918.7，272页，32开（家庭丛书）

上海：商务印书馆，1918.11，再版，272页，32开（家庭丛书）

上海：商务印书馆，1926，5版，272页，32开（家庭丛书）

上海：商务印书馆，1931，6版，272页，32开（家庭丛书）

上海：商务印书馆，1933，国难后1版，272页，32开（家庭丛书）

上海：商务印书馆，1934，国难后2版，272页，32开（家庭丛书）

上海：商务印书馆，1935.4，国难后3版，272页，32开（家庭丛书）

上海：商务印书馆，1937.4，国难后5版，272页，32开（家庭丛书）

长沙：商务印书馆，1939.2，国难后6版，272页，32开（家庭丛书）

本书共7编：衣服论、饮食论、居住论、看护论、急救论、育儿论、美容论。

收藏单位：安徽馆、重庆馆、东北师大馆、广东馆、贵州馆、国家馆、河南馆、湖南馆、江西馆、南京馆、上海馆、绍兴馆、首都馆、浙江馆

02841

家事学 方济各玛利亚传教会著

上海：方济各玛利亚传教会，1940.8，227页，32开

本书共3编：住所及其管理、个人卫生及衣服、食养。附编：病人及病后者之食养。

收藏单位：华东师大馆、首都馆

02842

家事学 黄季马编

上海：中华书局，1935.6，84页，32开（初中学生文库）

昆明：中华书局，1941.1，昆明3版，84页，32开（初中学生文库）

上海：中华书局，1947.12，84页，32开（中华文库 初中第1集）

本书共7章：衣服、食物、居住、卫生、生育、经济、应酬。

收藏单位：重庆馆、广东馆、广西馆、桂林馆、国家馆、黑龙江馆、湖南馆、江西馆、辽大馆、南京馆、内蒙古馆、上海馆、首都馆、西南大学馆、浙江馆

02843

家事学概论 章绳以著

上海：中国文化服务社，1946.11，340页，32开（青年文库）

本书共2编：绪论、家事管理。

收藏单位：安徽馆、重庆馆、复旦馆、贵州馆、国家馆、南京馆、上海馆、西南大学馆

02844

家事学讲义 李宗安编

出版者不详，116页，25开

收藏单位：江西馆、南京馆

02845

家庭备览

家庭工业社，1919.8，4版，28页，32开

本书附录：民国八年（1919）历日、各种纪念日表。

收藏单位：南京馆

02846

家庭布置 朱敬仪著

重庆：中国文化服务社，1944.9，60页，32开（国民文库）

重庆：中国文化服务社，1944.10，再版，60页，32开（国民文库）

重庆：中国文化服务社，1945.4，3版，60页，32开（国民文库）

重庆：中国文化服务社，1945.6，5版，60页，32开（国民文库）

上海：中国文化服务社，1945.12，沪1版，60页，32开（国民文库）

上海：中国文化服务社，1946.4，沪2版，60页，32开（国民文库）

上海：中国文化服务社，1946.11，沪2版，60页，32开（国民文库）

本书共7章，内容包括：为什么要谈家庭布置、布置的原则、美的认识、卫生常识、各种装饰研究等。

收藏单位：重庆馆、广东馆、国家馆、湖南馆、南京馆、上海馆、天津馆

02847

家庭常识汇编 天虚我生编

上海：文明书局，1917—1919，8册，32开

本书每册共7部分：服用、饮食、人体、工艺、动物、植物、集益录。第8集第5版书末附有家庭常识检查表及8集总题目索引。封面题名：家庭常识。编者通称：陈栩。

收藏单位：安徽馆、重庆馆、广西馆、国家馆、河南馆、江西馆、南京馆、内蒙古馆、上海馆、绍兴馆、首都馆、浙江馆

02848

家庭常识汇编（第1集） 天虚我生编

上海：文明书局，1917，再版，156页，32开

上海：文明书局，1918.11，4版，156页，32开

上海：文明书局，1919，5版，156页，32开

上海：文明书局，1922.5，6版，156页，32开

上海：文明书局，1923，7版，156页，32开

上海：文明书局，1924，8版，156页，32开

上海：文明书局，1928.12，12版，156页，32开

上海：文明书局，1929，13版，156页，32开

上海：文明书局，1930.3，14版，156页，32开

上海：文明书局，1935.6，17版，156页，32开

上海：文明书局，1940.7，18版，156页，32开

上海：文明书局，1941.1，19版，156页，32开

本书共7部分：服用、饮食、人体、工艺、动物、植物、集益录。第8集第5版书末附有家庭常识检查表及8集总题目索引。封面题名：家庭常识。编者通称：陈栩。

收藏单位：广东馆、国家馆、河南馆、南京馆、山西馆、上海馆、绍兴馆、首都馆

02849
家庭常识汇编（第2集） 天虚我生编
上海：文明书局，1918.5，再版，164页，32开
上海：文明书局，1922.7，7版，164页，32开
上海：文明书局，1923，8版，164页，32开
上海：文明书局，1928.8，14版，164页，32开
上海：文明书局，1929，15版，164页，32开
上海：文明书局，1931.4，17版，164页，32开
上海：文明书局，1932，18版，164页，32开
上海：文明书局，1941.1，21版，164页，32开
收藏单位：重庆馆、广东馆、广西馆、国家馆、内蒙古馆、上海馆、绍兴馆、首都馆、西南大学馆

02850
家庭常识汇编（第3集） 天虚我生编
上海：文明书局，1922.9，6版，160页，32开
上海：文明书局，1923，7版，160页，32开
上海：文明书局，1927.5，11版，160页，32开
上海：文明书局，1928，12版，160页，32开
上海：文明书局，1928.12，13版，160页，32开
上海：文明书局，1930.10，15版，160页，32开
上海：文明书局，1931.11，16版，160页，32开
上海：文明书局，1932，17版，160页，32开
上海：文明书局，1941.1，20版，160页，32开

收藏单位：重庆馆、广西馆、国家馆、江西馆、绍兴馆、首都馆

02851
家庭常识汇编（第4集） 天虚我生编
上海：文明书局，1919，5版，159页，32开
上海：文明书局，1922.3，7版，159页，32开
上海：文明书局，1923，8版，159页，32开
上海：文明书局，1924.3，9版，159页，32开
上海：文明书局，1925.10，10版，159页，32开
上海：文明书局，1928.12，13版，159页，32开
上海：文明书局，1930.10，15版，159页，32开
上海：文明书局，1931.11，16版，159页，32开
上海：文明书局，1932，17版，159页，32开
上海：文明书局，1941.1，20版，159页，32开
收藏单位：安徽馆、广东馆、广西馆、国家馆、河南馆、江西馆、绍兴馆、首都馆

02852
家庭常识汇编（第5集） 天虚我生编
上海：文明书局，1922.5，5版，160页，32开
上海：文明书局，1923，6版，160页，32开
上海：文明书局，1924.5，7版，160页，32开
上海：文明书局，1927.11，9版，160页，32开
上海：文明书局，1929.3，11版，160页，32开
上海：文明书局，1930，12版，160页，32开
上海：文明书局，1932，14版，160页，32开
上海：文明书局，1935.6，15版，160页，32开
上海：文明书局，1940.7，16版，160页，32开
上海：文明书局，1941.1，17版，160页，32开
收藏单位：广东馆、广西馆、国家馆、江西馆、绍兴馆、首都馆

02853
家庭常识汇编（第6集） 天虚我生编
上海：文明书局，1918.10，再版，156页，32开
上海：文明书局，1919，3版，156页，32开
上海：文明书局，1922，6版，156页，32开
上海：文明书局，1923.7，7版，156页，32开
上海：文明书局，1929.2，12版，156页，32开
上海：文明书局，1932，15版，156页，32开
上海：文明书局，1935.6，16版，156页，32开
上海：文明书局，1941.1，18版，156页，32开
收藏单位：广西馆、国家馆、河南馆、上海馆、绍兴馆、首都馆、西南大学馆

02854
家庭常识汇编（第7集） 天虚我生编
上海：文明书局，1919.8，3版，162页，32开
上海：文明书局，1922.3，6版，162页，32开
上海：文明书局，1923，7版，162页，32开
上海：文明书局，1924.4，8版，162页，32开
上海：文明书局，1929.2，13版，162页，32开
上海：文明书局，1932.8，16版，162页，32开
上海：文明书局，1935.6，17版，162页，32开
上海：文明书局，1941.1，19版，162页，32开
收藏单位：安徽馆、广西馆、国家馆、河南馆、江西馆、绍兴馆、首都馆、西南大学馆

02855
家庭常识汇编（第8集） 天虚我生编
上海：文明书局，1922.9，5版，162+42页，32开
上海：文明书局，1923，6版，162+42页，32开
上海：文明书局，1928.8，11版，162+42页，32开
上海：文明书局，1929，12版，162+42页，32开
上海：文明书局，1931，14版，162+42页，32开
上海：文明书局，1935.6，16版，162+42页，32开
上海：文明书局，1941.1，18版，162+42页，32开
收藏单位：广东馆、国家馆、南京馆、上海馆、绍兴馆、首都馆

02856
家庭教材 教育部社会教育司编
重庆：教育部社会教育司，1941.5，114页，32开
本书共52课，讲述家庭伦理、卫生、衣服、食物及儿童护养等。
收藏单位：重庆馆、广东馆、广西馆、贵州馆、国家馆、湖南馆、江西馆、南京馆、内蒙古馆、宁夏馆、首都馆、天津馆、西南大学馆、浙江馆

02857
家庭日用常识 甲申出版社编
成都：甲申出版社，1944.12，81页，42开
本书介绍家庭生活知识。
收藏单位：国家馆、南京馆

02858
家庭日用常识 李汉忠编
上海：经纬书局，55页，50开（经纬百科丛书）
本书介绍家庭日常生活知识。李汉忠，封面误题：李读忠。
收藏单位：国家馆、浙江馆

02859
家庭日用常识 新华书局编
上海：新华书局，1922.6，61页，32开
上海：新华书局，1923.7，3版，61页，32开
本书内容包括：子女教导常识、夫妇和睦

常识、感化逆子常识、长生不老常识、改良家庭常识等。

收藏单位：国家馆、南京馆

02860

家庭日用大观 新上海通讯社编

上海：新上海通讯社，[340] 页，32 开，精装

本书内容包括：新生活运动纲要、法律常识、日历、医学常识等。

收藏单位：南京馆、上海馆

02861

家庭日用指南（第 1 编） 广益书局编辑部编

上海：广益书局，1918，92 页，25 开

上海：广益书局，1922.3，4 版，92 页，25 开

本书共 7 章，内容包括：居处类、服饰类、珍玩类、器用类等。附录：西药一览表。封面题名：家庭日用指南（第 1 册）。

收藏单位：国家馆、首都馆

02862

家庭生活指导 李文轩编

上海：南星书店，1931.9，170 页，32 开（民众指导丛书）

上海：南星书店，1933，再版，170 页，32 开（民众指导丛书）

本书内容包括：人、事、衣、食、住等。

收藏单位：广东馆、河南馆、湖南馆、南京馆、浙江馆

02863

家庭实用常识（2）

上海：大东书局，1948，38 页，36 开（新儿童基本文库 中年级 常识 15）

收藏单位：国家馆

02864

家庭万宝全书 鲁云奇编

上海：中华书局，1918.12，6 册，22 开

本书共 13 编：富贵家庭保持法、贫苦家庭救济法、实验创业法、实验守业法、结婚法、婚丧法、教育儿女法、联络亲友法、家庭和睦法、贤母良妻治家法、妻妾待遇法、分析产业法、家庭卫生法。版权页编者题：鲁庄云奇。

收藏单位：安徽馆、长春馆、内蒙古馆、绍兴馆、首都馆、浙江馆

02865

家庭万宝全书 鲁云奇编

上海：中华图书集成公司，1918.12.10，6 册，22 开

上海：中华图书集成公司，1918.12.30，再版，6 册，22 开

上海：中华图书集成公司，1922.11，10 版，6 册，22 开

收藏单位：国家馆、河南馆、南京馆、上海馆、绍兴馆

02866

家庭万宝新书 宋诩等编著

上海：中华新教育社，1927.1，[830] 页，32 开，精装

上海：中华新教育社，1932.8，3 版，[830] 页，32 开，精装

上海：中华新教育社，1934.7，4 版，4 册（[830] 页），32 开

本书内容包括：教育、卫生、饮食起居、园艺、畜养、修饰、珍玩等。

收藏单位：安徽馆、重庆馆、广东馆、国家馆、河南馆、上海馆、首都馆、浙江馆

02867

家政浅说 姚铭恩编

上海：中华书局，1916.10，34 页，32 开（通俗教育丛书）

上海：中华书局，1920.8，5 版，34 页，32 开（通俗教育丛书）

上海：中华书局，1925，9 版，34 页，32 开（通俗教育丛书）

上海：中华书局，1927，12 版，34 页，32 开（通俗教育丛书）

上海：中华书局，1929.9，14 版，34 页，32 开（通俗教育丛书）

上海：中华书局，1931.3，16 版，34 页，32 开（通俗教育丛书）

上海：中华书局，1932，17 版，34 页，32 开（通俗教育丛书）
上海：中华书局，1934.5，19 版，34 页，32 开（通俗教育丛书）
上海：中华书局，1936.12，20 版，34 页，32 开（通俗教育丛书）
上海：中华书局，1941，21 版，34 页，32 开（通俗教育丛书）

本书介绍安排家庭生活、处理家庭成员间的关系、搞好家庭卫生等。

收藏单位：重庆馆、江西馆、南京馆、山西馆、上海馆、首都馆、天津馆、浙江馆

02868
居家常识问答 李逸侯编著
上海：长春书店，1930.1，228 页，32 开

本书介绍家政、衣服、饮食、居住、医药等生活常识。

收藏单位：内蒙古馆、浙江馆

02869
科学在家庭 （英）李特尔（W. B. Little）著 吴廉铭译
广州：中华书局，1939.1，170 页，32 开（科学常识丛书）
昆明：中华书局，1941.6，3 版，170 页，32 开（科学常识丛书）

本书共 8 章，内容包括：水与家庭、科学与清洁、科学与烹饪、普通的饮料、火与光等。

收藏单位：重庆馆、广东馆、广西馆、桂林馆、国家馆、河南馆、宁夏馆、山西馆、上海馆、天津馆、西南大学馆

02870
快乐家庭手册 孟宣编
桂林：天下书店，1942.12，97 页，32 开
桂林：天下书店，1943.5，97 页，32 开

本书介绍快乐家庭六原则：组织问题、健康问题、经济问题、敬爱问题、育儿问题、娱乐问题。

收藏单位：重庆馆、广东馆、陕西馆、西南大学馆

02871
李笠翁闺房秘术 （清）李渔著 惕盦主人编辑
上海：大通图书社，1924.11，88 页，32 开

本书共 6 部分：选姿、修容、治服、习技、节欲、行乐。讲述家庭生活常识。

收藏单位：国家馆

02872
李笠翁行乐秘术 惕盦主人编辑
上海：中西书局，1941.8，117 页，32 开

本书共 7 部分，内容包括：行乐之部、男女之部、却病之部、玩赏之部等。

收藏单位：南京馆

02873
美国家事教育 庄泽宣译述
上海：商务印书馆，1920.12，173 页，32 开
上海：商务印书馆，1921.4，再版，173 页，32 开

本书共 10 章，内容包括：乡村学校与家事教育、小学与家事教育、中学与家事教育、师范学校与家事教育、大学与家事教育、政府与家事教育等。

收藏单位：重庆馆、广西馆、国家馆、河南馆、湖南馆、江西馆、南京馆、陕西馆、首都馆、浙江馆

02874
民众家事讲话 芮麟编 青岛市民众读物编审委员会校订
青岛：青岛市教育局，1937.5，254 页，32 开

本书介绍家庭关系、家事整理、家庭经济等。

收藏单位：国家馆

02875
模范家庭 韩邝瑞生译
上海：广学会，1929.6，2 版，96 页，32 开

收藏单位：南京馆

02876
南京华言学校家政课本 贾福堂 （美）钦嘉

乐著
南京：华言学校，1927，2版，1册，26开，精装
本书共18课，内容包括：嘱咐用人、家用杂句、裁缝、讲论喜事、寿事闲谈等。
收藏单位：重庆馆

02877
女子家事学　徐玉文主编　徐征吉校阅
上海：夏光书店，1933.9，157页，32开
本书共5编：概论、家政、保育、卫生、女红。
收藏单位：国家馆、江西馆

02878
奇术秘诀（人人应用常识宝库）　于文林著
大连：影艺社出版部，1942.12，375页，32开
本书内容包括：天地山川门、饮食烹调门、花果菜蔬门、制作物件门、奇术妙方门等。
收藏单位：首都馆

02879
日用生活快览　干雨田编
上海：经纬书局，1936.4，2版，1册，32开
本书内容包括：格言、谚语、对联、座佑铭等。
收藏单位：广东馆、内蒙古馆、首都馆、浙江馆

02880
实用家事学　黄季马编著
上海：国华编译社，1941.8，6版，[10]+309页，32开
本书为女子学校家事科用书。共11章，内容包括：家庭、衣服、食物、居住、妇女生产、婴儿保养等。
收藏单位：贵州馆、国家馆、江西馆、南京馆

02881
实用家事学　黄季马编著
上海：教育编译馆，1934.5，[32]+354页，32开
上海：教育编译馆，1935.8，再版，[32]+354页，32开
上海：教育编译馆，1936.9，3版，[32]+354页，32开
收藏单位：重庆馆、国家馆、天津馆、浙江馆

02882
实用理家学　（美）卫爱美著　高怀兰译
上海：伊文思图书公司，1925.8，183页，32开
本书共10编，内容包括：家庭、工作所、消遣所、休息所、实用工具等。
收藏单位：东北师大馆、南京馆

02883
甜蜜家庭　谢叔盈编
上海：梅岭书屋，1946.10，216页，36开（幸福丛书7）
本书共3篇：经营、居室、经济。
收藏单位：重庆馆、河南馆、江西馆、上海馆、首都馆

02884
系统的家事讲话　庞学裘著
上海：大东书局，1947.2，332页，25开
本书内容包括：家庭的起源、家庭的演进、恋爱问题、婚姻选择、家庭卫生、家庭教育等。
收藏单位：重庆馆、广东馆、江西馆

02885
现代家庭顾问　钱飞扬著
家庭生活社，1939，增订本，[370]页，32开
本书介绍经济、衣服、饮食、居住、卫生等日用生活常识。

02886
新编家事教科书　丛琯珠编译
上海：群益书社，1911.4，再版，156页，24开
收藏单位：首都馆

02887
新家庭 林俊千著
上海：中国图书编译馆，1939.7，174页，32开
本书介绍家庭的布置、经管、两性间问题、子女保教等。
收藏单位：上海馆、首都馆

02888
新家庭主妇须知 刘美丽编译
上海：广学会，1940.1，3版，148页，32开
本书介绍家庭日常生活常识。
收藏单位：重庆馆

02889
新撰家政学 （日）下田歌子著 汤钊译
上海：广智书局，[1913.1]，8版，50页，23开（家政学丛书2）
上海：广智书局，1942.11，50页，23开（家政学丛书2）
本书共7章，内容包括：小儿教养、家庭教育、养老、看病、交际等。
收藏单位：上海馆

02890
衣服室 杨孝述 胡珍元编
上海：中国科学图书仪器公司，[46]页，32开（家常科学丛书9）
本书介绍兽皮、鞋帽、伞等日常生活应用常识。
收藏单位：广东馆、南京馆、上海馆

02891
怎样做现代主妇 储沅著
上海：东方书店，1946，234页，32开
本书共7章，内容包括：家庭的机构与价值、理想的家庭、主妇的修养与学识、家庭经济、家庭卫生等。指导妇女以科学方法治家。
收藏单位：桂林馆、南京馆、内蒙古馆、首都馆

02892
怎样做现代主妇 储沅著
上海：纵横社，1941.9，234页，32开
上海：纵横社，1947.5，234页，32开
收藏单位：重庆馆、广东馆、国家馆、湖南馆、上海馆、首都馆

02893
战时生活家事问答 张惠芝著
长春：建国印书馆，1944.10，317页，32开
本书内容包括：关于战时生活方面、关于衣服方面、关于食物方面等。
收藏单位：首都馆

02894
治家手册 陈少璋编著
上海：博文书店，1941，139页，32开
收藏单位：首都馆

02895
治家手册 陈少璋编著
上海：群学书店，1946.12，139页，32开
收藏单位：江西馆

02896
治家手册 陈治家编
桂林：中央出版社，1943.5，144页，32开
本书内容包括：家庭的组织法、家庭的管理法、衣服的支配法、饮食的研究法、房屋使用法等。
收藏单位：重庆馆、广西馆

02897
主妇之友 林淑华著
上海：新纪元出版社，1948，78页，32开
本书为居家生活常识读物。
收藏单位：重庆馆、上海馆

02898
最新家政全书 家政研究会编
上海：中外书局，1921.1，2册（158+162页），25开
上海：中外书局，1923.6，再版，2册（158+

162 页），25 开

收藏单位：上海馆

家务管理

02899

家计簿记 杜赓尧著

上海：商务印书馆，1933.3，279 页，23 开

上海：商务印书馆，1933.7，再版，279 页，23 开

上海：商务印书馆，1935.4，3 版，279 页，23 开

长沙：商务印书馆，1938，4 版，279 页，23 开

长沙：商务印书馆，1939.7，5 版，279 页，23 开

本书内容包括：家计簿记之大意、关系、范围，属于资产类之科目，属于负债类之科目，属于资产负债类之双方科目，属于利益类之科目，属于损失类之科目等。

收藏单位：重庆馆、广东馆、贵州馆、国家馆、河南馆、黑龙江馆、湖南馆、江西馆、辽宁馆、南京馆、内蒙古馆、上海馆、首都馆、浙江馆

02900

家计簿记教科书 寿孝天编

上海：商务印书馆，1913.8，9 版，38+57 页，23 开

上海：商务印书馆，1914.6，10 版，38+57 页，23 开

上海：商务印书馆，1916.12，13 版，38+57 页，23 开

上海：商务印书馆，1917.6，14 版，38+57 页，23 开

上海：商务印书馆，1926.10，19 版，38+57 页，23 开

本书介绍家庭用的各种新式薄记，通俗实用。附各种簿记格式。

收藏单位：重庆馆、江西馆、南京馆、浙江馆

02901

家计与簿记 许啸天 高剑华编

明华书局，1936，再版，195 页，32 开（现代家庭生活丛书 9）

收藏单位：广东馆

02902

家庭簿记 袁际唐编

上海：中华书局，1936.2，103 页，32 开（初中学生文库）

上海：中华书局，1939，103 页，32 开（初中学生文库）

昆明：中华书局，1941.1，5 版，103 页，32 开（初中学生文库）

本书内容包括：家庭簿记的概念、收付规则及帐户名称、家庭预算的编制、家庭簿记的记帐须知、家庭记帐的简捷法则等。

收藏单位：安徽馆、重庆馆、广西馆、国家馆、黑龙江馆、江西馆、辽宁馆、南京馆、内蒙古馆、上海馆、浙江馆

02903

家庭簿记（全年簿 上册） 卓定谋著

北平：大慈商店，1930，1 册，16 开，精装

收藏单位：国家馆

02904

家庭簿记（新案 上册） 卓定谋著 林源民校

北平：大慈商店，1930.11，104 页，22 开

收藏单位：国家馆

02905

家庭管理 范铨 汪静庐编

上海：普益书局，1933.4，325 页，32 开（家庭万宝全书）

本书针对中国家庭的现状，提出改善家庭管理的方法。共 6 部分，内容包括：家庭经济、婚姻指导、法律顾问、日用要览等。

收藏单位：安徽馆、重庆馆、广西馆、河南馆、内蒙古馆、西南大学馆、浙江馆

02906

家庭管理法 张冠丹编著 顾树森 朱君毅

校
上海：大东书局，[1932.12]，198 页，32 开（家庭丛书 1）
上海：大东书局，1933.5，再版，198 页，32 开（家庭丛书 1）
上海：大东书局，1933.12，3 版，198 页，32 开（家庭丛书 1）

本书共 7 部分，内容包括：什么是家庭、如何管理家庭、家庭的经济、衣食住的问题、家庭教育等。

收藏单位：安徽馆、重庆馆、广东馆、国家馆、湖南馆、江西馆、南京馆、内蒙古馆、首都馆、浙江馆

02907
俭以致富　维准著
青岛：天主堂印书局，1931，62 页，32 开

本书内容包括：当节俭的原故、俭致财裕、俭致志勇和自由、俭使人诚朴满意等。

收藏单位：国家馆

02908
青年经济独立指导　谢菊曾编译
上海：大东书局，1930.7，252 页，32 开
上海：大东书局，1931.2，再版，252 页，32 开
上海：大东书局，1931.8，3 版，252 页，32 开
上海：大东书局，1933.5，4 版，252 页，32 开

本书共 10 章，介绍青年经济独立十项原则。据美国罗格脱（Harvey A. Bladgett）所著 *Financial independence: how to win it* 一书编译。书后结论：我的独立宣言。

收藏单位：重庆馆、东北师大馆、广东馆、广西馆、桂林馆、国家馆、河南馆、湖南馆、江西馆、南京馆、内蒙古馆、山东馆、上海馆、天津馆、浙江馆

02909
生活漫谈（怎样解决经济困难）　林德华编译
上海：新月出版社，269 页，36 开（青年修养丛书）

本书共 28 章，介绍各种职业的人如何计划经济生活。

收藏单位：河南馆、首都馆、天津馆

02910
现代管理和布置　谢文学总主编
上海：永华书局，1936.3，3 版，139 页，25 开

本书共 10 部分，内容包括：家庭的组织法、家庭的管理法、衣服的支配法、饮食的研究法、房屋使用法、家庭常备药物的使用法等。

收藏单位：江西馆

02911
现代家庭会计法　陈杕编著
上海：大东书局，1933.7，87 页，32 开（家庭丛书 4）

本书共 15 章。有蔡息岑序。

收藏单位：安徽馆、重庆馆、广东馆、国家馆、湖南馆、江西馆、南京馆、首都馆、浙江馆

02912
新家庭手册　（日）石川武美著　金朴菴译
重庆：国风书店，1945.2，渝 1 版，236 页，32 开

本书共 10 部分，内容包括：繁荣家庭的新经营法、新家庭时代的经营、各种职业的家庭经营法、新家庭时代的交际法、关于衣食住一般的知识、管理家务的方法等。原书名：家庭经营法。

收藏单位：重庆馆、国家馆、南京馆

02913
新家庭手册　（日）石川武美著　金朴菴译
重庆：建国书店，1947，236 页，32 开（家庭万有宝库）

收藏单位：重庆馆

02914
怎样解决经济困难　李复著
新京：大陆书局，1943，269 页，32 开

本书介绍个人生活安排、收支计划等。

收藏单位：国家馆、首都馆、天津馆

02915
治家模范 （清）朱用纯著
上海：大陆图书公司，1922.1，32页，25开
本书共4卷：家庭道德、家庭任务、家庭交际、家庭恶弊。
收藏单位：广东馆、天津馆

02916
治家模范 （清）朱用纯著
上海：明善书局，[1934]，84页，32开
收藏单位：国家馆

02917
治家全书 高剑华 许啸天编
出版者不详，1919.6，548页，22开
本书内容包括：贞烈女传记、诗文、婚姻、交际、家政、医药等。
收藏单位：国家馆、绍兴馆

家庭生活知识

02918
儿童的健康生活 徐林肯编
上海：广学会，1933，34页，32开（基督化家庭运动丛书）
本书介绍育婴、儿童卫生习惯、家庭看护及救急的常识。
收藏单位：重庆馆

02919
房中秘 半痴道人编
上海：天华书局，1930.7，再版，69页，32开
收藏单位：江西馆

02920
房中术 曲阿山人编 夏半痴校
觉悟书社，1947.4，再版，52页，25开
收藏单位：江西馆

02921
夫妻宝鉴 赵灵珠著
上海：世界书局，1921，3版，66叶，42开，环筒页装
收藏单位：国家馆

02922
家庭生活 范铨 汪静庐编
上海：普益书局，1933.4，210页，32开（家庭万宝全书2）
本书介绍衣食住行、礼仪婚丧、家庭运动等常识。
收藏单位：广西馆、国家馆、湖南馆、辽宁馆、上海馆、浙江馆

02923
家庭生活 吴云高编
上海：中华书局，1948.6，28页，36开（中华文库 民众教育 第1集）
本书共5部分，内容包括：家庭卫生、饮食的研究、居住的研究等。
收藏单位：上海馆

02924
家庭生活漫谈 董菲海著
上海：光明书局，1947.12，170页，32开
上海：光明书局，1948.12，再版，170页，32开
本书共10章，内容包括：家庭与家事、结婚以后的诸问题、家庭生活中的冲突、家庭妇女与职业、家庭的经济生活、家庭教育的前提条件等。
收藏单位：重庆馆、东北师大馆、复旦馆、广东馆、国家馆、内蒙古馆、上海馆、天津馆

02925
家庭生活漫谈 董菲海著
桂林：曙社出版部，1941.11，170页，32开
桂林：曙社出版部，1943.3，170页，32开
收藏单位：重庆馆、广东馆、广西馆、桂林馆、国家馆、南京馆、西南大学馆

02926
家庭手册 叶斐编译
重庆：陪都书店，1945.1，155 页，32 开
重庆：陪都书店，1946.7，3 版，155 页，32 开
重庆：陪都书店，1948.1，155 页，32 开
本书共 10 章，内容包括：家庭的起源、家庭生活、家庭经济处理法、妇女梳妆讲话、幼儿的教养等。
收藏单位：重庆馆、江西馆

02927
家庭手册 叶斐编译
桂林：新艺书店，1942.9，157 页，32 开
成都：新艺书店，1943.1，蓉 1 版，157 页，32 开
成都：新艺书店，1943.5，蓉 2 版，157 页，32 开
收藏单位：重庆馆、国家馆、南京馆、内蒙古馆

02928
结婚前夜须知
出版者不详，83 页，25 开
书名共 8 篇，内容包括：结婚前夜须知、几个重要的先决问题、怎样培养你们的甜情蜜意、女子性器官讲座、男子性器官讲座、最销魂的一幕揭开之后等。附录：胎儿成长表等。题名据首篇名。
收藏单位：江西馆

02929
近世男女常识秘宝（下卷） 男女研究进化学社编
上海：上海人群进化社，1922，154 页，25 开
本书介绍男女交往及生活卫生常识。
收藏单位：重庆馆

02930
老太婆家庭之话（第 1 集） 老太婆著
天津：百城书局，1933.8，188+50 页，32 开
本书内容包括：青黄不接的中国家庭、家庭里的"性教育"、从此女儿不是"赔钱货"、征友与征婚等。
收藏单位：重庆馆、国家馆

02931
良母应有的知识 黄玉居著
成都：上海经纬书局，1944，84 页，40 开
本书共 4 章：初生儿的保育、婴儿的保育、小儿病的常识、看护与急救法。
收藏单位：重庆馆、南京馆

02932
女子手册
上海：经纬书局，93 页，50 开
本书共 7 章，内容包括：时代的少女须知、女子的社交常识、女子的健美问题、女子的择偶问题、女子的职业问题、女子日用常识辑要等。
收藏单位：长春馆、重庆馆

02933
日常生活手册 朱纹编著
[上海]：群学书店，1946，172 页，32 开
本书共 5 辑：闺房之间、父母须知、家务的处理、事业的发展、一般生活。
收藏单位：重庆馆、广东馆、湖南馆、内蒙古馆

02934
乳儿营养之生理及病理
出版者不详，112 页，32 开（小儿科丛书 1）
本书共 2 篇：乳儿营养之生理、乳儿营养之病理。前篇内容包括：小儿之生理的特异性、小儿之发育、乳儿之营养；后篇内容包括：天然营养儿之营养障碍、人工营养儿之营养障碍。
收藏单位：重庆馆

02935
生活改善
[长沙]：湖南省政府七项运动宣传委员会，1937.5，50 页，32 开（发扬国民精神周间宣传资料 1）
本书内容包括：阿片中毒之话、劝戒吗啡针歌、生活改善讲演词等。

收藏单位：东北师大馆

02936
生活改善快乐生活之秘诀 苍德玉著
[旅顺]：农业进步社，[1937.6]，117页，32开
本书共50部分，内容包括：快乐生活的秘诀——四条件、家庭改进三事项、治家铁则廿二条等。
收藏单位：国家馆

02937
生活指南万事门径 依芦室主编纂
上海：曼丽书局，1935.6，再版，73页，32开
本书内容包括：教育、衣食、起居、人事、常识、卫生、命相、方言、书启等。
收藏单位：国家馆

02938
实用常识 吴越人编
上海：广益书局，1933.11，40页，32开（儿童常识丛书）
本书共41部分，内容包括：怎样辨别阳历的大小月、怎样辨认毛织物、怎样使已谢的玫瑰复鲜等。逐页题名：小小实用常识。
收藏单位：首都馆

02939
实用家庭宝库 郁道庵编
上海：格言丛辑社，1925.1，186页，25开，精装
本书共12部分，内容包括：奇术类、工艺类、卫生类、生利类等。
收藏单位：重庆馆

02940
小孩的饮食 谷韫玉 杨芒莆编著
[重庆]：行政院营养改进运动，1941.8，[32]页，32开（行政院营养改进运动刊物9）
收藏单位：江西馆

02941
新达生篇 葛成慧编
教育部民众读物编审委员会，34页，64开（民众文库）
本书介绍助产保婴常识。
收藏单位：重庆馆

02942
新生活指南 盛祖康编
北平：文化学社，1935.2，232页，32开
本书共7部分，内容包括：新生活运动之意义、新生活运动纲要、各地新运会开会词等。
收藏单位：天津馆

02943
婴儿的健康生活 曲玉梅编
教育部民众读物编审委员会，17页，64开（民众文库）
本书浅谈婴儿的保育方法。
收藏单位：重庆馆

02944
婴儿人工营养法 曲玉梅编
教育部民众读物编审委员会，16页，64开（民众文库）
本书介绍人工喂养婴儿的方法。封面题名：婴儿人工养营法。
收藏单位：重庆馆、南京馆

02945
育儿初范 周烽昭编辑
上海：民智书局，1926.11，92页，25开
收藏单位：江西馆

02946
育儿指南问答 （美）霍尔德（L. E. Holt）著 阮其煜译
上海：商务印书馆，1916，134页，32开，精装
本书内容包括：论沐浴、论眼、论口、论皮肤、论衣服、论尿布、论育儿房等。
收藏单位：重庆馆

02947
育婴保健图说 薛德焴编 陈果夫 胡定安校阅
南京：正中书局，1936，48叶，横16开，活页装
本书共48幅彩图，每图附有说明。
收藏单位：重庆馆、广东馆

02948
怎样抚养你的小宝宝 顾学箕 胡克成著
南京：中华自然科学社，1935，30页，32开（科学浅说2）
本书内容包括：初生儿常见的异常、初生儿的保护、婴儿的食物、哺乳时的注意、婴儿的保护、婴儿正常的发育等。
收藏单位：重庆馆

建筑科学

02949
北平西苑土木工程专科学校现况概览
北平：北平西苑土木工程专科学校，油印本，8叶，18开，环筒页装
本书内容包括：本校组织、本校设备、教授履历、本校学生之特点等。
收藏单位：国家馆

02950
房屋与路 汤心豫著
上海：文化生活出版社，1939.5，102页，36开（少年读物小丛书 第1集 10）
本书用故事形式，讲述土木工程知识。
收藏单位：重庆馆、广东馆、国家馆、湖南馆、江西馆、南京馆、上海馆

02951
国立山东大学工学院土木工程系学程指导书 国立山东大学工学院土木工程系编
国立山东大学工学院土木工程系，1934，16页，16开
本书共4部分：学则、学程一览、学程分配表、学程说明。
收藏单位：国家馆

02952
家屋 杨孝述 胡珍元编
上海：中国科学图书仪器公司，[64]页，32开（家常科学丛书2）
本书讲述房屋建筑及保护等常识。
收藏单位：广东馆、南京馆、上海馆

02953
建设总署土木工程专科学校第一届毕业同学纪念刊 建设总署土木工程专科学校编
北平：建设总署土木工程专科学校，1943.7，[194]页，16开，精装
本书为日伪出版物。内容包括：校史、人名录、学校生活文章、文艺作品等。
收藏单位：国家馆

02954
建设总署土木工程专科学校概览 建设总署土木工程专科学校编
北平：建设总署土木工程专科学校，[1942]，110页，32开
本书为日伪出版物。内容包括：组织大纲、学则、统计表、人员一览等。
收藏单位：国家馆

02955
建筑学小辞典（英、俄、中）
出版者不详，104页，32开
收藏单位：广东馆

02956
人类的住所 张伯伦（Chamberlain）著 陈锦英译
外文题名：How we are sheltered
上海：商务印书馆，1926.10，140页，32开（儿童史地丛书）
本书介绍世界各种房屋的发展、火的发明和应用等。
收藏单位：湖南馆、首都馆

02957
实用建筑学 陈兆坤著
上海：陈魁建筑事务所，1935.11—1936.2，石印本，4册，32开，精装
本书共4编：数理辑要、设计辑要、计算辑要、图案辑要。
收藏单位：广东馆、国家馆、南京馆、山西馆、首都馆、浙江馆

02958
实用土木工程学（第1册 静力学及水力学）（美）毛勒（Edward R. Maurer）（美）托奈尔（Frederick E. Turneaure）著 沈宝璋 顾世楫译
上海：中国科学图书仪器公司，1940.1，141页，25开，精装（中国科学社工程丛书）
上海：中国科学图书仪器公司，1941.6，再版，141页，25开，精装（中国科学社工程丛书）
上海：中国科学图书仪器公司，1947.1，6版，141页，25开，精装（中国科学社工程丛书）
本书共2部分。第1部分静力学，共7章，内容包括：同点力合成及分解、构架分析等；第2部分水力学，共7章，内容包括：水在静止时之压力、经过孔之水流等。中国科学社梁绍桐纪念基金资助出版。
收藏单位：安徽馆、重庆馆、东北师大馆、广东馆、国家馆、黑龙江馆、内蒙古馆、山西馆、上海馆、中科图

02959
实用土木工程学（第2册 材料力学）（美）毛勒（Edward R. Maurer）著 沈宝璋译
外文题名：Civil engineering: strength of materials
上海：中国科学图书仪器公司，1940.1，133页，25开，精装（中国科学社工程丛书）
上海：中国科学图书仪器公司，1941.4，再版，133页，25开，精装（中国科学社工程丛书）
上海：中国科学图书仪器公司，1947.1，6版，133页，25开，精装（中国科学社工程丛书）
本书共11章，内容包括：简单应力、简单应力下之材料强度、支点之反动力、柱之强度、轴之强度等。中国科学社梁绍桐纪念基金资助出版。
收藏单位：重庆馆、东北师大馆、广东馆、国家馆、黑龙江馆、内蒙古馆、山西馆、上海馆、中科图

02960
实用土木工程学（第4册 道路学）（美）贝尔通（Austin T. Byrne）著 沈宝璋译
上海：中国科学图书仪器公司，1940.3，194+12页，25开，精装（中国科学社工程丛书）
上海：中国科学图书仪器公司，1941.9，再版，194+12页，25开，精装（中国科学社工程丛书）
上海：中国科学图书仪器公司，1946.11，6版，194+12页，25开，精装（中国科学社工程丛书）
本书共2篇16章。第1篇乡道及大道，内容包括：车辆移动之阻力、路线之规定、初步道路建筑法等；第2篇城市街道及公路，内容包括：城市街道、石块路面、砖铺路面等。中国科学社爱迪生纪念基金资助出版。
收藏单位：重庆馆、广东馆、国家馆、黑龙江馆、江西馆、内蒙古馆、宁夏馆、山西馆、上海馆、浙江馆

02961
实用土木工程学（第5册 铁路工程学）（美）韦布（Walter Loring Webb）著 汪胡桢译
上海：中国科学图书仪器公司，1940.4，284+11页，25开，精装（中国科学社工程丛书）
上海：中国科学图书仪器公司，1941.9，再版，284+11页，25开，精装（中国科学社工程丛书）
上海：中国科学图书仪器公司，1947.5，3版，284+11页，25开，精装（中国科学社工程丛书）
本书共30章，内容包括：铁路测量概论、勘测、单曲线、复曲线、土工、土工施工法、隧道工程与测量、栈桥、铁路之养护等。中国科学社爱迪生纪念基金资助出版。
收藏单位：安徽馆、重庆馆、广东馆、贵

州馆、国家馆、黑龙江馆、江西馆、内蒙古馆、宁夏馆、山西馆、上海馆、中科图

02962

实用土木工程学（第6册 土工学）（美）麦克但尼尔（A. B. McDaniel）著　汪胡桢译

上海：中国科学图书仪器公司，1940.5，126页，25开，精装（中国科学社工程丛书）

上海：中国科学图书仪器公司，1941.9，再版，126页，25开，精装（中国科学社工程丛书）

上海：中国科学图书仪器公司，1947.5，3版，126页，25开，精装（中国科学社工程丛书）

本书共9章，内容包括：土箕、平土机、机铲、陆上浚机、水上浚机、水下碎石机等。中国科学社梁绍桐纪念基金资助出版。

收藏单位：安徽馆、重庆馆、广东馆、国家馆、黑龙江馆、江西馆、内蒙古馆、宁夏馆、山西馆、上海馆、中科图

02963

实用土木工程学（第7册 给水工程学）（美）托奈尔（Frederick E. Turneaure）著　顾世楫译

上海：中国科学图书仪器公司，1940.6，185+15页，25开，精装（中国科学社工程丛书）

上海：中国科学图书仪器公司，1941.12，再版，185+15页，25开，精装（中国科学社工程丛书）

上海：中国科学图书仪器公司，1947.10，3版，185+15页，25开，精装（中国科学社工程丛书）

本书共28章，内容包括：水量之消费、给水之来源、导渠之建筑、管路系统、水之澄洁法等。中国科学社高君韦纪念基金资助出版。

收藏单位：安徽馆、重庆馆、广东馆、贵州馆、国家馆、黑龙江馆、湖南馆、江西馆、内蒙古馆、宁夏馆、山西馆、首都馆、中科图

02964

实用土木工程学（第8册 沟渠工程学）

（美）马斯顿（Anson Marston）（美）佛来铭（Thomas Fleming）著　顾世楫译

上海：中国科学图书仪器公司，1940.7，224+11页，25开，精装（中国科学社工程丛书）

上海：中国科学图书仪器公司，1941.12，再版，224+11页，25开，精装（中国科学社工程丛书）

上海：中国科学图书仪器公司，1947.10，3版，224+11页，25开，精装（中国科学社工程丛书）

本书共26章，内容包括：排污之方法、污水渠之概况、排水沟及副水沟、住宅内之排污法、污物处理法、冲淡法等。中国科学社高君韦纪念基金资助出版。

收藏单位：安徽馆、广东馆、贵州馆、国家馆、黑龙江馆、内蒙古馆、山西馆、首都馆、浙江馆

02965

实用土木工程学（第9册 混凝土工程学）

（美）韦布（Walter Loring Webb）（美）吉卜生（W. H. Gibson）著　萧开瀛译

上海：中国科学图书仪器公司，1940.8，380页，25开，精装（中国科学社工程丛书）

上海：中国科学图书仪器公司，1941.11，再版，380页，25开，精装（中国科学社工程丛书）

上海：中国科学图书仪器公司，1947.1，6版，380页，25开，精装（中国科学社工程丛书）

本书共42章，内容包括：胶合材料、混凝土、混凝土之圬工、基础、底脚、钢筋与混凝土之结合、模板、新旧混凝土之结合等。中国科学社北平社友纪念基金资助出版。

收藏单位：安徽馆、重庆馆、广东馆、国家馆、黑龙江馆、江西馆、辽宁馆、内蒙古馆、山西馆、上海馆、首都馆、中科图

02966

实用土木工程学（第10册 钢建筑学）

（美）柏脱（Henry Jackson Burt）（美）利脱（Herman Ritow）著　许止禅译

上海：中国科学图书仪器公司，1940.9，459+12页，25开，精装（中国科学社工程丛书）
上海：中国科学图书仪器公司，1941.12，再版，459+12页，25开，精装（中国科学社工程丛书）

本书共34章，内容包括：建筑钢之截面形式、铸铁柱、房屋设计及防火做法、荷重情形、楼板结构、钢之防火等。附录：钢铁建筑规范式样。中国科学社梁绍桐纪念基金资助出版。

收藏单位：安徽馆、重庆馆、广东馆、贵州馆、国家馆、黑龙江馆、内蒙古馆、山东馆、山西馆、上海馆、浙江馆

02967
实用土木工程学（第11册 房屋及桥梁工程学）（美）杜夫尔（Frank O. Dufour）（美）善兹（C. Paul Schantz）著　萧开瀛　马登云译
上海：中国科学图书仪器公司，1941.9，496+12页，25开，精装（中国科学社工程丛书）
上海：中国科学图书仪器公司，1947.6，3版，496+12页，25开，精装（中国科学社工程丛书）

本书共2部分。第1部分房屋工程学，共4章，内容包括：屋面之盖料、帽钉结合屋面构架之设计等；第2部分桥梁工程学，共12章，内容包括：桥之重量与荷重、桥梁分析之理论、桥之设计、公路桥载面之设计等。中国科学社梁绍桐纪念基金资助出版。

收藏单位：安徽馆、重庆馆、广东馆、国家馆、黑龙江馆、江西馆、南京馆、内蒙古馆、山西馆、上海馆、浙江馆、中科图

02968
实用土木工程学（第12册 土木工程规范及契约）（美）阿什布立治（Richard I. D. Ashbridge）著　顾世楫译
上海：中国科学图书仪器公司，1941.7，194+15页，25开，精装（中国科学社工程丛书）
上海：中国科学图书仪器公司，1947.8，再版，194+15页，25开，精装（中国科学社工程丛书）

本书共20章，内容包括：开工前之普通条款、履行契约之普通条款、铁路路基工程之规范、电力铁道架空建筑之规范、石路及混凝土路之规范等。中国科学社北平社友纪念基金资助出版。

收藏单位：重庆馆、广东馆、国家馆、黑龙江馆、江西馆、山西馆、上海馆、首都馆、浙江馆

02969
土木工程计划　邵从燊著
[北平]：[鸿记华丰印字馆]，1936，202页，16开（安乐丛书）

本书介绍北京的市政、河务、道路、建筑等。

收藏单位：重庆馆

02970
土木工程学　陆军工兵学校编
[重庆]：陆军工兵学校，1946，油印本，1册，18开

本书为陆军工兵学校学生队讲义。

收藏单位：广东馆

02971
土木工程训练班教育计划
出版者不详，油印本，1册，16开

收藏单位：广东馆

02972
土木工程专科学校第一届毕业同学纪念刊
出版者不详，1943，1册，16开

收藏单位：首都馆

02973
我们的房屋　祝荪如编
上海：世界书局，1942.12，赣1版，32页，32开

本书内容包括：导言、观察、实验、研究问题等。

收藏单位：贵州馆、国家馆

02974
英华·华英合解建筑辞典 杜彦耿编译
上海：上海市建筑协会，1936.6，440 页，32 开，精装
收藏单位：安徽馆、国家馆、湖南馆、山西馆、中科图

02975
应用叠加原理分析刚架 杨琪编
出版者不详，23 叶，大 16 开
收藏单位：上海馆

02976
应用维氏移位图（Williots diagram）及虚功之原理（Principle of virtual work）以求复杂桁架（Complex truss）之应力（论文） 周启太编
出版者不详，手写本，12 叶，16 开
收藏单位：上海馆

02977
造房屋 袁昂编
上海：大东书局，1946，4 版，12 页，32 开（儿童社会科学丛书）
本书为少儿读物。介绍房屋是怎样造起来的。
收藏单位：重庆馆

02978
中国建筑美写真集
上海：良友图书公司，1933.5，40 页，50 开（百科写真集 4）
上海：良友图书公司，1935.4，3 版，40 页，50 开（百科写真集 4）
收藏单位：上海馆

建筑理论

02979
国际新建筑运动论 黎宁著
重庆：中国新建筑社，1943.2，16 页，32 开（新建筑丛书 1）
本书共 6 部分，内容包括：现代新兴建筑的发生、国际新建筑、集合住宅、合理主义等。
收藏单位：重庆馆、国家馆、南京馆

02980
建筑学 ABC 杨隽时著
上海：ABC 丛书社，1930.5，85 页，32 开，精装（ABC 丛书）
上海：ABC 丛书社，1931.6，再版，85 页，32 开，精装（ABC 丛书）
上海：ABC 丛书社，1932.12，3 版，85 页，32 开，精装（ABC 丛书）
本书概述建筑的历史、原理、工程、种类等。
收藏单位：重庆馆、广东馆、国家馆、湖南馆、江西馆、南京馆、内蒙古馆、上海馆、首都馆、浙江馆

02981
建筑学提纲 陈兆坤著
上海：陈魁建筑事务所，1936.5，60 页，32 开
本书共 5 章：数学总论、力学总论、设计总论、计算总论、图案总论。
收藏单位：国家馆、南京馆、上海馆、浙江馆

02982
建筑原理及设计 沈梅叶讲授
沈梅叶 [发行者]，[1944]，手写本，112 页，16 开，环筒页装
本书为沈梅叶建筑原理及设计讲稿。
收藏单位：国家馆

02983
目的建筑 黎宁著
重庆：中国新建筑社，1943，18 页，32 开（新建筑丛书 9）
本书内容包括：现代建筑的特质、1920 年前后的活动（表现主义，机能主义，构成主义）、目的建筑（美国之影响，荷兰之进出，中国新建筑学派）等。
收藏单位：重庆馆

02984

新建筑造型理论的基础 黎宁著

重庆：中国新建筑社，1943.2，16 页，32 开（新建筑丛书 4）

本书共 6 部分，内容包括：实用与美、样式与时代、经济的建筑观、现代建筑之到达点等。

收藏单位：重庆馆、广东馆、国家馆、南京馆

02985

新建筑之起源 郑梁著 黎宁校

重庆：中国新建筑社，1943.2，28 页，32 开（新建筑丛书 5）

本书附录：新建筑所属之建筑家名录。书前有 Otto Wagner 的照片及黎宁序。

收藏单位：重庆馆、国家馆、南京馆

02986

中国建筑师学会制定建筑章程 冠群建筑师事务所编

冠群建筑师事务所，1946，11 页，16 开

收藏单位：江西馆

建筑史

02987

宝坻县广济寺三大士殿 梁思成著

出版者不详，52 页，16 开

本书为《中国营造学社汇刊》第 3 卷第 4 期抽印本。

收藏单位：广东馆、南京馆

02988

陈椿记营造厂、陈椿源建筑师工程成绩表（中英文本） 陈椿源 [编]

上海：陈椿源 [发行者]，1931.8，7 页，25 开，环筒页装

02989

大同古建筑调查报告 梁思成 刘敦桢编著

北平：中国营造学社，1933.12，218 页，16 开

北平：中国营造学社，1936.4，再版，218 页，16 开

本书为大同古建筑华严寺、善化寺的调查报告，介绍古建筑史略、原理及材料等。附云岗石窟中所表现的北魏建筑。

收藏单位：长春馆、国家馆、华东师大馆、辽宁馆、南京馆、上海馆、中科图

02990

东西堂史料 刘敦桢编

出版者不详，10 页，16 开

本书考证古代宫殿制度。《中国营造学社汇刊》第 5 卷第 2 期抽印本。

收藏单位：上海馆

02991

法隆寺与汉六朝建筑式样之关系、玉虫厨子之建筑价值 （日）滨田耕作著 刘敦桢译并补注

[北平]：[中国营造学社]，[1931.12]，74 页，16 开

本书共 5 部分：绪言、高勾丽古墓壁画、六朝石窟及其他遗物、汉代遗物及其表现之建筑式样、结论（汉至隋唐间科栱之变迁）。《中国营造学社汇刊》第 3 卷第 1 册抽印本。

收藏单位：国家馆

02992

仿宋重刊营造法式校记 阚铎著

合肥：阚铎 [发行者]，[1930.4]，28 页，16 开

本书为重刊《营造法式》一书。内有校记、补诸书记载二事，以宋李诫《木经》与《营造法式》互校。

收藏单位：国家馆

02993

告成周公庙调查记 刘敦桢著

出版者不详，19 页，16 开

收藏单位：南京馆

02994
工段营造录（清）李斗著
[北平]：中国营造学社，[1931.8]，[90]页，16开
本书为《中国营造学社汇刊》抽印本。
收藏单位：国家馆、南京馆、首都馆

02995
汉代的建筑式样与装饰 鲍鼎等著 中国营造学社编
北平：中国营造学社，1934.12，28+28页，16开
收藏单位：国家馆、南京馆、清华馆、上海馆

02996
杭州六和塔复原状计划 梁思成拟 中国营造学社编辑
北平：中国营造学社，1935.3，[9]+11页，16开
北平：中国营造学社，1941.1，改订版，[9]+11页，16开
本书共4部分：略史、现状、原状之推测、施工概略。
收藏单位：国家馆、南京馆、首都馆

02997
晋汾古建筑预查纪略 林徽因 梁思成著
北平：中国营造学社，1935.3，54页，16开
收藏单位：南京馆、清华馆、中科图

02998
玛赛克磁砖
上海：益中机器公司，1册，32开，精装
收藏单位：南京馆

02999
明长陵修缮工程纪要 北平市政府工务局编辑
北平：北平市政府工务局，1935.11，58页，16开
本书共7部分，内容包括：查勘之经过、估计之结果、招标及定标经过、工程进行情形等。
收藏单位：国家馆、浙江馆

03000
明代建筑大事年表 单士元 王璧文著 中国营造学社编
北平：中国营造学社，1937.2，[723]页，32开，精装
本书共4编：宫殿、陵寝、苑囿、坛庙，衙署、学校，城堡、关隘、卫所，寺观、桥梁及杂类。
收藏单位：东北师大馆、国家馆、辽宁馆、宁夏馆、上海馆、首都馆、中科图

03001
牌楼算例 刘敦桢编订
[北平]：中国营造学社，[1933]，44页，16开
本书介绍牌楼建筑，内容包括：木牌楼、石牌楼、琉璃牌楼等。书中有北平等地牌楼摄影30余页。
收藏单位：国家馆、湖南馆、南京馆

03002
奇迹（上卷） 紫珊编译
上海：神州国光社，1931.5，79页，32开（少年时代丛书）
本书介绍古今世界伟大奇特的建筑工程。有图37幅。
收藏单位：重庆馆、国家馆、湖南馆、江西馆、绍兴馆

03003
青岛市风景建设说明小册 青岛市政府招待处编
青岛：青岛市政府招待处，1936，12页，大64开
收藏单位：国家馆

03004
清式营造则例 梁思成著
北平：中国营造学社，1934.6，[200]页，16开，函套精装

北平：中国营造学社，1941.3，再版，[200]页，16开，函套精装

本书对清代建筑的做法和结构作了诠释、图解和说明。附录：清式营造辞解、各件权衡尺寸表。

收藏单位：安徽馆、国家馆、柳州馆、内蒙古馆、山西馆、上海馆、首都馆、中科图

03005

全国建筑文物简目 国立清华大学私立中国营造学社合设建筑研究所编

华北高等教育委员会图书文物处，1949.6，72页，32开

收藏单位：重庆馆、广东馆、国家馆、南京馆、首都馆

03006

全国重要建筑文物简目 国立清华大学私立中国营造学社合设建筑研究所编

[北平]：国立清华大学私立中国营造学社合设建筑研究所，1949.3，油印本，85页，16开

收藏单位：国家馆

03007

世界工程奇迹 杨臣勋编

上海：中国科学图书仪器公司，1942.12，276页，32开（中国科学社科学画报丛书）

本书介绍世界各国桥梁、建筑、古代建筑、道路、铁路、隧道及水利等重大工程。

收藏单位：重庆馆、东北师大馆、广东馆、广西馆、国家馆、江西馆、近代史所、辽大馆、辽宁馆、南京馆、内蒙古馆、陕西馆、上海馆、浙江馆

03008

世界著名大工程 沈志坚编

上海：言行社，1941.6，130页，36开（科学知识丛书）

本书介绍埃及金字塔、中国万里长城、美国摩天大厦、英国伦敦塔桥等十余种世界著名工程。

收藏单位：安徽馆、重庆馆、广西馆、南京馆、上海馆、首都馆、天津馆

03009

塔·麴町通信 （日）板垣鹰穗 （日）岛崎藤村著 洪炎秋 苏生译

北平：近代科学图书馆，[1939]，10页，22开（北京近代科学图书馆丛刊18）

本书为《塔》与《麴町通信》合刊。其中《塔》（板垣鹰穗著，洪炎秋译）选自《思想》昭和十三年五月号；《麴町通信》（岛崎藤村著，苏生译）选自《新风土》昭和十三年七月号。

收藏单位：国家馆

03010

天宁寺建筑年代之鉴别问题 林徽因 梁思成著

北平：中国营造学社，1935.10，16页，16开（平郊建筑杂录4）

本书介绍天宁寺塔的建筑结构等。书前有天宁寺塔图及陕西等地的塔图10幅。

收藏单位：国家馆

03011

同治重修圆明园史料 中国营造学社编

北平：中国营造学社，1933.12，126页，16开

本书共9部分：史料整理之经过、重修前之圆明园、重修之背景、工程、材料、工费、勘估与监修、停工原因、停工后轶闻。附录：同治重修圆明园大事表。

收藏单位：长春馆、国家馆、南京馆、中科图

03012

潍县拆除石坊调查表 丁锡田编

出版者不详，[1930.10]，石印本，16页，32开，环筒页装

本书记述1929—1930年间拆除32座石坊的情况。

收藏单位：国家馆

03013
魏晋风流与私家园林 吴世昌著
出版者不详，1934，36 页，16 开
本书介绍园林建筑。《学文月刊》第 1 卷第 2 期抽印本。
收藏单位：国家馆

03014
我们所知道的唐代佛寺与宫殿 梁思成著
北平：中国营造学社，[1932.3]，40 页，16 开
本书研究唐代佛寺与宫殿。《中国营造学社汇刊》第 3 卷第 1 期抽印本。
收藏单位：国家馆

03015
西洋建筑史（本编） 沈理源编译
天津：天津制版社，1944，467 页，32 开
本书内容包括：埃及建筑、西亚建筑、希腊建筑、罗马建筑、拜占庭建筑等。
收藏单位：安徽馆、广东馆、广西馆、黑龙江馆、湖南馆、首都馆、中科图

03016
西洋建筑史（图版） 沈理源编译
天津：天津制版社，1944，404 页，32 开
本书共 32 部分，内容包括：先史时代、埃及、西亚、希腊、希腊与罗马、罗马、早年基督教、圆顶结构之比较、拜占庭、意大利伪罗马等。
收藏单位：安徽馆、广东馆、国家馆、黑龙江馆、湖南馆、近代史所、中科图

03017
西洋建筑史（附录） 沈理源编译
天津：天津制版社，1944，[153] 页，32 开
本书共 7 部分：神名音译并简解、人名音译并简解、地名音译并简解、外国语音译并简解、史事简解、建筑物译名中西文对照表、建筑名词中西文对照表。
收藏单位：广东馆、国家馆、黑龙江馆、中科图

03018
营造法式 （宋）李诫编修
上海：商务印书馆，1933.12，8 册（1048 页），32 开（万有文库 第 1 集 0720）（国学基本丛书）
长沙：商务印书馆，1939.12，8 册（1048 页），32 开（万有文库 第 1、2 集简编 500 种 281）（国学基本丛书）
本书讲述两宋时代的建筑法，详细介绍各种建筑施工、设计、用料、结构、比例等方面的要求。
收藏单位：安徽馆、重庆馆、大理馆、大连馆、东北师大馆、广西馆、贵州馆、国家馆、黑龙江馆、湖南馆、惠州馆、江西馆、辽大馆、辽师大馆、柳州馆、内蒙古馆、宁夏馆、上海馆、西南大学馆、浙江馆

03019
营造算例 梁思成编订
北平：中国营造学社，1932.3，154+10 页，16 开
北平：中国营造学社，1934.5，增改再版，80 页，16 开
本书据宋李明仲《营造法式》、清工部颁行的《工程做法则例》等有关资料编订。共 11 章：斗栱大木大式做法、大木小式做法、大木杂式做法、装修、大式瓦作做法、小式瓦作做法、石作做法、土作做法、桥座做法、牌楼做法、琉璃瓦料做法。
收藏单位：安徽馆、广东馆、国家馆、湖南馆、南京馆、内蒙古馆、上海馆、首都馆、西南大学馆

03020
中国建筑简史 毛心一著 沈季梅校
上海：说文月刊社，1941.10，46 页，16 开
本书简述我国上古至现代的建筑发展史。共 13 章，内容包括：从文字上看到的原始建筑、三代的庙堂制度、历史上放奇彩的唐代建筑、欧化的晚清建筑等。
收藏单位：国家馆、上海馆、中科图

03021
中国建筑结构与营造方面经济及改善之检讨 徐国复著
天津：工商学院工科建筑工程系，1941，10+10页，16开

03022
中国建筑史（日）伊东忠太著　陈清泉译补
上海：商务印书馆，1937.8，324页，32开，精装（中国文化史丛书 第2辑）
本书共3章，讲述史前至隋的建筑艺术。有插图100余幅。附录：营造法式摘录。
收藏单位：重庆馆、大庆馆、东北师大馆、广东馆、广西馆、国家馆、黑龙江馆、江西馆、辽大馆、南京馆、内蒙古馆、宁夏馆、山西馆、上海馆、首都馆、西南大学馆、中科图

03023
中国建筑史图录　清华大学建筑系编
北平：清华大学建筑系，[1937—1949]，影印本，52页，18开
本书据梁思成先生所著《中国建筑史》一书（在抗战时作图，未出版）中插图翻印而成，有中英文说明。
收藏单位：广东馆、国家馆、南京馆、天津馆

03024
中国建筑展览会会刊　中国建筑展览会编
上海：中国建筑展览会，1936.4，[76]页，16开

建筑机构、团体、会议

03025
国立复旦大学土木工程学会会员录　上海国立复旦同学会编
上海：上海国立复旦同学会，1947.6，78页，50开
收藏单位：上海馆

03026
建设总署土木工程同学会会刊（第5期） 建设总署土木工程同学会编
建设总署土木工程同学会，1942，38页，16开
收藏单位：国家馆

03027
上海建筑学会特刊　上海建筑学会编
上海：上海建筑学会，[1931]，36页，16开
本书封面题有“中华民国二十年八月八日成立纪念”字样。

03028
中国建筑师学会章程、业务规则、公守诫约 中国建筑师学会编
中国建筑师学会，25页，13开
本书章程末题有“民国十五年十二月订立，十九年十二月修正”字样。附会员录。
收藏单位：国家馆、上海馆

03029
中国营造学会缘起　朱启钤著
中国营造学会，10页，22开
收藏单位：国家馆

03030
中国营造学社民国二十三年度上半期工作报告书　中国营造学社编
[北平]：中国营造学社，[1934]，4页，16开

03031
中国营造学社民国二十四年度工作报告　中国营造学社编
[北平]：中国营造学社，[1936]，5页，16开
收藏单位：国家馆

03032
中国营造学社民国廿一年度上半期事业进行状况报告书　中国营造学社编
[北平]：中国营造学社，[1932]，4页，16开

本书共 6 部分，内容包括：实物调查、古建筑之修葺计划、古籍之整理、史料文献之搜集等。

收藏单位：国家馆

03033

中国营造学社民国廿二年度事业进行状况报告书 中国营造学社编

[北平]：中国营造学社，[1933]，4 页，16 开

收藏单位：国家馆

建筑艺术

03034

重修黄帝陵庙计划说明书及工程估价单

出版者不详，晒印本，11 叶，13 开，环筒页装

收藏单位：国家馆

03035

旧都文物整理实施事务处第一期工程进行一览表 旧都文物整理实施事物处编

北平：旧都文物整理实施事物处，[1935]，6 页，22 开

本书记载 1935 年修复北平历史名胜古迹第一期工程，以表格形式汇报各项工程的进程、经费收支情况等。共 3 部分：建筑工程、原概算以外添修建筑工程、道路工程。

收藏单位：国家馆

03036

论中国建筑之几个特征 林徽因著

北平：中国营造学社，[1936]，18 页，16 开

本书为《中国营造学社汇刊》第 3 卷第 1 期抽印本。

收藏单位：国家馆

03037

曲阜孔庙建筑及其修葺计划 梁思成著

北平：中国营造学社，1935.9，162 页，16 开

本书共 7 章，内容包括：孔庙建筑史略、孔庙建筑物之各个研究、曲阜孔庙建筑年谱、孔庙以外工程等。附录：大成门前碑亭各碑年代及撰书人名表、明弘治十七年尺与公尺比较表、曲阜孔子庙林修葺费概算、插图索引。书前有山东省曲阜圣庙平面图等图照 100 余页。版权页题名：曲阜孔庙之建筑及其修葺计划。

收藏单位：重庆馆、广东馆、国家馆、南京馆、首都馆、中科图

03038

西洋建筑讲话 丰子恺著

上海：开明书店，1935.12，104 页，32 开（开明青年丛书）

上海：开明书店，1949.4，新 1 版，104 页，32 开（开明青年丛书）

本书介绍世界有名的大建筑物建筑艺术。共 6 讲：从坟到店、坟的艺术、殿的艺术、寺的艺术、宫的艺术、店的艺术。

收藏单位：重庆馆、大庆馆、东北师大馆、广东馆、国家馆、湖北馆、湖南馆、江西馆、辽宁馆、南京馆、内蒙古馆、上海馆、首都馆、天津馆、浙江馆

03039

中国建筑 王璧文著

北平：国立华北编译馆，1943.1，218 页，32 开（土木工程知识丛书）

本书介绍中国建筑结构及其艺术价值等。共 12 部分，内容包括：都邑计划（城垣）、宫殿、坛庙、陵墓、衙署、寺观、桥梁、牌楼、碑碣等。版权页题：华北科学社出版。

收藏单位：国家馆、湖南馆、近代史所、辽宁馆、宁夏馆、山西馆、上海馆、首都馆、中科图

03040

中国建筑美 良友全国摄影旅行团摄制

上海：良友图书印刷公司，1933.5，50 页，10 开，精装

本书为中国古建筑摄影集。内收北京、兰州、太原等地古建筑照片 50 幅，每幅有英、中文说明。

建筑物理学

03041
福州电气公司新厂工程进行报告书　[福州电气公司]编
[福州]:[福州电气公司],1933,24页,32开
收藏单位:福建馆

03042
光照学　沈梅叶著
沈梅叶[发行者],1944,手写本,90页,16开,环筒页装(建筑工学及建筑艺术丛编草稿)
本书共2编:日照论、昼光论。
收藏单位:国家馆

03043
济南市政府市区测量报告书　济南市政府编
济南:济南市政府,[1934.6],158页,16开
本书共8章,内容包括:本市沿革、本市市区测量之使命、本市市区测量筹备经过、本市市区测量工作实况等。
收藏单位:国家馆、湖南馆、江西馆

03044
屋内电灯线装置规则　建设委员会图书馆编
南京:建设委员会图书馆,1930.6,42页,18开
南京:建设委员会图书馆,1933.7,再版,42页,18开
本书共8章,内容包括:屋内线路、开关及保险丝、线路配件、电灯及电具、接地法、导线等。附录:美规线表、英规线表、本规则专门名词中英文对照表等7种。
收藏单位:重庆馆、广东馆、国家馆、南京馆、绍兴馆、首都馆

03045
屋内电灯装置概要　丁伋编
上海:商务印书馆,1936.8,95页,32开(工学小丛书)
长沙:商务印书馆,1939.2,3版,95页,32开(工学小丛书)
上海:商务印书馆,1947.7,5版,95页,32开(工学小丛书)
本书共5章:通论、电灯之配件及其装置、线路装置、试验、电光设计之概要。附录:美规线表、英规线表、华英常用单位改算表等。
收藏单位:东北师大馆、甘肃馆、广东馆、贵州馆、国家馆、湖南馆、上海馆、首都馆

03046
优声建筑之研究　王敏之著
外文题名:Study of acoustical architecture
上海:[国立交通大学],1948.7,手写本,1册,16开
收藏单位:上海馆

建筑设计

03047
建筑工程实用计算图表　黄祖森编　朱士圭校
上海:开明书店,1937.6,262页,32开
本书共12编,内容包括:度量衡、数学常数、材料系数、材料尺码、材料估计等。

03048
建筑设计参考图集　梁思成　刘致平编纂
北平:中国营造学社,1935—1937,10册,16开,精装
本书内容包括:店面、斗栱、琉璃瓦、柱础、外檐装修、雀替、藻井等。
收藏单位:广东馆、国家馆、河南馆、湖南馆、南京馆、内蒙古馆、山西馆、上海馆、首都馆、天津馆

03049
建筑设计图展览会特刊　国立北平大学艺术

院建筑系 1932 级编
出版者不详，[1932—1949]，56 页，16 开
收藏单位：南京馆

03050
建筑图案大全　葛尚宣著
上海：大华图书馆，1920.4，92 页，32 开
上海：大华图书馆，1924.4，再版，92 页，32 开
上海：大华图书馆，1926，3 版，92 页，32 开
本书封面题名：建筑图案。
收藏单位：上海馆、天津馆

03051
建筑图案法　Percy Ash 著　黄志劭译
外文题名：Theory of architectural design
上海：世界书局，1941.9，71 页，32 开
上海：世界书局，1947.10，再版，71 页，32 开
本书共 4 章：绪论、图案组织、建筑设计、外部设计。附插图 50 幅。
收藏单位：广东馆、国家馆、首都馆、西南大学馆

03052
建筑图学　火永彰著
长沙：商务印书馆，1941.3，144 页，36 开
重庆：商务印书馆，1945.12，再版，144 页，36 开
上海：商务印书馆，1946.12，3 版，144 页，36 开
上海：商务印书馆，1947.11，4 版，144 页，36 开
本书为职业学校教科书。共 12 章，内容包括：导言、制图仪器及其用法、制图字体、几何画、投影画等。
收藏单位：广东馆、国家馆、上海馆

03053
建筑阴影及透视　高公润著
北京：国立北京大学工学院，1943.3，104 页，16 开
本书共 2 卷：建筑阴影投射法、透视画法。
收藏单位：国家馆、中科图

03054
建筑制图　中华职业学校编
上海：中华职业学校，1934.10，80 页，16 开，散页袋装
上海：中华职业学校，1935，80 页，16 开，散页袋装
本书内收西洋建筑制图方案 80 余幅。单面印。
收藏单位：国家馆、南京馆、上海馆、浙江馆

03055
结业设计参考资料（第 3 卷）　重庆建筑工程学院编
重庆：重庆建筑工程学院，油印本，1 册，16 开
收藏单位：重庆馆

03056
南京市建筑规则　南京市工务局编订
南京：南京市工务局，1935，87 页，32 开
本书共 3 篇：《南京市建筑规则》（1935.11.23. 修正公布）、《南京市新住宅区建筑规则》（1935.11.23. 修正公布）、《南京市乡镇区建筑暂行规则》（1935.10.17. 修正公布）。
收藏单位：重庆馆、南京馆

03057
南满洲铁道株式会社土木十六年史附属图
（日）加藤与之吉著　南满洲铁道株式会社地方部土木课编
大连：南满洲铁道株式会社，1926，1 册，16 开，精装
收藏单位：首都馆

03058
内政部全国公私建筑制式图案（第 1—3 集）
内政部营建司设计绘制
内政部营建司，1945.7，36 叶，横 16 开
本书为第 1—3 集合订本。内收乡村住宅

建筑图、乡镇中心小学建筑图、全国公私厕所标准图等。

收藏单位：国家馆、南京馆

03059
内政部全国公私建筑制式图案（第 4 集） 内政部营建司设计绘制
内政部营建司，1941，16 叶，横 16 开

本书内收地方法院标准制式图、县警察局制式图、县警察所制式图等。

收藏单位：国家馆、南京馆

03060
实用钢骨混凝土房屋计划指南 陈兆坤著
上海：陈魁建筑事务所，1936.7，85 页，32 开，精装

本书介绍房屋设计方法。共 2 编：力学、图案。

收藏单位：贵州馆、国家馆、辽宁馆、浙江馆

03061
实用建筑绘图学 陈兆坤著
上海：陈魁建筑事务所，1936.12，[262] 页，32 开，精装

本书共 10 章，内容包括：绘图器、笔类、墨类、纸类、书法、绘图法、测量法等。

收藏单位：辽宁馆、南京馆、上海馆、浙江馆

03062
实用建筑设计参考图 经贻谋编
北京：聚兴行，1943.9，114 页，横 16 开，精装
北京：聚兴行，1944.1，再版，114 页，横 16 开，精装

本书选自国内著名建筑设计，附简略说明。书前有弁言、题字、凡例及换算表等。单面印。

收藏单位：国家馆

03063
实用土木工程计算图表 杨文渊编
上海：龙门联合书局，1948.11，再版影印本，562 页，32 开，精装

本书共 14 编，内容包括：数学公式、数表、单位换算等。附录：中英文名词对照等。

收藏单位：重庆馆、国家馆、黑龙江馆、绍兴馆、西交大馆

03064
土木制图 中华职业学校编
上海：中华职业学校，1936.7，40 页，16 开，活叶装

本书共 40 部分，内容包括：地形图例、公路导线、介曲线、平地路基填挖土、山坡路基、险峻山坡路基、公路横断面等。附表：公尺英尺对照表。

收藏单位：重庆馆

03065
营造适用长度标准制对照表
上海：上海市工务局，1931.4，8 页，12 开

本书共 11 部分，内容包括：国际公制、英制长度互算表等。

03066
怎样建筑房屋 宗亮晨著
上海：商务印书馆，1933.12，54 页，32 开（小学生文库 第 1 集 工程类）
上海：商务印书馆，1934，再版，54 页，32 开（小学生文库 第 1 集 工程类）

本书内容包括：为什么要建造房屋、建筑是怎样进步的、建筑的材料、建筑房屋应该注意什么、我国复式房屋怎样建筑的、现代新式房屋怎样建筑的等。

收藏单位：重庆馆、东北师大馆、湖南馆、江西馆、宁夏馆、上海馆、首都馆

03067
中国建筑参考图集
出版者不详，1 册，16 开

收藏单位：广东馆、中科图

03068
中国建筑师学会制定征求图案规则 中国建

筑师学会制定公布
[南京]:[中国建筑师学会],1937.4,5页,16开
收藏单位:南京馆

03069
中国建筑营造图集 清华大学建筑系编
北京:清华大学建筑系,70页,18开
收藏单位:广东馆、南京馆

房屋细部构造设计

03070
房屋 李熙谋主编
世界书局,[1946—1949],18页,25开(少年应用科学丛刊)
收藏单位:贵州馆、江西馆

03071
房屋 汪胡桢著
上海:厚生出版社,134页,36开(中国工程师手册 土水手册17)
本书介绍房屋的设计、构造、施工等。
收藏单位:上海馆

03072
房屋 薛次莘著
上海:商务印书馆,1933.12,101页,32开(万有文库 第1集0697)(工学小丛书)
上海:商务印书馆,1934.1,101页,32开(工学小丛书)
上海:商务印书馆,1935,4版,101页,32开(工学小丛书)
上海:商务印书馆,1935.6,5版,101页,32开(工学小丛书)
长沙:商务印书馆,1938.11,8版,101页,32开(工学小丛书)
上海:商务印书馆,1947.2,9版,101页,32开(工学小丛书)(新中学文库)
本书共3章:设计、施工、合同文件。
收藏单位:安徽馆、长春馆、重庆馆、大理馆、大连馆、东北师大馆、福建馆、广东馆、广西馆、贵州馆、国家馆、黑龙江馆、湖南馆、江西馆、辽大馆、辽东学院馆、辽师大馆、柳州馆、南京馆、内蒙古馆、宁夏馆、山西馆、上海馆、绍兴馆、首都馆、天津馆、西南大学馆、浙江馆、中科图

03073
房屋
出版者不详,[1948—1949],29页,25开
收藏单位:江西馆

03074
房屋构造学 唐英 王寿宝编著
上海:商务印书馆,1936.9,290页,32开
长沙:商务印书馆,1938.9,再版,290页,32开
长沙:商务印书馆,1938,3版,290页,32开
长沙:商务印书馆,1939,4版,290页,32开
长沙:商务印书馆,1939.12,5版,290页,32开
上海:商务印书馆,1946,10版,290页,32开
上海:商务印书馆,1947.5,11版,290页,32开
上海:商务印书馆,1948,12版,290页,32开
本书为职业学校教科书。共8章:概论、设计大要、施工前之准备工作、土工、墙工、木工、钢铁工、钢筋混凝土工。
收藏单位:重庆馆、广东馆、国家馆、辽大馆、南京馆、山西馆、首都馆、天津馆

03075
房屋建筑学 相均编
[重庆]:[陆军工兵学校],1946.12,20页,25开
本书为陆军工兵学校土木教材。
收藏单位:广东馆、江西馆

03076
房屋建筑学(住宅编) 唐英编著
长沙:商务印书馆,1941.10,164页,32开

重庆：商务印书馆，1945.12，再版，164 页，32 开
上海：商务印书馆，1947.3，3 版，164 页，32 开
上海：商务印书馆，1948.8，4 版，164 页，32 开

本书为职业学校教科书。共 3 编：绪言、建筑史概述、住宅建筑。

收藏单位：重庆馆、广东馆、国家馆、南京馆、山西馆、首都馆、浙江馆

03077
钢铁屋架设计 周颂文编著
长沙：商务印书馆，1940.10，194 页，32 开
上海：商务印书馆，1946.8，再版，194 页，32 开
上海：商务印书馆，1947.6，3 版，194 页，32 开

本书为职业学校教科书。共 6 部分：总说、屋架之形式、屋架之担负、屋架之设计、中西译名对照表、附表。

收藏单位：重庆馆、广东馆、国家馆、辽大馆、山西馆、首都馆、西交大馆、浙江馆

03078
碱地之房屋附图
出版者不详，[30] 页，横 24 开

本书内收房屋建筑平面图及表 20 余幅。

收藏单位：南京馆

03079
联梁算式 胡宏尧著 王景贤校对
上海：建筑协会，1936.1，279 页，16 开，精装

本书共 7 章，内容包括：算式原理及求法、单梁算式及图表、单定支联梁、双定支联梁等。

收藏单位：安徽馆、国家馆、浙江馆

03080
上海特别市工务局第一次征求房屋设计图案 上海特别市工务局编
上海：上海特别市工务局，1929.6，106 页，16 开

本书内容包括：征求简章、征求经过、评判员报告、应征人题名录等。

收藏单位：南京馆、浙江馆

民用建筑

03081
北京电车公司建筑变流厂房屋说明书（中英文本） 北京电车公司编
北京：北京电车公司，16+19 页，22 开

收藏单位：国家馆

03082
北京电车公司建筑停车厂修理厂房屋说明书（中英文本） 北京电车公司编
北京：北京电车公司，18+20 页，22 开

收藏单位：国家馆

03083
仓库工程手册 吴华庆主编
重庆：粮食部仓库工程管理处，1942，167 页，横 32 开

收藏单位：南京馆

03084
仓库建筑法 孙清波著
重庆：交通部驿运管理处，1940，16 页，16 开
重庆：交通部驿运管理处，1941.6，16 页，16 开

本书共 7 章：概论、仓库应备之条件、仓库之构造种类及其得失、仓库建筑法纲要、仓库之构造设计资料、仓库之附属设备、仓库设施之实例。

收藏单位：重庆馆、南京馆

03085
厕所建筑 张人俊著
贵阳：文通书局，1941.10，26 页，32 开（公医丛书）

收藏单位：安徽馆、重庆馆、贵州馆、国

家馆、南京馆

03086

东北主院枢楼建筑报告书

出版者不详，[30] 页，长 21 开

本书内容包括：摄影、报告书、征信录、决算书、存料表等。

03087

干兰——西南中国原始住宅的研究 戴裔煊著

广州：岭南大学西南社会经济研究所，1948.12，80 页，16 开（岭南大学西南社会经济研究所专刊 甲集 3）

本书共 5 部分：名称考释、干兰的类别及其特征、干兰式建筑的作用、巢居栅居的分布与传播、栅居的变迁与残存。

收藏单位：东北师大馆、国家馆、吉大馆、吉林馆、近代史所、南京馆、上海馆、中科图

03088

各级学校体育建筑设备图说 李德炎编

成都：四川省政府教育厅，1942.1，[83] 页，16 开（体育丛刊 1）

本书共 8 章，内容包括：田径场地之建筑及设备、各种球类场地及设备、各种运动器械设备、游戏器具图说、国术器械图说、游泳池建筑及其设备图说等。

收藏单位：重庆馆

03089

各种车站设计图 交通部西北公路运输管理局制

出版者不详，1 册，16 开

收藏单位：南京馆

03090

公路卫生站建筑须知 卫生署编

卫生署，1939.12，14 页，32 开

本书共 8 部分，内容包括：地点选择、施工细则、材料选择、招工估价、验收手续等。

收藏单位：重庆馆、国家馆、南京馆、浙江馆

03091

广东省立勷勤大学工学院建筑图案设计展览会特刊 广东省立勷勤大学工学院编

广东省立勷勤大学工学院，1935.3，18 页，16 开

本书内容包括：展览会意义、建筑之三位、新兴建筑在中国、建筑的霸权时代、建筑的时代性、建筑设计的风水问题、住宅的摩登化等。

收藏单位：国家馆、浙江馆

03092

广州孙中山先生纪念碑工程章程 彦记建筑事务所编

上海：彦记建筑事务所，1927，[12] 页，16 开

03093

国立北京大学工学院修建校舍工程做法说明书（两种） 北京龙虎公司编订 国立北京大学工学院审定

北京：北京龙虎公司，1940.12，4 页，16 开

收藏单位：国家馆

03094

国民学校运动场之设计 吴邦伟编著

上海：正中书局，1948.4，27 页，32 开（国民教育辅导丛书）

上海：正中书局，1948.6，2 版，27 页，32 开（国民教育辅导丛书）

本书共 5 部分，内容包括：运动场的面积与环境、运动场的设计与支配、运动场的建筑与保管等。

收藏单位：安徽馆、重庆馆、广东馆、广西馆、贵州馆、国家馆、吉林馆、江西馆、南京馆、内蒙古馆、西南大学馆

03095

航空站 王永镇著

上海：厚生出版社，72 页，36 开（中国工程师手册 土木手册 19）

本书介绍航空站与城市联络，飞行场布置、建设、排水，航空站道路与滑走道，航空站房屋，航空站修理厂设备等。

收藏单位：上海馆

03096

航空站设计 吴柳生编著

上海：正中书局，1947.1，149页，25开

本书为大学用书。共10章，内容包括：航空站之布置、土壤及试验、机场排水、航空站标志、航空站之防空等。

收藏单位：重庆馆、东北师大馆、广东馆、国家馆、河南馆、黑龙江馆、辽宁馆、南京馆、内蒙古馆、清华馆、上海馆、首都馆、浙江馆

03097

合理仓库建筑须知

四川：农林部中央农业实验所，1940.11，28页，32开（农林部中央农业实验所植物病虫害系浅说42）

收藏单位：南京馆

03098

建造国立中央大学工程规则说明书 徐敬直 李惠伯设计

[南京]：中央大学建筑设备委员会，[1930—1939]，52页，16开，环筒页装

03099

建造南京国立中央博物院工程规则及说明书 徐敬直 杨润钧 李惠伯著

南京：[兴业建筑师事务所]，[1935]，40页，13开，环筒页装

本书共20章，说明建筑工程的范围、规则等。

收藏单位：国家馆

03100

建筑上海市政府新屋纪实 上海市中心区域建设委员会编

上海：上海市中心区域建设委员会，1934，36+30页，10开

本书共5部分：绪言、计划概要、筹备经过、工程经过、结论。

收藏单位：国家馆、上海馆、西交大馆

03101

建筑实例

出版者不详，25叶，22开（军需学校丛书）

收藏单位：广东馆

03102

建筑中央水工试验所章则 全国经济委员会编

全国经济委员会，1936.5，36页，16开

本书共3章：总则、土石方工程、房屋工程。

收藏单位：广东馆、国家馆、南京馆、上海馆

03103

江西公路处建筑木造临时车库工程说明书 江西公路处编

江西公路处，1933.12，修正版，6页，32开

本书附建筑车库承揽书式。

03104

经济住宅 徐鑫堂著

上海：徐鑫堂建筑工程师事务所，1933.1，138页，16开，精装

本书介绍经济住宅的设计、构造、图样及说明等。

收藏单位：安徽馆、国家馆、湖北馆、湖南馆、辽宁馆、南京馆、内蒙古馆、上海馆、首都馆、浙江馆

03105

经济住宅设计（第1集） 王国瑞著

大公报馆，1935.3，70页，22开

本书内容包括：建筑工程必要程序、设计图、详细图等。

收藏单位：国家馆、清华馆

03106

居住交通 杨荫深编著

上海：世界书局，1946.9，72 页，32 开（日常事物掌故丛书）

本书记述有关居住建筑、交通方面的史料。共 20 部分，内容包括：宅舍、斋轩、厨灶、门户、寺观、道路、桥梁、车辆、邮电、航空等。附录：历代居室制度辑略、历代车舆制度辑略。

收藏单位：重庆馆、复旦馆、广东馆、广西馆、国家馆、吉林馆、江西馆、南大馆、南京馆、上海馆、浙江馆

03107
理想的住宅
上海：良友图书公司，1936.9，68 页，32 开（万有画库 35）

本书为西洋式住宅摄影集，共收照片 62 幅。

收藏单位：贵州馆、国家馆、内蒙古馆、宁夏馆

03108
美国最新式住宅
出版者不详，1 册，32 开

本书为美国住宅图册。

收藏单位：重庆馆

03109
宁波店号造品之图样　祥泰木行公司编
上海：祥泰木行公司，[1912—1937]，[7] 页，10 开

本书内收彩图 3 张，单面印。书前有序、附说等。

收藏单位：国家馆

03110
宁波造品石库门房子之图样　祥泰木行公司编
上海：祥泰木行公司，[1912—1937]，[5] 页，10 开

本书内收彩图 3 张，单面印。书前有序，书末附造价单。

收藏单位：国家馆

03111
农村住宅设计图案（开垦地移住者住宅设计悬赏应募集）农林省农务局编纂
东京：帝国耕地协会，1929，1 册，16 开，精装

收藏单位：南京馆

03112
农村住宅之研究　莫润薰著
福建省政府公报室发行股，1939.6，134 页，32 开

本书共 6 章，内容包括：房屋概论、新农村之住宅设计、新农村住宅之房间设计等。

03113
农家住宅问题　李寅恭著
出版者不详，1928.3，11 页，大 32 开（江苏大学农学院丛刊 2）

收藏单位：南京馆

03114
清文渊阁实测图说　刘敦桢　梁思成编
北平：中国营造学社，1941.1，1 册，大 8 开

收藏单位：广东馆

03115
全国经济委员会建筑蚕丝改良委员会南京蚕桑试验部房屋工程　全国经济委员会编
全国经济委员会，[1934.12]，18+12 页，16 开

本书内收投标章程、工程说明书、估价单等。

收藏单位：广东馆、国家馆、南京馆

03116
人类的生活——住　朱尧铭编辑
上海：新中国书局，1933，34 页，32 开

收藏单位：重庆馆、河南馆、首都馆

03117
上海建筑平面图
上海：出版者不详，[1927—1937]，1 册，16 开

本书内收上海各银行、博物院、使馆、

药房、纺织公司等的平面图以及驻上海使馆及领事署、机关、社会团体、商业团体、学校、图书馆、医院等名录。残书，仅存255—546页。题名自拟。

收藏单位：国家馆

03118

上海市第二劳工医院奠基特刊 上海市社会福利事业委员会编

上海：上海市社会福利事业委员会，1947.12，12页，25开

本书内收工程设计图样等。

03119

上海市图书馆博物馆奠基纪念 [上海市图书馆博物馆筹备委员会编]

上海：[上海市图书馆博物馆筹备委员会]，1934.12，[22]页，横16开

本书介绍两馆的工程概要。内收两馆建筑设计图纸17张，工程概要短文1篇。

收藏单位：国家馆、上海馆

03120

上海市政府征求图案 上海特别市中心区域建设委员会编

上海：上海特别市中心区域建设委员会，1930.3，38页，16开

本书为上海市中心区市府大厦建筑设计方案及图纸。

收藏单位：上海馆

03121

绍兴造品街面房子之图样 祥泰木行公司编

上海：祥泰木行公司，[1926]，[3]页，长8开

收藏单位：国家馆

03122

孙中山先生陵墓工程报告（第1册） 孙中山先生葬事筹备处编

[南京]：孙中山先生葬事筹备处，1927.5，132页，16开

本书共9部分，内容包括：孙中山先生葬事筹备处十五年报告、吕建筑师工程简要报告（十五年一月至十二月）、孙中山先生陵墓祭堂工程说明书（译文）等。

收藏单位：国家馆、内蒙古馆

03123

孙中山先生陵墓工程报告（第2册） 孙中山先生葬事筹备处编

[南京]：孙中山先生葬事筹备处，1927.12，84页，16开

本书共5部分，内容包括：报告、陵墓第二期工程说明、陵园筹备事项等。

收藏单位：国家馆、河南馆

03124

体育馆之建筑与设备 （日）安田弘嗣著 阮蔚村译

上海：勤奋书局，1937.4，84页，32开（体育丛书）

上海：勤奋书局，1949.4，[修正本]，84页，32开（体育丛书）

本书共20章，内容包括：体育馆之建筑、室内跳道、室内运动、室内游泳等。

收藏单位：浙江馆

03125

体育建筑及设备

出版者不详，油印本，57叶，16开，环筒页装

本书共4章：水上竞技、冬季运动、公共体育场、操室及其附件。

收藏单位：重庆馆

03126

体育建筑及设备（上卷） 吴蕴瑞著

重庆：教育部体育师资训练所，1944，157页，25开，精装（体育丛书）

本书共4章：体育建筑历史、各国体育建筑状况、运动场建筑、各种球场及各级学校体育建筑面积之标准。

03127

体育建筑及设备（上卷） 吴蕴瑞著

上海：勤奋书局，1933.7，157页，25开，精

装（体育丛书）
上海：勤奋书局，1935.9，157 页，25 开，精装（体育丛书）

收藏单位：安徽馆、广东馆、国家馆、柳州馆、内蒙古馆、山西馆、绍兴馆、浙江馆

03128
西班牙式住宅图案 范文照 林朋编
出版者不详，[1934.3]，26 页，12 开

本书内收住宅平面图与效果图 26 幅。书前有英文说明和吴铁城序，书末有建筑公司和房地产公司广告。

收藏单位：上海馆

03129
现代店铺建筑图集（1） 方圆社编辑
方圆社，1934.11，1 册，25 开

收藏单位：江西馆、浙江馆

03130
小学校舍建筑法 福建省政府教育厅编
永安：福建省政府教育厅，62 页，32 开（地方教育辅导丛书 3）

本书共 4 部分，介绍校舍地点的选择、设计、改造与修理等。

收藏单位：贵州馆、国家馆

03131
校舍建筑法 李清悚编译
南京：京中区实验学校，1930.3，78 页，22 开（首都教育丛刊 1）

本书共 3 章：绪论、建筑标准、一个实例——京中实校建筑校舍实例。

收藏单位：广东馆、国家馆

03132
新时代的住宅 钱竹声编著
南京：正中书局，1936.2，154 页，32 开，精装（女子与家庭丛书）

本书共 6 章：绪论、建筑的常识、家屋的的艺术、室内的陈饰、庭园的布置、家屋的清洁与卫生。

收藏单位：重庆馆、广东馆、广西馆、贵州馆、国家馆、湖南馆、南京馆、上海馆、浙江馆

03133
余姚住宅房子造品之图样 祥泰木行公司编
上海：祥泰木行公司，[1912—1937]，[5] 页，10 开

本书内收彩图 3 张，单面印。

收藏单位：国家馆

03134
运动场建筑法 王复旦著
上海：勤奋书局，1931.9，96 页，32 开，精装（体育丛书）
上海：勤奋书局，1933.10，再版，96 页，32 开，精装（体育丛书）

本书共 7 章，介绍田径、网球、户外篮球、足球、排球、棒球等场地建筑法，以及各种用具及看台之设备等。

收藏单位：重庆馆、国家馆、湖南馆、宁夏馆、西交大馆、浙江馆

03135
宅居图谱
出版者不详，28 页，8 开

本书为建筑图谱，内收西式住宅图样 18 套，保存了不少老上海的资料。

收藏单位：浙江馆

03136
爪哇式厕所说明书 胡鸿基述
上海：上海特别市政府卫生局，[1928.10]，8 页，22 开

本书为《卫生月刊》第 1 卷第 9 期附刊。

收藏单位：国家馆

03137
中等学校体育建筑及设备 宋鸿坦编著
重庆：教育部体育师资训练所，1944.11，166 页，32 开（体育丛书）

本书共 4 章，介绍球类、田径运动的场地及设备，以及技巧运动的器械等。

收藏单位：南京馆

03138
中等学校体育建筑及设备 吴蕴瑞编著
重庆：教育部体育师资训练所，1944，162页，25开（体育丛书）

本书共4章：体育建筑历史、各国体育建筑状况、运动场建筑、各种球场及各级学校体育建筑面积之标准。

收藏单位：重庆馆

03139
中国仓库工程 杨建著
重庆：中国文化服务社，1940.12，86页，16开

本书共7章：对于仓库工程及米谷贮藏问题作概括之检讨、对于吾国今后建仓与建筑材料之检讨、标准仓库说明、仓库附属建筑之说明、工程计算部分、施工细则、工程估价及附件。

收藏单位：安徽馆、重庆馆、贵州馆、国家馆、南京馆

03140
中国国民党中央执行委员会建筑阵亡将士公墓筹备委员会总报告 国民党中央执行委员会建筑阵亡将士公墓筹备委员会编
南京：国民党中央执行委员会建筑阵亡将士公墓筹备委员会，1936，2册，16开

收藏单位：国家馆、湖南馆、江西馆、近代史所、上海馆、天津馆

03141
中心学校国民学校校舍建筑标准 四川省政府教育厅编
四川省政府教育厅，1940.9，[73]页，32开（国民教育丛刊3）

本书共10部分，内容包括：建筑图说、建筑材料估计、底脚工程、中部工程、屋顶工程等。

收藏单位：重庆馆、国家馆、南京馆

03142
住宅建筑备览（第1集 住宅样式设计） 内政部营建司编
内政部营建司，[23]页，8开

本书内收住宅设计图式23种。

收藏单位：安徽馆、广东馆、国家馆、南京馆

农业建筑

03143
近代鸡舍建筑学 黄中成编译
上海：德园家禽专科学校，1930.10，114页，32开（德园家禽专科学校讲义1）
上海：德园家禽专科学校，1933，3版，114页，32开（德园家禽专科学校讲义1）
上海：德园家禽专科学校，1937.9，增订5版，114页，32开（德园家禽专科学校讲义1）

本书内容包括：新式鸡舍、建筑鸡舍应注意的要点、阳光与空气、鸡舍大小与形式等。

收藏单位：内蒙古馆、上海馆、首都馆

03144
农仓建筑法 孙清波 周拾禄著
全国稻麦改进所，1936.10，16页，16开

收藏单位：广东馆、南京馆

工业建筑

03145
北京电车公司建筑发电厂房屋说明书（中英文本） 北京电车公司编
北京：北京电车公司，28+27页，22开

收藏单位：国家馆

03146
南京造币分厂房屋机械图
出版者不详，1册，8开，精装

收藏单位：南京馆

03147
石家庄纺织公司建造"纺织工场"施工说明书 联合顾问建筑师事务所 联合顾问工程

师事处所编
出版者不详，15页，16开
收藏单位：上海馆

建筑结构

03148
超稳结构应力分析之基本原理　孟昭礼著
西北农学院农业水利学会，[1945.9]，2册（339页），25开
本书为西北农学院水利系高等结构学讲义。
收藏单位：国家馆

03149
风力下房架之分析　李永序著
天津：天津工商学院工科建筑工程系，1941，17页，16开

03150
刚构解法　金涛编著
北京：金涛[发行者]，1942.6，428页，16开
本书共26章，内容包括：基本公式、定足架构及闭合架构之解法、刚构解法之通则等。
收藏单位：国家馆、清华馆

03151
钢构造物设计　佟国相编
出版者不详，65叶，16开，环筒页装
收藏单位：国家馆

03152
钢骨混凝土梁表及钢环表（中英文本）　徐鑫堂著
上海：合群商业印刷所，1930.12，[18]页，9开
收藏单位：国家馆

03153
钢骨混凝土梁表使用法（中英文本）　徐鑫堂著
出版者不详，19页，16开
收藏单位：广东馆、国家馆、南京馆

03154
钢结构　许止禅著
上海：厚生出版社，76页，36开（中国工程师手册 土木手册7）
本书共6章，内容包括：屋顶及房屋、桥梁设计资料、桥面之构造、运输及装建等。
收藏单位：国家馆、上海馆

03155
钢筋混凝土设计图解　骆继纲编
上海：出版者不详，1949，261页
本书内容包括：单受弯曲力矩之断面、单受轴压力之断面（柱）、同时承受弯曲力矩与轴压力之断面等。
收藏单位：广西馆、山西馆

03156
钢铁构造物设计学（第1卷）　黎锦炯编著
北京：北京大学工学院，1941.9，58页，16开
本书讲述土木工程用钢铁构造物。
收藏单位：国家馆、首都馆

03157
高等结构学　王达时编著　赵克豪校
重庆：正中书局，1942.11，242页，25开
上海：正中书局，1946.2，沪1版，242页，25开
上海：正中书局，1947.7，沪4版，242页，25开
本书为大学用书。共9章，内容包括：结构之变位、静不定结构之准确分析、刚架结构之简捷分析、连续活动及长跨桥等。
收藏单位：重庆馆、东北师大馆、广东馆、国家馆、辽宁馆、南京馆、上海馆、浙江馆

03158
构造学讲义　吴符生讲述
建设总署土木工程专科学校，1943.9，152

页，18 开

本书共 5 章，内容包括：定义、架构分析之要素、屋架分析等。

收藏单位：国家馆

03159

建筑构造浅释 盛承彦著

重庆：商务印书馆，1943.8，296 页，32 开

重庆：商务印书馆，1944.12，再版，296 页，32 开

重庆：商务印书馆，1945.10，3 版，296 页，32 开

本书共 6 章：总论、砖造及石造、木造、钢铁构造、钢筋混凝土构造、建筑物之灾害及其防止。

收藏单位：重庆馆、广东馆、国家馆、南京馆、陕西馆、首都馆、西交大馆

03160

建筑构造学 唐英 王寿宝编著

上海：商务印书馆，1936.5，290 页，32 开，精装

本书共 8 章，内容包括：设计大要、施工前之准备工作、土工、墙工、木工等。附录：楼板构制及自重、屋面构造及自重、标准制及英制应力换算、中德译名索引等 6 表。

收藏单位：重庆馆、国家馆、江西馆、南京馆、陕西馆、首都馆、浙江馆

03161

结构力学 汪胡桢著

上海：厚生出版社，[1941]，184 页，36 开（中国工程师手册 土木手册 3）

本书内容包括：结构概论、梁、柱、应变能与偏转、连梁与刚梁、副应力、弹性拱、感应线、悬桥等。

收藏单位：重庆馆、国家馆、上海馆

03162

结构学原理（一名，构造力学） 周文德编著

[上海]：世界书局，1943.2，363 页，25 开

[上海]：世界书局，1947.8，再版，363 页，25 开

本书内容包括：静力学、材料力学、梁与柱、屋架、感应线、桥架、刚架等。

收藏单位：重庆馆、广东馆、国家馆、江西馆、南京馆、上海馆、浙江馆

03163

利用弯矩比简化连续分析结构门

出版者不详，手写本，1 册

收藏单位：上海馆

03164

木结构 肃开瀛著

上海：厚生出版社，58 页，36 开（中国工程师手册 土木手册 8）

收藏单位：上海馆

03165

普通结构学 蔡方荫著

上海：国立编译馆，1946.8—1947.9，3 册（379+347+379 页），25 开

上海：国立编译馆，1947—1948，再版，3 册（379+347+379 页），25 开

上海：国立编译馆，1947.11—1949，3 版，3 册（379+347+379 页），25 开

本书共 12 章，内容包括：绪论、静力学要则、桥梁在侧力及纵力下之应力、结构之变位等。

收藏单位：长春馆、重庆馆、东北师大馆、广东馆、国家馆、湖南馆、江西馆、辽大馆、首都馆

03166

普通结构学（上册、中册） 蔡方荫著

上海：国立编译馆，1949，4 版，2 册（379+347 页），25 开

本书共 3 章，内容包括：桥梁在侧力及纵力下之应力等。

收藏单位：安徽馆、东北师大馆、国家馆、江西馆、辽宁馆、南京馆

03167

势力线学 （德）郎斯培（Landsberg）著 王寿宝译

外文题名: Das Verfahren der Einflusslinien
长沙: 商务印书馆, 1939.2, 149 页, 25 开 (大学丛书 教本)
长沙: 商务印书馆, 1940.5, 再版, 149 页, 25 开 (大学丛书 教本)
上海: 商务印书馆, 1948.7, 3 版, 149 页, 25 开 (大学丛书 教本)

本书共 3 章: 静力定式梁架结构物之势力线、静力不定式梁架结构物之势力线、势力线之动的意义。

收藏单位: 重庆馆、广东馆、贵州馆、国家馆、辽大馆、辽宁馆、南京馆、内蒙古馆、宁夏馆、山西馆

03168
台湾省耐震建筑初步之探讨 (中国工程师学会第十五届年会论文) 陈政和著
[台北]: 中国工程师学会台湾分会, [1946], 17 页, 16 开

本书内容包括: 地震概说, 地震之加速度、震度、合震度及震度之分级标准, 台湾省地震灾害概述、台湾地震带及地震之周期性, 设计台湾省耐震工程时拟订震度 K 值之探讨等。

03169
铁筋混凝土 (第 1 编) 华通斋著
北京: 出版者不详, 1925, 石印本, 130 页, 16 开

本书共 4 卷: 概要、学理的算式、实用的算式、算式之运用。

收藏单位: 重庆馆

03170
土石结构及基础学
城塞训练班印刷所, 石印本, 66 页, 22 开 (城塞丛书)

收藏单位: 广东馆

03171
楔形构造物之分析法 郭春圃编译
天津: 天津工商学院工科土木工程系, 1940, 24 页, 16 开

03172
预施应力钢筋梁之载重试验 李家麒编译
天津: 天津工商学院工科土木工程系, 1940, 10 页, 16 开

03173
预施应力混凝土梁荷重试验 孙家芳 高基绪著
天津: 天津工商学院工科土木工程系, 1941, 12 页, 16 开

03174
约束承梁及钢架上之活荷重 (国立交通大学毕业论文) 许贤武作 黄维敬指导
出版者不详, 手写本, 28 页, 13 开

收藏单位: 上海馆

土力学、地基基础工程

03175
地基工程学 余家洵编
上海: 商务印书馆, 1947, 132 页, 32 开

收藏单位: 山西馆

03176
地下水象及其对工程上之影响 王文修著
天津: 天津工商学院工科土木工程系, 1941, 14 页, 16 开

03177
夯压土壤之原理 阎振兴著
出版者不详, [1940—1949], [10] 页, 16 开

本书内容包括: 概论、普罗克特氏 (Procter) 理论、胡根塔葛拉氏 (Hogentogler) 理论、毛管张力理论等。

收藏单位: 国家馆

03178
基础 金建午 单德正著
天津: 天津工商学院工科建筑工程系, 1941, 19 页, 16 开

本书研究建筑地基的基础工程。

03179
基础　汪胡桢著
上海：厚生出版社，42 页，36 开（中国工程师手册 土木手册 10）
本书讲述基础工程。内容包括：桩基础及板桩、扩展基础、围坝、开口沉箱、气压沉箱、托底工程等。

03180
基础工程学　余家洵著
上海：商务印书馆，1947.5，132 页，25 开（大学丛书）
上海：商务印书馆，1948.5，再版，132 页，25 开（大学丛书）
上海：商务印书馆，1949.6，3 版，132 页，25 开（大学丛书）
本书共 2 篇：绪论、各种打基法。附录：参考书籍。
收藏单位：重庆馆、东北师大馆、广东馆、国家馆、黑龙江馆、辽宁馆、南京馆、上海馆、首都馆

03181
土工　汪胡桢著
上海：厚生出版社，70 页，36 开（中国工程师手册 土木手册 9）
本书共 6 章，内容包括：土石之性质、土方之计算、土之挖掘等。附录：粤汉铁路土石方工程施工细则。
收藏单位：国家馆、上海馆

03182
土工　杨文渊编著
长沙：商务印书馆，1939.11，87 页，32 开
重庆：商务印书馆，1944.2，渝 1 版，87 页，32 开
上海：商务印书馆，1946.12，沪 4 版，87 页，32 开
上海：商务印书馆，1947.10，沪 6 版，87 页，32 开
本书为职业学校教科书。共 9 章，内容包括：土质之鉴别、土工用具、取土工、排水工、积土工、土工之验收等。附录：关于土工问题之实例、应用计算表。
收藏单位：安徽馆、重庆馆、国家馆、湖北馆、湖南馆、江西馆、辽大馆、南京馆、山西馆、上海馆

03183
土工试验专刊　中央水利实验处编
[重庆]：中央水利实验处，[1944.9]，油印本，1 册，16 开
本书共 15 部分，内容包括：中央水利实验处土工试验室概况、中国黄土颗粒分析资料之整理、陕西宝鸡黄土试验报告、重庆石门页岩试验报告、陕西武功黄土试验报告、四川昭化黄土试验报告等。
收藏单位：国家馆

03184
土力学　杨培琫著
上海：厚生出版社，134 页，36 开（中国工程师手册 土木手册 4）
本书介绍土壤之性质、建筑物下陷等。
收藏单位：国家馆、上海馆

03185
应用土工力学　杨迺骏编著
上海：兄弟图书公司，1948.9，163 页，25 开
本书共 3 章：土壤之侧压力、土坡之安定、椿之支承量。
收藏单位：重庆馆、广东馆、内蒙古馆

03186
桩基概论　李克中著
[天津]：天津工商学院工科土木工程系，1940，24 页，16 开

建筑材料

03187
避水建筑法　雅礼制造厂编
[上海]：雅礼制造厂，18 页，50 开
本书宣传推销“避水浆”“避水漆”等 4 种建筑材料。

收藏单位：国家馆

03188
对于混凝土全部及表面防水试验　金维藩著
天津：天津工商学院工科土木工程系，1940，211 页，16 开

03189
钢骨三和土设计（卷上）　俞子明著
上海：龙门联合书局，1939.9，石印本，198 页，22 开，精装

收藏单位：国家馆、辽宁馆

03190
钢筋混凝土设计塑性原理（国立交通大学土木工程学系结构组民三七级毕业论文）　叶蜚章编著
出版者不详，1948，手写本，1 册，18 开

收藏单位：上海馆

03191
钢筋混凝土学　陆军工兵学校编
重庆：[陆军工兵学校]，1947，28 页，32 开

本书为陆军工兵学校土木教材。

收藏单位：广东馆

03192
钢筋混凝土学　赵福灵著　李坚　李学海校阅
上海：中国科学图书仪器公司，1935.1，455+51 页，22 开，精装（中国工程师学会丛书）
上海：中国科学图书仪器公司，1936.1，445+51 页，22 开，精装（中国工程师学会丛书）

本书内容包括：材料论、梁之理论、钢筋混凝土梁板之理论及计算法、钢筋混凝土梁之实验等。附录：中英名辞对照表。

收藏单位：重庆馆、广东馆、国家馆、南京馆、上海馆

03193
钢筋混凝土学讲义
出版者不详，[1940—1949]，151 页，16 开

本书为个人装订的非正式出版物。共 6 编，内容包括：总论、材料论、钢筋混凝土立柱等。

收藏单位：国家馆

03194
钢筋混凝土之作业　纪汉光编
天津：天津工商学院工科土木工程系，1940，18 页，16 开

03195
钢筋砖工试验　翁开庆著
天津：天津工商学院工科土木工程系，1941，[18] 页，16 开

本书内收该校砖工试验报告。

03196
钢凝土设计手册（公制）（第 1 集）　罗石麟编著
广州：岭南大学工程学会，1937.6，88 页，16 开

收藏单位：国家馆

03197
过火砖　徐士仪　李金墀著
天津：天津工商学院工科土木工程系，1941，17 页，16 开

03198
化工建筑材料　张洪元　谢明山著
[天津]：出版者不详，[21] 页，16 开

本书为《中国化学工程杂志》第 1 卷第 2 期抽印本。

收藏单位：国家馆

03199
灰土　刘友鎏著
天津：天津工商学院工科建筑工程系，1941，14 页，16 开

本书论述灰土（中国混凝土）的耐力限度、地基工程的工作状况及土质的含水成分等。

03200
混凝土 萧开瀛著
上海：厚生出版社，100页，36开（中国工程师手册 土木手册5）
本书内容包括：单纯混凝土、钢筋混凝土、杂项工程、标准规范、竹筋混凝土等。
收藏单位：重庆馆、上海馆

03201
混凝土工场试验法 国立中央大学淮河水利工程总局合设混凝土研究室编
国立中央大学淮河水利工程总局合设混凝土研究室，1947.12，37页，16开（国立中央大学淮河水利工程总局合设混凝土研究室专刊2）
本书共14部分，内容包括：工场试验室之任务与设备、试样采取法、混凝土塌陷度试验法等。
收藏单位：国家馆、南京馆

03202
混凝土名词（英汉对照） 国立中央大学淮河水利工程总局合设混凝土研究室编
国立中央大学淮河水利工程总局合设混凝土研究室，[1947.10]，19页，16开（国立中央大学淮河水利工程总局合设混凝土研究室专刊1）
收藏单位：国家馆、南京馆

03203
混凝土模型之设计 郁彦著
天津：天津工商学院工科土木工程系，[1941.4]，10+22页，16开

03204
混凝土之抗压强度及其弹性系数 陈志鸿 薛熔著
南京：国立中央大学出版组，1934.11，14页，16开（国立中央大学工学院专篇2）
收藏单位：南京馆、上海馆

03205
混凝土之设计 王庆寿 叶中编
出版者不详，1册，13开
收藏单位：上海馆

03206
简明钢骨混凝土术 张嘉荪编
上海：世界书局，1940.1，273页，32开
上海：世界书局，1944.3，再版，273页，32开
上海：世界书局，1948.5，3版，273页，32开
本书共23章，内容包括：概论、类别、说力、钢条及混凝土之抵力、反力之计算法、弯量之计算法、樑之抵弯量等。
收藏单位：长春馆、重庆馆、广东馆、广西馆、国家馆、辽宁馆、南京馆、浙江馆

03207
建筑材料 陆仁寿主编
上海：商务印书馆，1936.3，51页，16开（小学生分年补充读本）
收藏单位：重庆馆

03208
建筑材料
出版者不详，103页，36开
本书研究各种建筑材料性质及其构造强弱。
收藏单位：重庆馆、广东馆

03209
沥青材料试验检讨 李谟炽著
出版者不详，1935.4，34页，16开
本书为《国立清华大学工程学会会刊》第4卷第1期抽印本。
收藏单位：国家馆

03210
铺路沥青材料标准及分析之研究 李谟炽编
昆明：公路研究实验室，1942.3，59页，16开（运输统制局公路工程总处国立清华大学工学院昆明公路研究实验室丛刊8）
收藏单位：南京馆

03211
三和土 冯雄著
上海：商务印书馆，1930.4，120页，36开（万有文库 第1集0700）（工学小丛书）
上海：商务印书馆，1933.7，120页，36开（工学小丛书）
上海：商务印书馆，1934.7，再版，120页，36开（工学小丛书）
上海：商务印书馆，1934，3版，120页，36开（工学小丛书）
上海：商务印书馆，1935.5，4版，120页，36开（工学小丛书）
上海：商务印书馆，1937.4，6版，120页，36开（工学小丛书）
长沙：商务印书馆，1939.5，7版，120页，36开（工学小丛书）
长沙：商务印书馆，1939.12，120页，36开（万有文库 第1、2集简编500种）
上海：商务印书馆，1947.4，8版，110页，32开（新中学文库）（工学小丛书）
本书共13章，介绍三和土的原料、配法、物理性质等。
收藏单位：安徽馆、长春馆、重庆馆、大理馆、大连馆、东北师大馆、广东馆、广西馆、贵州馆、国家馆、黑龙江馆、湖南馆、吉大馆、江西馆、辽大馆、辽东学院馆、辽宁馆、辽师大馆、柳州馆、南京馆、内蒙古馆、宁夏馆、陕西馆、上海馆、绍兴馆、首都馆、天津馆、浙江馆

03212
实用钢骨混凝土学 徐鑫堂著
上海：建筑学究研社，1930.5，124页，16开，精装
本书共10章，内容包括：钢骨混凝土总论、钢骨混凝土梁、混凝土板Slab、两面钢骨梁、计算表等。
收藏单位：广东馆、国家馆、上海馆

03213
实用钢骨混凝土学 徐鑫堂著
上海：徐鑫堂建筑工程师事务所，1933.10，再版，124页，16开，精装
本书共10章，内容包括：钢骨混凝土总论、钢骨混凝土梁、混凝土板Slab、两面钢骨梁、钢骨混凝土计算表等。
收藏单位：安徽馆、重庆馆、广东馆、湖南馆、南京馆、浙江馆

03214
水泥三合土之配制及其浇灌方法 刘梦锡讲述 导淮讲习会编
导淮讲习会，1935.7，3页，16开

03215
水涂料 程燿椿著
[杭州]：[国立浙江大学化学工程学会]，18页，16开
本书内容包括：灰浆水、户外涂料、钙质涂料、热水涂料、凉水涂料、磁光水漆等。国立浙江大学《化学工程季刊》第2卷第1期（化工第4卷）抽印本。
收藏单位：浙江馆

03216
藤竹之性质及其于混凝土中之应用 李霖滋等著
天津：天津工商学院工科土木工程系，1941，17页，14开
本书著者还有马殿騋、田纯忠。

03217
土木建筑材料学（上卷） 宍道七郎著
[新京]：满洲图书株式会社，1938.3，115页，32开
本书为日伪出版物，国民高等学校教材，满语本。
收藏单位：南京馆

03218
洋灰花砖
启新洋灰有限公司，1册，小32开
收藏单位：南京馆

03219
洋灰胶泥及混凝土用砂石配合法试验 张准

范恩锟著
天津：天津工商学院工科土木工程系，[1941]，[36] 页，16 开

03220
预应力混凝土论（国立交通大学毕业论文） 吴永禛著 徐芝纶指导
出版者不详，手写本，25 页，13 开
收藏单位：上海馆

03221
砖头试验 凌鸿勋等著
上海：中国工程学会，1925.5，14 页，16 开（中国工程学会材料试验委员会报告 1）
收藏单位：国家馆

03222
砖与灰浆研究 李锡宸著
天津：天津工商学院工科建筑工程系，1941，14 页，16 开

建筑施工机械和设备

03223
1200 公斤柴油打椿机说明书 中央第一机械工业部第四机器工业管理局潍坊柴油机厂编
潍坊：中央第一机械工业部第四机器工业管理局潍坊柴油机厂，[26] 页，14 开

03224
导淮起沙机说明书 周润之 蒋作新著
[清江]：[南京二处]，1935.1，[6] 页，21 开

03225
开山机使用法
土木工程训练班，1935，32 页，64 开
收藏单位：广东馆

03226
砂滤弊病之研究及其改进 郑昌虎编
出版者不详，手写本，1 册，13 开
收藏单位：上海馆

03227
土木机械 吴沈钇著
上海：厚生出版社，84 页，36 开（中国工程师手册 土木手册 12）
收藏单位：上海馆

建筑施工

03228
北京电车公司发电厂停车厂修理厂变流所房屋招标简章（中英文本） 北京电车公司编
北京：北京电车公司，1922.5，[13] 页，22 开
收藏单位：国家馆

03229
北京电车公司石料招标简章及说明书 北京电车公司编
北京：北京电车公司，8 页，22 开
收藏单位：国家馆

03230
房屋工程 华通斋著
北平：华通斋 [发行者]，1928—1930，再版，影印本，4 册，16 开
本书共 8 编：第 1 编，坯材；第 2 编，圬工；第 3 编，底面顶面工程；第 4 编，中部各项工程；第 5 编，净水及秽水；第 6 编，暖务凉务及通风；第 7 编，支配；第 8 编，美术。
收藏单位：国家馆

03231
房屋工程（第 3、4 编，第 7、8 编） 华通斋著
北平：华通斋 [发行者]，1919—1920，影印本，2 册，16 开
收藏单位：安徽馆、国家馆、南京馆

03232
房屋工程（第 5、6 编） 华通斋著
北平：华通斋 [发行者]，1937，3 版，影印本，65+62 页，16 开
收藏单位：国家馆

03233
夫妇同业的油漆工 中华职业教育社编
商务印书馆，16 页，50 开（平民职业小丛书）
收藏单位：广东馆

03234
钢筋三合土设计学 梁启寿著
广州：柏文编辑室，1932.4，278 页，22 开
本书介绍纯三合土材料及其份量设计。
收藏单位：广西馆、南京馆

03235
工程计划讲义 刘崇质编
工务总署土木工程专科学校，[1943—1945]，97 页，16 开
收藏单位：国家馆

03236
工程计划讲义
出版者不详，油印本，[34 叶]，横 16 开，环筒页装
本书封面题名：工程计划。
收藏单位：国家馆

03237
工程篇 张镐编著 赵克豪校
金华：正中书局，1942，2 册（183+189 页），32 开
本书共 16 章。上篇专论土木工程基本作业法，内容包括：除土作业、送土作业、木工作业等；下篇为战时工程各论，内容包括：筑营、掘壕、坑道构筑、架桥、修路等。
收藏单位：重庆馆、国家馆

03238
工程篇（上篇） 张镐编著 赵克豪校
重庆：正中书局，1940.7，183 页，32 开
收藏单位：重庆馆、贵州馆、南京馆

03239
河北省公署建筑各项工程施工规范 河北省公署建设厅编
河北省公署建设厅，36 页，16 开
收藏单位：天津馆

03240
混凝土工程规范书 成渝铁路工程局编
[四川]：成渝铁路工程局，1946，6 叶，14 开，环筒页装
本书共 10 章，内容包括：通则、沙子石子及水、混凝土之配合、拌合及运送、模壳、钢筋之安置等。
收藏单位：重庆馆

03241
混凝土工程施工细则 江苏省公路局编
[南京]：江苏省公路局，1931.2，8 页，22 开（江苏省公路局公路规程 6）
本书共 4 章：总则、混凝土、钢筋、木壳。
收藏单位：南京馆

03242
机器车水的利益 上海新中工程公司编
上海：上海新中工程公司，1926.10，12 页，23 开
本书为该公司抽水机推销宣传品。

03243
监工须知 徐邦荣著
北京：华英书社，1943，10+150 页，50 开
收藏单位：国家馆

03244
建设总署执行工程暂行规则 建设总署编
建设总署，[1939.3]，[14] 页，22 开
本书为日伪出版物。附建设总署工程承揽人投标人登记暂行办法。
收藏单位：国家馆

03245
建筑工料计算法（建筑技术发明） 徐锦舫编 王永明抄录
上海：上海营造工程补习学校，1948.6，晒印本，23 页，32 开

本书内容包括：计算平面建筑物体之单位、各项建筑材料之量法及其单位内之容量、各种建筑材料及物体之重量等。

收藏单位：国家馆

03246

建筑工学 军需学校编

军需学校，1932，236页，22开

本书共3编：砖石工、木工、杂项工。逐页题名：建筑工学教程。

收藏单位：国家馆

03247

建筑业务之监察 中央训练团监察官训练班编

中央训练团监察官训练班，1948.1，2页，25开

本书题名后注：教字第19号。

收藏单位：国家馆

03248

冷天如何做混凝土 华北窑业公司编

华北窑业公司，1949，再版，11页，32开

收藏单位：天津馆

03249

实用钢筋混凝土建筑法 （法）L. Malphettes著 顾在延译 褚志政校

外文题名：Le Béton Armé á la portée de tous

长沙：商务印书馆，1939.7，319页，32开（工学小丛书）

长沙：商务印书馆，1940.7，再版，319页，32开（工学小丛书）

上海：商务印书馆，1947.7，沪4版，319页，32开（工学小丛书）

本书共4编：建筑法、计算法、表格及普通应用公式、全部设计。

收藏单位：重庆馆、广东馆、国家馆、南京馆、上海馆、天津馆

03250

市政公所招标简章 京都市政公所编

[北京]：京都市政公所，[1918]，38页，23开

本书为北洋政府时期北京市政府的工程招标简章，内容包括：工程种类、开标日期地点、投标资格、投标保证金、标函选择等。附做法说明及合同底稿。

收藏单位：国家馆

03251

土方工程 耿毓义 李毓伟著

出版者不详，手写本，1册，13开

本书为土木系铁道组论文手写本。

收藏单位：上海馆

03252

土木工艺 科学画报编辑部编

上海：中国科学图书仪器公司，1948.4，93页，32开（实用小工艺6）（中国科学社科学画报小丛书）

本书共5章，内容包括：测量工具与应用、木工的工具与常识、工事设计等。书前有度量衡换算表。

收藏单位：上海馆

03253

土石方工程（国立交通大学工学院土木系论文） 唐承恩著

[上海]：[国立交通大学工学院土木系]，1946.8，手写本，66叶，16开

本书为国立交通大学工学院土木系论文手写本。

收藏单位：上海馆

03254

土石工程撮要 华通斋著

出版者不详，1919，1册，16开

收藏单位：南京馆

03255

圬工 冯雄著

上海：商务印书馆，1933.12，2册（304页），32开（万有文库 第1集0699）（工学小丛书）

上海：商务印书馆，1934.1，2册（304页），32开（工学小丛书）

上海：商务印书馆，1934，再版，2册（304页），32开（工学小丛书）
上海：商务印书馆，1935.5，4版，2册（304页），32开（工学小丛书）
上海：商务印书馆，1937.3，6版，2册（304页），32开（工学小丛书）
长沙：商务印书馆，1938.12，7版，2册（304页），32开（工学小丛书）
上海：商务印书馆，1947.1，8版，2册（304页），32开（新中学文库）（工学小丛书）

本书内容包括：绪论、圬工材料、无骨三和土、钢骨三和土、琢治石料法、石工、砖工、普通基础、椿基础、水下基础、挡土墙、桥柱、涵洞、分块拱、弹性拱等。

收藏单位：安徽馆、长春馆、重庆馆、大理馆、大连馆、东北师大馆、广东馆、广西馆、贵州馆、国家馆、河南馆、黑龙江馆、湖南馆、惠州馆、江西馆、辽大馆、辽东学院馆、辽宁馆、辽师大馆、柳州馆、南京馆、内蒙古馆、宁夏馆、山西馆、上海馆、首都馆、天津馆、西南大学馆、浙江馆、中科图

03256
圬工 汪胡桢 江荫焘著
上海：厚生出版社，[1941]，74页，36开（中国工程师手册 土木手册6）
收藏单位：上海馆

03257
圬工学 张玉田讲授 建设总署土木工程专科学校编
建设总署土木工程专科学校，[1940—1949]，230+64+21页，18开，精装

本书为建筑总署土木工程专科学校讲义。附设计例图。

收藏单位：国家馆

03258
油漆校舍的起码知识 洪正伦主撰 南京特别市市立中区实验学校编
南京：南京特别市教育局，1928.5，14页，32开（南京特别市教育局教育丛刊2）

本书共5章，内容包括：绪论、油漆的制造和原料、施用手续和工具等。

收藏单位：国家馆

03259
砖石工（土木工程施工法） 杨文渊编著
上海：龙门联合书局，52页，32开

本书共2编：砖工、石工。

收藏单位：重庆馆

03260
砖石工程规范书 成渝铁路工程局编
四川：成渝铁路工程局，5叶，16开，环筒页装

本书共8章，内容包括：灰浆、砌石工程、浆砌片石、砌砖工程等。

收藏单位：重庆馆

03261
砖瓦业之改良、设计 陈祥德著
成都：成都大中印务局，1931，30页，28开

本书共2编：现业者之状况、弊害与设计。

收藏单位：重庆馆

房屋建筑设备

03262
换气煖房之计算必携 陆军工兵学校译
[陆军工兵学校]，1941，220页，32开
收藏单位：广东馆

03263
火炉 徐应昶著
上海：商务印书馆，1922，26页，32开（儿童理科丛书2）
上海：商务印书馆，1924，3版，26页，32开（儿童理科丛书2）
收藏单位：重庆馆、国家馆、首都馆

03264
空气之调节与测验及工人之舒适问题 实业部中央工厂检查处编

南京：实业部中央工厂检查处，1935.1，28页，32开（工厂检查丛书）

本书共21部分，内容包括：分闷室不能作业之原因、高温度高湿度之害、有效温度及舒适范围等。

收藏单位：贵州馆

03265

冷气工程 黄述善著

上海：商务印书馆，1936.1，114页，32开（工学小丛书）

上海：商务印书馆，1936.8，再版，114页，32开（工学小丛书）

本书共8章，内容包括：空气之性质、空气调节法之设计、空气调节各种设备、冷气工程等。

收藏单位：重庆馆、广西馆、贵州馆、国家馆、江西馆、南京馆、山西馆、陕西馆、上海馆、首都馆、浙江馆、中科图

03266

暖气工程 陆警钟著

长沙：商务印书馆，1938.4，157页，32开（工学小丛书）

本书共5章，内容包括：暖气工程之预算、暖气工程、特种建筑物之设计等。

收藏单位：广东馆、贵州馆、国家馆、南京馆、上海馆、西交大馆、浙江馆

03267

全国经济委员会中央水工试验所电气暖气卫生工程章则 中央水工试验所筹备委员会编

南京：中央水工试验所筹备委员会，1936.10，45页，16开

本书内收招标合同、保证书式样、施工细则等。

收藏单位：广东馆、国家馆、上海馆

03268

调节站的设备大样图集 哈尔滨工业大学供热供煤气及通风专业教研室译

哈尔滨：哈尔滨工业大学供热供煤气及通风专业教研室，1948，44页，10开，精装

本书为哈尔滨工业大学供热供煤气及通风专业教研室的内部资料。

收藏单位：国家馆

03269

卫生工学教程 军需学校编

军需学校，1931，110页，22开

本书内容包括：暖室法与换气法、排水法与给水法等。封面题名：卫生工学。

收藏单位：国家馆

03270

卫生暖气工程名词表 朱树怡著

出版者不详，[1931]，1册，27开

收藏单位：重庆馆

03271

屋外供电线路装置规则

南京：建设委员会图书馆，1931.5，68页，16开

本书附录：本规则专门名词中英文对照表。封面题：中华民国二十年五月十一日建设委员会公布，同年七月一日起施行。

收藏单位：重庆馆、国家馆、辽宁馆、南京馆、首都馆

地下建筑、高层建筑

03272

防空避难室建筑学 吴国柄著

汉口：商务印书馆，1937.10，88页，25开

本书共17章，内容包括：临时地下室建筑方法、半永久式地下室建筑方法、永久式地下室建筑方法、山洞避难室、地下室防毒设备、地下室交通设备、地下室光亮设备、地下室卫生设备等。

收藏单位：重庆馆、湖南馆

03273

防空工程与工业 徐愈编

徐愈[发行者]，1942.1，112页，16开

本书共7章：怎样避免和防御轰炸、飞

机炸弹、利用自然做隐蔽、疏散、防空建筑、山洞或地下工厂、结论。

收藏单位：重庆馆、国家馆

03274
各机关暨学校之消极防空设备要领 防空学校编
防空学校，1936.2，36页，32开
防空学校，1936.12，再版，36页，32开
防空学校，1937，3版，36页，32开

本书共4章：总则、组织、设施、训练。

收藏单位：重庆馆、福建馆、广东馆、国家馆、南京馆

03275
各机关暨学校之消极防空设备要领
庐山暑期训练团，1937，56页，32开

收藏单位：广东馆

03276
摩天楼
上海：良友图书公司，1936.5，1册，32开（万有画库27）

本书内收美国纽约、西雅图等城市高层建筑照片60余幅，附文字说明。书前有“摩天楼”一文。

收藏单位：贵州馆、国家馆、宁夏馆、首都馆

区域规划、城乡规划

03277
新中一村计划说明 新中兴业股份有限公司产业部编
[桂林]：出版者不详，[1945—1949]，12页，36开

本书内容包括：土地概述、环境纪要、地盘布置、住宅设计、公用设备、公安措施、社会事业、新村管理等。

收藏单位：桂林馆

城市规划

03278
城市计划学 郑肇经著
上海：商务印书馆，1927.1，70页，32开（工学小丛书）
上海：商务印书馆，1930.10，70页，32开（万有文库 第1集 0263）（工学小丛书）
上海：商务印书馆，1934.4，国难后1版，70页，32开（工学小丛书）
上海：商务印书馆，1934.7，国难后2版，70页，32开（工学小丛书）
上海：商务印书馆，1935.5，国难后3版，70页，32开（工学小丛书）

本书共3章：旧市之改良、新市之计划、城市建筑条例。

收藏单位：安徽馆、重庆馆、大理馆、大连馆、东北师大馆、贵州馆、国家馆、黑龙江馆、湖南馆、江西馆、辽大馆、辽师大馆、南京馆、内蒙古馆、宁夏馆、上海馆、西南大学馆、浙江馆

03279
城市计划学概论 郑肇经编译
上海：商务印书馆，1927.1，78页，32开（市政丛书）
上海：商务印书馆，1931.5，再版，78页，32开（市政丛书）

本书介绍城市规划知识。共3章：旧市之改良、新市之计划、城市建筑条例。

收藏单位：重庆馆、广东馆、广西馆、国家馆、河南馆、湖南馆、江西馆、辽宁馆、南京馆、内蒙古馆、浙江馆

03280
城市建设之研究 尚其煦编著
南京：中国地方自治学会，1935.3，144页，16开

本书共5部分，内容包括：城市建设之前提、城市道路之设计、城市房屋之设计等。

收藏单位：重庆馆、广东馆、广西馆、贵州馆、国家馆、湖南馆、南京馆、农大馆、天津馆、浙江馆

03281
城市科学 立特尔（W. B. Little）著 吴廉铭译
昆明：中华书局，1939.7，186页，32开（科学常识丛书）
昆明：中华书局，1940.9，再版，186页，32开（科学常识丛书）
昆明：中华书局，1941.8，3版，186页，32开（科学常识丛书）

本书共14章，内容包括：城市与建筑、城市给水、城市下水道、城市的垃圾、城市的煤气、城市的电气等。

收藏单位：安徽馆、重庆馆、广东馆、国家馆、江西馆、辽宁馆、南京馆、内蒙古馆、山西馆、上海馆、天津馆、浙江馆

03282
城市设计导论 汪叔度编译
广州：中华编译社，1930.5，64页，27开（中华编译社丛书1）

本书介绍城市设计之历史、近代城市设计之新倾向等。

收藏单位：江西馆、浙江馆

03283
都市的科学 许达年译
上海：中华书局，1936.6，176页，32开（初中学生文库）
上海：中华书局，1936.10，再版，176页，32开（初中学生文库）
昆明：中华书局，1941.1，4版，176页，32开（初中学生文库）
上海：中华书局，1947.12，176页，32开（初中学生文库）（中华文库）

本书内容包括：道路、桥梁、自来水与阴沟、建筑物、升降机与自动梯等。

收藏单位：重庆馆、大庆馆、甘肃馆、广东馆、广西馆、贵州馆、桂林馆、国家馆、黑龙江馆、湖南馆、惠州馆、江西馆、辽大馆、南京馆、内蒙古馆、上海馆、绍兴馆、首都馆、天津馆、浙江馆

03284
都市地域制度 东京市政调查会编 王先强译
南京：中国地政学会，1934.10，120页，22开（地政丛刊2）

本书共4章：地域制之意义、地域制之沿革、地域制之规定、地域制之实例。

收藏单位：广东馆、国家馆、南京馆、上海馆、浙江馆

03285
都市规划 黄锡耕著
上海：厚生出版社，68页，32开（中国工程师手册 土木手册18）

本书共5章：都市规划、都市道路、都市建筑、都市卫生、旧市之改良。

收藏单位：重庆馆、国家馆、上海馆

03286
都市计划调查资料（中日对照） 建设总署都市局编
建设总署都市局，1941，22页，16开

收藏单位：广东馆、首都馆

03287
都市计划讲习录 日本都市研究会著 李耀商译
上海：商务印书馆，1929.5，274页，32开（市政丛书）
上海：商务印书馆，1934.7，国难后1版，274页，32开（市政丛书）

本书共7篇：都市计划、交通、建筑、卫生、区划整理、住宅、财政。

收藏单位：安徽馆、长春馆、重庆馆、广东馆、广西馆、贵州馆、国家馆、黑龙江馆、湖北馆、辽宁馆、南大馆、南京馆、内蒙古馆、陕西馆、上海馆、天津馆、浙江馆

03288
都市计划学 陈训烜著 张啸天校
长沙：商务印书馆，1940.9，278页，25开（大学丛书 教本）

成都：商务印书馆，1944.1，蓉1版，278页，25开（大学丛书 教本）

本书共18章，内容包括：引论、都市计划准备工作、都市之演进等。

收藏单位：重庆馆、东北师大馆、广西馆、贵州馆、国家馆、河南馆、江西馆、辽大馆、辽宁馆、南京馆

03289

都市计划学 王国瑞著

天津：百城书局，1936.4，128页，32开

本书共7章，内容包括：都市意义、都市交通、都市设备、都市建筑、都市卫生等。

收藏单位：广西馆、国家馆、首都馆

03290

都市计划用语释义（中日对照） 建设总署都市局编

建设总署都市局，1941，[14]页，16开

收藏单位：首都馆

03291

都市建设学 顾在埏译著 陆丹林校订

上海：中华全国道路建设协会，1930.4，204页，32开（中华全国道路建设协会十周年纪念出版丛书1）

本书内容包括：市政知识之灌输及其作用、古代城市之产生、古今城市位置之变化等。据（法）J. Raymond所著*Urbanisme a porter tous*一书译著。

收藏单位：广西馆、国家馆、江西馆、辽宁馆、南京馆、浙江馆

03292

都市营建计划纲要 航空委员会防空监部消极防空处编

出版者不详，1941.1，14页，50开

收藏单位：江西馆

03293

都市政策ABC 杨哲明著

上海：世界书局，1930.1，87页，32开（ABC丛书）

上海：世界书局，1931，再版，87页，32开（ABC丛书）

本书共7章，介绍英法德三国的都市计划、都市计划的主理机关及执行事务机关等。

收藏单位：重庆馆、广东馆、广西馆、国家馆、河南馆、湖南馆、吉林馆、江西馆、南京馆、内蒙古馆、上海馆、首都馆、天津馆、浙江馆

03294

改造安徽省城第一期计划书 张武著

出版者不详，1925.5，34页，32开

本书介绍市之范围等。

收藏单位：浙江馆

03295

改造杭州市街道计划意见书 徐世大等拟定

杭州：杭州市工程局，1927，74页，18开

本书介绍杭州市街道现状及改造计划建议等。

收藏单位：浙江馆

03296

公共墓地计划纲领（中日对照） 建设总署都市局编

建设总署都市局，1940，4页，16开

收藏单位：广东馆、首都馆

03297

公共用地计划标准（中日对照） 建设总署都市局编

建设总署都市局，1941，4页，16开

收藏单位：广东馆、首都馆

03298

计划的城市 董洗凡著

世界科学社，[1940]，28页，16开

本书为《科学时报》第15卷抽印本。

收藏单位：国家馆、南京馆、上海馆、首都馆

03299

街道与市政 章渊若著

上海：泰东图书局，1929.5，131 页，32 开（社会科学丛书 3）

本书共 28 部分，内容包括：街道规划、街道房屋段落之划分、街道分类、街道宽度、街道坡度、街道建筑等。

收藏单位：安徽馆、重庆馆、国家馆、江西馆、内蒙古馆、上海馆、首都馆、浙江馆

03300

美的市政 杨哲明著 汤彬华主编

上海：世界书局，1927.6，70 页，25 开

本书内容包括：美的城市设计、美的市街、美的市河、美的公共房屋之设计、美的市政中之交通等。

收藏单位：重庆馆、广西馆、国家馆、河南馆、湖南馆、南京馆、内蒙古馆、首都馆、西南大学馆、浙江馆

03301

明日之城市 （法）戈必意（Le Corbusier）著 卢毓骏译

外文题名：The city of tomorrow

上海：商务印书馆，1936.5，200 页，22 开

上海：商务印书馆，1937.3，3 版，200 页，22 开

本书共 3 编：概论、实验室工作——理论之检讨、实例——巴黎市中心。

收藏单位：安徽馆、重庆馆、广东馆、贵州馆、国家馆、湖南馆、江西馆、南京馆、山西馆、上海馆、绍兴馆、首都馆、天津馆、浙江馆

03302

市行政 宋介编述

北平：中国大学，1935，438 页，16 开

本书为中国大学讲义。共 21 章，内容包括：城市设计、道路、公园与公共娱乐、自来水、城市废物之处置、市卫生、房屋问题、济贫、教育、公共灯光、市运输、市督商办公用事业制度等。

收藏单位：国家馆

03303

市学 李赋都编

天津：天津大公报馆，1932.7，164 页，16 开

本书论述市政建设。共 9 章，内容包括：街道、交通、住宅、卫生等。

收藏单位：国家馆、上海馆、首都馆、天津馆

03304

市政新论 董修甲著

外文题名：A new treaties on municipal government

上海：商务印书馆，1924.11，216 页，25 开

上海：商务印书馆，1925.8，再版，216 页，25 开

上海：商务印书馆，1927，3 版，216 页，25 开

上海：商务印书馆，1928.9，4 版，216 页，25 开

本书共 5 章：城市设计纲要、实行城市设计理财法纲要、各国城市设计之进境、我国各省城市之计划、我国各省城市设计上之建议。

收藏单位：重庆馆、东北师大馆、广东馆、广西馆、贵州馆、国家馆、河南馆、湖南馆、江西馆、辽宁馆、南京馆、内蒙古馆、宁夏馆、上海馆、首都馆、天津馆、浙江馆

03305

适应防空的都市计划 王克著

杭州：市政评论社，1937.11，125 页，32 开（市政评论社市政丛书）

本书共 6 章，内容包括：都市的可损性、都市防空的对策、都市区域的防空化、都市建筑物的防空化等。

收藏单位：广东馆、国家馆、湖南馆、江西馆、南京馆、上海馆

03306

田园都市 日本内务省地方局编 云南昆明市政公所译 张维瀚译

上海：华通书局，1930.1，203 页，23 开

本书论述田园化的都市建设。共 12 章，内容包括：田园都市的理想、范例、风气等。

收藏单位：安徽馆、重庆馆、广东馆、广

西馆、国家馆、吉林馆、南京馆、上海馆、首都馆、天津馆、浙江馆、中科图

03307
现代都市计划 罗超彦编译
上海：南华图书局，1929.9，70页，32开（市政丛书）

本书共5章：绪论、都市计划的方法、都市计划的诸问题、都市计划法规、中央的监督。据（美）亚当斯（Thomas Adams）所著 *Modern city planning, its meaning and method* 一书编译。

收藏单位：重庆馆、国家馆、湖南馆、内蒙古馆、陕西馆、上海馆、浙江馆

03308
现代都市计划 （美）亚丹士（Thomas Adams）著 林本译
外文题名：Modern city planning, its meaning and method
上海：商务印书馆，1933.12，53页，32开（万有文库 第1集0645）（百科小丛书）
上海：商务印书馆，1934.1，53页，32开（百科小丛书）

本书共5部分：绪论、都市计划之方法、都市计划上之各种问题、都市计划法规、地方计划上之中央行政或监督。著者亚丹士，又译亚当士、亚当斯。

收藏单位：安徽馆、重庆馆、大理馆、大连馆、大庆馆、东北师大馆、广东馆、广西馆、贵州馆、国家馆、河南馆、黑龙江馆、湖南馆、江西馆、辽大馆、辽师大馆、柳州馆、南京馆、内蒙古馆、宁夏馆、上海馆、天津馆、西南大学馆、浙江馆

03309
现代都市要论 朱邦明著
广州：神州国光社，1933，256页，22开

收藏单位：广东馆

03310
新都市建设之商榷 黄镇球[编]
[贵阳]：防空学校，1941，28页，64开

收藏单位：广东馆

03311
新时代都市计划学 卢毓骏著
出版者不详，1947.12，[12]+358页，16开

本书共28章，内容包括：都市计划学之新定义、城市计划之新目标、中外城市计划之史观、城市计划与区域计划之基本调查、都市计划趋势与国防等。

收藏单位：广东馆、国家馆、湖南馆、南京馆、上海馆

03312
战时田园市计划 张国瑞著
重庆：西南导报社，1940.1，48页，32开

本书阐述战时背景下，疏散城市密集人口至乡村，建立“田园市”的意义，并介绍具体原则与步骤。共7部分：绪言、田园市之性质和时代背景、田园市建立之必然性及其功效、建设田园市之六大原则、田园市之设计与经营步骤、田园市在战时经济上之价值、结论。

收藏单位：重庆馆、国家馆、南京馆、浙江馆

城市规划布局

03313
保卫民生及建造屋宇则例
出版者不详，120叶，22开，精装

收藏单位：广东馆

03314
北戴河海滨建设计划书 北戴河海滨风景区管理局编
北戴河：北戴河海滨风景区管理局，1938.6，14页，22开

本书介绍北戴河建设状况。共6部分：分区、公路、马路、公共事业、公园系统、运动场所。

收藏单位：国家馆

03315
北平游览区建设计划 北平市政府编

北平：北平市政府，1934.9，32 页，22 开

本书内收北平游览区建设计划方案。

收藏单位：国家馆、江西馆、上海馆、浙江馆

03316

城市交通 徐恒寿编

[南京]：中央政治学校，109 页，16 开

收藏单位：南京馆

03317

带形都市与地略经济及防空之价值论 黎宁著

重庆：新建筑社，1943.2，17 页，32 开（新市政丛书 2）

本书论述带形都市的兴起与经济战略关系等。

收藏单位：国家馆、南京馆

03318

都市与骚音 （日）守田荣著

出版者不详，[1935]，17 页，22 开（北京近代科学图书馆丛刊 7）

收藏单位：国家馆

03319

建设上海市市中心区域计划书 上海市市中心区域建设委员会编

上海：上海市市中心区域建设委员会，1930.12，28 页，22 开

本书附建设市中心区域第一期工作计划大纲（1930—1934 年度）。

收藏单位：国家馆、上海馆

03320

战后都市计划导论 郑梁著

重庆：新建筑社，1942.10，43 页，32 开（新市政丛书 1）

本书共 3 章，内容包括：论都市人口的集散、论战后都市计划等。附录：三十年来之中国市政工程、论陪都建设计划的二大要点。

收藏单位：重庆馆、国家馆、南京馆、西南大学馆

中国及各国城市规划及建设

03321

关于东京复兴之意见 刘日英译

上海：南华图书局，1929.9，49 页，32 开（市政丛书）

本书为 1923 年东京地震后的各种建设计划。目录页题名：毕亚博士关于东京复兴之意见。

收藏单位：国家馆、湖南馆、上海馆、天津馆、浙江馆

03322

建设总署都市局二十七年度工作概要 建设总署都市局编

[北平]：建设总署都市局，1939.1，13 页，32 开

本书介绍都市局设置的目的、都市计划法的拟定、都市计划及事业的进行、都市文物整理工程、建设总署办公楼房建筑工程等。

收藏单位：国家馆

03323

街路计划标准（中日文本） 建设总署都市局编

[北平]：建设总署都市局，1940，6 页，16 开

收藏单位：首都馆

03324

模范的都市经营 （美）爱西瓦氏著 （日）牧野宝一译 蒋绍封重译

外文题名：European cities at work

昆明：昆明市政公所总务课，1926.5，242 页，32 开（市政丛书 5）

本书为文言体。介绍欧洲城镇的计划、建设及市政设施管理等。

收藏单位：国家馆

03325

市地区段及地段划分标准（街廓及划地标准）

建设总署都市局编
[北平]：建设总署都市局，1940，5页，16开
本书为日伪出版物。中日文本。
收藏单位：广东馆、首都馆

03326
我国大都市之建设计划 董修甲著
武汉：武汉市市政委员会秘书处，1929.1，39页，32开（市政丛书1）
本书共9部分，内容包括：大都市分区之计划、大都市街道之计划、大都市交通上之计划、大都市公共娱乐之计划、大都市公用事业之计划等。
收藏单位：重庆馆、国家馆、上海馆

03327
新市区建筑暂行规则 建设总署都市局编
[北平]：建设总署都市局，1940.6，10页，18开
本书为中日文本。
收藏单位：广东馆、国家馆、南京馆

03328
英国田园市 （日）弓家七郎著 张维翰译 冯雄校
外文题名：English garden cities
上海：商务印书馆，1927.2，81页，32开（市政丛书）
本书介绍英国都市建设情况与特点。内容包括：城市的田园化、田园市的滥觞、豪厄德思想的背景等。
收藏单位：重庆馆、东北师大馆、广东馆、贵州馆、国家馆、河南馆、湖南馆、江西馆、辽宁馆、南京馆、山西馆、上海馆、首都馆、天津馆、浙江馆

北京城市规划及建设

03329
北京都市计划大纲
出版者不详，16页，18开
收藏单位：广东馆

03330
北京水平石标一览表 京都市政公所编
北京：京都市政公所，1917，石印本，[12]页，18开
本书介绍北京81处水平石标点及地址。书前有京都全城水平石标之一（五道庙口）摄影及说明。
收藏单位：国家馆

03331
北京特别市房基线规则、建筑规则、沟渠取缔规则
北京：出版者不详，[1939.5]，28页，36开
收藏单位：国家馆

03332
北平工务特刊
北平：出版者不详，300页，16开
收藏单位：国家馆

03333
北平市都市计划设计资料（第1集） 北平市工务局编
北平：北平市工务局，1947.8，88页，16开
本书共14部分，内容包括：北平市之沿革、北平市之概略、北平市东西郊新市区概况、北平市都市计划之研究、北平市内外城干线系统说明等。
收藏单位：长春馆、国家馆、近代史所、南京馆、山西馆、陕西馆

03334
北平市建筑规则、房基线规则、沟渠取缔规则
[北平]：[北平市工务局]，[1936.12]，1册，32开
收藏单位：国家馆

03335
北平市土木建筑技师技副绘图员执行业务取缔规则、厂商承揽工程取缔规则、土木工程

绘图员考试规则
[北平] : [北平市工务局], 1936.8, [12] 页, 32 开
收藏单位: 国家馆

03336
北平特别市建筑规章汇编 北平特别市工务局编
北平: 北平特别市工务局, 1930.3, 62 页, 16 开
本书共 9 部分, 内容包括: 北平特别市建筑规则、北平特别市房基线规则、北平特别市整理步道规则等。
收藏单位: 国家馆

03337
京都市房基线施行例规汇编 [京都市政公所] 编
北京: 京都市政公所, 1921.4, 76 页, 长 18 开
本书内容包括: 京都市房基线施行规则、房基线退让复查细则等。该规则于 1918 年 8 月 7 日公布, 1919 年 3 月 21 日及 1920 年 3 月 22 日修正。
收藏单位: 国家馆

03338
京都市房基线余地承领规则 (十四年八月修正) [京都市政公所] 编
北京: 京都市政公所, 1925, 4 页, 18 开
本规则于 1921 年 3 月公布, 1924 年 3 月及 1925 年 8 月修正。
收藏单位: 国家馆

03339
拟筹北平繁荣计划书 叶崇勋撰
出版者不详, 1930, 14 页, 16 开
本书根据北平的特殊建设, 提出对名胜古迹的治标和治本方法。

03340
整理北京市计划书 张武著
张武 [发行者], 1928.1, 再版, 42 页, 22 开
收藏单位: 国家馆、首都馆、天津馆

上海城市规划及建设

03341
大上海都市计划概要报告 上海市都市计划委员会编
上海: 上海市都市计划委员会, 1947.9, 12 页, 16 开
本书共 3 章: 总论、上海市之背景、上海市都市计划说明及进展近况。附图: 都市计划释义图、大上海区域组合示意图等 5 幅。
收藏单位: 重庆馆、国家馆、上海馆

03342
大上海都市计划汇刊 (1946—1948 年) 上海市都市计划委员会编
上海: 上海市都市计划委员会, [1948], [500] 页, 16 开
本书内容包括: 上海市都市计划委员会会议记录初集、二集, 大上海都市计划概要报告, 大上海都市计划总图草案报告书等。

03343
大上海都市计划总图草案报告书 上海市都市计划委员会编
上海: 上海市都市计划委员会, 1946.12, 35 页, 16 开
本书共 10 章, 内容包括: 总论、历史、地理、人口、交通、公用事业等。书前有: 大上海区域计划总图初稿、上海市土地使用总图初稿、上海市干路系统总图初稿。
收藏单位: 重庆馆、广东馆、国家馆、近代史所、南京馆、上海馆

03344
大上海都市计划总图草案报告书 (二稿) 上海市都市计划委员会编
上海: 上海市都市计划委员会, 1948, 48 页, 16 开
本书共 5 章: 人口问题、土地区划、上海市新道路系统的计划、港埠、其他交通系统。

收藏单位：重庆馆、广东馆、上海馆

03345
到市中心去
出版者不详，74 页，32 开
收藏单位：上海馆

03346
对于市中心计划之意见　（美）龚诗基（C. E. Grunsky）著
上海：上海特别市市中心区域建设委员会，1930.3，16 页，16 开
本书介绍上海市中心区建设计划意见。共 20 部分，内容包括：商港之建设、环市铁路、客运总站、工业区内部之分划、公园运动场、学校之地位等。
收藏单位：南京馆、山西馆、上海馆

03347
复兴建设上海市之概要　内政部复兴局编
内政部复兴局，[1941]，12 页，25 开
收藏单位：国家馆

03348
复兴上海建设计划书　[上海市政府] 编
上海：[上海市政府]，[1941]，34+[15] 页，22 开
本书为日伪出版物。内容包括：新上海市建设计划大纲、建设大上海市基本计划要纲、建设大上海市基本计划参考资料、上海市建筑区划暂行条例等。书前有“第一期上海都市建设计划图”。
收藏单位：国家馆、南京馆

03349
工务局战后设施集影　上海市工务局编
上海：上海市工务局，1947.6，[45] 页，横 16 开，精装
本书内收上海市各种工程修建统计、照片及图表。封面题名：上海市工务局战后设施集影。
收藏单位：广东馆、南京馆、上海馆

03350
沟通苏州河南北两岸交通工程、防潦工程、浦东大道展筑工程、计划（中华民国三十六年度）　上海市工务局拟
上海：上海市工务局，1947，[10] 页，16 开

03351
考察上海市政及复兴计划报告书　胡庆荣著
出版者不详，1932.7，46 页，22 开
本书共 2 部分：公文、报告。著者为杭州市政府财政科长，曾赴沪考察。
收藏单位：国家馆、南京馆

03352
上海拆城案报告　吴馨编辑
出版者不详，[1914.2]，126 页，16 开
本书共 5 部分：发起组织、筹款善后、调查答复、移交报告、交涉。
收藏单位：上海馆

03353
上海公共租界房屋建筑章程　上海公共租界工部局订　王进编译
上海：中国建筑杂志社，1934.11，96 页，16 开（中国建筑丛刊）
本书为房屋建筑条例，内容包括：中式房屋建筑规例等。

03354
上海市第一届参议会工务委员会工作报告
上海市第一届参议会秘书处编
上海：上海市第一届参议会秘书处，1946.12—1947，4 册，32 开
本书共 4 辑，内容包括：1946 年 10 月 7 日至 1947 年 12 月 31 日召开的 1 次至 21 次会议纪录。附历次决议案之实施经过。
收藏单位：国家馆、黑龙江馆、上海馆、浙江馆

03355
上海市都市计划委员会报告、纪录汇订本
赵祖康编辑
上海：上海市都市计划委员会，[1948]，[423]

页，16 开

本书内容包括:《大上海都市计划总图草案初稿报告书》《大上海都市计划总图草案报书（二稿）》《大上海都市计划概要报告》《上海市区铁路计划、上海港口计划、上海市绿地系统计划初步研究报告》《上海市工厂设厂地址规则草案》《上海市建成区干道系统路线表》《上海市都市计划委员会会议纪录》等。

收藏单位：国家馆

03356

上海市都市计划委员会会议纪录初集 上海市都市计划委员会编

上海：上海市都市计划委员会，1946.12，110 页，16 开

本书内容包括：上海市都市计划委员会成立及第一次会议纪录、第二次会议纪录、组织名单、秘书处会议纪录等。

收藏单位：广东馆、国家馆、上海馆、天津馆、中科图

03357

上海市都市计划委员会会议纪录二集 上海市都市计划委员会编

上海：上海市都市计划委员会，1948.9，[164] 页，16 开

本书内容包括：该会秘书处第 9—23 次处务会议纪录、第 4—8 次联席会议纪录、技委会第 1—10 次会议纪录、闸北区计划委员会第 1—9 次会议纪录等。

收藏单位：国家馆、上海馆

03358

上海市复兴战区工程计划书 上海市工务局编

上海：上海市工务局，1932.6，20 页，23 开

本书共 4 部分：整理战区公共建筑、建筑交通干道、协助迁移北车站及扩展铁路线、协助建筑虬江口码头。"一・二八" 事变上海受到破坏，此为复兴战区工程计划书。

收藏单位：国家馆、南京馆

03359

上海市工务局概况 上海市工务局编

上海：上海市工务局，[1931]，96 页，长 25 开

本书共 4 章，介绍上海市工务局简史及组织、经费、业务概况等。

收藏单位：南京馆、陕西馆、上海馆

03360

上海市工务局工作统计图（三十五年一月至七月） 上海市工务局设计处编

[上海]：出版者不详，1946，1 册，8 开

收藏单位：上海馆

03361

上海市工务局技术讨论初集 上海市工务局编

上海：上海市工务局，1946.3，油印本，2 册，18 开

收藏单位：上海馆

03362

上海市工务局请领建筑执照须知 上海市工务局编

上海：上海市工务局，1947.9，31 页，32 开

本书附录：建筑法、修正临时棚屋建筑暂行办法、开辟整理道路规则等。

收藏单位：上海馆

03363

上海市工务局三十六年度工作计划 上海市工务局编

上海：上海市工务局，1946.12，11 页，16 开

本书共 12 部分，内容包括：道路工程、沟渠工程、桥梁工程、海塘及堤岸工程、营造工程等。

收藏单位：上海馆

03364

上海市工务局摄制工程图片

上海：上海市工务局，1946，2 册，大 64 开

收藏单位：上海馆

03365

上海市建成区暂行区划、上海市闸北西区重建计划说明 [上海市都市计划委员会秘书处]编

上海：上海市都市计划委员会秘书处，1948.10，14+7页，16开

收藏单位：上海馆

03366

上海市建筑规则 上海市工务局编

上海：上海市工务局，1946重印，71页，16开

本书共10章，内容包括：总论、通则、设计准则、防火设备等。附录：修正管理营业规则、公分英尺及公分英寸对照表。1937年3月修正。

收藏单位：上海馆

03367

上海市区铁路计划、上海港口计划、上海市绿地系统计划初步研究报告 上海市都市计划委员会秘书处编

上海：上海市都市计划委员会秘书处，1948.10，16页，16开

收藏单位：上海馆

03368

上海市市中心区域计划概要 上海市市中心区域建设委员会编

上海：上海市市中心区域建设委员会，1929.12，21页，32开

上海：上海市市中心区域建设委员会，1931.7，修正3版，21页，32开

本书共6章，内容包括：本市市政之现状、将来发展之趋势、市中心区域择定后之规划、筹备经过及进行步骤等。附录：第一期工作计划大纲。

收藏单位：南京馆、上海馆

03369

上海市暂行建筑规则 上海市工务局编

上海：上海市工务局，1932.12，修正版，70页，16开

本书共10章，内容包括：总纲、通则、设计准则、防火设备等。

收藏单位：重庆馆、国家馆、中科图

03370

上海市之交通与建设 朱敲春编著

上海：中华书局，1933.8，104页，22开

本书为上海特别市党部社会调查报告之一。共17部分，内容包括：上海之市区、上海之房屋、上海之道路、上海之沟渠、上海之路灯、上海之河道等。

收藏单位：国家馆、南京馆、西南大学馆

03371

上海特别市市中心区域计划概要 上海特别市市中心区域建设委员会编

上海：上海特别市市中心区域建设委员会，1930.1，12页，32开

03372

上海特别市政府工务局组织细则

出版者不详，1928.8，4页，18开

本书为上海特别市政府工务局组织细则，共12条。

03373

上海新都市建设计划概要 上海恒产股份有限公司编

上海：上海恒产股份有限公司，1940.11，9+16页，23开

本书共4部分：上海新都市建设计划之意义、新都市建设计划概要、第一次实施事业、上海恒产股份有限公司组织及业务概要。附录：关于上海市之建设等。

收藏单位：国家馆、南京馆

中国华北地区城市规划及建设

03374

城市设计实用手册（天津特别市物质建设方案） 梁思成　张锐著

天津：北洋美术印刷所，1930.9，1册，13开

本书共25部分，内容包括：大天津市物质建设的基础、大天津市的区域范围问题、道路系统之规划等。

收藏单位：国家馆、中科图

03375

石家庄都市计划大纲（中日对照）

出版者不详，[1939]，8页，16开

收藏单位：广东馆、首都馆

03376

太原都市计划大纲 太原市政府编

[太原]：[太原市政府]，[1939]，10页，12开

本书为日伪出版物，中日文本。内容包括：都市计划区域、街市计划区域、地域制、地区制等。

收藏单位：广东馆、国家馆、首都馆

03377

太原市建设计划草案 太原市设计委员会编

太原：太原市设计委员会，1932.3，1册，16开

收藏单位：山西馆

03378

太原市十年建设计划案

[太原]：出版者不详，1935.4，[188]页，16开

本书内容包括：太原市建设计划图、宗旨及原则、市界及区划、设计事项（交通、建筑、市容、上下水、电气及煤气）等。附件：太原市城内社会概况调查统计表、太原市四郊社会概况调查统计表。

收藏单位：重庆馆、国家馆

03379

天津都市计划区域内塘沽街市计划大纲（中日文本） [天津市政府编]

[天津]：[天津市政府]，[1939]，8页，16开

收藏单位：广东馆、南京馆、首都馆

03380

天津市都市计划大纲 天津市政府编

天津：天津市政府，[1939]，6页，16开

本书为日伪出版物，中日文本。介绍天津都市计划区域、街市计划区域等。共2部分：方针、要领。

收藏单位：广东馆、国家馆、南京馆

03381

天津市工务局业务报告（民国二十四年七月至十二月） 天津市工务局编

天津：天津市工务局，1935.12，284页，16开

本书共8章，内容包括：序言、插图、组织、工程计划、实施工程等。

收藏单位：广东馆、国家馆、上海馆、首都馆、天津馆、中科图

中国西北地区城市规划及建设

03382

西京筹备委员会工作报告 西京筹备委员会编

西安：西京筹备委员会，1935.10，32页，16开

收藏单位：重庆馆、南京馆

03383

西京筹备委员会工作报告（三十一年六月至十月）

[西安]：西京筹备委员会，1942，油印本，1册，16开，环筒页装

本书共6部分：修路、养树、育苗、文化事业、特种工程、其他。

收藏单位：国家馆

03384

西京筹备委员会自二十四年十一月至二十六年一月止工作报告 西京筹备委员会编

西安：西京筹备委员会，[1937.1]，11页，16开

本书共4部分：测绘、筑路、植树、文化事业。附市政建设。

收藏单位：国家馆、南京馆

03385

县有建筑 李世铎编

[兰州]：甘肃省县政人员训练所，1936.3，[130]页，18开

本书为甘肃省县政人员训练所讲义。共4编：道路、城市计划、河工、饮水用水问题。附录：标准制正名表等。

收藏单位：国家馆

中国华东地区城市规划及建设

03386

繁荣威海卫计划之三（建筑事业） 威海卫管理公署编

威海：出版者不详，1932.8，26页，25开，环筒页装

收藏单位：国家馆

03387

福建永德安南四属工程汇刊 [永德安南警备司令部工程设计处]编

永德安南警备司令部工程设计处，1932.12，1册，16开

本书共9章，内容包括：工程机关、道路、桥梁、市区、学校、筑港、造林等。

收藏单位：国家馆、辽宁馆

03388

福州市政筹备处三十一年度工作报告表 [福州市政府]编

[福州]：[福州市政府]，[1943]，油印本，20叶，16开

收藏单位：福建馆

03389

工务纪要（中华民国二十一年份） 青岛市工务局编

青岛：青岛市工务局，1932，1册，16开

本书共10编，内容包括：总务、道路（附桥梁）、上水道（自来水）、下水道（亦称沟渠）、市民建筑等。卷端题名：青岛市工务局二十一年份工务纪要。

收藏单位：南京馆

03390

工务纪要（中华民国二十二年份） 青岛市工务局编

青岛：青岛市工务局，[1933]，390页，16开

本书记述1933年该局所进行的工务。共11编，内容包括：总务、道路、自来水、下水道、营缮、市民建筑、路灯及电气等。卷端题名：青岛市工务局二十二年份工务纪要。

收藏单位：广东馆、上海馆

03391

工务纪要（中华民国二十三年份） 青岛市工务局编

青岛：青岛市工务局，[1934]，246页，16开

本书共10编，内容包括：总务、道路、自来水、下水道、公有建筑物、市民建筑等。卷端题名：青岛市工务局二十三年份工务纪要。

收藏单位：上海馆

03392

杭州市建筑规则 浙江省政府编

杭州：浙江省政府，[1931]，22页，18开

收藏单位：国家馆、浙江馆

03393

杭州市取缔建筑规则（中华民国二十五年） 杭州市政府编

杭州：杭州市政府，1936.12，33页，16开

本书内容包括：总纲、建筑通则、设计准则、防火设备等。

收藏单位：浙江馆

03394

济南都市计划大纲 济南市政府编

济南：济南市政府，[1937—1949]，8页，16开

本书为中日文本。附彩图“济南都市计划一般图”。

收藏单位：广东馆、国家馆、南京馆、首都馆

03395
江苏省会建设 江苏省建设工程处编
江苏省建设工程处，1931.7，[230] 页，16 开

本书介绍江苏省会镇江的建设。共 18 部分，内容包括：工程处沿革及组织、分区计划、道路、桥梁、试行建设区域计划、河道、园林、章则等。

收藏单位：国家馆、近代史所、南京馆、上海馆、中科图

03396
南京市劳工住宅区之过去与将来 南京市政府编
南京：南京市政府，1935.10，16 页，16 开

本书共 3 部分：概论、办理经过、今后计划。

收藏单位：近代史所、南京馆、上海馆

03397
南京市新住宅区（亦名，花园住宅区）图案及领地建筑章程
南京：南京市政府，1930.10，[48] 页，横 20 开

收藏单位：广东馆

03398
南京市政计划书 陶保晋著
南京：南京市政筹备处，[1926.5]，16 页，16 开

收藏单位：吉林馆、南京馆

03399
南京特别市工务局年刊 [南京特别市工务局] 编
南京：南京印书馆，[1927]，446 页，16 开

本书共 14 部分，内容包括：组织、大事记、工作概况、图案、图表及统计、章则、公文摘录、南京特别市市政府工务局十六年度职员一览表等。

收藏单位：广东馆、国家馆、南京馆、首都馆

03400
青岛市暂行建筑规则 青岛市工务局编
青岛：青岛市工务局，73 页，32 开

本书共 10 章，内容包括：总纲、建筑通则、设计准则、里巷房屋、防火设备等。附录：公尺英尺对照表等。1929 年 11 月公布，1932 年 11 月修正。

收藏单位：国家馆、南京馆、浙江馆

03401
首都计划 国都设计技术专员办事处编
南京：国都设计技术专员办事处，1929.12，184 页，16 开

本书共 28 篇，介绍南京史地概略及其建设计划。书前有林逸民“呈首都建设委员会文”和孙科“首都计划序”。

收藏单位：重庆馆、广东馆、国家馆、南京馆、上海馆

03402
首都建设委员会第一次全体大会特刊 首都建设委员会编
南京：首都建设委员会，1930.6，[200] 页，16 开

本书内容包括：大会宣言、纪要、提案、法规、文电等。书前有孙中山、蒋介石像，大会摄影，以及谭延闿、胡汉民、张人杰、宋子文等题词。附会员席次表。

收藏单位：广东馆、国家馆、南京馆、浙江馆

03403
首都建设委员会工作类编初集 首都建设委员会编
南京：首都建设委员会，1930

本书内收 1929 年至 1930 年底首都建设委员会工作材料。

收藏单位：南京馆

03404
台北市区改筑纪念（日文本） 台北市区改正委员会编
台北：台北市区改正委员会，1915，[60] 页，16 开，精装
本书内收台北建设图照。

03405
无锡市政筹备实录（1—6 期合订本） 孙祖基编辑
农商部矿政司，1930.4，[962] 页，16 开，精装
本书内容包括：题字、发刊词、论文、计划、公牍、法规、会议纪录、调查统计、工作报告等。《无锡市政》第 1 至第 6 期合订本。
收藏单位：国家馆、南京馆、上海馆

03406
徐州都市计划大纲
出版者不详，10 页，16 开
收藏单位：广东馆

03407
整理镇江市都市计划 丹徒县政府编
丹徒：丹徒县政府，1940.9，46 页，32 开
本书共 8 部分，内容包括：分区计划、下水道之现状及整理方法、园林设计、市政经营等。
收藏单位：国家馆、南京馆

中国中南地区城市规划及建设

03408
长沙市政府新市区计划书 尚其煦设计
长沙：新文书局，1946，88 页，16 开
本书介绍长沙新市区设计原则与范围、市区计划、道路计划、房屋建筑计划、下水道计划等。
收藏单位：广东馆、湖南馆

03409
筹建广州市模范住宅区一览
上海：商务印书馆，[1928]，86 页，16 开
本书内容包括：筹建经过情形、建筑计划、各种图式、奖励建筑办法以及章则等。
收藏单位：首都馆

03410
大武汉市建设计划大纲草案（修正本） [湖北省政府] 编
武汉：[湖北省政府]，[1940—1949]，72 页，32 开
本书共 2 部分：政策、规划。政策部分内容包括：一般行政政策、经济政策、土地政策、公用事业政策等；规划部分内容包括：市区范围之确定、市区性质之划分、市区交通之布置等。
收藏单位：国家馆

03411
大武汉市建设计划大纲草案
出版者不详，170 页，32 开
收藏单位：南京馆

03412
广州市修正取缔建筑章程 广州市工务局编
广州：广州市工务局，1932.8，108 页，16 开
本书共 17 章，内容包括：总则、领照办法、建筑限制、小修工程、钢筋三合土等。
收藏单位：国家馆

03413
桂林市建筑规则 [桂林市政府] 编
桂林：桂林市政府，[1941.5]，48 页，42 开
本书共 15 章，内容包括：总则、领照手续、小修工程、建筑通则、设计准则等。广西省政府 1941 年 2 月 28 日建字 1303 号指令准予更正备案，桂林市政府 1941 年 5 月 1 日公布施行。
收藏单位：桂林馆、国家馆

03414
汉口市建筑暂行规则 汉口市政府编

汉口：汉口市政府，1929.6，48+18 页，16 开
汉口：汉口市政府，1930.1，1 次改订，48+18 页，16 开
汉口：汉口市政府，1933.12，2 次改订，48+18 页，16 开

本书共 13 章，内容包括：总则、请照手续、执照费、街路宽度、建造限制等。附录：汉口市取缔土木建筑技师执行业务暂行规则、汉口市取缔营造厂暂行规则、汉口市掘路暂行规则等。

收藏单位：广东馆、国家馆、上海馆

03415
汉口特别市政府工务局收支报告书（民国十八年四月十一日至十月十日止） 汉口特别市政府工务局编
汉口：汉口特别市政府工务局，[1929.10]，16 页，16 开

03416
汉口特区管理局新建筑章程（中英文本） 汉口特区管理局编
[汉口]：汉口特区管理局，1926，[204] 页，18 开

收藏单位：天津馆

03417
衡阳市辟建城北工业区、城南新市区便览 赵君迈编
衡阳：衡阳岳南铸字印刷局，1943.10，1 册，32 开

本书共 14 部分，内容包括：衡阳市道路系统图、城北工业区表解、城南新市区表解、征收土地补偿价值表等。

收藏单位：国家馆、南京馆

03418
开封新建设一览 河南省政府宣传处编
[开封]：河南省政府宣传处，1928.7，61 页，16 开

本书共 2 部分：已经开办者、正在修筑者。书中有 50 余幅摄影照片。

收藏单位：国家馆、河南馆、吉林馆

03419
台山建设图影汇编（第 1 期） 台山县公署工务局编
台山：台山县公署工务局，1929.6，[190] 页，横 12 开

收藏单位：天津馆

03420
梧州市工务局年刊（民国十七年度） 赵祖康等编
梧州：梧州市工务局，1929.5，170 页，16 开

本书介绍梧州市工务局一年来在设计、建筑等方面的工作概况。

03421
梧州市工务局取缔建筑章程 梧州市工务局编
香港：商务印书馆，1928，26 页，16 开

03422
武汉区域规划初步研究报告 朱皆平编
武汉：湖北省政府武汉区域规划委员会，1946.4，40+17 页，18 开

本书内收研究报告 7 篇，内容包括：《武汉三镇发展之趋势》《武汉市中心发展之物质基础》《武汉市内外交通问题之分析》等。附录：武汉区域规划委员会小组会议纪录提纲、第一次技术座谈会纪录、第二次技术座谈会纪录提要等。

收藏单位：国家馆、南京馆

03423
武汉区域规划实施纲要 湖北省政府武汉区域规划委员会编
武汉：湖北省政府武汉区域规划委员会，1945，48 页，32 开

本书内容包括：缘起（即武汉地理环境及人文概况）、实施工作纲领、机构之运用、人员及经费之估计等。附录有：武汉区域规划委员会组织规程及组织系统表、国父实业计划都市建设小组结论编 3 种等。

收藏单位：重庆馆、南京馆

03424
新乡都市计划大纲 建设总署都市局计划科编
建设总署都市局计划科，[1940.10]，6页，16开

本书为中日文本。有彩图“新乡都市计划要图”一大张。

收藏单位：广东馆、国家馆、首都馆

中国西南地区城市规划及建设

03425
成都市政年鉴第一期 刘燕谋 晏碧如编
[成都]：成都市市政公所，1928.1，1册，16开

收藏单位：重庆馆

03426
重庆市建筑规则 吴华甫编
重庆：重庆市工务局，[1941.5]，171页，32开

本书共7编，内容包括：总纲、设计通则、结构准则、特种建筑、区域等。附非常时期重庆市建筑补充规则。

收藏单位：重庆馆、广东馆、国家馆、南京馆、上海馆

03427
昆明市建设计划纲要 工务局拟
昆明：工务局，1941，油印本，1册，16开，环筒页装

本书内容包括：市区总面积之研讨、道路系统、分区办法、土地整理、住的设施、美的布置、公用设备等。目次页题名：云南省昆明市三年建设计划纲要。

收藏单位：重庆馆

03428
云南昆明市政成绩表 云南昆明市政府编
昆明：昆明市政府，1926，26页，23开

本书用表格形式介绍昆明市政府所属各部门自民国十二年（1923）以来的建设成就。共8部分，内容包括：总务、工程、公用、警务卫生、教育、社会等。

收藏单位：上海馆

园林规划与建设、绿化规划

03429
安徽全省公路行道树之计划 储韵笙著 安徽省建设厅编译处校
安庆：安徽省建设厅，1929.10，50页，32开（安徽省建设厅建设丛书 农林类1）

本书附录：安徽省道安潜太路种植行道树计划。

收藏单位：国家馆、南京馆

03430
都市与公园论 陈植编
上海：商务印书馆，1930.12，205页，32开（市政丛书）

本书介绍公园的分类和效果，公园计划、设计、经营、财政、设施等。附世界及美、德、英、日都市公园表。

收藏单位：重庆馆、广东馆、国家馆、湖南馆、江西馆、南京馆、人大馆、上海馆、天津馆、浙江馆

03431
公园 童玉民著
上海：商务印书馆，1928.4，79页，36开（百科小丛书 第14辑 156）

本书介绍公园的发展、效用、计划、经营管理、财政等。

收藏单位：重庆馆、广东馆、广西馆、国家馆、河南馆、湖南馆、江西馆、陕西馆、上海馆、天津馆

03432
公园绿地计划标准 建设总署都市局编
建设总署都市局，1941，7页，16开

收藏单位：首都馆

03433
公园怎样建设 杨哲明著

南京：正中书局，1936.7，121 页，32 开

本书讲述公园建设程序及设计等，并介绍美国黄石公园。

收藏单位：重庆馆、国家馆、湖南馆、江西馆、浙江馆

03434

国立太湖公园计划书 陈植著

农矿部林政司，1930，36 页，22 开（森林丛刊 5）

本书共 7 部分，内容包括：国立太湖公园之形式及区域、国立太湖公园之风景、国立太湖公园之设备、国立太湖公园风景林之建造等。

收藏单位：重庆馆、国家馆、浙江馆

03435

黄家花园全景

上海：美术印书馆，1935.1，128 页，横 24 开

上海：美术印书馆，1936.5，2 版，128 页，横 24 开

上海：美术印书馆，1936.9，3 版，128 页，横 24 开

上海：美术印书馆，1937.8，4 版，128 页，横 24 开

本书内收黄金荣上海漕溪私人花园照片集。

收藏单位：广西馆、南京馆、上海馆、天津馆

03436

南京市参议会第一届第二次大会南京市园林管理处工作报告

出版者不详，[1947—1949]，6 页，16 开

收藏单位：南京馆

03437

厦门中山公园计划书 周醒南辑

[厦门]：漳厦海军警备司令部，1929，10+76 页，16 开

本书共 4 部分：建设公园之重要性、园址的选择、公园的定名、布置方法。

收藏单位：上海馆

03438

实用公园建筑法 顾在埏编译

上海：商务印书馆，1949.4，188 页，32 开

本书共 6 章，内容包括：公园之沿革、造图法、施工法、管理法等。

收藏单位：重庆馆、上海馆、天津馆、西南大学馆

03439

世界之花园

上海：良友图书公司，1936.7，1 册，32 开（万有画库 34）

本书为世界各地风景名胜摄影集。

收藏单位：首都馆

03440

庭园术 童士恺编

上海：中华书局，1930.4，64 页，32 开（家庭小丛书 1）

上海：中华书局，1932.10，再版，64 页，32 开（家庭小丛书 1）

上海：中华书局，1933.5，3 版，64 页，32 开（家庭小丛书 1）

上海：中华书局，1935.6，54 页，32 开（初中学生文库）

上海：中华书局，1936.10，再版，54 页，32 开（初中学生文库）

上海：中华书局，1941.1，4 版，54 页，32 开（初中学生文库）

本书共 2 编：庭园之组织、庭园之管理。

收藏单位：重庆馆、广东馆、广西馆、国家馆、黑龙江馆、湖南馆、吉林馆、江西馆、辽宁馆、内蒙古馆、上海馆、首都馆、天津馆、浙江馆

03441

庭园之趣味 郑逸梅著

上海：上海园艺改进协会出版委员会，1947.4，15 页，32 开（上海园艺事业改进协会丛刊 5）

本书内容包括：假山史考、姑苏名园之鉴赏等。

收藏单位：国家馆、南京馆、上海馆、浙

江馆

03442
学校园林 毕卓君编
上海：商务印书馆，1930.8，128页，32开
上海：商务印书馆，1933，国难后1版，128页，32开

本书共5章：概论、学校园的经营、学校林的经营、园林作业、园林事务的处理。

收藏单位：重庆馆、广东馆、国家馆、河南馆、湖南馆、江西馆、上海馆、西南大学馆

03443
园林计划 莫朝豪著 莫朝英校订
广州：南华市政建设研究会，1935.10，10+110页，25开（南华市政建设研究会丛书）

本书论述园林与都市的关系，园林行政系统。内容包括：园林计划大纲、公园设计、建筑、路树栽培与管理、广州市园林建设概况及未来计划、我国大都市园林概况等。

收藏单位：国家馆、河南馆、湖南馆、江西馆、上海馆、首都馆、浙江馆

03444
园冶识语 朱启钤编
出版者不详，[1931]，11叶，13开，环筒页装

收藏单位：国家馆

03445
造庭园艺 童玉民编
上海：商务印书馆，1926.12，182页，32开（农学丛书）
上海：商务印书馆，1931.4，再版，182页，32开（农学丛书）
上海：商务印书馆，1932.11，国难后1版，182页，32开（农学丛书）
上海：商务印书馆，1934.9，国难后2版，182页，32开（农学丛书）

本书共4篇：庭园总论、庭园设计、庭园施工、庭园管理。附录：造园之意义等7种。

收藏单位：重庆馆、国家馆、黑龙江馆、湖南馆、吉林馆、江西馆、南京馆、上海馆、绍兴馆、首都馆

03446
造园法 范肖岩编著
上海：商务印书馆，1930.4，133页，32开（万有文库 第1集0718）（农学小丛书）
上海：商务印书馆，1934.3，133页，32开（农学小丛书）
上海：商务印书馆，1934.7，再版，133页，32开（万有文库 第1集0718）（农学小丛书）
上海：商务印书馆，1935.3，3版，133页，32开（农学小丛书）
长沙：商务印书馆，1939.9，133页，32开（万有文库 第1、2集简编500种280）（农学小丛书）

本书内容包括：庭园设计、造园设计实施法、特种庭园之设计概要等。附录：重要观赏树木一览表、重要花草一览表。

收藏单位：安徽馆、长春馆、重庆馆、大理馆、大连馆、东北师大馆、广东馆、广西馆、贵州馆、国家馆、黑龙江馆、湖南馆、惠州馆、江西馆、辽大馆、辽宁馆、辽师大馆、南京馆、内蒙古馆、宁夏馆、上海馆、绍兴馆、天津馆、西南大学馆、浙江馆、中科图

03447
造园学概论 陈植著
上海：商务印书馆，1935.4，256页，21开（大学丛书 教本）（中华农学会丛书）
上海：商务印书馆，1947，增订再版，264页，25开（大学丛书 教本）（中华农学会丛书）

本书共4编：总论、造园史、造园各论、结论。

收藏单位：安徽馆、重庆馆、东北师大馆、广东馆、广西馆、贵州馆、国家馆、黑龙江馆、湖南馆、江西馆、南京馆、内蒙古馆、宁夏馆、上海馆、首都馆、西交大馆、西南大学馆

03448
最新公园建筑法 顾在埏译著
上海：道路月刊社，1928.7，136页，32开
本书内容包括：公园之沿革、造图法、施工法、管理法等。
收藏单位：重庆馆、广东馆、江西馆、南京馆、上海馆

市政工程

03449
北京市都市计划大纲草案
北京：出版者不详，[1931—1939]，油印本，56叶，16开，环筒页装
本书共12章，内容包括：都市计划之意义、全市分区计划、全市道路计划、全市交通计划、公共建筑物之配备、私有建筑物之管理等。封面题名：北京市都市计划草案。
收藏单位：国家馆

03450
北平之市政工程（三十五年度） 北平市工务局编
北平：北平市工务局，1946，16页，16开
本书共10部分，内容包括：整理沟渠、整理文物建筑、建设东西郊新市区、整理交通设施、整顿市容等。
收藏单位：国家馆

03451
察哈尔张家口市政筹备处经过工程及现时计划略述 察哈尔市政筹备处编
张家口：察哈尔市政筹备处，1925.8，8页，22开
收藏单位：国家馆

03452
重庆市工务局工作报告（廿九年三月至八月） 重庆市工务局编
重庆：重庆市工务局，1940，石印本，36叶，16开，环筒页装
本书内容包括：两浮路工程、回龙乡公墓设计、城区道路系统计划、城区下水道、望龙门平民住宅计划、测量市区街道系统等。
收藏单位：重庆馆

03453
重庆市工务局工作报告（廿九年九月至三十年二月） 重庆市工务局编
重庆：重庆市工务局，1941，石印本，24叶，16开，环筒页装
本书内容包括：浮新路工程、大梁子至玉带街太平巷马路工程、校场口至南纪门太平巷马路工程、重庆市各区养路工程统计表、改善自来水公司业务等。
收藏单位：重庆馆

03454
重庆市工务局工作报告（三十年九月至三十一年二月） 重庆市工务局编
重庆：重庆市工务局，1942，石印本，19叶，16开，环筒页装
本书内容包括：工程（新路工程、改善工程、养路工程、杂项工程）、公用（交通、水电、公园及其他）、营造、测量与设计等。反映了当时的各项市政建设与管理。
收藏单位：重庆馆

03455
工程标准图 青岛特别市建设局制
青岛：青岛特别市建设局，1939，1册，横8开
收藏单位：国家馆

03456
公共工程之范畴任务及政策 谭炳训讲
重庆：中央训练团，1945.2，18页，32开
收藏单位：南京馆

03457
公共工程专刊（第1集） 哈雄文 娄道信编
重庆：内政部营建司，1945.10，130页，16开（内政丛刊）
本书内容包括：专论、研究资料、报告等。

收藏单位：长春馆、重庆馆、广东馆、国家馆、南京馆、山西馆

03458
广州市工务报告 广州市工务局编
广州：广州市工务局，1933.5，180页，16开，精装

本书内容包括：一年来之工务概况（包括道路、沟渠、桥梁、堤岸、学校及图书馆等）、计划、统计。附录：广州市名胜古迹。书脊题名：广州市工务报告书。

收藏单位：贵州馆、国家馆、上海馆

03459
广州市工务之实施计划 程天固编
广州：广州市工务局，1930.12，187页，16开

本书介绍广州市工务局三年工作计划。附录：建议开辟黄埔商埠意见书等9种。

收藏单位：国家馆、上海馆

03460
汉口市工务局业务报告（民国十八年七月起至十九年六月底止 第1卷第2、3合期） 汉口市工务局编
汉口：汉口市工务局，1930.12，2册（162+168页），16开

本书内收工程计划、测量、绘图、摄影等。每册有照片、设计图、统计图表等100余页。

收藏单位：国家馆、湖南馆、中科图

03461
汉口特别市工务计划大纲
出版者不详，[1939—1949]，[44]页，18开

本书介绍1929年至1939年汉口市工务计划。内容包括：市界、分区、水陆交通、沟渠、公共建设物等。

收藏单位：国家馆、上海馆

03462
湖北省会市政建设计划纲要 方刚编
武昌：湖北省会工程处，1935.1，84页，16开

本书共13节，内容包括：省会人口、分区设计、铁路交通、河港计划、市街设计、水电建设等。《汉口商业月刊》第2卷第3期。

收藏单位：国家馆、南京馆

03463
济南市工务局取缔建筑暂行规则 济南市工务局编
济南：济南市工务局，[1929—1949]，30页，16开

本书共15章，内容包括：总则、请照手续、执照费、取缔危险建筑物、建筑限制、设计准则等。

收藏单位：国家馆

03464
考察日本市政工程报告 邢契莘编
青岛：青岛市工务局，1936.7，242页，22开

本书为青岛市工务局局长赴日考察报告。共10章，内容包括：行政组织与财政状况、都市计划、道路、下水道与污物处理、建筑物取缔办法等。

收藏单位：广东馆、国家馆、辽宁馆、上海馆、首都馆、浙江馆

03465
昆明市政第一年工程报告书 [昆明市政公所编]
昆明：昆明市政公所，[1924]，60页，16开

本书详细介绍三市街、东院街、光华街、西华街马路铺设，下水道修造，公堂会所建筑维修等工程，并有绘图十余张。共4部分：道路、工具、公会堂、城工。

收藏单位：国家馆

03466
南昌市政府工务局业务汇报（民国十七年一月起至十二月止） 南昌市政府工务局编
[南昌]：南昌市政府工务局，[1929]，[212]页，16开

本书共7部分：绪言、组织、行政、工程、测绘、取缔、章则。附录：现任职员一览

表。

收藏单位：贵州馆、国家馆

03467

南昌市政府工务局业务汇报（民国十八年一月起至十二月止）［南昌市政府工务局］编

［南昌］：［南昌市政府工务局］，1930，1册，16开

本书共8部分，内容包括：组织、行政、设计、工程、取缔、法规等。

收藏单位：国家馆

03468

南京市工务报告（二十四年四月至二十六年四月） 南京市工务局编

南京：南京市工务局，1937.5，1册，16开

本书共8章，内容包括：道路、桥梁、涵洞、建筑、水利等。

收藏单位：广东馆、国家馆、南京馆

03469

南京市工务局工作报告（南京市参议会第一届第二次大会）

南京：南京市工务局，1947，12页，16开

本书内收南京市工务局1946年12月11日至1947年3月31日工作报告。

收藏单位：南京馆

03470

南京特别市工务局一年来工作概况 南京特别市政府工务局编

南京：南京特别市政府工务局，1939.3，1册，32开

收藏单位：南京馆

03471

南京特别市政府工务局工作年刊（中华民国廿八年份） 南京特别市政府工务局编

南京：南京特别市政府工务局，1940，84页，16开

本书介绍南京特别市政府工务局组织系统及工作概况等。附录：工务局大事记、建筑工程概况表等。

收藏单位：国家馆

03472

青岛市工务局二十二年份工务纪要 青岛市工务局编

青岛：青岛市工务局，[1934]，390页，16开

本书共11编，内容包括：道路、自来水、下水道、营缮、市民建筑、路灯及电气等。书前有青岛市市区图及青岛市乡区道路图，书末附图表约100余页。

收藏单位：国家馆

03473

青岛市工务局二十三年份工务纪要 青岛市工务局编

青岛：青岛市工务局，1935，246页，16开

本书为青岛市工务局1934年份工作报告。附各种统计表112页。

收藏单位：国家馆

03474

青岛市工务局工务纪要（中华民国二十一、二十二年份［合订本］） 青岛市工务局编

青岛：青岛市工务局，1932—1933，1册，16开

本书共10编，内容包括：总务、道路、上下水道、营缮、市民建筑等。书末附图表约100余页。

收藏单位：广东馆、国家馆

03475

厦市工程概况 林国赓编

［厦门］：漳厦海军警备司令部，1928.11，36页，长16开

本书介绍厦门市堤工、公园、市内干路、填滩等工程建设概况。附厦门及附近群岛图等。

收藏单位：国家馆

03476

上海市工务局标准规范汇编（第1辑） 上海市工务局编

上海：上海市工务局，1946.4，56页，16开

本书共4部分：前上海特别市工务局道路沟渠施工及用料准则、前上海公共租界工部局建筑道路方法、前上海法公董局道路施用材料及建筑法、前上海法公董局工程处道路施工用料准则。

收藏单位：重庆馆、国家馆、上海馆

03477

上海市工务局工作报告（三十五年三月） 上海市工务局编

上海：上海市工务局，1946.3，11页，16开

本书共5部分：职掌及组织、急要业务、其它实施业务、基本工作、结论。

收藏单位：上海馆、天津馆

03478

上海市工务局工作报告（三十五年九月） 上海市工务局编

上海：上海市工务局，1946.9，24页，16开

本书共3部分：办理重要业务、建立基本制度、其他行政设施经费概况。

收藏单位：重庆馆、上海馆

03479

上海市工务局卅四年度工作报告提要（九月十二日至十二月卅一日） 上海市工务局编

上海：上海市工务局，1946.3，13页，16开

本书内容包括：接收改组情形、目前市区状况、当前复兴之困难问题、设施计划、报告提要等。

收藏单位：广东馆、上海馆、天津馆

03480

上海市工务局之十年 上海市工务局编

上海：上海市工务局，1937.7，144页，10开，精装

本书介绍上海市工务局1927年至1937年建设大上海的计划及工程等。以图照为主，加文字说明。

收藏单位：广东馆、国家馆、近代史所、辽大馆、上海馆

03481

上海特别市工务局业务报告（民国十六年七月至十二月、民国十七年第二第三期合刊）

上海特别市工务局编

上海：上海特别市工务局，1928—1929，1册，16开

本书为1927年7月至12月业务报告及1928年工作情况报告。业务报告共6部分：组织、行政、工程、测绘、取缔、章则；工作情况报告共11编，内容包括：市区计划、道路沟渠、桥梁、河道、材料等。

收藏单位：国家馆、河南馆、吉林馆

03482

上海特别市工务局业务报告（民国十八年第四第五期合刊、民国十九年一月至六月第六期） 上海特别市工务局编

上海：上海特别市工务局，1929—1930，1册，16开，环筒页装

本书共7编，内容包括：道路、桥梁、驳岸、建筑、总务等。附录：局职员表。

收藏单位：国家馆

03483

市政工程 湖南大学编

［长沙］：湖南大学，134页，16开

本书共18章，内容包括：城市区划、交通、市街规划、田园市等。

收藏单位：国家馆

03484

市政工程ABC 杨哲明著

上海：ABC丛书社，1929.1，103页，25开（ABC丛书）

上海：ABC丛书社，1930.9，再版，103页，25开（ABC丛书）

本书共6章：市政工程的重要、市政工程与经济、市街计划、街道工程、桥梁工程、卫生工程。

收藏单位：重庆馆、广东馆、广西馆、国家馆、河南馆、湖南馆、江西馆、辽大馆、辽宁馆、南京馆、内蒙古馆、宁夏馆、山西馆、上海馆、首都馆、浙江馆

03485
市政工程概论 沈怡著
上海：商务印书馆，1931.4，76页，32开（万有文库 第1集0262）（工学小丛书）
上海：商务印书馆，1933.5，76页，32开（工学小丛书）
上海：商务印书馆，1934，3版，76页，32开（工学小丛书）
上海：商务印书馆，1935.5，4版，76页，32开（工学小丛书）
上海：商务印书馆，1947.2，5版，76页，32开（新中学文库）（工学小丛书）

本书共5章：改造旧市区、计划新市区、城市道路、园林、城市建筑。

收藏单位：安徽馆、长春馆、重庆馆、大理馆、东北师大馆、广东馆、广西馆、贵州馆、国家馆、黑龙江馆、湖南馆、江西馆、辽大馆、辽东学院馆、辽宁馆、辽师大馆、南京馆、内蒙古馆、宁夏馆、陕西馆、上海馆、首都馆、天津馆、西交大馆、西南大学馆、浙江馆、中科图

03486
市政工程学 李吟秋编著
天津：河北省立工业学院丛书社，1934.5，242页，16开（河北省立工业学院丛书1）

本书共4编：绪论、道路工程、排水工程、土木工程。附录：度量衡折合简表、参考书目。

收藏单位：国家馆、浙江馆

03487
市政工程学 凌鸿勋编
上海：商务印书馆，1924.8，234页，32开
上海：商务印书馆，1926.4，2版，234页，32开
上海：商务印书馆，1927.8，3版，234页，32开
上海：商务印书馆，1929.6，4版，234页，32开
上海：商务印书馆，1932，国难后1版，234页，32开

本书为新学制高级工业学校教科书。共5编：概要、城市之规划、道路之修筑、城市之道路、卫生工程学。附录：市行政事项、权度比较表。

收藏单位：重庆馆、甘肃馆、广东馆、贵州馆、国家馆、河南馆、黑龙江馆、湖南馆、江西馆、南京馆、陕西馆、上海馆、首都馆、浙江馆

03488
市政浅说 孙寒冰著
上海：黎明书店，1935.7，4版，49页，25开

收藏单位：重庆馆、湖南馆

03489
天津市上下水道工程 过祖源编
[天津]：出版者不详，1947，46页，16开

收藏单位：广东馆

03490
天津特别市公署工务局工作报告（民国二十九年度） [天津特别市公署工务局编]
[天津]：[天津特别市公署工务局]，1940，346页，16开

本书共3部分：工程建设、建筑管理、防汛工程。附录：重要公牍、局务会议记录、重要统计、重要计划。

收藏单位：广东馆、国家馆

03491
天津特别市公署工务局工作报告（民国三十年度） [天津特别市公署工务局编]
[天津]：[天津特别市公署工务局]，1941，392页，16开

本书共4部分：工务行政、工程建设、建筑管理、防汛工程。

收藏单位：国家馆、中科图

03492
天津特别市公署工务局工作报告（民国三十一年度） [天津特别市公署工务局编]
[天津]：[天津特别市公署工务局]，1942，326页，16开

本书共3部分：工务行政、工程建设、防

汛工程。附录：重要公牍、局务会议纪录、重要统计、重要计划。

收藏单位：国家馆

03493

武昌市政工程全部具体计划书 汤震龙编

[武昌]：[湖北省会工程处]，[1930.11]，37页，16开

本书介绍工程程序、测量费、建筑费预算等。附武昌市区界限分区及马路干线图、武昌城内马路干线及街道图。

收藏单位：国家馆

给水工程（上水道工程）

03494

沉淀池中沉淀作用之研究 高言洁编

出版者不详，手写本，1册，16开

收藏单位：上海馆

03495

成都自来水特种股份有限公司筹备报告 成都自来水特种股份有限公司筹备委员会编

成都：成都自来水特种股份有限公司筹备委员会，[1944]，22页，16开

本书内容包括：创办宗旨、创办经过、实行开办、工程进行、筹备营业、会计报告、工程期内之技术人员及职员表等。中华民国三十三年（1944）十二月二十五日举行水厂奠基礼。

收藏单位：重庆馆

03496

重庆沙坪坝小龙坎给水工程初步计划书 [区庆洪]编

[重庆]：行政院水利委员会水利示范处，1944，晒印本，4页，16开

收藏单位：国家馆

03497

筹办武昌自来水概要 林和成著

汉口：新昌印书馆，1930.9，124页，16开

收藏单位：广东馆、国家馆、河南馆、江西馆、辽宁馆、上海馆、首都馆、浙江馆

03498

都市给水学 陈良士著 章德宣等校

长沙：商务印书馆，1939.10，2册（484页），32开

本书内容包括：都市之用水量、水质之化验、水致之传染病、取集河湖水工程之设计、取集地水工程之设计等。

收藏单位：重庆馆、广东馆、国家馆、江西馆、辽大馆、内蒙古馆、宁夏馆

03499

给水工程 汪胡桢著

上海：厚生出版社，96页，36开（中国工程师手册 水利手册9）

本书介绍给水规划、水源考查，以及取集、输水、净化、分配等工程。

收藏单位：陕西馆、上海馆

03500

给水工程学 工务总署土木工程专科学校编

工务总署土木工程专科学校，1944，226页，18开

本书为日伪出版物。附录：北京市自来水厂概况、青岛北境月子江筑堰蓄水的计划、水管之材料附件及装设图等。

收藏单位：国家馆

03501

给水工程学 李颂琛编

出版者不详，1943，226页，18开

本书内容包括：给水工程应用水力学、用水量之估计等。

收藏单位：浙江馆

03502

给水工程学 陶葆楷著

上海：商务印书馆，1937.1，386页，23开，精装（大学丛书 教本）（国立清华大学丛书6）

长沙：商务印书馆，1938.7，2版，386页，

23 开，精装（大学丛书 教本）（国立清华大学丛书 6）

本书共 16 章，内容包括：水力学、雨降与泛流、用水量之估计、地下水、调剂水库等。附录：上海市给水规则、上海市饮水清洁标准、中国主要都市自来水概况、英汉名词对照表等。

收藏单位：重庆馆、东北师大馆、广东馆、广西馆、贵州馆、国家馆、黑龙江馆、湖南馆、吉林馆、江西馆、南京馆、内蒙古馆、上海馆、首都馆、浙江馆、中科图

03503

给水工程学 王寿宝编 徐昌权 王养吾校

上海：商务印书馆，1937.2，347 页，25 开

本书附录：中德文译名表、标准制与英美制换算表。

收藏单位：重庆馆、甘肃馆、国家馆、河南馆、湖南馆、江西馆、山西馆、上海馆、浙江馆

03504

工业用水清洁法 许雪樵编译 关光昭校

上海：商务印书馆，1935.6，95 页，32 开（工学小丛书）

长沙：商务印书馆，1939.10，3 版，95 页，32 开（工学小丛书）

本书共 12 章，内容包括：水及其性质、古时清洁水之方法、水之清洁及其利益、腐蚀与发泡等。

收藏单位：重庆馆、广东馆、国家馆、湖南馆、江西馆、南京馆、陕西馆、上海馆、首都馆、浙江馆

03505

广州市之自来水 邓光夏 金肇祖编

广州：广州市政府，1934.10，49 页，25 开（广州市政建设丛刊 6）

本书介绍广州市自来水的沿革、水厂、设备状况、营业状况等。

收藏单位：国家馆、湖南馆、南京馆、上海馆

03506

广州市自来水新厂之建设计划 金肇祖编

广州：广州市政府，1935.11，28 页，25 开（广州市政建设丛刊 10）

本书共 21 部分，内容包括：缘起、本市增加自来水量之需要、新水厂厂址及水源地点之选择、新水厂出水量之讨论等。

收藏单位：国家馆

03507

济南市公署水道管理处第一期扩张工事竣工报告书 曹鸣凤编

济南：济南市公署水道管理处，[1941.11]，[20] 页，16 开

本书介绍自来水水道工程，大部分为摄影图表。

03508

京市自来水工程之计划及其进行 南京市政府自来水工程处编

南京：南京市政府自来水工程处，1931.7，[246] 页，16 开

本书共 40 部分，内容包括：计划之标准、水源、长江水位之调查、水质、出水量之估定、厂址等。附工程合同章则草案举例等。

收藏单位：国家馆、南京馆、上海馆

03509

净水工程学 顾康乐著

上海：商务印书馆，1937.1，198 页，22 开，精装（大学丛书 教本）（国立交通大学丛书）

长沙：商务印书馆，1939.6，再版，198 页，22 开，精装（大学丛书 教本）（国立交通大学丛书）

本书共 8 章，内容包括：天然水之性质、水之分析、给水与疾病传播、水之净化等。附录：中英名词对照表等。

收藏单位：重庆馆、东北师大馆、广东馆、贵州馆、国家馆、湖南馆、江西馆、辽宁馆、南京馆、内蒙古馆、宁夏馆、上海馆、首都馆、浙江馆、中科图

03510
昆明市第一区管内各机关团体学校原有及应添水井水池一览表 昆明市第一区编
昆明：昆明市第一区，石印本，[26] 页，16 开
收藏单位：国家馆

03511
青岛市工务局自来水厂汇纂（[第1期]） 青岛市工务局自来水厂编
青岛：青岛市工务局自来水厂，1933.3，137 页，22 开
收藏单位：国家馆

03512
青岛市工务局自来水厂汇纂（[第2期]） 青岛市工务局自来水厂编
青岛：青岛市工务局自来水厂，1935.1，12+258 页，16 开
本书共 15 章，内容包括：沿革节略、升水设备、水源、水井、集合井及吸水管等。
收藏单位：国家馆、浙江馆

03513
商办上海内地自来水股份有限公司设备概况 姚慕莲编
上海：商办上海内地自来水公司，1947.5，12 页，16 开
本书大部分为照片。

03514
上海市给水设备工程须知
上海：上海市公用局，1946，34 页，16 开
收藏单位：广东馆

03515
首都之井水供给 胡博渊等著
[南京]：实业部地质调查所，1931.3，38 页，16 开
本书共 5 部分，内容包括：首都附近地层之分布、地质构造等。书前有首都附近地层柱状剖面图、首都附近地质图等。书末附英文摘要。《地质汇报》第 16 号抽印本。
收藏单位：广东馆、国家馆、南京馆

03516
水之软化与铁锰之去除（毕业论文） 郑朝磐编
外文题名：Water softening and iron, manganese removal
出版者不详，手写本，18 页，13 开，精装
收藏单位：上海馆

03517
水之应用及兰州市水之分析·兰州市白碱蓬灰食盐之分析 王继泽著
出版者不详，3 页，32 开
本书共 2 部分：水之应用及兰州市水之分析、兰州市白碱蓬灰食盐之分析。第 1 部分内容包括：工业用水、饮料水；第 2 部分介绍白碱、蓬灰、食盐的成分等。
收藏单位：国家馆

03518
武昌自来水计划说明书 林和成著
出版者不详，1929，1 册，16 开
收藏单位：广东馆

03519
饮料水氯化消毒法 陈可培著
上海：陈可培 [发行者]，1938，200 页，22 开，精装
本书共 6 章：绪论、漂粉消毒法、液态氯消毒法、氨氯消毒法、食盐电解消毒法、味臭祛除法。
收藏单位：国家馆、上海馆、中科图

03520
饮料水漂粉消毒法 陈可培著
上海：陈可培 [发行者]，1938.9，76 页，22 开
本书共 2 章：绪论、漂粉消毒法。
收藏单位：国家馆

03521
用氯化法与二氧化氯净化自来水（国立交通大学毕业论文） 孙恭先著 谢光华指导
出版者不详，油印本，25 页，13 开

收藏单位：上海馆

03522
玉泉源流整理大纲　北平市工务局编
北平：北平市工务局，1929.2，12 页，18 开
北平：北平市工务局，1929.8，再版，12 页，18 开

本书共 4 章：泉源及分流、水量汇集及分配之大概、管理事权之统一、目前之整理工作。正文页题名：北平特别市工务局玉泉源流之状况及整理大纲计划书。

收藏单位：国家馆

03523
凿井技术及深井优劣概述（井主必备之参考书）　震旦机器铁器工厂编
上海：震旦机器铁器工厂，16 页，23 开

收藏单位：上海馆

03524
凿井手册　联合勤务总司令部工程署凿井训练班编
[南京]：联合勤务总司令部工程署凿井训练班，1947.12，220 页，32 开

本书介绍凿井机的原理和使用法，以及钳工、锻工及焊工等工作方法。据序言此书由李宗曦等著。

收藏单位：重庆馆、东北师大馆、国家馆、南京馆

03525
整理杭州市自来水工程计划　周镇伦著
杭州：浙江省水利局，1934.3，169 页，21 开，精装

本书内容包括：水质不良之原因、水业不振之原因、整理杭州市自来水等。

收藏单位：重庆馆、广东馆、国家馆、湖南馆、上海馆、浙江馆

03526
自来水　李熙谋主编
世界书局，[1946—1949]，17 页，25 开（少年应用科学丛刊）

收藏单位：江西馆

03527
自来水　朱有骞著
上海：商务印书馆，1933.12，123 页，32 开（万有文库 第 1 集 0588）（工学小丛书）
上海：商务印书馆，1934.2，123 页，32 开（工学小丛书）
上海：商务印书馆，1934.5，再版，123 页，32 开（工学小丛书）
上海：商务印书馆，1935，3 版，123 页，32 开（工学小丛书）
上海：商务印书馆，1935.7，4 版，123 页，32 开（工学小丛书）
上海：商务印书馆，1947.2，5 版，123 页，32 开（新中学文库）（工学小丛书）

本书共 7 章，内容包括：自来水之重要、用途及数量、水质之考察、收集水流等。

收藏单位：安徽馆、长春馆、重庆馆、大理馆、大连馆、东北师大馆、广东馆、广西馆、贵州馆、国家馆、黑龙江馆、湖南馆、江西馆、辽大馆、辽东学院馆、辽师大馆、柳州馆、南京馆、内蒙古馆、宁夏馆、上海馆、绍兴馆、首都馆、天津馆、西南大学馆、浙江馆、中科图

03528
自来水　宗亮晨编著　宗亮寰校
上海：商务印书馆，1934.2，38 页，32 开（小学生文库 第 1 集 工程类）

本书内容包括：水和人生的关系、水的性质和用途的关系、自来水的重要、自来水的建设工程等。

收藏单位：东北师大馆、湖南馆、上海馆、首都馆

排水工程（沟渠工程、下水道工程）

03529
北平市沟渠建设计划　北平市政府工务局编
北平：北平市政府工务局，1934.9，[54] 页，22 开

收藏单位：重庆馆、国家馆、江西馆、中科图

03530
北平市沟渠建设设计纲要及污水沟渠初期建设计划　北平市政府秘书处编
北平：北平市政府秘书处，1933.11，26页，32开
本书内容包括：旧沟渠现况、沟渠系统、旧沟渠之整理等。
收藏单位：国家馆

03531
城市秽水排泄法　朱有骞著
上海：商务印书馆，1933.12，61页，32开（万有文库 第1集 0589）（工学小丛书）
上海：商务印书馆，1934.1，61页，32开（工学小丛书）
上海：商务印书馆，1934.4，再版，61页，32开（工学小丛书）
上海：商务印书馆，1935.3，3版，61页，32开（工学小丛书）
本书共7章：总论、水管工、下水引导法、下水之消化及排泄、下水消化法、下水管炸裂之预防、结论。
收藏单位：安徽馆、重庆馆、大理馆、大连馆、东北师大馆、广东馆、广西馆、贵州馆、国家馆、河南馆、黑龙江馆、湖南馆、江西馆、辽大馆、辽师大馆、柳州馆、南京馆、内蒙古馆、宁夏馆、上海馆、首都馆、天津馆、西南大学馆、浙江馆

03532
重庆市下水道工程　罗竟忠　张人隽编著　喻正衡　修蓉泉校订
重庆：重庆市下水道工程处，1947.8，186页，16开
本书讲述重庆市下水道工程的沿革、资料搜集和整理、设计原则和采用根据等。
收藏单位：重庆馆、广东馆、国家馆、黑龙江馆、南京馆、上海馆、首都馆、浙江馆、中科图

03533
沟渠　李熙谋主编
世界书局，[1946—1949]，18页，25开（少年应用科学丛刊）
收藏单位：重庆馆、贵州馆、江西馆

03534
沟渠工程概要　朱皆平著
镇江：江苏建设厅省会建设工程处，1931.9，100页，23开

03535
沟渠工程学　顾康乐著
上海：商务印书馆，1934.8，222页，22开（大学丛书 教本）
上海：商务印书馆，1935.1，再版，222页，22开（大学丛书 教本）
上海：商务印书馆，1935.7，3版，222页，22开（大学丛书 教本）
长沙：商务印书馆，1938，4版，222页，22开（大学丛书 教本）
本书共14章，内容包括：设计之预备工作、污水量、暴雨水量、沟渠水力学、沟渠系统设计、沟渠附属品、沟渠材料等。
收藏单位：安徽馆、重庆馆、广东馆、广西馆、贵州馆、国家馆、河南馆、黑龙江馆、湖南馆、江西馆、辽大馆、辽宁馆、南京馆、内蒙古馆、陕西馆、上海馆、首都馆、西南大学馆、浙江馆、中科图

03536
沟渠及垃圾　方石珊编
北平：国立北平师范大学，1931，40页，22开
收藏单位：首都馆

03537
马蹄形及蛋形污水管计算法　周锷等著
出版者不详，手写本，47叶，16开
收藏单位：上海馆

03538
南京市城南区下水道工程计划草案　宋希尚

编
南京：南京市工务局，1935.10，30+34页，16开

本书共10章，内容包括：概论、设计经过、设计原则、处理污水研究、经费估计等。

收藏单位：广东馆、国家馆、南京馆、上海馆

03539
宁夏省河东区排水工程计划 宁夏省建设厅水利工程设计组[编]
宁夏省建设厅水利工程设计组，1941.12，油印本，13叶，16开

本书共13部分，内容包括：缘起、地势及面积、土质及农产物、灌溉情形、旧有排水状况等。

收藏单位：国家馆

03540
排水工程 张书农著
上海：厚生出版社，70页，32开（中国工程师手册 水利手册4）

本书共8章，内容包括：绪论、土壤与土壤水、明沟排水、暗沟排水、机器排水、放淤等。

收藏单位：国家馆、上海馆

03541
阴沟工程 吴之翰著
上海：厚生出版社，50页，36开（中国工程师手册 水利手册10）

收藏单位：上海馆

03542
征求北平市沟渠计划意见报告书 北平市政府秘书处技术室编
北平：北平市政府秘书处技术室，1934.4，24页，32开

收藏单位：国家馆

公共卫生工程

03543
北平市清积计划案 朱清华著
出版者不详，[1929.10]，22页，16开

收藏单位：国家馆

03544
上海市清除垃圾工作报告 上海市卫生局编
上海：上海市卫生局，14页，16开

本书共7部分：组织、员工、工具、经费、清除方法、垃圾驳运、改进意见。

收藏单位：上海馆

城市燃气供应

03545
[地下煤气管道构件的标准大样详图集] 苏联莫斯科地下建筑物设计院编 哈尔滨工业大学供热供煤气及通风专业教研室译
哈尔滨：哈尔滨工业大学供热供煤气及通风专业教研室，[1940—1949]，145页，10开，精装

收藏单位：国家馆

03546
公用及工业企业煤气设备标准大样详图集
苏联莫斯科地下建筑物设计院编 哈尔滨工业大学供热煤气及通风专业教研室译
哈尔滨：哈尔滨工业大学供热供煤气及通风专业教研室，[1940—1949]，影印本，242页，10开

收藏单位：国家馆

03547
煤气烧咀设备标准大样图集 苏联莫斯科地下建筑物设计院编 哈尔滨工业大学供热供煤气及通风专业教研室译
哈尔滨：哈尔滨工业大学供热供煤气及通风

专业教研室，[1940—1949]，影印本，69页，10开，精装

收藏单位：国家馆

其他市政工程及公用设备

03548

防范火灾 叶斌勇主编

上海：小朋友书店，1948，86页，32开（消防丛刊2）

收藏单位：辽宁馆、内蒙古馆

03549

防火概论 黄晋甫著

上海：商务印书馆，1931.4，108页，32开（万有文库第1集0701）（百科小丛书）

上海：商务印书馆，1935.8，104页，32开（百科小丛书）

长沙：商务印书馆，1939.7，再版，104页，32开（百科小丛书）

上海：商务印书馆，1947.2，3版，104页，32开（新中学文库）（百科小丛书）

本书共9章，内容包括：火灾的原因、房屋和火灾的关系、火灾的根本防止法、屋内防火设备、屋外防火设备等。

收藏单位：安徽馆、长春馆、重庆馆、大理馆、大连馆、大庆馆、东北师大馆、广东馆、广西馆、贵州馆、国家馆、河南馆、黑龙江馆、湖南馆、惠州馆、江西馆、辽大馆、辽东学院馆、辽师大馆、柳州馆、南京馆、内蒙古馆、宁夏馆、陕西馆、上海馆、绍兴馆、首都馆、天津馆、西南大学馆、浙江馆、中科图

03550

防火与灭火 叶斌勇编

上海：小朋友书店，1948，66页，32开（消防丛刊1）

上海：小朋友书店，1948，再版，66页，32开（消防丛刊1）

本书1948年夏初版，1948年冬再版。

收藏单位：辽宁馆、上海馆

03551

广州市火灾统计 广州特别市市政府编

广州：广州特别市市政府，1930.5，89页，16开

本书共5部分，内容包括：材料搜集、火灾统计、分析结果、结论等。附录：广州市消防设备概况等。

收藏单位：国家馆

03552

火的威胁 叶斌勇主编

上海：小朋友书店，1949，122页，32开（消防丛刊3）

本书讲述火灾的社会问题及防火常识等。

收藏单位：黑龙江馆、上海馆

03553

火后广州

香港：先导两日刊社，[1937—1945]，16页，16开

收藏单位：国家馆

03554

火灾消防 郑宗楷著

上海：大东书局，1948.10，177页，36开（警官丛书）

本书内容包括：火灾原因、火灾预防、怎样救火、怎样救人等。

收藏单位：重庆馆、国家馆、南京馆

03555

灭火机 高耆征编译 陆秉衡校

上海：商务印书馆，1948.1，104页，32开（消防丛书）

本书介绍消防器材的性能及使用方法。附录：建筑保暖箱之说明、国产灭火机调查录。

收藏单位：长春馆、重庆馆、国家馆、黑龙江馆、吉林馆、辽宁馆、南京馆、内蒙古馆、清华馆、陕西馆、首都馆

03556

青岛市公安局消防辑览 青岛市公安局编辑处编

青岛：青岛市公安局编辑处，1933.3，60页，22开

本书共8部分，内容包括：沿革、组织、规则、机车性能、用水供给等。

收藏单位：北大馆、国家馆

03557
上海东区救火会报告册　上海东区救火会编
上海：上海东区救火会，[1922.12]，102页，23开

本书内容包括：会员规则、简章、收支账目等。

03558
上海南区救火会报告册　上海南区救火会编
上海：上海南区救火会，1925.12，158页，23开

本书内容包括：沿革、简章、会员规则、重要公牍、收支清册等。

03559
武汉警备司令部取缔火警专案摘要　武汉警备司令部办公厅编辑
武汉：武汉警备司令部办公厅，[1934]，344页，32开

本书内收武汉警备司令部1930年4月至1934年7月颁布的有关火警问题法令、文件、火警事例、统计资料等。

收藏单位：重庆馆、国家馆

03560
消防　白动生著
重庆：正中书局，1938.9，34页，50开（抗战常识讲话 第3集 应用军事常识）

本书共8部分：怎样会起火的、燃烧弹是怎样一种东西、怎样处置燃烧弹、战时的消防组织和设备应该怎样、怎样组织义勇消防队、怎样预防起火、怎样救火、怎样救护受伤的人。

收藏单位：重庆馆、国家馆

03561
消防　成都防空指挥部[编]
[成都]：[成都防空指挥部]，1937.9，8页，36开

本书共8部分，内容包括：消防与防空之关系、怎样预防火灾、怎样准备救火、发生火警时之措施等。

收藏单位：重庆馆、广东馆、南京馆、内蒙古馆

03562
消防　国民政府军事委员会防空委员会编
重庆：重庆市市政府，6页，36开（国民防空常识问答4）

收藏单位：重庆馆

03563
消防
上海：大东书局，1948，28页，36开（新儿童基本文库 中年级 常识18）

收藏单位：国家馆

03564
消防常识　行辕编
军委会，1936，40页，大64开

本书共8节，介绍消防的意义、要点、方法、用具等。

收藏单位：广东馆

水利工程

03565
杭州市市河整理委员会征信录　杭州市市河整理委员会编
杭州：杭州市市河整理委员会，1948，48页，22开

本书内容包括：市河整理概况、经费收支等。

收藏单位：浙江馆

03566
河工名谓　黄河水利委员会编辑
黄河水利委员会，1935，52页，16开（黄河

水利委员会丛刊 3）

本书共 8 部分，内容包括：坝工、土工、引河、堵口、器具等。

收藏单位：广东馆、内蒙古馆

03567

河海工程专门学校一览（[1917 年]） 河海工程专门学校编

南京：河海工程专门学校，1917，[90] 页，24 开

本书内收照片及表。

03568

河海工程专门学校一览（[1922 年]） 河海工程专门学校编

[南京]：河海工程专门学校，1922，108 页

收藏单位：南京馆

03569

河南省立水利工程专科学校一览（[1933 年]） 河南省立水利工程专科学校编

河南省立水利工程专科学校，1933.12，130 页，16 开

本书内容包括：校史、经济概况、各项规则、职教员一览表、学生一览表等。

收藏单位：国家馆

03570

河南省立水利工程专科学校一览（[1936 年]） 河南省立水利工程专科学校编

河南省立水利工程专科学校，1936.12，172+14 页，16 开

收藏单位：重庆馆、国家馆、南京馆

03571

河渠工程第二篇讲义

广西：广西大学理工学院，油印本，126 页，16 开

收藏单位：南京馆

03572

河上语图解 蒋则光著 陈汝珍 刘秉鑛补图

开封：黄河水利委员会，1934.12，90 页，16 开（黄河水利委员会丛刊 2）

本书为蒋则光所著《河上语》一书的图解本。共 15 部分，内容包括：语坝、语进占、语水、语土、语堤等。

收藏单位：重庆馆、国家馆、南京馆、上海馆、浙江馆

03573

华北水利委员会官厅运料汽车路工程各项招标文件·华北水利委员会建筑官厅运料汽车路木桥工程各项招标文件·华北水利委员会建筑窭营与土木堡临时住所及存料厂工程各项招标文件 [华北水利委员会编]

[华北水利委员会]，1 册，16 开

收藏单位：天津馆

03574

南京河海工程专门学校特科纪念册 河海工程专门学校编

南京：河海工程专门学校，1917，146 页，16 开

本书内容包括：论文、参观笔记等。

03575

水工名词 陈和甫讲述 导淮委员会编订

[南京]：[导淮委员会]，1935.7，12 页，16 开

本书为导淮讲习会讲义。共 5 章，解释水文、河堤、护岸、治河等方面的术语。

收藏单位：上海馆

03576

水工名词（中英文对照） 中国水利工程学会编

外文题名：Hydraulic engineering terms

南京：中国水利工程学会，1948.10，206 页，32 开

本书共 9 部分，内容包括：水力学、土壤力学、水文学、水电工程、农田水利工程等。附录：长度换算表等。

收藏单位：国家馆、中科图

03577
水利（建设概要） 江西省地方政治讲习院编
南昌：江西省地方政治讲习院，1939.10，22页，32开
收藏单位：浙江馆

03578
水利常识 行政院水利委员会编
重庆：行政院水利委员会，1943，石印本，52叶，32开，环筒页装
重庆：行政院水利委员会，1944.5，石印本，52叶，32开，环筒页装
本书共5章：绪论、农田水利、江河修防、整理航道、开发水电。
收藏单位：重庆馆、广东馆、国家馆、南京馆、上海馆

03579
水利概要 宋希庠 李师直编
上海：中华书局，1936.12，200页，32开
上海：中华书局，1937.4，3版，200页，32开
上海：中华书局，1939.4，6版，200页，32开
本书为乡村师范学校教材。共13章，内容包括：水文之初步研究、洪水的成因及其防止方法、排水的设置与方法及对于农作物的需要等。
收藏单位：广东馆、国家馆、西南大学馆

03580
水利概要 王伊曾编著
南京：正中书局，1935.9，88页，32开
上海：正中书局，1936，6版，88页，32开
重庆：正中书局，1941.5，22版，88页，32开
本书为简易乡村师范学校教科书。共11章，内容包括：水象概论、防洪工程、排水工程、灌溉工程等。
收藏单位：重庆馆、国家馆、山西馆

03581
水利工程 王寿宝编
长沙：商务印书馆，1940.1，462页，32开
上海：商务印书馆，1946.10，5版，462页，32开
上海：商务印书馆，1948.2，6版，462页，32开
本书为职业学校教科书。共12章，内容包括：流水之通性、挖泥机、护岸工、堤坊等。附录：水文与水利工程布置图、中西名称索引、单位换算表。
收藏单位：重庆馆、广东馆、国家馆、湖南馆、江西馆、辽大馆、辽宁馆、内蒙古馆、山西馆

03582
水利工程名词草案（英汉对照） 全国经济委员会水利处编
南京：全国经济委员会，1935.8，67页，16开（全国经济委员会水利处水利专刊2）
本书为水利工程名词英汉对照表。
收藏单位：贵州馆、国家馆、南京馆、上海馆、浙江馆、中科图

03583
水利工程设计手册 全国经济委员会水利处编
南京：全国经济委员会，1936.7，374页，16开（全国经济委员会水利处水利专刊7）（水利处丛刊4）
本书内收水利工程重要设计资料。共12编，内容包括：水利学、力学、水文、建筑学及材料等。绝大部分为算式、算表、图解及图案。
收藏单位：广东馆、国家馆、南京馆、上海馆、首都馆、浙江馆、中科图

03584
水利工程须知 内政部编纂
重庆：商务印书馆，1944.12，15页，32开（内政丛书）（地方自治业务参考丛刊14）
本书共5章，内容包括：水文材料、灌溉工程、河道疏浚、洪水防止工程等。
收藏单位：重庆馆、贵州馆、国家馆、吉林馆、南京馆

03585
水利工程学 （捷克）旭克列许（A. Schoklitsch）著 汪胡桢译
外文题名：Hydraulic structures
上海：水工图书出版社，1941，5册（1159页），16开，精装（中华文化教育基金董事会特刊）

本书内容包括：气象学、水文学、水力学、土壤学、土力学、材料学、给水工程学、沟渠工程学、闸坝工程学、水力以电工程学、农田水利工程学、河工学、渠工学等。原著为德文，译自英文。

收藏单位：内蒙古馆、山西馆

03586
水利工程学（第1、2册）（捷克）旭克列许（A. Schoklitsch）著 汪胡桢译
外文题名：Hydraulic structures
上海：水工图书出版社，1948，2册（235+232页），16开，精装（中华文化教育基金董事会特刊）

收藏单位：重庆馆、东北师大馆、国家馆、辽宁馆、中科图

03587
水利讲义 燕万畋讲述
[南昌]：江西省县政人员训练所，1935.5，52页，32开（县政丛刊9）

本书讲述防洪、防旱、航运、水利、测量及测验等。附录：整理江西全省水利六年计划书。

收藏单位：国家馆

03588
水利浅说 行政院水利委员会编
重庆：[行政院水利委员会]，1942，26页，大64开

收藏单位：南京馆

03589
水利实验谈 庄崧甫著
上海：新学会社，1932.5，50页，25开
上海：新学会社，1936.6，再版，60页，32开

本书共6节，内容包括：浚治水口、坚筑堤防、广造森林等。附录：《导淮与治河》《驳国际联盟代表团论淮河出路书》《废田还湖及导淮入海之管见》等6篇文章。

收藏单位：重庆馆、广东馆、国家馆、辽宁馆、南京馆、上海馆、浙江馆

03590
水利委员会职工手册 水利委员会编订
[重庆]：水利委员会，1944.8，584页，36开
[重庆]：水利委员会，1946.3，增订本，584页，36开

本书共6章，内容包括：中央法令、本会章则、同仁箴规、公役须知等。书前有大禹纪念歌、中国工程师信条等，书末附补辑。

收藏单位：安徽馆、重庆馆、国家馆、南京馆

03591
水利职校概况 水利职校编
[南京]：水利职校，1947.4，30页，32开

本书介绍导淮委员会附设高级水利科职业学校的组织、教学、师生状况等。

收藏单位：南京馆

03592
水之建设 武宜停编辑 张树声 张博纯校
上海：文古斋，1928.6，118页，32开

本书共15章，内容包括：水之概论、水害概论、水利概论、建设计划、建设机关等。附筑路植树。

收藏单位：重庆馆、国家馆、首都馆

03593
中等水利科程纲要草案
出版者不详，油印本，1册，16开

收藏单位：南京馆

03594
中国河工辞源 全国经济委员会水利处编
南京：全国经济委员会，1936.7，268+26页，16开（全国经济委员会水利处水利专刊6）（水利处丛刊3）

本书内收古今河工名辞数千条。共10章，内容包括：河川、水、土、堤、疏浚等。附录：参考书籍表、笔画索引。

收藏单位：重庆馆、甘肃馆、广东馆、国家馆、河南馆、湖南馆、南京馆、山西馆、首都馆

03595
中央水利实验处研究试验报告
出版者不详，1948.5，19册，16开

本书共2部分：水工模型试验、水工研究。

收藏单位：南京馆

中国水利史

03596
长江上游与淮系水利之比较观 林启庸著
导淮讲习会，1935.7，5页，16开

03597
二十二年度兴办水利事业一览表
出版者不详，1935，油印本，1册，16开

收藏单位：南京馆

03598
二十三年度水利事业报告 [全国经济委员会水利处编]
全国经济委员会水利处，[1935]，油印本，1册，16开，环筒页装

收藏单位：国家馆

03599
国联工程专家考察水利报告书（中英文本）（法）潘利尔（L. Perrier）等著
全国经济委员会，1933.3，13+15页，9开（全国经济委员会特刊1）

本书内容包括：在华北考察经过纪要、考察导淮报告书、考察华北水利报告、考察上海商港报告书等。1932年国际运输交通组专家来华考察，此为考察报告。

收藏单位：广东馆、国家馆、南京馆、上海馆

03600
河渠纪闻（清）康基田著
南京：中国水利工程学会，1936，影印本，4册，32开（中国水利珍本丛书 第1辑5）

本书共31卷，1至30卷根据资源委员会所藏康符果手校本影印，31卷根据嘉业藏书楼藏初刻本影印。内收历代治水、兴办水利事业的文献资料。

收藏单位：安徽馆、重庆馆、国家馆、河南馆、辽东学院馆、南京馆、内蒙古馆、山西馆、上海馆、首都馆、中科图

03601
河务所闻集（清）李大镛著 汪胡桢句读 徐砚农校
南京：中国水利工程学会，1937.5，178页，32开（中国水利珍本丛书 第2辑3）

本书共6卷，内容包括：黄运两河图考、桃园大工辑略、东河文武职官录等。据李仪祉藏旧抄本校印。

收藏单位：重庆馆、国家馆、河南馆、南京馆、内蒙古馆、陕西馆、上海馆、首都馆

03602
胡君雨人报告之驳论 金天翮编
华成祥印刷所，1册，16开

收藏单位：南京馆

03603
历代治水错误论 马朝一著
[北京]：京华印书局，1923，22页，22开

本书内容包括：筑堤之错误、堤防通行不替之原因、疏河之错误等。

收藏单位：国家馆

03604
明代水利之研究（上篇） 秦佩珩著
出版者不详，[1941]，[27]页，16开

本书介绍明代的水利理论、技术、劳动力、工资等。《经济学报》第2期抽印本。

收藏单位：广东馆、国家馆

03605
内务部第二次河务会议汇编 内务部编
内务部，[1918]，72+12 页，18 开，精装
本书封面题名：内务部全国河务会议汇编。
收藏单位：国家馆

03606
清史河渠志 （清）赵尔巽等纂 汪胡桢句读 徐砚农校勘
南京：中国水利工程学会，1936.11，136 页，32 开（中国水利珍本丛书 第 1 辑 6）
本书共 4 卷，汇集黄河、运河、永定河、海塘、直省等水利史料。据清史稿校印。
收藏单位：国家馆、河南馆、南京馆、上海馆、首都馆、天津馆、中科图

03607
全国经济委员会二十六年度水利事业方案
出版者不详，油印本，1 册，16 开
收藏单位：南京馆

03608
全国经济委员会二十四年度水利事业方案
出版者不详，油印本，1 册，16 开
收藏单位：南京馆

03609
全国经济委员会二十四年度水利事业方案说明
出版者不详，油印本，1 册，16 开
收藏单位：南京馆

03610
全国水利会议报告 水利部编
水利部，[1947.6]，326 页，16 开
本书共 11 部分，内容包括：出席人员一览表、法规、会议经过概述、训词、会议记录、附录等。
收藏单位：安徽馆、广东馆、国家馆、黑龙江馆、南京馆、内蒙古馆、上海馆、首都馆、中科图

03611
全国水利会议议案 水利部编
水利部，1947.6，260 页，16 开
本书内收水利部交议案（第 1—7 号），察哈尔省政府、珠江水利局、云南省政府、松江省政府等提案（第 1—211 号）。
收藏单位：国家馆、黑龙江馆、内蒙古馆、首都馆、中科图

03612
全国水利建设计划 中国水利工程学会编
出版者不详，1937.4，20 页，16 开
收藏单位：南京馆

03613
三十年来中国之水利事业 沈百先等著
[中央水工试验所]，1941.10，96 页，16 开
[中央水工试验所]，1947.12 重印，96 页，16 开
本书共 8 篇，内容包括：总论（沈百先）、华北水利事业（王华堂）、黄河水利事业（朱墉）等。附中华民国全图。
收藏单位：国家馆、中科图

03614
水利 庐山暑期训练团军训组编
[庐山]：庐山暑期训练团军训组，1937.7，126 页，32 开
本书共 6 编，内容包括：水文测验、堤防工程、疏浚工程、灌溉凿井等。
收藏单位：河南馆

03615
水利 武同举编
[南京]：江苏省区长训练所，[1922]，[66] 页，25 开（江苏省区长训练所政治丛书 25）
本书共 8 部分，内容包括：水利之意义与范围、治水和观测、海岸之防护等。
收藏单位：国家馆

03616
水利部对国民参政会第四届第三次大会各参政员水利询问之答复

出版者不详，1947.5，油印本，21 页，16 开

本书共 2 部分：口头询问答复事项、书面询问答复事项。

收藏单位：国家馆

03617

水利复原计划草案

出版者不详，[1946]，油印本，33 叶，18 开，环筒页装

本书共 5 部分，内容包括：战前各水利机关及其事案之概况、抗战期间各水利机关工作之概况、战后复员计划概要等。

收藏单位：国家馆

03618

水利行政 行政院新闻局编

[南京]：行政院新闻局，1947.12，64 页，36 开

本书共 6 部分，内容包括：水利机构、水利法规、水利建设纲领、水利事业概况等。

收藏单位：安徽馆、长春馆、重庆馆、广东馆、广西馆、贵州馆、国家馆、河南馆、湖南馆、江西馆、近代史所、南京馆、宁夏馆、上海馆、首都馆、浙江馆、中科图

03619

水利行政报告 水利部编

[南京]：水利部，1948，22 页，16 开

本书共 3 部分：水利事业概况、三十七年度工作计划及最近实施概况、水利事业前途之瞻望。

收藏单位：安徽馆、广东馆、国家馆、南京馆、上海馆、首都馆

03620

水利建设 沈百先讲

[重庆]：中央训练团党政高级训练班，1945.5，26 页，32 开

本书为中央训练团党政高级训练班讲义。共 8 章，内容包括：水利建设概述、水利政策之演进、水利建设之现状、水利建设之复员、实业计划之水利建设、总裁经济建设之指示等。

收藏单位：国家馆

03621

水利建设 薛笃弼讲

[重庆]：中央训练团党政高级训练班，1944.2，20 页，46 开

本书为中央训练团党政高级训练班讲义。讲述水利行政、政策及立法等。

收藏单位：国家馆

03622

水利委员会三十三年度工作成绩考察报告

水利委员会，1944，油印本，1 册，18 开，环筒页装

本书共 4 部分：概述、中心工作及一般工作情形摄述、陕西洛惠渠工程与甘肃河西水利工程比较、应改进的事项。

收藏单位：国家馆

03623

水利问题（最近水利行政之计划与措施） 薛笃弼讲 中央训练团党政训练班编

[重庆]：中央训练团党政训练班，1942.9，42 页，32 开

本书为中央训练团党政训练班讲演录。共 4 部分：前言、政策与计划、事业、结语。附录：水利建设纲领、后方各省水利事业区域划分表、水利法等 7 种。

收藏单位：重庆馆、广东馆、国家馆、南京馆

03624

水利研究会征求意见书 水利研究会编

水利研究会，5 页，长 25 开，环筒页装

本书提出水利设计 7 项意见：预测天时、恢复禹渎、浚运通渎、设溢流堤、开放内地闸坝、浚各川培堤防、开沟洫立陂塘。

收藏单位：国家馆

03625

水利业务检讨会议录 行政院水利委员会编

[重庆]：行政院水利委员会，1943.9，246 页，16 开

本书共 12 部分，内容包括：出席人员一览表、会议规则、文电、会议记录、报告等。书前有会议开幕式摄影。会议于 1943 年在重庆举行。

收藏单位：国家馆、南京馆、首都馆、中科图

03626
统一全国水利行政事业案办理经过报告
出版者不详，1934.11，油印本，5 叶，大 16 开

收藏单位：上海馆

03627
退斋剩稿 （清）陈启文撰
1942，油印本，1 册。

收藏单位：国家馆

03628
文史讲义（中国水利史） 建设总署土木工程专科学校编
建设总署土木工程专科学校，[1943.5]，202 页，16 开

本书为日伪出版物。叙述黄河、永定河、淮河及运河水利史。

收藏单位：国家馆

03629
我国之水利建设 薛笃弼讲
[重庆]：中央训练团党政高级训练班，1943.6，18 页，32 开

本书讲述水利事业的界说、区域、机构、概况等。

收藏单位：重庆馆、国家馆、南京馆

03630
行水金鉴 （清）傅泽洪辑
上海：商务印书馆，1936.9，22 册（2566 页），32 开（万有文库 第 2 集 606）（国学基本丛书）
上海：商务印书馆，1937.11，8 册，32 开（国学基本丛书）

本书为中国水利史资料书。所收资料，上起《禹贡》，下迄康熙末年，包括黄河、长江、淮海、运河和永定河等水系的源流、变迁和施工经过等。

收藏单位：安徽馆、重庆馆、大理馆、大连馆、大庆馆、东北师大馆、国家馆、黑龙江馆、湖南馆、江西馆、辽大馆、辽师大馆、柳州馆、南京馆、内蒙古馆、宁夏馆、上海馆、天津馆、武大馆、西南大学馆、浙江馆

03631
行政院水利委员会第一次全体委员会议报告
行政院水利委员会编
行政院水利委员会，1941.12，56 页，16 开

本书共 11 部分，内容包括：本会全体委员姓名表、会议规则、文电、会议情形、会议纪录、附录等。

收藏单位：国家馆、南京馆

03632
行政院水利委员会第二次全体委员会议报告
行政院水利委员会编
行政院水利委员会，1942.12，68 页，16 开

本书共 11 部分，内容包括：全体委员名号一览表、会议规则、文电、会议情形、提案等。

收藏单位：重庆馆、国家馆、南京馆

03633
行政院水利委员会第三次全体委员会议报告
行政院水利委员会编
行政院水利委员会，1943.9，90 页，16 开

本书共 11 部分，内容包括：全体委员名号一览表、会议规则、文电、会议情形、报告等。

收藏单位：国家馆、南京馆、首都馆

03634
行政院水利委员会各部分报告
[行政院水利委员会]，[1942]，油印本，1 册，18 开

收藏单位：国家馆

03635
行政院水利委员会工作报告（民国三十年一月至十月） 行政院水利委员会编
行政院水利委员会，1941.11，26 页，16 开
本书共 3 部分：发展农田水利、整理航运、整饬江河修防。
收藏单位：国家馆、南京馆

03636
行政院水利委员会会计人员会议记录 ［行政院水利委员会］编
行政院水利委员会，1945，72 页，16 开
本书共 9 部分，内容包括：出席人员一览表、关系文电、会议议程、会议记录、报告等。
收藏单位：广东馆、国家馆

03637
行政院水利委员会三十年九月份工作报告 行政院水利委员会编
［行政院水利委员会］，1941.10，油印本，24 页，16 开
收藏单位：南京馆

03638
行政院水利委员会三十年十月份工作报告
行政院水利委员会，1941，油印本，18 页，16 开，环筒页装
本书共 5 部分，内容包括：关于法令事项、关于主管事务之进行事项、关于主管事务之计划事项等。
收藏单位：国家馆

03639
行政院水利委员会推行行政三联制工作报告 行政院水利委员会编
［行政院水利委员会］，[1941—1947]，油印本，1 册，16 开
收藏单位：南京馆

03640
行政院水利委员会有关行政三联制单行章则 行政院水利委员会编
［行政院水利委员会］，[1941—1947]，1 册，16 开
收藏单位：南京馆

03641
修防琐志 （清）李世禄叙述　汪胡桢句读　徐砚农校
南京：中国水利工程学会，1937.3，2 册（444 页），32 开（中国水利珍本丛书 第 2 辑 2）
本书共 26 卷，内容包括：器具、细略、水性、河工、堤工、扫工、坝工、抢险等。有器具插图 70 余幅。据全国经济委员会水利处所藏抄本校印。
收藏单位：国家馆、河南馆、南京馆、内蒙古馆、上海馆、首都馆、中科图

03642
续行水金鉴 （清）黎世序等纂修
上海：商务印书馆，1936.9，32 册，32 开（万有文库 第 2 集 607）（国学基本丛书）
上海：商务印书馆，1937.11，10 册（3663 页），32 开（国学基本丛书）
本书为中国水利史资料。图 1 卷。书 156 卷，内容包括：河水、淮水、运河水、永定河水、江水。
收藏单位：安徽馆、长春馆、重庆馆、大理馆、大连馆、大庆馆、东北师大馆、国家馆、黑龙江馆、湖南馆、辽大馆、辽师大馆、柳州馆、南京馆、内蒙古馆、宁夏馆、上海馆、武大馆、西南大学馆

03643
再续行水金鉴 水利委员会编
水利委员会，[1942]，15 册（4192 页），32 开（水政丛书 1）
本书共 200 卷，内容包括：江水、淮水、河水、运河水等。民国政府水利委员会续编，所补史料从清道光十一年至民国初年。
收藏单位：安徽馆、重庆馆、国家馆、南京馆、内蒙古馆、天津馆

03644
中国历代水利述要 张念祖编　李书田审校

天津：华北水利委员会图书室，1932.8，168页，16开

本书讲述上古、周秦、两汉、魏晋南北朝、隋唐五代、宋、辽金、元、明、清兴修水利和利用水利的情况，以及我国典籍方志中有关水利的事迹和言论。

收藏单位：重庆馆、广东馆、广西馆、国家馆、近代史所、南京馆、内蒙古馆、宁夏馆、上海馆、首都馆、中科图

03645

中国水利史 郑肇经著

长沙：商务印书馆，1939.2，10+347页，25开（中国文化史丛书 第2辑）

本书共8章：黄河、扬子江、淮河、永定河、运河、灌溉、海塘、水利职官。附黄河变迁图，导淮工程初步施工计划图，扬子江流域全图，永定河、运河全图，江南、浙江海塘形势图等。

收藏单位：重庆馆、东北师大馆、广东馆、广西馆、国家馆、河南馆、黑龙江馆、辽大馆、辽宁馆、南京馆、内蒙古馆、宁夏馆、山西馆、上海馆、首都馆、中科图

03646

中国水利问题 李书田等著

上海：商务印书馆，1937.2，2册（521页），32开（现代问题丛书）

上海：商务印书馆，1937.3，4册（[521]页），32开（万有文库 第2集270）（现代问题丛书）

长沙：商务印书馆，1939.12，4册（[521]页），32开（万有文库 第1、2集简编500种）（现代问题丛书）

本书论述华北、西北、黄河、长江、淮河、太湖流域、珠江流域等水利及水利行政问题。

收藏单位：安徽馆、重庆馆、大理馆、大连馆、大庆馆、东北师大馆、甘肃馆、广东馆、国家馆、黑龙江馆、湖南馆、惠州馆、江西馆、辽大馆、辽师大馆、南京馆、内蒙古馆、宁夏馆、上海馆、首都馆、西南大学馆、中科图

03647

中国水利问题与二十四年之水利建设 中央统计处编

[南京]：中央统计处，[1935]，130页，22开

本书概述淮河、黄河、扬子江等水利工程问题和1935年全国水利建设概况。

收藏单位：安徽馆、重庆馆、广东馆、贵州馆、国家馆、黑龙江馆、湖南馆、江西馆、南京馆、内蒙古馆、宁夏馆、上海馆、首都馆、天津馆、浙江馆、中科图

03648

中国之建设水利编 中央统计处编

[南京]：中央统计处，1936，130页，24开

本书介绍1935年全国水利工程建设概况。

收藏单位：贵州馆、江西馆、南京馆、浙江馆

03649

中国之水利 钱承绪编著

上海：中国经济研究会，1941.8，11+152页，18开

本书共3编：水道之系统及流域之分布、水利问题之检讨、近年各地水利调查报告。

收藏单位：国家馆、上海馆

03650

中国之水利 郑肇经著

长沙：文史丛书编辑部，1939.7，207页，32开（文史丛书17）

本书共10章，内容包括：水政、黄河、淮河、扬子江、永定河、珠江等。

收藏单位：重庆馆、贵州馆、国家馆、湖南馆、南京馆、陕西馆、首都馆

03651

中华民国三十六年度水利部工作计划（事业部分） 薛笃弼[编写]

[南京]：水利委员会，1946，油印本，1册，16开，环筒页装

收藏单位：国家馆

03652
中华民国三十五年度行政院水利委员会工作计划（行政部分） 薛笃弼 [编写]
[南京]：行政院水利委员会，1946，油印本，1 册，16 开，环筒页装
收藏单位：国家馆

03653
中华民国三十五年度行政院水利委员会工作计划（事业部分） 薛笃弼 [编写]
[南京]：行政院水利委员会，1946，油印本，1 册，16 开，环筒页装
收藏单位：国家馆

华北地区水利史

03654
包西水利辑要 乌济时编辑
北平：绥远省政府建设厅，1929.6，26+54+14 页，16 开
本书内容包括：本厅召集第一次包西各渠水利会议纪念摄影、包西各渠修浚计划形势图、管理包西各渠水利暂行章程、奖励兴办水利简章等。附录：包西各渠适用各表式十二种。
收藏单位：国家馆、首都馆、天津馆

03655
河北省水利问答初集 武宜停编 邵宗矩等校
北平：河北省水利协会，1929.7，50 页，32 开
本书附录：水利协会宣言章规等 10 种。
收藏单位：国家馆、山西馆

03656
河北水利论 白眉初著
京津印书局，1928.12，46 页，32 开
本书介绍河北省水利略史，论述地势、水道和水旱原因等。
收藏单位：国家馆、首都馆

03657
华北河渠建设委员会第三次委员会会议记录 [华北河渠建设委员会编]
华北河渠建设委员会，1943，油印本，1 册，16 开，环筒页装
收藏单位：国家馆

03658
华北惠民土木事业水利建设综合企划大纲 建设总署著
[建设总署]，1942.3，32 页，22 开
本书附录：建设华北决行综合的水利建设、华北河渠建设事业之说明。
收藏单位：国家馆、近代史所

03659
华北水利建设概况 内政部华北水利委员会编
天津：内政部华北水利委员会，1934.8，18 页，16 开
本书共 5 部分：河道地形测绘及水文气象观测、调查钻探、工程设计、已办工程、筹办工程。
收藏单位：国家馆、上海馆、天津馆、浙江馆

03660
华北水利述要 周晋熙著
出版者不详，[1929]，38 页，21 开
本书概述甘、陕、豫、晋、鲁、冀等省的水利情况及改进意见。

03661
华北水利委员会第九次委员会会议记录 华北水利委员会编
华北水利委员会，[1931]，油印本，1 册，16 开，环筒页装
本书介绍大会的举行时间、地点、出席委员、报告事项、议案等。
收藏单位：重庆馆

03662
华北水利委员会第十四次委员会会议记录

华北水利委员会编
华北水利委员会，[1932]，油印本，1册，16开，环筒页装
收藏单位：重庆馆

03663
华北水利委员会第十六次委员会会议记录
华北水利委员会编
华北水利委员会，[1933]，油印本，1册，16开，环筒页装
收藏单位：重庆馆

03664
华北水利委员会二十年来工作概况 华北水利工程总局编
华北水利工程总局，1947.12，74页，16开
本书介绍华北水利委员会1928年9月至1947年6月工作情况。内容包括：搜集治河资料，进行水文、地形、气象测量，查勘研拟华北各河流兴利除害计划和办理等。
收藏单位：国家馆、山西馆、首都馆

03665
华北水利委员会会务报告 华北水利委员会编
华北水利委员会，[1931.12]，36页，16开
本书介绍华北水利委员会成立经过，所辖区域，所辖各河水道状况、气象观测等。
收藏单位：国家馆、天津馆、浙江馆

03666
华北水利委员会抗战期中工作报告（自二十六年七月至廿八年十二月） 华北水利委员会编
华北水利委员会，1939.12，63页，16开
收藏单位：重庆馆、贵州馆、首都馆

03667
华北水利委员会抗战期中工作报告（自廿九年一月至卅年十二月） 华北水利委员会编
华北水利委员会，[1941.12]，206页，16开
本书共15部分，内容包括：整理柳江工程、整理都江工程、调查威远河煤运及濑水河道、广西农田水利之勘测及设计等。附录：整理盐井河航道工程计划大纲、整理威远河航道计划、濑水河中下游初步勘察报告等。
收藏单位：重庆馆、贵州馆、国家馆、天津馆、武大馆

03668
华北水利委员会职员录 华北水利委员会编
华北水利委员会，1943.4，21页，32开
收藏单位：国家馆

03669
华北水利文选（第1集） 华北水利委员会编辑
华北水利委员会，1933.8，424页，16开
本书共6编：河道与防潦类、灌溉与沟洫类、海港之开辟与管理类、水工建筑类、论评类、水文与气象类。内收论文25篇，内容包括：《华北水道之交通》《河北治水方案》《华北水利初步设施蠡测谈》等。选自《华北水利月刊》1至5卷。
收藏单位：重庆馆、国家馆、南京馆、内蒙古馆、上海馆

03670
破坏华北敌伪水利建设意见书 中央调查统计局特种经济调查处编
中央调查统计局特种经济调查处，1944，油印本，14叶，18开，环筒页装
本书共2章：敌伪水利建设现况、破坏敌伪水利建设计划。
收藏单位：国家馆

东北地区水利史

03671
东北水利概况 中央设计局东北调查委员会编
中央设计局东北调查委员会，1945，油印本，32叶，16开，环筒页装
收藏单位：国家馆

03672
东北水利述要
出版者不详，油印本，288 页，16 开
收藏单位：天津馆

03673
满洲治水方策　南满州铁道株式会社经济调查会 [编]
南满州铁道株式会社，1935，463 页，22 开，精装
本书共 3 部分：概说、计划案、水理资料及报告。昭和 10 年（1935）11 月立案调查书类第 18 编第 1 卷第 1 号。
收藏单位：国家馆

西北地区水利史

03674
边区的水利事业　中共西北中央局调查研究室编
[延安]：中共西北中央局调查研究室，1944，33 页，32 开（陕甘宁边区生产运动丛书）
收藏单位：国家馆、南京馆、山东馆、山西馆

03675
甘肃之水利建设　甘肃省银行经济研究室编
兰州：甘肃省银行总行，1945.4，212 页，18 开（甘肃经济丛书）
本书介绍甘肃省的河流分布、灌溉渠道、机械灌溉、航运工程、水力资源等。附渠道图 11 幅。
收藏单位：重庆馆、甘肃馆、内蒙古馆、上海馆

03676
河西居延新疆水利考察报告　沙玉清　陈之颛编
国立西北农学院，1945.6，52 页，16 开（国立西北农学院农田水利研究部研究报告 4）
本书共 11 编，内容包括：河西、居延、哈密、迪化、伊犁、塔城、阿山、阿克苏、马耆区等。附河西居延新疆考察路线图。
收藏单位：国家馆

03677
河西水利　行政院新闻局编
行政院新闻局，1947.8，20 页，32 开
本书介绍河西走廊形势、水源、灌溉事业、水利工程推进实况、所需经费及人力等。
收藏单位：安徽馆、长春馆、重庆馆、大庆馆、广东馆、广西馆、贵州馆、国家馆、河南馆、湖南馆、江西馆、近代史所、辽宁馆、南京馆、上海馆、首都馆、浙江馆

03678
河西水利问题　中国工程师学会编
兰州：中国工程师学会，1945，油印本，27 叶，18 开
本书为中国工程师学会第十三届年会兰州区分会水利专题讨论。
收藏单位：国家馆

03679
考察西北水利报告　沈百先著
出版者不详，[1941.8]，52 页，16 开
本书共 5 部分，内容包括：黄河之水利、陕西之水利、甘肃之水利等。附录：陕甘两省水利略图等。
收藏单位：国家馆

03680
宁夏省水利专刊　曹尚经等编　李伯海校
[银川]：宁夏省政府建设厅，1936.12，246 页，16 开，精装
本书综述宁夏全省三十余渠的沿革、流域概况、灌溉状况、岁修工程等，附图说明。版权页题名：宁夏省政府建设厅水利专刊。
收藏单位：广东馆、贵州馆、国家馆、湖南馆、南京馆、宁夏馆、首都馆、天津馆、中科图

03681
宁夏水利事业
出版者不详，[1941—1942]，3 册（50+50+56

页），32 开，环筒页装（建设丛书）

本书内容包括：宁夏省水利事业概况、宁夏水利工程之改进问题、黄阳沟测量报告、北大沟及小中沟测量报告、本省水文气象报告、修治河渠计划说明及进度、排水工程等。

收藏单位：重庆馆、甘肃馆、国家馆、南京馆、宁夏馆

03682

全国经济委员会泾洛工程局十二月份工程报告

全国经济委员会泾洛工程局，[1930—1939]，油印本，5 叶，大 16 开，环筒页装

收藏单位：国家馆

03683

陕北水利工程处三年工作总报告 陕西省陕北水利工程处编

陕西省陕北水利工程处，1943.12，72 页，18 开

本书共 11 部分，内容包括：本处成立之经过、健全组织、经费、兴建定惠渠、鱼惠渠勘测、陕北各县已完成的小型水利、附录等。

收藏单位：国家馆

03684

陕甘青保水保土及水利视察报告 章元羲报告

章元羲 [发行者]，1943.11，油印本，1 册，18 开

本书共 5 章：绪言、沿途纪闻、资料、保水保土、水利。附陕甘青旅途日记。

收藏单位：国家馆、南京馆

03685

陕西省水利 刘钟瑞编

[西安]：陕西省水利局，1947.6，12 页，16 开

本书概述陕西省水利局组织、沿革，灌溉渠道管理，防洪及航运工程实施等。附陕西水利工程分布图。

收藏单位：国家馆、南京馆

03686

陕西省水利概况 全国经济委员会水利处编

南京：全国经济委员会，1937.8，499 页，16 开（全国经济委员会水利处水利专刊 13）

本书共 4 章：地理与气候、旧有水力事业、新兴灌溉事业、研究。着重介绍新建的泾、洛、渭各渠。

收藏单位：广东馆、贵州馆、国家馆、南京馆、上海馆

03687

陕西省水利局二十七年份统计年报 陕西省水利局统计股编

陕西省水利局，1940.12，石印本，124 页，横 16 开，环筒页装

本书为统计图表，内容包括：水利工程、水利行政、灌溉成绩、水文、气象等。

收藏单位：重庆馆、国家馆

03688

陕西省水利事业概况 陕西省水利局编

[陕西省水利局]，1940，1 册，16 开，环筒页装

收藏单位：首都馆

03689

陕西省之水利建设

西安：出版者不详，1942，24 页，16 开，环筒页装

本书共 5 部分：灌溉工程、水道工程、防洪工程、水力利用、测验工作。

收藏单位：重庆馆

03690

陕西水利局报告书 李协著

出版者不详，1923，45 页，22 开

收藏单位：首都馆

03691

西北建设考察团报告（水利篇）

出版者不详，油印本，1 册，16 开

收藏单位：南京馆

03692
西北水利问题提要 黄河水利委员会编
西安：黄河水利委员会，1942.7，15页，18开
本书共8部分，内容包括：黄河治本研究、青海之灌溉、甘肃之灌溉、宁夏之灌溉、绥远之灌溉、黄河及其支流之航运等。
收藏单位：甘肃馆、国家馆、湖南馆

03693
新疆之水利 倪超编著
上海：商务印书馆，1948.11，162页，32开（边疆政教丛书）
本书记述1945年4月作者对新疆水利考察情况。附西行纪要。
收藏单位：重庆馆、东北师大馆、甘肃馆、广东馆、贵州馆、国家馆、河南馆、黑龙江馆、湖南馆、近代史所、辽师大馆、南京馆、内蒙古馆、宁夏馆、上海馆、首都馆、中科图

华东地区水利史

03694
安徽省水利工作报告 建设厅拟
建设厅，1939.3，油印本，1册，16开，环筒页装
本书共4部分，内容包括：督饬各县兴办水利、筹办淮域工赈等。
收藏单位：安徽馆、国家馆

03695
安徽省五年来水利历象简编
安徽：安徽省水利局，1947.5，1册，16开
收藏单位：安徽馆、南京馆

03696
常熟县水利研究会年报 常熟县水利研究会编
[常熟]：常熟县水利研究会，1923.4，[80]页，24开
本书介绍常熟县水利研究会1921年12月至1922年12月工作情况。共8部分，内容包括：文牍、记载、议案、会章、细则、会员录等。
收藏单位：南京馆

03697
福建水利分局第一期报告书 福建水利分局编
福建水利分局，8册，16开
本书共10部分，内容包括：内部组织计划、各项经费、疏浚省河、省城开沟、外县水利等。
收藏单位：国家馆、内蒙古馆、中科图

03698
福建水利分局第二期报告书 福建水利分局[编]
福建水利分局，[1926]，4册，16开
本书共12部分，内容包括：设计计划及章则、计划经费、建筑标准、开浚护城河、西河等各浦道、台江泛航路等。
收藏单位：广东馆、国家馆

03699
福建之水利 章锡绶编著
福建省政府秘书处，1944.5，66页，32开（福建建设丛书16）
本书介绍福建省河流、水利机构、交通水利、农田水利、水力发电等。
收藏单位：重庆馆、福建馆、国家馆、辽宁馆、南京馆、上海馆、中科图

03700
嘉南大圳水利事业概要 台湾省嘉南大圳农田水利协会编
台南：台湾省嘉南大圳农田水利协会，1946.12，31页，32开
本书概述台湾嘉南大圳水利事业沿革及现状等。附录：台南县图、中外度量衡比较表等。
收藏单位：广东馆、国家馆、南京馆、上海馆

03701
江苏省水利建设计划纲要 江苏省建设厅编
江苏省建设厅，1934.9，14 页，16 开
本书共 10 部分，内容包括：开辟导淮入海初步工程、开辟新运河及支河等工程、补助疏浚吴淞江、补助修建通江各港闸座等。
收藏单位：国家馆、南京馆、上海馆

03702
江苏水利全书（第 1、2 册） 武同举编纂
南京：水利实验处，[1949]，2 册，16 开
本书共 7 编，内容包括：江、淮、江北运河、江南运河、太湖流域等。
收藏单位：国家馆

03703
江西省水利事业概况 江西省政府建设厅编
江西省政府建设厅，1938.6，36+46 页，22 开
本书共 5 部分，内容包括：江西水利局组织、近况事业逐年比较、今后整理江西全省水利五年计划等。
收藏单位：广东馆、国家馆、江西馆、南京馆、首都馆、中科图

03704
江西水利局防旱须知 江西省水利局编
江西省水利局，10 页，42 开

03705
临川县水利专刊 江西省第七行政区临川县水利委员会编辑
临川：临川日报社，1935.8，1 册，16 开
本书介绍临川县兴建水利情况。内容包括：摄影、章则、图表、筑堤、闸管工程等。
收藏单位：国家馆

03706
上虞县盖湖水利设计委员会工作报告 ［上虞县盖湖水利设计委员会编］
［绍兴］：［上虞县盖湖水利设计委员会］，[1947.5]，143 页，16 开
本书概述上虞县盖湖水利设计委员会工作明细。
收藏单位：浙江馆

03707
上虞县龙浦乡水利工程及经费报告 ［冯敏才编］
［绍兴］：［龙浦埂务委员会］，[1937]，143 页，16 开
本书概述上虞县龙浦乡水利工程和经费明细。
收藏单位：浙江馆

03708
视察台湾水利报告 沈百先著
出版者不详，[1948]，100 页，16 开
本书内容包括：地质、土壤、气候、水文、防洪工程、灌溉工程、海港工程等。
收藏单位：南京馆、上海馆、首都馆、天津馆、中科图

03709
视察扬子江水势堤防情形报告
出版者不详，1935.7，油印本，1 册，16 开
收藏单位：南京馆

03710
水利 江西省地方行政干部训练团编
［南昌］：江西省地方行政干部训练团，1940.8，96 页，25 开
［南昌］：江西省地方行政干部训练团，1941.2，96 页，25 开
收藏单位：江西馆

03711
水利 江西省地方政治讲习院编
［南昌］：江西省地方政治讲习院，1940.4，82 页，32 开（江西省地方政治讲习院分组训练教材 20）
本书介绍江西省的水利。共 7 章，内容包括：概论、防洪、灌溉、航运、水力等。
收藏单位：重庆馆

03712
台湾省水利要览 台湾省建设厅水利局编

[台北]：台湾省建设厅水利局，1948.6，336页，16开

本书共4编：总论、治河、灌溉排水、水力。附录：水利组合规约准则等8种。

收藏单位：南京馆

03713

太湖流域水利工程处工作报告 太湖流域水利工程处编

[苏州]：太湖流域水利工程处，[1929.3]，[22]页，16开

本书介绍1927年6月至1929年2月太湖流域水利工程处业务概要、会计报表、职员录等。

收藏单位：国家馆、上海馆、天津馆

03714

太湖流域水利工程规划刍议 沈百先著

[苏州]：湖社出版部，1926.12，34页，16开

本书介绍太湖流域现状之变迁、规划整理之要素、改良方法之需要等。

收藏单位：广东馆、浙江馆

03715

太湖流域水利委员会业务概要（民国十八年三月十九日至二十年三月三十一日） 太湖流域水利委员会编

[苏州]：太湖流域水利委员会，[1931.3]，30页，16开

本书内容包括：测量工作、实地调查、工程计划、其他事项等。

03716

扬子江水利考 钟歆著 李家超校

上海：商务印书馆，1936.6，[13]+197页，18开

本书共5篇：江流概略及水灾统计、各省水利情形、历来修疏工程、前代水利讨论、最近之设施与计议。附录：参考书目及各县调查实录。

收藏单位：安徽馆、重庆馆、东北师大馆、广东馆、国家馆、黑龙江馆、湖南馆、近代史所、辽师大馆、南京馆、内蒙古馆、上海馆、首都馆、天津馆、西南大学馆、浙江馆、中科图

03717

扬子江之水利 孙辅世著 王煊蕃校

长沙：艺文丛书编辑部，1939.1，108页，32开（艺文丛书11）

本书共8章，概述扬子江的水利范围、地理地质、水文、防洪、农田水利、航运等。书前有扬子江流域形势图。

收藏单位：重庆馆、广东馆、国家馆、天津馆、西南大学馆

03718

云和城区农田水利工程放水 六和水电厂落成民族复兴馆奠基典礼纪念册

出版者不详，143页，16开

本书内容包括：城区农田水利工程之设计、云和城区农田水利工程之实施、云和水电厂之设计、云和水电厂工程之实施等。

收藏单位：浙江馆

03719

浙江省水利工作报告 浙江省水利局编

杭州：浙江省水利局，1947.5，21页，16开

本书概述浙江省抗战期间水利工作及胜利后贯彻水利交通会议精神情况。

收藏单位：广东馆、国家馆、南京馆、上海馆、浙江馆

03720

浙江省水利局年刊（民国十八年） 浙江省水利局编

浙江省水利局，[1929]，[164]页，16开

本书内容包括：测量工作、钱塘江之整理计划、实施工程、温岭县水利工程处工作报告等。

收藏单位：国家馆

03721

浙江省水利局温岭水利工程处第一期报告书 胡步川编辑

海门：温岭水利工程处，1930.1，22+20页，横16开

本书版权页题名：温岭金清港治标治本设计报告书。

03722

浙江省水利局总报告（民国二十一年二月至二十四年六月） 浙江省水利局编

杭州：浙江省水利局，1935.10，2册（164+232页），16开

本书共4章：浙江省水利经费概况、工程实施、工程计划、测量工作。附录：本局规章表、本局现任职员表。

收藏单位：国家馆、湖南馆、南京馆、上海馆、浙江馆

中南地区水利史

03723

广东近年来之水灾及水利建设概况（民国） 广东省调查统计局编

广东省调查统计局，1935.9，18页，16开（广东省三年施政计划统计丛刊 杂项类1）

收藏单位：国家馆

03724

广东省水利章则汇编 珠江水利局编

[广州]：珠江水利局，油印本，1册，18开，环筒页装

本书内容包括：广东省各县水利工程实施征工补充办法、广东水利局监督各县养护围基暂行办法、广东省各县区乡水利委员会暂行组织大纲等。

收藏单位：国家馆

03725

广东水利（第1期） 广东治河委员会编

[广州]：广东治河委员会，1930.6，1册，16开

本书内容包括：论著、广东治河工作概要、广东治河工程第十期报告等。

收藏单位：国家馆

03726

河南省建设厅全省水利会议汇编 河南省建设厅编

河南省建设厅，[46]页，18开

本书内容包括：水利会议的章则、演词、会议记录等。

收藏单位：南京馆

03727

湖北水利行政纪要 廖名鑫等编

湖北水利局，1929，1册，16开

收藏单位：广东馆、中科图

03728

湖南省水利概况 湖南省政府建设厅编

湖南省政府建设厅，16页，32开

本书介绍1931年至抗战结束湖南水利工作概况。

收藏单位：湖南馆、南京馆、天津馆

03729

经济部珠江水利局三十年度上半年工作报告 经济部珠江水利局编

[广州]：经济部珠江水利局，1941.7，油印本，4叶，16开

本书介绍广东广西两省的农田水利勘察、设计及整理航运、江河修防等。

收藏单位：国家馆

03730

开通汉川曹家口始末记 林炳炎编

出版者不详，[1922]，24+44页，18开

本书介绍湖北汉川曹家口水利工程施工经过及筹赈办法等。

收藏单位：北师大馆、国家馆、中科图

03731

龙空涵报导 导韩入榕水利工赈委员会编

韩江治河处，1947.5，47页，32开

本书介绍广东潮汕地区水利工程之一（龙空涵）兴办情况。附录：《龙空涵速写》《笑谈有龙肉的龙空涵》等文章3篇。

收藏单位：国家馆

西南地区水利史

03732
建设四川水利复兴中华民族 何北衡著
出版者不详，12 页，32 开
本书论述建设四川水利与复兴中华民族的关系。
收藏单位：重庆馆

03733
水力 黄辉著
[中国工程师学会四川考察团]，[1933]，48 页，16 开（中国工程师学会四川考察团报告 4）
本书内容包括：四川水力概论，对灌县、长寿县等地的水力考察报告。

03734
水利 孙辅世著
中国工程师学会四川考察团，[1934]，30 页，16 开（中国工程师学会四川考察团报告 3）
本书介绍考察四川的地理、航运、农田水利、都江堰灌溉工程等情况。

03735
四川都江堰 四川省立实验小学编
灌县：务本堂，1938，石印本，16 页，42 开，环筒页装
灌县：务本堂，1940，再版，石印本，16 页，42 开，环筒页装
本书概述都江堰的历史、地质、地形、土壤、农产及水利等。
收藏单位：上海馆

03736
四川省水利局民国二十九年度工作纲要 四川省水利局编
[成都]：四川省水利局，1940，18 页，18 开
本书共 10 部分，内容包括：测量、航运、灌溉、水电、防洪、水利行政等。
收藏单位：国家馆、南京馆、中科图

03737
四川省水利局展览会说明书
出版者不详，油印本，1 册，16 开
收藏单位：南京馆

03738
四川省水利之进展 四川省政府建设厅秘书室编审股主编
[成都]：四川省政府建设厅秘书室编审股，1943.6，18 页，16 开
本书概述四川省在灌溉、航运、水力、防洪及新兴水利工程等方面的进展情况。附录：四川都江堰水利概要、四川省旧有各大堰概况表。
收藏单位：重庆馆、国家馆

03739
四川水利工程纪要 四川省水利局编
成都：中央军校成都分校土木班，[1937]，110 页，32 开
本书共 4 部分：都江堰岁修特修工程、石亭江灌溉区整理工程、鸿化堰工程、凿塘蓄水工程。
收藏单位：重庆馆、南京馆

03740
四川之水利特辑 四川省建设厅建设周讯编辑部编
[成都]：四川省建设厅建设周讯编辑部，1939.3，3 册（134+174+90 页），18 开
本书共 3 册。上册为《建设周讯》加印本，内容包括：四川省水利局民国二十八年施政纲要；中册为《建设周讯》第 8 卷第 1、2 期合刊本，内容包括：四川水利局工程报告、工程计划、施工细则等；下册为《建设周讯》第 8 卷第 3、4 期合刊本，内容包括：四川水利局各项工程计划书等。
收藏单位：国家馆、南京馆、上海馆、中科图

03741
县水利建设 沈百先编著
重庆：中央政治学校研究部，1941.1，22 页，32 开（三民主义县政建设丛书）

本书介绍重庆三民主义县的水利建设概况。内容包括：水利概论、防治水患、兴复水利等。

收藏单位：安徽馆、重庆馆、国家馆、南京馆

03742
云南水利问题 丘勤宝著
昆明：新云南丛书社，1947.11，246 页，32 开（新云南丛书 5）

本书内容包括：总论、云南水系概况、云南水文与气候、灌溉问题、水利问题、防洪排水问题、航运问题等。附图：云南全省河流图、昆明急雨现象图、晋宁马家塘蓄水库引水渠道地形图、水沟平面图等。

收藏单位：广东馆、国家馆、南京馆

03743
郑泽堰——灌溉工程述要 四川省水利局编纂
四川省水利局，1942.4，[22] 页，25 开（四川水利工程丛书 1）

收藏单位：广东馆

水利机构、团体、会议

03744
广东省水利局章则汇编 广东省水利局编
广东省水利局，1937.4，84 页，16 开（广东水利专刊）

03745
视察须知 行政院水利委员会编
重庆：行政院水利委员会，1943.1，48 页，32 开

本书共 14 部分，内容包括：奉派视察应有之准备、出发后沿途应注意之事项、视察时应取之态度等。附录：公务员服务法、公务员惩戒法等。

收藏单位：吉林馆、南京馆

03746
水利委员会第一次会议 全国经济委员会编
全国经济委员会，1935.1，96 页，16 开（全国经济委员会会议纪要 6）（全国经济委员会丛刊 16）

本书共 5 部分：开会词、会议纪要、议程及议决案、报告事项、提案原文。此次会议集中讨论黄河问题。

03747
行政院水利委员会职工手册 行政院水利委员会编
[重庆]：行政院水利委员会，1944，241 页，32 开

本书内收中央法令、水利委员会会章、规程、法规等。

收藏单位：安徽馆、广东馆、南京馆

03748
浙江省水利局职员录 浙江省水利局总务科编
杭州：出版者不详，1937.6，1 册，18 开，环筒页装
杭州：出版者不详，1937.9，1 册，18 开，环筒页装

收藏单位：浙江馆

03749
中国水利工程学会会员录 张伦官等著
南京：中国水利工程学会，[1936]，1 册，32 开

本书内容包括：中国水利工程学会职业道德信条、中国水利工程学会章程、职员、会员通讯等。

收藏单位：国家馆、河南馆

03750
中国水利工程学会会员录（[1936 年]） 中国水利工程学会出版委员会编
南京：中国水利工程学会出版委员会，1936.8，

78页，32开

本书内容包括：中国水利工程学会职业道德信条、中国水利工程学会章程、职员等。

收藏单位：上海馆

03751

中国水利工程学会会员录（[1943年]） 中国水利工程学会出版委员会编

南京：中国水利工程学会出版委员会，[1943]，126页，长36开

本书内容包括：中国水利工程学会职业道德信条、中国水利工程学会章程、职员等。

03752

中央水利实验处概况（[1943年]） 中央水利实验处编

[南京]：中央水利实验处，1943，油印本，16叶，18开，环筒页装

收藏单位：国家馆

03753

中央水利实验处概况（[1947年]） 中央水利实验处编

[南京]：中央水利实验处，1947.5，32页，16开

本书共12部分，内容包括：中央水利实验处史略、南京水工实验所、北平水工实验所、河工实验区、水文总站、水利测量队等。

收藏单位：安徽馆、广东馆、国家馆、南京馆、上海馆、中科图

03754

中央水利实验处概况（[1948年]） 中央水利实验处编

[南京]：中央水利实验处，1948.6，34页，16开

本书介绍中央水利实验处创立经过、事业概况。

收藏单位：国家馆、中科图

水利工程基础科学

03755

不等速水流之研究 卞学锐 王馨谷著

天津：天津工商学院工科土木工程系，1941，24+14页，16开

03756

甘肃湟惠渠进水闸及陡坡模型试验报告书·甘肃夏惠渠陡坡模型试验报告书 姚琢之等编

南京：中央水利实验处，1948，36页，16开（中央水利实验处研究试验报告 甲种 水工模型试验8）

收藏单位：广东馆、国家馆、上海馆

03757

河流泥沙之冲淤及水土保持（国立交通大学毕业论文）

出版者不详，1948.7，手写本，41页，13开

收藏单位：上海馆

03758

虹吸管之水力情形及流量之计算 曹瑞芝著

出版者不详，20页，16开

收藏单位：南京馆

03759

洪水流量估计方法之检讨 徐世大著

天津：国立北洋工学院出版组，1937.3，31页，16开（国立北洋工学院工科研究所研究丛刊12）

收藏单位：国家馆

03760

经济部中央水工试验所概况 经济部中央水工试验所编

经济部中央水工试验所，1941.4，30页，32开，环筒页装

本书介绍经济部中央水工试验所沿革、

概况等。

收藏单位：贵州馆、国家馆、南京馆、首都馆

03761

流水挟运泥沙之通式 沙玉清[著]

国立西北农学院农田水利研究部，1943.3，24页，16开

本书为国立西北农学院农田水利研究部研究报告之二。

收藏单位：国家馆

03762

泥沙分类命名之商榷 沙玉清著

国立中央大学土木工程研究所，1947.10，[27]页，16开（国立中央大学土木工程研究所专刊1）

本书为中国水利工程学会《水利月刊》第15卷第1期水利组第1号抽印本。

收藏单位：国家馆、南京馆

03763

彭胄氏实用水力学 （德）彭胄（F. Bundschu）著 李仪祉译

上海：中国科学图书仪器公司，1936.4，89页，22开（中国科学社丛书）

本书内容包括：量法单位、水流之状、水流之态、进流算法、水头之损失等。

收藏单位：重庆馆、国家馆、辽宁馆、南京馆、上海馆

03764

普通水力学 刘德润编著

重庆：正中书局，1945.6，2册（656页），25开

上海：正中书局，1946.9，沪1版，2册（656页），25开

上海：正中书局，1947.10，沪4版，2册（656页），25开

本书为大学用书。共12章，内容包括：压力率、总压力、重力坝及其安定、水冲击原理等。

收藏单位：长春馆、重庆馆、东北师大馆、广东馆、国家馆、河南馆、江西馆、辽宁馆、南京馆、上海馆、浙江馆、中科图

03765

实用水力学 吴民康编

广东国民大学土木工程研究会，1934，1册，25开（工学丛刊）

本书共8章：导言、流体静力学之原理、流体动力学之原理、孔穴之流水、水堰之流水、河床之流水、河管之流水、自来水用之水管。

收藏单位：浙江馆

03766

水动力学 刘德润著

出版者不详，1933，油印本，1册，18开，环筒页装

收藏单位：国家馆

03767

水工试验汇编 中央水利实验处编

中央水利实验处，[1941]，油印本，1册，18开

本书共19篇，内容包括：陕西汉惠渠筏道模型试验报告书、陕西涝惠渠工程计划之研究、贵州涟江拦河坝模型试验初步报告、甘肃夏惠渠陡坡模型试验报告书等。

收藏单位：国家馆

03768

水静力学 刘德润著

出版者不详，1944，油印本，1册，18开，环筒页装

本书逐页题名：水力学。

收藏单位：国家馆

03769

水力工程学 余家洵著

上海：商务印书馆，1947.6，213页，25开（大学丛书）

上海：商务印书馆，1948.1，再版，213页，25开（大学丛书）

上海：商务印书馆，1949.3，3版，213页，25

开（大学丛书）

本书共6章：绪论、设计基础、建筑物及设备、电厂、特种水力工程、小型水力工程。附录：参考书籍、德华专门名词对照。

收藏单位：重庆馆、东北师大馆、广东馆、国家馆、河南馆、湖南馆、辽宁馆、南京馆、内蒙古馆、首都馆、天津馆、浙江馆

03770

水力学　道佛忒（R. L. Daugherty）著　张蔚译

外文题名：Hydraulic turbines, with a chapter on centrifugal pumps

南京：正中书局，1936.9，418页，25开，精装

本书共18章，内容包括：压力强度、流体静力学之应用、流体动态学等。附录：粘滞性、圆面积表、中西文索引等。

收藏单位：重庆馆、贵州馆、国家馆、湖南馆、江西馆、南京馆、陕西馆、首都馆

03771

水力学　（日）歌原定二著　刘肇龙译

上海：商务印书馆，1937.3，12+356页，23开，精装（大学丛书 教本）

本书共18章，内容包括：流体静力学、堰堤及其安定、水之直线的移动及回转等。

收藏单位：甘肃馆、国家馆、湖南馆、南京馆、内蒙古馆、宁夏馆、中科图

03772

水力学　郭会邦编

杭州：浙江大学工学院讲义室，1933，石印本，1册，16开

本书为高级工业职业学校教科书。

收藏单位：浙江馆

03773

水力学　王寿宝编

上海：商务印书馆，1936.8，142页，32开

长沙：商务印书馆，1939.5，4版，142页，32开

长沙：商务印书馆，1941.6，5版，142页，32开

上海：商务印书馆，1946.11，6版，142页，32开

上海：商务印书馆，1947.6，7版，142页，32开

上海：商务印书馆，1948.8，8版，142页，32开

本书为高级工业职业学校教科书。共4章：概论、静水力学、流水力学、击水力学。附录：中西名词对照表、单位换算表等8种。

收藏单位：重庆馆、广东馆、贵州馆、国家馆、辽大馆、内蒙古馆、宁夏馆、浙江馆

03774

水力学　张含英著

上海：商务印书馆，1936.2，411页，23开（大学丛书 教本）

上海：商务印书馆，1936.9，再版，411页，23开（大学丛书 教本）

长沙：商务印书馆，1939，4版，411页，23开（大学丛书 教本）

长沙：商务印书馆，1940，5版，411页，23开（大学丛书 教本）

上海：商务印书馆，1947.12，7版，411页，23开（大学丛书 教本）

上海：商务印书馆，1948.7，8版，411页，23开（大学丛书 教本）

上海：商务印书馆，1949.4，9版，411页，23开（大学丛书 教本）

本书共12章，内容包括：静压力、平面上之压力、沉浮之物体、流动学等。附录：奢塞水管公式图解、葛泰公式推算表、满宁公式图解、中英文索引。

收藏单位：重庆馆、东北师大馆、甘肃馆、广东馆、广西馆、贵州馆、国家馆、河南馆、黑龙江馆、湖南馆、南京馆、陕西馆、首都馆、天津馆、浙江馆

03775

水利问题之研究　（德）斯得勒克（O. Streck）著　王寿宝译　林仁之　王永榜校

外文题名：Aufgaben aus dem Wasserbau

长沙：商务印书馆，1939.3，410页，32开（工

学小丛书）

本书共3部分，用解答习题形式论述水利问题中有关静水、流水、雨量与流量的关系，以及水文记载与应用等。附录：中德名词索引等12种。

收藏单位：广东馆、贵州馆、国家馆、南京馆、山西馆、上海馆、首都馆

03776

水利须知 河南省政府建设厅编

[开封]：河南省政府建设厅，石印本，109页，长30开

本书共8章，内容包括：农用水利、工用水利、航运之利、水产之利等。附录：河南水利暂行条例草案等8种。

收藏单位：中科图

03777

水利学术论文选集 薛履坦等著 水利部编

南京：水利部，1947.6，82页，16开

本书内收论文3篇:《地基土壤许可载重量之研究》(薛履坦)、《横式含沙量筒说明书》(方宗岱、万复恒)、《蓄水库泥沙淤积之研究》(余恒睦)。

收藏单位：重庆馆、广东馆、国家馆、南京馆、上海馆、首都馆、中科图

03778

推移质及河床质泥沙之选样设备

[南京]：黄河水利工程总局水文总站，1947.12，1册，16开

收藏单位：南京馆

03779

中国第一水工试验所 李赋都著

中国第一水工试验所，[27]页，16开

本书荣获中国工程师学会第5届年会论文奖第3名。书眉题有"第六号 中国第一水工试验所"字样。

收藏单位：国家馆

03780

中国第一水工试验所筹备经过 华北水利委员会编

[天津]：华北水利委员会，1934.5，8页，16开

本书封面题：华北水利委员会、导淮委员会、黄河水利委员会、太湖流域水利委员会、国立北洋工学院、建设委员会模范灌溉管理局、河北省立工业学院合办。

收藏单位：重庆馆、国家馆、上海馆、中科图

03781

中国第一水工试验所董事会请款书 中国第一水工试验所编

中国第一水工试验所，1935.1，12页，16开

本书卷端题名：中国第一水工试验所董事会为扩充水工试验所建筑及增加设备请款书。

收藏单位：国家馆

03782

中国第一水工试验所二十六年度工作计划书

中国第一水工试验所，[1930—1939]，油印本，1册，16开

收藏单位：国家馆

03783

中国第一水工试验所二十五年度工作计划

中国第一水工试验所，[1930—1939]，油印本，1册，16开

收藏单位：国家馆、中科图

03784

中国第一水工试验所二十五年度已往各月份及现在进行之各项试验工作报告

中国第一水工试验所，1937，油印本，1册，16开

收藏单位：国家馆

03785

中国第一水工试验所进行实况 中国第一水工试验所编

中国第一水工试验所，1935.10，10页，16开（中国第一水工试验所董事会出版物2）

收藏单位：国家馆、浙江馆、中科图

03786
中国第一水工试验所设计大纲 李赋都编
中国第一水工试验所董事会，1934.5，20页，16开（中国第一水工试验所董事会出版物1）
收藏单位：广东馆、国家馆、上海馆、首都馆、浙江馆

03787
中国第一水工试验所一年来之工作实施与最近将来之工作计划 李赋都编
中国第一水工试验所，1936，油印本，1册，16开
收藏单位：国家馆

03788
中央水工试验所筹备纪要 中央水工试验所筹备委员会编
[南京]：中央水工试验所筹备委员会，1936.10，8页，16开（水利处丛刊6）
本书共4部分：绪言、筹备经过、建筑与设备、临时水工试验。
收藏单位：广东馆、贵州馆、国家馆、南京馆、上海馆、首都馆、中科图

03789
中央水利实验处国立西北农学院合设武功水工试验室工作纲要 章元羲编
章元羲[发行者]，[1940—1949]，手写本，3叶，16开，环筒页装
收藏单位：国家馆

水资源调查与水利规划

03790
安徽防灾委员会水利计划书 方履中署
安徽官邸印刷局，32页，18开
本书共3编：安庆道、淮泗道、芜湖道。
收藏单位：国家馆

03791
安徽省农田水利工程实施计划 安徽省水利工程处编
安徽省水利工程处，1946，20页，16开
收藏单位：南京馆

03792
测量壶口地形及水力报告 方俊著
参谋本部国防设计委员会，1934.2，30页，16开（参谋本部国防设计委员会参考资料1）
本书共8部分，内容包括：工作方法、河谷之地形、黄河之水文、壶口设电厂问题等。
收藏单位：广东馆、国家馆、南京馆、上海馆、中科图

03793
充实扬子江水利工作及扩充组织与经费之意见 扬子江水利委员会编
扬子江水利委员会，[1935]，32页，16开
本书附扬子江流域水文站分布图。

03794
洞庭水利解释概要 [湖南水灾善后委员会编]
[湖南水灾善后委员会]，[1935]，油印本，3叶，大16开
收藏单位：国家馆

03795
对于水利计划之检讨
出版者不详，12页，16开
收藏单位：南京馆

03796
二十四年度各水利机关请求新办事业分类表
出版者不详，油印本，1册，16开
收藏单位：南京馆

03797
赣江流域水利开发初步计划 赣江水利设计委员会编
赣江水利设计委员会，1947.9，14页，32开
本书内容包括：引言、流域概况、经济概况、开发计划、工费及利益等。

03798
各区水利情形调查报告 田乞新报告 华北棉产改进会调查科编
华北棉产改进会调查科，1939.6，27 页，16 开

本书水利情形调查地点有通县、南苑、石家庄、保定、东光等。

收藏单位：国家馆

03799
关中水利刍议 吕益斋撰
陕西省政府，1928.11，石印本，[92] 页，长 16 开，环筒页装

本书共 3 卷：规复漕渠管见、谓北水利刍言、创修广益渠议。

收藏单位：国家馆

03800
广西省二十八年度垦殖水利计划及实施办法
出版者不详，油印本，1 册，16 开

收藏单位：南京馆

03801
贵州全省水利计划 贵州省建设厅编
贵州省建设厅，48 页，25 开，环筒页装

本书附录：本省各县水利灌溉表、本省各县水利调查表。

收藏单位：重庆馆、贵州馆、国家馆

03802
河南全省水利工程计划大纲 河南水利局编
河南水利局，1929.8，76 页，32 开

本书共 4 章：豫北水利工程、豫东水利工程、豫西水利工程、豫南水利工程。

收藏单位：国家馆

03803
河南省水利规划 曹瑞芝著
开封：河南书局，1929.8，76 页，32 开

本书共 3 编：河南黄河水利初步计划书、河南全省水利进行计划书、河南全省水利工程大纲。书中有折页插图：河南黄河全图、黄河横断面图、黄河变迁图等 10 幅。

收藏单位：国家馆、河南馆、中科图

03804
河南水灾工赈方案 河南省赈务会编
河南省赈务会，[1931]，106 页，32 开

本书介绍如何疏浚各河，及各地挖河、筑渠实行工赈办法等。补录：开封祥符营开渠工赈、汝洪水利局疏浚汝洪各河工程实施计划等。书内题有“二十年河南水灾工赈方案汇刊”字样。

03805
华北水利初步设施蠡测谈 朱延平著
出版者不详，[1928.10]，14 页，23 开

本书介绍改进黄河、浑河、海河等水利的建议。

03806
华北水利委员会计划汇刊 华北水利委员会编
华北水利委员会，1932.11，54 页，16 开

本书共 5 部分：永定河治本计划提要、独流入海减河工程计划、整治箭杆河蓟运河计划大纲、子牙河泄洪水道工程计划、华北水工试验所计划。

收藏单位：广东馆、国家馆、近代史所、天津馆、浙江馆

03807
华阳水利区工程计划大纲 安徽省水利工程处编
安徽省水利工程处，1934，[70+50] 页，16 开（安徽水利工程处丛刊 1）

本书内容包括：华阳河流域现状、测量经过、水文资料、整理工程计划纲要、施工程序、经费估计等。附英文摘要及大量折页图表（单面印）。

收藏单位：安徽馆、国家馆、上海馆、首都馆

03808
淮扬水利刍议（并论射阳港建闸事） 周熙绩著

宝应印刷厂，1925.7，6页，长20开

03809
黄河水利计划书 张鲁泉著
天津：永华印刷局，1933，13页，32开
收藏单位：国家馆、南京馆

03810
江苏水利协会民国十一年常会议决案 江苏水利协会编
江苏水利协会，[1922]，54页，16开
本书内容包括：公函、施工计划、经费一览表等。
收藏单位：上海馆

03811
江西水利局二十四年度人民劳动服务兴办全省各县水利大纲 江西水利局编
江西水利局，[1934]，2页，44开

03812
江西水利局整理江西全省水利今后六年进行计划书 江西水利局编
江西水利局，1935，油印本，[14]页，16开

03813
京畿除水害兴水利刍议 武桓著 张雅南 侯光陆校
北京：新新印刷局，1926.1，194页，16开
本书为文言体。概述京畿河务现状，水害情况、原因和除害方法，水利成效，兴利方法等。附京畿河道图等3大幅。
收藏单位：国家馆、上海馆

03814
开发黄河瀑布及晋南晋中各处水力用以灌田及发展工业之初步计划 塔德（O. J. Todd）著
外文题名：Development of water power at the Yellow River falls and elsewhere in south and central Shansi to aid in irrigation and industrial expansion
[太原]：山西省水利工程委员会，1934.11，24+18+[10]页，16开
本书为中英文本。封面题名：晋省水电测量及初步计划报告。
收藏单位：国家馆

03815
开发四川水利计划大纲 四川省水利局编
[四川省水利局]，[1948]，58页，25开，环筒页装
本书共5部分：概况、各河流域治本计划、急待办理事项、经费、结论。附录：开发全川水利各项工程分布图、开发全川水利各项工程分类统计表。
收藏单位：重庆馆

03816
南川农田水利查勘报告
南川：南川隆化印刷所，1944，12页，36开
本书内收吐文坝、罗秀坝、东乡坝的查勘报告。
收藏单位：重庆馆

03817
欧美水利调查录 宋希尚著
南京：河海工程专门学校，1924.2，27+334页，32开（河海丛刊）
本书介绍欧美各国水利建设概况。共26章，内容包括：治水法之研究、美国密西西比河之治导、美国阿哈河之整治工程、德国维赛河之整治法等。封面题名：宋希尚欧美水利调查录。
收藏单位：安徽馆、重庆馆、国家馆、南京馆、内蒙古馆、上海馆、首都馆、天津馆、中科图

03818
全国经济委员会二十三年度办理水利行政事宜报告
出版者不详，油印本，1册，16开
收藏单位：南京馆

03819
全国水利六年建设大纲草案 全国经济委员

会水利处拟
[南京]：全国经济委员会水利处，1936.3，18页，16开
本书共10部分，内容包括：西北灌溉、整理运河、淮河水利、黄河水利等。
收藏单位：安徽馆、广东馆、国家馆、上海馆

03820
荣昌高桥泸县瓦厂间水力勘查纪实 苏孟守著
出版者不详，[1942]，[6]页，32开
本书为作者从高桥沿濑溪河至泸县瓦厂的水力勘察纪实。共5节：引言、地形及地文、地质概况、水量及水力、坝基地址。《地质评论》抽印本。
收藏单位：重庆馆

03821
陕西省第一区小型水利工程概况 陕西省第一区行政督察专员兼保安司令公署编
[西安]：陕西省第一区行政督察专员兼保安司令公署，1943，60+8页，36开，环筒页装
本书共4篇：总论、小型水利修筑、各县水渠、附录。
收藏单位：重庆馆、南京馆

03822
实业计划之水利建设 沈百先编讲
重庆：导淮委员会，1943.7，31页，32开
重庆：导淮委员会，1947.6，再版，31页，32开
本书共6部分，内容包括：水利建设之重要性、孙中山实业计划、水利建设提纲等。
收藏单位：国家馆、南京馆、上海馆

03823
实业计划之水利建设 沈百先编讲
[重庆]：中央训练团党政高级训练班，1944.2，34页，32开
本书共6部分，内容包括：水利建设之重要性、孙中山实业计划、水利建设提纲等。
收藏单位：国家馆

03824
视察洞庭湖水利报告书 [湖南水灾善后委员会编]
[湖南水灾善后委员会]，[1932]，油印本，1册，大16开
本书共3部分：视察经过、视察所得、视察后意见。文末署名：彭允彝、萧度、刘策成。
收藏单位：国家馆

03825
视察洞庭水利建议补充办法意见书 萧度著 [湖南水灾善后委员会编]
[湖南水灾善后委员会]，[1932]，油印本，7叶，大16开
本书共15部分，内容包括：调查及查禁事项、划分疏沟局部权限事项、濠河口、布袋口等。
收藏单位：国家馆

03826
水力勘测 行政院新闻局编
[南京]：行政院新闻局，1948.6，32页，36开
本书共5部分，内容包括：黄河流域、扬子江流域、珠江流域及浙闽区等。
收藏单位：安徽馆、重庆馆、广东馆、国家馆、河南馆、湖南馆、吉林馆、江西馆、近代史所、南京馆、宁夏馆、上海馆、首都馆、浙江馆

03827
水利刍议 茅谦著
茅谦[发行者]，[1922.11]，310页，25开
本书提出兴修水利和治水的意见。内容包括：古今水利情势及治理条议、开江论等。
收藏单位：广东馆、国家馆、南京馆、上海馆、天津馆、中科图

03828
水利根本议 周亚卫著
出版者不详，1937.1，38页，32开
本书共9部分，内容包括：水利教育、水

政概说、水利区、标记图志、水利职官及水利机关等。

收藏单位：广东馆、国家馆

03829

水利工程计划汇编（民国二十三年及二十四年度） 全国经济委员会水利处编

南京：全国经济委员会水利处，1937.1，230页，横8开（全国经济委员会水利处水利专刊11）

本书内收1934年至1935年度水利工程计划。共10部分，内容包括：洛惠渠工程计划、洮惠渠工程计划、桑干河第一淤灌区堰闸工程计划、白茆闸工程计划、龙凤河节制闸工程计划等。

收藏单位：重庆馆、广东馆、贵州馆、国家馆、南京馆、上海馆、浙江馆

03830

水利计划草案审查意见 山西省政设计案第二审查会编

[太原]：山西省政设计案第二审查会，1932.6，6页，16开

本书附录：山西省政设计案水利计划分年进行程序表。

收藏单位：国家馆

03831

四川都江堰水利概要 四川省政府建设厅编

外文题名：The Tu_Kiang lrrigation project

成都：四川省政府建设厅，1943，10页，18开

本书介绍四川都江堰水利的沿革、灌溉区域、河渠分布情形、工程设施及经费、工程种类及作法等。

收藏单位：重庆馆

03832

四川省水利事业三年计划纲要 四川省水利局拟

[成都]：四川省水利局，10页，16开

本书共10部分，内容包括：灌溉、航运、水电、防洪、卫生、水利等。

收藏单位：国家馆、南京馆、首都馆

03833

四川水利初步计划 邵从燊著　雷斌校

天津：荣华工程公司，1936.5，108页，16开（安乐丛书）

本书共6部分，内容包括：灌溉、航运、水力、防灾等。书前有四川省水道流域图、四川灌县都江堰形势图。

收藏单位：重庆馆、广东馆、国家馆、南京馆、中科图

03834

台湾之水力资源 资源委员会　台湾省政府台湾电力公司土木处编著

台北：台湾电力公司，1947.11，30页，16开

本书共5部分，内容包括：产生及影响水力资源之要素、河川情形及水力地点、已完成之水力发电厂等。

收藏单位：北师大馆、国家馆

03835

沿江湖泊之整理及利用与扬子江水利问题、华阳泄洪道及华阳河流域整理工程计划实施大纲

南京：扬子江水利委员会，9页，16开

本书附华阳河流域全图。

03836

一九四七年度西南水利工程概况

出版者不详，手抄本，1册，16开，环筒页装

本书内容包括：各省贷款举办农田水利工程、各航运整理工程、修复船闸工程、綦江航行出险情形、开发水力工程、各测量队测量成绩等。

收藏单位：重庆馆

03837

粤北之水力 吴尚时等著

[韶关]：韶关市政筹备处，1943.9，13页，25开（国立中山大学地理系丛书7）

本书介绍粤北水力利用情况等。

收藏单位：国家馆、南京馆

03838

整理江西全省水利今后六年进行计划 全国经济委员会江西办事处编

全国经济委员会江西办事处，1935，油印本，23页，13开

本书共7部分：引言、今后六年进行之及计划、关于防洪工程计划、关于防旱灌溉工程计划、关于浚河工程者、关于浚湖工程者、关于研究治本工程者。

收藏单位：国家馆

03839

中国治水刍议 （瑞士）基雅慕（M. Guillarmod）著 李藩昌译

出版者不详，[1918.10]，30页，22开

本书共3篇：泛论水灾原因、治水办法、经费问题。附石印图5幅。

收藏单位：国家馆、首都馆、中科图

03840

珠江水利计划 李文邦等编辑

[广州]：经济部珠江水利局，1939.8，176页，16开

本书共9部分，内容包括：测量报告、防潦计划、灌溉计划、航道计划、水电计划等。封面题：经济部珠江水利局编印。

收藏单位：国家馆

水工勘测、水工设计

03841

测量规程 交通部扬子江水道整理委员会编

[交通部扬子江水道整理委员会]，1931，1册，小32开，精装

收藏单位：南京馆

03842

甘肃省水利查勘计划

出版者不详，[1943]，油印本，3叶，16开

收藏单位：国家馆

03843

江西水利局民国二十四年勘测各县水利大纲 江西水利局编

江西水利局，[1935]，4+[5]页，16开

收藏单位：国家馆

03844

施柯两氏变换式及其在水工问题上之应用 龙驭球著

[北平]：出版者不详，1949，油印本，1册，16开（北平水工试验所研究丛刊10）

收藏单位：天津馆

03845

水利工程查勘须知 行政院水利委员会编

行政院水利委员会，1943.2，21页，36开

本书共5部分，内容包括：事前准备、携带仪器、查勘方法等。附录：人工料具调查表式、河床调查表式等7种。

收藏单位：国家馆、南京馆

03846

水利航空测量 行政院新闻局编

行政院新闻局，1948.2，14页，36开

本书共6部分，内容包括：航测对于水利之特殊功效、水利航测机构之沿革、十年来之工作概况、水利航测之展望等。书前有民国二十四年（1935）黄河于董庄决口泛滥成灾及黄河泛区航摄相片等23幅。

收藏单位：安徽馆、重庆馆、广东馆、广西馆、贵州馆、国家馆、黑龙江馆、湖南馆、江西馆、南京馆、宁夏馆、上海馆、首都馆、天津馆、武大馆

03847

水利基本测验 江西省训练团编

江西省训练团，1946.9，18页，25开

收藏单位：江西馆

03848

水利勘测 [行政院新闻局]编

[南京]：行政院新闻局，1948.1，70页，36开

[南京]：行政院新闻局，1948.2，70页，36开

本书共4部分：沿革、组织、十年来工作概况、展望。

收藏单位：安徽馆、重庆馆、广东馆、广西馆、国家馆、河南馆、湖南馆、江西馆、近代史所、南京馆、内蒙古馆、山西馆、上海馆、首都馆、浙江馆

03849
四川省水利局测量规划 四川省水利局编
[成都]：四川省水利局，[1940—1949]，24+13页，25开

收藏单位：国家馆

03850
台湾省水利局水文测量规范 台湾省建设厅水利局编
[台北]：出版者不详，[1940—1949]，81页，18开

收藏单位：国家馆、浙江馆

03851
扬子江水利委员会湘南水力工程处查勘舂陵水报告书
[扬子江水利委员会湘南水力工程处]，油印本，18叶，16开，环筒页装

本书共6部分，内容包括：概论、水文及气象、交通概况、流域内经济状况等。

收藏单位：国家馆

03852
扬子江水利委员会湘南水力工程处查勘平和水报告书
[扬子江水利委员会湘南水力工程处]，油印本，7叶，6开，环筒页装

本书共5部分：平面草图、概况及沿革、水文资料、整理方案、利益检讨。

收藏单位：国家馆

03853
扬子江水利委员会湘南水力工程处查勘宜水报告书
[扬子江水利委员会湘南水力工程处]，油印本，3叶，16开，环筒页装

收藏单位：国家馆

03854
扬子江水利委员会湖南水力工程处查勘蒸水水力报告书
出版者不详，[1944]，油印本，1册，16开

本书共2部分：概论、查勘述要。附图：蒸水水系图。

收藏单位：国家馆

03855
扬子江水利委员会湘南水力工程处查勘资水水力报告书
[扬子江水利委员会湘南水力工程处]，油印本，10叶，16开，环筒页装

本书共4部分：概论、气象及水文、查勘经过、附录。

收藏单位：国家馆

03856
中央水利实验处第一第二两水利查勘队三十二年度查勘报告书
中央水利实验处，1944，油印本，50+30叶，16开

收藏单位：国家馆

水工结构、水利工程施工

03857
高等水工结构计划 陈勉著
出版者不详，1943，油印本，6页，16开

本书简介美国泰考力蓄水坝的结构及功用。

收藏单位：重庆馆

03858
河工器具图说 麟庆纂辑
上海：商务印书馆，1937.3，329页，32开（万有文库 第2集 374）（国学基本丛书）

本书共4卷，内容包括：宣防器具、抢护

器具、储备器具等。

收藏单位：安徽馆、重庆馆、大理馆、大连馆、大庆馆、东北师大馆、国家馆、黑龙江馆、湖南馆、辽大馆、辽师大馆、内蒙古馆、宁夏馆、西南大学馆、浙江馆

03859

水利救国 余天休著

北平：京报馆，1934.1，72页，32开（应用经济学小丛书）

本书共11章，内容包括：水的富源、水患及其预防法、蓄水与植林、都市的饮料等。

收藏单位：首都馆

水利枢纽、水工建筑物

03860

阿公店溪蓄水库工程计划 台湾省政府建设厅水利局编

[台湾省政府建设厅水利局]，1948.10，26页，16开

本书共5章：提要、缘由、资料、工程计划、施工过程。

收藏单位：南京馆

03861

安徽华阳河泄水闸模型试验报告书 姚琢之等编辑

南京：中央水利实验处，1948.5，28页，16开（中央水利实验处研究试验报告 甲种 水工模型试验19）

本书共7部分，内容包括：缘起、试验之资料、工程计划及试验项目、试验之进行及其结果等。

收藏单位：广东馆、国家馆、上海馆

03862

白茆闸工程报告 扬子江水利委员会编

扬子江水利委员会，1936.12，92页，16开

本书介绍白茆闸工程的筹备经过、计划概要、施工经过、工程经费等。

收藏单位：国家馆

03863

长江三峡水利工程计划 行政院新闻局编

行政院新闻局，1947.9，36页，32开

本书根据张光斗的《扬子江三峡水力发电计划筹备经过》，以及茅荣林的《YVA与今后建国》《YVA与中国民主》，侯德封的《两个YVA水利工程的侧面观》编辑而成。附录：扬子江三峡水力发电计划筹备经过。

收藏单位：安徽馆、重庆馆、大庆馆、东北师大馆、广东馆、国家馆、河南馆、黑龙江馆、湖南馆、江西馆、近代史所、南京馆、内蒙古馆、宁夏馆、上海馆、首都馆、天津馆、西南大学馆、浙江馆

03864

潮白河苏庄水闸之养护与管理 华北水利委员会编辑

天津：华北水利委员会，1932，42页，16开

本书共7章，内容包括：苏庄水闸工程、十八年之修护工程、十九年之修护工程、移交河北省政府建设厅接管之经过等。

收藏单位：国家馆

03865

大常闸坝竣工纪念册 张伦官编

[綦江]：导淮委员会綦江水道工程局，1944.1，石印本，[13]页，25开

本书内容包括：綦江工区图、綦江水道工程说略、大常闸坝主要工程及材料数量统计表、智仁勇信严中华七闸主要工程数量统计表等。

收藏单位：重庆馆、国家馆、南京馆

03866

大邑县莫武堰移渠及护岸工程计划书

出版者不详，1册，16开

收藏单位：南京馆

03867

大邑县鄹江蓄水库初步计划

出版者不详，油印本，1册，16开

收藏单位：南京馆

03868
都江堰 四川省水利局编著
成都：四川省水利局，1943.4，[56]+[13] 页，25 开（四川水利工程丛书 6）
本书共 2 篇：都江堰水利工程述要、都江堰水利工程改善计划大纲。逐页题名：都江堰水利工程述要及其改善计划大纲。
收藏单位：重庆馆、广东馆、国家馆、湖南馆、辽大馆、南京馆、上海馆、浙江馆

03869
都江堰流域各县地方水利工程监工人员训练讲义
出版者不详，油印本，1 册，16 开
收藏单位：南京馆

03870
都江堰水利述要 四川省水利局编
成都：四川省水利局，1938.4，92 页，16 开（四川省水利局水利丛书 1）
收藏单位：南京馆

03871
都江堰堰工讨论会四川省水利局报告
成都：四川省水利局，1938.4，1 册，16 开
收藏单位：南京馆

03872
都江堰治本工程计划概要 四川省水利局编
[成都]：四川省水利局，1939，30+27 页，16 开
本书书前有都江堰治本工程概要图。
收藏单位：重庆馆、国家馆、南京馆、首都馆

03873
涪江新堰工程纪要 涪江堰工管理处编
[涪江堰工管理处]，1942.5，油印本，1 册，16 开
收藏单位：南京馆

03874
甘肃水利林木公司肃丰渠鸳鸯池蓄水库土坝座谈会纪录 沈立昌 [记录]
甘肃水利林木公司，1943，油印本，7 叶，13 开，环筒页装
本书封面题名：肃丰渠鸳鸯池蓄水库土坝座谈会纪录。会议日期为民国三十二年（1943）十一月一日至十一月二日。
收藏单位：国家馆

03875
甘肃肃丰渠鸳鸯池蓄水库土坝试验报告 中央水利处编
中央水利处，1942，油印本，1 册，16 开，环筒页装（土木专刊 9）
本书内容包括：原设计概要、试验之目的及其项目、不透水土料之选择等。
收藏单位：重庆馆

03876
灌县都江堰二王庙前护岸工程计划书
出版者不详，油印本，1 册，16 开
收藏单位：南京馆

03877
汉阳东成垸工程事实说明书
出版者不详，9 页，16 开
收藏单位：南京馆

03878
河港工程（闸坝设计） 王新兰编
工务总署土木工程专科学校，[1937—1949]，206 页，18 开
本书为工务总署土木工程专科学校讲义。
收藏单位：国家馆

03879
虹吸溢道 A. H. Nayhor 著 徐怀云译
外文题名：Siphon spillways
南京：中国水利工程学会，1937.2，88 页，22 开，精装（中国水利工程丛书）
本书共 10 章，内容包括：绪言、溢道之种类、虹吸溢道之种类、虹吸管之效率、虹

吸管之设计等。

收藏单位：重庆馆、国家馆

03880

鸿化堰进水闸及附属工程计划书

出版者不详，1册，16开

收藏单位：南京馆

03881

华北砂基闸坝工程图谱 华北水利委员会工程组编制

华北水利委员会工程组，1937，晒印本，17页，22开

收藏单位：国家馆

03882

黄惠河工程计划

出版者不详，油印本，1册，16开

收藏单位：首都馆

03883

建筑涵闸工程须知 江西水利局编

江西水利局，6页，42开

03884

江苏东台等处闸关建筑照片 全国经济委员会水利处里下河工程局摄

全国经济委员会水利处里下河工程局，[1934]，1册，16开

收藏单位：国家馆

03885

泾惠渠报告书 陕西泾惠渠管理局编

陕西泾惠渠管理局，1934.12，25页，16开

本书共8部分，内容包括：略史、概论、水文、工程报告、灌溉等。

收藏单位：国家馆、首都馆

03886

经济部四川水利局小型灌溉工程设计勘测队暂行规则

四川水利局，油印本，1册，16开

收藏单位：南京馆

03887

乐山县楠木下堰整理工程计划

出版者不详，油印本，1册，16开

收藏单位：南京馆

03888

南郑县修筑褒惠渠报告书 孙仲坚编

孙仲坚[发行者]，1942.3，1册，18开

本书内容包括：修筑褒惠渠始末记、各部门工作情形总报告、电令摘录等。

收藏单位：国家馆、南京馆

03889

砂土坝基渗水之研究 郑肇经总编纂

南京：中央水利实验处，1948.5，30页，16开（中央水利实验处研究试验报告 乙种 水工研究2）

本书共7章，内容包括：水流线及等位线之求法、上浮力、坝址之涌土坡降、渗透量、坝基设计之讨论等。附录：流网法、电学类解法之应用。附英文摘要。

收藏单位：广东馆、国家馆、上海馆

03890

双金闸计划大要

出版者不详，[1921]，油印本，5叶，16开，环筒页装

本书内容包括：双金闸略史、修建计划等。附件：双金闸计划大要。

收藏单位：国家馆

03891

水槽两壁对于临界拖引力之影响 经济部中央水工试验所编

重庆：经济部中央水工试验所，1940.12，18页，16开（经济部中央水工试验所水工研究报告1）

本书共6部分，内容包括：导言、试验之设备、沙粒粗糙率之试验、临界拖引力之试验等。附英文摘要。

收藏单位：重庆馆、广东馆、贵州馆、国家馆、南京馆、上海馆、首都馆、中科图

03892
水槽两壁对于临界拖引力之影响 郑肇经总编纂
南京：中央水利实验处，1948.5，22页，16开（中央水利实验处研究试验报告 乙种 水工研究1）
本书共6部分，内容包括：导言、试验之设备、沙粒粗糙率之试验、临界拖引力之试验等。附英文摘要。
收藏单位：广东馆、国家馆

03893
四川江北郭家沱虹吸溢道模型试验报告书 郑肇经总编纂
南京：中央水利实验处，1948.5，28页，16开（中央水利实验处研究试验报告 甲种 水工模型试验13）
本书共7章，内容包括：水文资料之研究、设计要旨、虹吸溢道之理论等。附英文摘要。
收藏单位：广东馆、国家馆、上海馆

03894
四川綦江羊蹄峒盖石峒滚水坝模型试验报告书 郑肇经总编纂
南京：中央水利实验处，1948.5，36页，16开（中央水利实验处研究试验报告 甲种 水工模型试验10）
本书共3部分：四川綦江羊蹄峒滚水坝模型试验报告书、四川綦江盖石峒滚水坝模型试验报告书、四川綦江盖石峒滚水坝水流情形之研究。附英文摘要。
收藏单位：广东馆、国家馆、上海馆

03895
四川省水利局都江堰治本工程计划纲要 四川省水利局编
[成都]：四川省水利局，1940，13页，16开
收藏单位：国家馆、南京馆、上海馆、中科图

03896
四川省水利局凿塘蓄水计划书
成都：四川省水利局，1936.12，油印本，1册，16开
收藏单位：南京馆

03897
四川长寿龙溪河水力发电厂拦河坝模型试验报告书 经济部中央水工试验所编
重庆：经济部中央水工试验所，1939.2，83页，16开
本书共5章，内容包括：试验问题与模型分类、试验之进行及其结果、试验结果之伸引等。附图：龙溪河水力发电厂一览等。
收藏单位：重庆馆、广东馆、国家馆、南京馆、上海馆

03898
四川长寿龙溪河水力发电厂拦河坝模型试验报告书 中央水利实验处水工报告编辑委员会编
南京：中央水利实验处水工报告编辑委员会，1948.5，80页，16开（中央水利实验处研究试验报告 甲种 水工模型试验3）
本书共5章，内容包括：试验问题与模型分类、试验的进行及其结果、结果之引申等。附图：龙溪河水力发电厂一览等。
收藏单位：广东馆、国家馆、上海馆

03899
土坝概论
出版者不详，[1940—1949]，油印本，1册，横18开
收藏单位：国家馆

03900
修筑绍兴三江闸工程报告 董开章编
绍兴：出版者不详，1933.7，18页，16开
收藏单位：绍兴馆

03901
蓄水库内淤积物密度之研究 许京骐著
北平：北平水工试验所，1947.7，31页，16开（北平水工试验所研究丛刊9）
收藏单位：南京馆

03902
闸坝工程 汪胡桢著
上海：厚生出版社，114 页，36 开（中国工程师手册 水利手册 2）
收藏单位：国家馆、上海馆

水能利用、水电站工程

03903
大渡河及马边水电工程勘察报告
出版者不详，油印本，1 册，16 开
收藏单位：南京馆

03904
东北小丰满工程修复及完成计划
出版者不详，1949.6，1 册，16 开
收藏单位：南京馆

03905
发电水力 汪胡桢著
上海：厚生出版社，92 页，36 开（中国工程师手册 水利手册 7）
本书内容包括：水力开发、流量调整、水电厂设计、原动力屋及机械设备等。
收藏单位：上海馆

03906
法国的大工程——瑞霓峡（法国工程局巴黎区总监伏翁达讲稿）
出版者不详，22 页，32 开
收藏单位：首都馆

03907
龙溪河水力发电厂工程处民国廿八、廿九、三十年度工作报告 黄育贤编
资源委员会，[1941]，120 页，18 开
本书共 5 篇：工程、研究与勘测、业务、经济、事务。附录：本处组织章程、本处大事记、本处文献目录等 4 种。
收藏单位：重庆馆、广东馆、国家馆、南京馆、上海馆、首都馆

03908
龙溪河水力发电工程 资源委员会龙溪河水力发电厂工程处编
资源委员会龙溪河水力发电厂工程处，1944.5，[12] 页，32 开
本书介绍龙溪河水力发电厂工程处所建两电厂概况等。
收藏单位：重庆馆、南京馆

03909
钱塘江街口水力发电计划概要 翁文灏编
资源委员会，[1948.4]，8+4 页，16 开
本书共 4 部分：引言、工程布置、工费估计、结论。中英文本。
收藏单位：国家馆、浙江馆

03910
水力发电厂木引水管之设计 施嘉炀著
昆明：中国土木工程师学会，1946.6，29 页，16 开（中国土木工程师学会昆明分会专刊 1）
本书共 7 部分，内容包括：木引水管之分类及特点、木料之选择与防腐处理、水管之寿命等。
收藏单位：南京馆

03911
水力发电问题之面面观 黄辉著
[南京]：建设委员会，1936.1，48 页，16 开
本书泛论水力、水力工程、水力发电和其他事业的关系，并介绍世界水力发展概况等。
收藏单位：广东馆

03912
四川长寿桃花溪水电厂暗渠及引水管水流情形之探讨 郑肇经总编纂
南京：中央水利实验处，1948.5，26 页，16 开（中央水利实验处研究试验报告 甲种 水工模型试验 16）
本书共 9 章，内容包括：流量之估计、暗渠粗糙率的推算、水流情形等。附图：四川长寿桃花溪水电厂暗渠之水流情形图等 6 种。附龙溪河水力发电厂工程处桃花溪水力试验

记录表及英文摘要。

收藏单位：广东馆、国家馆、上海馆

03913

瀹江水力发电工程概要 资源委员会全国水力发电工程总处设计

[资源委员会全国水力发电工程总处]，1948.3，1册，16开

收藏单位：南京馆

03914

扬子江上游水力发电勘测报告 恽震等著

出版者不详，1933，[144]页，16开

收藏单位：广东馆、湖南馆

03915

资源委员会龙溪河水力发电工程处民国二十六、二十七年工作报告 黄育贤编

出版者不详，油印本，1册，16开

收藏单位：南京馆

治河工程与防洪工程

03916

河工图谱 殷同著

出版者不详，55页，16开（筹堵黄河中牟决口委员会汇刊3）

本书内容包括：堤埝图、大堤子埝后戗图、丁厢护治及拥厢埽图、埽之做法图等。单面印。

收藏单位：国家馆、天津馆

03917

整理东濠下游报告书 广州市政府编

广州：广州市政府，1936.3，150页，25开（广州市市政建设丛刊12）

本书内容包括：整理东濠之计划、附录等。

收藏单位：重庆馆、江西馆、浙江馆

03918

治水方略续集 杨豫堂著

常熟：水利研究会，[1945.8]，11页，16开

本书为《天时预测法》续篇。书前有《治水刍议》。

收藏单位：国家馆、河南馆、南京馆

河工学

03919

河道工程学 刘友惠著 冯雄校

外文题名：River engineering

上海：商务印书馆，1928.11，125页，22开，精装（工程丛书）

上海：商务印书馆，1931，再版，125页，22开，精装（工程丛书）

本书共5编：总论、高水河工、低水河工、河口修治工、渠。

收藏单位：重庆馆、广东馆、国家馆、湖南馆、江西馆、山西馆、陕西馆、首都馆、浙江馆

03920

河工 冯雄著

上海：商务印书馆，1930.10，148页，32开（万有文库 第1集0587）（工学小丛书）

上海：商务印书馆，1934.1，148页，32开（工学小丛书）

上海：商务印书馆，1934.7，再版，148页，32开（工学小丛书）

上海：商务印书馆，1934.11，3版，148页，32开（工学小丛书）

上海：商务印书馆，1935.3，4版，148页，32开（工学小丛书）

上海：商务印书馆，1937，5版，148页，32开（工学小丛书）

长沙：商务印书馆，1939.12，148页，32开（万有文库 第1、2集简编500种）（工学小丛书）

上海：商务印书馆，1947.5，6版，111页（工学小丛书）

本书共14章，内容包括：河道之生成、河中水流之定律、河道流量、预测洪水、整理河槽、化河为渠等。

收藏单位：安徽馆、长春馆、重庆馆、大理馆、大连馆、东北师大馆、广东馆、广西馆、贵州馆、国家馆、黑龙江馆、湖南馆、惠州馆、江西馆、辽大馆、辽东学院馆、辽宁馆、辽师大馆、柳州馆、南京馆、内蒙古馆、宁夏馆、清华馆、陕西馆、上海馆、首都馆、天津馆、西南大学馆、浙江馆、中科图

03921

河工方略　余家洵编著

重庆：正中书局，1945.12，130 页，25 开

上海：正中书局，1946.9，沪 1 版，130 页，25 开

上海：正中书局，1947.6，沪 3 版，130 页，25 开

本书为大学用书。内容包括：治理河源之要义、不通航河流之治理、通航河流之治理、治河方略等。附录：挟沙山溪之治理、治河工事与河流利益、缕堤考、德华专门名词对照、参考书籍。

收藏单位：重庆馆、广东馆、国家馆、湖南馆、辽宁馆、南京馆、清华馆、上海馆、天津馆、西南大学馆、浙江馆、中科图

03922

河工实施　陈和甫讲稿　导淮讲习会编

导淮讲习会，1935.7，11 页，16 开

本书内容包括：设计、施工、筑堤、开河等。

03923

河工学　（日）浅野好著

北京：国立北京大学工学院，[1943.9]，178 页，16 开

本书共 5 编，内容包括：河流总论、气象及水文、河流水理学等。

收藏单位：国家馆

03924

河工学　张书农著

上海：厚生出版社，102 页，36 开（中国工程师手册 水利手册 5）

收藏单位：上海馆

03925

河工学　郑肇经著

工务总署土木工程专科学校，[1937—1949]，452+60 页，16 开

本书为工务总署土木工程专科学校河港工程讲义。

收藏单位：国家馆

03926

河工学　郑肇经著

上海：商务印书馆，1934.3，570 页，22 开，精装（大学丛书 教本）

上海：商务印书馆，1934，再版，2 册（570 页），22 开（大学丛书 教本）

上海：商务印书馆，1935.5，3 版，570 页，22 开，精装（大学丛书 教本）

长沙：商务印书馆，1938，4 版，570 页，22 开，精装（大学丛书 教本）

上海：商务印书馆，1948，6 版，2 册（570 页），22 开（大学丛书 教本）

本书共 6 章：总论、河性通论、治河设计、治河工程、护岸工程、堤防工程。附录：河工模型试验述要、练习图解、译名摘要。

收藏单位：重庆馆、东北师大馆、广西馆、贵州馆、国家馆、河南馆、黑龙江馆、湖南馆、江西馆、辽宁馆、南京馆、内蒙古馆、宁夏馆、上海馆、首都馆、天津馆、西南大学馆、浙江馆

03927

河工学讲义　曾鸿编

成都：中央陆军军官学校成都分校土木工程训练班，1936，1 册，25 开

本书共 10 章：绪论、河的通性、治河计划、防砂工、低水工、高水工、抢险工、复旧工、运河、灌溉。

收藏单位：重庆馆

03928

河工用语（附图）　筹堵黄河中牟决口委员会编

筹堵黄河中牟决口委员会，1942.2，1册，16开

收藏单位：国家馆、中科图

03929

嵇曾筠河工说

出版者不详，油印本，1册，16开

收藏单位：南京馆

03930

水工学 李仪祉著

西安：和记印书馆，1938.11，350页，16开

本书共3卷：河工学、治河通论、渠工学。附录：论中国之水道、柏燕豪学说。

收藏单位：国家馆、南京馆、上海馆

03931

水工学·抢险图谱 李仪祉著·中国水利工程学会编

台北：文海出版社，[1938]，影印本，350+86页，25开，精装（中国水利要籍丛编 第4集 38—39）

本书共3卷：河工学、治河通论、渠工学。

收藏单位：国家馆

03932

喻谦行水商讨 喻谦昧龛氏著

出版者不详，12+14页，18开

本书介绍水患、治水等。

收藏单位：国家馆

03933

战时浙江农业与水利 钱承绪编

上海：中国经济研究会，1940.8，1册，18开

本书内容包括：水文测量之经过、气象事业之设施等。

收藏单位：浙江馆

03934

治河研究 （德）温开尔（Richard Winkel）著 王寿宝译

外文题名：Die Grundlagen der Flussregelung

长沙：商务印书馆，1940.12，116页，36开（工学小丛书）

上海：商务印书馆，1948.5，再版，116页，36开（工学小丛书）

本书共2章：河之治导、河之渠化。附录：中德英名词对照表、公制与英制度量衡换算表、中国历代治河名言摘要。

收藏单位：长春馆、重庆馆、国家馆、辽宁馆、南京馆、陕西馆、上海馆、浙江馆

03935

治水论 （日）冈崎文吉著 刘光藜编译 吴贯因校

北京：内政部编译处，1922，80页，18开

本书共2篇：总论、一般河工。

收藏单位：国家馆、宁夏馆、首都馆

治河方法（河道整治）

03936

安澜纪要（上卷）（清）徐端著

镇江：新民印刷工业社，[120]页，32开

本书介绍防汛措施及治河条例等。与《河工律例成案图》合订。

收藏单位：上海馆

03937

回澜纪要 （清）徐端著

镇江：新民印刷工业社，26页，32开

本书概述治河工程的各种办法和组织制度等。

收藏单位：上海馆

03938

疏浚河渠湖塘工程须知 江西水利局编

江西水利局，4页，44开

整治建筑

03939

钱塘江丁坝设计之检讨 汪胡桢编

中国水利工程学会，[1937]，9页，16开

本书为《中国水利工程学会第 11 届年会论文》抽印本。

收藏单位：国家馆

03940
修建护岸工程须知　江西水利局编
江西水利局，4 页，44 开

防洪工程

03941
对于洪水防御警官心得·对于防水须知　天津水利工程局　天津防泛委员会 [编制]
天津：天津水利工程局、天津防泛委员会，1 册，32 开

收藏单位：天津馆

03942
二十四年江河修防纪要　全国经济委员会编
全国经济委员会，1936.2，330 页，16 开（全国经济委员会丛刊 23）

本书共 12 部分，内容包括：总述、豫冀鲁三省黄河大堤之培修工程、金堤之培修工程、贯孟堤之培修工程、黄河方面之防汛工作、扬子江方面之防汛工作等。

收藏单位：安徽馆、广东馆、国家馆、近代史所、南京馆、山西馆、陕西馆、上海馆

03943
防汛教材　导沂司令部工程处编
出版者不详，16 页，32 开

收藏单位：南京馆

03944
防汛须知　全国经济委员会江汉工程局编
全国经济委员会江汉工程局，1934.5，12+[24]+34 页，16 开

本书共 4 部分：弁言、事前准备、抢险方法、附录。附录：美国密西西必河防汛办法、荆江堤工局防汛时传签报水并昼夜梭巡抢护办法。

收藏单位：国家馆

03945
冯军修护永定河纪实
出版者不详，1924.8，52 页，25 开

本书内容包括：永定河之关系总论、永定河之概略、浚河工作纪要、今年久雨之情形、永定河根本计划及应行改革案等。目录页题名：修浚及抢护永定河纪实。

收藏单位：国家馆

03946
国民政府救济水灾委员会第二区工振局工程经过报告书　林友龙等著
出版者不详，[1932]，手抄本，108 页，16 开，环筒页装

本书内容包括：《第二区工赈局工程经过报告》（林友龙）、《第一段工程经过情形报告》（杨世栋）、《第三段工程经过情形报告》（黄道容）、《第三段工程经过情形报告》（刘复瑗）、《整理扬子江南北两岸干堤意见》（林友龙）等。附《第二区工赈局职员录》。

收藏单位：重庆馆

03947
国民政府救济水灾委员会第十八区工振管理局工程实录　国民政府救济水灾委员会第十八区工振管理局编
国民政府救济水灾委员会第十八区工振管理局，1932.6，1 册，18 开

本书介绍工赈管理局工程概况、沙河工赈事务所工程概况、伊洛工赈事务所工程概况等。

收藏单位：国家馆、河南馆、南京馆、中科图

03948
国民政府救济水灾委员会工振处第十七区工振管理局总报告　[国民政府救济水灾委员会工振处第十七区工振管理局] 编
[国民政府救济水灾委员会工振处第十七区工振管理局]，1932.8，38 页，16 开

收藏单位：南京馆

03949
洪水防止法　Alvord Burdick 著　冯雄译
外文题名：Relief from floods
上海：商务印书馆，1936.7，155 页，22 开
本书共 7 章，内容包括：洪水问题、防止洪水之各种方法、洪水研究、蓄水防洪等。附录：美国大洪水表。
收藏单位：重庆馆、广东馆、国家馆、湖南馆、辽宁馆、南京馆、内蒙古馆、宁夏馆、陕西馆、上海馆、首都馆、浙江馆、中科图

03950
江北运河决口及其善后问题　郑肇经著
出版者不详，1931，7 页
本书为《工程》第 7 卷抽印本。
收藏单位：近代史所

03951
江苏省吁请迅堵黄河中牟决口以救苏皖案牍　江苏建设厅编
出版者不详，14 页，32 开
收藏单位：南京馆

03952
兰封小新堤块石护岸及其上游挑水坝工程计划（比例 1：200）　黄河水利委员会 [编]
黄河水利委员会，1934，1 册，13 开
本书附黄河水利委员会工作纲要。
收藏单位：国家馆、南京馆

03953
培修豫冀鲁大堤紧急工程及培修金堤工程会议纪录
黄河水利委员会，1935，油印本，1 册，16 开
收藏单位：南京馆

03954
抢险述要　江苏省政府编
[南京]：江苏省政府，1938.7，4+[15] 页，16 开，环筒页装
本书概述河流抢险的种类及办法。附抢险图。
收藏单位：国家馆、上海馆

03955
抢险图谱　建设总署水利局河川科 [编]
建设总署水利局河川科，19 叶，18 开，环筒页装
本书介绍抢修堤坝的各种方法。
收藏单位：国家馆

03956
抢险图谱　全国经济委员会水利处编
[南京]：中国水利工程学会，80 页，32 开
南京：中国水利工程学会，1936，再版，80 页，32 开
本书介绍抢修堤坝的各种方法。
收藏单位：重庆馆、广东馆、国家馆、南京馆、上海馆、天津馆

03957
苏北防汛报告　江苏省建设厅编
[镇江]：[江苏省建设厅]，1935.10，1 册，16 开
收藏单位：南京馆

03958
天津防汛　天津市防汛委员会　天津市人民防汛指挥部 [编]
天津：天津市防汛委员会、天津市人民防汛指挥部，1949，58 页，16 开
本书为工作报告。共 4 章：天津市防汛基本情况、防汛纪要、工作总结、图表章程。
收藏单位：东北师大馆、国家馆

03959
汛堤摄影集
出版者不详，[1930—1939]，粘贴本，1 册，横 16 开，精装
本书内收南一汛二十二号首劈隄挂柳情状约二十丈、南四汛三号中走埽劈隄情状约十五丈等 49 幅照片。题名自拟。
收藏单位：国家馆

03960
扬子江、滦河、白河干支流堵口复堤工程
行政院新闻局编
行政院新闻局，1947.11，36页，32开

本书内容包括：湘、赣、皖、苏、京五省市境内之扬子江口复堤工程计划，江汉干支堤堵口复堤工程，滦、白河水系堵口复堤工程等。

收藏单位：重庆馆、大庆馆、广东馆、广西馆、国家馆、河南馆、湖南馆、江西馆、近代史所、辽宁馆、南京馆、宁夏馆、上海馆、首都馆、西南大学馆、浙江馆

03961
一九四九年天津防汛　天津市防汛委员会　天津市人民防汛指挥部编
天津：[天津市防汛委员会、天津市人民防汛指挥部]，1949，58页，16开

本书内容包括：本市防汛基本情况、本年防汛纪要、工作总结等。目录页题名：一九四九年天津市防汛委员会、天津市人民防汛指挥部工作报告。

收藏单位：天津馆

03962
中国防洪治河法汇编　杨文鼎编　何兆年校
开封：建华印刷所，1936.4，[22]+196+26页，16开

本书共5章：河之形势、河之防洪、修守事宜、河之料物、河工器具。附录：河工名词术语、河工估勘验收各法、浚泉凿井各法、节录名人治河要言等。

收藏单位：重庆馆、东北师大馆、国家馆、河南馆、南京馆、内蒙古馆、上海馆、首都馆、浙江馆、中科图

03963
筑堤工程须知　江西水利局编
江西水利局，4页，42开

收藏单位：陕西馆

03964
筑堤浅说
出版者不详，1942.10，油印本，1册，大16开，环筒页装

收藏单位：国家馆

中国河流治理

03965
二十四年江河堵口复堤及疏导淮北积水
出版者不详，[1936]，油印本，1册，16开，环筒页装

本书内容包括：苏鲁豫冀四省原拟复堤工程一览表、江河堵口复堤工程勘估报告、苏北防汛报告等。

收藏单位：国家馆

03966
各省二十四年堤防工程　中央统计处编
中央统计处，[1935]，34页，23开

本书介绍1935年全国各地修筑堤坝等水利工程概况。

收藏单位：上海馆

03967
各省二十四年航运水利工程　中央统计处编
中央统计处，[1935]，26页，24开

本书介绍河北、江西、江苏、浙江、山东、河南、安徽、南京八省市的河道疏浚工程情况。内容包括：海河收淤工程、官厅水库工程及中游增固工程、龙凤河节制闸工程等。

收藏单位：上海馆

03968
河防一览　（明）潘季驯著　汪胡桢句读　徐砚农校
南京：中国水利工程学会，1936.6，4册（570页），25开（中国水利珍本丛书 第1辑4）

本书共16卷。第1册1至6卷，内容包括：祖陵图说、皇陵图说、两河全图说、河议辩惑等；第2册7至10卷，内容包括：经略两河疏、勘估工程疏、河工补益疏等；第3册11至12卷，内容包括：添设管河官员疏、停寝訾家营工疏等；第4册13至16卷，内容包

括：请遣大臣海河疏、科道会勘河工疏、查理沁卫二河疏等。

收藏单位：重庆馆、广东馆、广西馆、国家馆、河南馆、南京馆、山西馆、上海馆、首都馆、中科图

03969

河务季报（1—5 期） 内务部全国河务研究会[编]

内务部全国河务研究会，1919—1921，1 册，18 开

收藏单位：国家馆

03970

河务季报（6—10 期） 内务部全国河务研究会[编]

内务部全国河务研究会，1921—1925，1 册，18 开

收藏单位：国家馆

03971

两轩胜语　武同举著

出版者不详，1927，[340] 页，16 开

本书内收论文 25 篇，内容包括：《吁兴江北水利文》《江苏江北水道说》《江苏淮南水道变迁史》《导淮入江入海刍议》等。

收藏单位：长春馆、广东馆、国家馆、近代史所、南京馆、内蒙古馆、人大馆、上海馆、天津馆、西南大学馆、浙江馆

03972

内务部全国河务会议汇编（[1918 年]） 内务部编

内务部，[1918.4]，[494] 页，16 开，精装

本书内收 1918 年 4 月 17 日至 5 月 6 日 10 次全国河务会议的章程、公文、纪事、议决案、否决案、议事录等。

收藏单位：国家馆

03973

内务部全国河务会议汇编（[1920 年]） 内务部编

内务部，[1920]，[158] 页，16 开，精装

本书内收 1919 年 12 月第二次全国河务会议有关的文件、资料。

收藏单位：国家馆、农大馆

03974

内务部全国河务会议纪念集（中华民国七年第一次） 内务部编

内务部，[1918]，34 页，16 开，精装

本书为摄影集，其中有冯国璋、段琪瑞及河务会议参加人员等的摄影。

03975

清理报告书　湖北水利堤工事务清理委员会编

湖北水利堤工事务清理委员会，3 册，16 开

本书内容包括：清理湖北历年堤款收支报告、清理水利事务报告等。逐页题名：湖北水利堤工事务清理委员会清理报告书。

收藏单位：上海馆

03976

全国河务研究会议案　内务部编

内务部，70 页，16 开

本书内容包括：本会设立缘起、全国河务会议章程、全国河务研究会章程、本会职员、议案等。

收藏单位：国家馆

03977

全国主要河流堤防善后计划

出版者不详，油印本，1 册，16 开

收藏单位：南京馆

03978

实业计划水道要论　陈遵楷编

上海：商务印书馆，1930.6，172 页，32 开（史地小丛书）

上海：商务印书馆，1933.10，国难后 1 版，172 页，32 开（史地小丛书）

本书共 3 编：绪论、流域总论、流域各论。着重从各山川系统及地方经济角度，浅释孙中山的实业计划。

收藏单位：重庆馆、广东馆、广西馆、国

家馆、河南馆、湖南馆、江西馆、内蒙古馆、宁夏馆、上海馆、天津馆、中科图

03979
水灾善后问题（中英文本） 普意雅（C. Bouillard）拟
出版者不详，[1918]，13+13页，长12开
本书共8章。介绍中国北方河道、源流、预防水患法、人造大湖等。
收藏单位：国家馆

03980
新河河工事物所职员一览表
出版者不详，10页，18开
本书详细记录新河河工事物所职员。
收藏单位：浙江馆

03981
一尘水利稿摘存 武同举著
出版者不详，[1919.4]，[80]页，16开
本书共4章：黄河、淮水、泗沂之水（汶水）、沭水。书前有泗沂沭下游现势图、淮水下游现势图。目录页题名：江北行水今昔观。武同举又名“一尘”。
收藏单位：国家馆

03982
云南弥勒甸溪滚水坝模型试验报告书·陕西涝惠渠工程计划之研究·贵州涟江拦河坝模型试验初步报告书 中央水利实验处水工报告编辑委员会编
南京：中央水利实验处水工报告编辑委员会，1948.5，56页，16开（中央水利实验处研究试验报告 甲种 水工模型试验12）
本书为合订书。与本书合订的还有：湖北金水流域泄洪堰模型试验报告书、陕西湑惠渠拦河坝模型试验报告书。附英文摘要。
收藏单位：广东馆、国家馆、上海馆

03983
中华民国七年第一次内务部全国河务会议纪念集
出版者不详，1918，1册，16开，精装
本书内收冯国璋及与会人员肖像和会场场址照片。
收藏单位：国家馆

03984
中央水利实验处河工实验区计划书
中央水利实验处，[1943]，油印本，16叶，16开，环筒页装
收藏单位：国家馆

黄河

03985
参观黄河三刘砦堵口工程后述见（今后之治河问题） 显钦[著]
出版者不详，[1939.6]，油印本，[10]页，16开，环筒页装
收藏单位：国家馆

03986
查勘花园口决口报告书及河工实验区计划书附图
出版者不详，1册，16开
收藏单位：南京馆

03987
查勘黄河签招雇打桩机工
出版者不详，手写本，1册，16开
收藏单位：南京馆

03988
筹堵黄河中牟决口委员会工程计划大纲 [筹堵委员会工务处]撰
出版者不详，1942，油印本，1册，16开
收藏单位：首都馆

03989
筹堵黄河中牟决口文件辑要 殷同编
筹堵黄河中牟决口委员会，1941.6，96页，16开
本书为日伪出版物。共12部分，内容包括：提案、签呈、意见书、重要谈话、文电、

黄河大徙年表、黄河六大变迁暨中牟决口的浸灌所及区域图等，约50余份。

收藏单位：国家馆、近代史所、南京馆、内蒙古馆、上海馆、首都馆

03990

大禹治水之科学精神——黄河治本探讨　沙玉清著

[兰州]：国立西北农学院农业水利系，1942.6，油印本，47叶，16开，环筒页装

本书共28部分，内容包括：黄河之泥沙、黄水之性质、黄水之流速、黄水之含泥量、黄河之流域、黄河之流量等。

收藏单位：国家馆

03991

第二黄河调查委员会华北委员会第二、第三、第四部会调查报告书

出版者不详，1949，520页，16开

本书为日本人研究黄河的资料。

收藏单位：南京馆

03992

调查河套报告书　督办运河工程总局编辑处编

北京：京华印书局，1923.11，[39]+476页，18开，精装

本书内容包括：调查缘起、调查团组织、调查报告、调查记录、旅行日记等。附录：垦务附图、后套垦地图等。

收藏单位：国家馆、河南馆、黑龙江馆、近代史所、上海馆、首都馆、中科图

03993

对于山东董庄黄河堵口工程合龙闭气之谈话及根本治黄之意见　孔祥榕著

出版者不详，[1936.4]，8页，16开

收藏单位：国家馆

03994

恩格思教授治导黄河试验报告书　德国明星水工研究所著

中国工程师学会，[1932.10]，[30]页，16开

收藏单位：重庆馆、国家馆

03995

恩格思治导黄河试验报告汇编　全国经济委员会水利处编

南京：全国经济委员会，1935，232页，16开（全国经济委员会水利处水利专刊5）（水利处丛刊2）

南京：全国经济委员会，1936.3，232页，16开（全国经济委员会水利处水利专刊5）（水利处丛刊2）

本书内收恩氏论文及有关往来文牍。内容包括：制驭黄河论、黄河丁坝试验简要报告、民国二十一年（1932）和二十三年（1934）治导黄河试验报告等。附德文原本。

收藏单位：广东馆、国家馆、湖南馆、南京馆、内蒙古馆、上海馆、浙江馆

03996

工赈接修三义寨至小新堤间新堤工程计划　黄河水利委员会编

黄河水利委员会，1935.9，1册，12开

收藏单位：南京馆

03997

古今治河图说　吴君勉纂辑　诸青来　武两轩鉴定

[重庆]：水利委员会，[1942.6]，130页，16开（水利委员会水政丛书2）

本书共11章，内容包括：禹河、河大徙、近代大河、黄河利病及治法等。附录：黄河水利委员会勘查下游三省黄河报告、李仪祉氏黄河根本治法之商榷、张一烈氏黄河中牟堵口概况等9种。

收藏单位：重庆馆、广东馆、国家馆、南京馆、清华馆、山西馆、浙江馆

03998

河防通议·至正河防记　（元）沙克什撰·（元）欧阳玄撰

南京：中国水利工程学会，1936.1，62+16页，32开（中国水利珍本丛书第1辑1—2）

南京：中国水利工程学会，1936.5，再版，

62+16 页，32 开（中国水利珍本丛书 第 1 辑 1—2）

本书为合订书。《河防通议》共 2 卷，上卷内容包括：河议第一、制度第二等；下卷内容包括：功程第四、输运第五、算法第六。封面题名：河防通议至正河防记合刻。

收藏单位：广西馆、国家馆、南京馆、上海馆、首都馆、中科图

03999
河南河务局二十五年河防报告书 王力仁编
河南河务局，1936.10，68 页，16 开

本书概述该年度办理豫河河防的经过情况。

收藏单位：国家馆

04000
河南黄河水利初步计划书
河南水利局，1929.8，48 页，32 开

收藏单位：南京馆

04001
河南黄沁两河工程详图 黄道容等测量 曹龙章制图 刘名权缮写
河南河务局，1924.4，1 册，8 开

本书内收折页图表 23 幅。附图例、图说、工程表等。

收藏单位：国家馆

04002
河南省河务局总分局职员录 河南省河务局编
河南省河务局，[1935.5]，12 页，16 开，环筒页装

收藏单位：国家馆

04003
河史述要 武同举著
上海：江苏研究社，1935.12，56 页，32 开（江苏丛书）

本书介绍黄河变迁过程和水患严重情况。

04004
黑岗口黄河巨型试验初步计划 黄河水利委员会编
黄河水利委员会，1936.1，1 册，12 开

收藏单位：南京馆

04005
扈工特刊 山东河务局编
济南：山东河务局，1930.11，1 册，16 开

本书内收山东利津县扈家滩境内治河方面的命令、呈文、函电、工程、专载等。

收藏单位：国家馆

04006
黄河安澜特刊 黄河安澜特刊编辑委员会主编
黄河水利工程总局，1947.10，32 页，13 开

收藏单位：国家馆

04007
黄河调查综合报告书（第四篇 黄河流域农田水利调查报告） 前日本东亚研究所著 薛德焴 金宝相译
[南京]：中央水利实验处，1949，64 页，16 开（黄河研究资料汇编 13）

收藏单位：国家馆、天津馆

04008
黄河堵口复堤工程概况 朱光彩 [编]
黄河堵口复堤工程局，1947，油印本，5 叶，16 开

收藏单位：国家馆

04009
黄河堵口工程 行政院新闻局编
行政院新闻局，1947.7，30 页，32 开

本书介绍黄河花园口决口堵口前后经过。附黄河堵口摄影 28 幅。

收藏单位：安徽馆、重庆馆、大庆馆、广东馆、国家馆、湖南馆、江西馆、近代史所、南京馆、上海馆、首都馆、天津馆、浙江馆

04010
[黄河堵口工程计划]
出版者不详，手写本，1册，16开
收藏单位：南京馆

04011
黄河堵口问题
正论出版社，1947.2，10页，32开
收藏单位：东北师大馆、国家馆、江西馆、南京馆

04012
黄河防汛会议暨黄河水利委员会第一次会议汇编 黄河水利委员会总务处编
[开封]：黄河水利委员会总务处，1933.12，244页，16开
本书共2编：黄河防汛会议、黄河水利委员会第一次会议。每编共4部分：纪录、提案、文电、附表。
收藏单位：广东馆、国家馆、天津馆

04013
黄河防汛会议议程及纪录 黄河水利委员会总务处编
[开封]：黄河水利委员会总务处，1933，油印本，34叶，13开，环筒页装
收藏单位：国家馆

04014
黄河概况及治本探讨 黄河水利委员会编
开封：黄河水利委员会，1935.6，150页，16开
本书概述黄河的地形、水文、灌溉和垦殖情况，并探讨黄河的治理问题。附录：本会之纲要、本会一年来之工作概况。
收藏单位：甘肃馆、国家馆、南京馆、清华馆、天津馆、中科图

04015
黄河河工图谱 全国经济委员会水利处复制
出版者不详，1935，晒印本，1册，13开
本书介绍按照河道演变规律，因势利导，调整、稳定河道主流位置，改善水流、泥沙运动和河床冲淤部位，以适应防洪、航运、供水、排水等国民经济建设要求的工程措施；河道整治包括控制和调整河势，裁弯取直，河道展宽和疏浚等。
收藏单位：国家馆、浙江馆

04016
黄河花园口堵口工程概要 黄河堵口复堤工程局编
黄河堵口复堤工程局，1947.4，6页，16开
收藏单位：南京馆

04017
黄河花园口合龙纪念册 黄河堵口复堤工程局编
黄河堵口复堤工程局，1947.9，84页，16开，精装
本书介绍1946年至1947年黄河花园口决口合龙工程计划概要、施工经过、工料款清册、工作人员录、大事记等。
收藏单位：安徽馆、东北师大馆、广东馆、国家馆、河南馆、黑龙江馆、湖南馆、近代史所、南京馆、内蒙古馆、陕西馆、上海馆、首都馆、天津馆、西南大学馆、浙江馆

04018
黄河流域之管理 万晋著
出版者不详，1936.6，16页，16开
收藏单位：南京馆

04019
黄河南徙夺淮之危机及中牟堵口之必要
出版者不详，7页，18开
本书为文言体，圈点。记述黄河改道的历史变迁，黄河泛滥对淮河流域的危害，由中牟堵口改道的办法，以及解决黄河水患的主张。附录：黄河大徙年表、黄河六大变迁暨中牟决口之浸灌所及区域图。
收藏单位：国家馆、南京馆、首都馆

04020
黄河三门峡筑坝计划

山东省经济建设技术人员协会，1942.6，油印本，1 册，16 开

收藏单位：南京馆

04021
黄河上中游考察报告 张含英等著
南京：水利委员会，1947.1，106 页，16 开（黄河治本研究报告）

本书共 9 章，内容包括：河道、气象与水文、地质、青甘段之水利、宁绥段之灌溉、晋陕段之水库等。附录：本团组织规程、工作路线图、工作大事记等。

收藏单位：国家馆、近代史所、南京馆、上海馆、天津馆、中科图

04022
黄河石头庄、冯楼堵口工程实录 宋希尚著
中国水利工程学会，[1935.2]，52 页，16 开

本书介绍 1933 年黄河在河北省长垣县境内决口后，黄河水利委员会治河赈灾主持堵口工程的情形。内容包括：决口经过、堵口计划、施工程序、预算等。

收藏单位：国家馆

04023
黄河水患之控制 张含英著
汉口：艺文研究会，1938.7，90 页，32 开（艺文丛书 8）

本书共 14 部分，内容包括：黄河流域之今昔、黄河祸源概述、地形与黄土、气候、水流、泥沙、防洪设施之现况等。

收藏单位：重庆馆、广东馆、贵州馆、国家馆、湖南馆、江西馆、南京馆、清华馆、山西馆、上海馆、首都馆

04024
黄河水利发展争议 王仰曾编
出版者不详，1 册，16 开

收藏单位：南京馆

04025
黄河水利委员会查勘队三十二年宁夏灌溉区查勘报告书
黄河水利委员会，1944.3，油印本，1 册，16 开

收藏单位：南京馆、中科图

04026
黄河水利委员会第二次大会特刊 黄河水利委员会编
黄河水利委员会，1934.5，280 页，16 开

本书共 4 部分：纪录、提案、文电摘要、附录。

收藏单位：国家馆、天津馆

04027
黄河水利委员会第三次大会特刊 黄河水利委员会编
黄河水利委员会，1934.11，144 页，16 开

本书共 3 部分：纪录、提案、附录。

收藏单位：国家馆、天津馆

04028
黄河水利委员会第四次大会议程
黄河水利委员会，1935，1 册，16 开，环筒页装

收藏单位：国家馆、内蒙古馆

04029
黄河水利委员会二十九年一月份工作报告
黄河水利委员会 [编]
黄河水利委员会，[1941]，油印本，19 叶，16 开，环筒页装

收藏单位：国家馆

04030
黄河水利委员会二十九年二月份工作报告
黄河水利委员会 [编]
黄河水利委员会，[1941]，油印本，20 叶，16 开，环筒页装

收藏单位：国家馆

04031
黄河水利委员会二十九年三月份工作报告
黄河水利委员会 [编]
黄河水利委员会，[1941]，油印本，21 叶，

16 开，环筒页装
收藏单位：国家馆

04032
黄河水利委员会二十九年四月份工作报告
黄河水利委员会 [编]
黄河水利委员会，[1941]，油印本，16 叶，16 开，环筒页装
收藏单位：国家馆

04033
黄河水利委员会二十九年五月份工作报告
黄河水利委员会 [编]
黄河水利委员会，[1941]，油印本，16 叶，16 开，环筒页装
收藏单位：国家馆

04034
黄河水利委员会二十九年六月份工作报告
黄河水利委员会 [编]
黄河水利委员会，[1941]，油印本，21 叶，16 开，环筒页装
收藏单位：国家馆

04035
黄河水利委员会二十九年七月份工作报告
黄河水利委员会 [编]
黄河水利委员会，[1941]，油印本，17 叶，16 开，环筒页装
收藏单位：国家馆

04036
黄河水利委员会二十九年八月份工作报告
黄河水利委员会 [编]
黄河水利委员会，[1941]，油印本，28 叶，16 开，环筒页装
收藏单位：国家馆

04037
黄河水利委员会二十九年九月份工作报告
黄河水利委员会 [编]
黄河水利委员会，[1941]，油印本，21 叶，16 开，环筒页装
收藏单位：国家馆

04038
黄河水利委员会二十九年十月份工作报告
黄河水利委员会 [编]
黄河水利委员会，[1941]，油印本，19 叶，16 开，环筒页装
收藏单位：国家馆

04039
黄河水利委员会二十九年十一月份工作报告
黄河水利委员会 [编]
黄河水利委员会，[1941]，油印本，13 叶，16 开，环筒页装
收藏单位：国家馆、中科图

04040
黄河水利委员会二十九年十二月份工作报告
黄河水利委员会 [编]
黄河水利委员会，[1941]，油印本，1 册，16 开，环筒页装
收藏单位：国家馆

04041
黄河水利委员会各项事业单位经费收支四柱清册
出版者不详，油印本，1 册，16 开
收藏单位：南京馆

04042
黄河水利委员会工作报告（自二十三年二月起至二十三年八月止） 黄河水利委员会 [编]
黄河水利委员会，[1935]，油印本，1 册，16 开，环筒页装
收藏单位：国家馆

04043
黄河水利委员会培修金堤办事规则
出版者不详，1 册，16 开
收藏单位：南京馆

04044
黄河水利委员会豫冀鲁三省金堤紧急培修工程计划
黄河水利委员会，1935.3，1册，16开
收藏单位：南京馆

04045
黄河水利问题与二十四年之整治工程 中央统计处编
中央统计处，[1935]，10页，24开

04046
黄河问题 沈怡著
出版者不详，[1934]，[12]页，12开，环筒页装
本书介绍黄河的沿革、地理、水患及治理等。《现代评论》第4卷第85至87期抽印本。
收藏单位：国家馆

04047
黄河下游治理计划标准图估价表 黄河水利委员会编制
黄河水利委员会，1946.7，54页，16开
收藏单位：南京馆

04048
黄河下游治理计划工程估价总册 黄河水利委员会编制
黄河水利委员会，1946.10，37页，16开
收藏单位：南京馆

04049
黄河下游治理计划工程明细表 黄河水利委员会编
黄河水利委员会，1946.7，24页，16开
收藏单位：南京馆

04050
黄河下游治理计划整理大堤土方计划表 黄河水利委员会编
黄河水利委员会，1946.6，油印本，1册，8开
收藏单位：南京馆

04051
黄河之整理 白郎都（J. L. Brandl）著 周尚译
出版者不详，[1933]，[32]页，16开
本书为黄河下游治理工程意见书。中英德文本。
收藏单位：重庆馆

04052
黄河治本论（初稿） 成甫隆著
北平：笃一轩，1947.3，88页，32开
本书介绍黄河流域的现状，评论各种治河的方策及治本良策等。
收藏单位：国家馆、南京馆、内蒙古馆、宁夏馆、清华馆、首都馆、天津馆

04053
黄河中游调查报告 王华棠等著
天津：华北水利委员会，1934.10，46页，16开
本书共7章，内容包括：河道现状、灌溉、航运、测量计划、地质概略等。
收藏单位：重庆馆、广东馆、国家馆、黑龙江馆、近代史所、首都馆、天津馆

04054
冀鲁豫三省黄河安澜庆祝会特刊 冀鲁豫三省黄河安澜庆祝会编
济南：冀鲁豫三省黄河安澜庆祝会，1936.12，94页，16开
本书共7部分，内容包括：序文、图照、筹备经过、开会情形、附录等。
收藏单位：国家馆

04055
勘查下游三省黄河报告 黄河水利委员会编
开封：黄河水利委员会，1934.3，26页，16开
本书介绍河南、河北、山东三省黄河形势及南北两岸堤坝状况。
收藏单位：国家馆、天津馆

04056
历代治河方略述要 张含英著
重庆：商务印书馆，1945.11，152 页，25 开
上海：商务印书馆，1946.6，152 页，25 开

本书根据历代治河资料写成，以大禹、贾让、贾鲁、潘季驯、陈潢及李仪祉 6 人为历代各派治河代表，分别介绍其治水方法及理论等。附录：防洪要略。

收藏单位：重庆馆、东北师大馆、复旦馆、广东馆、广西馆、国家馆、黑龙江馆、湖南馆、江西馆、近代史所、辽宁馆、南京馆、内蒙古馆、上海馆、首都馆、天津馆、西南大学馆、浙江馆、中科图

04057
利津宫家坝堵口驻工办事处报告书 王露洪编
利津宫家坝堵口驻工办事处，1923.11，1 册，16 开

本书内容包括：组织办事处缘起、工程实施考查、大汛协助公司抢险始末等。附建业公司包工合同。书前有宫家坝堵口全工形势图等 17 幅。

收藏单位：国家馆

04058
民国二十四年黄河水利概况
出版者不详，[1935—1949]，油印本，1 册，16 开

收藏单位：南京馆

04059
内务部提议寓兵于工实行修治河道案 内务部编
内务部，[1918.4]，16 页，18 开

本书内收提案及附件。附件 1：摘抄山东督办运河工程局资报河套测勘情形暨开渠屯垦一案；附件 2：摘抄山东河务局请于黄河近海处修堤岸案；附件 3：摘抄修治淮河案。

收藏单位：国家馆

04060
培修贯孟堤工程计划 黄河水利委员会编
黄河水利委员会，1935，1 册，12 开

收藏单位：南京馆

04061
培修金堤统计图表目录 黄河水利委员会编
出版者不详，1 册，12 开

收藏单位：南京馆

04062
且待河清 汤震龙著
出版者不详，1929，1 册，32 开

本书共 4 章，内容包括：治黄河概论、治黄河群议之驳论等。

收藏单位：国家馆

04063
沁河口滩地护岸工程计划（第 2 期） 黄河水利委员会编
黄河水利委员会，1936.2，1 册，12 开

收藏单位：南京馆

04064
日本人研究之黄河资料
出版者不详，1949.1，油印本，1 册，16 开

收藏单位：南京馆

04065
山东董庄黄河堵口工程纪要 孔祥榕编
出版者不详，1936.4，22 页，16 开

本书共 19 节，内容包括：决口情形、堵口原则之决定、堵口计划之改定及变更木桩堵合办法等。

收藏单位：广东馆、国家馆、上海馆、中科图

04066
山东黄河上游堵口工程处记录 山东黄河上游堵口工程处编
山东黄河上游堵口工程处，1926，242 页，16 开，精装

本书共 3 部分：简章、估册、略图。附录：请设堵口工程处公文二则。

收藏单位：国家馆、中科图

04067
山东鄄城县康屯裁弯取直工程计划　黄河水利委员会编
出版者不详，1935.11，1册，12开
收藏单位：南京馆

04068
绥远河套治要　周晋熙著
出版者不详，[1924]，87页，23开
本书共23章，内容包括：疆域、沿革、山川、古迹等。书内有河套黄河故道图、五原河套渠图等。
收藏单位：长春馆、重庆馆、东北师大馆、国家馆、辽大馆、上海馆、首都馆

04069
问水集　（明）刘天和著　汪胡桢句读　徐砚农　吴慰祖校勘
南京：中国水利工程学会，1936.2，134+8页，32开（中国水利珍本丛书 第1辑 3）
南京：中国水利工程学会，1936.5，再版，134+8页，32开（中国水利珍本丛书 第1辑 3）
本书内容包括：统论黄河迁徙不常之由、古今治河同异、治河之要、统论建置规制、黄河运河积贮、治河始末、河道迁改分流疏等。附录：明刻本两序残字、黄河图说。据存素堂抄本及影钞明刻本校印。
收藏单位：重庆馆、广西馆、国家馆、河南馆、近代史所、南京馆、内蒙古馆、上海馆、首都馆、天津馆、中科图

04070
新治河全编（上册）　辛绩勋著
[上海]：商务印书馆，[1913.2]，[20]+66+40页，22开
本书共2卷：平工、险工。全2册，下册未见。
收藏单位：国家馆、浙江馆

04071
兴利治黄计划书　于吉祯编
沈阳：出版者不详，[1948.4]，22页，32开
本书共17部分，内容包括：黄河之源流、黄河与蒙古兴衰之关系、黄河与中国之关系、历代治黄之办法等。
收藏单位：国家馆

04072
扬子江黄河堵口复堤办法大纲
出版者不详，1册，16开
收藏单位：南京馆

04073
豫河修防之商榷　宋涉著
京华印书馆，1938.10，76页，16开
本书共7部分，内容包括：黄河改道的沿革、水文、治本计划研究、豫河堤防现况、豫河修防的商榷和二十四年（1935）豫河防修概略等。
收藏单位：国家馆、南京馆、上海馆、天津馆

04074
战时黄河修防述要　行政院水利委员会编
行政院水利委员会，1943.8，石印本，13叶，32开，环筒页装
本书内容包括：防范新堤、过去修防情形、民国三十二年（1943）修防情形等。
收藏单位：重庆馆、国家馆、江西馆、南京馆、内蒙古馆

04075
整理平汉路黄河铁桥上游河槽初步计划　黄河水利委员会编
黄河水利委员会，1936.1，1册，12开
收藏单位：南京馆

04076
制驭黄河论　（德）恩格司（Engels）著　郑肇经译述
出版者不详，[1924]，21页，32开
本书论述黄河治理问题。《江苏水利杂志》第19期抽印本。
收藏单位：重庆馆、国家馆

04077

治河方略 （清）靳辅[撰]

[南京]：全国经济委员会水利处，[1930—1949]，2册（330页），32开（中国水利珍本丛书 第2辑 4）

本书据乾隆丁亥听泉斋原刊本校印。

收藏单位：安徽馆、国家馆、河南馆、南京馆、上海馆、首都馆

04078

治河论丛 张含英著

上海：国立编译馆，1936.12，250页，22开

上海：国立编译馆，1937.3，再版，250页，22开

本书内收论文15篇，内容包括：《治河策略之历史观》《论治黄》《水灾与困难》《民国二十三年黄河水文之研究》《黄河凌汛之根本治法》等。

收藏单位：安徽馆、重庆馆、广东馆、贵州馆、国家馆、河南馆、湖南馆、辽大馆、辽宁馆、南京馆、山西馆、上海馆、首都馆、天津馆、浙江馆、中科图

04079

治黄意见书 [王露洪]编

[山东河务工赈委员会]，[1937]，8+[8]页，16开，环筒页装

收藏单位：国家馆

04080

治理黄河初步报告书 雷巴德等编

南京：最高经济委员会公共工程委员会黄河顾问团，1947.1，油印本，1册，16开

收藏单位：南京馆

04081

治理黄河下游工程设计图 黄河水利委员会编制

黄河水利委员会，1946.1，1册，16开

收藏单位：南京馆

04082

治理黄河意见书 王应榆著

出版者不详，1933.1，17页，16开

本书内收“呈报国民政府视察黄河经过情形”一文及治理黄河意见。附治理黄河工程意见图。

04083

治理黄河之讨论（与欧美水利学者讨论治河问题函一束） 沈怡著

出版者不详，[1926.2]，15页，32开

本书为《东方杂志》第24卷第4号抽印本。

收藏单位：国家馆、上海馆

长　江

04084

对于治理扬子江之意见 李仪祉著

扬子江水利委员会，[1935]，28页，16开

收藏单位：国家馆

04085

防水特刊 商办汉镇既济水电有限公司编辑处编辑

汉口：商办汉镇既济水电有限公司，1931.12，[74]页，16开

本书内容包括：抢险述要、电部防险纪要、水部防险纪要、防险中重要文件等。

收藏单位：国家馆

04086

汉口市政府防水专刊 汉口市政府秘书处编

汉口：汉口市政府秘书处，1931.10，154+[28]页，16开

本书内容包括：防水纪实、论文、附载等。书前有大水期间各处堤基决口图等。

收藏单位：国家馆、中科图

04087

湖北省会防汛专刊 湖北省会临时防水委员会编

武昌：湖北省会临时防水委员会，1933.10，[108]页，16开

本书内容包括：湖北省临时防水委员会的组织、防汛区域、工程纪要、人工概况、交通、经济、省会堤防治安任务分配、论文、会议录等。书口题名：湖北省会临时防水委员会特刊。

04088
华阳河拦河坝工程纪略 扬子江水利委员会编
华阳河流域工程处，1947.6，1 册，16 开
收藏单位：南京馆

04089
交通部扬子江水道整理委员会第八期年终报告 交通部扬子江水道整理委员会编
南京：交通部扬子江水道整理委员会，1929，100+66+[266] 页，16 开，精装
本书内容包括：组织、流量测量成绩、整理扬子江下游资料、金水整理计划等。中英文本。
收藏单位：重庆馆、广东馆、国家馆、湖南馆、南京馆、天津馆

04090
交通部扬子江水道整理委员会第九期年报
交通部扬子江水道整理委员会编
[南京]：交通部扬子江水道整理委员会，[1933.1]，74+58+[258] 页，16 开
本书共 3 章：流量测量成绩、整理扬子江下游之资料、水准及坡度。中英文本。
收藏单位：重庆馆、湖南馆、天津馆、中科图

04091
交通部扬子江水道整理委员会第六、七期年报合编 交通部扬子江水道整理委员会编
南京：交通部扬子江水道整理委员会，[1929.12]，2 册（[400] 页），16 开
本书第 6 期共 7 章，内容包括：组织、流量测量成绩、地形测量、防灾等；第 7 期共 5 章，内容包括：流量测量成绩、地形、金水整理计划等。附录：地名汇编。此书第 1 至 5 期系前“扬子江技术委员会年终报告”。
收藏单位：重庆馆、国家馆

04092
交通部扬子江水道整理委员会第十、十一期年报合编 交通部扬子江水道整理委员会编
[南京]：交通部扬子江水道整理委员会，1931—1932，[202]+[276] 页，16 开
本书内容包括：组织、水文测量成绩、整理扬子江下游之资料、二十年扬子江之水灾等。中英文本。
收藏单位：重庆馆、国家馆、湖南馆、天津馆

04093
交通部扬子江水道整理委员会工作报告（民国十七年至民国二十年） 交通部扬子江水道整理委员会编
[南京]：交通部扬子江水道整理委员会，[1931]，20 页，16 开
本书共 2 部分：测量、计划。
收藏单位：国家馆

04094
交通部扬子江水道整理委员会工作报告（民国十七年至民国十九年） 交通部扬子江水道整理委员会编
[南京]：交通部扬子江水道整理委员会，[1930]，[18] 页，16 开
本书共 2 部分：测量、计划。
收藏单位：国家馆

04095
金沙江水道第一期整理工程报告 金沙江工程处编
金沙江工程处，1943.8，油印本，10+17 叶，16 开，环筒页装
本书附金沙江宜蒙段分段通航计划书。
收藏单位：国家馆、南京馆

04096
金沙江水道整理工程初期报告
出版者不详，1941.9，油印本，1 册，16 开
收藏单位：南京馆

04097
荆江隄志 曹仲儒编辑
江陵沙市：文达刊印社，1937，4册，大32开
收藏单位：南京馆

04098
勘察扬子江测量工作及水道变迁状况之报告 赵世瑄 宋希尚著
[勘察扬子江技术委员会]，1929.9，8页，16开
收藏单位：国家馆

04099
勘察扬子江复堤工程及南京至宜昌间水道报告
扬子江水利委员会，1936.4，40页，16开
收藏单位：近代史所、浙江馆

04100
簰州湾截湾取直模型试验 邓先仁 方宗岱试验 涂允成指导
出版者不详，1937.7，34页，16开
本书附英文索引。簰州湾为扬子江中游一大弯道。
收藏单位：国家馆

04101
请修治长江以弭水患案 湖北省执行委员会提
出版者不详，[8]页，16开
收藏单位：广东馆

04102
疏治长江消弭水患建议案 刘文岛编
出版者不详，1931.9，18页，32开
本书内容包括：疏治的理由、办法大纲等。附疏治长江建议案略图。
收藏单位：国家馆、南京馆

04103
修筑江淮堤概况 善后救济总署安徽分署编
善后救济总署安徽分署，28页，32开（善后救济总署安徽分署业务报告丛刊2）
收藏单位：国家馆

04104
扬子江防洪问题之初步计划 扬子江水利委员会编
出版者不详，1935.10，21页，16开
本书内容包括：扬子江的水患区域和水流现状、洪水和水灾的研究、防洪初步计划、中下游整理工程估计等。
收藏单位：南京馆、上海馆

04105
扬子江防汛专刊 扬子江防汛委员会编
扬子江防汛委员会，1933.12，1册，大16开
本书共7章，内容包括：本会缘起及组织、本会会议录、扬子江水位报告之传播及汛期水位之推测、各区工作报告、根本防汛计划等。
收藏单位：南京馆

04106
扬子江汉口吴淞间整理计划草案 扬子江水道整理委员会编
南京：扬子江水道整理委员会，[1930.8]，78+[37]页，16开
本书内容包括：引言、照片、概论、整理必要、整理方法、整理计划、整理经费、整理后之效果等。
收藏单位：广东馆、国家馆、南京馆、宁夏馆、上海馆、首都馆、天津馆、中科图

04107
扬子江技术委员会第一期年终报告（中华民国十一年 公布第1号） 扬子江技术委员会编
北京：扬子江技术委员会，1923.1，122+68页，16开
本书内容包括：公牍摘要、本会呈报文件、测量报告等。中英文本。
收藏单位：重庆馆、国家馆、南京馆、上海馆、天津馆

04108
扬子江技术委员会第二期年终报告（中华民国十二年 公布第2号） 扬子江技术委员会编
北京：扬子江技术委员会，1924.1，84+38页，16开
本书内容包括：组织、流量成绩、地形测量等。附图表约200页（单面印）。中英文本。
收藏单位：国家馆、近代史所、上海馆、首都馆、天津馆

04109
扬子江技术委员会第三期年终报告（中华民国十三年 公布第3号） 扬子江技术委员会编
北京：扬子江技术委员会，1925.1，97+76+28页，16开
本书共2部分：公牍摘要、测量报告。书末附图表及英文节要。
收藏单位：广东馆、国家馆、近代史所、上海馆、天津馆

04110
扬子江技术委员会第四期年终报告（中华民国十四年 公布第4号） 扬子江技术委员会编
北京：扬子江技术委员会，1925.12，45+101+30页，16开
本书共6章，内容包括：组织、流量测量成绩、地形测量成绩、水准及坡度等。中英文本。
收藏单位：重庆馆、国家馆、上海馆、首都馆、天津馆

04111
扬子江技术委员会第五期年终报告（中华民国十五年 公布第5号） 扬子江技术委员会编
北京：扬子江技术委员会，1926.12，84+60+[129]页，16开
本书内容包括：弁言、公牍摘要、测量报告等。附图表。中英文本。
收藏单位：重庆馆、广东馆、国家馆、河南馆、上海馆、天津馆

04112
扬子江技术委员会第一至二期年终报告（[合订本]） 扬子江技术委员会编
北京：扬子江技术委员会，1923.1—1924.1，1册，16开
本书内容包括：公牍摘要、本会呈报文件、测量报告等。中英文本。
收藏单位：国家馆

04113
扬子江簰洲湾引河第三计划图 扬子江水利委员会第一设计测量队制
扬子江水利委员会第一设计测量队，1935.11，4页，16开
收藏单位：南京馆

04114
扬子江筲箕背滩模型试验报告书 中央水利实验处水工报告编纂委员会编
南京：中央水利实验处水工报告编纂委员会，1948.5，24页，16开（中央水利实验处研究试验报告 甲种 水工模型试验17）
本书附英文摘要。
收藏单位：广东馆、国家馆、上海馆

04115
扬子江水道整理概要书
出版者不详，6页，16开（交通事业革新方案附件9）
收藏单位：国家馆

04116
扬子江水道整理委员会年报（8） 扬子江技术委员会编
北京：扬子江技术委员会，1929，1册，16开
本书封面题名：交通部扬子江水道整理委员会第八期年终报告。
收藏单位：国家馆

04117
扬子江水利委员会第二期年报附表 扬子江水利委员会编
南京：扬子江水利委员会，1937，124页，16

开

收藏单位：国家馆

04118

扬子江水利委员会第二期年报附图 扬子江水利委员会编

南京：扬子江水利委员会，1937，127 页，横 5 开

收藏单位：国家馆

04119

扬子江水利委员会年报（第 1 期 中华民国二十四年） 扬子江水利委员会编

南京：扬子江水利委员会，[1936.6]，154+130 页，16 开

本书共 5 篇：水文水准、工程计划、实施工程、防汛复堤围垦及调查、附载。附扬子江流域形势图。

收藏单位：国家馆、上海馆、天津馆

04120

扬子江水利委员会年报（第 2 期 中华民国二十五、六年） 扬子江水利委员会编

南京：扬子江水利委员会，1937，39 页，16 开

本书共 8 章，内容包括：总述、水位、流量、含沙量、气象、本会工作简报等。

收藏单位：国家馆

04121

扬子江水利委员会十年来之工作概况 扬子江水利委员会编

扬子江水利委员会，1945.4，44 页，16 开

本书介绍扬子江水利委员会十年来在查勘、测量、计划及工程等方面的工作情况。

收藏单位：安徽馆、重庆馆、广东馆、国家馆

04122

扬子江水利委员会职员录 扬子江水利委员会总务处第一科编

扬子江水利委员会总务处第一科，1937.1，20 页，22 开

收藏单位：国家馆

04123

扬子江水利问题与二十四年之整治工程 中央统计处编

中央统计处，[1935]，12 页，24 开

收藏单位：重庆馆

04124

扬子江痛定录

出版者不详，1928.4，34 页，32 开

收藏单位：南京馆

04125

扬子江小南海滩模型试验报告书 姚琢之等编

南京：中央水利实验处，1948.5，22 页，16 开（中央水利实验处研究试验报告 甲种 水工模型试验报告 18）

本书共 9 部分，内容包括：缘起、试验之资料、小南海之水文、小南海滩之成因、模型之设计等。附英文摘要。

收藏单位：广东馆、国家馆、上海馆

04126

扬子江之防洪附图

出版者不详，1 册，16 开

收藏单位：南京馆

04127

扬子江中游初步整治计划 扬子江水利委员会编

[南京]：扬子江水利委员会，1936，10 页，16 开

本书介绍扬子江中游的历史、现状及初步整治工程等。

淮　河

04128

安徽省淮域工赈工程进行情形报告书（续编 4） 安徽省淮域工赈委员会编

安徽省淮域工赈委员会，1941.11，油印本，50 叶，16 开，环筒页装

本书共 8 部分，内容包括：工程计划、工程进度及防汛情形、调查春节受益田亩等。

收藏单位：安徽馆、国家馆

04129

安徽省淮域上游各县工赈工程计划　安徽省水利工程处编

出版者不详，1946，1 册，32 开

收藏单位：南京馆

04130

安徽省淮域上游各县汛后工赈工程测勘报告书　安徽省淮域工赈委员会拟

[安徽省淮域工赈委员会]，1939.12，油印本，1 册，16 开

收藏单位：南京馆

04131

安徽省淮域下游各县工赈工程计划　安徽省水利工程处 [编]

出版者不详，1946，18 页，16 开

收藏单位：安徽馆、南京馆

04132

安徽省修复沿江堤防初步工程计划　安徽省水利工程处编

出版者不详，1946，8 页，16 开

收藏单位：安徽馆、南京馆

04133

裁兵归田的导淮计划　杨子嘉著

上海：杨子嘉 [发行者]，1928.7，18 页，32 开

04134

促进导淮商榷书　苏民生　武同举著

出版者不详，[1923.11]，10 页，18 开

04135

导淮办法大纲　宗嘉禄著

南京：苏淮水利研究会，1924.6，8 页，23 开

本书介绍导淮的组织和程序等。书前有苏淮水利研究会启事。

04136

导淮工程

出版者不详，油印本，1 册，16 开

收藏单位：南京馆

04137

导淮工程计划　导淮委员会编订

南京：导淮委员会，1931.1，88+134 页，16 开

南京：导淮委员会，1933.6，再版，88+134 页，16 开

南京：导淮委员会，1948，3 版，88+134 页，16 开

本书共 5 章：总论、排洪工程计划、航运工程计划、灌溉工程计划、继续进行之测量设计工作。书末附图 29 幅。中英文本。

收藏单位：安徽馆、重庆馆、广东馆、国家馆、河南馆、南京馆、山西馆、上海馆、首都馆、天津馆、浙江馆

04138

导淮工程计划附编　导淮委员会编订

南京：导淮委员会，1931.6，66+15+15 页，16 开

本书共 12 部分，内容包括：第九次常会会议议决案、工务处施工计划审查报告、导淮计划讨论会议议事录等。附录：导淮委员会技术报告之意见、导淮委员会技术报告之商榷、导淮管见。

收藏单位：重庆馆、广东馆、国家馆、南京馆、山西馆、上海馆、首都馆、天津馆、中科图

04139

导淮工程计划概要　导淮委员会编

[南京]：导淮委员会，1930.10，14 页，18 开

[南京]：导淮委员会，1935.7，[10] 页，16 开

本书为导淮讲习会讲义。内收导淮工程

计划简明表4张、总图1幅。

收藏单位：近代史所、浙江馆

04140
导淮工程计划释疑　导淮委员会编
南京：导淮委员会，1933.10，22页，16开

本书论述导淮工程中所遇到的具体问题，列举26个疑点。

收藏单位：广东馆、国家馆、南京馆、上海馆、天津馆、浙江馆、中科图

04141
导淮工程资料汇编
出版者不详，1册，16开

收藏单位：南京馆

04142
导淮工程最初二年施工方案及其效果
[南京]：导淮委员会，1932，1册，12开

收藏单位：南京馆

04143
导淮入海工程实施节略
出版者不详，油印本，1册，16开

收藏单位：南京馆

04144
导淮入海水道第一期工程计划　导淮委员会工程处[编]
导淮委员会工程处，1931，油印本，1册，大16开

收藏单位：国家馆

04145
导淮入海水道杨庄活动坝模型试验报告书
全国经济委员会中央水工试验所编
南京：全国经济委员会，1936.10，25+31页，16开（全国经济委员会中央水工试验所模型试验1）

本书共5部分，内容包括：试验之目的与范围、模型之设计与制造及试验之设备、试验之进行及其结果等。

收藏单位：重庆馆、广东馆、国家馆、上海馆、首都馆、浙江馆、中科图

04146
导淮入海水道杨庄活动坝模型试验报告书
姚琢之等编辑
[南京]：中央水利实验处，1948.5，55页，16开（中央水利实验处研究试验报告 甲种 水工模型试验1）

本书共5部分，内容包括：试验之目的与范围、模型之设计与制造及试验之设备、试验之进行及其结果等。

收藏单位：广东馆、国家馆、湖南馆、上海馆

04147
导淮入江水道三河活动坝模型试验报告书
经济部中央水工试验所编
重庆：经济部中央水工试验所，1938.8，58页，16开

本书共8部分，内容包括：导言、试验之资料、模型之设计及制造、试验之进行及其结果等。

收藏单位：重庆馆、广东馆、国家馆、南京馆、上海馆、中科图

04148
导淮入江水道三河活动坝模型试验报告书
姚琢之等编辑
南京：中央水利实验处，1948.5，60页，16开（中央水利实验处研究试验报告 甲种 水工模型试验2）

本书共8部分，内容包括：导言、试验之资料、模型之设计及制造、试验之进行及其结果等。附英文摘要。

收藏单位：广东馆、国家馆、上海馆

04149
导淮说明书　柏文蔚著
[南京]：[金陵大学]，1922，16页，16开

收藏单位：国家馆

04150
导淮委员会半年刊　导淮委员会编辑

南京：导淮委员会，1939.9，1 册，16 开

收藏单位：南京馆

04151

导淮委员会财务委员会第二十次会议议事日程

出版者不详，油印本，1 册，32 开

收藏单位：南京馆

04152

导淮委员会测绘规程

出版者不详，1934，油印本，1 册，16 开

收藏单位：南京馆

04153

导淮委员会第一次大会会议议事录

[南京]：导淮委员会，1929，油印本，1 册，16 开，环筒页装

收藏单位：国家馆

04154

导淮委员会复员后工作简报（民国三十五年七月至三十六年四月） 导淮委员会编

[南京]：导淮委员会，[1947.4]，18 页，16 开

本书共 5 部分，内容包括：设计研究、查勘测量、修复工程等。

收藏单位：安徽馆、国家馆、南京馆、首都馆

04155

导淮委员会工程处函件

出版者不详，1 册，16 开

收藏单位：南京馆

04156

导淮委员会工作报告（民国十八年六月至二十三年十二月） 导淮委员会编

[南京]：导淮委员会，[1934.12]，136 页，16 开

本书共 4 篇：组织、经费、工程、土地整理。附录：导淮委员会大事记、导淮委员会组织系统表等。

收藏单位：安徽馆、广东馆、国家馆、湖南馆、南京馆、上海馆、天津馆、浙江馆

04157

导淮委员会设计测量队二十五年份工作概况 导淮委员会工程处编

出版者不详，1 册，16 开

收藏单位：南京馆

04158

导淮委员会十七年来工作简报（民国十八年七月至三十五年六月） 导淮委员会编

[南京]：导淮委员会，1946.7，46 页，16 开

[南京]：导淮委员会，1947.5，再版，46 页，16 开

本书共 4 部分，内容包括：实施导淮工程、整理后方水道等。书前有工程摄影和弁言。书末附图：导淮工程计划总图、整理后方水道总图。

收藏单位：安徽馆、国家馆、近代史所、南京馆、上海馆、天津馆

04159

导淮委员会乌江水道工程局三十三年度工作计划

导淮委员会乌江水道工程局，1943.9，1 册，16 开

收藏单位：南京馆

04160

导淮委员会整理淮河流域土地办法纲要

出版者不详，1933.9，4 页，16 开

收藏单位：南京馆

04161

导淮与浚浦 钱承绪著

上海：中国经济研究会，1940，30 页，16 开

上海：中国经济研究会，1940.8，再版，30 页，16 开

本书共 2 部分：两淮水利与导淮事业、黄埔江疏浚问题及其现状。

收藏单位：国家馆、南京馆

04162
导淮与粮食　陈果夫著
出版者不详，[1932—1949]，8页，16开
本书讨论导治淮河与粮食增产的关系。
收藏单位：重庆馆、广东馆、国家馆、南京馆、上海馆

04163
导淮之根本问题　杨杜宇著
上海：新亚细亚月刊社，1931.9，92页，25开
本书共9章，内容包括：导淮之意义、淮水为害之原因、淮水交通之现状、近人导淮之计划、根本问题之探讨等。
收藏单位：安徽馆、重庆馆、广东馆、广西馆、国家馆、湖南馆、江西馆、南京馆、山西馆、上海馆、天津馆、浙江馆

04164
导淮之重要　建设委员会编
南京：建设委员会，6页，32开（建设小丛刊4）
收藏单位：国家馆、南京馆

04165
复淮故道图说　（清）丁显著　徐砚农校对
南京：中国水利工程学会，1936.12，66页，32开（中国水利珍本丛书 第1辑 7）
本书共9部分，内容包括：黄河北徙应复淮水故道有利无害论、拟复淮水故道章程、淮北水利说、黄淮分合管议等。附录：请复河运刍言。书前有江淮河济沂泗漳汶运道全图。据清同治八年（1869）集韵书屋刊本校印。
收藏单位：安徽馆、重庆馆、国家馆、河南馆、南京馆、上海馆、首都馆、天津馆、中科图

04166
淮河流域地理与导淮问题　宗受于编
南京：钟山书局，1933.4，152页，22开
本书介绍淮河流域地理，导淮的经过、计划、入海计划、江海分疏计划、设计资料、办法和组织，分区水利研究和结论等。共2编：淮河流域地理、导淮问题。
收藏单位：安徽馆、重庆馆、国家馆、河南馆、江西馆、南京馆、宁夏馆、清华馆、上海馆

04167
淮河水利问题与二十四年之导淮工程　中央统计处编
中央统计处，[1935]，22页，24开

04168
淮河运河等之治理　（德）汉罗威尔（O. F. Hannover）著　宋海瑞译
出版者不详，[1934]，39页，16开
本书为《地学杂志》民国二十三年（1934）第1期抽印本。
收藏单位：重庆馆

04169
淮河治理工程日记
出版者不详，手抄本，1册，16开
收藏单位：南京馆

04170
淮河中游浅滩勘查报告及整理意见书
导淮委员会工程处，油印本，1册，12开
收藏单位：南京馆

04171
淮域工赈工程进行情形报告书　安徽省建设厅拟
安徽省建设厅，1939.7，油印本，1册，16开
收藏单位：南京馆

04172
建设委员会整理导淮图案报告　建设委员会编制
建设委员会，1929.8，51+[125]页，10开，精装
本书共6章：导淮图案整理工作之经过、水道、水文、历年成灾状况及其原因、各种计划之概要、勘查。
收藏单位：重庆馆、国家馆、江西馆、南京馆、上海馆、浙江馆

04173
建筑浬源河进水涵洞及修理奋闸坝工程
出版者不详，1 册，16 开
收藏单位：南京馆

04174
勘淮笔记 沈秉璜著
出版者不详，1926，168 页，16 开
本书记述勘测淮河流域的各种情况。附淮河流域的地形、河流图等。
收藏单位：国家馆、清华馆

04175
美国工程师费礼门治淮计划书 余明德 齐群编译
[安庆]：安徽水利局，1922.12，136 页，16 开
本书共 2 编：提纲、计划及考证。附里下河河道全图、淮沂沭水道图、黄河底部高低图等 24 幅。据美国费礼门（C. E. Freeman）原著编译。
收藏单位：安徽馆、广东馆、国家馆、南京馆、上海馆、中科图

04176
美国红十字会工程团勘淮报告书 齐群编译
出版者不详，1925.7，30+[30] 页，16 开

04177
全国经济委员会水文及测量报告编制办法
导淮委员会工程处，1 册，12 开
收藏单位：南京馆

04178
全国水利局裁兵导淮计划书 全国水利局编
全国水利局，38+30 页，18 开
本书内容包括：呈文、裁兵导淮计划大纲、治淮施工计划节要、治淮施工计划图等。
收藏单位：国家馆、上海馆、首都馆

04179
全国水利局附设导淮测量处成绩目录（自前清宣统三年二月迄民国十一年十二月） 全国水利局编
全国水利局，[1924.6]，126 页，16 开
本书内容包括：水系实测图表、土质调查、施工计划书等。
收藏单位：国家馆、上海馆、天津馆、中科图

04180
全国水利局治淮施工计划图 全国水利局编
全国水利局，影印本，[30] 页，16 开
本书据《全国水利局裁兵导淮计划书》编辑。
收藏单位：国家馆、上海馆、首都馆

04181
入海水道计划 导淮委员会编
南京：导淮委员会，1933.5，18 页，16 开（导淮工程计划分编 1）
本书介绍导淮入海工程计划。附录：本会第十二次全体委员会议事录、本会呈国民政府文、国民政府指令。附图表 10 幅。
收藏单位：安徽馆、重庆馆、广东馆、国家馆、南京馆、上海馆、首都馆、天津馆、浙江馆、中科图

04182
说淮 宋希尚著
南京：宋希尚 [发行者]，1929.3，[32]+152 页，32 开
本书共 8 章，内容包括：淮水概况、导淮之经过、导淮计划史、导淮计划之研究等。附图：淮水流域及沂泗沭水道全图等 6 种。附表：导淮计划简明汇表等 10 种。南京京华印书馆印刷。
收藏单位：安徽馆、重庆馆、广西馆、国家馆、江西馆、南京馆、上海馆、首都馆、浙江馆、中科图

04183
吁兴江北水利文 武同举著
出版者不详，1 册，16 开
收藏单位：南京馆

04184
战后导淮工程十年建设实施计划概要 淮河水利工程总局编
淮河水利工程总局，1947.9，25 页，16 开
本书内容包括：导淮工程计划纲要、战前已成未成工程概述、善后救济工程实施计划等。附导淮工程计划总图等。
收藏单位：安徽馆、重庆馆、国家馆、南京馆、陕西馆

04185
征工办法纲要 须君悌讲 导淮讲习会编
导淮讲习会，1935.7，4 页，16 开

珠 江

04186
珠江三大工程纪要 广州市工务局编
广州：广州市工务局，1934.9，27 页，16 开
收藏单位：国家馆、首都馆

04187
珠江水利局善后救济堵口复堤工程概况 珠江水利局编
珠江水利局，1946.11，16 页，22 开
本书共 5 部分，内容包括：工程总论、计划标准、施工程序等。附修理三水芦苞节制闸工程概况。
收藏单位：国家馆

华北地区河流

04188
包头市开凿东西水道工程报告书 包头市修筑东西水道工程委员会编
[包头]：包头市修筑东西水道工程委员会，1935.11，66 页，16 开
本书内容包括：插像、插图、特载、会议纪录、公牍等。
收藏单位：国家馆、上海馆

04189
北平市河道整理计划 北平市政府编
北平：北平市政府，1934.9，32 页，22 开
本书共 5 部分，内容包括：水道之系统、流量之分布、整理计划等。
收藏单位：重庆馆、国家馆、江西馆、南京馆

04190
筹办畿辅水道说 周曝 [编纂]
出版者不详，[1911—1930]，7 页，25 开
收藏单位：国家馆

04191
东平湖地区水利开发方策案 兴亚院华北联络部编 水利局农地科译注
兴亚院华北联络部，1942，5 页，13 开
收藏单位：国家馆

04192
督办永定河决口堵筑工程事宜处报告 鹿钟麟编
[北京]：督办永定河决口堵筑工程事宜处，1925.12，[160] 页，9 开
本书内容包括：简明报告、公牍摘要等。中英文本。
收藏单位：国家馆、南京馆、上海馆、天津馆

04193
督办永定河决口堵筑工程事宜处简明报告书 [督办永定河决口堵筑工程事宜处] 编
[北京]：[督办永定河决口堵筑工程事宜处]，1925.7，36 页，16 开
本书介绍 1924 年 7 月 4 日永定河堤决口及修复经过。附辽代以后历次决口的时间地点简表。
收藏单位：国家馆、首都馆

04194
独流入海减河工程计划书 华北水利委员会编
[天津]：华北水利委员会，1934.12，22+13

页，16 开

本书内容包括：大清河及其支流之形势、民国十三年（1924）洪水之情形、民国十八年（1929）洪水之情形、计划大纲、减河效用之推算等。附施工计划、征工办法草案。中英文本。

收藏单位：国家馆、近代史所、首都馆

04195

堵筑永定河决口工程处总报告书 林成秀编

堵筑永定河决口工程处，1931.12，356+[15]页，16 开

本书介绍各项堵水工程摄影、各项水利工程情形报告、附录、文件等。

收藏单位：国家馆

04196

二十四年伏汛海河放淤工程计划说明 华北水利委员会编

[天津]：华北水利委员会，1935.4，[4] 页，13 开

本书附晒图。铜钉装帧。

收藏单位：国家馆

04197

海河放淤工程报告书 华北水利委员会编

[天津]：华北水利委员会，1935.12，[35]+64 页，16 开

本书共 6 部分，内容包括：缘起、工程计划、工程实施、实用工款统计等。

收藏单位：广东馆、国家馆、河南馆、上海馆、首都馆、天津馆

04198

海河工程局民国二十二年报告书 海河工程局编

[天津]：海河工程局，[1933.12]，38 页，10 开

收藏单位：国家馆、南京馆

04199

海河工程局民国二十四年（西历一九三五年）报告书 海河工程局编

[天津]：海河工程局，[1935.12]，38 页，10 开

收藏单位：国家馆、南京馆、天津馆

04200

海河工程局民国二十五年（西历一九三六年）报告书 海河工程局编

[天津]：海河工程局，1936，45+[18] 页，10 开

本书附录：一九三六年海道之情形、一九三六年快利挖泥船之浚渫工作及海河泥量表等。

收藏单位：国家馆、天津馆

04201

海河工程局一九二八年报告书 海河工程局编

[天津]：海河工程局，[1929.2]，37 页，10 开

本书介绍董事会组织、本年出入款项、1928 年工程部之报告等。

收藏单位：国家馆、天津馆

04202

海河工程局一九二九年报告书 海河工程局编

[天津]：海河工程局，[1930.2]，42 页，10 开

收藏单位：国家馆、天津馆

04203

海河工程局一九三零年报告书 海河工程局编

[天津]：海河工程局，[1931.2]，58 页，10 开

收藏单位：国家馆、南京馆、天津馆

04204

海河工程局一九三一年报告书 海河工程局编

[天津]：海河工程局，[1932.2]，58 页，10 开

收藏单位：国家馆、南京馆

04205
海河工程局一九三二年报告书 海河工程局编
[天津]：海河工程局，[1933.2]，44页，10开
收藏单位：国家馆、南京馆、天津馆

04206
海河工程总局民国三十一年度报告 海河工程总局编
[天津]：海河工程总局，1942，25页，10开
本书介绍人事变动、贷借对照表、民国三十一年度（1942）收支计算书、昭和十七年度（1942）技师长报告、工程报告等。附图表29幅。中英日文本。
收藏单位：国家馆

04207
海河工程总局民国三十二年度报告 海河工程总局编
[天津]：海河工程总局，1943，[35]页，10开
本书附图表30幅，海河工程总局略说5页。中英日文本。
收藏单位：国家馆

04208
海河治本治标计划大纲 华北水利委员会编
[天津]：华北水利委员会，1931.8，16页，16开
收藏单位：天津馆

04209
河北河务会议汇刊 河北省建设厅编
河北省建设厅，1933.12，1册，16开
河北省建设厅，1934，1册，16开
收藏单位：国家馆、南京馆

04210
河北省河渠建设计划草案
出版者不详，油印本，1册，16开，环筒页装
收藏单位：国家馆

04211
河北省河务会议汇刊（民国二十年） 河北省建设厅编
河北省建设厅，1931，1册，16开
收藏单位：国家馆、首都馆

04212
河北省河务会议汇刊（民国二十一年） 河北省建设厅编
河北省建设厅，1932，1册，16开
收藏单位：国家馆、南京馆

04213
河北省河务会议汇刊（民国二十五年）
出版者不详，1936.12，354页，16开
收藏单位：南京馆

04214
河北省建设厅河务会议汇刊 河北省建设厅编
河北省建设厅，1929—1930，1册，16开
本书介绍会议经过、会议日程、会议纪录、报告案、提案、规章、办法等。会议闭幕于1929年12月11日。封面题：中华民国十八年十一月。
收藏单位：国家馆、天津馆

04215
河北省治河计划书 李桂楼 刘绂曾编 池镇仑校订
天津：义利印刷材料局，1928.11，28页，18开
本书共6部分，内容包括：河北省五大河之源流状况、五大河水患之总因、各河水患原因及救治法等。附河北省河道全图等。
收藏单位：国家馆

04216
河北五大河概况
出版者不详，[1929]，[12]页，13开，环筒页装
本书共3部分：河道沿革大略、天津受灾原因、将来救治方法。

收藏单位：国家馆

04217
河务会议各项报告 河北省河务会议编
河北省河务会议，[1932]，[274] 页，16 开
本书介绍河北各县河务报告、统计、提案等。附各项统计图表 100 余幅。

04218
滹沱河地区水利建设工事概要 建设总署石门河渠工程处 [编]
建设总署石门河渠工程处，1943.4，11 页，22 开
本书附石津运河计划一般平面图。
收藏单位：国家馆

04219
滹沱河地区水利建设事业工事史（昭和十七年度） 建设总署石门河渠工程处 [编]
建设总署石门河渠工程处，1942，油印本，2 册，16 开
本书共 10 编，内容包括：绪论、工事计划、工事说明、主要行事、经理事务、工事日志等。
收藏单位：国家馆

04220
华北河川治理要纲
出版者不详，[1930—1939]，油印本，12 叶，13 开，环筒页装
收藏单位：国家馆

04221
华北水利工程局三十九年度工作计划 华北水利工程局编
[华北水利工程局]，1949，油印本，5 叶，大 16 开
收藏单位：天津馆

04222
晋省汾河测量工作报告 山西省经济建设委员会编
山西省经济建设委员会，1941.9，28+[31] 页，16 开
本书内容包括：叙言、晋省汾河测量工作报告小引、二十二年测量之结果等。

04223
晋省汾河测量工作报告 塔德编撰
山西水利委员会，[1933.7]，28+[24] 页，16 开
山西省水利工程委员会，1934.3，28+[20]+[58] 页，16 开
本书内容包括：叙言、晋省汾河测量工作报告小引、二十二年测量之结果等。
收藏单位：重庆馆、国家馆、上海馆、天津馆、中科图

04224
晋省桑干滹沱漳沁四河测量工作报告 塔德著
山西省水利工程委员会，1934.11，17+14 页，16 开
本书封面题名：晋省四河测量工作报告。所有测绘计算等工作悉由中国华洋义赈救灾总会指导实施。中英文本。
收藏单位：国家馆、吉林馆、天津馆

04225
京畿河工善后纪实 顺直水利委员会编
顺直水利委员会，[1919—1949]，8 册（2188 页），18 开
本书共 16 卷，内容包括：组织、筹备、测量、堵筑、补助、特工、春工、监防、民工、疏浚、勘查等。河北五大河流（永定、大清、子牙、南运河、北运河）于 1917 年 8 月泛滥成灾，此书为 1919 年冬至 1928 年熊希龄督办河工时的案卷择要汇编。
收藏单位：国家馆、人大馆、浙江馆

04226
京师城内河道沟渠图说 建设总署编
北平：建设总署，1941.5，18+84 页，16 开
本书附图：京师城内河道沟渠图、清代北京沟渠现位置想定图、乾隆代北京河道沟渠图。中日文本。

收藏单位：国家馆、近代史所、山西馆

04227
龙凤河节制闸工程报告书 华北水利委员会编
[天津]：华北水利委员会，1935.11，32页，16开
本书共5部分，内容包括：筹办经过、工程计划、工程实施等。书前有龙凤河流域平面总图。
收藏单位：广东馆、国家馆、南京馆、宁夏馆、上海馆、首都馆、天津馆

04228
龙凤河节制闸工程计划 华北水利委员会编订
[天津]：华北水利委员会，1935，32页，13开
收藏单位：国家馆

04229
山西省会太原市城西汾水为患治河策 汤震龙编
[太原]：[建设总署太原工程局]，1939.9，影印本，1册，16开
本书分析汾水水患的沿革与现状，提出治理汾水的策略。
收藏单位：国家馆

04230
顺直河道治本计划报告书 顺直水利委员会编
[天津]：顺直水利委员会，[1925]，84页，10开
本书介绍顺天、直隶两省境内河流概况，治河防水工程，整理各河计划，各河流量，地形测量等。
收藏单位：广东馆、国家馆、中科图

04231
顺直水利委员会公布（第五号）
[天津]：[顺直水利委员会]，1925，1册，16开
收藏单位：南京馆

04232
天津海河调查报告书（民国十六年十二月） 海河工程局编
天津：海河工程局，1927.12，38+12页，16开
本书共6部分：部令、呈文、天津海河调查报告书、河道图、附件、舆论。
收藏单位：国家馆

04233
天津海河工程局问题 吴蔼宸著
吴蔼宸[发行者]，[1930—1949]，120页，25开
本书共16章，介绍海河工程局缘起、组织、经费、工作内容、财产估计，河北省政府救济办法，收回海河工程局问题等。附录：海河工程局之与顺直水利委员会。
收藏单位：国家馆

04234
修正整理青龙湾河计划
出版者不详，油印本，1册，16开
收藏单位：南京馆

04235
验收靳官屯减河堵口等工
出版者不详，1914，手写本，1册
收藏单位：国家馆

04236
永定北运子牙三河测量报告书 叶瑞国编
出版者不详，[1918.8]，34+31页，16开
本书内容包括：北运河、子牙河、精细水准测量、测量经费等。中英文本。
收藏单位：国家馆

04237
永定河北三大工形势摄影
北京：出版者不详，1册，27×36cm，精装
收藏单位：国家馆

04238
永定河官厅拦洪坝消力试验报告书 中国第一水工试验所编
中国第一水工试验所，1936.7，14页，16开
本书附各主要试验消力设备图表。
收藏单位：国家馆、天津馆、浙江馆、中科图

04239
永定河官厅拦洪坝消力试验第一次试验报告书 中国第一水工试验所编
中国第一水工试验所，1936，1册，16开（中国第一水工试验所董事会出版物3）
收藏单位：国家馆

04240
永定河芦沟桥滚坝消力试验报告书 中国第一水工试验所编
中国第一水工试验所，1936.9，影印本，11页，16开
本书附晒蓝图及修理芦沟桥滚坝海漫工程修正详图。
收藏单位：国家馆、中科图

04241
永定河三角淀中泓工程报告书 华北水利委员会编
[天津]：华北水利委员会，1936.12，18+44页，16开
本书共7部分：缘起、工程计划、筹办经过、工程实施、招募工人情形、结论、附录。
收藏单位：重庆馆、国家馆、南京馆、上海馆、天津馆

04242
永定河疏治研究 张恩祐著
北京：志成印书馆，1924.8，116页，22开
北京：志成印书馆，1924.9，再版，116页，22开
本书研究永定河河防事务、河道受病原因、历代变迁情况。共11章，内容包括：永定河历代之变迁、永定河之支流、河防之概要、永定河之水利等。附录：全国河流三十九干比较表。
收藏单位：国家馆、首都馆、天津馆

04243
永定河务局简明汇刊 孔祥榕编
[北京]：永定河务局，[1925]，[30]+[154]页，16开
本书内收1925年永定河治理的文件、计划、统计图表，以及治理经过等。书前有永定河河务局长自序及摄影。
收藏单位：国家馆

04244
永定河治本计划（附图卷一）
出版者不详，1册，16开，精装
收藏单位：广东馆

04245
永定河治本计划提要（[英文本]） 华北水利委员会编
天津：华北水利委员会，1934，18页，16开
本书附录：官厅水库工程计划、分年实施程序表、永定河治本计划总图、官厅水库平面图。
收藏单位：国家馆、中科图

04246
永定河治本计划提要
华北水利工程总局，1947.7，修正版，20页，16开
本书附录：官厅水库工程计划、分年实施程序表、永定河治本计划总图、官厅水库平面图。
收藏单位：国家馆、南京馆、天津馆

04247
永定河治本计划提要
天津：华北水利委员会，1933.12，18页，16开
本书附录：官厅水库工程计划、分年实施程序表、永定河治本计划总图、官厅水库平面图。
收藏单位：广东馆、国家馆、宁夏馆、上

海馆、首都馆、浙江馆

04248
永定河治理工程计划书　孙庆泽著
顺直水利委员会，[1931.2]，[30]+54 页，10 开
　　本书内容包括：河流概况、计划总论、水利计划等。附图表多幅。
　　收藏单位：国家馆、近代史所、天津馆、浙江馆

04249
永定河治理工程计划书　孙庆泽著
[永定河务局]，[1929]，54 页，10 开
　　本书内容包括：河流概况、计划总论、水利计划等。附图表多幅。
　　收藏单位：国家馆

04250
漳河上游拦洪水库地址勘察报告　刘锡彤　谭锡畴著
天津：华北水利委员会，1933.11，24 页，16 开
　　本书内收浊漳河支流和上游沿河地形、地质、流量、水库地址等勘察资料。
　　收藏单位：国家馆、近代史所、浙江馆

04251
整理海河委员会工务处工程图样　整理海河委员会工务处编
整理海河委员会工务处，1933.1，影印本，46 页，横 8 开
　　收藏单位：国家馆、天津馆

04252
整理海河治标工程进行报告书　整理海河委员会编
整理海河委员会，1933.1，124 页，16 开
　　收藏单位：广东馆、国家馆、上海馆、首都馆、天津馆、中科图

东北地区河流

04253
辽河水系治本工程计划概要
东北水利工程总局，1947.12，45 页，16 开
　　收藏单位：南京馆

西北地区河流

04254
开浚玉带河征信录
出版者不详，1930.3，1 册，32 开
　　收藏单位：南京馆

04255
洛惠渠
出版者不详，1947，48 页，32 开
　　本书内容包括：缘起、洛河状况、灌溉区域、设计与施工、工程利益等。
　　收藏单位：南大馆、南京馆

04256
全国经济委员会梅惠渠工程计划图　泾洛工程局制
泾洛工程局，1937，15 页，16 开
　　收藏单位：南京馆

04257
陕西省第二渭惠渠工程计划
陕西省水利局，1948.7，10 页，16 开
　　收藏单位：南京馆

04258
陕西渭惠渠土渠工程　傅健著
中国水利工程学会，[1937]，10 页，16 开
　　本书为中国水利工程学会第六届年会论文。
　　收藏单位：广东馆

04259
渭河流域防沙工程计划图 黄河水利委员会西京办事处[绘]
黄河水利委员会西京办事处，1936，1册，大16开
收藏单位：首都馆

04260
西北水利问题 李仪征著
出版者不详，244页，32开
收藏单位：南京馆

04261
滑惠渠工程设计 陕西省滑惠渠工程处制
陕西省滑惠渠工程处，1948.3，99页，16开
本书内容包括：地形研究及灌溉面积、滑水河流量及滑惠渠需水量、坝址及渠线之勘定、建筑物之分配、渠道断面设计、进水闸及冲刷闸设计、退水闸设计、分水闸设计、隧洞设计、渡槽设计、涵洞设计、倒虹洞设计、耕洪渡桥设计、桥梁设计、退水坡设计、斗渠及斗门设计等。
收藏单位：南京馆

华东地区河流

04262
白茆河分段图 钟人杰 李宗道测绘
出版者不详，1911，[21]页，12开
本书为白茆河1至72详细分段图，用于工程计划及设计等。白茆河在江苏太湖流域。

04263
白茆闸工程计划大纲 扬子江水利委员会编
扬子江水利委员会，1936.1，[12]页，16开
本书为常熟白茆河段设闸计划书。附太湖流域水利整理计划纲要。

04264
常熟县廿三年度工赈浚河工程报告书 常熟县政府建设科编
常熟：常熟县政府，1935.7，[300]页，16开
本书内容包括：论著、工赈工程处报告、各项统计图表、各河办事所报告等。
收藏单位：国家馆、南京馆、上海馆

04265
福建沙溪工程报告 华北水利委员会沙溪工程处编
华北水利委员会沙溪工程处，1944.11，64页，16开
本书介绍福建沙溪工程整治计划、工程实施、经费收支概况等。
收藏单位：南京馆

04266
福建省政府修浚闽江工程局第十一年度报告书 陈鸿泰编著
福建省政府修浚闽江工程局，1930.2，30+26页，大16开
本书报告时限为1929年3月1日至1930年2月28日。中英文本。
收藏单位：广东馆、国家馆

04267
福建省政府修浚闽江工程局第十二年度报告书 陈鸿泰编著
福建省政府修浚闽江工程局，1931.2，23+20页，大16开
本书报告时限为1930年3月至1931年2月。中英文本。
收藏单位：国家馆

04268
福建省政府修浚闽江工程局第十三年度报告书 陈鸿泰编著
福建省政府修浚闽江工程局，1932.2，24+19页，大16开
本书报告时限为1931年3月1日至1932年2月29日。中英文本。
收藏单位：国家馆、天津馆

04269
福建省政府修浚闽江工程局第十四年度报告书 陈鸿泰编著

福建省政府修浚闽江工程局，1933.2，23+18页，10开

本书报告时限为1932年3月1日至1933年2月28日。内容包括：起论、河道现状、船泊记载、水文记载等。中英文本。

收藏单位：国家馆、天津馆

04270

福建省政府修浚闽江工程局第十五年度报告书 陈鸿泰编著

福建省政府修浚闽江工程局，1934.2，32+18页，10开

本书报告时限为1933年3月1日至1934年2月28日。中英文本。

收藏单位：国家馆、天津馆

04271

河务特刊 王克敏[著]

济南：山东河务工振委员会，1册，16开

收藏单位：国家馆、首都馆

04272

江赣工程局承办事项与经过情形总报告书

出版者不详，1933.6，1册，16开

收藏单位：南京馆

04273

江淮水利施工计划书 张謇著

[江淮水利测量局]，[1919.2]，102页，16开，精装

本书共3章：淮运施工计划、沂运施工计划、沭水施工计划。

收藏单位：安徽馆、国家馆、南京馆、上海馆、中科图

04274

江苏省建设厅二十一年度办理征工浚河概况 江苏省建设厅编

江苏省建设厅，1933.9，34页，16开

本书共4部分：概况、公牍、规章、其他。

收藏单位：广东馆、南京馆、上海馆

04275

金华江第一期政治工程纪要

出版者不详，1947.7，36页，16开

收藏单位：浙江馆

04276

金山沈泾河工载记 沈泾河工局文牍科编

金山：沈泾河工局，1927.9，140页，23开

本书内容包括：沈泾流道图、施工计划书、公牍、表格、施工日志等。附载：讨论水利书六通、规定全县干河案全文。版权页题名：金山县沈泾河工载记。

收藏单位：国家馆、吉林馆、南京馆、上海馆

04277

浚浏报告 江苏省征工浚河委员会浏河分会编

江苏省征工浚河委员会浏河分会，[1936.8]，[160]页，16开

本书为疏浚江苏境内浏河工程报告。内容包括：弁言、图画、章则、表册、文牍、议事录、杂录等。

收藏单位：国家馆

04278

浚浦局拟代浚苏州河文件汇辑 浚浦局拟

[上海]：浚浦局，[1923]，34页，32开

本书内容包括：浚浦局章程、治理苏州河入手计划书、拟呈江苏省专文等。

04279

浚治六塘河与江苏省水利建设之关系六塘河历史及现状 沈百先 武同举著

出版者不详，[1934.5]，10页，16开

04280

浚治万福洙水河志 山东省建设厅编

山东省建设厅，1934，[124]页，16开，精装

本书内容包括：浚治山东万福洙水的沿革、工程计划、施工经过、疏浚后河湖情形等。附录：各县工程事物所章程、各县征夫施工办法等。

收藏单位：国家馆、宁夏馆

04281
里下河东堤归海论集 吴君勉纂辑
水利委员会，[1942.6]，44页，16开（水利委员会水政丛书3）
本书内收二百余年有关苏北里下河水道问题的文献资料十余种，并注明出处。书前有里下河水道图等。
收藏单位：国家馆、南京馆、首都馆

04282
闽江局——闽江工程计划之批评 吴任等述
闽江局，1928.10，18页，32开
收藏单位：贵州馆、上海馆

04283
淠河 安徽省建设厅编
安徽省建设厅，1942.9，41页，32开（经济丛刊5）（安徽水利工程查勘报告2）
本书介绍淠河流源、河道现状、航运情形、水文资源、调查情形、地方情形等。附河干支流平面略图。
收藏单位：重庆馆、国家馆、南京馆、中科图

04284
山东省建设厅浚治洙水万福两河及湖埝工程报告 张鸿烈编
[济南]：山东省建设厅，1932.12，22页，23开
本书为河湖治理工程报告。共10章，内容包括：河湖未修时之概况、河湖为灾原因、灾区面积统计、浚治河湖工程计划概要等。
收藏单位：国家馆

04285
山东小清河测绘工程报告 山东南运湖河疏浚事宜兼管全省水利筹办处编辑
[济南]：[山东南运湖河疏浚事宜兼管全省水利筹办处]，1921，1册，18开
收藏单位：天津馆

04286
山东小清河工程施工报告 山东省建设厅小清河工程局编
[济南]：山东省建设厅小清河工程局，1932.12，18页，16开
本书附工程摄影。
收藏单位：国家馆

04287
山东小清河五柳闸、边庄闸工程纪要 小清河临时工程委员会编
[济南]：小清河临时工程委员会，[1933.12]，14+[17]页，16开
本书共7部分，内容包括：五柳闸工程纪要、边庄闸工程纪要、五柳闸闸坝工程图影、边庄闸闸坝工程图影等。附黄台石村两号挖泥船构造述要。
收藏单位：国家馆、天津馆

04288
审查"华阳河流域整理工程计划大纲"之意见 李仪祉编
[南京]：扬子江水利委员会，[1936]，4页，16开
收藏单位：国家馆

04289
史河 安徽省建设厅编
[合肥]：安徽省建设厅，1942.8，40页，36开（经济丛刊4）（安徽水利工程查勘报告1）
本书共8部分，内容包括：河流原委、河道现状、水文概况、航运现状、水力利用、沿河物产等。附录：大别山各县人口面积表、史河上游各处流量表、史河立叶段平面图等。
收藏单位：重庆馆、国家馆、南京馆、浙江馆

04290
寿县芍陂塘引淠工程计划书 裴益祥著
[合肥]：安徽省水利工程处，1934.7，[30]页，16开（安徽省水利工程处丛刊2）
本书附工程图。
收藏单位：安徽馆、国家馆

04291

疏浚徒骇河志 山东省政府建设厅编

[济南]：山东省政府建设厅，1935.8，78页，16开

本书共6部分：沿革、工程计划、施工经过、利益之估计、养护办法、附载。附徒骇河道图。

收藏单位：国家馆、浙江馆

04292

水利专刊 山东省政府建设厅编辑股编

济南：山东省政府建设厅编辑股，1936.4，3册（440+250+374页），16开

本书共3编。上编为排洪工程，内容包括：疏浚徒骇河工程概略、验收徒骇河工程报告等；中编内容包括：虹吸灌溉工程、航运工程等；下编内容包括：水电工程、排水工程等。封面题名：山东省政府建设厅水利专刊。

收藏单位：广东馆、国家馆、湖南馆、南京馆、首都馆

04293

塘工两年 浙江省钱塘江海塘工程局编

杭州：浙江省钱塘江海塘工程局，1948.7，8页，32开

本书介绍钱塘江海塘工程局人事、经费、工程、效益、瞻望等。附海宁、富阳等塘工照片、地图。

收藏单位：重庆馆、浙江馆

04294

吴淞江横断面图 太湖流域水利委员会编

出版者不详，1册，16开

收藏单位：南京馆

04295

吴淞江水利协会修浚新闸桥东段报告 吴淞江水利协会编

上海：吴淞江水利协会，[1927.1]，208页，16开

本书内容包括：议事录、会员录、内部各项章则、筹浚吴淞江下游意见书、吴淞江下游测量报告及意见书、十四年份（1925）工程报告、重要函件等。

收藏单位：国家馆、南京馆、上海馆

04296

修浚闽江总局十年度报告书（中华民国十七年三月至十八年二月） 陈鸿泰编著

闽江总局，[1929.2]，19+13页，10开

本书内容包括：起论、河道情形、流量记载、测绘、挖浚工作等。中英文本。

收藏单位：国家馆

04297

修筑无和段江堤概况 善后救济总署安徽分署编

善后救济总署安徽分署，[1946]，40页，32开（善后救济总署安徽分署业务报告丛刊）

收藏单位：国家馆

04298

玉符河引水工程计划 山东省建设厅小清河临时工程委员会拟

南京：山东省建设厅小清河临时工程委员会，1936.7，[94]页，12开

本书由工程标准说明书、工程计划书及多幅蓝图合订而成。

04299

运河春修土工施工细则 [泰州行政区运河工程指挥部工务处]编

[泰州行政区运河工程指挥部工务处]，5页，32开

收藏单位：上海馆

04300

浙江海盐平湖两县境内海塘工程简明图说

出版者不详，1册，18开

收藏单位：浙江馆

04301

浙江省海塘工程紧急抢修计划

出版者不详，1册，22×35cm

收藏单位：浙江馆

04302
浙江省钱塘江海塘工程局民国卅五年度工程计划书（编1034号） 浙江省钱塘江海塘工程局编
杭州：浙江省钱塘江海塘工程局，1946.12，石印本，184页，横8开，精装
本书除缘由、概要外，大部分为工程图表。内容包括：杭市四堡护岸及盘头工程、海宁爵字号建筑石塘及担水工程、海宁陈文港土备塘加倍工程等。单面印刷。
收藏单位：浙江馆

04303
浙江省钱塘江海塘工程局修复海塘及整治江道工程两年计划书 浙江省钱塘江海塘工程局编
杭州：浙江省钱塘江海塘工程局，1948.10，1册，横8开
收藏单位：浙江馆

04304
浙江省钱塘江两岸海塘工程查勘报告及修复计划年计划 浙江省水利局编
杭州：浙江省水利局，1946.3，1册，横8开
收藏单位：浙江馆

04305
浙江省水利局闸口第一汲水站建筑工程报告书 [浙江省水利局]编
浙江省水利局，1936，1册，16开
本书介绍装置抽水机之缘由、装置机件之经过情形等。
收藏单位：浙江馆

04306
浙江萧山绍兴上虞余姚县境海塘工程简明图
出版者不详，1册，18开
收藏单位：浙江馆

04307
浙西塘工简图
出版者不详，1册，18开
收藏单位：浙江馆

04308
整理华阳河流域工程计划
扬子江水利委员会，1943.10，油印本，1册，16开
收藏单位：南京馆

04309
整理南州水利工程计划摘要
江西水利局，1936.4，8页，32开
收藏单位：南京馆

04310
整理山东小清河工程计划大纲 小清河临时工程委员会编
小清河临时工程委员会，1931.12，14+[14]页，16开
小清河临时工程委员会，1934，修订本，14+[14]页，16开
收藏单位：国家馆、南京馆、上海馆、天津馆

04311
整理小清河计划书 山东省建设厅小清河工程局编辑
山东省政府印刷局，1931，28页，16开
收藏单位：天津馆、中科图

04312
治理苏州河入手计划摘要（译件） 海德生著
上海：浚浦总局，1919.1，[7]页，13开
收藏单位：国家馆

中南地区河流

04313
查勘韩江水患报告书 雷文铨编
韩江治河处，1922.12，52页，16开
本书共5章，内容包括：流域、雨量、水患之原因及关系等。附规定根本修堤办法十则、改良梅溪河道计划书。
收藏单位：国家馆

04314
督办广东治河事宜处报告书（第 1 期 西江实测 中华民国四年）（瑞典）柯维廉（G. W. Olivecrona）等著
广州：督办广东治河事宜处，[1916]，[180]页，18 开，精装
本书共 8 章，内容包括：测量队的组织、野外及水道测量、西江及各支流水道形势等。附录：西江防潦条陈、考察兴安运河报告书、梧州南宁间的西江情形报告书等 7 种。附活页折图 5 幅。目录页题另附图 1 册，共 110 幅，未见。
收藏单位：国家馆、上海馆

04315
督办广东治河事宜处报告书（第 2 期 广州进口水道改良计划 中华民国七年）（瑞典）柯维廉（G. W. Olivecrona）等著
广州：督办广东治河事宜处，[1918]，123 页，18 开
本书内容包括：珠江水道形势、珠江水道、河床现状、整饬珠江计划工程办法、价值预算及工程程序等。
收藏单位：国家馆、宁夏馆、中科图

04316
督办广东治河事宜处报告书（第 3 期 北江改良计划 民国八年）（瑞典）柯维廉（G. W. Olivecrona）等著
广州：督办广东治河事宜处，1919，98 页，16 开
本书附录：三水站高低水度表等。
收藏单位：国家馆、首都馆、天津馆

04317
督办广东治河事宜处工程报告书（[第 1—9 期]）（瑞典）柯维廉（G. W. Olivecrona）等著
广州：督办广东治河事宜处，1920—1928，9 册，16 开
本书第 10 期起载于广东治河委员会出版的《广东水利》。
收藏单位：国家馆、南京馆、上海馆、首都馆、浙江馆

04318
沣惠渠工程设计 华北政府农业部水利工程队编
华北政府农业部水利工程队，1949，69 页，18 开
本书内容包括：沣惠渠工程渠道、拦河堰、进水闸及冲刷闸、分水闸、桥梁等。
收藏单位：天津馆

04319
广东二十年来治河报告汇刊 广东治河委员会编
广州：广东治河委员会，[1936.8]，548 页，16 开
本书汇集 1914 年至 1933 年广东治河历期报告。封面题名：二十年来广东治河汇刊。

04320
广东省堤工委员会工作总报告 广东省堤工委员会秘书室编
广州：广东省堤工委员会，1948.11，256 页，16 开
本书内容包括：组织、计划、施工、成果、检讨等。有施工照片、特载。附珠江三角洲堤防工程位置平面布置图。
收藏单位：国家馆、中科图

04321
广东水患问题（瑞典）柯维廉（G. W. Olivecrona）著
外文题名：The flood problem of Kwangtung
广州：督办广东治河事宜处，[1924]，16+12 页，22 开（督办广东治河事宜处印刷物 13）
本书为中英文本。
收藏单位：重庆馆、国家馆、南京馆、浙江馆

04322
韩江治河处报告书 韩江治河处编
韩江治河处，[1925.5]，[538] 页，16 开
本书报告时限为 1921 年 11 月至 1925 年

4月底。内容包括：组织、公牍、工程、经费、图表、杂件等。目录页题名：韩江治河处第一期报告书。

收藏单位：上海馆、中科图

04323
韩江治河处报告书（民国十五年度） 韩江治河处编
韩江治河处，1926，[199]页，16开

本书内容包括：成绩报告及工程计划、收支报告、大事记、文牍选载、造林等。

收藏单位：国家馆、首都馆

04324
红水河那色至迁江段初步整理计划
出版者不详，[1911—1919]，油印本，1册，13开

本书共8部分，内容包括：缘由、概要、资料、工费估计、施工程序等。

收藏单位：国家馆

04325
湖北金水建闸纪略 全国经济委员会金水建闸办事处编
金水：全国经济委员会金水建闸办事处，1935，38页，16开

04326
湖北金水整理计划草案 扬子江水道整理委员会编
扬子江水道整理委员会，1929，58页，16开

本书共5章，内容包括：金水现状及整理之必要、金水整理之计划、整理工程之估计等。

收藏单位：国家馆、南京馆、上海馆、首都馆、中科图

04327
湖北省修浚塘坝沟渠水井及推广车水工具办法 湖北省政府秘书处编
湖北省政府秘书处，1941.1，14页，32开

本书内容包括：挖塘、筑坝、开渠、凿井、龙骨车、竹筒车等。附浅说。

收藏单位：重庆馆、广东馆、南京馆

04328
惠济河疏浚虹吸管引水暨省会水道整理工程报告 河南省政府建设厅 河南省整理水道改良土壤委员会编
河南省政府建设厅、河南省整理水道改良土壤委员会，1935.9，1册，16开

收藏单位：广东馆、国家馆、上海馆、首都馆

04329
江汉工程局业务报告 全国经济委员会江汉工程局编
全国经济委员会江汉工程局，1933，124页，16开（全国经济委员会江汉工程局专刊）

本书共6章，内容包括：本局缘起及组织、江汉干堤岁修工程、潜监沔三县工赈工程、防汛工程等。

收藏单位：国家馆、湖南馆

04330
内乡治河改地 河南宛西乡村师范学校编
河南宛西乡村师范学校，1935，76页，36开

本书介绍内乡治河改地的方法和成绩。

收藏单位：重庆馆

04331
曲江之潦患与预防 吴尚时等著
韶关：韶关市政筹备处，1943.6，58页，25开（国立中山大学地理系丛书5）

本书共6部分，内容包括：导言、灾情简述、潦患因素、潦水演进等。

收藏单位：重庆馆、国家馆、南京馆

04332
沙河勘估日记
出版者不详，手写本，1册，16开

收藏单位：南京馆

04333
疏河修堤专册 中山县疏河修堤委员会编
中山县：中山县疏河修堤委员会，1948.5，

[50] 页，16 开

本书内容包括：该会成立经过及工作概况、会议纪录、重要公文摘要、专论、征信录等。

04334

疏浚惠济河记

出版者不详，218 页，18 开

本书附录：环城沟渠。

收藏单位：天津馆

04335

宋隆防潦计划 卜嘉（G. Perg）著

广州：督办广东治河事宜处，1928.12，30 页，16 开（督办广东治河事宜处印刷物 18）

本书共 6 章，内容包括：宋隆流域之概要情形、宋隆防潦计划工程之主要部分等。附录：宋隆流域图等。宋隆流域在广东西江右岸高要县境。

收藏单位：重庆馆、国家馆

04336

调节汉水支流初步计划 湖北省政府治水研究委员会编

[武汉]：湖北省政府治水研究委员会，1936，50 页，16 开

本书共 7 节：弁言、汉水支流原委、历年水灾概况、调节水量计划、工款之估计、分期完成办法、结论。附录：调查测量及设计程序、汉水形势图、美国洛杉矶防洪工程处副总工程师保罗波门所建筑控制坝规则等。

收藏单位：重庆馆

04337

襄河防洪治本初步计划草案 孙辅世等著

出版者不详，1936.5，12+9 页，16 开

本书为湖北汉水流域襄河水利工程计划书。

收藏单位：重庆馆、天津馆

04338

永澹沈灾 [谭学衡编]

出版者不详，[1916]，124+[49] 页，18 开

本书共 8 章：总论、测量队之组织、野外及水道测量、西江暨各支流水道形势、水道、论治河各种计划、结论、前六年入手程序及预算。

收藏单位：国家馆

04339

整理豫南水利五年计划

河南省水利处，1934.4，26 页，32 开

收藏单位：南京馆

04340

治颍述要 马兆骧编辑

河南：颍河工赈第二事务所、颍河下游桥工委员会，1936.8，286 页，16 开

本书共 14 部分，内容包括：河流考证、灾况调查、履勘纪实、施工情形等。

收藏单位：国家馆、中科图

西南地区河流

04341

查勘大渡河青衣江报告书 郑肇经 张炯编

出版者不详，油印本，1 册，16 开

收藏单位：南京馆

04342

成都平原之水利 鲍觉民著

[天津]：[南开大学经济研究所]，1937，34 页，16 开

本书为《南开大学经济研究所政治经济学报》抽印本。

收藏单位：天津馆

04343

大宁河查勘报告书

出版者不详，1 册，16 开

收藏单位：南京馆

04344

大中大华二闸坝竣工纪念册 导淮委员会綦江水道工程局编

导淮委员会綦江水道工程局，1942.5，16页，25开

本书内容包括：石溪口大中闸坝、花石子大华闸坝摄影，綦江工区图，水道工程说略，计划大纲等。

收藏单位：重庆馆

04345

府河成都江口段纵断面图

四川省水利局，1940.6，1册

收藏单位：南京馆

04346

四川省都江堰工程纪要

出版者不详，1册，16开

收藏单位：南京馆

04347

四川省水利局贷款举办灌溉工程总报告

出版者不详，油印本，1册，32开

收藏单位：首都馆

04348

四川省水利局整理彭县官渠堰灌溉工程计划书

成都：四川省水利局，1938.10，油印本，1册，16开

收藏单位：南京馆

04349

整理綦江工程概要　綦江工程局编

綦江：綦江工程局，1939.10，12页，32开

本书书前有綦江工区图及施工照片。

收藏单位：国家馆、南京馆

04350

整理杨磁河道工程计划书　姜国干[编]

行政院水利委员会水利示范工程处，1943，晒印本，1册，16开

收藏单位：国家馆

各地方湖泊

04351

呈请完结仙云两湖工程事略　云南省政府编

云南省政府，[1928.4]，石印本，18页，16开，环筒页装

本书共8部分，内容包括：未尽工程、善后事宜、工程效益、公田收入、完结关键等。两湖指云南抚仙湖和星云湖。

收藏单位：国家馆

04352

低区建设计划书　许西畴著

出版者不详，1928，[40]页，32开

本书论述太湖地区受潦患的原因和治水办法，并介绍抗灾的具体设备和措施等。

收藏单位：南京馆

04353

湖南水灾善后委员会兴修洞庭水利研究委员会拟具第一期兴修洞庭水利方案　湖南水灾善后委员会兴修洞庭水利研究委员会编

湖南水灾善后委员会兴修洞庭水利研究委员会，[1911—1935]，[18]页，13开，环筒页装

收藏单位：国家馆

04354

内政部太湖流域水利委员会二十三年七月份工作月报

内政部太湖流域水利委员会，[1935]，油印本，1册，16开，环筒页装

收藏单位：国家馆、南京馆

04355

内政部太湖流域水利委员会二十三年八月份工作月报

内政部太湖流域水利委员会，[1935]，油印本，1册，16开，环筒页装

收藏单位：国家馆

04356
鄱阳湖星子至湖口间深水道工程计划 全国经济委员会水利处编
南京：全国经济委员会，1935.12，42页，16开（全国经济委员会水利处水利专刊4）
本书共6部分，内容包括：缘由、资料及理论、工费估计、施工程序等。
收藏单位：广东馆、国家馆、湖南馆、南京馆、首都馆、天津馆、浙江馆

04357
湘湖环湖道路塘堤及坝闸断面图 江超等测绘
第三中山大学劳农学院场所委员会，1927.9，石印本，14页，4开
本书附坝外河底纵断面图。湘湖位于浙江省。

04358
兴修洞庭湖计划草案 萧光炯[编]
出版者不详，油印本，4叶，大16开
收藏单位：国家馆

04359
续刻杜白两湖全书 叶瀚编 杨振骧续纂
出版者不详，[1917.7]，147页，8开，精装
本书内容包括：浙江慈溪北杜湖、白洋湖设闸、兴修水利工程的建议和经过等。所收资料自光绪三十三年（1907）至民国六年（1917）。附两湖全图。卷端题名：续刻杜白二湖四浦水利全书。
收藏单位：国家馆、上海馆

04360
整理东太湖水利工程计划
扬子江水利委员会，1936.5，28页，16开

04361
整理洞庭湖之意见 李仪祉著
扬子江水利委员会，[1932]，6页，18开
收藏单位：国家馆、天津馆

交通运输

04362
车 徐应昶编纂
上海：商务印书馆，1922，28页，32开（儿童理科丛书7）
上海：商务印书馆，1925.4，3版，28页，32开（儿童理科丛书7）
收藏单位：国家馆、首都馆

04363
车 周建人编
上海：商务印书馆，1934，35页，32开（小学生文库 第1集 工程类）
上海：商务印书馆，1935，4版，35页，32开（小学生文库 第1集 工程类）
收藏单位：东北师大馆、湖南馆、吉林馆、宁夏馆、上海馆、首都馆

04364
公共车辆之比较观 郁秉坚著
上海：商务印书馆，1947.1，66页，32开
本书介绍公共汽车、电车、蒸汽机车、电力机车的特性，并在工程上、经济上予以比较。附录：公路建筑工程之标准、中国铁路建设战后第一期五年计划年次表、中英文译名对照表、参考书目。
收藏单位：长春馆、重庆馆、国家馆、山西馆、上海馆、首都馆、天津馆

04365
几种重要的交通器具 白桃著
上海：商务印书馆，1936.3，2册（59+60页），32开（小学生文库）
收藏单位：重庆馆

04366
交通教范 [交通部]制定

出版者不详，[1939.2]，100 页，64 开

本书内收公路铁道修筑、设备规范。

收藏单位：广东馆、国家馆、内蒙古馆、天津馆

04367

交通通信常识　河南省政府编

河南省政府，1935.12，64 页，32 开

本书共 6 篇：道路、渡河、铁道、船舶输送、通信、汽车。

收藏单位：河南馆

04368

南洋路矿学校修学录　南洋路矿学校编

上海：南洋路矿学校，1917，[102] 页，16 开

上海：南洋路矿学校，[1919]，[102] 页，16 开

本书内收职教员姓氏录、传纪、测量纪事等。

04369

人类的交通　张伯伦（J. F. Chamberlain）著　陈锦英译

外文题名：How we travel

上海：商务印书馆，1928.4，177 页，32 开（儿童史地丛书）

上海：商务印书馆，1931.2，再版，177 页，32 开（儿童史地丛书）

上海：商务印书馆，1933，161 页，32 开（小学生文库 第 1 集 史地类）

上海：商务印书馆，1934，3 版，161 页，32 开（小学生文库 第 1 集 史地类）

本书共 23 章，内容包括：美洲殖民时代的旅行、纽约城的游历、中国的游历、威尼斯城的运河、沙漠中的船等。作者通过各地旅行见闻，介绍世界上不同的交通工具。

收藏单位：重庆馆、广东馆、国家馆、河南馆、湖南馆、吉林馆、山西馆、上海馆、首都馆

04370

同学录　交通部交通技术人员训练所会计班编

[重庆]：交通部交通技术人员训练所会计班，[1941.9]，72 页，21 开，环筒页装

本书为交通部交通技术人员训练所会计班 1939 年至 1941 年师生名录。

收藏单位：国家馆

04371

我国的交通　徐映川编

上海：新中国书局，1932，75 页，32 开

上海：新中国书局，1933，再版，75 页，32 开

本书介绍交通常识，有研究问题 21 个，书末附补充材料和作业。

收藏单位：重庆馆、南京馆

04372

运输　王季康编

上海：中华书局，1948.5，22 页，32 开（中华文库 民众教育 第 1 集）

收藏单位：广东馆、上海馆

04373

运输与通信（原名，发明与文明）　黄士恒编

上海：商务印书馆，1926.9，124 页，32 开（新知识丛书）

本书共 4 篇，介绍陆上之交通机关、水上之交通机关、空中之交通机关、通信机关等。

收藏单位：重庆馆、广东馆、国家馆、河南馆、黑龙江馆、湖南馆、南京馆、内蒙古馆、首都馆、天津馆、浙江馆

04374

战时交通学讲义　苏秉彝编

四川省社会军干部训练班，48 页，22 开

收藏单位：广东馆

铁路运输

04375

成渝铁路工程局总工程司训示　邓益光编

[成渝铁路工程局]，1947，1 册，16 开

本书内容包括：分段工程司之职责、监造工程人员对于包工应持之态度、工程司通知书之用法、施工时注意要点等。

收藏单位：重庆馆

04376

京沪、沪杭甬、津浦铁路负责货物联运暂行办法

铁道部联运处，[1932.10]，9 页，25 开，精装

本书书末附各类存根、通知书、报告清算股等样张。国民政府铁道部核定。

收藏单位：重庆馆

04377

轻便铁道论文集　章笃臣编著

重庆：出版者不详，1942，油印本，1 册，16 开，环筒页装

收藏单位：重庆馆

04378

天府轻便铁路运输能力之调查及其改进办法　修诚著

出版者不详，[1943]，1 册，16 开

本书内容包括：运输能力之调查、加强运输能力办法、改善运输以奖励生产、三才生煤矿等。附录：交通大学近状略述。封面题名：天府轻便铁路运输能力。

收藏单位：重庆馆

04379

铁道学　倪超编著

上海：龙门联合书局，1948.7，236 页，22 开（职业学校丛书）

本书共 10 章：交通概论、定线、土工、隧道工程、桥梁与涵洞、轨道建筑、轨道联接及交叉、车站设计、保安设备、铁路管理。附录：中国已成铁路调查表、参考书籍、中德英名词对照表。

收藏单位：广东馆、国家馆、辽大馆、南京馆

04380

铁道学教程

出版者不详，1929，154 页，23 开

本书共 4 编：总论、路工之部、机务之部、车务之部。

收藏单位：重庆馆、国家馆、浙江馆

04381

铁路　聂肇灵编

外文题名：Railways

上海：商务印书馆，1933.12，137 页，32 开（万有文库 第 1 集 0585）（工学小丛书）

上海：商务印书馆，1934.1，137 页，32 开（工学小丛书）

上海：商务印书馆，1934.4，再版，137 页，32 开（工学小丛书）

上海：商务印书馆，1934.12，3 版，137 页，32 开（工学小丛书）

上海：商务印书馆，1947.3，5 版，137 页，32 开（工学小丛书）（新中学文库）

本书共 12 章，内容包括：测量、路基、道碴、轨道与垫钣、轨条及其扣件等。

收藏单位：安徽馆、长春馆、重庆馆、大理馆、大连馆、东北师大馆、广东馆、广西馆、贵州馆、国家馆、黑龙江馆、湖南馆、江西馆、辽大馆、辽东学院馆、辽师大馆、柳州馆、南京馆、内蒙古馆、宁夏馆、陕西馆、上海馆、绍兴馆、首都馆、天津馆、西南大学馆、浙江馆、中科图

04382

铁路（第 1 编 轨路材料）　华通斋著

北京：华通斋[发行者]，1919，再版，90 页，18 开

本书共 5 章：轨路之总则、轨路之材具、特别设置、号志、传动具。版权页题名：铁路撮要。

收藏单位：国家馆、上海馆、首都馆

04383

铁路（第 2 编 铁路工程）　华通斋著

北京：华通斋[发行者]，1919，再版，91—292 页，18 开

北京：华通斋［发行者］，1936，3 版，91—292 页，18 开

本书共 5 章：铺路工程、车站之轨路、建筑物、铁路之策划、铁路之修养。版权页题名：铁路撮要。

收藏单位：国家馆、南京馆、中科图

04384
铁路工程　马地泰著
上海：厚生出版社，112 页，36 开（中国工程师手册 土木手册 14）

收藏单位：国家馆、上海馆

04385
铁路工程（上册）　张泽熙著
重庆：商务印书馆，1946.2，126+31 页，25 开（国立清华大学丛书）
上海：商务印书馆，1947.3，再版，126+31 页，25 开（国立清华大学丛书）
上海：商务印书馆，1949.6，3 版，126+31 页，25 开（国立清华大学丛书）

本书共 12 章：钢轨、钢轨扣件、枕木、道渣、路基及涵洞、栈道、隧道、副路车场及终站、车站房屋及附属建筑物、铁路信号、土方、铁路测量。附录：中英文名词对照表。

收藏单位：重庆馆、广东馆、国家馆、江西馆、天津馆

04386
铁路工程（下册）　张泽熙著
北京：北京大学出版部，[1920—1949]，105 页，25 开

本书共 10 章，内容包括：蒸汽机车之行动、列车阻力、机力坡度与升降及平坡、助动机车之采用与不平衡运输路线坡度之调整、路线之变更及减小坡度等。附录：中英文名词对照表。

收藏单位：国家馆、黑龙江馆

04387
铁路工程讲义　何文声编
重庆：陆军工兵学校，1946，40 页，32 开

收藏单位：广东馆

04388
铁路工程学　凌鸿勋编
外文题名：Railroad engineering
上海：商务印书馆，1925.7，173 页，32 开
上海：商务印书馆，1926.4，再版，173 页，32 开
上海：商务印书馆，1929.3，3 版，173 页，32 开
上海：商务印书馆，1932.7，国难后 1 版，173 页，32 开
上海：商务印书馆，1933.1，国难后 2 版，173 页，32 开
上海：商务印书馆，1935.2，国难后 3 版，173 页，32 开
上海：商务印书馆，[1937]，国难后 5 版，173 页，32 开
长沙：商务印书馆，1938，国难后 6 版，173 页，32 开
长沙：商务印书馆，1938.10，国难后 7 版，173 页，32 开
长沙：商务印书馆，1940，173 页，32 开
上海：商务印书馆，1947.5，10 版，173 页，32 开

本书为新学制高级工业学校教科书。共 16 章，内容包括：测勘、路线、土方、道碴、轨枕、轨条及其附属物、铺路法、铁路之策划等。附索引。

收藏单位：重庆馆、广东馆、贵州馆、国家馆、河南馆、黑龙江馆、湖南馆、江西馆、南京馆、内蒙古馆、山西馆、上海馆、首都馆、天津馆、浙江馆

04389
铁路和公路　李熙谋　卢钺章主编
上海：世界书局，[1946—1949]，17 页，25 开（少年应用科学丛书）

本书简述铁路和公路的发展及特点。

收藏单位：贵州馆、江西馆

04390
铁路机械　杨毅讲
出版者不详，油印本，1 册，16 开

收藏单位：南京馆

04391
铁路学 ABC　杨隽时著
上海：世界书局，1929.8，101 页，32 开（ABC 丛书）

本书共 7 章：测量、轨条、轨条之形式、土工、铁路弯线、枕木及道碴、轨道之建筑工程。

收藏单位：安徽馆、重庆馆、广东馆、广西馆、国家馆、河南馆、湖南馆、江西馆、南京馆、首都馆、天津馆、浙江馆

04392
铁路学通论（亦名，铁路之研究）　萧淑恩著
北京：北京法政大学，1925.6，292 页，18 开

本书概述各国铁路概况、铁路国有思想之由来等。

收藏单位：浙江馆

04393
现代铁路丛谭　（英）柯尔宾（T. Corbin）著　冯雄译
外文题名：The romance of modern railways
上海：商务印书馆，1926.11，244 页，32 开（百科常识丛书）

本书介绍铁路的沿革、建筑、设备以及机车的制造原理等。共 22 章，内容包括：铁路的过去与将来、机车制造、电动列车、索引铁路等。

收藏单位：重庆馆、国家馆、湖南馆、江西馆、南京馆、宁夏馆、首都馆、天津馆、浙江馆、中科图

04394
在德国国有铁路公司实习笔记　吴之翰著
吴之翰 [发行者]，1936.9，[80] 页，16 开

本书内收论文 6 篇：《德国铁道上层建筑的保养》《德国铁道与欧战》《德国标准岔道概论》《德国铁道百年纪念》《德国东普鲁士之经济与交通》《德国设计焊接铁道桥梁之新基础》。

收藏单位：贵州馆、国家馆、上海馆

铁路运输史

04395
工业及铁道展览会参观指南　国立交通大学编
上海：国立交通大学，1933.3，[138] 页，16 开

本书共 12 部分，内容包括：展览会职员表、展览会宣言、参观须知、展览会概要、展品一览表等。中英文对照。

收藏单位：国家馆、上海馆

04396
广西动员百万协筑湘黔桂铁路桂段工程纪实　湘桂铁路南镇段路工管理处等编辑
黔桂铁路桂段路工管理处、广西路工纪念学校，1944.3，284 页，16 开

本书共 12 章，内容包括：总纲、征工、工务、民工之保健、征用土地、重要公牍等。附录：大事记等。封面题名：广西动员百万协筑铁路纪实。

收藏单位：广东馆、桂林馆、国家馆

04397
火车的故事（历史常识）　李劭青著
北平：中华平民教育促进会，1932.12，再版，22 页，50 开（平民读物 106）

收藏单位：国家馆

04398
交通部直辖四郑铁路工程纪略　四郑铁路工程局编
大连：四郑铁路工程局，1918.9，125+60 页，21 开

本书为修建四洮铁路四平街至郑家屯一段的工程纪略。内容包括：敷设缘起、建筑费概要、路线测量、购地丈量及整理、工程计划、车站等。附折页图表。

收藏单位：国家馆、湖南馆、上海馆、首都馆、中科图

04399
京沪沪杭甬铁路管理局重建局所报告
出版者不详，1936.10，53页，16开
本书内容包括：上海北站扩充计划图、工程纪要、电气设备概要、本路沿线名胜一斑等。
收藏单位：浙江馆

04400
京张铁路工程纪略 中华工程师学会编
中华工程师学会，1915.12，158页，18开，精装
本书介绍京张铁路起源、开办情况、工程事宜等。共10章，内容包括：总纲、路线、轨道、土石等。附录：京门支路、鸡鸣山煤矿支路。另有附图1册。
收藏单位：国家馆、近代史所、山西馆、上海馆、首都馆、天津馆

04401
京张铁路工程纪略附图 中华工程师学会编
中华工程师学会，[1915.12]，[55]页，18开，精装
本书共7部分，内容包括：路线、轨道、桥工、涵沟等。全册为折图。

04402
陇海铁路潼西段工程纪略 前陇海铁路潼西段工程局编
郑州：前陇海铁路潼西段工程局，1935.7，[58]+144页，16开
本书附陇海铁路潼西段工程全图。
收藏单位：重庆馆、国家馆、近代史所、南京馆、上海馆、中科图

04403
陇海铁路西宝段工程纪略 陇海铁路西段工程局编
西安：陇海铁路西段工程局，1936.12，108页，16开
本书介绍1934年陇海铁路西宝段工程建筑经过。
收藏单位：重庆馆、国家馆、上海馆

04404
铁路工程历史 胡栋朝编
广州：岭南大学工学院，1930.7，121页，32开
本书共5章，介绍铁路的缘起、发展、种类等。有中英文名词对照。
收藏单位：国家馆

04405
湘桂铁路衡桂段车站房屋及附属建筑工程规范书摘要
出版者不详，26页，16开，环筒页装
收藏单位：重庆馆

04406
粤汉路株韶段工程最近状况 凌鸿勋著
[广州]：粤汉铁路株韶段工程局，1935.1，10页，32开
收藏单位：国家馆

04407
粤汉铁路韶乐段工程纪略 粤汉铁路株韶段工程局编
广州：粤汉铁路株韶段工程局，1933.2，9页，36开
本书内容包括：路线勘测之经过、土石工程、隧道工程、桥梁工程、名胜古迹、物产、工业情况等。书前有粤汉铁路全线略图、路工及风景照片。
收藏单位：国家馆

04408
粤汉铁路株韶第二总段工程纪略 粤汉铁路株韶段工程局编
[广州]：粤汉铁路株韶段工程局，1935.1，25页，32开
本书共14部分，内容包括：路线勘测之经过、购地、土石方工程、隧道工程、桥渠工程等。书前有粤汉铁路全线略图、路工及风景影片等。
收藏单位：国家馆、南京馆

04409
粤汉铁路株韶段工程参观便览　粤汉铁路株韶段工程局编
[广州]：粤汉铁路株韶段工程局，1935.10，15页，36开

04410
粤汉铁路株韶段工程记载汇刊　粤汉铁路株韶段工程局编
[广州]：粤汉铁路株韶段工程局，1936.7，454页，16开
本书内容包括：测勘、工程计划及进展、包工、土石方、桥渠、隧道、材料、运输等。
收藏单位：国家馆、湖南馆

04411
粤汉铁路株韶段民国二十四年工作之回顾目录
出版者不详，1册，16开
本书内容包括：粤汉铁路株洲至韶州各段工程进行简明图、引言、各项已成工程之百分数、各项工程合约、土石方、桥工、隧道、铺轨等。
收藏单位：贵州馆、浙江馆

04412
粤汉株韶段单行小册汇览　粤汉铁路株韶段工程局编
[广州]：粤汉铁路株韶段工程局，1933.2—1935.10，[89]页，36开，精装
本书共6部分：粤汉铁路韶乐段工程纪略、衡州车站开工纪念册、粤汉路株韶段工程最近状况、粤汉铁路株韶第二总段工程纪略、衡州车站建筑概要（粤汉铁路株韶段）、工程参考便览（粤汉铁路株韶段）。
收藏单位：国家馆

04413
浙赣铁路赣闽路线踏勘报告
出版者不详，1935，1册，16开
收藏单位：近代史所

04414
浙赣铁路玉南段工程纪要　浙赣铁路玉南段工程处编
浙赣铁路局，1936.6，172+108页，16开
本书共15章，内容包括：组织、路线选测、建筑费、用地概况、路基筑造、材料之筹备与运输、轨道、电报及电话、车站设备等。玉南段铁路连接玉山和南昌。
收藏单位：广东馆、南京馆、上海馆、中科图

04415
中华民国国有铁路工程状况表　铁道部工务司工程科制
[南京]：铁道部工务司工程科，1934.6，[182]页，18开
本书为表格。共9部分，内容包括：各路最大坡度表、各路隧道表、各路钢轨设备表、各路行车设备表等。附公营民营各铁路。
收藏单位：国家馆、南京馆、上海馆

铁路运输教育组织、学校

04416
北京畿辅大学铁路管理科戊辰毕业纪念册
陶家泰　赵广居编辑
[北京]：北京畿辅大学，1928.6，110页，横18开，精装
本书有校景、师生照片及名录等。
收藏单位：国家馆

04417
北平交大廿一周年纪念特刊　交通大学北平铁道管理学院廿一周年纪念委员会宣传股编
北平：交通大学北平铁道管理学院廿一周年纪念委员会宣传股，1930.5，36页，21开
本书内收文章9篇，内容包括：《交大廿一周年纪念——我的观测》（胡国本）、《纪念交大二十一周年的意义和价值》（张熙荣）、《北平交大的新生命》（刘魁）、《庆祝交通大学二十一周年纪念》（徐协华）等。

04418
北平铁路大学年刊（1932） 北平铁路大学编
北平：北平铁路大学，1932，[219] 页，16 开，精装
本书内收北平铁路大学校史、各种图表、师生名录及照片等。
收藏单位：东北师大馆、国家馆

04419
北平铁路大学同学录 北平铁路大学学生自治会编
北平：北平铁路大学学生自治会，1932.5，68 页，25 开
本书内收北平铁路大学校董、职员、教授讲师及学生名录。
收藏单位：国家馆

04420
北平铁路大学章程 北平铁路大学编
北平：北平铁路大学，1930，62 页，18 开
收藏单位：首都馆

04421
东北交通大学二二级级会纪念册 文澄憬 牟德昌编
东北交通大学，1929，66 页，横 18 开

04422
东北交通大学一览 东北交通大学编
东北交通大学，1929.11，99 页，16 开
本书介绍校史、设备概况、现行组织、课程简表、各项规程等。
收藏单位：上海馆

04423
管理章则 交通大学编
上海：交通大学，1931.4，82 页，23 开（交通大学规章丛刊 3）
本书共 5 编，内容包括：学则、学行规则、奖惩规则等。
收藏单位：浙江馆

04424
国立北平铁道管理学院 北平铁道管理学院业务学会主编
北平：北平铁道管理学院业务学会，1948，32 页，32 开
本书内收北平铁道管理学院沿革年表、各系介绍、1947 年度入学试题及解答等。

04425
国立交通大学北平铁道管理学院民念一级毕业纪念册
北平：国立交通大学北平铁道管理学院毕业事宜筹备委员会，1932.10，1 册，16 开，精装
收藏单位：国家馆

04426
国立交通大学第三十一届毕业典礼纪念特刊 交大三日刊社编
上海：交大三日刊社，1931，22 页，16 开

04427
国立交通大学第三十二届毕业生题名录 国立交通大学编
[上海]：国立交通大学，1932.9，12 页，32 开
本书附受奖学生名单。

04428
国立交通大学工业及铁道展览会参观指南 国立交通大学编
上海：国立交通大学，1933，143 页，16 开
本书内容包括：展览会宣言、参观须知、出品人一览表、展品一览表等。展览会举办日期为 1933 年 3 月 30 日至 4 月 8 日。
收藏单位：国家馆

04429
国立交通大学工业及铁道展览会纪念画册 国立交通大学编
上海：国立交通大学，1933，[86] 页，16 开
收藏单位：上海馆

04430
国立交通大学工业铁道展览会节目 国立交通大学编
上海：国立交通大学，1933，[18] 页，22 开
本书为中英对照本。展览会举办日期为 1933 年 3 月 30 日至 4 月 8 日。
收藏单位：国家馆

04431
国立交通大学科学学院概况 国立交通大学科学学院编
[上海]：国立交通大学科学学院，1934.5，20 页，16 开
本书介绍国立交通大学科学学院数、理、化等系概况。

04432
国立交通大学三十一年度第一学期实施概况报告书
出版者不详，[1942]，油印本，7 叶，29×32cm
收藏单位：国家馆

04433
国立交通大学上海同学录 国立交通大学编
上海：国立交通大学，1932.10，100 页，22 开
收藏单位：广东馆、国家馆

04434
国立交通大学唐山工程学院奖学金与学绩荣奖概况 国立交通大学唐山工程学院编
唐山：国立交通大学唐山工程学院，1932.3，18 页，22 开
本书附各省县奖助本院学生概况。
收藏单位：国家馆、吉林馆

04435
国立交通大学唐山工程学院校友录 国立交通大学唐山工程学院卅周年纪念会编
[唐山]：国立交通大学唐山工程学院卅周年纪念会，[1935]，[207] 页，18 开
收藏单位：国家馆

04436
国立交通大学唐山工程学院专章 国立交通大学唐山工程学院编
[唐山]：国立交通大学唐山工程学院，1934.1，36 页，22 开
本书共 5 编，内容包括：通则、考核成绩规则、管理细则等。
收藏单位：国家馆

04437
国立交通大学唐山工程学院自二十五周年迄二十七周年之进展 国立交通大学唐山工程学院编
[唐山]：国立交通大学唐山工程学院，[1932]，40 页，22 开
本书介绍唐山工程学院三年来经费的增加、课程的改进与充实、实验室的添置情况等。
收藏单位：国家馆、吉林馆、天津馆

04438
国立交通大学研究所一览 国立交通大学编
上海：国立交通大学，1931.6，[63] 页，22 开
本书内容包括：所员一览、史略、宗旨、组织大纲（附唐山分所组织大纲）、所务会议规则等。中英对照。
收藏单位：广东馆、国家馆、南京馆、浙江馆

04439
国立唐山工学院课程学分时间表 国立唐山工学院编
唐山：国立唐山工学院，1946，油印本，1 册，18 开
收藏单位：国家馆

04440
国立唐山工学院矿冶系科目学分表 国立唐山工学院编
唐山：国立唐山工学院，1946，1 册，16 开
收藏单位：国家馆

04441
国立唐山工学院四十二周年纪念特刊　国立唐山工学院编
[唐山]：国立唐山工学院，1947.5，20页，16开
本书介绍国立唐山工学院简史、教务训导概况、复员经过等。
收藏单位：广东馆、国家馆

04442
国立唐山工学院土木工程系科目学分表　国立唐山工学院编
唐山：国立唐山工学院，1946，1册，16开
收藏单位：国家馆

04443
国立唐山工学院学生名册（三十五学年度）　国立唐山工学院编
唐山：国立唐山工学院注册组，1946，油印本，1册，18开
收藏单位：国家馆

04444
畿辅大学第一次报告书　畿辅大学编
北京：畿辅大学，[1925]，[22]页，16开
本书内容包括：教务处报告、事务处报告、募集基金章程等。
收藏单位：国家馆

04445
畿辅大学第二次报告书　畿辅大学编
北京：畿辅大学，[1925]，9页，16开
本书内容包括：教务处报告、事务处报告等。
收藏单位：国家馆

04446
畿辅大学第三次报告书　畿辅大学编
北京：畿辅大学，1926.10，11页，16开
收藏单位：国家馆

04447
畿辅大学第四次报告书　畿辅大学编
北京：畿辅大学，1927.10，8页，16开
收藏单位：国家馆

04448
畿辅大学概览　畿辅大学编辑
北京：畿辅大学，1926.10，61页，32开
本书介绍畿辅大学组织系统、略史、规章、概况、董事、教职员、学生一览表等。
收藏单位：国家馆、吉林馆

04449
畿辅大学规程汇纂　畿辅大学编
北京：畿辅大学，1927.9，[214]页，18开
本书介绍畿辅大学组织大纲、董事会章程、各种办事细则、公文程式、规则、各类表格凭单等。
收藏单位：国家馆、吉林馆

04450
畿辅大学规章　畿辅大学编
北京：畿辅大学，1926.10，30页，22开
本书共5编：总则、考核成绩、奖励及惩戒、各项规则、附则。
收藏单位：国家馆

04451
畿辅大学民国十六年董事第四次大会议题
[北京]：畿辅大学，[1927]，油印本，[10页]，大16开，环筒页装
收藏单位：国家馆

04452
教课章则　交通大学编
上海：交通大学，1931.6，106页，23开（交通大学规章丛刊4）
本书共5编，内容包括：学则、学行规则、课程等。逐页题名：交通大学教课章则。
收藏单位：国家馆、南京馆、上海馆、浙江馆

04453
交大　北平交大编
北平：北平交大，1936，[116]页，16开，精

装

本书内收北平交大毕业生名录。

收藏单位：国家馆

04454

交大概况 交通大学编

[重庆]：交通大学，1942，48页，16开

本书内容包括：校歌、校舍平面图、本校行政系统图、本校今后之展望等。四十七周年校庆纪念。

收藏单位：国家馆、湖南馆、吉林馆、浙江馆

04455

交大介绍 交通大学校刊出版委员会编

上海：交通大学，20页，32开

收藏单位：广东馆

04456

交大平院毕业纪念册（民廿四级） 北平交通大学编

北平：北平交通大学，1935，1册，32开，精装

收藏单位：国家馆

04457

交大平院毕业纪念册（民廿五级） 北平交通大学编

北平：北平交通大学，1936，1册，16开

收藏单位：国家馆

04458

交大平院民念三级毕业纪念刊 北平交大铁道管理学院编

北平：北平交大铁道管理学院，1934，[156]页，13开，精装

收藏单位：国家馆

04459

交大平院民念六级毕业纪念册

出版者不详，[1937]，1册，16开，精装

收藏单位：广东馆

04460

交大平院廿三周年纪念特刊 交通大学北平铁道管理学院学生自治会编

北平：交通大学北平铁道管理学院学生自治会，1932，1册，22开

本书内容包括：本院略史、北平交大民众学校小史、北平交大之面面观、交大慢谈、本院规章摘要等。

收藏单位：国家馆

04461

交大唐平近影 国立交通大学贵州分校四川同乡会编

国立交通大学贵州分校四川同乡会，1944.6，110页，32开

本书内容包括：发刊词、学校概况、学府风光等。“唐平”指唐山工程学院和北平铁道管理学院。

收藏单位：重庆馆

04462

交大指南 交大学生自治会学术组编

上海：国立交通大学，[1947]，1册，32开

本书内容包括：交大校史、三年来的交大、学生自治会介绍、院系介绍、交大人的生活、投考常识等。附录：民国三十五年（1946）及三十六年（1947）度试题。

收藏单位：重庆馆、广东馆、国家馆

04463

交大专辑 交通大学迈社出版组编

上海：交通大学迈社出版组，[1946]，99页，36开

本书介绍交大沿革及概况。

收藏单位：上海馆

04464

交通部锦县交通大学规章 锦县交通大学编

锦县：锦县交通大学，[1920—1929]，34页，18开

本书共30章，内容包括：学制、单位制、校历、入学升级及改科、休学及退学等。

收藏单位：国家馆

04465
交通部南洋大学规章 交通部南洋大学编
上海：交通部南洋大学，32页，24开
本书内容包括：通则、考核成绩规则、管理规则、奖惩规则等。
收藏单位：南京馆

04466
交通部南洋大学铁路管理科乙丑级毕业纪念册 交通部南洋大学铁路管理科编
上海：交通部南洋大学铁路管理科，[1925]，182页，16开，精装

04467
交通部上海工业专门学校（南洋公校）民国十年级纪念册 交通部上海工业专门学校（南洋公校）著
上海：交通部上海工业专门学校（南洋公校）毕业班，1921，218页，32开
收藏单位：广西馆

04468
交通部上海工业专门学校戊午纪念册 交通部上海工业专门学校戊午级同人编
上海：交通部上海工业专门学校戊午级同人，[1918]，96+19+22页，16开，精装
本书介绍交通部上海工业专门学校大事和戊午级情况。
收藏单位：国家馆

04469
交通部上海工业专门学校原名南洋公学二十周年纪念 交通部上海工业专门学校编
上海：交通部上海工业专门学校，[1916]，184页，横22开
本书内容包括：大事记、姓名录等。交通部上海工业专门学校系交通大学前身。
收藏单位：广东馆、国家馆、吉林馆、上海馆

04470
交通部上海工业专门学校章程 交通部上海工业专门学校编
上海：交通部上海工业专门学校，1917.5，28页，22开
收藏单位：国家馆、南京馆、浙江馆

04471
交通部唐山工业专门学校学则 唐山工业专门学校编
唐山：唐山工业专门学校，1917，44页，28开

04472
交通大学办事章则 交通大学编
上海：交通大学，1931.3，146页，23开（交通大学规章丛刊2）
本书介绍交通大学办事通则，校长室、总务部、出版部、训育部、图书馆、体育馆等办事章则。

04473
交通大学北京学校毕业纪念册 交通大学北京学校编
北京：交通大学北京学校，1921.12，[274]页，16开，精装
本书内容包括：校景、交通大学北京学校纪略、教职员录、同学录等。
收藏单位：国家馆

04474
交通大学北平铁道管理学院第五十届毕业同学录 交通大学北平铁道管理学院庚午级毕业筹备会编
[北平]：交通大学北平铁道管理学院庚午级毕业筹备会，1930.10，[194]页，16开，精装
本书封面题名：交通大学北平铁道管理学院庚午级毕业纪念册。
收藏单位：国家馆

04475
交通大学北平铁道管理学院同学录 交通大学北平铁道管理学院编
北平：交通大学北平铁道管理学院，1934，20页，22开

收藏单位：国家馆

04476
交通大学北平铁道管理学院一九三一级毕业纪念册 交通大学北平铁道管理学院一九三一班毕业委员会编辑部编
[北平]：交通大学北平铁道管理学院一九三一班毕业委员会编辑部，1931，[200]页，16开，精装
本书内容包括：校景、校史、学生文艺作品、同学录、课程一览等。
收藏单位：国家馆

04477
交通大学北平铁道管理学院一九三三级毕业纪念册 交通大学北平铁道管理学院廿三年级毕业事宜筹备委员会编
北平：交通大学北平铁道管理学院廿三年级毕业事宜筹备委员会，1933，[152]页，16开，精装
本书内容包括：校景、校史、职教员录、毕业生文艺作品等。
收藏单位：国家馆

04478
交通大学毕业纪念册 交通大学编
上海：交通大学，1922，216页，16开
本书中英文对照。

04479
交通大学毕业生调查录 胡端行编
[上海]：交通大学，1932.4，198页，16开
本书为交通大学历年同学录。
收藏单位：国家馆、上海馆

04480
交通大学成都同学会会员录 交通大学成都同学会编
上海：交通大学成都同学会，1937.3，14页，32开
本书内容包括：简章、会员名录等。

04481
交通大学第三十七届毕业典礼特刊 交大三日刊编辑委员会编
上海：交大三日刊编辑委员会，1937.6，58页，16开
本书内容包括：言论、特载、会议记录、报告、通讯、校闻等。
收藏单位：南京馆

04482
交通大学概况
出版者不详，1936.4，51页，32开
收藏单位：南京馆

04483
交通大学概况及课程一览 交通大学编
上海：交通大学，1932.2，150页，22开
本书介绍校史、各学院概况、教职员名录、课程、学生统计表等。
收藏单位：广东馆、广西馆、国家馆、上海馆

04484
交通大学规章 交通大学编
上海：交通大学，1929.12，98页，22开
本书共5编：通则、考核成绩规则、管理规则、奖惩规则、课程。
收藏单位：国家馆、南京馆

04485
交通大学民二二级纪念刊 交通大学编
上海：交通大学，1933，241页，16开
本书内容包括：校景、教职员、级友、活动等。
收藏单位：国家馆

04486
交通大学民二三级毕业纪念册 交通大学编
上海：交通大学，1934，[156]页，16开，精装
本书内容包括：校景、教职员、级友、各院、生活等。
收藏单位：国家馆

04487
交通大学民二四级级刊 交通大学编
上海：交通大学，1935，116页，16开，精装

04488
交通大学民三七级纪念刊 交大民卅七级纪念刊委员会编
上海：交大民卅七级纪念刊委员会，1948，[142]页，16开，精装
本书介绍各系概况及毕业生名录等。
收藏单位：国家馆

04489
交通大学年刊 交通大学编
上海：交通大学，1931，316页，16开，精装
本书内容包括：校景、职员、教员、毕业班、文艺等。序言页题名：交通大学三十五年年刊。
收藏单位：国家馆、吉林馆

04490
交通大学上海学校丙寅级纪念册 交通大学上海学校编
上海：交通大学上海学校，1922.5，138页，18开
收藏单位：上海馆、首都馆

04491
交通大学上海学校建筑募捐概要 交通大学编
上海：交通大学，8页，16开
收藏单位：天津馆

04492
交通大学四十周年纪念刊（民国二十五年） 交通大学校刊编委会编
上海：交通大学校刊编委会，1936，[274]页，16开
本书共4部分：纪念志盛、史料汇编、现状一览、征文集刊。
收藏单位：广东馆、国家馆、近代史所、山西馆

04493
交通大学唐山工程学院毕业纪念册
出版者不详，1册，18开
收藏单位：广东馆

04494
交通大学唐山工程学院同学录（[1935年]） 交通大学唐山工程学院编
唐山：交通大学唐山工程学院，1935，30页，25开

04495
交通大学唐山工程学院同学录（[1936年]） 交通大学唐山工程学院编
[唐山]：交通大学唐山工程学院，1936，33页，22开
收藏单位：国家馆

04496
交通大学唐山学院念五周年纪念刊 交通大学唐山学院编
唐山：交通大学唐山学院，1930，322页，16开
本刊介绍交通大学唐山学院沿革、历届学士论文、章则、计划等。
收藏单位：广东馆、国家馆、吉林馆、近代史所、中科图

04497
交通大学唐山研究分所试验物品种类说明书 交通大学唐山工程学院编
唐山：交通大学唐山工程学院，1935.6，37页，16开
本书内容包括：建筑材料试验类、化学分析类、矿冶方面之研究设计及探勘等。
收藏单位：国家馆、天津馆

04498
交通大学同学录（民国十六年至十七年） 北京交通大学编
[北京]：北京交通大学，1928，42页，22开
本书内容包括：历任校长题名录、历任毕业班次暨人数表、职教员录、同学录等。目

录页题名：北京交通大学同学录。

收藏单位：国家馆

04499

交通大学同学录（民国十八年一月） 北平交通大学编

北平：北平交通大学，1929，30页，18开

本书内容包括：历任校长题名录、历任毕业班次暨人数表、职教员录、同学录、学生籍贯统计表等。目录页题名：北平交通大学同学录。

收藏单位：国家馆

04500

交通大学校友录 交通大学编

上海：交通大学，1936.5，560+329页，22开

本书为交通大学（包括上海、北京、唐山三处）校友录。

收藏单位：国家馆、上海馆

04501

交通大学研究所成立十周年纪念词 黎照寰著

[上海]：交通大学研究所，1936，13页，18开

本书介绍交通大学研究所沿革和工作状况。

收藏单位：国家馆、上海馆

04502

交通大学一览（中华民国二十五年度） 交通大学编

上海：交通大学，1936，1册，16开

本书内容包括：本校概况、上海各学院概况、科学学院学程一览、管理学院学程一览、唐山工程学院、北平铁道管理学院等。

收藏单位：国家馆、近代史所、浙江馆、中科图

04503

交通大学主要章程 交通大学规章丛刊编委会编

上海：交通大学规章丛刊编委会，1931，138页，23开（交通大学规章丛刊1）

本书内容包括：组织大纲、会议章程、委员会规程、教职员规则等。书口题名：交通大学规章。

04504

励群达用（交通大学唐山院民廿三年级毕业纪念册） [交通大学编]

[唐山]：交通大学唐山院，1934.8，171页，16开，精装

本书共10部分，内容包括：本院大事年表及本级级史、校景、教职员、级友、杂俎等。

收藏单位：国家馆

04505

南洋大学董事会学潮之续片 范存忠编

上海：南洋大学南洋潮声社，[1923]，47页，28开

本书介绍南洋大学学潮真相。

04506

南洋大学年刊 南洋大学编

上海：南洋大学，1923，221页，16开，精装

本书介绍南洋大学概况、简史等。

04507

南洋大学卅周年纪念校景册 南洋大学编

上海：南洋大学，[1926]，[28]页，16开

收藏单位：中科图

04508

南洋大学无锡同学会十五周年纪念刊 南洋大学无锡同学会编

[无锡]：南洋大学无锡同学会，1928，92页，28开

本书介绍南洋大学无锡同学会略史。内容包括：言论、学术、杂俎、记事等。

04509

南洋大学校总部十周年纪念册 费福寿编

上海：南洋大学，1923，142页，16开，精装

04510
上海交通大学年刊 交通大学编
上海：交通大学，1930，296 页，16 开，精装
本书内容包括：校景、职员、教员、课外活动、文艺等。

04511
私立铁路学院十周年纪念专刊 私立铁路学院编
北平：私立铁路学院，1934，1 册，16 开
本书内容包括：校史、会务纪事、规章摘要、人名录等。
收藏单位：重庆馆、国家馆、吉林馆、南京馆

04512
私立铁路学院同人题名录 私立铁路学院编
北平：私立铁路学院，1934.12，8 页，16 开
本书内收私立铁路学院职员一览表。私立铁路学院曾用名畿辅大学，后改为北平铁路大学，是北京交通大学的前身之一。
收藏单位：国家馆

04513
苏省铁路学堂章程规则 苏省铁路学堂编
苏省铁路学堂，24 页，20 开
本书共 2 部分：苏省铁路学堂章程、苏省铁路学堂各项规则。

04514
唐山铁路学校同学会报告（第 1 期） 唐山铁路学校同学会编
天津：唐山铁路学校同学会，1914，54 页，24 开
本书介绍唐山铁路学校同学会筹备工作情况。内收会员名单。

04515
铁道运输学校概要 江东著
军政部铁道人员训练所，1946，36 页，36 开
收藏单位：广东馆

04516
铁路学院毕业纪念册 铁路学院编
北平：铁路学院，1934，1 册，16 开，精装
收藏单位：国家馆

04517
铁路学院概览（民国二十四年度） 私立铁路学院编
北平：私立铁路学院，1936.4，136 页，16 开
本书共 13 章，内容包括：校历、校史、校董会章程、董事会办事细则、组织大纲、课程编制纲要等。第十三章为附录。版权页题名：私立铁路学院概览。
收藏单位：国家馆

04518
投考须知（[1934 年]） 交通大学招生委员会编
上海：交通大学招生委员会，1934，88 页，22 开
本书内容包括：升学指导、学校概况等。
收藏单位：广西馆

04519
投考须知（[1936 年]） 交通大学招生委员会编
上海：交通大学招生委员会，1936，68 页，32 开
本书内容包括：升学指导、学校概况等。
收藏单位：安徽馆、广东馆、吉林馆

04520
锡秀 国立交通大学无锡同学会编
[上海]：国立交通大学无锡同学会，1935，140 页，16 开
本书为国立交通大学无锡同学会会刊。内收文章 16 篇，内容包括：《科工救国》（吴敬恒）、《民族复兴与自力主义》（章渊若）、《科学学院概况》（范棠）、《复刊辞》（周一士）、《投考十谈》（朱如龙）等。
收藏单位：国家馆、南京馆

04521
锡秀纪念刊 南洋大学无锡同学会编
无锡：南洋大学无锡同学会，1928，1册，大32开
收藏单位：南京馆

铁路运输参考工具书

04522
奥汉铁路及清光绪中叶历史资料
出版者不详，1915，手写本，2册，18×32cm
本书内收奥汉铁路及《中英藏印条约》等资料。
收藏单位：国家馆

04523
东北铁路建筑规程及养路须知 东北运输总局编
东北运输总局，1册，25开（东北交通丛书1）
收藏单位：国家馆

04524
国营铁路建筑标准及规则 铁道部制定
[南京]：铁道部，1936.6，17+12页，22开
本书共11章，内容包括：通则、路线之位置、路线横截面、轨道、车站内之设备等。中英文本。
收藏单位：国家馆、黑龙江馆、湖南馆

04525
国营铁路建筑标准图（中华民国二十五年） 铁道部制定
[南京]：铁道部，1936，影印本，[35]页，横8开，硬夹装订
收藏单位：国家馆

04526
国有铁路工程、车辆、材料规则汇编 交通部制定
交通部，[1922]，37册（[740]页），22开，硬夹装
本书汇集民国时期国有铁路建设标准和规则，包括建筑标准、钢桥规范、钢轨规范、车辆制造保养检查标准、车辆材料规范等。中英法文本。
收藏单位：国家馆、上海馆、中科图

04527
江南铁路公司工务处标准图 容祖诜等编绘
江南铁路公司工务处，[1935]，1册，26×24cm
收藏单位：广东馆

04528
交通部制定中华民国铁路建筑标准及规则 交通部编订
交通部，1945，12页，22开
收藏单位：南京馆

04529
京张铁路标准图
中华工程师会，1913，[200]页，8开，精装
本书内收桥梁、涵洞、站房、车辆等标准图样102幅，有英文说明。

04530
铁道与公路工程名词 国立编译馆编订
[南京]：国立编译馆，石印本，371页，大16开
收藏单位：国家馆

04531
铁路词典 审订铁路名词会著
[北京]：铁路协会，1916.3，[1106]页，32开，精装
本书收录铁路名词700条。书前有审定铁路名词会会员一览、华德英法铁路词典例言，书末附德英法文索引。书脊题名：华德英法铁路词典。
收藏单位：国家馆、首都馆

04532
铁路建设规程 中国长春铁路管理局企划处编译

长春：中国长春铁路管理局企划处，[1947.10]，28页，16开（铁路资料汇编1）

本书据《满铁建设规程》编译。

收藏单位：国家馆、南京馆

04533

铁路建设规程解说　中国长春铁路管理局企划处编

长春：中国长春铁路管理局企划处，1947.12，60页，16开（铁路资料汇编2）

本书共7章：总则、路线、车站及其属具、号志及保安、通信、电力、车辆。附录：东北区铁路路线种类表等4种。

收藏单位：国家馆、南京馆

04534

铁路中英名词专书　杨廷燮编

[上海]：商务印书馆，1914.2，151页，25开

本书对铁路名词进行系统归纳和介绍，并配有中英文对照。附铁路信件。

收藏单位：首都馆

04535

中华民国国有铁路建筑标准及规则　交通部制定

[北京]：交通部，[1922.11]，18页，22开

本书共11章，内容包括：通则、路线之位置、路线横截面、轨道、轨道标志等。出版年月为交通部公布令时间，另有英、法文单行本。

收藏单位：国家馆、南京馆

04536

中华民国国有铁路建筑标准图　交通部制定

交通部，[11]页，23开

本书为折页图表，有中英文两种文字说明。封面题名：国有铁路建筑标准图。

铁路线路工程

04537

铁道篇（土木工学）（日）渡边六藏著　李毓芳译

上海：群益书社，1917.2，再版，371页，22开，精装

收藏单位：江西馆

线路规划、勘测与设计

04538

包宁铁道工程设计　卓宏谋编

北京：养和书屋，1949，2版，160页，25开

收藏单位：国家馆、中科图

04539

北方大港至唐山铁路规划　交通部铁道部北方大港筹备委员会编

交通部铁道部北方大港筹备委员会，1935.7，19页，16开

本书内容包括：总论、路线、坡度、路基、桥梁及涵洞、车站及站场、号志及电信设备、机车及车辆、费用之估计、结论等。

收藏单位：广东馆、国家馆、华东师大馆、天津馆、浙江馆

04540

川滇铁路宁冕支线叙昆干线西会支线测勘总报告书　刘宗涛编

刘宗涛[发行者]，1938.5，石印本，[500]页，20开

收藏单位：重庆馆、广东馆、中科图

04541

川广铁道路线初勘报告　丁文江　曾世英著

北平：实业部地质调查所、国立北平研究院地质学研究所，1931.11，86+14页，16开（地质专报 乙种4）

本书记述重庆——灰箩——迁江路线的地质、地貌情况，初勘的经过和方法。中英文本。

收藏单位：广东馆、贵州馆、国家馆、上海馆、天津馆、浙江馆

04542

滇缅铁路金江支线踏勘报告书

出版者不详，1940，油印本，16叶，16开，环筒页装

本书共5章：测勘工作情形、路线工程情形、沿线经济、建筑费概算、结论。

收藏单位：重庆馆

04543
定线测量　张仁慧编
出版者不详，手写本，1册，13开

收藏单位：上海馆

04544
福建漳龙铁路漳龙段地形图　参谋本部陆地测量总局航空测量大队测制
福建：参谋本部陆地测量总局航空测量大队，1934.4，26页，4开

本书所绘地形图，由福建漳龙铁路筹备委员会委托参谋本部陆地测量总局航空测量大队测制。

收藏单位：南京馆

04545
贺梧铁路踏勘报告书　葛天回著
广西大学，1册，14开（广西大学丛刊1）

本书内容包括：沿线写真、平面缩图、纵断面图、踏勘报告书、曲线表、坡度表、桥梁表等。

收藏单位：重庆馆、桂林馆

04546
沪杭甬线沪杭段路线袖珍册　工务处工务课制
工务处工务课，1933，1册，32开

收藏单位：国家馆

04547
沪杭甬线沪嘉段路线袖珍册　工务处工务课制
工务处工务课，1933，晒印本，1册，32开

收藏单位：国家馆

04548
沪杭甬线嘉闸段路线袖珍册　工务处工务课制
工务处工务课，1934，晒印本，1册，32开

收藏单位：国家馆

04549
沪杭甬线甬绍段路线袖珍册　工务处工务课制
工务处工务课，1933，1册

收藏单位：国家馆

04550
花河支线定线测量总报告　平汉铁路工务处编
平汉铁路工务处，1937.9，45页，16开（平汉丛书 工务类1）

本书附初测报告节要及图。

04551
金永铁路路线踏勘报告　王修钦编
出版者不详，1948.10，1册，13开

本书内容包括：踏勘经过及拟取路线、经济调查、营业收入估计、工程计划、建筑经费概算等。

收藏单位：浙江馆

04552
晋博轻便铁路测勘报告书　王希曾编
太原：山西晋博铁路筹备处，1932.5，14页，16开
太原：山西晋博铁路筹备处，1932.6，再版，14页，16开
太原：山西晋博铁路筹备处，1933.7，3版，20页，32开

本书共3章：总论、路线、路基工程。晋博铁路即泽清铁路。

收藏单位：国家馆

04553
京沪沪杭甬铁路标准图　工务处工务课制
工务处工务课，1933，1册，21×32cm

收藏单位：国家馆

04554
京沪线路线袖珍册 工务处工务课制
工务处工务课，1933，2册
收藏单位：国家馆

04555
京张铁路图 京张铁路局编
京张铁路局，[112]页，18开
本书为京张铁路工程设计图。内容包括：路线、轨道、桥工、涵沟、山洞等。
收藏单位：国家馆、南京馆、上海馆

04556
军官铁路班图画讲义
出版者不详，石印本，38页，14开，环筒页装

04557
勘路工程概要 关瑞谷编
北京：中华印书局，1940.4，76页，25开
本书共6章，内容包括：铁路之策划、驶务之计算、路基土工等。附录：中英名词对照表。
收藏单位：国家馆

04558
平汉铁路花河支线定线测量总报告
出版者不详，1937.9，45页，16开（平汉丛刊 工务类1）
本书封面题名：花河支线定线测量总报告。附初测报告节要。
收藏单位：上海馆

04559
平绥路同塘线工程计划说明 交通部平津区特派员办公处编
交通部平津区特派员办公处，1946.5，10页，32开
收藏单位：国家馆

04560
坡度及曲线阻力对于列车影响之检讨（国立交通大学毕业论文） 孙瑞虎著
出版者不详，1948.6，手写本，1册，16开
收藏单位：上海馆

04561
曲线测设表 梁永槐著
广州：中华土木工程师会，1930.12，[115]页，36开，精装
本书用于测量设计路线。
收藏单位：国家馆

04562
绳索整理曲线法 黄慎修著
出版者不详，8页，18开（建设评论社丛书）
本书介绍铁路路轨铺设工程技术。
收藏单位：重庆馆

04563
踏勘陇秦豫海西路报告全书 窠法尼得士 章祐著 踏勘总工程司踏勘委员会编
[踏勘总工程司踏勘委员会]，1913，晒印本，1册，10开
收藏单位：国家馆

04564
铁道部新路建设委员会路线踏勘初测定测暂行规程 铁道部新路建设委员会编
[南京]：[铁道部新路建设委员会]，1936，26页，32开
本书介绍踏勘、初测、定测三个暂行规程。
收藏单位：重庆馆

04565
铁道部直辖平汉铁路管理局工务处各工程标准图
[汉口]：[平汉铁路管理局工务处]，1册，36×53cm
收藏单位：国家馆

04566
铁道测量及土工 吴承祺著
上海：商务印书馆，1936.5，248页，32开（工学小丛书）

长沙：商务印书馆，1938.9，3版，248页，32开（工学小丛书）
长沙：商务印书馆，1939.12，5版，248页，32开（工学小丛书）
长沙：商务印书馆，1941.5，6版，248页，32开（工学小丛书）
上海：商务印书馆，1947.3，7版，248页，32开（工学小丛书）

本书为职业学校教科书。共9章，内容包括：预测、定座测量、单曲线、复曲线等。附录：浙赣铁路测量规程（玉萍线）、铁道测量应用之各项表式。

收藏单位：重庆馆、贵州馆、国家馆、湖南馆、辽大馆、南京馆、山西馆、首都馆、西南大学馆

04567

铁道、电信、工兵队教育进度课程表

出版者不详，[1940—1949]，1册，25开

本书共9部分，内容包括：铁道队本科专门教育进度表、电信队本科专门教育进度表等。题名自拟。

收藏单位：江西馆

04568

铁道建筑轨弧学 俞亮著

上海：文明书局，1914.6，88页，32开，精装

本书共5章，内容包括：简轨弧、复轨弧、弧之半径及其对数表等。附录：中西名词对照表。

收藏单位：国家馆、上海馆

04569

铁道曲线表 李俨编译

长沙：商务印书馆，1940.12，152+22+25页，36开

本书共2章：铁道单曲线之记录、曲线函数表用法说明。

收藏单位：重庆馆、贵州馆、国家馆、内蒙古馆

04570

铁路测量 王嘉瑞著

天津：天津工商学院工科土木工程系，1940，14页，16开

04571

铁路测量 朱土宾著 徐寿令 杨静盦校

上海：商务印书馆，1946.1，150页，25开
上海：商务印书馆，1946.11，再版，150页，25开

本书共12章，内容包括：草测、初测、纸上定线等。

收藏单位：重庆馆、国家馆、辽大馆、内蒙古馆、山西馆、上海馆、浙江馆

04572

铁路测量学 吕谌编著

上海：商务印书馆，1936.3，223+[392]页，23开，精装
上海：商务印书馆，1936.12，3版，223+[388]页，32开，精装
长沙：商务印书馆，1938.4，4版，223+[392]页，23开，精装
长沙：商务印书馆，1939，6版，223+[392]页，23开，精装

本书共10章，内容包括：草测、初测、定测、单曲线、复曲线、缓和曲线等。附录：气压高度表、气温更正系数表、中英名词对照表等。

收藏单位：安徽馆、重庆馆、广东馆、国家馆、湖南馆、辽宁馆、首都馆、浙江馆

04573

铁路定线概论 刘建熙著

贵阳：文通书局，1947.5，103页，16开

本书共12章，内容包括：铁路资本与营业收支分析、题量之估计、踏勘之实施等。附录：中华民国国营铁路建筑标准及规则等3种。

收藏单位：重庆馆、广东馆、贵州馆、国家馆

04574

铁路定线之基本原理 汤明儒 程济凡著

[上海]：出版者不详，手写本，1 册，22 开

本书为交通大学民三七级毕业论文。指导教授为潘承梁。

收藏单位：上海馆

04575

铁路公路测量学 雷振华编著

上海：商务印书馆，1946.3，235 页，32 开

上海：商务印书馆，1947.1，再版，235 页，32 开

上海：商务印书馆，1949.6，3 版，235 页，32 开

本书为职业学校教科书。共 8 章，内容包括：草测、初测、定线、城市街道的测量、螺旋形和顺曲线、抛物形曲线等。附录：中英文名词对照表。

收藏单位：重庆馆、国家馆、河南馆、湖南馆、江西馆、辽大馆、内蒙古馆、山西馆、上海馆、天津馆

04576

铁路·公路实用曲线表 毛漱泉编

上海：中国科学图书仪器公司，1934.10，[290] 页，长 42 开，精装

上海：中国科学图书仪器公司，1936.9，增订再版，[290] 页，长 42 开，精装

上海：中国科学图书仪器公司，1947.10，3 版，[290] 页，长 42 开，精装

本书共 5 章，内容包括：曲线公式、曲线测设法、曲线测设上之障碍等。有曲线函数表。附测设法。

收藏单位：长春馆、重庆馆、湖南馆、南京馆、上海馆

04577

铁路坡度归类之分析 周和德著 潘承梁指导

[上海]：国立交通大学工学院土木工程学系铁道组，1948.6，手写本，1 册，16 开

本书为国立交通大学工学院土木工程学系铁道组毕业论文。

收藏单位：上海馆

04578

铁路曲线及土方表（公尺制） 沈纯著

[上海]：沈纯[发行者]，1937.4，276 页，22 开，精装

本书共 48 节，内容包括：曲线半径及其对数、切线距离改正数、长弦、介曲线等。

收藏单位：浙江馆

04579

铁路选线及计划学（第 1 册 总论） 王竹亭编著

重庆：正中书局，1945.3，234 页，25 开

上海：正中书局，1946.9，沪 1 版，234 页，25 开

上海：正中书局，1947.10，沪 3 版，234 页，25 开

本书为大学用书。共 3 编：交通述要、铁路概论、铁路经济提要。全 6 册，仅见第 1、2 册。

收藏单位：重庆馆、国家馆、上海馆、浙江馆

04580

铁路选线及计划学（第 2 册 铁路动力与列车运动） 王竹亭编著

上海：正中书局，1948.7，336 页，25 开

本书为大学用书。共 2 编：列车所受外力之分析、列车运动之研究。全 6 册，仅见第 1、2 册。

收藏单位：长春馆、重庆馆、广东馆、国家馆、湖南馆、江西馆、辽大馆、南京馆、内蒙古馆、山西馆、上海馆、浙江馆、中科图

04581

湘桂铁路柳南段踏勘报告书

出版者不详，1937，晒印本，1 册，13 开

本书封面题名：湘桂铁路柳南段踏勘总报告。

收藏单位：国家馆

04582
袖珍弯道学 李晓编译
太原：中外语文学会，1935.7，342 页，50 开，精装
本书共 7 篇，内容包括：切线法之标定弧线法、超高坡与展宽度、用极坐标标定弧线法等。插图 31 幅，附表 22 种。
收藏单位：国家馆

04583
叙昆铁路路线测量暂行规程
出版者不详，1938，27 页，25 开
收藏单位：重庆馆

04584
筑隆铁路初测总报告
出版者不详，[1947]，油印本，29 叶，16 开，环筒页装
本书共 8 章，内容包括：标准、工作概况、路线概述、比较线概况等。该铁路起自贵阳，终于隆昌。
收藏单位：重庆馆

04585
筑隆铁路踏勘报告书
出版者不详，[1947]，油印本，20 叶，16 开，环筒页装
本书共 7 章，内容包括：踏勘工作情形、路线工程情形、沿线经济情形、比较线概况等。该铁路起自贵阳，终于隆昌。
收藏单位：重庆馆

04586
筑隆铁路遵麻段初测总报告 李炳章报告
贵州：出版者不详，[1948]，油印本，14 页，16 开，环筒页装
本书介绍筑隆铁路遵麻段测绘情况。遵麻段自遵义至麻子坝，共 74.283 公里。本次测绘从民国三十六年（1947）十月二十九日开始，到民国三十七年（1948）一月二日测竣。
收藏单位：重庆馆

线路构造

04587
道碴内压力传导之研讨（毕业论文） 张广恩著
[上海]：国立交通大学民卅五级土木系，手写本，1 册，16 开
收藏单位：上海馆

04588
道岔工作法
出版者不详，[1948]，85 页，32 开
收藏单位：国家馆

04589
钢轨焊接及其稳固性之研究（论文） 黄人杰著
土木系路工甲组，手写本，47 叶，16 开，活页装
收藏单位：上海馆

04590
钢轨静应力之研究 江春品著
工学院土木系，手写本，74 页，16 开
收藏单位：上海馆

04591
钢轨与枕木应用力之研究 蒋国瑞 谢克钧著
出版者不详，1947，手写本，1 册，13 开
收藏单位：上海馆

04592
轨道之应力 王敦融著
天津：天津工商学院工科土木工程系，1940，12 页，16 开

04593
国营铁路道岔规范书 铁道部制定
[南京]：铁道部，1936.6，[12] 页，22 开
本书附国营铁路材料规范书。中英文本。
收藏单位：国家馆

04594
国营铁路道岔枕木规范书　铁道部制定
[南京]：铁道部，1936.6，[6]页，22开
本书内容包括：材料、尺寸、制造、检验等。中英文本。
收藏单位：国家馆

04595
国营铁路垫钣规范书　铁道部制定
[南京]：铁道部，1936.6，[12]页，22开
本书内容包括：材料、张力试验、弯折试验、尺寸、重量等。中英文本。
收藏单位：国家馆

04596
国营铁路钢轨规范书　铁道部制定
[南京]：铁道部，1936.6，[20]页，22开
本书附国营铁路材料规范书。中英文本。
收藏单位：国家馆

04597
国营铁路钩头道钉规范书　铁道部制定
[南京]：铁道部，1936.6，[10]页，22开
本书附国营铁路材料规范书。中英文本。
收藏单位：国家馆

04598
国营铁路国产普通枕木规范书　铁道部制定
[南京]：铁道部，1936.6，[7]页，22开
本书内容包括：材料、尺寸、质料、制造等。中英文本。
收藏单位：国家馆

04599
国营铁路螺纹道钉规范书　铁道部制定
[南京]：铁道部，1936.6，[12]页，22开
本书内容包括：导言、材料、张力试验、弯折试验、尺寸等。中英文本。
收藏单位：国家馆、上海馆

04600
国营铁路普通枕木规范书　铁道部制定
[南京]：铁道部，1936.6，[7]页，22开
本书内容包括：材料、尺寸、质料、检验等。中英文本。
收藏单位：国家馆

04601
国营铁路鱼尾钣规范书　铁道部制定
[南京]：铁道部，1936.6，[22]页，22开
本书内容包括：导言、材料、化学成分、张力试验、弯折试验等。中英文本。
收藏单位：国家馆

04602
国营铁路鱼尾螺栓及螺帽规范书　铁道部制定
[南京]：铁道部，1936.6，[6]+2页，22开
本书附国营铁路材料规范书。中英文本。
收藏单位：国家馆

04603
交通部滇缅铁路堤垣工程规范书　[滇缅铁路工程局]编
滇缅铁路工程局，石印本，[26]页，16开，环筒页装

04604
木材钢铁及钢骨混凝土轨枕之比较（论文）
马和生著
出版者不详，1946.7，手写本，44页，13开
收藏单位：上海馆

04605
铁路轨道承载强度之研究　骆继纲著
上海：现代铁路杂志社，1948.1，40页，16开（现代铁路丛刊 第4辑）
本书内容包括：通论、道床系数、钢轨应力计算法等。

04606
铁路轨道承载强度之研究　宋干实著　潘承梁指导
[上海]：国立交通大学工学院土木工程学系铁道组，1948.6，手写本，51页，16开
本书为国立交通大学工学院土木工程学系铁道组毕业论文。

收藏单位：上海馆

04607
铁路轨道及其修养 于凤钧著
天津：天津工商学院工科土木工程系，1939，石印本，40 页，14 开

04608
弯道钢轨磨损之检讨 王佐安著
天津：天津工商学院工科土木工程系，[1941.5]，12 页，16 开

本书介绍弯道钢轨磨损的原因、减少磨损的方法。

04609
吾国铁路枕木问题之研究 杨城等著 钟伟成审定
上海：交通大学管理学院，1933.5，116 页，22 开（我国铁路枕木问题之研究丛刊）

本书共 8 章，内容包括：轨枕的种类及重要性、国内铁路现行轨枕、中国国产铁路枕木的泉源及造林、枕木的制炼、其他非木质轨枕等。

收藏单位：重庆馆、国家馆、湖南馆、南京馆、上海馆、浙江馆

04610
枕木述要 高广文著
天津：天津工商学院工科土木工程系，1940，13 页，16 开

本书介绍木质轨枕、制炼枕木、钢枕及混凝土枕、枕木寿命问题、枕木的经济选择法等。

04611
枕木之处理（国立交通大学毕业论文） 黄式宗 方宗坚撰
出版者不详，手写本，39 页，13 开

收藏单位：上海馆

04612
枕木制炼之方法 章天叙著
天津：天津工商学院工科土木工程系，1941，12 页，16 开

04613
中华民国国有铁路钢轨及扣件规范书 交通部制定
交通部，[1922.11]，16 页，22 开

本书封面题名：国有铁路钢轨及扣件规范书。

收藏单位：国家馆

线路工程材料

04614
材料辑要（1 铁路材料用量计划标准） 中国长春铁路管理局企划处编辑
长春：中国长春铁路管理局企划处，[1947]，49 页，16 开（铁路资料汇编 3）

收藏单位：国家馆

04615
国营铁路混凝土及钢筋混凝土规范书 铁道部制定
[南京]：铁道部，1936.6，[42] 页，22 开

本书共 15 章，内容包括：砂及石料、钢筋、配合成分、试验、钢筋之处置、接合等。中英文本。

收藏单位：国家馆

04616
国营铁路坡仑水泥规范书 铁道部制定
[南京]：铁道部，1936.6，15+12 页，22 开

本书内容包括：定义、细度试验、化学成分、包装等。中英文本。

收藏单位：国家馆

04617
国有铁路材料分类编号名称汇编草案 铁道部筹备统一材料分类标准委员会编
铁道部筹备统一材料分类标准委员会，1932.9，1 册，9 开，活页精装

本书内容包括：普通物品、机车车辆、电料、路线材料及设备等。中英文本。

收藏单位：国家馆

04618
胶济铁路材料名称目录　材料名词统一会审定
[胶济铁路局]，1926.12，166页，16开，精装

本书共15部分，内容包括：化学及药品部、电料部、钉栓部、机械及工具部、五金部、油漆部、车辆部、木头部等。中英文对照。

04619
铁路材料科学常识　王文翔编
出版者不详，[1941]，油印本，458页，16开，环筒页装

本书内容包括：铣铁、合金铣铁或铁属合金、铸铁、熟铁、碳钢、合金钢、合金工具钢等。

收藏单位：重庆馆

04620
铁路材料用量计划标准　中国长春铁路管理局企划处编辑
长春：中国长春铁路管理局企划处，[1947]，49页，16开（铁路资料汇编3材料辑要1）

本书共2部分：基本条件、各种材料用量计划标准。附录：满铁水灾抢修使用材料数量表等6种。

04621
铁路材料之审核　王肇嘉著
中国计政学会，1936，44页，32开（中国计政学会会刊）

收藏单位：广东馆

04622
铁路材料指要　徐建国著
南京：共和书局，1931.9，176页，16开

本书共13章，介绍铁路材料及特点，领料名称、数量、品质、领料单格式，购料流程，收料发料注意事项和表格填写，存料的保存等。书末附各种数目表25种。

04623
铁路工程材料管理览要　李玉良编
出版者不详，1935.12，1册，32开

收藏单位：南京馆

04624
中华国有铁路北宁线材料名称分类及编号目录　北宁铁路管理局总务处材料课编订
外文题名：Chinese national railways Peping-Liaoning line catalogue of description, classification & reference numbers of materials
天津：北宁铁路管理局，1932.1，956页，16开，精装

本书为中英文本。

收藏单位：国家馆

04625
中华民国国有铁路坡仑西门土规范书　交通部制定
交通部，[1922.11]，26页，22开

本书封面题名：国有铁路坡仑西门土规范书。

收藏单位：国家馆、南京馆

线路施工

04626
成渝铁路工程局工程招标章程　成渝铁路工程局编
成渝铁路工程局，1946，[21]叶，16开，环筒页装

本书内容包括：工程招标章程、包工章程、砖石工程规范书、混凝土工程规范书等。

收藏单位：重庆馆

04627
成渝铁路工程局砖石工程规范书　成渝铁路工程局编
成渝铁路工程局，1936，4叶，16开，环筒页装

本书共8章，内容包括：灰浆、砌石工程、普通方整砌石、特种方整砌石等。

收藏单位：重庆馆

04628

滇缅铁路工程局工程发包细则 滇缅铁路工程局编

出版者不详，石印本，[22] 页，16 开，环筒页装

04629

国营铁路四十公吨全钢石碴车图 铁道部制定

[南京]：铁道部，1937，[10]+11 页，8 开

本书为货车厢设计施工图（折图），单面印。中英文本。中华民国二十六年二月公布。

收藏单位：国家馆、上海馆

04630

监工须知 粤汉铁路株韶段工程局编

衡阳：粤汉铁路株韶段工程局，1934.3，194 页，32 开，精装

衡阳：粤汉铁路株韶段工程局，1937，再版，194 页，32 开，精装

本书共 13 部分，内容包括：包工制度之分析、监工人员之立场、土石工程之监修、打桩工程常识、护墙之功用、建筑常识等。

收藏单位：重庆馆、国家馆、湖南馆、天津馆

04631

石岐铁路建筑工料计划及行车收支盈余概算书

[青岛]：[满铁北支事务局调查室]，[1929]，手写本，1 册，16 开，环筒页装

本书内容包括：资方应备事项、石岐铁路筹备经过情形、德商草约译文等。题名自拟。

收藏单位：国家馆

04632

行驶手推车须知——安全第一（中华民国二十三年十一月） 平绥铁路车务处编

平绥铁路车务处，[1934—1949]，6 页，50 开，精装

收藏单位：国家馆

04633

叙昆铁路土石方工程规范书

出版者不详，10 页，16 开

本书共 4 章：通则、路堑工程、路堤工程、路基。

收藏单位：重庆馆

04634

浙赣铁路南浔段工程标准图 浙赣铁路局南浔段工程处设计股制

[南昌]：出版者不详，[1947]，晒印本，1 册，横 8 开

收藏单位：国家馆

铁路养护与维修

04635

冬季铁路养护之检讨 戚文祥著

出版者不详，手写本，1 册，13 开

收藏单位：上海馆

04636

津浦北段抢修工程总结 中国人民解放军铁道兵团工程部编

中国人民解放军铁道兵团工程部，1949，32 页，16 开

收藏单位：天津馆

04637

路基排水之需要与设计 于以堂著

天津：天津工商学院工科土木工程系，1940，15 页，16 开

本书共 3 章：路基排水之需要及排水不良之病象、路基排水之设计、路基护土之防水法。

04638

平汉北段破坏及抢修记要 工务组编

出版者不详，1 册，13 开

收藏单位：广东馆

04639
水害处理 东北铁路总局工电部编
东北铁路总局工电部，1948.6，79 页，16 开
本书共 4 章：写在前面、警备须知、抢修工程、记录。书后附主要气象情况介绍及相关图表。
收藏单位：国家馆、中科图

04640
铁道抢修 行政院新闻局编
[南京]：行政院新闻局，1947.12，14 页，36 开
本书共 4 章，内容包括：关内外各路破坏抢修经过、各路前后损失之统计等。附折页地图。
收藏单位：安徽馆、重庆馆、大庆馆、甘肃馆、广东馆、广西馆、贵州馆、桂林馆、国家馆、河南馆、江西馆、近代史所、南京馆、上海馆、首都馆、天津馆

04641
铁道弯度矫正法
出版者不详，石印本，40 页，16 开（养路宝筏 1）
收藏单位：国家馆

04642
铁道之排水和清理沟渠之研讨
出版者不详，手写本，11 叶，13 开
本书卷端题名：铁道之排水及清理沟渠之研讨。
收藏单位：上海馆

04643
铁路排水之设备 端木锡琦著
天津：天津工商学院工科土木工程系，1941，15 页，16 开

04644
铁路资料汇编（第七种：中长铁路工务概要上） 中国长春铁路管理局企划处编译
长春：中国长春铁路管理局企划处，1948.4，130 页，16 开
本书共 3 章：中国长春铁路建设与改良历史、前满铁建设规程之概要、中国长春铁路之轨道。附录：轨道检查。
收藏单位：南京馆

04645
新养路手册 上海铁路管理局南京工务段编
出版者不详，93 页，64 开
收藏单位：南京馆

04646
养路工程学（又名，铁路护养工程学） 夏坚白 陈永龄著
上海：商务印书馆，1935.1，[15]+483+[12] 页，23 开（大学丛书 教本）
上海：商务印书馆，1935.5，再版，[15]+483+[12] 页，23 开（大学丛书 教本）
长沙：商务印书馆，1938.4，3 版，[15]+483+[12] 页，23 开（大学丛书 教本）
长沙：商务印书馆，1941，[15]+483+[12] 页，23 开（大学丛书 教本）
本书共 19 章，内容包括：铁路组织及法规、路面、道碴、枕木、制炼枕木、钢铁钢筋混凝土及其他轨枕、轨条、钢轨扣件等。附录：中英名词对照表、全国铁道之调查表等。
收藏单位：安徽馆、长春馆、重庆馆、东北师大馆、广东馆、广西馆、贵州馆、国家馆、黑龙江馆、湖南馆、江西馆、南京馆、内蒙古馆、宁夏馆、山西馆、上海馆、首都馆、浙江馆、中科图

04647
养路工作法（1 拨道） 东北铁路总局编
东北铁路总局，[1948]，48 页，32 开
收藏单位：国家馆

04648
养路须知 交通部公路总局第五区公路工程管理局编
交通部公路总局第五区公路工程管理局，24 页，16 开
本书共 9 章，内容包括：总则、路基保

养、路面保养、桥涵过水路面保养等。

收藏单位：重庆馆

04649

浙赣铁路向饶段工程处修复工程报告 侯家源著

出版者不详，[1947—1949]，44 页，25 开

收藏单位：江西馆

04650

中长铁路工务概要（上） 中国长春铁路管理局企划处编译

长春：中国长春铁路管理局企划处，1937，油印本，130 页，16 开（铁路资料汇编 7）

收藏单位：国家馆

电气化铁路、特种铁路

04651

登山铁路 陆志道著

上海：厚生出版社，34 页，36 开（中国工程师手册 土木手册 15）

收藏单位：上海馆

04652

电机铁路 陈章著

上海：商务印书馆，1927.10，12+59 页，36 开（百科小丛书 156）

本书介绍电机铁路的发达略史、工程大略，欧美各国电机铁路概况，电机铁路趋势，我国对铁路电气化问题应采取的态度等。

收藏单位：重庆馆、广东馆、广西馆、贵州馆、国家馆、河南馆、湖南馆、江西馆、南京馆、山东馆、上海馆、天津馆

04653

高速铁路 陆志道著

上海：厚生出版社，82 页，36 开（中国工程师手册 土木手册 16）

本书共 10 章，内容包括：高速度铁路之计划、地下铁路之构造、车站之构造、高架铁路之构造、路线等。

收藏单位：重庆馆、国家馆、人大馆、上海馆

机车工程

04654

6 — ET 机车风闸运用原理示意图说 林邦镐绘编

上海：铁路管理局杭州办事处，1948，[26] 页，32 开

收藏单位：重庆馆

04655

第六号 ET 机车风闸 王守恒编译

上海：中国新光印书馆，1947.4，134 页，32 开

本书共 10 章，内容包括：第六号 ET 机车风闸之机件、第六号 ET 机车风闸之运用、第六号 ET 机车风闸运用规章、第六号 ET 机车风闸装置规范等。

收藏单位：南京馆

04656

风闸中的风泵 李光耀编

南京：中国铁路崇实学社，1932.8，117 页，32 开（中国铁路崇实学社丛书 3）

本书介绍风闸中风泵的种类、构造、使用方法等。风闸为铁路机车行车安全装置。

收藏单位：国家馆、首都馆、浙江馆

04657

机车

出版者不详，油印本，1 册

收藏单位：广东馆

04658

机车车辆概要 张胜権讲述

交通训练班车务大队，[1921]，184 页，25 开

本书内容包括：萌芽时代、发育时代、机车的发明、机车的类别、机车的要件、成熟时代、应用时代等。

收藏单位：国家馆

04659
机车车辆概要 中央军校成都分校交通训练班编
成都：中央军校成都分校交通训练班，154页，32开
收藏单位：重庆馆

04660
机车概要 杨毅编
上海：中国工程师学会，1931，102页，16开（中国工程师学会丛书）
上海：中国工程师学会，1932.6，102页，16开（中国工程师学会丛书）
上海：中国工程师学会，1934.7，102页，16开（中国工程师学会丛书）
上海：中国工程师学会，1946.6，102页，16开（中国工程师学会丛书）
本书内容包括：机车概说、牵引力之计算法、机车前行之阻力、机车各部分结构分类、锅炉连带附属品、机车燃料及升火方法、汽缸之部、机车行走机件、汽门机关之部等。
收藏单位：重庆馆、广东馆、贵州馆、国家馆、湖南馆、上海馆、绍兴馆、浙江馆

04661
机车管理 刘甄赏编著 胡克明校阅
津浦区铁路管理局机务处，1942.10，62+42页，25开
津浦区铁路管理局机务处，1947.9，再版，62+42页，25开
本书共28章，内容包括：查验、燃料之经济、取煤及取水、锅炉上水、机车油润等。附录：司机司炉须知。
收藏单位：国家馆、清华馆

04662
机车锅炉之保养及修理 陆增祺编 石志仁校
上海：中国工程师学会，1936.3，98+[64]页，16开（中国工程师学会丛书）
本书共4编：锅炉之保养、检验、修理、贴补和烧焊。附录：汽锅制造规范、中英名词对照表等8种。
收藏单位：国家馆、上海馆

04663
机车技艺学 （法）都波著 吴肇周译
上海：中华书局，1931.2，220页，32开
收藏单位：南京馆

04664
机车检修 陆祥百编
玉山：明星印刷所，1946.4，油印本，98页，32开，环筒页装
本书共8章，内容包括：锅炉费水之处置、机车牵引力减弱之处置、锅炉之保养、油润等。
收藏单位：广东馆、国家馆

04665
机车讲义（全） 中央陆军军官学校编
中央陆军军官学校，1942.4，58页，22开
本书共5章，内容包括：机车的类别、机车的动作、机车操作法等。
收藏单位：国家馆、南京馆

04666
机车名称鉴 郎钟騋编译
平汉铁路局，1936.8，387页，16开，精装
收藏单位：国家馆

04667
机车司炉常识 陆祥百著
上海：商务印书馆，1936.4，102页，32开（工学小丛书）
长沙：商务印书馆，1939.8，2版，102页，32开（工学小丛书）
本书共8章，内容包括：机车出发准备、上水须知、升火、油润、急救处置、交班时注意事项等。附录：服务须知等。
收藏单位：重庆馆、广东馆、国家馆、南京馆、陕西馆、上海馆、首都馆、浙江馆

04668
机车研究 王国瑞著
天津：国瑞工程师事务所，1937，68页，32

开

收藏单位：广东馆

04669

机车运用问答

出版者不详，76 页，32 开

本书介绍机车常用知识。

收藏单位：浙江馆

04670

机关车名称鉴

出版者不详，210 页，16 开，精装

本书内收铁道机车机械图等。

04671

简明机车构造 张作鑫编

军政部陆军铁道人员训练所，1946，79 页，36 开

收藏单位：广东馆

04672

简明机车驾驶 张作鑫编

军政部陆军铁道人员训练所，1946，56 页，36 开

收藏单位：广东馆

04673

胶济铁路机车车辆及行车设备便览 工务机务车务三处编

工务机务车务三处，1936.7，146 页，50 开，精装

本书汇集胶济铁路车辆和设备信息表。共 21 表，内容包括：机车车辆总数表、机车牵引定数表、货车车辆容积表、列车车次编号表等。胶济铁路东起青岛，西止济南。

04674

津浦铁路济南机厂概要 津浦铁路济南机厂设计股编制

济南：津浦铁路济南机厂设计股，1935，蓝图本，1 册，16 开

收藏单位：国家馆

04675

京沪沪杭甬铁路机车车辆及行车设备便览

京沪沪杭甬铁路车务处运输课编

京沪沪杭甬铁路车务处运输课，1934.11，[210] 页，横 64 开，精装

本书共 3 部分：京沪线、沪杭甬线沪闸段、沪杭甬线曹甬段。全部为表。

收藏单位：国家馆

04676

考试司机生火之问答

出版者不详，1925.10，40+40 页，32 开

本书为铁路机车司机考试用书。中英文本。

收藏单位：国家馆

04677

美式第六号 ET 风闸 李光耀编

北平：中国铁路崇实学社，1933.3，260 页，32 开（中国铁路崇实学社丛书 5）

南京：中国铁路崇实学社，1937.3，再版，260 页，32 开（中国铁路崇实学社丛书 5）

本书介绍风闸的构造、作用、装置、运用等。

收藏单位：国家馆、南京馆、浙江馆

04678

美式第六号 ET 风闸图解 中国铁路崇实学社编

北平：中国铁路崇实学社，1932.10，[43] 页，32 开，精装（中国铁路崇实学社丛书 2）

南京：中国铁路崇实学社，1936.10，再版，[43] 页，32 开，精装（中国铁路崇实学社丛书 2）

收藏单位：国家馆、浙江馆

04679

内燃机实习

出版者不详，45 页，16 开

收藏单位：南京馆

04680

平汉铁路机车车辆及行车设备便览 平汉铁

路车务处运输课编
平汉铁路车务处运输课，1937.6，169 页，44 开，精装

本书汇集平汉铁路车辆和设备信息表。平汉铁路即京汉铁路，连接北京和武汉。

收藏单位：上海馆

04681
山海关北宁铁路山海关工厂出品一览表
出版者不详，1935，1 册，22×35cm

收藏单位：国家馆

04682
司机火夫须知 京沪沪杭甬铁路管理局机务处编
[京沪沪杭甬铁路管理局机务处]，1935.8，33 页，40 开

本书为京沪沪杭甬铁路管理局所订火车司机、司炉人员规章制度。

04683
铁道机车概说讲义 吴国柄 徐康吉编
运输学校印刷所，1948，152 页，32 开

本书为初级班讲义。

收藏单位：广东馆

04684
铁路机车 郑廷硑著
外文题名：Locomotives
上海：商务印书馆，1930.4，114 页，32 开（万有文库 第 1 集 0567）（工学小丛书）
上海：商务印书馆，1933.4，114 页，32 开（工学小丛书）
上海：商务印书馆，1934.2，再版，114 页，32 开（工学小丛书）
上海：商务印书馆，1934.7，3 版，114 页，32 开（工学小丛书）
上海：商务印书馆，1937.4，5 版，114 页，32 开（工学小丛书）

本书共 9 章，内容包括：机车发达略史、机车之分类、机车行动时蒸汽动作之情形等。

收藏单位：安徽馆、重庆馆、大理馆、大连馆、大庆馆、东北师大馆、广东馆、广西馆、贵州馆、国家馆、河南馆、黑龙江馆、湖南馆、江西馆、辽大馆、辽师大馆、柳州馆、南京馆、内蒙古馆、宁夏馆、上海馆、首都馆、天津馆、西交大馆、西南大学馆、浙江馆

04685
铁路机车车辆制造事业之准备与实施 石志仁著
出版者不详，油印本，7 叶，16 开

本书内容包括：加速完成标准机车车辆设计工作、制造厂修理厂之事先接洽及筹划、联系民营工厂试制机车车辆配件、联系国营工厂供给主要原料、专门制造技术人员之培植等。

收藏单位：重庆馆

04686
铁路机务概要 铁路学院编委会著
哈尔滨：新中国书局，1949.2，81 页，32 开（东北铁路学院丛书）

本书共 11 章，内容包括：铁路概论、机车、蒸汽机车之构造、蒸汽机、煤水车等。

收藏单位：长春馆、重庆馆、东北师大馆、广东馆、吉林馆、山东馆、陕西馆

04687
玩轮轴 吕镜楼编
上海：儿童书局，1932.3，31 页，32 开（儿童科学丛书）
上海：儿童书局，1933，再版，31 页，32 开（儿童科学丛书）
上海：儿童书局，1933，3 版，31 页，32 开（儿童科学丛书）

收藏单位：广西馆、贵州馆、江西馆、首都馆

04688
行车阻力通论（国立交通大学民三七级毕业论文） 冯叔瑜著
出版者不详，1948.7，手写本，18 叶，16 开

收藏单位：上海馆

04689
英式风闸 李光耀编
北平：中国铁路崇实学社，1933.10，174 页，32 开（中国铁路崇实学社丛书 6）
北平：中国铁路崇实学社，1935.8，2 版，174 页，32 开（中国铁路崇实学社丛书 6）
本书介绍风闸的构造、作用、装置、运用等。附录：闸率计算的实例等。
收藏单位：国家馆、浙江馆

04690
粤汉铁路株韶段工程局机车与客货车检查规则、工作及用料考核规则
粤汉铁路株韶段工程局，1936，[30] 页，44 开
本书介绍粤汉铁路从株洲到韶关段铁路机车和客货车的检查规则和用料考核规则。铁道部颁布。

04691
浙赣铁路机车车辆及行车设备便览 机务课编
机务课，1937.1，67 页，50 开，精装
本书汇集浙赣铁路车辆和设备信息表。浙赣铁路东起浙江杭州，西至湖南省株洲市。

04692
蒸汽机车工程学 石毓印著
北平：中国铁路崇实学社，1935.8，[16]+355+18 页，32 开，精装（中国铁路崇实学社丛书 4）
本书附录：机车各部英法华名称对照表。
收藏单位：广东馆、国家馆、南京馆

04693
蒸汽机车机件名称表 徐世铭编译
上海：铁路管理局机务处，1935.5，[5] 页，横 13 开
收藏单位：国家馆

04694
蒸汽机车解说 李光耀编
中国铁路崇实学社，1933—1937.1，2 册（180+177 页），32 开（中国铁路崇实学社丛书 1）
本书为上、中册。
收藏单位：国家馆、南京馆、浙江馆

04695
蒸汽机车问答 唐程远著
开封：开封诚文社，1944，185 页，32 开
本书附录：饱和及过热蒸汽性质表、问题索引。
收藏单位：国家馆

04696
蒸汽机车制造 行政院新闻局编
行政院新闻局，1948.5，18 页，32 开
收藏单位：重庆馆、大庆馆、广东馆、贵州馆、国家馆、湖南馆、南京馆、宁夏馆、上海馆、首都馆、天津馆、浙江馆

04697
蒸汽机关车问答
出版者不详，172 页，24 开

04698
正太铁路机车车辆及行车设备便览 车务处运输课编
车务处运输课，1936.9，73 页，50 开，精装

04699
中华民国国营公营民营铁路机车详表 [铁道部] 编
铁道部，1935.1，30 页，8 开
本书为机车分类表。中英文本。

04700
中华民国国有铁路机车尺度规范书 交通部制定
交通部，[1922.11]，14 页，22 开
本书封面题名：国有铁路机车尺度规范书。
收藏单位：国家馆

04701
中华民国国有铁路机车制造规范书　交通部制定
交通部，[1922.11]，50页，22开
本书封面题名：国有铁路机车制造规范书。
收藏单位：国家馆

04702
中华民国国有铁路京汉线机务处机车客货车汇编
机务处，1921，227页，9开
收藏单位：国家馆

04703
最新蒸汽机关车问题详解　唐程远著　陈大铣校阅
开封：铁路局总务部鍊成课，1944.3，186页，36开

车辆工程

04704
车辆管理　金士宣著　宁树藩　闵家驹译
天津：天成印字馆，1930.4，72页，16开
本书介绍美国铁路联合会车辆处的地位、职能，美国各铁路间车辆的互换、运用，“支配制度”的缘起和规则等。《美国铁路车辆管理》英文原稿抽印本。
收藏单位：国家馆、上海馆

04705
车辆规范辑要（1 机车）　中国长春铁路管理局企划处编译
长春：中国长春铁路管理局企划处，[1943]，油印本，196页，16开（铁路资料汇编5）
收藏单位：国家馆

04706
车辆与机车之管理　（苏）顾普列瓦多夫著　朱芗谷译
长沙：商务印书馆，1941.4，242页，32开（工学小丛书）
本书从经济效益着眼，以经济计量方法阐述在铁路运输中车辆装载、列车编制、机车调动、路基修筑、车站分布、轨道铺设以及行车表的制定等方面的管理方法。原书末章偏重于“东铁”及乌苏里铁路联运换车，未译。
收藏单位：重庆馆、国家馆、湖南馆、内蒙古馆、上海馆

04707
车辆之运用　平绥铁路管理局编
平绥铁路管理局，1935.5，9页，32开
本书介绍平绥铁路现有车辆利用、改进的报告。
收藏单位：国家馆

04708
国营铁路四十公吨全钢高框敞车图　铁道部制定
铁道部，1937.12，[10]+19页，8开
本书为中英文本。单面印。中华民国二十六年（1937）二月公布。
收藏单位：国家馆

04709
国营铁路四十公吨全钢货车公用图　铁道部制定
铁道部，1937.12，[87]页，8开
本书为货车车厢设计图（折图），单面印。中华民国二十六年（1937）二月公布。
收藏单位：国家馆

04710
国营铁路四十公吨全钢棚车图　铁道部制定
铁道部，1937.12，26页，8开
本书单面印，折图。中华民国二十六年（1937）二月公布。
收藏单位：国家馆

04711
国营铁路四十公吨全钢平车图　铁道部制定
铁道部，1937.12，[10]+[28]页，8开

本书为货车车厢设计施工图，单面印。中英文本。中华民国二十六年（1937）二月十二日公布。

收藏单位：国家馆

04712

国有铁道车辆写真帖 铁道省工作局编

铁道省工作局，1925，12叶，横13开

收藏单位：国家馆

04713

国有铁路联运车辆检验及修理规则 京沪沪杭甬铁路管理局车务处编

京沪沪杭甬铁路管理局车务处，[1934.9]，29页，48开

本书对铁路车辆的检验和修理做出明确规范。共7章28条细则，内容包括：验交手续、检验标准、车辆损坏之责任、损坏车辆之修理、修理费用等。

收藏单位：上海馆

04714

国有铁路联运车辆检验及修理规则 铁道部制定

铁道部，[1934.8]，32页，50开，精装

本书附联运过轨车辆检验及修理规则暂时过渡办法、首都铁路轮渡联运货车检验规则。1934年8月14日公布。

收藏单位：国家馆

04715

国有铁路四十公吨钢架木体高框敞车图 交通部制定

交通部，[1922]，[14]+[56]页，8开

本书为中英法文本，单面印。中华民国十一年（1922）十一月六日公布。

收藏单位：国家馆

04716

国有铁路四十公吨货车公用图 交通部制定

交通部，[1922]，116页，8开

本书为活页装。中华民国十一年（1922）十一月六日公布。

收藏单位：国家馆

04717

国有铁路四十公吨货车图 交通部制定

北平：北华印刷局，[1922.11]，[266]页，8开

本书内容包括：国有铁路四十公吨钢架木体棚车图、国有铁路四十公吨货车公用图等，有法文说明。中华民国十一年（1922）十一月六日公布。

收藏单位：国家馆、上海馆

04718

国有铁路四十公吨全钢高框敞车图 交通部制定

交通部，[1922]，[16]+[84]页，8开

本书为中英法文本，单面印。中华民国十一年（1922）十一月六日公布。

收藏单位：国家馆

04719

检车部门表报汇集 东北铁路总局机务部编

东北铁路总局机务部，1949.8，124页，32开

本书共2部分：检车关系、车电关系，内收各种表报一百余种。

收藏单位：重庆馆

04720

入场货车修缮工程标准

出版者不详，1930，8叶，18开

本书介绍铁骨铁制车、普通修缮车、小修缮车、铁板车、木制车等修缮标准。题名自拟。

收藏单位：国家馆

04721

中华民国国有铁路车辆材料规范书 交通部制定

交通部，1922.11，102页，22开

本书封面题名：国有铁路车辆材料规范书。交通部令第1121号。

收藏单位：国家馆

04722

中华民国国有铁路车辆制造保养检查标准及规则　交通部制定

交通部，[1922.11]，1 册，22 开

本书封面题名：国有铁路车辆制造保养检查标准及规则。中英法文本。交通部令第 1120 号。

收藏单位：国家馆

04723

中华民国国有铁路四十公吨钢架木体高框敞车规范书　交通部制定

交通部，1922，30 页，22 开

本书封面题名：国有铁路四十公吨钢架木体高框敞车规范书。交通部令第 1127 号。

收藏单位：国家馆、南京馆

04724

中华民国国有铁路四十公吨钢架木体棚车规范书　交通部制定

交通部，[1922.11]，34 页，18 开

本书封面题名：国有铁路四十公吨钢架木体棚车规范书。交通部令第 1126 号。另有英法文单行本。

收藏单位：国家馆

04725

中华民国国有铁路四十公吨钢架木体棚车图　交通部制定

交通部，[1922.11]，17 页，8 开

本书有法文说明。中华民国十一年（1922）十一月六日公布。

收藏单位：国家馆

04726

中华民国国有铁路四十公吨全钢高框敞车规范书　交通部制定

交通部，[1922.11]，30 页，18 开

本书封面题名：国有铁路四十公吨全钢高框敞车规范书。交通部令第 1125 号。另有英法文单行本。

收藏单位：国家馆、南京馆

04727

中华民国国有铁路四十公吨全钢棚车规范书　交通部制定

交通部，[1922.11]，32 页，18 开

本书封面题名：国有铁路四十公吨全钢棚车规范书。交通部令第 1124 号。另有英法文单行本。

收藏单位：国家馆、南京馆

04728

中华民国国有铁路四十公吨全钢棚车图　交通部制定

交通部，[1922.11]，21 页，8 开

本书为全钢棚车图，中华民国十一年（1922）十一月六日公布。

收藏单位：国家馆

铁路通信、信号

04729

北宁铁路各处员工电报简称表　车务处电信科编

车务处电信科，1936，46 页，25 开

收藏单位：国家馆

04730

号志夫须知——安全第一　平绥铁路车务处编

平绥铁路车务处，1934.12，14 页，42 开

收藏单位：国家馆

04731

路电须知　马正元编

北平：北平晨报社，1937，208 页，32 开

收藏单位：国家馆

04732

铁路有线电报略号

中国人民革命军事委员会铁道部，1949.9，232 页，25 开

本书内容包括：增补订正一览表、使用注意事项、组织略号、现场单位略号等。

收藏单位：国家馆

04733
转辙夫须知——安全第一 平绥铁路车务处编
平绥铁路车务处，1934.8，12 页，50 开，精装
收藏单位：国家馆

铁路运输管理工程

04734
北宁铁路各车站轨道略图
出版者不详，1 册，12×24cm
收藏单位：国家馆

04735
博昆黉三站煤车支配细则
出版者不详，[1932—1939]，3 页，32 开
本书介绍胶济路博山、大昆仑、黉山三站煤车支配细则。

04736
参观英国伦敦米德兰苏格兰铁路运输制度纪要 钟仰麒著
出版者不详，27 页，36 开
本书介绍 1921 年英国铁路行车调度、机务管理、号志设备等情况。

04737
车站管理 萧万霓讲述
志城高级商业职业学校，120 页，18 开，环筒页装
本书共 9 章，内容包括：绪论、车站之兴建、车站之组织、车站员工之职责、车上员工之职责、车站之文书管理等。
收藏单位：重庆馆

04738
调查陇海全路车务机务行车事项计划纲要报告
出版者不详，1 册，16 开
收藏单位：南京馆

04739
国有铁路车辆支配规则
出版者不详，1935，24 页，16 开
本书由国民政府铁道部核定，中华民国二十四年（1935）九月十日公布。
收藏单位：国家馆、浙江馆

04740
国有铁路行车规章 交通部制定
北京：北华印刷局，1922.11，350 页，25 开
北京：北华印刷局，1928.1，3 版，350 页，25 开
本书共 9 编，内容包括：号志、列车之装载、行驶列车之普通规章、单线运转、双线运转、养路及建筑等。
收藏单位：重庆馆、浙江馆

04741
国有铁路行车规章 交通部制定
成都：中央军校成都分校交通训练班，280 页，32 开
本书共 5 编，介绍车站人员列车人员及机车人员对于行车安全的职务及责任、各种号志、列车之装载等。
收藏单位：重庆馆

04742
过磅须知 平绥铁路车务处编
平绥铁路车务处，1934.8，20 页，42 开，精装
本书共 4 部分，内容包括：台秤检定方法、过磅办法等。附录：各站地磅一览表等。
收藏单位：国家馆

04743
火车 江苏省立教育学院研究实验部编
无锡：江苏省立教育学院，1931.6，10 页，32 开（民众科学问答丛书 11）
收藏单位：江西馆

04744
火车 李熙谋主编
[上海]：世界书局，[1946—1949]，18页，25开（少年应用科学丛刊）
收藏单位：贵州馆、江西馆

04745
火车 汤树屏 陈祖裕编
上海：中华书局，1948.7，30页，36开（中华文库 民众教育 第1集）
本书介绍火车发展史、机车类型、机车构造等。
收藏单位：重庆馆、上海馆

04746
火车 徐应昶编纂
上海：商务印书馆，1922，20页，32开（儿童理科丛书8）
上海：商务印书馆，1925.4，3版，20页，32开（儿童理科丛书8）
上海：商务印书馆，1926，4版，20页，32开（儿童理科丛书8）
收藏单位：国家馆、首都馆

04747
货物运送规则及补则·货物营业里程表 东北行政委员会铁道部编
东北行政委员会铁道部，[1948]，119页，32开
本书共3章：总则、办理、运价及杂费。
收藏单位：国家馆

04748
机车运行事故处理概要
哈尔滨：出版者不详，1948，152页，64开
收藏单位：黑龙江馆、山西馆、天津馆

04749
讲义汇要 徐松龄编
京沪铁路管理局警务处交通警察教练所，1947，318页，32开
本书内容包括：法规、警察要旨、刑法要义、铁路常识、服务规则、工务常识、侦探学、公牍等。

04750
胶济铁路行车规章 胶济铁路管理局编
胶济铁路管理局，[1928]，147页，36开
本书规章于中华民国十七年（1928）四月一日实行。

04751
津浦区铁路管理局浦兖段管理处行车章则汇编 津浦区铁路管理局浦兖段管理处编
津浦区铁路管理局浦兖段管理处，1947，[109]页，16开，精装
收藏单位：南京馆

04752
京奉铁路行车规则 （英）佛类·史梯理编
京奉铁路管理局，[1917.5]，100页，50开，精装
本书内容包括：号志、车站管理与服务、车队行动、轨道与工场、危险品运送等。
收藏单位：国家馆

04753
京奉铁路行车指要 （英）佛类·史梯理编 邱士龙译
京奉铁路管理局，[1917.7]，114页，36开，精装
本书内容包括：行车简明章程、行车速率之限制、布置车队、暖汽锅配件、领取雨具等。
收藏单位：国家馆

04754
京汉铁路行车图（汉法对照） 京汉铁路局车务处编
北京：京汉铁路局车务处，[1919]，4页，13开
本书行车图于中华民国八年（1919）一月一日改订。
收藏单位：国家馆

04755
京汉铁路行车总规章 唐士清编
京汉铁路管理局，1915.1，133 页，18 开
本书介绍车务机务公务人员职责、列车的载量、行驶、站务、调度、号志、电报、电话等。
收藏单位：国家馆

04756
京沪沪杭甬铁路行车保安规章 京沪沪杭甬铁路管理局车务处辑
京沪沪杭甬铁路管理局车务处，1935.10，31 页，32 开
本书内容包括：行车保安办法纲要、预防货列车冲越号志办法等。
收藏单位：国家馆

04757
京沪沪杭甬铁路行车附则 京沪沪杭甬铁路管理局编
京沪沪杭甬铁路管理局，1936.7，80 页，42 开，精装
收藏单位：国家馆、上海馆

04758
京沪区铁路行车附则 京沪区铁路管理局运务处运输课编
京沪区铁路管理局运务处运输课，1948，128 页，32 开，精装
本书附则于中华民国三十七年（1948）一月一日施行。
收藏单位：上海馆

04759
列车与车辆调度规章 京沪沪杭甬铁路管理局车务处编
京沪沪杭甬铁路管理局车务处，1935.1，27 页，32 开
本书共 7 章，内容包括：列车之行驶、车辆之调度、机车之运用、列车人员之调遣、调度电话使用及试验等。目录页题名：京沪沪杭甬铁路列车与车辆调度规章。

04760
路警手册 交通部平津处铁路管理局警务处编
出版者不详，1947，184 页，大 64 开
本书内容包括：三民主义表解、新生活表解、军人训读、铁路警察之意义、铁路警察应熟悉服务区域内各事项、长警值勤时应携带之物品、巡逻应注意事项、列车出站各路警应有之态度等。
收藏单位：天津馆

04761
旅客及行李包裹运送规则及补则 东北行政委员会铁道部编
东北行政委员会铁道部，97 页，32 开

04762
美国铁路到达货栈之组织与管理 许靖著
北平：国立交通大学研究所北平分所，1936，29 页，16 开
本书介绍美国“到达货栈”的性质、组织与人事，货位划分原理及作用，卸车方法及其主要手续，管理货栈的统计方法等。《铁道问题研究集》第 1 册抽印本。

04763
平绥铁路列车及车辆调度附则 平绥铁路管理局编
平绥铁路管理局，[1936]，[62] 页，25 开
本书附部颁调度通则，中华民国二十五年（1936）七月一日施行。
收藏单位：国家馆

04764
平绥铁路行车表 [平绥铁路管理局] 编
平绥铁路管理局，1936，5 叶，58cm
收藏单位：国家馆

04765
实验车站管理学 张鹏飞著
青岛：胶东书社，1936.3，1 册，32 开
本书共 10 章，内容包括：车站类别及设备、车站之组织统系、车站员工之职责、车

站随车员工之职责、车站之人事管理等。

收藏单位：安徽馆、南京馆、浙江馆

04766

铁道警备教令草案

[南京]：国防部，[1946—1949]，42页，64开

收藏单位：广东馆

04767

铁道实际运转 郑宝照著

天津：大公报馆代办部，1936.8，308页，32开

本书共15章。介绍与铁路行车运转业务有关的路线安排，客运、货物终点站与货棚及"列车配合场"（停车场）的设计、设备、管理，列车调度及矿产装运等。

收藏单位：广东馆、国家馆、河南馆、吉林馆、南京馆、宁夏馆、上海馆、首都馆、天津馆、浙江馆

04768

铁道终点车场之研究 钱钰镛 沈慕吟著

出版者不详，1947.7，手写本，1册，16开

收藏单位：上海馆

04769

铁路货运调车场之设计与管理 沈奏廷著

沈奏廷[发行者]，72页，23开

本书共8章，内容包括：调车场之性质、类别及位置、空重车辆之来源与去路、调车场之设备、调车之方法等。

收藏单位：重庆馆、上海馆

04770

铁路货运管理 许靖著

上海：商务印书馆，1947.3，333页，25开

本书共3编，介绍美、英两国铁路货运管理中有关货运终点方面的运输设备、管理、组织及人事支配等。卷末讨论了我国管理起运、到达货物等办法。

收藏单位：重庆馆、广东馆、贵州馆、国家馆、黑龙江馆、辽大馆、南京馆、内蒙古馆、上海馆

04771

铁路货运业务 沈奏廷著

上海：商务印书馆，1935.8，[14]+292页，18开（大学丛书 教本）（交通大学丛书）

长沙：商务印书馆，1939.2，再版，[14]+292页，18开（大学丛书 教本）（交通大学丛书）

本书共13章，内容包括：货运组织、货运设备、货运单据、货运手续、货车支配、货车公用制度、货物列车、货物运送规则、货物联运、货物转运与代办业务、代收货价业务、货运杂项业务等。附录：铁路货运通则、办事细则、联运办法、货商须知等10种。

收藏单位：重庆馆、广东馆、广西馆、贵州馆、桂林馆、国家馆、湖南馆、江西馆、辽大馆、南京馆、内蒙古馆、宁夏馆、山西馆、首都馆、天津馆

04772

铁路货栈货场之设计与管理 沈奏廷著

出版者不详，78页，23开

本书介绍货栈之性质、起运货栈设计之原则、到达货栈设计之原则、货栈之设备与组织、货场之性质与位置、货场设计之原则、货场设备及组织等。共2编：零担货栈、整车货场。

收藏单位：重庆馆

04773

铁路技术管理纲要 杨文朴著

天津：天津大公报社，1935.5，250页，16开

本书共9章，介绍勘设线路的条件、轨道安排、机车、路志、车站、列车行驶管理、调度、通讯、安全等。

收藏单位：国家馆、浙江馆、中科图

04774

铁路客运 上海铁路管理局编

上海：上海铁路管理局，72页，32开（铁路小丛书2）

收藏单位：广东馆

04775
铁路客运车场之设计与管理 沈奏廷著
出版者不详，48页，23开
本书介绍调车场之性质、设备，空重货车之来源与去路等。
收藏单位：上海馆

04776
铁路客运业务 熊大惠著
上海：熊大惠[发行者]，1939.12，216页，23开
本书共14章，内容包括：客运组织、旅客车票、客运手续、行李业务等。
收藏单位：江西馆、内蒙古馆

04777
铁路零担货运安全办法 许靖译述
上海：国立交通大学研究所交通组，1936，50页，16开（国立交通大学研究所交通组专刊 交通类3）
本书共9章，内容包括：车辆的检查暨准备工作，有关零担货物的接受、交付、转车、沿途装卸、货票处理，装车的原则、细则、图例等。据美国铁路协会编印的 *Code of L. C. L. Rules* 一书译述及注解。
收藏单位：国家馆

04778
铁路旅客终点大站之设计与管理 沈奏廷著
出版者不详，50页，24开
本书共7部分，内容包括：旅客终点大站之种类与位置、旅客终点大站内部之组织、售票房之工作方法、卧铺预定室之工作方法等。
收藏单位：重庆馆

04779
铁路配车规则 东北铁路总局编
东北铁路总局，1948.10，14+125页，32开
本书共9章，内容包括：总则、输送业务、货车、货车用具、货物输送等。
收藏单位：国家馆

04780
铁路输送学 苏焕宗编
[长沙]：陆军辎重兵学校，1939，14+130页，36开
本书共4编：铁路输送、铁道防空、内河船舶输送、汽车输送。附录：铁路运输计划表等10种。封面题名：输送学。
收藏单位：重庆馆

04781
铁路输送学
出版者不详，[1913—1949]，176页，22开
本书共8章，内容包括：总论、铁路之种类、铁道诸素质及附属要素、铁路输送各机关之业务等。
收藏单位：湖南馆、江西馆、浙江馆

04782
铁路行车保安之商榷 吴绍曾主编
[济南]：津浦铁路管理局，1938.10，[34]+261页，20开
本书共9章，分别从工务、机务、车务、轮渡、警务、医务救险等方面介绍行车安全。附录：关于行车保安资料（各种行车安全规则、办法）、津浦铁路行车保安委员会纪要。
收藏单位：国家馆

04783
铁路行车概论 袁耀寰著
上海：商务印书馆，1937.7，[16]+476页，21开（大学丛书 教本）
本书共8编，内容包括：号志标志及其管理、行车制、列车之行驶、行车事变、列车之调遣、列车之编配等。附录：铁路行车通则、粤汉铁路管理局运输处所属课段暂行组织及办事细则、行车报单等。
收藏单位：重庆馆、广东馆、贵州馆、国家馆、黑龙江馆、湖南馆、南京馆、内蒙古馆、宁夏馆、山西馆、上海馆、首都馆、浙江馆、中科图

04784
铁路行车及运输概要 内政部警官高等学校

路警特别训练班编
[南京]：内政部警官高等学校路警特别训练班，1935，40页，32开
本书共2篇：铁路行车概要、铁路运输概要。
收藏单位：重庆馆

04785
铁路行车讲义 黄克白编
运输学校，1948，208页，32开
本书为运输学校初级班讲义。
收藏单位：广东馆

04786
铁路行车时间计算法 王竹亭著
重庆：正中书局，1942.8，147页，25开（应用科学丛书）
上海：正中书局，1946.1，沪1版，147页，25开（应用科学丛书）
本书共3部分：挽力与速度、列车运动公式之简易图解法、列车运动公式之精确图解法。
收藏单位：长春馆、重庆馆、东北师大馆、国家馆、湖南馆、吉大馆、吉林馆、江西馆、辽大馆、南京馆、内蒙古馆、上海馆、浙江馆

04787
铁路行车通则 铁道部颁行
军政部陆军铁道人员训练所，1946，82页，36开
收藏单位：广东馆、湖南馆

04788
铁路行车通则
[成都]：中央军校成都分校交通训练班，[1936]，108页，48开，精装
本书共6章，内容包括：号志及标志、行车制、列车及车辆之运转、行车事变等。附录：浙赣铁路行车附则。中华民国二十四年（1935）十二月十四日铁道部令公布。
收藏单位：重庆馆、国家馆

04789
铁路业务解说（闭塞及信号篇） 李生福编
北平：华北交通株式会社总裁室人事局人事课，1940.5，10+198页，23开
本书为日伪出版物。介绍信号、信号机之构造、闭塞方式、闭塞装置等。共2编：信号、闭塞。
收藏单位：国家馆

04790
铁路业务解说（货物篇） 许传荣 朱鸿昶编
北平：华北交通株式会社总裁室人事局人事课，1940.5，205页，23开
本书为日伪出版物。共3编：总论、货物之办理、运费杂费。
收藏单位：国家馆

04791
铁路业务解说（旅客篇） 王滋春等编
北平：华北交通株式会社总裁室人事局人事课，1940.5，232页，23开
本书为日伪出版物。共3编：总论、旅客、行李包裹。
收藏单位：国家馆

04792
铁路业务解说（配车篇） 张竞敏编
北平：华北交通株式会社总裁室人事局人事课，1940.5，260页，23开
本书为日伪出版物。共10编，内容包括：货车配置、列车编序、货运业务等。
收藏单位：国家馆

04793
铁路运转管理 许靖著
上海：商务印书馆，1947.1，204页，25开
本书共17章，内容包括：铁路机务管理、铁路工务管理、客运车站设备之设计与运转、客运列车业务之种类与运转、旅客列车之组织与车辆管理、机车构造设计与运转效率经济之关系、铁路时刻表之种类与内容等。
收藏单位：重庆馆、甘肃馆、广西馆、贵州馆、国家馆、南京馆、内蒙古馆、宁夏馆、

上海馆、浙江馆

04794
铁路之终点与车场　金家坚著
出版者不详，1947.7，手写本，1册，13开
本书为毕业论文。
收藏单位：上海馆

04795
同蒲列车运转时刻表　同蒲铁路管理处编
[太原]：同蒲铁路管理处，1937，16页
本书为同蒲铁路各站时刻表。同蒲铁路北起山西大同经太原市南至运城市蒲州镇。
收藏单位：山西馆

04796
运输 调度 运价　中国人民革命军事委员会铁道部人民铁道报社编
北京：中国人民革命军事委员会铁道部人民铁道报社，1949.8，62页，32开（中国人民革命军事委员会铁道部人民铁道报社丛书2）
本书为解放区出版物。内收滕代远、吕正操、周侠平在全国铁道运输等会议上的6篇发言、讲话、总结，新华社社论，实行全国统一客货运杂费规则等。附录：铁路军运暂行条例、补充办法等4种。
收藏单位：国家馆、山东馆

04797
支配铁路货车概要　曾世荣编
上海：商务印书馆，1928.5，106页，32开（学艺汇刊23）
上海：商务印书馆，1931.5，再版，106页，32开（学艺汇刊23）
上海：商务印书馆，1933.3，国难后1版，106页，32开（学艺汇刊23）
本书共17章。介绍货运原则及规律，货车调度的组织、管理、计划方法、应配置的附属设备等。
收藏单位：安徽馆、重庆馆、广东馆、广西馆、贵州馆、国家馆、河南馆、湖南馆、辽宁馆、南京馆、山东馆、上海馆、首都馆、天津馆、浙江馆

04798
中华国有铁路沪宁线行车救险须知　李绰生编辑
出版者不详，1920，113页，32开
出版者不详，1921，2版，113页，32开
收藏单位：上海馆

04799
中华民国国有铁路行车规章　交通部制定
北京：华北印刷局，[1922.11]，364页，25开
北京：华北印刷局，1928.1，3版，364页，25开
本书共9编，介绍铁路员工的职责、列车装载及行驶、单双线运转、养路及建筑、号志等规章。封面题名：国有铁路行车规章。
收藏单位：国家馆、内蒙古馆

04800
中华民国国有铁路行车规章（[汉英法文本]）　交通部制定
北京：华北印刷局，[1922.11]，372+342+392页，25开，精装
本书共9编，介绍铁路员工的职责、列车装载及行驶、单双线运转、养路及建筑、号志等规章。封面题名：国有铁路行车规章。
收藏单位：国家馆

04801
中华民国铁路列车及车辆调度通则
出版者不详，[1936.7]，46页，22开
本书通则由国民政府铁道部公布，民国二十五年（1936）七月一日施行。
收藏单位：国家馆、南京馆、上海馆

公路运输

04802
道路工程学名词译订法之研究　赵祖康编订
出版者不详，11页，16开
收藏单位：南京馆

04803
第六届万国道路会议与美国道路之观察 凌鸿勋著
出版者不详，1931.1，54页，16开
本书介绍万国道路协会历史、第六届会议纪略及感受、美国道路情况、对我国筑路的意见等。
收藏单位：上海馆、天津馆

04804
第七次国际道路会议中国报告 全国经济委员会编
全国经济委员会，1934.2，81+32页，16开（全国经济委员会丛刊12）（全国经济委员会报告汇编5）
本书内容包括：撰述者名单、编送第七次国际道路会议报告简则、报告（华盛顿国际道路会议以后各处应用水泥筑路成绩之概述等）等。附录：湖南省建筑泥结碎石路报告、汉口市水泥筑路之成绩、上海市道路交叉点之交通安全方法等。中英文本。

04805
工程标准图 江苏省公路局建设厅绘制
镇江：江苏省公路局，1920.10，[25]页，4开
收藏单位：内蒙古馆

04806
公路（二卷） 赵履祺 盛绍章[著]
中国工程师学会四川考察团，1册，16开（中国工程师学会四川考察团报告1）
收藏单位：广西馆、南京馆

04807
公路词汇（上卷） 李谟炽编译
昆明：交通部公路总管理处，1940.5，202页，32开（交通部公路总管理处丛刊1）
本书为中英文本。仅见上卷。
收藏单位：国家馆、南京馆、上海馆

04808
公路辞汇（英华对照） 全国经济委员会公路处编 赵祖康校正
南京：全国经济委员会公路处，1933.9，28页，16开
收藏单位：国家馆、南京馆

04809
江苏省建设厅公路工程标准图 江苏省建设厅编
江苏省建设厅，1940.12，[70]页，8开
本书内收公路路面、路基及桥梁等的标准图。

04810
全国经济委员会公路处报告 全国经济委员会公路处编
全国经济委员会公路处，油印本，1册，大16开
本书内容包括：西兰公路工程查勘、车务调查报告及建议书，西汉公路查勘报告，督造各省联络公路进行状况报告，代办江西公路测量报告等。
收藏单位：上海馆

04811
造桥筑路 蒋宏成编
上海：中华书局，1948.6，20页，32开（中华文库 民众教育 第1集）
收藏单位：广东馆、辽大馆、上海馆

04812
筑路造桥 陈鹤琴 陈选善主编
上海：世界书局，1941.1，新1版，32页，32开
收藏单位：贵州馆

道路工程

04813
道路 江西省地方行政干部训练委员会编
江西省地方行政干部训练委员会，1942.9，90页，32开
本书为各县训练所训练乡镇干事教材。
收藏单位：江西馆

04814
道路 刘友惠著
上海：商务印书馆，1924.10，95页，36开（百科小丛书 67）
上海：商务印书馆，1926.11，再版，95页，36开（百科小丛书 67）

本书共6章，内容包括：道路总论、各种的道路、郊外道路的筑造、市街道路的筑造等。

收藏单位：重庆馆、广东馆、广西馆、国家馆、河南馆、湖南馆、江西馆、辽宁馆、南京馆、山东馆、陕西馆、首都馆、天津馆、西南大学馆、浙江馆

04815
道路 刘友惠 冯翰飞著
上海：商务印书馆，1931.4，97页，32开（万有文库 第1集 0586）（工学小丛书）
上海：商务印书馆，1934.6，国难后1版，97页，32开（工学小丛书）
上海：商务印书馆，1934.12，国难后2版，97页，32开（工学小丛书）
上海：商务印书馆，1935，国难后3版，97页，32开（工学小丛书）
长沙：商务印书馆，1939.12，97页，32开（万有文库 第1、2集简编 500种 229）（工学小丛书）
上海：商务印书馆，1947.3，6版，97页，32开（新中学文库）（工学小丛书）

本书共16章，内容包括：总论、郊外道路、城市道路、土路、卵石路、碎石路、砖路等。

收藏单位：安徽馆、长春馆、重庆馆、大理馆、大连馆、东北师大馆、广东馆、广西馆、贵州馆、国家馆、河南馆、黑龙江馆、湖南馆、惠州馆、吉大馆、江西馆、辽大馆、辽东学院馆、辽师大馆、柳州馆、南京馆、内蒙古馆、宁夏馆、陕西馆、上海馆、首都馆、天津馆、西南大学馆、浙江馆

04816
道路 钱宗贤著
上海：厚生出版社，158页，32开（中国工程师手册 土木手册 13）

本书共14章，内容包括：车辆阻力、纵坡度、平曲线、交叉路等、碎石路、路面之选定等。

收藏单位：重庆馆、国家馆、上海馆

04817
道路（建设概要） 江西省地方政治讲习院编
南昌：江西省地方政治讲习院，1939.10，96页，32开（江西省地方政治讲习院分组训练教材 22）
南昌：江西省地方政治讲习院，1940.5，96页，32开（江西省地方政治讲习院分组训练教材 22）

本书介绍道路与交通、全省道路概况、道路修筑等。

收藏单位：重庆馆、华东师大馆、浙江馆

04818
道路工程 吴国柄著
上海：商务印书馆，1936.7，244页，22开
上海：商务印书馆，1936.11，再版，244页，22开
长沙：商务印书馆，1940，3版，244页，22开

本书共37章，内容包括：土路、砂土路、炭渣路、泥石渣路、石板路、碎石路等。

收藏单位：重庆馆、国家馆、湖南馆、辽大馆、山西馆、陕西馆、首都馆、天津馆、浙江馆

04819
道路工程 吴国柄编著 杨静盦校
长沙：商务印书馆，1941.3，增订1版，322页，32开
上海：商务印书馆，1947，增订2版，322页，32开
上海：商务印书馆，1948.5，增订3版，322页，32开

本书为职业学校教科书。共48章，内容包括：道路线之规定、道路之布置、道路之坡度、道路转弯及转角、道路背脊、道路背脊之坡度等。

收藏单位：重庆馆、广东馆、国家馆、辽大馆、天津馆

04820
道路讲义 胡嘉诏讲述
南昌：江西省县政人员训练所，1935.1，108页，32开
南昌：江西省县政人员训练所，1935.5，82页，25开（县训丛刊11）
本书共5章，内容包括：江西公路之过去与将来、公路的计划问题、公路的养路问题等。附录：卵石路。
收藏单位：广东馆、国家馆

04821
道路讲义 江西省地方政治讲习院出版股编
江西省地方政治讲习院出版股，1939.8，90页，32开
收藏单位：重庆馆

04822
道路讲义 相钧之编
重庆：陆军工兵学校，1946，24页，32开
本书为陆军工兵学校土木教材。
收藏单位：广东馆

04823
道路全书 陆丹林等编
上海：道路月刊社，1929.6，1册，32开，精装
上海：道路月刊社，1930.4，再版，1册，32开，精装
本书共5编：论著、工程、道路概况与建议、法规章则、附录。附录：道路工程名词、道路书报一览表、日本道路取缔法、万国道路协会章程、中华全国道路建设协会宣言及章程。
收藏单位：长春馆、重庆馆、广东馆、广西馆、贵州馆、国家馆、黑龙江馆、湖南馆、江西馆、辽宁馆、南京馆、山西馆、上海馆、首都馆、天津馆、浙江馆

04824
道路提要
出版者不详，[1939—1949]，88页，25开
本书共7章，内容包括：道路与交通、本省公路概况、本省乡村道路概况、道路修筑法、养路等。
收藏单位：江西馆

04825
道路通论 黄笃植著 陆丹林校订
上海：中华全国道路建设协会，1930.5，119页，32开（中华全国道路建设协会十周年纪念出版丛书3）
本书共7章，内容包括：线路之选定、线路之形成、勾配之关系、横断面、排水等。
收藏单位：国家馆、江西馆、南京馆、农大馆、上海馆、浙江馆

04826
分年修治道路里程表·分年修治道路经费概算·修治道路收用土地暂行章程
出版者不详，[1921—1937]，油印本，9+2叶，16开，环筒页装
本书附国道线路表明图。
收藏单位：国家馆

04827
工程处理规程 交通部公路总局第四区公路工程管理局编
交通部公路总局第四区公路工程管理局，1949，104页，16开
本书共2篇，概述新筑、改善、复修、设备、修缮、抢修、养护工程处理规程。附工程发包办法。
收藏单位：重庆馆

04828
工程手册 交通部西北公路运输管理局编
交通部西北公路运输管理局，1940.6，164+[68]页，32开
收藏单位：甘肃馆、国家馆、南京馆

04829
公路工程 华通斋著
北京：华通斋[发行者]，1928.5，石印本，42页，18开
收藏单位：重庆馆、国家馆

04830
公路工程处理规程 交通部公路总局编
交通部公路总局，1948.1，1册，16开
本书介绍勘测、新筑、改善、修复、设备等工程处理规程。附工程发包办法。
收藏单位：广东馆、国家馆、南京馆

04831
公路工程监工须知 交通部公路总管理处编
广东公路处，1941，117页，32开
收藏单位：广东馆

04832
公路工程监工须知 交通部公路总管理处编
[重庆]：交通部公路总管理处，1940.10，88页，32开
收藏单位：南京馆

04833
公路工程应用数值手册 江西公路处总工程师室编
江西公路处总工程师室，1940.6，116页，27开
江西公路处总工程师室，1945.8，[200]页，横23开
本书共11部分，内容包括：换算表、标准及章则、混凝土作物、木料作物、砖石作物等。

04834
公路及市政工程 华南圭著
长沙：商务印书馆，1939.1，197页，22开
长沙：商务印书馆，1939，再版，197页，22开
本书共8章，内容包括：总论、乡道、市道、附属工程、公共卫生等。
收藏单位：重庆馆、国家馆、江西馆、南京馆、内蒙古馆、上海馆

04835
公路技术（第1集） 交通部公路总局工务处编
交通部公路总局工务处，1943.12，56页，16开（座谈会演讲录）
本书内收演讲12篇，内容包括：《公路定线之研究》（赵祖康）、《公路技术人员铨叙问题》（薛次莘）、《美国南部视察所见之公路路面》（方左英）等。附录：公路技术座谈会历次主讲人与讲题一览表。
收藏单位：国家馆、南京馆

04836
关于审查修正建设总署公路工程规范书之意见
出版者不详，2叶，13开，环筒页装
收藏单位：国家馆

04837
国际道路第六次会议议决录 陈体诚编译
出版者不详，[1930]，18页，22开
本书介绍建筑及养路、运输及管理两组议案。
收藏单位：贵州馆

04838
江苏省公路局工程标准、建筑规程合编 江苏省公路局编
镇江：江苏省公路局，1930.12，44页，22开（江苏省公路局公路规程1）
本书共5章，内容包括：总则、公路工程标准、公路建筑法规等。目录页题名：江苏省公路局工程标准、建筑法规合编。
收藏单位：国家馆、陕西馆、上海馆

04839
江苏省公路局工程标准图 江苏省公路局绘制
镇江：江苏省公路局，1930，1册，37×54cm
收藏单位：国家馆

04840
全国经济委员会公路处第一试验路报告　全国经济委员会公路处编
全国经济委员会公路处，1936.10，81 页，16 开（全国经济委员会公路处公路专刊 1）
本书试验路面工程技术。试验路为京杭公路的一段。
收藏单位：广东馆、国家馆、湖南馆、南京馆、山西馆、天津馆

04841
乡村道路
出版者不详，[1940—1949]，92 页，25 开
收藏单位：江西馆

04842
修正公路工程标准及规则　建设部公布
建设部，1943，1 册，10 开，环筒页装
收藏单位：国家馆

04843
驿运技术指导　张学新编
安徽省地方行政干部训练团，1941.3，66 页，32 开
本书介绍驿运道路、桥涵、房屋的建筑、养护、监修等。
收藏单位：重庆馆

04844
渝简马路全线工程办法大纲
[重庆]：出版者不详，20 页，18 开，环筒页装
本书共 19 章，内容包括：量法、测量、定线、道路横断面、填方挖方、保坎、涵洞、排水沟渠、路面工程、标志、道数、工程估计、施工手续、工程管理、工程指导等。
收藏单位：重庆馆

04845
整理已成公路干路民工筑路办法
出版者不详，10 页，32 开
本书共 2 篇：整理已成公路干路民工筑路办法、路面表面层保养法。
收藏单位：重庆馆

04846
筑路概要　李绍德著
南昌：江西史志训练所，1928.6，70 页，25 开（江西史志训练所丛书 9）
收藏单位：江西馆

道路工程理论

04847
道路工程学　陈德浩编
江西省地方行政干部训练团，1941.4，410 页，32 开（江西省地方行政干部训练团分组训练教材 48）
收藏单位：重庆馆、江西馆

04848
道路工程学　何维华编
上海：南华书局，1929.9，12+288 页，22 开
上海：南华书局，1931.4，再版，12+288 页，22 开
上海：南华书局，1933.11，改正本，12+288 页，22 开
上海：南华书局，1944，12+288 页，22 开
本书共 19 章，内容包括：设计上一般之注意、路基及除水、泥路及砂粘土路、砂砾路、水固碎石路、混凝土路等。附录：关于购置筑路机械的计算书例、关于各种道路预算设计书例、日本东京市复兴局街路设计标准等 6 种。
收藏单位：重庆馆、国家馆、湖南馆、江西馆、南京馆、上海馆、浙江馆

04849
道路工程学　洪观涛编著
上海：商务印书馆，1934.1，169 页，22 开，精装（工程丛书）
上海：商务印书馆，1935.2，再版，169 页，22 开，精装（工程丛书）

本书共9章，内容包括：道路之主要部分、定线、土方工程、碎石路面、附属工程、路面之保养、路上之布置等。附录：国道工程标准及规则等。

收藏单位：安徽馆、重庆馆、国家馆、河南馆、湖南馆、江西馆、南京馆、上海馆、首都馆、天津馆、浙江馆

04850

道路工程学　陆国梁著　廖蔚慈校

上海：世界书局，1940.6，197页，32开

上海：世界书局，1943.10，再版，197页，32开

世界书局，1944.2，湘1版，197页，32开

上海：世界书局，1947.5，3版，197页，32开

本书介绍道路起源、分类、及对行车的影响，道路测量，道路车辆的牵引阻力和牵引力，纵坡度，竖曲线，平面线，排水等。附录：曲线之半径、标准制与英美制单位互换表。

收藏单位：重庆馆、贵州馆、国家馆、湖南馆、江西馆、南京馆、内蒙古馆、山西馆

04851

道路工程学讲义　中央陆军军官学校成都分校土木工程训练班编

中央陆军军官学校成都分校土木工程训练班，1936，1册，25开

本书共24章，内容包括：概论、道路之分类法、道路之设计、街道之设计、排水等。附录：路基施工细则。

收藏单位：重庆馆

04852

道路工学　赵世瑄编

上海：民国南洋图书局，1913.5，132页，22开，精装

本书共13章，内容包括：土沥青铺道、圆石铺道、方石铺道、木铺道、街市铁道等。

收藏单位：国家馆、上海馆、首都馆

04853

道路建筑学　陈树棠著

上海：中华全国道路建设协会，1934.10，21+210+22页，32开，精装

本书共3编：道路之进行、铺道之类别、建筑之准备。附录：全国经济委员会公路工程准则、全国经济委员会各省联络公路运输设备及管理通则、中华民国权度标准方案等7种。

收藏单位：重庆馆、国家馆、黑龙江馆、南京馆、内蒙古馆、宁夏馆、上海馆

04854

道路学ABC　杨哲明著

上海：世界书局，1929.4，103页，32开（ABC丛书）

上海：世界书局，1930.10，再版，103页，32开（ABC丛书）

本书共5章，介绍道路、道路财政、道路工程之实际工作等。

收藏单位：重庆馆、广东馆、广西馆、国家馆、河南馆、湖南馆、江西馆、辽宁馆、南京馆、上海馆、首都馆、天津馆、浙江馆

04855

道路学摘要　峨嵋军官训练团编

[成都]：峨嵋军官训练团，1935，46页，32开

本书共6章：绪言、道路要素、道路之经始、道路之构筑、军用道路构筑上之着眼、道路之保存。附录：民国廿四年行营颁布之军工筑路暂行准则。

收藏单位：重庆馆

04856

公路工程学　陈本端编译

长沙：商务印书馆，1941.10，334页，25开

上海：商务印书馆，1947.4，再版，334页，25开

上海：商务印书馆，1949，3版，334页，25开

本书共25章，内容包括：绪言、公路与公路交通、公路经济、公路财政、土基工程、

土壤研究、加固土路建筑法等。

收藏单位：重庆馆、湖南馆、山西馆、上海馆、天津馆、浙江馆

04857

近世道路工程学 袁汝诚著

上海：中华书局，1934.11，12+390 页，25 开（中华学艺社学艺文库 2）

上海：中华书局，1936.3，再版，12+390 页，25 开（中华学艺社学艺文库 2）

香港：中华书局，1938.10，3 版，12+390 页，25 开（中华学艺社学艺文库 2）

本书共 27 章，内容包括：牵引抵抗、马之牵引力与动力之决定、纵断坡度、道路宽度、道路横断面等。

收藏单位：安徽馆、重庆馆、广东馆、贵州馆、国家馆、黑龙江馆、江西馆、辽宁馆、南京馆、内蒙古馆、上海馆、首都馆、浙江馆

04858

世界道路建筑学（市街道路之部） 姚济苍编译

武昌：姚济苍［发行者］，1913.4，77+16 页，18 开

本书共 7 章，内容包括：街道建筑之计划、街道之横断面及排水法、市街轨道之敷设等。附编：中西名辞对照录。据德国封维尔曼原著编译。

收藏单位：国家馆、江西馆、内蒙古馆、上海馆、首都馆

04859

应用工程（道路工程之部） 西康省地方行政干训团编

西康省地方行政干训团，1941.5，134 页，32 开

本书共 4 篇：绪论、道路工程、交通管理、附录。

收藏单位：重庆馆

规划、勘测与设计

04860

北方大港至滦县公路规划 交通部铁道部北方大港筹备委员会编

交通部铁道部北方大港筹备委员会，1935.7，90 页，16 开

本书共 7 部分：总论、路线、坡度及曲线、路基及路面、桥梁及涵洞、费用之估计、结论。

收藏单位：国家馆、华东师大馆

04861

测设道路单曲线简法 赵祖康著

上海：中华全国道路建设协会，1930.5，21 页，32 开（中华全国道路建设协会十周年纪念出版丛书 4）

上海：中华全国道路建设协会，1936.9，增订再版，38 页，36 开

本书增订再版书末附全国经济委员会公路处测量暂行规则。

收藏单位：国家馆、黑龙江馆、内蒙古馆、上海馆、浙江馆

04862

查勘路线概要 叶家俊著

江苏省公路局，1931.2，22 页，22 开（公路丛刊 3）

本书共 7 节，内容包括：查勘路线队之组织、出发前之预备、查勘路线之工作等。

收藏单位：国家馆

04863

城市道路学

出版者不详，油印本，1 册，10 开

收藏单位：广东馆

04864

道路测量队组织概要 郭显钦［编］

出版者不详，4 叶，13 开，环筒页装

收藏单位：国家馆

04865

道路计划书　易荣膺著

上海：商务印书馆，1924.10，118页，32开

上海：商务印书馆，1925.10，再版，118页，32开

上海：商务印书馆，1927.1，3版，118页，32开

上海：商务印书馆，1930.12，4版，118页，32开

本书共4章，讲述筑路学理论及工程细则。

收藏单位：重庆馆、广东馆、国家馆、湖南馆、江西馆、南京馆、内蒙古馆、山西馆、上海馆、浙江馆

04866

道路线设计算法　汤震龙著

汉口：武汉印书馆，1937.1，21页，18开（汤震龙丛书）

本书共10章，内容包括：初测项目及说明、初测线之纵横距、X及Y之计算、切线之解析公式、交叉点之纵横距、切线之长、△角之算定、路线之计算项目等。

收藏单位：上海馆

04867

公路工程设计准则（公路工程章则汇编）　交通部公路总局工务处编

交通部公路总局工务处，1943.8，25页，32开

收藏单位：南京馆

04868

公路工程设计准则草案　交通部公路管理处编

交通部公路管理处印刷室，1940.7，石印本，21页，16开

本书内容包括：路线、路面、防护工程、渡口渡船、植树等。

收藏单位：广东馆、南京馆

04869

公路路线规范草案初稿　交通部交通技术标准委员会编

交通部交通技术标准委员会，1946.10，138页，16开

本书共5章：总则、路线平面、路线面纵、路线断面、公路交叉。附公路踏勘暨测量须知、路线规范说明。

收藏单位：重庆馆、广东馆、国家馆、南京馆、清华馆、山西馆、上海馆、天津馆、中科图

04870

公路土壤学　陈孚华编著

重庆：正中书局，1945.6，200页，25开

上海：正中书局，1946.9，沪1版，200页，25开

上海：正中书局，1947.7，沪3版，200页，25开

本书为大学用书。共2篇：土壤性质、土壤稳定。

收藏单位：安徽馆、长春馆、重庆馆、东北师大馆、广东馆、国家馆、南京馆、内蒙古馆、上海馆、浙江馆、中科图

04871

公路制图样式标准案

建设总署公路局工务科，1943，1册，横16开

收藏单位：国家馆

04872

沪杭公路海宁附近土壤稳定试验报告（民卅六级论文）　张友石　顾以敬著

上海：国立交通大学土木系，手写本，1册，13开

收藏单位：上海馆

04873

江苏省会大口门填河筑路计划　江苏省会建设工程处编

出版者不详，1931.2，14页，32开

收藏单位：南京馆、宁夏馆

04874
路线计划概要 叶家俊著
[镇江]：江苏省公路局，1931.2，28页，22开（江苏省公路局公路丛刊4）
收藏单位：国家馆

04875
青新公路踏勘工作日记 齐树椿著
交通部公路总局第七区公路工程管理局，[1946.5]，[10]页，16开（西北公路月刊丛书）
收藏单位：国家馆

04876
山东省汽车路长度总表 建设总署公路局调查科编制
建设总署公路局调查科，1939，4叶，16开，环筒页装
收藏单位：国家馆

04877
绥新勘路报告书 尤寅照[撰]
出版者不详，[1935]，[54叶]，16开，环筒页装（锡山尤氏丛刊）
本书为瑞典探险家斯文赫定与中国学术团体协会组成的"西北科学考查团"，于1933年至1935年对中国西北地区公路道路的勘察报告。
收藏单位：国家馆

04878
西北公路地质调查报告 林文英著
全国经济委员会公路处公路季刊编辑委员会，1936.6，2册（[30]+[40]页），16开
本书为著者奉全国经济委员会公路处之命，参加资源委员会人文地理调查团，调查西兰公路地质状况、西北各省公路地质的调查报告。《公路》第2卷第1期第2期抽印本。
收藏单位：国家馆

道路建筑材料

04879
材料名称汇编 交通部材料司编
交通部材料司，1946.4，2册（[600]页），横24开
本书为中西文名词对照表，并标明规范、来源及单位等。

04880
福州附近路面建筑材料调查报告 潘承祥著
全国经济委员会公路处公路季刊编辑委员会，1937.3，6页，16开
本书为《公路》第2卷第4期抽印本。
收藏单位：广东馆、国家馆、南京馆

04881
公路材料试验实施法 嵇铨译
出版者不详，油印本，1册，13开
收藏单位：国家馆

04882
铺路柏油之研究 周发岐 张汉良著
北平：国立北平研究院出版部，1934，31页，16开（国立北平研究院化学研究所丛刊 第1卷1）
收藏单位：首都馆

04883
上海特别市工务局道路沟渠施工用料规则（民国十八年） 上海特别市工务局编
上海：上海特别市工务局，1929.6，48页，16开
收藏单位：国家馆、南京馆

道路建筑施工

04884
北京天津塘沽间汽车路计划案

出版者不详，[1939]，油印本，2 叶，16 开，环筒页装

收藏单位：国家馆

04885

察绥公路专刊 察绥公路管理处编

察绥公路管理处，1948.1，82 页，16 开

收藏单位：南京馆

04886

川滇公路述要 李锡周 [编]

出版者不详，油印本，10 页

收藏单位：南京馆

04887

川黔公路工程述略 罗竟忠著

川黔路工程处，1935.6，10 页，18 开，环筒页装

收藏单位：国家馆

04888

福建省公路路基桥梁涵洞路面工程施工细则 福建省建设厅公路工程局编

福州：福建省建设厅公路工程局，1939.8，[38] 页，22 开

本书共 3 部分：福建省公路路基工程施工细则、福建省公路桥梁涵洞工程施工细则、福建省公路路面工程施工细则。

收藏单位：福建馆

04889

改善洋灰灌浆路建筑法之研究 郭显钦 [编]

出版者不详，2 叶，16 开

收藏单位：国家馆

04890

公路构筑法 江西公路处编

江西公路处，122 页，25 开

本书共 3 章：总则、迅速测量法、工程标准及施工法。附录：江西各县县长及筑路人员办理干支公路考成条例。

收藏单位：国家馆、江西馆

04891

国道一览表（案） 工务总署公路局编

工务总署公路局，1944，3 叶，16 开，环筒页装

收藏单位：国家馆

04892

汉宁公路工程概要 汉宁公路工务所编

汉宁公路工务所，1937.3，12+74 页，16 开

本书共 9 章，内容包括：组织、路线选测、建筑费概要、工程计划、路面工程、附录等。书前有工程摄影。

收藏单位：重庆馆、甘肃馆、国家馆、上海馆

04893

合并集水方浜两路工程纪要 上海市工务局编

上海：上海市工务局，1930，18 页，16 开，环筒页装

本书共 6 部分，内容包括：计划、收用土地、施工情形、沿路之建筑等。

收藏单位：国家馆、上海馆

04894

湖北省公路工程施工规则

湖北省政府建设厅，1935.1，32 页，16 开

收藏单位：南京馆

04895

湖北省公路工程专刊 湖北省公路工程处编

湖北省公路工程处，1937.1，98 页，16 开

本书共 8 部分，内容包括：公路路线之系统、工程标准、最近一年半内公路工程实施概况等。

04896

混凝土及钢筋混凝土工程施工细则 江苏省公路局编

镇江：江苏省公路局，1931.2，8 页，22 开（江苏省公路局公路规程 4）

本书封面题名：混凝土工程施工细则。

收藏单位：国家馆

04897
江西公路处半年来之公路工程概况 江西公路处编
江西公路处，[1932.8]，10页，16开
本书时限为民国二十一年（1932）三月至八月。
收藏单位：国家馆、江西馆

04898
江西公路处修治六大干线实施计划书 江西公路处编
江西公路处，1928，8叶，16开
收藏单位：国家馆

04899
十年来江西公路工程纪实 江西公路处编
江西公路处，1943.1，54页，18开
本书介绍1931年至1942年江西省公路工程概况。
收藏单位：重庆馆、国家馆

04900
实施筑路征工的几个基本原则 陈诚著
[宜昌]：国民政府军事委员会委员长宜昌行辕，1935，8页，大64开
收藏单位：广东馆

04901
土路工程施工概要
出版者不详，[1930—1949]，油印本，1册，13开，环筒页装
收藏单位：国家馆

04902
西荆公路工程概要 [陕西省建设厅]编
[西安]：[西北北院门和记印书馆]，[1935.12]，26页，22开
本书介绍西安至荆紫关公路工程概况。共8部分：西荆公路全线平剖面图、沿路桥涵及路基照片二十四幅、弁言、选线及测量、工程计划、工程进行、预算及决算、结论。
收藏单位：国家馆

04903
锡沪路工程总报告 锡沪路工程处编
锡沪路工程处，[1936.8]，1册，16开
本书共7篇，内容包括：行政与管理、道路工程、桥梁工程、杂项工程等。
收藏单位：国家馆、南京馆、上海馆

04904
乡村道路建筑的方法 乔启明著
[南京]：[金陵大学农学院]，1926.3，18页，23开（金陵大学农学院农林丛刊31）
[南京]，[金陵大学农学院]，1928.5，再版，18页，23开（金陵大学农学院农林丛刊33）
[南京]：[金陵大学农学院]，1931.8，3版，18页，23开（金陵大学农学院农林丛刊48）
收藏单位：重庆馆、国家馆、上海馆

04905
修筑道路须知 内政部编纂
重庆：商务印书馆，1944.12，21页，32开（地方自治业务参考丛刊13）（内政丛书）
本书共7部分，内容包括：道路路线之选择、路基工程、土工、排水设备等。
收藏单位：重庆馆、广东馆、广西馆、贵州馆、国家馆、吉林馆、南京馆

04906
一日千里 浙江省公路局编
杭州：浙江省公路局，1929.9，54页，25开
本书介绍浙江省公路概况。
收藏单位：浙江馆

04907
怎样修筑乡村道路 罗剑魂著
南宁：民团周刊社，1938.7，34页，32开（丙种丛刊2）（基层建设丛刊第3辑6）
收藏单位：广西馆、贵州馆、桂林馆、国家馆、南京馆

04908
浙江省公路管理局工程标准图
出版者不详，1934.5，1册，25×39cm
收藏单位：国家馆

04909
浙江省公路管理局公路工程施工细则 浙江省公路管理局编
浙江省公路管理局，1933.5，56页，16开
浙江省公路管理局，1934，56页，16开
本书封面题名：浙江省公路管理局工程施工细则。
收藏单位：国家馆、浙江馆

04910
浙江省公路建设工作提要 浙江省公路局编
浙江省公路局，1947.12，1册，16开
本书介绍浙江省省道招商投资、修筑办法等。
收藏单位：浙江馆

04911
征工筑路实施方法 周日朝编著
重庆：正中书局，1945.9，45页，32开
上海：正中书局，1946.3，沪1版，45页，32开
本书以数学计算方法研究筑路民工的组织与工作分配、工效与合理报酬、器材估计与征工制度等。附录：筑路常识概述、国民义务劳动法、国民义务劳动化施行细则要点、行政院推行义务劳动之通令、广西省征用民工办法实施程序。
收藏单位：安徽馆、重庆馆、国家馆、南京馆、首都馆、浙江馆

04912
筑城实施计划案
中央陆军军官学校第二分校，1941，32页，32开
收藏单位：广东馆

04913
筑路机械概论（毕业论文） 陈迈 周世政[著]
[国立交通大学土木工程学系]，1册，16开
收藏单位：上海馆

04914
筑路机械概要汇编（第1部） 交通部公路总局第二机械筑路工程总队编
广州：蔚兴印刷场，[1947]，178页，32开
收藏单位：广东馆

04915
筑路浅说 浙江省政府建设厅编
浙江省政府建设厅，1929.6，44页，25开
收藏单位：江西馆、南京馆、浙江馆

04916
筑路要领 江西公路处编
江西公路处，1933.5，28页，32开
本书共9部分，内容包括：何谓公路、公路在本省之重要性、公路计划、筹款问题、征工问题等。
收藏单位：国家馆

04917
最新实用筑路法 顾在埏译著
上海：中华全国铁路建设协会，1929.6，374页，32开，精装
本书共4章：总论、石路、碎石路、压紧土沥青路。
收藏单位：安徽馆、广东馆、国家馆、江西馆、南京馆、山西馆

路基、路面工程

04918
都市路面之研究及其改进（国立交通大学学生毕业论文） 王铁生编
出版者不详，1册，16开
收藏单位：上海馆

04919
改良泥结碎石路面建筑之方法 陈本端著
交通部清华大学公路研究实验室，1940，油印本，17叶，大16开（交通部清华大学公路研究实验室丛刊2）
收藏单位：国家馆

04920
公路路面规范草案初稿　陈孚华主编　交通部交通技术标准委员会编
[南京]：交通部公路总局，1946.10，138 页，16 开
[南京]：交通部公路总局，1947.6，194 页，16 开

本书共 15 篇，内容包括：路面材料设计、路基设计、路面设计、土壤路面底层、土壤路面面层等。书末附英文提要。

收藏单位：重庆馆、国家馆、南京馆、清华馆、上海馆、天津馆

04921
公路路旁建设（毕业论文）　李尚智编
上海：国立交通大学工学院土木工程系，1941.5，晒印本，77 叶，13 开，精装

收藏单位：上海馆

04922
公路踏勘暨测量须知　交通部公路总管理处编
交通部公路总管理处印刷室，1941.6，1 册，32 开

收藏单位：南京馆

04923
混凝土路面的设计　王桂秋等著
天津：天津工商学院土木工程系，1941，36 页，16 开

04924
路基工程施工细则　江苏省公路局编
[镇江]：江苏省公路局，1931.2，10 页，22 开（江苏省公路局公路规程 6）

本书共 4 章，内容包括：挖土、填土等。

收藏单位：国家馆、南京馆

04925
路面工程施工细则　江苏省公路局编
[镇江]：江苏省公路局，1931.2，24 页，22 开（江苏省公路局公路规程 7）

本书共 7 章，内容包括：总则、泥土路面、卵石路面、各种碎石路面等。

收藏单位：国家馆、南京馆

04926
煤烬粘土路面建筑法　江苏省公路局编
[镇江]：江苏省公路局，1930.11，4 页，22 开（江苏省公路局公路丛刊 1）

收藏单位：国家馆

04927
上海市柏油路面铺筑新法
出版者不详，油印本，1 册，横 10 开

收藏单位：广东馆

04928
统计各种路面寿命之研究（国立交通大学毕业论文）　程鸿寿著
国立交通大学土木系，手写本，1 册，13 开

收藏单位：上海馆

04929
运输统制局公路总管理处公路路基工程施工细则
运输统制局公路总管理处印刷室，1941.8，12 页，32 开

收藏单位：南京馆

道路养护与维修

04930
道路水利及土木行政讲义　内务部编定
上海：泰东图书局，[1922.4]，130+14 页，32 开（地方自治讲义 9）

本书共 7 章，内容包括：道路行政、水利行政、土木行政、土地收用等。附录：修治道路条例、修治道路收用土地暂行章程。逐页题名：道路水利及土木行政。

收藏单位：国家馆、河南馆、吉林馆、江西馆、上海馆

04931
江西公路处养路监工手册　江西公路处编

江西公路处，[1940—1949]，64页，32开

本书共12章，内容包括：长官训谕、行车安全、公路管理等。

收藏单位：江西馆、南京馆

桥涵工程

04932

道路桥梁 朱绍泉著

朱绍泉[发行者]，1941，石印本，112页，16开，精装

04933

广东开平合山筑桥会会员名册

开平合山桥会，1936，90页，16开

本书逐页题名：开平合山桥会会员名册。

收藏单位：国家馆

04934

开平合山筑桥会集款简章

开平合山桥会，1936，30页，18开

本书逐页题名：建筑开平合山桥集款简章。

收藏单位：国家馆

04935

桥梁 李熙谋主编

上海：世界书局，[1946—1949]，11页，25开（少年应用科学丛刊）

收藏单位：江西馆

04936

桥梁 凌鸿勋著

上海：商务印书馆，1929.10，89页，32开（万有文库 第1集0584）（工学小丛书）

上海：商务印书馆，1933.3，89页，32开（工学小丛书）

上海：商务印书馆，1933.9，再版，89页，32开（工学小丛书）

上海：商务印书馆，1934.6，3版，89页，32开（工学小丛书）

上海：商务印书馆，1934.7，再版，89页，32开（万有文库 第1集0584）（工学小丛书）

上海：商务印书馆，1935.4，4版，89页，32开（工学小丛书）

上海：商务印书馆，1935，5版，89页，32开（工学小丛书）

长沙：商务印书馆，1938，7版，89页，32开（工学小丛书）

长沙：商务印书馆，1939.12，89页，32开（万有文库 第1、2集简编500种0228）（工学小丛书）

上海：商务印书馆，1947.3，9版，89页，32开（新中学文库）（工学小丛书）

本书共12章，内容包括：桥梁之种类、桥梁之材料、桥梁设计之选择、桥梁之静载重、桥梁之活载重、中国桥梁概况等。

收藏单位：安徽馆、长春馆、重庆馆、大理馆、东北师大馆、广东馆、广西馆、贵州馆、国家馆、黑龙江馆、湖北馆、湖南馆、惠州馆、江西馆、辽大馆、辽东学院馆、辽师大馆、柳州馆、南京馆、内蒙古馆、宁夏馆、山东馆、山西馆、上海馆、首都馆、天津馆、西南大学馆、浙江馆、中科图

04937

桥梁

出版者不详，[1944—1949]，42页，25开

本书共6章，内容包括：桥梁之初期及桥梁学之进化、桥梁之种类、桥梁之载重、桥梁应力之计算、桥梁之检验修缮及加强等。

收藏单位：江西馆

04938

桥梁冲击力之鉴定 陆善熛著

出版者不详，1946，手写本，41叶，13开

收藏单位：上海馆

04939

桥梁工程学 杨哲明著

上海：中华全国道路建设协会，1930.7，343页，32开，精装（中华全国道路建设协会十周年纪念出版丛书2）

上海：中华全国道路建设协会，1934.10，再版，343页，32开，精装（中华全国道路建

设协会十周年纪念出版丛书 2）

本书共 14 章，内容包括：概论、桥梁之种类、桥梁设计、桥梁应力的计算、铁路桥梁计划等。附录：道路桥梁暨基础之工程条例等。

收藏单位：国家馆、河南馆、黑龙江馆、江西馆、南京馆、内蒙古馆、上海馆、中科图

04940

桥梁工学 黎锦炯编著

北京：北京大学工学院，1941.9—1942.10，2 册（64+120 页），16 开

本书共 4 章，内容包括：承载活动集中重物之桥梁、横架等。

收藏单位：国家馆

04941

桥梁基础（论文） 万福林著

出版者不详，1946，手写本，34 叶，13 开

本书为交通大学土木工程系论文。

收藏单位：上海馆

04942

桥梁学 中央陆军军官学校成都分校土木工程训练班编

成都：中央陆军军官学校成都分校土木工程训练班，1936，[280] 页，25 开

本书共 15 章，介绍桥梁的进化、种类、材料、载重等。

04943

三江口辽河桥梁基础工程报告书（上卷）

出版者不详，1 册，22 开

本书内容包括：总论、位置及跨度之选定、地质调查及测量、冲洗、设计大要、桥墩之安定计算、井筒沈下工、杂工等。

收藏单位：浙江馆

04944

铁道桥涵概要 陈兆镛编辑

军政部陆军铁道人员训练所，1946，72 页，36 开

收藏单位：广东馆、首都馆

勘测、设计与计算

04945

木桁桥设计讲义

陆军工兵学校，油印本，1 册，16 开

收藏单位：广东馆

04946

上海市工务局桥梁设计说明书 上海市工务局编

上海：上海市工务局，1936.7，62 页，16 开

本书内容包括：载重标准、材料之安全应力、泥土载重力及椿之安全承载力等。附录：桥址测量须知、上海市水准标志地位图等。

收藏单位：南京馆

04947

实用桥梁计算学 陈兆坤著

上海：陈魁建筑事务所，1937.4，52 页，32 开，精装

本书共 4 编：算法、设计、涵桥、图案。

收藏单位：重庆馆、湖南馆、浙江馆

桥梁建筑材料

04948

滇缅公路国境沿线之桥梁建筑木材 张伯英著

外文题名：Timber for bridge construction along Chinese section of the Yannan burma highway

国立中央研究院工学研究所，1947.9，6 页，16 开（国立中央研究院工学研究所研究报告 1）

本书共 3 部分：缘起、沿途主要林区及树种、主要供用木材之强度。

收藏单位：国家馆、南京馆

04949

桥梁材料规范书

出版者不详，石印本，8 叶，13 开，环筒页装

本书附录：桥梁招标办法。

收藏单位：国家馆

桥梁施工

04950

吉敦铁路松花江桥梁工事报告附图

出版者不详，[1927]，[27] 页，横 16 开

收藏单位：国家馆

04951

架桥 潘淡明编

上海：中华书局，1937.11，22 页，50 开

上海：中华书局，1938，再版，22 页，50 开

收藏单位：重庆馆

04952

架桥实施之研究 赵国斌等著 史久成校

南京：共和书局，1933.4，214 页，32 开

本书研究战时架桥技术及实施情况。

收藏单位：国家馆、吉林馆

04953

临时轻便木桥及其代替设施（国立交通大学土木工程系毕业论文） 梁伯琛编

出版者不详，1947.7，手写本，27 叶，大 16 开

收藏单位：上海馆

04954

钱塘江大桥工程规范书 钱塘江桥工程处编

杭州：钱塘江桥工程处，[1934]，76 页，大 16 开

本书内容包括：钱塘江大桥通告、设计原则、通则、材料及工作法、钢料、混凝土及钢骨混凝土、基础工程、钢梁制造等。

收藏单位：浙江馆

04955

钱塘江建桥计划书 钱塘江桥工委员会编

杭州：钱塘江桥工委员会，1933.10，1 册，13 开

本书共 10 部分，内容包括：建桥理由、桥址选择、桥基钻探、钱江水文、运输需要、线路联络、设计章本、工款预算等。

收藏单位：浙江馆

04956

钱塘江桥筹备报告 钱塘江桥工程处编

杭州：钱塘江桥工程处，1934.11，5 页，16 开

本书内容包括：建桥计划、部省合办、组织经过、设计研究、招标情形、审标定标等。

收藏单位：南京馆、浙江馆

04957

桥工特刊 上海扬子建业公司南通分公司编

上海：扬子建业公司，1926.9，26 页，16 开

本书介绍扬子建业公司承建的永济桥落成摄影、施工状况。中英文本。

04958

桥梁工程施工细则 江苏省公路局建设厅编

镇江：江苏省公路局，1931.2，18 页，22 开（江苏省公路局公路规程 5）

收藏单位：国家馆、南京馆

04959

桥梁涵洞施工规范（公路工程章则汇编） 交通部公路总局工务处编

交通部公路总局工务处印刷室，1944.1，石印本，34 页，32 开

收藏单位：国家馆、南京馆

04960

桥梁做法规范书

出版者不详，石印本，18 页，16 开，环筒页装

收藏单位：国家馆

04961

陕西咸阳建桥宝鸡修渠工程计划书 郭怀学著

西安：陕西省建设厅，1929.10，1册，23开
收藏单位：国家馆、天津馆

04962
圬工桥梁撮要 华通斋著
北平：华通斋[发行者]，1921，再版，石印本，101页，16开
北平：华通斋[发行者]，1934，3版，石印本，101页，16开
本书介绍泥水工在桥梁建筑方面的施工技术。
收藏单位：国家馆、上海馆

04963
张垣汉卿桥建筑工程总报告 察哈尔建设厅汉卿桥建筑委员会编
察哈尔建设厅汉卿桥建筑委员会，[1932.9]，[120]页，16开
本书内容包括：组织、计划、会牍、会议记录、附录等。书前有国民党军政人物像、通桥典礼、施工时摄影。

04964
珠桥三大工程纪要 广州市工务局编
[广州]：广州市工务局，1934，27页，16开
本书介绍海珠铁桥、海珠炸石工程、西南大铁桥三大工程。

各种桥梁

04965
成渝铁路工程局建造第一总段钢筋混凝土桥台工程说明书 成渝铁路工程局建造第一总段编
出版者不详，3叶，16开，环筒页装
收藏单位：重庆馆

04966
川陕路胡家湾钢筋混凝土连续梁桥之设计 戴竞 王化洽著 交通部第七区公路工程管理局编
交通部第七区公路工程管理局，1936，1册，16开（西北公路月刊丛书2）
收藏单位：国家馆

04967
吊桥的理论与设计 刘恢光著
北平：清华大学工学院，1946.4，37页，16开（清华大学工学院研究丛刊 工102号 土木2号）
收藏单位：国家馆

04968
二链及三链之拱桥 何鼎荃著
天津：天津工商学院工科土木工程系，1941，14+10页，16开
本书共3章：通论、三链拱桥之分析、二链拱桥之分析。

04969
钢桥梁标准图摄影（国营铁路中华十六级载重） 交通部技术厅桥梁设计处制
交通部技术厅桥梁设计处，[1940]，38页，横8开
本书为摄影集，每张照片注明图纸设计者、校核者、审定者及制图日期等。
收藏单位：国家馆

04970
公路桥梁涵洞工程设计暂行准则 全国经济委员会公路处编
全国经济委员会公路处，1936.9，15页，16开
本书共4章：总则、载重、载重之分布、资用应力。附录：英汉对照桥涵工程名词。
收藏单位：国家馆、南京馆、上海馆

04971
广州海珠桥 广州市政府编
广州：广州市政府，[1934.10]，18页，22开（广州市建设丛刊1）
本书介绍海珠桥的施工过程。逐页题名：广州市海珠桥。
收藏单位：国家馆、湖南馆、南京馆、西交大馆

04972
广州市之海珠炸石工程 广州市政府编
广州：广州市政府，10页，25开（广州市建设丛刊2）
本书内容包括：图片、缘起、施工步骤、运石之施工情形等。
收藏单位：国家馆

04973
广州西南铁桥 广州市政府编
广州：广州市政府，20页，22开（广州市建设丛刊3）
本书内容包括：图片、缘起、铁桥设计之标准等。
收藏单位：国家馆

04974
国营铁路钢桥规范书·铁道部工务机务讨论会审查钢桥规范纪录汇编（适用于跨度不超过一二〇公尺之固定钢梁） 交通部 铁道部编
交通部，1938，56+[88]页，16开，精装
收藏单位：重庆馆

04975
国营铁路桥梁枕木规范书 铁道部制定
铁道部，1936.6，[8]页，22开
本书内容包括：材料、质料、制造、检验等。中英文本。
收藏单位：国家馆

04976
华双路K350永宁桥设计书 徐琮本 陈保典设计
交通部西北公路工程局，1943，晒印本，23叶，18开
收藏单位：国家馆

04977
江西公路处建筑混凝土桥施工章程 江西公路处编
江西公路处，1933.11，4页，32开

04978
交通部滇缅铁路桥涵工程规范书 交通部编
交通部，[1935—1939]，石印本，[46]页，16开，环筒页装
收藏单位：上海馆

04979
津浦铁路黄河桥图（西历一千九百零九年至一千九百十二年） 三山桥梁公司[制]
出版者不详，22页，8开
收藏单位：南京馆

04980
京汉铁路全路干线桥洞一览表（民国五年分） 京汉铁路局工务处工程课编
京汉铁路局工务处工程课，[1917]，[146]页，10开，环筒页装
收藏单位：国家馆

04981
木架桥与涵洞 岳宏烈编译
天津：天津工商学院工科土木工程系，1940，13页，16开
本书介绍栅栏、栈道、木架桥、涵洞的设计和构造等。

04982
木桥 张公一著
张公一[发行者]，1932.9，94页，22开
本书讲述木桥设计理论。
收藏单位：广东馆、国家馆

04983
木桥 赵国华著 赵祖康审订
上海：中华全国道路建设协会，1936.9，278+10页，32开，精装
本书讲述木桥设计理论及建筑等。
收藏单位：河南馆、内蒙古馆、农大馆

04984
平汉铁路重建新乐桥桥基工程总报告
出版者不详，[1935.9]，78页，16开
本书共5章，内容包括：导言、设计大

要、工程进行状况等。

收藏单位：上海馆

04985

平汉铁路改善轨道桥梁之概况　陈君禹著

出版者不详，22 页，16 开

本书共 4 部分，内容包括：历年状况及改善准备、轨道之更新等。

收藏单位：广东馆

04986

平汉铁路桥梁尺度实测表　平汉铁路工务处编

平汉铁路工务处，1933，[120] 页，12 开

收藏单位：上海馆

04987

钱塘江桥工程摄影　钱塘江桥工程处编

[杭州]：钱塘江桥工程处，1936.5—1937.5，2 册（52+32 页），横 10 开

收藏单位：广东馆、国家馆、南京馆、上海馆、武大馆、浙江馆

04988

钱塘江桥工程说明　钱塘江桥工程处编

[杭州]：钱塘江桥工程处，[1932.11]，10 页，16 开

收藏单位：广东馆、国家馆、浙江馆

04989

钱塘江桥开工纪念刊　钱塘江桥工程处编

[杭州]：钱塘江桥工程处，1934.11，70 页，13 开，环筒页装

收藏单位：国家馆、南京馆

04990

桥梁的研究　祝志学编

上海：中华书局，1936.1，48 页，32 开

收藏单位：重庆馆、贵州馆、内蒙古馆

04991

清官式石桥做法　王璧文著

北平：中国营造学社，[1936.1]，81+24 页，16 开

本书共 4 章：石作、瓦作、土作、搭材作。附录：桥座做法（原载营造算例）、石桥分法、石平桥做法（原载工程备要随录）。附清宫式石闸及石涵洞做法。

收藏单位：国家馆、内蒙古馆、上海馆、天津馆、中科图

04992

苏皖豫鲁四省公路桥梁检查报告（第 1 册）　蔡镇宇等编

出版者不详，1937.2，油印本，1 册，16 开

本书介绍苏皖豫鲁四省公路桥梁概况等。附图：苏皖豫鲁四省公路桥梁检查路线图等 3 种。

收藏单位：广东馆、中科图

04993

苏皖豫鲁四省公路桥梁检查报告（第 2 册 江苏省）　陈亚光等编

出版者不详，1937.2，油印本，1 册，16 开

本书介绍江苏省公路桥梁调查情况等。

收藏单位：广东馆、中科图

04994

苏皖豫鲁四省公路桥梁检查报告（第 3 册 安徽省）　蔡镇宇等编

出版者不详，1937.2，油印本，1 册，16 开

本书介绍安徽省公路桥梁调查情况等。

收藏单位：广东馆、中科图

04995

苏皖豫鲁四省公路桥梁检查报告（第 4 册 河南省）　陈亚光等编

出版者不详，1937.2，油印本，1 册，16 开

本书介绍河南省公路桥梁调查情况等。

收藏单位：广东馆、中科图

04996

苏皖豫鲁四省公路桥梁检查报告（第 5 册 山东省）　陈亚光等编

出版者不详，1937.2，油印本，1 册，16 开

本书介绍山东省公路桥梁调查情况等。

收藏单位：广东馆、中科图

04997
铁道部工务机务讨论会审查钢桥规范纪录汇编 铁道部编
[南京]：铁道部，1937.5，46页，21开
收藏单位：重庆馆、国家馆

04998
铁道部新路建设委员会桥梁工程暂行规范书摘要 铁道部新路建设委员会编
[南京]：铁道部新路建设委员会，[1936]，24页，16开（湘黔铁路工程局桥梁工程暂行规范书摘要 第2编 施工规范书）

04999
铁道桥梁抢修用表 军政部陆军铁道人员训练所编辑委员会编
军政部陆军铁道人员训练所编辑委员会，1946，20页，36开（铁训丛书3）
收藏单位：广东馆

05000
图们江建桥工程报告 国际图们江架桥工程处[编]
朝鲜印刷株式会社，1929.1，136页，22开，精装
本书介绍图们江桥梁建设的过程、所用材料等。共7章：总论、设计、施工、关系文书、关系诸表、桥梁落成典礼状况、桥梁关系两国诸协定。
收藏单位：国家馆、上海馆

05001
我国铁路钢桥之标准设计 茅以升 顾懋勋著
出版者不详，1943，油印本，15页，16开
收藏单位：国家馆

05002
修订国有铁路钢桥例范设计商榷书 交通部桥梁设计处[编]
交通部桥梁设计处，1942，油印本，16叶，16开，环筒页装
收藏单位：国家馆

05003
叙昆铁路桥涵工程规范书
出版者不详，48页，16开
本书共3章：通则、各种工程分则、各种桥涵分则。
收藏单位：重庆馆

05004
悬桥之紧张力 俞忽[著]
武汉：武汉大学工科研究所，1943，油印本，78页，16开（国立武汉大学工科研究所研究报告1）
收藏单位：国家馆

05005
粤汉铁路株韶段桥梁涵洞设计概要附图 粤汉铁路株韶段工程局编
粤汉铁路株韶段工程局，[1935.7]，25页，横8开
本书全册为单面印设计图，由宋旭东等设计、黄六一等绘制。
收藏单位：重庆馆、国家馆

05006
中华民国国有铁路钢桥规范书 交通部制定
交通部，[1922.11]，66页，22开
本书封面题名：国有铁路钢桥规范书。
收藏单位：国家馆、南京馆

05007
中华民国国有铁路钢桥规范书 京沪沪杭甬铁路管理局编
京沪沪杭甬铁路管理局，1935.7，68页，32开
收藏单位：国家馆

涵洞工程

05008
管形涵洞之讨论（毕业论文） 潘承梁编

出版者不详，1948.6，手写本，49 叶，13 开
收藏单位：上海馆

05009
涵洞工程 赵建衡编著
金华：正中书局，1943.7，289 页，25 开
上海：正中书局，1948.1，沪 1 版，289 页，25 开

本书共 9 章，内容包括：总论、基础、土之压力及活重之传布、管涵洞、梁涵洞、拱涵洞、框形涵洞等。附录：公路桥梁涵洞工程设计暂行准则、公路桥梁涵洞施工细则草案、滇缅铁路西段工程处桥涵工程规范书、中英文名词对照表等。

收藏单位：重庆馆、国家馆、湖南馆、江西馆、辽大馆、南京馆、上海馆、浙江馆

05010
涵洞工程施工细则 江苏省公路局编
镇江：江苏省公路局，1931.3，8 页，22 开（江苏省公路局公路规程 3）

本书共 5 章，内容包括：总则、砖石涵洞、涵洞之埋设等。

收藏单位：国家馆、南京馆

05011
全国铁路涵洞纪录
出版者不详，1 册，16 开
收藏单位：南京馆

隧道工程

05012
成渝铁路工程局金家崖王爷庙蜂窝子汤家沱四处隧道工程说明书 成渝铁路工程局编
出版者不详，6 叶，16 开，环筒页装

本书内容包括：工程地点、图样、规范、章程等。

收藏单位：重庆馆

05013
成渝铁路工程局铜罐驿隧道工程说明书 成渝铁路工程局编
出版者不详，3 叶，16 开，环筒页装

本书内容包括：工程地点、工作范围、图样、规范等。

收藏单位：重庆馆

05014
金家崖王爷庙蜂窝子汤家沱铜罐驿郑家梁朱杨溪隧道工程补充说明书 成渝铁路工程局编
成渝铁路工程局，1937，4 叶，16 开，环筒页装

本书内容包括：气压机钻石机削钻机及储水器、现成钢钻、完工期限等。

收藏单位：重庆馆

05015
陇海隧道之过去与现在 李俨著
［上海］：中国工程学会，1931.4，34 页，16 开

本书为《中国工程学会会刊》6 卷 2 号抽印本。

收藏单位：国家馆

05016
钱江水底隧道计划 杨建著
杭州：新新印刷公司，1934.2，35 页，横 8 开
收藏单位：广东馆、国家馆、南京馆、上海馆、浙江馆

05017
隧道 周文德著
上海：厚生出版社，196 页，32 开（中国工程师手册 土木手册 11）

本书综述隧道工程的设计、结构、施工等。共 14 章，内容包括：地质测探、测量、初步计划、盾构隧道等。附录：粤汉铁路株韶段工程局隧道工程承办包工施工细则等。

收藏单位：国家馆、上海馆

05018
隧道大意 相钧之编
重庆：陆军工兵学校，1946，8 页，32 开

本书为陆军工兵学校土木教材。

收藏单位：广东馆

05019

隧道地质 林文英著

全国经济委员会公路处公路季刊编辑委员会，1937.3，17页，16开

本书为《公路》第2卷第4期抽印本。

收藏单位：国家馆、南京馆

汽车工程

05020

柴油车之研究 陆军汽车兵团编

陆军汽车兵团，1938，60页

收藏单位：山西馆

05021

高等汽车学 何乃民著

上海：商务印书馆，1936.8，2册（683页），25开（大学丛书 教本）

上海：商务印书馆，1937.2，2册（683页），25开（大学丛书 教本）

长沙：商务印书馆，1939.9，3版，2册（683页），25开（大学丛书 教本）

上海：商务印书馆，1947.6，5版，2册（683页），25开（大学丛书 教本）

上海：商务印书馆，1949，6版，2册（683页），25开（大学丛书 教本）

本书共66章，内容包括：汽车之历史、汽车组织总论、机械及热力上若干定义之回顾等。附录：汽车特性提要、英美制及公尺制单位对照表、中英文汽车名词对照表等10种。

收藏单位：东北师大馆、甘肃馆、广东馆、广西馆、贵州馆、国家馆、河南馆、湖南馆、南京馆、内蒙古馆、宁夏馆、山西馆、上海馆、首都馆、天津馆、浙江馆、中科图

05022

客货车验车规则 胶济铁路管理局机务处编

胶济铁路管理局机务处，1929，66页，25开

本书共12章，内容包括：客货车验车通则、普通验车细则、乙种定期验车细则、列车电灯装置检查规则等。

收藏单位：重庆馆

05023

汽车 陈浩雄编

上海：中华书局，1948.5，32页，32开（中华文库 民众教育 第1集）

收藏单位：广东馆、上海馆

05024

汽车 胡嘉诏著

上海：商务印书馆，1928.12，98页，32开（新知识丛书）

上海：商务印书馆，1930.4，100页，32开（万有文库 第1集0590）（百科小丛书）

上海：商务印书馆，1930.5，再版，98页，32开（新知识丛书）

上海：商务印书馆，1931.8，100页，32开（百科小丛书）

上海：商务印书馆，1933.4，国难后1版，100页，32开（百科小丛书）

上海：商务印书馆，1934，再版，100页，32开（万有文库 第1集0590）（百科小丛书）

上海：商务印书馆，1935.4，国难后2版，100页，32开（百科小丛书）

长沙：商务印书馆，1939.2，国难后4版，100页，32开（百科小丛书）

本书介绍汽车的历史、现状、种类、原理、驾驶、检查与修理等。

收藏单位：安徽馆、重庆馆、大理馆、大连馆、大庆馆、东北师大馆、广东馆、广西馆、贵州馆、国家馆、河南馆、黑龙江馆、湖南馆、江西馆、辽大馆、辽师大馆、内蒙古馆、宁夏馆、陕西馆、上海馆、天津馆、武大馆、浙江馆

05025

汽车 江苏省立教育学院研究实验部编

无锡：江苏省立教育学院，1931.6，10页，32开（民众科学问答丛书12）

无锡：江苏省立教育学院，1937.6，10页，32

开（民众科学问答丛书 12）
　　收藏单位：江西馆、南京馆

05026
汽车　李熙谋　卢钺章主编
上海：世界书局，[1946—1949]，17 页，25 开（少年应用科学丛书）
　　收藏单位：贵州馆、江西馆

05027
汽车　钱祖恩编
上海：新生命书局，67 页，32 开（新生命大众文库 第五辑 新发明 12）
　　收藏单位：南京馆、浙江馆

05028
汽车　宗亮晨编　宗亮寰校
上海：商务印书馆，1933，58 页，32 开（小学生文库 第 1 集 工程类）
　　收藏单位：东北师大馆、湖南馆、吉林馆、江西馆、首都馆

05029
汽车的故事　沈鸿模编
重庆：中华书局，1944.7，73 页，32 开
　　本书为科普读物。共 11 部分，内容包括：为什么要研究汽车、第一部汽车、汽车的进步、战争中的汽车、汽车有多少种等。
　　收藏单位：重庆馆、国家馆

05030
汽车概论　何乃民编
南京：共和书局，1931.7，538 页，23 开
　　本书概述汽车构造和设计等。
　　收藏单位：江西馆、南京馆、西交大馆

05031
汽车概论　军政部交通兵团全国经济委员会公路处苏浙皖京沪五省市交通委员会合办驾驶人员训练所编
[南京]：军政部交通兵团等合办驾驶人员训练所，1936.12，152 页，25 开
　　收藏单位：南京馆

05032
汽车工程（上册）　吴敬业等编译
上海：东亚书社，1949.2，205 页，25 开（应用科学丛书）
　　本书全三册，仅见上册。据美国 R. F. Kuns 所著 *Automobile Engineering* 一书编译。
　　收藏单位：国家馆、上海馆

05033
汽车故事　沈鸿模编
上海：中华书局，1936.11，再版，120 页，32 开
　　收藏单位：重庆馆

05034
汽车机务　刘乙藜编
出版者不详，1946.9，52 页，25 开
　　收藏单位：江西馆

05035
汽车讲话　军事委员会军训部机械兵监编
军事委员会军训部，1940，62 页，64 开
　　收藏单位：广东馆

05036
汽车力学讲义　陆军交辎学校编
陆军交辎学校，1937，177 页，32 开
　　本书共 10 章，内容包括：运动、静力学、力之平衡、功与能、材料强度学等。附录：对数表。
　　收藏单位：重庆馆

05037
汽车名词（英法中文）　何乃民编
上海：商务印书馆，1948.8，87 页，16 开（中国自动机工程学会丛书 1）
　　收藏单位：国家馆、湖南馆、辽宁馆、首都馆、天津馆、浙江馆、中科图

05038
汽车学　交通部交通技术人员训练所编订
交通部交通技术人员训练所，1939.7，152 页，22 开

本书共11章，内容包括：汽油发动机之原理、汽油供给及化汽、散热装置、汽车磁电学等。

收藏单位：国家馆

05039

汽车学 裴元嗣编著

上海：商务印书馆，1926.8，182页，32开

上海：商务印书馆，1927.7，再版，182页，32开

上海：商务印书馆，1930，4版，182页，32开

上海：商务印书馆，1932.6，国难后1版，182页，32开

上海：商务印书馆，1932.12，国难后2版，182页，32开

上海：商务印书馆，1933.12，国难后3版，182页，32开

上海：商务印书馆，1934.7，国难后4版，182页，32开

长沙：商务印书馆，1938.10，国难后11版，182页，32开

长沙：商务印书馆，1939，国难后13版，182页，32开

本书为职业学校教科书。共16章，内容包括：总论、汽油发动机之原理、汽车发动机、传动机关等。

收藏单位：安徽馆、广东馆、贵州馆、国家馆、江西馆、山西馆、上海馆、首都馆、浙江馆

05040

汽车学ABC 胡天白著

上海：世界书局，1931.7，74页，32开（ABC丛书）

上海：世界书局，1932.11，再版，74页，32开（ABC丛书）

上海：世界书局，1934，3版，74页，32开（ABC丛书）

上海：世界书局，1937，5版，74页，32开（ABC丛书）

本书共7章，内容包括：发动系、传动系、用油系、散热系、磁电系等。

收藏单位：湖南馆、南京馆、上海馆、首都馆、天津馆

05041

汽车学纲要 何乃民编

南京：共和书局，1930.11，204页，32开

本书共5篇，内容包括：汽车各部之构造动作、汽车各部之病理、汽车之驾驶等。

收藏单位：国家馆、浙江馆

05042

汽车学讲义 中央陆军军官学校教育处编

中央陆军军官学校教育处，1942，208页，32开

收藏单位：广东馆

05043

汽车学教程 中央陆军军官学校编

南京：中央陆军军官学校，1942.4，258页，23开

收藏单位：安徽馆、国家馆

05044

汽车学教程（第1册 构造之部） 朱和生编著

陆军辎重兵学校，1940.4，266页，32开

本书共11章，内容包括：汽车发动机、汽油之供给、化油装置、润滑装置、传动机关等。

收藏单位：广东馆、国家馆、南京馆

05045

汽车学教程（第1册 构造之部附图） 朱和生编著

陆军辎重兵学校，1940.6，128页，32开

陆军辎重兵学校，1944，128页，32开

收藏单位：广东馆、国家馆

05046

汽车学教程（第2册 电气之部） 郭普仁编

陆军辎重兵学校，1940.5，112页，32开

本书共8章，内容包括：磁电学、发火装置、电源装置、汽车之照明装置等。

收藏单位：广东馆、国家馆

05047
汽车学教程（车辆之部） 陆军交辎学校将校团编
南京：军用图书社，1936.7，288 页，32 开
本书共 5 编：操纵装置，传动装置，车轮、车体弹簧、车框、车体，特种汽车，车辆之运动。
收藏单位：广东馆

05048
汽车学教程（电气部） 陆军交辎学校将校团编
南京：军用图书社，1936.7，180 页，32 开
收藏单位：国家馆

05049
汽车学图解 交通部技术人员训练所编订
交通部技术人员训练所，1939.7，[40] 页，22 开
本书共收图 110 幅。
收藏单位：国家馆

05050
汽车怎样跑路（附人造眼睛）（苏）伊林（M. Ilin）著 符其珣等译
上海：开明书店，1946.9，126 页，32 开（开明青年丛书）
上海：开明书店，1947.5，再版，126 页，32 开（开明青年丛书）
上海：开明书店，1948，特 1 版，126 页，32 开（开明青年丛书）
本书为科普读物。内收文章 3 篇：《汽车怎样学会跑路》（符其珣译）、《汽车怎样会跑路》（樊养源译）、《人造眼睛》（张依敏译）。
收藏单位：广东馆、贵州馆、国家馆、湖南馆、江西馆、南京馆、宁夏馆、绍兴馆、首都馆、西南大学馆、浙江馆

05051
实用汽车学（理论与实习） 柳克聪编
上海：中华书局，1939.11，466 页，23 开
上海：中华书局，1940，再版，466 页，23 开
上海：中华书局，1941.4，3 版，466 页，23 开
上海：中华书局，1946.8，4 版，466 页，23 开
本书为大学用书。共 28 章，内容包括：热力学概要、爆炸发动机、离合器等。附录：汽车各部病症之检查表、中英法文名词对照表等。
收藏单位：重庆馆、东北师大馆、国家馆、上海馆、首都馆、天津馆、浙江馆、中科图

05052
香港华南汽车工程学校创校九周年暨复校周年纪念专刊 华南汽车工程学校编
香港：华南汽车工程学校，1946.12，11 页，16 开
本书介绍华南汽车工程学校概况、师生名表、校闻等。
收藏单位：国家馆

05053
新式汽车之构造驾驶与维护 胡乾善著
重庆：中华书局，1944.2，112 页，32 开
上海：中华书局，1946.11，再版，112 页，32 开
本书共 10 章，内容包括：燃料及其化汽、汽油发动机、汽车电学、传动机械、其他机件、购车须知、驾驶入门、汽车之维护等。附录：汽车名词对照表。
收藏单位：重庆馆、广东馆、贵州馆、国家馆、江西馆、辽宁馆、南京馆

05054
引擎 宗亮晨编 宗亮寰校
上海：商务印书馆，1934.2，42 页，32 开（小学生文库 第 1 集 工程类）
收藏单位：东北师大馆、湖南馆、吉林馆、首都馆

05055
英华汽车名词 梁砥中等编纂
外文题名：Automobile terms English-Chinese
中国汽车工程学会，1931.1，79 页，42 开，精装
本书版权页题名：英华汽车名词录。

收藏单位：安徽馆、国家馆、浙江馆

05056
自动车工程 黄叔培著
上海：商务印书馆，1935.5，504 页，23 开，精装（大学丛书）（交通大学丛书）
上海：商务印书馆，1937，4 版，504 页，23 开，精装（大学丛书）（交通大学丛书）
长沙：商务印书馆，1940，8 版，504 页，23 开，精装（大学丛书）（交通大学丛书）
本书共 19 章，内容包括：总论、汽油车引擎、汽油之供给及化汽、柴油车引擎、柴油及其喷射等。
收藏单位：安徽馆、重庆馆、广东馆、贵州馆、国家馆、黑龙江馆、湖南馆、江西馆、辽宁馆、南京馆、上海馆、首都馆、天津馆、浙江馆

05057
最新汽车学（第 1 册） 饶国璋编
上海：日三书室，1930.5，16 页，18 开，精装
本书共 12 章，内容包括：概论、爆发机之略史、物理学常识、爆发机之普遍研究、汽化、润滑等。
收藏单位：国家馆、浙江馆

05058
最新实用汽车学 盛树楠著
上海：国风书店，1941，99 页，32 开（现代应用技术丛书）
上海：国风书店，1947.6，99 页，32 开（现代应用技术丛书）
收藏单位：广东馆、贵州馆、南京馆

05059
最新实用汽车学 王道达著
王道达 [发行者]，1933.10，390 页，32 开
本书共 30 章，内容包括：绪论、发动机动作之原理、磁电、发火装置、蓄电池等。
收藏单位：浙江馆

05060
最新实用汽车学 张富天著
上海：汽车编辑社，1929，[14]+268 页，23 开
上海：汽车编辑社，1930.6，再版，[14]+268 页，23 开
上海：汽车编辑社，1935.10，增订版，[14]+268 页，23 开
本书共 12 章，内容包括：汽车种类与引擎发动原理、内燃机之燃料与化汽机、汽车引擎润滑装置、汽车驾驶与管理等。版权页题名：张氏最新实用汽车学。
收藏单位：国家馆、上海馆

整车设计与计算

05061
大客车车身设计 张登义著
上海：中国科学公司，1935.12，116 页，16 开（自动机工程丛书）
本书共 6 章，内容包括：小客车车身历史、总论、车身设计与乘客安全问题、车身设计与乘客舒适问题等。
收藏单位：国家馆、清华馆

05062
汽车设计 何乃民编著
上海：商务印书馆，1948.7，2 册（685 页），25 开（中国自动机工程学会丛书 2）
上海：商务印书馆，1949.9，再版，2 册（685 页），25 开（中国自动机工程学会丛书 2）
本书共 56 章，内容包括：压缩率、热力学提要、马力、汽油、点火、发动机的平衡、汽缸、发动机的散热等。附录：小汽车内若干数字的演变、尺度理论、能力互换表等 18 种。
收藏单位：东北师大馆、国家馆、江西馆、辽宁馆、天津馆

05063
汽车之基本设计 耿耀张 耿耀西编译
南京：正中书局，1936.5，402 页，23 开
本书共 19 章，内容包括：汽车之功用及其制造、制造汽车所需之材料、马力与效率、

接合器、齿轮、齿轮箱等。附录：汽车各种材料之强度、亚克门氏驾驶机械之数学分析、例证参考表等7种。

收藏单位：贵州馆、国家馆、江西馆、南京馆、西交大馆、浙江馆

汽车结构部件

05064

车胎工程手册 交通部公路总局汽车器材总库技术室编

南京：交通部公路总局汽车器材总库，1947.8，40页，16开（交通部公路总局汽车器材总库丛书3）

本书共7章，内容包括：构造与分类、大小车胎之选用、前轮定位、翻制与修补等。

收藏单位：安徽馆、广东馆、国家馆、湖南馆

05065

福特配件目录（A及AA式） 福特汽车公司编

上海：福特汽车公司，1932.4，139页，22开

收藏单位：国家馆

05066

目前汽车配件之制造与发展战后自动车工业之计划 王树芳著

出版者不详，1943.10，14页，32开

收藏单位：重庆馆

05067

汽车电学附图 郭普仁编

陆军辎重兵学校，1942，再版，1册，16×20cm

收藏单位：广东馆

05068

汽车电学讲义 陆军交辎学校编

陆军交辎学校，1936，188页，32开

本书共10章，内容包括：磁气概说、电气概说、电气与磁气之关系、发电装置、直流电动机、点火装置等。

收藏单位：重庆馆

05069

汽车构造概论 陆军机械化学校编

陆军机械化学校，1945，128页，32开

收藏单位：广东馆

05070

汽车构造概论 陆军交辎学校编

陆军交辎学校，1936，412页，32开

收藏单位：南京馆

05071

汽车构造概论

陆军军官学校教育处，1946.12，136页，32开

本书共12章，内容包括：发动机之构造、汽油之供给及化汽、润滑装置、冷却装置、转向及制动、电气系统等。

收藏单位：国家馆

05072

汽车构造概论讲义 陆军机械化学校编

军训部，1941.12，影印本，92页，32开

本书内容包括：发动机之构造、四行程发动机工作说明、多缸发动机之发火次序、润滑装置等。

收藏单位：浙江馆

05073

汽车构造概论讲义

中央陆军军官学校第二分校，1941.11，76页，36开

本书内容包括：发动机之构造、四行程发动机工作说明、多缸发动机之发火次序、润滑装置等。

收藏单位：重庆馆、山西馆

05074

汽车构造概要 冯君锐编著

重庆：汽车书报出版社，1937.11，76页，长21开

重庆：汽车书报出版社，1940.10，再版，76页，长21开
重庆：汽车书报出版社，1946.9，3版，76页，长21开
　　收藏单位：国家馆、南京馆

05075
汽车构造与修理　李嘉会著
上海：汽车研究社，1932.8，202页，23开
上海：汽车研究社，1937，202页，23开
　　本书共22章，内容包括：内燃引擎之发明、汽车各部纲要、内燃引擎之原理、化油机、变速器、引擎病症及修理等。附录：名词对照表。
　　收藏单位：广东馆、贵州馆、国家馆、上海馆、首都馆、天津馆

05076
汽车机械常识讲义
中央陆军军官学校教育处，1941.5，100页，32开
　　收藏单位：重庆馆

05077
汽车配件车胎准备数量标准表　全国经济委员会公路处编
全国经济委员会公路处，1936.4，18页，10开
　　本书配件及车胎名词为中英文对照。

05078
汽车配件规范及互换手册（1942—1947）
陈淦福编
上海：龙门联合书局，1949.2，321页，横16开
上海：龙门联合书局，1949，2版，321页，横16开
　　本书介绍1942年至1947年美国产汽车7种车型30种，所用的各种配件的本厂编号、尺寸规格及能否互换等。
　　收藏单位：安徽馆、甘肃馆、贵州馆、国家馆、上海馆

05079
汽车配件规范手册　陈淦福编著　王世圻校
重庆：交通部公路总局汽车配件总库，1944.12，256页，16开（交通部公路总局汽车配件总库丛书）
　　本书书前有汽车配件规范表索引。附录：四部分配件互换对照表、美国汽车配件制造厂家一览、汽车配件名称中英文对照索引等。
　　收藏单位：安徽馆、重庆馆、西交大馆

05080
汽车配件之制造　王树芳编
南京：交通部汽车配件厂，1941.10，1册，32开
　　收藏单位：南京馆

05081
实用汽车电学　李嘉会著
南京：汽车研究社，1931.8，177页，23开
南京：汽车研究社，1933.8，2版，177页，23开
南京：汽车研究社，1935.8，3版，177页，23开
　　本书共22章，内容包括：磁石、电气、汽车电系纲要、电池发火装置等。附录：汽车电件修理价目表、英汉名词对照表。
　　收藏单位：国家馆、南京馆、首都馆、西交大馆、浙江馆

05082
中国公路汽车配件使用里程寿命　交通部公路总局汽车器材总库技术室编
南京：交通部公路总局汽车器材总库技术室，1946.11，26页，16开（交通部公路总局汽车器材总库丛书2）
南京：交通部公路总局汽车器材总库技术室，1946.12，再版，26页，16开（交通部公路总局汽车器材总库丛书2）
　　本书共4部分：汽车配件每单位之车公里寿命表A、汽车配件每单位之车公里寿命表B、汽车应用其他材料每万车公里需要数量表、汽车每万公里需要配件数量换算表。
　　收藏单位：重庆馆、广东馆、国家馆、湖

南馆

各种汽车

05083
保养手册（道济卡车） 美国财政部供应处编
克拉斯勒公司，268 页，16 开
收藏单位：江西馆

05084
北支 A 型煤气汽车保管与修理 （日）菊地三郎编辑
北平：北支石炭自动车普及委员会干事室，1942.3，30 页，32 开
收藏单位：国家馆

05085
飞鹰牌国产三轮汽车 饶竞群著
天津：交通部公路总局平津区汽车修配总厂，[1946.10]，29 页，23 开
本书介绍飞鹰牌国产三轮汽车的设计、制造、试车、机器、生产等。附录：驾驶须知、平津各报评摘、设计图样之一般。
收藏单位：国家馆、南京馆

05086
飞鹰牌三轮汽车驶用手册 天津汽车制配厂技术室编著
天津：天津汽车制配厂技术室，1946，43 页，22 开
收藏单位：国家馆、南京馆

05087
福特 V 八福特货车驾驶管理备要 福特汽车公司编
福特汽车公司，[1944.10]，63 页，50 开
收藏单位：国家馆

05088
集成式木炭代油炉说明书 中国煤气机制造厂编
汉口：中国煤气机制造厂，[1933—1949]，37 页，16 开
本书介绍该产品的构造及用于汽车上的方法。

05089
江西公路处研究木炭汽车之经过 江西公路处机务科编
江西公路处机务科，1936.1，24 页，25 开
收藏单位：江西馆

05090
酒精车研究报告书（第 1 号） 湖南工业试验所编
湖南工业试验所，1934.8，70 页，16 开，环筒页装
本书共 2 章：酒精用作燃料之研究、酒精车之设计及试验。
收藏单位：国家馆

05091
开驶集成式木炭汽车十字诀 李葆和编著
汉口：中国煤气机制造厂，[1934.6]，16 页，32 开

05092
开驶胜利牌煤气车十字诀 李葆和编
贵阳：中国机械厂，1942.3，5 版，32 页，32 开
收藏单位：国家馆

05093
煤气车研究报告书（第 2 号） 湖南工业试验所编
长沙：湖南工业试验所，1934.6，152 页，16 开
收藏单位：重庆馆、国家馆、湖南馆、浙江馆

05094
煤气木炭汽车使用及保管法 李森著 邵唐华校
北平：顺利兴印刷局，1949.1，36 页，32 开
收藏单位：国家馆

05095
煤汽车 彭湖等著
贵阳：中国煤气车营运公司工程师室，1941，1册，25开
收藏单位：首都馆

05096
煤汽车研究报告书 柳敏 向德著
长沙：湖南省建设厅，1932.10，83页，大16开
本书共4章：理论及设计、机械制作、化学分析、实验纪录及结论。
收藏单位：国家馆、浙江馆

05097
木炭汽车说明书 上海仲明机器股份有限公司驻赣办事处编
上海：上海仲明机器股份有限公司驻赣办事处，1935.8，6页，25开
收藏单位：江西馆

05098
胜利牌煤气车使用法 王懋之 阳文义编著
贵阳：中国机械厂，1942.10，36+20页，32开
本书共4部分：装置图、驾驶摘要、检修表解、或问百答。附录：鼓风须知、选择木炭、防毒须知、蓄电池保护须知。
收藏单位：国家馆

05099
试验国外各种煤气车发生炉 全国公路交通委员会煤气车试验委员会编
全国公路交通委员会煤汽车试验委员会，1937.6，104页，25开（煤气车试验委员会工作报告书1）
本书共5章，内容包括：煤气车实验委员会之成立与工作、各种煤气炉之构造装置与用法等。
收藏单位：国家馆、南京馆

汽车驾驶与使用

05100
福特A式汽车驾驶管理备要 福特汽车公司经理厂编
福特汽车公司经理厂，67页，32开
收藏单位：绍兴馆、浙江馆

05101
福特驾驶管理备要 福特汽车公司编
福特汽车公司，[1936.10]，31页，36开
收藏单位：国家馆

05102
驾驶汽车法 吴琢之编
上海：中华书局，1926.9，105页，36开（常识丛书14）
上海：中华书局，1928.8，4版，105页，36开（常识丛书14）
上海：中华书局，1929.10，5版，105页，36开（常识丛书14）
上海：中华书局，1930.11，6版，105页，36开（常识丛书14）
上海：中华书局，1934，7版，105页，36开（常识丛书14）
上海：中华书局，1935.8，8版，105页，36开（常识丛书14）
本书内容包括：汽车各部之名称位置及其功用、机件装卸法概言、驾驶术之大意等。附录：上海租界内工部局所定之开车章程等。
收藏单位：广东馆、国家馆、南京馆、内蒙古馆、上海馆、绍兴馆、天津馆、浙江馆

05103
驾驶指南 民生实业公司编
重庆：民生实业公司，[1949]，465页，16开（驾驶丛书）
收藏单位：重庆馆

05104
军政部交通兵团、全国经济委员会公路、苏浙皖京沪五省市交通委员会合办驾驶人员训练所高级班第一期同学通讯录
出版者不详，1936.8，16 页，32 开
本书为该班教职员、学生通讯名录。

05105
木炭汽车之用法 军事委员会军训部编
军事委员会军训部，1941，28 页，64 开
收藏单位：广东馆

05106
汽车驾驶法 丁祖泽著 侯绍纶校
上海：商务印书馆，1931.5，125 页，32 开
上海：商务印书馆，1933.9，国难后 1 版，125 页，32 开
上海：商务印书馆，1935.4，国难后 3 版，125 页，32 开
收藏单位：广东馆、国家馆、南京馆、上海馆

05107
汽车驾驶教范草案 军事委员会军训部编
军事委员会军训部，1941，234 页，64 开
收藏单位：广东馆

05108
汽车驾驶教范草案 军事委员会军训部编
[重庆]：正中书局，1945.1，2 版，231 页，64 开
收藏单位：南京馆

05109
汽车驾驶人须知 何乃民编
上海：商务印书馆，1933.8，55 页，32 开（苏浙皖京沪五省市交通委员会丛刊 2）
上海：商务印书馆，1934，再版，55 页，32 开（苏浙皖京沪五省市交通委员会丛刊 2）
上海：商务印书馆，1935.3，3 版，55 页，32 开（苏浙皖京沪五省市交通委员会丛刊 2）
长沙：商务印书馆，1938.8，5 版，55 页，32 开（苏浙皖京沪五省市交通委员会丛刊 2）
上海：商务印书馆，1947.4，修订 8 版，55 页，32 开（苏浙皖京沪五省市交通委员会丛刊 2）
本书共 4 章：汽车重要部分名称参考图、考验、规则、公路交通标志。附录：制动距离表等。
收藏单位：广东馆、贵州馆、国家馆、河南馆、湖南馆、江西馆、南京馆、上海馆、天津馆、浙江馆

05110
汽车司机须知 交通部公路运输总局编
重庆：交通部公路运输总局，1941.6，26 页，64 开
收藏单位：南京馆

05111
汽车障碍检讨与修理 全国公路交通委员会等编订
全国公路交通委员会，1936.12，[22] 页，长 30 开
收藏单位：上海馆

05112
司机管理规章讲义 军事委员会西北公路管理局编
[兰州]：军事委员会西北公路管理局，1945.9，58 页，64 开
本书共 14 部分，内容包括：局长命令、行车守则、各修车厂管束司助暂行规则等。
收藏单位：国家馆

05113
司机训练班讲演初集 交通部西北公路运输管理局 [编]
[兰州]：交通部西北公路运输管理局，1938.12，56 页，32 开
收藏单位：南京馆

05114
西北公路管理局汽车驾驶及保养讲义 军事委员会西北公路管理局编
军事委员会西北公路管理局，1945.9，98 页，

64 开

本书内容包括：汽车保养法、电系装置之保养、轮胎之保养、电瓶之保养、引擎之保养、传动装置之保养、行车之安全等。

收藏单位：国家馆

05115

新编汽车驾驶术　王启熙编

南京：龙门联合书局，1947.2，4 版，140 页，32 开

南京：龙门联合书局，1948，增订版，2 册（44+140+150 页），32 开

本书内容包括：汽车构造的进步、客车驾驶机关的认识、吉普车及货车驾驶机关的认识、汽车驾驶法摘要、自动排挡运用法、行车与天时的关系、行车与地利的关系、行车与人和的关系、驾驶人考验与覆验、保养新论、司机教程、重型机车使用法等。

收藏单位：安徽馆、国家馆、黑龙江馆、吉林馆、南京馆、内蒙古馆、山东馆、山西馆、首都馆

05116

新编汽车驾驶术　王启熙著

上海：中国图书服务社，1939.7，140 页，32 开，精装

本书内容包括：车身、发动机、传动机关、行路机关、驾驶方法、汽油汽车、木炭汽车、柴油汽车等。

05117

引擎使用法（引擎专科）·汽车驾驶法（汽车专科）　赵慰祖编集　冷雪樵校订

上海：少年用品供应社，1932.5，100 页，64 开（童子军高级课程 1）

收藏单位：国家馆

05118

英汉实用汽车驾驶保养辞典　陆军装甲兵学校工程学院编译

陆军装甲兵学校工程学院，1947.6，472 页，32 开，精装

本书据英国康蒙（F. J. Camm）所著 *The practical motorist's encyclopedia* 一书编译。

收藏单位：国家馆

05119

战时汽车安全驾驶法　伍元畏著

重庆：中山文化教育馆，1938.12，70 页，36 开（抗战丛刊 74）

收藏单位：重庆馆、国家馆、南京馆、武大馆

汽车保养与修理

05120

简明实用汽车验修学　高茂峰编著

南京：军用图书社，1948.8，184 页，32 开

收藏单位：南京馆

05121

汽车保管与修理　潘国屏译著

南京：现代军学书店，1936.6，132 页，25 开

收藏单位：江西馆

05122

汽车保修及驾驶（车主司机手册）　张烨编译

上海：中国科学图书仪器公司，1949.1，162 页，32 开

本书据 P. D. Green 和 R. Ritchen 所编 *The car owner's handbook* 一书编译。

收藏单位：重庆馆、东北师大馆、南京馆、上海馆

05123

汽车保养修理工作规范　秦志迥主编

南京：交通部公路总局汽车器材总处，1948.10，165 页，16 开（交通部公路总局汽车器材总处丛书 5）

收藏单位：广东馆、国家馆、湖南馆、山西馆

05124

汽车保养要义　唐绍寅编著

出版者不详，1940.10，38 页，大 32 开

本书共2章：绪论、司机之保养工作。

收藏单位：南京馆

05125

汽车保养与检修 柳克聪著

重庆：中华书局，1945.4，38页，长40开

上海：中华书局，1946，沪再版，38页，长40开

上海：中华书局，1948.8，沪3版，38页，长40开

本书附各种车辆每日到站应注意之保养及检查工作。

收藏单位：重庆馆、广东馆、国家馆、辽宁馆、南京馆、山西馆、天津馆

05126

汽车保养与修理 陆军交辎学校编

陆军交辎学校，1936.6，14页，32开

收藏单位：湖南馆、南京馆、内蒙古馆

05127

汽车测验修理法 李仲振编

中国出版有限公司，1939，126页，42开，精装（技术丛书1）

收藏单位：广东馆、南京馆

05128

汽车管理技术 金绍铎编著

贵阳：贵阳中央日报社，1941.4，142页，32开

本书共11章：绪论、汽车之驾驶、润滑、散热、燃料、洗车及清洁机件、车辆检查、各部检查方法、故障诊查法、各部调正与注意、故障提示。

收藏单位：安徽馆、重庆馆、国家馆、南京馆

05129

汽车管理简要指南 交通部汽车牌照管理所第六督察区办事处编

韶关：交通部汽车牌照管理所第六督察区办事处，1941.8，24页，32开

收藏单位：南京馆

05130

汽车机务管理 何乃民著

重庆：商务印书馆，1943.2，183页，32开

本书共16章，内容包括：汽车的损坏、汽车的选购、汽车之登记检验、随车纪录、汽车保养、改进工作、成本计算等。

收藏单位：重庆馆、广东馆、国家馆、浙江馆

05131

汽车修理工厂管理 谢仲卿 黄彬编著

重庆：汽车书报出版社，1947.2，212页，22开

本书共5章，内容包括：机务、器材、车务管理及工厂法规等。

收藏单位：国家馆、湖南馆

05132

汽车修理工学 金绍铎 程云五编译

外文题名：Automobile repairing

南昌：机工学会，1935.1，336页，22开

本书内容包括：绪论、汽车各部大概位置与构造、车场工具及修理设备、汽车之故障及其诊察等。

收藏单位：浙江馆

05133

汽车修理教范

陆军机械化学校，1946，168+14页，32开

收藏单位：广东馆

05134

汽车修理教范

[南京]：陆军军官学校教育处图书馆，1947.2，282页，64开

收藏单位：南京馆

05135

汽车修理教范

陆军辎重兵学校，1939，232页，64开

收藏单位：广东馆、内蒙古馆

05136
汽车修理实习教案 ［陆军辎重兵学校］编
陆军辎重兵学校，1940.4，油印本，1册，16开，环筒页装
收藏单位：国家馆

05137
汽车修理实习教程 金绍铎著
中国文化服务社，1941，86页，32开
收藏单位：广东馆

05138
汽车修理术 胡天白编著
上海：世界书局，1931.9，85页，32开
上海：世界书局，1932.11，再版，85页，32开
上海：世界书局，1934.3，3版，85页，32开
上海：世界书局，1936，4版，85页，32开
上海：世界书局，1937，6版，85页，32开
上海：世界书局，1939，新1版，85页，32开
世界书局，1944.2，赣1版，85页，32开
上海：世界书局，1947.10，新4版，85页，32开
上海：世界书局，1948.11，新5版，85页，32开
本书共6章：总论、发动部分之修理、传动部分之修理、化汽部分之修理、电火部分之修理、汽车病源检查表。
收藏单位：重庆馆、国家馆、河南馆、江西馆、南京馆、内蒙古馆、山西馆、上海馆、首都馆、西交大馆、浙江馆

05139
汽车修理学 何乃民编译
南京：中央陆军军官学校，202页，22开
收藏单位：浙江馆

05140
汽车修理学 中央陆军军官学校编
南京：中央陆军军官学校，1942.4，116页，22开
本书共8章，内容包括：汽车机件装卸法、汽车各部声音、汽车各部修理法、电气毛病之检查法、电气毛病之摘要等。
收藏单位：国家馆、江西馆

05141
汽车修理学
新记武学书局，1947，116页，22开
收藏单位：广东馆

05142
汽车修理学（第1册） 何乃民编著
上海：商务印书馆，1933.6，230页，32开
长沙：商务印书馆，1938.4，订正8版，248页，32开
长沙：商务印书馆，1939.1，订正9版，248页，32开
长沙：商务印书馆，1939.12，订正10版，248页，32开
长沙：商务印书馆，1940，订正11版，248页，32开
长沙：商务印书馆，1941，订正12版，248页，32开
重庆：商务印书馆，1943.7，渝1版，248页，32开
上海：商务印书馆，1946.6，订正13版，248页，32开
本书为职业学校教科书。共22章，内容包括：汽车各部之保管、汽车修理厂、汽缸及汽门、曲轴、发动机之总检查、电气设备等。
收藏单位：重庆馆、广东馆、贵州馆、国家馆、湖南馆、江西馆、辽宁馆、南京馆、内蒙古馆、陕西馆、上海馆、天津馆

05143
汽车修理学（第2册） 何乃民编著
上海：商务印书馆，1946.5，432页，32开
上海：商务印书馆，1946.12，再版，432页，32开
上海：商务印书馆，1947.7，3版，432页，32开
上海：商务印书馆，1948.5，4版，432页，32开
本书为职业学校教科书。

收藏单位：重庆馆、国家馆、辽大馆、上海馆、西交大馆

05144
汽车之病障及其诊治 王道达著 郑荣校
浙江省立图书馆印行所，1936.6，129页，50开
收藏单位：国家馆、浙江馆

05145
汽油车发动机故障检查修理表 陆军机械化学校编
陆军机械化学校，1943，9页，32开
收藏单位：广东馆

05146
实用图解最新汽车机械修理学及修理法 范凤源著
上海：范凤源[发行者]，1948，140页，25开
本书封面题名：实用图解最新汽车机械学及修理法。
收藏单位：内蒙古馆

05147
修车工作法 江西省公路局机务科编
江西省公路局机务科，1946，3册，横25开
收藏单位：广东馆

05148
张氏实用汽车修理学与工作法 张富天著
[上海]：汽车编辑社，1930.4，146页，22开
收藏单位：上海馆

05149
最新实用汽车修理学 王道达著
杭州：浙江省立图书馆，1936.10，228页，32开
本书内容包括：汽车之构造、汽缸、轴承曲轴与联接杆、活塞环与活塞及梢子、汽门等。
收藏单位：浙江馆

汽车用燃料、润滑料

05150
车用汽油 中国石油有限公司编
中国石油有限公司，[5]+[8]页，32开
本书介绍汽车汽油规格，为中国石油有限公司产品说明书。中英文本。
收藏单位：南京馆

05151
酒精汽油 张明哲著
资源委员会中国石油有限公司新竹研究所，1948.4，18页，22开（资源委员会中国石油有限公司新竹研究所编译丛刊2）
本书讲述用酒精代替汽油做汽车燃料的试验情况，以及理论和应用方面所存在的问题等。
收藏单位：国家馆、南京馆

05152
利用石油沟天然气行驶卡车报告及将来之展望 沈乃菁著
资源委员会四川油矿探勘处，[1942]，16页，32开

05153
煤气利行与煤气救国浅说 中国煤气汽车公司编
中国煤气汽车公司，36页，16开
本书讲述用木炭为燃料，代替汽油开动汽车的理论、煤气发生器构造及使用注意事项等。
收藏单位：国家馆

05154
木炭代替汽油试验 实业部中央工业试验所编
实业部中央工业试验所，[1933.1]，26页，16开
本书介绍用木炭代替汽油发动汽车的试

验情况。

收藏单位：国家馆、南京馆、中科图

05155

汽车燃料学 [陆军辎重兵学校]编

陆军辎重兵学校，1939.3，油印本，1册，16开，环筒页装

收藏单位：国家馆

05156

汽车油料 交通部公路总局汽车器材总处技术室编

南京：交通部公路总局汽车器材总处，1948，69页，16开（交通部公路总局汽车器材总处丛书4）

本书介绍汽车所用油料的种类、产地、性质等。

收藏单位：重庆馆、广东馆、湖南馆、南京馆

05157

汽车正当加油法 光裕机器油行编

上海：光裕机器油行，[1924]，76页，32开

收藏单位：国家馆

05158

汽油代替品之研究 张嵩如著

上海：中华全国道路建设协会，1935.12，38页，32开

本书共22节，内容包括：概论、火油、莎那油、偏苏油、酒精、柴油、固体燃料概论、煤气、固体燃料之选择等。

收藏单位：重庆馆、国家馆、上海馆、浙江馆

其他道路运输工具

05159

北京电车公司电杆电车线车身各项设备品说明书 北京电车公司编

北京：北京电车公司，[21]页，23开

收藏单位：国家馆

05160

电车和电报 李熙谋主编

世界书局，[1946—1949]，16页，25开（少年应用科学丛刊）

收藏单位：江西馆

05161

电车和电动机 江芷千编著

上海：正中书局，1948.4，18页，32开（儿童科学丛书）

收藏单位：国家馆、陕西馆

05162

牯岭缆车工程计划书 杨旸春拟订

重庆：重庆缆车特种股份有限公司，[1947.6]，[12]页，25开

本书介绍庐山缆车建筑计划。中英文本。

05163

机器脚踏车 周易著

上海：商务印书馆，1931.6，336页，23开（工程丛书）

上海：商务印书馆，1933.4，国难后1版，336页，23开（工程丛书）

长沙：商务印书馆，1939.5，国难后2版，336页，23开（工程丛书）

本书介绍机器脚踏车的构造、原理及驾驶法等。附录：机器脚踏车英汉名词对照表、参考书籍杂志目录。

收藏单位：安徽馆、重庆馆、广东馆、贵州馆、国家馆、江西馆、辽宁馆、内蒙古馆、上海馆、首都馆、天津馆

05164

摩托车与道路 吴山著

上海：中华书局，1924.6，191页，36开（常识丛书5）

上海：中华书局，1927.4，再版，191页，36开（常识丛书5）

上海：中华书局，1928.9，3版，191页，36开（常识丛书5）

上海：中华书局，1929.11，4版，191页，36开（常识丛书5）

本书共4章：绪论、汽车、道路、结论。附各种汽车图十一幅、建设中华全国汽车道路图一幅。

收藏单位：安徽馆、广东馆、广西馆、国家馆、河南馆、黑龙江馆、湖南馆、江西馆、辽大馆、南京馆、内蒙古馆、上海馆、首都馆、天津馆、武大馆、浙江馆

05165

黔省畜力车之研究及创制　蹇先达编著

农林部贵州省政府贵州省农业改进所，1940.12，6页，16开（农林部贵州省政府贵州省农业改进所研究报告2）

本书共6部分，内容包括：畜力车之种类、畜力测验、载运试验、制造推广等。

收藏单位：国家馆

交通工程与公路运输技术管理

05166

常熟县水陆交通状况调查表

[常熟]：出版者不详，手写本，103页，16开

收藏单位：南京馆

05167

东省特别区警察总管理处管理道路车马行人通行规则、汽车驶行规则、驾驶汽车规则

东省特别区警察总管理处编

东省特别区警察总管理处，[1924]，[27]页，32开

收藏单位：国家馆

05168

都市交通整理　阮光铭著

上海：远东图书公司，1947.9，238页，25开，精装

本书介绍城市交通安全管理。

收藏单位：黑龙江馆、陕西馆、上海馆

05169

公路交通路面标线图说　交通部公路总局编

南京：交通部公路总局，1948，[8]页，32开

本书内收各种标线用途说明简表、标线图。

收藏单位：重庆馆

05170

广东全省陆上交通管理规则

广州：瑞英印务局，20页，16开

本书规则由广东建设厅与广州市政府于1936年间会同订定。

05171

号志概要　易北墙编辑

军政部陆军铁道人员训练所，1946，36页，36开

收藏单位：广东馆、首都馆

05172

技训班运输讲义资料　军事委员会西北公路管理局编

军事委员会西北公路管理局，1945.11，32页，64开

本书介绍车辆调度、行车安全、肇事因素与处理、客运货运等。

收藏单位：国家馆

05173

交通规章讲义　军事委员会西北公路管理局编

军事委员会西北公路管理局，1945.11，60页，80开

本书共2部分：汽车管理规则、汽车驾驶人管理规则。

收藏单位：国家馆

05174

交通规章讲义

交通部西北公路运输管理局司礼训练班，1939，44页

收藏单位：南京馆

05175

交通学教程　北平军书馆译著

北平：北平军书馆，[1934]，254 页，23 开
收藏单位：江西馆、宁夏馆

05176
交通学教程　中央税警学校干部训练班编
中央税警学校干部训练班，1941.6，改订本，2 册（62+96 页），22 开
收藏单位：国家馆、内蒙古馆、上海馆

05177
交通学教程
出版者不详，[1935]，改订本，2 册（102+151 页），25 开
本书共 10 篇，内容包括：道路、渡河、气象、铁道、船舶输送、探照灯、交通网之遮断等。
收藏单位：重庆馆、贵州馆

05178
交通学教程（卷 1）
出版者不详，[1928]，136 页，25 开
出版者不详，[1930]，136 页，25 开
本书共 5 篇：道路、渡河、铁道、水路、交通路之遮断。附图一册。
收藏单位：安徽馆、重庆馆、江西馆

05179
街道车辆拥挤及解除方法之研究（毕业论文）　李默修著
出版者不详，[1947.4]，手写本，1 册，13 开
收藏单位：上海馆

05180
昆山县水陆交通状况调查表
[昆山]：出版者不详，手写本，38 页，16 开
收藏单位：南京馆

05181
美国哥仑布城行车管理之研讨（土木系毕业论文）　韩昌晋著　陈本端导师
国立交通大学，1946.4，50 页，16 开
收藏单位：上海馆

05182
汽车运输人员须知　吴琢之著
西南运输处运输人员训练所教材编审委员会，1940.10，再版，14 页，25 开
收藏单位：南京馆

05183
汽车肇事原因与预防　陆军辎重兵学校编
陆军辎重兵学校，1942，12 页，32 开
收藏单位：广东馆

05184
全国公路行车路线示意图
中央警官学校第二分校，1 册，32 开
本书附录：牌道标、司机行车手势图、线道标、交通警察指挥手势图。
收藏单位：广东馆

05185
全国公路行车通则　军事委员会运输统制局编
军事委员会运输统制局，1942，56 页，44 开，精装

05186
实用公路交通　李灵芝编著
李灵芝[发行者]，1937.1，312 页，32 开
本书内容包括：公路交通之意义、公路交通之现势、公路交通与政治、公路交通与经济、中国公路行政、公路工程、公路交通工具、汽车、交通管理等。
收藏单位：贵州馆

05187
四川公路局统计提要（民国二十五年份）　四川公路局编
成都：四川公路局，1937，1 册，横 16 开
本书内容包括：四川公路局组织系统图、四川公路局员工人数统计、四川公路局规章分类索引、四川公路里程统计、四川各县民工暨技术工人调查表等。
收藏单位：重庆馆

05188
太仓县水陆交通状况调查表
[太仓]：出版者不详，63 页，16 开
本书表格系铅印，内容为手写。
收藏单位：南京馆

05189
吴县水陆交通状况调查表
[吴县]：出版者不详，手写本，66 页，16 开
收藏单位：南京馆

水路运输

05190
国立海事学校第一期毕业同学录
出版者不详，1949，1 册，横 28 开，精装
收藏单位：广东馆

05191
国立海事职业学校概况　国立海事职业学校编
武汉：国立海事职业学校，1948.1，48 页，25 开
本书介绍校史、组织、职掌、名录等。
收藏单位：重庆馆、广东馆、国家馆、吉林馆

05192
海上输送学　何希焜编
陆军大学，1945，70 页，25 开
收藏单位：广东馆、南京馆

05193
集美高级水产航海职业学校概况　私立集美高级水产航海职业学校编
[厦门]：私立集美高级水产航海职业学校，1947.7，30 页，16 开
本书介绍沿革、组织大纲、各种规程、教职员学生一览等。
收藏单位：重庆馆、国家馆

05194
水运学
[南昌]：国民革命军第二十四军训练处，1929，80 页，25 开
本书共 2 编，介绍战时水运业务、船舶之航海掩护、敌前起卸等。
收藏单位：重庆馆

05195
新编轮船营业部管理指南　左克明编
重庆：新民印书馆，1930，117 页，25 开
本书专供轮船营业部职员及研习航业者之用。共 15 章，介绍中外商船之实施手续、海关对于轮船之种种准单、营业部应用之中西函牍等。书中名词，均附注英文原名。
收藏单位：重庆馆

航道工程

05196
兵工开浚新运河计划　张世杓著
出版者不详，[1927]，14 页，16 开
本书附新运河施工计划图。

05197
川滇水道查勘报告　经济部编
经济部，1939.1，26 页，16 开（经济部刊物第 2 种 第 3 类 水道查勘报告汇编 2）
本书共 3 部分：金沙江、普渡河、结论。书前有流沙坡、普渡桥等摄影。
收藏单位：国家馆、南京馆

05198
川桂水道查勘报告
出版者不详，[1940]，1 册，16 开（经济部刊物 第 2 种 第 3 类 水道查勘报告汇编 6）
本书内容包括:《岷江航道查勘报告》（1941 年）、《大渡河青衣江查勘报告》（1939 年）、《查勘马边河水道报告》（1941 年）、《金沙江查勘试航报告》（1941 年）、《安宁河水道查勘报告》（1941 年）、《横江水道查勘报告》（1939 年）、《沱江水道查勘报告》（1941 年）、

《赤水河水道查勘报告》（1939年）、《清江水道查勘报告》（1939年）、《酉水道查勘报告》（1941年）、《都柳江水道查勘报告》（1939年）、《柳州怀远间航道查勘报告》（1939年）、《红水河水道查勘报告》（1939年）、《大溶江水道查勘报告》（1939年）、《桂柳联运水道查勘报告》（1939年）、《桂江支流荔江及杨朔河水道查勘报告》（1939年）、《桂江支流乐江水道查勘报告》（1939年）、《红河水道查勘报告》（1939年）等。

收藏单位：国家馆

05199

川江水道查勘报告　经济部编

经济部，1939.1，52页，16开（经济部刊物 第2种 第3类 水道查勘报告汇编7）

本书共4部分，内容包括：视察四川灌县水利及川江航运报告、改良扬子江上游低水航运报告、察勘扬子江宜昌至重庆间水道情形报告等。

收藏单位：国家馆

05200

川康盐务管理局工程处整理盐井河航道工程概略　朱宝岑著

川康盐务管理局合作社，[1942.5]，石印本，30页，22开

本书介绍测量设计经过、盐井河航道概况、盐井河航道滩险情形等。

收藏单位：重庆馆、国家馆

05201

川黔水道查勘报告　经济部编

经济部，1939.1，10+70页，16开（经济部刊物 第2种 第3类 水道查勘报告汇编1）

本书共8部分，内容包括：乌江水道概况、乌江之地质、乌江之水理、乌江之滩险、乌江中下游之物产、乌江航运概况等。书前有南明河下游兴隆场渡口、棉花渡清水江之滩等摄影。

收藏单位：国家馆

05202

斐礼门南运河报告书后　（美）斐礼门（J. R. Freeman）编著

[华北出版社]，1921，102+74页，大16开

本书为美国技师斐礼门所写《读南运河测量报告书后及结论》，讨论治理运河的得与失，介绍运河现在的状态、运河之沿革、考察运河的范围等。附安山镇至合庄、临清县至安山镇的运河路线平面图。中英文本。

收藏单位：国家馆、近代史所

05203

赣粤水道查勘报告　经济部编

经济部，1939.1，6页，16开（经济部刊物 第2种 第3类 水道查勘报告汇编6）

本书共4部分：赣江、公路、北江、总结。

收藏单位：国家馆

05204

汉江水道查勘报告　经济部编

经济部，1939.1，98页，16开（经济部刊物 第2种 第3类 水道查勘报告汇编8）

本书共4部分：汉江上游航行概况、查勘汉江上游唐白河区域报告、汉江航运情形暨整理意见、汉江安康至汉口间水运情形调查书。附录：汉口安康至老河口间滩名表。

收藏单位：国家馆

05205

航运工程浅说　水利部水力示范工程处编

水利部水力示范工程处，1947.5，48页，32开

本书共3章：概论、航运工程、航行标志。

收藏单位：重庆馆、广东馆、国家馆、湖南馆、南京馆、上海馆、天津馆

05206

河北省北运河整理计划书

河北省政府建设厅，1929，晒印本，1册，16开

收藏单位：国家馆

05207
河北省南运河下游疏浚委员会报告书 河北省南运河下游疏浚委员会文牍股编
河北省南运河下游疏浚委员会文牍股，1936.12，1册，18开
本书介绍南运河历代沿革述略、大会摄影、筹备经过、组织情形、工程报告、附录等。书前有施工照片。
收藏单位：广东馆、国家馆、河南馆、湖南馆、近代史所、南京馆、宁夏馆、山西馆、上海馆、首都馆、天津馆、中科图

05208
河渠工程第三篇讲义
南宁：广西大学，油印本，1册，16开
本书内容包括：运河特别建筑工程、运河之整理与改造、运河需水量之供给等。
收藏单位：国家馆

05209
河渠工学（渠工编）
出版者不详，石印本，109+55页，16开
收藏单位：国家馆

05210
湖南省建设厅水道测量队第一期工作报告
湖南省建设厅编
湖南省建设厅，[1935]，238页，16开
本书共6章，内容包括：测量工作、制图工作、本队大事纪略、文牍选载等。
收藏单位：国家馆、上海馆、天津馆

05211
黄河与小清河联运工程计划大纲 小清河临时工程委员会编
小清河临时工程委员会，1934.9，10页，16开
本书共8部分：黄河与小清河航运状况、联运货物之销路、沟通地点之选择、黄河与小清河水位之关系、清黄联运船只种类之限制及救济之办法、船闸设计、码头设计、结论。
收藏单位：国家馆

05212
嘉陵江水道查勘报告 经济部编
经济部，1939.1，64页，16开（经济部刊物第2种 第3类水道查勘报告汇编9）
本书内容包括：勘查嘉陵江航道情形报告、改进嘉陵江水道查勘报告等。
收藏单位：国家馆

05213
江北运河分年施工计划书
出版者不详，14页，16开
本书共5章：绪论、工程、经费、年限、结论。
收藏单位：南京馆

05214
江北运河工程局年刊 江北运河工程局秘书处编辑及校对
江北运河工程局，1935.3，[693]页，16开
本书内收江北运河工程局1932年7月至1933年12月水利建设资料，为两期合刊本。内容包括：摄影、专载、工务、工程计划、工程实施等。
收藏单位：重庆馆、广东馆、国家馆、南京馆

05215
江北运河工程局抢险述要 江北运河工程局编
江北运河工程局，1933.7，[44]页，16开
收藏单位：国家馆、天津馆

05216
江北运河善后工程设计及施工经过 董修甲著
江苏省建设厅，1922，30页，16开（江苏建设丛刊2）
本书内收江北运河决口后运东九县沉灾区域图等。

05217
江苏江北运河工程局汇刊（民国十六年六月至十二月） 江北运河工程局编

江北运河工程局，1928.3，[200] 页，16 开

收藏单位：天津馆

05218

津石运河计划

出版者不详，[1930—1939]，手写本，68 叶，13 开，环筒页装

收藏单位：国家馆

05219

近代运河　德国情报处编

上海：德国情报处，1 册，13×18cm

收藏单位：南京馆

05220

近代运河

出版者不详，16 页，36 开

本书内收各国运河摄影 10 幅，附简要说明。

收藏单位：国家馆、上海馆、首都馆

05221

京津运河计划调查报告书　（日）矢野胜正编　李嘉瑗译

建设总署水利局，[1939]，手抄本，1 册，16 开

收藏单位：国家馆

05222

浚浦局与浚浦工程　上海浚浦局编

上海：上海浚浦局，1924.2，8 页，16 开

本书内容包括：组织、浚浦工程、经济状况、上海港务考察等。民国十三年（1924）二月第 9 号普通报告。附 1906 年、1911 年、1924 年浦江状况图，历年所办工程状况图。

收藏单位：广东馆、国家馆、上海馆

05223

开浚运河武进段委员会监工员讲演录　庄启　盛嘉声等讲　开浚运河武进段委员会编

开浚运河武进段委员会，18 页，16 开

05224

勘察江北运河水利统筹分疏泗沂沭淮草案计划书　潘复著

出版者不详，[1916.11]，24 页，18 开

本书共 5 章，内容包括：江北运河之位置及施治之方针、苏鲁运河与泗水之关系、中运河与沂沭分疏之计划等。

收藏单位：国家馆、上海馆

05225

考察日本海道测量委员报告书　海道测量局编

海道测量局，1926.2，118 页，18 开

本书介绍日本水路部组织、编制、分工及技术、编纂及测量实施概况等。附录：1922 年日本调查各国水路部概况。

收藏单位：上海馆

05226

龙西渠

成都：成都启文印刷局，1942.4，22 页，22 开（四川水利工程丛书 2）

本书封面题名：绵阳龙西渠灌溉工程述要；逐页题名：龙西渠灌溉工程述要。

收藏单位：上海馆

05227

民国二十年运河防汛纪略　茅以升著

天津：茅以升 [发行者]，1932.4，66 页，16 开

本书附录：二十年运河防汛工作简报、省政府议决开坝标准案等 30 种。

收藏单位：国家馆、上海馆、首都馆、天津馆

05228

黔湘水道查勘报告　经济部编

经济部，1939.1，122 页，16 开（经济部刊物第 2 种 第 3 类 水道查勘报告汇编 4）

本书共 11 部分，内容包括：行程、河流原委、水道现状、航运情形、水文概况、地方状况、水力、灌溉等。附录：整理黔湘水道意见。

收藏单位：贵州馆、国家馆、湖南馆

05229
渠工学 刘宅仁著
上海：厚生出版社，52 页，36 开（中国工程师手册 水利手册 6）

本书共 10 章，内容包括：开发运渠之经济检讨、运渠之定线、运渠之需水量及给水、河流渠化等。

收藏单位：国家馆、上海馆

05230
山东南运湖河水利报告录要 潘复编
外文题名：Abridged notes on the Shangdong south grand canal improvement project
[济南]：南运湖河水利筹办处，[1916.8]，[23+20] 页，18 开

本书为南运湖河水利筹办处第 1、2 两届报告书择要。内容包括：序言、凡例、插图（南运河风景及形势摄影）、文稿及图表（南运河水利计划第 1 期测量报告、南运河水道全图、苏鲁运河水道图、微山各湖容积表等）。中英文本。

收藏单位：国家馆、中科图

05231
山东卫运河护岸工程报告书 庄维屏编
[济南]：山东省公署建设厅，1940.11，74+62 页，16 开

本书内容包括：卫运河之沿革、卫运河之现状、查勘报告、工程计划等。书末附卫运河平面总图及竣工照片等。

收藏单位：国家馆

05232
山东运河工程计划书
[济南]：出版者不详，1933，74 页，16 开，环筒页装

本书共 4 章：南运湖河工程计划、北运河工程计划、施工次序、利益征考。附录：南运湖河实测图等。

收藏单位：国家馆

05233
视察大沽滩浚渫工程报告书 [海河工程局编]
[天津]：海河工程局，[1930—1939]，手写本，11 叶，16 开，环筒页装

本书共 7 部分：计划概况、工程设备、作业情状、事务及人事、工程研究、调查表格、土样。

收藏单位：国家馆

05234
疏河汇报 疏浚三山苇涌半浦河道促进会编
广州：疏浚三山苇涌半浦河道促进会，1948.12，[94] 页，36 开

本书内容包括：评论、专载、议案、章则、公牍摘要、图表、会议、挖沙量统计等。附录：疏浚陈村河水道工程监理工作报告。

收藏单位：国家馆

05235
疏浚邵伯三江营段航道计划概要（疏浚邵伯瓜洲段航道计划概要附图表）
导淮委员会工程处，1937.3，1 册，16 开

收藏单位：南京馆

05236
疏浚镇武运河工赈处工程报告 陈志定编
[镇江]：江苏省建设厅疏浚镇武运河工赈处，1936.1，30+262 页，长 21 开，精装

本书为疏浚镇江至无锡段运河工程报告。共 6 章，内容包括：施工测量、工程计划、施工纪实等。附录：法规摘录、施工合同承揽摘录等 7 种。封面题名：疏浚江南运河工程纪实。

收藏单位：南京馆、上海馆、浙江馆

05237
水道查勘报告汇编（第 1 集） 经济部编
经济部，1939.1，[600] 页，16 开（经济部刊物 第 2 种 第 3 类）

本书共 9 篇：川黔、川滇、湘桂、黔湘、粤桂、赣粤、川江、汉江、嘉陵江水道查勘报告。每篇报告另有单行本。

收藏单位：重庆馆、广东馆、国家馆、南京馆、上海馆

05238

水道查勘报告汇编（第2集） 水利委员会编

水利委员会，1941.9，[711]页，16开

本书共20部分，内容包括：岷江水道查勘报告、大渡河青衣江水道查勘报告、马边河水道查勘报告、金沙江水道查勘试航报告等。

收藏单位：安徽馆、重庆馆、东北师大馆、广东馆、国家馆、湖南馆、南京馆、内蒙古馆、首都馆

05239

苏鲁运河会议之略史 朱绍文著

江苏水利协会，1919，28页，16开

本书介绍浚治苏鲁运河会议的历史。

05240

西南各省江河水道查勘报告汇编 郑肇经等编著

经济部，1939.1，[629]页，16开

本书内容包括：查勘大渡河青衣江报告、查勘大渡河报告、查勘大渡河泸定金口段报告、荥经河踏勘报告等。查勘内容涉及重要出产品、河道现状、河流概况、流域矿产等。

收藏单位：国家馆

05241

湘桂水道查勘报告 经济部编

经济部，1939.1，26页，16开（经济部刊物第2种 第3类 水道查勘报告汇编3）

本书内容包括：湘桂水陆交通视察报告、湘桂水道长沙苍梧段勘查工作进行报告等。

收藏单位：国家馆

05242

新疆省哈密民权渠工程计划书 行政院水利委员会新疆水利勘测总队编

行政院水利委员会新疆水利勘测总队，1945，1册，16开

收藏单位：南京馆

05243

新疆省政府沙湾新盛渠工程计划书 行政院水利委员会新疆水利勘测总队编

行政院水利委员会新疆水利勘测总队，1945，1册，16开

收藏单位：南京馆

05244

新运河兵工草案 沈秉璜著

出版者不详，[1922—1925]，18页，16开，环筒页装

本书共3部分：缘起、章程、施工计划。书后有新运河施工计划图。逐页题名：上张督办新运河兵工草案。

收藏单位：国家馆

05245

译一千九百十二年办理浚浦局暂行章程 上海洋商商务总会编

上海：上海洋商商务总会，1912.4，[7]+6页，16开

本书共12条，内容包括：组织、权限、经费、税项、责任等。该章程经各国驻京公使认可，并经中国总理允准照办。附升科滩地之续条。中英文本。

收藏单位：国家馆、上海馆、天津馆

05246

豫东运河网工程初步计划书 河南省水利处编

河南省水利处，1936.4，24+10页，16开

本书共3章：绪言、豫东各河现状、运河网工程计划。附图。

05247

粤桂水道查勘报告 经济部编

经济部，1939.1，14页，16开（经济部刊物第2种 第3类 水道查勘报告汇编5）

本书共12部分，内容包括：粤桂水道对于国际运输之重要、粤桂水道改良之需要、西江郁江左江水道概况、治河方法之选择、航道规划之标准等。

收藏单位：国家馆

05248
运工专刊 沈秉璜编辑 饶翰池校
江北运河工程局，1934.10，1册，16开
本书内收江北运河复堤工程资料。书末有补录。书脊题：江北运河工程局善后委员会驻杨办事处编。
收藏单位：重庆馆、广东馆、国家馆、湖南馆、南京馆、首都馆、浙江馆、中科图

05249
运河工程就职宣言
出版者不详，16页，16开
本书文末署名“骞”。

05250
整理川黔水道之意见
出版者不详，1册，16开
收藏单位：南京馆

05251
整理运河工程计划（整理运河讨论会） 汪胡桢著
南京：中国水利工程学会，1935.6，184页，16开
南京：中国水利工程学会，1935.8，再版，184页，16开
本书附录：各段初步设计报告、运河沿革、1934年1月订立之整理运河讨论会聘请总工程师合同（影印）等。
收藏单位：安徽馆、广东馆、广西馆、国家馆、南京馆、山西馆、上海馆、首都馆、天津馆、西南大学馆、浙江馆、中科图

05252
治理运河刍议 殷汝耕著
出版者不详，[1943.10]，46页，18开
本书为日伪出版物，附运河全图。
收藏单位：国家馆

05253
中央军校成都分校全校下水道干渠说明书
成都：中央军校成都分校，1937.6，1册，16开
收藏单位：南京馆

05254
珠江前航线改良计划报告书 柯维廉编
督办广东治河事宜处，1923，19+9页，16开
收藏单位：国家馆

通航建筑物与助航设备

05255
导淮委员会建筑船闸工程章程 导淮委员会订
导淮委员会，1934.6，62页，16开
本书为建筑江苏境内的邵伯、淮阴、宿迁三处船闸的招商投标章则。
收藏单位：安徽馆

05256
馥记营造厂承建导淮委员会邵伯、淮阴、刘涧三船闸工程纪念册 馥记营造厂总事务所编
上海：馥记营造厂总事务所，1936，[46]页，16开
本书介绍建筑三船闸工程经过情形。附该厂概略及历年承包各地建筑工程照片。
收藏单位：上海馆

05257
广东芦苞活动闸模型试验报告书 经济部中央水工试验所编
重庆：经济部中央水工试验所，1940.10，11页，16开
收藏单位：重庆馆、国家馆、南京馆

05258
广东芦苞活动闸模型试验报告书 姚琢之等编辑
南京：中央水利实验处，1948.5，14页，16开（中央水利实验处研究试验报告 甲种 水工模型试验4）
本书共8部分，内容包括：试验之缘起、试验之资料、试验之经过及其结果、模型与

试验之准确度、结论等。附英文摘要。

收藏单位：广东馆、国家馆、上海馆

05259

刘涧船闸之设计及实施 张伦官著

南京：中国水利工程学会，[1936.8]，83+[112] 页，16 开，精装（中国水利工程学会第6届年会论文）

南京：中国水利工程学会，1937.1，100 页，23 开，精装（中国水利工程丛书）

本书共 4 章：总论、设计、实施、讨论。

收藏单位：重庆馆、广东馆、国家馆、中科图

05260

民国十一年通商各关警船灯浮桩总册 通商海关造册处译

上海：通商海关造册处，1922.6，121 页，14 开

本书介绍各通商口岸灯塔、灯船、灯杆、警船、浮桩等的登记造册。据英文造册第49—50 册摘译，内容截止于 1921 年 12 月。

05261

民国十三年通商各关警船灯浮桩总册 通商海关造册处译

上海：通商海关造册处，1924.6，112 页，14 开

本书据英文造册第 51—52 册摘译，内容截止于 1923 年 12 月。

05262

民国十六年通商各关警船灯浮桩总册 通商海关造册处译

[上海]：通商海关造册处，1927.12，172 页，14 开

本书据英文造册第 53—55 册摘译，内容截止于 1926 年 12 月。

收藏单位：国家馆

05263

南运河改道闸门及制水门设计图集

天津：天津工程局，20 叶，10 开

收藏单位：国家馆

05264

邵伯船闸工程述要 导淮委员会邵伯船闸工程局编

出版者不详，1934.11，1 册，32 开

收藏单位：南京馆

05265

四川綦江船闸模型试验报告书 经济部中央水工试验所编

重庆：经济部中央水工试验所，1940.10，18+[11] 页，16 开

本书共 8 章，内容包括：试验之目的与范围、模型之设计与制造及试验之设备、试验之进行及结果等。

收藏单位：重庆馆、贵州馆、国家馆、南京馆、上海馆

05266

四川綦江船闸模型试验报告书 中央水利实验处水工报告编纂委员会编

南京：中央水利实验处水工报告编纂委员会，1948.5，24 页，16 开（中央水利实验处研究试验报告 甲种 水工模型试验 5）

收藏单位：广东馆、国家馆、上海馆

05267

四川綦江石溪口花石子滚水坝船闸模型试验报告书 中央水利实验处水工报告编纂委员会编

南京：中央水利实验处水工报告编纂委员会，1948.5，18 页，16 开（中央水利实验处研究试验报告 甲种 水工模型试验 14）

本书共 7 章，内容包括：试验资料、范围、模型设计及水位计算、试验的经过及结果等。附英文摘要。

收藏单位：广东馆、国家馆、上海馆

05268

四川省水利局行驶木船计划拦河坝及船闸工程工料估计表 黄万里[编]

[成都]：四川省水利局，1938，油印本，

[24] 页，大 16 开，环筒页装

本书内容包括：沿羊渡河小铁路工程工料估计表、各项计划输入输出运费计算单等。

收藏单位：国家馆

05269

通商各关海江警船布告总册（第四十八簿 民国十八年） 通商海关造册处译

上海：通商海关造册处，1930.1，[38] 页，12 开

05270

通商各关海江警船布告总册（第五十簿 民国二十年） 海关总税务司署统计科译

上海：海关总税务司署统计科，1932.1，[38] 页，12 开

05271

通商各关海江警船示册（第 32 簿 民国二年） 通商海关造册处译

上海：通商海关造册处，1914.2，[28] 页，12 开

本书为海关发出警船的布告。汉英对照本。

05272

通商各关海江警船示册（第 33 簿 民国三年） 通商海关造册处译

上海：通商海关造册处，1915.2，[24] 页，12 开

本书为海关发出警船的布告。汉英对照本。

05273

通商各关海江警船示册（第 35 簿 民国五年） 通商海关造册处译

上海：通商海关造册处，1917.1，[42] 页，12 开

本书为海关发出警船的布告。汉英对照本。

05274

通商各关海江警船示册（第 41 簿 民国十一年） 通商海关造册处译

上海：通商海关造册处，1923.1，[27] 页，12 开

本书为海关发出警船的布告。汉英对照本。

05275

通商各关海江警船示册（第 43 簿 民国十三年） 通商海关造册处译

上海：通商海关造册处，1925.1，[35] 页，12 开

本书为海关发出警船的布告。汉英对照本。

05276

盐井河自动扉坝之理论与实施 郑厚平著

重庆：财政部盐务总局，1944，59 页，16 开（盐政丛书 2）

本书介绍财政部盐务总局为四川井盐输出而建的部分船闸工程（自动扉坝）。盐井河起自四川自流井，至富顺县入沱江。

收藏单位：重庆馆、国家馆、南京馆、中科图

05277

中国沿海灯塔志 （英）班思德（T. R. Banister）著 李廷元译

外文题名：The coastwise lights of China

上海：海关总税务司公署统计科，1933.10，327 页，13 开，精装

本书介绍中国沿海灯塔的起源、发展、构造、位置等。

收藏单位：安徽馆、长春馆、重庆馆、广东馆、国家馆、近代史所、南京馆、浙江馆、中科图

05278

中国沿海及内河航路标识总册（民国二十三年十二月一日修正 第 63 次） 海关海务巡工司编

上海：海关总税务司公署统计科，1935.3，274 页，13 开

收藏单位：国家馆、浙江馆

05279
中国沿海及内河航路标识总册（民国二十四年十二月一日修正 第64次） 海关海务巡工司编
上海：海关总税务司公署统计科，1936.2，283页，13开
收藏单位：重庆馆、国家馆、浙江馆、中科图

05280
中国沿海及内河航路标识总册（民国二十五年十二月一日修正 第65次） 海关海务巡工司编
上海：海关总税务司公署统计科，1937.2，326页，13开
收藏单位：国家馆、浙江馆

05281
中国沿海及内河航路标识总册（民国二十六年十二月一日修正 第66次） 海关海务巡工司编
上海：海关总税务司公署统计科，1938.3，360页，13开
收藏单位：国家馆、天津馆、浙江馆

05282
中国沿海及内河航路标识总册（民国二十七年十二月一日修正 第67次） 海关海务巡工司编
上海：海关总税务司公署统计科，1939.2，361页，13开
收藏单位：国家馆、浙江馆

05283
中国沿海及内河航路标识总册（民国二十八年十二月一日修正 第68次） 海关海务巡工司编
上海：海关总税务司公署统计科，1940.3，363页，13开
收藏单位：广东馆、国家馆、天津馆、浙江馆

05284
中国沿海及内河航路标识总册（民国二十九年十二月一日修正 第69次） 海关海务巡工司编
上海：海关总税务司公署统计科，1941.3，[400]页，13开
收藏单位：南京馆、浙江馆

05285
中国沿海及内河航路标识总册（民国三十年增改册）
上海：总税务司公署处，1944.5，12页，16开
收藏单位：南京馆

05286
中华民国沿海标杆浮桩表 海军部海道测量局编
外文题名：List of buoys and beacons, the coast of China
海军部海道测量局，[1934.12]，46+37页，18开，精装（海军部海道测量局出版品6）
本书为汉英对照本。
收藏单位：国家馆、南京馆、宁夏馆

05287
中华民国沿海标杆浮桩表（补编） 海军部海道测量局编
外文题名：List of buoys and beacons, the coast of China
海军部海道测量局，[1935.12]，14+9页，18开
本书为汉英对照本。
收藏单位：国家馆

05288
中华民国沿海灯塔表 [海军部海道测量局]编
外文题名：List of lights and fog singnals, the coast of China
海军部海道测量局，1934.12，20+10页，18开
本书为汉英对照本。附灯船灯桩雾号。

收藏单位：国家馆、南京馆、上海馆

05289
助航设施及港务概述 上海总税务司署统计科编
上海：上海总税务司署统计科，[1949]，17页（海关制度概略丛刊12）

港口工程

05290
北方大港测量报告 李书田 张含英编
天津：交通部铁道部北方大港筹备委员会，1933.4，12页，16开
本书共4部分：港址区域、市埠区域、铁路区域、测量服务职员。附录：北方大港测量索引图、北方大港港址地形图。
收藏单位：国家馆、近代史所、天津馆

05291
北方大港附近建筑材料调查试验报告（第1期） 李书田 董贻安编
天津：交通部铁道部北方大港筹备委员会，1934.5，80页，16开
本书共4章：绪言、调查及试验计划、调查报告、试验报告。为使材料国产化，对北方大港附近的钢铁、洋灰、砖、石、砂、木等进行调查试验，以代替外国产品。
收藏单位：国家馆

05292
北方大港港址岸上地质钻探报告 李书田 董贻安编
天津：交通部铁道部北方大港筹备委员会，1935.7，52页，16开
收藏单位：国家馆、天津馆

05293
大阪筑港志图谱
出版者不详，1册，16开
收藏单位：国家馆

05294
大沽沙滩航渠之治理 李凤翔著
出版者不详，1938，1册，13开
本书为河北省立工业学院借读生李凤翔的毕业论文。
收藏单位：首都馆

05295
港湾工学 王新三讲授
建设总署土木工程专科学校，1942.8，208页，16开
本书共14章，内容包括：港湾总论、地形、水深、地质、风、潮汐、波浪等。
收藏单位：国家馆

05296
港湾工学讲义 王新三讲授
出版者不详，266+39页，18开
本书共14章，内容包括：港湾总论、地形、水深、地质、风、潮汐、波浪等。书脊题名：港湾工程。
收藏单位：国家馆

05297
港湾经济论 布利逊·坚宁罕（Brysson Cunningham）著 巫忠远译
厦门：集美水产航海学校编辑部，1931.10，158页，32开（海事丛书1）
本书共10章，内容包括：港湾名辞释义、港内船舶之巡航、便利船舶之港湾设备、便利货物之港湾设备、港湾管理权等。
收藏单位：东北师大馆、广东馆、上海馆

05298
海港 萧开瀛著
上海：厚生出版社，92页，36开（中国工程师手册 水利手册8）
本书共5章：港湾、横码头、直码头、船坞、我国之航道与商港。
收藏单位：国家馆、上海馆

05299
河海测量指导（卷1深度测量） 张含英编

天津：交通部铁道部北方大港筹备委员会，1933.8，116 页，16 开

本书共 10 章，内容包括：测量之目的、深度测量队之组织、船只、初步工作、标志、仪器及其用法等。

收藏单位：国家馆、首都馆

05300

葫芦岛海港概况 王恒升 侯德封 [著]

北平：实业部地质调查所、国立北平研究院地质学研究所，1931，138+28 页，16 开

本书为《地质汇报》第十六号抽印本。

收藏单位：广东馆、国家馆、上海馆

05301

沪港设备指南 许继祥编

上海：商务印书馆，1926，81+87 页，21 开，精装

本书内容包括：商埠名称、经纬度、位置、区域、时刻标准、港道之容量、沪港进口路线等。中英文本。

收藏单位：国家馆、辽宁馆、浙江馆

05302

基础及码头

出版者不详，[1948—1949]，16 页，25 开

收藏单位：江西馆

05303

浚浦总局一九二一年上海港口技术委员会报告书（译件） 勃腊克 海德生等著

上海：浚浦总局上海港口技术委员会，[1921.11]，25 页，10 开

本书内容包括：船舰吃水、附近出入海道港口、管理及组织等。

收藏单位：国家馆

05304

开辟三门湾概略

出版者不详，24 页，32 开

本书介绍三门湾的地理地势、交通、商业、人口等。

05305

连云港工程纪略 陇海铁路管理局工务处编

陇海铁路管理局工务处，1934，[114] 页，32 开

05306

连云港筑港工程纪要 刘陵峰著

交通部塘沽新港工程局，1937，油印本，1 册，16 开

本书为《陇海铁路重点海港》论文抽印本。

收藏单位：国家馆

05307

码头和埠头（中国港湾表现之南北两类型） （日）池田静夫著 尤炳圻译

出版者不详，1939，26 页，22 开（北京近代科学图书馆丛刊 28）

收藏单位：河南馆、首都馆

05308

浦口公栈码头设计报告书 陈懋解等编

出版者不详，石印本，[10] 页，16 开，环筒页装

05309

钱塘江海塘工程视察团视察报告 钱塘江海塘工程视察团编

钱塘江海塘工程视察团，1946.12，[53] 页，16 开

本书为抽印本。书前有《钱塘江海塘沿革史略》（汪胡桢），书末附钱塘江海塘工程视察团会议记录。

收藏单位：国家馆、天津馆

05310

青岛港工概述

青岛：交通部青岛港工程局，1948.7，41 页，32 开

本书共 8 部分，内容包括：沿革、现状、第六码头整修工程、修理挖泥船、青岛港扩展计划等。

收藏单位：南京馆

05311
虬江码头奠基纪念册 吴铁城等撰
出版者不详，1936.6，26+[18] 页，22 开
本书内容包括：虬江码头与繁荣市区之关系、建筑虬江码头之计划等。中英文本。
收藏单位：国家馆、上海馆

05312
全国重要港口 行政院新闻局编
南京：行政院新闻局，1927.12，96 页，32 开
南京：行政院新闻局，1947.12，96 页，32 开
本书共 2 部分：海港、内河港。介绍各港自然环境、一般设备、出入贸易。共介绍海港 37 处，内河港 19 处。
收藏单位：安徽馆、长春馆、重庆馆、大庆馆、广东馆、广西馆、贵州馆、国家馆、河南馆、湖南馆、江西馆、近代史所、南京馆、内蒙古馆、宁夏馆、上海馆、首都馆、天津馆、浙江馆

05313
三门湾辟埠指针 方有度调查 王钟萃编
上海：三门湾辟埠办事处，1931.8，46 页，18 开
本书共 9 章，内容包括：地理形势、交通概况、辟埠经过、辟埠计划等。
收藏单位：国家馆、浙江馆、中科图

05314
上海市建筑黄浦江虬江口码头计划书 上海市中心区域建设委员会编
上海：上海市中心区域建设委员会，1932.6，28 页，22 开
本书内容包括：计划、估价、经费等。
收藏单位：国家馆、宁夏馆

05315
上海市政府南市码头恢复委员会第一期恢复工程报告书 上海市政府南市码头恢复委员会编
上海：上海市政府南市码头恢复委员会，1948.1，6 页，横 12 开

05316
施工规程 基隆港务局编制
基隆：基隆港务局，[1948]，6 页，16 开
本书为台湾基隆港施工规程。附录：基隆港务合同等。

05317
水道港口码头仓库之研究讲义 刘济之编辑
运输学校，1948.8，116 页，36 开
本书为运输学校初级班用书。介绍航道概念，港口的性质、设备、管理，码头仓库的作用及其业务等。共 3 章：水道、港口、码头仓库。
收藏单位：广东馆、国家馆、首都馆

05318
塘沽新港工程报告书 交通部塘沽新港工程局编
塘沽：交通部塘沽新港工程局，1949.4，油印本，1 册，16 开
本书共 7 部分：资料调查、塘沽新港地址之选定、筑港经过及现状、过去工作之检讨、塘沽新港应否继续建筑、今后工程之计划、经费及组织。
收藏单位：国家馆

05319
塘沽新港工程二年来进展概况 邢契莘著
[塘沽]：交通部塘沽新港工程局，[1948]，10 页，32 开
本书介绍塘沽新港工程的兴筑经过、三年计划、各项工程等。封面题有“三十七年工程师节纪念”字样。
收藏单位：国家馆、天津馆

05320
塘沽新港工程之过去与现在 邢契莘著
塘沽：交通部塘沽新港工程局，1947.9，33 页，16 开
本书共 9 章，内容包括：本港之气象与地文、敌伪时代之新港、接收经过、接收时之工程状况、修正计划等。
收藏单位：重庆馆、东北师大馆、广东

馆、国家馆、江西馆、近代史所、辽宁馆、南京馆、山西馆、陕西馆、上海馆、首都馆、天津馆、中科图

05321
塘沽新港实地考察报告书 薛卓斌 黄炎编制
薛卓斌[发行者]，[1946]，55页，16开
收藏单位：国家馆

05322
天津码头设计之研究 乔福亚著
天津：天津工商学院工科土木工程系，1940，7页，16开
本书附图纸。

05323
先治王家港商榷书 张謇编
出版者不详，1册，16开
收藏单位：南京馆

05324
烟台海坝工程概论 （荷）爱似德著
出版者不详，1921.9，[8]页，长21开

05325
烟台海坝工程会报告书（民国二十四年） 烟台海坝工程会编
烟台：烟台海坝工程会，1936.1，16页，18开
本书共4部分：会员及职员、工程报告、会务报告、收支报告。
收藏单位：国家馆

05326
烟台海坝工程会报告书（民国二十五年） 烟台海坝工程会编
烟台：烟台海坝工程会，[1937.1]，20页，18开
收藏单位：国家馆

05327
浙江省钱塘江海塘工程局民国卅五年度工程计划书（编238号） 浙江省钱塘江海塘工程局编
杭州：浙江省钱塘江海塘工程局，1946，92页，36×26cm
本书除缘由、概要外，大部分为工程图表。其中有杭市四堡护岸及盘头工程、海宁爵字号建筑石塘及担水工程、海宁陈文港土备塘加倍工程等。
收藏单位：国家馆、南京馆

05328
浙江水利局办理十九二十两季海塘险工之经过 浙江省水利局编
杭州：浙江省水利局，1932.12，[51]页，22开
本书大部分为工程摄影及图表，有文字说明。附整理海塘工程计划。
收藏单位：国家馆、浙江馆

船舶工程

05329
船 黎锦耀 许达年编
上海：中华书局，1931，48页，32开（儿童常识丛书）
上海：中华书局，1936.4，再版，62页，32开（小朋友文库）
上海：中华书局，1948，62页，32开（中华文库 中级自然类 小学第1集）
收藏单位：重庆馆、广东馆、黑龙江馆、吉林馆、内蒙古馆、上海馆、首都馆

05330
船 斯宝昶编著
正中书局，1948.4，14页，32开（儿童科学丛书）
正中书局，1948，2版，14页，32开（儿童科学丛书）
本书共8部分，内容包括：独木舟、木筏、舢板、帆船、现代的轮船等。
收藏单位：国家馆

05331
船 徐应昶编纂

上海：商务印书馆，1922.10，18 页，32 开（儿童理科丛书 6）
上海：商务印书馆，1925.4，3 版，18 页，32 开（儿童理科丛书 6）
上海：商务印书馆，1927，4 版，18 页，32 开（儿童理科丛书 6）
上海：商务印书馆，1933，21 页，32 开（小学生文库 第 1 集 工程类）
上海：商务印书馆，1935，3 版，21 页，32 开（小学生文库 第 1 集 工程类）

收藏单位：国家馆、湖南馆、吉林馆、宁夏馆、首都馆

05332
船　徐应昶编
上海：中华书局，1935.4，再版，22 页，32 开（小朋友文库）

收藏单位：重庆馆

05333
船舶的故事　周述文著
北京：新民印书馆，[1945.3]，87 页，32 开（百页丛刊）

本书内收 9 篇船舶科学常识故事。

收藏单位：国家馆、首都馆

05334
船舶讲义　军事委员会军官训练团编
军事委员会军官训练团，1934.6，16 页，22 开

收藏单位：广东馆

05335
船舶修造及保养讲义　孙辅元编辑
运输学校，1948，56 页，32 开

收藏单位：首都馆

05336
船舶丈量章程
出版者不详，10 页，22 开

本书章程于中华民国二十二年十月二十八日交通部部令修正公布。

收藏单位：国家馆

05337
船底动物之附着生活与金属物质关系之研究　戴笠著
北平：国立北平研究院出版课，1936.2，[12] 页，16 开

本书为《国立北平研究院生理学研究所中文报告汇刊》第 2 卷第 7 号抽印本。

收藏单位：国家馆

05338
船——它的起源和发展　（英）太勒（G. I. Taylor）著　于渊曾译
上海：中国科学图书仪器公司，1939.10，72 页，32 开（中国科学社科学画报小丛书）
上海：中国科学图书仪器公司，1947.10，再版，72 页，32 开（中国科学社科学画报小丛书）

本书共 6 讲，内容包括：关于浮船的几个定律、古代的船和造船家、游艇设计家的胜利——锚和土帆船等。英国太勒教授通俗实验演讲。

收藏单位：长春馆、重庆馆、东北师大馆、广东馆、国家馆、内蒙古馆、山西馆、陕西馆、西交大馆

05339
船体保存法　吴寅编译
上海：海军部海军编译处，1933，42 页，22 开

收藏单位：重庆馆、国家馆

05340
勤工工业职业学校七周年纪念刊
出版者不详，1942.5，28 页，32 开

收藏单位：南京馆

05341
三菱合资会社造船业说帖
出版者不详，[1917]，37 页，25 开

本书内容包括：三菱造船所工场所在、沿革及其设备一斑、机关工场、造船工场等。

收藏单位：浙江馆

05342
松江航船参考书　葛力郭洛维赤编　吕烈卿译
商务印书馆，1 册，16 开
收藏单位：南京馆

05343
造船　胡仁源著
上海：商务印书馆，1933.12，227 页，32 开（万有文库 第 1 集 0583）（工学小丛书）
上海：商务印书馆，1934.1，227 页，32 开（工学小丛书）
上海：商务印书馆，1934，再版，227 页，32 开（工学小丛书）
上海：商务印书馆，1935，3 版，227 页，32 开（工学小丛书）
上海：商务印书馆，1947.2，4 版，227 页，32 开（新中学文库）（工学小丛书）
本书共 4 章：绪论、船体之计算、稳定率、阻力。附录：标准制正名表、中外度量衡基本单位折合简表。
收藏单位：安徽馆、长春馆、重庆馆、大理馆、大连馆、东北师大馆、广东馆、广西馆、贵州馆、国家馆、河南馆、黑龙江馆、湖南馆、惠州馆、吉大馆、江西馆、辽大馆、辽东学院馆、辽宁馆、辽师大馆、柳州馆、南京馆、内蒙古馆、宁夏馆、陕西馆、上海馆、绍兴馆、首都馆、天津馆、西南大学馆、浙江馆、中科图

05344
造船学图（上册）
出版者不详，油印本，1 册，18 开
本书内收设计图 137 幅。
收藏单位：重庆馆

船舶机械

05345
舶用往复动汽机学（附图 上卷）　临时公立商船学校教科书编纂委员会编
东京：海文堂出版部，1940，3 版，62 页，16 开
收藏单位：国家馆

05346
操舟机讲义　朱奎元著
重庆：陆军工兵学校，1947，10+12 页，32 开
本书为陆军工兵学校机械教材。
收藏单位：广东馆

05347
航海科学生机关术教科书附图　商船学校[编]
东京：[商船学校]，1911，29-63 页，16 开
收藏单位：国家馆

导航设备、水声设备

05348
航海罗盘　黄文沣编著　陈忠杰校
上海：商务印书馆，1936.1，132 页，32 开（工学小丛书）
上海：商务印书馆，1937，再版，132 页，32 开（工学小丛书）
本书共 3 章：磁罗盘、泽脱因特氏式改良液体罗盘、回转罗盘。
收藏单位：重庆馆、东北师大馆、广东馆、国家馆、河南馆、湖南馆、江西馆、内蒙古馆、上海馆、首都馆、浙江馆

05349
何门氏电磁罗盘　亨利赫齐斯著　海军部海军编译处编译
[上海]：海军部海军编译处，1936.4，26 页，22 开
本书内容包括：电磁罗盘、电磁罗盘说明、分罗盘、电磁罗盘特点等。
收藏单位：浙江馆

05350
无线电罗盘图解　冯琦编译
上海：海军部海军编译处，1931.12，9 页，16 开，精装

本书据美国可斯忒尔（Kolster）原著1930年版编译。

收藏单位：国家馆、浙江馆

05351

旋转机罗盘图解　冯琦编译

［上海］：海军部海军编译处，1931.12，43页，16开，精装

本书据美国史沛来（Sperry）公司最新出版原著编译。

收藏单位：国家馆、浙江馆

造船厂、修船厂

05352

筹办及扩充造船厂计划概要书（10 交通事业革新方案附件）

出版者不详，8页，16开

收藏单位：南京馆

05353

民生实业股份有限公司民生机器厂建造七号至十六号新船经过概况　周茂柏著

民生实业股份有限公司民生机器厂，1942.9，18页，32开

05354

青岛船坞管理处要览　青岛船坞管理处编

青岛：青岛船坞管理处，1936.6，12页，18开

本书内容包括：沿革、建筑计划、工程经过、组织现状、营业概况等。

收藏单位：国家馆、南京馆

05355

造船厂　（英）柯克著　陆咏笙译

英国牛津图书公司，1916，72页，32开（牛津大学实业丛书3）

收藏单位：国家馆、南京馆、首都馆

各种船舶

05356

船舶类型及运用讲义　孙辅元编

运输学校印刷所，1948，80+25页，32开

收藏单位：广东馆、南京馆

05357

帆布端艇的制造法　陈德馨著

北平：中国科学化运动协会北平分会，[1936]，31页，大64开（通俗科学小丛书 乙类2）

收藏单位：国家馆

05358

汉渝公路汽车渡船模型试验报告书　郑肇经总编纂

南京：中央水利实验处，1948.5，26页，16开（中央水利实验处研究试验报告 甲种 水工模型试验15）

本书共7部分，内容包括：缘起、理论、模型之设计与制造、试验之进行及其结果等。附英文摘要。

收藏单位：广东馆、国家馆、上海馆

05359

航海生涯

上海：良友图书公司，1936.8，[68]页，32开（万有画库32）

本书内收各种类型船只照片62幅，有文字说明。

收藏单位：贵州馆、国家馆、内蒙古馆、首都馆

05360

江浙渔业公司福海渔轮研究报告　张柱尊著

出版者不详，[1922]，52页，24开

本书共10章，介绍福海渔轮的历史沿革、性能、成绩概况等。卷首有福海渔轮照片插图，书中有江浙沿海渔场说明图。文言体。

收藏单位：国家馆、近代史所、上海馆

05361
轮船 葛正慧 朱荣桢编
上海：中华书局，1948.7，22 页，36 开（中华文库 民众教育 第 1 集）
收藏单位：重庆馆、广东馆、国家馆、上海馆

05362
轮船 江苏省立教育学院研究实验部编
无锡：江苏省立教育学院，1931，10 页，32 开（民众科学问答丛书 13）
收藏单位：国家馆、江西馆

05363
轮船 沈鸿模编
上海：商务印书馆，1937.5，115 页，32 开
本书介绍轮船发展史、轮船种类、造船业知识等。
收藏单位：重庆馆、广东馆、贵州馆、国家馆

05364
轮船 周昌寿等编辑
重庆：商务印书馆，1 册，50 开（时代知识小册 274）
收藏单位：江西馆

05365
潜水艇 徐应昶著
上海：商务印书馆，1922.11，28 页，32 开（儿童理科丛书）
上海：商务印书馆，1928，4 版，28 页，32 开（儿童理科丛书）
上海：商务印书馆，1933.11，国难后 1 版，28 页，32 开（儿童理科丛书）
本书共 7 部分，内容包括：最新的潜水艇、潜水艇的重要改良、潜水艇的外形、潜水艇的内部装置等。
收藏单位：东北师大馆、国家馆、首都馆

05366
山东内河挖泥船设计及制造始末纪略 济南陆大工厂编
济南：济南陆大工厂，1933.9，[46] 页，16 开
收藏单位：国家馆、天津馆

船舶驾驶、航海学

05367
长江上游引水管理细则 全国引水管理委员会编
全国引水管理委员会，[1944—1949]，18 页，64 开
收藏单位：国家馆

05368
船舶气象观测手册 中央气象局编
中央气象局，1948.5，16 页，16 开（中央气象局技术指导丛书 8）
本书共 4 编：通则、观测及仪器、电码、纪录。附录：中国海上风暴信号说明。
收藏单位：国家馆

05369
船艺学 任道远编述
军事委员会军事研究所，[1929.3]，[300] 页，16 开
本书为船艺学讲义。
收藏单位：南京馆

05370
船员须知 海道测量局编
海道测量局，1925.1，1 册，18 开
本书内容包括：航海仪器、领港概要、定位方法、风浪潮流、航路避碰条例、船机原理、海商法析义等。
收藏单位：浙江馆

05371
地文航海术 蒋凤翥编译
上海：中华书局，1944.11，210 页，24 开
上海：中华书局，1948.5，再版，210 页，24 开

本书共2编：推测法、沿岸航法。据日本酒井进所著《航海学》、松本所著《航海表》编译。

收藏单位：重庆馆、广东馆、国家馆、南大馆、南京馆、上海馆、首都馆、中科图

05372
航泊法图解 关世杰编
出版者不详，1册，18开

本书为《海军杂志》第8卷4、5、6、7期抽印本。

收藏单位：广东馆

05373
航海揉船术 鲍应中著
广州：广东省建设厅农林局水产系，1934，158页，18开

收藏单位：广东馆

05374
航海术 熊德极编译
上海：商务印书馆，1931.1，264页，21开，精装
上海：商务印书馆，1933.7，国难后1版，264页，21开，精装
上海：商务印书馆，1947.9，再版，264页，21开，精装
上海：商务印书馆，1949，3版，264页，21开，精装

本书共3章：航用仪器、驾驶推测、天文推测。

收藏单位：安徽馆、重庆馆、东北师大馆、广东馆、贵州馆、国家馆、黑龙江馆、湖南馆、江西馆、辽宁馆、南大馆、南京馆、内蒙古馆、上海馆、首都馆、天津馆、浙江馆、中科图

05375
航海术教科书（卷1 航海兵器） [中央海军学校]编译
上海：中央海军学校，1941.5，57页，25开

本书共8章，内容包括：罗经仪及方位镜、特许测程仪、水压测程仪、经线仪等。据日本海军兵学校《航海术教科书》(卷1)编译。

收藏单位：国家馆

05376
航海学 冯琦编
上海：海军部海军编译处，1930.9，119页，32开，精装

收藏单位：国家馆、南京馆、浙江馆

05377
贺江水道测量计划大纲 经济部珠江水利局编
经济部珠江水利局，1941.2，油印本，5叶，16开

本书共6部分，内容包括：缘由、贺江概况、测量范围、施测细则等。

收藏单位：国家馆

05378
交通部吴淞商船专科学校一览（[1934年]） 交通部吴淞商船专科学校编
上海：交通部吴淞商船专科学校，1934.5，184页，16开

本书介绍校史、规章、课程、名录等。

收藏单位：国家馆、南京馆、上海馆

05379
交通部吴淞商船专科学校一览（[1936年]） 交通部吴淞商船专科学校编
上海：交通部吴淞商船专科学校，1936.6，224页，16开

收藏单位：国家馆

05380
考察欧美海道测量委员会报告书 刘德浦等报告 海军部海道测量局编
海军部海道测量局，1926.3，60页，16开

本书报告考察的机构有美国海道测量局，美国海岸水陆兼内地三角水平测量局，英国、法国和德国海道测量局，美国海岸巡防处等。

05381
青岛港潮汐表（中华民国三十六年）
青岛：青岛市观象台，1947，12 页，32 开
收藏单位：广东馆、国家馆

05382
青岛港潮汐表（中华民国三十七年）
青岛：青岛市观象台，1948，12 页，32 开
收藏单位：广东馆、国家馆、南京馆

05383
司旗司闸司止轮服务章程
出版者不详，11 页，50 开
本书共 3 章：司旗、司闸、司止轮。
收藏单位：国家馆

05384
推测航海术 曹子坚著
上海：出版者不详，1948，96 页，32 开
收藏单位：广东馆、内蒙古馆、山西馆

05385
现代航海学（第 1 集 测推驾驶） 杨官缘编著
上海：中国航海学会，1935.4，226 页，32 开（中国航海学会丛书）
本书共 17 章，内容包括：纬度与经度、航海仪、平面航法、航海日志推算法、等距圈航法、抵风航法等。附录：航海避碰章程。
收藏单位：重庆馆、国家馆、上海馆、浙江馆

05386
行船预防冲突法 孙德全译
上海：招商局总管理处，[1929.5]，32 页，32 开
本书原文为 1889 年华盛顿决议 *Regulations for preventing collisions at sea*。书口题名：海上冲突预防法。
收藏单位：国家馆、浙江馆

05387
续办航海科特刊（民国三十六年校庆日） 交大航海学会编
交大航海学会，[1947]，14 页，32 开
本书呼吁交通大学续办航海、轮机两科。
收藏单位：国家馆

05388
引水图说 王传炯编译
海军部，1933.10，84 页，16 开，精装
本书据美国海军引水规范编译。
收藏单位：国家馆

05389
中西航轮机艺实用问答（上册） 王兴富编译
上海：王兴富 [发行者]，1927.6，348 页，24 开，精装
本书附英文原文，全 3 册。

航海技术管理与救助打捞

05390
海军轮机教范 唐宝镐编译
海军总司令部编纂处，1948.12，[16]+357 页，32 开
本书共 9 章：总则、蒸汽主机及其关联装置、汽锅及其关联装置、内火机、电力机、补助装置、测计器、燃料、杂款。据《日本海军轮机教范》编译。
收藏单位：上海馆

05391
海上救生法 顾拯来 范晓六编著
上海：世界书局，1932.12，89 页，32 开
本书共 7 章，介绍船舶遇险失事应急处变救生方法。
收藏单位：广东馆、国家馆、黑龙江馆、人大馆、首都馆、天津馆

05392
海上救生指南
出版者不详，15 页，18 开
本书 1924 年 8 月“序”末署：全国海岸巡防处。

05393
交通部船员考验各科细目　[交通部]编
交通部，40页，21开
本书附考场规则。
收藏单位：广东馆

05394
轮机管理法　吴方瑞编
出版者不详，[1940—1949]，油印本，1册，18开
收藏单位：国家馆

水路运输技术管理

05395
长江上游宜渝段航行指南　民生实业公司编
[重庆]：[民生实业公司]，1945.5，[296]页，16开（民生实业公司驾驶丛书3）
本书内容包括：上水正常航线、下水正常航线、特殊水道、锚位、历年重大海损表、长江上游航行章程等。
收藏单位：重庆馆、上海馆

05396
川江水道与航行　盛先良编著
上海：中国航海学社，1937.2，114页，16开
本书介绍川江航道各种自然条件、轮船情况、航标设置、引水员配备等。附录：万国海上航行避碰章程、渝叙间各地距离表、叙嘉间各地距离表、英尺与公尺对照表。
收藏单位：重庆馆、国家馆、上海馆、浙江馆

05397
船舶调查报告书　[交通部全国船舶调配委员会编]
[交通部全国船舶调配委员会]，油印本，1册，16开，环筒页装
本书内容包括：全国接收船舶总表、汉口区接收船舶数量表、南京区接收船舶数量表、长江区调配计划、沿海运输计划、全国船舶调配办法施行细则等。
收藏单位：重庆馆

05398
船舶检查章程
出版者不详，18页，22开
本书于中华民国二十二年（1933）十月二十八日交通部部令修正公布。
收藏单位：国家馆

05399
调查浙西水道报告书　林保元等编
太湖流域水利工程处，1928.7，82页，16开（太湖流域水利工程处报告2）
本书介绍东西苕溪、余杭南北湖、余杭塘河等调查报告。
收藏单位：国家馆

05400
港务概要讲义　谢海泉编
出版者不详，油印本，1册，16开
收藏单位：广东馆

05401
国际海上人命安全公约　交通部上海航政局编
[上海]：交通部上海航政局，1929，65页，16开
收藏单位：上海馆

05402
国际航海路章　刘镇谟编译
[重庆]：[重庆税务专校]，[1945.10]，[54+26]页，50开
本书内容包括：号灯、转舵、驾驶等。据1929年国际海上生命安全会议改订之《航海避碰章程》编译。汉英对照。

05403
海上避碰章程释义　慎焕琳译释　袁行恕校订
镇江：中国航业学会镇江分会，1947.1，96页，32开
收藏单位：上海馆

05404
海上人命安全国际公约 交通部编
交通部，[1929]，156 页，16 开
本书国际公约 1929 年 5 月 1 日签于伦敦，签约国有德、奥、比、丹、美、英、法、意、日、苏等 18 国。全文共 8 章 66 节。

05405
航海避碰章程（译文）
出版者不详，1923，37+25 页，42 开
收藏单位：国家馆

05406
航行规程 齐鸿章 李秉成编
[成都]：四川省水上警察训练所，1945，32 页，46 开
本书共 3 编：国际航海避碰章程、长江上游航行章程、内河航行章程。
收藏单位：重庆馆

05407
兰溪实验县县政府整顿城区花舫纪实 兰溪实验县县政府编
[兰溪]：兰溪实验县县政府，1935，26 页，22 开（兰溪实验县县政府出版物 9）
本书内容包括：对舫主的训话，调查、整顿计划，指定区域集中停泊及编号等。
收藏单位：国家馆、浙江馆

05408
闽江上游名溪险滩表 福建省运输特种股份有限公司船舶运输处编
福建省运输特种股份有限公司船舶运输处，1941.3，34 页，25 开
收藏单位：国家馆

05409
上海港口管理船只章程
出版者不详，43 页，22 开
收藏单位：南京馆、上海馆

05410
上湘湖东航线断面图 汪超等测绘
[杭州]：第三中山大学劳农学院场所委员会，1927，[2] 页，4 开

05411
水上消防铁道警察讲义 张迺平讲述
中央警官学校第四分校甲级警官班，1948，60+94+80 页，32 开
收藏单位：天津馆

05412
中国水道地形图索引 全国经济委员会水利处编
南京：全国经济委员会，1936.4，118 页，16 开（全国经济委员会水利处水利专刊 8）（水利处丛刊 5）
本书内收全国各地水道地形图 49 幅，8 开单面印折成 16 开。
收藏单位：广东馆、国家馆、湖南馆、南京馆、山西馆

05413
中华民国海军部海道测量局二十五年航船布告目录汇刊 海军部海道测量局编
海军部海道测量局，39 页，24 开（海军部海道测量局出版品 4）
本书为中英文本。

航空、航天

05414
航空纪载汇编 刘佐成编
南京：飞行杂志社，1930.9，290 页，18 开
本书共 9 部分：论文、学术、纽带、演讲、序言、诗歌、公牍、哀挽、杂录。
收藏单位：浙江馆

05415
清华航空研究所工作报告 庄前鼎编
清华航空研究所，[1945]，22 页，32 开

本书为清华大学工学院附设航空研究所1937年至1945年工作报告。

收藏单位：南京馆、上海馆

05416

少年航空知识 （日）山田新吾著 刘之常译 殷佩斯校

上海：商务印书馆，1933—1934.10，4册（192页），32开（小学生文库 第1集 工程类 155—158）

本书介绍飞机的发展史、种类、原理、驾驶技术，防空，各国的航空实力，航空事业中的优秀人物及发明创造等。

收藏单位：重庆馆、贵州馆、上海馆、首都馆

航 空

05417

飞渡大西洋 航空署情报科编

航空署情报科，1934.2，30页，32开（航空小丛书8）

收藏单位：广西馆

05418

飞机原理 航空委员会编

航空委员会，1940，122页，22开

本书为空军机械学校初级班用飞机学教程。

收藏单位：广东馆

05419

飞行捷径 萧祐承著

长沙：商务印书馆，1938.2，99页，32开

长沙：商务印书馆，1938.5，再版，99页，32开

本书共17章，内容包括：简明航空史、理论、飞机各部之组织及其效用、地平线、普通转向、着陆等。

收藏单位：重庆馆、甘肃馆、贵州馆、国家馆、南京馆

05420

港模型飞机协会

出版者不详，16页，32开

收藏单位：南京馆

05421

广东航空学校专刊 航空学校编译室编

广州：航空学校，[1934]，[20]+140页，16开

本书介绍广东航空学校的沿革、章制、法则、校务、机务、医务、体育、图书、交通、学生队、见习队、民航班等。

收藏单位：国家馆、吉林馆

05422

航空常识 陆军通信兵学校编

陆军通信兵学校，1944，28页，32开

收藏单位：广东馆

05423

航空常识 王锡纶编译

上海：北新书局，1934.7，351页，25开（常识丛书）

本书共15章，内容包括：航空机之种类、飞机之历史、现在飞机之性能、民用飞机、航空运输、军用飞机、飞机之构造等。附录：飞机之世界纪录。

收藏单位：北师大馆、广东馆、国家馆、天津馆

05424

航空常识问答 （英）亨萧（P. M. Henshaw）著 吴照华译

外文题名：Air questions and answers

上海：商务印书馆，1936.7，325页，32开

上海：商务印书馆，1936.11，再版，325页，32开

上海：商务印书馆，1936，3版，325页，32开

长沙：商务印书馆，1939.4，4版，325页，32开

本书共16章，内容包括：空气动力学、飞机、螺旋桨、发动机、气象学、航空学、航空法规、滑翔飞行等。

收藏单位：重庆馆、广东馆、贵州馆、国家馆、黑龙江馆、湖南馆、南京馆、陕西馆、上海馆、浙江馆

05425
航空的常识　叶颐著
上海：乐华图书公司，1935.3，197 页，32 开（乐华少年文库）
本书共 13 章，内容包括：写在前面的话、航空的发达史、航空机的用途、航空机的原理、航空机的构造、航空机的设备等。
收藏单位：安徽馆、重庆馆

05426
航空概要　陶叔渊编
上海：中华书局，1935.10，170 页，32 开（中华百科丛书）
上海：中华书局，1936.8，再版，170 页，32 开（中华百科丛书）
上海：中华书局，1941.2，4 版，170 页，32 开（中华百科丛书）
香港：中华书局，1947.9，港 3 版，170 页，32 开（中华百科丛书）
本书共 9 章，内容包括：航空器之种类、飞行机之性能、飞行机之构造、航空发动机、螺旋桨、飞行之原理等。附录：中文名词索引、西文名词索引。
收藏单位：广东馆、国家馆、河南馆、黑龙江馆、湖南馆、江西馆、辽宁馆、南京馆、宁夏馆、陕西馆、上海馆、天津馆、浙江馆

05427
航空机械与动力装置　（美）费哲著　汤珙真　汤达明译
成都：铁风出版社，1941，42 页，64 开（青年航空小丛书 3）
本书为科普读物。
收藏单位：重庆馆、南京馆

05428
航空浅识
出版者不详，68 页，64 开
本书介绍航空沿革史、航空器种类、世界航空概况等。
收藏单位：国家馆

05429
航空时代　训练总监部军学编译处译
南京：军用图书社，1933.7，238+24 页，32 开
本书介绍航空历史、航空机、飞行术等。
收藏单位：重庆馆、广西馆、贵州馆、国家馆、浙江馆

05430
航空实际问题与航空气象　六一部队编译室编
[长春]：六一部队训练处，1947，75 页，32 开（航空丛书 8）
收藏单位：国家馆

05431
航空通论　姚士宣编译
上海：商务印书馆，1933.12，11+140 页，32 开（航空丛书）
上海：商务印书馆，1935，再版，11+140 页，32 开（航空丛书）
上海：商务印书馆，1937.11，3 版，11+140 页，32 开（航空丛书）
本书共 7 章，内容包括：航空史，航空器械的构造、原理、性能、应用，飞行员的训练，欧美民用飞机概况等。
收藏单位：重庆馆、广东馆、国家馆、江西馆、辽宁馆、南京馆、上海馆、浙江馆

05432
航空学　陈国樑编著
香港：珠江日报，1938.9，214 页，16 开
本书共 17 章，内容包括：航空历史、大气与气象、气球、飞船、飞机、飞机机身、发动机等。
收藏单位：贵州馆、国家馆

05433
航空学　魏克波斯克撰　中央陆军军官学校第四分校编译
出版者不详，1939，改定版，331+44 页，24 开
本书附气象学。

收藏单位：重庆馆、黑龙江馆

05434
航空学
出版者不详，1935，改定版，332+46 页，22 开
本书附气象学。
收藏单位：安徽馆、重庆馆、广东馆、国家馆

05435
航空学（理论与实际） 施兆贵著
上海：商务印书馆，1936.7，415 页，22 开（大学丛书 教本）
上海：商务印书馆，1937，再版，415 页，22 开（大学丛书 教本）
长沙：商务印书馆，1938.4，415 页，22 开（大学丛书 教本）
本书共 16 章，内容包括：飞行力学之总析、翼面力学、推动机、寄生阻力、飞行术、航空仪器等。
收藏单位：重庆馆、东北师大馆、广东馆、贵州馆、国家馆、黑龙江馆、湖南馆、江西馆、辽宁馆、南京馆、内蒙古馆、上海馆、天津馆、浙江馆、中科图

05436
航空学大意 定海 万汝燕著
北京：商业印刷局，1925.5，158 页，16 开，精装
本书共 4 编：航空器、空气与航空之关系、航空（驾驶）学理概说、商业航空概说。
收藏单位：南京馆

05437
航空学讲义 [陆军军官学校] 编
陆军军官学校，1947，36 页，36 开
收藏单位：重庆馆

05438
航空学讲义 饶国璋编
中央航空学校教育处，1935.12，128 页，32 开
本书共 10 章，内容包括：航空器之种类、飞机之型别、空气抵抗、翼面、飞机之安定、螺旋桨、发动机等。
收藏单位：国家馆、浙江馆

05439
航空学讲义 中央航空学校教育处教授科编
中央航空学校，1937.11，[400] 页，23 开

05440
航空学讲义
出版者不详，228 页，25 开
收藏单位：重庆馆

05441
航空学摘要、防空学摘要
南京：中央陆军将校训练团，1942.12，1 册，22 开
本书为合订书。《航空学摘要》共 6 章，介绍世界、中国航空之沿革，航空规约之一般，飞机队性能及任务之运用要领等。《防空学摘要》共 4 篇，介绍防空兵器的种类及使用要领、都市防空之要领等。
收藏单位：国家馆

05442
航空研究院简史（二十八年七月七日至三十五年二月二十八日） 王助编
出版者不详，[1946]，石印本，20 页，16 开，环筒页装
本书共 7 部分，内容包括：研究所的业务组织、研究院的业务组织、研究人员、研究工作、生产工作等。航空研究院 1939 年 7 月 7 日成立于成都。
收藏单位：东北师大馆、广东馆、国家馆、南京馆、上海馆

05443
航空与防空 张瑛等著
上海：正中书局，1937.3，333 页，25 开（应用科学丛书）
本书共 12 章，内容包括：航空机、航空发动机、飞机的识别、航空落下伞、机器人操纵、空中的征服、防空知识的纲领、国民

防空、都市防空等。

收藏单位：重庆馆、广东馆、贵州馆、国家馆、江西馆、浙江馆

05444
实用航空学　郑汉生编
上海：商务印书馆，1935.3，255页，23开，精装

本书共3编：航空初步、飞行学、军用航空与民用航空。

收藏单位：重庆馆、广东馆、贵州馆、国家馆、湖南馆、江西馆、辽宁馆、南京馆、陕西馆、上海馆、天津馆、浙江馆、中科图

05445
实用航空学辑要　郭力三著
南京：军用图书社，1931.8，132页，23开

本书共21部分，内容包括：航空器之种类及其用途、空军之威力与空运之优点、航空与国防之关系等。

收藏单位：国家馆、江西馆、南京馆、浙江馆

05446
厦大航空　国立厦门大学航空工程学会编
厦门：国立厦门大学航空工程学会，1948，36页，16开

收藏单位：国家馆

05447
香港远东航空学校1938年简章　香港远东航空学校编
香港：香港远东航空学校，1938，40+38页，22开

本书介绍香港远东航空学校概况、师生名录、校闻等。

收藏单位：国家馆

05448
远东航空学校简章　香港远东航空学校编
香港：香港远东航空学校，[1934]，[65]页，18开

本书介绍香港远东航空学校概况、入学条件、各科课程等。该校由国民政府、香港政府和英国航空部合建。中英对照。

收藏单位：国家馆

05449
征空　（法）业塞尔讲述　训练总监部军学编译处译
南京：军用图书社，1933.4，272页，22开

本书共5章：航空之存在条件与发达条件、器材、人员、航空一般之编制、航空与战争之关系。

收藏单位：广西馆、国家馆、上海馆、浙江馆

05450
中级航空常识　陈鸿韬　翁慰慈编辑
成都：铁风出版社，1941.1，64页，32开

收藏单位：重庆馆

05451
最新航空要编　高福源编译
北平：武学书馆，1932，150页，32开

本书介绍航空器材、空中操作、飞机场及气球阵地、军用航空机的应用等。

收藏单位：国家馆

航空史

05452
德国之航空（中德文对照）（德）赖德涵（J. H. Rathje）著　陆振国译
上海：璧恒公司，1943，108页，16开

本书共6编：起源，欧战时代之航空至近代之航空交通，技术之进展，飞行实施、盲目飞行、航空术，民用航空及军用航空，技术上之展望。

收藏单位：上海馆

05453
航空救国　黎宣讲
[南昌]：江西省立图书馆，1933.7，32页，32开（学术讲演2）

本书介绍中国航空实况及今后发展要途，飞机构造、种类、用途及飞行原理，航空与江西的关系等。

收藏单位：国家馆、江西馆

05454

航空演进史（上册） 航空署编审委员会编

航空署编审委员会，[1935—1939]，38页，32开（航空小丛书12）

收藏单位：国家馆、江西馆

05455

航空演习纪念

出版者不详，[1911]，32页，22开

本书介绍航空历史的大概，航空对于地理、交通、军事、欧战、工商的关系，飞机制造的大概，飞机将来的进化等。

收藏单位：国家馆

05456

空中的征服

上海：良友图书公司，1936.2，1册，32开（万有画库22）

本书为美国航空摄影集，共收70余幅照片，附说明文字。书前有《空中的征服》一文，介绍航空发展情况。

收藏单位：贵州馆、国家馆、宁夏馆、上海馆、首都馆、天津馆

航空普及读物

05457

航空的秘密 许幸之译述

上海：时代科学图画丛书社，1936.4，267页，16开，精装（时代科学图画丛书 第2集）

本书介绍飞机的发达、飞行的原理、飞机的构造、军用航空、各国陆海军航空等。

收藏单位：重庆馆、国家馆、黑龙江馆、湖南馆、江西馆、近代史所、上海馆

05458

航空论 黄璧著

上海：商务印书馆，1925.2，131页，22开

上海：商务印书馆，1928，2版，131页，22开

上海：商务印书馆，1933.2，国难后1版，131页，22开

上海：商务印书馆，1935.3，国难后2版，131页，22开

本书介绍空气的性质、滑翔、推进机、飞机的构造、航空等普及性知识。

收藏单位：广东馆、广西馆、国家馆、河南馆、湖南馆、江西馆、内蒙古馆、浙江馆

05459

航空生活 段隽源编著

上海：世界书局，1929.11，80页，32开（生活丛书）

上海：世界书局，1933.3，再版，80页，32开（生活丛书）

本书共7章，内容包括：动物的航空生活、现代航空事业之新成绩、天空极高处的飞行、飞行的沿革、飞行的原理、飞机构造法等。

收藏单位：重庆馆、广东馆、国家馆、湖南馆、江西馆、辽宁馆、南京馆、内蒙古馆、宁夏馆、陕西馆、上海馆、天津馆、浙江馆

05460

航空世界 卢南生编译

天津：大公报馆，1933.4—1934，2册，18开

本书介绍飞渡太平洋问题、人类征空本末记、飞机浅说、军事航空、列强空军之现势、列强之民间航空、特种飞机的特殊装置等。据日本北岛尖夫《最新航空讲话》等书籍及月刊科学杂志编译。

收藏单位：重庆馆、国家馆、河南馆、湖南馆、首都馆、天津馆、浙江馆

05461

航空问答 顾纪常译 刘寒江 舒伯炎校

中央航空学校，1935.6，424页，32开

中央航空学校，1936.10，再版，424页，32开

本书内容包括：空气动力学、飞机、螺旋

桨、发动机、汽艇、气象学、航行学、航空法规等。

收藏单位：国家馆、黑龙江馆、湖南馆

05462
航空之过去与未来　（美）费哲著　汤琪真　汤达明译
成都：铁风出版社，1941.3，86页，50开（青年航空小丛书4）

收藏单位：重庆馆

05463
空中航行术　高鲁编译
上海：商务印书馆，1910.3，160页，22开
上海：商务印书馆，1913.10，3版，160页，22开
上海：商务印书馆，1918.7，5版，160页，22开

本书介绍气球、气艇、纸鸢、飞人、飞车等的历史和制法等。

收藏单位：国家馆、上海馆、首都馆、浙江馆

05464
人类的飞行　沙玉彦编
上海：新亚书局，1933.11，70页，36开（科学知识普及丛书）

本书共8章，简述从气球发明到飞机制成的人类飞行史。

收藏单位：重庆馆、广东馆、国家馆、辽宁馆、南京馆、西交大馆

05465
少年航空常识（合订本）　姚家栋编著
重庆：正中书局，1941.10，225页，32开
上海：正中书局，1946.11，沪1版，225页，32开
上海：正中书局，1947.12，沪3版，225页，32开

本书为《少年航空常识》第1至10册合订本。介绍飞机的发展史、种类、原理、驾驶技术、作用，防空，各国的航空实力，航空事业中的优秀人物及发明创造等。

收藏单位：重庆馆、国家馆、南京馆、浙江馆

05466
少年航空学　吴耀祖　李瑞麒著
少年航空之友社，1941，76页，36开（少年之友丛书第1辑）

收藏单位：广东馆

05467
最新航空奇观　沙羽编
上海：言行社，1941.6，160页，36开（科学知识丛书）

本书内容包括：飞机的构造、航空时代已经到来、飞机的文化使命、空战的艺术等。

收藏单位：重庆馆、广东馆、国家馆、湖南馆、辽宁馆、山西馆、上海馆、天津馆

航空词典

05468
航空辞典（英汉双解）　舒伯炎编译兼校订　姚士宣等协译
中央航空学校教育处，1937.2，452页，32开，精装

收藏单位：贵州馆、国家馆、湖南馆、南京馆、山西馆

05469
航空用语　军政部航空署选定
军政部航空署，1931，55页，32开

本书中英文对照。

05470
航空用语辞典　中央航空学校教育处编
中央航空学校教育处，1934.12，256页，25开，精装

本书为英汉辞典，按英文字母排列。

收藏单位：国家馆、湖南馆、南京馆、山西馆、上海馆、中科图

05471

英德法华航空工程名词　吕凤章等编译　国立清华大学航空研究所编订

中国机械工程学会，1940.10，89 页，16 开

收藏单位：国家馆

05472

英汉航空用语字典　胡伯琴等编辑　林菊生总编辑及校订

［成都］：航空委员会训练监编译科，1940.10，493 页，18 开，环筒页装

收藏单位：重庆馆、国家馆、湖南馆、南京馆、山西馆、中科图

基础理论及试验

05473

长方板内受对称力之应力分析　林致平　李迪强等著

成都：航空委员会航空研究院，1944.10，20 页，16 开，环筒页装（航空委员会航空研究院研究报告 15）

本书介绍航空用材料应力试验。英文本，附中文摘要。

收藏单位：国家馆、上海馆

05474

多孔长条之应力分析　林致平等著

外文题名：Stresses in a perforated strip containing a series of circular holes under tension

成都：航空委员会航空研究院，1944.1，66 页，16 开，环筒页装（航空委员会航空研究院研究报告 9）

本书为英文本，书前有中文引言。

收藏单位：国家馆、南京馆、上海馆

05475

飞机动力学　中央航空学校教育处编

中央航空学校教育处，1934.12，392 页，32 开

本书共 13 章，内容包括：水平直线飞行、螺旋桨、上升飞行、水平圆圈飞行、活动半径等。

收藏单位：广东馆、国家馆、浙江馆

05476

飞机性能之捷算法　王士倬　徐舜寿著

成都：航空委员会航空研究所，1940.8，24+[43] 页，16 开，环筒页装（航空委员会航空研究所技术丛编 1）

本书为英文本，书前有中文绪言。

收藏单位：国家馆

05477

飞行原理　柏实义著

重庆：商务印书馆，1944.8，96 页，32 开（国防科学丛书）

重庆：商务印书馆，1945.5，再版，96 页，32 开（国防科学丛书）

上海：商务印书馆，1946.11，沪 1 版，96 页，32 开（国防科学丛书）

上海：商务印书馆，1947，沪 2 版，96 页，32 开（国防科学丛书）（新中学文库）

上海：商务印书馆，1947.6，沪 3 版，96 页，32 开（国防科学丛书）（新中学文库）

本书共 10 章，内容包括：空气静力学、空气动力学基本概念、机翼及翼剖面、飞机性能等。

收藏单位：安徽馆、长春馆、重庆馆、广东馆、贵州馆、国家馆、黑龙江馆、湖南馆、江西馆、辽东学院馆、辽宁馆、柳州馆、南京馆、内蒙古馆、山西馆、上海馆、首都馆、天津馆、浙江馆、中科图

05478

飞行原理　（苏）顾兹敏高　（苏）维斯列聂夫著　常乾坤译

中国人民解放军航空学校，1949，2 册（242+153 页），32 开

收藏单位：国家馆

05479

风洞干涉　曹鹤荪编著

重庆：正中书局，1944.6，78 页，25 开

上海：正中书局，1947.7，沪 1 版，78 页，25

开

本书为大学用书。介绍空气动力学风洞试验，计算风洞中的阻力系数。共 6 章，内容包括：总论、长方形风洞之干涉、任意形状风洞之干涉、风洞与螺旋桨等。

收藏单位：重庆馆、东北师大馆、广东馆、国家馆、湖南馆、辽宁馆、南京馆、内蒙古馆、宁夏馆、上海馆、浙江馆

05480

高速气流突变之测定　钱学森著

外文题名：A method for predicting the compressibility burble

成都：航空委员会航空研究所，1940.12，28 页，16 开，环筒页装（航空委员会航空研究所研究报告 2）

本书为英文本，有中文摘要。

收藏单位：重庆馆、国家馆

05481

简易空气动力学　姜长英编

上海：世界书局，1948.10，154 页，25 开

本书据美国柯雷鸣（A. Klemin）所著 *Simplified aerodynamics* 改编。

收藏单位：辽宁馆、南京馆、上海馆

05482

简易空气动力学　（美）柯雷鸣（A. Klemin）著　王达新译

长沙：商务印书馆，1940.10，274 页，36 开

上海：商务印书馆，1948，再版，274 页，36 开

本书共 19 章，内容包括：几种有用之数学及力学原理、空气与大气之性质、流线流及白诺礼氏定律、飞行之基本原理等。

收藏单位：重庆馆、国家馆、湖南馆、江西馆、内蒙古馆、首都馆

05483

空气动力学（上篇 基本空气动力学）　柏实义编著

上海：国立编译馆，1947.9，312 页，25 开

本书为部定大学用书。共 10 章，内容包括：引言及术语、基本概念、翼剖面、全机翼之性能、多翼机等。

收藏单位：重庆馆、国家馆、辽宁馆、南京馆、内蒙古馆、宁夏馆

05484

空气动力学讲义　董渭　沈文博编

昆明：空军军官学校初级班，1940.5，144 页，36 开

本书共 11 章，内容包括：大气性质、翼面力学、双翼飞机、飞机性能、操纵面等。

收藏单位：重庆馆

05485

铆边平板之应力分析　林致平　徐勉钊著

成都：航空委员会航空研究院，1945.2，64 页，16 开，环筒页装（航空委员会航空研究院研究报告 16）

本书为英文本，书前有中文引言。

收藏单位：国家馆、上海馆

05486

偏心圆管之扭力问题　林致平著

成都：航空委员会航空研究所，1940.8，28 页，16 开，环筒页装（航空委员会航空研究所技术报告 1）

本书为英文本，有中文摘要。附钱学森对该文的评议。

收藏单位：重庆馆、国家馆

05487

平板环列圆孔之应力分析　林致平　王培生著

外文题名：Stresses in a perforated plate containing a ring of circular holes

成都：航空委员会航空研究院，1943.6，42 页，16 开，环筒页装（航空委员会航空研究院研究报告 6）

本书为英文本，有中文摘要及附录。

收藏单位：国家馆、上海馆

05488

气动力学教程

航空委员会，1942，234+8 页，22 开

收藏单位：广东馆、南京馆

05489

清华大学之航空风洞 王士倬等著

北平：国立清华大学机械工程学系，1936.8，12 页，16 开

05490

实用飞机原理学 柳希权编著

上海：商务印书馆，1937.7，2 册（542 页），32 开（航空丛书）

本书共 4 章：空气动力、飞机特性、安定、飞机之试验。附表：100 马力以上单发动机飞机、100 马力以下之单发动机飞机、速度记录飞机等。

收藏单位：重庆馆、广东馆、贵州馆、国家馆、湖南馆、江西馆、南京馆、宁夏馆、浙江馆

05491

新型蒙布张力测定器 林致平等著

成都：航空委员会航空研究院，1944.4，14 页，16 开，环筒页装（航空委员会航空研究院研究报告 8）

本书有附录。

收藏单位：国家馆、山西馆、上海馆、中科图

05492

以机翼扭转及调换机翼截面求椭圆形升力分布 钱自诚著

出版者不详，1940.4，21 页，16 开

本书原为柏林工业大学工学博士论文，曾载于 1938 年德国《航空研究报告》杂志。

收藏单位：国家馆

05493

月形柱体之扭力问题 林致平等著

成都：航空委员会航空研究院，1943.10，24 页，16 开（航空委员会航空研究院研究报告 7）

本书为英文本，附中文摘要。

收藏单位：国家馆、上海馆

05494

正向质薄板之弹性稳定问题 林致平 谈镐生著

成都：航空委员会航空研究院，1941.10，38 页，16 开，环筒页装（航空委员会航空研究院研究报告 3）

本书为英文本，附中文摘要。

收藏单位：广东馆、国家馆

05495

正向质圆筒之弹性稳定问题 林致平等著

成都：航空委员会航空研究院，1945.6，18 页，16 开，环筒页装（航空委员会航空研究院研究报告 19）

本书研究飞机机体材料力学。

收藏单位：国家馆、上海馆

飞机构造与设计

05496

飞机构造 航空委员会编

航空委员会，1941.1，276 页，24 开

本书为空军机械学校初级班用飞机教程。

收藏单位：广东馆、首都馆

05497

飞机构造学（上集） 朱景梓著

国立四川大学，1949.3，212 页，16 开

收藏单位：国家馆

05498

飞机构造学讲义 林羽 陈万明编

昆明：空军军官学校初级班，1940.6，174 页，32 开

收藏单位：重庆馆

05499

飞机构造与修理

出版者不详，140 页，32 开，精装

本书共 3 章：飞机构造学各名词定义、飞

机构造原理、飞机各部修理法。

收藏单位：国家馆

05500

飞机木质翼梁之设计 林致平 王培生著

成都：航空委员会航空研究院，1945.2，42页，16开，环筒页装（航空委员会航空研究院研究报告18）

本书共3章：引言、匣梁分析、匣梁设计。附录：重要标注、匣梁试验、参考文献。

收藏单位：国家馆、上海馆

05501

[汉密尔顿油压螺旋桨] 叶上芃编

空军机械学校，1944，58页，32开

收藏单位：广东馆

05502

竹质飞机外挂汽油箱 余仲奎 罗锦华著

成都：航空委员会航空研究院，1946.2，16页，16开（航空委员会航空研究院研究报告33）

本书介绍用竹料制造飞机汽油箱的操作手续及其优点。

收藏单位：广东馆、国家馆、上海馆

航空发动机（推进系统）

05503

B-25飞机发动机手册 李森林编

空军机械学校，1946，38页，22开

收藏单位：广东馆

05504

P-38飞机发动机手册（上集） 宋穗祥译

空军机械学校教育处，1946，42页，22开

收藏单位：广东馆

05505

飞机发动机的原理 （美）兴顿（Walter Hinton）著 徐同邺译

外文题名：Aircraft engine principles

重庆：正中书局，1941.4，29页，36开

上海：正中书局，1947.2，沪1版，29页，36开

本书内容包括：飞机燃料、飞机润滑问题、始动发动机前应注意之事项等。

收藏单位：重庆馆、广东馆、贵州馆、国家馆、南京馆、上海馆、浙江馆

05506

飞机发动机之力分析及原件设计 华文广著

南昌：航空机械学校，1937.5，174页，32开（航空机械丛书）

本书内容包括：发动机机构之运动分析、力之分析、曲轴设计、曲轴之扭转振动及其消灭、轴承荷重与设计等。

收藏单位：浙江馆

05507

高级航空发动机学教程

空军机械学校教育处，1946，392+[23]页，22开

收藏单位：广东馆

05508

航空发动机 邹文耀编著

上海：商务印书馆，1937.3，143页，32开（工学小丛书）

长沙：商务印书馆，1939.9，2版，143页，32开（工学小丛书）

本书介绍发动机的类别、马力、效力、处理法等。

收藏单位：重庆馆、广东馆、国家馆、河南馆、湖南馆、南京馆、上海馆、浙江馆

05509

航空发动机实习概论 柯啸梧编

空军机械学校，62页，16开

收藏单位：广东馆

05510

航空发动机学 航空委员会军政厅编

航空委员会军政厅，1942，158页，22开

收藏单位：广东馆

05511
航空发动机学 邹文耀编纂
南昌：航空第二修理工厂编印委员会，1936.10，2册（348页），22开
本书共18章，内容包括：发动机之类别、各种常用发动机之构造及性能、螺旋桨及减速器、发动机之养护、燃料与燃烧、马力、效率等。
收藏单位：浙江馆

05512
航空发动机学（第1集） 柯啸梧编
空军机械学校，1941，[208]页，22开
收藏单位：广东馆、湖南馆

05513
航空发动机学（第3集） 曹希珍编
航空机械学校，218页，32开
收藏单位：南京馆

05514
航空发动机学概论 航空委员会编
航空委员会，1942，152页，22开
收藏单位：广东馆、南京馆

05515
航空发动机学讲义 饶国璋编
中央航空学校教育处，322页，32开
中央航空学校教育处，1935.8，再版，322页，32开
中央航空学校教育处，1937，3版，322页，32开
本书内容包括：总论、汽化、战火、润滑、散热、机件之研究、起动装置、各式发动机等。
收藏单位：重庆馆、国家馆、浙江馆

05516
航空发动机学讲义 田长模编辑 王藻纯校正
空军军士学校，1941，164页，18开
收藏单位：国家馆

05517
华斯蒲及洪赖特发动机说明书 舒伯炎译
中央航空学校，1934.11，120页，32开
中央航空学校，1936.8，再版，120页，32开
本书对华斯蒲及洪赖特发动机的构造、装配、使用、保养进行了详细说明。附录：英汉名词对照表。
收藏单位：重庆馆、国家馆

航空仪表、航空设备、飞行控制与导航

05518
（LORAN）长途航行仪讲义 沈在崧等编译
[空军通信学校]，1945，52+15页，22开
收藏单位：广东馆

05519
P-43与P-66式飞机无线电设备运用须知 无线电机修造厂编译
出版者不详，[12]页，18开
收藏单位：广东馆

05520
保险伞 航空委员会编
航空委员会，14页，32开（航空小丛书29）
收藏单位：重庆馆、上海馆

05521
保险伞学讲义 李经纶编
空军机械学校，1945，74页，22开（飞机实习室讲义2）
收藏单位：广东馆

05522
飞机无线电装备 （美）兴顿（Walter Hinton）著 徐同邺译
外文题名：Airplane radio equipment
重庆：商务印书馆，1946.1，32页，32开
本书著者原题：兴登。
收藏单位：重庆馆、东北师大馆、广东

馆、国家馆、辽宁馆、南京馆、上海馆、天津馆、浙江馆

05523
飞机装备（兵器篇） 航空委员会编
航空委员会，20 页，32 开（航空小丛书 32）
本书介绍飞机的兵器装备、种类、性质、使用方法等。
收藏单位：重庆馆、广东馆、国家馆、上海馆

05524
飞机装备（仪器篇） 航空委员会编
航空委员会，16 页，32 开（航空小丛书 33）
本书介绍飞机的仪器种类、特性等。
收藏单位：重庆馆、广东馆、上海馆

05525
高级仪器学续集
空军机械学校教育处，1946，134+[50] 页，22 开
收藏单位：广东馆

05526
航行用仪器 陈铁静编译
[成都]：航空委员会训练监编译科，1940.10，122 页，64 开
本书共 4 节：概说、由航迹以决定自己位置之方法、用天体观测之方法、用无线电信号之航行法。
收藏单位：重庆馆

05527
航空器材保管法 航空委员会编译
[航空委员会]，1938，54 页，32 开
本书共 6 编：陆地飞机及水面飞机、发动机、飞行仪表及发动机仪表、无线电器材、照相器材、军械。附录：航空器材保管法摘要、航空器材库应注意事项。
收藏单位：重庆馆

05528
航空器材保管教范草案 航空委员会编
航空委员会，1940，252+252 页，64 开，精装
本书共 9 篇，内容包括：总纲、飞机保管法、航空发动机保管法、仪器保管法、火药与炸弹之保管法等。附录：空中物资运输程序暂行办法等。
收藏单位：重庆馆、广东馆

05529
航空器材装拆积载运输教范草案 [航空委员会编]
航空委员会，1942，246 页，64 开，精装
本书共 6 篇：总则、航空器材之拆散、航空器材之包装、航空器材之积载、航空器材之运输、卸开。附录：运输法规。
收藏单位：重庆馆、广东馆

05530
航空委员会航空器材管理规则
机械处器材科，1941 重印，12 页，36 开
本书共 11 章，内容包括：总则、补充与调拨、验收与保管、请领与核发等。
收藏单位：重庆馆

05531
航空无线电信学
出版者不详，36 页，16 开
本书内容包括：绪言、电气振动、电波之传播、送信装置、受信装置等。
收藏单位：国家馆

05532
航空仪器学 刘浩春编辑
空军机械学校，1945，144 页，22 开
收藏单位：广东馆、首都馆

05533
航空仪器学讲义 郭力三讲述 中央航空学校教育处编
中央航空学校教育处，1934.12，10+120 页，32 开
本书共 7 章，内容包括：总论、高度之测定、定高仪及升降速度计、速度之测定、方

向及位置指示用仪器等。

收藏单位：国家馆、绍兴馆、浙江馆

05534

航空仪器学讲义 郭力三讲述 中央航空学校洛阳分校编

[洛阳]：中央航空学校洛阳分校，1935.10，10+120页，32开

本书共7章，内容包括：总论、高度之测定、定高仪及升降速度计、速度之测定、方向及位置指示用仪器等。封面题名：航空仪器学。

收藏单位：国家馆、浙江馆

05535

航空仪器学讲义 聂光坡 张传忠编

空军军士学校教育处教授科，1941，92页，16开

本书共4篇：总说、发动机仪表、飞行仪表、特殊仪表。

收藏单位：国家馆

05536

空用定向仪说明书

空军总指挥部，1册，18开

收藏单位：广东馆

05537

实用航空仪器学 苏用中编译 张文组校

[成都]：航空委员会训练监编译科，1940.2，164页，23开（航空委员会参考书类编字12）

本书共14章，内容包括：转数表、温度表、压力表、航行辅助仪器等。

收藏单位：国家馆

05538

苏联飞机高压养气装备 刘善本编译

[成都]：航空委员会训练监编译科，1940.12，24页，36开（航空委员会参考书类编字89）

收藏单位：重庆馆

05539

无线电降落法及其设备之说明 航空委员会译

航空委员会，1943，160页，32开

收藏单位：广东馆

05540

中国保险伞说明书

出版者不详，26页，22开

本书为降落伞产品说明书。

收藏单位：重庆馆

航空用材料

05541

层竹之创造 余仲奎等著

成都：航空委员会航空研究院，1945.9，52页，16开，环筒页装（航空委员会航空研究院研究报告26）

本书介绍层竹的制造、特性、曝晒试验、强度变化等。层竹系多张单竹用胶粘合的薄板，用于飞机制造上。

收藏单位：广东馆、国家馆、上海馆

05542

飞机构造材料讲话 徐同邺编著

[上海]：世界书局，1948.1，24页，32开

收藏单位：国家馆、南京馆

05543

飞机木材之处置与使用 航空委员会航空研究所编

成都：航空委员会航空研究所，1940.12，29页，16开，环筒页装（航空委员会航空研究所技术丛编3）

本书共8部分，内容包括：木材构造概说、西南木材产区及分布、飞机木材自然干燥之堆集、飞机木材之选用等。

收藏单位：广东馆、国家馆

05544

建树吾国航空用木材事业刍议 唐耀著

经济部中央工业试验所木材试验室，1940.11，11 页，16 开（经济部中央工业试验所木材试验室特刊 11）

本书共 2 部分：木材应用于飞机上各问题、进行之计划。

收藏单位：国家馆

05545

中级航空材料学教程 航空委员会编

航空委员会，1942.10，258 页，32 开

本书书前有航空委员会令，封面盖有"密 001544"印记。

收藏单位：广东馆、江西馆、上海馆

航空制造工艺

05546

飞机白铁蒙皮及明胶板之紧急修理 杨宗浩编

空军机械学校，1947，14 页，22 开

收藏单位：首都馆

05547

飞机机工教程 军政部航空署编

军政部航空署，1932.8，163+23 页，32 开

本书共 5 篇：器具、材料、工作、点检及规正、擦洗格纳法。

收藏单位：国家馆

05548

飞机检查法 空军机械学校编

空军机械学校，[1940—1949]，42 页，22 开

收藏单位：广东馆、江西馆

05549

飞机检查法（上篇） 刘献捷著

出版者不详，[1934]，50 页，32 开

本书共 13 部分，内容包括：试飞、驾驶间之检查、飞机驾驶性之检查、飞机灵便性之检查、飞机上升能力之检查等。

收藏单位：国家馆

05550

飞机维护 航空委员会编

航空委员会，1942，184+[12] 页，22 开

本书为空军机械学校初级班用飞机学教程。

收藏单位：广东馆、南京馆

05551

飞机修理法要领 航空委员会航空研究所编

成都：航空委员会航空研究所，1940.11，46 页，16 开，环筒页装（航空委员会航空研究所技术丛编 2）

本书附录：铝合金之热处理、钢绳编结法、木工用胶及层板。

收藏单位：国家馆

05552

飞机与生产事业 贺岳僧著

成都：大众航空社，1940.6，18 页，64 开（通俗航空丛书 3）

收藏单位：南京馆

05553

飞机之焊接

出版者不详，[1940—1949]，78 页，22 开

收藏单位：江西馆

05554

飞机之蒙被与髹饰 张璐 宋元寿编

空军机械学校教育处，1940，128 页，22 开（空军机械学校教育处第三组实习讲义 2）

收藏单位：广东馆

05555

飞机之维护 吴嗣陵 叶玄编

空军机械学校教育处，1940，102 页，22 开（空军机械学校教育处第三组实习讲义 3）

收藏单位：广东馆

05556

飞机之修理 曲延寿等编著

空军机械学校教育处，[1940.6]，123 页，22 开（空军机械学校教育处第三组实习讲义 5）

收藏单位：广东馆、上海馆

05557

弗力脱飞机之装配与保管 舒伯炎编译

南京：中央航空学校，1935.6，44 页，16 开

收藏单位：浙江馆

05558

海军江南造船所制造飞机处 海军江南造船所制造飞机处营业课编

上海：海军江南造船所制造飞机处营业课，1932，23 页，长 21 开

本书介绍海军江南造船所制造飞机处采用国产材料的经过和产品等。

05559

航空白铁工作法

空军机械学校教育处，1946，147 页，22 开

收藏单位：广东馆

05560

华特可塞 V-65-CI 型飞机之装配与保管 胡伯琴译

中央航空学校教育处编译科，1936.2，再版，96 页，32 开

本书内容包括：润滑、装配说明、起落架、尾轮、动力装置、电气设备、中英文译名对照表等。封面题名：V-65-CI 型华特可塞飞机装配与保管。

收藏单位：国家馆、浙江馆

05561

考察德法英荷比义等国航空研究所风室及飞机与马达制造厂报告 秦大钧著

天津：国立北洋工学院出版组，1936.9，42 页，16 开（国立北洋工学院工科研究所研究丛刊 10）

收藏单位：国家馆

05562

空中怪物航研长距离机 （日）中正夫著

北平：近代科学图书馆，[1945.4]，6 页，22 开

本书介绍日本设计制作长距离飞行机的情况。《北平近代科学图书馆馆刊》第 1 号抽印本。

收藏单位：国家馆

05563

空中战 孙毓修编

上海：商务印书馆，1915，22 页，32 开（常识谈话 5）

本书介绍气球、飞艇、飞机的发明简史。

05564

诺斯罗浦飞机之装配与保管 舒伯炎译

中央航空学校教育处编译科，1935.5，44 页，32 开

中央航空学校教育处编译科，1936.2，再版，44 页，32 开

本书介绍诺斯罗浦飞机的装配、保管、性能、机身等。

收藏单位：重庆馆、国家馆、浙江馆

05565

现用各机之装配角度、油系、机件润滑 航空委员会编

航空委员会，1941，78 页，22 开

本书为机校初中级班合用飞机学教程。

收藏单位：广东馆、南京馆

各类型航空器

05566

BG-8 中级双座滑翔机说明书 航空委员会编

航空委员会，1943.5，38 页，32 开

本书共 9 章，内容包括：机翼、机身、尾翼、起落架、仪表板等。

收藏单位：国家馆

05567

比声音更快 （苏）伊里亚申柯著 毅风译

东北新华书店，1949.8，44 页，32 开

本书介绍喷气式飞机。

收藏单位：国家馆、吉林馆、辽宁馆、山

东馆

05568
狄克生初级滑翔机说明书 航空委员会编
航空委员会，1943.6，22 页，32 开
本书共 7 章，内容包括：机翼、机身、尾翼、操纵系等。
收藏单位：国家馆

05569
飞机 陈诵芬著
定县：中华平民教育促进会，1932.7，26 页，50 开（平民读物 126）
收藏单位：国家馆

05570
飞机 航空委员会编
航空委员会，34 页，32 开（航空小丛书 17）
本书介绍飞机之沿革、原理，世界飞机制造之趋势等。
收藏单位：安徽馆、广西馆

05571
飞机 江苏省立教育学院研究实验部编
无锡：江苏省立教育学院研究实验部，1931.6，12 页，32 开（民众科学问答丛书 14）
本书介绍飞机的构造、种类、用途等。
收藏单位：国家馆、江西馆

05572
飞机 李熙谋主编
世界书局，[1946—1949]，17 页，25 开（少年应用科学丛刊）
收藏单位：江西馆

05573
飞机 罗贤棻编
上海：中华书局，1948.7，38 页，36 开（民众教育 第 1 集）
本书介绍飞机发明简史、种类、用途、构造等。
收藏单位：国家馆、上海馆

05574
飞机 吕谌著
上海：商务印书馆，1930.9，294 页，16 开
上海：商务印书馆，1934.2，国难后增订 1 版，12+354 页，25 开
上海：商务印书馆，1935.4，国难后增订 2 版，12+354 页，25 开
长沙：商务印书馆，1938，国难后增订 5 版，12+354 页，25 开
长沙：商务印书馆，1940，国难后增订 6 版，12+354 页，25 开
本书共 19 章，介绍飞机的历史、飞行原理、类别、构造、应用及各国有名的飞机和发动机等。附录：汉英名词对照表。
收藏单位：安徽馆、重庆馆、广东馆、广西馆、贵州馆、国家馆、河南馆、湖南馆、江西馆、辽宁馆、南京馆、山西馆、天津馆、浙江馆

05575
飞机 王化民编
世界书局，1941，新 1 版，19 页，32 开（自然教材 36）
赣县：世界书局，1942，19 页，32 开（自然教材 36）
收藏单位：重庆馆

05576
飞机 王世瑄编
上海：汉文正楷印书局，1933.12，38 页，32 开
本书介绍飞机的发展、构造、驾驶、应用等。
收藏单位：国家馆

05577
飞机 王味辛等编
上海：大东书局，1947.1，37 页，36 开（新儿童基本文库）

05578
飞机 徐宝升著 冯桂连校订
北平：中国科学化运动协会北平分会，[1937]，

38 页，48 开（通俗科学小丛书 乙类 3）

本书介绍飞机发展史、构造、原理、驾驶等。

收藏单位：国家馆

05579

飞机 赵璧编译

上海：国民图书编译社，[1943]，84 页，36 开（战时知识丛书 3）

本书介绍飞机的发明、构造、航行，各国空军的现状和趋势等。

收藏单位：国家馆、上海馆

05580

飞机 周昌寿著

上海：商务印书馆，1929.10，121 页，32 开（万有文库 第 1 集 0450）（百科小丛书）

上海：商务印书馆，1931.8，121 页，32 开（百科小丛书）

上海：商务印书馆，1933.4，国难后 1 版，121 页，32 开（百科小丛书）

上海：商务印书馆，1934.7，再版，121 页，32 开（万有文库 第 1 集 0450）（百科小丛书）

长沙：商务印书馆，1938.5，2 版，121 页，32 开（百科小丛书）

长沙：商务印书馆，1939.9，国难后 2 版，121 页，32 开（百科小丛书）

本书介绍飞机发达史、原理、分类、构造等。

收藏单位：安徽馆、长春馆、重庆馆、大理馆、大连馆、大庆馆、东北师大馆、广东馆、广西馆、国家馆、河南馆、黑龙江馆、湖南馆、惠州馆、江西馆、辽大馆、辽师大馆、南京馆、内蒙古馆、宁夏馆、上海馆、天津馆、西南大学馆、浙江馆

05581

飞机的由来

上海：良友图书印刷公司，1935.10，[76] 页，32 开（万有画库 18）

本书用图片介绍飞机的发明、发展，在交通运输和军事上的功用等。

收藏单位：重庆馆、宁夏馆、上海馆、首都馆、浙江馆

05582

飞机模型制作法 陈岳生编译

上海：商务印书馆，1933.10，55 页，32 开（小学生文库 第 1 集 劳作类）

收藏单位：重庆馆、广西馆、湖南馆、吉林馆、上海馆

05583

飞机浅说（2 性能篇） 航空委员会编

航空委员会，1934.12，36 页，32 开（航空小丛书 25）

收藏单位：国家馆、上海馆、浙江馆

05584

飞机浅说（3 发动机篇） 航空委员会编

航空委员会，[1935.3]，33 页，32 开（航空小丛书 27）

收藏单位：国家馆、上海馆、浙江馆

05585

飞机识别常识 航空委员会防空总监部编

出版者不详，1941.11，18 页，25 开

本书共 3 章：飞机之式别、飞机之主要部分及特征、空中飞机识别要领。

收藏单位：江西馆

05586

飞机学 楚山编著

东北书店，1947.3，87 页，32 开（自然科学丛书）

收藏单位：长春馆、东北师大馆、内蒙古馆、山东馆

05587

飞机学 航空机械学校飞机组编

航空机械学校，546 页，16 开

本书共 7 篇：飞机史略、飞机构造概要、航空材料、飞机之修理、飞机之维护、飞机各部之构造、飞行原理。

收藏单位：重庆馆、广东馆、国家馆

05588

飞机学 黄楚三编纂

六一部队训练处，1947.3，87页，32开（航空丛书 教本2）

本书共12章，介绍航空机的分类、航空发展简史、飞行原理、飞行的构造及性能等。

收藏单位：国家馆

05589

飞机学 王季冈编

南昌：航空第二修理工厂编印委员会，1936.10，292页，25开

05590

飞机翼下的世界 宾符 贝叶编

上海：生活书店，1937.4，267页，32开（世界知识丛书12）

上海：生活书店，1937.11，再版，267页，32开（世界知识丛书12）

上海：生活书店，1938.5，267页，32开（世界知识丛书12）

本书共3章：征服天空的前奏曲、杂谈飞机的本身、飞机翼下的世界。

收藏单位：重庆馆、广东馆、贵州馆、国家馆、黑龙江馆、湖南馆、江西馆、南京馆、内蒙古馆、陕西馆、上海馆、首都馆、西南大学馆、浙江馆、中科图

05591

飞机怎样会飞 蓝芝维支等著

成都：大众航空社，1944.12，128页，36开（大众航空丛书）

本书共3辑，内收短文29篇，内容包括：《四个大力士》《飞机的外形比较》《谈流线型》《飞机史话》等。

收藏单位：重庆馆、广东馆、国家馆

05592

飞机战车须知 向秋心编

长沙：公益印刷局，1937，90页，56开

本书共2部分：飞机类、战车类。附录：毒气种类及救治法。

收藏单位：重庆馆

05593

飞行机 徐应昶编纂

上海：商务印书馆，1922，26页，32开（儿童理科丛书12）

上海：商务印书馆，1928，4版，26页，32开（儿童理科丛书12）

收藏单位：首都馆

05594

航空 寄宇编译

神州国光社，1931.6，71页，25开（少年时代丛书）

收藏单位：江西馆、南京馆、浙江馆

05595

航空 裘宏达编著

南京：正中书局，1937.5，63页，32开（童子军小丛书）

重庆：正中书局，1943.3，63页，32开（童子军小丛书）

上海：正中书局，1946.12，沪1版，63页，32开（童子军小丛书）

本书介绍航空机基本知识。

收藏单位：重庆馆、广东馆、国家馆、河南馆、湖南馆、南京馆

05596

航空读本 杜若城编

上海：励志书局，1933.9，[12]+293+41页，25开

上海：励志书局，1934，3版，[12]+293+41页，25开

本书共19章，内容包括：航空机之种类、航空之过去、现代飞机之性能、民用飞机、军事航空、飞机之构造、航空机之装备等。附录：飞机之世界纪录、军用机一览表、输送机一览表等7种。

收藏单位：国家馆、湖南馆、江西馆、上海馆

05597

航空读本（第3册） 刘寒江译 中央航空学校教育处编译科编

中央航空学校教育处编译科，1936.7，279页，32开

本书内容包括：发动机学、点火、气化作用等。

收藏单位：南京馆

05598

航空号中级滑翔机说明书 航委会机械处第十科编

[成都]：航委会机械处第十科，1940.3，石印本，24页，32开

收藏单位：重庆馆

05599

航空模型为什么会飞 史超礼著

重庆：中国滑翔出版社，1943.4，48页，32开（航空模型丛书1）

本书共9部分，内容包括：航空模型的原动力、大气的性质、举力的秘密、空中安定性等。

收藏单位：重庆馆、广东馆、国家馆、南京馆

05600

滑翔机 朱彦颊编

上海：中华书局，1948.8，再版，40页，32开（中华文库 小学第1集 高级 自然类）

本书共7部分，内容包括：我国的滑翔故事、西洋的滑翔故事、滑翔讲演、滑翔表演等。

收藏单位：国家馆

05601

滑翔机的飞行及其制造 张虬著 张瑛校订

北平：中国科学化运动协会北平分会，1937.4，90页，50开（通俗科学小丛书 乙类5）

收藏单位：国家馆

05602

滑翔机史话 胡伯琴编译

成都：铁风出版社，1941.4，68页，32开（大众航空丛书3）

本书附录：德国雷因滑翔竞赛大会纪录表、苏联滑翔机飞行最高纪录表。

收藏单位：重庆馆、国家馆、南京馆、内蒙古馆

05603

滑翔机之构造 郑葆源编 鲍嘉祥校

长沙：商务印书馆，1941.3，92页，25开

本书共8章，内容包括：滑翔机概论、设计及构造、性能、载重分析、稳定性等。附录：升力及阻力公式、诱导阻力、英国（狄克生）初级滑翔机之构造详图等。

收藏单位：重庆馆、广东馆、国家馆、辽大馆、辽宁馆、南京馆

05604

滑翔园地合订本（第1集） 中国滑翔出版社编

[重庆]：中国滑翔出版社，1942.12，120页，32开

本书共4辑，内收短文40余篇，内容包括：《滑翔机为何会飞？》《人力飞行》《滑翔与航空工程》《滑翔史话》《北碚滑翔场落成记》等。附录：青木鸢牵引式滑翔模型制造图。

收藏单位：重庆馆、广东馆、国家馆、黑龙江馆、南京馆

05605

教练飞机及其飞行仪器的探讨 佛乐尔（R. Vaughan Fowler）著

外文题名：Training aeroplanes and their part in flying instruction

上海：远东飞机有限公司，1931.7，[11]页，22开

本书为英国欧费罗公司推销飞机的宣传品。汉英对照。

收藏单位：国家馆

05606

军队对于航空机之行动

出版者不详，82页，32开

本书内容包括：欧战时飞机之趋向、飞机一般之性能等。

收藏单位：广西馆、南京馆

05607
莱因 ST-3 式军用教练机说明书 航空委员会军政厅编译处编
航空委员会军政厅编译处，1942.3，28 页，25 开
收藏单位：江西馆

05608
美国之飞机 郭玉麟编译
南京：中央航空学校，1935.12，440 页，32 开
本书介绍美国各式飞机。
收藏单位：重庆馆、湖南馆、浙江馆

05609
飘行机与振翼机
航空委员会，26 页，32 开（航空小丛书 18）
本书介绍飘行机概论、飘行机之沿革、飘行术等。
收藏单位：广西馆、贵州馆

05610
柒什克 E-15 装配说明书 沈琢琳编著 林馥生审校
[成都]：航空委员会训练监编译科，1939.8，42 页，18 开（航空委员会参考书类编字 9）
本书介绍 E-15 苏制驱逐机。
收藏单位：国家馆

05611
气球 胡伯琴译著
成都：铁风出版社，1940.7，62 页，32 开（大众航空丛书 1）
本书共 4 章，内容包括：更大的与更好的气球、现代的气球等。
收藏单位：重庆馆、广东馆、国家馆

05612
气艇 航空委员会编
航空委员会，20 页，32 开（航空小丛书 15）
本书介绍气艇之沿革、世界气艇制造等。
收藏单位：广西馆、贵州馆

05613
汽艇 胡伯琴译著
成都：铁风出版社，1940.10，70 页，32 开（大众航空丛书 2）
收藏单位：重庆馆、南京馆

05614
意大利之飞机 郭玉麟编译 胡伯琴 鲍毓璋校阅
中央航空学校，1935.6，140 页，32 开
本书共 15 部分，内容包括：贝加姆斯奇航空厂、国民航空公司、航空机械制造厂、意大利航空公司等。附录：意大利之军事航空。
收藏单位：重庆馆、广东馆、国家馆、浙江馆

05615
最近各国飞机写真集
上海：良友图书印刷公司，1933，40 页，50 开（百科写真集 1）
收藏单位：重庆馆

航空飞行术

05616
飞行初步 中央航空学校编
中央航空学校，1935.2，48 页，32 开
本书内容包括：飞行要旨、纪律、飞行中注意的问题等。
收藏单位：陕西馆、浙江馆

05617
飞行失事预防方法第一续编 航空委员会编
航空委员会，1941，58 页，大 64 开，精装
收藏单位：广东馆

05618
空中航行学教程
出版者不详，210 页，22 开

收藏单位：江西馆、南京馆

航空技术相关科学

05619
大气和航空 郑贞文等编辑
上海：商务印书馆，1925.10，46页，32开（少年自然科学丛书11）
重庆：商务印书馆，1943.12，渝1版，46页，32开（少年自然科学丛书11）

本书共3部分：包围地球的大气、其他天体上的大气、航空。

收藏单位：重庆馆、广东馆、国家馆、南京馆、上海馆

05620
飞行技术与天气 航空委员会参谋处编
航空委员会，1944.12，174页，22开

收藏单位：江西馆、南京馆

05621
飞行员用气象学 空军总司令部气象处编
空军总司令部，1947.4，117页，25开

收藏单位：江西馆

05622
航空气象概要 胡一之著
中央航空学校教育处气象台，1935.9，128页，23开
中央航空学校教育处气象台，1936.8，再版，128页，23开

本书内容包括：航空气象概说、航空天气、气温本源、气压、湿度等。

收藏单位：浙江馆

05623
航空气象概要 陆鸿图编
南京：国立中央研究院气象研究所，1930.8，76页，22开

本书内容包括：天气变化、云雾霾能见度、气流及其纷扰等。

收藏单位：广东馆、国家馆、南京馆、上海馆、浙江馆

05624
航空气象观测手册 中央气象局编
南京：中央气象局，1948，46页，16开（中央气象局技术指导丛书7）

收藏单位：国家馆

05625
航空气象简要 胡信著
杭州：微辉社，1935.8，92页，32开（航空丛书）

05626
航空气象学 毕中道编
陆军炮兵学校，1939.12，232页，25开

本书共16章，内容包括：导言、大气之物理性、气象要素、气象报告、天气预报等。

收藏单位：重庆馆、广东馆

05627
航空气象学 黄厦千著
长沙：国立编译馆，1940.6，330页，25开
重庆：国立编译馆，1944.9，渝1版，178页，25开

本书共17章，内容包括：大气界之物理性、气象要素、气象仪器、风、天气、雷阵、云、雾、能见度等。

收藏单位：重庆馆、国家馆、湖南馆、江西馆、辽宁馆、南京馆、上海馆

05628
航空气象学 中央航空学校教育处编
中央航空学校教育处，1933.10，92页，32开

本书共9章，内容包括：大气、气温、气压、风、温度、云等。

收藏单位：国家馆、浙江馆

05629
航空气象学
出版者不详，92页，32开，精装

收藏单位：安徽馆、国家馆

05630
航空气象学概要 空军通信学校编
空军通信学校，1944.7，84 页，25 开
本书共 5 章，内容包括：大气之性质、直接影响飞行之气象因子、天气预告等。
收藏单位：国家馆、江西馆

05631
航空气象学概要 戚启勋编
空军通信学校，1946，再版，96 页，22 开
收藏单位：广东馆

05632
航空气象学讲义 邹学思 魏元恒编辑
空军军士学校教育处，1941.1，90 页，25 开
本书共 13 章，内容包括：大气、气温、气压、云、能见度、风、飞行气象测报等。
收藏单位：国家馆

05633
航空气象学教本 陆鸿图编述
空军军官学校初级班教务组，1940.4，80 页，32 开
本书共 14 部分，内容包括：气温、气压、风、升降气流、云、云的成因、能见度、雷雨等。
收藏单位：国家馆

05634
航空气象学教程（军官用） 航空委员会编
航空委员会，1940.9，248 页，22 开
本书共 6 章，内容包括：天气变化之根源、关于飞行之气象、天气预报等。附录：世界各地有关飞行之天气概况、飞行气象报告。
收藏单位：广东馆、国家馆、上海馆

05635
气象和滑翔 冯元桢著
重庆：中国滑翔出版社，1942.12，56 页，32 开
本书介绍气象和滑翔的关系。
收藏单位：重庆馆、广东馆、国家馆、南京馆

05636
气象学讲义 北京大学农学院编
中央航空分校教育科，1938，93 页，32 开
本书共 6 篇，内容包括：论温度、论气压与大气运行、高空大气、论大气之移动等。
收藏单位：广东馆

05637
天文航行学 航空委员会译
航空委员会，1943.6，438 页，32 开（参考书美字 22）
本书为航空委员会内部参考书，封面印有“密 00222”字样。
收藏单位：内蒙古馆、上海馆

05638
万国航空会议航空气象公约 中央观象台译
[南京]：中央观象台，26 页，16 开
收藏单位：国家馆

飞行、驾驶

05639
翱翔 李景枞 何逸编译
长沙：商务印书馆，1940.9，118 页，36 开（航空丛书）
重庆：商务印书馆，1944.5，渝 1 版，118 页，36 开（航空丛书）
本书内容包括：飞行员之准备及生活、教练、实习飞行及翱翔飞行、飞机、飞机之检查等。据德国 F. Stamer 和 A. Lippisch 所著《青年翱翔飞行家手册》一书编译。
收藏单位：重庆馆、广东馆、贵州馆、国家馆、南京馆、宁夏馆、陕西馆、浙江馆

05640
编队驾驶教程
出版者不详，[1940—1949]，3 叶，32 开
本书由三大张折图装订而成，其中有飞行编队图 22 幅，附图 4 幅，有文字说明。
收藏单位：国家馆

05641
从飞行理想到飞行成功 （美）费哲著 汤珙真 汤达明译
成都：铁风出版社，1941，66页，64开（青年航空小丛书1）
收藏单位：重庆馆

05642
大众滑翔学 罗锦春著
金华：正中书局，1943.5，154页，25开（应用科学丛书）
上海：正中书局，1945.11，沪1版，154页，25开（应用科学丛书）
本书共10章，内容包括：滑翔历史的演进、滑翔气流与原理、滑翔机泛论、滑翔机的设计原则、滑翔机驾驶员的训练等。
收藏单位：安徽馆、重庆馆、东北师大馆、广东馆、国家馆、湖南馆、江西馆、辽大馆、辽宁馆、南京馆、天津馆、浙江馆

05643
飞航学 蒋逵著
无锡：航空署编辑委员会，1930.2，130页，22开，精装
收藏单位：国家馆、江西馆

05644
飞机驾驶术纲要 叶天游编译
[成都]：航空委员会训练监编译科，1940.9，238页，25开（航空委员会参考书类编字55）
本书附录：飞机发动机系统、航行仪器及特别设备之一般检验、航空对于人体器官之影响。
收藏单位：重庆馆、湖南馆、江西馆

05645
飞机驾驶术教范草案 军政部航空署编译
军政部航空署，1931.1，152页，50开
本书共5篇：飞行前后之处置、驾驶、航空法、不时落地、记录及报告。
收藏单位：国家馆

05646
飞机汽车操纵术入门 高漫编译
北平：中华航空知识普及会，1932.12，128页，32开（航空丛书）
本书内容包括：飞机的史略、飞行的原理、飞机的应用、汽油发动机原理、汽车的种类、汽车驾驶法等。
收藏单位：国家馆、天津馆

05647
飞行 唐廷仁编著
[上海]：正中书局，1948.4，23页，36开（儿童科学丛书）
[上海]：正中书局，1948.6，2版，23页，36开（儿童科学丛书）
收藏单位：国家馆

05648
飞行第一小时 志云编译
桂林：自学出版社，1943.8，50页，42开（小小丛书1）
本书介绍飞行一小时的感受和有关航空知识。
收藏单位：重庆馆、国家馆、南京馆

05649
飞行理论 （美）泰克斯阮金著 王铭新译
航空委员会，1937，122页，大32开（阮金航空读本1）
本书为航空学校教材。
收藏单位：重庆馆

05650
飞行人员与飞行训练 （美）费哲著 汤琪真 汤达明译
成都：铁风出版社，1941.3，58页，50开（青年航空小丛书2）
本书共2部分：飞行人员、飞行训练。
收藏单位：重庆馆、国家馆

05651
飞行手册（P-51D） 周一尘编译
空军机械学校教育处编译组，[1946]，150

页，22 开

收藏单位：广东馆

05652

飞行图解 王铭新译述 胡伯琴校阅

中央航空学校，1935.6，86 页，16 开

收藏单位：国家馆、南京馆

05653

飞行小史

出版者不详，[1931]，1 册，25 开

收藏单位：广东馆

05654

飞行学要义 顾绍衣编

上海：商务印书馆，1924.4，88 页，50 开（东方文库 57）

上海：商务印书馆，1924.9，再版，88 页，50 开（东方文库 57）

上海：商务印书馆，1925.10，3 版，88 页，50 开（东方文库 57）

本书共 2 编：飞行机、飞行船。东方杂志二十周年纪念刊物。

收藏单位：安徽馆、重庆馆、东北师大馆、广东馆、广西馆、桂林馆、国家馆、河南馆、黑龙江馆、湖南馆、惠州馆、江西馆、辽大馆、南京馆、内蒙古馆、上海馆、绍兴馆、天津馆、西南大学馆、浙江馆、中科图

05655

高级飞行教练法

广东：出版者不详，1936，1 册，32 开（空军丛书 5）

收藏单位：广东馆

05656

航行学 蒋翼辅编译

中央航空学校，1933.10，254 页，32 开

中央航空学校，1935.4，再版，254 页，32 开

本书附录：航行学英汉名词对照。

收藏单位：国家馆、浙江馆

05657

航行学 林学良编译 张廷云校订

航空委员会军政厅编译处，1942.2，404 页，32 开（航空委员会参考书类编字 103）

收藏单位：广东馆

05658

航行学

出版者不详，224+11 页，16 开

本书共 4 编：驾驶法、推测航行法、天文推测航行法、航空仪器。附录：航行学英汉名辞对照。

收藏单位：广东馆、国家馆

05659

航行学入门 王先士编译

成都：航空委员会训练监编译科，1940.10，195 页，25 开（航空委员会参考书类编字 56）

本书共 11 章，内容包括：简论地理学、磁力论、磁罗盘、实际之空中航行法、长途飞行等。附录：高度与地面视界之关系、贝福氏风力阶级表、飞机速度距离时间表等。

收藏单位：安徽馆、重庆馆、南京馆

05660

航空与雾 （美）Willet 著 朱炳海译

南京：国立中央研究院气象研究所，1932，1 册，16 开

本书介绍雾的成因、特性、分布、与航空的关连等。《科学杂志》17 卷 3 期至 5 期抽印本。

收藏单位：重庆馆

05661

滑翔机初步教育指南 廖醒青编译

成都：航空委员会训练监编译科，1940.10，40 页，32 开（航空委员会参考书类编字 76）

收藏单位：重庆馆、桂林馆、国家馆、南京馆

05662

滑翔驾驶初步教程 （苏）国防航空化学建设协会编 王亚梅译 李大经校

重庆：中国滑翔出版社，1942.6，80 页，32 开

本书共 3 章：总则及要领、YZ-9 滑翔机滑翔之技术、拖曳起飞之部署。附录：飞机理论纲要、机场航线飞行标准概要等。

收藏单位：重庆馆、国家馆、吉林馆、南京馆、西南大学馆

05663

滑翔手册 陶鲁书编著

重庆：中国滑翔出版社，1943.9，106 页，32 开

本书共 4 章，内容包括：滑翔机的史略、滑翔常识等。

收藏单位：重庆馆、广东馆、广西馆、桂林馆、国家馆、南京馆

05664

滑翔学 李大经等编著

成都：铁风出版社，1940.11，150 页，32 开（国民航空教育丛书 1）

本书共 4 部分：历史、原理、操纵术、飘翔飞行。

收藏单位：重庆馆、广东馆、国家馆、南京馆、内蒙古馆、陕西馆

05665

滑翔学理 张廷魁编著

兰州：西北滑翔出版社，1943，178 页，32 开

本书共 16 章，内容包括：滑翔机概论、滑翔机的性能、滑翔机的保藏方法、滑翔机的设备等。

收藏单位：河南馆

05666

驾驶员 航空委员会编

航空委员会，22 页，32 开（航空丛书 28）

本书介绍飞机驾驶的一般知识。

收藏单位：安徽馆、上海馆

05667

简易实验飞行术 约旦诺夫（A. Jordanoff）著 张祖翼译

外文题名：Flying and how to do it

上海：青年协会书局，1933.5，105 页，18 开

本书图文并茂介绍飞机飞行术。

收藏单位：广东馆、国家馆、浙江馆

05668

空中航法讲义

出版者不详，62 页，16 开

本书共 3 篇：关于航法之定说、航法教育、记录及报告。

收藏单位：国家馆

05669

盲目飞行术 舒伯炎编译

[南京]：中央航空学校，1935，260 页，32 开

本书共 7 章：绪论、正常飞行技能、盲目飞行问题及其训练手续、空间定向之仪器、飞航协助物及仪器、盲目飞行训练之方法、盲目飞行之实施。

收藏单位：国家馆

05670

盲目飞行之理论与实际 W. C. Ocker C. J. Crane 著 徐孟飞译

航空委员会，1936.7，220 页，23 开

本书共 7 章，内容包括：正常飞行之技术、盲目飞行的问题及其训练方法、空间定向仪器、盲目飞行之训练方法、盲目飞行之实施等。

05671

奇技飞行 中央航空学校教育处编

中央航空学校教育处，1934.10，124 页，32 开

本书附录：操纵系统动作图解及其说明、本书名词中英文对照表。

收藏单位：国家馆、浙江馆

05672

日本飞机驾驶教育暂行规则 训练总监部译

南京：军用图书社，1931.10，172 页，32 开

本书共 5 篇：飞行前后之处置、驾驶、航

空之方法、临时着陆、记录及报告。

收藏单位：重庆馆、国家馆、江西馆、浙江馆

05673

日本空中航行教范草案

出版者不详，104页，32开

收藏单位：广东馆

05674

实用飞行术　巴勃（H. Barber）著　姚希求编译

外文题名：Aerobatics

上海：商务印书馆，1937.3，122页，32开（航空丛书）

长沙：商务印书馆，1939.2，再版，122页，32开（航空丛书）

本书共22章，内容包括：飞行原理、飞机构造、初级飞行、特技飞行等。附录：中英文译名对照表。

收藏单位：重庆馆、广东馆、贵州馆、国家馆、湖南馆、南京馆、上海馆、浙江馆

05675

实用飞行术　（美）兴顿（Walter Hinton）著　徐同邺译述　徐寿龄校

长沙：商务印书馆，1941.10，33页，36开

本书著者原题：兴登。

收藏单位：国家馆、辽宁馆、天津馆

05676

特技飞行教范草案　（美）陈纳德（C. L. Chennault）著　姚士宣等译

成都：航空委员会训练监编译科，1940.11，118页，64开（航空委员会参考书类编字81）

本书介绍美国民航社的飞行教范。

收藏单位：重庆馆

05677

推测航行法　郑家晋编译

[成都]：航空委员会训练监编译科，1940.4，90页，32开（航空委员会参考书类编字54）

本书共17章，内容包括：罗盘、真向、磁向、罗向、便易之三角学定律等。附习题答案。据挨尔马（I. E. Elm）原著编译。

收藏单位：重庆馆、国家馆

05678

我要做飞行家　（苏）波勃罗夫著　萧立译

上海：天马书店，1938.1，169页，32开

武汉：天马书店，1938.3，汉口版，169页，32开

本书共6章：人会飞行、怎样做飞行家、飞行的正确道路、争取世界第一、我驾驶飞机、勇敢的试验。

收藏单位：重庆馆、贵州馆、江西馆、南京馆、陕西馆、上海馆、首都馆、浙江馆

05679

无线电盲目飞行教程　航空委员会编

航空委员会，1942.10，136页，22开

本书共14章，内容包括：盲目飞行实际训练法、无线电航行原理概述、无线电航行的实施、冲出云层法、定向应用实例等。附录：Q简语、气压单位对照表等8种。书前有航空委员会令（政编壬字第40号）。

收藏单位：国家馆、南京馆

05680

英国中央飞行学校训练纲要　胡伯琴　朱大文译　严寿康　王承黻校核

中央航空学校，1935.11，74页，32开

本书内容包括：带飞、滑走及发动机处理、滑翔转弯、特技飞行、前座飞行、空中航行术、强迫降落试验、高空飞行试验、越野飞行试验、带飞试验、仪器飞行等。

收藏单位：国家馆、浙江馆

05681

怎样学飞　厉歌天著

南京：中国的空军出版社，1946.6，87页，32开（航空丛书4）

本书介绍飞机驾驶技术。

收藏单位：重庆馆、广东馆、桂林馆、国家馆、黑龙江馆、湖南馆、内蒙古馆、上海馆、首都馆

航空港（站）、机场及其技术管理

05682
航空站与航空路 （美）杜克（D. Duke）著 姚士宣编译
外文题名：Airports and airways
上海：商务印书馆，1936.8，13+154 页，32 开（航空丛书）
上海：商务印书馆，1937，再版，13+154 页，32 开（航空丛书）
本书介绍航空站的必要性、选点、设备、管理，航空路，中途起落场，水飞机场，航空法规等。附录：英汉名词对照表。
收藏单位：重庆馆、广东馆、国家馆、湖南馆、辽宁馆、南京馆、上海馆、天津馆、西南大学馆、浙江馆

05683
航站与航线 航空委员会编
航空委员会，1934.11，20 页，32 开（航空小丛书 20）
收藏单位：国家馆

05684
机场大意
出版者不详，油印本，[5] 页，16 开
收藏单位：广东馆

航天（宇宙航行）

05685
火箭 世界科学社研究部编
北平：世界科学社发行组，1947.6，150 页，32 开（世界科学社丛书 9）
本书介绍火箭的原理、构造、应用等。
收藏单位：国家馆、人大馆、首都馆

05686
火箭 张以棣著
上海：开明书店，1949.6，114 页，32 开（开明青年丛书）
本书共 12 章，介绍火箭的历史、飞行原理、构造、燃料、遥控制，商用火箭，怎样飞离地球，跨进怎样的世界等。
收藏单位：长春馆、重庆馆、大庆馆、东北师大馆、国家馆、辽大馆、南京馆、内蒙古馆、天津馆

05687
火箭学 （英）菲尔帕（C. G. Philp）著 吴忠葵译
外文题名：Stratosphere and rocket flight
重庆：中国文化服务社，1945.1，86 页，32 开（青年文库）
重庆：中国文化服务社，1945.4，再版，86 页，32 开（青年文库）
本书共 16 章，内容包括：推进原理、飞机飞行的限度、火箭燃料、反作用马达通论、战时火箭等。附录：星球旅行、"续"空间飞行的种种障碍。
收藏单位：重庆馆、广东馆、国家馆、南京馆

环境科学、安全科学

05688
安全卫生资料 中华全国总工会编
中华全国总工会，1949，152 页，28 开
本书内容包括：哈市工厂安全卫生工作情况、华北人民政府劳动局对于一般工厂安全卫生设施调查提纲、关于防火等。
收藏单位：重庆馆、山东馆

05689
北京特别市处理粪便事务所二十七、八年度工作报告汇编 北京特别市处理粪便事务所编
北京：北京特别市处理粪便事务所，1940.12，74 页，18 开
本书为日伪出版物。附各嘱托院所医士

衔名地址表。

收藏单位：国家馆

05690

尘埃爆炸 实业部中央工厂检查处编

南京：实业部中央工厂检查处，1936.6，38页，32开（工厂检查丛书202）

本书共3章：概论、尘埃爆炸、排除尘埃和防止爆炸的方法。附录：美国淀粉工厂防止尘埃爆炸之安全条例。

收藏单位：国家馆

05691

地理环境之影响 （英）撒普尔（Ellen Churchill Semple）著 陈建民译

外文题名：Influences of geographic environment

上海：商务印书馆，1936.3，8册（862页），32开（汉译世界名著）

上海：商务印书馆，1937.1，再版，8册（862页），32开（汉译世界名著）

本书共17章，根据土地、水、平原、山脉、气候等地理因素解释人类的历史。

收藏单位：安徽馆、重庆馆、大连馆、东北师大馆、广东馆、广西馆、国家馆、河南馆、湖南馆、吉林馆、辽大馆、南京馆、内蒙古馆、上海馆、绍兴馆、首都馆、中科图

05692

都市问题之研究 （日）栃内吉胤著 杨名遂译

昆明：市政公所，1924.4，146页，32开（市政丛书2）

本书内容包括：都市之问题、人力与环境、环境与教育、人与环境、环境之改造等。

收藏单位：重庆馆、国家馆、湖南馆

05693

废物利用 国民经济建设运动委员会总会新生活运动促进总会节约运动联合办事处编

国民经济建设运动委员会总会、新生活运动促进总会节约运动联合办事处，[1930—1949]，32页，32开

本书介绍骨骼、粪便、垃圾、杂草、废水、工业上各种废物的利用。

收藏单位：贵州馆、国家馆、湖南馆、首都馆

05694

废物利用 科学画报编辑部编

桂林：科学画报编辑部，1941.6，104页，32开（中国科学社科学画报小丛书 实用小工艺 第1集）

桂林：科学画报编辑部，1942，再版，104页，32开（中国科学社科学画报小丛书 实用小工艺 第1集）

上海：科学画报编辑部，1949.2，沪4版，104页，32开（中国科学社科学画报小丛书 实用小工艺 第1集）

本书介绍利用瓶盖、玻璃瓶、旧油桶等废物制造日用品的方法。附《世界各国废物利用之新进展》一文。

收藏单位：重庆馆、广东馆、广西馆、贵州馆、湖南馆、南京馆、山西馆、天津馆

05695

废物利用 科学画报编辑部编辑

上海：中国科学图书仪器公司，1946，再版，104页，32开（中国科学社科学画报小丛书 实用小工艺 第1集）

上海：中国科学图书仪器公司，1948.5，3版，104页，32开（中国科学社科学画报小丛书 实用小工艺 第1集）

上海：中国科学图书仪器公司，1949.2，4版，104页，32开（中国科学社科学画报小丛书 实用小工艺 第1集）

本书介绍利用瓶盖、玻璃瓶、旧油桶等废物制造日用品的方法。附《世界各国废物利用之新进展》一文。

收藏单位：重庆馆、东北师大馆、国家馆、黑龙江馆、天津馆、浙江馆

05696

废物利用 朱国雄编辑

浙江省立七中附小，1931.5，118页，32开

本书介绍利用各种废物制造日用品的方法。

收藏单位：浙江馆

05697
废物利用的工艺 宗汉梁 丁松涛编
上海：黎明书局，1935.8，12+168 页，32 开（黎明乡村小学丛书）
上海：黎明书局，1937.2，再版，12+168 页，32 开（黎明乡村小学丛书）

本书介绍利用纸盒、蛋壳等制造玩具的方法。

收藏单位：重庆馆、广东馆、广西馆、国家馆、南京馆、首都馆

05698
废物利用的工作教材 徐裕谋著
杭州：杭州市立艮山门小学，1932.6，55 页，32 开

本书内容包括：香烟画片和香烟匣壳的利用、丝头的利用、玻璃纸的利用、各种洋铁罐的利用等。

收藏单位：浙江馆

05699
废物利用工艺教材 吴文鸣 许剑龛编著
南京：正中书局，1936.5，79 页，32 开
南京：正中书局，1936.10，再版，79 页，32 开
重庆：正中书局，1940.6，5 版，79 页，32 开
重庆：正中书局，1942.10，7 版，79 页，32 开
重庆：正中书局，1944.4，8 版，79 页，32 开

本书介绍废物利用在教育上的价值，利用废物制作日用品、学习用品等的方法。

收藏单位：重庆馆、广西馆、国家馆、河南馆、湖南馆、内蒙古馆、宁夏馆、首都馆、浙江馆

05700
废物利用工艺新材料 顾赓甫编
上海：中华书局，1935.9，112 页，长 25 开

本书介绍利用 29 种废物制造简单玩具的方法。

收藏单位：上海馆

05701
废物利用篇 （日）高桥橘树著 陈超立译
上海：正记书庄，1912，32+118 页，22 开

收藏单位：首都馆

05702
工厂急救术及简便急救设备 李平衡编
[南京]：实业部中央工厂检查处，1934.1，23 页，32 开

收藏单位：广西馆

05703
工厂检查实施程序 实业部中央工厂检查处编
实业部中央工厂检查处，7 页，32 开

05704
工厂简易急救术及救急设备 实业部中央工厂检查处编
南京：内政部卫生署，1934.2，23 页，32 开（卫生署刊物 册籍类 21）

收藏单位：重庆馆、贵州馆、国家馆

05705
工业安全卫生展览会报告 实业部中央工厂检查处编
南京：实业部中央工厂检查处，1936.6，72 页，16 开

本书共 3 章：筹备经过、展览物品、开会情形。

收藏单位：广西馆、国家馆、南京馆、上海馆、中科图

05706
工业安全卫生展览会特刊 实业部中央工厂检查处编
[南京]：实业部中央工厂检查处，1936.1，58 页，16 开

本书内收文章 13 篇，内容包括：《工业安全卫生展览会之旨趣》（周诒春），《工厂安全及卫生与工业建设》（刘荫茀）等。

收藏单位：国家馆、南京馆

05707
工业病及工业性毒 M. J. Rosenau 著
外文题名：Occupation diseases and industrial poisons
出版者不详，32 页，25 开
本书介绍工业中铅、磷、砒、汞、黄铜、石油蒸馏物、煤胶蒸馏物等有害环境物质。
收藏单位：重庆馆、南京馆

05708
河北省灾情及生产自救运动 河北省救灾委员会编
河北省救灾委员会，1949，14 页，16 开
本书共 7 部分，内容包括：今年灾害的严重情况、向洪水做斗争的英雄们、热情的支援等。书前有李锡九的《苦斗中的河北省灾民》一文。
收藏单位：国家馆、近代史所、中科图

05709
湖南宝庆兵灾纪实
出版者不详，90 页，32 开
本书记述湖南宝庆民国六年（1917）九月发生的兵灾。内容包括：城区灾情、东乡灾情、北乡灾情、地方财产亏失情形、全省公私学校损毁及停闭情形、商业凋残情形等。
收藏单位：国家馆、湖南馆

05710
华北之灾情状况
出版者不详，[1937]，油印本，1 册，18 开，环筒页装
本书内容包括：河北省之水灾、山西省之水灾、山东省之灾荒、察哈尔灾情等。
收藏单位：国家馆

05711
经济的工艺材料 陆崧安 周吕才编著
上海：商务印书馆，1936.10，10+113 页，32 开
本书共 26 部分，内容包括：粉笔匣做成的用具、贺年片做成的用品、贝壳类做成的物件等。
收藏单位：重庆馆、广东馆、国家馆、河南馆、湖北馆、湖南馆、江西馆、辽大馆、南京馆、首都馆、浙江馆

05712
救命 李劭青著
中华平民教育促进会总会，9 页，42 开（民众读物 第 1 辑 2）
收藏单位：首都馆

05713
垃圾（论垃圾的处理问题） 黄贻清编 梅贻琳校阅
南京：南京市政府卫生局，1930.12，10 页，32 开
本书共 3 部分：垃圾的质量、处理垃圾和卫生的关系、处理垃圾的方法。《卫生周刊》抽印本。
收藏单位：国家馆

05714
醴陵兵燹图（摄影集） 谢性廉 刘仙崖摄
出版者不详，1919，[92] 页，18 开
本书介绍醴陵县 1917 年前后军阀混战造成的惨状，内收照片 30 幅。书前有《醴陵县被难记》一文。
收藏单位：广东馆、近代史所、中科图

05715
利用废物的小工艺 姚家栋 许剑盦编
南京：正中书局，1937.2，18 页，32 开（儿童劳作小丛书 15）
上海：正中书局，1947.1，沪 1 版，18 页，32 开（儿童劳作小丛书 15）
本书共 12 部分，内容包括：破布利用、蛋壳的用途、树枝做的玩具等。
收藏单位：北师大馆、国家馆、湖南馆

05716
六废利用 [国民政府内政部] 编
国民政府内政部，1928.8，16 页，42 开
收藏单位：国家馆

05717
人民自卫须知
北平：北平人民自卫指导委员会，1933.1，66页，32开
本书介绍防空、防毒、救急、防火等知识。附录：人民自卫办法方案。
收藏单位：国家馆、南京馆

05718
日常灾害防止法 黄励农编译
上海：生活研究社，1920，8+84页，32开
收藏单位：河南馆

05719
森林理水及砂防工学（国立北京大学农学院砂防工学讲义） Paul Winter O. Hartel 著
[北京]：[北京大学农学院]，1942，1册，16开
本书为国立北京大学农学院砂防工学教材。
收藏单位：首都馆

05720
陕灾特刊 陕西旅京学生联合会编
陕西旅京学生联合会，1927.2，67页，长21开
本书揭露军阀刘镇华、吴新田等的兵灾。内容包括：陕西旅京学生联合会对陕局宣言、西安大劫始末、弥漫天灾人祸的陕南等。

05721
上海市清除粪便工作概况及改进计划 上海市卫生局编
上海：上海市卫生局，[1947]，18页，16开
收藏单位：上海馆

05722
生活的三要素——水 空气 日光 薛德焴编著
上海：世界书局，1930，86+14页，32开（生活丛书）
本书共3编，介绍水、空气、日光对人体生理的影响等。
收藏单位：重庆馆、广东馆、国家馆、河南馆、黑龙江馆、湖南馆、江西馆、南京馆、内蒙古馆、宁夏馆、上海馆、绍兴馆、首都馆、浙江馆

05723
生命离不了的东西 江苏省立教育学院研究室实验部编
无锡：江苏省立教育学院研究室实验部，1930.12，8页，32开（民众科学问答丛书6）
本书以问答形式介绍自然界中的空气、云、雨与人类生存的关系。
收藏单位：国家馆

05724
污水工程学 王寿宝编
长沙：商务印书馆，1940.12，323+28页，32开
本书附录：中英德文名词对照表。
收藏单位：重庆馆、国家馆、辽大馆、南京馆、天津馆、西南大学馆、浙江馆、中科图

05725
西北灾祸录
出版者不详，104页，32开
本书共5章，内容包括：西北灾情、灾情的探讨、西北灾情实况等。
收藏单位：国家馆、河南馆

05726
湘灾纪略（第1卷） 湖南善后协会编纂
湖南善后协会，[1919.1]，440页，32开
本书共10篇，内容包括：战事、军暴、匪祸、水灾、民食、学校、善后等。附录：本会重要函电。
收藏单位：重庆馆、广东馆、国家馆、湖南馆、近代史所、辽宁馆、南京馆、上海馆、首都馆、中科图

05727
英日汉环境科学词汇（续编 日文索引和附录） 《英日汉环境科学词汇》编译组编译
北京：中国环境科学出版社，1924.1，156页，

32 开

本书英文共同题名：An English-Japanese-Chinese dictionary of environmental sciences。

收藏单位：重庆馆

05728

浙江省第一期工厂检查报告书

出版者不详，1936，1 册，16 开

收藏单位：广东馆、首都馆、浙江馆

05729

中国天灾问题 黄泽苍著

上海：商务印书馆，1935.8，89 页，32 开（百科小丛书）

本书共 4 章：天灾之成因、中国天灾之深广度、天灾流行对于农村经济之影响、天灾之预防及其救济策。

收藏单位：重庆馆、大庆馆、广东馆、贵州馆、国家馆、河南馆、黑龙江馆、湖南馆、江西馆、辽宁馆、南京馆、宁夏馆、上海馆、首都馆、西南大学馆、浙江馆

05730

中国灾荒问题 郑作励著

虎山出版社，1945，再版，86 页，36 开

收藏单位：广东馆、宁夏馆

05731

种树的利益 教育部通俗教育研究会编

教育部通俗教育研究会，11 页，32 开（北五省旱灾灾区讲演集 8）

收藏单位：首都馆

05732

最新增订废物利用全书 董坚志编

民治图书公司，1921.7，增订版，72 页，32 开

民治图书公司，1922.7，3 版，72 页，32 开

本书介绍利用废物制造衣、食等日用品的方法。

收藏单位：上海馆

题名首字汉语拼音检索表

（按题名首字汉语拼音音序排列，对应页码为题名索引页码）

1 …… 635
6 …… 635
B …… 635
D …… 635
L …… 635
M …… 635
P …… 635
S …… 635
X …… 635

A

a

阿…… 635

ai

矮…… 635
爱…… 635

an

安…… 635
氨…… 635
铵…… 635

ao

凹…… 635
熬…… 635
翱…… 635
奥…… 636
澳…… 636

B

bai

白…… 636
百…… 636
拜…… 636

bao

包…… 636
宝…… 636
保…… 636
报…… 636
爆…… 636

bei

北…… 636
钡…… 637

ben

本…… 637

bi

比…… 637
毕…… 637
避…… 637

bian

边……637
编……637
扁……637

biao

标……637

bing

冰……637
兵……637
饼……637
并……637

bo

波……637
玻……637
船……637
博……637

bu

不……637
布……637
步……637

C

cai

材……637
财……638
裁……638
采……638
菜……638
蔡……638

can

参……638
蚕……638

cang

仓……638

cao

操……638
曹……638
草……638

ce

厕……638
测……638

ceng

层……638

cha

茶……638
查……638
察……638

chai

柴……638

chang

长……639
常……639

chao

超……639
潮……639
炒……639

che

车……639

chen

尘……639
沉……639
陈……639

cheng

成……639
呈……639
城……639

chong

充…… 639
虫…… 639
重…… 639

chou

筹…… 640

chu

出…… 640
初…… 640
厨…… 640
储…… 640
处…… 640

chuan

川…… 640
传…… 640
船…… 640

chuang

创…… 640

chui

炊…… 640

ci

磁…… 640
刺…… 640

cong

从…… 641

cu

促…… 641
醋…… 641

D

da

达…… 641
打…… 641
大…… 641

dai

代…… 641
带…… 641

dan

单…… 641
弹…… 641
氮…… 641

dao

导…… 641
到…… 642
道…… 642
稻…… 642

de

德…… 642

deng

灯…… 642
登…… 642

di

低…… 642
狄…… 642
地…… 642
第…… 642

dian

滇…… 642
电…… 643

diao

雕…… 644
吊…… 644
调…… 644

ding

订…………644
定…………644

dong

东…………644
冬…………644
动…………645
洞…………645

dou

豆…………645

du

都…………645
督…………645
毒…………645
独…………645
读…………645
堵…………645
度…………645
镀…………646

duan

短…………646
锻…………646

dui

对…………646

duo

多…………646

E

en

恩…………646
蒽…………646

er

儿…………646
二…………646

F

fa

发…………646
法…………646
珐…………647

fan

帆…………647
番…………647
矾…………647
繁…………647
范…………647

fang

防…………647
房…………647
仿…………647
纺…………647

fei

飞…………647
非…………647
肥…………648
斐…………648
翡…………648
废…………648

fen

分…………648
汾…………648

feng

风…………648
沣…………648
冯…………648
缝…………648

fo

佛…………648

fu

夫…… 648
弗…… 649
服…… 649
浮…… 649
涪…… 649
福…… 649
府…… 649
妇…… 649
附…… 649
复…… 649
馥…… 649

G

gai

改…… 649

gan

干…… 649
甘…… 649
柑…… 649
赣…… 649

gang

刚…… 650
钢…… 650
港…… 650
杠…… 650

gao

高…… 650
告…… 650

ge

革…… 650
各…… 650

gong

工…… 651
公…… 652

gou

沟…… 653
构…… 653

gu

古…… 653
牯…… 653

guan

关…… 653
官…… 653
管…… 653
惯…… 653
灌…… 653
罐…… 653

guang

光…… 653
广…… 653

gui

轨…… 654
贵…… 654
桂…… 654

guo

锅…… 654
国…… 654
果…… 656
过…… 656

H

ha

哈…… 656

hai

孩…… 656

海…………………………………………656

han

涵…………………………………………656
韩…………………………………………656
汉…………………………………………656
汗…………………………………………657
焊…………………………………………657

hang

夯…………………………………………656
杭…………………………………………657
航…………………………………………657

hao

号…………………………………………658

he

合…………………………………………658
何…………………………………………658
河…………………………………………658
贺…………………………………………659

hei

黑…………………………………………659

heng

衡…………………………………………659

hong

红…………………………………………659
虹…………………………………………659
洪…………………………………………659
鸿…………………………………………659

hou

后…………………………………………659

hu

滹…………………………………………659
胡…………………………………………659
葫…………………………………………659
湖…………………………………………659
沪…………………………………………659
扈…………………………………………659

hua

花…………………………………………659
华…………………………………………659
滑…………………………………………660
化…………………………………………660
划…………………………………………661
画…………………………………………661

huai

淮…………………………………………661
槐…………………………………………661

huan

换…………………………………………661
浣…………………………………………661

huang

黄…………………………………………661

hui

灰…………………………………………662
回…………………………………………662
会…………………………………………662
绘…………………………………………662
惠…………………………………………662

hun

荤…………………………………………662
混…………………………………………662

huo

活…………………………………………662
火…………………………………………662
货…………………………………………663

J

ji

机……663
鸡……664
基……664
嵇……664
畿……664
吉……664
集……664
几……664
济……664
给……664
计……664
技……664
冀……664

jia

加……664
夹……664
家……664
嘉……665
甲……665
钾……665
假……665
驾……665
架……665

jian

监……665
犍……665
俭……665
检……665
剪……665
简……665
碱……665
建……665

jiang

江……666
浆……667
讲……667
酱……667

jiao

交……667
胶……668
焦……668
教……668

jie

街……668
结……668
戒……668

jin

今……668
金……669
津……669
进……669
近……669
晋……669
浸……669

jing

京……669
泾……669
经……669
荆……670
晶……670
精……670
井……670
景……670
警……670
净……670
镜……670

jiu

酒……670
旧……670

救……670

ju

居……670
聚……670

jun

军……670
浚……670

K

kai

开……670

kan

勘……671

kang

康……671
抗……671

kao

考……671

ke

柯……671
科……671
可……671
克……671
客……671

kong

空……671

ku

堀……671

kuai

块……671
快……671

kuang

矿……671

kun

昆……672

kuo

扩……672

L

la

垃……672
蜡……672

lai

来……672
莱……672

lan

兰……672

lao

劳……672
老……672

le

乐……672

lei

雷……672

leng

冷……672

li

李……672
里……672
理……672
醴……672
力……672

历…… 672
励…… 672
利…… 672
沥…… 673

lian

连…… 673
联…… 673
炼…… 673

liang

良…… 673
粮…… 673
两…… 673
量…… 673

liao

辽…… 673

lie

列…… 673

lin

林…… 673
临…… 673

ling

领…… 673

liu

刘…… 673
留…… 673
流…… 673
硫…… 673
六…… 673

long

龙…… 673
陇…… 673

lu

卤…… 673
陆…… 673
路…… 673

lü

旅…… 673
绿…… 673
氯…… 673

lun

轮…… 673
论…… 673

luo

螺…… 674
洛…… 674

M

ma

马…… 674
玛…… 674
码…… 674

mai

麦…… 674

man

满…… 674

mang

芒…… 674
盲…… 674

mao

毛…… 674
铆…… 674

mei

媒…… 674

煤……………………………………… 674
美……………………………………… 674

mi

秘……………………………………… 675
密……………………………………… 675

mian

棉……………………………………… 675
面……………………………………… 675

mie

灭……………………………………… 675

min

民……………………………………… 675
闽……………………………………… 675

ming

明……………………………………… 675

mo

模……………………………………… 675
摩……………………………………… 675
莫……………………………………… 675
墨……………………………………… 675

mu

木……………………………………… 676
目……………………………………… 676

N

na

纳……………………………………… 676

nai

氖……………………………………… 676

nan

男……………………………………… 676
南……………………………………… 676

nei

内……………………………………… 676

ni

呢……………………………………… 677
泥……………………………………… 677
倪……………………………………… 677
霓……………………………………… 677
拟……………………………………… 677

nian

年……………………………………… 677
黏……………………………………… 677

niang

酿……………………………………… 677

nie

镍……………………………………… 677

ning

宁……………………………………… 677

niu

牛……………………………………… 677

nong

农……………………………………… 677

nuan

暖……………………………………… 678

nuo

诺……………………………………… 678

nü

女……………………………………… 678

O

ou

欧…………………………………………………… 678

P

pai

排…………………………………………………… 678
牌…………………………………………………… 678
簰…………………………………………………… 678
派…………………………………………………… 678

pan

潘…………………………………………………… 678

pao

炮…………………………………………………… 678

pei

培…………………………………………………… 678

peng

烹…………………………………………………… 678
彭…………………………………………………… 678

pi

皮…………………………………………………… 678
淠…………………………………………………… 678

pian

偏…………………………………………………… 678

piao

漂…………………………………………………… 678
飘…………………………………………………… 678

ping

平…………………………………………………… 678

po

坡…………………………………………………… 679
鄱…………………………………………………… 679
破…………………………………………………… 679

pu

铺…………………………………………………… 679
葡…………………………………………………… 679
浦…………………………………………………… 679
普…………………………………………………… 679

Q

qi

七…………………………………………………… 679
柒…………………………………………………… 679
祁…………………………………………………… 679
奇…………………………………………………… 679
企…………………………………………………… 679
气…………………………………………………… 679
汽…………………………………………………… 679
器…………………………………………………… 680

qian

千…………………………………………………… 680
迁…………………………………………………… 680
铅…………………………………………………… 680
钱…………………………………………………… 680
钳…………………………………………………… 680
潜…………………………………………………… 680
黔…………………………………………………… 680

qiang

枪…………………………………………………… 680
抢…………………………………………………… 680

qiao

桥…………………………………………………… 680

qie

且…………………………………………………… 681

qin

勤…………681
沁…………681

qing

青…………681
轻…………681
氢…………681
清…………681
请…………681
庆…………681

qiu

秋…………681
虬…………681

qu

曲…………681
渠…………681

quan

全…………681

R

ran

燃…………682
染…………682

re

热…………682

ren

人…………682

ri

日…………683

rong

荣…………683
绒…………683
熔…………683

ru

如…………683
乳…………683
入…………683

run

润…………683

S

sai

赛…………683

san

三…………683

sao

缫…………683

se

色…………683

sen

森…………684

sha

沙…………684
纱…………684
刹…………684
砂…………684

shai

晒…………684

shan

山…………684
杉…………684
陕…………684

shang

商…… 684
上…… 684

shao

少…… 685
邵…… 685
绍…… 685

she

设…… 685
射…… 685
摄…… 685

shen

神…… 686
审…… 686

sheng

生…… 686
胜…… 686
绳…… 686
省…… 686

shi

施…… 686
十…… 686
石…… 686
时…… 686
实…… 686
食…… 688
史…… 688
世…… 688
市…… 688
势…… 688
试…… 688
视…… 688
适…… 688

shou

收…… 689
手…… 689
首…… 689
寿…… 689
兽…… 689

shu

书…… 689
梳…… 689
疏…… 689
树…… 689
数…… 689

shuang

双…… 689

shui

水…… 689

shun

顺…… 690

shuo

说…… 690

si

司…… 690
丝…… 690
私…… 690
四…… 690

song

松…… 691
宋…… 691
送…… 691

su

苏…… 691
素…… 691

塑…… 691

suan

酸…… 692
算…… 692

sui

绥…… 692
隋…… 692
随…… 692
隧…… 692

sun

孙…… 692

T

ta

塔…… 692
踏…… 692

tai

台…… 692
太…… 692

tan

炭…… 692

tang

汤…… 692
唐…… 692
塘…… 692
糖…… 692

tao

陶…… 692
淘…… 692

te

特…… 692

teng

藤…… 693
籐…… 693

ti

体…… 693

tian

天…… 693
田…… 693
甜…… 693

tiao

挑…… 693

tie

铁…… 693

ting

庭…… 694

tong

通…… 694
同…… 695
桐…… 695
铜…… 695
统…… 695

tou

投…… 695
透…… 695

tu

凸…… 695
图…… 695
土…… 695

tui

推…… 695
退…… 695

tun

屯…… 695

tuo

托…… 695

W

wa

瓦…… 695

wai

外…… 695

wan

弯…… 695
玩…… 695
万…… 696

wang

望…… 696

wei

危…… 696
维…… 696
潍…… 696
卫…… 696
为…… 696
未…… 696
渭…… 696
魏…… 696

wen

温…… 696
文…… 696
纹…… 696
问…… 696

weng

滃…… 696

wo

我…… 696

wu

圬…… 696
污…… 696
钨…… 696
屋…… 696
无…… 696
吾…… 697
吴…… 697
梧…… 697
五…… 697
武…… 697
物…… 697

X

xi

西…… 698
锡…… 698
洗…… 698
铣…… 698
系…… 698

xia

厦…… 698

xian

先…… 698
纤…… 698
鲜…… 698
显…… 698
县…… 698
现…… 698
线…… 698

xiang

乡…… 698
香…… 699

湘…… 699
箱…… 699
襄…… 699
橡…… 699

xiao

消…… 699
硝…… 699
小…… 699
校…… 699

xie

楔…… 699
屑…… 699

xin

新…… 699

xing

兴…… 700
行…… 700

xiu

修…… 700
袖…… 700

xu

徐…… 701
湑…… 701
叙…… 701
续…… 701
蓄…… 701

xuan

悬…… 701
旋…… 701

xue

学…… 701
雪…… 701

xun

汛…… 701

Y

ya

牙…… 701
亚…… 701

yan

烟…… 701
言…… 701
沿…… 701
盐…… 701
颜…… 701
眼…… 701
宴…… 701
验…… 701

yang

扬…… 701
羊…… 702
洋…… 702
养…… 702
氧…… 702

yao

窑…… 702
药…… 702

ye

耶…… 702
冶…… 702
业…… 702
液…… 702

yi

一…… 702
衣…… 703
宜…… 703

移…… 703
乙…… 703
以…… 703
译…… 703
驿…… 703
意…… 703

yin

阴…… 703
引…… 703
饮…… 703
印…… 703

ying

应…… 703
英…… 703
婴…… 704
荧…… 704
萤…… 704
营…… 704
影…… 704

yong

永…… 704
用…… 704

you

优…… 704
由…… 704
油…… 704
有…… 705
釉…… 705

yu

渝…… 705
余…… 705
俞…… 705
玉…… 705
吁…… 705
育…… 705
浴…… 705
预…… 705
喻…… 705
豫…… 705

yuan

元…… 705
园…… 705
原…… 705
远…… 705

yue

约…… 705
月…… 705
粤…… 705

yun

云…… 706
运…… 706

Z

zai

宰…… 706
再…… 706
在…… 706

zao

凿…… 706
造…… 706

zen

怎…… 706

zeng

增…… 706

zha

闸…… 706
炸…… 706
榨…… 706

zhai

宅……706

zhan

战……706

zhang

张……707
漳……707

zhao

爪……707
照……707

zhe

浙……707
蔗……707

zhen

真……707
枕……707

zheng

征……707
蒸……707
整……708
正……708
郑……708
政……708

zhi

支……708
枝……708
知……708
织……708
直……708
植……708
纸……708
指……709
制……709
治……709

zhong

中……709
钟……713
种……713

zhou

周……713
轴……713

zhu

珠……713
诸……713
竹……713
主……713
煮……713
助……713
住……713
注……714
铸……714
筑……714

zhuan

砖……714
转……714

zhuang

桩……714
装……714

zhun

准……714

zhuo

灼……714
着……714

zi

资……714
子……714

梓…………………………………………… 714
紫…………………………………………… 714
自…………………………………………… 714

zong

综…………………………………………… 714
总…………………………………………… 714

zuan

钻…………………………………………… 714

zui

最…………………………………………… 714
醉…………………………………………… 715

zuo

坐…………………………………………… 715
做…………………………………………… 715

题名索引

（按题名首字汉语拼音音序排列，题名尾部五位数码即该书的顺序号）

1200 公斤柴油打桩机说明书 ············ 03223
1947 最新工业原料模型机器指南 ······ 00241
6-ET 机车风闸运用原理示意图说 ······ 04654
B-25 飞机发动机手册 ···················· 05503
BG-8 中级双座滑翔机说明书 ············ 05566
DDT ·· 01748
(LORAN) 长途航行仪讲义 ················ 05518
M-85.86.87-A 型发动机使用须知 ······ 00891
Model RA-365/375 交流五灯超外差式收音机使用说明书 ······················· 01269
P-38 飞机发动机手册（上集）············ 05504
P-43 与 P-66 式飞机无线电设备运用须知 ·· 05519
SOB1 单路载波电话终端机及帮电机简图 ·· 01369
X 光线引阶 ····································· 00820

A

a

阿公店溪蓄水库工程计划 ·················· 03860

ai

矮克发显影药典 ····························· 00317
爱立生发动机手册 ·························· 00892
爱美亚木炭机说明书 ······················· 00769

an

安瓿制造法 ···································· 01762
安化黑茶 ······································· 02335
安徽防灾委员会水利计划书 ·············· 03790
安徽华阳河泄水闸模型试验报告书 ······ 03861
安徽全省公路行道树之计划 ·············· 03429
安徽省淮域工赈工程进行情形报告书（续编 4）······································ 04128
安徽省淮域上游各县工赈工程计划 ······ 04129
安徽省淮域上游各县汛后工赈工程测勘报告书 ······································· 04130
安徽省淮域下游各县工赈工程计划 ······ 04131
安徽省立安庆高级工业职业学校校友通讯录（第 1 期）··························· 00114
安徽省农田水利工程实施计划 ··········· 03791
安徽省水利工作报告 ······················· 03694
安徽省五年来水利历象简编 ·············· 03695
安徽省修复沿江堤防初步工程计划 ······ 04132
安徽舜耕山烟煤炼焦之试验 ·············· 01790
安澜纪要（上卷）··························· 03936
安全卫生资料 ································· 05688
氨氧化法 · 从氨制造硝酸 · 氮的化合物 ·· 01590
铵及硫酸处理明矾石试验 ················· 01628
铵及亚硫酸处理明矾石试验 ·············· 01629

ao

凹版印刷术 ··································· 02527
熬硝的方法 ··································· 01618
翱翔 ·· 05639

奥汉铁路及清光绪中叶历史资料……… 04522
澳洲羊毛…………………………………… 02025

B

bai

白朗尼照相镜用法………………………… 00318
白茆河分段图……………………………… 04262
白茆闸工程报告…………………………… 03862
白茆闸工程计划大纲……………………… 04263
百种有机化合物之制法…………………… 01683
拜耳颜料厂………………………………… 01866

bao

包宁铁道工程设计………………………… 04538
包头市开凿东西水道工程报告书………… 04188
包西水利辑要……………………………… 03654
宝坻县广济寺三大士殿…………………… 02987
保护替续器及其应用……………………… 01082
保卫民生及建造屋宇则例………………… 03313
保险伞……………………………………… 05520
保险伞学讲义……………………………… 05521
保养手册（道济卡车）…………………… 05083
报纸印刷术………………………………… 02528
爆裂物的制造及其使用法………………… 01822
爆破实施讲义……………………………… 00852
爆破室内作业……………………………… 00853
爆药及信管制造法………………………… 01823

bei

北戴河海滨建设计划书…………………… 03314
北方大港测量报告………………………… 05290
北方大港附近建筑材料调查试验报告（第1期）…………………………………… 05291
北方大港港址岸上地质钻探报告………… 05292
北方大港至滦县公路规划………………… 04860
北方大港至唐山铁路规划………………… 04539
北京电车公司电杆电车线车身各项设备品说明书………………………………… 05159
北京电车公司发电厂停车厂修理厂变流所房屋招标简章（中英文本）………… 03228
北京电车公司建筑变流厂房屋说明书（中英文本）…………………………………… 03081
北京电车公司建筑发电厂房屋说明书（中英文本）…………………………………… 03145
北京电车公司建筑停车厂修理厂房屋说明书（中英文本）………………………… 03082
北京电车公司石料招标简章及说明书… 03229
北京都市计划大纲………………………… 03329
北京畿辅大学铁路管理科戊辰毕业纪念册……………………………………… 04416
北京市都市计划大纲草案………………… 03449
北京水平石标一览表……………………… 03330
北京特别市处理粪便事务所二十七、八年度工作报告汇编…………………… 05689
北京特别市房基线规则、建筑规则、沟渠取缔规则……………………………… 03331
北京天津塘沽间汽车路计划案…………… 04884
北京义合盛汽炉厂………………………… 00912
北京印刷局概况…………………………… 02529
北宁铁路各车站轨道略图………………… 04734
北宁铁路各处员工电报简称表…………… 04729
北平工务特刊……………………………… 03332
北平交大廿一周年纪念特刊……………… 04417
北平声声学校英文打字讲义（卷1）… 02530
北平市第一期工厂检查报告书…………… 00287
北平市都市计划设计资料（第1集）… 03333
北平市度量衡检定所三周年纪念特刊… 00365
北平市沟渠建设计划……………………… 03529
北平市沟渠建设设计纲要及污水沟渠初期建设计划………………………………… 03530
北平市河道整理计划……………………… 04189
北平市建筑规则、房基线规则、沟渠取缔规则…………………………………… 03334
北平市清积计划案………………………… 03543
北平市土木建筑技师技副绘图员执行业务取缔规则、厂商承揽工程取缔规则、土木工程绘图员考试规则……………… 03335
北平市政府财政局屠宰场场务规则…… 02282
北平特别市建筑规章汇编………………… 03336
北平铁路大学年刊（1932）…………… 04418
北平铁路大学同学录……………………… 04419
北平铁路大学章程………………………… 04420
北平西苑土木工程专科学校现况概览… 02949

北平游览区建设计划……………………… 03315
北平之市政工程（三十五年度）……… 03450
北支 A 型煤气汽车保管与修理 ……… 05084
钡盐研究汇报…………………………… 02420
钡盐之容量分析………………………… 02421

ben

本所北平油气厂一年来制气报告……… 00523
本所化学分析暂行标准分析方法……… 01518
本所历年分离鉴定及贮养之各种发酸微生物……………………………………… 01948
本所制革工业之研究与试验…………… 02439

bi

比声音更快……………………………… 05567
毕业纪念册（中国纺织建设公司技术人员训练班印染系）…………………… 01993
避水建筑法……………………………… 03187

bian

边区的水利事业………………………… 03674
编队驾驶教程…………………………… 05640
编结和刺绣……………………………… 02586
编物大全………………………………… 02587
编物图案集成…………………………… 02588
编物图说………………………………… 02589
编织大全………………………………… 02590
编织术初步……………………………… 02591
扁茶及珠茶……………………………… 02336

biao

标准化…………………………………… 00177
标准化之意义及其重要并实施方法…… 00178

bing

冰淇淋…………………………………… 02337
兵工材料化学检验法…………………… 01557
兵工开浚新运河计划…………………… 05196
饼干、面包、西饼、雪糕制造法……… 02237
并条粗纺机械装置及保全标准………… 02107

bo

波的奇迹——电视……………………… 01471
波密纳尔（一名，湿透剂）…………… 01726
玻璃……………………………………… 01652
玻璃量器之检定标准…………………… 00772
玻璃温度计……………………………… 00825
玻璃仪器吹制法………………………… 01653
玻璃制造法……………………………… 01654
舶来品收音机线路图…………………… 01270
舶来品制造大全续集（化学工艺品制造新法）…………………………………… 01558
舶用往复动汽机学（附图 上卷）……… 05345
博昆黉三站煤车支配细则……………… 04735
博山铝石页岩硷灰法提制铝氧进一步试验……………………………………… 01630
博山铝石页岩提制铝氧初步试验……… 01631

bu

不等速水流之研究……………………… 03755
不可不知录……………………………… 02829
不连续性之连续梁之力矩分布解法…… 00217
不碎玻璃及其他金属代添品…………… 01655
布厂……………………………………… 02108
步枪轻机关枪及手榴弹之构造及性能… 00837

C

cai

材料辑要（1 铁路材料用量计划标准）… 04614
材料力学……………………… 00242—00249
材料力学（汉译增补本）……………… 00250
材料名称汇编…………………………… 04879
材料目录（第 2 册 机械篇）………… 00251
材料目录（第 4 册 工具篇，仪器篇）… 00252
材料目录（第 5 册 矿产窑业篇，纤维篇，水道暖气篇，杂品篇）……………… 00253
材料耐力学……………………………… 00254
材料强度学……………………………… 00255
材料强弱论……………………………… 00256
材料强弱学…………………… 00257—00261
材料强弱学概要………………………… 00262
材料试验………………………………… 00263
材料试验法暂定标准草案……………… 00264
材料学………………………… 00265 00266

材料学讲义……………………………………… 00267
材料专刊（第 1 卷 第 1 期）………………… 00268
财政部盐务署氯酸钾制造研究委员会第一次报告…………………………………… 02422
裁兵归田的导淮计划……………………… 04133
裁缝大要…………………………………… 02632
裁缝课本…………………………………… 02633
裁剪大全…………………………………… 02634
裁剪缝绣学入门…………………………… 02635
采金述要…………………………………… 00476
采矿常识…………………………………… 00477
采矿工程…………………………………… 00478
采矿工程概论……………………………… 00479
采矿学（上卷）…………………………… 00481
采矿学（下卷）…………………………… 00482
采矿学……………………………………… 00480
采矿冶金学指南…………………………… 00483
采煤技术入门——献给工人同志……… 00484
采暖（生产用的巨型锅炉装置图集）… 00913
采冶工程概论……………………………… 00485
采油工程中英名词………………………… 00524
菜肴的烹饪………………………………… 02750
蔡司测量仪器……………………………… 00802
蔡司工业用精测仪器……………………… 00803
蔡司光学测量仪器总目…………………… 00804
蔡司显微镜使用及整理法………………… 00805

can

参观黄河三刘砦堵口工程后述见（今后之治河问题）…………………………… 03985
参观手册…………………………………… 00486
参观英国伦敦米德兰苏格兰铁路运输制度纪要………………………………… 04736
参考文献汇集……………………………… 00914
蚕丝………………………………………… 02026
蚕丝概论…………………………………… 02027
蚕丝学概论………………………………… 02028

cang

仓库工程手册……………………………… 03083
仓库建筑法………………………………… 03084

cao

操舟机讲义………………………………… 05346
曹仲渊博士演讲无线电教育……………… 01189
草之漂白与染色…………………………… 02482

ce

厕所建筑…………………………………… 03085
测定石碳发热量之新建议………………… 01806
测量规程…………………………………… 03841
测量壶口地形及水力报告………………… 03792
测量术……………………………………… 00230
测设道路单曲线简法……………………… 04861

ceng

层竹之创造………………………………… 05541

cha

茶…………………………………………… 02737
茶业论……………………………………… 02338
茶叶检验…………………………… 02339 02340
茶叶制造过程中之发酵作用……………… 02341
茶叶制造学………………………………… 02342
茶叶专卖实施刍议………………………… 02343
茶之化学…………………………………… 02344
茶之色香味化学…………………………… 02345
查表员应须之电气知识…………………… 01169
查勘大渡河青衣江报告书………………… 04341
查勘韩江水患报告书……………………… 04313
查勘花园口决口报告书及河工实验区计划书附图………………………………… 03986
查勘黄河签招雇打桩机工………………… 03987
查勘路线概要……………………………… 04862
察哈尔张家口市政筹备处经过工程及现时计划略述…………………………… 03451
察南度量衡换算率………………………… 00366
察绥公路专刊……………………………… 04885

chai

柴油车之研究……………………………… 05020
柴油机引擎讲义…………………………… 00935
柴油用途之试验…………………………… 00525

chang

长方板内受对称力之应力分析………… 05473
长江三峡水利工程计划………………… 03863
长江上游宜渝段航行指南……………… 05395
长江上游引水管理细则………………… 05367
长江上游与淮系水利之比较观………… 03596
长沙市政府新市区计划书……………… 03408
长途电话机械附图……………………… 01370
长途电话机械图说……………………… 01371
长途电话线路图………………………… 01372
长途电缆及载波交叉…………………… 01373
常熟县廿三年度工赈浚河工程报告书… 04264
常熟县水利研究会年报………………… 03696
常熟县水陆交通状况调查表…………… 05166
常用短句汇编…………………………… 01420
常用药品制造法………………………… 01763

chao

超等外差式接收机……………………… 01271
超等外差收音机之研究………………… 01272
超外差式收音机………………………… 01273
超外差式收音机的精义（原理及特性）
…………………………… 01274　01275
超稳结构应力分析之基本原理………… 03148
潮白河苏庄水闸之养护与管理………… 03864
炒青茶制造法…………………………… 02346

che

车……………………………… 04362　04363
车床……………………………………… 00633
车床工作法…………………… 00634　00635
车床木工………………………………… 02461
车辆管理………………………………… 04704
车辆规范辑要（1 机车）……………… 04705
车辆与机车之管理……………………… 04706
车辆之运用……………………………… 04707
车胎工程手册…………………………… 05064
车用汽油………………………………… 05150
车站管理………………………………… 04737

chen

尘埃爆炸………………………………… 05690
沉淀池中沉淀作用之研究……………… 03494
陈椿记营造厂、陈椿源建筑师工程成绩
表（中英文本）………………………… 02988

cheng

成都平原之水利………………………… 04342
成都市政年鉴第一期…………………… 03425
成都自来水特种股份有限公司筹备报告
…………………………………………… 03495
成渝铁路工程局工程招标章程………… 04626
成渝铁路工程局建造第一总段钢筋混凝
土桥台工程说明书…………………… 04965
成渝铁路工程局金家崖王爷庙蜂窝子汤
家沱四处隧道工程说明书…………… 05012
成渝铁路工程局铜罐驿隧道工程说明书
…………………………………………… 05013
成渝铁路工程局砖石工程规范书……… 04627
成渝铁路工程局总工程司训示………… 04375
呈请完结仙云两湖工程事略…………… 04351
城市道路学……………………………… 04863
城市秽水排泄法………………………… 03531
城市计划学……………………………… 03278
城市计划学概论………………………… 03279
城市建设之研究………………………… 03280
城市交通………………………………… 03316
城市科学………………………………… 03281
城市设计导论…………………………… 03282
城市设计实用手册（天津特别市物质建
设方案）……………………………… 03374

chong

充实扬子江水利工作及扩充组织与经费
之意见………………………………… 03793
虫胶……………………………………… 01738
重庆煤气制造厂计划…………………… 01817
重庆沙坪坝小龙坎给水工程初步计划书
…………………………………………… 03496
重庆市工务局工作报告（廿九年三月至
八月）………………………………… 03452
重庆市工务局工作报告（廿九年九月至
三十年二月）………………………… 03453
重庆市工务局工作报告（三十年九月至
三十一年二月）……………………… 03454

重庆市建筑规则…………………………03426
重庆市下水道工程………………………03532
重修黄帝陵庙计划说明书及工程估价单
……………………………………03034

chou

筹办畿辅水道说…………………………04190
筹办及扩充造船厂计划概要书（10 交通
事业革新方案附件）………………05352
筹办武昌自来水概要……………………03497
筹堵黄河中牟决口委员会工程计划大纲
……………………………………03988
筹堵黄河中牟决口文件辑要……………03989
筹建广州市模范住宅区一览……………03409
筹设面粉工厂简易指南…………………02238

chu

出席国际标准协会成立大会及欧洲各国
标准考察纪实………………………00179
出席中国工程师学会第十五届年会并参
观台湾建设报告书…………………00015
初步木工学………………………………02462
初等电工学………………………………01000
初等农产制造教科书……………………02214
初级电报学………………………………01421
初级电池超外差式收音机………………01276
初级发动机教程…………………………00893
初学绒线编织法…………………………02592
厨房………………………………………02751
储电器在无线电线路中的作用…………01265
处理气焊用气气焊用工具压缩空气机与
贮气桶安全手册……………………00627
处理酸碱工作人员防护规则……………01591

chuan

川滇公路述要……………………………04886
川滇水道查勘报告………………………05197
川滇铁路宁冕支线叙昆干线西会支线测
勘总报告书…………………………04540
川广铁道路线初勘报告…………………04541
川桂水道查勘报告………………………05198
川江水道查勘报告………………………05199
川江水道与航行…………………………05396
川康盐务管理局工程处整理盐井河航道
工程概略……………………………05200
川煤低温蒸馏试验………………………01791
川黔公路工程述略………………………04887
川黔水道查勘报告………………………05201
川陕路胡家湾钢筋混凝土连续梁桥之设
计……………………………………04966
传递图像的电报…………………………01422
船…………………………………05329—05332
船舶的故事………………………………05333
船舶调查报告书…………………………05397
船舶检查章程……………………………05398
船舶讲义…………………………………05334
船舶类型及运用讲义……………………05356
船舶气象观测手册………………………05368
船舶无线电台台名录……………………01459
船舶修造及保养讲义……………………05335
船舶丈量章程……………………………05336
船底动物之附着生活与金属物质关系之
研究…………………………………05337
船——它的起源和发展…………………05338
船体保存法………………………………05339
船艺学……………………………………05369
船员须知…………………………………05370

chuang

创制绿茶着色用无毒黄色色料报告书…02347

chui

炊爨方法…………………………………02752

ci

磁铁与电磁铁的设计……………………01030
磁县烟煤显微镜下之结构及其与焦性之
关系…………………………………01807
磁性材料…………………………………01856
刺绣教本（劳作科 上册）………………02593
刺绣教本（劳作科 中、下册）…………02594
刺绣术……………………………………02595

cong

从飞行理想到飞行成功…………………… 05641

cu

促进导淮商榷书…………………………… 04134
醋及调味料制造法………………………… 02295
醋石加工…………………………………… 01684

D

da

达齐摄影书信（写给初习摄影的朋友）
…………………………………………… 00319
打字电报机——管理法与校正法（克利特公司 7-A 及 8-A 式）……………… 01423
大阪筑港志图谱…………………………… 05293
大常闸坝竣工纪念册……………………… 03865
大豆………………………………………… 02239
大豆工业…………………………………… 02252
大豆工艺为中国制造之特长……………… 02240
大渡河及马边水电工程勘察报告………… 03903
大沽沙滩航渠之治理……………………… 05294
大会提案中国全国工业协会提案………… 00016
大家来编结………………………………… 02596
大客车车身设计…………………………… 05061
大宁河查勘报告书………………………… 04343
大气和航空………………………………… 05619
大牵伸之理论与实际……………………… 02080
大上海都市计划概要报告………………… 03341
大上海都市计划汇刊（1946—1948 年）
…………………………………………… 03342
大上海都市计划总图草案报告书（二稿）
…………………………………………… 03344
大上海都市计划总图草案报告书………… 03343
大数小数命名标准研究意见书…………… 00367
大数小数命名标准研究意见书补充意见及新勘误表……………………………… 00368
大同古建筑调查报告……………………… 02989
大武汉市建设计划大纲草案（修正本）
…………………………………………… 03410
大武汉市建设计划大纲草案……………… 03411
大邑县江蓄水库初步计划………………… 03867
大邑县莫武堰移渠及护岸工程计划书… 03866
大禹治水之科学精神——黄河治本探讨
…………………………………………… 03990
大中大华二闸坝竣工纪念册……………… 04344
大众滑翔学………………………………… 05642

dai

代用品工业………………………………… 01685
带形都市与地略经济及防空之价值论… 03317

dan

单个较差脉压所发之脉流………………… 01266
单管收音机………………………………… 01277
弹（新发明之九）………………………… 00846
弹簧大牵伸与双喇叭……………………… 02072
弹药………………………………………… 00847
氮的工业…………………………… 01592 01593
氮和硝酸…………………………………… 01594
氮气与硝酸………………………………… 01595
氮素固定工业概论………………………… 01596

dao

导淮办法大纲……………………………… 04135
导淮工程…………………………………… 04136
导淮工程计划……………………………… 04137
导淮工程计划附编………………………… 04138
导淮工程计划概要………………………… 04139
导淮工程计划释疑………………………… 04140
导淮工程资料汇编………………………… 04141
导淮工程最初二年施工方案及其效果… 04142
导淮起沙机说明书………………………… 03224
导淮入海工程实施节略…………………… 04143
导淮入海水道第一期工程计划…………… 04144
导淮入海水道杨庄活动坝模型试验报告书…………………………… 04145 04146
导淮入江水道三河活动坝模型试验报告书…………………………… 04147 04148
导淮说明书………………………………… 04149
导淮委员会半年刊………………………… 04150
导淮委员会财务委员会第二十次会议议事日程……………………………………… 04151

导淮委员会测绘规程………………………… 04152
导淮委员会第一次大会会议议事录…… 04153
导淮委员会复员后工作简报（民国三十五年七月至三十六年四月）………… 04154
导淮委员会工程处函件………………… 04155
导淮委员会工作报告（民国十八年六月至二 十三年十二月）…………………… 04156
导淮委员会建筑船闸工程章程………… 05255
导淮委员会设计测量队二十五年份工作概况…………………………………… 04157
导淮委员会十七年来工作简报（民国十八年七月至三十五年六月）………… 04158
导淮委员会乌江水道工程局三十三年度工作计划……………………………… 04159
导淮委员会整理淮河流域土地办法纲要……………………………………… 04160
导淮与浚浦…………………………… 04161
导淮与粮食…………………………… 04162
导淮之根本问题……………………… 04163
导淮之重要…………………………… 04164
到市中心去…………………………… 03345
道碴内压力传导之研讨（毕业论文）… 04587
道岔工作法…………………………… 04588
道路………………………… 04813—04816
道路（建设概要）…………………… 04817
道路测量队组织概要………………… 04864
道路工程…………………… 04818 04819
道路工程学………………… 04847—04850
道路工程学讲义……………………… 04851
道路工程学名词译订法之研究……… 04802
道路工学……………………………… 04852
道路计划书…………………………… 04865
道路建筑学…………………………… 04853
道路讲义…………………… 04820—04822
道路桥梁……………………………… 04932
道路全书……………………………… 04823
道路水利及土木行政讲义…………… 04930
道路提要……………………………… 04824
道路通论……………………………… 04825
道路线设计算法……………………… 04866
道路学 ABC ………………………… 04854
道路学摘要…………………………… 04855
稻草制纸法…………………………… 02483
稻藁细工图说………………………… 02704

de

德国巴门中国天津吉昌公司………… 00487
德国孟德复印器说明书……………… 02670
德国油脂工业标准试验法…………… 01898
德国之航空（中德文对照）………… 05452
德国之新材料………………………… 00269

deng

灯……………………………………… 01135
登山铁路……………………………… 04651

di

低区建设计划书……………………… 04352
低温炼焦之研究及计划……………… 01792
狄克生初级滑翔机说明书…………… 05568
狄赛尔循环之热效率………………… 00936
地基工程学…………………………… 03175
地理环境之影响……………………… 05691
地实尔引擎加油法…………………… 00937
地文航海术…………………………… 05371
[地下煤气管道构件的标准大样详图集]……………………………………… 03545
地下水象及其对工程上之影响……… 03176
第二黄河调查委员会华北委员会第二、第三、第四部会调查报告书………… 03991
第六号 ET 机车风闸 ………………… 04655
第六届万国道路会议与美国道路之观察……………………………………… 04803
第七次国际道路会议中国报告……… 04804
第三届全国度量衡行政会议欢迎出席代表茶话会……………………………… 00369
第三战区经济委员会工业技术会议纪录……………………………………… 00017
第一年酒精原料供给计划书………… 02296
第一区机器工业同业公会会员工厂出品一览……………………………………… 00662

dian

滇缅公路国境沿线之桥梁建筑木材…… 04948

滇缅铁路工程局工程发包细则…………04628
滇缅铁路金江支线踏勘报告书…………04542
电……………………………………00968
电报…………………………………01424
电报常识……………………… 01425 01426
电报电话机料程式单………………01374
电报机器装置图说…………………01427
电报线路测验规则…………………01428
电报学………………………………01429
电报与电话…………………………01430
电厂工程师省煤实用方法…………01089
电车和电报…………………………05160
电车和电动机………………………05161
电池常识……………………………01108
电池式收音机线路集………………01278
电磁电机无线电……………………00969
电磁学新单位………………………00370
电灯………………………… 01136—01139
电灯泡（第1册 电气常识）……………01140
电灯装置法…………………………01141
电动机……………………… 01035—01037
电动机采用及装接准则、使用须知合订本……………………………………01038
电动机原理…………………………01039
电镀学………………………………01642
电工…………………………………00970
电工常识……………………………00971
电工概要……………………………00972
电工实习讲义………………………00973
电工学（强电工学概要 第1册 物理学原理）………………………………01005
电工学（探照灯）…………………01006
电工学……………………… 01001—01004
电工学讲义（直流电之部）………01008
电工学讲义…………………………01007
电工学题解…………………………01009
电工仪器及量度……………………01170
电工原理…………………… 01010 01011
电工原理及实用（下册）…………01013
电工原理及实用……………………01012
电弧焊接危险之防护………………00628
电华打字机检字指南………………02531
电华打字机施用法讲义……………02532
电化电容器…………………………01083
电化学工业…………………………01643
电话………………………… 01375—01377
电话报线路建筑学…………………01378
电话工程学…………………………01379
电话回线之通话标准………………01380
电话讲义……………………………01381
电话交换…………………… 01382 01383
电话教学材料………………………01384
电话学……………………… 01385—01389
电话学大纲…………………………01390
电话学讲义…………………………01391
电话用户宅内机线装设规则………01392
电机概要……………………………01040
电机工程…………………… 01041 01042
电机工程概论………………………01043
电机工程简易手册…………………01044
电机工程名词（电工名词之普通部 中国工程师学会）……………………………01045
电机工程名词（电化）……………01046
电机工程名词（电化部）…………01050
电机工程名词（电力部）…………01051
电机工程名词（电力 上册）………01047
电机工程名词（电讯）……………01048
电机工程名词（电讯部）…………01052
电机工程名词（普通）……………01049
电机工程名词（普通部）…………01053
电机工程名词………………………01054
电机工艺……………………………01055
电机讲义……………………………01056
电机浅说……………………………01057
电机设计……………………………01058
电机铁路……………………………04652
电机修理概论………………………01059
电机学教程…………………………01060
电解法制纯铝初步试验……………00555
电力厂………………………………01090
电力传输原理………………………01097
电力分布学…………………………01098
电力量法……………………………01171
电力提卤之设计与应用……………02383

电力与人工之比较…………………………01142
电力装置规则………………………………01099
电路工学……………………………………01014
电木粉制造初步总结………………………01031
电木与电玉…………………… 01693 01694
电气常识……………………………………00974
电气及其应用………………………………01015
电气建国……………………………………00975
电气名词汇编………………………………00976
电气烹饪法…………………………………02753
电气事业报告（电机工程师学会小组会议）……………………………………00977
电气事业电压周率标准规则………………00978
电气玩具制作法……………………………02692
电气心得……………………………………00979
电气学大意…………………………………00980
电气学理……………………………………00981
电气游戏……………………………………00982
电气与人力…………………………………01143
电气针织图说………………………………02164
电气装置规则………………………………00983
电气字典（第1集）………………………00984
电汽鱼雷说明书……………………………00855
电器常识……………………………………01144
电器承装人登记章程拟例、考验电匠章程拟例……………………………………00985
电热…………………………………………01145
电热炼钢学…………………………………00556
电热器………………………………………01146
电石工业……………………………………01644
电视浅说……………………………………01472
电视学浅说…………………………………01473
电线…………………………………………01032
电线经过铁路装置规则……………………01100
电线装置……………………………………01101
电信…………………………………………01350
电信交通之进步……………………………01351
电信线路工程概要…………………………01359
电信线路之土木工程………………………01360
电信总局工业管理处中央电工器材制造厂制造些什么？……………………………01084
电学应用基础（简明工务手册）…………00986
电讯交通浅说………………………………01352
电压调整器…………………………………01080
电源设备……………………………………01109
电照学………………………………………01147
电阻标准精确测量法………………………01172

diao

雕刻凹版之历史……………………………02533
吊桥的理论与设计…………………………04967
调查河套报告书……………………………03992
调查冀鲁豫土产盐类报告…………………02384
调查陇海全路车务机务行车事项计划纲要报告……………………………………04738
调查四川垫江南充两县征购实物用量衡器发生争执情形报告书……………………00773
调查浙西水道报告书………………………05399
调节汉水支流初步计划……………………04336
调节站的设备大样图集……………………03268

ding

订正中外度量衡币比较表…………………00371
定线测量……………………………………04543

dong

东北交通大学二二级级会纪念册…………04421
东北交通大学一览…………………………04422
东北水利概况………………………………03671
东北水利述要………………………………03672
东北铁路建筑规程及养路须知……………04523
东北小丰满工程修复及完成计划…………03904
东北印度红茶制焙学………… 02348 02349
东北印度红茶制造与细菌之关系（锡兰茶叶研究协会报告）…………………………02350
东北主院枢楼建筑报告书…………………03086
东平湖地区水利开发方策案………………04191
东省特别区警察总管理处管理道路车马行人通行规则、汽车驶行规则、驾驶汽车规则……………………………………05167
东西堂史料…………………………………02990
东西洋化学商品制造法……………………01559
东亚钢器厂东亚钢具样本…………………00557
冬季铁路养护之检讨………………………04635

动的力…………………………………… 00890
动力电池………………………………… 01110
动力机…………………………………… 00894
动力机大意……………………………… 00895
动力学…………………………………… 00689
洞庭水利解释概要……………………… 03794

dou

豆腐为二十世纪全世界之大工艺……… 02241
豆腐制作术……………………………… 02242
豆薯（Pachyrhizus erosus urban）种子之化学研究……………………………… 01749
豆薯（Pachyrhizus erosus urban）种子之化学研究（二）……………………… 01750
豆薯（Pachyrhizus erosus urban）种子之杀虫研究……………………………… 01751
豆油贮藏之研究………………………… 02253

du

都江堰…………………………………… 03868
都江堰流域各县地方水利工程监工人员训练讲义……………………………… 03869
都江堰水利述要………………………… 03870
都江堰堰工讨论会四川省水利局报告… 03871
都江堰治本工程计划概要……………… 03872
都市的科学……………………………… 03283
都市地域制度…………………………… 03284
都市给水学……………………………… 03498
都市规划………………………………… 03285
都市计划调查资料（中日对照）……… 03286
都市计划讲习录………………………… 03287
都市计划学…………………… 03288 03289
都市计划用语释义（中日对照）……… 03290
都市建设学……………………………… 03291
都市交通整理…………………………… 05168
都市路面之研究及其改进（国立交通大学学生毕业论文）…………………… 04918
都市问题之研究………………………… 05692
都市营建计划纲要……………………… 03292
都市与公园论…………………………… 03430
都市与骚音……………………………… 03318
都市政策 ABC ………………………… 03293
督办广东治河事宜处报告书（第 1 期 西江实测 中华民国四年）……………… 04314
督办广东治河事宜处报告书（第 2 期 广州进口水道改良计划 中华民国七年）…………………………………………… 04315
督办广东治河事宜处报告书（第 3 期 北江改良计划 民国八年）……………… 04316
督办广东治河事宜处工程报告书（[第 1—9 期]）……………………………… 04317
督办永定河决口堵筑工程事宜处报告… 04192
督办永定河决口堵筑工程事宜处简明报告书……………………………………… 04193
毒气化学………………………………… 00863
毒气侦检………………………………… 00864
毒气侦检大纲…………………………… 00865
毒气制备实验法………………………… 00866
毒气制造………………………………… 00867
毒鱼藤…………………………………… 01752
独流入海减河工程计划书……………… 04194
读西洋的几篇火药火器文后…………… 01824
堵筑永定河决口工程处总报告书……… 04195
度量衡标准制法定名称之解释及其在科学上之应用…………………………… 00372
度量衡常识讲义………………………… 00373
度量衡丛刊……………………………… 00374
度量衡换算法…………………………… 00375
度量衡检查常识………………………… 00376
度量衡检查法…………………………… 00377
度量衡检查要义………………………… 00378
度量衡检定法…………………………… 00379
度量衡检定人员养成所毕业同学录…… 00380
度量衡检定人员养成所三周年纪念刊… 00381
度量衡简易换算表……………………… 00382
度量衡器、计量器型式………………… 00774
度量衡器检定法………………………… 00383
度量衡器具制造法及改造法…………… 00775
度量衡浅说…………………… 00384—00387
度量衡手册……………………………… 00388
度量衡问题……………………………… 00389
度量衡须知……………………………… 00390
度量衡宣传资料………………………… 00391
度量衡折算一览………………………… 00392

度量衡制造法（度政组讲义）………… 00777
度量衡制造法………………………… 00776
度量精义……………………………… 00393
度数表………………………………… 00651
度政（建设概要）…………………… 00394
镀镍法………………………………… 01645

duan

短波发报机…………………………… 01431
短波收音机的做法…………………… 01279
短波无线电报发射机原理及制造……… 01280
锻工…………………………………… 00624
锻造…………………………………… 00625
锻造制模工艺学（上册）…………… 00626

dui

对于洪水防御警官心得·对于防水须知
………………………………… 03941
对于混凝土全部及表面防水试验……… 03188
对于山东董庄黄河堵口工程合龙闭气之
谈话及根本治黄之意见…………… 03993
对于市中心计划之意见……………… 03346
对于水利计划之检讨………………… 03795
对于治理扬子江之意见……………… 04084

duo

多极灯原理…………………………… 01148
多孔长条之应力分析………………… 05474

E

en

恩格思教授治导黄河试验报告书……… 03994
恩格思治导黄河试验报告汇编………… 03995
蒽醌还原染料（阴丹士林染料）……… 01858

er

儿童的电机工程学…………………… 01061
儿童的度量衡………………… 00395 00396
儿童的度量衡（下）………………… 00397
儿童的健康生活……………………… 02918
儿童科学玩具………………… 02693—02695
儿童玩具丛书………………………… 02696
二二三（D.D.T.）…………………… 01753
二个以上真空管的收音机…………… 01282
二九年式改良炉灶图说……………… 02576
二链及三链之拱桥…………………… 04968
二十二年度兴办水利事业一览表……… 03597
二十三年度水利事业报告…………… 03598
二十四年度各水利机关请求新办事业分
类表……………………………… 03796
二十四年伏汛海河放淤工程计划说明… 04196
二十四年江河堵口复堤及疏导淮北积水
………………………………… 03965
二十四年江河修防纪要……………… 03942
二·五暨五瓦短波收发报机说明书…… 01432
二用及三用式收音机………………… 01283
二重探波收音机设计及制作法………… 01281

F

fa

发报机及播音机的造法……………… 01433
发电厂热力工作者手册……………… 01091
发电厂与配电站……………………… 01092
发电机………………………………… 01062
发电机电动机构造法………………… 01063
发电水力……………………………… 03905
发电所电气设备……………………… 01093
发动机（上册）……………………… 00898
发动机（下册）……………………… 00899
发动机………………………… 00896 00897
发动机动力学………………………… 00900
发动机机工教程……………………… 00901
发光工程入门………………………… 01149
发酵的生理学………………………… 01949
发酵工业……………………………… 01950
发酵微生物之概要与应用…………… 01951
发酵学………………………………… 01952
发明敌敌脱（DDT）之忠实 ………… 01754
发明蒸溜器说明书…………………… 01519
法定度量衡标准制单位定义与名称确立
之缘由…………………………… 00398
法国的大工程——瑞霓峡（法国工程局

巴黎区总监伏翁达讲稿）…………… 03906
法隆寺与汉六朝建筑式样之关系、玉虫厨子之建筑价值………………………… 02991
珐琅器制造法……………………… 01656

fan

帆布端艇的制造法…………………… 05357
番菜烹调法………………………… 02754
矾石煅烧分解速率试验……………… 01632
繁荣威海卫计划之三（建筑事业）…… 03386
范氏万能式中文打字机实习范本……… 02534
范氏中文打字机文字索引…………… 02671

fang

防弊利器………………………… 02535
防毒木门制造图……………………… 00868
防毒木门制造图·重庆防空洞防毒门幕检验纪要…………………………… 00869
防范火灾………………………… 03548
防护服装………………………… 02636
防火概论………………………… 03549
防火与灭火……………………… 03550
防空避难室建筑学………………… 03272
防空工程与工业…………………… 03273
防潜仪的基本原理………………… 00315
防水防火物料制造法……………… 00270
防水特刊………………………… 04085
防汛教材………………………… 03943
防汛须知………………………… 03944
防止窃电之研究…………………… 01150
房屋……………………… 03070—03073
房屋工程（第3、4编，第7、8编）… 03231
房屋工程（第5、6编）…………… 03232
房屋工程………………………… 03230
房屋构造学……………………… 03074
房屋建筑学（住宅编）…………… 03076
房屋建筑学……………………… 03075
房屋与路………………………… 02950
房中秘…………………………… 02919
房中术…………………………… 02920
仿宋重刊营造法式校记…………… 02992
纺绩工程学……………………… 02081
纺纱……………………………… 02082
纺纱常识………………………… 02083
纺纱学…………………………… 02084
纺织……………………… 02109 02110
纺织厂…………………………… 02089
纺织概论………………………… 01994
纺织工业………………………… 01995
纺织工业大要……………………… 01996
纺织工业用磺酸化油之制法及其乳化液之润湿度和表面张力测定试验报告… 01727
纺织合理化工作法………………… 01997
纺织机…………………………… 02048
纺织机构学……………………… 02049
纺织机械………………………… 02050
纺织计算学……………………… 02029
纺织技师手册……………………… 01998
纺织力学………………………… 02030
纺织论丛………………………… 01999
纺织浅说………………………… 02000
纺织染工程手册…………………… 02001
纺织日用手册……………………… 02002
纺织原料………………………… 02031
纺织原料与试验…………………… 02032

fei

飞渡大西洋……………………… 05417
飞航学…………………………… 05643
飞机……………………… 05569—05580
飞机白铁蒙皮及明胶板之紧急修理…… 05546
飞机的由来……………………… 05581
飞机动力学……………………… 05475
飞机发动机的原理………………… 05505
飞机发动机之力分析及原件设计……… 05506
飞机构造………………………… 05496
飞机构造材料讲话………………… 05542
飞机构造学（上集）……………… 05497
飞机构造学讲义…………………… 05498
飞机构造与修理…………………… 05499
飞机机工教程……………………… 05547
飞机驾驶术纲要…………………… 05644
飞机驾驶术教范草案……………… 05645
飞机检查法……………………… 05548

飞机检查法（上篇）…………………… 05549
飞机模型制作法…………………………… 05582
飞机木材之处置与使用…………………… 05543
飞机木质翼梁之设计……………………… 05500
飞机汽车操纵术入门……………………… 05646
飞机浅说（2 性能篇）…………………… 05583
飞机浅说（3 发动机篇）………………… 05584
飞机识别常识……………………………… 05585
飞机维护…………………………………… 05550
飞机无线电装备…………………………… 05522
飞机性能之捷算法………………………… 05476
飞机修理法要领…………………………… 05551
飞机学………………………… 05586—05589
飞机翼下的世界…………………………… 05590
飞机与生产事业…………………………… 05552
飞机原理…………………………………… 05418
飞机怎样会飞……………………………… 05591
飞机战车须知……………………………… 05592
飞机之焊接………………………………… 05553
飞机之蒙被与髹饰………………………… 05554
飞机之维护………………………………… 05555
飞机之修理………………………………… 05556
飞机装备（兵器篇）……………………… 05523
飞机装备（仪器篇）……………………… 05524
飞龙牌油漆常识…………………………… 01876
飞行………………………………………… 05647
飞行初步…………………………………… 05616
飞行第一小时……………………………… 05648
飞行机……………………………………… 05593
飞行技术与天气…………………………… 05620
飞行捷径…………………………………… 05419
飞行理论…………………………………… 05649
飞行人员与飞行训练……………………… 05650
飞行失事预防方法第一续编……………… 05617
飞行手册（P-51D）……………………… 05651
飞行图解…………………………………… 05652
飞行小史…………………………………… 05653
飞行学要义………………………………… 05654
飞行员用气象学…………………………… 05621
飞行原理……………………… 05477 05478
飞鹰牌国产三轮汽车……………………… 05085
飞鹰牌三轮汽车驶用手册………………… 05086
非金属材料………………………………… 00271
肥皂…………………………… 01899 01900
肥皂工业…………………………………… 01901
肥皂制造法…………………… 01902 01903
斐礼门南运河报告书后…………………… 05202
翡翠轩玉话………………………………… 02597
废物利用……………………… 05693—05696
废物利用的工艺…………………………… 05697
废物利用的工作教材……………………… 05698
废物利用工艺教材………………………… 05699
废物利用工艺新材料……………………… 05700
废物利用篇………………………………… 05701
废物利用全书……………………………… 02655

fen

分年修治道路里程表·分年修治道路经费概算·修治道路收用土地暂行章程……………………………………………… 04826
汾酒酿造情形报告………………………… 02297
汾酒用水及其发酵秕之分析……………… 02298

feng

风洞干涉…………………………………… 05479
风力下房架之分析………………………… 03149
风琴使用及修理法………………………… 02656
风闸中的风泵……………………………… 04656
沣惠渠工程设计…………………………… 04318
冯军修护永定河纪实……………………… 03945
缝纫方法…………………………………… 02637
缝纫教本（简明）………………………… 02638
缝纫术……………………………………… 02639
缝纫知识…………………………………… 02640
缝衣室……………………………………… 02641

fo

佛尔德曼氏硫酸盐的制备法及其成分之研究…………………………………… 01619

fu

夫妇同业的油漆工………………………… 03233
夫妻宝鉴…………………………………… 02921
夫妻手册……………………… 02830 02831

弗力脱飞机之装配与保管……………… 05557
服装心理学……………………………… 02642
浮卡特 K-4 空中照相机说明书 ……… 00320
涪江新堰工程纪要……………………… 03873
福建沙溪工程报告……………………… 04265
福建省公路路基桥梁涵洞路面工程施工细则……………………………… 04888
福建省食粮酿酒概况…………………… 02299
福建省研究院工业研究所概况片段…… 00018
福建省研究院工业研究所液体燃料试验室概况……………………………… 01777
福建省政府修浚闽江工程局第十一年度报告书……………………………… 04266
福建省政府修浚闽江工程局第十二年度报告书……………………………… 04267
福建省政府修浚闽江工程局第十三年度报告书……………………………… 04268
福建省政府修浚闽江工程局第十四年度报告书……………………………… 04269
福建省政府修浚闽江工程局第十五年度报告书……………………………… 04270
福建水利分局第一期报告书…………… 03697
福建水利分局第二期报告书…………… 03698
福建永德安南四属工程汇刊…………… 03387
福建漳龙铁路漳龙段地形图…………… 04544
福建之水利……………………………… 03699
福特 A 式汽车驾驶管理备要 ………… 05100
福特 V 八福特货车驾驶管理备要 …… 05087
福特驾驶管理备要……………………… 05101
福特配件目录（A 及 AA 式）………… 05065
福中矿务大学一览（民国十四年至十六年）………………………………… 00488
福州电气公司新厂工程进行报告书…… 03041
福州附近路面建筑材料调查报告……… 04880
福州市政筹备处三十一年度工作报告表……………………………………… 03388
府河成都江口段纵断面图……………… 04345
妇女宝鉴（家庭日用）………………… 02832
附录东游考察记………………………… 01487
复淮故道图说…………………………… 04165
复兴……………………………………… 01455
复兴国产蓝靛刍言……………………… 01859
复兴建设上海市之概要………………… 03347
复兴上海建设计划书…………………… 03348
复用电计………………………………… 01173
馥记营造厂承建导淮委员会邵伯、淮阴、刘涧三船闸工程纪念册……………… 05256

G

gai

改进湘红之初步………………………… 02351
改良纺织工务方略……………………… 02003
改良家政小史…………………………… 02833
改良泥结碎石路面建筑之方法………… 04919
改良七七棉纺机简易说明书…………… 02111
改善洋灰灌浆路建筑法之研究………… 04889
改善自流井炭花盐灶之研究…………… 02385
改造安徽省城第一期计划书…………… 03294
改造汉厂一号二号化铁炉报告书……… 00614
改造杭州市街道计划意见书…………… 03295

gan

干电池暂行标准及试验方法…………… 01111
干电池制造法…………………………… 01112
干电秘诀（特性与实验）……………… 01113
干电试验规程摘要……………………… 01114
干电制造………………………………… 01115
干兰——西南中国原始住宅的研究…… 03087
干燥酵母说明书………………………… 01953
甘肃湟惠渠进水闸及陡坡模型试验报告书·甘肃夏惠渠陡坡模型试验报告书……………………………………… 03756
甘肃省第一次生产展览会生产品目录… 00180
甘肃省水利查勘计划…………………… 03842
甘肃水利林木公司肃丰渠鸳鸯池蓄水库土坝座谈会纪录……………………… 03874
甘肃肃丰渠鸳鸯池蓄水库土坝试验报告……………………………………… 03875
甘肃之水利建设………………………… 03675
甘油工业………………………………… 01904
甘蔗糖…………………………………… 02261
柑橘贮藏与加工计划…………………… 02290
赣江流域水利开发初步计划…………… 03797

赣粤水道查勘报告……………………………… 05203

gang

刚构解法…………………………………… 03150
钢构造物设计……………………………… 03151
钢骨混凝土梁表及钢环表（中英文本）
　………………………………………… 03152
钢骨混凝土梁表使用法（中英文本）… 03153
钢骨三和土设计（卷上）……………… 03189
钢轨焊接及其稳固性之研究（论文）… 04589
钢轨静应力之研究………………………… 04590
钢轨与枕木应用力之研究……………… 04591
钢结构……………………………………… 03154
钢筋混凝土设计塑性原理（国立交通大学土木工程学系结构组民三七级毕业论文）…………………………………… 03190
钢筋混凝土设计图解…………………… 03155
钢筋混凝土学…………………… 03191　03192
钢筋混凝土学讲义……………………… 03193
钢筋混凝土之作业……………………… 03194
钢筋三合土设计学……………………… 03234
钢筋砖工试验…………………………… 03195
钢凝土设计手册（公制）（第 1 集）…… 03196
钢桥梁标准图摄影（国营铁路中华十六级载重）…………………………………… 04969
钢铁………………………………………… 00558
钢铁构造物设计学（第 1 卷）………… 03156
钢铁金图学提要………………………… 00587
钢铁金相学……………………………… 00588
钢铁热处理学初步……………………… 00589
钢铁屋架设计…………………………… 03077
钢与铁……………………………………… 00590
钢之科学的试验法……………………… 00559
钢之热处理…………………… 00591　00592
港模型飞机协会………………………… 05420
港湾工学…………………………………… 05295
港湾工学讲义…………………………… 05296
港湾经济论……………………………… 05297
港务概要讲义…………………………… 05400
港粤沪华美电器行沪行电器图说……… 00987
杠杆式畜力双缸吸水机说明书………… 00766

gao

高初级工业职业学校棉织科、漂染科、陶瓷科、制图科课程及设备标准…… 02004
高初级工业职业学校造纸、印刷科课程及设备标准…………………………… 02484
高等结构学……………………………… 03157
高等考试工业技师考试声请检核须知… 00019
高等汽车学……………………………… 05021
高等水工结构计划……………………… 03857
高级飞行教练法………………………… 05655
高级工业职业学校机械科、土木科、电机科、电讯科暂行课程及设备标准… 00115
高级工业职业学校建筑科、测量科、市政工程科课程及设备标准…………… 00116
高级航空发动机学教程………………… 05507
高级西洋糖果制造法…………………… 02262
高级仪器学续集………………………… 05525
高粱酒……………………………………… 02300
高粱酒之研究…………………………… 02301
高速度钢………………………………… 00593
高速气流突变之测定…………………… 05480
高速铁路………………………………… 04653
告成周公庙调查记……………………… 02993

ge

革履模型裁法指南……………………… 02643
各国权度………………………………… 00399
各机关暨学校之消极防空设备要领
　…………………………………… 03274　03275
各级学校体育建筑设备图说…………… 03088
各区水利情形调查报告………………… 03798
各省二十四年堤防工程………………… 03966
各省二十四年航运水利工程…………… 03967
各省市度量衡局度量衡检定人员训练班同学录……………………………………… 00400
各种车站设计图………………………… 03089
各种烹调料的研究……………………… 02755
各种原料成品半成品的检查法………… 01560
各种原料成品半成品规格……………… 01561
各种造纸法概论………………………… 02485
各种中文铭字样本……………………… 02536

gong

工厂安全及卫生检查细则（英汉对照）…… 00288
工厂安全设备须知…… 00289
工厂安全与卫生…… 00290
工厂地址选择问题之研究…… 00291
工厂急救术及简便急救设备…… 05702
工厂检查实施程序…… 05703
工厂检查员须知…… 00292
工厂简易急救术及救急设备…… 05704
工厂设备（一名，工厂保安及卫生设备法）…… 00293
工厂设计…… 00294
工厂用电经济问题…… 01151
工程标准图…… 03455 04805
工程标准协进会成立大会记…… 00020
工程材料…… 00272
工程材料试验…… 00273
工程材料学…… 00274 00275
工程处理规程…… 04827
工程概说…… 00006
工程构造原理（第 1 册）…… 00218
工程构造原理（第 2 册）…… 00219
工程画…… 00231
工程计划讲义…… 03235 03236
工程讲义…… 00220
工程金属材料学…… 00594
工程力学…… 00221
工程力学提纲…… 00222
工程名词草案（英汉对照 电机工程）… 00208
工程名词草案（英汉对照 航空工程）… 00209
工程名词草案（英汉对照 化学工程）… 00210
工程名词草案（英汉对照 机械工程）… 00211
工程名词草案（英汉对照 汽车工程）… 00212
工程名词草案（英汉对照 染织工程）… 00213
工程名词草案（英汉对照 土木工程）… 00214
工程名词草案（英汉对照 无线电工程）…… 00215
工程名词——机械工程（英汉对照）… 00663
工程年会特刊…… 00021
工程篇（上篇）…… 03238
工程篇…… 03237
工程热力学…… 00905
工程人员手册…… 00181
工程师的教育和工作…… 00022
工程师节纪念特刊…… 00023
工程师节特刊…… 00164
工程实习指导书…… 00182 00183
工程手册…… 04828
工程数学…… 00223
工程特刊（中国工程师学会第十四届年会）…… 00165
工程图学…… 00232
工程团体联合会员录（民国 25—26 年度）…… 00024
工程学教科书（第 1 册）…… 00224
工程应用法规…… 00184
工程与工程师…… 00001
工程专册…… 00185
工段营造录…… 02994
工合技术特刊…… 02005
工具机…… 00646
工具机检验手册…… 00647
工具机学…… 00648
工具学…… 00649
工科略读…… 00216
工人意外遭遇统计法…… 00295
工商部北平工业试验所三十七年度年刊…… 00025
工商部度量衡推行委员会会议汇编…… 00401
工商部度量衡新制说明书（附推行法）…… 00402
工商部青岛商品检验局血清制造所概况…… 01764
工商部全国度量衡会议汇编…… 00403
工商部全国度量衡局度量衡检定人员养成所第一次报告书…… 00404
工商部重庆工业试验所三十七年度工作概况…… 00002
工商部重庆工业试验所研究专报（[合订

本])……………………………… 01488
工商部重庆工业试验所研究专报第十二号桐碱制纯碱之研究…………………… 01597
工商浅说（第2期 家庭工艺 下）……… 02711
工务纪要（中华民国二十一年份）…… 03389
工务纪要（中华民国二十二年份）…… 03390
工务纪要（中华民国二十三年份）…… 03391
工务局战后设施集影…………………… 03349
工学便览……………………………… 00186
工学教程……………………………… 00225
工业安全卫生展览会报告……………… 05705
工业安全卫生展览会特刊……………… 05706
工业安全与管理………………………… 00296
工业标准概要…………………………… 00187
工业标准辑要…………………………… 00188
工业标准与材料标准（材料管理手册）……………………………………… 00276
工业标准与度量衡（中华民国二十九年元月至卅年十二月）………………… 00189
工业标准专刊…………………………… 00190
工业病及工业性毒……………………… 05707
工业常识（浙江省警官学校讲义 第1期）……………………………………… 00119
工业常识…………………… 00117 00118
工业分析（国立北平大学工学院机系三年级）…………………………………… 01523
工业分析…………………… 01520—01522
工业化………………………………… 01598
工业化学分析…………………………… 01524
工业化学分析法（上册）……………… 01525
工业化学机械…………………………… 01526
工业化学实验法………………………… 01527
工业及铁道展览会参观指南…………… 04395
工业教育……………………………… 00120
工业教育（第1种）…………………… 00121
工业课本……………………………… 00122
工业课本教授法………………………… 00123
工业品制造新书（化学应用）………… 01562
工业生产实验指导……………………… 00297
工业实验笔记（卷3）………………… 00298
工业试验所报告类刊…………………… 00026
工业数学……………………………… 00226
工业药品……………………………… 01728
工业药品大全…………………………… 01729
工业药品制造法………………………… 01730
工业用水清洁法………………………… 03504
工业制图（中国工业标准）…………… 00233
工业制图标准草案……………………… 00234
工业制造成功百法……………………… 00299
工艺…………………………………… 01954
工艺材料……………………………… 00277
工艺常识……………………………… 02657
工艺常识指南·商人须知……………… 02658
工艺集成……………………………… 01563
工艺品制造全书………………………… 01968
工艺全书……………………………… 01564
工艺数学……………………………… 00227
工艺学………………………………… 00636
工艺学讲义附图………………………… 00637
工艺制造法…………………………… 00300
工艺制造指导……………… 01969 01970
工展手册……………………………… 00027
工赈接修三义寨至小新堤间新堤工程计划……………………………………… 03996
工作法教程…………………………… 02463
工作工教范（旋盘）…………………… 00638
公共车辆之比较观……………………… 04364
公共工程之范畴任务及政策…………… 03456
公共工程专刊（第1集）……………… 03457
公共墓地计划纲领（中日对照）……… 03296
公共用地计划标准（中日对照）……… 03297
公路（二卷）………………………… 04806
公路材料试验实施法…………………… 04881
公路词汇（上卷）……………………… 04807
公路辞汇（英华对照）………………… 04808
公路工程……………………………… 04829
公路工程处理规程……………………… 04830
公路工程监工须知……………… 04831 04832
公路工程设计准则（公路工程章则汇编）……………………………………… 04867
公路工程设计准则草案………………… 04868
公路工程学…………………………… 04856
公路工程应用数值手册………………… 04833
公路构筑法…………………………… 04890

公路及市政工程……………………………… 04834
公路技术（第1集）………………………… 04835
公路交通路面标线图说……………………… 05169
公路路面规范草案初稿……………………… 04920
公路路旁建设（毕业论文）………………… 04921
公路路线规范草案初稿……………………… 04869
公路桥梁涵洞工程设计暂行准则…………… 04970
公路踏勘暨测量须知………………………… 04922
公路土壤学…………………………………… 04870
公路卫生站建筑须知………………………… 03090
公路制图样式标准案………………………… 04871
公勤（网篱样本）…………………………… 02577
公勤样本汇编………………………………… 02578
公用及工业企业煤气设备标准大样详图
集…………………………………………… 03546
公用民用度量衡器具检定方法……………… 00778
公园…………………………………………… 03431
公园绿地计划标准…………………………… 03432
公园怎样建设………………………………… 03433
公制莫理耳图………………………………… 00915

gou

沟渠………………………………………… 03533
沟渠工程概要………………………………… 03534
沟渠工程学…………………………………… 03535
沟渠及垃圾…………………………………… 03536
沟通苏州河南北两岸交通工程、防潦工
程、浦东大道展筑工程、计划（中华
民国三十六年度）………………………… 03350
构造材料（第2卷）………………………… 00278
构造学讲义…………………………………… 03158

gu

古德立满而载三角橡皮绳计算法…………… 00742
古今治河图说………………………………… 03997
牯岭缆车工程计划书………………………… 05162

guan

关于大豆油之试验…………………………… 02254
关于东京复兴之意见………………………… 03321
关于“二次乙二氧化物”之分解云杉材
与天然木素组成之研究…………………… 01717
关于分解电网络之新方法…………………… 01016
关于锅垢的危害性…………………………… 00916
关于热学中之金属热处理…………………… 00595
关于审查修正建设总署公路工程规范书
之意见……………………………………… 04836
关中水利刍议………………………………… 03799
官用权度器具颁发条例……………………… 00405
管理章则……………………………………… 04423
管形涵洞之讨论（毕业论文）……………… 05008
惯用单位……………………………………… 00406
灌县都江堰二王庙前护岸工程计划书……… 03876
罐头及食品制造法…………………………… 02377
罐头食品制造法……………………………… 02378
罐头食物制造法……………………………… 02379
罐头制造法…………………………………… 02380

guang

光电池及其应用……………… 01116 01117
光桐品系之初步研究………………………… 01905
光照学………………………………………… 03042
广东二十年来治河报告汇刊………………… 04319
广东航空学校专刊…………………………… 05421
广东建设厅工业试验所年刊（[1930年]）
…………………………………………… 00028
广东建设厅工业试验所年刊（[1933年]）
…………………………………………… 00029
广东近年来之水灾及水利建设概况（民
国）………………………………………… 03723
广东开平合山筑桥会会员名册……………… 04933
广东芦苞活动闸模型试验报告书
……………………………… 05257 05258
广东全省陆上交通管理规则………………… 05170
广东省堤工委员会工作总报告……………… 04320
广东省立工专校刊…………………………… 00124
广东省立勷勤大学工学院建筑图案设计
展览会特刊………………………………… 03091
广东省水利局章则汇编……………………… 03744
广东省水利章则汇编………………………… 03724
广东水患问题………………………………… 04321
广东水利（第1期）………………………… 03725
广东专门技术人员调查表…………………… 00030
广西动员百万协筑湘黔桂铁路桂段工程

纪实…………………………………… 04396
广西度量衡检定概况……………………… 00407
广西省二十八年度垦殖水利计划及实施办法…………………………………… 03800
广州海珠桥……………………………… 04971
广州市工务报告………………………… 03458
广州市工务之实施计划………………… 03459
广州市火灾统计………………………… 03551
广州市修正取缔建筑章程……………… 03412
广州市之海珠炸石工程………………… 04972
广州市之自来水………………………… 03505
广州市自来水新厂之建设计划………… 03506
广州孙中山先生纪念碑工程章程……… 03092
广州西南铁桥…………………………… 04973

gui

轨道之应力……………………………… 04592
贵州全省水利计划……………………… 03801
桂林市建筑规则………………………… 03413

guo

锅炉安全使用法………………………… 00917
锅炉学…………………………………… 00918
国产铋砂熔炼试验……………………… 00560
国产棉纤维脂蜡之近似分量及其与纤维品质之关涉………………………… 02033
国产摄影制版用胶炼制法……………… 02537
国产食物油之分析及其方法之研究、数种著名国产陶料之分析……………… 02255
国产造纸纤维之显微化学分析………… 02486
国产植物染料染色法…………………… 02166
国产植物油制磺酸化油试验报告……… 01731
国产制皂油脂之标准及其实用试验法… 01906
国道一览表（案）……………………… 04891
国货卷烟机样本………………………… 02434
国际单位刍议…………………………… 00408
国际道路第六次会议议决录…………… 04837
国际海上人命安全公约………………… 05401
国际航海路章…………………………… 05402
国际新建筑运动论……………………… 02979
国立北京大学工学院修建校舍工程做法说明书（丙种）……………………… 03093
国立北京工业大学教职员录…………… 00125
国立北京工业大学扩充计划书………… 00126
国立北京工业专门学校同学录………… 00127
国立北平大学工学院电话讲义（自动电键计算法）…………………………… 01393
国立北平大学工学院化系四年级油漆… 01877
国立北平铁道管理学院………………… 04424
国立北平研究院民国二十二年地质矿产研究奖金论文………………………… 00489
国立北洋大学采冶年刊（创刊号 施勃理教授纪念册）……………………… 00490
国立复旦大学土木工程学会会员录…… 03025
国立高级印刷职业学校概况…………… 02538
国立贵州大学工学院工程特刊庆祝工程师节专号……………………………… 00166
国立海事学校第一期毕业同学录……… 05190
国立海事职业学校概况………………… 05191
国立交通大学北平铁道管理学院民念一级毕业纪念册………………………… 04425
国立交通大学第三十二届毕业生题名录…………………………………… 04427
国立交通大学第三十一届毕业典礼纪念特刊…………………………………… 04426
国立交通大学工业及铁道展览会参观指南……………………………………… 04428
国立交通大学工业及铁道展览会纪念画册……………………………………… 04429
国立交通大学工业铁道展览会节目…… 04430
国立交通大学科学学院概况…………… 04431
国立交通大学三十一年度第一学期实施概况报告书…………………………… 04432
国立交通大学上海同学录……………… 04433
国立交通大学唐山工程学院奖学金与学绩荣奖概况…………………………… 04434
国立交通大学唐山工程学院校友录…… 04435
国立交通大学唐山工程学院专章……… 04436
国立交通大学唐山工程学院自二十五周年迄二十七周年之进展……………… 04437
国立交通大学研究所一览……………… 04438
国立山东大学工学院机械工程系学程指导书…………………………………… 00664
国立山东大学工学院土木工程系学程指

导书………………………………… 02951
国立上海高级机械职业学校概况……… 00665
国立上海高级机械职业学校教职员学生通讯录………………………………… 00666
国立四川造纸印刷科职业学校三年来之概况………………………………… 02487
国立太湖公园计划书………………… 03434
国立唐山工学院课程学分时间表……… 04439
国立唐山工学院矿冶系科目学分表…… 04440
国立唐山工学院四十二周年纪念特刊… 04441
国立唐山工学院土木工程系科目学分表………………………………… 04442
国立唐山工学院学生名册（三十五学年度）………………………………… 04443
国立武汉大学工科年刊（第 1 卷）…… 00167
国立西北技艺专科学校概览…………… 01955
国立西北技艺专科学校各科学生毕业纪念册………………………………… 01956
国立西康技艺专科学校各科必修课目一览………………………………… 01957
国立西康技艺专科学校教职员录……… 01958
国立西康技艺专科学校添设师范科初步计划书………………………………… 01959
国立西康技艺专科学校现任教职员资历表………………………………… 01960
国立西康技艺专科学校要览…………… 01961
国立西康技艺专科学校之创设与进展… 01962
国立中央工校校友会上海分会通讯录… 00128
国立中央工校组织大纲办事总则暨各处室科办事细则………………………… 00129
国立中央工业职业学校筹备委员会建筑说明书………………………………… 00130
国立中央工业职业学校组织大纲、办事总细则、各项规则、各项简则……… 00131
国立中央工业职业学校组织大纲及各项规则………………………………… 00132
国立中央工业专科学校、国立中央工业职业学校校友录……………………… 00133
国立中央工业专科职业学校一览……… 00134
国立中央技艺专科学校概况…………… 01963
国立中央技艺专科学校一览…………… 01964
国立中央研究院工程研究所钢铁试验场其目的工作及服务社会情形………… 00561
国立中央研究院工程研究所钢铁试验场一览及出品概要……………………… 00562
国立中央研究院工程研究所民国三十一年度工作概要………………………… 00031
国联工程专家考察水利报告书（中英文本）………………………………… 03599
国民经济建设运动中之手工业改良问题………………………………… 01965
国民学校运动场之设计………………… 03094
国民政府财政部盐务学校一九三四班同学录………………………………… 02386
国民政府救济水灾委员会第二区工振局工程经过报告书……………………… 03946
国民政府救济水灾委员会第十八区工振管理局工程实录……………………… 03947
国民政府救济水灾委员会工振处第十七区工振管理局总报告………………… 03948
国内长途电话值机规则检要…………… 01394
国内长途电话值机规则实例…………… 01395
国外工业（英帝国化学工业公司人造汽油之成功及其制造概况）…………… 00526
国外铸造（国外铸造生产动态）……… 00615
国音电报词典…………………………… 01434
国营铁路道岔规范书…………………… 04593
国营铁路道岔枕木规范书……………… 04594
国营铁路垫钣规范书…………………… 04595
国营铁路钢轨规范书…………………… 04596
国营铁路钢桥规范书·铁道部工务机务讨论会审查钢桥规范纪录汇编（适用于跨度不超过一二〇公尺之固定钢梁）………………………………… 04974
国营铁路钩头道钉规范书……………… 04597
国营铁路国产普通枕木规范书………… 04598
国营铁路混凝土及钢筋混凝土规范书… 04615
国营铁路建筑标准及规则……………… 04524
国营铁路建筑标准图（中华民国二十五年）………………………………… 04525
国营铁路螺纹道钉规范书……………… 04599
国营铁路坡仑水泥规范书……………… 04616
国营铁路普通枕木规范书……………… 04600
国营铁路桥梁枕木规范书……………… 04975

国营铁路四十公吨全钢高框敞车图…… 04708
国营铁路四十公吨全钢货车公用图…… 04709
国营铁路四十公吨全钢棚车图………… 04710
国营铁路四十公吨全钢平车图………… 04711
国营铁路四十公吨全钢石碴车图……… 04629
国营铁路鱼尾钣规范书……………… 04601
国营铁路鱼尾螺栓及螺帽规范书……… 04602
国有铁道车辆写真帖………………… 04712
国有铁路材料分类编号名称汇编草案… 04617
国有铁路车辆支配规则……………… 04739
国有铁路工程、车辆、材料规则汇编… 04526
国有铁路联运车辆检验及修理规则
…………………………… 04713 04714
国有铁路四十公吨钢架木体高框敞车图
……………………………………… 04715
国有铁路四十公吨货车公用图……… 04716
国有铁路四十公吨货车图…………… 04717
国有铁路四十公吨全钢高框敞车图…… 04718
国有铁路行车规章………… 04740 04741
果品处理…………………………… 02291
果实模造法………………………… 02598
果蔬制汁之理论与技术……………… 02292
过磅须知…………………………… 04742
过火砖……………………………… 03197
过热汽缸油（高温度汽缸油）………… 00527

H

ha

哈乞开斯轻机关枪基本教练…………… 00838

hai

孩子们的电报电话…………………… 01353
海港………………………………… 05298
海河放淤工程报告书………………… 04197
海河工程局民国二十二年报告书……… 04198
海河工程局民国二十四年（西历一九三
五年）报告书……………………… 04199
海河工程局民国二十五年（西历一九三
六年）报告书……………………… 04200
海河工程局一九二八年报告书……… 04201
海河工程局一九二九年报告书……… 04202
海河工程局一九三零年报告书……… 04203
海河工程局一九三一年报告书……… 04204
海河工程局一九三二年报告书……… 04205
海河工程总局民国三十一年度报告…… 04206
海河工程总局民国三十二年度报告…… 04207
海河治本治标计划大纲……………… 04208
海军江南造船所制造飞机处………… 05558
海军轮机教范……………………… 05390
海陆丰场视察报告书………………… 02387
海上避碰章程释义…………………… 05403
海上救生法………………………… 05391
海上救生指南……………………… 05392
海上人命安全国际公约……………… 05404
海上输送学………………………… 05192

han

涵洞工程…………………………… 05009
涵洞工程施工细则…………………… 05010
韩江治河处报告书（民国十五年度）… 04323
韩江治河处报告书…………………… 04322
汉代的建筑式样与装饰……………… 02995
汉江水道查勘报告…………………… 05204
汉口吕方记机械厂图样说明书……… 00764
汉口市工务局业务报告（民国十八年七
月起至十九年六月底止 第 1 卷第 2、
3 合期）………………………… 03460
汉口市划一度量衡宣传大纲………… 00409
汉口市建筑暂行规则………………… 03414
汉口市政府防水专刊………………… 04086
汉口特别市工务计划大纲…………… 03461
汉口特别市政府工务局收支报告书（民
国十八年四月十一日至十月十日止）
……………………………………… 03415
汉口特区管理局新建筑章程（中英文本）
……………………………………… 03416
[汉密尔顿油压螺旋桨] …………… 05501
汉宁公路工程概要…………………… 04892
汉阳东成垸工程事实说明书………… 03877
汉译印刷术总论及机械篇…………… 02539
汉渝公路汽车渡船模型试验报告书…… 05358
汉张衡候风地动仪造法之推测……… 00816

汗绒布二用织机…… 02051
焊接接合及其应力分析（土四结构论文）…… 00629

hang

夯压土壤之原理…… 03177
杭州工会组织统一委员会工作汇刊…… 00301
杭州六和塔复原状计划…… 02996
杭州市建筑规则…… 03392
杭州市取缔建筑规则（中华民国二十五年）…… 03393
杭州市食米品质之研究报告…… 02243
杭州市市河整理委员会征信录…… 03565
航泊法图解…… 05372
航海避碰章程（译文）…… 05405
航海科学生机关术教科书附图…… 05347
航海罗盘…… 05348
航海揉船术…… 05373
航海生涯…… 05359
航海术…… 05374
航海术教科书（卷1航海兵器）…… 05375
航海学…… 05376
航空…… 05594 05595
航空白铁工作法…… 05559
航空常识…… 05422 05423
航空常识问答…… 05424
航空辞典（英汉双解）…… 05468
航空的常识…… 05425
航空的秘密…… 05457
航空电工学（第1册）…… 01017
航空读本（第3册）…… 05597
航空读本…… 05596
航空发动机…… 05508
航空发动机实习概论…… 05509
航空发动机学（第1集）…… 05512
航空发动机学（第3集）…… 05513
航空发动机学…… 05510 05511
航空发动机学概论…… 05514
航空发动机学讲义…… 05515 05516
航空概要…… 05426
航空号中级滑翔机说明书…… 05598
航空机械与动力装置…… 05427
航空纪载汇编…… 05414
航空救国…… 05453
航空论…… 05458
航空模型为什么会飞…… 05599
航空气象概要…… 05622 05623
航空气象观测手册…… 05624
航空气象简要…… 05625
航空气象学…… 05626—05629
航空气象学概要…… 05630 05631
航空气象学讲义…… 05632
航空气象学教本…… 05633
航空气象学教程（军官用）…… 05634
航空汽油…… 00528
航空器材保管法…… 05527
航空器材保管教范草案…… 05528
航空器材装拆积载运输教范草案…… 05529
航空浅识…… 05428
航空摄影之判读…… 00321 00322
航空生活…… 05459
航空时代…… 05429
航空实际问题与航空气象…… 05430
航空世界…… 05460
航空通论…… 05431
航空委员会航空器材管理规则…… 05530
航空问答…… 05461
航空无线电信学…… 05531
航空学（理论与实际）…… 05435
航空学…… 05432—05434
航空学大意…… 05436
航空学讲义…… 05437—05440
航空学摘要、防空学摘要…… 05441
航空研究院简史（二十八年七月七日至三十 五年二月二十八日）…… 05442
航空演进史（上册）…… 05454
航空演习纪念…… 05455
航空仪器学…… 05532
航空仪器学讲义…… 05533—05535
航空用语…… 05469
航空用语辞典…… 05470
航空与防空…… 05443
航空与雾…… 05660
航空站…… 03095
航空站设计…… 03096

航空站与航空路…………………………… 05682
航空之过去与未来………………………… 05462
航行规程…………………………………… 05406
航行学………………………… 05656—05658
航行学入门………………………………… 05659
航行用仪器………………………………… 05526
航运工程浅说……………………………… 05205
航站与航线………………………………… 05683

hao

号志夫须知——安全第一………………… 04730
号志概要…………………………………… 05171

he

合并集水方浜两路工程纪要……………… 04893
合理仓库建筑须知………………………… 03097
何门氏电磁罗盘…………………………… 05349
河北河务会议汇刊………………………… 04209
河北井陉矿务局炼焦厂产品说略……… 01793
河北省北运河整理计划书………………… 05206
河北省工程师协会会务总报告…………… 00032
河北省工业试验所第二次报告书……… 00034
河北省工业试验所第三、四次报告书… 00037
河北省工业试验所第一～四次报告书… 00036
河北省工业试验所第一次报告书……… 00033
河北省工业试验所第一、二次报告书… 00035
河北省工业试验所概况…………………… 00038
河北省公署建筑各项工程施工规范…… 03239
河北省河渠建设计划草案………………… 04210
河北省河务会议汇刊（民国二十年）… 04211
河北省河务会议汇刊（民国二十一年）
……………………………………………… 04212
河北省河务会议汇刊（民国二十五年）
……………………………………………… 04213
河北省建设厅河务会议汇刊……………… 04214
河北省立石门工业职业实验学校计划大纲……………………………………… 00135
河北省南运河下游疏浚委员会报告书… 05207
河北省水利问答初集……………………… 03655
河北省灾情及生产自救运动……………… 05708
河北省治河计划书………………………… 04215
河北水利论………………………………… 03656
河北五大河概况…………………………… 04216
河道工程学………………………………… 03919
河防通议 · 至正河防记…………………… 03998
河防一览…………………………………… 03968
河港工程（闸坝设计）…………………… 03878
河工………………………………………… 03920
河工方略…………………………………… 03921
河工名谓…………………………………… 03566
河工器具图说……………………………… 03858
河工实施…………………………………… 03922
河工图谱…………………………………… 03916
河工学………………………… 03923—03926
河工学讲义………………………………… 03927
河工用语（附图）………………………… 03928
河海测量指导（卷 1 深度测量）……… 05299
河海工程专门学校一览（[1917 年]）… 03567
河海工程专门学校一览（[1922 年]）… 03568
河流泥沙之冲淤及水土保持（国立交通大学毕业论文）………………………… 03757
河南河务局二十五年河防报告书……… 03999
河南黄河水利初步计划书………………… 04000
河南黄沁两河工程详图…………………… 04001
河南全省水利工程计划大纲……………… 03802
河南省河务局总分局职员录……………… 04002
河南省建设厅全省水利会议汇编……… 03726
河南省立水利工程专科学校一览（[1933 年]）………………………………… 03569
河南省立水利工程专科学校一览（[1936 年]）………………………………… 03570
河南省水利规划…………………………… 03803
河南水灾工赈方案………………………… 03804
河渠工程第二篇讲义……………………… 03571
河渠工程第三篇讲义……………………… 05208
河渠工学（渠工编）……………………… 05209
河渠纪闻…………………………………… 03600
河上语图解………………………………… 03572
河史述要…………………………………… 04003
河务会议各项报告………………………… 04217
河务季报（1—5 期）……………………… 03969
河务季报（6—10 期）…………………… 03970
河务所闻集………………………………… 03601
河务特刊…………………………………… 04271

河西居延新疆水利考察报告…………… 03676
河西水利………………………………… 03677
河西水利问题…………………………… 03678
贺江水道测量计划大纲………………… 05377
贺梧铁路踏勘报告书…………………… 04545

hei

黑岗口黄河巨型试验初步计划………… 04004

heng

衡阳市辟建城北工业区、城南新市区便览……………………………………… 03417

hong

红茶发酵的初步研究…………………… 02352
红茶水色与发酵之关系………………… 02353
红茶怎样制造…………………………… 02354
红茶制造法（手制）…………………… 02356
红茶制造法……………………………… 02355
红水河那色至迁江段初步整理计划…… 04324
红外线摄影……………………………… 00323
虹吸管之水力情形及流量之计算……… 03758
虹吸溢道………………………………… 03879
洪水防止法……………………………… 03949
洪水流量估计方法之检讨……………… 03759
鸿化堰进水闸及附属工程计划书……… 03880

hou

后方民营工厂产品一览表……………… 00191

hu

滹沱河地区水利建设工事概要………… 04218
滹沱河地区水利建设事业工事史（昭和十七年度）…………………………… 04219
胡君雨人报告之驳论…………………… 03602
葫芦岛海港概况………………………… 05300
湖北金水建闸纪略……………………… 04325
湖北金水整理计划草案………………… 04326
湖北省公路工程施工规则……………… 04894
湖北省公路工程专刊…………………… 04895
湖北省会防汛专刊……………………… 04087
湖北省会市政建设计划纲要…………… 03462
湖北省修浚塘坝沟渠水井及推广车水工具办法…………………………………… 04327
湖北水利行政纪要……………………… 03727
湖南宝庆兵灾纪实……………………… 05709
湖南电灯公司较表设备及较验方法说明书………………………………………… 01174
湖南度政三年…………………………… 00410
湖南公立工业专门学校章程…………… 00136
湖南桂阳虎形山地质报告、湘乡梓门桥煤田地质之研究、湘乡鸦头山铅锌矿报告、临武癞子岭钨矿报告………… 00491
湖南省建设厅水道测量队第一期工作报告………………………………………… 05210
湖南省立高级工科职业学校规程……… 00137
湖南省水利概况………………………… 03728
湖南水灾善后委员会兴修洞庭水利研究委员会拟具第一期兴修洞庭水利方案………………………………………… 04353
沪港设备指南…………………………… 05301
沪杭公路海宁附近土壤稳定试验报告（民卅六级论文）………………………… 04872
沪杭甬线沪杭段路线袖珍册…………… 04546
沪杭甬线沪嘉段路线袖珍册…………… 04547
沪杭甬线嘉闸段路线袖珍册…………… 04548
沪杭甬线甬绍段路线袖珍册…………… 04549
扈工特刊………………………………… 04005

hua

花边铅字样本…………………………… 02540
花河支线定线测量总报告……………… 04550
花生油之热解试验……………………… 02256
华北电业唐山发电厂员工运行维护须知………………………………………… 01094
华北度量衡调查………………………… 00414
华北河川治理要纲……………………… 04220
华北河渠建设委员会第三次委员会会议记录……………………………………… 03657
华北惠民土木事业水利建设综合企划大纲………………………………………… 03658
华北煤炭低温蒸馏之研究……………… 01794
华北砂基闸坝工程图谱………………… 03881
华北水利初步设施蠡测谈……………… 03805

华北水利工程局三十九年度工作计划…04221
华北水利建设概况……03659
华北水利述要……03660
华北水利委员会第九次委员会会议记录……03661
华北水利委员会第十四次委员会会议记录……03662
华北水利委员会第十六次委员会会议记录……03663
华北水利委员会二十年来工作概况……03664
华北水利委员会官厅运料汽车路工程各项招标文件·华北水利委员会建筑官厅运料汽车路木桥工程各项招标文件·华北水利委员会建筑寞营与土木堡临时住所及存料厂工程各项招标文件…03573
华北水利委员会会务报告……03665
华北水利委员会计划汇刊……03806
华北水利委员会抗战期中工作报告（自二十六年七月至廿八年十二月）……03666
华北水利委员会抗战期中工作报告（自廿九年一月至卅年十二月）……03667
华北水利委员会职员录……03668
华北水利文选（第1集）……03669
华北之灾情状况……05710
华煤中硫质种类之分析……01808
华双路K350永宁桥设计书……04976
华斯蒲及洪赖特发动机说明书……05517
华特可塞V-65-CI型飞机之装配与保管……05560
华文打字法……02541
华文打字机……02672
华文打字机教科书……02542
华文打字机解说……02673
华文打字机使用法……02543
华文打字术略说（袖珍本）……02544
华阳河拦河坝工程纪略……04088
华阳水利区工程计划大纲……03807
华英机器技师字汇……00667
华英机械字汇编……00668
滑翔机……05600
滑翔机初步教育指南……05661
滑翔机的飞行及其制造……05601
滑翔机史话……05602
滑翔机之构造……05603
滑翔驾驶初步教程……05662
滑翔手册……05663
滑翔学……05664
滑翔学理……05665
滑翔园地合订本（第1集）……05604
化工计算法……01528
化工建筑材料……03198
化工论文摘要（中国工程师学会第十三届年会）……01489
化工原理……01529
化工原料学……01530
化工职业概况……01490
化学……01491
化学玻璃仪器（第2期）……00795
化学肥料“硫酸铔”……01743
化学工程……01531
化学工程机械……01532
化学工程及制造概论……01533
化学工程名词（后五部 初审本）……01495
化学工程名词（前十部 二审本）……01496
化学工程名词…… 01492—01494
化学工业……01497
化学工业用材料……01534
化学工业用机械……01535
化学工业之测定及计算……01536
化学工业之进步……01498
化学工业之设计……01565
化学工业制造顾问……01566
化学工艺（第1—7编）……01539
化学工艺…… 01537 01538
化学工艺宝鉴……00302
化学工艺宝鉴全编……00303
化学工艺制造……01567
化学工艺制造大全（现代实用 工艺导师）……01568
化学工艺制造秘典……01569
化学工艺制造新术（小本创业致富捷径）……01570
化学食物……02205
化学小工艺……01571

化学小工艺制造法……………………… 01572
化学小工艺制造术…………… 01573 01574
化学药品制造法（利用国产原料）…… 01732
化学与工业…………………… 01499 01500
化学原料及各种货品名目表…………… 01540
化妆品及香料制造法…………………… 01933
化妆品制造……………………………… 01934
划一全国度量衡标准研究书…………… 00411
划一全国度量衡宣传大纲……………… 00412
划一中国度量衡标准研究书…………… 00413
画线及钳工工作法图解………………… 00653

huai

淮河流域地理与导淮问题……………… 04166
淮河水利问题与二十四年之导淮工程… 04167
淮河运河等之治理……………………… 04168
淮河治理工程日记……………………… 04169
淮河中游浅滩勘查报告及整理意见书… 04170
淮扬水利刍议（并论射阳港建闸事）… 03808
淮域工赈工程进行情形报告书………… 04171
槐花染色试验报告……………………… 02167

huan

换气煖房之计算必携…………………… 03262
换纬式自动织机手册…………………… 02052
浣洗化学………………………………… 02810

huang

黄豆食品之制造及烹调法……………… 02244
黄海化学工业研究社概况及章程……… 01501
黄海化学工业研究社工作概况报告…… 01502
黄海化学工业研究社廿周年纪念册…… 01503
黄海化学工业研究社入川后的工作报告
……………………………………… 01504
黄海化学工业研究社章程……………… 01505
黄河安澜特刊…………………………… 04006
黄河调查综合报告书（第四篇 黄河流域
农田水利调查报告）………………… 04007
黄河堵口复堤工程概况………………… 04008
黄河堵口工程…………………………… 04009
[黄河堵口工程计划] ………………… 04010
黄河堵口问题…………………………… 04011
黄河防汛会议暨黄河水利委员会第一次
会议汇编…………………………… 04012
黄河防汛会议议程及纪录……………… 04013
黄河概况及治本探讨…………………… 04014
黄河河工图谱…………………………… 04015
黄河花园口堵口工程概要……………… 04016
黄河花园口合龙纪念册………………… 04017
黄河流域之管理………………………… 04018
黄河南徙夺淮之危机及中牟堵口之必要
……………………………………… 04019
黄河三门峡筑坝计划…………………… 04020
黄河上中游考察报告…………………… 04021
黄河石头庄、冯楼堵口工程实录……… 04022
黄河水患之控制………………………… 04023
黄河水利发展争议……………………… 04024
黄河水利计划书………………………… 03809
黄河水利委员会查勘队三十二年宁夏灌
溉区查勘报告书…………………… 04025
黄河水利委员会第二次大会特刊……… 04026
黄河水利委员会第三次大会特刊……… 04027
黄河水利委员会第四次大会议程……… 04028
黄河水利委员会二十九年一月份工作报
告…………………………………… 04029
黄河水利委员会二十九年二月份工作报
告…………………………………… 04030
黄河水利委员会二十九年三月份工作报
告…………………………………… 04031
黄河水利委员会二十九年四月份工作报
告…………………………………… 04032
黄河水利委员会二十九年五月份工作报
告…………………………………… 04033
黄河水利委员会二十九年六月份工作报
告…………………………………… 04034
黄河水利委员会二十九年七月份工作报
告…………………………………… 04035
黄河水利委员会二十九年八月份工作报
告…………………………………… 04036
黄河水利委员会二十九年九月份工作报
告…………………………………… 04037
黄河水利委员会二十九年十月份工作报
告…………………………………… 04038
黄河水利委员会二十九年十一月份工作

报告……………………………………………04039
黄河水利委员会二十九年十二月份工作报告……………………………………………04040
黄河水利委员会各项事业单位经费收支四柱清册……………………………………04041
黄河水利委员会工作报告（自二十三年二月起至二十三年八月止）…………04042
黄河水利委员会培修金堤办事规则……04043
黄河水利委员会豫冀鲁三省金堤紧急培修工程计划………………………………04044
黄河水利问题与二十四年之整治工程…04045
黄河问题………………………………………04046
黄河下游治理计划标准图估价表………04047
黄河下游治理计划工程估价总册………04048
黄河下游治理计划工程明细表…………04049
黄河下游治理计划整理大堤土方计划表……………………………………………04050
黄河与小清河联运工程计划大纲………05211
黄河之整理…………………………………04051
黄河治本论（初稿）………………………04052
黄河中游调查报告…………………………04053
黄惠河工程计划……………………………03882
黄家花园全景………………………………03435

hui

灰土……………………………………………03199
灰土代水泥报告……………………………01657
回澜纪要………………………………………03937
会务纪录（民国十年起至民国十三年止）……………………………………………00039
会员录…………………………………………00040
绘瓷学…………………………………………01658
绘画颜料蜡笔墨汁制造法…………………01867
绘图常识………………………………………00235
惠济河疏浚虹吸管引水暨省会水道整理工程报告……………………………………04328

hun

荤素食谱大全………………………………02756
混棉学…………………………………………02112
混凝土…………………………………………03200
混凝土工场试验法…………………………03201
混凝土工程规范书…………………………03240
混凝土工程施工细则………………………03241
混凝土及钢筋混凝土工程施工细则……04896
混凝土路面的设计…………………………04923
混凝土名词（英汉对照）…………………03202
混凝土模型之设计…………………………03203
混凝土之抗压强度及其弹性系数………03204
混凝土之设计………………………………03205

huo

活版印刷术……………………………………02545
活塞环…………………………………………00938
火柴……………………………………………01825
火柴的研究…………………………………01826
火柴和火药…………………………………01827
火柴制造程序………………………………01828
火车…………………………………04743—04746
火车的故事（历史常识）…………………04397
火的故事………………………………01541　01542
火的威胁………………………………………03552
火的自述………………………………………01543
火和燃料………………………………………01544
火后广州………………………………………03553
火花实验鉴别钢料成分法…………………00563
火箭……………………………………05685　05686
火箭学…………………………………………05687
火井……………………………………………00529
火炉……………………………………………03263
火药……………………………………01829—01833
火药的发现及其传布………………………01834
火药概论………………………………………01835
火药火具之处理……………………………01836
火药检验………………………………………01837
火药学…………………………………01838—01842
火药学粹………………………………………01843
火药学讲义……………………………01844　01845
火药学教程…………………………………01846
火药学实验法………………………………01847
火药原料成品检验及分析附录……………01848
火药制造总论（第 1 册）…………………01849
火灾消防………………………………………03554

货物运送规则及补则·货物营业里程表 ………… 04747

J

ji

机场大意………… 05684
机车………… 04657
机车车辆概要………… 04658 04659
机车概要………… 04660
机车管理………… 04661
机车锅炉之保养及修理………… 04662
机车技艺学………… 04663
机车检修………… 04664
机车讲义（全）………… 04665
机车名称鉴………… 04666
机车司炉常识………… 04667
机车研究………… 04668
机车运行事故处理概要………… 04748
机车运用问答………… 04669
机电大意讲义………… 00669
机动辊轴轧花机之使用与管理………… 02113
机动计划………… 00690
机工算术………… 00712
机构学………… 00691—00694
机构学原理………… 00695 00696
机关车名称鉴………… 04670
机件设计参考表………… 00743
机件学讲义………… 00744
机器车水的利益………… 03242
机器脚踏车………… 05163
机器制造业大要………… 00758
机械保养表………… 00763
机械常识………… 00697
机械工程（一年来各项工程之进展）… 00670
机械工程材料学………… 00757
机械工程概论………… 00671
机械工程工作法（第 1 编 材料）………… 00672
机械工程工作法（第 2 编 木工）………… 00673
机械工程名词——普通部（初审本）… 00674
机械工程名词——普通部（[中英文对照]） ………… 00675
机械工程手册………… 00676 00677
机械工程术语字典（英汉对照）………… 00678
机械工师袖珍………… 00713
机械工艺………… 00759
机械工作法………… 00639 00640
机械构造概要………… 00698
机械画………… 00714 00715
机械画讲义………… 00716
机械绘图学………… 00717 00718
机械零件课程设计参考资料（第 2 部分 零件图）………… 00745
机械设计………… 00719 00720
机械设计习题………… 00721
机械设计学………… 00722
机械图画法………… 00723
机械学………… 00699—00702
机械学大意………… 00703 00704
机械学讲义………… 00705
机械学教程………… 00706
机械学浅说………… 00707
机械学习题解答………… 00708
机械原件………… 00746 00747
机械原件讲义………… 00748
机械原件学………… 00749 00750
机械原件学图………… 00751
机械原理（上学期用）………… 00710
机械原理………… 00709
机械运动学………… 00711
机械制图（第 1 册 平面几何画法）…… 00726
机械制图（第 2 册 投影画法）………… 00727
机械制图（第 3 册 机械画法）………… 00728
机械制图（简编）………… 00729
机械制图………… 00724 00725
机械制图讲义………… 00730
机械制图教程（第 1 册）………… 00731
机械制图设计法………… 00732
机械制图学………… 00733
机械制造法（木工与金工）………… 00760
机械制造学………… 00761
机械制造之划线工作法………… 00762
机械装置及管理法………… 00679
机织初步、机织改良合编………… 02090
机织法（下编）………… 02092

机织法……………………………………… 02091
机织工程学………………………………… 02093
机织学……………………………………… 02094
机织学系毛纺学机械图…………………… 02145
鸡血石之研究……………………………… 02599
基本机具常识……………………………… 00770
基本图解无线电学………………………… 01190
基本图学讲义……………………………… 00734
基本总论力织机构学（增补理论实用力织机学 上册）………………………… 02053
基础……………………………… 03178 03179
基础工程学………………………………… 03180
基础及码头………………………………… 05302
嵇曾筠河工说……………………………… 03929
畿辅大学第一次报告书…………………… 04444
畿辅大学第二次报告书…………………… 04445
畿辅大学第三次报告书…………………… 04446
畿辅大学第四次报告书…………………… 04447
畿辅大学概览……………………………… 04448
畿辅大学规程汇纂………………………… 04449
畿辅大学规章……………………………… 04450
畿辅大学民国十六年董事第四次大会议题……………………………………… 04451
吉敦铁路松花江桥梁工事报告附图…… 04950
吉士林点心浅说…………………………… 02245
集成式木炭代油炉说明书………………… 05088
集美高级水产航海职业学校概况……… 05193
几种重要的交通器具……………………… 04365
济、博、泰、新送电网设计书………… 01102
济南都市计划大纲………………………… 03394
济南市工务局取缔建筑暂行规则……… 03463
济南市公署水道管理处第一期扩张工事竣工报告书…………………………… 03507
济南市政府市区测量报告书…………… 03043
给水工程…………………………………… 03499
给水工程学……………………… 03500—03503
计划的城市………………………………… 03298
技术工作者手册…………………………… 00192
技术文选…………………………………… 00492
技训班运输讲义资料……………………… 05172
冀北金矿创设六十顿工厂计划之选冶试验报告（撰应中国工程学会念二年年会征文）…………………………………… 00493
冀鲁豫三省黄河安澜庆祝会特刊……… 04054

jia

加工纸及赛璐珞制造法…………………… 02488
加萨卜兰客氏棉纱绩大牵伸机………… 02054
夹持及通用仪器…………………………… 00796
家常菜肴烹调法…………………………… 02757
家常科学…………………………………… 02834
家常巧作…………………………………… 02811
家常卫生烹调指南………………………… 02758
家计簿记…………………………………… 02899
家计簿记教科书…………………………… 02900
家计与簿记………………………………… 02901
家具制作图解……………………………… 02464
家事………………………………… 02835—02837
家事常识参考教材………………………… 02838
家事教科书………………………………… 02839
家事实习宝鉴……………………………… 02840
家事学…………………………… 02841 02842
家事学概论………………………………… 02843
家事学讲义………………………………… 02844
家庭备览…………………………………… 02845
家庭布置…………………………………… 02846
家庭布置及管理…………………………… 02826
家庭簿记（全年簿 上册）……………… 02903
家庭簿记（新案 上册）………………… 02904
家庭簿记…………………………………… 02902
家庭常识汇编（第 1 集）……………… 02848
家庭常识汇编（第 2 集）……………… 02849
家庭常识汇编（第 3 集）……………… 02850
家庭常识汇编（第 4 集）……………… 02851
家庭常识汇编（第 5 集）……………… 02852
家庭常识汇编（第 6 集）……………… 02853
家庭常识汇编（第 7 集）……………… 02854
家庭常识汇编（第 8 集）……………… 02855
家庭常识汇编……………………………… 02847
家庭常识指南 · 家庭装饰指南………… 02712
家庭电器…………………………………… 01152
家庭电学常识……………………………… 00988
家庭工业概述……………………………… 02659
家庭工业讲义（第 1 集 谋生捷径）…… 01971

家庭工业品制造法…………………………01972
家庭管理…………………………………02905
家庭管理法………………………………02906
家庭教材…………………………………02856
家庭日用常识………………… 02857—02859
家庭日用大观……………………………02860
家庭日用指南（第1编）………………02861
家庭生活……………………… 02922 02923
家庭生活漫谈………………… 02924 02925
家庭生活指导……………………………02862
家庭实用常识（2）………………………02863
家庭食谱（第1编）……………………02760
家庭食谱（第2编）……………………02761
家庭食谱（第3编）……………………02762
家庭食谱（第4编）……………………02763
家庭食谱…………………………………02759
家庭食谱大全（上册）…………………02764
家庭食谱续编……………………………02765
家庭手册……………………… 02926 02927
家庭万宝全书………………… 02864 02865
家庭万宝新书……………………………02866
家庭新食谱（四季烹调）………………02766
家庭应用工艺大全（致富新书六百种）
…………………………………………01973
家屋………………………………………02952
家用电器…………………………………01153
家用物供给法……………………………02713
家用药品制造……………………………01765
家政浅说…………………………………02867
嘉陵江水道查勘报告……………………05212
嘉南大圳水利事业概要…………………03700
嘉氏提花机及综线穿吊法………………02055
甲班本科讲义全书………………………01575
甲车构造学………………………………00857
钾肥………………………………………01744
假果制造法………………………………02600
假果制作法………………………………02601
驾驶汽车法………………………………05102
驾驶员……………………………………05666
驾驶指南…………………………………05103
架桥………………………………………04951
架桥实施之研究…………………………04952

jian

监工须知……………………… 03243 04630
犍乐盐场食盐除钡工作概述……………02424
犍乐盐场水内溴素之提制………………02423
俭以致富…………………………………02907
检车部门表报汇集………………………04719
检定玻璃量器暂行办法…………………00779
检验规格…………………………………00596
剪形镜说明书……………………………00806
简便拉压力试验机说明…………………00828
简单的无线电线路和测电计……………01361
简捷手织机说明书（第1辑）…………02056
简明钢骨混凝土术………………………03206
简明机车构造……………………………04671
简明机车驾驶……………………………04672
简明实用汽车验修学……………………05120
简明无线电修理法（原名，无线电常识
及理修简法）……………………………01191
简易的电镀………………………………01646
简易的绒线编织和刺绣…………………02602
简易电池式收音机………………………01284
简易电瓶电池制作法……………………01118
简易化学工艺制造法……………………01576
简易交流式收音机………………………01285
简易空气动力学……………… 05481 05482
简易摄影学………………………………00324
简易实验飞行术…………………………05667
简易实验无线电收音机…………………01286
简易实用一〇一小本工艺制造法………01974
简易手织厂经营法………………………02095
简易制造法………………………………01975
碱…………………………………………01599
碱地之房屋附图…………………………03078
碱工业……………………………………01600
碱及碱的用途……………………………01601
建设上海市市中心区域计划书…………03319
建设四川水利复兴中华民族……………03732
建设委员会屋内电灯线装置规则………01154
建设委员会整理导淮图案报告…………04172
建设总署都市局二十七年度工作概要…03322
建设总署土木工程同学会会刊（第5期）
…………………………………………03026

建设总署土木工程专科学校第一届毕业同学纪念刊…………………………………02953
建设总署土木工程专科学校概览……………02954
建设总署委托北京市市立高级工业职业学校特设土木工程同学录……………00138
建设总署执行工程暂行规则…………………03244
建树吾国航空用木材事业刍议………………05544
建造国立中央大学工程规则说明书……03098
建造南京国立中央博物院工程规则及说明书……………………………………………03099
建筑材料…………………………………03207　03208
建筑工程实用计算图表……………………03047
建筑工料计算法（建筑技术发明）……03245
建筑工学…………………………………………03246
建筑构造浅释……………………………………03159
建筑构造学………………………………………03160
建筑涵闸工程须知………………………………03883
建筑淳源河进水涵洞及修理奋闸坝工程……………………………………………………04173
建筑上海市政府新屋纪实……………………03100
建筑设计参考图集………………………………03048
建筑设计图展览会特刊…………………………03049
建筑实例…………………………………………03101
建筑图案大全……………………………………03050
建筑图案法………………………………………03051
建筑图学…………………………………………03052
建筑学 ABC ………………………………………02980
建筑学提纲………………………………………02981
建筑学小辞典（英、俄、中）………………02955
建筑业务之监察…………………………………03247
建筑阴影及透视…………………………………03053
建筑原理及设计…………………………………02982
建筑制图…………………………………………03054
建筑中央水工试验所章则……………………03102

jiang

江北运河分年施工计划书……………………05213
江北运河工程局年刊……………………………05214
江北运河工程局抢险述要………………………05215
江北运河决口及其善后问题…………………03950
江北运河善后工程设计及施工经过……05216
江赣工程局承办事项与经过情形总报告书……………………………………………………04272
江汉工程局业务报告……………………………04329
江淮水利施工计划书……………………………04273
江南铁路公司工务处标准图…………………04527
江苏东台等处闸关建筑照片…………………03884
江苏江北运河工程局汇刊（民国十六年六月至十二月）………………………………05217
江苏省公路局工程标准、建筑规程合编……………………………………………………04838
江苏省公路局工程标准图……………………04839
江苏省会大口门填河筑路计划………………04873
江苏省会建设……………………………………03395
江苏省建设厅二十一年度办理征工浚河概况…………………………………………………04274
江苏省建设厅公路工程标准图………………04809
江苏省立蚕丝专科学校十周年纪念刊…02151
江苏省立第一工业学校一览…………………00139
江苏省立宿迁玻璃科职业学校现行章则一览…………………………………………………01659
江苏省水利建设计划纲要……………………03701
江苏省吁请迅堵黄河中牟决口以救苏皖案牍…………………………………………………03951
江苏水利全书（第 1、2 册）…………………03702
江苏水利协会民国十一年常会议决案…03810
江西公路处半年来之公路工程概况……04897
江西公路处建筑混凝土桥施工章程……04977
江西公路处建筑木造临时车库工程说明书…………………………………………………03103
江西公路处修治六大干线实施计划书…04898
江西公路处研究木炭汽车之经过………05089
江西公路处养路监工手册……………………04931
江西留通纺织同学会会刊（创刊号）…02006
江西省东北及中部各县猪鬃调查报告…02283
江西省度量衡鉴定人员训练班讲义……00415
江西省工业实验处创设之经过………………00041
江西省立工业专科学校同学录………………00140
江西省立工业专科学校学则…………………00141
江西省立工业专科学校一览…………………00142
江西省立工业专科学校章程…………………00143
江西省立民众教育馆藤器补习班（藤器作品竞赛会作品一览）………………………02705

江西省农产物检验概况…………………… 02206
江西省农业院附设修水茶场制茶试验报告………………………………………… 02357
江西省水利事业概况…………………… 03703
江西水利局二十四年度人民劳动服务兴办全省各县水利大纲…………………… 03811
江西水利局防旱须知…………………… 03704
江西水利局民国二十四年勘测各县水利大纲…………………………………… 03843
江西水利局整理江西全省水利今后六年进行计划书……………………………… 03812
江浙渔业公司福海渔轮研究报告……… 05360
浆纱学…………………………………… 02096
讲义汇要………………………………… 04749
酱油酵母说明书………………………… 02302
酱油酿造法……………………………… 02303
酱油酿造概要…………………………… 02304
酱油酿造简说…………………………… 02305
酱油种麹说明书………………………… 02306

jiao

交大……………………………………… 04453
交大概况………………………………… 04454
交大介绍………………………………… 04455
交大平院毕业纪念册（民廿四级）…… 04456
交大平院毕业纪念册（民廿五级）…… 04457
交大平院民念六级毕业纪念册………… 04459
交大平院民念三级毕业纪念刊………… 04458
交大平院廿三周年纪念特刊…………… 04460
交大唐平近影…………………………… 04461
交大指南………………………………… 04462
交大专辑………………………………… 04463
交流超外差式收音机…………………… 01287
交流电机………………………… 01064 01065
交流电路………………………………… 01018
交流发电机及电动机…………………… 01066
交流及直流收音机线路图集（上卷）… 01288
交流理论………………………………… 01019
交流收音机设计法及制作法…………… 01289
交流收音机线路图集…………………… 01290
交通部船员考验各科细目……………… 05393
交通部滇缅铁路堤垣工程规范书……… 04603
交通部滇缅铁路桥涵工程规范书……… 04978
交通部电信学校五十周年纪念特刊…… 01354
交通部架空长途电话线路建筑规则…… 01397
交通部架空长途电话线路建筑图式…… 01398
交通部锦县交通大学规章……………… 04464
交通部南洋大学规章…………………… 04465
交通部南洋大学铁路管理科乙丑级毕业纪念册…………………………………… 04466
交通部青岛电话局史端乔式自动电话电路图（自动交换机及其人工台电路） 01399
交通部上海工业专门学校（南洋公校）民国十年级纪念册……………………… 04467
交通部上海工业专门学校戊午纪念册… 04468
交通部上海工业专门学校原名南洋公学二十周年纪念…………………………… 04469
交通部上海工业专门学校章程………… 04470
交通部沈阳制材厂锯制枕木时动测验… 02465
交通部唐山工业专门学校学则………… 04471
交通部吴淞商船专科学校一览（[1934 年]）…………………………………… 05378
交通部吴淞商船专科学校一览（[1936 年]）…………………………………… 05379
交通部武汉电话局电话图书汇编（第 1 集）…………………………………… 01400
交通部扬子江水道整理委员会第八期年终报告………………………………… 04089
交通部扬子江水道整理委员会第九期年报……………………………………… 04090
交通部扬子江水道整理委员会第六、七期年报合编…………………………… 04091
交通部扬子江水道整理委员会第十、十一期年报合编………………………… 04092
交通部扬子江水道整理委员会工作报告（民国十七年至民国二十年）………… 04093
交通部扬子江水道整理委员会工作报告（民国十七年至民国十九年）………… 04094
交通部直辖四郑铁路工程纪略………… 04398
交通部制定中华民国铁路建筑标准及规则……………………………………… 04528
交通部重庆电信局电话图书汇编（西门子五字步进制 F 式自动电话线路图解）………………………………………… 01396

交通大学办事章则……………………… 04472
交通大学北京学校毕业纪念册………… 04473
交通大学北平铁道管理学院第五十届毕业同学录……………………………… 04474
交通大学北平铁道管理学院同学录…… 04475
交通大学北平铁道管理学院一九三一级毕业纪念册……………………………… 04476
交通大学北平铁道管理学院一九三三级毕业纪念册……………………………… 04477
交通大学毕业纪念册……………………… 04478
交通大学毕业生调查录…………………… 04479
交通大学成都同学会会员录……………… 04480
交通大学第三十七届毕业典礼特刊…… 04481
交通大学概况……………………………… 04482
交通大学概况及课程一览………………… 04483
交通大学规章……………………………… 04484
交通大学民二二级纪念刊………………… 04485
交通大学民二三级毕业纪念册…………… 04486
交通大学民二四级级刊…………………… 04487
交通大学民三七级纪念刊………………… 04488
交通大学年刊……………………………… 04489
交通大学上海学校丙寅级纪念册……… 04490
交通大学上海学校建筑募捐概要……… 04491
交通大学四十周年纪念刊（民国二十五年）……………………………………… 04492
交通大学唐山工程学院毕业纪念册…… 04493
交通大学唐山工程学院同学录（[1935年]）………………………………… 04494
交通大学唐山工程学院同学录（[1936年]）………………………………… 04495
交通大学唐山学院念五周年纪念刊…… 04496
交通大学唐山研究分所试验物品种类说明书………………………………… 04497
交通大学同学录（民国十六年至十七年）………………………………………… 04498
交通大学同学录（民国十八年一月）… 04499
交通大学校友录…………………………… 04500
交通大学研究所成立十周年纪念词…… 04501
交通大学一览（中华民国二十五年度）………………………………………… 04502
交通大学主要章程………………………… 04503
交通规章讲义………………… 05173 05174
交通教范…………………………………… 04366
交通通信常识……………………………… 04367
交通学教程（卷 1）……………………… 05178
交通学教程…………………… 05175—05177
交通知新小录……………………………… 01355
交直流电难题详解（第 1 集）………… 01020
交直流收音机修理法及测算法………… 01291
胶的标准检验法…………………………… 01739
胶济铁路材料名称目录…………………… 04618
胶济铁路机车车辆及行车设备便览…… 04673
胶济铁路行车规章………………………… 04750
胶接剂制造法……………………………… 01740
焦炭………………………………………… 01795
教课章则…………………………………… 04452
教练飞机及其飞行仪器的探讨………… 05605
教育用品制造……………………………… 02674

jie

街道车辆拥挤及解除方法之研究（毕业论文）………………………………… 05179
街道与市政………………………………… 03299
街路计划标准（中日文本）…………… 03323
结构材料…………………………………… 00279
结构力学…………………………………… 03161
结构学原理（一名，构造力学）……… 03162
结婚前夜须知……………………………… 02928
结业设计参考资料（第 3 卷）………… 03055
戒杀素食卫生图说………………………… 02767

jin

今日的摄影术……………………………… 00325
金工…………………………… 00654 00655
金工法……………………………………… 00656
金工工作法…………………… 00657 00658
金工工作法讲义…………………………… 00659
金华江第一期政治工程纪要…………… 04275
金家崖王爷庙蜂窝子汤家沱铜罐驿郑家梁朱杨溪隧道工程补充说明书……… 05014
金矿开采及选冶学………………………… 00494
金木工及玻璃细工………………………… 00304
金沙江水道第一期整理工程报告……… 04095
金沙江水道整理工程初期报告………… 04096

金山沈泾河工载记…………………… 04276
金永铁路路线踏勘报告…………………… 04551
金属…………………………………… 00597
金属材料…………………… 00598—00601
金属材料学…………………………… 00602
金属的话……………………………… 00495
金属工艺……………………………… 00641
金属片制物展开法…………………… 00585
金属学…………………… 00603—00605
金属着色法及电镀法………………… 01647
津浦北段抢修工程总结……………… 04636
津浦区铁路管理局浦兖段管理处行车章
则汇编…………………………… 04751
津浦铁路黄河桥图（西历一千九百零九
年至一千九百十二年）……………… 04979
津浦铁路济南机厂概要……………… 04674
津石运河计划………………………… 05218
进步的电信…………………………… 01356
近代的灯……………………………… 01155
近代鸡舍建筑学……………………… 03143
近代印刷术…………………………… 02546
近代运河…………………… 05219 05220
近世道路工程学……………………… 04857
近世雷达……………………………… 01477
近世男女常识秘宝（下卷）………… 02929
近世实用无线电学………… 01192 01193
近世无线电浅释（自然科学之部）…… 01460
近世无线电修理手册………………… 01194
晋博轻便铁路测勘报告书…………… 04552
晋汾古建筑预查纪略………………… 02997
晋省汾河测量工作报告……… 04222 04223
晋省桑干滹沱漳沁四河测量工作报告… 04224
浸染学………………………………… 02168

jing

京都市房基线施行例规汇编………… 03337
京都市房基线余地承领规则（十四年八
月修正）………………………… 03338
京奉铁路行车规则…………………… 04752
京奉铁路行车指要…………………… 04753
京汉铁路全路干线桥洞一览表（民国五
年分）…………………………… 04980
京汉铁路行车图（汉法对照）………… 04754
京汉铁路行车总规章………………… 04755
京沪、沪杭甬、津浦铁路负责货物联运
暂行办法………………………… 04376
京沪沪杭甬铁路标准图……………… 04553
京沪沪杭甬铁路管理局重建局所报告… 04399
京沪沪杭甬铁路机车车辆及行车设备便
览………………………………… 04675
京沪沪杭甬铁路行车保安规章………… 04756
京沪沪杭甬铁路行车附则…………… 04757
京沪区铁路行车附则………………… 04758
京沪线路线袖珍册…………………… 04554
京畿除水害兴水利刍议……………… 03813
京畿河工善后纪实…………………… 04225
京津运河计划调查报告书…………… 05221
京师城内河道沟渠图说……………… 04226
京市自来水工程之计划及其进行……… 03508
京张铁路标准图……………………… 04529
京张铁路工程纪略…………………… 04400
京张铁路工程纪略附图……………… 04401
京张铁路图…………………………… 04555
泾惠渠报告书………………………… 03885
经济部矿冶研究所附设试验厂工作概况
…………………………………… 00564
经济部矿冶研究所工作概况………… 00496
经济部矿冶研究所燃料汇报（第 1 号 四
川专号）………………………… 00497
经济部矿冶研究所四年来之工作概况… 00498
经济部四川水利局小型灌溉工程设计勘
测队暂行规则…………………… 03886
经济部中央工业实验所一年来在自流井
之工作…………………………… 02388
经济部中央工业试验所八年来概况…… 00043
经济部中央工业试验所“工业中心”总
目录……………………………… 00044
经济部中央工业试验所工作概况……… 00045
经济部中央工业试验所工作概要……… 00046
经济部中央工业试验所协助甘宁青三省
建设轻工业工厂简报…………… 00047
经济部中央工业试验所一览………… 00048
经济部中央水工试验所概况………… 03760
经济部重庆工业试验所概况………… 00042

经济部珠江水利局三十年度上半年工作报告…………………………………… 03729
经济的工艺材料………………………………… 05711
经济电池配制图解（电池式无线电收音机唯一电源）…………………………… 01119
经济住宅…………………………………………… 03104
经济住宅设计（第 1 集）…………………… 03105
经验计划………………………… 00735 00736
荆江隄志…………………………………………… 04097
晶体收音机与单座真空管收音机……… 01292
精纺部机械运转工作标准…………………… 02057
精纺机装置及保全标准……………………… 02058
精密机械…………………………………………… 00737
精梳毛线纺绩学………………………………… 02146
井矿炼焦特刊（第 1 期）…………………… 01796
井下保安…………………………………………… 00499
景德镇制瓷原料概况………………………… 01660
警察应用电气…………………………………… 00989
警察应用电气学………………………………… 00990
净水工程学……………………………………… 03509
镜头论……………………………………………… 00326

jiu

“酒花”测验烧酒浓度法 ………………… 02307
酒精………………………………………………… 02308
酒精车研究报告书（第 1 号）…………… 05090
酒精汽油…………………………………………… 05151
酒精原料推广手册……………………………… 02309
酒精制造说明书………………………………… 01686
酒精制造学……………………………………… 02310
旧都文物整理实施事务处第一期工程进行一览表…………………………………… 03035
旧职业与新知识………………………………… 00007
救命………………………………………………… 05712

ju

居家常识问答…………………………………… 02868
居住交通…………………………………………… 03106
聚兴诚银行自制电报简码…………………… 01435

jun

军队对于航空机之行动……………………… 05606
军官铁路班图画讲义………………………… 04556
军事工艺…………………………………………… 00829
军械制造………………………… 00830 00831
军用短波无线电通信教范草案…………… 01461
军用汽车构造概要……………………………… 00858
军用汽车学……………………………………… 00859
军用原子能（美国政府主办原子炸弹发展之正式报告 1940—1945 年）……… 00870
军政部交通兵团、全国经济委员会公路、苏浙皖京沪五省市交通委员会合办驾驶人员训练所高级班第一期同学通讯录…………………………………………… 05104
军政部军医署陆军卫生用具制造厂出品目录…………………………………………… 00821
浚浏报告…………………………………………… 04277
浚浦局拟代浚苏州河文件汇辑…………… 04278
浚浦局与浚浦工程……………………………… 05222
浚浦总局一九二一年上海港口技术委员会报告书（译件）………………………… 05303
浚治六塘河与江苏省水利建设之关系六塘河历史及现状……………………………… 04279
浚治万福洙水河志……………………………… 04280

K

kai

开辟三门湾概略………………………………… 05304
开成造酸公司硫酸说明书…………………… 01602
开发黄河瀑布及晋南晋中各处水力用以灌田及发展工业之初步计划………… 03814
开发四川石油之研究………………………… 00530
开发四川水利计划大纲……………………… 03815
开封新建设一览………………………………… 03418
开浚玉带河征信录……………………………… 04254
开浚运河武进段委员会监工员讲演录… 05223
开矿………………………………………………… 00500
开平合山筑桥会集款简章…………………… 04934
开山机使用法…………………………………… 03225
开驶集成式木炭汽车十字诀……………… 05091
开驶胜利牌煤气车十字诀…………………… 05092
开通汉川曹家口始末记……………………… 03730

kan

勘查下游三省黄河报告…………………… 04055
勘察江北运河水利统筹分疏泗沂沭淮草案计划书…………………………… 05224
勘察扬子江测量工作及水道变迁状况之报告……………………………………… 04098
勘察扬子江复堤工程及南京至宜昌间水道报告…………………………………… 04099
勘淮笔记…………………………………… 04174
勘路工程概要……………………………… 04557

kang

康泰时……………………………………… 00327
抗战六年来我国工业技术之进步
……………………………… 00008 00009
抗战以来中央工业试验所工作报告…… 00049

kao

考察德法英荷比义等国航空研究所风室及飞机与马达制造厂报告…………… 05561
考察欧美海道测量委员会报告书……… 05380
考察日本肥料报告……………………… 01745
考察日本海道测量委员报告书………… 05225
考察日本市政工程报告………………… 03464
考察上海市政及复兴计划报告书……… 03351
考察西北水利报告……………………… 03679
考试司机生火之问答…………………… 04676

ke

柯达镜箱及照相材料…………………… 00328
柯达克摄影术…………………………… 00329
柯达配方书（中英文本）……………… 00331
柯达配方书……………………………… 00330
柯达摄影术（日常摄影必备之参考书）
…………………………………………… 00332
柯达摄影术（业余摄影者之完善参考手册）…………………………………… 00333
柯达照相业照相器具材料绘图目录…… 00334
科学单位…………………………………… 00416
科学的玩具制作法……………………… 02697
科学方法酱油制造法…………………… 02311
科学工艺讲义…………………………… 01976
科学工艺品实验制造法大全…………… 01977
科学技术方面的原子能管制…………… 00961
科学实验器械说明书（标准物理仪器）
…………………………………………… 00797
科学玩具制作法………………………… 02698
科学在家庭……………………………… 02869
可锻铸铁之一般研究…………………… 00606
克利特继电器与振动继电器（克利特公司第 27 号式与第 27 号 V 式）……… 01085
克利特—莫尔斯电码、键盘凿孔机（克利特公司第九号式）………………… 01436
克利特莫尔斯发报机（克利特公司第十一式）………………………………… 01437
克利特莫尔斯印字机…………………… 01438
克罗来特普兰脱式蓄电池……………… 01120
客货车验车规则………………………… 05022

kong

空气动力学（上篇 基本空气动力学）… 05483
空气动力学讲义………………………… 05484
空气之调节与测验及工人之舒适问题… 03264
空用定向仪说明书……………………… 05536
空中的征服……………………………… 05456
空中怪物航研长距离机………………… 05562
空中航法讲义…………………………… 05668
空中航行术……………………………… 05463
空中航行学教程………………………… 05618
空中战…………………………………… 05563

ku

堀井誊写版 印刷样本 ………………… 02547

kuai

块碱制造法……………………………… 01603
快乐家庭手册…………………………… 02870

kuang

矿山变灾………………………………… 00501
矿山机械设备问题之探讨……………… 00502
矿山卫生………………………………… 00503
矿石收音机……………………………… 01293

矿石收音机的制造和原理………………… 01294
矿石收音机造法………………………… 01295
矿石收音机制造法……………………… 01296
矿物颜料………………………………… 01868
矿冶文编………………………………… 00504
矿业工程学……………………………… 00505
矿业施工计划书式样、矿业工程报告书式样……………………… 00506 00507

kun

昆明市第一区管内各机关团体学校原有及应添水井水池一览表………………… 03510
昆明市建设计划纲要…………………… 03427
昆明市政第一年工程报告书…………… 03465
昆山县水陆交通状况调查表…………… 05180

kuo

扩大机参考线路图（第 1 集）………… 01267

L

la

垃圾（论垃圾的处理问题）…………… 05713
蜡果制造法……………………………… 02603
蜡烛工业………………………………… 01820

lai

来复式收音机…………………………… 01297
莱因 ST-3 式军用教练机说明书 ……… 05607

lan

兰封小新堤块石护岸及其上游挑水坝工程计划（比例 1: 200）……………… 03952
兰溪实验县县政府整顿城区花舫纪实… 05407

lao

劳作（家事）…………………………… 02714
劳作教材（纸工 3）…………………… 02661
劳作教材………………………………… 02660
老太婆家庭之话（第 1 集）………… 02930

le

乐山县楠木下堰整理工程计划………… 03887

lei

雷炳林氏弹簧大牵伸与双喇叭………… 02059
雷达……………………… 01478—01480
雷达报告………………………………… 01481
雷达概述………………………………… 01482
雷达概说………………………………… 01483
雷达浅说………………………………… 01484
雷达与防空……………………………… 01485
雷电牌电瓷出品目录第四号…………… 01033

leng

冷气工程………………………………… 03265
冷天如何做混凝土……………………… 03248

li

李笠翁闺房秘术………………………… 02871
李笠翁行乐秘术………………………… 02872
李文焕高仲和创造了打盐奇迹………… 02389
里下河东堤归海论集…………………… 04281
理发术…………………………………… 02814
理发知识………………………………… 02815
理论实用纺绩学（前编）……………… 02086
理论实用纺绩学………………………… 02085
理论实用力织机学……………………… 02060
理想的住宅……………………………… 03107
醴陵兵燹图（摄影集）………………… 05714
力织机构学………………… 02061 02062
力织机构造学…………………………… 02063
力织机使用法…………………………… 02064
历代治河方略述要……………………… 04056
历代治水错误论………………………… 03603
励群达用（交通大学唐山院民廿三年级毕业纪念册）………………………… 04504
利津宫家坝堵口驻工办事处报告书…… 04057
利用电气预防危险……………………… 01156
利用废物的小工艺……………………… 05715
利用农村副产——稻草——以制优良纸浆法………………………………… 02489
利用石油沟天然气行驶卡车报告及将来之展望……………………………… 05152
利用弯矩比简化连续分析结构门……… 03163

沥青材料试验检讨………………………… 03209

lian

连续式最新家用肥皂制造法……………… 01907
连云港工程纪略………………………… 05305
连云港筑港工程纪要…………………… 05306
联合国报务规程及通报简语……………… 01439
联合国通报简语（CCBP2-2）………… 01440
联合国通信无线电报务规程……………… 01441
联梁算式………………………………… 03079
炼铝专刊………………………………… 00565

liang

良母应有的知识………………………… 02931
粮食水分检验器说明书………………… 02246
两湖茶产制指南………………………… 02358
两轩胜语………………………………… 03971
量度之精密及图解法概论……………… 00417
量具……………………………………… 00827

liao

辽河水系治本工程计划概要…………… 04253

lie

列车与车辆调度规章…………………… 04759

lin

林产制造学……………………………… 02466
临川县水利专刊………………………… 03705
临时轻便木桥及其代替设施（国立交通大学土木工程系毕业论文）………… 04953

ling

领结卅一种……………………………… 02644

liu

刘涧船闸之设计及实施………………… 05259
留声机……………………… 02688—02691
流水挟运泥沙之通式…………………… 03761
硫化性颜料染在纱上之样本…………… 01869
硫磺和硫酸……………………………… 01620
硫及其重要化合物……………………… 01621
硫酸渡化法……………………………… 01604
硫酸钾及硫酸铵混合盐之分离试验…… 01622
硫酸铜…………………………………… 01755
硫酸铔（即肥田粉）简要说明………… 01746
硫酸制造法…………………… 01605 01606
六废利用………………………………… 05716
六河沟煤矿一年工程进行报告………… 00508

long

龙凤河节制闸工程报告书……………… 04227
龙凤河节制闸工程计划………………… 04228
龙空涵报导……………………………… 03731
龙西渠…………………………………… 05226
龙溪河水力发电厂工程处民国廿八、廿九、三十年度工作报告……………… 03907
龙溪河水力发电工程…………………… 03908
陇海隧道之过去与现在………………… 05015
陇海铁路潼西段工程纪略……………… 04402
陇海铁路西宝段工程纪略……………… 04403

lu

卤水加石膏除钡初步试验……………… 02425
陆用蒸汽透平机及其加油法…………… 00919
路电须知………………………………… 04731
路基工程施工细则……………………… 04924
路基排水之需要与设计………………… 04637
路警手册………………………………… 04760
路面工程施工细则……………………… 04925
路线计划概要…………………………… 04874

lü

旅客及行李包裹运送规则及补则……… 04761
绿豆粉条制造之研究…………………… 02259
氯的工业………………………………… 01623
氯和盐酸………………………………… 01607
氯化钡与食盐之分离…………………… 02426
氯酸钾制造研究委员会第一次报告…… 02427

lun

轮船…………………………… 05361—05364
轮机管理法……………………………… 05394
论中国建筑之几个特征………………… 03036

luo

螺机车图……………………………… 00642
螺纹标准草案说明书……………………… 00752
洛惠渠……………………………… 04255

M

ma

马可尼无线电进化史……………………… 01195
马蹄形及蛋形污水管计算法……………… 03537
马尾松材之木浆制造研究………………… 02490
玛赛克磁砖………………………………… 02998
码头和埠头（中国港湾表现之南北两类型）……………………………… 05307

mai

麦秆辫图说………………………………… 02604
麦秆工图说………………………………… 02605

man

满洲产天然蓝之研究……………………… 01860
满洲国度量衡关系资料…………………… 00418
满洲国新制度量衡要义…………………… 00419
满洲治水方策……………………………… 03673

mang

芒硝之分析与提纯………………………… 01624
盲目飞行术………………………………… 05669
盲目飞行之理论与实际…………………… 05670

mao

毛笔研究…………………………………… 02675
毛茶怎样制造……………………………… 02359
毛纺学……………………………………… 02147
毛巾织物机织法…………………………… 02165
毛麻绢纺织、针织之部…………………… 02007
毛皮鞣染法………………………………… 02440
毛绒线手工编结法（初集）……………… 02606
毛绒线手工编结法（4 集）……………… 02607
毛绒线手工编结法（第 6 集）…………… 02608
毛线结物图解……………………………… 02609
毛织物整理………………………………… 02148
铆边平板之应力分析……………………… 05485

mei

媒介性颜料与坚固酸性颜料染在呢绒上……………………………………… 01861
煤柴间洗衣处……………………………… 02715
煤的新用途………………………………… 01809
煤膏………………………………………… 01797
煤焦标准草案（中国工业标准）………… 01798
煤焦标准及其检定法标准草案（附说明书）……………………………………… 01799
煤烬粘土路面建筑法……………………… 04926
煤矿安全守则……………………………… 00509
煤气………………………………………… 01818
煤气车研究报告书（第 2 号）…………… 05093
煤气发生器与煤气车……………………… 01819
煤气利行与煤气救国浅说………………… 05153
煤气木炭汽车使用及保管法……………… 05094
煤气烧咀设备标准大样图集……………… 03547
煤汽车……………………………………… 05095
煤汽车研究报告书………………………… 05096
煤水概论…………………………………… 00920
煤与有机化学工业………………………… 01810
煤灶之改良………………………………… 02579
煤造汽油法………………………………… 01800
美的经验（一名，美容驻颜术）………… 02816
美的市政…………………………………… 03300
美国弗勒谦纸厂实习报告………………… 02491
美国哥仑布城行车管理之研讨（土木系毕业论文）……………………………… 05181
美国工程师费礼门治淮计划书…………… 04175
美国红十字会工程团勘淮报告书………… 04176
美国家事教育……………………………… 02873
美国晒盐区与华北盐区气象比较研究…… 02390
美国铁路到达货栈之组织与管理………… 04762
美国维定厂制纺纱机器图说……………… 02065
美国之飞机………………………………… 05608
美国制盐工业……………………………… 02391
美国最近颁行之干电池规范……………… 01121
美国最新式住宅…………………………… 03108
美容新法…………………………………… 02817
美容新术…………………………………… 02818

美容驻颜秘术…………………………… 02819
美式第六号 ET 风闸 ………………… 04677
美式第六号 ET 风闸图解 …………… 04678
美味求真……………………………… 02768
美之创造（美容与时装）…………… 02820
美种烟叶熏烤及分级包装浅说……… 02435
美种烟叶熏烤浅说…………………… 02436

mi

秘传食谱……………………………… 02769
密码学概论…………………………… 01456

mian

棉纺工场工作法……………………… 02114
棉纺工程……………………………… 02115
棉纺合理化工作法…………………… 02116
棉纺机械调查记分标准……………… 02117
棉纺机械计算法……………………… 02118
棉纺机械算法………………………… 02119
棉纺检验方法及等级评定标准……… 02120
棉纺学（棉纤维 梳棉工程）……… 02122
棉纺学………………………………… 02121
棉纺要览……………………………… 02123
棉纺用皮辊…………………………… 02124
棉纺织工场之设计与管理…………… 02125
棉纺织工程研究论文专辑…………… 02126
棉纺织工业基本工人副工长及保全工基本技术教育提纲……………… 02127
棉纺织工作管理法（前编）………… 02128
棉纺织试验法………………………… 02129
棉纺织运转工作法…………………… 02130
棉花纤维……………………………… 02034
棉花纤维学…………………………… 02035
棉类漂白法…………………………… 02169
棉练漂学……………………………… 02170
棉纱并线学…………………………… 02131
棉纱羊毛蚕丝及人造丝染色学大纲…… 02171
棉子工业概论………………………… 02257
面筋内氨基酸之分析………………… 02247

mie

灭火机………………………………… 03555

min

民国二十年运河防汛纪略…………… 05227
民国二十四年黄河水利概况………… 04058
民国三十四年台湾区盐场气象概况…… 02392
民国三十五年台湾区盐场气象概况…… 02393
民国三十六年台湾区盐场气象概况…… 02394
民国十一年通商各关警船灯浮桩总册… 05260
民国十三年通商各关警船灯浮桩总册… 05261
民国十六年通商各关警船灯浮桩总册… 05262
民生实业股份有限公司民生机器厂建造七号至十六号新船经过概况………… 05353
民众工艺实习………………………… 02132
民众家事讲话………………………… 02874
闽北种制香菇之调查研究…………… 02293
闽东闽北红茶产制指南……………… 02360
闽江局——闽江工程计划之批评……… 04282
闽江上游名溪险滩表………………… 05408

ming

明长陵修缮工程纪要………………… 02999
明代建筑大事年表…………………… 03000
明代水利之研究（上篇）…………… 03604
明矾石以高温法提制硫钾铝试验……… 01633
明矾石以碳酸钾提制钾硫试验……… 01634
明矾石用硫酸法提制铝钾氧盐试验…… 01635
明日之城市…………………………… 03301
明日之可塑物………………………… 01695
明体集成铜模样本…………………… 02548

mo

模范的都市经营……………………… 03324
模范家庭……………………………… 02875
摩登妇女美妆术……………………… 02821
摩登女学生…………………………… 02822
摩天楼………………………………… 03276
摩托车与道路………………………… 05164
莫尔斯收报复凿机——忽斯登电码（克利特公司 7-W 式）………………… 01442
墨及墨汁墨水制造法………………… 02676
墨水之制造…………………………… 02677
墨之物理的研究——故寺田博士遗业… 02678

mu

木柄手榴弹学……………………………… 00854
木材草类碱法蒸煮及漂白之研究……… 02492
木材干馏浅释……………………………… 01718
木材干馏试验报告………………………… 01719
木材钢铁及钢骨混凝土轨枕之比较（论文）……………………………………… 04604
木材与化学工业…………………………… 01720
木材造纸浅说……………………………… 02493
木工………………………… 02467—02471
木工工作法………………………………… 02472
木工学……………………………………… 02473
木桁桥设计讲义…………………………… 04945
木架桥与涵洞……………………………… 04981
木结构……………………………………… 03164
木模工作法………………………………… 02474
木模工作图解……………………………… 02475
木桥……………………………… 04982 04983
木炭爆炸之研究…………………………… 01721
木炭代替汽油试验………………………… 05154
木炭汽车说明书…………………………… 05097
木炭汽车之用法…………………………… 05105
目的建筑…………………………………… 02983
目前汽车配件之制造与发展战后自动车工业之计划……………………………… 05066

N

na

纳富妥颜料染棉纱法……………………… 02172

nai

氖灯工业…………………………………… 01157

nan

男女洋服裁缝法…………………………… 02645
南昌市政府工务局业务汇报（民国十七年一月起至十二月止）………………… 03466
南昌市政府工务局业务汇报（民国十八年一月起至十二月止）………………… 03467
南川农田水利查勘报告…………………… 03816
南京河海工程专门学校特科纪念册…… 03574
南京华言学校家政课本…………………… 02876
南京市参议会第一届第二次大会南京市园林管理处工作报告…………………… 03436
南京市城南区下水道工程计划草案…… 03538
南京市工务报告（二十四年四月至二十六年四月）……………………………… 03468
南京市工务局工作报告（南京市参议会第一届第二次大会）…………………… 03469
南京市建筑规则…………………………… 03056
南京市劳工住宅区之过去与将来……… 03396
南京市新住宅区（亦名，花园住宅区）图案及领地建筑章程…………………… 03397
南京市政计划书…………………………… 03398
南京特别市工务局年刊…………………… 03399
南京特别市工务局一年来工作概况…… 03470
南京特别市政府工务局工作年刊（中华民国廿八年份）………………………… 03471
南京造币分厂房屋机械图………………… 03146
南路边茶之分析…………………………… 02361
南满洲铁道株式会社土木十六年史附属图………………………………………… 03057
南满洲铁路公司中央试验所业绩大要… 02215
南通私立纺织专门学校学则……………… 02008
南洋大学董事会学潮之续片……………… 04505
南洋大学年刊……………………………… 04506
南洋大学卅周年纪念校景册……………… 04507
南洋大学无锡同学会十五周年纪念刊… 04508
南洋大学校总部十周年纪念册…………… 04509
南洋路矿学校修学录……………………… 04368
南运河改道闸门及制水门设计图集…… 05263
南郑县修筑褒惠渠报告书………………… 03888

nei

内冷内燃机研究及初步实验……………… 00939
内燃发动机………………………………… 00940
内燃发动机讲义………………… 00941 00942
内燃机…………………………… 00943 00944
内燃机概要………………………………… 00945
内燃机构造概论…………………………… 00946
内燃机关…………………………………… 00947
内燃机讲义………………………………… 00948
内燃机浅说………………………………… 00949

内燃机实际能率之分析…………………… 00950
内燃机实习……………………………… 04679
内燃机学………………………………… 00951
内燃机原理（汽车训练用）…………… 00952
内务部第二次河务会议汇编…………… 03605
内务部全国河务会议汇编（[1918 年]）
……………………………………………… 03972
内务部全国河务会议汇编（[1920 年]）
……………………………………………… 03973
内务部全国河务会议纪念集（中华民国七年第一次）…………………………… 03974
内务部提议寓兵于工实行修治河道案… 04059
内乡治河改地…………………………… 04330
内政部全国公私建筑制式图案（第 1—3 集）…………………………………… 03058
内政部全国公私建筑制式图案（第 4 集）
……………………………………………… 03059
内政部太湖流域水利委员会二十三年七月份工作月报……………………… 04354
内政部太湖流域水利委员会二十三年八月份工作月报……………………… 04355

ni

呢布厂…………………………………… 02149
泥沙分类命名之商榷…………………… 03762
倪尚达氏无线电学习题详解…………… 01196
霓虹广告术……………………………… 01158
霓式地震仪原理及设计制造经过……… 00817
拟筹北平繁荣计划书…………………… 03339
拟在四川创设苛性钠漂白粉工厂计划书
……………………………………………… 01636

nian

年会手册（中国工程师学会第十届年会）
……………………………………………… 00168
黏胶人造丝制造法……………………… 01703
黏胶人造丝制造法……………………… 01715
黏土工与制陶…………………………… 01661

niang

酿醋简说………………………………… 02312
酿造……………………………………… 02313
酿造工业………………………………… 02314
酿造技术指导…………………………… 02315
酿造酱油之理论与技术………………… 02316
酿造学补充……………………………… 02317
酿造学分论……………………………… 02318
酿造学总论……………………………… 02319
酿造研究（一）………………………… 02320

nie

镍钴合金单结晶之各向异磁性………… 00607

ning

宁波店号造品之图样…………………… 03109
宁波造品石库门房子之图样…………… 03110
宁夏省河东区排水工程计划…………… 03539
宁夏省炼铁炉设计书…………………… 00566
宁夏省水利专刊………………………… 03680
宁夏水利事业…………………………… 03681

niu

牛皮做法浅说…………………………… 02441
牛乳及其制品…………………………… 02285
牛乳及其制品之研究…………………… 02286
牛乳研究………………………………… 02287

nong

农仓建筑法……………………………… 03144
农产工业品制造法……………………… 02216
农产加工宝典（通俗科学）…………… 02217
农产加工论文…………………………… 02218
农产酿造………………………………… 02321
农产制造………………………………… 02219
农产制造的常识………………………… 02220
农产制造实验法………………………… 02221
农产制造学……………………… 02222—02225
农村副产，稻草，造纸技术化………… 02494
农村住宅设计图案（开垦地移住者住宅设计悬赏应募集）……………………… 03111
农村住宅之研究………………………… 03112
农村自家用日本酱油酿造法…………… 02322
农家住宅问题…………………………… 03113
农业农产制造学………………………… 02226

nuan

暖气工程…………………………… 03266

nuo

诺斯罗浦飞机之装配与保管………… 05564

nü

女性美容法………………………… 02823
女子家事学………………………… 02877
女子烹饪教科书…………………… 02770
女子手册…………………………… 02932
女子职业学校裁缝课本…………… 02646

O

ou

欧美饼干面包全书………………… 02248
欧美水利调查录…………………… 03817
欧美糖果书………………………… 02263
欧美新式糖果制造学……………… 02264

P

pai

排水工程…………………………… 03540
牌楼算例…………………………… 03001
簰州湾截湾取直模型试验………… 04100
派生氏公司………………………… 00921

pan

潘林炼钢法………………………… 00567

pao

炮弹会议汇刊……………………… 00848
炮架构造及理论…………………… 00842
炮架之理论及设计………………… 00843
炮内弹道概要……………………… 00832
炮内弹道学………………… 00833 00834
炮外弹道学………………………… 00835

pei

培修贯孟堤工程计划……………… 04060
培修金堤统计图表目录…………… 04061
培修豫冀鲁大堤紧急工程及培修金堤工程会议纪录…………………………… 03953
培英毛线编结法…………… 02610 02611
培英丝毛线编结法………………… 02612

peng

烹饪法……………………………… 02771
烹饪教科书………………………… 02772
烹饪新术…………………… 02773 02774
烹饪一斑…………………………… 02775
彭胄氏实用水力学………………… 03763

pi

皮带与转轴………………………… 00753
皮革………………………………… 02442
皮棍工程学………………………… 02066
皮圈式大牵伸……………………… 02067
淠河………………………………… 04283

pian

偏心圆管之扭力问题……………… 05486

piao

漂棉学……………………………… 02173
漂染概论…………………………… 02174
漂染印花整理学…………………… 02175
漂洗和染色………………………… 02176
飘行机与振翼机…………………… 05609

ping

平板环列圆孔之应力分析………… 05487
平版印刷术………………………… 02549
平汉北段破坏及抢修记要………… 04638
平汉铁路改善轨道桥梁之概况…… 04985
平汉铁路花河支线定线测量总报告…… 04558
平汉铁路机车车辆及行车设备便览…… 04680
平汉铁路桥梁尺度实测表………… 04986
平汉铁路重建新乐桥桥基工程总报告… 04984
平水茶产制指南…………………… 02362
平绥路同塘线工程计划说明……… 04559
平绥铁路列车及车辆调度附则…… 04763

平绥铁路行车表………………………… 04764
平阳矾石之初步试验…………………… 01637
平阳矾石之加热试验…………………… 01638

po

坡度及曲线阻力对于列车影响之检讨（国立交通大学毕业论文）……………… 04560
鄱阳湖星子至湖口间深水道工程计划… 04356
破坏华北敌伪水利建设意见书………… 03670

pu

铺路柏油之研究………………………… 04882
铺路沥青材料标准及分析之研究……… 03210
葡萄酒及果酒酿造法…………………… 02323
浦口公栈码头设计报告书……………… 05308
浦兖段管理处浦镇机厂电焊训练班焊工讲义……………………………… 00630
普达制钢厂出品说明书………………… 00608
普通结构学……………………………… 03165
普通结构学（上册、中册）…………… 03166
普通食物的蒸煮………………………… 02776
普通水力学……………………………… 03764
普通冶金学……………………………… 00568
普通应用化学…………………………… 01506

Q

qi

七工程学术团体联合年会通告书……… 00050
七七纺纱机之制造及使用……………… 02068
七巧图辑解……………………………… 02613
柒什克 E-15 装配说明书 ……………… 05610
祁红的毛茶怎样复制…………………… 02363
祁红毛茶怎样做法……………………… 02364
祁宁红茶产制指南……………………… 02365
奇固提士引擎（构造、装拆、使用、管理）……………………………… 00953
奇迹（上卷）…………………………… 03002
奇技飞行………………………………… 05671
奇妙的盐………………………………… 02395
奇术秘诀（人人应用常识宝库）……… 02878
企业部化工研究所实验报告（第 1 部）……………………………… 01545
企业部化工研究所实验报告（第 3 部）……………………………… 01546
企业部化工研究所实验报告选辑……… 01547
气动力学教程…………………………… 05488
气焊工艺学及设备……………………… 00631
气球……………………………………… 05611
气艇……………………………………… 05612
气象和滑翔……………………………… 05635
气象学讲义……………………………… 05636
汽车………………………… 05023—05028
汽车保管与修理………………………… 05121
汽车保修及驾驶（车主司机手册）…… 05122
汽车保养修理工作规范………………… 05123
汽车保养要义…………………………… 05124
汽车保养与检修………………………… 05125
汽车保养与修理………………………… 05126
汽车测验修理法………………………… 05127
汽车的故事……………………………… 05029
汽车电学附图…………………………… 05067
汽车电学讲义…………………………… 05068
汽车概论…………………… 05030 05031
汽车工程（上册）……………………… 05032
汽车构造概论……………… 05069—05071
汽车构造概论讲义………… 05072 05073
汽车构造概要…………………………… 05074
汽车构造与修理………………………… 05075
汽车故事………………………………… 05033
汽车管理技术…………………………… 05128
汽车管理简要指南……………………… 05129
汽车机务………………………………… 05034
汽车机务管理…………………………… 05130
汽车机械常识讲义……………………… 05076
汽车驾驶法……………………………… 05106
汽车驾驶教范草案………… 05107 05108
汽车驾驶人须知………………………… 05109
汽车讲话………………………………… 05035
汽车力学讲义…………………………… 05036
汽车名词（英法中文）………………… 05037
汽车配件车胎准备数量标准表………… 05077
汽车配件规范及互换手册（1942—1947）……………………………… 05078

汽车配件规范手册……………………… 05079
汽车配件之制造……………………… 05080
汽车燃料学…………………………… 05155
汽车设计……………………………… 05062
汽车司机须知………………………… 05110
汽车修理工厂管理…………………… 05131
汽车修理工学………………………… 05132
汽车修理教范………………… 05133—05135
汽车修理实习教案…………………… 05136
汽车修理实习教程…………………… 05137
汽车修理术…………………………… 05138
汽车修理学（第1册）……………… 05142
汽车修理学（第2册）……………… 05143
汽车修理学…………………… 05139—05141
汽车学………………………… 05038 05039
汽车学ABC ………………………… 05040
汽车学纲要…………………………… 05041
汽车学讲义…………………………… 05042
汽车学教程（车辆之部）…………… 05047
汽车学教程（第1册 构造之部）……… 05044
汽车学教程（第1册 构造之部附图）… 05045
汽车学教程（第2册 电气之部）……… 05046
汽车学教程（电气部）……………… 05048
汽车学教程…………………………… 05043
汽车学图解…………………………… 05049
汽车油料……………………………… 05156
汽车运输人员须知…………………… 05182
汽车怎样跑路（附人造眼睛）……… 05050
汽车障碍检讨与修理………………… 05111
汽车肇事原因与预防………………… 05183
汽车正当加油法……………………… 05157
汽车之病障及其诊治………………… 05144
汽车之基本设计……………………… 05063
汽机发达简明史……………………… 00922
汽机发达小史………………………… 00923
汽机设计……………………………… 00924
汽力厂………………………………… 00925
汽轮机学……………………………… 00926
汽艇…………………………………… 05613
汽油保管法…………………………… 00531
汽油车发动机故障检查修理表……… 05145
汽油代替品之研究…………………… 05158
汽油发动机构造纲要………………… 00954
器用杂物……………………………… 01978

qian

千分螺旋测径器使用法……………… 00780
迁川工厂出品展览纪念册…………… 00051
铅字花边样本（洪武正楷）………… 02550
铅佐训练班讲义……………………… 01034
钱江水底隧道计划…………………… 05016
钱塘江大桥工程规范书……………… 04954
钱塘江丁坝设计之检讨……………… 03939
钱塘江海塘工程视察团视察报告…… 05309
钱塘江建桥计划书…………………… 04955
钱塘江街口水力发电计划概要……… 03909
钱塘江桥筹备报告…………………… 04956
钱塘江桥工程摄影…………………… 04987
钱塘江桥工程说明…………………… 04988
钱塘江桥开工纪念刊………………… 04989
钳工…………………………………… 00660
潜水艇………………………………… 05365
黔省畜力车之研究及创制…………… 05165
黔湘水道查勘报告…………………… 05228

qiang

枪炮弹丸制造法……………………… 00849
枪炮构造及理论……………… 00839—00841
抢险述要……………………………… 03954
抢险图谱……………………… 03955 03956

qiao

桥工特刊……………………………… 04957
桥梁…………………………… 04935—04937
桥梁材料规范书……………………… 04949
桥梁冲击力之鉴定…………………… 04938
桥梁的研究…………………………… 04990
桥梁工程施工细则…………………… 04958
桥梁工程学…………………………… 04939
桥梁工学……………………………… 04940
桥梁涵洞施工规范（公路工程章则汇编）
……………………………………… 04959
桥梁基础（论文）…………………… 04941
桥梁学………………………………… 04942

桥梁做法规范书 04960

qie

且待河清 04062

qin

勤工工业职业学校七周年纪念刊 05340
沁河口滩地护岸工程计划（第 2 期） 04063

qing

青岛船坞管理处要览 05354
青岛电话局自动机器之装置布线及配线 01401
青岛港潮汐表（中华民国三十六年） 05381
青岛港潮汐表（中华民国三十七年） 05382
青岛港工概述 05310
青岛工业安全卫生观摩团报告 00305
青岛市第一期工厂检查报告书 00306
青岛市风景建设说明小册 03003
青岛市工务局二十二年份工务纪要 03472
青岛市工务局二十三年份工务纪要 03473
青岛市工务局工务纪要（中华民国二十一、二十二年份[合订本]） 03474
青岛市工务局自来水厂汇纂（[第 1 期]） 03511
青岛市工务局自来水厂汇纂（[第 2 期]） 03512
青岛市公安局消防辑览 03556
青岛市暂行建筑规则 03400
青纺技进班第一届结业纪念刊 02009
青年经济独立指导 02908
青新公路踏勘工作日记 04875
轻便铁道论文集 04377
氢气 01608
清官式石桥做法 04991
清华大学之航空风洞 05489
清华航空研究所工作报告 05415
清理报告书 03975
清凉饮剂制造法 02366 02367
清凉饮料 02368
清凉饮料制造法 02369 02370
清棉部机械运转工作标准 02133
清棉机械装置及保全标准 02134
清史河渠志 03606
清式营造则例 03004
清文渊阁实测图说 03114
请修治长江以弭水患案 04101
庆祝工程节专号 00169

qiu

秋萍毛线刺绣编结法（第 1 部 棒针、钩针、刺绣） 02617
秋萍毛线刺绣编结法（第 2 部 棒针、钩针、刺绣） 02618
秋萍毛线刺绣编结法（第 3 部 棒针、钩针、刺绣） 02619
秋萍毛线刺绣编结法（第 4 部 服式、刺绣、钩针、棒针） 02620
秋萍毛线刺绣编结法 02614—02616
虬江码头奠基纪念册 05311

qu

曲阜孔庙建筑及其修葺计划 03037
曲江之潦患与预防 04331
曲线测设表 04561
渠工学 05229

quan

全国度量衡标准器号数表 00781
全国度量衡初步划一之回顾与前瞻 00420
全国度量衡划一程序图 00421
全国度量衡划一概况 00422
全国各省市三十年度推行度量衡各项统计表册 00423
全国公路行车路线示意图 05184
全国公路行车通则 05185
全国河务研究会议案 03976
全国及各省市度量衡划一程序汇刊（第 1 集） 00424
全国建筑文物简目 03005
全国经济委员会二十六年度水利事业方案 03607
全国经济委员会二十三年度办理水利行政事宜报告 03818

全国经济委员会二十四年度水利事业方案……03608
全国经济委员会二十四年度水利事业方案说明……03609
全国经济委员会公路处报告……04810
全国经济委员会公路处第一试验路报告……04840
全国经济委员会建筑蚕丝改良委员会南京蚕桑试验部房屋工程……03115
全国经济委员会泾洛工程局十二月份工程报告……03682
全国经济委员会梅惠渠工程计划图……04256
全国经济委员会水文及测量报告编制办法……04177
全国经济委员会中央水工试验所电气暖气卫生工程章则……03267
全国水利会议报告……03610
全国水利会议议案……03611
全国水利建设计划……03612
全国水利局裁兵导淮计划书……04178
全国水利局附设导淮测量处成绩目录（自前清宣统三年二月迄民国十一年十二月）……04179
全国水利局治淮施工计划图……04180
全国水利六年建设大纲草案……03819
全国铁路涵洞纪录……05011
全国重要港口……05312
全国重要建筑文物简目……03006
全国主要河流堤防善后计划……03977
全力丁（上册）……01741

R

ran

燃料……01778
燃料概说……01548
燃料工业……01779
燃料和食物……01780
燃料及测热学……01781
燃料·食料……01549
燃料问题……01782
燃料学……01783
燃料专刊……01784
燃气轮及其新发展……00955
染料概论……01862
染料及其半制品之制造……01863
染色浅说……02177
染色实验法……02178
染色试验法……02179
染色术……02180 02181
染色学……02182—02184
染色学纲要……02185
染色用药品……02186
染织工业……02010 02011
染织论丛……02012
染织品整理学……02187

re

热带显影法……00335
热工学（1）……00906
热机学（蒸汽机 1）……00909
热机学……00907 00908
热机学题解……00910

ren

人和铁……00510
人类的飞行……05464
人类的交通……04369
人类的生活——衣……02647
人类的生活——住……03116
人类的食……02738
人类的住所……02956
人类生活的衣和食……02716
人类生活的住和行……02717
人民自卫须知……05717
人为无线电播收机浅解……01298
人造冰……00316
人造工业原料……00280
人造汽油……01801
人造染料……01864
人造丝……01704
人造丝的统计与制法研究……01705
人造丝和人造革……01706
人造丝及其他人造纤维……01707

人造丝问题……………………………… 01708
人造丝制造法………………… 01709 01710
人造丝制造法概论……………………… 01711
人造纤维………………………………… 01712
人造香料………………………………… 01935
人造颜料法（偏苏里造阿里尼尼法）… 01870

ri

日本飞机驾驶教育暂行规则…………… 05672
日本空中航行教范草案………………… 05673
日本六年式山炮说明书………………… 00844
日本人研究之黄河资料………………… 04064
日本由炭取油之概况及其工业………… 01802
日本装甲车辆之识别…………………… 00860
日常电气生活…………………………… 00991
日常电气应用手册……………………… 00992
日常生活………………………………… 02718
日常生活必携…………………………… 02719
日常生活科学丛谈……………………… 02720
日常生活手册…………………………… 02933
日常生活之科学………………………… 02721
日常灾害防止法………………………… 05718
日光灯实用手册………………………… 01159
日用常识便览…………………………… 02722
日用肥皂工业…………………………… 01908
日用工艺品制造法……………………… 01979
日用工艺生利法………………………… 02662
日用机械图说…………………………… 00738
日用品的制造…………………………… 01507
日用品制造……………………………… 01980
日用品制造法………………… 01981 01982
日用生活快览…………………………… 02879

rong

荣昌高桥泸县瓦厂间水力勘查纪实…… 03820
绒线编结法……………………………… 02621
绒线刺绣编结法………………………… 02622
绒线手工编结法（初集）……………… 02623
熔铁炉设计及工作法…………………… 00616

ru

如何改进土法榨油……………………… 01909
如何改良皮革原料……………………… 02443
乳儿营养之生理及病理………………… 02934
乳腐毛霉之研究………………………… 02249
乳剂浅说………………………………… 01756
乳品学…………………………………… 02288
入场货车修缮工程标准………………… 04720
入海水道计划…………………………… 04181

run

润滑剂之制造与应用…………………… 00532
润滑油…………………………………… 00533

S

sai

赛璐珞工………………………………… 01696
赛绣工工作法…………………………… 02624

san

三宝牌石膏粉…………………………… 01662
三和土…………………………………… 03211
三江口辽河桥梁基础工程报告书（上卷）
……………………………………… 04943
三角皮带………………………………… 00754
三菱合资会社造船业说帖……………… 05341
三硫化四磷之研究……………………… 01850
三门湾辟埠指针………………………… 05313
三年来之纯粹化学药品研究与试验…… 01733
三十六年度国立北平高级工业职业学校概况……………………………… 00144
三十年来国人对于度量衡标准制单位名称意见分歧之情形及法定名称历次确定之经过与今后问题之焦点………… 00425
三十年来之中国工程（中国工程师学会三十周年纪念刊）………………… 00010
三十年来中国之水利事业……………… 03613

sao

缫丝学概论……………………………… 02152

se

色布制造简法…………………………… 02013

色素汞制造法……………………………… 01639

sen

森林理水及砂防工学（国立北京大学农学院砂防工学讲义）…………………… 05719

sha

沙河勘估日记……………………………… 04332
纱厂机械算法……………………………… 02135
刹车油之制造……………………………… 00534
砂滤弊病之研究及其改进………………… 03226
砂糖及副产品之制法与说明……………… 02265
砂土坝基渗水之研究……………………… 03889

shai

晒盐概况…………………………………… 02396

shan

山东博山烟煤炼焦研究…………………… 01803
山东董庄黄河堵口工程纪要……………… 04065
山东工业试验所第一次报告书…………… 00052
山东工业试验所第二次报告书…………… 00053
山东工业试验所第三次报告书…………… 00054
山东工业试验所第一次工作报告书…… 00055
山东黄河上游堵口工程处记录…………… 04066
山东鄄城县康屯裁弯取直工程计划…… 04067
山东南运湖河水利报告录要……………… 05230
山东内河挖泥船设计及制造始末纪略… 05366
山东省度量衡检定所职员录……………… 00426
山东省建设厅浚治洙水万福两河及湖埝工程报告………………………………… 04284
山东省汽车路长度总表…………………… 04876
山东卫运河护岸工程报告书……………… 05231
山东小清河测绘工程报告………………… 04285
山东小清河工程施工报告………………… 04286
山东小清河五柳闸、边庄闸工程纪要… 04287
山东运河工程计划书……………………… 05232
山海关北宁铁路山海关工厂出品一览表……………………………………………… 04681
山西醋……………………………………… 02324
山西工业试验所报告书（中华民国六年至十七年第一次）……………………… 00056
山西省会太原市城西汾水为患治河策… 04229
山西省立工业专科学校一览……………… 00145
山西土法炼铁及其改良工作……………… 00569
杉木柏木碱法蒸煮之研究………………… 02495
陕北水利工程处三年工作总报告……… 03683
陕甘青保水保土及水利视察报告……… 03684
陕西省第二渭惠渠工程计划……………… 04257
陕西省第一区小型水利工程概况……… 03821
陕西省建设厅临时化验所工作概况（[1935 年]）………………………………… 01508
陕西省建设厅临时化验所工作概况（[1936 年]）………………………………… 01509
陕西省建设厅中国工业合作协会合办工业试验所工作报告……………………… 00057
陕西省水利………………………………… 03685
陕西省水利概况…………………………… 03686
陕西省水利局二十七年份统计年报…… 03687
陕西省水利事业概况……………………… 03688
陕西省之电讯建设………………………… 01299
陕西省之水利建设………………………… 03689
陕西水利局报告书………………………… 03690
陕西渭惠渠土渠工程……………………… 04258
陕西咸阳建桥宝鸡修渠工程计划书…… 04961
陕灾特刊…………………………………… 05720

shang

商办上海内地自来水股份有限公司设备概况………………………………………… 03513
上海拆城案报告…………………………… 03352
上海东区救火会报告册…………………… 03557
上海港口管理船只章程…………………… 05409
上海工业专科学校第一届毕业纪念刊… 00146
上海公共租界房屋建筑章程……………… 03353
上海恒丰纺织新局附设纺织学校民一八级纪念刊……………………………… 02014
上海建筑平面图…………………………… 03117
上海建筑学会特刊………………………… 03027
上海交通大学年刊………………………… 04510
上海科学仪器馆物理仪器目录………… 00798
上海南区救火会报告册…………………… 03558
上海市柏油路面铺筑新法………………… 04927
上海市第二劳工医院奠基特刊………… 03118

上海市第一届参议会工务委员会工作报告…………………………………… 03354
上海市都市计划委员会报告、纪录汇订本…………………………………… 03355
上海市都市计划委员会会议纪录初集… 03356
上海市都市计划委员会会议纪录二集… 03357
上海市复兴战区工程计划书…………… 03358
上海市给水设备工程须知……………… 03514
上海市工务局标准规范汇编（第1辑）…………………………………………… 03476
上海市工务局概况……………………… 03359
上海市工务局工作报告（三十五年三月）…………………………………………… 03477
上海市工务局工作报告（三十五年九月）…………………………………………… 03478
上海市工务局工作统计图（三十五年一月至七月）………………………………… 03360
上海市工务局技术讨论初集…………… 03361
上海市工务局桥梁设计说明书………… 04946
上海市工务局请领建筑执照须知……… 03362
上海市工务局卅四年度工作报告提要（九月十二日至十二月卅一日）………… 03479
上海市工务局三十六年度工作计划…… 03363
上海市工务局摄制工程图片…………… 03364
上海市工务局之十年…………………… 03480
上海市建成区暂行区划、上海市闸北西区重建计划说明………………………… 03365
上海市建筑规则………………………… 03366
上海市建筑黄浦江虬江口码头计划书… 05314
上海市立工专毕业纪念刊（纺织科）… 00147
上海市清除粪便工作概况及改进计划… 05721
上海市清除垃圾工作报告……………… 03544
上海市区铁路计划、上海港口计划、上海市绿地系统计划初步研究报告…… 03367
上海市社会局工业物品试验所特刊…… 00058
上海市市中心区域计划概要…………… 03368
上海市图书馆博物馆奠基纪念………… 03119
上海市暂行建筑规则…………………… 03369
上海市政府南市码头恢复委员会第一期恢复工程报告书……………………… 05315
上海市政府征求图案…………………… 03120
上海市之交通与建设…………………… 03370
上海特别市工务局道路沟渠施工用料规则（民国十八年）…………………… 04883
上海特别市工务局第一次征求房屋设计图案…………………………………… 03080
上海特别市工务局业务报告（民国十六年七月至十二月、民国十七年第二第三期合刊）………………………………… 03481
上海特别市工务局业务报告（民国十八年第四第五期合刊、民国十九年一月至六月第六期）………………………… 03482
上海特别市市中心区域计划概要……… 03371
上海特别市政府工务局组织细则……… 03372
上海新都市建设计划概要……………… 03373
上海中央机器制造厂高速度绕纱机样本…………………………………………… 02069
上湘湖东航线断面图…………………… 05410
上虞县盖湖水利设计委员会工作报告… 03706
上虞县龙浦乡水利工程及经费报告…… 03707

shao

少年电机工程师……………………………… 01067
少年电器实验……………………………… 01086
少年电器制作法及电之用途…………… 00993
少年航空常识（合订本）……………… 05465
少年航空学………………………………… 05466
少年航空知识……………………………… 05416
少年无线电实验…………………………… 01179
邵伯船闸工程述要………………………… 05264
绍兴酒酿造法之调查及卫生化学的研究（十八年自一月至三月工作报告）… 02325
绍兴酒酿造法之研究……………………… 02326
绍兴造品街面房子之图样……………… 03121

she

设计炊爨车之动机及其经过…………… 02777
射热烹饪法………………………………… 02778
摄学测光捷径……………………………… 00336
摄影发明史（新光摄影技术讲座 第1讲）…………………………………………… 00337
摄影化学…………………………………… 00338
摄影化学初步……………………………… 00339
摄影讲话…………………………………… 00340

摄影术………………………… 00341 00342
摄影术纲要……………………………… 00343
摄影术顾问……………………………… 00344
摄影药方………………………………… 00345
摄影药液之配制………………………… 00346
摄影应用阳像原板制版法（平凹板与原板制版）……………………………… 00347
摄影用干片速度之变迁及其与显影液关系之研究……………………………… 00348
摄影正误………………………………… 00349
摄影之原理与技术……………………… 00350
摄影指导………………………………… 00351
摄影指南………………………………… 00352

shen

神秘的原子炸弹………………………… 00871
审查“华阳河流域整理工程计划大纲”之意见……………………………… 04288

sheng

生产技术集成…………………………… 00307
生活常识集成…………………………… 02723
生活的三要素——水 空气 日光 ……… 05722
生活改善………………………………… 02935
生活改善快乐生活之秘诀……………… 02936
生活漫谈（怎样解决经济困难）……… 02909
生活知识教程…………………………… 02724
生活指南万事门径……………………… 02937
生利法（小本工艺）…………………… 02663
生命离不了的东西……………………… 05723
生丝原料学……………………………… 02036
生丝整理检查学………………………… 02153
胜利牌煤气车使用法…………………… 05098
绳索整理曲线法………………………… 04562
省电真空管收音机线路图集…………… 01300
省立汲县职校提花机…………………… 02070

shi

施工规程………………………………… 05316
施柯两氏变换式及其在水工问题上之应用……………………………………… 03844
十年来江西公路工程纪实……………… 04899
十年来之工业试验……………………… 00059
十年来之酿造试验与研究……………… 02327
十年来之陶业研究与试验……………… 01663
十年来之纤维研究与试验……………… 01713
十年来之油脂研究与试验……………… 02258
石膏工…………………………………… 02664
石膏像制作法…………………………… 02625
石灰处理明矾石试验…………………… 01640
石灰及亚硫酸处理明矾石试验………… 01641
石家庄都市计划大纲（中日对照）…… 03375
石家庄纺织公司建造“纺织工场”施工说明书……………………………… 03147
石岐铁路建筑工料计划及行车收支盈余概算书…………………………… 04631
石油……………………………… 00535—00537
石油分馏之研究………………………… 00538
石油概论………………………………… 00539
石油工业………………………………… 00540
石油库工程师和技术员手册…………… 00541
石油论…………………………………… 00542
石油与石炭……………………………… 00543
时计学讲义（第一学期）……………… 00782
时计学讲义（第二学期）……………… 00783
实施筑路征工的几个基本原则………… 04900
实验玻璃制造法……………… 01664 01665
实验车站管理学………………………… 04765
实验电报学……………………………… 01443
实验电池式收音机线路集……………… 01301
实验儿童玩具制作法…………………… 02699
实验干电池制造法……………………… 01122
实验干电池制造讲座…………………… 01123
实验工艺化学…………………………… 01577
实验罐藏食物制造法…………………… 02381
实验家庭工业制造讲义汇编…………… 01983
实验矿石机制造法……………………… 01302
实验农产制造新编……………………… 02227
实验汽锅管理法………………………… 00927
实验日本造纸新法……………………… 02496
实验味之素制造法……………………… 02328
实验无线电话收音机制造法…………… 01402
实验无线电集粹………………………… 01197
实验无线电收音机修理法……………… 01303

实验无线电收音机装置法………………… 01304
实验无线电真空管收音机制造法……… 01305
实验小工艺……………………………… 01578
实验小工艺（4）……………………… 01579
实验小工艺制造………………………… 01580
实验应用化学工艺品制造新法………… 01581
实验制造黄色洗衣肥皂讲义…………… 01910
实业部全国度量衡局度量衡检定人员养成所第二次报告书…………………… 00427
实业部全国度量衡局度量衡制造所出品说明书……………………………… 00784
实业部全国度量衡局改正海关度量衡问题……………………………………… 00428
实业部中央工业试验所化学试验规则（附收费表）………………………… 01550
实业部中央农业实验所、上海商品检验局合办上海血清制造所工作报告…… 01766
实业计划水道要论……………………… 03978
实业计划之水利建设………… 03822 03823
实业浅说（炼桐油新法）……………… 00003
实业浅说（养卵用鸡之利益）………… 00004
实业浅说（有加利树之栽培及蒸油法）……………………………………… 00005
实业新技术……………………………… 01582
实用擦亮药品制备法…………………… 01878
实用材料强弱学………………………… 00281
实用材料学……………………………… 00282
实用常识………………………………… 02938
实用电的常识…………………………… 00994
实用电工敷线法………………………… 01103
实用电机试验法………………………… 01068
实用电气工学概论……………………… 00995
实用电学……………………… 01021 01022
实用纺织机械学（前篇）……………… 02071
实用飞机原理学………………………… 05490
实用飞行术…………………… 05674 05675
实用钢骨混凝土房屋计划指南………… 03060
实用钢骨混凝土学…………… 03212 03213
实用钢筋混凝土建筑法………………… 03249
实用工程法大全………………………… 00193
实用工程手册…………………………… 00194
实用工业知识…………………………… 00309
实用工业制造法………………………… 00308
实用工艺品制造法……………………… 01583
实用工艺制造新书……………………… 00148
实用公路交通…………………………… 05186
实用公园建筑法………………………… 03438
实用罐头食物制造法…………………… 02382
实用航空学……………………………… 05444
实用航空学辑要………………………… 05445
实用航空仪器学………………………… 05537
实用化妆品制造法……………………… 01936
实用机械制图学………………………… 00739
实用机织法……………………………… 02097
实用机织学…………………… 02098 02099
实用家事学…………………… 02880 02881
实用家庭宝库…………………………… 02939
实用建筑绘图学………………………… 03061
实用建筑设计参考图…………………… 03062
实用建筑学……………………………… 02957
实用教科书手工（第 2 册）…………… 02665
实用开矿全书…………………………… 00511
实用珂罗版制法………………………… 02551
实用理家学……………………………… 02882
实用木工学……………………………… 02476
实用农产制造学………………………… 02228
实用汽车电学…………………………… 05081
实用汽车学（理论与实习）…………… 05051
实用桥梁计算学………………………… 04947
实用染色法……………………………… 02188
实用染色学…………………… 02189 02190
实用摄影术……………………………… 00353
实用收音机自制法……………………… 01306
实用蔬菜加工法………………………… 02294
实用水力学……………………………… 03765
实用图解最新汽车机械修理学及修理法……………………………………… 05146
实用土木工程计算图表………………… 03063
实用土木工程学（第 1 册 静力学及水力学）………………………………… 02958
实用土木工程学（第 2 册 材料力学）… 02959
实用土木工程学（第 4 册 道路学）…… 02960
实用土木工程学（第 5 册 铁路工程学）……………………………………… 02961

实用土木工程学（第 6 册 土工学）…… 02962
实用土木工程学（第 7 册 给水工程学）…… 02963
实用土木工程学（第 8 册 沟渠工程学）…… 02964
实用土木工程学（第 9 册 混凝土工程学）…… 02965
实用土木工程学（第 10 册 钢建筑学） 02966
实用土木工程学（第 11 册 房屋及桥梁工程学）…… 02967
实用土木工程学（第 12 册 土木工程规范及契约）…… 02968
实用微粒子显像法（摄影新技术）…… 00354
实用无线电初级读本…… 01198
实用无线电读本…… 01199
实用无线电话收音学…… 01403
实用无线电浅说…… 01200
实用无线电手册…… 01201
实用无线电通讯手册…… 01462
实用无线电图表…… 01307
实用无线电信…… 01463
实用无线电信概要…… 01464
实用无线电修理诀要…… 01202
实用无线电修理术…… 01203
实用无线电学…… 01204
实用小工艺品制法…… 01984
实用小工艺制造法…… 01985
实用印花学…… 02191
实用造纸学…… 02497 02498
实用真空管…… 01260
实用蒸汽机学…… 00928
实用织物组合学…… 02100
实用制革学（三十二年度）…… 02444
实用柞茧缫丝学…… 02154
食品大观…… 02739
食品工业…… 02207
食品化学…… 02208
食品化学工业制造法…… 02229
食品检验及分析法…… 02209
食品烹制全书…… 02779
食品微生物学…… 02210
食品制造法…… 02211
食谱大全（美味烹调秘诀）…… 02781
食谱大全…… 02780
食谱秘典…… 02782
食物的来源…… 02212 02213
食盐…… 02397 02398
食盐检定法…… 02399 02400
食用品制造…… 02230
史河…… 04289
世界道路建筑学（市街道路之部）…… 04858
世界电机工程学校…… 01069
世界工程奇迹…… 03007
世界真空管大全（世界真空管特性表）…… 01261
世界之花园…… 03439
世界著名大工程…… 03008
市地区段及地段划分标准（街廓及划地标准）…… 03325
市内电话地下线路建筑规则…… 01404
市内电话架空线路建筑图式…… 01405
市内电话线路工程…… 01406
市行政…… 03302
市学…… 03303
市政工程…… 03483
市政工程 ABC …… 03484
市政工程概论…… 03485
市政工程学…… 03486 03487
市政公所招标简章…… 03250
市政浅说…… 03488
市政新论…… 03304
势力线学…… 03167
试金术…… 00609
试验国外各种煤气车发生炉…… 05099
视察大沽滩浚渫工程报告书…… 05233
视察洞庭湖水利报告书…… 03824
视察洞庭水利建议补充办法意见书…… 03825
视察台湾水利报告…… 03708
视察须知…… 03745
视察扬子江水势堤防情形报告…… 03709
视察榆亚乌石业务报告书…… 02401
适应防空的都市计划…… 03305

shou

收集副产品炭窑之试验报告…………… 01722
收音机标准试验法（普及本）………… 01309
收音机标准试验法……………………… 01308
收音机汇编……………………………… 01310
收音机线路图（第 3 期）…………… 01311
收音机用户手册………………………… 01312
收音机原理与制造……………………… 01313
收音讲演两用六伏脱电播教学机实验记
………………………………………… 01314
收音员训练班讲义汇编………………… 01315
手电筒干电池试验报告………………… 01124
手工纺纱………………………………… 02136
手工制造锅炉…………………………… 00929
首都计划………………………………… 03401
首都建设委员会第一次全体大会特刊… 03402
首都建设委员会工作类编初集………… 03403
首都之井水供给………………………… 03515
首饰箱…………………………………… 02626
寿康食谱（初集）……………………… 02783
寿县芍陂塘引淠工程计划书…………… 04290
兽皮之制造……………………………… 02445
兽用生物药品制造法…………………… 01767

shu

书报废纸重制新纸法…………………… 02499
书记服务必备（一名，华文打字文书要
诀）…………………………………… 02552
书室……………………………………… 02725
书桌上的文具…………………………… 02679
梳毛纺绩学……………………………… 02150
梳棉机械装置及保全标准……………… 02137
疏河汇报………………………………… 05234
疏河修堤专册…………………………… 04333
疏浚河渠湖塘工程须知………………… 03938
疏浚惠济河记…………………………… 04334
疏浚邵伯三江营段航道计划概要（疏浚
邵伯瓜洲段航道计划概要附图表）… 05235
疏浚徒骇河志…………………………… 04291
疏浚镇武运河工赈处工程报告………… 05236
疏治长江消弭水患建议案……………… 04102
树胶业论（一名，橡皮业）…………… 01699
数年来的贡献（国立清华大学机械工程
系）…………………………………… 00149

shuang

双金闸计划大要………………………… 03890

shui

水玻璃工业化试验总结………………… 01666
水槽两壁对于临界拖引力之影响
……………………………… 03891 03892
水产物的利用…………………………… 02289
水道查勘报告汇编（第 1 集）……… 05237
水道查勘报告汇编（第 2 集）……… 05238
水道港口码头仓库之研究讲义………… 05317
水动力学………………………………… 03766
水工名词（中英文对照）……………… 03576
水工名词………………………………… 03575
水工试验汇编…………………………… 03767
水工学…………………………………… 03930
水工学・抢险图谱……………………… 03931
水害处理………………………………… 04639
水静力学………………………………… 03768
水雷……………………………………… 00856
水力……………………………………… 03733
水力发电厂木引水管之设计…………… 03910
水力发电问题之面面观………………… 03911
水力工程学……………………………… 03769
水力机…………………………………… 00959
水力勘测………………………………… 03826
水力学………………………… 03770—03774
水利（建设概要）……………………… 03577
水利… 03614 03615 03710 03711 03734
水利部对国民参政会第四届第三次大会
各参政员水利询问之答复………… 03616
水利常识………………………………… 03578
水利刍议………………………………… 03827
水利复原计划草案……………………… 03617
水利概要……………………… 03579 03580
水利根本议……………………………… 03828
水利工程………………………………… 03581
水利工程查勘须知……………………… 03845

水利工程计划汇编（民国二十三年及二十四年度）……………………… 03829
水利工程名词草案（英汉对照）……… 03582
水利工程设计手册……………………… 03583
水利工程须知…………………………… 03584
水利工程学……………………………… 03585
水利工程学（第1、2册）……………… 03586
水利航空测量…………………………… 03846
水利基本测验…………………………… 03847
水利计划草案审查意见………………… 03830
水利建设……………………… 03620 03621
水利讲义………………………………… 03587
水利救国………………………………… 03859
水利勘测………………………………… 03848
水利浅说………………………………… 03588
水利实验谈……………………………… 03589
水利委员会第一次会议………………… 03746
水利委员会三十三年度工作成绩考察报告…………………………………… 03622
水利委员会职工手册…………………… 03590
水利问题（最近水利行政之计划与措施）…………………………………… 03623
水利问题之研究………………………… 03775
水利行政………………………………… 03618
水利行政报告…………………………… 03619
水利须知………………………………… 03776
水利学术论文选集……………………… 03777
水利研究会征求意见书………………… 03624
水利业务检讨会议录…………………… 03625
水利职校概况…………………………… 03591
水利专刊………………………………… 04292
水泥三合土之配制及其浇灌方法……… 03214
水泥学…………………………………… 01667
水上消防铁道警察讲义………………… 05411
水涂料…………………………………… 03215
水线之设置及维持……………………… 01362
水运学…………………………………… 05194
水灾善后问题（中英文本）…………… 03979
水之建设………………………………… 03592
水之软化与铁锰之去除（毕业论文）… 03516
水之应用及兰州市水之分析·兰州市白碱蓬灰食盐之分析………………… 03517

shun

顺直河道治本计划报告书……………… 04230
顺直水利委员会公布（第五号）……… 04231

shuo

说淮……………………………………… 04182

si

司机管理规章讲义……………………… 05112
司机火夫须知…………………………… 04682
司机训练班讲演初集…………………… 05113
司路机键………………………………… 01087
司旗司闸司止轮服务章程……………… 05383
丝厂管车须知…………………………… 02155
丝业论………………………… 02037 02038
私立岭南大学蚕丝学院（民国十七至十八年）……………………………… 02156
私立勤工初级工业职业学校一览……… 00150
私立勤工职业学校四周年纪念刊……… 00151
私立上海纺织工业专科学校第二、三、四届毕业纪念刊…………………… 02015
私立上海纺织工业专科学校一览……… 02016
私立铁路学院十周年纪念专刊………… 04511
私立铁路学院同人题名录……………… 04512
私立新光摄影技术社事业一览（1932年度第1卷第1、2期合刊）………… 00355
四川长寿龙溪河水力发电厂拦河坝模型试验报告书……………… 03897 03898
四川长寿桃花溪水电厂暗渠及引水管水流情形之探讨……………………… 03912
四川的糖………………………………… 02266
四川的盐………………………………… 02402
四川都江堰……………………………… 03735
四川都江堰水利概要…………………… 03831
四川公路局统计提要（民国二十五年份）…………………………………… 05187
四川黑卤研究初步报告………………… 02428
四川江北郭家沱虹吸溢道模型试验报告书…………………………………… 03893
四川煤炭化验第一次报告……………… 01811
四川綦江船闸模型试验报告书……………………………… 05265 05266

四川綦江石溪口花石子滚水坝船闸模型试验报告书…… 05267
四川綦江羊蹄峒盖石峒滚水坝模型试验报告书…… 03894
四川省第一期各县旧制度器调查折合表…… 00429
四川省第一期各县旧制衡器调查折合表…… 00430
四川省第一期各县旧制量器调查折合表…… 00431
四川省都江堰工程纪要…… 04346
四川省度量衡检定所第一周年纪念刊… 00432
四川省度政季刊…… 00433
四川省各市县新旧度量衡折合表…… 00434
四川省各市县新旧度器折合表…… 00435
四川省各市县新旧衡器折合表…… 00436
四川省各市县新旧量器折合表…… 00437
四川省各县量器折合表…… 00438
四川省旧制量器标准之检讨…… 00785
四川省立重庆高级工业职业学校一览… 00152
四川省农业改进所农业化学组二十七年度工作报告…… 01747
四川省水利局测量规划…… 03849
四川省水利局贷款举办灌溉工程总报告…… 04347
四川省水利局都江堰治本工程计划纲要…… 03895
四川省水利局民国二十九年度工作纲要…… 03736
四川省水利局行驶木船计划拦河坝及船闸工程工料估计表…… 05268
四川省水利局凿塘蓄水计划书…… 03896
四川省水利局展览会说明书…… 03737
四川省水利局整理彭县官渠堰灌溉工程计划书…… 04348
四川省水利事业三年计划纲要…… 03832
四川省水利之进展…… 03738
四川水利初步计划…… 03833
四川水利工程纪要…… 03739
四川土法制糖…… 02267
四川之水利特辑…… 03740
四年级纺系精纺工程…… 02087

song

松花江第一发电所工事写真帖（第 1 辑）…… 00996
松江航船参考书…… 05342
松木干馏制造代用柴油汽油报告书…… 00544
松木汽馏与干馏…… 01723
松脂采集及松节油制造试验报告…… 01724
宋朝体铅字…… 02553
宋代茶法研究资料…… 02740
宋隆防潦计划…… 04335
宋孝宗时代刻书述略…… 02554
送电及配电…… 01104

su

苏北防汛报告…… 03957
苏尔寿穿孔式离心力抽水机…… 00767
苏尔寿狄瑞尔引擎…… 00956
苏尔寿离心力抽水机…… 00768
苏工…… 00153
苏工机械学会年刊暨民三十级毕业纪念特辑…… 00154
苏工校友录…… 00155
苏联飞机高压养气装备…… 05538
苏联制浆造纸工业设备技术使用规程（第一版）…… 02500
苏鲁运河会议之略史…… 05239
苏省铁路学堂章程规则…… 04513
苏皖豫鲁四省公路桥梁检查报告（第 1 册）…… 04992
苏皖豫鲁四省公路桥梁检查报告（第 2 册 江苏省）…… 04993
苏皖豫鲁四省公路桥梁检查报告（第 3 册 安徽省）…… 04994
苏皖豫鲁四省公路桥梁检查报告（第 4 册 河南省）…… 04995
苏皖豫鲁四省公路桥梁检查报告（第 5 册 山东省）…… 04996
苏州工专复校纪念册…… 00156
素食论…… 02741
素食谱…… 02784—02786
塑胶浅说…… 01697

suan

酸…………………………………… 01609
酸·碱·盐………………………… 01610
酸性浓度与墨水性质之关系………… 02680
酸衍生物之研究（五倍子问题研究之十四）………………………… 01947
酸枣仁之化学研究等………………… 01510
算表…………………………………… 00228
算盘新论……………………………… 02681

sui

绥新勘路报告书……………………… 04877
绥远河套治要………………………… 04068
隋书律历志十五等尺………………… 00439
随园食单（新式标点）……………… 02787
隧道…………………………………… 05017
隧道大意……………………………… 05018
隧道地质……………………………… 05019

sun

孙炉图说……………………………… 00570
孙中山先生陵墓工程报告（第1册）… 03122
孙中山先生陵墓工程报告（第2册）… 03123

T

ta

塔牌水泥说明书……………………… 01668
塔·麴町通信………………………… 03009
踏勘陇秦豫海西路报告全书………… 04563

tai

台北市区改筑纪念（日文本）……… 03404
台山建设图影汇编（第1期）……… 03419
台糖制造之程序……………………… 02268
台湾省耐震建筑初步之探讨（中国工程师学会第十五届年会论文）………… 03168
台湾省水利局水文测量规范………… 03850
台湾省水利要览……………………… 03712
台湾省糖业试验所要览……………… 02269
台湾省营企业公司产品目录………… 00512
台湾之水力资源……………………… 03834
太仓县水陆交通状况调查表………… 05188
太湖流域水利工程处工作报告……… 03713
太湖流域水利工程规划刍议………… 03714
太湖流域水利委员会业务概要（民国十八年三月十九日至二十年三月三十一日）………………………………… 03715
太平洋原子弹试验报告书…………… 00872
太原都市计划大纲…………………… 03376
太原市建设计划草案………………… 03377
太原市十年建设计划案……………… 03378

tan

炭化钙工业概论……………………… 01648
炭化物工具…………………………… 01625

tang

汤山采石（浙江富阳县境）………… 00513
汤与饮料……………………………… 02788
唐山铁路学校同学会报告（第1期）… 04514
塘工两年……………………………… 04293
塘沽新港工程报告书………………… 05318
塘沽新港工程二年来进展概况……… 05319
塘沽新港工程之过去与现在………… 05320
塘沽新港实地考察报告书…………… 05321
糖…………………………………… 02270
糖的由来……………………………… 02429
糖的自述……………………………… 02271
糖果的制作…………………………… 02272

tao

陶瓷工艺……………………………… 01669
陶瓷学………………………………… 01670
陶母烹饪法…………………………… 02789
陶器与瓷器…………………………… 01671
陶陶业务概况………………………… 01672
淘金学………………………………… 00514

te

特技飞行教范草案…………………… 05676
特种车辆……………………………… 00861

teng

藤工教材…… 02706
藤业常识…… 02707
藤竹工工作法…… 02708
藤竹之性质及其于混凝土中之应用…… 03216
籐工…… 02709

ti

体育馆之建筑与设备…… 03124
体育建筑及设备…… 03125
体育建筑及设备（上卷）…… 03126 03127

tian

天蚕丝制造法…… 02039
天厨味精厂制造各种出品工作程序概况…… 02329
天府轻便铁路运输能力之调查及其改进办法…… 04378
天津都市计划区域内塘沽街市计划大纲(中日文本)…… 03379
天津防汛…… 03958
天津海河调查报告书（民国十六年十二月）…… 04232
天津海河工程局问题…… 04233
天津码头设计之研究…… 05322
天津南开大学煤油热化装置述要…… 01804
天津市都市计划大纲…… 03380
天津市度量衡检定所规程审查案…… 00440
天津市度量衡检定所规程通过案…… 00441
天津市度量衡检定所组织规则…… 00442
天津市工务局业务报告（民国二十四年七月至十二月）…… 03381
天津市上下水道工程…… 03489
天津特别市公署工务局工作报告（民国二 十九年度）…… 03490
天津特别市公署工务局工作报告（民国三十年度）…… 03491
天津特别市公署工务局工作报告（民国三 十一年度）…… 03492
天宁寺建筑年代之鉴别问题…… 03010
天然色摄影原色法…… 00356
天然香料与人造香料…… 01937
天文航行学…… 05637
天线与地线之作法…… 01316
天原电化厂股份有限公司（中国唯一氯气工厂制造化学上等工业原料）…… 01649
天原电化厂制造工作程序概要（工业制造程序之一）…… 01650
田园都市…… 03306
甜蜜家庭…… 02883

tiao

挑花谱…… 02627

tie

铁…… 00515
铁道部工务机务讨论会审查钢桥规范纪录汇编…… 04997
铁道部新路建设委员会路线踏勘初测定测暂行规程…… 04564
铁道部新路建设委员会桥梁工程暂行规范书摘要…… 04998
铁道部直辖平汉铁路管理局工务处各工程标准图…… 04565
铁道测量及土工…… 04566
铁道、电信、工兵队教育进度课程表…… 04567
铁道机车概说讲义…… 04683
铁道建筑轨弧学…… 04568
铁道警备教令草案…… 04766
铁道篇（土木工学）…… 04537
铁道抢修…… 04640
铁道桥涵概要…… 04944
铁道桥梁抢修用表…… 04999
铁道曲线表…… 04569
铁道实际运转…… 04767
铁道弯度矫正法…… 04641
铁道学…… 04379
铁道学教程…… 04380
铁道与公路工程名词…… 04530
铁道运输学校概要…… 04515
铁道之排水和清理沟渠之研讨…… 04642
铁道终点车场之研究…… 04768
铁工工作法…… 00586

铁工机艺学……………………………… 00643
铁和钢……………………………………… 00610
铁筋混凝土（第1编）………………… 03169
铁路（第1编 轨路材料）…………… 04382
铁路（第2编 铁路工程）…………… 04383
铁路……………………………………… 04381
铁路材料科学常识……………………… 04619
铁路材料用量计划标准………………… 04620
铁路材料之审核………………………… 04621
铁路材料指要…………………………… 04622
铁路测量……………………… 04570 04571
铁路测量学……………………………… 04572
铁路词典………………………………… 04531
铁路定线概论…………………………… 04573
铁路定线之基本原理…………………… 04574
铁路工程………………………………… 04384
铁路工程（上册）……………………… 04385
铁路工程（下册）……………………… 04386
铁路工程材料管理览要………………… 04623
铁路工程讲义…………………………… 04387
铁路工程历史…………………………… 04404
铁路工程学……………………………… 04388
铁路公路测量学………………………… 04575
铁路·公路实用曲线表………………… 04576
铁路轨道承载强度之研究…… 04605 04606
铁路轨道及其修养……………………… 04607
铁路和公路……………………………… 04389
铁路货运调车场之设计与管理………… 04769
铁路货运管理…………………………… 04770
铁路货运业务…………………………… 04771
铁路货栈货场之设计与管理…………… 04772
铁路机车………………………………… 04684
铁路机车车辆制造事业之准备与实施… 04685
铁路机务概要…………………………… 04686
铁路机械………………………………… 04390
铁路技术管理纲要……………………… 04773
铁路建设规程…………………………… 04532
铁路建设规程解说……………………… 04533
铁路客运………………………………… 04774
铁路客运车场之设计与管理…………… 04775
铁路客运业务…………………………… 04776
铁路零担货运安全办法………………… 04777
铁路旅客终点大站之设计与管理……… 04778
铁路排水之设备………………………… 04643
铁路配车规则…………………………… 04779
铁路坡度归类之分析…………………… 04577
铁路曲线及土方表（公尺制）………… 04578
铁路输送学…………………… 04780 04781
铁路行车保安之商榷…………………… 04782
铁路行车概论…………………………… 04783
铁路行车及运输概要…………………… 04784
铁路行车讲义…………………………… 04785
铁路行车时间计算法…………………… 04786
铁路行车通则………………… 04787 04788
铁路选线及计划学（第1册 总论）…… 04579
铁路选线及计划学（第2册 铁路动力与列车运动）………………………………… 04580
铁路学ABC ……………………………… 04391
铁路学通论（亦名，铁路之研究）…… 04392
铁路学院毕业纪念册…………………… 04516
铁路学院概览（民国二十四年度）…… 04517
铁路业务解说（闭塞及信号篇）……… 04789
铁路业务解说（货物篇）……………… 04790
铁路业务解说（旅客篇）……………… 04791
铁路业务解说（配车篇）……………… 04792
铁路有线电报略号……………………… 04732
铁路运转管理…………………………… 04793
铁路之终点与车场……………………… 04794
铁路中英名词专书……………………… 04534
铁路资料汇编（第七种：中长铁路工务概要 上）………………………………… 04644
铁世界…………………………………… 00516
铁盐鞣革初步研究报告………………… 02446
铁冶金学………………………………… 00571
铁与钢…………………………………… 00611
铁政真诠………………………………… 00517

ting

庭园术…………………………………… 03440
庭园之趣味……………………………… 03441

tong

通明电疗机说明书……………………… 00822
通商各关海江警船布告总册（第四十八

簿 民国十八年）…………………………… 05269
通商各关海江警船布告总册（第五十簿 民国二十年）…………………………… 05270
通商各关海江警船示册（第 32 簿 民国二年）…………………………………… 05271
通商各关海江警船示册（第 33 簿 民国三年）…………………………………… 05272
通商各关海江警船示册（第 35 簿 民国五年）…………………………………… 05273
通商各关海江警船示册（第 41 簿 民国十一年）………………………………… 05274
通商各关海江警船示册（第 43 簿 民国十三年）………………………………… 05275
通讯（建设概要）……………………… 01357
通讯手册（第 1 册 无线电报）………… 01358
同蒲列车运转时刻表…………………… 04795
同学录…………………………………… 04370
同治重修圆明园史料…………………… 03011
桐油标准及其检定法标准草案………… 01911
桐油抽提试验（2 抽提装置与抽提手续）…………………………………………… 01912
铜之研究………………………………… 00572
统计各种路面寿命之研究（国立交通大学毕业论文）…………………………… 04928
统一全国水利行政事业案办理经过报告…………………………………………… 03626

tou

投考须知（[1934 年]）………………… 04518
投考须知（[1936 年]）………………… 04519
透视图绘法……………………………… 00236

tu

凸版印刷制版术………………………… 02555
图们江建桥工程报告…………………… 05000
图学讲义………………………………… 00237
图学教科书……………………………… 00238
土坝概论………………………………… 03899
土方工程………………………………… 03251
土工………………………… 03181 03182
土工试验专刊…………………………… 03183
土力学…………………………………… 03184
土路工程施工概要……………………… 04901
土木工程计划…………………………… 02969
土木工程学……………………………… 02970
土木工程训练班教育计划……………… 02971
土木工程专科学校第一届毕业同学纪念刊……………………………………… 02972
土木工艺………………………………… 03252
土木机械………………………………… 03227
土木建筑材料学（上卷）……………… 03217
土木制图………………………………… 03064
土石方工程（国立交通大学工学院土木系论文）…………………………………… 03253
土石工程撮要…………………………… 03254
土石结构及基础学……………………… 03170

tui

推测航海术……………………………… 05384
推测航行法……………………………… 05677
推移质及河床质泥沙之选样设备……… 03778
退斋剩稿………………………………… 03627

tun

屯溪茶产制指南………………………… 02371

tuo

托儿所玩具用具图样…………………… 02700

W

wa

瓦斯及石油机关取扱法………………… 00545
瓦特小时计……………………………… 01175

wai

外线基本实习指导书…………………… 01105

wan

弯道钢轨磨损之检讨…………………… 04608
玩齿轮…………………………………… 00755
玩滑车…………………………………… 00765
玩具制造………………………………… 02701
玩轮轴…………………………………… 04687

万国航空会议航空气象公约…………… 05638

wang

望远镜………………………… 00807 00808
望远镜和显微镜……………………… 00809

wei

危险品名录（汉英对照）……………… 00310
维多利亚采探金矿指南……………… 00518
潍县拆除石坊调查表………………… 03012
卫生材料制造法及其代用品述要……… 00823
卫生工学教程………………………… 03269
卫生暖气工程名词表………………… 03270
为防范电气危险告全国电气事业人书
（总 101）………………………………… 00997
为什么要划一权度…………………… 00443
未来的原子能………………………… 00962
渭河流域防沙工程计划图……………… 04259
魏晋风流与私家园林………………… 03013

wen

温度的测量…………………………… 00444
温度计与高热计……………………… 00826
文具工业……………………… 02682 02683
文史讲义（中国水利史）……………… 03628
文字的传达…………………………… 02501
纹织机及意匠法……………………… 02101
问水集………………………………… 04069

weng

滃江水力发电工程概要……………… 03913

wo

我国大都市之建设计划……………… 03326
我国的交通…………………………… 04371
我国铁路钢桥之标准设计…………… 05001
我国西南各省杀虫植物毒力试验……… 01757
我国盐业所用钢绳及试造之研究……… 02403
我国之手工业及其现代化问题………… 01966
我国之水利建设……………………… 03629
我们的房屋…………………………… 02973
我们的日常科学……………………… 02726
我们所知道的唐代佛寺与宫殿………… 03014
我要做飞行家………………………… 05678

wu

圬工……………………………… 03255 03256
圬工桥梁撮要………………………… 04962
圬工学………………………………… 03257
污水工程学…………………………… 05724
钨钼镍钴四金属概要………………… 00573
屋内电灯线装置规则………………… 03044
屋内电灯装置概要…………………… 03045
屋外供电线路装置规则……………… 03271
无机工业化学………………………… 01611
无机工业药品………………………… 01612
无机化学工业……………… 01613 01614
无机化学工业原料…………………… 01615
无机试剂标准（第 1、2 册）………… 01734
无锡市政筹备实录（1—6 期合订本）… 03405
无线电……………………… 01205—01207
无线电（第 1 集 职业概况）………… 01208
无线电（第 2 类 技术指导）………… 01209
无线电报……………………………… 01444
无线电报及无线电话………………… 01445
无线电播音…………………………… 01474
无线电测定方位（简称雷达）………… 01486
无线电测量术……………… 01176 01177
无线电常识…………………………… 01210
无线电初步………………… 01211—01213
无线电传影术………………………… 01475
无线电的话…………………………… 01180
无线电读本…………………………… 01214
无线电发明及发展史………………… 01181
无线电工程（第 1—3 册）…… 01215 01216
无线电工程（上册）………………… 01217
无线电工程概要……………………… 01218
无线电工程学……………… 01219 01220
无线电公式图表揽要………………… 01317
无线电话收音机管理法……………… 01407
无线电话收音术……………………… 01408
无线电话原理………………………… 01409
无线电机检修法……………………… 01221
无线电机修理法（附调准法）………… 01222

无线电机学……………………………… 01318
无线电机之各种电源………………………… 01319
无线电计算题解……………………………… 01223
无线电技术工程教育………………………… 01182
无线电技术手册（无线电应用手册）… 01224
无线电讲话…………………………………… 01225
无线电讲义…………………………………… 01226
无线电降落法及其设备之说明………… 05539
无线电交流收音机概要…………………… 01320
无线电交通工程学………………………… 01227
无线电交直流收音机修理法及测算法… 01321
无线电考试问题解答……………………… 01228
无线电考试问题解答（改正与补充）… 01229
无线电罗盘图解…………………………… 05350
无线电盲目飞行教程……………………… 05679
无线电器材概说………………… 01446 01447
无线电器材学……………………………… 01448
无线电浅说……………………… 01230—01233
无线电入门……………………… 01234—01237
无线电设计………………………………… 01238
无线电实验……………………… 01239 01240
无线电实用修理术………………………… 01241
无线电收发报机修理学…………………… 01449
无线电收音机保管法……………………… 01322
无线电收音机的制造……………………… 01323
无线电收音机管理法……………………… 01324
无线电收音机之理论……………………… 01325
无线电收音机之原理及制法……………… 01326
无线电收音机自制法……………………… 01327
无线电收音实践…………………………… 01328
无线电收音须知…………………………… 01329
无线电通信教范讲义……………………… 01465
无线电通信术……………………………… 01466
无线电通信学（上卷）…………………… 01467
无线电通讯概要…………………………… 01468
无线电通讯教程…………………………… 01469
无线电信…………………………………… 01470
无线电信电话……………………………… 01410
无线电信及赫氏电浪……………………… 01242
无线电修理原理…………………………… 01330
无线电袖珍字典…………………………… 01183
无线电学………………………… 01243—01246
无线电学（基本原理与实践）………… 01247
无线电学初阶……………………………… 01184
无线电学概要……………………………… 01185
无线电学讲义……………………………… 01248
无线电研究………………………………… 01249
无线电研究（第1集）…………………… 01250
无线电原理………………………………… 01251
无线电原理及应用………………………… 01252
无线电原理及直流收音机制作法
……………………………… 01331 01332
无线电真空管收音机合组线路图……… 01333
无线电真空管与电子管的种类及其工作
性能………………………………………… 01262
无线电周刊汇编（第1—5集）………… 01253
无烟火药贮存法…………………………… 01851
无烟药……………………………………… 01852
吾国铁路枕木问题之研究………………… 04609
吴淞江横断面图…………………………… 04294
吴淞江水利协会修浚新闸桥东段报告… 04295
吴县水陆交通状况调查表………………… 05189
梧州市工务局年刊（民国十七年度）… 03420
梧州市工务局取缔建筑章程……………… 03421
五百种食品烹制法………………………… 02790
五百种食品烹煮法………………………… 02791
五工程学术团体联合年会纪念刊……… 00060
五金备要…………………………………… 02580
五金手册………………………… 02581 02582
五金要览…………………………………… 02583
五洲固本皂药厂研究部管理分析报告… 01913
武昌市政工程全部具体计划书………… 03493
武昌自来水计划说明书…………………… 03518
武汉警备司令部取缔火警专案摘要…… 03559
武汉区域规划初步研究报告……………… 03422
武汉区域规划实施纲要…………………… 03423
武氏内燃机差压引火方法之研究……… 00957
武夷山的茶与风景………………………… 02742
武夷岩茶…………………………………… 02743
物理工程方面的基本算学………………… 00229
物理器械实验法及其原理………………… 00799
物理器械实验法及其原理（第1卷）… 00800
物理学仪器（第1期）…………………… 00801

X

xi

西班牙式住宅图案………………………… 03128
西北公路地质调查报告…………………… 04878
西北公路管理局汽车驾驶及保养讲义… 05114
西北建设考察团报告（水利篇）……… 03691
西北实业公司机器各厂出品样本……… 00680
西北水利问题……………………………… 04260
西北水利问题提要………………………… 03692
西北灾祸录………………………………… 05725
西餐烹饪秘诀……………………………… 02792
西餐烹饪实习……………………………… 02793
西餐烹制全书……………………………… 02794
西点糖果制造法…………………………… 02273
西法制药大全……………………………… 01768
西服裁法讲义……………………………… 02648
西京筹备委员会工作报告……………… 03382
西京筹备委员会工作报告（三十一年六月至十月）…………………………… 03383
西京筹备委员会自二十四年十一月至二十六年一月止工作报告……………… 03384
西荆公路工程概要………………………… 04902
西南各省江河水道查勘报告汇编……… 05240
西式食品制造法…………………………… 02795
西文打字法实习…………………………… 02556
西洋建筑讲话……………………………… 03038
西洋建筑史（本编）…………………… 03015
西洋建筑史（附录）…………………… 03017
西洋建筑史（图版）…………………… 03016
西洋收音机线路图（第 1 册）………… 01334
锡沪路工程总报告………………………… 04903
锡兰红茶制法及其理论………………… 02372
锡兰红茶制造法及其理论……………… 02373
锡秀………………………………………… 04520
锡秀纪念刊………………………………… 04521
锡业管理处选炼厂焊锡说明书………… 00632
[锡业管理处选炼厂轴承合金说明书]… 00612
洗濯化学…………………………………… 02812
铣工生产实习教学法指导……………… 00644
系统的家事讲话…………………………… 02884

xia

厦大航空…………………………………… 05446
厦门中山公园计划书…………………… 03437
厦市工程概况……………………………… 03475

xian

先治王家港商榷书………………………… 05323
纤维工业…………………………………… 02017
纤维工业辞典……………………………… 02018
纤维棉——维丝脱拉……………………… 01714
纤维素化学工业…………………………… 01725
纤维学……………………………………… 02040
鲜质与味之素之研究……………………… 02330
显微镜………………………… 00810—00812
显微镜玻片标本目录……………………… 00813
显微镜术与人生…………………………… 00814
县水利建设………………………………… 03741
县有建筑…………………………………… 03385
现代店铺建筑图集（1）………………… 03129
现代都市计划………………… 03307 03308
现代都市要论……………………………… 03309
现代肥皂制造法…………………………… 01914
现代工业丛谭……………………………… 00011
现代管理和布置…………………………… 02910
现代航海学（第 1 集 测推驾驶）……… 05385
现代家庭顾问……………………………… 02885
现代家庭会计法…………………………… 02911
现代棉纺织图说…………………………… 02138
现代染色概要……………………………… 02192
现代日常科学……………………………… 02727
现代实用化学工艺制造大全（工艺导师）……………………………………… 00195
现代铁路丛谭……………………………… 04393
现代制版术………………………………… 02557
现用各机之装配角度、油系、机件润滑……………………………………… 05565
线路工程手册（前集）………………… 01106
线路工程手册（后集）………………… 01107
线圈之实用设计…………………………… 01088

xiang

乡村道路…………………………………… 04841

乡村道路建筑的方法…………………… 04904
乡村工业示范处技术工作简报………… 00681
香港华南汽车工程学校创校九周年暨复校周年纪念专刊……………………… 05052
香港远东航空学校 1938 年简章 ……… 05447
香料及化妆品…………………………… 01938
香料及化妆品制造法…………………… 01939
香料、香油精、混合香精历史及名典… 01940
香艳丛谈………………………………… 02728
香妆品化学制造法……………………… 01941
香妆品制造大全………………………… 01942
湘桂水道查勘报告……………………… 05241
湘桂铁路衡桂段车站房屋及附属建筑工程规范书摘要………………………… 04405
湘桂铁路柳南段踏勘报告书…………… 04581
湘湖环湖道路塘堤及坝闸断面图……… 04357
湘灾纪略（第 1 卷）…………………… 05726
箱茶包装须知…………………………… 02374
箱茶包装指南…………………………… 02375
襄河防洪治本初步计划草案…………… 04337
橡胶化学与物理………………………… 01700
橡皮……………………………………… 01701
橡皮制造法……………………………… 01702

xiao

消防………………………… 03560—03563
消防常识………………………………… 03564
硝化纤维素喷漆之研究………………… 01879
硝磺概要………………………………… 01626
硝酸制造法……………………………… 01616
小本工艺生利法………………………… 02666
小本工艺制造术………………………… 00311
小本工艺制造新术……………………… 00157
小本经营化学工业……………………… 01584
小厨子…………………………………… 02796
小工业制造法…………………………… 01511
小工艺化学方剂………………………… 01585
小工艺制造法…………………………… 01986
小规模甜菜制糖试验…………………… 02274
小孩的饮食……………………………… 02940
小件木器工作图………………………… 02477
小件木器工作图及制造法（手工科用）……………………………………… 02478
小朋友食谱……………………………… 02797
小朋友玩具（上）……………………… 02702
小型面粉机与小型面粉厂……………… 02250
小学校舍建筑法………………………… 03130
校舍建筑法……………………………… 03131

xie

楔形构造物之分析法…………………… 03171
屑茧纺丝论……………………………… 02157

xin

新编华英工学字汇……………………… 00196
新编家事教科书………………………… 02886
新编轮船营业部管理指南……………… 05195
新编汽车驾驶术……………… 05115 05116
新编染色术……………………………… 02193
新编摄影术……………………………… 00357
新编实用酿造微生物学大纲…………… 02331
新达生篇………………………………… 02941
新订市尺木码之原理及其应用………… 00445
新都市建设之商榷……………………… 03310
新度量衡概要…………………………… 00446
新度量衡换算表（袖珍本）…………… 00448
新度量衡换算表………………………… 00447
新度量衡图表（四种）………………… 00449
新工人须知……………………………… 00312
新河河工事物所职员一览表…………… 03980
新机械的惊人工作……………………… 00682
新家庭…………………………………… 02887
新家庭手册…………………… 02912 02913
新家庭主妇须知………………………… 02888
新建筑造型理论的基础………………… 02984
新建筑之起源…………………………… 02985
新疆省独山子油矿视察报告（第柒号）……………………………………… 00546
新疆省哈密民权渠工程计划书………… 05242
新疆省政府沙湾新盛渠工程计划书…… 05243
新疆油田地质调查报告………………… 00547
新疆之水利……………………………… 03693
新生活指南……………………………… 02942

新时代的住宅…………………………… 03132
新时代都市计划学……………………… 03311
新食谱………………………………… 02798
新市区建筑暂行规则…………………… 03327
新式华文打字机（说明书）…………… 02684
新式华文打字机简易检字表…………… 02558
新式华文打字机练习课程……………… 02559
新式两管交直流收音机………………… 01335
新式煤油发动机管理及修理法………… 00958
新式汽车之构造驾驶与维护…………… 05053
新式收音机线路详解…………………… 01336
新乡都市计划大纲……………………… 03424
新新日用酬世快览……………………… 02729
新型蒙布张力测定器…………………… 05491
新养路手册……………………………… 04645
新译无线电说明书……………………… 01337
新运河兵工草案………………………… 05244
新制度量衡……………………………… 00450
新制度量衡教材………………………… 00451
新制度量衡手册………………………… 00452
新治河全编（上册）…………………… 04070
新中标准………………………………… 00740
新中一村计划说明……………………… 03277
新著工艺化学制造合编………………… 01586
新撰家政学……………………………… 02889

xing

兴国立锭纺纱机说明书………………… 02073
兴利治黄计划书………………………… 04071
兴修洞庭湖计划草案…………………… 04358
行车阻力通论（国立交通大学民三七级
毕业论文）…………………………… 04688
行船预防冲突法………………………… 05386
行驶手推车须知——安全第一（中华
民国二十三年十一月）……………… 04632
行水金鉴………………………………… 03630
行政院水利委员会第一次全体委员会议
报告………………………………… 03631
行政院水利委员会第二次全体委员会议
报告………………………………… 03632
行政院水利委员会第三次全体委员会议
报告………………………………… 03633
行政院水利委员会各部分报告………… 03634
行政院水利委员会工作报告（民国三十
年一月至十月）……………………… 03635
行政院水利委员会会计人员会议记录… 03636
行政院水利委员会三十年九月份工作报
告…………………………………… 03637
行政院水利委员会三十年十月份工作报
告…………………………………… 03638
行政院水利委员会推行行政三联制工作
报告………………………………… 03639
行政院水利委员会有关行政三联制单行
章则………………………………… 03640
行政院水利委员会职工手册…………… 03747

xiu

修车工作法……………………………… 05147
修订国有铁路钢桥例范设计商榷书…… 05002
修防琐志………………………………… 03641
修机学…………………………………… 01411
修建护岸工程须知……………………… 03940
修浚闽江总局十年度报告书（中华民国
十七年三月至十八年二月）………… 04296
修理用参考线路图（第1、2、3、6集）
……………………………………… 01341
修理用参考线路图（第1、4、5、7集）
……………………………………… 01342
修理用参考线路图（第1、7集）……… 01343
修理用参考线路图（第2、4集）……… 01339
修理用参考线路图（第2、5、6、8集）
……………………………………… 01340
修理用参考线路图（第3集）………… 01344
修理用参考线路图……………………… 01338
修正服制条例草案……………………… 02649
修正公路工程标准及规则……………… 04842
修正整理青龙湾河计划………………… 04234
修筑道路须知…………………………… 04905
修筑江淮堤概况………………………… 04103
修筑绍兴三江闸工程报告……………… 03900
修筑无和段江堤概况…………………… 04297
袖珍弯道学……………………………… 04582

xu

徐州都市计划大纲…………………………03406
湑惠渠工程设计…………………………04261
叙昆铁路路线测量暂行规程……………04583
叙昆铁路桥涵工程规范书………………05003
叙昆铁路土石方工程规范书……………04633
续办航海科特刊（民国三十六年校庆日）
………………………………………05387
续得中国机械工程史料十二则…………00683
续刻杜白两湖全书………………………04359
续行水金鉴………………………………03642
蓄电池……………………… 01125 01126
蓄电池保养须知…………………………01127
蓄电池概论………………… 01128 01129
蓄电池干电池及充电器…………………01130
蓄电池用硫酸……………………………01131
蓄电池用配电板及分电板………………01132
蓄电池摘要………………………………01133
蓄电池制造法与充电法…………………01134
蓄水库内淤积物密度之研究……………03901

xuan

悬桥之紧张力……………………………05004
旋转标准电度表及精确式电度表选购须
知……………………………………01178
旋转机罗盘图解…………………………05351

xue

学校园林…………………………………03442
雪花膏之理论及其制法…………………01943

xun

汛堤摄影集………………………………03959

Y

ya

牙粉牙膏制造法…………………………01944
牙粉与牙膏………………………………01945
亚硫酸盐纸料制造法……………………02502
亚斯盘锉刀………………………………00650

yan

烟幕发火剂及爆炸实验…………………01853
烟台海坝工程概论………………………05324
烟台海坝工程会报告书（民国二十四年）
………………………………………05325
烟台海坝工程会报告书（民国二十五年）
………………………………………05326
烟业论……………………………………02437
烟叶贮藏浅说……………………………02438
言油（甲、乙册）………………………00548
沿江湖泊之整理及利用与扬子江水利问
题、华阳泄洪道及华阳河流域整理工
程计划实施大纲……………………03835
盐…………………………………………02404
盐的化学…………………………………02405
盐的由来…………………………………02430
盐工常识盐工四字经……………………02406
盐和糖……………………………………02275
盐碱试验室概况…………………………02407
盐井河自动扉坝之理论与实施…………05276
盐务学校一九三三级毕业纪念册………02408
盐务学校章程（民国二十一年三月修正）
………………………………………02409
盐务学校之沿革…………………………02410
盐之化学…………………………………02411
盐质检定之检讨…………………………02412
颜料………………………… 01871 01872
颜料及涂料………………………………01873
颜料样本…………………………………01874
眼镜………………………………………02667
宴客食谱…………………………………02799
验收靳官屯减河堵口等工………………04235

yang

扬子江防洪问题之初步计划……………04104
扬子江防汛专刊…………………………04105
扬子江汉口吴淞间整理计划草案………04106
扬子江黄河堵口复堤办法大纲…………04072
扬子江技术委员会第一期年终报告（中
华民国十一年 公布第1号）…………04107
扬子江技术委员会第二期年终报告（中

华民国十二年 公布第2号）………… 04108
扬子江技术委员会第三期年终报告（中华民国十三年 公布第3号）………… 04109
扬子江技术委员会第四期年终报告（中华民国十四年 公布第4号）………… 04110
扬子江技术委员会第五期年终报告（中华民国十五年 公布第5号）………… 04111
扬子江技术委员会第一至二期年终报告（[合订本]）………………………… 04112
扬子江、滦河、白河干支流堵口复堤工程…………………………………… 03960
扬子江簰洲湾引河第三计划图………… 04113
扬子江上游水力发电勘测报告………… 03914
扬子江筲箕背滩模型试验报告书……… 04114
扬子江水道整理概要书………………… 04115
扬子江水道整理委员会年报（8）……… 04116
扬子江水利考…………………………… 03716
扬子江水利委员会第二期年报附表…… 04117
扬子江水利委员会第二期年报附图…… 04118
扬子江水利委员会湖南水力工程处查勘蒸水水力报告书…………………… 03854
扬子江水利委员会年报（第1期 中华民国二十四年）………………………… 04119
扬子江水利委员会年报（第2期 中华民国二十五、六年）………………… 04120
扬子江水利委员会十年来之工作概况… 04121
扬子江水利委员会湘南水力工程处查勘舂陵水报告书……………………… 03851
扬子江水利委员会湘南水力工程处查勘平和水报告书……………………… 03852
扬子江水利委员会湘南水力工程处查勘宜水报告书………………………… 03853
扬子江水利委员会湘南水力工程处查勘资水水力报告书…………………… 03855
扬子江水利委员会职员录……………… 04122
扬子江水利问题与二十四年之整治工程………………………………………… 04123
扬子江痛定录…………………………… 04124
扬子江小南海滩模型试验报告书……… 04125
扬子江之防洪附图……………………… 04126
扬子江之水利…………………………… 03717
扬子江中游初步整治计划……………… 04127
羊毛业论………………………………… 02041
羊皮改进计划草案……………………… 02447
洋灰花砖………………………………… 03218
洋灰胶泥及混凝土用砂石配合法试验… 03219
养路工程学（又名，铁路护养工程学）………………………………………… 04646
养路工作法（1拨道）………………… 04647
养路须知………………………………… 04648
氧气之使用与保管……………………… 01617

yao

窑业计算习题详解……………………… 01673
窑业检验与计算法……………………… 01674
窑业原料试验法………………………… 01675
药品灭菌及安瓿制造法………………… 01769
药物制造………………………………… 01770

ye

耶那蔡司航空测量仪器有限公司摄影测量仪器总目……………………………… 00818
冶金工程………………………………… 00574
冶金学……………………… 00575—00578
冶锑学…………………………………… 00579
冶铁学……………………… 00580 00581
冶铁学纲要（上册）…………………… 00582
业余无线电……………………………… 01254
业余无线电精华………………………… 01255
液体对流浸取固体中可溶物图解法之注释……………………………………… 01551
液体燃料………………………………… 01785
液体制动器……………………………… 00960

yi

一尘水利稿摘存………………………… 03981
一个说明：何谓重化学工业…………… 01512
一公尺倒象测距仪书…………………… 00819
一家言居室器玩部……………………… 02827
一九四九年天津防汛…………………… 03961
一九四七年度西南水利工程概况……… 03836
一年半以来之中央工业试验所………… 00061
一年来各项工程之进展（电机工程）… 01070
一年来化学工程之进展………………… 01552

一年来之制糖研究与试验……………… 02276
一年来之中国工程标准（上）………… 00197
一日千里……………………………… 04906
一氧化碳及氢合成汽油及润滑油之方法
……………………………………… 00549
衣（人生四大要素之一）…………… 02650
衣的科学化…………………………… 02651
衣服的洗涤法………………………… 02813
衣服故事……………………………… 02652
衣服论………………………………… 02653
衣服室………………………………… 02890
衣服原料……………………………… 02042
衣食住………………………… 02730—02732
衣、食、住、行……………………… 02733
衣食住行工艺概要…………………… 01987
衣食住行工艺概要（第1、2册）……… 01989
衣食住行工艺概要（第1、3、4册）… 01988
宜兴陶业之初步化学观察…………… 01676
移动炮架……………………………… 00845
乙种农产制造教科书………………… 02231
以豆饼为原料之鲜味汁制造法（一名，
鲜酱油制造法）……………………… 02332
以机翼扭转及调换机翼截面求椭圆形升
力分布………………………………… 05492
以乙醇为溶剂测定植物油裂化产品碘价
试验…………………………………… 01915
译一千九百十二年办理浚浦局暂行章程
……………………………………… 05245
驿运技术指导………………………… 04843
意大利之飞机………………………… 05614

yin

阴丹士林染棉法……………………… 02194
阴丹士林颜料棉纱染法说明书……… 02195
阴沟工程……………………………… 03541
阴极调幅发射机实验装置法………… 01345
引擎…………………………………… 05054
引擎使用法（引擎专科）·汽车驾驶法
（汽车专科）………………………… 05117
引水图说……………………………… 05388
饮料食品……………………………… 02232
饮料水氯化消毒法…………………… 03519
饮料水漂粉消毒法…………………… 03520
饮食物保存法………………………… 02800
饮食学讲义…………………………… 02744
饮食指南……………………… 02745 02746
印染工厂工作法（机械篇）………… 02196
印染学………………………………… 02197
印刷的故事…………………………… 02560
印刷概况……………………………… 02561
印刷技术手册………………………… 02562
印刷界之光（样本）………………… 02563
印刷墨………………………………… 02564
印刷术………………………………… 02565
印刷术概论…………………………… 02566
印刷样本……………………………… 02567
印刷艺术（第1集）………………… 02568

ying

应用电气概论………………………… 00998
应用电气化学………………………… 01651
应用电学……………………… 01023 01024
应用电学讲义………………………… 01025
应用叠加原理分析刚架……………… 02975
应用工程（道路工程之部）………… 04859
应用化学……………………………… 01513
应用化学概论………………………… 01514
应用科学……………………………… 00170
应用科学（第1期 工作效率专辑）…… 00171
应用密码学讲义……………… 01457 01458
应用土工力学………………………… 03185
应用维氏移位图（Williots diagram）及虚
功之原理（Principle of virtual work）
以求复杂桁架（Complex truss）之应
力（论文）…………………………… 02976
应用无线电集………………………… 01258
应用无线电技术手册（第1辑 电阻器及
容电器色漆之认识）………………… 01186
英德法华航空工程名词……………… 05471
英国工厂检查………………………… 00313
英国航空汽油………………………… 00550
英国田园市…………………………… 03328
英国中央飞行学校训练纲要………… 05680
英汉对照机械工程名词……… 00684 00685

英汉航空用语字典………………………… 05472
英汉实用汽车驾驶保养辞典…………… 05118
英华纺织染辞典（初稿）………………… 02019
英华纺织染辞典（英中对照之部）…… 02020
英华·华英合解建筑辞典……………… 02974
英华烹饪学全书（华英文合璧 第 2 册 华文）……………………………………… 02801
英华汽车名词…………………………… 05055
英华无线电辞典………………………… 01256
英华无线电大辞典……………………… 01257
英日汉环境科学词汇（续编 日文索引和附录）………………………………… 05727
英式风闸………………………………… 04689
英文打字………………………………… 02569
婴儿的健康生活………………………… 02943
婴儿人工营养法………………………… 02944
荧光灯…………………………………… 01160
萤光灯讲义……………………………… 01161
营养烹调一百种（附营养干粮制作二十种）……………………………………… 02802
营造法式………………………………… 03018
营造适用长度标准制对照表………… 03065
营造算例………………………………… 03019
影写版…………………………………… 02570

yong

永澹沈灾………………………………… 04338
永定北运子牙三河测量报告书……… 04236
永定河北三大工形势摄影…………… 04237
永定河官厅拦洪坝消力试验报告书…… 04238
永定河官厅拦洪坝消力试验第一次试验报告书………………………………… 04239
永定河芦沟桥滚坝消力试验报告书…… 04240
永定河三角淀中泓工程报告书……… 04241
永定河疏治研究………………………… 04242
永定河务局简明汇刊………………… 04243
永定河治本计划（附图卷一）………… 04244
永定河治本计划提要（[英文本]）…… 04245
永定河治本计划提要………… 04246 04247
永定河治理工程计划书……… 04248 04249
用电必读………………………………… 01162
用电常识…………………………… 01163 01164
用电浅说………………………………… 01165
用电须知………………………………… 01166
用电指南………………………………… 01167
用华北燧石状火土制造耐火砖之研究… 01677
用氯化法与二氧化氯净化自来水（国立交通大学毕业论文）………………… 03521
用没食子酸甘油制可型体试验报告…… 01698
用折光率测定汽油内芳香族烃之含量… 00551
用纸问题之研究（第 1 种）………… 02503

you

优声建筑之研究………………………… 03046
由黄卤水提制药品之试验汇报……… 02433
由芒硝水溶液电解用单一程序制造烧碱与硫酸之研究——芒硝水溶液之电解……………………………………… 01627
由农村副产物制造糠醛产量之比较试验……………………………………… 01687
由上海汉口出口产自长江一带的羊皮做法概论………………………………… 02448
由水及钾碱制取溴化钾初步试验……… 02431
由水与钾碱制造氯化钾试验………… 02432
油灯说明………………………………… 02668
油酒液体量器制造法………………… 00786
油类学…………………………………… 01916
油料通论………………………………… 01917
油墨及墨水制造法……………………… 01880
油墨制造法……………………………… 02685
油漆…………………………… 01881—01885
油漆概论………………………………… 01886
油漆工…………………………………… 01887
油漆化学………………………………… 01888
油漆试验报告（[1934 年]）………… 01889
油漆试验报告（[1935 年]）………… 01890
油漆试验报告（[1936 年]）………… 01891
油漆校舍的起码知识………………… 03258
油漆须知………………………………… 01892
油漆制造法……………………………… 01893
油漆制造概论…………………………… 01894
油漆制造及使用法……………………… 01895
油业概论（上编）……………………… 01896
油业论…………………………………… 01688

油脂……………………………………………… 01918
油脂工业…………………………………………… 01919
油脂讲义…………………………………………… 01920
有机工业化学……………………………………… 01689
有机工业药品……………………………………… 01735
有机化学工业（上册）…………………………… 01690
有机化学工业……………………………………… 01691
有机化学工业原料………………………………… 01692
有机染料学………………………………………… 01865
有机试剂（试验金属及酸根用）………………… 01736
有线电报…………………………… 01450 01451
有线电常识………………………………………… 01363
有线电话…………………………………………… 01412
有线电话架设小动作详解………………………… 01413
有线电话浅说……………………………………… 01414
有线电话使用及修理……………………………… 01415
有线电讲义………………………………………… 01364
有线电器材………………………………………… 01365
有线电器材学…………………… 01366 01367
有线电线路障碍修理实习………………………… 01368
有线无线电报汇览………………………………… 01452
釉…………………………………………………… 01678

yu

渝筒马路全线工程办法大纲……………………… 04844
余姚住宅房子造品之图样………………………… 03133
俞氏空中烹饪……………………………………… 02803
俞氏空中烹饪教授班（第 2 期）………………… 02804
玉符河引水工程计划……………………………… 04298
玉泉源流整理大纲………………………………… 03522
吁兴江北水利文…………………………………… 04183
育儿初范…………………………………………… 02945
育儿指南问答……………………………………… 02946
育婴保健图说……………………………………… 02947
浴室和饭堂………………………………………… 02824
预施应力钢筋梁之载重试验……………………… 03172
预施应力混凝土梁荷重试验……………………… 03173
预应力混凝土论（国立交通大学毕业论文）…… 03220
喻谦行水商讨……………………………………… 03932
豫东运河网工程初步计划书……………………… 05246
豫河修防之商榷…………………………………… 04073

yuan

元车工作法……………………………………… 00661
园林计划………………………………………… 03443
园冶识语………………………………………… 03444
原动机（上卷）………………………………… 00902
原动机及电机概论……………………………… 00903
原动机及锅炉（上册）………………………… 00904
原料配合及耗用标准（暂定）………………… 00283
原子弹…………………………… 00873—00875
原子弹讲话……………………………………… 00876
原子弹与雷达…………………………………… 00877
原子轰击与原子弹……………………………… 00878
原子能研究……………………………………… 00963
原子能与原子弹………………………………… 00964
原子能与原子弹（第 1 集）…………………… 00965
原子能与原子弹（核物理学发凡）…………… 00966
原子能之军事用途……………………………… 00879
原子炮术及原子弹……………………………… 00880
原子炸弹………………………… 00881—00885
原子炸弹（第 1 集 天下珍闻）……………… 00886
原子炸弹（谜样的新武器）…………………… 00887
原子炸弹特辑…………………………………… 00888
原子炸弹之秘密………………………………… 00889
远东航空学校简章……………………………… 05448

yue

约束承梁及钢架上之活荷重（国立交通大学毕业论文）…… 03174
月形柱体之扭力问题…………………………… 05493
粤北之水力……………………………………… 03837
粤菜食谱………………………………………… 02805
粤桂水道查勘报告……………………………… 05247
粤汉路株韶段工程最近状况…………………… 04406
粤汉铁路韶乐段工程纪略……………………… 04407
粤汉铁路株韶第二总段工程纪略……………… 04408
粤汉铁路株韶段工程参观便览………………… 04409
粤汉铁路株韶段工程记载汇刊………………… 04410
粤汉铁路株韶段工程局机车与客货车检查规则、工作及用料考核规则……… 04690
粤汉铁路株韶段民国二十四年工作之回顾目录……… 04411

粤汉铁路株韶段桥梁涵洞设计概要附图 ………………………… 05005
粤汉株韶段单行小册汇览……………… 04412

yun

云和城区农田水利工程放水 六和水电厂落成 民族复兴馆奠基典礼纪念册 … 03718
云南昆明市政成绩表…………………… 03428
云南弥勒甸溪滚水坝模型试验报告书 · 陕西涝惠渠工程计划之研究 · 贵州涟江拦河坝模型试验初步报告书……… 03982
云南水利问题…………………………… 03742
运城盐池最近情况 · 闻喜官庄村民生火碱工厂调查………………………… 02413
运动场建筑法…………………………… 03134
运工专刊………………………………… 05248
运河春修土工施工细则………………… 04299
运河工程就职宣言……………………… 05249
运输……………………………………… 04372
运输 调度 运价 ………………………… 04796
运输统制局公路总管理处公路路基工程施工细则……………………………… 04929
运输与通信（原名，发明与文明）…… 04373

Z

zai

宰畜制肉指南…………………………… 02284
再续行水金鉴…………………………… 03643
在德国国有铁路公司实习笔记………… 04394
在日内瓦召开的和平利用原子能会议（卫生学教授 Ф. Г. Кротков 报告）……… 00967

zao

凿井技术及深井优劣概述（井主必备之参考书）………………………………… 03523
凿井手册………………………………… 03524
造船……………………………………… 05343
造船厂…………………………………… 05355
造船学图（上册）……………………… 05344
造房屋…………………………………… 02977
造酱……………………………………… 02333
造酱油…………………………………… 02334
造桥筑路………………………………… 04811
造庭园艺………………………………… 03445
造园法…………………………………… 03446
造园学概论……………………………… 03447
造纸…………………………… 02504—02507
造纸概论………………………………… 02508

zen

怎样抚养你的小宝宝…………………… 02948
怎样建筑房屋…………………………… 03066
怎样解决经济困难……………………… 02914
怎样修筑乡村道路……………………… 04907
怎样学飞………………………………… 05681
怎样制肥皂…………………… 01921 01922
怎样做现代主妇……………… 02891 02892

zeng

增订发明中西文厨书宝鉴……………… 02806

zha

闸坝工程………………………………… 03902
闸北水电公司发电厂之概观…………… 01095
炸药制备实验法………………………… 01854
榨炼植物油浅说………………………… 01923

zhai

宅居图谱………………………………… 03135

zhan

战车构造讲义…………………………… 00862
战后导淮工程十年建设实施计划概要… 04184
战后都市计划导论……………………… 03320
战时的燃料……………………………… 01786
战时黄河修防述要……………………… 04074
战时几种液体燃料代用品……………… 01787
战时交通学讲义………………………… 04374
战时劳作………………………………… 01967
战时汽车安全驾驶法…………………… 05119
战时生活家事问答……………………… 02893
战时田园市计划………………………… 03312
战时液体燃料问题……………………… 01788

战时浙江农业与水利…………………… 03933

zhang

张氏实用汽车修理学与工作法………… 05148
张垣汉卿桥建筑工程总报告…………… 04963
漳河上游拦洪水库地址勘察报告……… 04250

zhao

爪哇式厕所说明书……………………… 03136
照相调制理论讲义……………………… 00360
照相化学………………………………… 00358
照相乳胶………………………………… 01857
照相天幕说明书………………………… 00359
照相学…………………………………… 00361
照相学教程…………………… 00362 00363
照相制版术……………………………… 02571

zhe

浙赣铁路赣闽路线踏勘报告…………… 04413
浙赣铁路机车车辆及行车设备便览…… 04691
浙赣铁路南浔段工程标准图…………… 04634
浙赣铁路向饶段工程处修复工程报告… 04649
浙赣铁路玉南段工程纪要……………… 04414
浙江公立工业专门学校同学录（民国十四年十月）………………………… 00158
浙江公立工业专门学校一览…………… 00159
浙江海盐平湖两县境内海塘工程简明图说…………………………………… 04300
浙江金华兰溪谷战时燃料调查………… 01789
浙江省第一期工厂检查报告书………… 05728
浙江省公路管理局工程标准图………… 04908
浙江省公路管理局公路工程施工细则… 04909
浙江省公路建设工作提要……………… 04910
浙江省广播无线电台一年来工作汇报… 01346
浙江省海塘工程紧急抢修计划………… 04301
浙江省钱塘江海塘工程局民国卅五年度工程计划书（编 1034 号）…………… 04302
浙江省钱塘江海塘工程局民国卅五年度工程计划书（编 238 号）…………… 05327
浙江省钱塘江海塘工程局修复海塘及整治江道工程两年计划书……………… 04303
浙江省钱塘江两岸海塘工程查勘报告及修复计划年计划……………………… 04304
浙江省手工造纸纸样标本说明表……… 02509
浙江省水利工作报告…………………… 03719
浙江省水利局年刊（民国十八年）…… 03720
浙江省水利局温岭水利工程处第一期报告书………………………………… 03721
浙江省水利局闸口第一汲水站建筑工程报告书……………………………… 04305
浙江省水利局职员录…………………… 03748
浙江省水利局总报告（民国二十一年二月至二十四年六月）……………… 03722
浙江水利局办理十九二十两季海塘险工之经过…………………………… 05328
浙江萧山绍兴上虞余姚县境海塘工程简明图………………………………… 04306
浙西塘工简图…………………………… 04307
蔗渣造纸之研究………………………… 02510

zhen

真空弹道学……………………………… 00836
真空管收音机的放大法………………… 01347
真空管收音机造法……………………… 01348
真空管手册（美国式真空管之特性装置与应用）…………………………… 01263
真空管之特性…………………………… 01264
枕木述要………………………………… 04610
枕木之处理（国立交通大学毕业论文）……………………………………… 04611
枕木制炼之方法………………………… 04612
枕中秘（修容秘法）…………………… 02734

zheng

征工办法纲要…………………………… 04185
征工筑路实施方法……………………… 04911
征空……………………………………… 05449
征求北平市沟渠计划意见报告书……… 03542
蒸馏塔塔面积计算公式之拟定及蒸馏塔内计算蒸气速度之修正……………… 01553
蒸馏之理论与实施……………………… 01554
蒸汽表与莫理耳图……………………… 00911
蒸汽机…………………… 00930—00932

蒸汽机车工程学…………………………… 04692
蒸汽机车机件名称表…………………… 04693
蒸汽机车解说…………………………… 04694
蒸汽机车问答…………………………… 04695
蒸汽机车制造…………………………… 04696
蒸汽机关车问答………………………… 04697
蒸汽及煤气动力工程…………………… 00933
蒸汽莫理耳图解………………………… 00934
蒸汽涡轮发电厂之新计划……………… 01096
整理北京市计划书……………………… 03340
整理川黔水道之意见…………………… 05250
整理东濠下游报告书…………………… 03917
整理东太湖水利工程计划……………… 04360
整理洞庭湖之意见……………………… 04361
整理海河委员会工务处工程图样……… 04251
整理海河治标工程进行报告书………… 04252
整理杭州市自来水工程计划…………… 03525
整理华阳河流域工程计划……………… 04308
整理机器专号…………………………… 02199
整理江西全省水利今后六年进行计划… 03838
整理南州水利工程计划摘要…………… 04309
整理平汉路黄河铁桥上游河槽初步计划
…………………………………………… 04075
整理綦江工程概要……………………… 04349
整理山东小清河工程计划大纲………… 04310
整理小清河计划书……………………… 04311
整理杨磁河道工程计划书……………… 04350
整理已成公路干路民工筑路办法……… 04845
整理豫南水利五年计划………………… 04339
整理运河工程计划（整理运河讨论会）
…………………………………………… 05251
整理镇江市都市计划…………………… 03407
正太铁路机车车辆及行车设备便览…… 04698
正向质薄板之弹性稳定问题…………… 05494
正向质圆筒之弹性稳定问题…………… 05495
郑泽堰——灌溉工程述要……………… 03743
政府机关学术机关学术团体对于修改度
量衡标准制单位名称与定义等之意见
…………………………………………… 00453

zhi

支配铁路货车概要……………………… 04797
枝筱架之性能及盐卤浓缩试验（改订稿）
…………………………………………… 02414
知识宝库………………………………… 02735
织布……………………………………… 02139
织布部机械运转工作标准……………… 02074
织布机装置及保全标准………………… 02075
织布计算法……………………………… 02140
织物分解………………………………… 02102
织物构造学……………………………… 02103
织物解剖学……………………………… 02021
织物解析………………………………… 02104
织物整理学……………………………… 02200
织物组合与分解………………………… 02105
直隶工业试验所第一次报告书………… 00062
直隶工业试验所第二次报告书………… 00063
直隶工业试验所第三次报告书………… 00064
直隶工业试验所第四次报告书………… 00065
直隶工业试验所第五次报告书………… 00066
直隶工业试验所第六次报告书………… 00067
直隶工业试验所第七次报告书………… 00068
直隶工业试验所第八次报告书………… 00069
直隶工业试验所第九次报告书………… 00070
直隶工业试验所第十次报告书………… 00071
直隶工业试验所第十一次报告书……… 00072
直流电动机与发电机…………………… 01071
直流电工实习讲义……………………… 01026
直流电机……………………… 01072—01074
直流电机实验…………………………… 01075
直流电机原理………………… 01076 01077
直流电机之整流极限…………………… 01078
直流电路………………………………… 01027
植物小玩具……………………………… 02703
植物油类研究汇编……………………… 01924
纸………………………………………… 02511
纸工……………………………………… 02512
纸和笔…………………………………… 02513
纸浆工程之演进及其新趋势…………… 02514
纸绳编篮法……………………………… 02710
纸绳刺绣及造花法……………………… 02628
纸业须知………………………………… 02515
纸张标准………………………………… 02516
纸张尺度标准…………………………… 02517

指示剂与试纸…………………………… 01737
制玻璃法………………………………… 01679
制茶学…………………………………… 02376
制钉拉丝计划书………………………… 02584
制革……………………………… 02449 02450
制革法…………………………… 02451 02452
制革工业………………………………… 02453
制革新法………………………………… 02454
制革新法（样本）……………………… 02455
制革学…………………………………… 02456
制胶……………………………………… 01742
制面机器一览…………………………… 02251
制丝法讲义……………………………… 02158
制丝光法………………………………… 02201
制丝教科书……………………………… 02159
制丝浅说………………………………… 02160
制丝新论………………………………… 02161
制丝学…………………………………… 02162
制糖工业及糖品分析法………………… 02277
制糖浅说………………………………… 02278
制糖新法及糖业………………………… 02279
制铜工业………………………………… 00583
制图常识………………………………… 00239
制图学…………………………………… 00240
制盐方法………………………………… 02415
制盐工程学……………………………… 02416
制盐手册………………………………… 02417
制盐手册（节译本）…………………… 02418
制药化学………………………… 01771 01772
制药学…………………………………… 01773
制药学要领……………………………… 01774
制饴法之实验…………………………… 02260
制驭黄河论……………………………… 04076
制皂……………………………………… 01925
制皂工业………………………………… 01926
制皂学…………………………………… 01927
制造代水泥概说………………………… 01680
制造化学………………………………… 01515
制造火柴洋烛浅说……………………… 01855
制造棉布概论…………………………… 02141
制造兽疫血清和预防液普告农商书…… 01775
制纸工业………………………………… 02518
制纸机…………………………………… 02519
制纸术…………………………………… 02520
治河方略………………………………… 04077
治河论丛………………………………… 04078
治河研究………………………………… 03934
治黄意见书……………………………… 04079
治家模范………………………… 02915 02916
治家全书………………………………… 02917
治家手册………………………… 02894—02896
治理黄河初步报告书…………………… 04080
治理黄河下游工程设计图……………… 04081
治理黄河意见书………………………… 04082
治理黄河之讨论（与欧美水利学者讨论治河问题函一束）…………………… 04083
治理苏州河入手计划摘要（译件）…… 04312
治理运河刍议…………………………… 05252
治水方略续集…………………………… 03918
治水论…………………………………… 03935
治颍述要………………………………… 04340

zhong

中长铁路工务概要（上）……………… 04650
中等机械电机技术科课程纲要………… 00686
中等农产制造学………………………… 02233
中等水利科程纲要草案………………… 03593
中等学校体育建筑及设备…… 03137 03138
中等造花课本…………………………… 02629
中法国立工业专门学校简章…………… 00160
中工概况………………………………… 00161
中工指南………………………………… 00162
中国保险伞说明书……………………… 05540
中国蚕丝………………………… 02043 02044
中国蚕丝公司染色样本（实物样本）… 02202
中国仓库工程…………………………… 03139
中国茶叶问题…………………… 02747 02748
中国茶叶之研究………………………… 02749
中国的盐和石油………………………… 02419
中国第一水工试验所…………………… 03779
中国第一水工试验所筹备经过………… 03780
中国第一水工试验所董事会请款书…… 03781
中国第一水工试验所二十六年度工作计划书…………………………………… 03782

中国第一水工试验所二十五年度工作计划…………………………………… 03783
中国第一水工试验所二十五年度已往各月份及现在进行之各项试验工作报告…………………………………………… 03784
中国第一水工试验所进行实况………… 03785
中国第一水工试验所设计大纲………… 03786
中国第一水工试验所一年来之工作实施与最近将来之工作计划……………… 03787
中国电报局实用电报机器装置图说…… 01453
中国电机工程师学会第九届年会手册… 00999
中国雕板源流考……………………… 02572
中国度量衡…………………………… 00454
中国度量衡史………………………… 00456
中国度量衡行政（第 3 编）…………… 00455
中国度量衡学会对于度量衡标准制法定名称之意见………………………… 00457
中国度量衡学会会员录（度量衡同志特刊）………………………………… 00458
中国度量衡学会章程………………… 00459
中国度量衡制度……………………… 00460
中国度量衡制度之研究……………… 00461
中国度量衡制简表…………………… 00462
中国防洪治河法汇编………………… 03962
中国纺织工学院毕业纪念刊（专科第三届）………………………………… 02022
中国纺织建设股份有限公司专门技术研究班棉纺织工程结业论文专辑……… 02142
中国纺织学会第四届年会论文集……… 02023
中国纺织学会年刊（第十二届年会青岛分会第一届年会纪念）……………… 02024
中国各省煤质分析…………………… 01812
中国工程纪数录……………………… 00198
中国工程人名录（第一回）…………… 00073
中国工程师联合年会出席会员名册…… 00074
中国工程师手册…………… 00199 00200
中国工程师学会大渡口分会工程讨论（第1 集）………………………………… 00172
中国工程师学会大渡口分会工程讨论（第2 集）………………………………… 00173
中国工程师学会第八届年会指南……… 00076
中国工程师学会第九届年会指南……… 00077
中国工程师学会第十二届年会指南暨各专门工程学会联合年会……………… 00079
中国工程师学会第十届年会指南……… 00078
中国工程师学会第十三届年会化工论文摘要………………………………… 01516
中国工程师学会第十三届年会暨各专门学会联合年会大会指南……………… 00080
中国工程师学会第十四届年会青岛分会年会纪念刊………………………… 00174
中国工程师学会第十五届年会暨各专门工程学会联合年会手册……………… 00081
中国工程师学会第十五届年会论文摘要…………………………………………… 00175
中国工程师学会概况………………… 00082
中国工程师学会工程标准协进会筹备经过………………………………… 00083
中国工程师学会会员录续编………… 00084
中国工程师学会会员通信录（[1932 年]）…………………………………………… 00085
中国工程师学会会员通信录（[1934 年]）…………………………………………… 00086
中国工程师学会会员通信录（[1935 年]）…………………………………………… 00087
中国工程师学会会员通信录（[1936 年]）…………………………………………… 00088
中国工程师学会兰州分会会所落成纪念册………………………………… 00089
中国工程师学会临时大会指南………… 00090
中国工程师学会年刊（第 15 届年会）… 00091
中国工程师学会三十年度会务报告…… 00092
中国工程师学会三十一年度会务报告… 00093
中国工程师学会三十二年度会务报告… 00094
中国工程师学会三十三、三十四年度会务报告………………………………… 00095
中国工程师学会三十五、三十六年度会务报告………………………………… 00096
中国工程师学会三十七年度会务报告… 00097
中国工程师学会上海分会会员录……… 00098
中国工程师学会上海分会三十五年年会专刊………………………………… 00099
中国工程师学会上海分会三十五年年会专题讨论集……………………………… 00176

中国工程师学会推行工业标准化运动旨趣书…… 00201
中国工程师学会现行章程…… 00100
中国工程师学会修改章程草案…… 00101
中国工程师学会一览…… 00102
中国工程师学会章程…… 00103
中国工程师学会征集工程史料缘起范围与项目…… 00012
中国工程师学会重庆分会会员通讯录… 00075
中国工程学会第十三届年会通告…… 00104
中国工程学会会员通讯录（第 7 编）… 00105
中国工程学会会员通讯录（第 8 编）… 00106
中国工程学会十九年度会务总报告…… 00107
中国工业标准（工业制图）…… 00202
中国工业标准（公差 ISA 制）…… 00203
中国工业标准草案…… 00204
中国工业标准草案分类目录…… 00205
中国工业标准公差（ISA 制）…… 00652
中国工业标准化之回顾及今后应采途径之拟议…… 00013
中国工艺沿革史略…… 00014
中国公路汽车配件使用里程寿命…… 05082
中国国民党中央执行委员会建筑阵亡将士公墓筹备委员会总报告…… 03140
中国河工辞源…… 03594
中国机械工程史料…… 00687
中国技术协会概况…… 00108
中国建筑…… 03039
中国建筑参考图集…… 03067
中国建筑简史…… 03020
中国建筑结构与营造方面经济及改善之检讨…… 03021
中国建筑美…… 03040
中国建筑美写真集…… 02978
中国建筑师学会章程、业务规则、公守诫约…… 03028
中国建筑师学会制定建筑章程…… 02986
中国建筑师学会制定征求图案规则…… 03068
中国建筑史…… 03022
中国建筑史图录…… 03023
中国建筑营造图集…… 03069
中国建筑展览会会刊…… 03024
中国科学社工程学会联合年会纪事录… 00109
中国矿冶工程学会第三届年会手册…… 00519
中国矿冶工程学会第一届会务报告（十六年至十七年）…… 00520
中国矿冶工程学会手册…… 00521
中国矿冶工程学会章程…… 00522
中国历代水利述要…… 03644
中国林产实验馆计划书草案…… 02479
中国染化工程学会成立纪念刊…… 02203
中国石油成份之研究…… 00552
中国石油之成分…… 00553
中国水道地形图索引…… 05412
中国水利工程学会会员录（[1936 年]）…… 03750
中国水利工程学会会员录（[1943 年]）…… 03751
中国水利工程学会会员录…… 03749
中国水利史…… 03645
中国水利问题…… 03646
中国水利问题与二十四年之水利建设… 03647
中国松香用作观察及保存基质…… 01928
中国陶瓷史…… 01681
中国天灾问题…… 05729
中国土产杀虫植物汇录…… 01758
中国无线电工程学校章程…… 01187
中国无烟煤之显微镜研究…… 01813
中国物理学会为请求改订度量衡标准制单位名称与定义事上行政院及教育部书…… 00463
中国烟煤低温蒸馏之试验…… 01805
中国烟煤之溶剂试验…… 01814
中国烟煤之粘性程试验…… 01815
中国沿海灯塔志…… 05277
中国沿海及内河航路标识总册（民国二十三年十二月一日修正 第 63 次）… 05278
中国沿海及内河航路标识总册（民国二十四年十二月一日修正 第 64 次）… 05279
中国沿海及内河航路标识总册（民国二十五年十二月一日修正 第 65 次）… 05280
中国沿海及内河航路标识总册（民国二十六年十二月一日修正 第 66 次）… 05281
中国沿海及内河航路标识总册（民国二

十七年十二月一日修正 第 67 次）… 05282
中国沿海及内河航路标识总册（民国二十八年十二月一日修正 第 68 次）… 05283
中国沿海及内河航路标识总册（民国二十九年十二月一日修正 第 69 次）… 05284
中国沿海及内河航路标识总册（民国三十年 增改册）…………………………… 05285
中国羊毛品质之研究………… 02045 02046
中国羊毛之品质………………………… 02047
中国业余无线电协会天津市分会参与天津市工程学术团体年会特刊………… 01188
中国业余无线电协会主办无线电函授学校初级班用讲义……………………… 01259
中国仪器厂出品说明书………………… 00771
中国仪器厂天平目录…………………… 00787
中国印刷术源流史……………………… 02573
中国营造学会缘起……………………… 03029
中国营造学社民国二十三年度上半期工作报告书………………………… 03030
中国营造学社民国二十四年度工作报告……………………………………… 03031
中国营造学社民国廿一年度上半期事业进行状况报告书…………………… 03032
中国营造学社民国廿二年度事业进行状况报告书…………………………… 03033
中国灾荒问题…………………………… 05730
中国造纸术输入欧洲考………………… 02521
中国造纸原料之研究（一　国产造纸原料之化学组成）………………… 02522
中国造纸原料之研究（四　木材草类碱法蒸煮及漂白之研究）……………… 02523
中国之建设水利编……………………… 03648
中国之水利…………………… 03649 03650
中国植物油脂…………………………… 01929
中国治水刍议…………………………… 03839
中国竹纸料之蒸解及其韧力之研究…… 02524
中华服制考略（绘画本）……………… 02654
中华工程师学会会员录………………… 00110
中华工程师学会章程…………………… 00111
中华工程协进社概况…………………… 00112
中华国瑞天然瓦斯详细说明书………… 00554
中华国有铁路北宁线材料名称分类及编号目录……………………………… 04624
中华国有铁路沪宁线行车救险须知…… 04798
中华民国国营公营民营铁路机车详表… 04699
中华民国国有铁路车辆材料规范书…… 04721
中华民国国有铁路车辆制造保养检查标准及规则……………………………… 04722
中华民国国有铁路钢轨及扣件规范书… 04613
中华民国国有铁路钢桥规范书……………………………… 05006 05007
中华民国国有铁路工程状况表………… 04415
中华民国国有铁路机车尺度规范书…… 04700
中华民国国有铁路机车制造规范书…… 04701
中华民国国有铁路建筑标准及规则…… 04535
中华民国国有铁路建筑标准图………… 04536
中华民国国有铁路京汉线机务处机车客货车汇编……………………………… 04702
中华民国国有铁路坡仑西门土规范书… 04625
中华民国国有铁路四十公吨钢架木体高框敞车规范书………………………… 04723
中华民国国有铁路四十公吨钢架木体棚车规范书……………………………… 04724
中华民国国有铁路四十公吨钢架木体棚车图………………………………… 04725
中华民国国有铁路四十公吨全钢高框敞车规范书……………………………… 04726
中华民国国有铁路四十公吨全钢棚车规范书………………………………… 04727
中华民国国有铁路四十公吨全钢棚车图……………………………………… 04728
中华民国国有铁路行车规章（[汉英法文本]）……………………………… 04800
中华民国国有铁路行车规章…………… 04799
中华民国海军部海道测量局二十五年航船布告目录汇刊……………………… 05413
中华民国七年第一次内务部全国河务会议纪念集……………………………… 03983
中华民国三十六年度水利部工作计划（事业部分）…………………………… 03651
中华民国三十五年度行政院水利委员会工作计划（事业部分）……………… 03653
中华民国三十五年度行政院水利委员会工作计划（行政部分）……………… 03652

中华民国铁路列车及车辆调度通则…… 04801
中华民国沿海标杆浮桩表…………………… 05286
中华民国沿海标杆浮桩表（补编）…… 05287
中华民国沿海灯塔表…………………………… 05288
中华职业学校实习工场出品样本……… 00206
中级航空材料学教程……………………… 05545
中级航空常识…………………………………… 05450
中建电机制造厂重庆分厂电气器材出品
一览表……………………………………… 01079
中林经济灶……………………………………… 02585
中美无线电通报规则·无线电报生手册
………………………………………………… 01454
中外度量衡币比较表……………………… 00464
中外度量衡币通考…………………………… 00465
中外度量衡表…………………………………… 00466
中外度量衡表（中英对照）…………… 00467
中外度量衡换算表…………… 00468—00472
中外度量衡折合表册……………………… 00473
中外权度比较表……………………………… 00474
中西餐烹制法…………………………………… 02807
中西工艺制造百科全书…………………… 00207
中西航轮机艺实用问答（上册）……… 05389
中西汇编工艺制造法……………………… 01990
中西精美食谱…………………………………… 02808
中西食谱大全…………………………………… 02809
中西制造丛书…………………………………… 01991
中心学校国民学校校舍建筑标准……… 03141
中央标准局度量衡制造所出品目录…… 00475
中央工业试验所筹备之经过…………… 00113
中央工业试验所木材试验室计划纲要… 02480
中央工专概况…………………………………… 00163
中央广播无线电台播音机件工作系统说
明…………………………………………… 01476
中央军校成都分校全校下水道干渠说明
书…………………………………………… 05253
中央水工试验所筹备纪要……………… 03788
中央水利实验处第一第二两水利查勘队
三十二年度查勘报告书………………… 03856
中央水利实验处概况（[1943 年]）…… 03752
中央水利实验处概况（[1947 年]）…… 03753
中央水利实验处概况（[1948 年]）…… 03754
中央水利实验处国立西北农学院合设武
功水工试验室工作纲要………………… 03789
中央水利实验处河工实验区计划书…… 03984
中央水利实验处研究试验报告………… 03595
中央陶瓷试验场工作报告（第 1 期）… 01682
中央无线电器材厂产品目录…………… 01349
钟……………………………… 00788 00789
钟摆的原理及造法…………………………… 00790
钟表……………………………………………… 00791
钟表修理法（上册 钟之部）…………… 00792
钟表装拆法及其原理……………………… 00793
钟表装拆法及其原理（上）…………… 00794
钟渊纺纱公司图说样本…………………… 02143
种蓝——打靛——染布…………………… 02204
种树的利益……………………………………… 05731
种植萝卜制糖新法…………………………… 02280
种竹制纸之研究……………………………… 02525
重要防除病害药剂的制造法…………… 01759

zhou

周视望远镜 IIC 说明书 …………………… 00815
轴承合金………………………………………… 00613
轴承及其加油法……………………………… 00756

zhu

珠江前航线改良计划报告书…………… 05254
珠江三大工程纪要…………………………… 04186
珠江水利计划…………………………………… 03840
珠江水利局善后救济堵口复堤工程概况
………………………………………………… 04187
珠盘探讨集……………………… 02686 02687
珠桥三大工程纪要…………………………… 04964
珠钻指南………………………………………… 02630
诸机械制作……………………………………… 00688
竹类造纸学……………………………………… 02526
竹质飞机外挂汽油箱……………………… 05502
主妇之友………………………………………… 02897
主要原材料质量标准（暂定）………… 00284
煮茧学…………………………………………… 02163
助航设施及港务概述……………………… 05289
住………………………………………………… 02828
住宅建筑备览（第 1 集 住宅样式设计）
………………………………………………… 03142

注音符号印刷体式…………………… 02574
铸钢学……………………………………… 00617
铸工………………………………………… 00618
铸工（机械科用 二十八年度）………… 00619
铸铁铸钢之研究与试验………………… 00620
铸型工作法……………………………… 00621
铸型开孔法……………………………… 00622
铸造半钢弹之理论与实际……………… 00850
铸造法概要……………………………… 00623
筑城实施计划案………………………… 04912
筑堤工程须知…………………………… 03963
筑堤浅说………………………………… 03964
筑隆铁路初测总报告…………………… 04584
筑隆铁路踏勘报告书…………………… 04585
筑隆铁路遵麻段初测总报告…………… 04586
筑路概要………………………………… 04846
筑路机械概论（毕业论文）…………… 04913
筑路机械概要汇编（第 1 部）………… 04914
筑路浅说………………………………… 04915
筑路要领………………………………… 04916
筑路造桥………………………………… 04812

zhuan

砖石工（土木工程施工法）…………… 03259
砖石工程规范书………………………… 03260
砖头试验………………………………… 03221
砖瓦业之改良、设计…………………… 03261
砖与灰浆研究…………………………… 03222
转动惯量之理论（材料力学）………… 00285
转辙夫须知——安全第一……………… 04733

zhuang

桩基概论………………………………… 03186
装束美…………………………………… 02825

zhun

准备部机械运转工作标准……………… 02076
准备机械装置及保全标准……………… 02077

zhuo

灼烧法制造咖啡碱……………………… 01776
着色法…………………………………… 02198

zi

资源委员会龙溪河水力发电工程处民国
二十六、二十七年工作报告 ………… 03915
子弹制造法……………………………… 00851
梓人遗制（永乐大典本）……………… 02481
紫光美容治疗机说明书（治病美容电气
新医术）………………………………… 00824
自动车工程……………………………… 05056
自动交换机保养方法…………………… 01416
自动交换机定期检验方法……………… 01417
自动交换机及其人工台电路说明……… 01418
自动交换机重要障碍查修方法………… 01419
自动织机工作与管理…………………… 02078
自来水………………………… 03526—03528
自实用分析计算中国煤之热价………… 01816
自修展开画法…………………………… 00741

zong

综合无线电线路集……………………… 01268
总论……………………………………… 01897

zuan

钻床……………………………………… 00645

zui

最进步的灯……………………………… 01168
最近各国飞机写真集…………………… 05615
最近棉纺织厂精纺机实用皮圈式大牵伸
装置……………………………………… 02079
最新电工学大纲………………………… 01028
最新电气炼钢法………………………… 00584
最新纺纱计算学………………………… 02088
最新工艺常识…………………………… 02669
最新工艺制造全书……………………… 00314
最新公园建筑法………………………… 03448
最新航空奇观…………………………… 05467
最新航空要编…………………………… 05451
最新化学工业大全……………………… 01517
最新化学工艺…………………………… 01555
最新化学工艺品制造集成……………… 01587
最新化学工艺品制造全书……………… 01588

最新化妆品制造法………………………… 01946
最新机织法………………………………… 02106
最新家政全书……………………………… 02898
最新理论实验肥皂学……………………… 01930
最新毛绒线手工编结法…………………… 02631
最新棉纺学………………………………… 02144
最新农产工业品制造法…………………… 02234
最新农产工业品制造集成………………… 02235
最新农产工艺品制造集成………………… 02236
最新汽车学（第 1 册）…………………… 05057
最新人造丝毛工业………………………… 01716
最新杀虫剂 D.D.T.……………………… 01760
最新实验肥皂制造法大全………………… 01931
最新实验甘蔗制糖新编…………………… 02281
最新实验工业制造法……………………… 01992
最新实验工艺制造成功全书……………… 01589
最新实验化学工艺指导…………………… 01556
最新实验洋烛制造法……………………… 01821
最新实验优良肥皂制造法详图秘讲…… 01932
最新实用电学……………………………… 01029
最新实用工业原料总汇…………………… 00286
最新实用汽车修理学……………………… 05149
最新实用汽车学……………… 05058—05060
最新实用摄影化学………………………… 00364
最新实用制革学……………… 02457—02460
最新实用筑路法…………………………… 04917
最新增订废物利用全书…………………… 05732
最新照像制版术…………………………… 02575
最新蒸汽机关车问题详解………………… 04703
醉鱼草毒性之试测………………………… 01761

ZUO

坐室……………………………………… 02736
做方棚…………………………………… 01081
做各种颜料……………………………… 01875